2010

浙江财政年鉴

Finance Year Book of Zhejiang

(总第10卷)

浙 江 省 财 政 厅 主 办

浙江财政年鉴编辑委员会编

中華書局

图书在版编目(CIP)数据

浙江财政年鉴. 2010 /《浙江财政年鉴》编辑委员会编.
—北京:中华书局 2010.12
ISBN 978-7-101-07740-7

I. 浙… II. 浙… III. 地方财政—浙江省—2010—年鉴
IV. F812.755-54

中国版本图书馆CIP数据核字(2010)第233528号

责任编辑:朱 慧
施惠萍

浙江财政年鉴2010
《浙江财政年鉴》编辑委员会编
*
中 华 书 局 出 版
(北京市丰台区太平桥西里38号 100073)
http://www.zhbc.com.cn
E-mail:zhbc@zhbc.com.cn
浙江新中商务印刷有限公司印刷

889 * 1194 1/16 33.25印张 72插页 1300千字
2010年12月第1版 2010年12月第1次印刷
印数:1-3000册 定价:260元

ISBN 978-7-101-07740-7

编辑说明

《浙江财政年鉴》是浙江省财政厅主办的省级财政专业年鉴。本卷年鉴以文为主，辅以图表，图文并茂，全面系统反映浙江省财政工作各方面的基本情况，是资料性与史实性相结合的全省财政系统管理、研究和教学的必备工具书。

《浙江财政年鉴》每年出版一卷，2010年卷（总第10卷）以翔实的资料和图表，记载了2009年浙江省财政改革与发展情况，反映全省各级财政部门以科学发展观为指导，深入贯彻党的十七大和省第十二次党代会及历次全会精神，落实中央应对国际金融危机一揽子计划和省委、省政府"标本兼治、保稳促调"等一系列政策措施，按照"依法治税、为民理财、务实创新、廉洁高效"的总体工作思路，做好保增长、抓转型、重民生、促稳定等各项工作，为促进经济回升和社会和谐稳定而作出的贡献。

本卷年鉴主体结构继续保持以往年鉴整体架构的稳定性和内容的连续性，全卷分八篇和附录共九大部分，计130万字，依次为：重要财经文献、全省财政工作、市县（市、区）财政工作、财经统计资料、财经法规选编、重要财政文选、财政工作大事记、财政机构人员以及附录。本卷年鉴在具体内容上较之上卷有如下变化：

一、在"重要财经文献"篇中编录的省十一届人大三次会议文件中，摘要刊载《政府工作报告》和省发展改革委员会关于省国民经济和社会发展计划执行情况及草案的报告、省财政厅2009年全省及省级预算执行和2010年全省及省级预算草案的报告以及大会对这个报告的审查报告。

二、在"财经统计资料"篇中为使本省财政收支规模与全国各省的发展状况进行横向比较，增加了"全国各省、市、自治区财政收支占全国的比重，全国各省、市、自治区税收收入占地方财政收入的比重"表；根据2009年财政支出科目，增加了"采掘电力信息等事务支出"表、"粮油事务支出"表；"全省各乡镇财政总收入排序"表中不包括宁波市所属各乡镇。本卷选录的各项财政数据均为2009年财政决算数。

三、对"财经法规选编"篇中收录的法规文件作了必要的版式规范化及技术性处理，同时增列了"财政规章及其他相关规范性文件目录"，以增强年鉴的检索性、增加信息量。

四、"附录"部分的"社会团体活动"中，根据省财政厅对所属各学会进行的整合，原预算会计研究会和农村财政研究会均作为省财政学会分会而列入其工作内容中；根据相关规定，从本卷起不再收录"省珠算协会"工作内容。

五、本卷年鉴继续附赠全文检索数据库电子版年鉴光盘，并在光盘内增加视频数据，主要收录2009年浙江省财政工作的有关视频信息。

本卷年鉴是《浙江财政年鉴》自2001年创刊以来的第10卷。10年来，《浙江财政年鉴》的编辑出版工作在省财政厅领导的具体指导下，在厅各处室局、单位和全省各市、县（市、区）的全力支持下，年鉴的编纂质量逐年提高，年鉴作为工具书受到广大读者的欢迎，并在全国和省多次获奖。在此谨向10年来给予《浙江财政年鉴》支持和帮助的各级财税部门及所有单位和人员一并表示感谢。本卷年鉴在年鉴编辑委员会的领导下，依靠省财政厅各处室局、单位和各市、县（市、区）财政局提供大量的资料、文稿和图片，经编审的各环节修改补充后成书。为进一步提高浙江财政年鉴的编辑水平，欢迎读者对《浙江财政年鉴》及年鉴编纂工作给予批评指正。

《浙江财政年鉴》编委会办公室

2010年12月

目　录

市县(市、区)财政工作

●杭州市财政工作概况

●温州市财政工作概况

●嘉兴市财政工作概况

●金华市财政工作概况

●衢州市财政工作概况

●舟山市财政工作概况

●台州市财政工作概况

财经统计资料

财经法规选编

重要财政文选

●省领导论财政

●厅(市)领导谈财政

浙江省财政收支规模图

单位:亿元

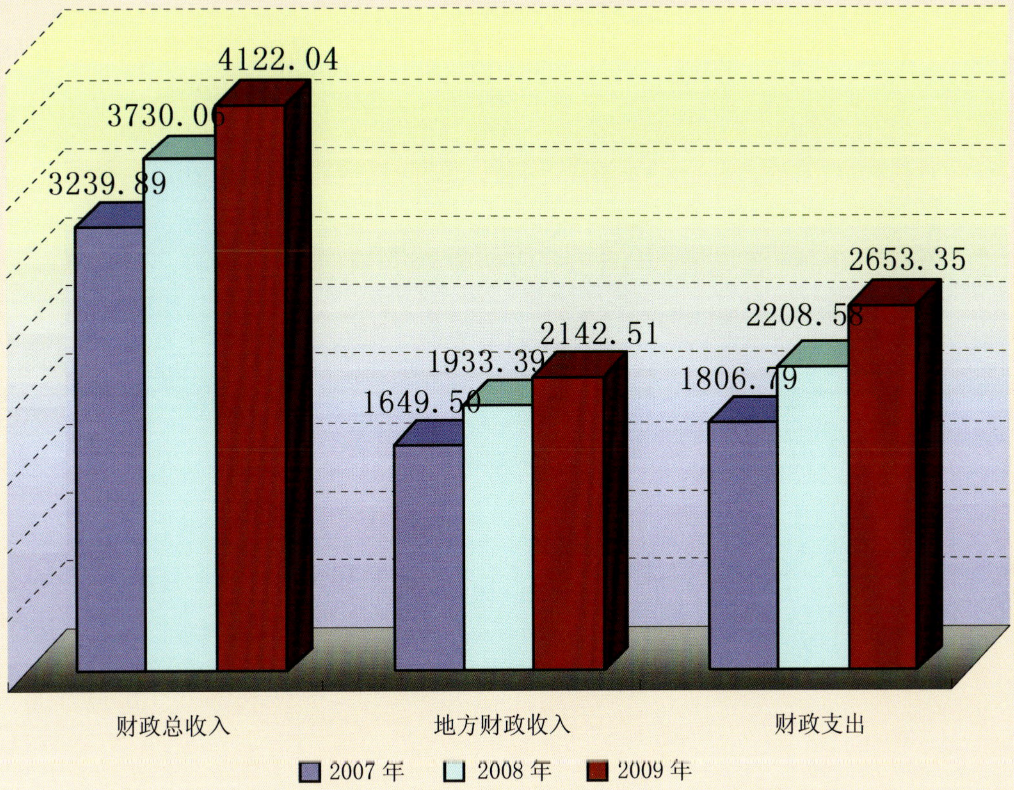

浙江省财政收支增长速度图(%)

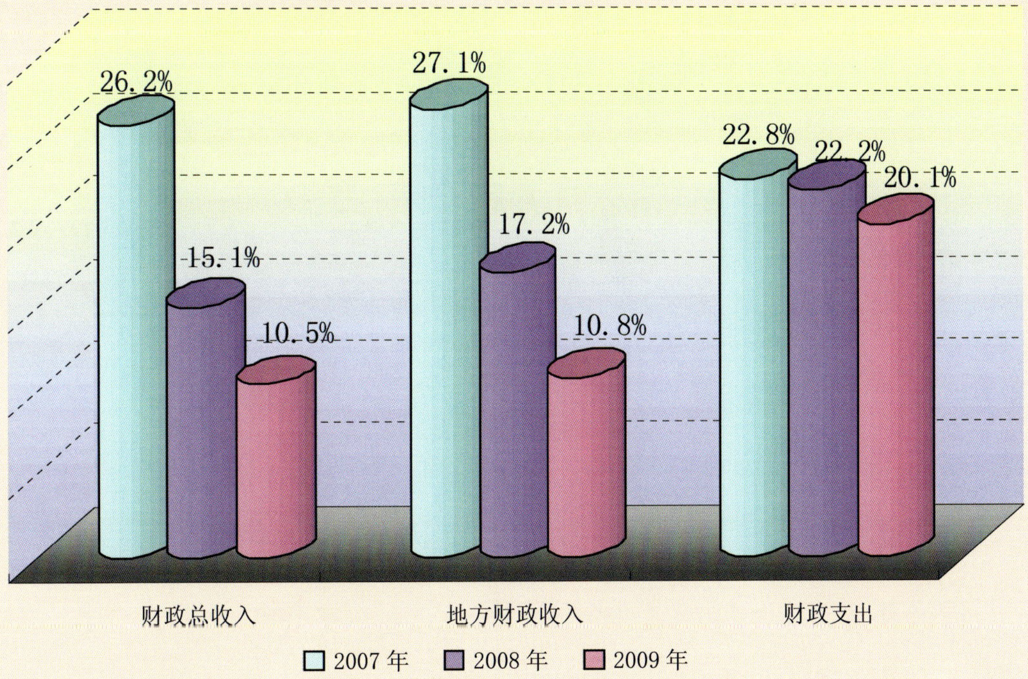

2009年浙江省地方财政收入组成图

单位：亿元

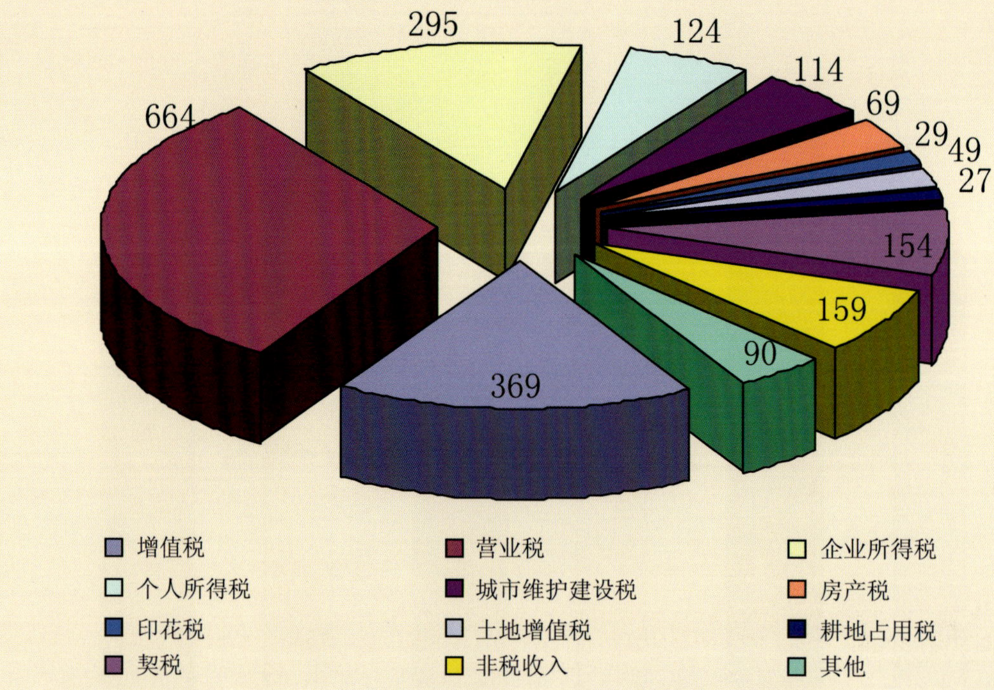

2009年浙江省财政支出组成图

单位：亿元

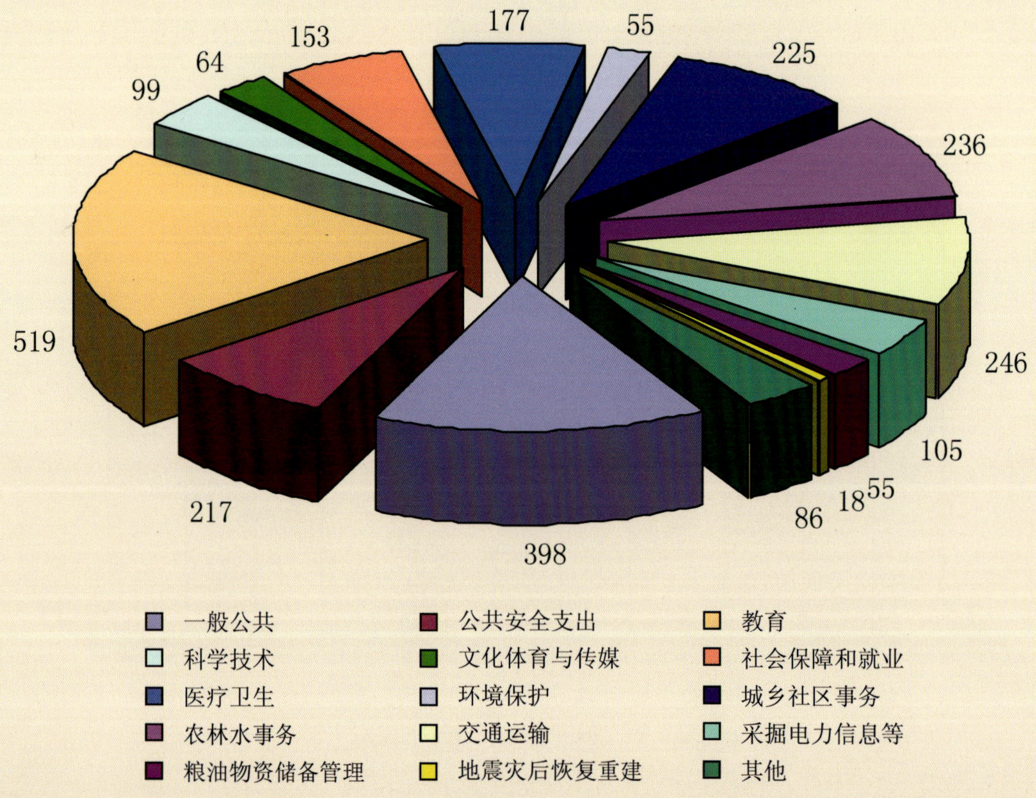

省委书记赵洪祝肯定省财政厅联系帮扶工作

2009年5月，省委书记、省人大常委会主任赵洪祝在基层联系点景宁县调研期间，考察了省财政厅低收入农户增收联系帮扶点鹤溪镇三枝树村，对省财政厅联系帮扶工作给予肯定。

赵洪祝书记一行查看了三枝树村危旧房改造情况，详细询问了该村低收入农户的生产、生活情况，并实地考察了省财政厅扶持该村莱竹等生态产业基地建设情况。他指出：省财政厅等部门这种通过帮扶项目、帮扶技术作指导的做法，要好好总结；其他欠发达地区的帮扶可好好利用这种经验。各地各部门要进一步加大对欠发达地区的帮扶力度，不断改革完善帮扶方式，尽快提高农民群众的生产、生活水平。

根据省委、省政府的部署安排，近年来，省财政厅加大对景宁县的帮扶力度，并将鹤溪镇三枝树、敕木山、包凤及外舍管理区王金洋、小金洲等5个村结为帮扶对象。结对以来，省财政厅重视该村经济社会发展，积极落实项目、资金、政策等措施，选派农村工作指导员在三枝树村开展低收入农户集中村结对帮扶工作，支持该村加快发展。

省长吕祖善参加省财政厅党组扩大会

2009年12月26日，省财政厅党组召开专题民主生活会暨党组扩大会议，省委副书记、省长吕祖善到会指导并讲话。

省财政厅党组书记、厅(局)长钱巨炎介绍了厅、局学习实践活动主要情况，并结合自身学习体会和工作实践，进行自我剖析，提出2010年及今后一个时期财税发挥职能作用，推动经济社会科学发展的对策措施。其他党组成员也结合学习实践情况作了发言。

在听取省财政厅党组成员发言后，省长吕祖善指出，省财政厅、省地税局为省委、省政府当好参谋、做好助手，按照公共财政要求，按照"一要吃饭，二要建设，三要有所积累，四要增强调控能力"，实现可持续发展的要求，在民生保障，合理安排、高效使用财政资金，推动浙江社会事业发展，确保国家机器正常运行，实现全省经济社会又好又快发展方面，做了大量卓有成效的工作。下一步，要继续深化学习实践科学发展观活动，重点做好三方面工作。一是在实践中进一步深化对科学发展观的理解。二是围绕当前中心，切实做好财税各项工作。三是按科学发展观要求，建好班子，带好队伍。

省委常委、省纪委书记任泽民到省财政厅调研指导

2009年7月28日，省委常委、省纪委书记任泽民一行到省财政厅调研指导财政工作。厅党组书记、厅长钱巨炎代表财政厅作情况汇报，厅机关各处室局主要负责人参加了座谈会。会上，任书记一行在认真听取了财政工作和党风廉政建设情况的汇报后指出，财政工作举足轻重，近年来省财政厅在省委省政府的正确领导下，围绕"十六字"财税工作思路，积极进取，锐意改革，做到了聚财有道、理财有方、用财有效，收入结构日趋合理，基层财力相对充裕，改革创新不断深入，特别是"省直管县的财政体制"、"民生财政"等多项改革创新都走在了全国的前列，为浙江经济社会的全面持续发展提供了强大的财力支撑。在谈到财政反腐倡廉建设时，他指出财政部门处在经济社会发展的前沿阵地，在反腐倡廉建设上要抓得更紧一些，做得更到位一点，为浙江经济社会发展提供保障。

全省财政地税工作

2010年1月21日至22日，全省财政地税工作会议在杭州召开。全省各市、县（市、区）政府领导、财政（地税）局长、省有关部门负责人、省级各单位财务处长及省财政厅、省地税局所属各部门、各单位负责人参加会议。会议深入学习贯彻党的十七届四中全会、省委十二届五、六次全会、全省经济工作会议、全国财政工作会议和全国税务工作会议精神，回顾总结2009年全省财政地税工作，研究分析当前财税经济形势，安排2010年财政收支计划，部署新一年财政地税工作的主要任务。省委常委、常务副省长陈敏尔到会并讲话。省财政厅厅长、省地税局局长钱巨炎作工作报告。

会议

省财政厅领导调研活动

厅长钱巨炎在丽水市调研

副厅长薛晓杭在温州市调研

副厅长魏跃华在台州市调研

副厅长罗石林在嘉兴市调研

2009年度，省财政厅领导经常赴各市、县进行工作调研，及时了解和掌握全省财政工作新情况。年底又分别带领有关处室局及部分事业单位负责人，在全省10个市及所属部分县（市、区）开展财政工作思路调研。

厅党组成员纪检组长金慧群在基层调研

]厅长朱忠明在舟山市调研

总会计师赵立妙在衢州市调研

财税文化建设

省财政厅党组理论学习中心组学习

健步环湖行

廉政格言警句征集评选展

省财政厅重视财税文化建设，以学习、制度、情感、激励、宣传和活动“六个平台”建设为载体，制定丰富多彩的财税文化建设活动方案，培养干部职工积极健康的生活情趣，凝聚系统队伍向心力。

全省财政地税系统庆祝建国 60 周年文艺晚会暨第三届文艺调演

新春团拜会

浙江省表彰先进会计工作者

浙江省 29 名工作在各行各业的会计人员获省财政厅授予的“浙江省先进会计工作者”荣誉称号。

全省先进会计工作者是经过全省层层推荐选拔、专家评审委员会评选、面向社会公示后产生的。他们都是在改革开放、经济建设、科学发展实践中忠于职守、坚持原则，具有突出业绩和重大贡献的会计从业者。他们维护职业尊严，坚持独立、客观、公正的工作态度，为社会经济发展做出自己的贡献。

浙江省先进会计工作者名单

万　红　王　蓓　孔德兰　史佩忠　许少平
孙维真　纪雅莲　张陶勇　张敏华　李　勤
陈赛珍　邵毅平　郑珊瑚　林　翔　姜民胜
郦解放　柴小林　顾宏伟　贾　凯　夏祖兴
夏海英　莫晓明　梅　芳　章翠飞　傅哲祥
韩厚军　葛春林　廖翊尧　潘煜双

组织实施预算编制人才库建设

为更好实施部门预算改革，早编、细编预算，2009年，省财政厅组织实施全省预算科（处）长培训班，邀请相关厅局业务专家授课，并启动全省预算编制人才库建设工作，通过考试、推荐等各项程序，基本建立首批全省预算编制人才库。省财政厅经常组织入库人员交流经验，营造“勤学、善思、践行”的工作氛围，提高预算编制人员驾驭预算工作的能力。

国库集中支付培训

2009年，省财政厅进一步深化国库集中支付改革，优化完善集中支付流程，加大业务宣传、培训力度，规范财政资金的支付管理，保障省级集中支付顺畅运行，省级集中支付支出累计金额280亿元，促进了财政资金的集中、高效、规范支出，有效提高了财政资金支出效率。

图为2009年6月，举办省属高校集中支付改革培训班，系统讲解预算指标管理、政府采购、用款计划和集中支付等相关业务。

整合资金支持农业发展方式创新

湖州市浙江中味榨菜深加工项目

临海洛河整治

2009年省财政整合和落实省级财政资金，促进农业主导产业转型升级，支持现代农业生产发展。省级财政安排专项资金5800万元，支持农业标准化示范基地建设、农业标准研究与制定、农产品检测体系建设和农产品质量安全检测等。安排专项资金3000万元，继续实施农机化促进工程，提高农业主导产业机械装备水平。安排专项资金7500万元，支持规范化农民专业合作社的发展，支持与农户联结紧密的农业龙头企业提高生产和加工能力等。安排专项资金1500万元，支持农业科技万村示范推广和水利科技推广。

永康市土地治理项目区技术培训指导果农生产

武义县土地治理科技推广项目机械化育秧基地

青山水库除险加固

财政支持推进农业保险保费补贴

2009年，省财政制定农业保险保费补贴办法，推进政策性农业保险工作稳步开展。目前全省已开展水稻、能繁母猪、奶牛、油菜、公益林等5个必保品种和大棚蔬菜、露地西瓜、柑橘树、林木、生猪、鸡、鸭、鹅、淡水鱼等9个选保品种，并鼓励各地开办特色保险品种。逐步将农业保险补贴参保对象从大户扩大到以大户为主，兼顾部分散户，让更多种养户得到实惠。全年拨付保费补贴资金16970万元，部分化解农业生产风险。

受灾农户领到赔款后露出了欣慰的微笑

肆虐的台风将大片农作物吹到，理赔专家及时到达现场查勘

龙泉市农房保险理赔现场

建立城乡居民社会养老保险制度

2009年9月浙江省出台《浙江省人民政府关于建立城乡居民社会养老保险制度的实施意见》，明确从2010年1月1日起，凡符合条件、年满60周岁的本省户籍城乡居民都可按规定享受政府提供的每月不低于60元的基础养老金，这标志着全省城乡居民社会养老保险工作全面启动。浙江省是全国首个在国家新型农村社会养老保险县(市、区)试点的基础上将实施范围扩大到全省所有城乡居民的省份。省财政按照省里确定的基础养老金最低标准，对两类一至六档地区分别给予基础养老金部分80%、72%、64%、48%、20%和10%的补助。对五至六档地区，如纳入国家或省试点，省财政按国家补助标准和城乡居民实际享受基础养老金的人数给予补助。

推进全省政府采购信息化建设

浙江省政府采购信息化建设按照《浙江省政府采购信息化建设推广和实施方案》和《浙江省 2009～2012 年政府采购信息化建设推广计划》的要求，已在嘉兴等 4 个市和 14 个县（市）推广实施“政府采购信息管理系统（内网系统和外网系统一期）”；完善全省协议供货集中交易平台、电子商务等在内的二期系统开发，并论证开发“浙江省政府采购信息化建设全省一体化方案”。

政府采购支持中小企业发展调研

探讨政府采购信息化建设

财政支持质监系统建设

民生公共计量

近年来，省财政加大对全省质量监测系统建设投入，在食品安全、特种设备安全、公共检验检测装备、标准化战略等方面给予重点支持和保障。累计投入2.15亿元用于产品质量抽查工作；投入1.3亿提升检验检测装备水平；投入9000万元支持标准化战略建设。目前，全省拥有国家级质检中心22家，省级质检中心71家；实验室面积约30万平方米，装备资产达到9亿元；形成了食品安全、电器安全、皮革、标准件、流量仪表、电能表等一批国内一流水平的实验室，产品质量检测能力显著增强。

10米法电波暗室

CB实验室——小家电性能试验装置

食品安全检验

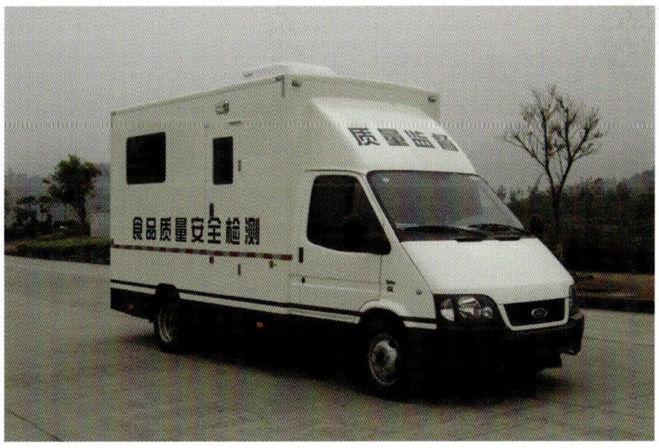

食品检测车

特种检测

千岛湖网箱养殖

洞头县浮绳式深水网箱

加强海域使用金征管
促进海洋经济发展

嵊泗浅海贝类养殖

加快建设港航强省，大力发展海洋经济，是浙江省实施“创业富民、创新强省”总战略的重要举措。省财政加强海域使用金的征收管理，配合海洋主管部门促进全省海洋的科学合理使用，促进海洋渔业转型升级，不断改善渔民生产生活条件，提高海洋科技创新能力。2009 年全省征收海域使用金并缴入地方国库 2.16 亿元。

『绩效评价进广场』宣传活动纪实

2009 年 11 月 14 日，省财政厅联合杭州市财政局、杭州市上城区财政局在杭州吴山广场举办“关注民生 关注绩效”大型宣传活动。活动以关注民生为切入点，采取展板展示、发放宣传册、现场广播、问卷调查、开展咨询等形式，向群众宣传绩效评价工作。宣传方式生动活泼，老百姓的参与热情高涨，短短两个多小时的时间里，工作人员不仅现场接受咨询和进行解答，还发放 800 多份宣传册，回收有效调查问卷 200 多份，很多群众在问卷上写下了具体建议。

经调查问卷统计，对于当前迫切需要解决的民生问题，有 59.75% 的人选择“优先发展教育”，有 55.97% 的人选择“完善社会保障体系”，其他依次是“积极扩大就业和促进创业”、“增加城乡居民收入”；对于绩效评价工作，有近半数的人表示了解一些。

接受采访

填写问卷

观看展板

服务中心工作 做好教育培训

举办财政业务培训班

2009年，省财政干部教育中心、省中华会计函校围绕财政中心工作，开展教育培训工作。先后举办农村财会人员财政支农政策培训，系统干部教育培训和会计人员继续教育。继续抓好多层次学历教育，维护运行好省财政教育培训网。

组织巡考

重要财经文献

省十一届人大三次会议重要文件

政府工作报告(摘要)

——2010年1月26日在浙江省第十一届人民代表大会第三次会议上

浙江省省长 吕祖善

一、2009年主要工作

2009年,是新世纪以来浙江经济发展最为困难的一年。在党中央、国务院和中共浙江省委的正确领导下,全省人民团结一心、奋力拼搏,全力应对国际金融危机冲击,迅速扭转了经济增速过快下滑的势头,经济回升向好,社会和谐稳定,省十一届人大二次会议确定的主要预期目标和为民办实事十个方面任务全面完成。

全省生产总值22832亿元,比上年增长8.9%;地方财政收入按可比口径增长7.2%;研究与试验发展经费支出占生产总值比例1.7%;单位生产总值能耗下降5.6%,化学需氧量排放量下降4.6%,二氧化硫排放量下降5.3%;城镇居民人均可支配收入24611元,农村居民人均纯收入10007元,实际增长9.7%和9.5%;居民消费价格总水平下降1.5%;城镇新增就业81.9万人,城镇登记失业率3.26%;人口自然增长率4.63‰。

一年来,省政府以邓小平理论和"三个代表"重要思想为指导,深入贯彻落实科学发展观,深入实施"八八战略"和"创业富民、创新强省"总战略,大力推进"全面小康六大行动计划",坚持标本兼治、保稳促调,坚持民生为本、企业为基,坚持改革创新、克难攻坚,狠抓中央应对国际金融危机一揽子计划和政策措施的贯彻落实,统筹做好保增长、抓转型、重民生、促稳定的各项工作。

努力保持经济平稳较快增长。坚持抓早、抓实、抓主动,针对一季度经济增速快速下滑的严峻形势,及时出台一系列政策措施,先后两次召开有万人参加的经济工作电视电话会议,动员全省人民坚定信心,迎难而上,打好"保稳促调"攻坚战,着力稳定一产、主攻二产、提升三产,着力增强内需对经济的拉动作用,着力支持企业拓展国内外市场。加快推进重大项目建设行动计划和政府主导性重大建设项目,进一步完善重点项目推进机制。沪杭客专、嘉绍通道和三门核电一期等177个重点项目开工建设,甬台温铁路、温福铁路、舟山跨海大桥、北仑电厂三期扩建等项目相继建成,全社会固定资产投资增长15.2%。完善和落实促进消费的政策,多渠道增加城乡居民特别是中低收入群众收入,拨付家电下乡、汽车摩托车下乡和家电以旧换新财政补贴资金9.98亿元,实现家电、汽车摩托车下乡销售106万台和20万辆,社会消费品零售总额增长15.9%。完善落实拓展市场、稳定出口的政策措施,安排3.5亿元外贸发展财政专项资金,开展多种形式的境外商务对接活动,实施"万企电子商务推进工程",开展浙商营销网络和营销中心建设试点,鼓励企业到省外开设浙江名特优产品展示中心,引导企业通过参与扩大内需项目拓展市场,外贸出口降幅由上半年的19.6%收窄到全年的13.8%。积极争取国家各类专项资金和政策支持,加强重大建设项目资本金筹措和融资对接,引导推动金融机构加大信贷投放和结构调整力度,全省金融机构本外币贷款新增9597亿元,是上年的2倍,小型企业新增贷款1859亿元,占企业新增贷款比重34.3%。加强项目建设用地保障的综合协调,完成省级土地利用总体规划修编,科学开发利用低丘缓坡和滩涂资源,积极开展农村土地整治,盘活存量建设用地5.2万亩,新增耕地24万亩。

毫不动摇地推进结构调整和发展方式转变。加快构建现代产业体系,深入实施三大产业带建设。大力推动工业转型升级,省财政设立5亿元工业转型升级专项资金,编制实施11个重点产业转型升级规划,积极发展新能源等高新技术产业,举行重点产业转型升级系列专家报告会,开展21个块状经济向现代产业集群提升试点并派遣专家服务组,重点培育146家行业龙头骨干企业。限额以上工业技术改造投资增长8.7%,规模以上工业企业利润总额从一季度下降20%回升到全年增长34.4%,新产品产值率提高1.7个百分点。大力推动服务业发展,完善落实促进服务业发展的政策措施,规划建设现代服务业集聚区,推动工业企业分离发展服务业,积极推进现代物流、金融、信息服务、旅游、文化创意、服务外包等产业发展,支持面向块状经济的研发设计、营销等公共服务平台建设,第三产业增加值增长12.5%,对经济增长的贡献率明显提高。大力推动海洋经济发展,深化海洋经济发展带规划建设工作,临港产业发展和港航强省建设取得新成效，宁波—舟山港货物吞吐量5.77亿吨，增长10.9%。大力实施自主创新能力提升行动计划，完善落实促进企业自主创新的政策，设立5亿元创业风险投资引导基金，加快推进33个重大公共创新平台建设，引进132个科技创新载体，组织实施536个重大科技项目，推进省科研创新基地规划建设。全省财政科技投入增长16.7%，规模以上工业企业科技活动经费支出增长6.3%，发明专利授权量增长47.4%，引进各类人才3.6万人。大力实施资源节约和环境保护行动计划，循环经济试点省建设加快推进，节能降耗十大工程深入实施，组织实施省重点节能改造项目264个，淘汰一批落后生产工艺和设备，拆除改造工业锅炉1770台，关停小火电机组容量80万千瓦。深入开展“811”环境保护新三年行动，重点区域、流域、行业和企业污染整治力度进一步加大，否决1490个“两高一资”和不符合环保要求的项目，城镇污水和生活垃圾日处理能力分别增加74万吨和2000吨，新建县以上城市污水管网1218公里，省级重点生态公益林补偿标准每亩提高到17元。全省环境质量保持稳定，八大水系、运河和主要湖库地表水环境功能区水质达标率67.3%，设区城市空气质量达到二级标准的天数均超过292天。

大力促进农业农村发展和城乡区域协调。把农村住房改造建设作为扩大内需、统筹城乡发展、改善民生的重大举措在全省推开，计划到2012年改造建设农村住房100万户，已启动31.8万户。强农惠农政策力度进一步加大，各级财政投入“三农”资金762亿元，增长21.7%。大力培育十大农业主导产业，扎实推进粮食功能区建设，开展1500万亩标准农田质量普查工作，启动50万亩标准农田质量提升试点，粮食播种面积、总产量和单产实现“三增”。农产品品质提升工程深入推进，农业龙头企业和农民专业合作社服务带动能力进一步增强，农机化和设施农业加快发展，土地规模经营稳步推进，新增土地流转面积87.5万亩。省域城镇体系规划修编和县市域总体规划编制工作基本完成，中心镇培育工作力度加大，城镇基础设施和公共服务加快向农村延伸覆盖。等级公路通村率达到99%，农村公路养护体系基本建立，城镇集中供水覆盖的农村人口新增144万，解决231万农村人口安全饮水问题，完成3185个村庄环境综合整治任务。积极支持欠发达地区和海岛地区发展，省财政转移支付252亿元，增长14.5%，扶贫开发和新一轮“山海协作”工程取得新成效，对景宁县和重点民族乡镇的支持力度加大，山区、海岛基础设施建设和产业结构调整加快。

扎实做好民生改善和社会稳定工作。积极实施基本公共服务均等化、低收入群众增收和公民权益依法保障行动计划，全省财政支出增量的72.8%用于民生。实施积极的就业政策，重点做好高校毕业生、农民工、就业困难人员的就业工作，鼓励和支持大学生创业，帮助37.8万城镇失业人员实现再就业，基本消除城镇零就业家庭。低收入农户集中村和重点库区困难群众帮扶致富工作扎实推进，高山远山区、地质灾害危险区、重点库区等欠发达地区和海岛困难群众异地搬迁7.6万人。加强社会保障体系建设，在全国率先建立覆盖城乡居民的社会养老保险制度，企业职工养老保险基本实现省级统筹，企业退休人员基本养老金月人均发放标准提高到1445元，城乡最低生活保障、农村五保与城镇“三无”对象集中供养水平继续提高，所有市县新农合人均筹资水平均达140元以上，企业职工基本养老、城镇职工基本医疗、城镇居民基本医疗保险和失业、工伤、生育保险参保人数分别新增138万、120万、118万和53万、69万、60万，参加城镇居民医疗保险的大学生人数达63万，新增机构养老床位1.5万张，新增廉租住房保障家庭1.5万户，新开工建设经济适用房336.2万平方米，城镇廉租住房和经济适用房保障水平进一步提高。促进各级各类教育发展，中小学校舍安全排查鉴定工作全面完成，初中、小学生均公用经费最低标准分别提高到550元和350元，乡镇中心幼儿园建设加强，义务教育学校绩效工资制度全面实施，高等院校学科建设进一步加强。扎实推进医疗卫生事业发展，甲型H1N1流感等重大传染病防控取得积极成效。加快发展文化事业，浙江博物馆、美术馆、科技馆、自然博物馆、革命历史纪念馆等一批公共文化设施建成开放，举办首届浙江文化艺术节，送1.9万场演出、25万场电影、166万册图书到农村，免除城乡低保家庭有线电视入网费和视听维护费。深入开展全民健身活动，我省运动员在第十一届全运会上取得好成绩。加强人口和计划生育工作，免费婚前医学检查率和孕前优生检测率分别提高到40%和71%，低生育水平继续稳定。妇女、儿童、老龄和残疾人事业取得新进步。全面推进“强塘固房”工程，完成加固病险水库240座、海塘75公里、堤防197公里，完成农村困难家庭危旧房改造3万户。扎实开展“安全生产年”活动，安全生产事故起数、死亡人数和直接经济损失分别下降10.1%、6.4%和6.2%。进一步规范和维护市场秩序，加强食品药品安全监管，推动农村“十小”行业质量安全整治。切实维护群众合法权益，提供法律援助2.9万件，增长35%；办理各级行政复议案件4222件，案结事了率86.4%，一批信访积案得到化解。加强社会治安综合治理，基层平安创建活动深入开展，流动人口服务和管理继续加强，刑事案件立案起数下降1.4%。国防建设、国防动员、民兵预备役、人民防空和双拥优抚安置工作进一步加强。

深化体制改革和对内对外开放。全面落实省委关于深化改革开放推动科学发展的决定。在推进统筹城乡发展等三大综合配套改革试点的同时，从各地实际出发，在各设区市和义乌市开展转变经济发展方式综合配套改革试点。深入推进农村综合改革，率先开展农村土地承包经营权作价出资农民专业合作社，林权和农房抵押贷款工作有序推进，政策性农业保险和农村住房保险全面开展。积极推动地方金融创新发展，批准设立6家农村合作银行、5家村镇银行、4家农村资金互助社、51家小额贷款公司。全面启动排污权有偿使用和交易试点，阶梯式水价制度实施范围扩大。扎实推进省属国有企业和国有资产管理体制改革。制定实施深化医药卫生体制改革方案，农村医疗卫生服务体系建设和改革等工作扎实开展。深入推进行政管理体制改革，扩权强县改革全面推开，行政审批制度改革进一步深化，部门全覆盖、服务一站式的省政府网上办事大厅建成运行，省级政府机构改革顺利完成。努力提高对内对外开放水平，开发区(园区)整合提升试点工作扎实开展，引进国内外优势企业工作取得新成果，利用外资质量提高，企业“走出去”步伐加快，核准境外投资企业和机构475家，中方投资额增长43.5%。长三角地区合作与交流取得积极成效，参与西部大开发、中部崛起和东北老工业基地振兴等工作深入推进，对口支援和帮扶工作进一步加强。四川青川灾后援建工作进展顺利，全面完成6.3万户农民住房和乡镇卫生院灾后重建任务，基本完成中小学校援建任务，全面开展城镇灾后重建工作，累计完成投资43.2亿元。民族、宗教、侨务、外事、参事、档案和对港澳台事务等工作得到加强。

加强政府服务和管理。继续开展深入学习实践科学发展观活动，扎实推进“服务企业、服务基层”专项行动和“企业服务年”活动，对企业的解困扶持服务工作取得明显成效。通过落实结构性减税政策和取消、暂停、降低行政事业性收费等措施，减轻企业负担666.2亿元。构建重点企业经营状况信息监测和服务体系，指导帮助企业有效处置债务风险。扎实推进依法行政，自觉接受人大依法监督、政协民主监督和社会监督，政府领导领办人大代表建议、政协提案和听取意见制度深入实施，科学民主决策制度进一步健全，政府立法和执法工作加强，行政监察和审计监督不断强化。开展“十二五”规划前期研究工作。强化政府投资项目管理，开展“小金库”治理工作。大力压缩行政开支，各级党政机关公用经费、公务用车购置及运行费用、出国经费分别减少5%、24%和20.5%。惩治和预防腐败体系建设工作扎实推进，政府廉政建设进一步加强。

我们十分清醒地看到，我省经济社会发展还面临很多困难和问题。经济持续回升的基础仍不稳固，全年外贸出口仍然是负增长，经济增长的内生动力有待增强，结构调整和发展方式转变亟待加快。财政收支平衡压力加大，城镇低收入群众和农民持续增收难度较大，部分城市商品房价格上涨过快，就业、就学、就医等公共服务与群众的期望还有不小差距。政府工作仍存在不少薄弱环节，依法行政的意识和能力有待增强，一些部门的行政效能还需要进一步提高，腐败现象在一些领域还比较突出。我们一定高度重视，采取更加有效的措施，努力加以解决。

二、2010年工作的总体要求和主要目标

2010年，是实施“十一五”规划的最后一年，是应对国际金融危机、巩固和发展经济回升向好势头的关键一年。从总体上看，经济社会发展的有利条件不少，世界经济格局调整和国内经济发展孕育着很多新的机遇，但面临的环境十分复杂，不确定性、不可预测的因素很多。世界经济复苏基础脆弱，国际贸易摩擦明显增多，能源原材料等大宗商品价格震荡加剧，影响社会和谐稳定的问题也不少，保持我省经济社会持续平稳健康发展的任务依然艰巨。我们必须保持清醒头脑，进一步增强忧患意识，把困难和问题估计得更充分一些，更加周密地做好应对挑战的各项工作，牢牢把握工作的主动权。

2010年政府工作的总体要求是：认真贯彻党的十七大和十七届三中、四中全会精神，以邓小平理论和“三个代表”重要思想为指导，深入贯彻落实科学发展观，深入实施“八八战略”和“创业富民、创新强省”总战略，扎实推进“全面小康六大行动计划”，坚持调结构促转型谋发展、抓统筹惠民生保稳定，加强大平台大产业大项目大企业建设和培育，统筹城乡发展、区域发展、经济社会发展、人与自然和谐发展，增强综合竞争力、可持续发展能力和抗风险能力，努力实现“十一五”规划确定的各项目标任务，为“十二五”时期经济社会又好又快发展打好基础。

综合考虑经济社会发展趋势和目标导向，建议2010年全省经济社会发展的主要预期目标是：地区生产总值增长9%左右，地方财政收入增长6%以上；研究与试验发展经费支出占生产总值比例1.8%左右；单位生产总值能耗下降3%，化学需氧量排放量下降3%，二氧化硫排放量下降3%，全面完成“十一五”节能减排目标；城镇居民人均可支配收入增长7%，农村居民人均纯收入增长7%；居民消费价格总水平涨幅控制在4%以内；城镇新增就业70万人，城镇登记失业率控制在4%以内；人口自然增长率控制在5.4‰以内。

在具体工作中，着重把握好以下几个方面：

更加注重结构调整和发展方式转变。按照科学发展要求进一步转变发展理念，决不以牺牲环境、浪费资源、扩大社会矛盾、增加历史欠账为代价谋求发展，着力调整优化经济结构，着力推进新型城市化，着力加强生态文明建设，加快提升国际竞争力和可持续发展能力，努力在转型中实现更好更快发展。

更加注重改革开放和自主创新。坚持用改革的办法破解

发展难题，坚持在开放发展中赢得机遇，坚持依靠科技人才支撑和推动发展，力争在构筑有利于科学发展、社会和谐的体制机制上取得新突破，力争在拓展发展空间和实现创新发展上开创新局面，加快形成经济社会发展新优势。

更加注重改善民生和社会稳定。把发展经济与改善民生更好地统一起来，加快推进以保障民生为重点的社会建设，努力解决群众最关心、最直接、最现实的利益问题，不断提高人民生活水平和质量，切实维护社会公平正义，确保社会和谐稳定。

更加注重选准和抓好工作突破口。以集约高效绿色发展为导向，加快构筑一批产业科技人才集聚发展的大平台；以发展先进制造业、现代服务业和海洋经济为重点，加快形成一批具有较强竞争优势的大产业；以改善发展环境、增强发展后劲为目标，加快推进一批事关长远的大项目；以做强做优行业龙头骨干企业、提升块状经济为抓手，加快培育一批具有核心竞争力的大企业。

更加注重发挥政府主导作用和企业主体作用。准确把握国内外经济社会发展趋势，加强统筹兼顾，结合浙江实际切实把中央各项决策部署落到实处，提高政策措施的及时性、针对性和有效性；进一步强化企业为基的理念，发挥市场机制的基础性作用，加强和改善对企业的服务，努力增强发展活力、夯实发展基础。

三、着力推进调整转型保持经济持续平稳健康发展

加快结构调整、促进经济转型升级，是确保经济持续平稳健康发展的根本途径，必须进一步加大推进力度。

大力调整优化产业结构。着力稳定优化一产、主攻调整二产、提升扩展三产，加快构建现代产业体系，形成一批具有核心竞争力和较高市场占有率的大企业大产业。围绕农产品保障供给和农民增收两大任务，加快发展高效生态农业。加大强农惠农政策力度，进一步增加农业投入。切实落实粮食安全行政首长负责制，推动标准农田质量提升和农田水利等农业基础设施建设，集中力量建设一批粮食功能区和现代农业园区，稳定发展农业生产，夯实农业发展基础。积极培育现代农业生产经营主体，扶持一批带动力大、服务能力强的农业龙头企业和农民专业合作社，鼓励大学生到农村创业就业。实施农业主导产业品质提升工程，加快发展精品农业、设施农业和休闲观光农业，积极推进农业机械化、信息化和标准化，推动农业适度规模经营。加强农产品品牌和营销网络建设，建立健全农技推广、动植物疫病防控、农产品质量监管“三位一体”的基层农业公共服务体系，加强浙台农业合作。加快推动工业调整转型，努力提高企业竞争力和产品附加值。制定实施重点产业转型升级年度实施计划，继续加大企业技术改造支持力度，扩大块状经济向现代产业集群提升试点覆盖面，引导优势企业兼并重组、做强做大，支持生产加工企业向研发设计和品牌营销环节拓展，进一步淘汰落后生产能力。加快战略性新兴产业规划和推进工作，大力培育新能源、新材料、生物医药、节能环保、信息网络特别是物联网等战略性新兴产业，抓好一批高新技术产业基地建设，抢占发展的制高点。努力做大服务业总量，加快提升服务业发展水平。编制实施一批服务业重点行业专项规划，大力发展物流、金融、信息、科技、文化创意、服务外包等主要面向生产的服务业，积极发展现代商贸、旅游、体育健身、养老服务、社区服务等主要面向生活的服务业。加快推进服务业标准化和品牌建设，着重培育100家左右服务业重点企业。加快建设一批现代服务业集聚区，推进一批服务业重大项目建设，促进中心城市、经济强县服务业加快发展。着力突破制约服务业发展的体制和政策障碍，引导支持服务业经营模式创新和业态创新。花大力气落实好促进中小企业发展的政策意见，实施中小企业成长计划，加快建设中小企业公共服务平台、信息服务网络和小企业创业基地，改善中小企业发展环境。

努力促进投资、消费、出口协调增长。着力优化投资结构，积极扩大有效投资，突出抓好一批事关长远发展的大项目。加快以“七线两枢纽”为重点的铁路项目和一批公路、航道、机场项目建设，构建便捷、高效、安全的综合交通运输网络。推进核电等电源项目和电网建设，力争新开工建设电力装机350万千瓦。大力推进重点项目前期工作。严格工程质量管理，提高财政资金使用绩效。完善落实促进民间投资的政策措施，最大限度拓宽民间投资渠道，保护投资者合法权益。按照“招大、引强、选优”的思路，创新招商引资方式，进一步优化利用外资结构。大力发展总部经济，支持浙商回归创业发展。提高城乡居民收入，推动消费较快增长。调整最低工资标准，推动企业建立职工工资集体协商制度，完善企业职工工资正常增长机制和支付保障机制，逐步提高劳动报酬在初次分配中的比重，努力增强居民消费能力。继续推进汽车摩托车下乡、家电下乡和以旧换新，促进旅游、文化、教育培训、家政等服务消费。完善城乡消费设施和商贸流通体系，加快农村商业便利连锁店和商品配送中心建设，扩大“农超对接”范围，鼓励发展消费信贷，加强产品质量安全监管，进一步改善消费环境。大力拓展国际国内市场，扩大浙江产品市场份额。推动企业加快建立健全营销网络，引导支持中小企业利用电子商务和专业市场等平台拓展市场，鼓励企业参加境内外展会和产品展示，吸引境外采购商到浙江设立采购中心。加快国家级、省级出口基地建设，健全大通关体系，扩大出口信用保险覆盖面和保单融资规模，完善国际贸易预警和摩擦应对机制。鼓励企业“走出去”发展，支持优势企业并购境外企业和知名品牌、投资建立生产基地和经贸合作区，支持工程建设企业与制造业企业联手拓展

国际市场。扩大先进技术和装备进口，增加紧缺资源性商品进口和储备。

切实强化科技和人才支撑。深入实施自主创新能力提升行动计划，全面推进国家技术创新工程试点省建设，进一步完善区域创新体系，营造有利于科技创新和人才集聚的良好环境。大力推进创新平台和载体建设，加快省科研创新基地建设，新建一批省级高新技术企业研发中心、一批国家和省级重点实验室及试验基地、一批科技企业孵化器。大力支持企业技术创新，切实落实鼓励企业自主创新的政策，创新财政科技资金使用机制，推进多种形式的产学研合作，加大对自主创新产品的政府采购力度，加快推动关键共性技术攻关。大力推进科技成果产业化，完善落实科技成果转化激励机制，实施可再生能源利用等12个重大科技专项，实施节能技术推广等10大科技成果转化工程，推进一批高技术产业化项目建设，组织推动社会发展领域科技研发和成果应用，抓好一批运用高新技术改造提升传统产业重大项目。深入实施知识产权、标准化和品牌战略，加强知识产权保护，扎实开展国家级标准化项目试点工作，综合运用技术标准、质量监管、品牌培育等措施推动产业优化升级。加大人才培养和引进力度，制定实施中长期人才发展规划纲要，深入实施海外高层次人才引进计划，加强省级重点创新团队建设，重视高技能人才培养和企业家人才队伍建设。

进一步加强资源要素保障和节能环保。深入实施资源节约和环境保护行动计划，加快生态省和循环经济试点省建设，积极发展低碳经济，强化资金、土地等要素保障和集约节约利用。引导金融机构优化信贷结构，加大对我省实体经济的支持，加快发展创业投资、产业投资，拓展企业上市等融资渠道，努力争取中央国债投资、企业债券发行额度。积极发展中小金融机构和地方金融产业，扩大村镇银行、农村资金互助社和小额贷款公司试点，深化农村信用社改革，推进地方产权交易市场建设。加强土地资源保障和节约集约利用，深化耕地保护和土地使用制度改革，推动市县做好土地利用总体规划修编，做好城乡建设用地增减挂钩工作，抓好节约集约用地六大工程和百万造地保障工程，完善低丘缓坡、滩涂围垦综合开发规划和利用机制，积极合理开发利用地下空间，实施农村土地综合整治示范工程，扩大农村宅基地改革试点。大力实施节能降耗十大工程，严格执行重点耗能行业能耗限额标准，抓好重点耗能企业节能改造和建筑节能，加大高效节能技术和节能产品推广力度，深入推动节水、节材等工作。继续深化重点区域、重点行业、重点企业污染整治，着力解决群众反映强烈的环境问题。加强水环境治理、城市环境污染综合整治和农业农村环境保护，努力改善八大水系、平原河网水质和大气环境质量。加强饮用水源保护，深入推进排污权有偿使用和交易试点，开展各类生态示范区创建工作，完善生态补偿机制，加强森林资源和海洋生态环境保护。大力发展循环经济，启动25个循环经济试点基地和100项循环经济重点项目建设，实施工业循环经济"733"工程，建设一批工业循环经济示范企业、示范园区和循环农业示范区。

大力拓展发展空间和推动城乡区域协调发展。加快海洋经济发展。抓紧做好海洋经济发展带规划编制工作，争取海洋经济发展带建设提升为国家战略。进一步整合港口资源，宁波—舟山港在稳定发展集装箱业务的同时，重点构筑大宗商品交易平台、海陆联动集疏运网络、金融和信息支撑系统"三位一体"的服务体系，着力打造成我国重要的枢纽港，大力推进全省港口航运联盟建设，积极发展江海联运和内河航运，加快建设港航强省。积极发展海洋特色优势产业，合理布局和提升石化、船舶、钢铁、装备制造等临港产业，扶持发展海洋生物医药、海水综合利用等海洋新兴产业，提升发展海洋旅游、海洋渔业和海水产品加工等产业，推进标准渔港建设。加快建设一批产业集聚区。进一步优化生产力布局，选择一批交通条件优越、产业导向明确、建设空间条件较好、符合生态环保要求的重要区块，纳入省级层面进行统筹规划、重点培育。加大开发区（园区）整合提升工作力度，加强宁波梅山保税港区、杭州空港保税物流中心等特殊监管区建设。协调推进新型城市化和新农村建设。以资源优化配置和共享为重点，推进杭州、宁波、温州都市圈和浙中城市群规划建设和发展，进一步增强区域中心城市功能，提升服务水平、优化生活环境。大力推进中心镇建设和发展，加大政策引导和扶持，积极推进规划、社保、户籍等相关制度改革。结合实施中心镇、中心村培育工程和千村示范万村整治工程，加大农村住房改造建设步伐，有序推进高山村搬迁、自然村撤并、空心村改造和特色村保护工作，加强农村社区公共服务中心和服务体系建设。大力支持欠发达地区加快发展。进一步完善政策、整合资源，加大财政转移支付和金融支持力度，着力增强欠发达地区自我发展能力。推动交通、水利、电网和公共服务等设施建设，改善欠发达地区发展环境。支持欠发达地区科学合理开发利用山区资源，发展特色制造业、来料加工业、休闲旅游业和高效生态农业。深入开展新一轮"山海协作"工程和结对帮扶工作，促进产业转移、劳务对接和异地开发。积极支持革命老区、民族地区、贫困山区、库区和海岛经济社会发展。深入贯彻国家区域发展战略，加强与长三角地区、海峡西岸经济区的交流与合作，加快培育新的增长点。主动服务和对接上海世博会，实施"环沪护城河"工程，做好上海世博会相关安保工作。积极参与西部大开发、中部崛起和东北老工业基地振兴，继续扩大与港澳台的合作交流。继续做好对口支援和对口帮扶工作，全面完成青川地震灾后援建任务。

四、着力保障和改善民生，促进社会和谐稳定

深入实施基本公共服务均等化、低收入群众增收和公民权益依法保障行动计划，让人民群众共享改革发展成果。

努力扩大社会就业。实施更加积极的就业政策，进一步加大财政、信贷、社保补贴等政策扶持，建立健全公共投资带动就业增长的机制，鼓励企业吸纳就业和劳动者灵活就业。推进创业带动就业，把免费创业培训对象扩大到有创业愿望和创业能力的城镇失业人员、城乡新增劳动力和农村富余劳动力，开展退伍军人培训，加强农村转移就业技能培训。加强大学生创业园和见习基地建设，大力支持高校毕业生创业。加大就业援助力度，建立健全城乡就业困难人员申报登记、入户调查、动态管理和跟踪服务等制度，大力开发公益性就业岗位，帮助城镇零就业家庭和农村低保家庭劳动力、就业困难人员实现就业，积极扶持残疾人就业创业，深入推进低收入农户集中村和重点库区群众脱贫致富工作，千方百计提高困难群众收入。

进一步完善社会保障体系。继续提高企业职工养老保险参保率，全面实施城乡居民社会养老保险制度，积极推进基本养老保险关系省内转移和跨省转移，研究推进事业单位养老保险制度改革。进一步扩大城镇职工基本医疗保险覆盖面，推动大学生和中小学生参加城镇居民基本医疗保险，探索医疗保险异地就医结算办法。认真做好失业、工伤、生育等保险工作。完善最低生活保障制度，全面推行医疗救助即时结报，继续做好农村五保和城镇“三无”对象集中供养工作。加快发展老龄事业和社会福利事业，进一步推进养老服务体系建设。全面落实国家促进房地产市场平稳健康发展的政策措施，落实各级政府保障性住房保障责任，推动各地制订实施保障性住房规划和年度计划，完善城镇廉租住房和经济适用房制度，落实建设用地，确保建设资金，提高配套水平，积极推行公共租赁房、限价商品房等保障方式，推动城市旧住宅区、危旧房和非成套住宅改造，逐步解决城镇中低收入住房困难家庭的住房条件改善问题。

加快发展各项社会事业。深入推进教育改革发展，积极推动基础教育均衡发展，加强农村中小学教师培训，推进农村中小学远程教育，扩大优质教育资源覆盖面，加强外来务工人员子女教育、特殊教育和学前教育，优化职业教育办学机制和人才培养模式，启动新一轮高校重点学科建设，鼓励社会力量兴办和支持教育。加快落实医药卫生体制改革近期重点实施方案，稳妥推进国家基本药物制度，完善以省为单位的药品集中采购制度，加强基层医疗卫生服务体系建设和改革，深入推进24个县(市、区)农村卫生改革试点，建立健全城乡卫生人员双向流动、技术设备共建共享机制，推动村级卫生室和社区卫生服务站改造建设，探索公立医院改革。做好甲型H1N1流感等各类重大传染病防控工作，加强职业病防治，提高公共卫生服务和公共卫生事件应急能力。加快中医药事业发展。完善城乡公共文化服务体系，健全统筹城乡文化发展的长效机制，加强乡镇综合文化站和农村电影院线建设，积极推进公共图书馆网络化建设和书店连锁经营，提高“村村通”、“村村响”的入户率，深入开展“种文化”、“送文化”活动，深化文化体制改革，推动重大文化产业项目、文化产业示范基地和特色文化产业群建设。把社会主义核心价值体系融入国民教育和精神文明建设全过程，深入实施“春泥计划”，加强未成年人思想道德建设和大学生思想政治教育。大力发展哲学社会科学、广播影视、新闻出版和文学艺术事业，加大科普工作力度。切实加强文化遗产保护。办好第六届世界合唱比赛。贯彻落实全民健身条例，大力发展体育健身事业，做好第八届全国残运会筹备工作，办好第十四届省运会和省首届体育大会。加强人口和计划生育工作，深入开展免费婚检和免费孕前优生检测，提高出生人口质量，切实做好第六次人口普查。深入实施残疾人共享小康工程。全面贯彻党的民族宗教政策，依法管理民族宗教事务。进一步做好外事、侨务、参事、档案和对台事务等工作。

切实维护社会公共安全。整顿和规范市场秩序，健全价格监测、预警和应急体系，维护市场价格稳定，推进新一轮食品安全整顿和药品安全专项整治，深入开展农村“十小”行业质量安全整治与规范化工作。继续深化“安全生产年”活动，扎实推进安全生产“三项行动”和“三项建设”，严防重特大事故发生。健全突发公共事件应急机制，加强基层应急队伍建设。深入实施“强塘固房”工程，提高防灾减灾能力。继续做好信访工作，加强法制宣传教育和基层调解组织建设，及时排查化解各类社会矛盾，预防和妥善处置群体性事件。实施流动人口居住登记条例，提高流动人口服务和管理水平。健全社会治安防控体系，依法惩处各类违法犯罪。大力支持人民解放军和武警部队建设，强化国防教育、国防动员、民兵预备役和人民防空工作，深入开展拥军优属和军民共建活动，切实落实军人退伍和转业安置政策。加强国家安全工作。

在全面加强民生改善各项工作的同时，还要重点督促办好十个方面实事。就业方面，帮助30万名城镇失业人员实现再就业，城镇零就业家庭发现一户解决一户；完成农民转移就业技能培训20万人。养老和基本生活保障方面，新增企业职工基本养老保险参保人数70万，提高企业退休人员基本养老金待遇，提高城乡最低生活保障水平，确保符合条件的60周岁以上城乡居民按规定领取到每人每月不低于60元的基础养老金。医疗保障方面，新增城镇职工基本医疗保险参保人数60万，新增城镇居民基本医疗保险参保人数40万；城镇职工基本医疗保险最高支付限额，提高到当地职工平均工资的6

倍左右；城镇居民基本医疗保险最高支付限额，提高到当地居民平均可支配收入的6倍左右；省财政继续提高对新型农村合作医疗的补助标准，所有市县新农合人均筹资达到185元以上，最高支付限额提高到当地农民人均纯收入的6倍以上；城乡公共卫生服务项目经费标准达到人均20元以上。住房保障方面，新增廉租住房受益家庭1万户以上，新建廉租住房、经济适用房等保障性住房300万平方米以上；确保低保标准2倍以下城市低收入住房困难家庭廉租住房"应保尽保"，实物配租比例不低于50%；确保当地城镇居民人均可支配收入60%以下的城市住房困难家庭购租经济适用房需要；农村困难群众住房救助覆盖面扩大到低保标准1.5倍的家庭，完成4万户农村困难家庭危房改造任务。教育方面，全面实施中小学校舍安全工程，抓好重点区域校舍重建和加固改造工作。文化体育方面，确保有线电视通达地区城乡低保家庭免费看上有线电视，基本完成县以上城市有线电视数字化整体转换，送1.5万场演出、20万场电影、100万册图书到农村，培训基层文化干部和文化骨干1万名以上，建设小康体育村3000个，培训基层体育骨干1.2万名。农村环境建设方面，完成3000个村庄环境综合整治任务，解决150万农村人口安全饮水问题，疏浚整治河道5000公里，启动实施十万公里林道建设工程。扶贫方面，完成欠发达地区、重点库区和海岛等困难群众异地搬迁6万人以上；新增省级重点生态公益林1000万亩，符合标准的按每亩17元进行补助。污染防治方面，完成100个镇污水处理设施建设任务，新增县以上城市污水配套管网1000公里。公共安全方面，完成病险水库除险加固200座，整治重点病险"屋顶山塘"300座，加固海塘100公里、堤防150公里；安全生产事故起数、死亡人数和直接经济损失三项指标继续保持零增长，确保亿元生产总值死亡率、工矿商贸企业十万从业人员死亡率和道路交通万车死亡率稳步下降。

五、着力加强政府自身建设，打造服务型政府和法治政府

进一步加强和改善服务。继续深入开展服务企业、服务基层活动，突出抓好对企业的解困、扶持和服务工作。切实减轻企业负担，继续实施涉企行政事业性收费取消、暂停和降低等政策，调整用人单位养老保险费缴纳比例，养老保险缴费比例高于14%的原则上下调到14%，对部分困难企业特别是中小企业继续实行临时性下浮社会保险费政策。继续加大对企业调整结构的支持，用足用好增值税转型、出口退税、高新技术企业税收优惠等结构性减税政策，统筹使用工业转型升级和外贸发展等专项资金，重点支持企业技术研发、技术改造、发展高新技术产业和拓展国内外市场。积极协调解决小企业融资难等问题，鼓励银行在我省设立小企业信贷专营机构，发展多层次、广覆盖的中小企业信用担保体系，完善小企业贷款风险补偿机制，引导支持金融机构对成长性好的中小企业给予贷款利率优惠。加大法律服务力度，支持企业依法维护合法权益。加大对拓展发展空间、统筹城乡区域发展的支持力度，省财政在整合利用现有财政资金的基础上，一次性安排中心镇培育资金10亿元、欠发达地区扶持资金10亿元。

大力推动行政管理体制改革和创新。制定发展方式转变评价指标体系，深入推动11个设区市经济发展方式转变综合配套改革试点，抓好义乌国际贸易综合改革试点。深化扩权强县改革，推进强镇扩权改革，完成市、县政府机构改革，深化乡镇综合改革。深入开展以减少审批部门、审批事项、审批环节和审批时间为主要内容的行政审批制度改革，清理规范非行政许可审批事项，加快完善和推广应用网上办事大厅和行政审批电子监察系统，进一步提高行政效能。完善国有资产管理体制，推进省属国有企业重组和国有资产布局优化。积极营造公平竞争的良好环境，推动民营经济发展提升。进一步强化政府社会管理职能，健全基层社会管理体制，规范发展行业协会和市场中介组织。从严控制政府性债务，加强对各类政府性投融资平台的监管，防范和化解财政风险。

严格依法行政。健全科学民主决策机制，坚持重大事项集体决策，健全专家咨询论证、社会公示与听证等制度，加强对重大政策实施情况的跟踪评估。自觉接受人大及其常委会的依法监督，认真执行各项决议，定期报告工作，积极支持人民政协履行政治协商、民主监督、参政议政职能，切实做好人大代表建议和政协提案办理工作。主动听取民主党派、工商联、无党派人士和各人民团体的意见建议，切实推进政务公开，主动接受新闻舆论和人民群众的监督。加强政府立法，规范行政执法，开展规范行政处罚裁量权工作，完善行政复议和相对集中行政处罚权制度，全面推行行政问责制，防止行政不作为和乱作为。

加强勤政廉政建设。大力弘扬求真务实之风，狠抓目标任务和政策的贯彻落实，努力办实事、求实效。大力倡导艰苦奋斗、勤俭节约之风，严格控制一般性行政支出，各级党政机关公用经费预算压缩5%，出国(境)经费、公务用车购置及运行费、公务接待费支出按中央政策要求实现零增长。坚决纠正损害群众利益的行业不正之风，认真解决群众反映强烈的突出问题。加强审计监督和行政监察，强化对工程建设、土地出让、资金管理等重要领域的监督。加强对公共资源交易和招投标活动的监管，认真治理工程建设领域的突出问题，坚决制止劳民伤财的"形象工程"和"政绩工程"。完善惩治和预防腐败体系，全面落实廉洁自律各项制度和规定，始终保持惩治腐败的高压态势，严肃查处违纪违法案件。

科学谋划"十二五"时期发展，是今年一项十分重要的任务。我们要进一步深化重大问题研究，凝聚各方面的智慧，认真做好"十二五"规划编制有关工作。(2010年1月30日浙江省第十一届人民代表大会第三次会议通过)

关于浙江省2009年国民经济和社会发展计划执行情况 2010年国民经济和社会发展计划草案的报告(摘要)

——2010年1月26日在浙江省第十一届人民代表大会第三次会议上

浙江省发展和改革委员会

一、2009年国民经济和社会发展计划执行情况

2009年，是新世纪以来经济发展最为困难的一年。面对严峻复杂的宏观经济发展环境，全省上下坚持以科学发展观为指导，坚决贯彻执行中央应对国际金融危机的一揽子计划和政策措施，深入实施“八八战略”和“创业富民、创新强省”总战略，扎实推进“全面小康六大行动计划”，坚持标本兼治、保稳促调，全省呈现经济持续回升向好、社会和谐稳定的良好态势。省十一届人大二次会议确定的预期目标，除外贸出口指标外，其他均能完成。

(一)经济增速持续回升。经济增速逐季回升，全省地区生产总值一季度、上半年、前三季度和全年分别增长3.4%、6.3%、7.7%和8.9%。内需拉动作用明显增强，全社会固定资产投资和社会消费品零售总额分别增长15.2%和15.9%。外贸出口降幅逐步收窄。

(二)经济效益逐步提高。财政收入稳步回升，地方财政收入2142亿元，按可比口径计算比上年增长7.2%。企业效益明显改善，规模以上工业企业利润由一季度的下降20%转为全年增长34.4%。

(三)结构调整加快推进。产业结构调整力度加大，服务业对经济增长的贡献率达57.6%，服务业增加值占生产总值比重达43%，分别比上年提高9.9和2个百分点，工业转型升级积极推进，高效生态农业发展取得新成效。需求结构出现积极变化，居民消费潜力有效发挥，投资结构有所改善。要素结构趋于优化，中小企业新增贷款占企业新增贷款比重达85.6%，盘活存量建设用地5.2万亩。

(四)重点项目建设成效明显。“三个千亿”工程顺利实施，全年完成投资1680亿元，超年度计划11.3%；省重点建设A类项目完成投资1431亿元，超年度计划36%；“三线一枢纽”(沪杭、杭甬、宁杭客专和杭州东站枢纽)等项目开工建设。认真实施中央投资项目计划。重大项目前期工作加快推进。

(五)发展协调性进一步增强。城乡统筹发展水平进一步提高，区域发展协调性进一步增强，欠发达地区和海岛地区加快发展，长三角地区合作与交流不断加强，援川、援疆、援藏工作积极推进。生态文明建设进一步加强。节能减排成效进一步显现，万元生产总值综合能耗下降5.6%，化学需氧量排放量下降4.6%，二氧化硫排放量下降5.3%。

(六)改革开放不断深化。重点领域改革取得新成效，省级三大综合配套改革试点深入推进，转变经济发展方式综合配套改革试点启动实施，扩权强县改革等积极推进。对外开放取得新成绩，完善落实促进外贸出口的政策措施，稳定和扩大出口市场份额，利用外资结构有所优化。与央企合作力度明显加大。

(七)民生得到进一步改善。民生投入力度加大，全省财政支出增量的72.8%用于民生，基本公共服务均等化行动计划深入实施。就业和社会保障工作进一步加强，城镇登记失业率为3.26%，在全国率先建立覆盖城乡居民的社会养老保险制度。对困难群众帮扶力度加大。新增廉租住房保障家庭1.5万户，新开工经济适用房336万平方米，启动改造建设农村住房31.8万户，完成农村困难家庭危旧房改造3万户。城乡居民收入不断提高，城镇居民人均可支配收入和农村居民人均纯收入分别实际增长9.7%和9.5%，22年来首次双超GDP增幅。

在充分肯定2009年我省国民经济和社会发展计划执行情况良好的同时，也要清醒地看到当前我省经济社会发展中还存在不少问题。经济持续回升的基础还不稳固，经济增长的内生动力仍然不强，部分企业生产经营还比较困难，地方财政收支平衡压力加大，城镇低收入群众和农民持续增收难度较大，就业、就学、就医等公共服务与群众的期望还有不小差距。对这些问题我们将高度重视，及时采取有效措施努力加以解决。

二、2010年国民经济和社会发展计划主要目标

(一)关于地区生产总值增长的预期目标

地区生产总值增长9%左右。主要是考虑了以下因素：一是今年经济发展环境总体会好于去年，确定9%左右的经济增长目标是积极合理的，但考虑到国内外发展环境仍然十分复杂，速度也不宜定得过高。二是需要处理好保增长与调结构、惠民生的关系。9%左右的经济增速，既有利于引导各方面把工作重点放到调结构、促转型上来，又有利于促进经济平稳较快发展，着力解决就业等民生问题。三是与“十一五”规划目标相衔接。

为此，将科学编制“十二五”国民经济和社会发展规划，积极推进大平台大产业大项目大企业建设，加快海洋经济发展带建设。将继续按照“稳定优化一产、主攻调整二产、提升扩展三产”的要求，保持我省经济平稳较快健康发展。加大强农惠农政策力度，推动农业适度规模经营，积极培育现代农业生产经营主体。实施农业主导产业品质提升工程，培育一批区域农业品牌。加快推动传统产业转型升级，扩大块状经济向现代产业集群提升试点覆盖面，抓紧研究制定新能源、新材料、生物医药、节能环保、信息网络等战略性新兴产业发展规划，实施中小企业成长计划。组织编制服务业十大重点行业发展“十二五”规划，加大现代服务业集聚区的规划建设力度，培育一批服务业重点企业，推进一批服务业重大项目建设。

(二)关于地方财政收入预期目标

地方财政收入增长6%以上。我省经济的企稳回升向好、企业效益快速回升等为财政收入的平稳增长奠定了基础。但考虑到今年房地产税收难以持续大幅增长、增值税“免抵调”调控作用弱化等因素将影响财政收入增长，今年地方财政收入预期增长6%以上。

为保持地方财政收入的稳定增长，将采取有效措施努力优化财政收入结构，促进地方可用财力的稳定增长。完善税收收入征管机制，强化各税种科学控管，提高税收征管效率。加快推进政府非税收入征管体系建设，进一步规范土地出让金和海域使用金征管，切实增强地方财政实力。同时，严格控制行政支出，努力降低行政成本。

(三)研究与试验发展经费支出占生产总值比例预期目标

研究与试验发展经费支出占生产总值比例达1.8%左右。今年全省在国际金融危机的“倒逼”机制作用下，创新环境会不断改善，自主创新投入的力度将继续加大，但考虑到今年国家将用新的统计口径对R&D资源情况进行清查，对这一指标会有所影响。预期今年研究与试验发展经费支出占生产总值的比例为1.8%左右。

为此，将深入实施自主创新能力提升行动计划，全面推进国家技术创新工程试点省建设，不断增强科技创新对经济增长的驱动力。大力推进创新平台等载体建设，集聚创新要素，积极引进海内外各类创新人才和创新团队。引导企业加大科技投入，推进科技成果产业化。深入实施知识产权、标准化和品牌战略。

(四)关于三大需求增长的预期目标

全社会固定资产投资增长11%以上。今年国家将继续实施促进经济发展的一揽子计划，我省一批重大项目进入施工高峰期，投资增长依然具有较好的支撑。但投资增长也面临较多困难，如地方财政配套资金压力加大等因素将制约投资的较快增长。今年全社会固定资产投资预期增长11%以上。

为此，将着力优化投资结构，努力保持投资稳定增长。编制实施年度重大建设项目行动计划、政府主导性投资项目计划、重点建设计划、政府投资项目计划，加快以“七线两枢纽”为重点的铁路项目和一批公路、航道、机场项目建设，大力推进火电等电源项目和电网工程建设。最大限度开放民间投资渠道，提高民间投资在全社会投资中的比重。

社会消费品零售总额增长12%。国家将进一步加大刺激消费的力度，消费会继续稳定增长，但房地产、汽车等大宗消费能否保持去年的快速增长态势还存在诸多不确定性，城乡消费继续保持较高增长的难度加大。社会消费品零售总额预期增长12%。

为推动消费持续较快增长，将进一步完善职工工资正常增长机制，提高居民消费能力。完善城乡消费设施，繁荣活跃消费市场。积极培育新的消费热点，加快发展旅游、体育健身等休闲消费。加强市场监管，加强食品、药品质量的安全监管，优化消费环境。

外贸出口增长5%以上。国家和省里稳定出口的一系列政策措施的效果会进一步显现，加上去年基数较低，这些因素都将有利于今年外贸出口增长速度的回升。但考虑到出口还有很多不确定因素，预期外贸出口增长5%以上，力争更快一些。

为此，将在积极扩大内需的同时，努力保持出口稳定增长。大力推动企业建立健全营销网络，引导支持中小企业利用电子商务等方式拓展市场，鼓励企业参加境内外展会和产品展示。进一步巩固欧美日等传统市场，大力拓展中东、拉美、非洲等新兴市场。进一步推动大通关建设，健全国际贸易预警和摩擦应对机制。

(五)关于价格总水平的预期目标

居民消费价格涨幅控制在4%以内。今年输入型通胀压力增大，社会通胀预期增强，加上去年CPI对今年的翘尾影响，都将推高居民消费价格水平。今年我省居民消费价格涨幅预期目标控制在4%以内。

为实现价格调控预期目标，将提升市场价格监测预警能力和水平，及时发现和预警居民必需品和重要工农业生产资料市场供求和价格异常变动。密切关注国际国内大宗商品的价格变化及其对居民消费和生产经营的影响，进一步完善保障和改善民生的价格政策措施。

(六)关于城乡居民收入增长的预期目标

城镇居民人均可支配收入增长7%，农村居民人均纯收入增长7%。今年国家将加大国民收入分配体制改革力度，劳动者报酬比重会有所上升，农民收入将稳定增长，预计今年我省城乡居民收入会保持持续较快增长态势。预期城镇居民人均可支配收入和农村居民人均纯收入均增长7%。

为实现城乡居民收入的稳定增长，将深入实施低收入群众增收行动计划，调整最低工资标准，着力增加中低收入居民收入水平。落实强农惠农政策，增加涉农补贴规模，加大对低收入农户增收项目的扶持力度。深入实施千万农村劳动力素质培训工程，不断拓宽农民增收新门路。大力支持欠发达地区和海岛地区加快发展。

（七）关于人口、就业和社会保障目标

人口自然增长率控制在5.4‰以内。总体判断，今年我省人口自然增长率会有所提高。为此，将继续稳定低生育水平，深入开展免费婚检和免费孕前优生检测，提高出生人口素质。

城镇新增就业人数70万人，城镇登记失业率控制在4%以内。今年企业产能的利用率虽会有所回升，但企业吸纳就业的能力仍难以较大提高，整体就业难的问题仍会比较突出。

围绕实现就业预期目标，将进一步完善就业专项资金、失业保险基金的支出管理政策，建立健全公共投资带动就业增长的机制。推动创业带动就业，扩大免费创业培训对象，大力支持高校毕业生创业。切实做好就业援助工作，大力开发公益性就业岗位，千方百计扩大就业。

新增企业职工基本养老保险参保人数70万人，新增城镇职工基本医疗保险参保人数60万人。为此，将继续推进“五费合征”，进一步提高各类社会保险参保率。继续做好养老保险扩面工作，提高企业离退休人员基本养老金待遇。提高新型农村合作医疗保障水平。平稳推进职工基本养老保险省级统筹，出台养老保险关系转移接续办法，加强新农合与基本医疗保险、医疗救助等制度的衔接。

（八）关于节能降耗和主要污染物减排的目标

万元生产总值综合能耗下降3%、化学需氧量排放量下降3%、二氧化硫排放量下降3%，全面完成“十一五”节能减排目标。按照“十一五”规划目标的总体要求，以及2006～2009年工作进度，万元生产总值综合能耗下降3%、化学需氧量排放量下降3%即能顺利完成“十一五”规划目标；而二氧化硫减排力度较大、进展较快，2009年已经提前实现“十一五”规划目标，为体现国家加快发展绿色经济、低碳经济的政策导向，2010年仍按下降3%安排。

为此，将深入实施资源节约与环境保护行动计划，确保预期目标完成。节能方面，深入实施节能降耗“十大工程”，抓好重点耗能企业的节能改造，严格执行重点能耗行业限额标准，落实节能产品和节能改造项目企业所得税优惠政策。减排方面，将深入实施“811”环境保护新三年行动，认真做好太湖流域水环境综合治理工作，探索适合浙江产业特点的低碳经济发展模式。加快循环经济试点省建设，启动循环经济100项重点项目建设。完善生态补偿机制。

为实现2010年我省国民经济和社会发展主要目标，我们将着力深化重点领域和关键环节的改革，完善有利于科学发展的体制机制。

一是全面推进转变经济发展方式综合配套改革。安排年度重点任务，在各设区市及义乌市全面启动实施转变经济发展方式综合配套改革11个方面的试点，力争在重点领域和关键环节改革上取得新的突破。

二是深化资源要素市场化配置改革。加快推进工业用地分阶段出让改革试点，建立健全基础设施用地有偿使用、工业用地招拍挂出让等机制。积极推进宅基地换住房、生产生活用房相分离等改革试点。

三是进一步推进行政管理体制改革。深入开展“四减少”的行政审批制度改革。进一步深化扩权强县改革，推进强镇扩权改革，制定出台加快中心镇培育的政策意见。加快转变政府职能，完善干部考核评价体系和政府绩效管理体系。

四是深化医药卫生体制改革。加快落实医药卫生体制改革近期重点实施方案，稳妥推进国家基本药物制度。加强基层医疗卫生服务体系建设和改革，推动村级卫生室和社区卫生服务站改造建设。积极稳妥探索公立医院改革。

五是加快地方金融创新发展。鼓励地方商业银行跨区域经营、做强做大，加快发展创业投资等股权类投资，引导民间融资健康发展。积极培育农村新型金融组织，扩大村镇银行、小额贷款公司、农村资金互助社试点。

三、加快推进以“三个千亿”工程为主体的重点项目建设计划

2010年是推进“三个千亿”工程的关键一年。2010年“三个千亿”工程实施计划安排的原则：一是认真落实中央和省里调结构、促发展的一揽子计划和政策措施，继续推进基础设施、民生和产业等领域重大项目建设，确保投资持续较快增长。二是充分体现重大项目建设行动计划重大性、可行性、公共性、滚动性的要求。三是注重优化投资结构，着力增强重大项目对我省经济社会发展，特别是调整优化经济结构的推动作用，努力促进社会投资、产业投资增长。初步考虑，2010年“三个千亿”工程计划投资1780亿元，其中，千亿基础网络工程计划1163亿元，千亿惠民安康工程计划386亿元，千亿产业提升工程计划231亿元。

（一）千亿基础网络工程

加强能源基础设施建设。加快建设核电，优化发展火电，积极开发风电等新能源，扩大清洁能源比重。力争建成乐清电厂二期、舟山电厂二期等项目。加快三门核电一期、秦山一期扩建等项目建设。争取开工建设苍南电厂、仙居抽水蓄能电站等项目。深化龙游核电、舟山六横电厂等项目前期工作。

加快综合交通网络建设。推进以“七线两枢纽”为重点的铁路项目和一批公路、航道项目建设，建设高速铁路1000公里、高速公路600公里，完成国省道及重要干线公路改造400

公里。力争建成杭州钱江铁路新桥、台金高速公路东延段等项目。开工建设金温铁路扩能改造、九景衢铁路等项目。加快建设龙庆、云景高速公路等项目。推进杭黄铁路、临海头门港区开发等项目前期工作。

加强水利等基础设施建设。争取建成金华九峰水库、岱山衢山岛二期等项目,科学有序推进温台沿海产业带、环杭州湾产业带围垦工程。力争开工建设钦寸水库、杭州闲林水库等项目。加快建设浙东引水工程萧山枢纽,舟山大陆饮水二期等项目。积极推进朱溪水库、好溪水利枢纽工程,“三大清水环境”、五大“治太”工程等项目前期工作。

着力推进信息网络建设。继续加快实施“五网建设工程”,大力提升宽带接入带宽和传输容量,加快提高3G网络质量和覆盖水平。

(二)千亿惠民安康工程

全面实施“强塘固房”工程。重点加强对海塘、江堤以及病险水库的除险加固,做好周边民房和沿海台风频发地区民房的危旧房改造。完成病险水库除险加固200座,加固海塘100公里、堤防150公里。改造农村困难群众危房4万户。

加快社会事业项目建设。力争建成省长兴体育训练基地射击中心及生活教学区、杭州科技馆主体工程等项目。加快推进浙江大学紫金港西校区、中小学校舍安全工程、十四届省运会体育设施、公共卫生建设工程、农村文化基础设施、养老福利服务工程等项目建设。

推进环保生态工程建设。深入开展万里清水河道建设,力争疏浚整治河道5000公里,建成1000公里污水配套管网、100个镇的污水处理设施,完成3000个村庄的环境综合整治。加快温州生态园仙垟湿地公园,台州、金华等省级废旧金属资源再利用等项目建设。

加强帮扶致富工程建设。着力抓好400个特色优势产业合作项目。力争完成欠发达地区、海岛地区和重点库区等困难群众异地搬迁6万人以上,解决150万农村居民的饮水安全问题。新开工建设保障性住房300万平方米以上。

(三)千亿产业提升工程

加快现代服务业项目建设。重点抓好杭州国际博览中心、宁波国际贸易展览中心、中国义乌国际小商品博览会专用场馆工程、义乌市国际物流中心一、二期、衢州综合物流中心、嘉兴(现代)西南物流基地、杭州白马湖生态创意城、阿里巴巴“淘宝城”等一批服务业重大项目建设。

加快推进高技术产业项目。力争新建孵化器5个、省级重点实验室10家,新引进大院名校共建创新载体50家,建成嘉善富士康电子项目一期等项目。大力推进杭州信息产业国家高技术产业基地、杭州生物产业国家高技术产业基地、宁波国家新材料产业基地建设。

加快实施先进制造业项目。力争建成浙江富春江水电设备有限公司大型潮汐发电机组制造等项目。加快建设镇海炼化100万吨乙烯、中国重汽集团杭州发动机有限公司迁扩建等项目。争取开工建设西子联合控股有限公司盾构设备及地铁屏蔽门二期、嘉兴石化PTA等项目。推进台州炼化一体化等项目前期工作。

加快高效生态农业项目建设。力争在5年内建成粮食功能区500万亩和省级现代农业园区300万亩。围绕10大农业主导产业,着力建成一批以粮油、蔬菜、茶叶、食用菌、畜牧为重点的高效生态特色农业生产基地。(2010年1月29日浙江省第十一届人民代表大会第三次会议主席团第三次会议通过)

关于2009年浙江省和省级预算执行情况及2010年浙江省和省级预算草案的报告(摘要)

——2010年1月26日在浙江省第十一届人民代表大会第三次会议上

浙江省财政厅

一、关于2009年全浙江省和省级预算执行情况

2009年是新世纪以来我省经济发展最为困难的一年。我们以科学发展观为指导,深入贯彻党的十七大和省第十二次党代会及历次全会精神,坚决执行中央和省应对金融危机的一系列政策措施,全面落实省十一届人大二次会议有关决议精神,积极做好保增长、抓转型、重民生、促稳定的各项工作,全省财政预算执行情况良好,财政改革与发展取得新进展。

(一)2009年全省财政收支执行情况

2009年全省地方财政收入汇总预算为2042.00亿元,执行数为2142.37亿元,完成预算的104.9%,按可比口径计算增长7.2%。

全省地方财政收入主要项目完成情况为:税收收入1983.67亿元,完成预算的105.2%,增长10.7%;非税收入158.70亿元,完成预算的101.0%,增长12.3%。

2009 年全省财政支出汇总预算为 2406.00 亿元，执行数为 2653.76 亿元，完成预算的 110.3%，按可比口径计算增长 6.8%。

全省财政重点支出完成情况为：农林水事务 236.73 亿元，完成预算的 126.7%，增长 33.4%，增长较多，主要是政府收支分类科目口径调整因素，石油价格改革对渔业的补贴和农资综合直补由“采掘电力信息及粮油物资储备等事务”科目调整到“农林水事务”科目；教育 519.99 亿元，完成预算的 108.9%，增长 14.5%；科学技术 101.31 亿元，完成预算的 110.7%，增长 16.7%；文化体育与传媒 64.14 亿元，完成预算的 95.4%，增长 0.6%，主要是部分市县大型文体基础设施建设进度较慢；医疗卫生 177.12 亿元，完成预算的 117.5%，增长 24.0%；社会保障和就业 153.03 亿元，完成预算的 103.0%，增长 8.1%。

按照现行分税制财政体制和国家有关政策规定计算，2009 年全省地方财政收入加上中央税收净返还和中央各项补助，以及地方政府债券收入、结转下年支出款项等，预计 2009 年全省财政收支平衡。

（二）2009 年省级财政收支执行情况

2009 年省级地方财政收入预算为 211.30 亿元，执行数为 221.67 亿元，完成预算的 104.9%，按可比口径计算增长 6.3%。

省级地方财政收入主要项目完成情况为：税收收入 178.79 亿元，完成预算的 101.0%，增长 5.8%；非税收入 42.88 亿元，完成预算的 125.0%，增长 16.0%。

2009 年省级财政支出预算为 309.30 亿元，执行数为 325.78 亿元，完成预算的 105.3%，按可比口径计算增长 5.7%。

省级财政重点支出完成情况为：农林水事务 36.98 亿元，完成预算的 152.5%，增长 60.9%，增长较多，主要是政府收支分类科目口径调整因素，农资综合直补由“采掘电力信息及粮油物资储备等事务”科目调整到“农林水事务”科目；教育 56.82 亿元，完成预算的 102.5%，增长 7.9%；科学技术 20.42 亿元，完成预算的 102.7%，增长 8.3%；文化体育与传媒 12.12 亿元，完成预算的 103.0%，增长 8.7%；医疗卫生 24.22 亿元，完成预算的 101.5%，增长 7.1%；社会保障和就业 5.83 亿元，完成预算的 127.0%，增长 32.1%，超预算较多，主要是充实社会保障资金因素。

按照现行分税制财政体制和国家有关政策规定计算，2009 年省级地方财政收入加上中央税收净返还、中央各项补助和市、县（市）净上交，以及结转下年支出款项等，预计 2009 年省级财政收支平衡。

（三）2009 年主要财政工作情况

1. 加强增收节支，财政收支保持平衡。按照“法治、务实、有为”的原则，在落实各项财税政策的基础上，切实加强精细化管理，着力提高征管质量和效率，依法组织各项收入，科学把握好财税收支总“盘子”，重点优化税收收入结构和地方财政收入结构，确保财税收入平稳可持续增长，全省地方财政收入运行呈现“低开——企稳——回升”的态势。同时，认真贯彻落实中央和省有关增收节支、厉行节约各项规定，严格控制行政成本。加大财政支出结构调整力度，增强预算执行刚性，保障各项重点支出需要，确保财政收支平衡。

2. 发挥财税职能，助推经济保稳促调。一是帮扶企业应对危机。积极落实税收优惠政策，取消、降低有关涉企收费，减轻企业负担。制定小额贷款公司财税扶持政策，完善贷款风险补偿办法，加大风险补偿力度，缓解中小企业融资难题。加大财政资金扶持，重点支持中小企业公共技术服务平台和环境建设。二是推进“三大需求”协调发展。落实积极的财政政策，及时下拨中央扩大内需新增投资资金 37.44 亿元，积极争取并顺利发行 2009 年地方政府债券 82 亿元，筹措落实省本级财政性资金 141.80 亿元，支持政府主导性重大建设项目计划和“三个千亿”工程重大项目建设行动计划的实施；积极利用政府外债扩大投资，全省 5 个项目列入财政部利用政府外债贷款规划项目，贷款总规模 1.80 亿美元。深入实施低收入群众增收和基本公共服务均等化行动计划，提高居民消费能力；积极推进“家电下乡”和“汽车摩托车下乡”，认真开展家电、汽车以旧换新工作，拨付财政补贴资金 9.98 亿元，有效拉动居民消费。落实省级外贸发展资金 3.50 亿元，重点支持出口企业优化产品结构、创建自主品牌和参加境外展会等，优化外贸发展环境，促进外贸出口稳定增长和结构优化。三是推动“三大产业”优化升级。认真落实分类分档激励奖补机制，筹措支持服务业发展专项资金，调整资金支持重点，引导服务业加快发展；统筹落实税费、信贷、产业等政策，扶持企业分离发展服务业。整合工业类、科技类财政专项资金，设立总额为 5 亿元的工业转型升级专项资金，推进企业技术创新和技术改造；加大科技创新支持力度，省财政设立 5 亿元创业风险投资引导基金，支持处于初创期、成长期的科技型中小企业创业创新；支持推广应用新能源，加快推进循环经济发展和企业节能降耗工作。整合和落实省级财政资金，促进农业主导产业转型升级。

3. 坚持有保有压，民生支出重点保障。全省财政支出增量用于民生的比例达到 72.8%。一是加大支农投入。全省“三农”财政投入达到 762 亿元，增长 21.7%。逐步建立健全财政支农资金稳定增长机制，完善各项强农惠农政策，加大农业综合开发力度，支持农业基础设施建设和现代农业生产发展。深化农村综合改革，建立村级组织运转经费保障机制，将村支书、村主任基本报酬列入财政预算，认真开展村公益事业一事一议筹资筹劳省级财政奖补试点，推进农村改革发展。二是加快教育文化事业发展。全面落实和完善城乡义务教育各项政策措施，实施义务教育教师绩效工资改革，小学、初中生均日常公用经费最低标准已分别提高到350元和550元；扩大中职学生资助面，免除年人均收入4000元以下家庭子女就读中等职业学校的学费；完善高等教育投入政策，试行省属普通高校本科教学业绩考核结果与财政拨款挂钩。加大经费保障力度，支持建立覆盖城乡的公共文化服务体系，加快文化体制改革和文化产业发展，促进文化大发展大繁荣。三是支持实施积极的就业政策。重点做好农民工、高校毕业生、就业困难人员就业和稳定企业用工工作。继续深入实施残疾人共享小康工程，扶持全省残疾人就业创业。四是完善社会保障体系建设。全面启动城乡居民社会养老保险工作，完善被征地农民基本生活保障制度，城镇职工基本养老保险实现省级统筹。五是支持深化医疗卫生改革。认真贯彻中央医药卫生体制改革精神，研究完善政府卫生投入政策。加快推进城镇居民基本医疗保险工作，将大学生纳入城镇居民基本医疗保险。进一步完善免疫规划经费保障机制，及时落实防控甲型H1N1流感经费。六是支持生态环境保护和“平安浙江”建设。省财政筹措安排生态环保专项资金41.09亿元。加大生态环保财力转移支付力度，提高森林生态效益补偿标准，改革完善省级以上自然保护区财政补助政策，探索开展省排污权有偿使用和交易试点。不断完善政法经费保障体制，进一步明确保障责任，推进“平安浙江”建设。七是支持改善低收入群体基本生活和欠发达地区发展。加大扶贫投入，稳步推进扶贫小额信贷、“低收入农户集中村”村级互助资金试点，提高农民增收致富能力。支持廉租住房建设，不断扩大政策性农村住房保险覆盖面，加大对农村困难群众住房救助，改善城乡居民居住条件。落实燃油税改革政策，确保油价补贴资金及时发放到位。加大对景宁县和全省18个重点民族乡镇所在县的财政扶持力度，扶持欠发达地区和民族地区发展。省财政对欠发达地区转移支付252亿元，增长14.5%。积极筹措援川建设资金，确保青川灾后重建工作顺利实施。

4.深化财税改革，创新财税运行机制。加大“收入一个笼子、预算一个盘子、支出一个口子”预算管理改革力度，构建预算编制、执行、监督的管理框架。深化部门预算改革，完善预算定额体系、预算支出标准和资产配置标准体系，进一步加强项目预算管理，对省级项目预算进行整合。完善省级国库集中支付改革，进一步规范预算单位资金支付；在全省11个设区市均已实施改革的基础上，稳步推进县级国库集中支付改革。扎实推进财税库银横向联网改革和公务卡制度改革，省级预算单位初步完成公务卡改革。进一步完善绩效评价制度，加大绩效评价宣传力度，组织落实部门单位绩效自评和重点项目评价工作，省级共对41个部门128个项目组织实施绩效自评，并对全省基层文化设施建设项目和乡村卫技人员素质提升工程等20个重点项目开展绩效评价。加快推进全省政府采购信息化建设，进一步拓展和发挥政府采购政策功能，加大对我省自主创新和节能环保产品的政府采购支持力度，不断扩大政府采购范围和规模，预计全年政府采购合同金额达到450亿元以上，资金节约率达到12%以上。

5.加强财政监管，推进科学化精细化管理。加快推进财政专项资金清理、规范、整合，省级重点对工业、服务业、农业、科技、生态环保等五大类专项资金进行整合，引导专项资金投向，优化财政资金增量结构，提高资金配置效率。加强地方政府性债务管理，对超过债务预警指标的市县进行通报。开展资产管理信息系统试点，加快建立我省行政事业单位国有资产管理监督体系。建立国有资本收益上缴制度，试编省本级国有资本经营预算。认真开展地方财政资金安全检查和“小金库”治理工作，强化因公出国（境）经费使用的监督检查，加强财政监督。建立健全政府信息公开制度，提高财政工作透明度，主动接受各方面的监督。

2009年，全省财政运行不断规范，预算完成情况总体较好。但财政运行和预算执行中还存在一些亟待解决的问题：财政收支矛盾十分突出；防范和化解财政风险的任务艰巨；区域间基本公共服务的供给水平和均等化程度有待加强；财税管理的质量和财政资金使用的安全性、规范性和有效性有待进一步提高，等等。我们将进一步增强责任感、紧迫感和使命感，高度重视这些问题，进一步采取有效措施，努力加以改进和解决。

二、关于2010年浙江省和省级财政预算草案

（一）当前我省财政经济形势

2010年我省经济发展既蕴含重要机遇，也面临严峻挑战。从国际看，世界经济运行中出现了一些积极变化，但金融危机影响还将持续，世界经济复苏的基础仍比较脆弱，基础还不稳固。从国内看，通过实施一揽子计划和相关政策措施，我国经济实现了较快增长，各方面信心明显增强，保持较快增长具有较好的基础，但经济回升内在动力仍然不足，结构性矛盾仍很突出。从我省看，全面深入贯彻落实科学发展观和国家各项宏观调控政策，大力推动经济结构调整和经济发展方式转变，全省经济有望继续保持平稳较快发展，但由于经济发展中仍面临一些深层次的困难和矛盾，特别是结构性矛盾仍然突出，全省经济仍将面临较大的考验。从财政收支来看，收入前景不很乐观、基础不太稳固，支出压力大、刚性强；收支矛盾加剧，财政平衡难度加大。一方面，由于企业的基本面没有根本改善，部分行业和企业经营困难，企业所得税增长困难很大；外贸出口难以全面增长，税收增长有限；继续执行结构性减税政策，将会明显减少财政收入；房地产市场调控必然对相应税收带来影响；一些拉动内需和外需政策的边际效应可能递减；一些一次性特殊增收的措施难以持续；财政收入形势不容乐观。另

一方面，扩内需、保增长、促转型导致的支出增长很快。保持政府公共投资力度，在建项目需要继续投入资金；义务教育教师绩效工资、医药卫生体制改革、城乡居民养老保险制度、校舍安全工程、落实离退休人员补贴等政策性增支较多且集中；支援四川灾区重建也需要财政增加投入。在减收增支的压力下，财政收支矛盾突出，财政平衡难度加大。

（二）2010年预算安排的指导思想

根据对2010年经济形势的分析和预测，按照中央和省委对经济工作的总体部署，我省2010年财政预算安排的指导思想是：以科学发展观为统领，围绕深入实施“创业富民、创新强省”总战略和“全面小康六大行动计划”，遵循“一要吃饭、二要建设、三要有所积累、四要增强宏观调控能力”的理财原则，按照“依法治税、为民理财、务实创新、廉洁高效”的总体工作思路，建立财政收入稳定增长的长效机制，调整和优化财政支出结构，深化公共财政管理改革，积极构建强化预算编制、执行、监督的管理框架，着力提升财政科学化、精细化管理水平，促进全省经济社会持续平稳健康发展。

（三）2010年全省及省本级预算安排

1.全省汇总预算安排

（1）收入预算

根据当前财政经济形势，2010年全省地方财政收入预计增长6%以上。2010年全省地方财政收入预算按增长6%计算安排2270亿元，其中：税收收入2116.15亿元，增长6.7%；非税收入153.85亿元，下降3.1%。

税收收入主要项目安排情况如下：增值税（25%部分）396.20亿元，增长7.5%；营业税710.10亿元，增长7.0%；企业所得税地方部分311.10亿元，增长5.5%；个人所得税地方部分127.20亿元，增长2.5%；城市维护建设税122.40亿元，增长7.2%。

非税收入主要项目安排情况如下：教育费附加收入58.90亿元，增长7.2%；行政事业性收费收入41.93亿元，与上年持平；罚没收入71.10亿元，下降10.0%。

（2）支出预算

按照现行分税制财政体制计算，2010年全省地方财政预算收入加上预计的中央税收净返还和中央各项补助等，2010年当年全省地方财政可用资金为2700.00亿元。拟安排2010年全省财政支出预算2700.00亿元，比调减地方政府债券因素后的执行数增长5.0%。2010年全省财政预算收支平衡。重点支出安排情况如下：农林水事务250.48亿元，增长6.1%；教育548.58亿元，增长5.8%，其中教育支出497.63亿元，增长6.1%，教育费附加支出50.95亿元，增长3.0%；科学技术107.49亿元，增长6.1%；文化体育与传媒67.32亿元，增长5.2%；医疗卫生183.92亿元，增长5.2%；社会保障和就业160.98亿元，增长5.2%。按照《预算法》规定，设置预备费36.00亿元，为总预算支出的1.3%。

2.省本级预算安排

（1）收入预算

根据当前财政经济形势，2010年省级地方财政收入预计增长6%以上。2010年省级地方财政收入预算按增长6%计算安排235.00亿元，其中：税收收入191.30亿元，增长7.0%；非税收入43.70亿元，增长1.9%。

税收收入主要项目安排情况如下：增值税（25%部分）21.68亿元，增长8.0%；营业税97.18亿元，增长7.5%；企业所得税地方部分56.74亿元，增长6.0%；个人所得税地方部分8.06亿元，增长3.0%。

非税收入主要项目安排情况如下：教育费附加收入7.53亿元，增长7.2%；行政事业性收费收入28.30亿元，增长5.0%；罚没收入4.00亿元，下降20.0%。

（2）支出预算

按照现行分税制财政体制计算，2010年省级财政预算收入加上预计的中央税收净返还、中央各项补助和市县净上交等，2010年省级财政可用资金为342.00亿元。拟安排2010年省级财政支出预算342.00亿元，增长5.0%。2010年省级财政预算收支平衡。重点支出安排情况如下：农林水事务39.23亿元，增长6.1%；教育60.11亿元，增长5.8%，其中教育支出54.38亿元，增长6.1%，教育费附加支出5.73亿元，增长3.0%；科学技术21.67亿元，增长6.1%；文化体育与传媒12.75亿元，增长5.2%；医疗卫生25.49亿元，增长5.2%；社会保障和就业6.13亿元，增长5.2%。按照《预算法》规定，设置预备费3.60亿元，为总预算支出的1.1%。

三、关于2010年浙江省财政工作的主要任务

2010年是全面实现“十一五”规划目标、衔接“十二五”发展的重要一年，做好全省财政工作，对进一步应对国际金融危机不利影响、保持全省经济平稳较快增长、为“十二五”规划启动实施奠定良好基础具有十分重要的意义。根据政府工作的总体要求，我们将着重抓好以下工作：

（一）稳收支、保平衡。密切关注经济发展走势、宏观经济政策和税收政策变化对税收的影响，及时掌握重点企业、重点行业生产经营和税源变化情况，深入分析税收增减变化内在原因，科学判断收入增减趋势，及早研究应对措施，牢牢把握组织财政收入工作的主动权。加快推进政府非税收入征管体系建设，进一步拓宽政府非税收入征收范围，探索研究国有资源（资产）有偿使用收入管理办法，加强国有资本经营收益收取，努力增加政府非税收入。进一步完善社保费征管机制，逐步夯实缴费基数。同时，分清轻重缓急，合理安排财政支出，做到有保有压。在确保民生等重点支出的同时，严格控制一般性行政

支出，各级党政机关公用经费预算压缩5%，出国（境）经费、公务用车购置及运行费、公务接待费支出按中央政策要求实现零增长，努力降低行政成本，把有限的财力真正用到促进经济社会发展的重要领域，促进经济平稳较快发展，切实保障和改善民生。

（二）抓转型、促发展。以推进经济转型升级为主线，优化配置各类财税资源，扎实推进大平台、大产业、大项目、大企业建设，促进经济发展方式转变，提高经济增长的质量和效益，夯实收入稳定增长的基础。继续落实积极的财政政策，保持政府投资力度，筹措落实"三个千亿工程"省级财政性资金，支持以铁路现代化为重点的基础设施和民生工程建设。完善落实汽车、家电下乡和"以旧换新"政策，支持商贸流通体系建设，推动消费增长。继续安排3.5亿元外贸扶持资金，突出支持中小企业开拓国际市场，促进外贸出口稳步回升。完善落实服务业发展的体制和政策，加大服务业投入，调整优化支持重点，支持分离发展服务业，推动服务业加快发展。调整完善工业转型升级财政政策，促进企业技术创新和技术改造，支持绿色能源、循环经济和低碳经济发展，推进工业转型升级。继续实施增值税转型、出口退税、高新技术企业税收优惠和涉企行政事业性收费取消、暂停等政策，扶持企业发展。用足用好金融业发展专项资金，继续安排省级小企业贷款风险补偿资金，积极引导、鼓励金融机构支持中小企业发展。加大财政强农惠农政策力度，深入推进农业综合开发，以培育农业十大主导产业为重点，支持现代农业发展。加大财政科技投入，完善财政科技资金使用机制，推进创新平台和载体建设，支持企业自主创新，推进科技成果产业化，不断提升自主创新能力。进一步加大对中心镇培育扶持力度，积极稳妥推进城镇化，提升城镇发展质量和水平。

（三）调结构、惠民生。进一步调整和优化财政支出结构，切实改善民生。加大财政支农投入，建立健全多元化的农业投入机制，综合运用财政补助、贴息、以奖代补等多种手段，促进农业增产增效和农民增收致富。全面实施中小学"校舍安全工程"，继续实施"领雁工程"、"农远工程"、职教"六项行动计划"，落实中职学生资助政策，启动新一轮高校重点学科建设，提高教育质量和水平。全面开展乡镇综合文化站建设，加强农村文化建设，逐步建立覆盖城乡的公共文化服务体系；积极支持文化体制改革，大力发展文化事业和文化产业。完善落实就业创业扶持政策和就业援助工作，稳定和扩大就业。进一步完善社会保障体系，全面实施城乡居民养老保险工作，提高最低生活保障水平，完善被征地农民基本生活保障制度。积极推动医药卫生体制改革，健全投入机制，重点做好农村医疗卫生服务体系建设和改革工作。城乡公共卫生服务经费标准达到人均20元以上。提高新型农村合作医疗保障水平，所有县（市、区）新农合人均筹资标准达到185元以上，最高支付限额提高到当地农民人均纯收入的6倍以上。加大对低收入群众的帮扶救助力度，建立道路交通事故社会救助机制，进一步健全社会救助体系，保障和改善困难群体基本生活。积极落实省级财政补助政策，加快农村困难家庭危旧房改造，推进欠发达地区城市低收入家庭廉租住房保障体系建设，改善城乡低收入居民居住条件。完善财政生态补偿政策，进一步加大对环境保护和生态建设的投入，全面推行排污权有偿使用和交易制度，推进生态省建设。加大欠发达地区扶持力度，增强欠发达地区可持续发展后劲。

（四）推改革、强管理。关注市县财政运行情况，研究完善转移支付制度，建立科学的财政体制机制。继续深化和稳步推进符合浙江实际的"收入一个笼子、预算一个盘子、支出一个口子"财政运行机制改革。进一步细化和完善预算编制、执行、监督的管理框架，保障"三个子"顺畅运行。深化综合预算改革，建立健全省级政府预算体系，编制政府公共预算、社保基金预算、国有资本经营预算以及政府性债务计划。深化和完善省级国库集中支付改革，加快推进市县改革步伐，初步建立以国库集中支付制度为龙头的预算执行新体系。推进公务卡试点和财税库银横向联网，加快建立地方预算执行动态监控机制，加强财政资金监管，提高国库资金运行管理水平。深化政府采购制度改革，不断完善政府采购制度体系，加快推进全省政府采购信息系统一体化建设，稳步扩大政府采购范围和规模，大力发挥政府采购政策功能，加大政府采购对自主创新、节能环保产品以及中小企业发展的支持力度。加强财政支出绩效评价，强化项目绩效目标管理，创新项目支出绩效自评和重点项目评价工作，不断扩大部门单位绩效自评工作覆盖面，进一步健全评价结果应用机制。深化农村综合改革，加强乡镇财政管理，保障乡镇职能运转基本支出，落实好村级组织运转经费保障机制和村干部基本报酬财政补助政策，全面推进村级公益事业一事一议筹资筹劳财政奖补试点工作，完成农村义务教育债务化解任务。

（五）提绩效、防风险。加强财政法制建设，强化财政执法监督。进一步加强对地方政府性债务及各类政府性投融资平台的监管，健全债务管理机制，规范举债行为，落实偿债责任，努力防范和化解债务风险。进一步加强专项资金管理，加大整合力度，健全完善机制，提高财政资金使用绩效。完善行政事业单位国有资产管理制度体系，加快资产管理信息平台建设，推动行政事业单位资产管理的科学化和规范化。加强财政监督和会计、资产评估监督，完善注册会计师行业行政监督机制，提升会计信息质量。加强金财工程建设，推进财政管理信息化。积极推进财政政务公开，自觉接受人大、政协和社会各方面监督。

浙江省第十一届人民代表大会财政经济委员会关于2009年全省和省级预算执行情况及2010年全省和省级预算草案的审查报告

（2010年1月29日浙江省第十一届人民代表大会第三次会议主席团第三次会议通过）

浙江省第十一届人民代表大会第三次会议审议了省财政厅受省人民政府委托提出的《关于2009年全省和省级预算执行情况及2010年全省和省级预算草案的报告》，财政经济委员会根据代表们的审议意见进行了审查。现将审查结果报告如下：

一、2009年是新世纪以来我省经济发展最为困难的一年。我省各级政府和财税部门坚决贯彻中央和省应对国际金融危机的一系列政策措施，认真执行省十一届人大二次会议决议，围绕保增长、抓转型、重民生、促稳定，加强增收节支，优化支出结构，深化财税改革，推进科学化精细化管理，为推动全省经济回升向好和社会和谐稳定做了大量富有成效的工作。预算执行情况总体良好，预计全省和省级财政收支平衡。同时，预算执行中还存在一些地方财政收支矛盾比较突出、部分专项资金使用绩效有待提高、政府非税收入和政府性债务管理尚需进一步加强等困难和问题。对此，各级政府和财税部门要高度重视，采取切实有效措施加以解决。

二、财政经济委员会认为，省人民政府提出的2010年全省和省级预算草案，符合预算法等法律、法规的规定，体现了优化结构、保障重点，量入为出、量力而行，注重绩效、厉行节约的原则，预算草案和报告是可行的。财政经济委员会建议，批准省人民政府提出的2010年省级预算草案，同意省财政厅受省人民政府委托提出的《关于2009年全省和省级预算执行情况及2010年全省和省级预算草案的报告》。

此外，本次会议还对省人民政府提交的30个省级部门预算草案进行了审查。财政经济委员会对省环境保护厅、省林业厅部门预算草案进行了重点审查。

三、2010年是实施“十一五”规划的最后一年，也是巩固和发展经济回升向好势头的关键之年。今年的财税工作，有利条件不少，但不确定因素较多，减收增支矛盾比较突出，财政收支平衡难度加大，财政潜在风险不容忽视。根据代表们的审议意见，财政经济委员会建议：

（一）优化收支结构，确保收支平衡。坚持依法治税，保障财政收入持续稳定增长。加快推进政府非税收入征管体系建设，着力提高征管质量和效率。科学合理安排财政支出，落实各项支农惠农政策，继续加强重大民生政策实施，加大社会保障、就业、生态环境保护和保障性住房建设等领域投入，着力改善民生。加大对欠发达地区支持力度，加快推进基本公共服务均等化。努力增收节支，严格控制一般性行政支出，降低行政成本。

（二）继续落实积极的财政政策，推进经济结构调整。保持政府投资力度，支持重点基础设施建设和民生工程建设。进一步统筹各项财税扶持政策，充分发挥财政政策和财政资金的导向作用，推进大平台大产业大项目大企业建设和培育。调整优化支持重点，改造提升传统产业，培育发展战略性新兴产业；推进现代服务业加快发展，着力提升服务业质量和水平；支持节能环保，发展循环经济，促进生态文明建设。

（三）强化监督管理，促进财政运行安全有效。严格预算管理，增强预算约束力和执行力。进一步清理整合各类专项资金，扎实推进财政支出绩效评价和绩效审计工作，健全评价结果的应用机制。实施对政府重大建设项目资金使用的全过程监督，加强土地出让金收支预算监管，确保资金使用的安全、规范和效益。加强对政府性债务的分析监测，严格落实各项管理规定，防范和化解财政风险。

（四）深化财政体制改革，提高依法理财水平。进一步完善以部门预算、国库集中支付、政府采购为主要内容的公共财政制度改革。推进综合预算改革，建立健全社保基金预算、国有资本经营预算以及政府性债务计划，完善政府预算体系。完善转移支付办法，建立科学的财政体制机制。加强和改进政府性资产管理，实现资产管理和预算管理有机结合。加强财税队伍建设，努力提高依法理财的能力和水平。

省委省政府重要财经文件

中共浙江省委 浙江省人民政府 关于开展转变经济发展方式综合配套改革试点的意见

(2009年12月4日 浙委〔2009〕95号)

为全面贯彻落实党的十七大和省第十二次党代会精神，深入学习实践科学发展观，全面实施“创业富民、创新强省”总战略，加快转变经济发展方式、推进经济转型升级，促进浙江经济又好又快发展，省委、省政府决定在全省开展转变经济发展方式综合配套改革试点。现就有关事项提出以下意见。

一、总体要求和目标任务

(一)总体要求。坚持以邓小平理论和“三个代表”重要思想为指导，全面贯彻落实科学发展观，深入实施“创业富民、创新强省”总战略，按照省委十二届五次全会的总体部署，以转型升级为主线，以改革创新为动力，着力建立有利于产业结构调整的体制机制，加快构筑现代产业发展的新格局；着力建立有利于要素支撑结构调整的体制机制，加快构筑集约创新发展的新格局；着力建立有利于需求结构调整的体制机制，加快构筑投资出口消费协调拉动的新格局；着力建立有利于空间布局结构调整的体制机制，加快构筑城乡区域协调发展的新格局，走出一条具有浙江特色的转变经济发展方式之路。

(二)目标任务。通过5～10年的努力，基本形成充满活力、富有效率、更加开放、有利于科学发展的体制机制。

——产业转型升级取得明显成效。三次产业联动发展深入推进，现代服务业发展的政策制度更加完善，信息化与工业化加快融合，传统产业改造提升促进机制和新兴产业培育引导机制进一步健全，农业发展方式转变取得显著成效，经济增长由主要依靠第二产业带动向依靠第一、二、三产业协同带动转变，基本形成具有较强竞争优势的现代产业体系。

——投资出口消费对经济增长的拉动更加协调。坚持投资与消费并重、扩内需与稳外需相结合，投融资体制改革继续深化，政府投资结构进一步优化，民间投资活力进一步显现，保持出口稳定增长的机制不断健全，扩大消费的体制性保障不断增强，促进经济增长由主要依靠投资、出口拉动向依靠消费、投资、出口协调拉动转变。

——自主创新能力进一步增强。创新驱动的体制机制加快形成，促进自主创新的财税、金融、人才、法律等环境不断优化，基本建立比较完善的区域创新体系和人才支撑体系，科技对经济转型升级的推动作用明显增强，科技综合实力、区域创新能力位居全国前列，为率先建成创新型省份提供有力的体制保障，实现经济增长由主要依靠增加物质资源消耗向主要依靠科技进步、劳动力素质提高转变。

——资源节约和环境保护水平进一步提高。资源要素市场化配置改革深入推进，促进资源节约集约利用的市场机制基本形成，资源节约和环境保护长效机制初步建立，率先创建全国循环经济示范区，节能降耗、环境保护和土地节约集约利用水平继续居于全国领先地位，经济社会可持续发展能力明显增强，加快建成资源节约型和环境友好型社会。

——统筹城乡区域发展取得重大进展。着力破除城乡二元体制，统筹城乡发展的体制机制基本建立，城乡基本公共服务差距明显缩小，空间布局进一步优化，区域协调发展机制不断完善，“海上浙江”、“山上浙江”建设深入推进，农村地区、欠发达地区生产生活条件明显改善，城乡区域协调发展的新格局基本形成。

二、各市试点主题

坚持面上改革与重点领域突破相结合、解决当前突出问题与谋划长远发展相结合、试点先行与整体推进相结合，根据各地实际情况，在各设区市及义乌市开展11个方面的改革试点。具体如下：

杭州市开展综合配套改革试点。围绕率先建立充满活力的创业创新体制、改善民生的社会管理体制和科学高效的行政管理体制，借鉴浦东综合配套改革试点做法，着力推进自主创新、产业转型升级、区域合作、社会保障、服务型政府等体制改革，率先建成创业创新充满活力、民生保障全面覆盖、政府管理，科学高效的综合配套改革试点区。

宁波市开展扩大对外开放综合配套改革试点。按照“服务长三角，辐射中西部，对接海内外”的总体要求，着力推进区域开发、产业升级、港口整合、金融服务、行政管理等体制改革，加快建立与开放型经济相适应的市场经济体制和运行机制，全面提升经济国际化水平，率先建成内外联动、互利共赢、规范高效、接轨国际的开放型经济先行区。

温州、台州市开展民营经济创新发展综合配套改革试点。着力破解民营经济发展的体制机制障碍，着力推进制度创新、技术创新、管理创新、服务创新等体制改革，加快建立民营经济创新发展的体制机制，充分激发民营经济创新发展的动力和活力，率先建成创业活力更足、创新能力更强、创业环境更优的民营经济创新发展示范区。

湖州市开展社会主义新农村建设综合配套改革试点。以发展农村经济增加农民收入为中心，以加强农村基础设施建设为重点，着力探索市校、军地、企村共建社会主义新农村的体制机制，大力推进村镇规划、产业发展、生态环保、科技创新、劳动力素质提升，加快建立以工促农、以城带乡的社会主义新农村建设长效机制，率先建成经济繁荣、生活富裕、村容整洁、充满活力的新农村建设示范区。

嘉兴市开展统筹城乡综合配套改革试点。以解决“三农”问题为核心，以打破城乡二元体制为突破口，着力推进城乡规划一体化、基本公共服务均等化、资源要素配置市场化和有利于强县强镇发展的体制改革，加快建立统筹城乡发展新体制，率先建成体制机制活、统筹水平高、带动作用强的统筹城乡发展先行区。

绍兴市开展工业转型升级综合配套改革试点。坚持培育新兴产业与提升传统产业相结合，促进信息化与工业化融合，探索建立推进传统产业改造升级、块状经济转型提升、新兴产业培育发展、资源要素集约利用等体制机制，加快推进工业转型升级，率先建成产业集群层次高、节能环保水平高、自主创新能力强、市场竞争实力强的新型工业化发展先导区。

金华市开展现代服务业发展综合配套改革试点。深入实施市场带动、品牌引领、国际化发展战略，探索建立推进国际商贸城培育、制造业与服务业联动发展、服务业集聚发展、现代营销网络构建、自主创新品牌建设等体制机制，加快推进现代服务业发展，率先建成特色鲜明、布局合理、功能完善的现代服务业发展先行区。

衢州市开展特色产业发展综合配套改革试点。充分发挥特色产业优势，结合低丘缓坡开发和生态源头环境保护，探索建立推进特色产业集聚、专业人才引进、创新平台建设等体制机制，加快推进现代产业集群培育发展，率先建成“高起点、跨跃式、集约化、特色型”的产业集聚发展试验区。

舟山市开展海洋开发综合配套改革试点。充分发挥海洋资源优势，大力发展海洋经济，探索建立推进海洋资源保护与开发、海洋产业转型升级、海洋经济对外开放等体制机制，加快推进海洋综合开发利用，率先建成海洋综合实力强、海洋生态环境、海洋开发体制优、海陆联动机制活的海洋综合开发试验区。

丽水市开展生态经济创新发展综合配套改革试点。围绕和谐发展、可持续发展的目标，大力发展生态农业、生态工业和生态旅游业，积极创建全国生态文明建设的先行区和示范区，探索建立推进生态功能区建设、生态环境保护、节能减排等体制机制，加快推进生态经济创新发展，率先建成生态产业创新发展，生态环境和谐优美、生态文明与经济文明协调统一的生态经济建设示范区。

义乌市开展国际贸易和统筹城乡综合配套改革试点。在统筹城乡综合配套改革试点的基础上，探索建立推进小商品国际贸易管理创新、服务创新、贸易方式创新的体制机制，促进国际贸易水平的提升和人流、物流、资金流交融汇集，率先建成贸易流通便捷、平台功能卓越、服务管理一流的小商品国际贸易试验区。

三、保障措施

（一）加强组织领导。切实加强对试点工作的组织领导，成立省转变经济发展方式综合配套改革试点工作领导小组，与省经济体制改革工作领导小组两块牌子、一套班子，领导小组下设办公室，办公室设在省发改委。领导小组负责协调解决试点过程中的重大问题，审定各市总体改革方案，研究制定相关政策。各市要成立相应的组织机构，加强对试点工作的领导。

（二）健全推进机制。建立省、市试点联动推进机制，明确工作分工，落实工作责任，形成部门各司其职、上下密切配合的工作格局。各试点市党委、政府是试点的实施主体和责任主体，要紧密结合当地实际，认真制定试点实施方案，明确试点目标任务，精心部署组织开展试点工作。省级有关部门要加强对各市试点工作的指导和服务，协调解决试点中需要重点突破的改革措施，积极争取国家相关政策支持，在重点领域先行先试。建立严格的考核机制，试点实施情况列入省级部门年度目标责任制考核和市政府领导班子及领导干部政绩考评体系。

（三）强化舆论宣传。加强对试点工作的舆论宣传，运用报刊、广播、电视、网络等媒体，大力宣传推广各地试点成功做法和典型经验，凝聚改革创新共识，形成改革创新合力，营造全社会理解改革、支持改革、参与改革的良好氛围，齐心协力推进改革试点。

浙江省人民政府
关于下达2009年浙江省国民经济和社会发展计划的通知

（2009年2月18日 浙政发〔2009〕13号）

各市、县（市、区）人民政府，省政府直属各单位：

2009年浙江省国民经济和社会发展计划已经省十一届人大二次会议审议批准，现印发给你们，请认真组织实施。有关专业计划由省发改委另行下达。

2009年我省经济社会发展既面临艰巨困难，也蕴含重大机遇。今年的经济社会发展工作，要按照省十一届人大二次会议的要求，深入贯彻落实科学发展观，全面实施“创业富民、创新强省”总战略，扎实推进“全面小康六大行动计划”，着力保增长、抓转型、重民生、促稳定，努力推动经济社会又好又快发展。

2009年我省国民经济和社会发展主要预期目标是：

——全省生产总值增长9%左右；

——地方财政收入增长6%左右；

——研究与试验发展经费支出占生产总值比例达到1.7%左右；

——单位生产总值能耗下降4%以上，化学需氧量排放量下降3%以上，二氧化硫排放量下降3%左右；

——城镇居民人均可支配收入增长7%，农村居民人均纯收入增长7%；

——居民消费价格总水平涨幅控制在4%以内；

——新增城镇就业60万人，城镇登记失业率控制在4%以内；

——人口自然增长率控制在6‰以内。

按照上述要求和目标，各地、各部门在今年计划安排和组织实施过程中，要扎扎实实做好以下几个方面的工作：

一、确保经济平稳较快发展

进一步加大投资力度。加快实施“三个千亿”工程，确保完成政府主导性投资1838亿元和重点建设投资1000亿元。抓紧开工建设一批政府主导性重大项目。大力推进以“六线两枢纽”为重点的铁路项目建设，力争通过4年左右的努力，基本建成全省现代化轨道交通网。以高速公路为重点加强公路网建设，抓紧实施港口、机场、内河航运等重大项目，加强公路、铁路、港口、机场的相互衔接。积极推进以核电、电网和天然气管网为重点的能源建设，组织实施一批千库保安、海塘和堤防加固、水资源保障、重点围涂、防洪排涝等水利重大项目，全面推进“811”环境保护新三年行动确定的环保设施项目建设，加大廉租住房、农村基础设施、卫生教育文化设施的建设力度。积极引导和扩大社会投资。充分利用增值税转型和财政贴息等政策，鼓励企业加大技术改造和高新技术产业、现代服务业、装备制造业、先进临港产业等项目投资。加强项目建设的要素保障和协调推动。抓紧修编新一轮土地利用总体规划，优化配置建设用地资源，着力解决建设用地空间结构和占补平衡问题。做好重大项目资金平衡和融资对接，创新融资方式，推动金融机构加大重点项目资金投入，积极争取中央资金支持，加大招商引资力度。在符合科学发展要求和依法依规的前提下，抓紧做好项目论证审批、政策处理和组织实施等工作，努力构建有利于重大项目建设顺利推进的支持政策和保障机制，创造良好的投资环境，防止低水平重复建设。

推动消费快速增长。深入实施低收入群众增收行动计划，多渠道增加城乡居民收入，增强居民消费能力。深入实施基本公共服务均等化行动计划，健全教育、医疗等基本公共服务体系，完善就业和社会保障制度，稳定居民消费预期。加快培育旅游、文化、信息服务、教育培训、体育健身等消费热点，发展社区商业、物业、家政等服务性消费，积极开展“家电下乡”。加大农村水、电、气、路等设施建设力度，健全城乡消费品、生产资料和农产品流通网络体系，发展和完善消费信贷，加强市场监管，规范市场秩序，进一步改善消费环境。认真落实中央关于促进房地产市场稳定健康发展的政策措施，支持和鼓励普通自住住房和改善型住房消费，加快发展二手房市场和住房租赁市场，促进房地产业健康发展。

努力保持出口平稳较快增长。充分利用两个市场、两种资源，积极推动外贸增长方式转变，优化出口产品结构，努力提升开放型经济发展水平。实施市场多元化战略，引导企业在巩固北美、欧盟、日本等传统市场的同时，大力开拓中东、俄罗斯、拉美、非洲等新兴市场，积极为企业开拓新兴市场提供信息和服务，有重点地组织企业到新兴市场开展商务考察、会展等活动，积极稳妥推进企业“走出去”发展。支持企业建立健全国际营销网络，创新生产经营模式，提高市场拓展能力。优化外经贸发展环境，加快推动大通关建设，提高通关效率，加强保税港区、出口加工区建设。扩大先进技术装备和紧缺资源性商品进口，加强重要物资的战略储备。

二、大力推动经济转型升级

积极调整和优化产业结构。利用国际金融危机形成的倒逼机制，推动产业结构调整。加快优势制造产业振兴。抓住国家制订实施产业振兴规划的机遇，积极争取把我省石化、船舶、钢铁、汽车、电子信息、装备制造、轻工、纺织、有色金属等行业的重点项目纳入国家规划，抓紧编制我省重点产业振兴实施计划和转型升级实施方案，明确主攻方向、重点项目和措施，推动企业加快技术改造，促进产业转型升级。推进块状经济向现代产业集群转型。整合提升各类开发区(园区)，推动专业市场提升，发展电子商务，建设面向块状经济的研发设计、营销、物流和信息等公共服务平台。大力发展装备制造业，提高装备制造业增加值在工业增加值中的比重，加快发展高新技术产业。培育一批高新技术企业，加强科技企业孵化器和高新技术产业基地建设，组织实施一批高技术产业化示范项目，发展创业风险投资，促进电子信息、新能源、新材料、生物医药等产业加快发展。积极发展先进临港工业，培育一批临港工业大型企业和产业基地。加强传统产业技术改造，继续实施"958"行业龙头企业技术赶超计划、万亿技改促升级计划和企业技术改造"双千工程"。加强信息技术在工业领域的推广应用，提高工业信息化水平。大力发展服务业。着力优化服务业发展环境，进一步放宽市场准入，完善落实促进服务业加快发展的政策，积极推动工业企业分离发展服务业，推进政府服务外包，引导居民扩大服务性消费，鼓励服务业经营模式创新。加快发展生产性服务业，积极推动金融保险、现代物流、科技服务、信息服务、文化创意等产业发展，加强现代服务业集聚区建设，大力引进国内外优势服务企业和高端人才，培育总部经济、楼宇经济和服务外包基地。积极发展就业吸纳能力强和市场需求大的生活性服务业。进一步推动产业布局优化。编制实施主体功能区规划，健全三大产业带建设协调推进机制，积极推动杭州、宁波、温州等都市经济圈和浙中城市群发展，增强中心城市集聚辐射功能，加强中心镇建设，加快新型城市化进程。推动港航强省建设，着力推进港口开发、内河航道改造提升和疏港体系建设，统筹沿海城市产业布局，加强海域和海岛资源管理，积极发展先进临港产业和海洋渔业、海洋生物、海洋旅游等产业，建设"海上浙江"。

大力推动自主创新。全面实施知识产权、标准化和品牌战略，深入推进自主创新能力提升行动计划。支持企业技术研发和技术引进。加大科技投入，落实企业研发费加计抵扣等政策，鼓励企业通过多种方式掌握核心技术和先进技术，推动产学研联合，实施重大科技专项，着力突破制约产业优化升级的关键技术和共性技术。大力推进创新平台和创新载体建设。积极鼓励省内外高校和科研院所与地方、企业共建创新平台，鼓励科技人员深入企业开展科技创新活动。推动企业管理创新。引导企业强化战略思维和现代经营管理理念，完善法人治理结构和经营决策机制，优化业务流程，加强市场营销，提高企业核心竞争力。大力推动人才资源开发与利用。实施海内外高层次人才引进等计划，大力引进和培养科技领军人才、创新团队和产业发展紧缺人才，营造有利于人才集聚和创业创新的良好环境。

切实加强资源节约和环境保护。深入实施资源节约和环境保护行动计划。落实节能责任制，加快推动节能降耗十大工程，严格执行重点耗能行业能耗限额标准，抓好6000余家重点耗能企业节能改造，积极实施清洁生产，加快淘汰小火电等落后产能，健全落后生产能力退出机制，扩大差别电价实施范围，鼓励发展风能、太阳能、生物质能等新能源和可再生能源。加强节地、节水、节材和资源综合利用工作，落实"365"节约集约用地实施方案，推进低丘缓坡和滩涂资源的合理开发利用，加强农村宅基地整理，鼓励建设多层厂房，加大对地下空间资源的利用和开发，严格执行用水定额管理，深化水价改革。深入推进"811"环境保护新三年行动和环境保护八大工程，加快太湖流域水环境综合治理步伐，加强钱塘江流域氮磷污染控制和重点河段监管，加快推进镇级污水处理设施和城乡污水收集管网建设，加强水库水源地保护和农村饮用水安全管理，加强重点环境问题整治。制定实施重点污染行业准入标准，禁止新上高污染项目，加强对重点工业污染源的"飞行监测"，推进燃煤发电机组脱硫改造。加大城乡环境综合整治力度，深化治理农业农村面源污染，积极推进大气、土壤、近岸海域污染防治。完善环境监测监控体系，加强环保执法监管，积极推进排污权交易改革试点。加快循环经济试点省建设，推动开发区(园区)生态化改造。

三、努力促进城乡区域协调发展

加快推进农村发展。完善落实促进农村改革发展的政策，加快新农村建设，促进城乡统筹协调发展。确保粮食和主要农产品供给。落实粮食安全行政首长负责制，整合运用各类政策资源，推动1500万亩标准农田改造提升，稳定粮食播种面积，着力提高粮食单产水平，提高粮食最低收购价格，加强农产品供给保障和质量安全监管。确保农民增收。采取综合措施，着力增加农村中低收入群众的收入。完善落实农资综合直补、良种补贴、农机具补贴等各项支农惠农政策，加大财政"三农"投入，推动各类政策资源更多地转化为农民的直接收入。大力发展高效生态的现代农业，深入实施"种子种苗"工程和"农产品品质提升"工程，大力推广"一村一品"、"一乡一品"，大力培育各类专业大户、农民专业合作社、农业龙头企业等现代农业生产经营主体和社会化服务组织，引导工商企业投资发展现代农业，推动农产品精深加工，支持发展设施农业、休闲观光农业、农家乐，推进标准渔港建设。大力推动农民创业就业，扎实开展先进实用技能培训，加强对农民工返乡创业和就地就近就业的信息、金融、技术等服务和政策扶持，鼓励发展农村家庭工业和社区服务业。进一步优化农村发展环境。深入实施"千村示范、万村整治"工程，加强中心村规划，推动村内道路硬化、卫生改厕、安全饮水、污水治理和垃圾处理等设施建设，加快发展农村社会事业。

进一步推动区域协调发展。创新支持欠发达地区发展的体制机制和政策。加大财政转移支付力度，完善生态补偿机制，支持欠发达地区、海岛地区的基础设施和重大产业项目建设，深入实施"山海协作"工程，提高欠发达地区发展能力。以低收入农户集中村为重点，加大对困难农户的结对帮扶力度，扶持低收入农户发展生产，大力发展来料加工业，支持革命老区、少数民族地区、偏远海岛和贫困山区困难群众脱贫致富奔小康。坚持保护为先，合理开发利用山区资源，大力发展特色林业和森林旅游等产业，加快建设"山上浙江"。切实做好对口支援青川灾后恢复重建工作。积极推进长三角地区一体化发展，主动对接、服务上海世博会。进一步加强与中西部地区、东北等老工业基地的合作与交流。继续做好援疆援藏工作。深入推进与港澳台地区的经贸合作。

四、着力深化重点领域和关键环节的改革

继续推进三大省级综合配套改革试点。杭州市重点组建产业投资基金，创新新城管理体制和开发机制，深化医疗卫生"四改联动"改革，健全投资项目审批代办制度，开展公务用车改革试点。嘉兴市、义乌市重点推进土地承包经营权流转、实施新型户籍制度改革、扩权强镇等改革。温州市、台州市重点推进公平市场准入、金融组织和融资产品创新、海域和滩涂开发利用机制、拓展民营经济发展空间等改革。

深化农村改革。深化农业发展体制改革，健全统分结合的双层经营体制，创新农村土地承包经营权流转机制，努力提高农业规模化水平。以农村种养业大户和中青年农民为主要对象，大力培育现代农业生产经营主体。探索农村非农建设用地制度改革。进一步破解城乡二元体制。建立健全稳定增长的支农惠农长效投入机制；推进中心镇扩权改革，赋予中心镇部分县级经济社会管理权限。继续推进农业政策性保险和农房保险工作。

推动行政管理体制改革。推进大部门体制改革，提高行政运行效能。全面推进扩权强县改革，扩大县级政府经济社会管理权限，进一步增强县级政府社会管理和公共服务职能，做大做强县域经济。深化审批制度改革，全面完成非行政许可审批事项省、市、县联动清理和规范工作，继续推进市级机关内部行政许可职能整合与集中改革，推广行政审批服务全程代理制，切实方便群众办事。

加快要素市场化配置改革。放宽农村金融准入门槛，鼓励和引导民间资金进入农村金融服务机构，大力发展村镇银行，积极培育多种形式的小额贷款公司，进一步开展企业股权质押、无形资产抵押、集体建设用地使用权、农村住房、土地承包权、林权抵押贷款改革试点。深化土地要素市场化配置改革，推进基础设施和社会事业用地有偿使用，积极稳妥地推进集体建设用地使用权流转，逐步构建城乡统一的建设用地市场。构筑要素资源节约集约利用的新格局，深化水价改革，实施燃油税改革，推进环境资源有偿取得和公开交易市场化进程改革，建立淘汰落后生产能力的经济补偿机制，完善流域生态环境保护的激励机制。

五、高度重视民生和社会稳定工作

把推动就业再就业工作放在更加突出的位置。高度重视企业下岗失业人员再就业和新增劳动力就业问题。努力稳定现有就业岗位，加强对全社会就业的分析监控，制定扩大失业保险基金支出范围的政策措施，实施与就业挂钩的企业发展支持政策，引导企业采取在岗培训等多种措施减少裁员。千方百计拓展就业门路，充分发挥政府投资和重大项目带动就业的作用，积极增加社区服务、公共服务等公益性岗位，完善落实鼓励自主创业、自谋职业的政策，降低创业门槛，把小额担保贷款、贷款贴息、职业培训补贴等优惠政策扩大到城乡所有创业人员。完善城乡就业公共服务和救助体系，加强对失业人员的就业技能培训，健全城镇零就业家庭、农村低保家庭等就业困难群体的就业援助长效机制。高度重视高校毕业生就业，增加农村中小学教师编制，鼓励高校毕业生到基层就业，完善离校未就业大学生见习制度，引导各类孵化器为大中专毕业生提供低成本创业平台。努力扩大招生规模，让更多的中学、大中专毕业生继续就学深造，努力稳定农民工就业。

进一步加强社会保障工作。完善养老保障制度，稳步推进城镇职工基本养老保险省级统筹，探索新型农村社会养老保险制度。完善医疗、工伤等保险制度，加强城镇职工和城镇居民基本医疗保险、新型农村合作医疗之间的政策衔接，将大学生纳入城镇居民基本医疗保险。完善城乡社会救助体系，健全低保、医疗救助和农村五保、城镇"三无"人员集中供养等制度，完善困难群众基本生活价格补贴机制，加强临时救助制度建设，扩大社会救助覆盖面。完善住房保障体系，健全经济适用房和廉租房制度，提高廉租住房实物配租比例，多渠道解决城市低收入家庭和其他群体的住房困难，加快农村危旧房改造。

切实做好教育、卫生、文化和体育等工作。加快提升教育发展水平。进一步推动基础教育均衡发展，落实义务教育学校绩效工资制度，保障外来务工子女在流入地平等接受义务教育。积极发展学前教育，重视发展特殊教育。努力提高职业教育质量，大力开展职业技能培训。适当扩大高校招生规模，优

化高校专业设置和学科结构，提高高校办学水平和教学质量。大力推动医疗卫生事业改革发展。健全基层医疗卫生服务体系，重视农村医疗队伍建设，积极开展乡镇卫生院体制机制改革，不断加强农村卫生服务机构能力建设。深入实施农民健康工程，巩固和完善新型农村合作医疗制度。加强重大传染病、职业病防控，增强突发公共卫生事件处置能力。深化文化体制改革，加强公共文化设施建设，大力发展文化事业和文化产业，培育文化服务品牌。深入开展全民健身活动，认真做好全国残运会和省运会的筹备工作。加强人口和计划生育基层基础工作，稳定低生育水平；强化出生缺陷防控，努力提高出生人口素质。

努力维护社会稳定。加强经济运行监测。切实防范化解经济金融风险，积极构建全方位、多层次的风险预警系统，建立健全风险协调处置机制，严肃查处企业欠薪逃匿行为，推进企业、个人征信建设，引导督促企业履行社会责任。加强市场监管，完善价格监测和重要物资储备制度，确保市场稳定。健全产品质量安全监管体系，建立食品安全风险监测机制，强化源头预防和治理，全面推进农村"十小"行业质量安全整治与规范工作。落实安全生产责任制，加强基层安全生产监管，开展安全生产事故隐患排查和重点行业、领域的安全生产专项整治，防止重特大事故的发生。完善突发公共事件应急处置机制，推进"强塘固房"等防灾减灾工程建设，加强基层应急管理，提高应急处置能力。

附件：2009年浙江省国民经济和社会发展计划主要指标（略）

浙江省人民政府
关于加快推进基本公共服务均等化进一步改善民生的若干意见

（2009年3月15日 浙政发〔2009〕16号）

推进基本公共服务均等化、改善民生是实现科学发展、促进社会和谐，全面建设惠及全省人民的小康社会的基本要求和重要内容。为了进一步完善为民办实事的长效机制，切实解决好人民群众最关心、最直接、最现实的利益问题，根据《中共浙江省委关于全面改善民生促进社会和谐的决定》（浙委〔2008〕38号）精神，现就加快推进基本公共服务均等化、全面改善民生工作，提出如下意见。

一、努力稳定和扩大就业

1.实施更加积极的就业政策。建立与就业挂钩的企业发展支持政策，鼓励企业吸纳更多的劳动力就业。积极发展就业吸纳能力强的生活性服务业，大力开发公益性就业岗位，充分发挥政府投资和重大项目带动就业的作用，扩大就业容量。高度重视劳动密集型行业和中小企业发展，通过实施优惠政策、加强信贷服务、完善担保制度等方式帮助中小企业解决生产经营困难，防止出现大规模破产倒闭，支持企业采用灵活用工、弹性工时等措施稳定就业岗位，支持困难企业采取在岗培训、轮班工作等办法减少裁员。完善落实鼓励自主创业、自谋职业的政策，降低创业门槛，把小额担保贷款、贷款贴息、职业培训补贴等政策扩大到城乡所有创业人员。2009年，新增城镇就业人员60万人；帮助25万名城镇失业人员实现再就业，其中就业困难人员6万名；城镇登记失业率控制在4%以内。

2.加大就业培训和就业援助力度。加强城镇劳动力就业培训和在岗培训，开展农村新生劳动力、被征地农民、转移就业农民、转产转业渔民和农民工职业技能培训，提高劳动者就业能力，2009年完成再就业培训15万人、职业技能鉴定60万人、"双证制"培训10万人。完善面向困难群众的就业援助制度，加大援助力度，提高援助实效。健全城镇零就业家庭就业援助长效机制，以创建充分就业社区为载体，建立申报登记、入户调查、动态管理和跟踪服务制度，做到"零就业家庭"发现一户、帮扶一户、解决一户，2009年50%以上的城市社区达到"充分就业社区"标准。进一步加强对低收入农户特别是农村低保家庭的就业帮扶，促进这些家庭有就业能力和就业愿望的劳动力就地就近就业。

3.加强就业服务和管理。加快城乡统一的人力资源市场建设，进一步规范人力资源市场秩序。加强公共就业服务机构管理，实行职业中介行政许可制度，继续推进市、县公共就业服务场所建设，促进公共就业服务向乡镇、农村延伸。完善失业预警制度，加强对就业和失业状况的动态监测分析。

4.积极做好高校毕业生和返乡农民工就业工作。加强高校毕业生的就业服务，落实高校毕业生自主创业和个体经营以及面向基层就业的支持政策，鼓励高校毕业生到农村和中小企业工作，引导各类孵化器为高校毕业生提供低成本创业平台。组织开展高校毕业生就业专项服务活动，建立离校未就业高校学生见习制度，实行高校毕业生失业登记制度，强化对困难家庭高校毕业生的就业援助。加强对农民工返乡情况的动态监测，做好返乡农民工的管理服务工作，大力支持农民工返乡创业和投身新农村建设。切实保障返乡农民工土地承包权益，鼓励发展高效生态农业。加强返乡农民工职业技能培训和农村实用技术培训，支持发展家庭工业、农村社区服务业，开展开业指导、项目开发、跟踪扶持等服务，拓宽创业就业门路。

二、健全社会保障体系

5. 完善养老保障制度。全面推进社会保险费“五费合征”，进一步扩大职工基本养老保险覆盖面，逐步做实个人账户，推行基本养老保险省级统筹。2009年新增企业职工基本养老保险参保人数60万，继续提高企业退休人员养老金水平。推进事业单位养老保险制度改革。加强城镇居民养老保险制度建设。积极探索新型农村社会养老保险制度，2009年在深化试点工作的基础上，提出建立新型农村社会养老保险制度的指导性意见。规范完善被征地农民基本生活保障制度，新增被征地农民实现“先保后征”，保障水平不低于当地城市居民最低生活保障标准。

6. 完善医疗保险制度。进一步扩大城镇职工基本医疗保险覆盖面，逐步将非公有制企业特别是规模以上非公有制企业及其从业人员纳入参保范围，积极推动灵活就业人员参保，2009年新增城镇职工基本医疗保险参保人数60万。大力推进城镇居民基本医疗保险制度建设，积极探索城镇居民基本医疗保险门诊统筹办法，将大学生纳入城镇居民基本医疗保险保障范围，2009年全省参保率力争达到85%以上，参保人数达到425万。巩固完善新型农村合作医疗制度，2009年全省所有县（市、区）人均筹资水平达到140元以上，力争所有县（市、区）住院补偿比例达到35%以上，门诊补偿比例达到15%～30%。完善农民健康体检制度，2009年完成第二轮农民健康体检任务，重点做好60岁以上老人、7岁以下儿童、育龄妇女等重点人群以及高血压、糖尿病、冠心病、恶性肿瘤和精神疾病等重点疾病对象的健康档案建立工作。完善各类医疗保险支付和费用报销政策，创新支付形式，方便群众报销。研究城镇职工基本医疗保险、城镇居民基本医疗保险、新型农村合作医疗制度之间的政策衔接问题，确保参保人员随身份变化选择合适的险种。

7. 切实做好工伤生育失业保险工作。以强化工伤保险服务为重点，巩固工伤保险扩面成果，2009年基本实现工伤保险全覆盖。努力扩大生育保险覆盖范围，将享受生育保险的参保期限延长到10～12个月。以非公有制企业为重点，依法扩大失业保险覆盖范围和基金支出范围，增强失业保险在预防失业、促进再就业等方面的功能，2009年新增失业保险参保人数10万。加强职业病防护，保障劳动者健康。

8. 加快新型社会救助体系建设。完善城乡最低生活保障制度，健全城乡低保标准动态调整机制、困难群众价格补贴机制和低保家庭定期复核机制，实现动态管理下的“应保尽保、应补尽补、应退尽退”。加大省级财政对农村最低生活保障的补助力度，取消乡镇一级的保障资金配套，不断提高保障标准和补助水平。健全农村五保和城镇“三无”对象集中供养制度，落实供养政策，实现供养对象按标施保、应保尽保。完善医疗救助制度，开展即时救助，加强救助资金筹措，加大对困难群众的大病救助力度。健全优抚医疗保障体系，完善重点优抚对象基本医疗保障、政府医疗补助、医疗救助和医疗优惠“四位一体”的医疗保障制度。落实计划生育奖励扶助政策，全面实施计划生育家庭特别扶助制度。健全法律援助组织网络，逐步扩大援助覆盖面，着重做好未成年人、残疾人、老年人、妇女、农民等群体和工伤赔偿、企业欠薪等重点领域及重大事项的法律援助工作，努力实现“应援尽援”，全省法律援助办案总量年均递增10%以上。进一步完善分层分类救助政策，切实增强社会救助的针对性和实效性。建立和完善临时社会救助制度，健全临时救助机制，对城乡低保边缘困难群众和其他因突发性灾害或重大疾病造成生活暂时困难的群众实施临时性社会救助。

9. 完善住房保障制度。健全廉租住房制度，提高廉租住房实物配租比例。完善经济适用住房制度，开展经济适用住房货币化补贴试点，进一步改善城镇低收入群众居住条件。2009年，新增廉租住房保障对象1万户以上，新开工建设经济适用住房300万平方米以上，基本实现低保标准1.5倍以下城镇住房困难群体廉租住房应保尽保，基本满足城镇人均收入60%以下低收入住房困难家庭购租经济适用住房。研究帮助城市其他住房困难家庭解决住房问题的政策措施。完善政策性农村住房保险制度，加快建立农房救助体系和农房防灾减灾保障体系，加大农村危旧房改造力度，2009年完成1.6万户农村困难群众危旧房改造，对列入年度救助任务的农村困难群众危旧房改造按户均5000元的标准进行补助。加快推进欠发达地区廉租住房保障工作。

10. 健全新型社会福利体系。加强社会福利工程建设，鼓励引导社会力量兴办养老服务设施，全省机构床位数年均增长10%，2009年新增机构养老床位1.5万张。加快发展老龄事业、儿童福利事业和慈善事业，逐步将无保障老年人纳入社会保障和社会服务体系，深入实施农村老年福利服务“星光计划”和儿童福利机构“蓝天计划”，2009年新建农村社区“星光老年之家”4000个，完成70%设区市儿童福利机构设施建设。大力推进残疾人共享小康工程，缩小残疾人生存发展条件与社会平均水平的差距，2009年使10万名贫困重度残疾人得到基本生活保障、基本照料和康复服务，其中提供免费助听助明助行服务2.5万名。

三、提升教育发展质量和水平

11. 推进城乡基础教育均衡协调发展。深化农村义务教育经费保障机制改革，化解义务教育债务，落实义务教育学校绩效工资制度，提高中小学生均公用经费标准，2009年将中小学生均公用经费最低标准分别提高到550元和350元。加快农村中小学教师集体宿舍危旧房改造，2009年开工建设60万平方米、竣工40万平方米。加快小规模学校调整改造，着力改善困难地区、薄弱学校办学条件。加强农村中小学教师队伍建设，加大教师培训和支教工作力度，促进优质教育资源向农村、欠发达地区流动。启动实施第二轮农村中小学现代远程教育工程，基本建成一体化远程教育网络平台。继续实施农村中小学"书香校园"工程，2009年配送150万册图书。健全扶贫助学体系，落实对困难家庭学生的各项资助政策，提高农村中小学爱心营养餐标准，2009年提高到每生每年350元。高质量普及高中段教育，积极发挥优质高中的示范辐射作用，不断提高高中段教育质量。重视和加强学前教育，努力提高学前教育办学水平，从2009年开始省财政每年安排5000万元作为学前教育发展专项资金，重点用于扶持农村和欠发达地区学前教育。

12.着力提高职业教育质量。全面实施新一轮职业教育六项行动计划，健全县域职业教育培训网络，办好面向农村的中等职业学校，提高高等职业院校办学水平，鼓励企业与职业学校联合办学，扩大城乡劳动者接受职业教育的覆盖面，加快应用型、技能型人才培养。逐步实行农村中等职业教育免费政策，2009年起免除人均收入4000元以下农村家庭子女就读中等职业学校的学费。继续实施"扶千名人才、促千村发展"计划，每年从省重点扶持范围内招收低收入农户青年农民到浙江林学院等高校免费接受高等农业职业教育。

四、完善城乡公共卫生服务体系

13.深化医药卫生体制改革。认真贯彻国家深化医药卫生体制改革方案，着力推进全省医药卫生体制改革，加快建设覆盖城乡居民的基本医疗卫生制度。突出强化公立医疗机构公益性质，完善公立医疗机构运行机制和管理体制，积极探索城乡社区卫生服务机构收支两条线改革，着力缓解群众看病贵就医难问题。

14.完善基层卫生机构管理体制。加强城乡医疗资源规划调控，切实推进县以下医疗机构卫生资源优化配置。建立健全城市医院对口支援乡镇卫生院的体制机制，完善分级医疗、双向转诊制度。开展乡镇卫生院体制改革试点，积极探索县、乡、村医疗机构一体化运行管理机制，进一步提高农村医疗机构特别是乡镇卫生院的服务水平。

15.强化公共卫生服务。加强城乡基层卫生服务机构和卫生队伍建设，完善县、乡、村三级农村卫生服务体系，提升城乡社区卫生服务能力，2009年重点支持欠发达地区城乡社区卫生服务中心建设。建立城乡统一的公共卫生服务项目制度，缩小城乡公共卫生项目服务经费差距，2009年城乡公共卫生服务项目达标率达到80%以上。大力推行城乡社区责任医生制度，2009年城乡每千居民拥有社区责任医生数达到0.7名以上，城乡社区卫生服务机构门诊量占总门诊量的比重达到45%以上。进一步加大艾滋病、结核病等重大传染病的防控工作力度。建立完善城乡计划生育公共服务体系，积极推行免费婚前医学检查和免费孕前优生检测，强化出生缺陷防控。

五、提高农村公共文化服务水平

16.加快建设覆盖城乡的公共文化服务体系。推进城乡公共文化服务一体化建设，开展公共图书馆总分馆制建设试点。继续推进广播电视"村村通村村响"、中央农村广播电视节目无线覆盖、广播电视对农节目服务等工程，2009年基本完成"村村响"工程建设，基本实现"乡乡建有广播站、行政村建有广播室"的目标，全省有线广播农户覆盖率达到80%左右，农村广播电视的综合人口覆盖率提高到98%。扎实开展新农村文化建设"十项工程"，积极创新"送文化"活动的组织形式和服务方式，扩大"送戏送书送电影"工程的覆盖面，2009年组织1.5万场演出、15万场电影、100万册图书到农村。加快实施"广电低保"工程，免除城乡低保户的有线电视网络初装费和视听维护费。继续实施"文化信息资源共享"工程，建成基本覆盖城乡的数字文化服务网络。

17.加强农村文化机构和文化队伍建设。全面推进乡镇综合文化站建设，争取早日实现"县县建有文化馆、图书馆，乡乡建有综合文化站，不少于85%的行政村建有文化活动场所"的目标，2009年完成300个左右乡镇综合文化站建设任务。继续实施"农村文化队伍素质提升"工程，分批培训乡镇文化员和各级文化馆、图书馆及各艺术门类骨干，重点提高基层文化工作者的文艺创作水平。以群艺馆、文化馆、文化站为依托，深入开展"千镇万村农民种文化"活动。

18.加大全民健身工程实施力度。进一步完善全民健身服务体系，加强社会体育指导员队伍建设，突出抓好农村体育健身基础设施建设，继续开展"关爱农民体质健康"活动，2009年新建小康体育村3000个、村级体育俱乐部200个、省级青少年体育俱乐部和社区体育健身俱乐部100个，为100个体育强镇1万名农民进行体质健康测试。全面推进国民体质监测工作，2009年扶持新建100个镇（乡）国民体质监测站。

六、改善城乡居民生产生活条件

19.努力提高居民收入水平。着眼提高城乡居民尤其是低收入群众收入水平，调整和优化收入分配结构，健全农民增收减负长效机制和职工工资正常增长机制，提高劳动报酬在初次分配中的比重。全面落实各项支农惠农政策，提高粮食最低收购价格以及农资综合直补、良种补贴、农机具补贴等标准，完善鲜活农产品运输"绿色通道"制度，健全政策性农业保险制度。完善生态补偿机制，2009年省重点生态公益林补偿标准提高到每亩17元。以低收入农户集中村为重点，加大“低收入农户奔小康”工程实施力度，建立健全扶贫小额贷款、林权抵押贷款、贫困村村级互助资金等制度，扶持低收入农户发展生产、开展来料加工，帮助低收入农户脱贫致富。加快革命老区、少数民族地区、偏远海岛和贫困山区困难群众脱贫致富奔小康，2009年完成高山远山区、地质灾害危险区、重点库区贫困群众异地搬迁5万人。

20.着力改善农村环境。统筹推进城乡公共基础设施建设，以实施新一轮“千村示范、万村整治”工程为抓手，以改厕、改水、改路和垃圾集中收集处理为重点，大力改善农村人居环境。2009年，完成3000个村庄环境整治任务；完成通村公路路基路面改造2500公里，完善1500公里农村公路安全设施；完成清水河道建设2000公里；解决210万农村人口饮水安全问题，新增城镇集中供水覆盖农村人口130万人，争取率先基本实现农村饮水安全目标。加快海塘、堤坝和病险水库除险加固，2009年完成三类坝水库和重点小型二类坝水库除险加固任务；完成海塘加固65公里、堤防加固150公里。加快推进农村信息化，深入实施“农民信箱”工程，2009年新增联网村8000个以上。加强海岛渔村基础设施建设，解决海岛居民水、电、交通等问题。

七、加强环境污染整治

21.加快城乡环保基础设施建设。进一步完善县以上城市污水处理设施，加快推进配套管网建设，提高城市污水截污纳管集中处置率。2009年，建成100个镇的生活污水处理设施，配套建设污水管网1000公里，新增城镇生活垃圾日处理能力1600吨。

22.加大重点领域环境污染整治力度。深入推进重点流域水污染防治，加强水系源头地区生态环境保护，加快太湖流域整治步伐，加强钱塘江流域氮磷污染控制和重点河段监管，提高市、县交界断面水质达标率。加快推进重点行业、重点企业污染治理，全面实行排污许可证制度，严禁排污单位无证或超标、超总量排污。2009年完成宁波临港工业废气污染、萧绍区域印染化工行业污染、丽水经济开发区革基布合成革行业污染等3个省级督办的重点环境问题和59个省级开发区的污染整治任务。

23.全面推进农业农村环境污染防治。进一步加大农村地区工业污染防治力度，着力加强农民群众反映强烈的环境污染整治。加强养殖业污染防治，加快推进农村生活污水和生活垃圾集中处理工作。2009年完成生猪存栏200头、牛20头以上的规模养殖场排泄物治理，提升500个已整治村的生活污水治理水平，新增开展农村生活污水治理的农户93万户，新增卫生厕所56万户。

24.切实保障饮用水源安全。加强以供水水库为重点的饮用水源地水质保护和农村饮用水安全管理，健全饮用水源安全监测和预警机制，加快建设饮用水第二水源或备用水源。2009年合格规范饮用水源保护区比例达到95%，县级以上集中式饮用水源地水质达标率达到85%以上。

八、保障社会公共安全

25.防范和化解经济金融风险。建立健全政府、司法、金融等部门共同参与的经济金融风险预警和处置机制，采取综合措施预防和化解企业债务危机，妥善处置区域性龙头企业资金链断裂事件。深入开展劳动关系和谐企业和工业园区创建活动，督促企业履行社会责任，完善劳动争议调解机制，依法处理企业停产、关闭和破产过程中的劳资纠纷。强化市场物价监管，完善价格监测预警报告制度，健全重要商品物资储备制度，做好粮食和主要农产品市场供应保障。

26.完善食品药品安全监管体系。落实食品药品安全监管责任制，严格实行食品药品生产标准，强化源头预防和治理，加强全过程监管，严厉打击涉及食品药品安全的各种违法行为。巩固农村食品安全“三网”建设成果，深入推进“千镇连锁超市、万村便利店”工程。深化食品药品安全专项整治，全面开展“十小”行业质量安全整治和规范行动，加大对无证无照及证照不齐的食品生产经营活动的整顿规范力度。2009年，新增村级连锁便利店1000家，农村放心店食品统一配送面巩固在75%以上；50%以上县（市、区）和30%左右的乡镇（街道）开展食品安全示范创建活动；85%的县（市、区）达到药品“两网一规范”示范县创建标准。

27. 加大安全生产工作力度。进一步落实安全生产责任制，完善基层安全生产监管网络，突出加强交通、消防、危险化学品、建筑施工等重点领域、重点行业和重大危险源的监控管理，努力遏制重特大生产安全事故发生。确保2009年全省生产安全事故起数、死亡人数和直接经济损失三个“零增长”，确保亿元生产总值事故死亡率、工矿商贸企业10万从业人员事故死亡率、万车死亡率稳步下降。

28.加强社会治安综合治理。健全治安防控体系，加快城乡警务一体化建设，以严重影响群众安全感的黑恶势力犯罪为重点对象，加大对刑事犯罪、多发性犯罪的打击整治力度，坚决遏制其高发势头。坚持和发展“枫桥经验”，加大社会矛盾纠纷排查和调解工作力度，着力完善人民调解、行政调解、司法调解互相衔接、良性互动的工作格局。

29.健全公共安全应急管理机制。以农村、社区为重点进一步加强基层应急管理，建立健全应急管理体制。完善各类突发事件应急预案，落实各类应急预案的宣传、演练和相关保障措施，切实提高应对自然灾害、事故灾难、公共卫生和社会安全事件的能力。进一步加强防灾减灾救灾工作，确保群众生命财产安全和灾民基本生活需求。

30. 创新基层社会管理体制。深化基层平安创建活动，完善基层社会管理体系，充实一线管理力量。深入开展城乡和谐社区创建活动，改善社区工作条件，提高社区服务功能。加强对外来务工人员的服务和管理，积极推行流动人口居住证制度。

各地、各部门要把推进基本公共服务均等化、保障和改善民生工作摆到更加突出的位置，结合实施基本公共服务均等化、低收入群众增收、公民权益依法保障等行动计划，进一步加强组织领导，明确工作责任，完善推进机制，确保完成各项目标任务。

浙江省人民政府关于当前稳定农业发展促进农民增收的若干意见

(2009 年 7 月 17 日 浙政发〔2009〕39 号)

当前，各地正在积极应对国际金融危机影响，努力促进经济平稳较快发展和社会稳定，在这样的形势下，稳定农业这一基础，促进农民增收显得尤为重要。为了认真贯彻《国务院关于当前稳定农业发展促进农民增收的意见》(国发〔2009〕25号)精神，结合我省实际，现提出以下意见：

一、切实抓好当前农业生产

(一)切实抓好粮食等农作物生产。认真落实和深入宣传各级粮食生产扶持政策，引导农民多种晚稻。组织基层干部和农技人员深入生产一线，指导农民抓好田间管理，大力推广测土配方施肥、病虫统防统治等节本增效技术，深入推进粮食高产创建活动，努力实现粮食扩面增产。积极推进秋冬季农业综合开发，发展多种经营。同时，要抓好蔬菜、果品、茶叶、食用菌、竹笋、中药材、蚕桑、花卉苗木等主要农作物生产，努力夺取农业丰收。

(二)大力发展现代畜牧业。深入实施畜牧业“西进东扩”发展战略，稳定生猪生产，发展特色养殖，优化畜牧业区域布局与产业结构。按照农牧结合、资源循环、养殖健康、节约高效的要求，推进畜禽规模养殖场和生态养殖小区建设。各地要将畜禽规模场、养殖小区建设纳入新一轮土地利用总体规划，统筹落实畜牧业生产用地。省财政继续安排专项资金扶持标准化、生态化畜禽养殖场和养殖小区建设，支持温丽台地区和山区、海岛发展特色畜牧业。

(三)积极发展生态林业和生态渔业。大力推进“山上浙江”建设，实施浙江省现代农业——竹(干果、油茶)产业生产发展项目，加快发展高效生态林业。以生态、安全、优质、高效为目标，实施“生态强渔富民行动计划”和“渔业资源保护和增殖行动计划”，提升水产品品质。推进水产养殖塘标准化建设，加快发展设施渔业。支持发展浅海养殖和稻田养鱼等生态特色养殖。

二、抓紧实施农产品品质提升工程

(一)抓紧制订农产品品质提升规划。各地要认真分析现有农业主导产业，明确发展定位。对有比较优势的产品，要抓紧研究制订品质提升规划和品种、品质、种养技术、加工等提升措施。认真落实柑橘、油茶等品质提升的政策。

(二)深入实施种子种苗工程。组织开展主要农产品良种应用情况调查，推出一批良种目录，并组织好种子种苗供应。继续支持引进、推广、选育优良品种，抓好地方特色优良品种保护和开发利用。以果品、蔬菜、茶叶、食用菌、畜禽、花卉、林木、水产养殖等为重点，深入实施种子种苗工程，提高优良品种覆盖率。省财政继续安排专项资金，重点用于主导产业优良品种的引进、繁育、推广。

(三)强化科技支撑。进一步推进科技特派员制度建设。围绕做大农业高科技产业和做强传统农业主导产业，创建一批产学研结合的科技创新团队，加快实施农业科技重大专项，加速科技成果转化与应用。大力推广农牧结合、“千斤粮万元钱”、“稻鱼共生”等新型种养模式，努力扩大应用面。强化农技推广责任制度建设，扎实推进基层农技推广、动植物防疫、农产品质量安全监管队伍“三位一体”试点工作，进一步完善农业公共服务体系。

(四)提升农业设施装备水平。各地要进一步加大扶持力度，充分利用低丘缓坡、滩涂以及地力难以提升的标准农田发展设施农业，提高土地产出率。支持引进国外先进设施、实用技术和管理经验，以水果、蔬菜、茶叶、食用菌、花卉、畜禽和水产养殖等为重点，加快推进省级国际先进农业技术实验园建设。推广应用节水灌溉技术，深入实施“百万亩喷微灌工程”。加快开展以竹林为主的山地设施林业建设步伐。实施百万亩生态型水产养殖塘标准化建设工程，推广生态养殖、生态修复技术，逐步将相关设施装备纳入农机购置补贴范围。

(五)积极培育优质农产品品牌。抓紧制定实施新一轮特色优势农产品区域布局规划，集中力量建设一批特色优势产业强县强镇(乡)。通过建设示范区、加强宣传引导和技术指导等途径，加快推进标准化生产，扩大无公害农产品、绿色食品、有机食品生产。整合农产品品牌资源，加强品牌培育、宣传和营销,形成优质优价的导向机制。

三、切实加强农产品营销工作

(一)抓好主要农产品收购。认真落实国家稻谷最低收购价、油菜籽托市和入市收购等政策,有关部门要加强监管,防止发生压级压价等损害农民利益的行为。及时做好订单粮食的收储和奖励政策兑现工作。认真落实食用油储备规模,地方国有粮食购销企业直接入市收购油菜籽的,收购价格不得低于国家规定的托市收购价格。鼓励千镇连锁超市开展农产品收购服务。建立多元化的蚕茧收购体制,完善产销一体化的经营机制。

(二)加强农产品市场预警和调控。加强农产品产销动态和价格信息监测,及时发布预警信息。继续实施奶粉临时收储政策,适度扩大国产奶粉收储规模,国家原料奶收购贷款财政贴息政策实施期限延长至2009年12月底。各地要采取有效措施,积极引导和支持牛奶加工企业收购原料奶,防止发生“倒奶杀牛”现象。

(三)积极开拓农产品市场。加快培育以经纪人为主的农产品购销网络,鼓励经纪人组建大型农产品流通企业,鼓励发展农产品物流配送、连锁经营,多渠道促进农产品销售。城市农贸市场要专门开辟农民专业合作社直销窗口,以优惠价格提供给农民专业合作社经营。推进鲜活农产品“超市+基地”的供应链模式,引导大型连锁超市直接与鲜活农产品产地农民专业合作社和大户对接。组织开展形式多样的产销对接活动,深入开展农民信箱“每日一助”活动,积极探索农产品电子商务销售模式。继续办好省农博会、浙江名特优农产品上海展销会、森林产品博览会和农民信箱“网上农博会”等展会,支持重点外向型企业参加境外食品展示展销活动,拓展农产品市场。2009年,对参加境外农产品展览和专场推介活动的,摊位费、公共布展费继续给予70%的财政补助,其中对省商务厅组织的重点展会摊位费给予全额资助,对参展人员经费按不同参展地域给予适当补助。

(四)优化农产品营销环境。加强农产品市场建设,对国家开展的“双百市场工程”,要制定配套政策并加大支持力度,重点培育我省20家大型农产品批发市场、20家大型农产品流通企业。进一步优化出口农产品检验检疫、口岸通关程序,继续按照国家政策减免农产品出口检验检疫费,发挥区域检验检疫机构合作机制作用,推进相关农产品出口信息的共享和互认。鼓励农产品出口企业投保出口信用保险,2009年省级外经贸企业支出保费由省外贸出口发展基金给予50%的资助,市县外经贸企业给予10%的资助。及时、规范、客观、公正地向社会发布食品质量检验信息,避免炒作农产品质量个案问题,营造良好的农产品营销环境。

四、努力增加“三农”投入

(一)认真落实支农惠农政策。认真落实粮食生产、农产品基地建设、农民专业合作社、农业产业化、鲜活农产品绿色通道、森林生态效益补偿、燃油补贴等政策。对已经明确的政策性支农资金,要尽早下达到户、到项目。对农业机械、设施农业等,可预下达次年度扶持项目,动员农民群众先投资。继续坚持“多予、少取、放活”的方针,加强涉农负担年度专项考核,对农民负担较重、问题突出、涉及农民负担信访较多的地方实行农民负担综合治理,确保农民负担持续减轻不反弹。同时要落实好医疗、养老、教育等改善民生的相关政策。财政等相关部门要加强督查,确保补贴政策公开透明运行、资金及时兑现到户。

(二)加大金融支持力度。各类金融机构要加大对农业开发、农村基础设施建设、农业科技成果转化和产业化的信贷支持力度,尽可能扩大授信额度,简化审批程序,实施利率优惠。要积极支持农业龙头企业农产品收购、加工和优势农产品出口。在风险可控的前提下,对信用记录好、暂时出现经营或财务困难的农业龙头企业,在贷款展期、续贷和项目贷款宽限期等方面继续给予支持。探索开展农业设施大棚等大型农用生产设备抵押贷款和海域使用权、股权、无形资产质押贷款及农房抵押贷款等抵质押方式创新,扩大农村抵押物范围,拓宽支农融资渠道。各级政府要积极创造条件,全面推行省农信联社开发的“一次授信、循环使用”的丰收小额贷款卡,同时要进一步加强农村信用环境建设,扎实抓好信用户、信用村(社区)、信用乡(镇、街道)的评定工作,夯实丰收小额贷款卡发行基础,扩大“三农”金融服务惠及面。

五、千方百计促进农民创业就业

(一)因地制宜发展“农家乐”等乡村旅游业。坚持发展、规范、提升并举,帮助具备条件的村发展乡村旅游业及相关配套产业,加强从业人员培训,提升经营管理水平。加强精品旅游线路的宣传和推介,并借助旅游、工会渠道,加大与城市社区的对接,引导城市居民到农村休闲度假、消费。允许将收费低于政府定点采购标准的“农家乐”(休闲观光农业园),优先列入政府会议采购定点,引导政府部门把小型会议放到农村去开,鼓励机关干部在出差期间到“农家乐”(休闲观光农业园)住宿。

(二)大力发展来料加工业。加强政策引导和信息对接,大力培育和扶持来料加工经纪人、专业村、重点企业,动员企业将合适的产品或生产环节向家庭扩散和延伸,帮助农民就地就业增收。

(三)切实抓好农村扶贫开发。深入实施“低收入农户奔小康工程”,加大对低收入农户产业开发、培训就业、下山搬迁的扶持力度。认真落实扶贫小额信贷政策,加快推进村级资金互助组织试点。鼓励欠发达地区农民从事来料加工业,拓宽低收入农户就业增收渠道。积极引导农村妇女从事家政服务。深入实施“山海协作工程”，有关单位要加大对结对帮扶地区的产业开发扶持力度，增强“造血”功能，促进欠发达地区跨越式发展。

（四）落实农民就业创业政策。认真贯彻《国务院关于做好当前经济形势下就业工作的通知》（国发〔2009〕4号）精神，落实和完善促进农民就业的政策，落实城乡企业减负稳岗措施以及下岗失业人员、在岗农民工技能提升培训补贴等政策，促进农民就业。同时，要在贷款、税费减免、工商登记、信息咨询、技术供给、业务辅导等方面支持农民创业。充分开发利用政府、集体掌握的就业资源，农村公共基础设施项目以及集体物业管理，应尽可能多安排当地农民就业。

（五）继续抓好农民培训工作。加大对农民转移就业特别是农民工返乡再就业技能培训的投入，鼓励和支持各类培训机构根据农民意愿，开展订单培训和定向培训，提高农民就业培训的针对性和有效性。

（六）加强农民就业服务。继续抓好信息对接、政策咨询、劳动力交流等一条龙式农民就业服务。办好浙江农民信箱“就业信息专场”，各地要落实责任部门，组织采集企业最新的招聘用工信息，组织动员基层干部进村入户，开展农民就业需求调查。农民就业指导服务部门要定期收集和编辑招聘信息，及时更新信息，确保真实有效；农业部门要组织村级信息员上门为未开通浙江农民信箱的农户提供信息服务，促进农村劳动力供需对接。

六、深入推进农村经营机制创新

（一）积极推进农村土地流转、发展农业规模经营。各地要按照依法、自愿、有偿的原则，认真研究促进土地流转的政策措施，积极引导离乡农民和兼业农户以转包、出租、互换、转让、股份合作等多种形式流转土地。鼓励以土地经营权作价出资组建农民专业合作社。加强土地流转指导、管理和服务，培育土地承包经营权流转市场，完善价格形成机制。加快建设土地承包流转信息平台和纠纷仲裁机构，妥善解决农村土地承包和流转纠纷。认真落实土地流转配套用地政策，促进规模经营。

（二）加快培育新型农业经营主体。引导和支持农业龙头企业抓住有利时机，引进国外先进加工设备，推进农产品加工技术改造。省级农业产业化资金等专项资金要对农产品加工企业进行重点支持。继续推进农民专业合作社的发展、规范化建设与再合作，健全农业社会化服务组织，进一步提高农业生产组织化程度。引导和支持务工返乡农民、大中专毕业生通过土地流转等途径成为新型农业主体。积极引导工商企业、民营资本投资发展农业。

（三）积极推进农业经营机制创新。大力发展农业产业化经营，鼓励和引导农业龙头企业、农民专业合作社参与农产品基地开发，发展“订单农业”，加快形成规模化家庭经营与农民专业合作社、农业龙头企业相结合的新型农业经营机制。积极鼓励有条件的农民专业合作社兴办农产品加工和物流企业，特别是要引导农民专业合作社联合兴办农产品加工企业，成为与生产者共担风险、共享利益的服务组织和农业经营者。完善和创新农民专业合作、供销合作、信用合作等“多位一体”合作机制。

（四）深化集体林权制度改革。巩固完善主体改革成果，通过均股均利等方式，进一步落实山林产权。加快推进林权抵押贷款，落实财政贴息政策。开展森林采伐管理改革试点工作，探索建立森林可持续经营管理的新体系。

七、加快推进农村基础设施建设

加快推进“千村示范万村整治”、康庄工程、强塘固房、千万农民饮用水、万里清水河道、标准农田质量提升、农业综合开发、标准渔港、标准鱼塘以及动物防疫工程等农业农村基础设施建设。引导农民科学建房，扩大农村内需，拓宽农民就业增收渠道。结合实施标准农田质量提升工程和农业综合开发土地治理项目，集中力量建设一批连片规模经营、基础设施完善的粮食功能区，稳步提高粮食综合生产能力。继续加强林业生态工程建设，切实抓好村庄绿化、沿海（长江）防护林体系、生物防火林带建设，加强林区作业道特别是竹林道建设，改善林业生态和生产条件。对一些生产上急需、从长远看必须建设的农业农村基础设施等项目，要抓住当前原材料价格较低的有利时机，尽早建设。

八、认真落实农业防灾减灾措施

周密部署防汛防台抗旱工作，科学调度水利工程，确保安全度汛。加强动植物疫病防控工作，完善重大动物疫病、农业生物灾害应急预案以及种子、农药、化肥等储备制度，严密防控重大动植物疫情。加强森林防火工作。抓好渔业安全生产工作，加快建设海洋渔船安全救助信息系统，加强对各类渔船特别是远洋渔船的安全检测和管理。积极推进政策性农业保险和政策性农村住房保险，提高农户抗风险能力。

九、进一步加强组织领导

保障农业稳定发展，促进农民持续增收，事关全省经济社会发展大局，各地、各部门要高度重视，并作为“保增长、抓转型、重民生、促稳定”的一项重要工作来抓，列入各级政府和部门重要议事日程，切实加强组织领导，突出重点领域和关键环节，认真研究促进农业稳定发展和农民增收的政策措施，狠抓责任和工作落实，特别是农民增收困难的欠发达地区更要加大工作力度，千方百计促进农民就业增收，为我省经济社会平稳较快发展夯实基础。

全省经济工作会议主要精神

坚持科学发展 加快转型升级 促进经济社会平稳较快健康发展

2009年12月23日，浙江省经济工作会议在杭州召开。省委书记赵洪祝在会上强调，2010年经济工作的总体要求是：坚持以邓小平理论、“三个代表”重要思想和科学发展观为指导，认真贯彻党的十七大和十七届三中、四中全会以及中央经济工作会议精神，深入实施“八八战略”和“创业富民、创新强省”总战略，坚持以科学发展为主题，以加快经济转型升级为主线，以改革开放自主创新为动力，以全面改善民生为根本目的，调结构促发展，进一步发挥民营经济、县域经济、块状经济等特色优势，扎实推进大平台大产业大项目大企业建设，着力推动城乡统筹、区域统筹、陆海统筹和经济社会统筹，进一步增强综合竞争力、可持续发展能力和抗风险能力，努力保持经济平稳较快健康发展，全面完成“十一五”发展目标任务，为“十二五”发展奠定良好基础。

省委副书记、省长吕祖善在会上讲话。省政协主席周国富和其他省委常委出席会议。省委副书记夏宝龙主持会议。

赵洪祝在讲话中全面回顾了2009年浙江省经济工作和取得的成绩。他指出，2009年是极不平凡的一年，是浙江进入新世纪以来经济发展最为困难的一年。经过艰苦努力，浙江省经济社会发展情况好于年初预期，在产业结构优化、创新能力增强、经济效益转好、人民生活提高、生态环境改善、区域发展协调的基础之上实现了经济持续回升。浙江省作为受国际金融危机影响最早、冲击最大的省份之一，取得这样的成绩实属来之不易。这是党中央、国务院科学决策、正确领导的结果，是全省各级党委、政府坚定贯彻落实中央一系列决策部署、创造性开展工作的结果，是全省广大干部群众同舟共济、奋力拼搏的结果。

赵洪祝指出，总结今年经济工作，我们的最大收获是经受住了复杂经济环境的重大考验，积累了推动经济社会又好又快发展的经验，深化了对推动科学发展促进社会和谐的认识，更加坚定了加快转变经济发展方式、推动经济转型升级的信心和决心。主要体会是：必须把中央精神与浙江实际结合起来，创造性地贯彻落实中央各项政策举措；必须把解决当前问题与谋划长远发展结合起来，努力在保增长中推进经济转型升级；必须把政府主导与企业主体结合起来，共同促进经济回升向好；必须把促发展与抓改革结合起来，不断增强可持续发展的活力；必须把保增长与惠民生结合起来，切实保持社会和谐稳定；必须充分调动和发挥方方面面的积极性创造性，形成齐心协力、共同奋斗的工作局面。

赵洪祝深入分析了当前宏观经济形势。他指出，总的看，2010年浙江省的发展环境将好于2009年，但不确定不稳定因素还很多，既充满机遇又面临挑战。当前，浙江省经济进入平稳较快增长期、投资驱动作用进入稳定期、产业结构调整进入加速期、资源要素制约进入瓶颈期、社会发展进入转型期。但长期积累的结构性、素质性、体制性矛盾尚未根本解决，在国际金融危机的冲击和影响下又暴露出一些新的问题。为此，我们要深刻领会中央经济工作会议精神，全面把握宏观经济形势，自觉把思想和行动统一到中央精神上来，贯彻落实到浙江省各项工作中去。既要看到有利条件，进一步增强信心，又要保持清醒头脑，切实增强忧患意识和风险意识，把应对困难和挑战的工作做得更扎实一些。

赵洪祝强调，根据2010年经济工作总体要求和主要目标，在工作中必须把握好“六个坚持、六个关系”的指导原则：坚持把调结构促转型作为明年经济工作的重中之重，正确处理好发展与转型的关系；坚持把保持经济平稳较快发展作为明年经济工作的基本目标，正确处理好扩内需与拓外需的关系；坚持把推动重点领域关键环节的改革作为明年经济工作的重要动力，正确处理好深化改革与促进发展的关系；坚持把全面改善民生作为明年经济工作的根本目的，正确处理好经济发展与改善民生的关系；坚持把大平台大产业大项目大企业建设作为明年经济工作的突破口，正确处理好增强优势与转化劣势的关系；坚持把培育新兴产业提升传统产业作为明年经济工作的着力点，正确处理好增量优化与存量调整的关系。2010年，全省要紧紧围绕加快经济转型升级这一主线，突出重点，统筹兼顾，协调推进，抓好加快产业结构优化升级、提升自主创新能力、开拓国内外市场、大力推动有效投资较快增长、努力拓展新的发展空间、积极推进新型城市化和新农村建设、努力挖掘和发挥山海优势、不断增强体制机制新优势、进一步扩大对内对外开放、促进社会协调发展和维护社会稳定等十方面工作。

赵洪祝要求，各级党委要深入学习贯彻党的十七届四中全会和省委十二届六次全会精神，加强和改善党对经济工作的领导，统揽经济工作全局，巩固深化学习实践活动促发展，振奋精神促发展，提高能力促发展，正确导向促发展，狠抓落实促发展，扎扎实实做好改革发展稳定各项工作。

赵洪祝还强调，明年是“十二五”规划编制之年，科学编制好“十二五”规划对浙江省今后5年的发展具有十分重要的意义。我们要高度重视，加强领导，组织精干力量，尽快启动有关工作。特别是要把事关浙江省发展全局和长远的重大问题研究深、研究透，前瞻性地提出思路，并广泛征求方方面面的意见，群策群力，集思广益，切实把“十二五”规划编制好。

吕祖善在讲话中指出，做好明年经济工作，必须把科学发展观切实贯彻落实到具体工作中去，注重抓结合、抓关键、抓切入。在加快推进经济结构调整方面，要调整和优化产业结构，加快发展服务业，加快改造提升传统产业和培育战略性新兴产业，加快发展高效生态农业。要扩大投资消费与稳定出口并举，着力优化投资结构，积极扩大社会投资；进一步拓展国际国内市场，努力扩大浙江产品的市场份额；努力提高城乡居民收入，推动消费较快增长。要强化科技人才支撑和资源环境保障，扎实推进自主创新工作，切实加强节能减排和资源节约集约利用。在大力推动发展空间拓展和平台建设方面，要深入推进新型城市化，加快海洋经济发展带规划建设，加快构筑一批产业科技人才集聚区。要改善欠发达地区发展环境，加大产业扶持力度，深入开展新一轮“山海协作”和结对帮扶工作，大力支持欠发达地区加快发展。在深入推进重点领域和关键环节改革方面，要全面推进转变经济发展方式综合配套改革，健全耕地保护制度和土地使用机制，推动地方金融创新发展，落实医药卫生体制改革重点工作，推进行政管理体制改革。在着力改善民生和保持社会稳定方面，要努力稳定和扩大就业，加快完善覆盖城乡居民的社会保障体系，加强住房保障工作，大力推动各项社会事业发展，全力维护社会稳定。同时，要进一步强化政府服务，提高行政效能，规范行政行为。吕祖善还就贯彻落实此次会议精神及做好岁末年初工作提出了要求。

（摘自2009年12月24日《浙江日报》）

调结构 促转型 谋发展

——论贯彻落实全省经济工作会议精神

刚刚闭幕的全省经济工作会议强调，做好2010年经济工作，关键是要把加快转变经济发展方式作为深入贯彻落实科学发展观的重要目标和战略举措，在发展中促转型，在转型中谋发展。这一决策部署，既是中央要求，又符合浙江实际，既立足当前，又着眼长远，具有很强的现实针对性和重大战略意义。

对调结构促转型，我省觉悟比较早，谋划也比较早。早在2007年12月的全省经济工作会议上，就明确提出要着力研究解决“优化发展布局、突破发展瓶颈、强化先发优势、培育新的增长点、增强发展动力”等五大方面20个问题，核心就是加快经济转型升级。国际金融危机爆发以来，又根据形势变化，把保增长与促转型有机结合起来，提出“标本兼治、保稳促调”的工作思路和政策举措。经过这两年的努力，在结构调整和转型升级方面取得了积极的进展和明显的成效，创造了许多新做法和新经验。

但是，我们也要清醒地看到，这些成效还是初步的。特别是长期积累的结构性、素质性、体制性矛盾尚未根本解决，在国际金融危机的冲击和影响下又暴露出了一些新的问题。我们要认真研究解决新情况新问题，因势利导，顺势应时，积极推进阶段性的转型和发展，努力保持经济平稳较快健康发展。

调结构促转型谋发展，要求我们紧紧围绕加快经济转型升级这一主线，突出重点，统筹兼顾，协调推进，通过调结构促转型来推动经济平稳较快健康发展。要把更多精力放在转变经济发展方式上，优化产业结构，增强自主创新能力，推进生态文明建设，着力提高经济增长的质量和效益，努力在贯彻落实科学发展观、加快经济发展方式转变方面走在前列。

调结构促转型谋发展，必须紧紧抓住产业结构优化升级这个核心，按照“稳定优化一产、主攻调整二产、提升扩展三产”的要求，加快建设现代产业体系；抓住自主创新这个中心环节，积极做好国家技术创新工程浙江省试点工作，加快推进科技强省和创新型省份建设；进一步扩大投资规模，优化投资结构，以增量优化带动存量调整；把大平台建设作为省级发展战略来谋划布局，加快建设一批具有全国战略意义的产业基地；积极推进新型城市化和新农村建设，促进城乡结构优化调整；坚持引进来和走出去相结合，坚持“浙江经济”和“浙江人经济”互促共进。

调结构促转型谋发展，必须有科学的机制体制保证。要全面贯彻落实省委十二届五次全会精神，进一步解放思想，创新思路，大力推进重点领域和关键环节改革，完善体制机制和政策导向，不断增强发展活力。

在严峻复杂的经济形势面前，调结构促转型已成为刻不容缓的重大战略任务。只要我们坚定不移地推进经济转型升级，经受磨砺的浙江经济必将乘风破浪扬帆进，谱写科学发展新篇章 。（摘自2009年12月25日《浙江日报》评论员文章）

省财政地税工作会议精神

在全省财政地税工作会议上的讲话

浙江省常务副省长　陈敏尔

一、充分肯定财税部门在应对危机、保稳促调过程中的重要贡献

2009年，受国际金融危机等多方面因素的影响，我省发展中遇到的困难比预想的多，但是所取得的成绩比预想的好。全省上下在党中央、国务院和省委、省政府的领导下，坚持科学发展不动摇，坚决贯彻中央一揽子计划，统筹做好保增长、抓转型、重民生、促稳定的各项工作，不仅扭转了经济增幅下滑的势头，而且在调整结构、转变发展方式和改善民生等方面迈出了坚实步伐，取得了来之不易的成绩。

一是经济向好回升势头来之不易。我省GDP从一季度增长3.4%的谷底回升到上半年的6.3%，到三季度末上升到7.7%，达到全国平均水平。预计全年全省GDP 22600亿元，增长8.8%，确实非常不容易。

二是结构优化来之不易。产业结构中，第三产业增幅超过12.3%，前三季度第三产业对经济增长的贡献率达到67.6%，全年第三产业比重可望达到43%。需求结构出现积极变化，内需对经济增长的拉动作用明显增强。要素结构中，科技进步特别是自主创新、科技投入、高新技术产业的产出等对经济增长的贡献逐步增加。城乡区域统筹发展，结构进一步调整优化。

三是经济质量提高来之不易。财政、企业和居民“三大收入”都有较好增长。2009年，全省地方财政收入2142亿元，增长10.8%。规模以上工业企业利润增长27%，大大高于全国平均水平。城镇居民可支配收入达到24600元，农民人均纯收入突破1万元大关，增长都在8%以上，特别是我省农民人均纯收入20多年来都是全国各省区第一。

四是民生持续改善来之不易。民生领域的财政支出大幅增加，全年增长13.3%；占比持续提高，超过70%。全省就业、社会保障、社会事业等都得到了较好的发展。

总之，去年我省发展取得的成绩来之不易，经验弥足珍贵，可以归纳为“一揽子、两结合、三努力”。即：得益于坚决地贯彻落实党中央、国务院的一揽子计划；得益于省委、省政府把保稳定增长、促结构调整两者有效结合；得益于各级党委政府、各类企业、广大群众三方面的共同努力、共克时艰、共渡难关。

在应对危机、保稳促调过程中，全省财税系统广大干部职工做了大量艰苦有效的工作，作出了重要贡献。李克强副总理在全国财政工作座谈会上，对财税部门作了“应对有力、创新得法、方法得当”的高度评价。从我省来看，过去一年的财税工作有三大亮点：

一是保增长措施有力。全省财税系统把保持经济平稳较快发展作为首要任务，认真落实积极的财政政策，在促进投资、消费增长和稳定外贸出口方面采取了一系列措施。全省累计完成政府投资1873亿元，带动全社会投资突破万亿元大关。深入实施低收入群众增收和基本公共服务均等化行动计划，推进燃油税费改革、汽车家电下乡和以旧换新，着力增强消费对经济的拉动作用。落实完善外贸出口和企业营销网络建设等政策，设立3.5亿元省级外贸发展资金，帮助企业开拓市场。积极开展帮扶企业“双服务”和“春雨”专项行动，取消、暂停和降低行政事业性收费，下调养老保险费率和临时下浮企业社会保险费。据测算，除中央优惠政策外，我省为企业减负达400多亿元。

二是调结构多管齐下。坚持保增长与抓转型相结合，按照“稳定一产、主攻二产、提升三产”的要求，调整完善财税政策措施，加大对结构调整和转型升级的支持。省财政安排5亿元工业转型升级专项资金和5亿元创业风险投资引导基金，全省财政科技投入100多亿元，支持企业技术改造和产业转型升级。落实分类分档激励奖补机制，筹措支持服务业发展专项资金，促进服务业加快发展。去年省财政向市县返还营业税增收奖励达11.6亿元。

三是惠民生统筹有方。在支出压力剧增的情况下，加强增收节支，确保收支平衡。全省党政机关及全额事业单位公用经费、公务用车购置及运行费和出国经费支出分别比上年减少5%、24%和20.5%。同时，积极调整财政支出结构，切实保障和改善民生。全省财政增量用于民生支出的比例达72.8%，有力推动了教育、医疗卫生、就业和社会保障等民生事业发展。省财政还加大对欠发达地区的扶持，去年转移支付达252亿元，增长14.5%。

全省地税部门的工作也有很多亮点：一是开展经济形势

的分析研判，为政府决策提供参谋；二是用足用好结构性减税的各项优惠政策，积极培育税源；三是推进工业企业分离发展服务业，增加地方收入15多亿元，优化了财政收入结构。可以说，财政部门与地税部门包括国税部门联动保稳促调，功不可没。

二、不断深化对财税工作的认识

（一）充分认识财税工作在应对危机中的重要作用。中央实行积极的财政政策和适度宽松的货币政策以应对危机，非常及时，非常管用。积极的财政政策有四个作用很明显：一是结构性减税政策。国家出台的结构性减税是应对金融危机最有效、最管用的一招。二是加大政府性投资力度。该出手就出手，及时谋划，抓紧部署，快速实施，立马见效。三是体制性的民生安排。党中央、国务院在扩大内需政策中重要的抓手就是把民生作为支柱。四是政策性促进消费政策。不断出制度、出政策，包括家电下乡、汽车摩托车下乡、保障性住房等一系列的消费政策，保障民生，促进消费，拉动内需，对促进经济增长起了重要作用。

（二）充分认识财税工作在促进经济社会发展中的重要作用。在推进科学发展过程当中，财税工作起着十分重要而独特的作用。第一，财税工作是推进科学发展的重要指挥棒。要创新体制机制，很重要的就是创新财政税收体制。无论组织收入、培植财源，还是财政支出的安排，都要充分体现以人为本的要求、全面协调可持续的要求。第二，财税工作是检验经济工作的重要测试表。财税工作是综合反映经济工作情况的重要方面。一个地方经济发展速度快不快、发展质量高不高，除了看经济增长的速度、GDP规模等指标，更重要的是要看综合反映经济社会效益情况的财税水平。检验经济工作的方针对不对，检验经济工作的速度和效益是不是统一、是不是可持续，也需要通过财政税收的一些指标来体现。第三，财税工作是转变政府职能的重要监视器。政府职能在财税工作中得到了充分体现。从财税扶持看，从直接补贴给企业个体转到间接的群体性减免税；从财政导向看，从微观指导企业发展到宏观引导经济；从财政支出看，强化公开、透明的预决算，在统筹兼顾的同时突出重点；从财政管理看，通过绩效管理，看政府行为是不是规范；从财政支出结构看，政府职能有没有到位，民生支出达72%以上，证明政府职能正向有利于民生事业发展转变，向社会公共事业发展转变。

三、切实把握财税面临的新形势、新要求

（一）从财税自身看，今年工作责任重、压力大

全省经济工作会议深刻分析了我们现在面临的形势，中央判断去年是极其困难的一年，今年是极其复杂的一年，不确定因素很多，我们必须更加谨慎，更加有超前性、有预测性。财税工作处于经济运行的一线，是经济的核心领域，更要认识复杂性和不确定性，做到坚定清醒。

一要高度重视财政收支平衡压力加大问题，进一步优化财政收支结构。今年减收增支因素较多。从收入看，一是政策性减收因素。继续执行结构性减税政策，以及对企业在税收和行政事业性收费方面采取一系列减负措施，将明显减少财政收入。二是房地产相关税收影响。去年全省房地产相关税收占地方财政收入26.4%，对地方财政增收的贡献率高达57.7%。今年国家加大房地产市场调控，对地方税收将带来较大的不确定性。三是经济持续回升向好有一个过程。短期内外贸进出口难以全面恢复，进出口环节相关税收增长有限；部分行业和企业经营困难，企业所得税也难以大幅提升。从支出看，一方面，政府围绕调结构、促转型仍需增加财政投入，特别是一些政府性投资项目，在建工程需要续建资金，中央投资需要地方配套。为加快自主创新，推进转型升级，政府也需加大投入力度。另一方面，政府围绕保障和改善民生，必须有相应的财力安排，特别是今年在社会保障、教育、医疗卫生等领域，有不少新增的刚性支出。不少市县去年应对危机，为保增长、保民生，把历年积累的“家底”也掏得差不多了。因此，今年财政收支平衡的压力很大，我们必须进一步做好过紧日子的准备。各级政府尤其是财税部门要坚持开源节流两手抓，既努力培植和扩大税源，依法组织各项收入，进一步做大财政“蛋糕”；又要着力优化支出结构，集中财力办大事，真正把财政“蛋糕”切好，把钱花在刀刃上。

二要高度重视经济结构的深层次矛盾，更好地发挥财政政策的杠杆作用。浙江发展面临着资源环境制约、竞争优势弱化、社会矛盾多发这三道“坎”，这次金融危机更使我省发展中的一些深层次矛盾凸显出来。全省经济工作会议强调，今年既要保持经济持续平稳健康发展，更要在调结构、促转型上下功夫。调整优化经济结构，某种意义上就是调整优化财政支出结构，将更多的财力投向促进转变发展方式上来。为此，要切实发挥好财税“四两拨千斤”的作用，着力打好财税政策与产业政策、货币政策的组合拳，提高财政资金使用效益，特别要在推进自主创新和产业升级、加强节能减排和环境保护、加快城乡区域协调发展等方面，拿出更加切实有效的措施，引导和推动结构调整和发展方式转变。

三要高度重视政府性债务扩大的隐患，切实防范和化解财政风险。财政稳健运行事关大局，财政出了问题，会影响到金融，进而对实体经济和民生造成影响。前些年，我省为加强政府性债务管理，制定了一系列政策措施，包括建立以负债率、债务率和偿债率为重点的债务风险体系，对政府性债务的规模、结构和安全性进行动态监测和评估。经过近年来的努力，全省政府性债务规模增势趋缓。但金融危机以来，各地政府负债率又有所回升，政府债务风险逐渐显现。当前，要高度

关注政府财政运行情况，进一步健全政府债务规模限额管理和风险预警机制，切实加强对政府融资平台的监管，加强政府债务管理，努力化解政府负债增长带来的财政金融风险。

(二)从长远发展看，财税工作要求高，提升的空间大

各级党委、政府正在开展"十二五"规划基本思路的研究，从浙江实际看，要着重研究三大战略性课题：一是进一步发挥县域经济、民营经济、块状经济，以及中小型、加工型、出口型企业发展的传统优势。我省以中小型加工型、出口型企业为主，这是传家宝，不能丢掉，要加以调整和完善。二是进一步增创大平台、大产业、大项目、大企业的竞争优势。大平台，如海洋经济带、产业集聚新平台；大产业，如把海洋经济、高新技术产业做成大产业，实现传统产业链、价值链的延伸和提升；大项目，主要是基础设施项目、第三产业项目；大企业，要培育一批行业龙头企业，引进一批国内外的大企业，体现大、强、优的特色。三是进一步形成城乡统筹、区域统筹、陆海统筹、经济社会统筹以及人与自然统筹的发展优势。浙江人与自然的统筹很有优势，和谐度、统筹度能够超过一些"标兵"，这将是浙江长期的一个优势。

从财税部门来讲，要重点关注和参与以下专题的研究：一是要研究促进转型升级的制度安排与指标体系。转型升级、科学发展，要靠制度安排、指标引导，特别是考核指标、评价指标，GDP 不是惟一的，节能减排、城乡统筹、民生保障的指标要系统化、科学化，使之变成"指挥棒"。二是要研究调整优化国民收入分配。初次分配是国家行为，整个国民收入当中，包括各级财政、企业、城乡居民三大收入的分配比例要加以不断调整。财税部门要深入研究如何促进农民增收，扩大中等收入的群体，保障少数特殊群体的利益。三是要研究如何突破服务业发展的政策性保障。包括税收负担、要素价格、金融工具、土地工具等存在的政策性障碍。服务业是浙江发展的重要领域，服务业得到发展，工业转型升级也会加快发展，地方税收结构也会得到优化。服务业会影响产业结构、投资结构、就业结构、收入结构，服务业发展得快，地方收入就增长得快，抓服务业就是抓收入、抓转型升级。支持服务业发展的政策有国家层面研究的，也有省市县考虑的。现有的政策要落实，没有的政策要研究。四是要研究增强中心镇集聚能力。中心镇是"十二五"时期城乡统筹的重要载体、平台，要研究支持通过中心镇集聚各类要素。五是要研究农民工安居乐业问题。要对目前已有的政策手段进行系统化、制度化安排。六是要研究民间投资的激励政策。去年民间投资和政府投资增幅相差 10 个百分点。浙江最大的活力就是民间投资，只有加大民间投资力度，全省经济总量、经济的活跃程度才能大大改观。要研究促进民间投资的各项政策。七是要研究引导企业多渠道融资问题。要拓宽企业多样化的融资渠道，包括直接融资、证券、信投、债券等各类融资渠道，使我省经济发展更有活力。要加强这方面的财税政策研究。八是要研究地方财权和事权相匹配问题，特别是要增加县级财政调控能力，改善基层财政状况。

四、认真落实财税工作重点任务

(一)抓政策落实，着力推动经济持续平稳健康发展。今年中央继续实施积极的财政政策和适度宽松的货币政策。我们要认真贯彻好中央精神，在继续保持财政收入稳定增长的同时，充分发挥财政保障发展的作用，进一步巩固经济回升向好的态势。财税部门要结合各地实际，紧扣扩大消费需求、强化投资引导、推动市场开拓等关键环节，制定实施有针对性的措施。同时，继续稳定和完善减轻企业负担的相关政策。进一步深化"双服务"活动，用足用好增值税转型、出口退税、高新技术企业税收优惠等结构性减税政策，完善涉企行政事业性收费取消、暂停等措施，促进广大企业尤其是中小企业轻装上阵、加快发展。

(二)抓重点突破，着力推进经济结构调整优化。要积极发挥财税政策调控作用，促进产业结构、需求结构、要素结构、城乡空间结构的优化，在调结构中促转型、促发展。全省经济工作会议提出要推进大平台、大产业、大项目、大企业建设，财税部门要主动跟进。今年省财政将筹措两个 10 亿元资金，分别重点扶持小城镇建设和欠发达地区发展。同时，围绕海洋经济发展带、现代服务业发展等重点，也要研究完善政策措施，更好地推进经济转型升级。

(三)抓民生保障，着力促进社会和谐稳定。近年来，我省建立健全为民办实事的长效机制，得到了人民群众的拥护和欢迎。今年，省政府又排出了十方面的民生实事，各级政府和财税部门必须全力以赴抓好落实。应该看到，当前不少地方的财政盘子都比较紧，因此抓民生保障，在财力安排上必须把握几点：一是坚持雪中送炭。既要坚持普惠性，又要注重紧迫性。在普遍增进民生福祉的同时，更要突出关注弱势群体和困难群众，努力解决人民群众尤其是困难群众最关心、最直接、最现实的利益问题。二是着眼统筹城乡。从我省来看，抓民生保障不能就城论城、就乡论乡，必须着眼于推进新型城市化、建设全面小康社会的要求。这些年我们抓基础教育、医疗和社会保障，都体现了这样的理念，使公共财政更好地惠及城乡群众。三是确保持续发展。改善民生是政府义不容辞的职责，但又是一个长期的过程。因此要尽力而为、量力而行。各级政府和财税部门既要算眼前的资金平衡，又要算长远的可承受性，根据财力和可能确定合理的标准和水平，真正把民生实事办得实实在在。

五、切实抓好财税工作各个环节

(一)做好组织收入这篇文章。组织收入是财税部门的基础工作。今年全省地方财政收入增长 6%以上，只要大家坚定信

心,扎实工作,目标任务是可以完成的。关键是要强研判、广开源、深挖潜。要加强对财税工作的分析预测,要把情况搞清楚,预测要有前瞻性。要支持转型升级,支持科学发展,积极培育税源、壮大财源。要加强税收征管,应收尽收,不收过头税。要强化非税收入的管理。我省地方财政收入中非税收入占 7.4%,一方面反映了财政收入结构比较优,另一方面加强管理也是必要的。特别是要强化土地出让收支的监督管理。

(二)做好优化支出这篇文章。要以收定支、量入为出、统筹兼顾、突出重点,把钱用在刀刃上,确保收支平衡。支出结构要优化,主要是特别关注三个重点:民生、企业、重大项目,要加大对民生的支持、企业的扶持、重大项目的支持。

(三)做好深化管理这篇文章。财税管理工作很重要的就是加强绩效管理。按照"收入一个笼子、预算一个盘子、支出一个口子"的要求,切实把所有政府可用财力纳入预算管理监督范围,着力构建预算编制、执行、监督"三分离"管理框架。绩效管理要从预算管理开始,然后跟踪评估绩效,并且根据绩效管理反过来反思支出结构,反思各项资金特别是各项专项资金的安排。专项资金要不断地优化,优化的依据就是绩效管理的情况。

这里强调几点:一是今年除法律法规以及中央和省委、省政府确定的增支项目外,各地、各部门不再新开口子,原则上不新设立专项资金;二是继续压缩公务购车用车、公务接待、出国(境)等方面的费用支出;三是对各地政府及其融资平台形成的债务要加强动态监控,政府性债务已突破警戒指标的市县,除铁路建设外原则上不能新增政府性债务;四是持之以恒清理"小金库"。"小金库"是不正之风腐败的源头,要做好自查、重点抽查、专项督查三个环节,鼓励自查自纠,持续深化"小金库"治理;五是加强行政事业单位国有资产统一、规范管理,规范资产处置、使用行为。

(四)做好能力建设这篇文章。要切实提高财税工作的能力,这是我们做好工作的基本保障。一是善于"当家"。政府领导是财税工作的当家人,要在党委的领导下当好家,重视财税工作、善于当家。要加强财税业务学习,把握财税工作规律,及时了解掌握财税经济运行情况。要当全局的家,有全局的观念,努力去化解工作当中的重点、难点问题,营造良好财税工作环境。要严守法律法规,严肃财经纪律。二是善于"管家"。财税部门是内管家,是党委政府聚钱管财的主体,责任重大。要加强自身建设,积极为党委政府当好参谋,管好家,理好财。要加强领导班子建设,做到"坚定清醒有作为、团结廉洁有实绩"。要加强队伍建设,提高队伍素质、业务能力。要加强作风建设,兴求真务实之风,知实情、说实话、报实数、做实账、求实效,多办实事,为基层、为群众做好服务。三是善于"持家"。政府部门是使用财政资金的主体,要勤俭节约,善于持家。各部门作为部门预算的主体,要强化大局意识、责任意识,积极配合财政部门编制执行好预算,对财税工作多一些理解,多一些支持。要坚持实事求是的原则,严格执行预算管理的规定,做好公开部门预算的试点准备工作,提高部门预算的透明度,重视和加强单位内部的财务管理。特别是在当前财政收支平衡困难的情况下,都要树立过紧日子的思想,按照集中财力、整合资金的原则办实事、办好事,杜绝铺张浪费,管好、用好财政资金,把有限的财政资金用在刀刃上,发挥更大的效益。

(2010 年 1 月 21 日,根据录音整理)

深化财税改革 推动转型升级 促进经济社会持续平稳健康发展

——2010 年 1 月 22 日在全省财政地税工作会议上的讲话

省财政厅厅长兼省地方税务局局长　钱巨炎

同志们:

这次全省财政地税工作会议的主要任务是,深入学习贯彻党的十七届四中全会、省委十二届五次、六次全会、全省经济工作会议、全国财政工作会议和全国税务工作会议精神,回顾总结 2009 年全省财政地税工作,研究分析当前财税经济形势,安排 2010 年财政收支计划,部署新一年财政地税工作的主要任务。

省委、省政府一直非常重视财政地税工作。省委副书记、省长吕祖善会前多次听取汇报并就开好这次会议、做好今年及下一阶段的财政地税工作作出重要指示。省委常委、常务副省长陈敏尔昨天专程到会看望大家并作了重要讲话,充分肯定了各级财税部门在应对危机、保稳促调中发挥的重要作用,要求各地各部门进一步深化对财税工作的认识,并在深刻分析当前财税工作面临的新形势新要求的基础上,提出了今后一个时期财税工作要研究的一些重大课题,对今年财税工作的主要任务作了全面部署。我们要认真学习,深刻领会,全面贯彻落实。下面,我代表厅党组讲几点意见。

一、2009 年全省财政地税工作经受严峻考验并取得显著

成绩

2009年是新世纪以来我省经济社会发展最为困难的一年，也是全省财政地税系统共克时艰、积极有为的一年。面对复杂严峻的经济形势，全省各级财税部门在省委、省政府的正确领导下，坚持以科学发展观为指导，全面贯彻落实中央应对金融危机一揽子计划和省委、省政府"标本兼治、保稳促调"等一系列政策措施，按照"依法治税、为民理财、务实创新、廉洁高效"的总体工作思路，深化"实、稳、优"三字诀，认真做好保增长、抓转型、重民生、促稳定等各项工作，为促进经济回升和社会和谐稳定作出了积极贡献。全省财政地税工作在困难和挑战中砥砺奋进，经受了严峻考验，取得了新的成绩。

2009年，全省预算收支任务圆满完成。全省地方财政收入共完成2142.37亿元，增长10.8%，其中税收收入1983.67亿元，增长6.9%，非税收入158.70亿元，增长12%；地税部门组织各项收入2505.39亿元，增长7.7%。全省财政支出2653.76亿元，增长20.2%。财税收支结构持续优化。全省地方财政收入占财政总收入的比重为51.97%，比上年提高0.1个百分点；税收收入占地方财政收入的比重保持相对稳定，为92.6%；全省财政增量用于民生支出的比例达到72.8%。财税管理改革取得重要进展。以部门预算、国库集中支付、绩效评价为龙头的"三位一体"的综合预算管理改革不断深化，与之相适应的预算编制、执行、监督管理框架基本建立。财税干部队伍建设继续加强。以"依法治税、为民理财、务实创新、廉洁高效"为核心理念的财税文化建设深入开展，干部综合素质进一步提高。

一年来，我们主要做了以下工作：

(一)全力以赴保稳促调。一是帮扶企业应对危机。积极开展"帮扶企业'春雨'专项行动"和"春阳暖企"专项行动，认真落实提高出口退税率、实行增值税转型改革和高新技术企业税收优惠、技术开发费加计扣除等政策，取消、暂停和降低行政事业性收费，下调养老保险费率和临时下浮企业社会保险费等，全年减轻企业负担超过400亿元。制定小额贷款公司财税扶持政策，完善贷款风险补偿办法，加大风险补偿力度，缓解中小企业融资困难。二是促进"三大需求"协调发展。落实积极的财政政策，及时下拨中央扩大内需新增投资资金37.44亿元，积极争取并顺利发行2009年地方政府债券82亿元，筹措落实省本级财政性资金141.80亿元，支持政府主导性重大建设项目计划和"三个千亿"工程重大项目建设行动计划的实施。积极利用政府外债扩大投资，全省5个项目列入财政部利用政府外债贷款规划项目，贷款总规模1.80亿美元。深入实施低收入群众增收和基本公共服务均等化行动计划，提高居民消费能力；积极推进"家电下乡"和"汽车摩托车下乡"，认真开展家电、汽车以旧换新工作，有效拉动居民消费。落实省级外贸发展资金3.5亿元，重点支持出口企业优化产品结构、创建自主品牌和参加境外展会等，稳定外贸出口。三是推动"三大产业"优化升级。整合和落实省级财政资金，促进农业主导产业转型升级。省财政设立总额为5亿元的工业转型升级专项资金，推进企业技术创新和技术改造；设立5亿元创业风险投资引导基金，支持处于初创期、成长期的科技型中小企业创业创新；支持推广应用新能源，加快推进循环经济发展和企业节能降耗工作。认真落实分类分档激励奖补机制，筹措支持服务业发展专项资金，调整资金支持重点，引导服务业加快发展；统筹落实税费、信贷、产业等政策，扶持企业分离发展服务业。

(二)千方百计增收节支。按照"法治、务实、有为"的原则，在落实各项财税政策的基础上，依法组织各项收入，确保财税收入平稳可持续增长。通过"抓大、评中、定小"的手段，不断创新税源管理方法；健全数据采集—税源监控—税收分析—纳税评估—税务稽查"五位一体"的税源管理互动机制，实现税收源头控管；积极推广应用不动产建筑业税收项目管理软件，进一步推进个人所得税代扣代缴明细申报工作；认真做好契税、耕地占用税和房地产交易税收一体化管理工作，切实加强精细化管理，提高税收征管的质量和效率。稳步推进政府非税收入征管信息化建设，建立健全政府非税收入征管体系，规范非税收入收缴管理；进一步加强国有资源有偿使用收入、行政事业性收费和政府性基金的征收管理，增强政府财力。同时，认真贯彻落实中央和省有关增收节支、厉行节约的各项规定，压缩会议费、出国费、招待费、车辆运行费等四项经费并加强预算审核，停止购置公务用车一年，严格控制行政成本。加大财政支出结构调整力度，加强预算执行管理，增强预算执行刚性，确保财政收支平衡。

(三)尽心尽力改善民生。在民生政策出台多、财政收支矛盾突出的情况下，全省各级财税部门积极筹措资金，确保各项民生工作有序推进。一是支持农村改革发展。加大"三农"支持力度，推进支农专项资金整合，逐步建立健全财政支农资金稳定增长机制。全省"三农"财政投入达到762亿元，增长21.7%。积极落实农业各项扶持和补贴政策，稳步推进政策性农业保险，支持农业基础设施建设和现代农业生产发展，加大农业综合开发力度，提高农业综合生产能力。深化农村综合改革，建立村级组织运转经费保障机制，开展村公益事业一事一议筹资筹劳省级财政奖补试点，将村支书、村主任基本报酬列入财政预算。二是支持社会事业发展。全面落实和完善城乡义务教育各项政策措施，实施义务教育学校教师绩效工资改革，小学、初中生均日常公用经费最低标准已分别提高到350元和550元；扩大中职学生资助面，免除年人均收入4000元以下家庭子女就读中等职业学校的学费；完善高等教育投入政策，试行省属普通高校本科教学业绩考核结果与财政拨款挂钩。加大经费保障力度，支持建立覆盖城乡的公共文化服务体系，加快文化体制改革和文化产业发展。加快推进城镇居民基本医疗保险工作，将大学生纳入城镇居民基本医疗保险。进一步完善免疫规划经费保障机制，及时落实防控甲型H1N1流感经费8322.80万元。三是完善社会保障体系建设。支持实施积极的就业政策，重点做好农民工、高校毕业生、就业困难人员就业和稳定企业用工工作。全面启动城乡居民社会养老保险工作，完善被征地农民基本生活保障制度，城镇职工基本养老保险实现省级统筹。支持廉租住房建设，不断扩大政策性农村住房保险覆盖面，加大对农村困难群众住房救助，改善城乡居民居住条件。四是支持生态环保建设。加大生态环保财力转移支付力度，森林生态效益补偿标准提高到每亩17元，完善省级以上自然保护区财政补助政策，探索开展省排污权有偿使用和交易试点。省财政共筹措安排生态环保专项资金41.09亿元，增长11.7%。五是支持欠发达地区发展。加大扶贫投入，稳步推进扶贫小额信贷、“低收入农户集中村”村级互助资金试点，提高农民增收致富能力。加大对景宁县和全省18个重点民族乡镇所在县的财政扶持力度，扶持欠发达地区和民族地区发展。省财政对欠发达地区的转移支付预计达252亿元，增长14.5%。积极筹措援川建设资金，全省已拨付37.86亿元，其中省本级18.28亿元，确保青川灾后重建工作顺利实施。

（四）坚定不移深化改革。积极推进预算编制、执行、监督“三分离”组织体系改革，合理设置内设机构，省财政已基本搭建起与财政“三位一体”改革相适应的组织管理框架。制定《浙江地税系统2009～2011年发展规划》，促进地税工作稳步发展。按照“收入一个笼子、预算一个盘子、支出一个口子”的要求，加大预算管理改革力度。义乌市努力拓展收入“笼子”内涵，着力提升预算“盘子”质量，全力提高支出“口子”绩效，不断强化预算的完整性、科学性和透明性。深化部门预算改革，完善预算定额体系、预算费用支出标准体系和资产配置标准，进一步加强项目预算管理，对省级项目预算进行整合。完善省级国库集中支付改革，进一步规范预算单位资金支付；稳步推进县级国库集中支付改革，11个设区市和海宁等20个县（市、区）已实施国库集中支付改革试点。扎实推进财税库银横向联网改革和公务卡制度改革，省级预算单位初步完成公务卡改革。进一步完善绩效评价制度，加大绩效评价宣传力度，组织落实部门单位绩效自评和重点项目评价工作，省级共对41个部门128个项目组织实施绩效自评，并对20个重点项目开展绩效评价。加快推进全省政府采购信息化建设，进一步拓展和发挥政府采购政策功能，加大对自主创新和节能环保产品的政府采购支持力度，不断扩大政府采购范围和规模，预计全年政府采购合同金额达450亿元以上，资金节约率达12%以上。

（五）坚持不懈强化管理。扎实开展财税法制宣传教育，深入实施《浙江省省级预算审查监督条例》和《政府信息公开条例》，建立健全政府信息公开制度，依法做好依申请公开工作，强化财税执法监督，推进政务公开和依法理财依法治税工作。加快推进财政专项资金清理、规范、整合，省级重点对工业、服务业、农业、科技、生态环保等五大类专项资金进行整合，提高资金使用效率。加强地方政府性债务管理，对超过债务预警指标的市县进行通报。深化省级部门项目支出预算审核，强化财政专项资金项目审核；制定代建管理费开支标准，完善项目支出标准体系。全省各级财政项目审核机构累计审核各类财政支出项目15660个，净核减84.31亿元，平均核减率6.3%。加强因公出国（境）经费使用的监督检查。启动行政事业单位国有资产管理信息系统建设，加大对资产处置行为的监管力度，完善行政事业单位国有资产管理体制。建立国有资本收益上缴制度，试编省本级国有资本经营预算。积极组织落实财政扩权强县改革工作。全面实施会计考试网络化报名，开展会计人员网络继续教育试点，推进会计管理信息化。认真开展地方财政资金安全检查、行业税收专项检查和“小金库”治理工作，加强财税监督。完善金财工程一体化软件并在全省范围推广使用，初步建立全省金财工程运维平台。持续改进《税友2006》系统，集中开发13项新增功能；组织开发大企业风险监测管理等新软件，不断提升“信息管税”的能力和水平。

（六）创新建设财税文化。以学习、制度、情感、激励、宣传和活动“六个平台”建设为载体，大力开展财税文化建设，积极营造“勤学、善思、践行”的氛围，引导干部职工树立积极向上的人生态度，增强干部队伍的凝聚力、战斗力，开创了“以文化促工作、以文化兴财税”的新局面。扎实开展深入学习实践科学发展观活动，认真做好“服务企业、服务基层”工作。深化干部人事制度改革，完善干部选拔任用制度，做好领导班子建设和干部调配选拔工作，有序开展后备干部集中调整工作，加强财税系统专业人才库建设。创新干部教育培训模式，开设“处长讲坛”，开展“预算编制业务专题学习研讨实践活动”和“业务技能比武”等活动，提高干部综合素质。全面落实党风廉政建设责任制，开展规范权力运行工作，建立规范财税权力运行的长效机制；持续深化和有效落实具有财税特色的惩防体系建设，努力加大从源头上治理腐败工作力度；开展廉政建设“三个一”专题教育活动和“两提高、两降低”效能建设主题活动，积极培育高效、节俭、廉洁、人本的机关效能文化。高度重视老干部工作，进一步落实老干部“两项待遇”。改进党建和思想政治工作，发挥党团工妇作用，举办全省财税系统第三届文艺调演，引导干部职工开展健康、文明的业余生活。

回顾一年来的工作，我们遇到的困难比预料的多，但取得的成绩比预期的好，这主要是省委、省人大、省政府和财政部、国家税务总局坚强正确领导的结果，是各地、各部门特别是省级单位广大财务工作者大力支持的结果，是全省财政地税战线广大干部职工奋力拼搏的结果。在此，我谨代表省财政厅党组，向全省财政地税系统广大干部职工以及所有关心支持财政地税工作的各级领导、各有关部门和广大财务人员表示最衷心的感谢！

在充分肯定成绩的同时，我们也清醒地看到，财税工作中还存在一些亟待解决的问题：财政收支矛盾十分突出，收支平衡压力加大；防范和化解财政风险的任务艰巨；财税管理的质量和财政资金运行的安全性、规范性和有效性有待进一步提高；财税干部队伍的能力、活力有待进一步增强等。对此，我们要引起高度重视，认真分析和研究这些问题，积极采取措施逐步予以解决。

二、全面把握2010年财税经济新形势新要求

（一）2010年财税经济形势

2010年是进一步有效应对国际金融危机冲击、巩固经济回升基础，全面实现"十一五"规划目标的重要一年，也是经济形势最为复杂的一年。不确定、不可预料因素和"两难"问题增多，积极变化和不利影响同时显现，短期问题和长期问题相互交织，国内因素和国际因素相互影响，我省财税经济形势面临严峻考验。从国际看，世界经济运行中出现了一些积极变化，国际金融市场渐趋稳定，主要经济体经济出现好转迹象，新兴经济体和发展中国家经济增速加快，世界经济有望恢复性增长。但金融危机影响仍然存在，实体经济回升面临较多困难，世界经济好转的基础仍比较脆弱，基础还不稳固，各方面不确定因素很多，世界经济复苏将缓慢复杂曲折。从国内看，通过实施"一揽子"计划和相关政策措施，我国经济实现了较快增长，各方面信心明显增强，以内需增长弥补外需不足还有一定空间，保持较快增长具有较好的基础。但是，我们也必须看到，经济的发展、企业的运行，许多还是靠政策的支持，经济增长缺乏内在的动力和活力，经济回升的基础还不牢固，经济社会发展面临的困难仍然很多。从我省看，全面深入贯彻落实科学发展观和国家各项宏观调控政策，大力推动经济结构调整和发展方式转变，全省经济有望继续保持平稳较快发展，但长期积累的结构性、素质性、体制性矛盾尚未根本解决，在国际金融危机的冲击和影响下又暴露出一些新的问题，工业投资、民间投资增长乏力，部分行业和企业生产经营困难，出口形势不容乐观，经济持续增长的内生动力不足等。从长远看，我省还面临进一步发挥县域经济、民营经济、块状经济，以及中小型、加工型、出口型企业发展的传统优势，进一步增创大平台、大产业、大项目、大企业的竞争优势，进一步形成城乡统筹、区域统筹、陆海统筹、经济社会统筹以及人与自然统筹的发展优势等三大战略性课题。

从财政看，收入前景不乐观、基础不稳固，而支出基数大、刚性强。预计财政收支矛盾十分突出，财政收支平衡面临严峻考验。收入方面，经济形势和企业经营状况进一步好转，将有利于财政收入增长。但继续执行结构性减税政策会明显减少财政收入；部分行业和企业经营困难，企业所得税增长困难很大；外贸出口难以全面增长，税收增长有限；房地产市场调控必然对相应税收带来影响；一些拉动内需和外需政策的边际效应可能递减；一些一次性特殊增收的措施难以持续；财政收入形势不容乐观。支出方面，扩内需、保增长、促转型导致的支出增长很快。保持政府公共投资力度，在建项目需要继续投入资金；实施义务教育教师绩效工资、校舍安全工程、落实城乡居民养老保险制度、提高新型农村合作医疗保障水平、增加离退休人员补贴等政策性增支较多且集中；实施医药卫生体制改革、事业单位绩效工资制度改革以及加大结构调整和发展方式转变等需要增加大量的财政投入；支援四川灾区重建也需要财政增加投入。在减收增支的压力下，财政收支矛盾突出，财政平衡难度加大，一些市县的财政潜在风险不容忽视。

总之，2010年将是近年来全省财税经济运行较为复杂的一年。我们必须保持清醒头脑，既要看到各种有利条件和积极因素，进一步坚定信心、振奋精神，又要深刻认识和充分估计存在的问题和面临的困难，不能简单把一些国家经济回暖迹象等同于世界经济已经出现了从衰退向全面复苏的根本性转折，把我国经济回升加快等同于实体经济运行状况出现了根本性改善，把财政收入止跌回升等同于财政困难状况出现了根本性好转，要把思想和行动统一到深入贯彻落实科学发展观的要求上来，统一到中央和省对当前经济形势的科学判断上来，统一到中央和省的决策部署上来，更加周全地做好应对各种困难和挑战的准备，牢牢把握财税经济工作的主动权。

（二）2010年财税工作的指导思想和总体要求

根据对2010年经济形势的分析和预测，按照中央和省委对经济工作的总体部署，我省2010年财政地税工作的指导思想是：高举中国特色社会主义伟大旗帜，全面贯彻党的十七大、十七届三中、四中全会和省委十二届五次、六次全会精神，深入贯彻落实科学发展观，紧紧围绕"创业富民、创新强省"总战略和"标本兼治、保稳促调"的方针，按照"依法治税、为民理财、务实创新、廉洁高效"的总体工作思路，念好"实、稳、优"三字诀，着力推进经济结构调整和发展方式转变，夯实财税收入基础，优化财政支出结构，深化财税管理改革，完善财税运行机制，深化财税文化建设，为保持全省经济社会平稳较快健康发展作出新的贡献。

按照这个指导思想，2010年全省财政收支计划初步安排如下：根据当前财政经济形势，2010年全省地方财政收入预计增长6%以上。2010年全省地方财政收入预算按增长6%计算安排2270亿元；全省财政支出预算2700亿元，调减地方政府债券因素后增长5%，全省财政收支平衡。省级地方财政收入预算

235 亿元，增长 6%；省级财政支出预算 342 亿元，增长 5%，省级财政收支平衡。

在具体工作中，总体上要以加快推进经济结构调整和发展方式转变为主线，深化“实、稳、优”三字诀，处理好四个关系：

一是正确处理好服务企业与坚持依法治税的关系。要坚持一手抓优惠政策落实，支持经济结构调整和转型升级；一手抓依法治税，维护税收权威。要紧紧围绕中央和省委、省政府的决策部署，坚持把调结构促转型作为财税工作的重中之重。继续减轻企业负担，综合运用减免税费、增加支出、财政贴息等多种手段，加强对企业调整结构、金融和开拓市场的支持，完善落实扶持中小企业的政策，进一步推进企业分离发展服务业工作。大力推动发展空间拓展和平台建设，为广大企业做强做优提供更好的条件，创造更好的发展机会。同时，要认真贯彻依法治税的要求，既不能因为减轻企业负担、支持企业结构调整而突破税法“红线”随意减免税费，也不能因为税收任务压力而不落实优惠政策或“寅吃卯粮”收过头税，坚决维护税法严肃性和税收刚性。

二是正确处理好当前改善民生与长远发展民生的关系。保障和改善民生既是经济发展的最终目的，也是拉动消费、推动经济发展方式转变的重大举措。要按照公共财政的要求，始终遵循“低起步、广覆盖、迈小步、可持续”的原则，坚持雪中送炭、着眼统筹城乡、确保持续发展，高度重视保障和改善民生工作，加大财政投入，调整支出结构，优化制度设计，最大限度地整合各方面的资源，尽最大努力支持解决涉及群众切身利益的问题，促进经济增长和社会和谐稳定。当前要尽可能地安排落实好配套资金，确保已出台的各项民生政策落实到位。同时，要根据财政可承受能力，分清轻重缓急，合理安排预算盘子，量力而行，科学处理好当前改善民生与长远发展民生的关系。特别是在当前财政收支矛盾突出、财政平衡难度加大的情况下，千万不能不顾财力可能，在中央和省已出台政策的基础上层层加码，提高标准，给财政造成很大压力，影响财政收支平衡，最终影响民生的可持续发展。

三是正确处理好发展经济与防范财政风险的关系。一方面，要落实积极的财政政策，保持政府投资力度，大力推动空间拓展和平台建设，推进经济结构调整和产业转型升级，促进经济发展。另一方面，要保持清醒的头脑，立足当前，着眼长远，统筹谋划，在拉动内需支持经济发展中，做到当前需要与长远发展相互兼顾，发展速度与财力可能均衡匹配，债务规模与偿债能力有机统一。在确保重大项目投资质量的同时，进一步加强和改进投资管理，进一步强化政府债务监测、预警体系，合理测算偿还能力，错开偿还期限，做到债务可控，主动防范财政风险。

四是正确处理好业务建设与思想建设的关系。优秀的干部队伍是我们做好各项财税工作的重要保证。在当前我省经济社会发展进入“爬坡过坎”关键期，财税改革与发展进入攻坚期，公务员津补贴进入规范期的大环境下，更需要有一支综合素质高、精神状态好、务实廉洁、创业干事的优秀财税干部队伍。要在坚持抓好财税业务建设的同时，坚持以财税文化建设为抓手，充分发挥财税文化润物无声、潜移默化的作用，加强财税干部队伍的思想建设，提振精神，凝聚人心，提升科学发展能力。借助财税文化的导向作用，引导广大干部职工牢固树立正确的世界观、人生观、价值观；借助财税文化的激励作用，调动一切积极因素为大家干事创业提供动力；借助财税文化的娱乐作用，积极开展以创造良好环境、提供精神动力、陶冶道德情操为目的的文体活动，营造快乐生活、快乐工作氛围；借助财税文化的凝聚作用，增强团队合力，为发展财税事业提供保障。

三、围绕大局扎实做好 2010 年财政地税工作

做好 2010 年财政地税工作，对进一步应对国际金融危机不利影响、保持经济平稳较快增长、为“十二五”规划启动实施奠定良好基础具有十分重要的意义。各级财政地税部门要按照中央和省委、省政府的决策部署，紧紧围绕经济社会发展大局，充分利用有利条件，积极克服困难，努力完成全年各项工作任务。

（一）稳收支、保平衡，着力保证财税收支稳健运行。密切关注经济发展走势、宏观经济政策和税收政策变化对税收的影响，强化对各税种的科学控管，及时掌握重点企业、重点行业生产经营和税源变化情况，深入分析税收增减变化内在原因，科学判断收入增减趋势，及早研究应对措施，牢牢把握组织收入工作的主动权。进一步落实“抓大、评中、定小”税源管理思路，扎实推进“五位一体”的税源管理互动机制建设，平稳有序做好契税、耕地占用税征管职能交接工作，加强税收收入征管。推进政府非税收入管理立法工作，进一步拓宽征收范围，探索研究国有资源（资产）有偿使用收入、国有资本收益征收管理办法，完善征管体系，强化政府非税收入征收管理。进一步完善社保费征管机制，逐步夯实缴费基数。同时，按照“一要吃饭、二要建设、三要有所积累、四要增强宏观调控能力”的原则，分清轻重缓急，合理安排支出，做到有保有压，确保财政收支平衡。在确保民生等重点支出的同时，严格控制一般性行政支出，各级党政机关公用经费预算压缩 5%，会议费、公务接待费、公务用车购置及运行费、出国（境）经费实行零增长，努力降低行政成本，把有限的财力真正用到促进经济社会发展的重要领域。要细化预算，尽早安排，切实加快预算执行进度。

（二）抓转型、促发展，着力加快经济发展方式转变。深入研究财税促进经济转型升级的制度安排，及时完善相关财税

政策措施，优化配置各类财税资源，推动需求结构、产业结构、生产要素结构、空间布局结构调整，扎实推进大平台、大产业、大项目、大企业“四大建设”，加快推进调整转型，促进经济发展方式转变，提高经济增长的质量和效益，夯实财税稳定增长的基础。认真落实积极的财政政策，保持政府投资力度，筹措落实“三个千亿工程”省级财政性资金，支持以铁路现代化为重点的基础设施和民生工程建设；合理利用政府外债资金；发挥财政“四两拨千斤”的作用，有效引导民间投资，拓宽企业融资渠道。支持提高城乡居民收入，认真做好家电、汽车下乡和以旧换新财政补贴工作，进一步扩大居民消费需求。落实外经贸发展各项政策，适当调整外贸扶持资金使用方向，突出支持中小企业开拓国际市场，促进外贸出口稳步回升。进一步强化“企业为基”的理念，继续做好对企业的“解困、扶持、服务”工作，落实财税优惠政策，扶持企业发展。研究突破服务业发展的政策性障碍，完善服务业发展的体制和政策，进一步统筹落实各项财税政策，深入推进企业分离发展服务业工作，推动服务业加快发展。调整和完善工业转型升级财政政策，促进企业技术创新和技术改造，支持绿色能源、循环经济和低碳经济发展，推进工业转型升级；用足用好金融业发展专项资金，继续安排省级小企业贷款风险补偿资金，积极引导、鼓励金融机构支持中小企业发展；加大财政科技投入，整合财政科技资金和创新使用制度，推进创新平台和载体建设，支持企业自主创新，提高自主创新能力。加大财政强农惠农政策力度，以培育农业十大主导产业为重点，以粮食功能区和现代农业示范区为平台，支持现代农业发展。深入推进农业综合开发，进一步改善农业生产条件。统筹城乡区域协调发展，积极稳妥推进城镇化建设，进一步加大对中心镇培育扶持力度，提升城镇发展质量和水平。

（三）调结构、惠民生，着力推动经济社会协调发展。进一步调整和优化财政支出结构，调整和优化国民收入分配，促进民生改善、社会和谐稳定。全面实施“校舍安全工程”，继续实施“领雁工程”、“农远工程”、职教“六项行动计划”，落实中职学生资助政策，深化高校重点学科建设，提高教育质量和水平。全面开展乡镇综合文化站建设，加强农村文化建设，逐步建立覆盖城乡的公共文化服务体系；积极支持文化体制改革，大力发展文化事业和文化产业。深入实施积极的就业政策，进一步完善创业财税优惠政策和就业专项资金、失业保险基金的支出管理政策，稳定和扩大就业。进一步完善社会保障体系，全面实施城乡居民养老保险制度，平稳推进企业职工基本养老保险省级统筹。提高新型农村合作医疗保障水平，所有县（市、区）人均筹资标准达到185元以上。积极推动医药卫生体制改革，重点做好农村医疗卫生服务体系建设和改革工作。加大对低收入群众的帮扶救助力度，建立道路交通事故社会救助机制，进一步健全社会救助体系，保障和改善困难群体基本生活。积极落实省级财政补助政策，加快农村困难家庭危旧房改造，推进欠发达地区城市低收入家庭廉租住房保障体系建设，努力解决低收入住房困难家庭的居住问题。完善财政生态补偿政策，进一步加大对环境保护和生态建设的投入，全面推行排污权有偿使用和交易制度，推进生态省建设。加大欠发达地区扶持力度，增强欠发达地区自身“造血”功能和可持续发展能力。进一步深化农村综合改革，加强乡镇财政管理，保障乡镇职能运转基本支出，落实好村级组织运转经费保障机制和村干部基本报酬财政补助政策，全面推进村级公益事业一事一议筹资筹劳财政奖补试点工作，完成农村义务教育债务化解任务。

（四）推改革、健机制，着力增强财税体制机制活力。关注市县财政运行情况，研究完善转移支付制度，建立地方财权与事权相匹配的财政体制机制。深化和稳步推进符合浙江实际的“收入一个笼子、预算一个盘子、支出一个口子”财政运行机制改革。进一步细化和完善预算编制、执行、监督的管理框架，保障“三个子”顺畅运行。规范行政定额预算单位资金来源，进一步规范公务员津补贴。深化综合预算改革，建立健全省级政府预算体系，编制政府公共预算、社保基金预算、国有资本经营预算以及政府性债务计划。加强预算执行管理，按照优化流程、提高效率的原则，整合国库部门与会计核算中心（国库集中支付机构）职能，统筹预算执行人力资源配置，建立以国库集中收付、财政资金安全管理、预算执行动态监控、信息集成等为主要内容的预算执行管理新机制，不断提高预算执行质量和效率。加快县级国库集中支付改革，力争2010年全省实施改革的县（市、区）新增40个。稳步推进公务卡制度改革，力争2010年公务卡制度改革在省、市两级预算单位全面推开。深化政府采购制度改革，不断完善政府采购制度体系，加快推进全省政府采购信息系统一体化建设，加强对政府采购代理机构的监督管理，稳步扩大政府采购范围和规模，有效发挥政府采购政策功能。加强财政支出绩效评价，强化项目绩效目标管理，建立财政支出绩效评价信息库，创新项目支出绩效自评和重点项目评价工作，不断扩大部门单位绩效自评工作覆盖面，建立评价结果在部门预算安排中的激励与约束机制。

（五）强管理、提绩效，着力提高科学化精细化水平。加强财税法制建设，认真开展规范行政处罚裁量权工作，强化财税执法监督。进一步加强对地方政府性债务的监督管理，健全管理机制，规范举债行为，落实偿债责任；切实加强对政府融资平台的监管，规范政府融资平台公司举债和担保承诺行为，努力防范和化解债务风险。进一步加强财政专项资金管理，严格控制新增专项资金，除法律、法规及中央和省委、省政府确定的增支项目外，各地各部门不再新开口子，原则上不新设立专项资金;加大归并、整合现有专项资金力度;清理消化历年结余,逐步减少部门结余资金规模,盘活存量资金。尽快完成财政周转金清收扫尾工作。加快资产管理信息平台建设,细化资产配置标准,推进资产配置和部门预算编制相结合;规范资产处置、使用行为,行政单位资产出租收入和行政事业单位资产处置收入严格按"收支两条线"办法上缴财政。稳步推进政府非税收入征管信息化建设,加大新版政府非税收入征管信息系统推广应用力度;开展全省国有土地使用权出让收支管理信息系统软件的试点和推广应用工作,进一步规范土地出让收支管理。完善会计管理信息化,逐步推进财政监督信息化建设,做好"小金库"专项治理和会计信息质量检查,加强财政监督。推进金财工程建设,加大管理层应用的开发力度。启动浙江地税系统信息化建设"大集中"工程,按照省局主导、各地配合的实施原则,对现有业务进行整合,按照科学化、专业化、精细化的要求,建设新一代地税征管信息系统,进一步提升税收征管与服务水平。高度重视政府信息公开工作,认真做好依申请公开,自觉接受人大、政协和社会各方面监督。

(六)抓队伍、强素质,着力深化财税文化建设。深入贯彻十七届四中全会精神,继续巩固深入学习实践科学发展观的成果,切实加强财税系统党的建设和党员队伍建设。进一步做精做深财税文化,通过组织开展财税系统评先、系统运动会、财税文化建设经验交流等活动,使财税文化核心理念转化为每位财税干部的自觉行动,产生"文化生产力",全面提振干部队伍精神风貌。加强领导班子建设,推进干部人事制度改革。深入推进岗位培训,创新培训机制,开展以提升能力素质为核心的分层次、分专业岗位培训观摩交流活动,有计划地推进人才库建设。全面落实党风廉政建设责任制,强化廉政主体责任,创新党风廉政教育形式,推进廉政文化建设,持续深化具有财税特色的惩防体系制度建设,进一步规范财税权力运行,加强党风廉政建设。认真做好党团工妇和老干部等各项工作。学习沈浩等先进人物事迹,深入基层、联系群众、求真务实、艰苦奋斗,以高度的责任心和无私奉献精神,努力做好各项财税工作。

同志们,沧海横流方显英雄本色!今年我省财政地税工作任务艰巨,责任重大。我们一定要深入贯彻落实科学发展观,坚定信心,迎难而上,扎实工作,圆满完成今年各项财政地税工作任务,努力开创财政地税事业新局面,为推进我省经济社会持续平稳健康发展作出更大的贡献!

服务经济转型升级 深化管理创新强税
促进我省经济平稳较快健康发展

——2010年1月22日在全省地税工作会议上的讲话

省地方税务局副局长 单美娟

这次全省地税工作会议的主要任务是,深入贯彻落实党的十七届四中全会、省委十二届六次全会、中央和全省经济工作会议、全国税务工作会议精神,回顾总结2009年地税工作,深入分析地税工作面临的形势,部署2010年地税工作任务。全省各级地税部门要认真学习领会吕省长重要指示和钱巨炎局长讲话精神,抓好贯彻落实。下面,我讲几点意见:

一、迎难而上、奋发有为,2009年地税工作取得显著成绩

2009年是新世纪以来我省经济发展和组织税收收入最为困难的一年。面对严峻复杂的经济税收形势,全省地税系统在省委、省政府和国家税务总局的正确领导下,深入学习实践科学发展观,认真贯彻执行上级应对金融危机冲击的一揽子计划和政策措施,按照"保增长、抓转型、重民生、促稳定、强党建、求实效"工作要求和"依法治税、为民理财、务实创新、廉洁高效"工作理念,确立年度十项重点工作,编制《浙江省地税系统2009～2011年发展规划》,帮扶企业"保增长"、强化管理"稳收入"、助推分离"抓转型"、五费合征"重民生"、优化服务"促稳定"、文化建设"强队伍"、依法治税"求实效",为我省经济社会平稳较快发展作出了积极贡献。

2009年全省地税工作在七大方面取得了显著成绩:

(一)帮扶企业"保增长"

针对金融危机下的严峻经济形势,围绕党委政府工作大局,省局研究制定了《关于贯彻落实保增长扩内需调结构若干政策的实施意见》,通过梳理整合相关税费优惠政策,帮扶企业脱困解难,得到了陈敏尔常务副省长的充分肯定。根据省政府统一部署,认真开展临时性下浮社保费缴纳比例集中减征工作,2009年全省共减征社保费36.30亿元,其中企业单位32.04亿元、城镇个体劳动者4.26亿元;惠及企业36.88万户、城镇个体劳动者188.32万人。积极落实养老保险费缴费比例调整政策,全年用人单位基本养老保险缴费比例平均下调约4个百分点,减少企业当年缴费约45亿元。依法依规落实好困难企业税费减免政策,减免困难企业房产税、城镇土地使用税、水利建设专项资金等税费20.40亿元,有力地增强了

企业抵御金融危机的能力。

(二)强化管理"稳收入"

面对十分困难的组织收入形势，各级地税部门积极创新管理，向管理要收入。一是在加强税源管理上有新突破。坚持"抓大、评中、定小"的税源管理思路，积极推广杭州市局加强重点税源管理经验；组织开展住宿业、租赁业专项纳税评估、重点税源专项评估以及资源税纳税评估试点，建立的餐饮、建筑、广告三行业纳税评估模型，入选总局百佳模型；推广"参数定税法"。圆满完成城镇土地使用税税源清查，积极推进机动车车船税保险机构代收代缴工作。统一规范省内跨地区经营建筑安装企业的所得税征管，积极开展个人工资薪金所得与企业的工资费用支出比对。有序推进非居民企业所得税征管，顺利实现契税和耕地占用税征管职能划转。二是在提升信息管税上有新成效。加快推进发票电子化，推行机打发票和有奖发票，提供网上发票真伪校验服务，加强以票控税。持续改进《税友 2006》系统，全年组织开发 50 多项新增功能。建立国地税信息共享平台，实现双方申报和财务数据的实时共享。组织开发稽查查账、大企业风险监测管理、营业税差额征税管理等新软件；推广应用不动产建筑业税收项目管理软件、车船税保险机构代收代缴明细申报软件，全面应用快捷查询软件。建立健全与工商部门的个人股权转让信息传递机制。三是在完善管理制度上有新举措。在全国率先出台营业税差额征税管理办法，推出全省统一格式的企业所得税汇算清缴和财产损失鉴证报告与工作底稿范本。建立重点工作责任分解和省局领导调研时基层反映问题办理制度。同时，在依法依规的前提下，不断增强组织收入调控能力，合理把握收入进度，实现收入平稳增长。2009 年，全省地税部门共组织各项收入 2505.39 亿元，增长 7.71%，增收 179.42 亿元。其中：税收收入 1596.78 亿元，增长 6.85%，增收 102.38 亿元；社保费收入 726.48 亿元，增长 9.80%，增收 64.85 亿元。全省地方税比重达 64.00%，比上年提高 4.61 个百分点；地税税收收入中，构成地方财政收入的税收收入增长 10.66%，快于全部税收收入增幅 3.81 个百分点。值得表扬的是，杭州、嘉兴、绍兴、湖州、舟山等地组织收入工作扎实。

(三)助推分离"抓转型"

坚持把推进企业分离发展服务业作为增加企业效益、增强地方财力、优化产业结构的一个有效抓手。省局制订了《关于进一步推进企业分离发展服务业工作的实施意见》，建立局领导定点联系制度，完善部门联席会议制度，开展局领导专题调研、部门联合调研，及时发现新问题、破解新难题、实现新进展。2009 年全省新增 1252 户企业分离发展服务业，超额完成了新增 1000 户的目标任务。我省已分离出来的服务业企业 2009 年产生营业收入 376.07 亿元、地方税费收入 15.80 亿元；2008 年、2009 年累计产生营业收入 534.09 亿元、地方税费收入 23.71 亿元，取得了显著成效。修订了《浙江省地方税务局关于促进第三产业发展的若干意见》，促进经济转型升级。2008 年度全省（不含宁波）企业研发费税前加计扣除 21.28 亿元，比 2007 年增加 6.58 亿元，增长 44.76%。2008 年以来我省累计已认定高新技术企业 2255 户，其中地税部门负责征管企业所得税的有 1124 户，据初步统计，2009 年高新技术企业预计可享受企业所得税优惠 14.24 亿元，已在 2009 年内预缴时办理抵缴、退税等方式的所得税额 7.26 亿元。2009 年，全省(不含宁波)技术转让、技术开发等收入累计免征营业税 7793 万元。

(四)五费合征"重民生"

不断深化社会保险费征管改革，初步建立了可持续社保费长效筹资机制，不断增强基金支付能力。会同财政、人力社会保障等部门，认真抓好社保费征缴扩面工作，制订下发了《浙江省社会保险缴费登记暂行办法》，统一规范全省社会保险缴费登记的流程和内容，并对已办理税务登记未办理缴费登记的企业单位进行补登记，截至 2009 年底，全省(不含宁波)企业养老保险缴费登记户数达 47 万户，基本实现社会保险企业全覆盖。积极加强和社保等部门的配合协作，努力扩大社保覆盖面，探索开展地税、社保"一站式"服务新举措，方便缴费人。积极参与养老保险省级统筹政策调研和制定，开展社保费征管情况调查，基本掌握我省企业的工资总额情况和社保费负担水平，为推进缴费比例逐步统一、公平负担，进一步规范社保费征管奠定了坚实的基础。

(五)优化服务"促稳定"

坚持把优化服务举措、提升服务水平作为与纳税人共克时艰、维护社会稳定的重要手段。一是开展"十百千万送服务"。通过"十项便民措施"、"百场专题税企沟通会"、"千名税干进千企"、"网送税法连万家" 等活动载体，千方百计为纳税人解难题、送服务。各地共派出 7038 名地税干部走访了 16589 家企业，现场解答涉税问题 12790 个，收集意见建议 6034 条，提供个性化服务 3552 项；举办 631 场专题税企沟通会，参加人数达 72881 人，免费发放资料 163261 份；12366 语音特服系统共受理纳税人咨询电话 153 万话次，推送最新政策通知、提醒等服务短信 432 万条，分别比上年增长 88%和 5%。二是落实"两个减负"。取消办税业务事项 52 项，减少主表 41 份，附列资料 113 项。继续实行免收税务登记证工本费制度，节约纳税人成本 740 万元。三是优化服务方式。规范办税服务厅标准化建设，导入视觉识别系统，探索开展个性化服务。在全国省会城市纳税服务满意度调查中，杭州地税进入前三甲，有关做法在全国税务系统纳税服务工作会议上进行了经验介绍和现场观摩。

(六)文化建设"强队伍"

以财税文化建设为契机，积极发挥学习、制度、情感、激励、宣传、活动“六个平台”育人作用。与财政厅联合举办全省财税系统庆祝建国60周年文艺晚会暨第三届文艺调演，组织地税文化建设成果展以及诗歌、书画作品征集评选等，引导干部职工培养积极向上的人生态度。各地涌现财税文化建设经验做法100多项，省局专题编发《财税文化建设简报》加以推介、交流。举办全省地税系统岗位业务技能比武活动，开展分层分类培训，全年共举办各类培训班1178期，共有35730人参加培训。广泛开展争先创优活动，全省地税系统共有171家单位获省级以上“基层文明单位”、“巾帼文明岗”、“青年文明号”和“群众满意基层站所”等荣誉称号。继续推进廉政文化建设，认真做好违纪违法案件防范和查处工作，努力降低违纪违法案件发生率。2009年，受党纪政纪以上处分人数7人。

（七）依法治税“求实效”

扎实开展依法行政考核工作，省局连续三年被省政府评为依法行政先进单位。稳妥推进执法责任制考核，确定省对市县局的执法责任考核指标。嘉兴市局率先在市本级各税务分局、稽查局和所辖县（市）局试行责任到岗的税收执法责任制电子化考核。深入开展执法检查，充分运用和解、调解手段妥善解决税务行政争议，2009年行政复议案件2起，行政诉讼案件5起，行政争议案件明显减少。积极发挥稽查职能，稽查工作取得明显成效。开展行业税收专项检查和重点税源的自查、重点检查工作，专项整治“买方市场”假普通发票，并取得阶段性成效，得到总局和公安部的联合通报表彰。突出大要案查处，完善责成自查办法，强调和谐稽查，得到总局肯定。深入探索管查互动机制，进行管查互动机制试点，努力实现以查促查、以查促管。

2009年12月24日，李克强副总理在全国税务工作会议期间考察国家税务总局时充分肯定了税收工作，指出，税务部门广大干部职工克服困难，勤奋工作，为保增长、保民生、保稳定作出了积极贡献。今年初，陈敏尔常务副省长专门作出批示：2009年全省地税工作做得积极主动，体现了“民生为本、企业为基”的理念，较好处理了管理与服务的关系，为经济企稳回升、转型升级作出了积极贡献。

回顾一年的奋斗历程，主要有以下四点体会：

坚持服务大局，坚决贯彻落实党委政府应对金融危机的一揽子计划和措施。始终紧密围绕党委政府工作大局，找准地税工作与支持经济、服务民生的结合点，用好、用足一系列帮扶政策，有力提振了企业信心，促进了社会和谐，实现了涵养税源与组织收入的统一。

坚持创新驱动，扎实推进科学化、专业化、精细化管理。始终以创新的理念、创新的举措适应新形势、破解新难题，推进分行业税收管理，开发应用征管稽查软件；充分尊重基层首创精神，大力推广重点税源管理经验；围绕产业结构优化，全面推进企业分离发展服务业等创新性工作。

坚持征纳和谐，全面强化纳税服务与依法征管工作基础。始终坚持依法加强征管和优化纳税服务并重，在依法依规的前提下，强化征管堵漏增收，优化服务减负增效，不断提升纳税人满意度和税法遵从度。

坚持以人为本，紧紧依靠广大地税干部职工克难攻坚。始终把依靠广大地税干部职工作为推动地税事业发展的出发点和立足点，抓好财税文化建设，激发内在动力，营造风正、气顺、心齐、劲足的良好氛围。在严峻的挑战面前，广大地税干部职工始终保持不畏艰难、奋发有为的精神风貌，确保各项任务的圆满完成。

在此，我代表省局领导班子向关心支持地税工作的各级领导、各有关部门、广大纳税人表示最衷心的感谢！向全体地税干部职工表示最诚挚的问候！

在看到成绩的同时，我们也必须清醒地认识到存在的问题和不足：干部的创新意识有待进一步加强；堵漏增收的能力有待进一步提高；部门间数据信息共享有待进一步推进；依法行政和防范风险的水平有待进一步提升等。对于这些问题，我们必须高度重视，采取更加有力的措施，认真加以解决。

二、认清形势、把握重点，推进我省地税事业新发展

（一）认清面临的经济税收形势

中央经济工作会议指出，2009年我国经济社会发展情况好于年初预期，2010年发展环境将好于2009年，但经济复苏基础并不稳固，国际金融危机影响仍然存在，国际贸易摩擦明显增多，国际能源原材料等大宗商品价格震荡加剧。从我省情况看，呈现出经济稳步回升、社会和谐稳定的良好局面，并且这种经济持续回升是建立在产业结构优化、创新能力增强、经济效益转好的基础上，说明我省应对金融危机成效显著；但同时，需求不足矛盾，企业生产经营压力，财政收支平衡问题依然突出。从我省地税情况来看，税收收入增幅持续回升，但税收增长的结构性问题比较突出，房地产高涨带来的税收风险正在进一步积聚，政策性减收对后期税收的影响仍不容忽视。为此，要深刻把握这些阶段性变化，既要充分看到有利条件和积极因素，也要充分估计不利因素和潜在风险，要保持清醒、振奋精神，不断增强地税工作的科学性和主动性。

（二）把握加快经济发展方式转变的主线

中央经济工作会议指出，做好2010年经济工作，重点要在促进发展方式转变上下功夫。李克强副总理对税收工作提出要求，要把促进发展与增加税收有机结合起来，既落实各项减税措施，发挥税收对结构调整的引导作用，又依法组织收入，应收尽收，不收过头税，实现税收平稳增长，强调要树立为民收税理念，提高公众纳税意识，通过依法纳税增强财政实

力。最近全省经济工作会议指出，要将调结构、促转型作为经济工作的重中之重。贯彻落实好上级指示精神，我们一定要统一思想、加深理解，深刻认识加快推进经济发展方式转变的重大意义，将“调结构”放在更重要的位置，进一步明确主攻方向，充分发挥地税职能作用，加快推进经济转型升级。

2010 年，我省生产总值增长预期目标是 8%以上，地方财政收入增长 6%左右。综合考虑经济税收发展形势和目标导向，2010 年全省（不含宁波）税收收入预期目标是 1337 亿元，比上年增长 6%。在保持收入稳定增长的同时，要注重进一步优化地税收入结构，继续抓好社保费等非税收入征管工作。

（三）注重“五个结合”，做好“五个进一步”

把握好上述要求，努力实现预期目标，在工作中要做到：

一是注重政策落实与助推转型相结合，进一步深化管理创新。要将助推经济转型升级作为地税工作重点来抓。通过不折不扣落实结构性减税政策，加快经济发展方式转变。要将管理创新作为抓好政策落实、服务转型升级的有力推手，贯穿于地税工作整体。2010 年是贯彻落实《浙江省地税系统 2009～2011 年发展规划》的关键一年，要按照《规划》要求，逐项落实好各方面工作。按照“信息管税”的思路，全面启动浙江地税信息化建设“大集中”工程，努力实现数据集中、分级管理、规范流程、统一维护、安全高效、信息共享。以实施“大集中”工程为抓手，全面提升浙江地税系统的工作水平。要以分行业管理为基点，支持高新技术企业和现代服务业加快发展，促进传统产业的转型升级；强化数据采集、税源监控、税收分析、纳税评估、税务稽查“五位一体”横向互动机制，摸清行业税源规律，规范行业税收管理。要以分规模管理为抓手，以风险管理为导向，对税源实施分类管理，进一步落实好“抓大、评中、定小”管理方法。要以分税种管理为突破口，健全与国税、国土、房管、工商等部门的信息共享机制，加速外部涉税信息整合，实现优势互补，促进协同管理，推进综合治税，形成各税种、各部门、各环节税源管理的合力。

二是注重收入规模与收入结构相结合，进一步促进持续增长。2010 年，保增长、保民生、保稳定的压力依然很大，对组织收入工作提出了更高的要求。随着增支政策的逐步兑现和结构性减税政策影响的延续，做好 2010 年组织收入工作将面临多重困难。各级地税部门要从保财政收支平衡、防财政金融风险的角度，深刻认识收入平稳增长和结构优化的重要意义。一方面，要依法组织收入，为保增长、保民生、保稳定提供财力保障；另一方面，要不断优化税收收入结构，进一步提高地方税比重，努力增强地方可用财力。要牢固树立过“紧日子”的思想，切实增强忧患意识，把困难预计得更充分一些，把应对措施准备得更全面一些，争取当地党委、政府理解和支持，牢牢把握组织收入主动权；要坚持实事求是，一切从实际出发，既要防止盲目乐观，避免相互攀比，又要防止大起大落，确保收入平稳持续增长。

三是注重帮扶企业与规范执法相结合，进一步推进依法治税。要把握好依法治税的基本要求，注重保护好纳税人的合法权益和防范税收执法风险。一方面，要积极辅导企业用足用好税费优惠政策，支持企业脱困解难、爬坡过坎；另一方面，要坚持规范执法，不突破税法“红线”，随意开政策“口子”，坚决维护税法严肃性和税收刚性，倍加珍惜来之不易的税收执法环境。要正确处理好依法治税与组织收入、依法治税与优化服务、依法治税与维护社会稳定的关系，进一步规范执法行为，慎用强制手段，避免因税收执法不当引发社会矛盾。

四是注重保障权利与提高遵从相结合，进一步优化纳税服务。最近，总局发布了《关于纳税人权利与义务的公告》。一方面，要切实保障纳税人权利，提高纳税人满意度；另一方面，要促使纳税人忠实履行义务，提高税法遵从度。这其中，优化服务是关键。要按照“始于纳税人需求、基于纳税人满意、终于纳税人遵从”的工作主线，以纳税人为关注焦点，以标准化服务为抓手，以提高税法遵从度为目的，不断完善纳税服务制度，整合纳税服务资源，简化纳税服务程序，努力达到实体服务标准化、网上服务全能化、咨询服务多元化、程序服务简约化、政策服务公开化、沟通服务人性化。

五是注重业务能力与思想素质相结合，进一步加强队伍建设。事业兴衰关键在人。一方面，地税作为业务部门，干部的业务能力是关键，要善于学习、勤于学习，吃透业务，成为行家里手；另一方面，地税作为政府部门、执法部门，干部的一言一行代表政府形象，要树立正确的世界观、人生观、价值观，培养爱岗敬业、公正执法、诚信服务、廉洁奉公的职业道德。为此，要深化财税文化建设，一是强干部素质。领导班子身体力行“勤学、善思、践行”，带领全体干部职工自觉主动提高业务水平和综合素质。二是聚队伍合力。坚持以人为本、创新治队，努力营造民主、开放、包容、团结的文化氛围，以文化感召人，把思想统一起来、人心凝聚起来、力量集聚起来。三是提工作效能。文化引领，改革创新，挖掘潜力，切实将财税文化的“软实力”转化为地税工作为民谋福祉的“硬成绩”。

三、服务大局、务实创新，全面完成 2010 年地税工作各项任务

根据对经济形势的分析和预测，按照省委、省政府对经济工作的总体部署，2010 年全省地税工作的指导思想是：坚持以邓小平理论、“三个代表”重要思想和科学发展观为指导，认真贯彻党的十七大、十七届三中、四中全会和省委十二届六次全会精神，深入实施“创业富民、创新强省”总战略，调结构促发展、惠民生促和谐，按照“依法治税、为民理财、务实创新、廉洁高效”的工作理念，念好“实、稳、优”三字诀，以服务转型升级

为主线，以组织收入为中心，以管理创新为动力，以“大集中”工程为抓手，加强税收征管，优化纳税服务，推进依法治税，抓好队伍建设，推进我省经济转型升级和平稳较快健康发展。

2010年要集中精力做好以下五个方面工作：

（一）规范执法，着力营造良好的税收环境

贯彻落实结构性减税政策。根据总局的部署，不折不扣抓好结构性减税政策的贯彻落实。实施好国家推动节能环保，促进就业，支持中小企业、高新技术企业、服务业发展等方面的税收政策。落实好研发费加计扣除，推进企业分离发展服务业等税费优惠政策，支持大平台大产业大项目大企业建设，帮助企业渡过难关、支持企业转型升级。

推进依法行政和依法治税。进一步贯彻落实国务院全面推进依法行政实施纲要，继续做好2009年度依法行政、依法治税考核。认真贯彻总局新修订的税收规范性文件管理办法，加强规范性文件会签会审、备案审查工作。贯彻落实新修订的税务行政复议规则，充分发挥行政复议化解税务行政争议的主渠道作用。不断完善执法责任制考核指标体系，积极推进执法责任制考核工作。深入开展执法检查，规范执法行为，防范执法风险，提高执法水平。

维护税法刚性和税收秩序。发挥稽查查补收入预警机制作用，深入开展对房地产业、金融性机构、重点纳税企业、旅游业、娱乐业等行业的解剖式检查和对建筑安装企业、房地产业、娱乐业、旅游业及高收入行业、高收入个人的个人所得税专项检查工作。按照总局部署，认真做好重点税源企业的纳税检查工作。继续与公安、国税部门联手，深入开展制售假普通发票专项整治工作。加强上级稽查局对下级稽查局业务指导力，提高大要案查处力度。高度重视举报案件的查处工作，加强对举报案件的跟踪管理。认真做好稽查查账软件的扩大试点工作，全面推广应用绍兴管查互动工作经验。

加强信息公开和政策宣传。认真研究新形势下信息公开过程中遇到的困难和问题，不断完善信息公开的程序、内容。进一步做好规范性文件公告和定期汇编，及时更新维护浙江地税法规库。围绕税收工作主题和重点，依托《浙江税务》、网站、报刊、电视涉税栏目等平台，认真组织开展第19个税收宣传月活动和经常性的税法宣传，进一步做好“五五”普法工作。加强对党委政府及有关部门关于税收收入形势的宣传，加强对全社会关于地税帮扶和服务优化的宣传，更加注重正确引导社会舆论。

（二）稳定收入，着力服务经济社会发展

加强分析预测和科研调研。密切关注经济发展走势、宏观经济政策和税收政策变化，全面开展经济税源、政策效应、税收预警分析。建立健全纵向互动的税收分析和科研调研运行机制，提升各级领导的科学决策水平。及时掌握重点企业、重点行业生产经营和税源变化情况，深入分析税收增减变化内在原因，及时发现和解决组织收入工作中的苗头性、倾向性问题。在依法治税、规范管理的前提下不断增强组织收入调控能力，努力建立地税收入可持续稳定增长和收入结构不断优化的长效机制。

完善社保费征管机制。逐步建立社保费缴费人数据库，全面推进自谋职业者社保费地税直接征收，实行企业缴费职工个人实名申报试点。认真贯彻浙江省企业职工基本养老保险省级统筹实施方案，切实做好缴费比例调整工作，积极跟踪执行情况、分析评估政策效果，推动全省养老保险缴费比例的统一。认真贯彻落实省委、省政府关于2010年对部分企业实行临时性下浮社保费工作。进一步加强水利建设专项资金、残疾人就业保障金和离休干部两费的征管。

深入推进企业分离发展服务业。从推动区域产业转型升级的战略高度重视企业分离发展服务业工作，坚持“挖潜和开源并重”的思路，采用“抓重点带一般”的方法，走“分离和整合相结合”的路子，把整合发展作为主攻方向，抓龙头、重集聚、搭平台，在重点地区、重点领域、重点企业进一步推进企业分离发展服务业工作。一要突出龙头企业，面向146家工业行业龙头骨干企业抓好分离工作，促进生产性服务业的发展。二要立足块状经济，面向21个浙江省块状经济向现代产业集群转型示范试点单位抓好分离工作，促进块状经济产业链的延伸。三要推进县域经济中的总部经济发展，提升价值链。四要注重分离实效，鼓励已分离出来的服务业企业强强联合、集聚发展。

（三）创新管理，着力提高税收征管质量

以“大集中”为契机全面推进地税信息化建设。一要实施业务改造。认真开展“大集中”工程业务梳理，根据总局金税三期业务需求，由省局总体统筹、各市分工完成业务需求编写。二要搭建设施平台。完成省局生产中心的主机及网络建设，搭建满足“大集中”要求的基础设施平台，开展异址备份系统的技术方案研究，启动异址备份中心网络及存储建设，实现数据远程备份。三要组织集中开发。认真落实“大集中”开发组织机构职责，做好主体软件的集中开发工作。四要开发系统平台。开发系统运维监控平台与数据管理平台，规范省、市、县三级技术与业务人员的运维工作流程，逐步实现对运维全过程的有效监控考核。同时，积极推进税收社会化征管平台建设，进一步健全与国税、公安、工商等部门的信息共享机制。

推进各税种管理。认真贯彻落实新修订的营业税暂行条例及其实施细则，做好娱乐业营业税税率的调整实施工作，加强货物运输和个人住房转让营业税管理，深化不动产、建筑业营业税项目管理，全面试行营业税差额征税管理办法。开展企业所得税工资薪金税前扣除金额与个人工资薪金所得信息比对。加强个人股权转让所得税征收管理。抓好增值税、消费税信息比对和小规模纳税人委托代征工作。开展房产税税源清查，有序推进土地增值税清算，全面推进保险机构代收代缴机动车车船税工作。以加强契税征管为抓手，深化房地产税收一体化管理。贯彻落实省财政厅、省地税局《关于做好耕地占用税和契税征管职能划转工作的通知》精神，切实做好"地方两税"征管职能划转工作，实现"无缝衔接"。加强调查研究，完善两税征管政策办法，逐步将"地方两税"的征管纳入地税统一的管理框架。

加强重点税源管理。根据纳税人规模和行业等条件，对税源实施科学分类管理，进一步总结完善杭州市加强重点税源管理的有益经验，建立健全大企业税收风险管理体系，依托《税友2006》平台，加大对大企业和重点行业分税种的税源监控，采取有效措施，堵塞税收征管漏洞。

以纳税评估为重点强化行业税收管理。建立住宿业、租赁业等纳税评估模型，组织开展交通运输、邮政业等行业专项纳税评估，因地制宜健全行业税源管理制度，强化行业税源管理基础。总结各地参数定税经验，及时增补部分行业个体工商户定额"参数"指标。

以"电子化"管理为方向改进发票管理工作。修订《浙江地税发票样本》，进一步简并发票票种、统一发票票样，规范和严格具名发票审批管理，减少具名发票和手工发票的应用，全面推广机打发票，加强发票的集中统一管理水平。按照"先易后难、积极推进"的原则，加快应用网络发票，及时采集发票电子开具信息，推进"信息管税"。

(四)优化服务，着力促进征纳关系和谐

推进纳税服务组织机制建设。落实全国纳税服务工作三年规划，细化各项配套措施。进一步明确地税机关内部各部门的纳税服务职责，发挥纳税服务部门专业优势。按照"精简、统一、效能"原则，建立健全纳税服务机构，条件成熟的地方，要加快纳税服务组织机构的设置，并配齐专职工作人员。坚持全员参与和专业服务相结合，努力打造"同心汇聚"地税服务品牌。

规范办税服务厅标准化建设。按照"大统一、小灵活"的工作思路，逐步统一办税服务厅标识、窗口设置、服务内容和标准，统一文书受理的形式和流程，统一办税公开的内容和渠道。全面推广应用办税服务厅内部视觉识别系统，继续推广POS机刷卡缴税，实现全省办税服务厅POS机刷卡全覆盖。

创新纳税服务举措。推广"纳税人之家"、"纳税服务志愿者"等个性化纳税服务，努力推进纳税服务社会化和纳税人权益保护民主化建设。加快12366语音系统和短信项目建设步伐，推进管理集约化、服务标准化、设备现代化的省级集中升级改造工作。拓展网税系统应用服务功能，增强网上服务税企互动功能，努力探索集政策服务、标准服务、个性服务"三合一"的服务新模式。

完善信用评价工作机制。健全纳税信用评价、激励和监督机制。继续委托第三方开展纳税人满意度需求调查，全面评估全省纳税服务的现状、存在的问题以及纳税人满意度情况。在全省开展纳税服务之星考评工作，进一步提升办税服务厅工作人员的服务意识，提高办税服务厅的服务质量和服务效率。

(五)夯实基础，着力提升干部队伍素质

抓好干部队伍建设。严格按照干部任用条例要求，建立健全科学的干部选拔任用工作机制，加强后备干部管理。深化干部人事制度改革，完善地税系统干部监督工作机制。改进干部考核工作，建立健全领导班子和领导干部考核评价机制，开展市、县(市)局领导班子和领导干部届中考核。平稳推进市、县(市)局干部交流工作，健全干部队伍激励保障机制。加强市、县(市)局机构改革工作的指导，进一步规范机构设置和编制管理。积极稳妥做好"两税"征管职能划入的机构设置、人员安置和经费保障等工作，认真做好交通规费征稽人员考录及接收安置。

拓展财税文化建设。创新和丰富文化活动形式，深入推进财税文化六个平台建设。通过培育典型、弘扬先进，提升财税文化品质，加强机关和基层文化建设，增强基层干部的荣誉感和自豪感。重视新形势下地税干部的思想工作，在全省地税系统开展以理想信念、职业道德、税收法制、勤政廉政等为主要内容的宣传教育活动，营造一种文明法治、爱岗敬业、务实创新、和谐诚信的工作氛围。

优化干部教育培训。积极营造崇尚学习的浓厚氛围，强化领导班子和领导干部的学习力，不断优化干部知识结构。进一步完善干部教育培训管理体制，创新干部教育方式方法，加大教育培训考评监督力度。根据2009～2011年全省地税系统干部教育培训规划，分层分类地组织开展各类培训。努力探索"走出去"、"合作式"、"自主选学"等培训方式，有针对性地开展综合素质、专业基础和岗位能力的教育培训工作，不断增强教育培训的实效性。

加强党风廉政建设。以完善具有浙江地税特色的惩治和预防腐败体系为重点，努力提高全系统防范腐败的预警能力。全面加强作风建设、反腐倡廉建设和纪检监察机关的自身建设。以监督和制约税收执法权、行政管理权为核心，推进教育、制度、监督、改革、纠风、惩治等各项工作，保证政令畅通，为税收事业健康发展提供坚强的政治和纪律保障。

同志们，新的一年地税工作任务艰巨、意义重大。我们一定要深入贯彻落实科学发展观，以更加饱满的激情、更加务实的作风、更加扎实的工作，努力开创地税事业发展新局面，为服务我省经济转型升级和推进经济平稳较快健康发展作出更大的贡献！

全省财政工作

Zhejiangcaizhengnianjian

全省财税工作概况

全省财政

【概况】2009年，浙江省生产总值为22990.35亿元，比上年增长8.9%。其中：第一产业增加值1163.08亿元，第二产业增加值11908.49亿元，第三产业增加值9918.78亿元，分别增长2.4%、6.8%和12.5%。三次产业增加值结构从上年的5.1:53.9:41调整为5.1:51.8:43.1。人均GDP为44641元，增长7.7%。2009年，浙江省财政总收入4122.04亿元，比上年增长10.5%，其中地方财政收入2142.51亿元，增长10.8%，按可比口径计算增长7.2%；全省财政支出2653.35亿元，增长20.1%，按可比口径计算增长6.8%。省级地方财政收入221.78亿元，按可比口径计算增长6.3%；省级财政支出325.78亿元，按可比口径计算增长5.7%。全省地方财政收入占财政总收入的比重为51.97%，比上年提高0.1个百分点；税收收入占地方财政收入的比重为92.6%；全省财政增量用于民生支出的比例为72.8%。全省财政收支结构持续优化，全省及省级财政收支平衡。

【服务经济】落实积极财政政策，应对国际金融危机。省财政开展“春阳暖企”*专项行动，落实提高出口退税率、实行增值税转型改革和高新技术企业税收优惠、技术开发费加计扣除等政策，取消、暂停和降低部分行政事业性收费，下调养老保险费率和临时下浮企业社会保险费等。其中，因全省社会保险费临时性减征减轻企业社会保险费负担36.30亿元、减轻企业基本养老保险费负担45亿元。落实各项帮扶企业政策，全年减轻企业税费负担400亿元。制定小企业贷款财税扶持政策和担保机构风险补偿办法，各级财政共核拨小企业贷款风险补偿资金6772万元，全省55个市县240家金融机构列入风险补偿范围，新增小企业贷款133.93亿元，同时加快发展创业风险投资基金，缓解中小企业融资困难。调整优化财政资金扶持重点，支持中小企业公共技术服务平台、人才培训和创新发展环境建设。

推进投资、消费、出口三大需求协调发展。下拨中央扩大内需新增投资资金37.44亿元，发行地方政府债券82亿元，筹措省本级财政性资金141.80亿元，支持实施政府主导性重大建设项目计划和“三个千亿”工程(千亿基础网络工程、千亿惠民安康工程、千亿产业提升工程)建设。筹措100亿元，支持以“六线两枢纽”*为重点的铁路项目建设，扩大投资需求。利用政府外债扩大投资，德国政府贷款的嘉兴污水处理二期、世界银行贷款的林业综合发展、世界银行贷款的钱塘江流域小城镇环境综合治理、德国政府贷款用于支持浙江民营中小企业信贷及奥地利政府贷款的金华消防等五个项目列入财政部利用政府外债贷款规划，贷款总规模1.80亿美元。实施低收入群众增收和基本公共服务均等化行动计划，提高居民消费能力；推进“家电下乡”和“汽车摩托车下乡”*，开展家电、汽车以旧换新工作，拨付财政补贴资金9.98亿元，拉动居民消费。落实省级外贸发展资金3.50亿元，支持出口企业优化产品结构、创建自主品牌和参加境外展会等。

推动农业、工业、服务业“三大产业”优化升级。以现代农业生产发展资金为平台，整合和落实省级财政支农资金，在争取中央财政现代农业生产发展资金1.75亿元基础上，整合省级相关专项资金3.28亿元，用于支持蔬菜、水产养殖(虾蟹)、油茶、水果、干果等农业十大主导产业转型升级。整合支农专项资金，扶持发展粮油生产、生猪奶业等畜牧业生产以及千万亩标准农田质量提升工程、农业科技示范推广及农机化促进工程、农业公共服务能力建设等。全年全省预算内支农支出236.73亿元，增长33.4%。整合工业类、科技类财政专项资金，设立总额为5亿元的工业转型升级专项资金，推进企业技术创新和技术改造；加大科技创新支持力度，省财政设立5亿元创业风险投资引导基金，支持处于初创期、成长期的科技型中小企业创业创新；支持推广应用新能源，加快推进循环经济发展和企业节能降耗工作。完善财政支持服务业的政策措施，落实分类分档激励奖补机制，调整资金支持重点，筹措2009年支持服务业发展各项专项资金1.32亿元，省服务业发展引导专项资金5000万元，加大对服务业重大项目、服务业集聚区建设、现代物流业发展、服务业品牌建设、服务业领域标准化建设等支持力度；统筹落实税费等政策，扶持工业企业分离发展服务业。

【增收节支】按照“法治、务实、有为”的原则，落实各项财税政策，依法组织各项财政收入，确保财政收入平稳可持续增长。做好契税、耕地占用税和房地产交易税收一体化管理工作，加强精细化管理，提高征管的质量和效率。推进政府非税收入征管信息化建设，建立健全政府非税收入征管体系，规范非税收入收缴管理。加强国有资源有偿使用收入、行政事业性收费和政府性基金的征收管理，增强政府财力。全年各级财政部门共组织征收政府非税收入2872.82亿元，增长20.5%，其中：行政事业性收费收入338.46亿元，增长1.7%；政府性基金收入2210.87亿元，增长27.5%。同时，贯彻落实中央和省有关增收节支、厉行节约的各项规定，控制行政成本，压缩会议费、出国费、招待费、车辆运行费等四项经费并加强预算审核，停止购置公务用车一年，全省党政机关公用经费、公务用车购置及运行费用、出国经费分别比上年减少5%、24%和20.5%，党政机关专项经费“零增长”。加大财政支出结构调整力度，加强预算执行管理，增强预算执行刚性，确保财政收支平衡。

【改善民生】全省各级财政部门筹措资金，推进各项民生工作。财政用于教育、科学技术、医疗卫生、社会保障和就业、环境保护、城乡社区事务和农林水事务等分别增长14.5%、16.7%、24.0%、8.1%、19.1%、15.8%和33.4%；一般公共服务增长7.9%，低于支出平均增幅12.3个百分点。

支持农村改革发展。加大“三农”支持力度，推进支农专项资金整合，建立健全财政支农资金稳定增长机制。全年全省财政投入“三农”资金762亿元，增长21.7%。落实农业各项扶持和补贴政策，推进政策性农业保险，安排水利等专项资金支持农业基础设施建设，安排科技示范推广等专项资金支持现代农业生产发展。加大农业综合开发力度，提高农业综合生产能力。安排专项资金支持农民创业增收，推进“千万农村劳动力素质培训工程”、农业信息“进村入户”工程建设。深化农村综合改革，建立村级组织运转经费保障机制，开展村公益事业一事一议筹资筹劳省级财政奖补试点，将村支书、村主任基本报酬列入财政预算。

支持教育文化事业发展。全面落实和完善城乡义务教育各项政策措施，安排转移支付资金4亿元，实施义务教育教师绩效工资改革，小学、初中生均日常公用经费最低标准分别提高到350元和550元；扩大中职学生资助面，免除年人均收入4000元以下家庭子女就读中等职业学校的学费；安排8900万元支持解决外来务工人员子女就学问题；完善高等教育投入政策，试行省属普通高校本科教学业绩考核结果与财政拨款挂钩。加大经费保障力度，支持建立覆盖城乡的公共文化服务体系，加快文化体制改革和文化产业发展。

支持深化医疗卫生改革。研究完善政府卫生投入政策，省财政加大对市县基本医疗保障的转移支付补助，加快推进城镇居民基本医疗保险工作，将大学生纳入城镇居民基本医疗保险。全年安排医疗经费投入15.60亿元，增长25%，其中城镇居民基本医疗保险转移支付补助资金1.8亿元、城镇居民健康体检转移支付补助资金6758万元。完善免疫规划经费保障机制，及时落实防控甲型H1N1流感经费8323万元。

完善社会保障体系建设。支持实施积极的就业政策，重点做好农民工、高校毕业生、就业困难人员就业和稳定企业用工工作。支持实施残疾人共享小康工程，扶持全省残疾人就业创业。全面启动城乡居民社会养老保险工作，实现社会养老保险制度全省城乡全覆盖。完善被征地农民基本生活保障制度，城镇职工基本养老保险实现省级统筹。

改善低收入群体基本生活。支持廉租住房建设，扩大政策性农村住房保险覆盖面，加大对农村困难群众住房救助，改善城乡居民居住条件。当年落实补助资金1.40亿元，按照户均5000元的标准，支持28000户农村困难群众住房改造；安排省廉租住房保障专项资金1.05亿元，按照每解决一户省级财政补助1万元的标准对廉租住房保障任务重、保障资金来源困难地区给予补助。

支持生态环保建设。加大对生态环保的投入力度，推进“811环境保护新三年行动”、生态省建设和污染减排，省财政共安排生态环保专项资金41.09亿元，增长11.7%。加大生态环保财力转移支付力度，森林生态效益补偿标准由上年的每亩15元提高到17元。完善省级以上自然保护区财政补助政策，开展省排污权有偿使用和交易试点。

支持欠发达地区发展。加大扶贫投入，推进扶贫小额信贷、“低收入农户集中村”村级互助资金试点，提高农民增收致富能力。加大对景宁县和全省18个重点少数民族乡镇所在县的财政扶持力度，新增转移支付资金1亿元扶持欠发达地区和少数民族地区发展。省财政对欠发达地区的转移支付252亿元，增长14.5%。筹措援川建设资金，全省已拨付37.86亿元，其中省本级18.28亿元，确保对口支援青川县灾后恢复重建工作。

【创新改革】推进预算编制、执行、监督“三分离”组织体系改革，构建与财政“三位一体”改革相适应的组织管理框架，省财政厅完善厅内设机构，增设1个内设机构，7个处室更名。按照“收入一个笼子、预算一个盘子、支出一个口子”(简称“三个子“改革)的要求，加大预算管理改革力度。全省不少市县已试行“三个子”管理改革。深化部门预算改革，完善预算定额体系、预算费用支出标准体系和资产配置标准，加强项目预算管理，对省级项目预算进行整合。省级有139个部门、782个二级单位编制部门预算，省级纳入部门预算资金765亿元。完善省级国库集中收付改革，规范预算单位资金支付，全年通过国库集中支付系统支付280亿元。并实施专项资金结余收回政策，收回财政资金2.75亿元。推进县级国库集中收付改革，11个设区市和39个县(市、区)已实施国库集中收付改革。推进财税库银横向联网改革和公务卡制度改革，省级预算单位完成公务卡改革。完善绩效评价制度，加大绩效评价宣传力度，组织落实部门单位绩效自评和重点项目评价工作，省级对41个部门128个项目组织实施绩效自评，并对全省基层文化设施建设项目和乡村卫技人员素质提升工程等20个重点项目开展绩效评价。推进全省政府采购信息化建设，拓展和发挥政府采购政策功能，严格执行协议定点政府采购规定，严控机动车辆、会议培训等一般性行政支出，加大对自主创新和节能环保产品的政府采购支持力度，扩大政府采购范围和规模，全年政府采购预算513.72亿元，实际采购金额449.69亿元，节约资金64.03亿元，资金节约率12.5%。

【依法理财】开展财税法制宣传教育，贯彻落实《浙江省省级预算审查监督条例》和《政府信息公开条例》，建设、完善财政法律制度，强化财税执法监督，建立健全政府信息公开制度，依法做好依申请公开工作，推进政务公开和依法理财工作。推进财政专项资金清理、规范、整合，省级重点对工业、服务业、农业、科技、生态环保等五大类专项资金进行整合，引导专项资金投向，优化财政资金结构，提高资金使用效率。加强地方政府性债务管理，对超过债务预警指标的市县进行通报。深化省级部门项目支出预算审核，强化财政专项资金项目审核；制定代建管理费开支标准，完善项目支出标准体系。全省各级财政项目审核机构累计审核各类财政支出项目15660个，净核减84.31亿元，平均核减率6.3%。加强因公出国（境）经费使用监督检查。启动行政事业单位国有资产管理信息系统建设，加强资产处置行为监管，建立行政事业单位国有资产管理监督体系。建立国有资本经营收益上缴制度，试编省本级国有资本经营预算。组织落实财政扩权强县改革工作，成立扩权强县改革领导小组，制定贯彻落实省委、省政府办公厅扩大县（市）部分经济社会管理权限的实施意见，涉及省财政厅扩大到义乌市经济社会管理权限事项26项，其中新增事项13项；扩大其他县（市）（包括杭州市萧山区、余杭区）经济社会管理权限事项25项。贯彻实施《行政许可法》，加强会计监管力度，当年完成行政许可审批事项44项，其中：设立会计师事务所37家、资产评估机构7家。对83家会计师事务所设立条件、内部管理制度建设情况进行检查，督促其建立内部管理制度。开展地方财政资金安全检查和“小金库”治理工作，加强财税监督。完善“金财工程”一体化软件并在全省范围推广使用，建立全省金财工程运维平台。

【队伍建设】制定2009年财税文化建设活动方案，以学习、制度、情感、激励、宣传和活动“六个平台”建设为载体，开展财税文化建设，营造“勤学、善思、践行”氛围。开展政治理论学习，加强机关思想政治建设，引导干部职工树立积极向上的人生态度，增强干部队伍的凝聚力、战斗力，开创“以文化促工作、以文化兴财税”的新局面。开展学习实践科学发展观活动，做好“服务企业、服务基层”工作。深化干部人事制度改革，完善干部选拔任用制度，做好领导班子建设和干部调配选拔工作，有序开展后备干部集中调整工作，加强财税系统专业人才库建设。创新干部教育培训模式，开设“处长讲坛”，开展“预算编制业务专题学习研讨实践活动”和“业务技能比武”等活动，将学习内容制成DVD挂厅内网供全系统干部学习，提高干部综合素质。全面落实党风廉政建设责任制，开展权力“搜索”，规范权力运行，加强对权力的制约和监督，建立规范财税权力

△注：

*“春阳暖企”专项行动：

根据省委“服务企业、服务基层”专项行动部署要求，为帮助企业应对当前严峻的经济形势，提升企业发展信心，推进企业转型升级，加快经济结构转变，省财政厅从2009年2月开始，开展“春阳暖企”专项行动。一是调整减免企业有关费用，二是引导支持企业转型升级，三是提升服务企业能力。

*“六线两枢纽”：

“六线”是指宁杭（南京—杭州）客运专线、沪杭（上海—杭州）客运专线、杭甬（杭州—宁波）客运专线、杭长（杭州—长沙）客运专线、金温（金华—温州）铁路扩能改造、衢景九（衢州—景德镇—九江）铁路。“两枢纽”是指杭州铁路东站枢纽和宁波铁路枢纽。

*“家电下乡”和”汽车摩托车下乡”：

为扩大农村消费，改善农民生活质量，国家决定在全国推广“家电下乡”、“汽车摩托车下乡”，对农民购买家电、汽车摩托车实行财政补贴。按照统一部署，浙江省家电下乡及摩托车下乡时间为4年，从2009年2月1日至2013年1月31日；汽车下乡实施时间为10个月，从2009年3月1日—2009年12月31日。浙江省农民购买纳入补贴范围的家电产品将获得家电销售价格13%的财政补贴，补贴品种包括彩电、冰箱、手机、洗衣机、电脑、空调、热水器、微波炉、电磁炉9类，享受补贴的每类家电下乡产品每户农民限购2台（件）。农民将三轮汽车或低速货车报废并换购轻型载货车、微型载货车，直接新购微型客车、轻型载货车、微型载货车，按新购车辆销售价格10%给予补贴，最高补贴5000元，并对报废三轮汽车或低速货车给予定额补贴；对新购摩托车的，按销售价格的13%给予补贴，最高补贴650元。

*“811环境保护新三年行动”：

从2004年到2007年，在全省开展以八大水系和11个省级环境保护重点监管区为重点的环境污染整治行动（简称“811环境整治行动”），通过对重点流域、重点区域、重点行业和企业的整治，控制污染物排放总量，推进环保基础设施建设，强化环境执法和监测。“811环境保护新三年行动”就是：为加快推进生态省建设，创造更加优美的生态环境，2008年初，省政府决定，在全面总结“811环境污染整治行动”的基础上，继续开展“811环境保护新三年行动”（2008～2010）。

*“低收入农户集中村”村级互助资金：

低收入农户集中村资金互助组织（以下简称“资金互助组织”）是指经批准在低收入农户集中村设立的以财政扶贫资金为引导，由村内农户、工商户（以下合称“农户”）自愿入股组成，为成员提供资金互助服务的社区性和非营利性资金互助合作组织。

运行的长效机制；落实具有财税特色的惩防体系建设，从源头上治理腐败；把党风廉政教育融入干部教育培训规划，开展“树立风险意识，确保廉洁高效”主题实践教育活动和“两提高、两降低”效能建设主题活动，培育高效、节俭、廉洁、人本的机关效能文化。做好事业单位机构改革工作，重新界定机构规格、职责任务、人员编制和经费渠道，省编委批复省财政厅所属的7家社会公益类事业单位的机构编制方案，其中5家为纯公益性事业单位，2家为准公益性事业单位。改进党建和思想政治工作，发挥党团工妇作用，举办全省财税系统第三届文艺调演，展示财税文化建设成果，丰富干部职工文化生活。

（省财税政研室供稿　施惠萍执笔）

全省国税

【概况】2009年，浙江省国税总收入3016.08亿元，比上年增长2.8%，增收82.74亿元；不含宁波，全省国税总收入2011.09亿元，增长3.5%，增收67.30亿元。全省国税部门组织收入2326.64亿元，增长13.3%，增收273.02亿元；不含宁波，国税部门组织收入1732.57亿元，增长8.7%，增收139.16亿元。

【收入特点】收入逐期稳步增长。国税收入态势与经济前低后高的总体态势基本对应，一季度国税收入完成425.99亿元（不含宁波，下同），下降0.9%，为全年最低，其后在经济增长的带动下环比持续回升，逐季走高。上半年完成国税收入893.90亿元，增长0.6%；前三季度完成国税收入1333.55亿元，增长5.8%；全年完成国税收入1732.57亿元，增长8.7%。从不含调库国税收入分时期来看，一季度完成326.12亿元，下降12.5%；上半年完成705.56亿元，下降8.9%；前三季度完成1088.48亿元，下降1.6%；全年完成1468.44亿元，增长4.0%。

各税种收入规模均有所扩大。国内增值税完成1192.98亿元，增长8.8%，增幅较上年回落7.07个百分点；其中免抵调库收入264.12亿元，增长45.6%，增收82.72亿元，拉动增值税增长7.54个百分点，拉动国税收入增长5.19个百分点。国内消费税完成99.88亿元，增长38.9%。其中，燃油消费税改革增收和卷烟消费税改革增收23.96亿元，拉动消费税增长33.31个百分点，拉动国税收入增长1.50个百分点。车辆购置税完成90.30亿元，增长26.9%。所得税类收入受政策减收影响，增长较缓。其中：企业所得税完成343.39亿元，增长1.5%；储蓄存款利息个人所得税减收9.20亿元，降幅60.5%。

县（市、区）组织收入较快增长。全省66个征收单位中，省局直属税务分局和10个市地局本级共组织国税收入871.68亿元，增长6.7%，增收54.83亿元；55个县（市、区）局共组织国税收入860.88亿元，增长10.9%，增收84.33亿元，占全省国税收入增收额的比重60.6%。55个县（市、区）中，30个单位国税收入规模在10亿元以上，17个单位国税收入规模在20亿元以上，其中杭州市萧山区国税收入83.27亿元，绍兴县和杭州市余杭区国税收入超40亿元，乐清市、义乌市、富阳市、海宁市、玉环县和海盐县国税收入超30亿元。

出口免抵税额大幅波动。全省办理免抵税额217.24亿元，下降1.9%。免抵税额分时期波动较大，前4个月免抵税额均在19亿元以上，4月份最高为21.09亿元，5月份最低为12.74亿元，6月至9月免抵税额均维持在15亿元左右，10月至12月免抵税额回升至19亿元以上。

【税源分析】增值税大部分行业保持增长。工业出口重点行业增值税保持增长，服装皮革和纺织品业分别完成增值税91.72亿元、91.62亿元，增长9.9%、10.6%；通用设备、电气器材、交运设备、化工、医药等重点行业增值税也均保持增长，但剔除免抵调库收入后的直接收入出现下降或增幅不高。全省社会消费品零售总额增长较快带动消费品行业增值税收入增长，食品饮料业增值税共入库25亿元，增长14.3%，剔除免抵调库后直接收入增长21.3%。废旧物资回收行业增值税纳税政策调整促使商业增值税快速增长，入库68亿元，增长31.3%，拉动全部增值税收入增长4.86个百分点。电力、钢铁、有色金属和造纸业增值税下降，其中因煤炭进项抵扣率提高和固定资产投资抵扣较大，电力行业增值税较上年下降，共入库95.27亿元，下降11.2%；钢铁、有色金属和造纸业由于市场需求下滑产品价格同比下降及废旧物资抵扣率提高，增值税分别入库9.41亿元、6.12亿元和17.26亿元，下降41.8%、55.0%和14.3%。小规模纳税人征收率下调，小规模纳税人增值税入库50.24亿元，下降18.6%。

卷烟、成品油行业消费税增收迅猛。2009年5月卷烟消费税政策调整。全年卷烟消费税完成83.35亿元，增长45.5%，其中商业净增收12亿元，工业环节因税率上调增收8.51亿元。各品目的成品油税率上调幅度较大，全年入库成品油消费税4.57亿元，增收3.44亿元，增长3.05倍。

所得税税源增长趋缓。工业所得税总体保持增长，共入库126.44亿元，增长10.6%。其中，卷烟行业所得税下降20.3%，电力行业所得税有所增长。第三产业所得税收入入库216.95亿元，下降3.2%，减收7.08亿元。其中：商业所得税下降5.7%，减收2.19亿元；证券业所得税较上年大幅减收，入库9.94亿元，下降57.1%，减收13.22亿元；电信业所得税减收2.19亿元，下降5.7%；国税征收的房地产业税收较上年下降0.7%。

【落实税收政策】落实增值税转型改革政策，全省企业申报抵扣税额124.87亿元，已抵扣88.68亿元。落实小规模纳税人征收率降低政策，为全省个体工商户和小规模纳税人减轻增值税负担16.5亿元。落实小排气量乘用车车辆购置税减半征收政策，减免车辆购置税额14.12亿元。加快出口退税审核审批进度，落实历次出口退税率调整政策，办理出口退税1088.85亿元，年度出口退税额增长16.5%。办理各类减免税和先征后退税208.61亿元，其中落实促进企业技术创新的税收优惠政策，共有829户高新技术企业减按15%税率征收企业所得税，减免税12亿元；落实研究开发费用加计扣除政策，办理加计扣除32.17亿元；办理福利企业退税22.90亿元，资源综合利用退税5.92亿元，软件产品退税10.79亿元，8万余户小型微利企业减免税3.35亿元。

【税收法治建设】以国税机关为小规模纳税人代开增值税专用发票、纳税评估和所得税核定征收的程序和处理是否符合有关规定为重点，开展税收执法检查和执法监察。各地通过自查共补缴税款2028万元，发现并纠正纳税评估问题319户次、国税机关为小规模纳税人代开增值税专用发票322户次和所得税核定征收19户次。探索建立税收执法风险防范机制，严格过错责任追究，规范申辩调整办法，应用税收执法管理信息系统开展执法考核，全年税收执法实际过错223户次，执法正确率99.99%。改进稽查工作方法，采取自查、辅导式检查与重点检查相结合的方式。当年全省国税稽查部门共检查纳税户16686户（不含宁波，下同），经查有问题企业16135户，结案16188户（含以前年度结转2009年结案案件数），查案准确率96.7%，结案率93.6%（已加入上年结转案件因素，下同），入库率100.2%。全年稽查查补收入37.03亿元，实际入库37.12亿元，占全年国税部门直接组织收入的2.1%，入库收入增长100.0%。加大大要案查处力度，完善重大案件审理制度，2009年全省国税稽查部门查处税额100万元以上的大要案145件（不含自查），查补税款4.13亿元；全省各级国税机关审理重大税务案件513件，实际入库金额3.19亿元，经重大税务案件审理后移送司法机关案件189件。深入实施举报案件下查一级制度，全省各市地共实施下查一级案件174件（不含省局下查一级案件，下同），占应下查一级举报案件数量的74.7%，共查补税款6487万元。开展对大型超市、电视购物企业、办理出口退税业务重点企业、建筑安装等4类行业以及各地自选行业等项目的专项检查，共检查企业5219户，经查发现有问题4204户，查补收入15.4亿元，比上年增长53.9%，实际入库15.18亿元，增长61.8%，入库率98.6%，调减亏损企业申报亏损额6379万元。会同公安等部门开展打击发票违法犯罪专项整治行动，破获、查处制售假发票和非法代开发票案件722件，捣毁146个制售假发票窝点、团伙，抓捕犯罪嫌疑人490人，缴获各类发票499.53万份。全省共查处接受假发票和代开发票企业842户，查补税款17470万元，其中追缴税款15009万元，罚款891万元，滞纳金1570万元。阻截发票违法短信息312613条，关停、整顿登载发票违法信息网站113个，处置信息网站登载的发票违法信息8220条。

【税收征管】制定并实施十大堵漏增收措施，保障税收收入增长。推广和扩大行业软件模型应用，全省累计建模356个，纳入模型监控企业达126436户，入库税收1095.76亿元，占国税收入的63.0%。强化小规模纳税人管理，实施“以耗控销”、“以本控销”管理模式。加强增值税税负率监控，开展增值税专用发票存根联滞留票、红字发票、作废发票以及机动车销售统一发票开具情况的专项核查。加强卷烟、白酒消费税管理。规范企业所得税核定征收，加强省内跨市县总分机构管理。做好企业所得税汇算清缴审核工作，加强企业所得税预缴管理。开展反避税工作，完成涉外企业税务审计1216户，查补税款4.98亿元。加强大企业专业化管理和纳税服务，开展定点联系企业税收检查，入库查补税款1.71亿元。完善非居民企业税收管理，开展专项税收检查，非居民税收收入超过10亿元。开展纳税评估入库税款16.63亿元。简化审批流程，全省41个县、9个区纳入生产企业出口免、抵、退税审批权下放试点范围，有自行审批权单位的退（免）税额约占全省退（免）税总额的95%以上。加快出口退税进度，深化“征退税衔接”，开展“征退税一体化”试点。

【纳税服务】制定实施纳税服务工作“一个规划、一个流程和十项举措”。深入开展“服务企业、服务基层”专项行动和“纳税服务月”活动。推进扩权强县，扩大下放税收管理权限，深化审批制度改革。推行办税公开，优化纳税辅导。加强法律援助及救济服务，探索建立纳税人维权组织。落实全程服务各项措施，简化、重组全省国税系统征管业务流程。加强税收信用体系建设，做好纳税信用等级联合评定工作。推行多种申报方式，推广财税库银横向联网电子缴税方式。拓展网上办税功能，建立和完善包括网上申报、认证、开票、抄报税等内容的网上办税平台。实施办税服务厅规范化建设，扩大“同城通办”的业务范围和行政区域，完善办税服务厅“一窗统办”、智能排队叫号系统和农村税收征管服务系统。财税联合共建12366纳税服务热线，形成国税、地税、财政三位一体的综合财税服务平台。

【税收信息化建设】结合金税工程三期实施方案，对省级集中之后的基础环境、网络条件、系统设备进行更新、改造和扩容，先后完成省级涉税应用系统整体迁移至电信托管机房、省局萧山国税异址备份站点远程数据备份、省局大楼新机房建设和省局核心设备扩容续保等重点项目。网络建设向高速度、高性能、增值应用方向发展，全省广域网联通节点405个。应用虚拟化技术，提高现有资源利用率。提升综合征管系统、增值税防伪税控系统、税收执法管理信息系统、VPDN网上申报等核心业务软件的应用水平和运行维护能力。加大财税库银税收收入电子缴库横向联网的推广力度，完成汇总纳税企业所得税信息管理系统和网络发票系统的推广应用工作；完成国地税信息共享平台建设工作。开发应用车辆购置税POS机刷卡缴税系统、汇算清缴系统数据抽取软件、大企业数据采集软件、内部行政办公平台、网上教育平台、税收法规库系统、廉政档案管理系统、公共机构能源资源消耗统计软件、内控机制监督管理系统等多项信息系统。落实应用系统运行维护管理办法，完善系统维护和系统安全责任制度，健全应急工作预案。开展信息安全教育宣传月活动，进行网络与信息系统安全检查。

【干部队伍建设】加强领导班子建设，执行党组中心组理论学习制度，建立健全市地局领导班子理论培训制度，举办市地局领导班子和省局机关处级干部理论学习培训班，深入学习贯彻科学发展观。贯彻《党政领导干部选拔任用工作条例》，规范领导干部交流、干部任期制、竞争上岗和民主推荐等办法，规范干部选拔任用工作。调整和充实各级领导班子。全省国税系统提任和转任处级干部67名，对11个市地局领导班子成员进行补充和调整。按照党组工作规则议事决策，执行民主生活会制度，省局党组召开主题为“加强领导干部党性修养、树立和弘扬良好作风”的民主生活会，11个市地局党组召开以学习贯彻科学发展观为主题的专题民主生活会。加强廉政建设，全面贯彻落实中央《建立健全惩治和预防腐败体系2008～2012年工作规划》及实施办法，开展推进惩防体系建设和落实党风廉政建设责任制检查工作，完善反腐败领导体制和工作机制。应用干部职工廉政档案管理系统，巩固和扩大干部职工家属涉商备案管理办法、效能监察、廉政预警机制、内部行政管理事务公开、“一案双查”等，执行“三谈两述”和函询制度、领导干部个人有关事项报告制度。全年全省国税系统上级领导同下级领导班子谈话1127次，领导干部任职前廉政谈话378人次，诫勉谈话36次，2062人进行述职述廉，报告党员领导干部个人事项2356人次，函询23人次。深化“两权”监督，开展执法监察立项445项，提出监察建议206条，被采纳176条，协助建章立制31项，发现案件线索3条。落实“十一五”干部教育培训规划，完善推广网上教育平台，推进远程教育培训。坚持以考促训，组织稽查人员业务考试和执法资格考试。开展廉政文化建设，推进廉政文化进机关、进家庭、进社区，全系统36个单位被当地纪委确定为“廉政文化进机关示范点”。推进国税文化工程建设，践行浙江国税核心价值理念，开展“树新形象、创新业绩”活动。举办全省国税系统智力运动会。开展“群众满意基层站所”创评活动。全系统有4个单位被评为“全国精神文明建设工作先进单位”，11个单位获“全国巾帼文明岗”，2人分别荣获全国“五一”劳动奖章和“全国巾帼建功”标兵活动先进工作者称号。全省6个市地局参加地方行风评议，2个市地局在评议中排名前3位；全省56个县(市、区)局参加地方行风评议，39个单位在评议中排名前3位，其中19个单位荣获第一；20个县以上国税局获省级评选先进单位。

(省国税局供稿　曹杭丽执笔)

全省地税

【概况】2009年，浙江省地税部门按照“依法治税、为民理财、务实创新、廉洁高效”工作理念，贯彻执行上级应对金融危机冲击的一揽子计划和政策措施，帮扶企业“保增长”、强化管理“稳收入”、助推分离“抓转型”、五费合征“重民生”、优化服务“促稳定”、文化建设“强队伍”、依法治税“求实效”。2009年，全省地税部门组织各项收入2505.39亿元，比上年增长7.7%，增收179.42亿元。其中：税收收入1596.78亿元，增长6.9%，增收102.38亿元；社保基金收入726.48亿元，增长9.8%，增收64.85亿元。

【税源分析】经济税收协调发展。2009年全省地税税收收入随同经济运行经历了一次快速下滑、企稳、强劲回升的“V”形振荡。全省地税税收弹性系数为1.05，地税税收收入增长与经济发展基本保持同步。2005～2009年，全省地税税收弹性系数分别为1.01、1.11、1.50、1.10和1.05。

收入结构持续优化。全省营业税、企业所得税、个人所得税和地方八税分别入库663.62亿元、271.94亿元、302.95亿

温州市国税地税两部门上门授牌表彰纳税大户

元和358.28亿元,分别增长15.6%、-19.1%、11.9%和14.4%,其中个人所得税收入首次超过企业所得税收入,成为第二大税种。从税收收入结构看,地方税收入(营业税和地方八税)比重64.0%,比上年提高4.61个百分点。构成地方财政收入的税收收入1251.85亿元,增长10.7%,快于全部税收收入增幅3.81个百分点。从税费收入结构看,全省非税收入占比36.3%,比上年提高0.52个百分点。全省地税部门根据经济税源的发展变化,在总体收入增长不快的情况下,通过支持第三产业发展和加强地方税征管,为增强地方可用财力作出了贡献。

“三产”税收继续增长。全省全年入库第二产业、第三产业税收550.01亿元、1045.61亿元,分别增长0.9%、10.3%。第三产业税收占全部税收的比重65.5%,较上年提高2.06个百分点;第三产业税收对全部税收的增收贡献率95.6%。第三产业中租赁商务服务业、房地产业、金融业、文化体育娱乐业、信息传输计算机服务软件业税收增长领先,分别增长34.5%、19.4%、17.9%、12.8%、12.1%。其中,房地产业和金融业税收占全部税收的比重为20.7%和12.5%,分别提高2.19个和1.17个百分点;房地产业和金融业税收对全部税收的增收贡献率分别为52.6%和29.6%,贡献率合计82.2%。总体上看,金融业税收平稳增长,房地产业税收增幅6月份起强劲反弹是当年地税税收收入实现平稳增长的主要推力。

地区间税收均衡增长。除丽水市税收收入增幅较低外,其余地区税收收入增幅均在6%~12%之间,各地收入增长均衡性进一步增强。各市税收收入增幅从高到低分别为:衢州市11.9%、舟山市10.4%、湖州市10.2%、绍兴市8.6%、杭州市8.5%、嘉兴市7.5%、宁波市6.6%、台州市6.6%、温州市6.1%、金华市6.1%、丽水市0.1%。从各地收入情况看,衢州市、舟山市税收收入增幅领先,杭州市、宁波市、温州市三个大市税收收入合计占全省税收收入的比重55.7%,比上年略有提高。

【帮扶企业】针对金融危机下的经济形势,研究制定《关于贯彻落实保增长扩内需调结构若干政策的实施意见》,通过梳理整合相关税费优惠政策,帮扶企业脱困解难。根据省政府统一部署,开展临时性下浮社保费缴纳比例集中减征工作,当年全省共减征社保费36.30亿元,其中企业单位32.04亿元、城镇个体劳动者4.26亿元;惠及企业368800户、城镇个体劳动者1883200人。落实养老保险费缴费比例调整政策,全年用人单位基本养老保险缴费比例平均下调约4个百分点,减少企业当年缴费约45亿元。依法依规落实好困难企业税费减免政策,减免困难企业房产税、城镇土地使用税、水利建设专项资金等税费20.40亿元,增强企业抵御金融危机的能力。

【助推转型】把推进企业分离发展服务业作为增加企业效益、增强地方财力、优化产业结构的抓手,制定《关于进一步推进企业分离发展服务业工作的实施意见》,修订《浙江省地方税务局关于促进第三产业发展的若干意见》,建立定点联系制度,开展专题调研、部门联合调研,及时发现新问题、破解新难题、实现新进展。全省新增1252户企业分离发展服务业,已分离出来的服务业企业2009年产生营业收入376.07亿元。2008年度全省(不含宁波)企业研发费税前加计扣除21.28亿元,比2007年增加6.58亿元,增长44.8%。2008年以来全省累计已认定高新技术企业2255户,其中地税部门负责征管企业所得税的有1124户,据统计,2009年高新技术企业可享受企业所得税优惠14.24亿元,已在当年内预缴时办理抵缴、退税等方式的所得税额7.26亿元。当年全省(不含宁波)技术转让、技术开发等收入累计免征营业税7793万元。

【依法治税】开展依法行政考核工作,省地税局连续三年被省政府评为依法行政先进单位。推进执法责任制考核,确定省对市县地税局的执法责任考核指标。嘉兴市地税局率先在市本级各税务分局、稽查局和所辖县(市)局试行责任到岗的税收执法责任制电子化考核。深入开展执法检查,运用和解、调解手段妥善解决税务行政争议,全年行政复议案件2起,行政诉讼案件5起,行政争议案件减少。发挥稽查职能,稽查工作取得成效。开展行业税收专项检查和重点税源的自查、重点检查工作,专项整治“买方市场”假普通发票,取得阶段性成效,得到国家税务总局和公安部的联合通报表彰。突出大要案查处,完善责成自查办法,强调和谐稽查。探索管查互动机制,进行管查互动机制试点,实现以查促查、以查促管。

【五费合征】持续深化社会保险费征管改革,初步建立可持续社保费长效筹资机制,增强基金支付能力。会同财政、人力社会保障等部门,抓好社保费征缴扩面工作,制定下发《浙江省社会保险缴费登记暂行办法》,统一规范全省社会保险缴费登记的流程和内容,并对已办理税务登记未办理缴费登记的企业单位进行补登记。至年底,全省(不含宁波)企业养老保险缴费登记户数47万户,实现社会保险企业全覆盖。加强和人力社会保障等部门的配合协作,探索开展地税、社保“一站式”服务新举措,方便缴费人。参与养老保险省级统筹政策调研和制定,开展社保费征管情况调查,掌握全省企业的工资总额情况和社保费负担水平,为推进缴费比例逐步统一、公平负担,规范社保费征管奠定基础。

【创新管理】加强税源管理。坚持“抓大、评中、定小”的税源管理思路,推广杭州市地税局加强重点税源管理经验;组织开展住宿业、租赁业专项纳税评估、重点税源专项评估以及资源税纳税评估试点,建立的餐饮、建筑、广告三行业纳税评估模型,入选国家税务总局百佳模型;推广“参数定税法”。完成城镇土地使用税税源清查,推进机动车车船税保险机构代收代缴工作。统一规范省内跨地区经营建筑安装企业的所得税征管，开展个人工资薪金所得与企业的工资费用支出比对。

推进信息管税。加快推进发票电子化，推行机打发票和有奖发票，提供网上发票真伪校验服务，加强以票控税。持续改进《税友2006》系统，全年组织开发50多项新增功能。建立国地税信息共享平台，实现双方申报和财务数据的实时共享。组织开发稽查查账、大企业风险监测管理、营业税差额征税管理等新软件；推广应用不动产建筑业税收项目管理软件、车船税保险机构代收代缴明细申报软件，全面应用快捷查询软件。建立健全与工商部门的个人股权转让信息传递机制。

完善管理制度。在全国率先出台营业税差额征税管理办法，推出全省统一格式的企业所得税汇算清缴和财产损失鉴证报告与工作底稿范本。建立重点工作责任分解和基层反映问题办理制度。增强组织收入调控能力，合理把握收入进度，实现收入平稳增长。

【优化服务】开展“十百千万送服务”。通过“十项便民措施”、“百场专题税企沟通会”、“千名税干进千企”、“网送税法连万家”等活动载体，千方百计为纳税人解难题、送服务。各地共派出7038名地税干部走访16589家企业，现场解答涉税问题12790个，收集意见建议6034条，提供个性化服务3552项；举办631场专题税企沟通会，参加人数72881人次，免费发放资料163261份；12366语音特服系统共受理纳税人咨询电话153万话次，推送最新政策通知、提醒等服务短信432万条，分别比上年增长88%和5%。落实“两个减负”。取消办税业务事项52项，减少主表41份，附列资料113项。继续实行免收税务登记证工本费制度，节约纳税人成本740万元。优化服务方式。规范办税服务厅标准化建设，导入视觉识别系统，探索开展个性化服务。在全国省会城市纳税服务满意度调查中，杭州地税局进入前三甲，有关做法在全国税务系统纳税服务工作会议上进行经验介绍和现场观摩。

（省地税局供稿　徐利君执笔）

附表：

2009年浙江省地税组织收入情况统计

单位：万元

项　目	2009年	2008年	增长(%)	项　目	2009年	2008年	增长(%)
税务部门组织的收入	25053989	23259800	7.71	13.其他各税	0	0	0.00
一、税收收入合计	15967824	14944039	6.85	二、教育费附加	582672	521925	11.64
1.营业税	6636161	5743027	15.55	三、文化事业建设费	30898	31912	-3.18
2.企业所得税	2719419	3360577	-19.08	四、社保基金收入	7264771	6616281	9.80
3.个人所得税	3029463	2708611	11.85	其中：1.养老保险基金	4527566	4322884	4.73
4.资源税	66747	67501	-1.12	2.医疗保险基金	1839650	1542779	19.24
5.土地使用税	721467	578299	24.76	3.失业保险基金	407351	342913	18.79
6.固定资产投资方向调节税	2	0	-	4.工伤保险基金	160803	133099	20.81
7.城建税	1217428	1104710	10.20	5.生育保险基金	90426	70882	27.57
8.印花税	289459	279483	3.57	五、水利建设专项资金	565426	569154	-0.66
9.土地增值税	489368	402644	21.54	六、地方教育附加	481720	430884	11.80
10.房产税	686289	601244	14.14	七、残疾人就业保障金	128560	114181	12.59
11.车船税	111113	97131	14.39	八、其他收入	32118	31424	2.21
12.烟叶税	908	812	11.82				

财政分项工作概况

办公室

【制度建设】修订《浙江省财政厅工作规则》，增加政务公开等内容，完善公文管理等制度。制（修）定《浙江省财政厅厉行节约提高效能若干规定》、《关于进一步加强厅机关车辆经费管理的通知》、《"一卡通"管理办法》等，严格内部财务资产管理。牵头梳理厅内部管理制度，印发《浙江省财政厅内部管理制度汇编》。

【信息调研】强化创新意识，改进文稿的形式和内容，提高综合文字材料质量，全年共完成综合材料20多篇。组织开展全省财政系统调研，形成调查报告86篇，经专家评选，37篇调研报告获奖；参与省社科联第二届社科研究优秀成果评比，报送的《促进服务业发展的财税对策研究》、《从我省农村税费改革看农村公共财政建设》获对策研究类三等奖；结集出版2008年度优秀调研报告集。加强信息采编网络建设、推进规范化管理，全年共编发信息146期，向省委、省政府、财政部办公厅报送315条专报信息，省委、省政府采用159条、财政部采用23条；获2008年度财政部信息工作先进单位、省政府政务信息考核评比二等奖。

【政策宣传】开展"实践科学发展，推进公共财政——我省公共财政政策解读"系列报道活动，梳理汇总近年来出台的公共财政政策，邀请专家学者点评，在《浙江日报》、新华网浙江频道、《浙江财税与会计》等媒体上开辟专栏进行解读，并汇编成《浙江省公共财政政策白皮书》印发省和在浙全国人大代表、政协委员。在各类新闻媒体上发表50多篇新闻稿件，并被财政部评为全国财政新闻宣传工作先进集体。改进信息公开内部审批流程，健全信息公开工作考核协调机制，公开与社会公众关系密切的各项信息，全年通过省财政厅门户网站等载体主动公开文件类财政信息144条，依法办理6件信息公开申请。

【政务督查】抓好省委、省政府重点工作责任分解、领导交办或批示件的落实反馈工作，督办省领导批示件531件、办公交办件595件，完成各类专项督查反馈十多次，均做到件件有着落、事事有回音。做好厅机关及省政府工作目标考核工作，完善厅机关目标考核办法，健全处室工作目标制订与省政府部门工作目标相结合和完成情况挂钩机制，加强日常督查。省财政厅获2008年度省政府直属单位工作目标责任制考核优秀单位。通过加强组织协调、健全督促考核制度、深化面商调研等，完成人大代表建议、政协提案办理工作，共承办建议、提案544件（其中主办63件），代表委员反馈满意率100%。规范信访工作办理程序，化解社会矛盾，共接待上访群众23批次74人次，办理群众来信、"厅长信箱"、"省长信箱"转办件等各类信访件163件。

【电子政务】组织人员对门户网站和5个子网站安全检查，对安全隐患予以整改。完善门户网站功能，做好网上办事大厅建设各项准备工作。完善综合办公平台系统，对厅内网进行改版，整合相关栏目，提高政务运转效率。获2008年度省政府电子政务建设综合考核优秀单位。

【保密工作】开展全厅保密知识培训，对涉密人员范围进行审核，组织签订《保密承诺书》。开展保密自查，重点检查计算机和移动存储介质的使用管理情况，对检查中发现的问题督促整改。根据部门预算管理保密工作新形势，会同省保密局制定《关于加强部门预算管理中有关保密工作的通知》，确保部门预算管理过程中的国家秘密安全。做好涉密载体销毁工作，全年向省保密局移交销毁载体6次。

【财务资产管理】细化预算编制，控制四项经费及节能减排等支出，各项控制指标均未超过年初预算核定金额，水电油支出比上年节约5%；加强厅属单位的财务管理，健全厅属单位财务管理制度，开发网上查询应用软件，完善会计核算网络化管理，提升厅属单位财务管理水平；创新工作方法，对绩效评价、监督检查的委托业务经费按照政府采购的要求公开招标采购，提高经费使用效率。完成厅机关人员调整后办公用房的调配，做好固定资产申购、报废处置等工作；规范电脑、复印机、油印机等设备和办公用品的申领程序，在保证机关办公需求的同时节省经费支出；完成票据管理中心等业务用房及停车库建设项目开工前的各项审批手续；完成万里综合楼装修改造工程的竣工验收。

【安全保卫】落实内部消防安全制度，明确安全责任，做好日常消防防范工作。落实保卫安全管理员制度，抓好保安人员业务训练，加大考核力度，提高保安人员的工作积极性。落实人员、车辆进出大楼的登记、注销制度，安排节假日干部值班，将各项安全措施落到实处。修订完善机关车辆和驾驶员管理制度，明确驾驶员职责和奖惩，抓好驾驶员队伍建设，开展行车安全教育，全年车辆违章数量比往年有所下降。

【后勤保障】加强机关大楼内的重要设施、设备的检修保养，做好绿化和保洁工作。完善厅机关公务接待管理制度，做好公务接待和会议会务保障工作。办好机关食堂，更新管理软件和刷卡系统；严抓食堂内部管理，把好食品采购关、进货关，确保食品卫生、安全。 （办公室供稿 黄建勇执笔）

财政人事(离退休干部)管理

【概况】2009年,财政人事(离退休干部)管理工作围绕全省财政中心工作,履行工作职责,在探索推进预算编制执行监督"三位一体"组织体系改革、优化干部队伍结构、深化岗位培训、推动系统财税文化建设和细化老干部服务等方面取得进展,干部教育培训工作和人事教育统计工作均被财政部评为系统优秀单位。

【"三位一体"组织体系改革】开展浙江财政预算编制、执行、监督"三位一体"管理模式研究,拟定《浙江省财政厅主要职责内设机构和人员编制规定草案》并经厅长办公会议讨论后上报省编办。省政府办公厅下发《关于印发浙江省财政厅主要职责内设机构和人员编制规定的通知》,对省财政厅的主要职责、内设机构和人员编制做了新的规定。新规定强化预算编制、执行、监督的职责,增加复式预算编制和管理职责,凸现总预算局、预算执行局、财政监督局分别牵头预算编制、执行和监督的职责;增设1个内设机构,另有7个处室更名;增加8名编制。

【优化干部队伍结构】根据机构改革和加强处级干部队伍建设的需要,从9月起启动处级干部选拔调整工作,历时3个多月,厅机关及厅属单位共提拔16名正处级领导干部、24名副处级领导干部、6名调研员、12名副调研员,明确1名干部享受副处级待遇;重新明确38名处级干部的职务。24名处级领导干部进行岗位交流。同时为锻炼年轻干部,共对15名科级干部进行了岗位交流,并继续实行挂职锻炼制度,选派两位同志到基层财政局任副局长,其中一位同志兼任农村工作指导员。

【事业单位改革】省编委批复厅属7家社会公益类事业单位的机构编制方案。根据新的机构编制方案,省农业综合开发服务中心与省农业综合开发勘测设计室合并为省农业综合开发审核中心,机构性质明确为纯公益性,经费来源由省财政适当补助;省财税科学研究所更名为省财税政策研究室,机构性质和经费来源不变;省财政干部教育中心性质由准公益性调整为纯公益性,机构规格明确为县处级,经费来源由自筹解决调整为省财政适当补助;省会计人员服务中心、后勤服务中心的经费来源由自筹解决调整为省财政适当补助,机构性质不变;省财税信息中心和省注册会计师服务中心的机构性质和经费来源不变。

【财税文化建设】制定《关于2009年全省财政地税系统财税文化建设的意见》,推进"学习、制度、情感、激励、宣传、活动"六个平台建设。在《浙江财税与会计》开设专栏,分期刊登10个市局和部分县(市、区)局财税文化建设经验。举办全省财政地税系统庆祝建国60周年文艺晚会暨第三届文艺调演,展示了全省财税系统财税文化建设的成果。

【组织各项培训】举办全省财政地税系统局长培训班、军转干部培训班和各类业务培训。举办"处长讲坛",组织开展"预算编制业务专题学习研讨实践活动"。启动全省财政系统专业人才库建设,选拔预算编制人才库成员并开展专题研讨活动。完成公务员知识更新培训、组织处级干部参加省级机关处级公务员任职培训班、专题研修班学习。组织中央党校、省委党校、浙江大学研究生班的报名推荐工作。承办新疆和田地区财政干部培训班。继续开展以提升能力素质为核心的分层次、分专业岗位培训观摩交流活动和教育培训同工种评比,编印《全省财政系统干部教育培训师资库(2009)》,推动全省财政系统干部教育培训工作。

【服务老干部】组织老干部参加省委各类报告会,参与厅级干部人选的推荐,组织离退休老干部参与建国60周年各项纪念活动并颁发建国60周年纪念章,组织学习、重大情况通报,落实省军级老干部阅读文件制度。走访厅级老领导、慰问遗属;为9位80岁以上老干部送上生日蛋糕并转达厅领导的祝愿;看望生病住院的老干部65人次;按照省委组织部文件,为相关老干部办理副省级、副司局级医疗待遇手续;组织厅局级老领导和离休老干部学习活动。

(人事处[离退休干部处]供稿　陈　坚执笔)

财政纪检监察

【概况】2009年,浙江省财政纪检监察工作围绕财政工作中心,执行党风廉政建设责任制,持续深化具有财政特色的惩防体系建设,注重宣传教育,注重惩防并举,注重源头治腐,反腐倡廉建设取得新成效。

【落实党风廉政建设责任制】落实"一岗双责",做到反腐倡廉工作与财政业务工作两手抓,两手都要硬,形成主要领导亲自抓、分管领导主动抓、其他领导配合抓,一级抓一级,层层抓落实,上下齐抓共管的工作局面。同时,牢牢抓住责任分解这个重要环节,根据省委、省政府反腐倡廉建设、作风建设的组织领导和责任分工的要求,把由财政部门落实的牵头工作和参与工作进行责任分解,逐项细化落实到各责任处室,明确各单位的责任主体意识,年中和年终分别将牵头和参与事项进行督查,并及时报送工作情况。

【廉政宣传教育】把廉政文化建设融入到系统财税文化建设中,丰富党风廉政宣传教育的载体,增强党风廉政教育的吸引力、感染力和渗透力。在做好支部学习、节假日提醒等日常性教育的基础上,重点开展以"三个一"为主要内容的"树立风险意识,确保廉洁高效"主题教育活动,即由全体干部撰写一句廉政格言，汇总编发一本《浙江省财政厅干部职工廉政格言警句录》，举办一次廉政格言展，活动共征集到廉政格言警句518条，通过内网投票评选出优秀廉政格言60条。深入开展廉政谈话，对新任职的14位正处级领导干部进行集体廉政谈话，树立行政道德和廉洁自律意识。丰富廉政文化的内容和形式，在厅机关图书借阅室充实“廉政书架”的内容，定期更新廉政书籍和影像资料，方便干部学习借阅。利用网上教育园地、《浙江财税与会计》刊物等阵地，宣传反腐倡廉的方针政策，交流各地反腐倡廉工作经验，推动党风廉政教育资源共享。

【惩防体系建设】把深化具有财政特色的惩防体系建设作为工作的重点，对由本部门牵头和参与的事项进行责任分解，落实工作任务，定期汇报工作进展情况。全国财政反腐倡廉工作会议召开后，做好“开展权力‘搜索’、规范权力运行”工作，召开系统纪检监察工作座谈会，分析和研究财政部门开展规范权力运行工作的重要性和具体操作细节，在广泛征求意见的基础上，制定下发《关于开展规范财政权力运行工作的通知》和《关于全省财政系统开展规范财政权力运行工作的意见》，对厅机关和系统两个层面规范权力运行工作进行部署，明确工作的要求和时限。

【开展机关效能建设】落实省委、省政府开展效能建设主题活动的要求，倡导高效、节俭、廉洁、人本的机关效能文化，制定下发《关于开展“两提高、两降低”效能建设主题活动的通知》，明确主题活动的目标、要求和主要措施，同时还对每项工作措施进行细化，注明工作任务的责任单位和完成时间，确保效能建设巩固提高。省纪委工作组在督查省财政厅效能建设工作时给予肯定。

【处理信访举报】本着对信访人高度负责的态度对待每一件信访。针对通过网络渠道反映的举报投诉问题增多的现象，一方面做好举报投诉件的登记、调查、核实和反馈工作；另一方面，思考网络信访举报所折射出的内部管理和财政工作中可能出现的问题，有针对性地通过加强教育、健全制度、强化监督进行防范，将风险化解在事前，促进项目安全、资金安全、干部安全。受理信访举报10件、网上投诉件9件，做到件件有登记，事事有落实。（监察室供稿　杨一斐执笔）

机关党建

【概况】2009年，省财政厅直属机关党委继续深入学习实践科学发展观，围绕财政改革发展大局和财政中心工作，开展机关党建各项工作，为全面完成各项财政工作任务提供政治思想保证。至年末，厅直属机关党委所属党总支1个，党支部37个，其中厅机关25个，厅属单位10个，离休支部、退休支部各1个。党员474名，其中在职党员机关（含参照公务员管理单位）247名，企事业单位151名，离退休76名。

【学习实践科学发展观】做好突出问题的整改落实。在厅党组关于贯彻落实科学发展观情况分析报告的基础上，制订整改落实方案。建立由一把手负总责，分管厅领导分工负责，各相关处室具体负责的整改落实责任制。把学习实践活动中所征集的意见、建议按职责分解到有关处室，分类分批进行整改。开展“春阳暖企”专项行动。按照省委“服务企业、服务基层”专项行动要求，结合财政实际，启动“春阳暖企”专项行动，制定企业减负、支持转型升级、提升服务能力三个方面8项举措，明确责任主体和实施时间。根据省委开展深化“双服务”专项行动要求，协助厅牵头负责的第6服务组做好相关联络工作，参与第10服务组的工作。总结回顾和满意度测评。召开全厅总结大会对学习实践活动进行回顾总结，并提出下一阶段努力方向。组织开展群众满意度测评，认为“满意”的有337票，占98.5%，“比较满意”的5票，占1.5%。

【学习型组织建设】组织开展政治理论学习，加强机关思想政治建设。健全完善党组中心组学习制度。根据职责，做好学习通知、材料印发等准备工作和记录整理工作。党组理论中心组学习活动被省委组织部评为先进单位。组织支部开展政治理论和形势教育学习。为各支部购买、印发《政府工作报告》、党的十七届四中全会、省委十二届五次、六次全会有关学习材料，吕祖善省长有关廉政建设讲话、金启和同志先进事迹等材料，供各支部集中学习。加强网络学习园地建设，利用园地开展党的政策理论、党风廉政建设、法律法规知识培训。帮助干部职工了解财政改革前沿信息，拓宽干部视野。举办青年财税文化沙龙活动，就当代青年应该崇尚怎样的精神等内容，开展“关注青年成长，关心青年发展”主题讨论，为年轻干部提供交流思想、相互沟通的平台，促进机关文化建设。

【财税文化建设】根据厅党组《关于在全省财政地税系统开展财税文化建设的意见》和省财政厅、省地税局《关于2009年全省财政地税系统财税文化建设的意见》精神，结合全厅实际，制定下发《省财政厅2009年财税文化建设活动方案的通知》。围绕学习平台、制度平台、感情平台、激励平台、宣传平台、活动平台等六大平台，明确具体活动内容和责任主体，分头实施。

【新中国60周年纪念活动】完成全系统庆祝新中国60周年暨第三届文艺调演的演出任务。选送的小品《眼亮心明》在系统调演中获得一等奖，并在省财贸工会的文艺调演中获得银奖。举办庆祝新中国60周年书画、摄影作品展，展现财政干部职工的爱国之情和健康文明的生活状态。举办新中国成立60周年图片展，帮助干部职工了解新中国建设史。组织干部职工观赏国庆献礼片《建国大业》，组织各支部参观纪念浙江解放60周年图片展。

【机关党建工作】抓好机关党的基层组织建设，发挥支部战斗堡垒作用和党员先锋模范作用。结合机构调整和干部调配，指导各支部及时调整充实支委力量，完成18个支部成立和换届改选工作。根据“坚持标准、保证质量、择优发展”的原则，新吸收5位中共预备党员，为8位预备党员办理转正手续。规范党费收缴使用管理。转发中组部和省委组织部关于党费收缴使用管理的新规定，做好计费工资统计等服务工作。

【推进机关精神文明建设】发挥工、青、妇作用，开展各类有益身心健康的活动。健全完善兴趣小组活动，引导干部职工崇尚健康、文明的业余生活。厅机关工会组织成立登山、书画、摄影、乒乓球、羽毛球、太极拳等14个兴趣小组，开展各类文体活动。组织开展“机关文化月”、“全民健身月”等活动，鼓励干部职工品好书、看佳片、办笔会、走西湖。举办2009年新春团拜会、“三八”节妇女休闲活动、“五一”、“十一”游园活动等，加强干部职工之间的沟通交流，增强机关亲和力、凝聚力。组队参加省直机关第十届运动会，在赛场上赛出财政干部的精神风貌。（机关党委供稿　赵　虹执笔）

财政法制

【概况】2009年，全省财政法制工作按照省财政工作会议的部署和“依法治税、为民理财、务实创新、廉洁高效”的总体工作思路，从财政法律制度建设、法制宣传教育、财政执法监督、建设法制工作体系四个方面推进整体工作。

【制度建设】推进财政地方性法规和政府规章立法工作。配合省人大法工委开展《浙江省预算外资金管理条例》等法规清理，以专报形式向省政府主要领导汇报《浙江省政府非税收入管理条例》立法工作并得到批示，该条例已列入省人大常委会2010年立法计划（一类项目）；配合省法制办开展《浙江省政府投资预算管理办法》的立法协调修改工作，完成草案修改稿的意见反馈；开展《浙江省实施〈政府采购法〉办法》的立法调研工作。结合浙江财政工作实际，开展财政部《政府非税收入管理立法研究课题》和《国家赔偿费用管理办法修订立法研究课题》相关立法课题研究工作，组织参加协调会、论证会，提出立法建议和修改意见。加强财政规范性文件管理。根据省法制办有关要求，协调修订财政规范性文件有关流程，做好财政规范性文件审核、会签和报送备案工作，全年共审核行政规范性文件71件，提出针对性修改意见，并报送省法制办。

【宣传教育】组织开展“法治宣传月”和“12·4”法制宣传日系列活动。走访一个普法联系点，加强财政工作期刊、网站和普法专业期刊、网站两个宣传平台建设，组织开展厅机关普法联络员新法学习活动和公务员自学法律活动。“12•4”法制宣传日期间组织开展全省财政法制宣传板巡展活动。制作13套公共财政普法展板，在厅机关及各地财政局机关大厅、服务窗口单位、公共广场等进行巡回展示、宣传。组织开展财政“五五”普法相关表彰工作。根据财政“五五”普法知识竞赛浙江赛区参赛情况，评定全省参赛单位组织奖和个人奖，予以通报表彰。组织全省财政系统干部职工参加公务员学法用法征文活动，共收集征文100篇，评定优秀征文8篇并予以通报表彰。营造领导干部学法用法新局面。《彩票管理条例》正式施行，厅党组理论学习中心组学习《彩票管理条例》。邀请有关专家对各市、县（市）财政局局长进行依法行政专题培训。“12•4”全国法制宣传日期间，厅党组理论学习中心组结合《行政复议法》施行10周年，学习《行政复议法》。举行厅机关省管领导干部学法用法考试。

【执法监督】继续做好行政复议、行政应诉和行政处罚案件合法性审核工作。全年办理答复案件3起，行政应诉案件3起，全部依法定程序和法定期限完成，且全部复议答复、行政应诉案件没有被撤销或变更。组织执法处室举办案件剖析会8次，会签行政处理文件8件、行政处罚文件19件、交办件31件。做好行政复议、行政应诉和行政处罚、行政许可报表统计分析报告工作。落实行政执法责任制。牵头组织落实财政扩权强县改革工作，成立厅实施扩权强县改革领导小组，召开专题会议落实涉及财政管理权限事项。严格财政部门执法人员持证上岗等制度，审查确认全省财政系统部分执法人员财政专业法律考试成绩。开展征集财政行政复议案例活动，组织全省财政行政处罚案卷抽查，并举办全省财政系统行政复议、行政处罚案卷专题座谈论证活动，总结全省财政行政复议、行政处罚工作经验教训，上报行政复议典型案例，组织评选行政处罚优胜案卷6件。

【工作体系建设】细化完善法律顾问制度。对厅机关常年法律顾问进行细化分工，5位常年法律顾问分别在政府采购、会计管理、信息公开、行政复议和诉讼等方面提供专业化财政法律服务。厅法律顾问在法制建设、法制宣传教育、法制监督等方面提供专业服务196人（次）。加强财政法制干部队伍建设。2009年全省财政系统共有法制机构68个，比2004年增加6个；全省财政法制机构工作人员218人，比2004年增加31人。开展全省财政法制业务培训，着重就财政行政复议、依法化解行政争议、行政应诉技巧等业务问题，邀请财政部有关领导和专家作辅导讲课。开展法制管理干部党风廉政建设工作。

【清理财政周转金】做好市县财政周转金清收指导工作。召开全省财政周转金决算汇审会议，部署财政周转金清收扫尾工作，2009年全省周转金尾欠数额减少2.45亿元。开展财政周转金清理扫尾工作经验交流，探讨清收工作新办法，布置2010年度财政周转金决算汇审工作。推进省级财政周转金尾欠清理。根据省级财政周转金现有会计资料，整理省级周转金尾欠借款项目情况表，并就省级财政周转金尾欠款项在厅有关业务处核对并反馈意见的基础上，对其中28家借款单位89笔周转金借款计5068万元，提出处理建议。

（政策法规处供稿　王新江执笔）

财政预算

【概况】2009年，全省汇总地方财政收入为2142.51亿元，完成预算的104.9%，比上年增长10.8%，按可比口径计算增长7.2%；全省财政支出2653.35亿元，完成预算的110.3%，增长20.1%，按可比口径计算增长6.8%。2009年省级地方财政收入221.78亿元，完成预算的105.0%，增长7.7%，按可比口径计算增长6.3%；省级财政支出325.78亿元，完成预算的105.3%，增长29.7%，按可比口径计算增长5.7%。预算支出重点放在改善民生，全省财政支出增量用于民生支出比例为72.8%。按照现行分税制财政体制和国家有关政策规定计算，全省、省级财政收支平衡。

【预算编制】落实中央、省各项财税改革措施，编制2009年预算，做好2010年预算编制准备。编制预算草案。编制完成《浙江省2008年全省和省级财政预算执行情况及2009年全省和省级财政预算(草案)》、《浙江省2008年基金预算收支计划执行情况及2009年基金预算收支计划(草案)》。做好向省委、省人大、省政府汇报预算草案的各项准备。根据省十一届人大二次会议批准的省级预算草案，编制《2009年省级一般预算收入退库计划(草案)》。做好部门预算编制、审核工作。通过"二上二下"程序，完成省级部门预算草案的编制、审核。省科技厅、省农业厅等25个部门的部门预算提交省十一届人大二次会议初步审查。提出重点项目资金安排建议。起草《2009年省级预算盘子及重点项目资金安排建议的汇报》，呈报省长、省政府常务会议、省委财经领导小组审批。编制报财政部预算。编制、上报2009年一般预算收支总表、支出预算明细表和政府性基金收支计划。

【控制行政成本】加强财政支出结构调整，厉行节约，严格控制行政成本。研究制定一系列实施细则和操作办法，从源头上控制行政成本。当年各级党政机关公用经费按预算数核减5%，专项经费"零增长"，因公出国(境)经费支出在近三年平均数的基础上压缩20%，车辆运行费支出在近三年平均数基础上降低5%，公务接待费在上年基础上减少10%，节电节水节油指标在上年基础上降低5%。公务用车购置冻结一年，压缩会议、文件、通信等方面的费用支出。全省全年各级党政机关公用经费、公务用车购置及运行费用、出国经费分别减少5%、24%、20.5%。

【落实省对市县财政体制】发挥财政体制、机制的激励、杠杆作用，引导市县经济发展和转型升级，促进地方经济社会发展，提高市县基本公共服务供给能力。兑现省对市县各项奖励补助政策。做好2008年度省对市县结算工作，落实分类分档激励奖补机制，兑现分类分档激励奖补政策、市县营业税增收上缴返还奖励政策、省级金融保险业营业税增收奖励政策、新办电力生产企业所在地增值税返还奖励政策等。2008年度省对市县转移支付计410.4亿元，比上年增长33.1%。扶持景宁等民族地区发展。落实省委、省政府关于扶持景宁畲族自治县加快发展的意见精神，制定《关于扶持景宁畲族自治县加快发展的意见》，从完善财政体制，加大财政投入、实行税收优惠、建立健全机制和做好人才培养三方面明确省财政扶持景宁的相关政策。加大对景宁县和全省18个重点民族乡镇所在县的财政扶持力度，完善因素法转移支付政策，当年新增转移支付资金1亿元。关注市县财政运行。关注市县减收增支情况，重点做好对市县"保工资、保运转、保民生"等最低财力保障水平的测算工作。缓解县乡财政困难，安排财力，提高地区间财力均衡程度，缩小财力差距。争取财政部奖补资金，当年财政部下达浙江省最低财力保障和缓解县乡财政困难奖励补助资金35548万元。

【"三个子"预算改革】推进预算管理科学化。按照"收入一个笼子、预算一个盘子、支出一个口子"公共财政管理要求，扩大省级预算编制口径，明确责任主体，省级139个部门、782个二级单位编制部门预算，逐步扩大编制口径，提高预算完整性。当年省级纳入部门预算资金765亿元，比2004年增加435亿元，年均增长23.4%；完善省级支出标准体系，改进预算编制方法，除由市场定价的五项标准、国家或制度规定的三项标准外，设立"会议费"、"差旅费"、"培训费"、"物业管理费"等4项经费支出标准，以及"房屋建筑物购建"、"办公设备购置"、"交通工具购置"、"大型修缮"等4项实物配置费用标准。推进预算管理精细化。规范编制程序，强化技术支撑，从2009年开始，制定了滚动的三年期预算编制改革规划，在加强制度建设、提前预算编制时间，完善预算控制数审核机制等方面规范预算编制程序，提高预算编制的规范性；开发应用"基础资料库"和"项目库管理"信息系统，实现项目支出预算滚动管理，强化"金财工程"技术支撑，提高预算编制效率。推进专项资金整合。严格控制新增专项资金，除法律、法规以及中央和省委、省政府确定的增支项目外，不新开口子。取消、归并、整合现有专项资金，取消已经实现项目目标或已经到期的项目，以及支持方向与党委、政府工作目标相偏离的项目；归并符合党委、政府工作目标，但支持方向、扶持对象和用途相同或相近的项目；整合不同部门管理但支持方向、扶持对象和用途相同或相近的项目。清理历年结余，对项目实施完成形成的结余，受政策变化、计划调整、项目绩效差等原因导致项目中止或撤销形成的结余，项目支出进度超过预算确定期限一年以上而形成的结余，滞留账上超过三年以上不用的专项资金结余，全部收归财政统筹安排。加大一般性转移支付力度，省级14个项目由专项转移支付转为一般性转移支付。

【地方政府性债务管理】加强地方政府性债务管理，防范和控制债务风险，下发《关于进一步加强地方政府性债务管理的通知》，做好2009年地方政府债券发行有关工作。全省地方政府债券发行额度82亿元。起草《浙江省省本级政府性债务管理暂行办法》（代拟稿）并报省政府。

【乡镇财政管理】指导市县贯彻执行《关于对部分乡镇实行“乡财乡用县管”财政管理方式的指导性意见》，规范乡镇财政收支行为。指导市县贯彻执行《浙江省财政厅关于开展化解乡镇政府性债务工作的通知》，防范乡镇财政风险。做好乡镇财政管理调研工作，做好2008年度乡镇财政决算工作。组织各市、县（市）对2008年度乡镇财政决算报表审核、汇总，做好2008年度乡镇财政总决算报表的编制工作。

（总预算局、地方预算处供稿　步恩绵执笔）

财政税政

【概况】2009年，全省财政税政工作发挥财政、地税同一个党组的体制机制优势，以落实中央有关促进经济平稳较快增长、加快经济发展方式转变的税收政策和省财政厅党组的重大决策为重点，依法履行地方财政部门税政工作职责，推进税政管理科学化、精细化。10月，根据省人民政府办公厅关于浙江省财政厅主要职责内设机构和人员编制的规定，单独设置税政处，履行地方财政税政管理职责。此前，省财政厅税政处与预算处一体化运作。

【税收先征后返政策清理】2009年1月至5月，根据财政部、国家税务总局关于坚决制止越权减免税 加强依法治税工作的通知要求，在全省开展税收先征后返政策清理工作，以遏制地方借应对国际金融危机之名擅自出台税收先征后返政策，维护正常的税收秩序。结合浙江实际研究提出清理工作指导意见；组织省、市、县财税部门进行自查、清理、纠正；组织人员对部分市、县（市）的清理工作进行专项调研、督查。

【再生资源增值税退税】再生资源增值税退税是地方财政部门的一项新工作。根据财政部、国家税务总局有关规定，从2009年1月1日起至2010年12月31日止，对符合条件的增值税一般纳税人销售再生资源缴纳的增值税实行先征后退政策，对符合退税条件的纳税人2009年销售再生资源实现的增值税，按70%的比例退回给纳税人；对其2010年销售再生资源实现的增值税，按50%的比例退回给纳税人。省财政部门会同财政部驻浙江省财政监察专员办事处、浙江省国家税务局、中国人民银行杭州中心支行等部门结合浙江实际研究提出实施再生资源增值税退税政策意见；研究制定具体审核审批操作办法；组织全省开展业务培训，对市、县（市）进行业务指导；组织县（市）、市和省本级按照规定的时间和程序进行资格认定与退税审批。全省（不含宁波市）认定具有再生资源增值税退税资格企业1099户，审核批准991户、2014户次退税申请，合计批准退税25亿元，批准退税金额占全国10%。

【公益性捐赠税前扣除资格确认】根据《中华人民共和国企业所得税法》和《中华人民共和国个人所得税法》，财政部、国家税务总局、民政部重新制定公益性捐赠税前扣除政策，据此牵头制定新的确认办法，通知各类社会团体按照新规定进行申报，组织省国税、地税、民政等部门专业人员对195家社会团体的申请进行集中审核，完成第一批符合新政策规定条件、具有公益性捐赠税前扣除资格的社会团体名单公布准备工作。

【高新技术企业认定】与省科技厅、省国税局、省地税局等部门联合审批，在全省（不含宁波市）认定高新技术企业925家。这些企业涵盖了电子信息技术、生物与新医药技术、航空航天技术、新材料技术、高技术服务业、新能源及节能技术、资源与环境技术、高新技术改造传统产业等八大技术领域。根据《中华人民共和国企业所得税法》规定，对高新技术企业减按15%的税率征收企业所得税。

【企业所得税税源调查】组织全省（不含宁波市）开展2008年度企业所得税税源调查。按照财政部下达浙江省（不含宁波市）3500户企业所得税税源调查计划，分配给市、县（市、区）样本量4000户，实际收集样本企业4194户，有效样本企业4194户，超过财政部计划数19.8%。调查收集的数据通过财政部终审。在4194户样本企业中，杭州市占23.9%，温州市占14.1%，绍兴市占13.3%，台州市12.5%，嘉兴市占11.2%，金华市占9.3%，湖州市占4.8%，衢州市占4.7%，丽水市占3.4%，舟山市占1.7%，省地税局直属一分局征管企业占1.1%；第一、第二、第三产业样本企业数分别占0.3%、74.1%、25.6%。在所有样本企业中，上市公司109户，占2.6%；根据有关规定认定的高新技术企业804户，占19.2%。调查的样本企业资产总计13252亿元，实现收入11650亿元，利润总额886亿元，应纳税所得额845亿元，按规定税率计算的应纳所得税额174亿元，剔除税额减免及抵免因素后实际应纳所得税163亿元。

【重点产品国际竞争力调查】组织全省（不含宁波市）开展重点产品国际竞争力调查。对206户企业的203个重点产品进行了竞争力调查，其中：财政部选列产品52个，本省增补产品151个。在财政部发文通报2008年度全国重点产品国际竞争力调查情况中，省财政厅被评为重点产品调查工作先进单位。

【税收政策宣传】通过下发文件、解释政策、解答疑难问题、调研等方式，加强对结构性减税、税制改革等税收政策宣传。参加省深化"双服务"(服务企业、服务基层)专项行动，进行惠企财政税收政策宣讲，宣讲对象为财税部门干部职工和规模以上企业负责人。

【税收政策建议】提出对景宁畲族自治县经济社会发展给予税收政策支持的建议。积极向国家财税部门建议反映，财政部、国家税务总局出台专项用途财政性资金企业所得税政策。在2008年至2009年中央调整出口退税政策的过程中，在省财政厅建议下，财政部同意浙江巨化集团、温州通领集团等企业提出的有关提高产品出口退税率的要求。

(税政处供稿　何一平执笔)

预算执行、国库支付、集中核算

【概况】2009年，全省预算执行、国库支付、集中核算各项工作按照"三个子"财政运行机制要求，深化国库集中支付改革，推进公务用卡改革，加快财税库银横向联网改革，加强财政总决算和部门决算工作，提高预算执行分析和预测水平，做好会计集中核算单位支出审核工作，规范制度建设和流程管理，加强财政资金安全管理，推进预算执行管理的科学化、精细化。

【整合预算执行管理机构】10月，按照省财政厅"三位一体"组织体系改革方案，设立总预算局、预算执行局和财政监督局。12月，完成预算执行局、国库支付处、会计核算中心的机构整合，建立一体化运行的预算执行管理机构。

【国库集中支付改革】加大改革推进力度，重点加快县级国库集中支付改革，分解改革任务，新增实行国库集中支付改革的县(区)20个。至年底，全省实行国库集中支付改革的市、县、区达39个。完善国库集中支付改革制度，制定《关于国库集中支付退库业务有关事宜的通知》，对集中支付退库资金加强管理。实施专项资金结余财政收回的政策，收回财政资金2.75亿元。研究建立国库部门与代理银行间的实款资金对账机制，形成更严密的国库集中支付对账体系。

【省级国库集中支付运行】做好新纳入单位账户开设、用款计划审批、直接支付审核及支付、资金清算、对账等国库集中支付日常工作，保障省级集中支付顺畅运行。截至年底，纳入国库集中支付的省级预算单位共767家，全年集中支付支出累计280亿元。深化省级集中支付改革，提升直接支付实质性比重，对纳入国库集中支付的省级单位在职人员工资全部实行直接支付，严格控制垫付、关联账户划拨事项，直接支付实质性比重升至47.31%，比上年度提高13.25个百分点。加强内控机制建设，引入ISO标准质量管理体系，规范业务流程和内部管理制度。探索动态监控体系建设，初步建立以关联账户审批、异常支付信息监测分析为手段的动态监控机制，将监督关口前移，发挥警示、纠偏和规范作用。加强代理银行监管，按季召开座谈会，开展问卷调查，交流业务、资金运行、系统完善等情况，对业务要求进行系统梳理、规范，提高监管工作的针对性、有效性。增强集中支付技术保障力度，规范相关软件需求提交流程，跟踪、反馈软件修改进度，按照《集中支付网络服务商服务质量考核办法》，加强服务商绩效考核，重新登记、梳理集中支付系统操作用户权限，设计权限套餐。

【加强银行账户管理】严把预算单位账户新设、变更审批关，共办理新设、变更预算单位账户118户。清理专户，规范预算单位账户管理，取消省交通运输厅、省科技厅特设专户，对其特设专户的资金实行规范的国库集中支付改革。推进《预算单位银行结算账户管理系统》业务软件开发工作，提高账户管理水平和效率。

【推进公务卡改革】加大政策宣传与培训力度，对新纳入公务卡改革的省级预算单位分5期进行改革动员及培训，培训人数近900人。督促各代理银行改进服务，采取逐家上门服务的形式协助预算单位办理公务卡开卡、发放等工作，引导和转变公务人员用卡理念，开卡23326张，支付金额1.37亿元。加快推进市县公务卡改革，联合省监察厅、人行杭州中心支行出台《关于预算单位公务卡制度改革的实施意见》，要求各市、县加快推进公务卡改革。截至年底，杭州、宁波、舟山市本级已完成公务卡改革，全省累计发放公务卡36196张，支付金额1.7亿元。加强与预算部门、代理银行等有关方面沟通协调，完善公务卡操作流程，扩大结算范围。

【财税库银横向联网】根据财政部下发的财税库银横向联网联调计划要求，召开财税库银横向联网工作会议，确定工作任务及实施方案。考察外省横向联网改革工作情况，制定我省省级横向联网工作方案，并加快组织实施进度。截至年底，已完成横向联网系统的安装部署及联调测试的系统配置、环境搭建等前期准备工作。

【财政收支核算管理】规范财政总预算会计管理。核对清算2008年度国库集中支付年终结余资金。执行资金拨付管理制度，确保资金拨付安全，全年共拨付财政资金6743笔，金额864.08亿元。加强与人民银行、支付执行机构的清算资金核对等日常财政资金对账工作，确保财政资金运行安全。组织全省财政总决算报表的编审工作，编写总决算工作总结和说明，完成2008年度财政总决算各项工作。加强与财政部、其他省市财政部门的联系和交流，对总决算软件提出合理化建议，完善财政总决算软件功能。在做好财政总决算工作的基础上，对全省历年财政、经济统计数据进行了整理。

【地方债务发行管理】组织学习财政部有关地方政府债券发行、兑付和核算办法，完善总预算会计核算信息系统，做好地方债券发行的各项准备工作。组织市、县做好地方债务发行工作，完成全省（不含宁波市）67亿元地方政府债券的发行、拨付、核算等一系列工作。

【财政资金安全管理】根据《财政部开展地方财政资金安全检查工作的通知》精神，开展财政资金安全自查，发现问题，进行整改，消除资金安全隐患。组织开展全省财政资金安全检查工作，分自查自纠、交叉检查、整改落实三个阶段对全省各市（县、区）（不含宁波）的地方财政资金安全进行全面检查。检查资金范围涵盖地方全部财政性资金，检查内容涉及组织领导、制度建设和内控管理、岗位设置和人员配备、资金收付管理、财务管理、对账管理、银行账户管理、印鉴和票据管理、代理银行管理、信息系统管理等十方面。通过检查及时发现问题，督促地方财政部门有效进行整改，完善资金安全管理和内部控制制度。

【部门决算审核】完善部门决算软件，整理研究部门决算报表口径变化、编报要求及相关政策等情况，在财政部下发标准参数基础上增设审核公式，对各类重点审核信息设置相应查询模板，完善全省部门决算软件参数设置，实现预算单位以软件参数为基础的自审，保证数据质量。组织完成2008年部门决算工作，对全省2万多户行政事业单位决算报表进行逐一审核、修正、汇总，提高部门决算报表质量，2008年部门决算工作获财政部二等奖。做好2009年部门决算前期准备工作，编写并印发《浙江省2009年度部门决算编制手册》，召开部门决算布置会议，落实2009年部门决算工作。

【预算执行分析】编报全省财政收支报表旬、月报，按月汇集各省、区、市预算执行情况和反映全省经济运行情况的相关数据资料。做好每月预算执行分析工作，定期召开全省预算执行分析会议，共建市县交流平台，探讨各地财政收支运行新情况、新问题。总结预算执行的研究成果，有4篇调研文章被收录进财政部国库司组编的《2009年预算执行专题调研成果选编》中，其中《既要扩内需又要稳外需——对浙江省如何实现财政经济增长目标的调查》、《发行地方政府债券相关问题的思考》分别被财政部选中发表在《预算管理与会计》杂志上。参与财政部预算执行信息系统的建设，对系统完善提出建设性意见建议，配合进行软件开发与测试。预算执行分析工作连续第四年获财政部一等奖。

【集中核算单位支出审核】审核省级集中核算单位日常支出，规范审核标准，保障审核工作的严肃性。全年共对集中核算单位见单审核15.55万笔，金额41.64亿元。执行省级集中核算单位福利发放控制政策和规范津补贴政策，采取事前控制，对单位的福利来源进行监督，落实2008年度“削峰填谷、平衡收入”的福利分配政策。做好省级集中核算单位工资统发工作，累计统发工资3.68亿元，代缴个人所得税166.13万元。根据省委、省政府做好2009年行政成本控制工作的要求，重点加强出国费、会议费、交通费、招待费等四项经费支出的监控及统计分析工作，确保四项经费控制政策落实到位。

【开展同工种竞赛】按政策法规、内部管理、业务技能、结报质量等评比条件，对集中核算单位进行“2008年度国库集中支付和会计集中核算工作综合考评”，评定省公安厅等20家为优胜单位，陈文娟等30名同志为优秀会计人员。修订《同工种竞赛评比办法》，增加补充细则，取消部分集中核算工作不规范单位和会计的评比资格，科学调动单位会计人员的工作积极性和主动性，提高集中核算单位财务工作整体质量和效率。

【开展课题调研】调研、思考国库管理运行中存在的新情况、新问题。结合工作实践，组织各部门开展业务课题调研。结合财政工作热点，调研、分析行政成本控制管理相关问题，完成《浙江省省级行政成本控制政策的若干思考》课题，获全省财政系统调研课题一等奖。结合“三分离”改革实践，研究预算执行管理新机制构建的相关问题，完成《新型预算执行管理体系构建研究》课题，获全省财政系统调研课题二等奖。结合实际，研究资金支付运行安全问题，专题探讨《现代国库管理制度下财政资金安全问题的研究》选刊在《浙江财税与会计》杂志。

（预算执行局供稿　舒惜虞执笔）

财政综合

【概况】2009年，浙江省财政综合工作围绕推进政府非税收入征管体系建设，着力规范政府非税收入征管行为，加强政府非税收入征收管理，确保政府非税收入应收尽收。全省各级财政部门共征收政府非税收入2872.82亿元，比上年增长20.5%。

【政府非税收入管理法制化建设】开展《浙江省政府非税收入管理条例》立法调研，向省人大、省法制办汇报政府非税收入管理有关情况，在省政府主要领导的重视和支持下，《浙江省政府非税收入管理条例》被列入省人大2010年一类立法计划。配合财政部开展政府非税收入管理立法的课题调研。

【政府非税收入征管】执行国家和省有关政府非税收入管理的政策，指导市县财政部门做好政府非税收入收缴工作，准确清算中央、省和市县各级分成收入，保障资金的安全性。加强政府非税收入收缴资金账户监管工作，对6家省级政府非税收入收缴代理银行账户的设立、变动和消除进行全程监管。加强财政票据管理，做好财政票据的印制、购领发放、结报核销和票据销毁等工作。做好政府非税收入、国有土地出让收支等会计统计报表的编制工作，强化核算分析，完善报表数据分析应用软件，提高管理水平和管理质量。加快非税收入征管信息化建设，开发政府非税收入执收子系统，为各种网络条件提供执收业务支撑平台；改进票据核销业务流程，通过完善征管系统内部流程控制规范收缴管理；根据有关清费减负文件要求，对省级单位执收项目进行清理，并在新系统中重新核定；举办7期省级政府非税收入征管信息系统培训班；下发《关于省本级全面推广应用新版非税征管信息系统的通知》，从2010年1月1日起全面启用新版非税系统；推进市县系统推广应用工作，在衢州、嵊州等18个市县布置实施新系统。推进土地出让收支管理信息化进程，完成全省国有土地使用权出让收支管理信息系统需求分析，牵头组织软件的政府采购工作，完成软件招投标，并组织市县业务骨干开展相关培训，促进信息系统的试点运用工作。

【清理行政事业性收费】提请省政府下发《关于第三批取消暂停征收部分行政事业性收费项目和降低部分收费标准的通知》，取消8项行政事业性收费项目，暂停征收2项行政事业性收费，降低4项行政事业性收费标准，减轻企业和群众负担约5亿元。会同省物价部门对所有部门保留的收费项目和收费标准进行重新梳理，并以目录形式下发各地各部门，规范部门收费行为。按照财政部等三部委有关规定，调整完善全省水资源费征收管理办法。贯彻落实财政部等五部委规定，自2009年1月1日起取消公路养路费等五项收费(基金)，并做好相关的清缴和清退工作。开展针对机动车辆号牌工本费等涉及交通和车辆的行政事业性收费项目和收费标准的清理整顿工作。

【规范政府性基金管理】会同省级有关部门，强化对散装水泥专项资金和新型墙体材料专项基金预收及退还结算工作的管理，提高资金清退力度。筹措大中型水库库区和移民安置区经济社会发展所需资金，向财政部报送《浙江省大中型水库库区基金征收使用管理实施细则》。

【彩票发行和公益金扶持项目监管】全省共发行彩票94.61亿元，筹集地方彩票公益金15.03亿元，分别比上年增长16.9%和16.5%。贯彻落实《彩票管理条例》，下发《关于贯彻落实彩票管理条例的通知》。支持彩票机构扩大彩票销量的各类促销活动，审核批复同意福彩中心动用“3D”调节基金进行组选加奖等活动方案。根据现行彩票公益金分配政策，对2008年应返还各市、县(市)的福利彩票公益金、体育彩票公益金进行清算。会同省级有关部门审核彩票公益金补助项目，下拨建设资金4.68亿元。会同省级民政部门启动对2006～2008年间受省级福利彩票公益金资助建设的避灾安置场所项目进行绩效评价，提升彩票公益金使用效率。

【住房资金监管】做好省直行政机关企事业单位职工住房补贴审批发放工作，全年共审批职工一次性住房补贴521批次，发放住房补贴21965人次，发放补贴金额7.99亿元，其中财政专项补助1.67亿元。会同省建设厅等有关部门，下发《关于印发2009年落实党风廉政建设责任制分工加强住房公积金监管工作方案的通知》等文件，强化对住房公积金的监督管理，确保资金安全。会同省建设厅、省发改委下发《关于下达2009年住房保障工作计划的通知》等文件，明确和分解各地住房保障目标任务，强化廉租住房保障工作。

【土地出让金征收管理】贯彻中央土地出让收支管理各项政策，规范国有土地出让收入征收管理。全省共征收土地出让收入1992.76亿元，增长39.6%。转发并落实财政部等三部委《关于加强国有土地收支统计工作的通知》要求，加强土地收支统计编报工作。配合省国土资源厅等部门开展国有土地使用权出让情况的专项清理和检查工作。

【海域使用金征收管理】根据《浙江省海域使用金征收管理办法》，会同省海洋与渔业局和人行杭州中心支行下发《关于加强海域使用金征收管理有关具体问题的通知》，明确海域使用金就地全额缴库、建立定期沟通机制和健全海域有偿使用统计制度等，加强海域使用金的征收管理。全省(不含宁波)共征收入库海域使用金10.05亿元。根据省政府关于温台沿海产业带滩涂围垦项目海域使用金缴纳问题的专题会议纪要精神，做好温台沿海产业带用海项目应缴地方部分海域使用金的缓缴工作，批准同意74个项目缓缴地方部分海域使用金，共计14.86亿元。会同省海洋与渔业局做好海域使用金清算工作，对2008～2009年经国务院和省政府审批的用海项目海域使用金进行清算并返还，共计返还市县海域使用金1.96亿元。会同省海洋与渔业局下发《关于印发浙江省海域使用金减免管理办法的通知》，规范海域使用金减免管理行为。做好海域使用金减免审批工作，批准减免5个用海项目应缴地方部分海域使用金3160万元。会同有关部门对符合条件的项目向中央申请减免应缴中央部分海域使用金。

(综合处供稿　李慧辉执笔)

会计管理

【概况】2009年，浙江省会计管理工作，在组织宣传贯彻会计法律和准则制度、坚持依法行政、做好各项行政许可事项的审批、加强注册会计师行业行政监管、做好会计人员的服务和管理、认真组织会计从业资格和专业技术资格考试、探索高级会计人才培养和选拔评价机制等方面开展工作。

【会计制度贯彻及建设】宣传贯彻会计制度。按照财政部统一部署，逐步推广新企业会计准则的实施范围，及时转发《财政部关于印发企业会计准则解释第3号的通知》等会计制度文件。结合小额贷款公司试点和典当企业实际情况，会同省财政厅外金处研究制定《小额贷款公司会计核算办法(参考范本)》；组织起草《典当企业会计科目和会计报表》(参考范本)，并配合相关部门做好典当企业会计人员学习新会计准则的培训工作。主动与省国税、地税等部门联系和反映典当企业实施新会计准则后纳税申报时会遇到的新会计报表格式问题。参与财政部和全国总工会工会会计制度师资培训，并与省总工会合作做好省工会会计制度师资培训和推广工作。调研小企业执行《小企业会计制度》情况。组织各地开展《小企业会计制度》执行情况调研工作，并就实施《小企业会计制度》中存在的主要问题以及会计制度设计上存在的不足，提出相关意见和建议，形成调研报告上报财政部。配合财政部做好会计制度建设意见反馈。根据财政部下发《中国企业会计准则与国际财务报告准则持续全面趋同路线图》等征求意见稿，及时转发有关单位和人员征求意见，并组织研讨，在此基础上形成书面材料及时反馈意见和建议。

【会计行政许可工作】按《行政许可法》的要求，坚持公开、公正、公平、高效、透明原则，依法做好会计师事务所、代理记账等行政许可事项的审批工作。全年完成审批事项40多项，核发行政许可证50多项，收回不符合条件的2家评估机构的设立许可。到年底全省共有会计师事务所315家，其中：有限责任所185家，合伙所130家。会同厅财政监督局、省注协对83家会计师事务所设立条件、内部管理制度建设情况进行检查，绝大多数事务所具备法定设立条件，但在内部制度建设及贯彻执行方面问题较多。

【会计资格考试】做好会计从业资格考试工作。4月，全省会计从业资格考试工作在各市、县举行，全省报名参加考试人数203954人，实际参加考试人数为171482人，参考率84%，合格率35%。做好全国会计专业技术资格考试工作。5月，全国会计专业技术资格考试浙江考区考试工作在全省各地进行。省财政厅、省人事厅领导对省本级考点考务工作进行督导，并联合派出11个巡视组，分赴有关市县进行检查。全省共有62961人次参加初级资格考试，出考率60.02%；23594人次参加中级资格的考试，出考率32.66%。各级会计考试管理机构层层落实考务责任制，明确考试各环节的职责，严格考务纪律，在防范利用高科技手段进行作弊方面取得新进展，确保全国会计专业技术资格考试浙江考区考试工作顺利完成。

【高级会计师考评结合】完善高级会计师资格评价条件，评价的重点向申报者的工作能力、业绩和支持鼓励会计工作第一线人员脱颖而出的方向转移。规范评审专家聘任办法，省高级会计师资格评审专家由省人事厅在评审专家库中随机抽取。对申报评审者的专业理论水平、工作能力和业绩，要求在评审前由所在单位，在本单位内进行事前公示；经省高评委评审后的结果，在省财政厅网站上向全社会进行事后公示，接受社会监督。4月，经省会计高评委委员历时9天，对565名申报人员的审议，最终以无记名投票表决的方式，确定全省具有高级会计师任职资格的人员389人。至此，全省历年通过省会计高评委评审取得高级会计师任职资格累计6501人。

【教授级高级会计师资格评审】从上年开始，省人事厅、省财政厅组成专门工作组赴广东、深圳对广东省深圳市开展正高级会计师评审的情况进行考察；收集湖北省、河北省、辽宁省等教授级高级会计师资格成功的经验；省人事厅、财政厅专门组织由企业会计实务界、注册会计师行业、部分在杭高级会计师资格评审专家和政府有关部门人员进行座谈，就浙江省开展教授级高级会计师资格评审的现实意义、评审原则、评价要求、评审环节进行座谈。2009年2月，省人事厅、省财政厅联合印发《浙江省教授级高级会计师资格评价条件(试行)》。12月12～13日，首次进行浙江省教授级高级会计师资格评审工作，经浙江省教授级高级会计师资格评审委员会评审通过，9名申报对象成为全省第一批具有教授级高级会计师资格的人员。至此，浙江省构建了从会计员、助理会计师、会计师、高级会计师到教授级高级会计师递进的会计专业技术资格级别阶梯。

【会计领军人才培训及先进会计工作者评选】继续做好第二期浙江省会计领军(后备)人才(企业类)的培训工作。组织召开培训班人员座谈会；集体承担1项省级会计科研课题的研究工作；在厦门国家会计学院组织1次集中面授培训；根据财政部统一布置，组织全省6位同志参加全国会计领军人才(企业类)的笔试考试，其中1位同志成功入围面试。根据财政部的统一布置，推选杭州中策橡胶有限公司总会计师姜民胜同志为“2009年度全国十大总会计师”候选人，并成功入围。完成全国先进会计工作者评选表彰办公室对候选人的实地考察工作，当年评选出11名全省先进会计工作者。

【会计信息网络化】2009年起浙江省会计人员继续教育实现网络化，网络继续教育方便会计人员学习，使会计人员享受优秀师资的授课，做到学习不受时间、地点的限制，满足不同层次会计人员的需求，同时管理人员工作量减少，培训效率提高。同时，全省高级会计师考试报名实行网上报名，1898人在网上成功报名，并实现网上交费、网上订书、网上快递、网上打印准考证等工作。2010年会计专业技术资格考试也实现网上报名,97487 人网上报名成功;2010 年会计从业资格考试有 225741 人网上报名成功。 (会计处供稿 程少春执笔)

行政政法财政财务管理

【概况】2009 年,浙江省行政政法财政财务管理工作在确保政权建设资金,促进经济转型升级,调整支出结构,规范预算编制预算执行,严格控制六项经费,强化财务管理等方面开展工作。

【确保政权运行资金】按照“保证重点,兼顾一般”的原则和省人代会确定的支出增长比例,落实好行政政法机关履行职能所需经费。做好 2009 年部门预算的落实、执行和 2010 年部门预算编制工作,确保经济社会平稳、有序、和谐运转。

【支持人才强省】安排“人才强省”战略专项资金 5000 万元,推进人才引进和队伍建设工作。制定并落实海外高层次人才引进鼓励政策,对列入全省“海外高层次人才引进计划”的人选给予每人 100 万元的奖励。组织实施“希望之光”人才开发专项资助计划,2009 年安排资金 585 万元;支持大学生志愿服务省欠发达地区计划。

【支持旅游产业发展】全年安排旅游业发展资金 5700 万元,其中旅游发展专项资金 4000 万元,旅游宣传促销资金 1200 万元,入境旅游奖励资金 500 万元,支持旅游基础设施建设、旅游重点项目启动、旅游规划编制、旅游队伍培训以及提升浙江旅游品质的宣传促销活动。向财政部申报争取中央旅游发展基金补助地方项目,当年争取到义乌、东阳、舟山、长兴等地共 5 个项目的补助。

【支持实施标准化战略】落实标准化战略专项资金 2600 万元,主要投向国际标准、国家标准制订补助、承担国际、国家和省标准化组织专业标准化技术委员会秘书处工作、块状产业标准化项目、标准馆藏建设和应对通报评议等。

【支持产品质量和食品安全监管】落实产品质量(含食品)监督抽查专项经费 4000 万元。加大产品质量和食品安全检测设备投入,落实省本级重点检验检测项目技术装备经费 2500 万元。通过财政支持力度和方向的调整,提高食品质量安全检测能力,加快布局调整和资源整合。支持“十小”行业整治规范行动,及时拨付“十小”行业整治规范行动专项经费 300 万元,促进依法保障公民权益。

【完善政法经费保障体制】完善“明确责任、分类负担、收支脱钩、全额保障”的政法机关经费保障体制,政法经费按标准全额纳入各级财政保障范围。结合实际,制定政法经费分类保障办法。争取中央补助省政法转移支付资金 4.499 亿元,其中奖励性补助 2.88 亿元;落实省级政法转移支付资金 10.86 亿元,其中新增 0.7 亿。做好对以前年度政法经费的管理使用,落实配套资金、拨付款项、报表审核汇总等工作。此项工作被财政部考核评比为二等奖。

【支持民族宗教工作】增设浙江省佛教协会等五个宗教团体为二级预算单位,并提高宗教工作经费保障力度,2009 年宗教工作经费总额从 300 万元提高到 605 万元。促进民族事业发展,加大经费投入,支持全省民族地区开展民族团结和民族发展各项工作,协调少数民族地区转移支付、少数民族发展资金、民族教育专项资金、民族贸易和民族特需商品生产发展等民族扶持政策的制定与落实。当年,国务院授予省财政厅全国民族团结进步模范集体荣誉称号。

【保障流动人口管理经费】落实流动人口管理宣传及信息平台建设经费,促进流动人口管理工作顺利开展。《浙江省流动人口居住登记条例》于 2009 年 10 月 1 日正式实施,全省财政积极行动,加大流动人口管理保障力度,共安排流动人口专职协管员经费 41147 万元,确保《条例》的顺利落实。省财政安排专项经费用于条例宣传资料印刷,加强宣传力度。

【保障工商经费】争取中央两费停征补助 2.9 亿元,制定全省补助经费分配方案,综合考虑各市县“两费”停征影响收入额、工商业务工作量、地方财力状况及其他因素,当年全部补助到各县市。做好 5000 万元市场化债资金分配工作,与省工商局联合下发化债通知,拟定化债工作方案,委托社会中介机构对债务主体、债务成因、债务发生时间和债务金额进行审核,市场化债资金及时补助到位。

【整合专项资金】有重点地选择部分单位开展专项资金整合工作。对省质监局机关本级 15 个专项,合并为执法及业务管理、综合管理两个专项;系统 13 个专项,合并为系统执法及业务管理、系统综合管理两个专项,通过专项整合,改变单位财政资金条条管理、资金分配面面俱到的状况。对支持旅游业发展的专项资金进行梳理,整合旅游发展专项资金和入境旅游奖励资金两个专项,调整成旅游发展专项资金一个项目;对部分单位历年结余的专项资金进行清理,将 2008 年结余的入境旅游奖励资金 500 万元在 2009 年度安排使用。

【完善财务管理制度】强化因公出国(境)经费预算管理,加强因公出国(境)经费的约束,建立健全经费先行审核和任务审批与经费审核联动机制。全省累计压缩出国经费 7561 万元。对原省人事厅博士后工作站经费及省质监局重点检验检测装备项目经费委托中介机构实施绩效考评。指导归口部门对年度财政预算安排 300 万元以上的项目支出开展绩效自评。

【加强公务员收入分配管理】督促各市、县(市)做好公务员津贴补贴规范工作。做好省级行政单位离退休人员补贴的清算和补发工作。研究制定并组织实施省本级 2008 年度“削峰填谷、平衡收入”方案和2009年度分职级部分工作性津贴分配方案；会同有关部门对省直机关单位规范津贴补贴的执行情况进行督查。

【专题调研】开展“浙江省人才队伍建设投入机制”课题调研，完成调研报告。开展全省市、县政法经费保障现状调研；开展对全省市、县法院和派出机构（人民法庭）的装备情况调查，做好制定法院系统分级分类装备配备标准基础工作。开展质监系统财务垂直管理体制问题研究，形成调研意见供领导决策。完成财政部布置的公务用车改革、行政运行成本、加强出国经费管理等调研任务。（行政政法处供稿　陈亚谊执笔）

教科文财政财务管理

【概况】2009年，浙江省教科文财政财务管理工作围绕创业富民、创新强省总战略，优化支出结构，强化资金管理，着力保障和改善教科文领域民生，促进教科文事业又好又快发展。全年全省财政教育、科技和文化支出分别为519.33亿元、99.30亿元和64.09亿元，分别比上年增长14.4%、14.4%和0.5%。

【支持教育优先发展】落实和完善义务教育经费保障机制改革的各项政策措施。2009年春季学期起，生均日常公用经费最低标准提高到小学350元、初中550元。同时，“爱心营养餐”标准也由上年的每生每年200元提高到每生每年350元。全面实施义务教育学校教师绩效工资，省财政安排转移支付资金6.3亿元。会同省教育厅印发《浙江省第二轮农村中小学现代远程教育工程实施方案》，实施以多媒体和计算机教室配置、教育教学资源建设、远程教师培训、远程教育网络平台建设为主要内容的新一轮农村远程教育工程，每年安排资金5000万元。建立健全学前教育投入机制，每年安排学前教育专项资金5000万元。继续安排专项资金，支持解决外来务工人员子女就学问题。根据国务院《全国中小学校舍安全工程实施方案》的要求，配合有关部门制订实施意见，全面启动全省义务教育学校校舍安全工程。

推进职业教育发展。安排2.2亿元继续实施职业教育“六项行动计划”。制定中职学生资助扩面政策，自2009年秋季学期起，在中职学校就读的家庭年人均收入（人均可支配收入）低于4000元的家庭子女，免交学费并享受爱心营养餐。通过评审并报经省政府同意，确定省级示范性高等职业学校。推进国家级示范性高等职业学校建设，浙江金融职业学院通过国家有关部门验收。

完善高等教育财政投入机制。省财政厅、省教育厅联合下发《关于试行省属普通高等学校本科教学业绩考核结果与财政拨款挂钩办法的通知》，对省属普通高等学校本科教学业绩进行考核，并将考核结果与财政拨款挂钩。会同省发改委、省教育厅提出加强省属高校债务管理的意见。继续实施高等教育质量提升行动计划，重点抓好“重中之重”学科和“人文社科基地”建设。支持浙江大学和中国美术学院创建世界一流大学和高水平大学。

【推动科技服务转型升级】加大财政科技投入，确保法定增长。贯彻落实《科学技术进步法》，确保科技经费增长幅度高于财政经常性收入的增长幅度。根据省委、省政府“两创”总战略的要求，以建设创新型省份和科技强省为目标，以推动经济转型升级为重中之重，实施自主创新能力提升行动计划。在省财政面临减收增支的双重压力下，预算内省级财政科技经费增长仍高于同期财政支出增长，支出重点支持营造创新环境、培育创新人才、支持创新条件建设和加大创新研发投入。

优化科技支出结构，促进产业升级。推进科技项目经费整合工作，提高财政资金使用效益。按照省政府关于清理整合专项资金，集中财力办大事的要求，重新梳理、整合资金用于“创新环境营造、创新人才培育、创新条件建设、创新研发支持”四个方面，并加大节能、环保等方面技术创新领域的投入力度。从重大科技专项和高新技术产业化成果转化专项资金中调剂1亿元，重点用于传统产业升级的关键、共性技术研发、成果转化、新产品开发以及高新技术产业化项目补助，支持促进工业经济转型升级。

加大农业科技投入，助推农民增收。增加农业科技资金投入，保障农业科研单位的正常运行、人才培养、重点科研活动和设施设备建设，并通过支持实施科技富民强县行动计划和各类农业技术创新工程，提高农业科研能力和技术创新水平，促进农业支柱产业和高效生态农业的发展，推动农村致富和农户增收。

完善科技管理制度，推动管理创新。对科技经费管理办法进行梳理和修订，制订出台《浙江省科技富民强县专项行动计划资金管理办法》、《浙江省发明专利引进项目经费管理办法（试行）》等，完善省级科技经费管理机制，促进科技经费精细化、科学化管理。

创新科技投入机制。设立5亿元浙江省创业风险投资引导基金，发挥财政资金的引导、示范和杠杆作用，引导社会资金进入创业投资领域，支持处于初创期、成长期的科技型中小企业创业创新。成立省创业风险投资引导基金管理公司。制订出台《浙江省风险投资引导基金管理办法》以及公司章程、项目管理、风险控制、项目退出等运行办法，规范引导基金管理公司规范运行。

【支持文化事业和文化产业】建立覆盖城乡的公共文化服务体系。贯彻落实《关于进一步加强农村文化建设的意见》和

《浙江省推动文化大发展大繁荣纲要》精神，建立覆盖城乡的公共文化服务体系。

安排专项资金12300万元，推进基层文化设施建设。安排乡镇综合文化站建设补助、村级文化活动室文化器材购置补助，促进农村文化阵地建设。实施农村广播电视“村村通”、“村村响”工程，到年底，全省有线广播农户覆盖率达到80%，农村广播电视的综合人口覆盖率达到98%，农村广播电视均等化水平走在全国前列。实施“文化信息资源共享工程”。利用有线广播电视网络，依托农村党员干部现代远程教育系统、乡镇综合文化站、基层文化阵地等系统，建成基本覆盖城乡的数字文化服务体系，实现县、乡、村三级基层文化网络的全覆盖。

加大文化惠民工程实施力度，促进农村文化活动繁荣。安排专项资金9700万元，实施“送书送戏送电影”下乡工程、“文化低保工程”、“广电低保工程”，加大对欠发达地区、贫困山区、革命老区、少数民族地区、特殊群体文化的扶持力度。继续开展“雏鹰计划万里行”活动，实施“农村文化活动繁荣工程”，“农民种文化工程”，扶持农民自办文化，丰富广大农民的精神生活。

加快省级重大文化项目建设进度。全力保障浙江科技馆、浙江美术馆、浙江博物馆武林馆区、浙江自然博物馆按时向社会公众开放；确保浙江省群众艺术馆、浙江曲艺杂技总团、浙江越剧团、浙江画院等重点项目按进度实施。

加大文化遗产保护专项经费的投入力度。安排专项资金9500万元，支持全省文物、大遗址、非物质文化遗产、古籍保护等工作继续走在全国前列。做好图书馆、博物馆、纪念馆、爱国主义教育示范基地向社会免费开放工作的资金保障工作。

扶持艺术院团发展。安排浙江省舞台艺术人才保护专项资金，营造有利于梅花奖获得者等优秀舞台艺术人才脱颖而出的激励机制和良好环境。安排省属艺术院团演出场次补贴，提高院团演出的积极性和演职员工收入；加大艺术投资，支持浙江越剧团《九斤姑娘》、浙江小百花越剧团《梁祝》入围国家舞台精品工程；安排专项支持浙江美术作品参加全国第十一届美术作品展。

支持科普宣传及社科研究。支持实施《全民科学素质计划行动纲要》和“科普惠农兴村计划”，提高农民科学素质，支持鼓励欠发达地区科普工作。实施浙江省文化研究工程等社科研究，加强社科基地建设。

支持文化体制改革。完善并落实相关财税政策，支持文化产业发展。安排文化产业发展专项资金，制订相应办法规范资金管理使用，采取贴息、补助、奖励等方式，支持全省文化企业发展。履行国有文化资产出资人的监管职责，加强省属国有文化资产的管理，配合做好国有文化企业产权管理、重大投融资活动审核管理工作。

【支持人口和计划生育工作】继续实施2009年农村部分计划生育家庭奖励扶持制度和特别扶持制度，下达省补助资金4692万元，促进农民转变生育观念，帮助改善农村计划生育家庭在生活、养老方面的条件。落实省政府《关于实施免费婚前医学检查和孕前优生检测专项资金管理办法的意见》，制订书《浙江省免费婚前医学检查和免费孕前优生检测专项资金管理办法》，明确资金管理要求，规范“两免”工作实施。

（教科文处供稿　童　盈执笔）

行政事业单位资产管理

【概况】2009年，行政事业单位资产管理工作按照全省财政工作总体要求，理顺体制，建立机制，规范管理、试编资产配置预算，启动资产管理信息化建设，建立与公共财政相适应的行政事业单位国有资产监督体系。

【理顺管理体制】督促、指导市县财政部门理顺资产管理体制，明确管理职能，成立管理机构，落实管理人员，为资产管理工作开展提供组织保障。至年底，各级财政部门已建立资产管理机构，大多数地方出台资产管理制度、办法，承担起对行政事业资产综合管理职责。

【健全管理制度】结合实际，代拟《关于进一步加强行政事业单位国有资产管理工作的意见》（下称“意见”）和《浙江省行政事业单位国有资产管理暂行办法》（下称《办法》），省政府办公厅批准下发。《意见》和《办法》明确全省行政事业单位国有资产的管理体制以及财政部门和行政事业单位的管理职责，规范资产配置、使用、处置等各个环节的管理，使全省资产管理工作有法可依、有章可循。

【试编资产配置预算】建立和完善资产配置标准，在原有办公用房、汽车等资产配置标准的基础上，建立通用办公设备配置标准。试编增量资产配置预算，在省级行政单位（含参照公务员管理单位）编制2010年部门预算时试编增量资产配置预算，选择汽车、电脑、打印机、传真机、复印机等部分资产品目作重点审核，探索建立资产配置预算编审制度，推进资产管理与预算管理相结合。

【启动信息系统建设】为全面掌握省级行政事业单位资产的总量、构成、分布和变动等基础数据，会同厅信息中心通过政府采购择优选定用友资产管理软件，启动省级行政事业单位资产管理信息系统建设，并根据省级资产管理工作需要，对资产管理软件作进一步的调整完善。系统的试点应用、培训、推广等各项工作按计划组织实施。

【强化日常监管】建立健全资产管理工作规程，强化对省级行政事业单位资产处置和对外有偿使用的审批管理，全年办理行政事业单位资产处置事项共181批次，核销资产账面价值1.18亿元，收回资产残值近266万元；审批省级30家单位股权转让、对外投资、增加资本金、企业改制等事项，涉及资产价值近1亿元。整理修复省级单位淘汰的计算机1700台，为本省经济欠发达地区50多所中小学的计算机教室提供设备。指导、督促省级行政事业单位建立健全资产管理制度，强化内部控制和约束，提高资产管理水平。

（资产处供稿　邵金泉执笔）

农业财政管理

【概况】2009年，全省农业财政工作以优化支出结构，推进资金整合，规范管理，强化监督，注重实效为重点展开。全省财政农林水事务支出236.73亿元，比上年增长33.4%，其中省级财政农林水事务支出36.98亿元，增长60.9%。配合做好水利建设基金、造地改田等资金的筹集工作；会同有关部门编制省级造地改田资金和农业土地开发资金收支计划。

【落实惠农补贴政策】贯彻省政府《关于抓好2009年粮食生产的通知》等有关精神，省财政安排各类惠农补贴资金3.2亿元，落实种粮农民直接补贴、良种补贴、粮油作物生产机械化作业环节补贴，支持生猪和奶业发展及落实生猪、奶牛良种补贴。会同省农业厅完善各项补贴政策。

【支持农业基础设施建设】省财政安排24.6亿元水利专项资金，重点支持“强塘”工程、水资源保障百亿工程、千万农民饮用水工程、万里清水河道建设，启动小型农田水利重点县建设，争取中央小型农田水利重点县建设补助资金8000万元；安排专项资金7000万元，支持标准农田质量提升工程建设；筹措12.61亿元资金，支持百万亩造地保障工程建设；安排3亿元专项资金，支持标准渔港和百万亩生态型水产养殖塘标准化建设。

【支持农业发展方式创新】争取中央财政1.75亿元，省财政整合和落实23770万元专项资金，集中支持现代农业生产发展；安排5800万元专项资金，支持农业标准化示范基地建设、农业标准研究与制定、农产品检测体系建设和农产品质量安全检测；安排3000万元专项资金，支持农机化促进工程；安排7500万元专项资金，支持农民专业合作社和农业龙头企业发展；安排3120万元专项资金，支持动植物病虫害测报预报预警体系建设；安排1500万元专项资金，支持农业科技万村示范推广和水利科技推广。

【支持农民创业增收】省财政安排8100万元专项资金，实施千万农村劳动力素质培训工程；安排1770万元专项资金，支持农业信息“进村入户”工程；安排4.7亿元扶贫资金，重点扶持欠发达地区实施异地搬迁，扶持“低收入农户集中村”发展特色种养业、来料加工业，推进扶贫小额信贷、“低收入农户集中村”村级互助资金试点工作。

【支持生态建设和农村环境治理】省财政安排4.35亿元专项资金，以村内道路建设、垃圾集中处理、生活污水治理、卫生改厕、村庄绿化为重点，推进“千村示范万村整治工程”建设；安排9066万元专项资金，扶持规模畜禽养殖污染处理、农村沼气工程及其综合利用示范；加大森林生态效益补偿力度，安排29569万元补助资金，用于森林生态效益补偿，补偿标准由上年每亩15元提高到17元。

【支农资金整合】完善《浙江省农业农村发展重点领域重点项目扶持导向目录》，在原有的基础上增加了金额、计划拨付时间等要素。根据农业和农村发展重点，按照“该撤销的撤销，该压缩的压缩，该保留的保留，该增加的增加”的原则，在对现有财政支农专项资金来源渠道、规模、期限、支持对象和支持方式进行清理归类的基础上，推进支农资金整合。省级财政支农资金整合为农业生产性资金、农业基础设施建设资金、农村基础设施建设(农村环境整治)资金、扶贫性资金、农民培训资金、财政体制性资金(转移支付)和其他等七大类。按照“资金整合、优化投向、重点扶持”的要求，重点对省农业厅支农专项资金进行整合，清理归并功能相近及使用方式相同的资金项目，将专项数量从上年的40多个整合为三大类13个项目。继续做好13个试点县支农资金整合的指导工作，组织开展试点县(市、区)2008年度财政支农资金整合考评和总结经验工作。

【支农资金管理】按照依法行政、依法理财和省委、省政府有关政策要求，修订和完善现有制度。制订下发《浙江省现代农业生产发展资金绩效评价实施细则》、《浙江省小型农田水利实施建设补助专项资金管理实施细则》等办法；会同有关部门制订下发有关现代农业生产发展资金项目检查验收、省财政农业产业化贴息资金等9个管理办法；会同有关部门研究制订水利工程维修养护管理省扶持政策等。做好农业科技成果转化、农村小型公益设施、农业科技示范推广、农业产业化以奖代补和农民专业合作组织项目等专项资金申报指南的制定和委托评审工作。加强财政支农资金和财政扶贫资金的监督检查，在全省范围开展2006～2008年度支农专项资金管理使用情况检查。会同省级有关部门开展耕地目标责任制考核检查、万里清水河道建设考核及主要堤防加固项目检查、部分地区水利工程管理体制改革检查等；配合审计部门做好2008年支农资金和土地开发整理专项资金的审计检查工作；按财政部要求完成2008年中央财政支持现代农业生产发展资金的中期绩效评价，并委托中介机构对蔬菜、淡水养殖产业提升项目做完工绩效评价，竹产业提升项目做中期绩效评价。

【调查与研究】完成《完善浙江省森林生态效益补偿制度研究》、《促进农民扩大就业和持续增收的财政对策研究》两个课题，其中《完善浙江省森林生态效益补偿制度研究》获2009年度全省财政系统调研报告一等奖。完成人大代表建议、政协提案5件主办件、125件会办件的答复工作。做好省财政厅结对景宁县5个村的帮扶工作，省财政厅被省委、省政府评为2009年度"低收入农户奔小康工程"结对帮扶工作先进单位和社会主义新农村建设优秀单位，受到省委、省政府的通报表彰。（农业处供稿　支炳义执笔）

基层财政管理

【概况】2009年，全省农村综合改革工作按照巩固成果，深化改革，完善政策的要求，扎实推进。

【促进乡镇职能转变】贯彻中共中央办公厅、国务院办公厅《关于深化乡镇机构改革的指导意见》精神，推进乡镇职能转变。在全省完成乡镇机构改革的基础上，围绕转变乡镇职能这一核心，完善农村社区公共服务体系，健全农村社会管理体制，完善乡村运行机制，促进社会管理和公共服务重心下移。使乡镇工作重心转移到改善发展环境，加强社会管理和公共服务上来，加快服务型基层政府建设。

【促进村级组织建设】落实中共中央办公厅、国务院办公厅《关于完善村级组织运转经费保障机制促进村级组织建设的意见》精神和中组部有关加强农村党组织建设的意见，结合浙江省实际，制定相关政策措施。全省按照基本报酬全面覆盖、财政全额支付、公平合理、绩效挂钩的原则和不低于当地农村劳动力平均收入水平的要求，将村党支部书记和村委会主任的基本报酬列入县级财政预算安排范围，由各级财政共同分担，省财政对纳入补助范围的市县给予一定的转移支付，并妥善安排其他村干部的合理报酬，调动村干部工作积极性。建立村级组织运转经费保障机制。省委办公厅、省人民政府办公厅下发《关于进一步完善村级组织运转经费保障机制促进村级组织建设的意见》，建立和完善村级组织运转经费保障机制，村级组织运转经费不低于3万元，明确建立经费保障机制的责任主体是县级党委、政府。

【化解农村义务教育债务】按照国务院农村综合改革工作小组提出的全面化解农村义务教育债务目标的要求，配合做好全省各市县区农村义务教育化债工作。同时，向国务院农村综合改革办公室汇报工作进展情况。

【探索村公益事业投入机制】根据国务院农村综合改革工作小组、财政部、农业部《关于开展村公益事业一事一议筹资筹劳财政奖补试点工作的通知》要求，探索农村税费改革后村级公益事业投入新机制，与省农业厅在调研基础上，制订《关于开展村级公益事业一事一议财政奖补试点工作的通知》，选择10个市县先行试点，调动农民群众参与村内公益事业建设的积极性。

【完成契税耕地占用税征管任务】全省耕、契两税收入为181.81亿元，比上年增长31.9%，完成预算的149.5%，占全省地方收入的8.5%，其中：耕地占用税27.30亿元、契税154.42亿元，均列全国第三位。根据2009年全省财政收入预算的安排、2008年度决算数，结合房地产市场趋势，及时制定下发分市县2009年耕地占用税、契税征收任务。

【贯彻耕地占用税新条例】针对耕地占用税减免审批过程中出现的耕地占用税减免申请人与纳税人不一致情况，下达《关于耕地占用税减免主体资格认定的通知》作具体明确；下达《关于耕地占用税减免补征税等问题的通知》，补充完善新耕地占用税条例中有关改变原占地用途后不再属于耕地占用税减免范围和补办占地手续的具体征管政策。

【健全契税征管制度】针对家庭房产分家析产税收问题，在调研和征询法律顾问意见基础上，制订《关于家庭共同共有房屋土地分家析产不征契税有关问题的通知》；为支持省属企业重组，制定关于烟草行业无偿划转多元经营的房地产有关契税政策；为支持农村改革，发展壮大村级集体经济，下达《关于村经济联合社变更为股份经济合作社有关契税问题的通知》和《关于村经济合作社承受村民委员会房屋土地权属不征契税的通知》等文件。

【一体化征管系统培训和应用】会同厅信息中心，在全省分期分片开展契税、耕地占用税一体化征管系统培训，共分11期，每期3天，全省742人次的农税征管人员和信息中心技术人员参加培训。绍兴市、诸暨市、余杭区、新昌县、椒江区、温岭市、桐庐县等20多家单位应用新软件征税。

【落实减免税政策】根据省财政厅"春阳暖企"专项行动要求，做好《财政部 国家税务总局关于企业改制重组若干契税政策的通知》规定的政策减免工作。办理契税、耕地占用税减免207件，累计减免28815万元。

【日常统计分析及调研工作】为适应一体化征管需要，对月报格式进行调整，增加《房地产税收"一体化"代征税费收入情况表》和《房地产交易情况表》；做好耕、契两税决算报表工作，按时上报国家税务总局。开展业务调研工作。配合财政部、国家税务总局和国土资源部做好关于集体土地流转税收政策的调研工作；完成《关于我省房地产税收一体化征管工作的回顾与思考》的行政调研文章。

【移交及接受任务】根据省财政厅三定方案要求，做好省级契税、耕地占用税征管有关职能从省财政厅划转到省地税局的准备工作。同时会同省地税局召开各市局参加的专题会议,对职能划转和具体工作交接进行布置。10月,根据调整后的厅内设机构职责,农税局更名基层财政处。根据新处室职能要求,做好乡镇财政管理职能的接收工作。

(基层财政处供稿　许建全执笔)

企业财政财务管理

【概况】2009年,全省企业财政财务管理工作按照省委、省政府“标本兼治、保稳促调”总体部署,调整完善财政支持企业发展各项政策措施,整合专项资金,加大支持力度,做好为企业服务工作。

【试行省本级国有资本经营预算】牵头起草《浙江省省本级企业国有资本收益收取管理试行办法》,报省政府常务会议审议同意后印发实施。布置省国资委监管企业上交2008年度税后利润,2009年收取国有资本收益1.05亿元。研究制订浙江省省本级国有资本经营预算管理试行办法,对国有资本经营预算收支范围、预算编制、执行和监督等作出规定。布置省国资委编制2009年省本级国有资本经营预算,安排省本级国有资本支出项目,重点支持铁路现代化建设、参股金融保险业,以及电厂节能减排和高速公路建设。逐步扩大省本级国有资本经营预算编制范围,布置省国资委、省电力公司编制2010年国有资本经营预算。

【设立工业转型升级专项资金】根据省政府《关于加快工业转型升级的实施意见》和专题会议纪要精神,按照“存量调结构、增量调方向、增量调存量”的原则,整合支持工业经济发展各相关专项资金3.14亿元,预算新增2亿元,设立规模为5.14亿元的工业转型升级专项资金。会同原省经贸委、省发改委、省科技厅、原省信息产业厅制订《浙江省工业转型升级财政专项资金管理暂行办法》,规范专项资金管理,至年底共下达工业转型升级资金6.02亿元(不包括科技专项1亿元)。

【推进企业节能降耗】筹措安排节能降耗及工业循环经济专项资金9000万元,同时筹措资金1728万元用于各市政府完成节能目标考核奖励。参与省政府办公厅《关于加快光伏等新能源推广应用与产业发展的意见》的研究制订,完成节能减排领导小组交办的各项工作,省财政厅被省政府评为2008年度节能降耗先进单位。做好2009年节能灯推广工作,向财政部争取节能灯推广数量600万只。

【完善支持服务业政策】制订《2009年省财政促进服务业发展工作计划》,当年筹措落实支持服务业发展各项专项资金1.61亿元,省服务业发展引导专项资金规模扩大到5000万元。会同省发改委修订出台《浙江省服务业发展引导财政专项资金管理办法》,研究调整专项资金支持重点,加大对服务业重大项目、服务业集聚区建设、现代物流业发展、服务业品牌建设、服务业领域标准化建设等的支持力度。贯彻落实财政部、商务部做好支持搞活流通扩大消费有关资金管理精神,针对中央财政切块的专项资金分别制订浙江省农村物流服务体系发展专项资金、浙江省促进服务业发展专项资金、浙江省中小商贸企业融资担保费用补贴资金的使用管理操作办法。

【推进家电汽摩下乡】贯彻落实中央有关文件精神,会同有关部门研究制定《浙江省家电下乡实施方案》、《浙江省汽车摩托车下乡实施方案》,出台浙江省家电下乡补贴资金管理办法、家电下乡操作细则、汽车下乡操作细则等配套文件。会同有关部门研究出台家电、汽车以旧换新实施方案,并牵头制定浙江省家电“以旧换新”实施细则、浙江省汽车以旧换新实施细则。组织开展业务培训,完善家电下乡补贴资金审核兑付办法,提高补贴兑付率。筹措落实家电、汽车下乡和以旧换新补贴资金,当年拨付各市、县财政部门家电、汽车下乡和以旧换新补贴资金9.98亿元,其中:中央补贴资金8.13亿元,省级财政配套1.85亿元。

【加大外经贸支持力度】及时兑现落实2008年度促进外经贸发展各项政策,分析研究现有外经贸促进政策取得的成效和存在的不足,研究出台2009年外经贸促进各项政策。继续筹措落实3.5亿元外贸出口发展基金,会同省商务厅研究制订浙江省促进国际服务贸易发展专项资金管理办法、浙江省开拓国际市场专项资金使用管理办法,修订浙江省实施“走出去”战略专项资金使用管理办法,加大对企业开拓国际市场、投保出口信用保险的支持力度,鼓励企业培育自主出口品牌,支持公共信息服务平台建设,支持国际服务贸易发展,促进外贸出口稳定增长和结构优化。筹措落实开发区建设专项资金3500万元,改善开发区投资环境。针对中央切块下达专项资金,会同省商务厅研究出台浙江省保持外贸稳定增长专项资金使用管理办法和浙江省中小外贸企业融资担保专项资金使用管理操作办法。

【中小企业公共技术服务平台建设】了解中小企业生产经营状况,选择2007～2008年期间获得国家中小企业发展专项资金支持的中小企业作为信息监测单位,开展信息监测工作,建立中小企业政策成效监测体系。整合扶持中小企业发展相关专项资金,研究修订浙江省中小企业发展专项资金管理办法,调整优化财政资金支持重点,支持中小企业公共技术服务平台建设和人才培训。

【粮食安全体系建设】筹措省级粮食风险基金2.46亿元、其他粮食资金2.13亿元,预拨付粮油储备费用1.77亿元,实现储备粮轮换顺差1.3亿元。研究出台2009年浙江省省级储备粮早稻订单奖励实施办法和完善省级储备早稻订单奖励资金发放方式。扶持区域性重点粮食批发市场建设和粮食仓储设施建设，拨付省级衢州库建设资金8900万元。做好粮农农资综合补贴发放工作，农民补贴网全省联网，做好一折通发放种粮补贴资金有关工作，将种粮大户直补等三项资金纳入一卡（折）通发放。

【省级储备商品管理】筹措落实各项储备商品补贴资金5200元，继续做好猪肉、食糖、化肥、棉花、农药、医药等储备管理工作。关注猪肉市场价格波动情况，落实省级猪肉储备政策，针对猪肉价格下跌状况，下发通知做好全省地方猪肉储备有关工作，参与制订浙江省防止生猪价格过度下跌调控预案实施细则（暂行）。支持省级棉花储备库建设，了解仓库设施改造等情况，拨付省级棉花储备库改造补助资金200万元。

【支持供销社企业发展】筹措财政资金2900万元，按照财政资金整合要求，将供销社系统的专业合作社扶持资金、农资连锁网络建设专项资金、农产品批发市场建设专项资金整合为供销社财政扶持资金，制订浙江省供销社省财政扶持资金管理办法，支持供销社参与新农村建设。做好全省供销社地方政策性财务挂账消化处理工作，筹措落实消化资金1000万元，当年拨付消化挂账资金4675万元。

【支持高职学院创新创业】推动高职院校加强学生实践能力和创新能力的培养，调整存量资金使用结构，共调剂安排省供销社和省属集团高职学院创新创业资金3000万元，并提出加强省供销社和省属集团高职学院创新创业资金财务管理的意见。

【企业财政财务管理】筹措落实财政补助资金8305万元，支持长广改革脱困、职工安置和安居工程建设，长广七矿安全技改工程、职业病防治院、水泥厂余热发电等工程全面完工，长广集团实现扭亏为盈。对省机电集团多年沉淀下来的财政周转金进行调研并向领导提出建议，解决问题。参与中化集团收购巨化集团一事的调研，参加协调会，为省政府领导决策提供意见及建议。延续对巨化集团的优惠政策。

【建立财政企业信息网】建成浙江财政企业信息网，开设政策制度、工作动态、政策解读、国有资本经营预算等12个专栏，服务企业、服务基层，至年底网站访问量已超过10万人次。在浙江财政企业信息网开通企业财务快报直报平台，至年底全省已有超过3000户企业实行网上直报，企业财务快报工作连续4年受到财政部通报表扬。

【做好财务基础工作】对家电下乡、汽车下乡、家电、汽车以旧换新等一些新出台的重点政策，逐条在报刊媒体上进行宣传，在《浙江财税与会计》杂志上分期刊登工业、商贸服务业、外经贸发展等各项政策内容。做好2008年度全省4000多户国有和集体企业年报、12888户外商投资企业年报的审核、汇总、分析和上报工作，获财政部通报表扬。

（企业处供稿　沈燕萍执笔）

外债金融资产财务管理

【概况】2009年，全省外债金融工作以制度建设为依托，强化外债项目基础工作规范化和全过程监督，强化金融资产财务管理，加大对中小企业和“三农”的财政金融支持力度，健全风险监控和预警机制，促进全省地方金融业平稳、持续发展。

【利用政府外债】为配合积极财政政策的实施，加大利用政府外债力度，当年全省有5个政府外债项目进入项目的前期准备或组织实施阶段，其中：利用世界银行贷款的钱塘江流域小城镇环境综合治理项目和林业综合发展项目，贷款规模合计1.21亿美元；金华消防项目列入外国政府贷款规划，贷款规模510万欧元；嘉兴污水处理二期和泰隆城市商业银行中小企业贷款项目已签约，贷款协议总金额为3500万欧元。

【外债项目管理】推进政府外债项目科学化精细化管理。开展外债项目的前期准备工作，林业综合发展项目通过世界银行的评估；钱塘江流域小城镇环境综合治理项目通过世界银行鉴别。德国复兴开发银行为浙江泰隆商业银行提供2000万欧元贷款专项用于支持浙江民营中小企业技术改造。金华消防项目完成采购公司招标工作。注重在建项目的管理，加快贷款资金的拨付，当年拨付贷款资金2275.68万美元。根据财政部的要求，结合浙江实际，委托中介机构对世界银行贷款浙江公路项目和杭州钱江水厂、金华文荣医院、浙江海正制药等4个外债项目进行绩效评价。委托中介机构对世行贷款浙江省可再生能源规模化二期工程实施财政专项检查，指出项目实施中出现的问题，并督促及时整改。

【减轻外债项目债务负担】向财政部争取政府外债农林卫生等项目债务减免。当年财政部共减免浙江省世行贷款项目债务1141万美元、特大雨雪冰冻灾害债务3047万元人民币。及时商省级有关部门制订减负方案，世行贷款红壤二期项目、种子商业化项目、国家造林项目、森林资源保护与发展项目的债务减免已落实到项目县（市）。组织开展政府外债项目还贷困难问题调研，提出缓解还贷困难问题的财政对策，实现政府外债的可持续发展。

【做好外债基础性工作】开展政府外债基础数据的整理、核对，加大债务清偿力度。继续做好日常还本付息工作，全年完成还本付息9383.47万美元。由于浙江省及时还本付息，累计获得财政部利费减免41.26万美元。建立完善政府外债统计、监测、预警工作体系，及时编制政府外债债务报表，提高外债会计报表质量，建立定期对账制度。

【加强金融国有资产管理】建议省政府理顺金融国有资产管理体制，省政府办公厅及时协调，在《浙江省财政厅主要职责内设机构和人员编制规定》中明确由省财政厅"按规定管理金融类企业国有资产"。履行省属金融企业国有资产管理职责，加强金融国有资产监管，贯彻落实财政部关于金融企业国有资产评估、转让等文件，并指导各地加强金融国资资产监管。参与杭州银行上市工作，审核确认杭州银行国有资本，协调国有股转持社保基金的工作。完成2008年度13家银行类、72家信用社类、197家担保类、2家证券类、1家保险类地方金融企业财务决算以及2009年度财务快报编制审核工作，并受到财政部通报表彰。做好2008年度地方金融企业国有资产产权登记工作，共登记12家地方金融企业，国有资产总额58.52亿元。加强未上市股份公司股权转让试点，培育发展地方资本市场。做好全省10家国有及国有控股金融企业绩效评价工作，其中2家优秀、6家良好、2家中等。

【政策性农村住房保险】政策性农村住房保险由试点转为日常工作，加强政策性农村住房保险财政保费补助监督检查，审核各地农户参保情况。当年全省政策性农村住房保险参保农户1003.36万户，参保率98.6%，同比提高0.04个百分点，其中有58个县(市、区)参保率100%。全省各级财政共补助2009年度农村住房保险保费资金7203万元，其中省财政补助3799万元，市县财政补助3404万元。

【政策性农业保险保费补贴】配合省政府制定《关于推进政策性农业保险的若干意见》，扩大保险保费补贴品种、参保对象和保险责任范围，推进政策性农业保险工作。联合省林业厅等部门制定公益林政策性火灾保险赔偿资金使用管理办法，加强公益林火灾保险赔偿资金使用管理，保证林业生产经营者灾后迅速恢复生产。加强财政保费补助资金的审核工作，各级财政补拨2008年度保费补助资金1468万元，拨付当年度保费补助资金1.70亿元。

【鼓励金融机构向"三农"融资】在全省农村合作金融机构开展农业贷款风险补偿试点，对涉农贷款比上年度净增额按0.5%的比例进行风险补偿，发挥财政资金导向作用，鼓励金融机构加大支农信贷力度，缓解"三农"融资困难。及时核拨金融机构2008年度农业贷款风险补偿资金，全省各级财政安排农业贷款风险补偿资金2090万元，其中省级财政1625万元。

【鼓励金融机构向小企业融资】修订和完善《浙江省小企业贷款风险补偿办法》，加大对服务业企业支持力度，规定对服务型企业贷款风险补偿的比例为0.8%。推进小企业贷款风险补偿工作，及时拨付上年度小企业贷款风险补偿资金。全省各级财政核拨小企业贷款风险补偿资金6772万元，其中省级财政3834万元。修订和完善《浙江省中小信用担保机构小企业贷款风险补偿办法》，提高补贴上限，组织担保机构申报风险补偿资金并及时审核拨付，省财政核拨上年度中小信用担保机构风险补偿资金1950万元。

【扶持新型金融机构】制定促进小额贷款公司健康发展的财税政策，根据小额贷款公司年度考评结果和各地补偿情况，通过转移支付的方式给予县级财政适当补助。已拨付2009年度补助资金716万元支持各地加大对小额贷款公司的扶持力度。指导小额贷款公司执行《金融企业财务规则》等金融财务管理制度。争取中央财政新型农村金融机构定向费用补贴1426万元，支持村镇银行发展。

【中央专项借款管理】加强中央专项借款的对账和管理，继续加大清收资产的处置、追偿和变现力度，筹措资金，强化预算管理，按时还款，防范和化解金融风险与财政风险。与承贷银行对账，归还到期的清理信托基金中央专项借款14500万元。

【严控非贸易非经营性外汇支出】根据国务院、财政部关于控制机关公用经费支出的精神，严格控制党政干部因公临时出国用汇。2009年度财政部核定全省购汇人民币限额指标为10782万元，其中出国用汇5842万元，全省累计执行购汇人民币限额9835万元，为年度预算的91.2%，其中出国用汇5603万元，为年度预算的95.9%。(外金处供稿　罗亭林执笔)

财政社会保障工作

【概况】2009年，全省财政社保工作围绕落实省委、省政府"保增长、抓转型、重民生、促稳定"中心任务开展各项工作，优化财政支出结构，加大社会保障投入力度，完善社会保障体系建设，规范管理，促进全省社会保障事业健康有序发展。全年全省财政社会保障支出456.3亿元，占全省财政支出的17.2%。

【稳定就业局势】关注国际金融危机对就业的影响，参与制定《关于积极应对当前经济形势做好稳定和促进就业工作的实施意见》、《关于进一步采取帮扶措施减轻企业负担稳定就业局势有关问题的通知》等稳定就业局势的政策措施，重点做好农民工、高校毕业生、就业困难人员就业和稳定企业用工工作。加大财政投入，落实相关扶持政策，省财政安排1.5亿元就业专项资金，并下达中央财政对浙江省及外来进城务工农村劳动者的职业培训补贴和职业介绍补贴补助资金1.48亿元。按照《浙江省财政厅关于建立小额担保贷款省级补偿机制的通知》要求，做好2008年度小额担保贷款损失代偿和贴息补助资金的拨付工作。参与制定延长扩大失业保险基金支出范围的有关政策，发挥失业保险基金预防失业、促进就业的作用，下达2009年度失业保险基金促进再就业经费5000万元。

【调整社会保险费费率】落实社会保险费临时性减征和缓缴政策，全年全省合计减征社会保险费36.30亿元，其中企业单位减征32.03亿元、城镇个体劳动者减征4.27亿元。做好全省用人单位基本养老保险费缴费比率调整工作，平均费率下调近5个百分点，减轻企业基本养老保险费负担约45亿元。调整全省个体劳动者基本养老保险缴费比例，4月1日起，全省城镇个体劳动者基本养老保险缴费比例从20%下调至18%，减轻个体劳动者的参保负担。

【完善社会保险体系】参与制定《浙江省城镇职工基本养老保险省级统筹实施方案》，在全省建立起“统一政策、分级实施，统一预算、分级核算，统一调剂、分级平衡，统一考核、分级负责”的省级统筹模式。参与制定《关于建立城乡居民社会养老保险制度的实施意见》，全面启动城乡居民社会养老保险工作。完善被征地农民的基本生活保障制度，参与制定《浙江省征地补偿和被征地农民基本生活保障办法》，对保障对象、保障资金来源和构成、账户管理、风险准备金等主要政策作出规定。

【推进深化医改工作】参与《中共浙江省委 浙江省人民政府关于深化医药卫生体制改革的实施意见》的研究起草工作，测算提出浙江省医改财政投入方案，牵头制定《关于完善政府卫生投入政策的实施意见》，围绕“保障基本、加强基层、健全基础”三个方面，根据实际，重点就完善基层医疗卫生机构补助政策和村卫生室补助政策作出明确和规范。配合有关部门开展医改配套政策的制定工作，参与基本药物制度实施意见、农村医疗卫生服务体系建设意见和药品、医疗服务价格形成机制等政策的研究工作。配合有关部门研究药品集中采购工作，重点就省政府建立全省统一的非营利性药品集中采购平台工作进行调研，参与制定《关于印发浙江省推进政府主导以省为单位的网上药品集中采购工作实施意见的通知》。参与乡镇卫生院体制机制改革有关政策的制定工作，制定《关于印发浙江省农村社区卫生服务中心机构设置和编制标准实施意见的通知》。会同有关部门制定出台做好扩大国家免疫规划的组织实施工作，明确省与市县事权职责，完善免疫规划经费保障机制；提出扩大免疫规划后有关计划免疫缺口经费落实方案和省财政支持全省冷链系统建设补助资金方案。做好H1N1流感防控经费保障工作，根据全省疫情和防控工作需要分三批安排各项防控资金，当年省财政共安排专项资金8323万元。协同有关部门加快推进城镇居民基本医疗保险工作，扩大全省参保覆盖面，省级安排城镇居民医保补助资金1.8亿元；研究制定大学生纳入城镇居民基本医疗保险政策，出台《关于大学生参加城镇居民基本医疗保险省财政补助有关问题的通知》，明确省财政对参保大学生的补助标准、补助程序等政策。继续提高新农合省财政补助标准，省财政共拨付补助资金9.6亿元，比上年增加3.22亿元，全省实际人均筹资175元。

【健全社会救助体系】巩固城乡居民最低生活保障制度，加大低保资金省财政转移支付力度，省财政安排低保补助资金25605万元和低保对象慰问资金4504万元。落实低收入群众动态物价补贴机制，督促各地及时安排补助资金。继续完善医疗救助制度，指导各地按照医疗救助人均筹资标准要求做好医疗救助专项资金的安排落实工作，省财政安排8600万元补助资金。推进养老服务体系建设，会同有关部门研究制定养老服务社会化省级补助资金管理办法，省财政对民办养老机构新增床位予以补助，下达1800万元补助资金。

【落实相关人员生活待遇】按照中央文件精神，会同有关部门研究提出浙江省贯彻落实离休人员津、补贴政策意见，筹措资金，确保省属企业离休人员津、补贴资金到位。拨付企业退休军转干部生活补贴资金2780万元和自主择业军转干部退役金2756万元。做好企业退休人员养老金、精简退职职工等待遇标准调整工作，对企业退休人员人均增发养老金135元／月、对精简退职职工人均增发75～115元／月，对建国前老工人按照参加革命时间不同增发300～600元／月不等的退休金。出台企业建国前老工人生活待遇参照机关建国前老工人政策。继续安排精简退职职工基本生活补助资金1000万元，安排省级养老保险基金财政补助5000万元，确保离退休人员、精简退职职工养老金按时足额发放。根据有关工作要求，研究提高重点优抚对象抚恤补助标准。

【实施残疾人共享小康工程】与省有关部门联合出台《关于完善残疾人共享小康工程有关政策的意见》，做好《中共中央、国务院关于促进残疾人事业发展的意见》的贯彻落实工作。当年共安排残疾人共享小康省级补助资金1亿元，其中残疾人托(安)养工程2181万元、残疾人康复工程3293万元、残疾人基本生活保障工程4000万元、“十一五”康复等项目526万元。全省102866名残疾人纳入基本生活保障工程，25669名残疾人纳入托(安)养工程，29358名残疾人得到助听、助行、助明及聋儿语训、脑瘫儿童康复训练服务。做好第八届全国残运会财务筹资工作。规范残疾人就业保障金的使用管理，优化残疾人就业保障金支出结构。　　(社保处供稿　黄　青执笔)

经济建设财政财务管理

【概况】2009年，经济建设财政财务工作按照“三个三”(三落实、三保障、三努力)的要求，加强财政经建管理工作，确保全省经济社会平稳发展。

【落实积极财政政策】向中央争取代发浙江省地方政府债券82亿元(含宁波市15亿元)，支持交通、水利等重大基础设施项目建设。根据财政部和省发改委投资分配计划，下达中央扩大内需新增国债资金37.16亿元，筹措落实省本级财政性资金141.8亿元，支持2009～2010年政府主导性重大建设项目计划实施。支付国债转贷资金本金和利息7.59亿元，其中：归还本金4.62亿元，支付利息2.97亿元。筹措落实省本级铁路建设资本金49.37亿元，支持“六线二枢纽”铁路建设。

【支持青川灾后重建】根据省发改委下达的2009年度援建投资计划，拨付省本级援建资金12.36亿元，其中：省财政资金7.41亿元，省集中捐赠资金4.95亿元。统筹安排调度全省援建资金，对各市县援建资金进行余缺调剂，推进对口支援青川县灾后重建工作。

【落实燃油税改革政策】向中央争取省燃油税收入返还基数118.69亿元。做好燃油税收入与市县的体制结算工作，核定宁波市结算基数14.08亿元，核定除宁波外其他市县原摩托车拖拉机养路费结算基数2.86亿元，原公路运输管理费结算基数4.08亿元。推进取消政府还贷二级公路收费工作，做好国有资产占100%且车辆通行费使用税务发票的政府还贷二级收费公路项目和与二级收费公路项目共设收费站的一级收费公路项目税务票据转换为财政票据的工作，会同省交通运输厅、省发改委拟订《浙江省取消政府还贷二级公路收费的实施意见》。做好油价补贴资金的分配下达工作，当年拨付油价补贴资金12.29亿元。

【推进生态省建设】调整和优化财政支出结构，继续加大对生态环保的投入力度，省财政共安排生态环保专项资金41.09亿元，比上年增长11.7%。

保障环境基础设施建设。对省级建设任务中列入《2008年浙江省重点监控企业名单》的污染源在线监控系统现场端的运行维护成本和比对监测成本进行专项补助，共筹措下达补助资金2049万元；安排镇级污水处理设施建设“以奖代补”资金1.2亿元，重点支持省级中心镇、钱塘江流域建制镇和欠发达地区的污水集中处理设施建设；安排污水配套管网建设“以奖代补”资金1亿元，重点支持县以上城市污水配套管网建设；争取中央水污染治理专项资金54826万元，重点用于太湖流域水污染治理和全省城市污水配套管网建设。

生态环境保护和治理。安排“811”环境保护新三年行动专项资金5000万元，推进省级督办重点环境问题整治、重点流域和区域环境整治、重点工业污染源治理、饮用水源地污染防治等项目的建设；安排省级环境保护专项资金2.3亿元、生态环保专项资金3000万元支持重点流域、区域和欠发达地区的环境保护和污染治理、生态示范区建设和农业农村污染综合整治。

支持循环经济发展。安排发展循环经济专项资金1300万元，支持循环经济“991行动计划”、工业循环经济“4121示范工程”，在重点行业、产业园区、城市和农村培育一批循环经济示范工程，促进产业结构调整和经济增长方式转变。

加大生态补偿力度。根据《浙江省生态环保财力转移支付试行办法》规定，安排生态环保财力转移支付资金10亿元，做好八大水系地区45个源头市县生态转移支付的落实工作，促进全面落实生态建设与污染整治措施，实现经济社会发展与生态环境保护的双赢。

完善省级以上自然保护区财政补助政策。结合工资调增、事业发展等因素，提高自然保护区正常经费定额标准，人均正常经费定额统一调整为6万元；国家级和省级自然保护区经费补助比例实行差别对待，国家级自然保护区按核定的编制数由省财政全额承担，省级自然保护区按核定的编制数由省财政承担70%。安排省级以上自然保护区事业经费1952万元，安排自然保护区专项资金2000万元，加强自然保护区的管理和保护工作，缓解自然保护区保护与开发的矛盾，促进自然保护区健康发展。

探索省排污权有偿使用和交易。启动省排污权有偿使用和交易试点工作，在太湖流域杭嘉湖地区和钱塘江流域开展化学需氧量排污权有偿使用和交易试点、在全省范围开展二氧化硫排污权有偿使用和交易试点。争取中央排污权有偿使用和交易试点工作补助经费5000万元。根据省政府《关于开展排污权有偿使用和交易试点工作的指导意见》，开展排污权有偿使用和交易财政政策研究，配合省环保厅出台配套政策。

【保障民生投入】筹措落实农村住房困难补助资金1.4亿元，按照户均5000元的标准，支持2.8万户农村困难群众住房改造。筹措落实省廉租住房保障专项资金1.05亿元，按照每解决一户省财政补助1万元的标准补助经济欠发达地区。筹措落实城乡供水一体化专项资金6000万元，支持全省城镇集中供水向农村延伸工程建设。筹措落实农村公路建设资金36687万元，农村公路安全设施资金57641万元，确保全省农村公路建设工程实施。筹措下达抢险救灾资金3225万元，其中：地质灾害防治专项资金1035万元，水毁公路抢通资金2190万元。

【加强专项资金管理】制订省级以上自然保护区财政补助政策资金、省地质勘查基金、省级环境保护专项资金和省自然保护区专项资金的管理办法。组织开展对嘉兴发电厂二期烟气脱硫工程和省级地勘单位转产项目产业结构调整资金的绩效评价工作，指导省级主管部门和项目单位开展绩效自评工作。

（经建处供稿　何喜萍执笔）

财政监督

【会计监督】对740户行政企事业单位的会计信息质量以及83家会计师事务所的执业质量情况进行检查，查出违纪金额7.02亿元，资产不实1.7亿元，负债不实1.4亿元，利润总额不实0.13亿元，查补各项税款771万元。将检查与财税政策落实情况相结合，确保保稳促调等积极财政政策的贯彻落实，把检查与落实增收节支、厉行节约等决策相结合，关注出国出境、公用经费、接待经费等经费支出情况，把检查与“小金库”专项治理相结合。

【依法治税】在各地对越权减免税、税收先征后返等变相减免税情况进行全面自查的基础上，联合省地税、国税、专员办成立专项调查小组，赴嘉兴市和湖州市检查调研，了解当地应对金融危机的财税政策及其成效，检查减免税执行情况，并考察省际边界地区的财政税收政策。

【"小金库"专项治理】做好"小金库"专项治理工作，鼓励自查自纠，抓重点检查，做好督查巡查。根据检查情况，结合全省实际制定"小金库"专项治理政策，统一处理处罚尺度，从完善国有资产管理、银行账户管理、财务监管等方面着手建立治理"小金库"的长效机制。全省自查自纠和重点检查共发现713家各类单位存在803个"小金库"，金额41281万元。因设立和使用"小金库"款项予以行政处罚40人，组织处理5人，党纪政纪处理24人，移交司法机关处理8人，通报案件8件。

【委托检查业务招投标】对会计师事务所进行受托参与财政检查业务公开招投标。经过评标委员会对参加投标的事务所的基本情况、服务价格、参加财政委托的情况和质量保证措施及承诺等多项指标进行综合评判，最终入围9家会计师事务所。

【行政审批】受理各类行政审批事项1111件，办结1111件。其中：会计从业资格证审批696件，会计师事务所及其分所设立审批12件，资产评估机构设立审批2件，注册会计师执业注册审批391件，政府采购代理机构资格认定9件，中外合作投资企业外国合作者先行回收投资审批1件。

【审计联络保障】完成各项审计联络保障工作，包括省审计厅对省财政厅2008年度省本级预算执行情况审计，审计署驻上海办对全省扩内需资金专项审计，审计署驻南京办对全省土地整理资金专项审计，审计署驻深圳办对全省农发资金专项审计；完成财政部驻浙江专员办对中央公共投资资金预算执行情况检查的联络保障工作。

【财政监督信息化】加强财政监督信息化系统建设调研工作，财政资金监督和财政检查手段信息化两个模块实现有效对接。

（厅监督局供稿 王翱锋执笔）

财政绩效评价

【概况】2009年，全省财政支出绩效评价工作以"完善制度、规范评价、深入推进、提高质量"为主线，创新开展绩效评价各项工作，提高财政支出绩效。

【完善工作制度】修订《浙江省财政支出绩效评价实施意见》，制定《浙江省财政支出绩效评价实施办法》，对评价内容、绩效目标、评价指标与标准、评价程序、结果应用、报告格式等内容作进一步规范和明确。向各市县转发财政部《财政支出绩效评价管理暂行办法》，部分市、县财政部门根据财政部和省财政厅出台的政策，对原有制度进行修订，完善绩效评价制度体系。

【组织绩效评价】全省共对2600个项目实施评价，其中：项目单位绩效自评2002个，主管部门组织评价54个，财政部门组织评价544个，共涉及评价资金474.16亿元。**组织开展项目单位绩效自评**。采取先部门申报后财政确定的方式选择确定自评项目。要求省级各部门对300万元以上项目按规定申报。根据申报情况和预算安排情况，最终选择41个省级部门的128个项目作为自评项目，涉及预算资金11.15亿元。召开省级部门绩效自评工作布置暨座谈会，落实省级部门绩效自评工作。在项目单位自评的基础上，委托9家中介机构对其中24个项目进行抽查与核实。在自评和抽查的基础上，对省级部门项目支出绩效自评工作进行总结与分析，提出加强部门单位自评工作和省级专项资金管理使用的建议，形成《关于2009年度省级部门项目支出绩效自评情况的通报》以文件形式发省级各部门，对抽查中发现的问题及时反馈给被抽查项目单位，要求其整改落实。全省各市县普遍开展项目支出绩效自评工作，发挥部门(单位)的主体作用。**实施重点项目评价**。各级财政部门选取一些具有代表性、社会影响力大和关注度高的支出项目开展绩效评价。省财政厅共选取21个项目实施评价，涉及文化、卫生、农业、教育、社保等部门，评价资金总额83.15亿元，其中：对全省基层文化设施建设项目和乡村卫技人员素质提升工程项目，采取"统一指标、统一标准、分级评价、上下联动"的方式，委托中介机构实施综合评价。在审查各地自评报告的基础上，由中介机构和15名财政系统业务骨干组成专家组，分赴各市及部分县进行实地抽查与核实，形成综合评价报告并上报省政府，省政府主要领导对基层文化设施建设项目分别作了批示。绍兴市等地选择部分项目进行全市联动评价，提高评价报告质量。

【创新工作机制】探索开展绩效目标管理工作，指导市县创新开展绩效评价工作。绍兴市财政局加强预期绩效目标管理，开展绩效目标评审试点工作，由市局绩效评价处牵头，预算处、各相关业务处配合，对年度预算安排100万元以上的4大类25个项目，通过组织专家组的方式进行项目绩效目标评审，在全省范围内率先尝试项目支出预期绩效目标评审工作。湖州市财政局对各部门2008年度绩效评价工作进行考核，同时开展项目绩效目标申报工作，对年度预算安排50万元以上的专项性支出项目，要求各部门在编报项目预算时明确项目绩效目标。嘉兴市财政局对列入考核范围的34个部门进行绩效评价考核，对获得先进的17个部门(单位)进行通报表彰。上虞市财政局建立项目预期绩效目标申报制度，对年度预算安排在100万元以上的所有项目要求设置预期绩效目标，并加强对项目预期绩效目标的审核。

【开展宣传活动】印制绩效评价宣传展画、制作宣传手册、设计Flash宣传短片，发全省各市县（市、区），于12月开展全省"绩效评价宣传月"活动。与杭州市财政局、杭州市上城区财政局联合在杭州吴山广场开展以"关注民生、关注绩效"为主题的绩效评价广场宣传活动，通过图板展示、发放宣传手册、调查问卷、现场广播解说和咨询等宣传方式，提高社会公众对绩效评价工作的认识。浙江电视台、杭州电视台作现场采访和报道，《浙江日报》、《中国财经报》等进行相关报道。对2008年度绩效评价征文获奖作品及部分评价报告进行梳理与汇集，编印《集思广益共同推进——2008年度征文获奖作品及绩效评价报告》一书，为各地、各部门开展绩效评价工作提供借鉴。带动各市县财政部门开展绩效评价宣传。湖州市财政局开展绩效评价进社区宣传活动。绍兴市财政局在《绍兴日报》安排整版集中宣传报道。衢州市财政局向部门单位和社会公众发放1300多册"绩效评价宣传手册"和300多套"三联海报"，在市区购物广场广告屏连续播放宣传短片。

【指导中介机构参与评价】通过省政府采购中心采取公开招投标的形式，确定省财政厅绩效评价业务需委托的中介机构。经公开招标，有25家中介机构参与投标，通过资格审查和专家评分，最终确定15家中介机构，供评价时选择。规范评价费用支付方式，2009年省财政厅项目评价费用全部通过厅办公室直接支付给中介机构，改变原来由部门转移支付的情况，有效节约评价费用，当年委托中介机构评价费用比上年节约14.4%。采取中介机构现身说教与业务培训相结合的方式，分二期举办全省中介机构绩效评价业务培训班，500多人参加业务培训，提高全省中介机构的评价操作能力。加强中介机构评价报告质量检查。省财政厅对4家会计师事务所的评价报告及工作底稿进行检查。召开中介机构参与绩效评价工作座谈会，并就如何提高中介机构参与评价工作质量进行总结交流。

【总结交流培训】召开全省绩效评价工作座谈会，对2008年度市、县绩效评价工作进行总结考核，并落实2009年绩效评价工作任务。2009年底召开各市绩效评价处（科）长会议，总结回顾2009年全省绩效评价工作开展情况，部署2010年全省预算绩效管理工作。开展业务培训。举办全省绩效评价理论与实务操作培训班，邀请财政部预算司领导到会授课，提高全省财政部门绩效评价工作管理人员的理论水平和实践能力。

【完善绩效评价信息库】更新省财政厅网站"绩效评价"栏目，将绩效评价有关政策、中介机构库、各地评价工作情况等信息及时更新公告；充实更新全省参与绩效评价中介机构库；按规定对省级绩效评价专家办理续聘手续。

（绩效评价处供稿　傅小普执笔）

农业综合开发

【概况】2009年，浙江省农业综合开发办公室围绕提高农业综合生产能力、促进农民增收的目标，创新开发理念，健全管理机制，加强协调服务，提高开发效益，各项工作取得进展。

【优化投入结构】争取中央财政对浙江省的支持，促进省农业综合开发投入持续增长。2009年，全省国家立项农业综合开发项目总投入23.19亿元，比上年增长23.48%。其中：中央财政资金投入3.97亿元，省财政资金投入3.47亿元，市、县（市、区）财政资金投入1.98亿元，银行贷款3.51亿元，企业和村群自筹及其他资金投入10.26亿元；省级立项农业综合开发项目总投入1.98亿元，其中：省财政资金投入1.24亿元，县（市）财政资金投入0.21亿元，银行贷款0.06亿元，企业和村群自筹及其他资金0.47亿元。农业综合开发部门项目省以上财政资金投入5358万元，其中：中央财政资金2460万元，省财政资金2898万元。采取农业综合开发项目与其他支农项目整合、财政资金引导社会资金投入、土地治理和产业化经营两类项目有机结合等措施，优化农业综合开发投入结构，提高资金使用效益。

【验收考评】对全省2006～2008年农业综合开发项目进行省级验收，通过验收发现问题及时整改。结合验收，开展农业综合开发土地治理项目绩效评价工作，完善绩效评价指标体系。国家农业综合开发办公室验收考评组9月份对浙江省2006～2008年度国家农业综合开发项目进行验收考评，抽查海盐县、临安市、江山市、长兴县等4个县（市）的20个农业综合开发土地治理项目、8个农业综合开发产业化经营项目和省本级资金、项目管理工作。验收考评组认为浙江省2006～2008年度国家农业综合开发项目建设和资金筹集使用符合国家农业综合开发政策和各项管理要求，地方配套资金及时足额到位，土地治理项目工程质量良好，产业化经营项目辐射带动作用明显，达到预期目标。

【配合审计监督】配合省审计部门对三年项目建设情况进行审计。11月、12月，国家审计署驻深圳特派员办事处对浙江省2007年和2008年国家农业综合开发资金和项目管理情况进行专项审计，并延伸审计嘉兴市本级、衢州市本级、台州市本级、桐乡市、浙江省监狱管理局下属农场的农业综合开发土地治理项目和省本级、杭州市本级、温州市本级、上虞市、云和县的5个农业综合开发产业化经营项目。12月，财政部驻浙江省财政监察专员办事处对浙江省2009年国家农业综合开发预算执行情况进行专项检查。

【项目实施】按照农业综合开发项目选项原则和选项程

序，开展政策公示和专家评审，规范项目申报、立项、实施各环节管理。通过“择优申报、专家评审、征询意见、集体研究、项目公示”的选项程序，2009年4月份省农业综合开发办公室向省农业综合开发协调小组呈报“2009年度农业综合开发资金和项目安排建议”，全年实施农业综合开发土地治理项目142个，开发面积97.21万亩，省以上财政资金投入6.55亿元；实施科技推广费项目29个，省以上财政资金投入0.13亿元；实施产业化经营补贴项目92个，省以上财政资金投入0.96亿元；扶持产业化经营贷款贴息项目164个，省以上财政贴息资金1.04亿元。

【探索开发模式】在“高标准农田示范工程、千万亩标准农田质量提升工程、两类项目有机结合、农民专业合作社实施土地治理项目”四个方面进行探索与实践。2009年，国家农业综合开发办公室确定嘉兴市本级、嘉善县、桐乡市、龙游县4个项目县为高标准农田建设示范县。根据农业综合开发的特点，突出农业综合开发土地治理项目中标准农田建设，并将标准农田建设与发展现代农业和提升粮食生产能力结合起来。选择嘉兴市本级开展农民专业合作社实施土地治理项目试点，整合各类项目，优势互补、统筹实施，加强农业基础设施建设。

【调研宣传】开展农业综合开发“高标准农田建设、农业龙头企业国有股情况、两类项目结合”等课题调研，完成调研报告4个，其中上报国家农业综合开发办公室重点调研课题报告3个。全年收到各市县农发办上报的调研论文43篇。办好《浙江省农业综合开发简报》，发挥《简报》传递信息、反映动态、指导工作的作用。向《中国农业综合开发》杂志等有关媒体推荐文章，报送财政信息。“浙江省农业综合开发项目在抗击‘莫拉克’台风中发挥重要作用”被省政府专报信息采用，得到省领导批示。省农业综合开发办被国家农业综合开发办公室评为全国宣传工作先进单位。

（省农业综合开发办供稿　赵国瑛执笔）

政府采购(控购)监督管理

【概况】2009年，浙江省政府采购管理工作树立“依法采购、科学采购、廉洁采购、和谐采购”四大理念，全面推进政府采购制度改革，提升管理水平。全年政府采购预算553.11亿元，实际采购金额483.40亿元，资金节约率12.6%。

【扩大政府采购规模和范围】以“扩面增量”为目标，研究制定全省集中采购统一目录和省级集中采购目录，合理界定集中采购与分散采购范围。启动省级政府投资建设工程纳入政府采购试点工作，强化试点单位工程采购项目预算编制、采购文件备案和资金支付管理。逐步扩大协议定点采购范围，将包括打印机和复印机等9个品目在内的办公设备耗材纳入定点采购。全年政府采购规模为483.40亿元，比上年增长10.4%，分别占同期GDP和地方一般预算支出的2.1%和18.2%。

【推进信息化建设】按照《浙江省政府采购信息化建设推广和实施方案》和《浙江省2009～2012年政府采购信息化建设推广计划》的要求，在嘉兴、绍兴、衢州、金华等4个地市和14个县市推广实施“政府采购信息管理系统(内网系统和外网系统一期)”。包括全省协议供货集中交易平台、电子商务等在内的二期系统开发进入需求论证阶段。对现行的“浙江政府采购网”进行网站改版和升级，新版浙江政府采购网正式上线运行。

【发挥政策导向功能】由各级财政部门牵头，联合质监、发改、教育、科技、卫生、环保等相关职能部门，在全省组织开展自主创新和节能环保产品调查，为申报列入国家《自主创新政府采购产品目录》或《节能环保政府采购产品清单》提供基础材料。制定《浙江省政府采购招标文件范本(试行)》，评审方法、参考标准向自主创新和节能环保产品倾斜。结合“服务企业、服务基层”双服务活动，组织召开中小企业政府采购座谈会，对如何通过政府采购扶持中小企业渡过金融危机进行研讨。发挥政府采购在预算管理和资金支付方面的把关作用，严控机动车辆、会议培训等一般性行政支出。

【GPA工作取得进展】加强保密管理，与省保密局联合制定《浙江省加入WTO〈政府采购协议〉保密工作实施细则》；与商务部联合举办《政府采购协议》(GPA)*研讨会，邀请世界贸易组织有关专家介绍《政府采购协议》相关内容；先后在天津、上海和江苏等地召开东部地区GPA联络员会议，统一东部地区四个GPA课题的研究思路、研究大纲和研究方法。至年底，东部牵头各省市完成研究报告。五个省级GPA分课题研究报告全部通过内部评审和专家论证并提交浙江省财政厅。省财政厅组织力量对本省省级分课题报告进行汇总整理，并形成省GPA总报告初稿。在武汉举行的全国政府采购工作会议上，浙江省作为全国唯一的地方代表发言，交流工作经验，成绩受到财政部肯定。

【强化业务监督】依法履行采购监管职能，对金额较大、社会关注度高、技术复杂或有举报、质疑的项目进行跟踪监督，当年对省教育厅中小学计算器公开招标等数十个省本级重大政府采购项目进行现场监督和跟踪服务。依法受理政府采购供应商投诉，全年受理供应商投诉案件16起，办结15件，处理各类举报和人民来信27件。建立以“倾听、解释、服务”为核心的供应商投诉处理模式。启动政府采购投诉案卷的整理归档工作，对历年积存的投诉案件材料进行整理和登记。依法开展政府采购代理机构乙级资格认定工作和原招标代理资格范围内从事政府采购工程代理业务机构的资格确认工作。全年审批乙级资格政府采购代理机构19家，有12家招标代理机构经确认在原招标代理资格范围内从事政府采购代理业务，17家资格即将到期的代理机构完成资格延续工作。

【公务用车控购管理】严格执行省公务用车冻结一年的政策，在公务用车审批过程中对于不符合政策的购车申请一律退回。对于不属冻结范围的清洁卫生车、邮政车、救护车、殡葬车、消防车等特种专用车，以及囚车、具有统一标志的执法专用车，按照中央及省有关公务用车编制、标准及审批管理的政策制度，认真审核，从速办理。

【制度建设和队伍建设】制定《浙江省政府采购档案管理办法》、《浙江省政府采购供应商注册及诚信管理办法》、《浙江省政府采购招标文件范本(试行)》和《集中采购机构监督考核管理办法》，完善政府采购政策制度体系；加强对集中采购机构人员、采购代理机构人员和评审专家的专业知识培训和职业道德教育。全年组织637名代理机构从业人员培训和闭卷考试，485人通过考试，合格率76.1%。

【专项宣传活动】为庆祝浙江政府采购制度实施十周年，联合省采购中心、《浙江财税与会计》、《浙江日报》组织开展一系列纪念宣传活动。通过《浙江财税与会计》和《浙江日报》在全省开展浙江政府采购十周年知识竞赛，共收到答题3000多份，近160人获奖，开展浙江政府采购十周年主题征文活动，面向全国征集与浙江政府采购成长发展有关的文章，共收到稿件90多篇，并评出获奖作品5篇；在《浙江财税与会计》、《浙江日报》设立纪念专刊，总结政府采购发展历程和经验成果。　　(政府采购监管处供稿　冯　华执笔)

△注：

*GPA——"政府采购协议"的英文缩写，是世界贸易组织(WTO)框架下的一个诸边协议，由WTO成员国自愿加入。

省财务开发公司

【概况】2009年，省财务开发公司围绕新的发展定位，转变思想理念，推进规范管理，优化资产结构，拓展经营业务，公司经营业绩提高。全年完成经营总收入15594万元，实现净利润总额10311万元。

【完善公司治理结构】根据新的发展定位，公司对章程作了修改，注册资本增加至20亿元，并对公司内设机构设置作了调整，将原有六个部门调整为总经理办公室、综合部、财务内审部、投资管理一部、投资管理二部、投资管理三部和对外联络部七个部门，明确各部门职责和分工，做好中层干部的人员配备工作。

【探索政府基金管理模式】经省政府授权，公司代表省政府出资设立浙江省创业风险投资引导基金。创投引导基金全年共投入资金2.2亿元，签约合胜基金、赛康基金、海洋基金和红土基金4个投资项目，基金总规模10亿元，创投引导基金在投资管理上的创新模式经国内十余家主流媒体的报道宣传，在社会上产生较大反响。做好文化产业基金的股权管理工作。公司以5000万元参股的东方星空文化基金于5月设立，全年签约宋城千古情、影视剧制作等3个文化投资项目，总投资额4200万元，带动2亿元社会投资，支持文化产业发展。

【推进金融类股权管理工作】遵照省委、省政府的决策部署，顺利接收由省交通投资集团公司划转的浙商银行股权，成为浙商银行的第一大股东，并完成监管部门的资格报批程序，做好持股浙商银行股权管理的各项工作。在后续的增资扩股等工作中，协调各方，做好相关工作。同时，按照有关要求和程序做好财通证券公司、浙江工商信托、浦发银行、交通银行等其他金融股权的管理工作。

【其他股权类资产管理】参与股权单位的股东会、董事会、监事会管理，认真履职，加强监管。做好上市公司项目和股票资产的管理工作，规范上市公司项目的各项股权管理，保证股票资产的安全和有效增值。做好农业综合开发项目和委托项目的管理工作，及时收回农业综合开发投资项目、中国电信和远洋渔业红利，拨付省铁路投资项目款项，并做好省政府驻外办事处资产的核销工作。

【盘活存量资产】全年公司共盘活存量资产89950万元。逐步退出竞争性领域。收回华浙公司欠款5.7亿元；签署兴财房地产公司欠款一揽子解决方案，收回2.18亿元；完成绍兴房地产公司股权退出工作，与温州财政部门就温州房地产公司股权退出事宜进行商洽。做好盘活存量资产和财政周转金清收扫尾工作。解决拖欠多年的西湖文化广场建设指挥部借款问题，处置香港耀江国际公司的资产遗留问题并收回尾款，就奉化市财务公司借款达成解决方案。

【规范内部管理】健全内部制度。制订和完善《股权投资管理办法》、《股票资产管理办法》、《法律事务管理办法》、《接待工作有关规定》、《考勤请假及年休假制度》、《机动车辆和驾驶员管理办法》等十余个管理制度。提高队伍素质。深入开展学习实践活动，提高公司上下践行科学发展观的能力；完善廉政建设惩防体系，加强员工廉政教育；抓好业务培训，提高员工法律意识与合规理念；推行员工量化考核机制，提高全员履岗素质。强化法律保障，应对法律风险和解决遗留难题。加强后勤服务。提高对外联络部的服务质量和接待水平。

【做好了公司指导工作】华财公司稳步处理遗留问题，加强理财项目监督，做好龙居寺公墓九龙陵墓区项目的开发运作；金溪山庄经营业绩平稳增长，全年实现经营收入4893万

元，完成86个重要会议以及30余批次省部级领导的接待任务。（省财务开发公司供稿　尤敏强执笔）

财政项目预算审核

【概况】2009年，省财政项目预算审核工作按照“卡位把关、扩面增量、强本固基、保质提效”的总体要求，严把项目预算审核关，推进财政科学化、精细化管理，在完善政府投资项目资金监管和促进财政增收节支等方面发挥作用。全年累计审核完成各类财政支出项目545个，审核金额67.17亿元，净核减不合理资金6.74亿元，审减率10.03%。从项目支出预算编制、执行和监督各环节审核工作量分析，涉及编制环节审核金额55.79亿元，执行环节审核金额3.70亿元，监督环节审核金额7.67亿元，分别占全年审核量的比重为83.06%、5.51%和11.43%。

【深化省级部门项目支出预算审核】通过对项目预算的审核，及时发现和剔除项目预算中的不合理、不合规等因素，细化项目预算，科学合理确定项目投资预算。全年完成省级部门项目支出预算105个，涉及审核金额40.98亿元，净核减4.09亿元，其中：房屋建筑物购建类项目审核金额28.1亿元，净核减1.57亿元；大型修缮类项目审核金额1.37亿元，净核减0.11亿元；设备购置类项目审核金额0.94亿元，净核减0.15亿元；信息网络购建类项目审核金额0.62亿元，净核减0.27亿元；其他发展建设类项目审核金额9.98亿元，净核减1.99亿元。

【强化财政专项资金项目审核】做好省属高校实验室、高职院校实训基地建设和省高校“重中之重”学科建设项目预算审核工作。审核中心对23所省属高校申报的203个实验室建设项目、7所省属职业院校137个实训室项目和20个省高校“重中之重”学科建设项目，从项目建设规划、项目建设的必要性和可行性、经费预算和使用的合理性、队伍建设和管理水平、科研水平等方面进行综合评审，核减投资17693万元。做好乡镇土地整理项目预算审核工作。对乡镇土地整理项目超标准、不合理的部分经费进行核减，项目预算送审金额27088万元，预算审定金额24886万元，核减投资2201万元。同时有针对性提出以提高土地质量与节约用地为原则，因地制宜的土地整理设计建议。继续做好困难群众异地脱贫项目和渔港建设项目的预算审核工作，制订标准渔港建设项目省补助资金基数审核方案。

【省级财政基建直拨项目资金审核】按计划、进度、程序并通过信息化技术手段，对财政直接支付资金运行过程实施动态监控，对存在的问题提出工作建议，及时向预算管理部门和业务管理部门反馈执行情况。对省消防训练基地、省华强中等职业学校迁建等13个省级基建项目244笔涉及金额28738万元的预付款及工程进度款进行审核，审减（不拨或暂不拨）资金3579万元，审减率12.5%。加强对财政基建直拨项目工程财务管理和费用列支情况进行审核，规范项目财务管理和会计核算办法，尽早纠正工程费用支出中存在的问题。

【省级政府工程采购项目资金审核】配合省采购办，通过对纳入政府采购目录基建及大型修缮工程项目的标底、施工图预算和工程量清单进行评审，为政府工程采购预算执行核定提供依据。当年完成政府工程采购项目审核42个，审核金额8320万元，核减资金1229万元，核减率为14.8%。

【完善项目审核体系】完善项目支出标准体系建设。审核中心牵头组织制订省级财政投资项目代建管理费开支标准，通过对各类财政投资项目实际开支标准的调查分析，确定代建管理费开支标准。参与《浙江省建设工程计价规则（2003版）》修订工作，牵头负责“合同价格与工程结算”章节的修改、补充和完善等工作。推进审核业务信息化建设。结合本省财政项目审核管理的运作模式和特点，开发完成财政基建直拨项目审核业务软件开发并投入试运行，实现省审核中心内部网络化。继续完善审核制度建设。根据《中华人民共和国政府采购法》有关规定，从2009年开始，对财政投资项目竣工结算评审业务采取公开招投标的方式选择社会中介机构参与。中心根据有关要求及项目特点，制订相关制度，对社会中介机构出具的评审报告严格复核把关，同时对受托的社会中介机构进行考核。开展财政审核理论研究。坚持理论研究和财政审核实践相结合，探索在预算编制、执行、监督“三位一体”模式中财政审核工作的角色定位，完成《“三位一体”财政运行模式中项目预算审核的职能定位和机制创新》调研报告。

（审核中心供稿　郭红法执笔）

财政票据管理

【概况】2009年，省财政票据管理中心围绕财政中心工作，履行工作职责，以完善和健全政府非税收入征管体系为目标，以加强非税收入监缴工作和规范单位财务管理为中心，坚持监管与服务并重，做好全省财政票据的印（监）制管理工作，办理财政票据的领购发放，做好财政票据结报核销，开展财政票据检查工作，完成全年各项工作任务。

【票据政策】财政票据印刷定点企业实行政府采购。按照政府采购的有关规定和程序，全省各市完成财政票据市级承印定点印刷企业的招投标，确定13家财政票据定点印刷企业，期限3年。签订2009年浙江省财政票据印刷合同，颁发准印资格证书。为确保取消全省政府还贷二级公路收费工作顺利进行，配合有关单位，制定省政府还贷二级公路收费项目票据转换工作的相关衔接政策，明确全省21个收费站点自2009年11月1日起，车辆通行费停用税务发票，改用财政票据。及时落实安排票据印制和领购发放，确保各相关收费站点按时启用。启用浙江省城乡居民社会养老保险票据。启用全省统一印(监)制的浙江省城乡居民社会养老保险票据，个人缴费开具使用《浙江省城乡居民社会养老保险专用票据》(定额)，集体补助开具《浙江省社会保障基金专用票据》，并明确用票单位申报领用和结报核销的规定。

【票据印制】做好财政票据印制审批工作。按照财政票据印制审批管理的规定，统一票样，统一编制票据号码，规定使用期限，审批印制非税收入票据共计13814万份，审批印制其他财政票据计53137万份。安排省市两级财政票据印刷业务。按照财政票据两级印制管理的规定，全年省本级印刷财政票据14949万份，委托各市印刷财政票据52005万份，保障财政票据的供给。

【票据领购发放】按时办理票据购领证的换发，全年办理换发票据购领证51本，其中：行政事业单位5本，社会团体46本。根据财政票据发放购领原则，全年发放发售财政票据1.29亿份。向全省70个市、县(市、区)(不含宁波)发放供应教育券13.35万份，爱心营养餐券41.18万份。

【票据结报核销】按照财政票据结报核销的相关规定，执行"定量供应、验旧换新、定期结报"制度，加强对省级各用票单位票据开具内容项目的审核核销，配合做好非税收入监缴工作。全年省本级结报核销财政票据3218批次，计4026.35万份，结报监缴非税收入101.5亿元，结报保证金、押金、社团会费、医疗收入等资金130.27亿元。发现和纠正违规使用财政票据60例。

【票据销毁】对符合财政票据销毁年限规定的票据存根和作废票据，由单位提出申请，及时安排和组织票据销毁。全年先后组织安排4家省级单位，销毁票据存根计775.52万份。同时，受财政部委托销毁浙江省出入境检验检疫局2001年至2006年收费票据存根和作废票据134.65万份、1994年至1998年收费票据存根和空白票据3.77万份。

【票据检查】按照《关于开展全省财政票据使用情况检查的通知》要求，10月和11月份组织人员对省、市、县共11个行政事业和社会团体的用票单位进行票据使用情况抽查，抽查内容为2008年度和2009年1～9月票据领用、管理、使用、结存和收入收缴等。抽查中发现的主要问题有：非税收入未及时上缴财政专户，票据开具不规范，使用过期作废的票据等。受财政部票据中心的委托，对在浙的出入境检验检疫、海关、边防、铁路等中央垂直管理部门财政票据和使用情况进行专项检查。协助配合公安等部门，对查获的制假贩假财政票据进行鉴定，出具鉴定意见，打击发票违法犯罪活动。

(省票据中心供稿　刘　宁执笔)

财税政策研究

【概况】2009年，浙江省财税政策研究工作坚持财税核心价值理念，念好"实、稳、优"三字诀，按照年初确立的"做好'四个服务'，发挥'四性'，达到'四个要求'"的政研室总体工作思路，围绕中心，服务全省财政工作大局。

【发挥参谋助手作用】参与厅机构改革方案设计工作。2009年，为深化公共财政改革，为全省"三个子"财政管理模式运行提供支撑，探索财政厅实行预算编制、执行、监督"三位一体"组织体系改革。政研室作为调研小组成员之一，参与相关的调研和方案设计工作，与人教、预算、国库、绩效评价、财政监督等相关部门联合完成《浙江财政预算编制、执行、监督"三位一体"管理模式研究——我省公共财政"三位一体"组织体系改革初探》的调研总报告和《浙江省财政预算"三位一体"管理模式改革的探索》的分报告，对于推进"三位一体"组织体系改革起到了较好的参谋助手作用。

推进预算报告编制改进工作。根据人代会的议案，编制可读性强且便于人大代表审查的预算报告成为财政要改进完善的一项重要工作。在分析比较全国及其他省、市预算报告的基础上，完成《完善我省财政预算报告研究》的课题报告，为改进省预算报告起草工作提供参考，得到厅领导肯定。

协助业务部门开展课题研究。配合厅法制处开展《政府非税收入立法管理研究》，为国家出台"政府非税收管理办法"提供参考。协助采购监管处开展我国加入政府采购协议(GPA)后的应对措施的课题研究。

【课题研究】开展经济转型升级课题研究。加快转型升级是浙江省经济摆脱国际金融危机影响、实现可持续发展的治本之策。赴绍兴、台州、温州等地，深入基层第一线展开调研，分别完成《关于如何推进企业转型升级的调研报告》、《经济危机下拉动内需的财税政策研究》和《浙江省促进经济转型升级的财税对策研究》等调研报告和课题。

开展财政专项资金整合研究。财政专项资金存在的问题已经引起省委、省政府的高度重视，并提出加强整合的明确要求，也成为财政厅重点工作之一。为攻克这个难题，选择部分专项资金整合工作做得较好的市、县(市)，采取上下协作攻关的形式，开展财政专项资金整合研究，共完成协作课题15项。

参与财政部科研所和省社科联课题研究。牵头并联合部分省市财政科研机构共同承担全国协作课题《推进经济转型升级的财税对策研究》的研究，在完成省分报告的基础上与协作单位共同完成课题总报告。申报省社科联课题，在调研的基础上，从理论层面和实践层面对政府预算管理改革进行剖析,完成《完善政府预算管理改革研究》的课题研究。

追踪研究义乌综合财政改革。从2000年开始,义乌市在全省率先开始探索以"三个子"为主要内容的综合预算改革,但是由于配套制度难以跟上,改革遇到制约。课题组成员深入义乌市了解探析改革中遇到的问题和瓶颈,与市财政局一起研讨破解对策,并撰写《综合财政改革——义乌的实践与探索》和《义乌市公共财政改革的实践与探索》,得到省财政厅领导和义乌市财政局的肯定。

引导创造财政科研新氛围。引导政研室全体同志成为多面手,全年完成"推动创意产业发展的公共政策研究"、"民营企业财务危机预警机制研究"等7篇课题报告,形成财政科研氛围。同时,多个研究报告在不同的评奖活动中获得佳绩,在财政部举办的中国财政与改革开放30年纪念教育征文活动中,《促进浙江省服务业发展的财税对策研究》等分别获得一、二等奖和优秀奖;"完善财政转移支付制度,促进基本公共服务均等化"课题获全省党政系统优秀调研成果二等奖;《综合财政改革——义乌的实践与探索》、《完善我省财政预算报告研究》、《完善政府预算管理改革研究》等研究报告得到厅领导的批示和肯定。

【发挥宣传"喉舌"作用】办好《浙江财税与会计》。在内容和形式上力求精益求精,提高杂志整体质量。重点宣传财政厅党组"依法治税、为民理财、务实创新、廉洁高效"、念好"三字诀"和树立"六大意识"的理财思路和工作理念;做好系统各类重大会议的宣传报道;宣传"三个子"的公共财政管理改革和构建"三位一体"财政运行机制等重要改革内容;开辟"财税文化"专栏,做好系统财税文化建设宣传工作;关注各项财政改革,与相关业务处室合作,做好政策宣传与业务探讨工作;挖掘宣传各地发展地方经济、创新财政管理机制的好经验、好做法;关注当前会计领域的热点、难点问题,组织"2009,抗击金融风暴"专题研讨会和"创业板时代来临,浙企如何应对"专题稿件;规范编辑部各项制度,建立完善三审三校、编务会议和通联工作等制度,提高编辑和管理水平。

完成《浙江财政年鉴(2009卷)》编纂工作。调整和完善编辑大纲,严把稿件质量关,做好年鉴编审工作。对"市县(市、区)财政工作"和"财经统计资料"栏目有关内容和表格作了相应调整,科学收录财政工作数据;增加"辉煌三十年"栏目,收编有关改革开放三十年浙江财政工作的回顾性文章;制作集文字、图片、表格、视频为一体的全文本检索数据库电子光盘,推进年鉴数字化工作。

丰富《浙江财政研究》刊物内容。注重提高刊物质量,创新形式与内容,宣传全省财政改革,展示全省财政理论研究和实践工作风貌,推进财税文化建设。

办好《浙江财税参阅》。为领导提供财政经济理论方面的新信息,共编辑撰写12期《浙江财税参阅》。扩大发放面,推进科研成果转化,提高信息影响力。

【活跃学会学术氛围】举办学术研讨活动。在遂昌县召开"完善政府公共预算管理改革研究"协作课题研讨会,交流研究成果。在桐乡市举办"推动经济转型升级的财税对策研究"研讨会,组织部分市、县(市)财政部门的业务骨干,并邀请省社科联领导、财政部科研所、浙江大学、浙江财经学院、杭州电子科技大学的部分专家参加。围绕以部门预算为龙头的预算编制体系、以国库集中收付为龙头的预算执行体系和以绩效评价为龙头的预算监督体系的"三位一体"的财政运行机制这一主题,组织有关财经院校进行专题研究,在浙江大学举办"三位一体"财政运行机制学术沙龙研讨会,来自省内各财经院校和省财政厅有关处室的40余位专家学者和业务代表参会。

开展全省财税学会的科研组织管理工作。结合财政经济工作的重点,确定18个研究参考课题,组织全省各级财政部门及财经院校开展研究,共收到各有关单位上报的课题成果121个,并对课题进行评审,调动全省财税学会学术调研的积极性。

加强课题成果转化利用。将2008年获奖的课题成果汇编成《财政改革热点问题探讨——浙江省财政课题研究成果汇编(2008)》一书。向全国财政理论评选、省社科界社科成果评选等活动推介成果;向有关部门报送科研成果,课题"完善政府公共预算管理改革研究"、"改进消费券的思考与建议"全文被财政部科研所的《研究报告》和《财政研究简报》刊登,呈国务院、人大财经委、财政部各司局等部门参阅,发挥决策参谋作用。宣传课题研究成果,向《财政研究》、《中国财经信息资料》等刊物推荐发表,促进科研成果的转化利用。

【完善内部管理】参与财税文化建设活动,加强政治思想教育及业务知识学习,规范各项制度管理,以学习提升人、以激励引导人、以制度规范人,打造健康向上的精神风貌,增强财税科研队伍的战斗力和凝聚力。推进深入学习实践科学发展观活动,结合课题研究,加强相互学习,提高所内干部职工综合素质。落实科研所内部管理制度,结合财政权力运行规范工作和厅机构改革,调整和完善人员岗位,理顺各项工作关系和流程,规范工作程序。(省财税政研室供稿 冯 健执笔)

财政信息化建设

【概况】2009年,浙江省金财工程建设财政主体业务软件一体化开发工作全部结束,软件开发由应用层向管理层转变,网络、硬件等基础设施由建设阶段转入保障阶段,软件推广由试点阶段转入全面推广阶段，全省金财工程运维平台初步建立，以“一个公共平台、二级数据处理、三张网络、四大系统、五个统一”为主要内容和特征，管理与技术有机融合，公开透明、服务便捷、安全可靠的政府财政管理信息系统初步建成。

【编制金财工程三年规划】根据金财工程建设的现状和今后财政信息化建设的思路，总结近三年金财工程建设取得的成绩和存在的问题，制订《浙江省金财工程建设三年规划(2010～2012年)》，并在全省财政信息中心主任座谈会上进行讨论，同时向厅机关各部门及金财工程专家咨询委员会征求意见，修改后的规划经厅长办公会议审议通过并下发各市县。规划提出今后三年，省金财工程建设重点是构建以运行维护体系、安全信任体系、灾难备份体系为核心的基础支撑体系，重点开发财政收支分析和财政监督等软件系统，加快推广应用一体化软件。

【软件开发维护】完成财政部开发推广的财政应用支撑平台在省本级和部分地级市的实施。继续做好预算单位财政应用门户、报表平台、系统管理、综合办公平台、指标管理、用款计划、支付管理、非税收入等一体化软件的维护工作，协助厅采监处完善政府采购管理信息系统和浙江政府采购网站，配合预算、国库等业务部门完成部门决算、财政供养人员信息采集、津贴补贴清理、扶贫资金监测、国债管理等工作。

【完成全省财政备份数据恢复演练】落实《全省财政核心数据安全备份管理规范》工作，验证备份数据有效性，对财政信息数据进行恢复演练，成功将备份数据恢复到备用系统，实现财政业务系统模拟运行，同时在舟山完成市级数据恢复演练试点。按照恢复流程编制《浙江省财政数据备份巡检与恢复演练规范》和演练实施细则下发。对10个地级市和义乌市财政数据备份情况进行巡检和恢复演练，各市按照恢复流程形成财政数据备份恢复演练实施方案和流程。在巡检和演练中发现和解决数据备份重大安全隐患2个。同时结合数据库日常维护管理工作，引入专业公司高级技术支持，对数据库性能进行优化，制订完善《Oracl数据库日常维护手册》和《Oracl数据库性能优化工作流程》。

【实施CA安全体系建设】按照财政部统一部署推进财政身份认证和授权管理系统建设。邀请CA系统原厂商进行身份认证与授权管理系统技术培训和研讨，编制的《财政身份认证与授权管理系统浙江省实施方案》通过财政部审核。完成软硬件采购集成和安全接入改造工作，并进行初步验收。组织两期全省培训，为全省财政身份认证与授权管理系统的推广实施奠定基础。着手制订《浙江省财政厅身份认证与授权管理系统应用安全接入和证书使用管理办法》，为证书发放做好筹备工作。

【网络安全保障】完成连接财政部的广域网升级改造和传输链路加密工程，网络带宽由378K扩容为2M，并实现传输链路的安全加密。邀请专业安全咨询公司对省财政厅门户、浙江政府采购、注册会计师协会等6个网站和各市县区网站进行安全评估，协助有关部门对安全隐患进行整改。根据网站使用情况，为厅门户网站及相关网站购买专业安全保障服务。为省市县三级财政Veritas备份系统和Oracle数据库购买软件维护服务。完成万里综合楼网络工程的整体实施和系统验收工作。

【软件推广及运维平台建设】继续在全省推广一体化的指标管理、用款计划、支付管理、非税收入、综合办公平台等软件，完成国库集中支付、非税收入系统的推广应用任务。在全省范围内大规模推广应用契税耕占税一体化征收管理软件，截至12月31日，共有20个市县上线运行。财政运维平台进入试运行阶段，在全省范围内进行推广应用，已在指标管理、用款计划、支付管理、非税收入、契税耕占税等软件的维护工作中发挥作用。继续保障老版本部门预算、指标管理、资金申拨、集中核算、非税收入等软件的全省运维工作。召开金财工程座谈会和开展调研活动，围绕提高软件项目管理、运行维护效率、系统推广、网络安全等主题，交流经验，商讨对策。全年举办契税等软件、网络、安全等技术培训班合计11期700人次。

(信息中心供稿　王洪俊执笔)

会计人员服务中心

【概况】2009年，省会计人员服务中心以会计服务工作为主线，依法做好会计从业资格行政许可事项的审批工作，做好会计从业资格、初中级会计专业技术资格和高级会计师评审资格的考试组织工作，加强会计从业资格证书和高级会计师继续教育的日常管理工作，做好教授级高级会计师及高级会计师评审材料的受理及初审工作。

【会计从业资格管理】按照《行政许可法》及《会计从业资格管理办法》的具体要求，制订并落实有关规章制度，即岗位责任制、服务承诺制、一次告知制、限时办结制、AB岗工作制等，依法做好省级及中央驻浙单位会计人员会计从业资格的审批工作，以及会计从业资格注册、变更、调动等日常性工作，全年累计核发新证1136本。组织两期会计人员继续教育培训，培训260人次；首次开展会计人员网络继续教育，培训35人次。打印会计人员继续教育培训记录23054人次，完成会计人员继续教育用书征订发行26500册。根据省财政厅《关于开展2009年度会计从业资格考试工作的通知》要求，组织2009

年省级会计从业资格考试工作，实际报考人员 2275 人(单科 627 人，全科 1648 人)，成绩合格取得会计从业资格人员为 848 人(单科 300 人，全科 548 人)。组织 2010 年度会计从业资格考试的报名工作，报考人数为 5122 人(单科 431 人，全科 4691 人)。

【会计专业技术资格考试】根据省财政厅《关于 2009 年度会计专业技术资格考试工作有关事项的通知》要求，组织会计专业技术资格考试工作，2009 年实际报考人员 2566 人 (初级 853 人，中级 1713 人)，有 246 人成绩合格取得会计专业技术资格(初级 112 人，中级 134 人)。组织 2010 年度会计专业技术资格考试的报名工作，报考人数为 2610 人(初级 888 人，中级 1722 人)。

【教授级高级会计师和高级会计师考评结合】按照省财政厅有关要求，受理省级和中央在浙单位共 13 人的教授级高级会计师申报材料，受理并初审省级和中央在浙单位 152 人的高级会计师申报材料。组织 2009 年度省级和中央在浙单位的高级会计师考试报名工作以及全省报考人员的报名汇总工作(报考人员中省本级 378 人，全省 1898 人)。与浙江财经学院会计学院合作，举办全省高级会计师资格考试考前辅导班。全省高级会计师资格考试在浙江大学西溪校区举行，159 人成绩合格取得高级会计师评审资格。

【高级会计师继续教育培训】按照省财政厅有关要求，举办 4 期共 3167 人次参加的高级会计师继续教育培训班，聘请财政部、北京大学光华管理学院、浙江财经学院、浙江工业大学管理学院等单位的领导和专家讲授会计改革最新发展、税收改革和税收政策调整、快乐管理与幸福社会建设、全面预算管理、绿色经济——循环经济与低碳经济等方面内容。

【承办会计领军人才(企业类)培训班】通过推荐、笔试、面试和公示，选拔产生的全省第二期 30 名会计领军人才(企业类)培训班学员，在厦门国家会计学院进行培训，培训内容为金融危机资本市场与公允价值、证券市场财务舞蔽与识别、现金流管理与企业风险防范、创新思维与能力培养、宏观经济形势解读、基于可持续发展和投资决策等。

(省会计人员服务中心供稿　沈幼华执笔)

农业综合开发审核

【概况】2009 年，省农业综合开发审核中心围绕农业基础设施和生态建设，完成 2009 年度土地治理项目的设计工作。完成财政支农专项资金项目的评审、检查和验收工作。参与 2007～2008 年度土地治理项目省级验收和绩效评价，制订土地治理项目实施方案编制纲要，受托完成土地治理项目和科技推广项目的评审工作，开展 2010～2011 年度土地治理项目可研报告的初步审查并进行实地踏勘。省机构编制委员会 4 月批准浙江省农业综合开发服务中心和浙江省农业综合开发工程勘测设计室合并为浙江省农业综合开发审核中心，为省财政厅所属社会公益类纯公益性事业单位。机构规格相当于县处级，人员编制 23 名。

【上报项目争取资金】组织专家对各地报送的应急度汛、小型农田水利工程、农民专业合作组织、农村小型公益设施和农业科技推广示范等五大类共 695 个项目进行评审，最终确定 177 个项目上报，争取中央财政补助资金 1.61 亿元，同时省财政安排补助资金 1.34 亿元。根据财政部农业司和国家防总办公室及项目的具体要求，组织专家对省防汛抗旱指挥部提交的 58 个应急度汛项目进行会审并出具会审意见。经过财政部、水利部联合会审确定 45 个项目，争取中央财政补助资金 1700 万元。会同省水利厅农水总站组织专家，对各地上报的 189 个(其中重点县项目 10 个)中央财政小型农田水利建设项目进行评审。最终评定 51 个项目上报财政部、水利部，争取中央财政补助资金 1.13 亿元，同时省财政安排补助资金 5755 万元。组织专家对各地上报的 184 个省级财政支持的农民专业合作组织进行评审，确定对“建德市优质蚕基地建设及配套技术推广”等 163 个项目安排补助资金 2750 万元。组织专家对全省各地上报的 67 个中央财政支持的农民专业合作组织项目进行评审，确定对“桐庐县雄蚕品种配套技术示范推广”等 60 个项目给予补助，争取中央财政补助资金 1500 万元。会同省农办、省水利厅、省农村能源办及高校、科研院所等单位，组织村镇规划、农田水利、农村能源、工程造价等方面的专家评审 117 个项目，确定 116 个项目获财政补助资金 3219 万元。组织种植、养殖业方面专家对各地推选的 80 个农业科技推广示范项目进行评审。选取 21 个项目上报财政部争取中央财政资金 1600 万元。省财政安排专项资金 1691 万元对“杭州市余杭区城市景观花卉技术与示范推广”等 63 个项目进行补助。

【支出预算审核】组织对省农业厅申请要求安排的“2008 年迪拜国际食品及酒店设备展”等 8 个国际展会的具体预算进行审核，核定财政补助 484.5 万元，核减 23.5 万元。5 月中旬，组织对省农业厅要求的 2008 年省农博会(杭州)等 4 个展会经费补助进行审核，省农业厅实际申请支出 555 万元，审核后核定实际支出 547.09 万元。分 3 次组织对省农业厅要求拨付的三批次 2009 年农业机械购置中央补贴资金结算材料进行审核，申请中央财政补贴资金 16876.225 万元。组织对 2009 年全省 13 个财政支农资金整合试点县的项目申报材料进行整理及资金预分配。

【工程设计】年初开始组织各地着手对 2009 年度土地治

理项目进行现场测量和工程设计，编制完成115个土地治理项目的工程设计，累计绘制A1标准图纸300余张，A3标准图纸6000余张。3月份，委托社会中介机构对嘉兴市秀洲王江泾虹阳中低产田改造项目等16个控制性工程项目进行审价，确定省以上财政资金补助额度。聘请省水利厅、省农业厅、省农科院等省级有关部门专家，对设计文本和图纸进行会审，并形成审查意见。会审注重工程设计与项目区的农业产业结构调整、促进农业主导产业的发展相结合。

【省级检查验收】参加全省2007～2008年度农业综合开发土地治理项目的省级竣工验收和绩效评价工作，查看工程档案资料，实地踏看，随机走访农户，对项目的计划完成情况、招投标工作、监理工作、公示工作开展情况、工程质量和工程建后移交管护等内容逐一检查验收，并按照有关规定对项目进行评分。参与国家农业综合开发办公室的三年验收考评。

【科技项目评审】受省农发办委托，组织省农业厅、省农科院等部门专家对全省申报的2009年度49个省级科技推广项目进行评审。评审采用专家集中评议的方式，根据项目的特点，分粮油类、蔬菜类、瓜果药材茶叶类以及节水灌溉和施肥技术类4个组进行，重点审查项目引进推广的技术、品种的先进性、适用性，技术依托能力，所采用技术路线的可行性，经费列支的合理性，与农业综合开发项目区及主导产业的关联性等，形成评审意见报省农发办。

【高标准农田项目】2009年开始，国家农业综合开发办公室在土地治理项目中新增高标准农田建设示范工程一类项目，省农审中心组织人员完成浙江省高标准农田建设情况调研课题，并由省农发办上报国家农发办；参与嘉兴市、嘉善县、桐乡市和龙游县申报的高标准农田项目考察评估，完成上述市县高标准农田建设示范工程项目三年规划（2009～2011年）和2009年度可研报告、工程设计审查工作。

【项目可研评审】根据省农发办统一安排，组织专家对全省申报的2010年和2011年度土地治理项目可研报告进行评审，共审查项目231个，其中2010年度122个项目，2011年度109个项目。重点根据申报文件材料是否符合《申报指南》通知要求，项目建设是否围绕当地主导产业和特色农业的发展，项目区主要制约因素及项目建设的必要性分析是否清楚，资金投向是否合理，项目开发效益估算是否合理等进行评审。形成书面评审意见，对不符合要求的报告退回修改。

【技术业务培训】省农发办针对全省农发设计技术骨干举办全省农业综合开发资金和项目管理培训班，省农审中心针对工作职能转换后，技术人员如何参与农业开发设计工作，如何编制好土地治理项目实施方案在培训班上进行讲解。

（省农审中心供稿　楼剑敏　申京涛执笔）

财政干部教育中心（中华会计函授学校）

【概况】2009年，省财政干部教育中心、省中华会计函学校围绕财政中心工作，开展农村财会人员财政支农政策培训工作、系统干部教育培训和会计人员继续教育工作，继续抓好多层次学历教育，管好用好省财政教育培训网，在财政干部教育中发挥了作用。

【财政支农政策培训】按照财政部《关于开展农村财会人员财政支农政策培训工作》的要求，通过调研并与厅各处、室、局沟通协调，启动全省农村财会人员财政支农政策培训工作。选择函校绍兴分校和苍南县进行培训试点，积累经验。召开全省农村财会人员财政支农政策培训工作座谈会，确定首轮培训重点、培训对象和培训内容及基本目标。组织编写《浙江省农村财会人员财政支农政策解答》，作为培训补充教材。首轮培训时间为2009年至2011年，培训对象为全省乡镇代理会计、出纳和村报账员等农村财会人员。

【干部教育培训】做好培训计划汇总报送、实施培训计划、整理归档培训资料等相关工作，全年全省各级函校共培训系统财税干部206期，计15890人次，省本级办培训班23期，计3645人次。指导各级函校开展以会计人员继续教育为重点的各类会计培训；举办厅机关和厅属企事业单位会计人员继续教育培训班，讲授部门预算编制方法与技巧、政府采购业务、会计与税收新政、税收改革与政策调整等财会知识。全省全年举办在职培训1705期，计177951人次。其中：会计人员继续教育138802人次，会计电算化培训18378万人次，会计职称辅导培训2090人次，会计从业资格辅导培训10977人次，其他培训7704人次。

【学历教育】开展中专、联办大专、联办远程本科各个层次的学历教育工作，全年招收中专新生1493人，毕业2281人；招收联办大专新生2473人，毕业2312人；招收联办现代远程本科和大专学生334人，至年底省校中专、大专、本科注册在校学生为7676人。做好学籍管理、课程教学、教学资料组织、命题审题、审核资料、毕业发证等教务工作。组织做好全省各级办学单位的考试工作，并会同省教育厅和联办单位人员开展巡考，检查考纪考风。制订修订学历教育工作制度，运用教务管理系统规范教学管理，提高工作效率。

【教育培训网管理】全年累计登载综合信息、财经法规、学历教育、干部培训、理论探索等19个栏目文章2564篇，发布干部培训、学历教育等工作信息14则，增添若干视频课件，为财税干部构建一个学习平台。服务学历教育，将学历教育教学计划、教材征订等通知和教材修订后的综合练习题上传相应栏目，方便各教学单位和学生下载。监测管理网站，与网站协作单位签订托管、内外局域网安全维护管理合同，保障网站正常安全运行。

【自身建设】4 月，省编委批准浙江省财政干部教育中心与浙江省中华会计函授学校合署办公，单位性质为省财政厅所属社会公益类纯公益性事业单位。根据省编委批准的单位性质，对单位内设机构进行调整，由办公室、综合业务部、学历教育部三部门组成，并相应调整人员和制订、补充、完善部门工作职责。做好权力"搜索"及运行机制的自查、整改工作，拟定单位工作规则、权力事项目录及权力运行流程图。

（干部中心[函校]供稿　童联新执笔）

注册会计师、资产评估行业管理

【概况】2009 年，浙江省注册会计师协会（以下简称省注协）以促进注册会计师、资产评估行业为浙江经济发展和企业二次创业提供专业服务为己任，开展对外协调，反映行业诉求，开展执业质量检查，引导执业机构加强内部治理建设，推动会计师事务所、资产评估机构（以下简称执业机构）做大做强。至年底，全省共有会计师事务所 315 家、注册会计师 4119 名，资产评估机构 149 家、注册资产评估师 1456 名。

【开展学习实践科学发展观活动和行业党建工作】参加省财政厅党组关于深入学习和实践科学发展观的专题讨论，省财政厅党组书记钱巨炎担任省会计师事务所学习实践科学发展观活动指导小组组长，对学习实践活动进行具体指导。11 月 19 日，中国共产党浙江省注册会计师行业委员会宣告成立，省财政厅党组成员、副厅长薛小杭任党委书记。行业党委成立后，有序开展行业党建的各项工作。

【促进行业提升整体竞争力】有效利用危机的倒逼机制，倡导执业机构拓展非审计业务，提升注册会计师行业的整体竞争力，并先后发出《关于组织开展非法定业务经验交流与工作研讨活动的通知》等 4 个通知，在全省各会计师事务所间总结非法定业务拓展的相关经验。组织开展行业业务新领域拓展研讨，召开非法定业务拓展经验交流会。采取各种形式加大宣传力度，指导执业机构从树立信心、正确评估危机、开源节流、控制执业风险等多个方面加强内部管理，提升竞争力。

【开展行业诚信教育】开展 2007～2008 年度优秀注册会计师、注册资产评估师评选活动，有 41 名注册会计师被评为年度优秀注册会计师，5 名注册资产评估师被评为年度优秀注册资产评估师。为推进注册会计师、资产评估行业诚信建设，提升注册会计师、注册资产评估师的社会公信力，7 月组织两期新注册人员诚信宣誓暨专题教育培训活动，321 名新注册人员参加宣誓仪式。

【强化行业监管】与省财政厅会计处、财政监督检查局联合组织开展 2009 年度会计师事务所执业质量检查，检查重点是 2008 年 7 月以后成立的新所、前几年未受过检查的老所和受到投诉举报的事务所。经检查、复查并报省注协惩戒委员会讨论决定，对 2 家存在严重执业质量问题的会计师事务所和涉及的 4 名注册会计师，给予公开谴责的惩戒；对 6 家存在严重执业质量问题的会计师事务所和涉及的 13 名注册会计师，给予行业内通报批评的惩戒；对 2 家存在执业质量问题的会计师事务所和 25 名注册会计师，给予训诫的惩戒。建立省注协第一届专业技术委员会，健全行业的自律组织体系，第一届专业技术委员会设审计与会计、评估两个专业小组，由 33名从事审计、会计、评估等业务工作的实务工作者、院校学者和省注协秘书处工作人员等委员组成，并讨论制定《浙江省注册会计师协会专业技术委员会工作规程（试行）》。为提高事务所审计效率和审计质量，成立浙江省会计师事务所审计信息化领导小组，制定软件开发计划，联合天健会计师事务所开发注册会计师审计软件，并开展软件的测试和运用培训工作。

【日常管理工作】完成注册会计师、注册资产评估师年检工作。重新修订《浙江省注册会计师、注册资产评估师注册关系转移暂行办法》，并经省注协第四届常务理事会通过，于 5 月 1 日开始施行。依法办理注册会计师、注册资产评估师的注册、转所、注销及非执业会员资格申请工作。帮助和指导会计师事务所、资产评估机构加强内部治理机制。召开全省注册会计师、资产评估行业部分人大代表、政协委员座谈会，贯彻落实省委、省政府"创业富民、创新强省"的精神。

【提高执业队伍素质】组织完成注册会计师、注册资产评估师全国统一考试组织工作。当年全省计 28379 人（69645 科次）报考注册会计师考试，共有 864 人（2856 科次）报考注册资产评估师执业资格考试，有 101 人取得注册资产评估师全科合格证书。组织注册会计师继续教育培训 2928 人次，注册资产评估师 1467 人次，对全省注册会计师和注册资产评估师轮训一遍。

【宣传服务工作】配合行业和协会重点工作和宣传主题，做好会刊编辑工作。做好协会网站的维护、更新与改版等工作。在《中国财经报》、《中国注册会计师》、《中国资产评估》等报刊刊发浙江省注册会计师、资产评估行业的宣传报道十余篇。参与协调解决执业机构内部矛盾，化解困扰行业发展的不利因素。发挥专业优势，为会员答疑解惑提供法律服务。

（省注协供稿　徐得均执笔）

市县（市、区）财政工作

杭州市财政工作概况

杭州市

【概况】2009 年，杭州市实现生产总值 5098.66 亿元，按可比价计算比上年增长 10%。其中：第一产业增加值 190.25 亿元，增长 3.2%；第二产业增加值 2434.89 亿元，增长 6.8%；第三产业增加值 2473.52 亿元，增长 13.9%。全市人均生产总值 74924 元，增长 9.1%。全市财政总收入 1019.43 亿元，增长 12%，其中地方财政收入 520.79 亿元，增长 14.4%，占财政总收入的 51.1%；全市地方财政支出 490.39 亿元，增长 16.8%。财政收入总量居全省各地区首位，增幅超过全省平均水平。市区财政总收入 896.58 亿元，增长 12.2%，其中地方财政收入 453.52 亿元，增长 14.2%；市区地方财政支出 400.03 亿元，增长 15.8%。市本级财政总收入 162.39 亿元，增长 17.8%；市本级地方财政支出 129.51 亿元，增长 18.8%。全市各级财政收支平衡，略有结余。

【支持企业发展】加大企业发展专项投入。整合工业发展专项和科技发展专项资金，投入扶持工业企业技术改造资金 1.2 亿元、扶持中小企业发展 4088 万元。市本级旅游发展与旅游西进投入 2.4 亿元，重点支持"十大特色潜力行业"；文化创意产业投入 2.05 亿元，扶持文化创意产业重点行业发展；服务外包和外贸发展投入 7600 万元，商贸服务业投入 8720 万元，金融服务业投入 1153 万元，支持开放经济、总部(楼宇)经济、空港经济和现代物流业、现代金融业等现代服务业发展。新增 6000 万元资金推进太阳能光伏等新能源推广应用，专项用于杭州市太阳能光伏等新能源推广应用和示范项目；开展高污染车提前淘汰财政补助工作，补助资金 5000 万元，补助黄标车 5516 辆。

帮助企业开拓市场。市本级发放五类消费券 11.57 亿元，财政兑现消费券和杭产家电补贴 7.9 亿元；通过展会补贴、品牌建设补助、出口融资补贴等方式，投入 1.5 亿元帮助工业企业拓展市场；投入电子商务进企业专项资金 3472 万元，推动 12012 家企业利用第三方电子商务平台拓展市场；鼓励本地生产企业参与政府采购，帮助杭产品拓展市场。

缓解企业融资困难。市本级向创业投资引导基金投入 2 亿元，吸引社会创投资本 5.25 亿元，投资项目 26 个；建立工业债权基金 5000 万元、"满陇桂雨"文化创意产业信托债权基金 5000 万元；完善中小企业信用担保体系，设立"天使担保基金"2500 万元，增资科技担保公司注册资本 4500 万元，筹组杭州市信用担保联盟，带动贷款日均余额 24 亿元；落实小企业贷款风险补偿政策，兑现金融机构考核奖励 1153 万元；鼓励"网络银行"和"科技银行"发展，投入 2000 万元与阿里巴巴、建行共建"网络银行"信贷风险池。

【保障民生事业】全年市本级预算内安排民生支出 89.93 亿元，增长 20.5%。

推进新农村建设。安排新农村建设投入 8.34 亿元，增长 21.6%。重点支持农村生态文明建设、改善农田和基础设施、加大村庄综合整治力度；投入 1.77 亿元支持农村水利设施建设；推进科技兴农和农村现代物流体系建设，投入 7305 万元发展农业产业化。

推进社会事业发展。教育、科技、医疗卫生和文化体育社会事业预算内投入 38.83 亿元，增长 24.7%，政府性基金等投入 18.34 亿元。社会保障和就业预算内投入 19.93 亿元，增长 25.9%，政府性基金等投入 9.81 亿元。

推进城乡环境优化。绿化环保预算内投入 2.81 亿元，增长 16.1%，政府性基金等投入 4.9 亿元，用于城北体育公园、城西休闲公园建设和实施半山、上塘河北岸环境综合整治、实施大气环境综合整治，加强饮用水保护。

推进保障性住房建设。投入廉租房建设 4.34 亿元惠及 2500 户居民，投入危旧房改善 3 亿元惠及住户 2 万多户和物业管理改善 1 亿元惠及住户 3.25 万户。

推进和谐社区和平安杭州建设。城乡社区事务预算内投入 13.59 亿元，增长 10.7%，加快和谐社区建设。公共安全预算内投入 11.21 亿元，增长 11.2%，推进"平安杭州"建设。

【确保财政收支平衡】全年市本级政府性基金收入 454.37 亿元，增长 23.8%；其中土地出让金收入 439.04 亿元。市本级政府性基金支出 464.81 亿元，增长 24.3%；其中土地出让金支出 436.67 亿元。政府性基金累计净结余 5.95 亿元。市本级社会保险基金收入 143.25 亿元，增长 11.8%。实际支出 120.31 亿元，增长 24.4%。当年结余 22.94 亿元。截至 2009 年底市本级政府性债务余额 43.36 亿元（不含铁投公司地方政府债券 7.79 亿元），比上年减少 18.77 亿元。债务预警线指标均控制在《浙江省人民政府关于加强地方政府债务管理的通知》规定的安全线之内。

【加强支出管理】严格控制行政成本，稳妥实施公务员津补贴工作，进行公务接待、公务用车改革、公务出国费用测算，并在预算安排中压缩公用经费和经常性业务费 10%。2009 年"三公"费用同比减少 9460 万元，下降 23.5%。加大财政性投资项目工程评审力度，全年财政审核项目 543 个，净核减项目资金 6.55 亿元。规范管理，制定《杭州市本级财政专项资金管理暂行办法》，健全财政专项资金工作机制；构建政府预算公开机制，2009年财政报告首次网上公示。制发《资产配置管理暂行办法》和《常用资产配置标准(试行)》，在24家行政单位中开展资产预算试点。扩大集中支付范围，将市教育系统32家事业单位纳入中心实行国库集中支付制度，使直接结报单位增加到181家；同时将市级财政补助事业单位的各项津补贴通过中心直接支付；181家市级预算单位签订了公务卡协议，发放公务卡7858张。

【加强财政监督管理】加强二级及基层预算单位财政财务检查、“收支两条线”检查、河道资金检查、西博会资金检查等财政监督工作，对财税扶持企业政策的监督评价等65个项目，利用中介机构力量开展绩效评价。同时，探索绩效评价与监督检查、基建项目评审有机结合的联动机制，提高绩效评价工作的威慑力和评价结果的利用效率。加强政府采购监管，印发《杭州市政府分散采购管理暂行办法》，促进各行政主管部门成立政府采购领导小组，制订相关管理制度。完成“两网一平台”建设，实现预算、采购、支付相衔接，采购计划申报、审批、采购方式确定、项目委托等全过程电子化管理，实现政府采购信息系统向城区推广，初步搭建“大网络、大平台”，打造权力阳光运行机制。

【和谐财税文化创建】以学习、制度、情感、激励、宣传和活动等为载体，推进和谐财税文化创建，增强干部队伍凝聚力、战斗力。完善杭州财税特色的人才成长机制，加大干部交流力度，拓宽各类干部培养锻炼渠道，两次推出机关干部和财税政策首问责任官的选调选拔，创造性地设置基层分局局长助理岗位，提拔年轻优秀干部；选拔党外干部到富阳市地税局挂职锻炼；选拔处级后备干部及新提拔的处级领导干部到12366和财政监督检查局锻炼。开展丰富多样财税文化活动。完成《浙江财税之歌》的词曲创作；《财税和谐大家庭》获全省文艺调演一等奖；组织“跨越千亿、成就未来”系列体育活动。组织团员青年知识竞赛，并坚持开展青年团员外语活动，聘请外教，提高外语应用能力。(杭州市财政局供稿　徐佳梦执笔)

上城区

【概况】2009年，杭州市上城区生产总值466亿元。全年财政总收入65.43亿元，增长2.8%，其中地方财政收入38.99亿元，增长5.6%；财政支出14.60亿元(不含省市补助，下同)，与上年持平。财政用于民生支出11.73亿元，增长1.93%，占地方财政支出的80.3%，占支出比重比上年提高1.52个百分点。全年财政收支平衡，略有结余。

【支持企业发展】落实积极的财政政策，服务企业“抱团过冬”，克服金融危机影响。5月出台《促进经济发展若干政策规定》，当年向企业兑现各类政策性资助和税费减免等计6.58亿元。帮助企业缓解融资难题，深化“政—银—企—投”服务平台，建立中小企业融资推荐机制，完善企业信息，强化政银企三方沟通。以国内首创的“中小企业非定向债权集合资金信托计划”形式启动“涌金池计划”，国资认购1000万元带动社会认购6000万元，实现1:6的杠杆效应，为16家企业解决7000万元融资需求。做好为企业服务工作，协助设立“上城区为企业服务中心”，开展热线电话、网上在线服务、面对面咨询等多种服务活动，构筑集维权、服务、协调等功能为一体的服务体系。理顺企业属地管理机制，建立和完善街道、社区对辖区企业的服务网络，抓好重点税源企业的服务工作一系列财政政策的实施，保障全区经济平稳发展，反映经济内生增长动力的营业税、增值税较上年分别增长18%和13%。

【发展民生事业】**支持教育事业发展。**全区教育支出35708万元，增长6.6%，推动名校集团化，为义务教育阶段绩效工资改革提供财力保障。投入1340万元，实现义务教育全免费；安排公办初中发展性评估专项经费600万元，用于初中校长任期制改革；安排800万元人才工程专项经费，用于教学人才的培养和引进；安排课堂教学研究专项经费200万元；全区义务教育学校教师绩效工资全部到位。**推进社会保障和就业工作。**全区社保和就业预算内支出资金17968万元，增长18.1%，其中：离退休保障支出11786万元，城市居民最低生活保障支出1156万元，居家养老等其他救济支出489万元，抚恤及安置费支出1599万元，再就业促进专项支出800万元。**支持医疗卫生事业发展。**全区医疗卫生预算内支出7900万元，增长19.2%，用于各项医疗保障、社区卫生服务中心及服务站建设，其中：医疗保障支出3653万元，社区卫生服务中心及服务站支出2198万元，设备及信息化建设支出530万元，重点防控甲型H1N1流感支出120余万元。**城市建设及社区管理事业发展。**全区城乡社区事务预算内支出38014万元，用于危旧房改善、庭院改善、背街小巷改善、道路整治等城市建设支出，以及社区管理、城市保洁、城市维护执法管理等。

【组织财政收入】加强对全区经济运行情况分析，实行收入形势月报制度，研究制定相关措施，确保收入及时入库。加强部门联合，建立全区协税、护税工作机制，并拟定《上城区协税护税管理办法》，建立年地方财政收入50万元以上的重点企业联系人制度和企业需求信息报告制度，每月组织召开街道、国地税、重点财源企业以及金融单位形势分析会，协调工作。完善非税收入管理体系与软硬件建设，强化票据管理，开展非税收入征收管理，确保非税收入及时足额上缴财政专户。制定财政收入目标任务考核制度、部门创收激励制度，增强各部门、各街道抓发展、促增收的积极性，发挥财政体制的激励作用。财政收入实现年初确定增长目标。

【财政资金管理】创新国有资产管理，2009年是国有资产统一经营的第一年，全年实现经营性总收入9200余万元，比整合前增长15%。区创业投资有限公司完成5家初创企业的跟进投资，投资额789万元，带动其他投资5290万元。做好全区建设项目收支建议计划的编制工作，制定《建设单位资金管理考核暂行办法》、《政府性投资建设项目资金财政集中收付管理办法(试行)》，加强政银战略合作，落实建设单位贷款审批制度，统一筹措建设资金，降低贷款利率，全年基本建设项目银行贷款余额同口径下降12.6%，全年减少银行贷款利息支出5900万元左右。

【财政信息化建设】开发应用"部门预算编制、国库集中支付、资产管理、监督评价"等功能为一体的信息管理系统，同时开发以"五主多副"* 为重点的"上城区财政收入动态分析系统"，实现动态掌握全区财政收入进度变动情况，该系统设立了街道收入进度以及"五主多副"产业、楼宇经济、特色街区、招商引资等统计分析模块，财政管理效率得到提高。

【财政监督】完善国库集中支付制度改革，制定财政国库管理制度改革方案，扩大国库集中支付范围，规范支付流程，提高财政资金运行效率。规范政府采购工作程序，扩大政府采购规模和范围，全年政府采购完成22490万元，资金节约率12.6%。完善财政监督和支出绩效评价体系，对上级财政转移支付资金实行动态监管。完成全区24家行政事业单位的行政运行经费绩效评价、8家企业的2008年企业技术创新专项资金项目绩效评价和乡村卫技人员素质提升工程绩效评价，并将评价结果全面运用到财政预算编制、执行、政府行政目标考核中，实现评价与管理的有效结合。

【完善会计管理】贯彻落实《会计法》、《行政许可法》，加强会计制度建设，强化对会计从业人员的监管，规范会计秩序，履行会计管理职能。加强会计从业人员的培训教育，继续做好会计从业资格证的管理，构建会计诚信监督和会计诚信服务体系。

【严格"三公"管理】根据省委、省政府关于做好党政机关厉行节约通知要求，严格"三公"(公务接待、公务用车、公务外出)支出管理，对各部门实施公务经费定额标准管理，通过开展"提高工作效率、提高服务水平、降低公务支出、降低行政成本"的"两提高、两降低"效能建设主题活动，压缩出国经费和公务接待费，冻结公务用车购置，提高政府运行效率。

【干部队伍建设】加强中层干部的教育、培养和选拔，按照"公开、平等、竞争、择优"的原则，开展中层干部述职评议、轮岗和公开选拔工作，全局50%的中层干部进行了轮岗，调整后的中层干部平均年龄下降3岁。深化学习型机关创建，去先进单位学习，组织党员、干部职工学习调研活动，获得区学习型机关荣誉称号。　(杭州市上城区财政局供稿　孙克敏执笔)

△注：

*"政—银—企—投"平台：由政府牵线，组织辖区内银行、投资公司、中小企业和相关职能部门进行"网上对接"，通过网络平台促进信息及时交流，实现各方共赢。

*"五主多副"：重点发展文化创意产业、金融及其衍生产业、大旅游业、现代商贸服务业和精品房地产业五大主体产业，同时培育发展都市型工业和其他现代服务业。

下城区

【概况】2009年，杭州市下城区实现生产总值405.5亿元，比上年增长13.2%。其中：第二产业增加值50.69亿元，下降5.7%；第三产业增加值354.81亿元，增长16.6%。全区财政总收入98.11亿元，增长1.7%，其中地方财政收入57.53亿元，增长9.1%；地方财政支出17.07亿元，增长7.2%。全年财政支出收支平衡。

【增强财政政策引导】把保持经济平稳较快发展作为财政工作的首要任务，理顺财政资助资金申拨流程，整合汇编各项企业发展扶持政策，落实企业减负解困促发展政策措施，实施增值税转型改革，支持企业自主创新，加大财政资金对经济发展的投入力度，全年多渠道统筹投入经济发展资金4.40亿元，增强企业发展活力和竞争实力。

【助推产业结构转型】坚持"两轮驱动"产业发展方针，全面实施"1+X"* 经济扶持政策，加快工业企业"退二进三"步伐，发展高新技术产业和商贸、金融、文化创意等现代服务业，提升服务业的发展层次和规模水平。服务业对税收的贡献率80.8%，比上年提高2.59个百分点。

【组织财政收入】发挥财税联席会议和综合治税机制作用，加强对收入运行的问题分析和发展预测，协调推进重点项目实施，加快楼宇经济建设，加大私房、写字楼及沿街商业用房出租税收征管力度，促进收入运行质量提升。地方财政收入占全区财政总收入的58.6%，比上年提高3.99个百分点。

【服务重点企业】坚持"扶优扶强"原则，向重点税源企业在政策宣传、资金扶持和纳税辅导方面的支持力度，健全重点税源企业联系走访制度，筹建"联保通银企"信用担保平台，帮助企业解决融资等实际困难，促进基础财源稳定发展。当年全区重点税源企业税收占全区地方财政收入的80.3%。

【控制行政成本】通过实行部门预算支出"零增长"、压缩公用经费5%、削减出国考察经费20%、减少会议接待经费10%、冻结公务购车和加强预算执行管理等举措，控制行政性成本。全区行政性成本占财政支出16.3%，下降0.4个百分点。

【加大民生支出】妥善处理经济"促发展"和民生"保投入"预算资金安排的关系,优先保证科技教育事业法定增长,加快推进以民生为重点的社会建设,财政投入社会事业、就业和社会保障、生态环境建设等领域专项资金分别增长10.5%、11.5%和20.0%。同时统筹辖区南北区域和谐发展,集中当年新增财力的2/3以上即0.90亿元继续扩大民生覆盖面,其中北部地区基础配套设施建设专项资金增加投入0.58亿元。全区公共产品支出比重占总支出的71.7%,较上年提高1.36个百分点,促进区域基本公共服务均等化。同时,安排抗震救灾专项资金0.18亿元用于对口支援四川省青川县灾后恢复重建。

【规范财政管理】完善会议费等预算定额和支出标准体系,制定《下城区区级部门财政拨款结余资金管理办法(试行)》等一系列预算管理制度办法,提高预算编制管理的科学化、规范化和精细化水平。全面推行财政票据电子化管理,清理规范行政事业性收费。优化资金拨付流程,减少资金中转环节。制定《关于做好2009～2010年度下城区区级会议培训定点工作的通知(试行)》,规范定点印刷和办公耗材定点采购等相关工作。全年共组织集中采购49批次,采购金额5351万元,资金节约率12.1%。

【加强监督考核】依法开展预算执行情况检查,部门"小金库"专项治理等工作,首次尝试引入社会中介机构参与实施项目支出绩效评价,提高财政资金使用效益。全面应用国有资产动态管理信息系统,实行国有资产条码管理,推行国有资产管理网上审批,督促落实房产集中管理和公开招租制度,提高国有资产使用和配置效率,国有资产运营收益比上年增长18.8%。发挥主管部门财务辅导网职能,加大会计继续教育培训力度,开展会计信息质量检查,推进会计诚信建设。

【干部队伍建设】深入实践学习科学发展观活动,以"二带、三访"的形式,开展调研活动。局领导和科室负责人带头走访行政事业单位、社区和重点税源企业听取意见建议,研究分析对策。以"加速下城发展,实践从我做起"为主题,开展热点难点问题讨论。以破解体制机制难题为目标,组织开展"我为财政献一计"活动,收集"金点子",开阔工作思路。深化"财政服务进社区活动",该活动自2004年开始已坚持6年时间,全局干部以个人名义与社区贫困人员结对58个,每逢夏季高温和春节的上门慰问,2009年全局干部个人捐款总额达2.3万余元。 (杭州市下城区财政局供稿 马英喆执笔)

△注:

*"1+X":"1"是指下城区制定《进一步促进经济发展的若干意见》,"X"是指促进高新技术产业、文化创意产业、旅游会展业、商贸服务业、中介服务业、房地产建筑业、社区服务业、楼宇经济、总部经济和促进企业上市等财政扶持政策。

江干区

【概况】2009年,杭州市江干区实现生产总值251.9亿元,比上年增长13.5%。其中:第一、二、三产业增加值分别为1.0亿元、86.1亿元、164.8亿元,分别增长-32.3%、9.1%、16.6%。全区财政总收入52.30亿元,增长12.1%,其中地方财政收入29.89亿元,增长12.7%;全区财政支出15.08亿元,增长16.1%。全年预算执行情况良好,财政收支平衡。

【完善镇街财政体制】出台"鼓励引进优质税源,确保财政收入增长"的措施,制定《新增企业及共享资源项目财政收入级次划分实施细则》,完善税收属地管理制度,调动街道、镇和科技园区的积极性,镇街和园区剔除房地产税收后的财政收入增幅为15.3%,比上年提高4个百分点。

【扶持和服务企业发展】支持企业创新、推进产业升级,全区投入财政资助和奖励资金11603万元,投入中小企业集合债权信托基金1000万元,落实保增长政策119万元;争取上级财政产业发展扶持配套资金5669万元;落实出口企业免抵增值税和增值税退税67896万元,区财力为此负担4092万元,增长29.5%。增强服务企业意识,开展各项服务企业的活动,推动工业企业的主辅分离,辅导落实各项税费优惠减免政策,全年共清理停征行政事业性收费1905万元,落实税收优惠政策近3亿元,减免水利基金3753万元。

【保障民生事业】优化财政支出结构,强化公共财政服务功能。预算内支农支出按法定比例增长,落实支农投入"三个高于"的要求,支持新农村建设。加大对文化体育事业的投入,其中预算内投入文化体育经费904万元,增长35.7%,筹集彩票公益金325万元用于群众性体育活动和设施建设,投入357万元用于文化中心运行和体育中心设施建设,有效保障了省级"文化强区"和"体育强区"的创建。区本级安排教育支出44793万元,其中预算内教育事业费23463万元,增长14%。落实义务教育阶段保障机制,免收学生杂费、课本费、作业本费2205万元,增加义务教育阶段教师绩效工资6314万元;统筹安排学校布局调整专项资金11283万元,促进基础教育优质均衡发展。加大科技投入,科技投入占财政支出比重4.7%,比上年提高0.3个百分点,引导企业增加研发投入,促进企业自主创新能力的提高。完善卫生事业财政保障机制,加大社区公共卫生服务经费投入,安排社区卫生服务中心建设资金1808万元,全面落实社区卫生服务机构"收支两条线"改革,确保社区卫生服务的公益性。加大社会保障投入,区本级预算内社会保障支出9412万元,增长207.1%,占区本级支出的8.5%,比上年提高5.4个百分点。统筹资金安排民生支出3632万元,

杭州钱江新城

资产管理制度。深化财政法制建设，加强会计信息质量监督检查，落实会计继续教育制度，严把会计从业资格关；开展“小金库”专项清理检查工作，严肃财经纪律；加强财政法制宣传，落实行政执法责任制，推行权力阳光运行机制，规范财政执法行为，推进依法理财工作。

【完善街道镇财政财务管理】构建四大管理系统平台，制定六大制度体系，强化街道、镇财政财务管理。统一财政财务核算系统，将预算编制、指标拨付、财务核算、资产管理、查询监管等功能模块一体化，通过网络实现对街道、镇财政财务收支情况实时监控；完善财政收入分析系统，推进企业属地管理，及时掌握分析税源，完善区、街道镇财政体制管理；出台街道、镇银行账户管理及街道、镇财政转移支付管理等一系列管理制度，强化监督，从源头上预防和治理腐败；建立街道镇非税收入管理系统，深化“收支两条线”改革，强化非税收入票据管理；建立固定资产长效管理系统，完善公有资产管理。制订各街道镇国有（公有）资产清查及动态管理工作实施方案，实现公有经营性资产保值增值，提高公有资产使用效益，维护公有资产的安全和完整。

【加强干部队伍建设】以深入学习实践科学发展观活动为契机，开展多种形式的学习培训和走访调研，引导财政干部职工牢固树立公共服务意识、干事创业意识和大局责任意识，提高干部队伍服务城市化进程、服务地方经济社会发展的综合素质。以增强团队合力为目标，实施干部素质提高和资源优化工程，开展中层干部竞职选拔和岗位交流工作，充实中层管理队伍，加强对年轻干部的培养和使用，优化干部队伍结构。建立健全内部管理制度体系，完善综合考评制度和机关考勤制度，强化财政重点工作责任分解工作机制，打造服务型、责任型、高效型、法治型财政机关。

（杭州市江干区财政局供稿　赵大慧执笔）

落实征地农转非劳动年龄段以上人员生活补贴、农村困难群众医疗救助、就业帮扶、促进残疾人事业发展等各项民生支出。

【加大城建投入】统筹安排庭院整治、“一绕一线”整治资金9000万元，河道整治4500万元，千亩桃园整治1500万元，石桥路南段道路整治3000万元，农贸市场改造提升500万元，物业改善423万元。安排城乡道路（街巷）“洁化、序化”长效管理资金2亿元，增长82%。强化区块开发的资金保障力度，有序推进科技经济园、四季青服装交易中心二期、凯旋路旧城改造和草庄、普福等区块的综合改造，加快城市化进程，为打造“城市新中心、都市新门户”提供财力保障。

【深化财政管理改革】落实厉行节约措施，按照区委、区政府《关于进一步做好厉行节约有关工作的通知》精神，出国（境）经费比上年下降25%，党政机关的定额公用经费核减5%，接待费、会议费均有下降。健全预算约束机制，区级“上会”单位从20个扩大到26个，区城市管理办公室的部门预算接受区人大常委会重点审议；扩大财政直付范围，区级部门80%以上专项资金采用财政直接支付方式；推进绩效评价制度建设，财政资金在100万元以上项目落实绩效自评制度，对扶持产业发展专项资金使用情况实施重点项目绩效评价，提高财政资金使用有效性。强化政府投资项目管理，完善国有建设单位目标考核体系，增加工程管理和财务人事管理等考核内容，实施项目的全过程监管；出台银行贷款和银行账户管理办法，强化政府性债务管理。完善政府采购制度，规范采购行为，扩大政府采购范围和规模，资金节约率19.4%。夯实国有资产管理的基础工作，建立区级行政事业单位资产动态管理系统，制定区级行政事业单位房地产租入和租出管理实施细则、固定资产处置管理办法、资产配置管理办法和配置标准等制度，健全

拱墅区

【概况】2009年，杭州市拱墅区实现生产总值249.11亿元，按可比价计算比上年增长10.7%。其中：第一产业增加值0.34亿元，下降17.7%；第二产业增加值105.9亿元，增长4.6%；第三产业增加值142.87亿元，增长16.0%；全区财政总收入

58.20 亿元,增长 1.0%,其中地方财政收入 29.08 亿元,增长 6.5%。全区财政支出 12.54 亿元,增长 4.7%。全区财政收支运行行情况良好,收支平衡。

【涵养财源】围绕收入目标任务,全力应对国际金融危机挑战,确保财政收入目标任务完成。深化税源联系监控机制。将全区 320 多家重点财源企业纳入税源监控体系,组织干部走访企业,关注企业动向,配合税务部门抓好收入征管,确保税收及时全额入库。加强国税地税财政通力协作。定期召开国地财联席会议,及时把握财税政策调整变化,掌握收入进度。抓好专业市场税收征管,挖潜堵漏,做到应收尽收。全年专业市场税收 4.1 亿元,增长 13.5%。强化招商引资企业的税收培育。主动做好引进企业跟踪服务,协调解决企业发展困难,尽快缩短企业税收培育期。当年引进企业中已缴纳税收企业 2795 家,税收入库 8200 万元。

【帮扶企业】减轻企业负担。兑现消费券等支持企业减负解困促发展政策资金 1.06 亿元。帮助企业做好增值税先征后返工作,累计办理退税 4370 万元,降低企业运营成本。出台《促进外贸发展若干意见》,帮助企业应对出口困难,扶持外贸企业做大做强。缓解企业融资难题。通过下调企业担保费率和贷款利率、设立区创业投资引导基金、完善银企合作平台、发展区内融资担保机构等举措,带动社会资金、金融资本投入,降低企业融资成本,拓宽企业融资渠道。加大企业扶持奖励。用足用好用活各类政策资源,争取电子商务、技术改造等省市各项资助资金 5100 万元,提升企业竞争力。加大扶优扶强工作力度,安排落实各类企业扶持奖励资金 4200 万元,促进重点税源企业加快发展。落实国家、省市有关促消费的政策措施,兑现家电、汽车、摩托车下乡和家电以旧换新等各类补贴资金 275 万元,推进支农惠农,促进家电销售,提振消费信心。

【助推经济转型】推进经济转型。引导企业分离发展服务业,确定分离重点,完善政策支持,当年完成主辅分离的企业 34 户。关停低、小、散、差企业,促进产业升级,助推产业链延伸。提供人才支撑。发挥全区会计学会财会人才库和信息资源库的优势,为企业升级提供财会人才。鼓励大学生、留学生创业发展,为企业提供人才资源。助推技术进步。帮助企业做好增值税转型政策解读,减轻企业税收负担 6500 万元,促进企业加快设备更新和技术进步。

【压缩行政经费】严控行政支出。制定会议费、差旅费管理办法,严控招待、办公、培训等经费支出,暂停公务用车购置,出国经费比上年压缩 25%,行政性支出零增长。提高资金效率。多方筹集安排重点项目资金,为城市建设提供资金保障。加强建设项目资金的审批、拨付管理,严格按照工程进度拨款,避免资金闲置,提高资金使用效率。切实保障民生。保障民生项目资金需求,全年新增财力的 92.3%投向民生,保障人民群众得到实惠。安排残疾人补助、就业和再就业、企业退休人员补助等各类社会保障资金 6100 万元,完善社会救助体系,帮扶困难群众,提高弱势群体生活质量,增强居民消费能力。落实义务教育阶段教师绩效工资资金需求,强化离退休干部生活资金保障,提高社区工作者待遇。

【加大环保投入】筹集落实资金 6.26 亿元,用于道路建设、河道整治、污水处理、农业基础设施改善等各类支出,推动城市道路完善,促进河道美化清洁,推进农村生态文明建设。保障落实文体中心改建、教学楼改造、老人公寓基建等项目资金。借第四次推出新运河之机,安排落实烟花大会、龙舟赛等各类活动资金,提高秀美拱墅的知名度与影响力。落实物改工程、庭院改善、危旧房改善、背街小巷等各类经费 6370 万元,改善居住环境。安排街面保序、道路公厕保洁、垃圾清运、养护绿化等资金 1.15 亿元,美化市容市貌。

【强化制度管理】落实中央、省市有关“小金库”专项治理的文件精神,完成动员部署、自查自纠、重点检查和整改落实四阶段工作,促进财政资金合规合理使用。出台《区级财政资金拨付管理办法》,规范资金拨付、审核、复核、稽核程序,强化资金拨付管理的内部制约机制。落实财经事项报告制度,加强重大投资事项监管,做好建设项目财务数据收集分析,掌握基本建设项目工程投资进度,并对建设单位贷款合同进行备案管理,控制重大项目财政风险。推动绩效评价,采取单位自评、主管部门评价和财政部门组织评价等方式,以民生、建设、企业帮扶为重点,先后完成截污纳管、再就业资金、乡村卫技人员素质提升工程等项目的绩效评价工作。

【加强国资监管】拟定《行政事业单位房产公开招租实施细则》,规范招租程序,提升房产出租收益。完善资产管理系统,实现资产实物、资产管理系统和资产账户登记三者统一,严格审批调拨、核销、公开转让等资产处置行为。安排布置国有建设单位的全年财务收支及负债计划,加强日常监控,规范国有资金使用管理。

【完善镇街财政管理】出台新一轮区对镇街财政体制,规范镇街收支范围,将省、市、区属企业下放给镇、街道,实现责权利的统一,调动镇街增收积极性。加强对镇街财政收入的考核,巩固镇街财政收入主阵地。

【健全财政管理体系】加强部门预算管理。规范预算定额体系,将单位所有收支纳入预算的笼子,完善预算编制、执行、监督机制,提高预算约束力。强化非税收入征管。规范政府非税收入项目内容,确保在规定的范围和标准内应收尽收。从票据领购、结报、印制、销毁等环节加以规范,强化非税收入管理。规范项目资金管理。确定 90 多项重点管理项目,完善重点项目拨付审批程序,建立项目管理电子档案,实行跟踪管理。

加强建设局、城管办等单位项目对接，保障建设项目资金及时到位。提高集中支付效率。简化用款审批程序，缩短资金拨付时间，完善集中支付软件。确定300余个财政直接支付项目，全年共支付金额6.5亿元，扩大集中支付范围。加强政府采购监管。出台《拱墅区政府分散采购管理暂行办法》，严格采购单位上报、预算追加、审批、备案等流程，强化采购预算刚性，加强采购信息统计，促进预算、采购、支付各环节相衔接，提升政府采购效率。提高信息化水平。率先在全市主城区建成新型政府采购信息化管理系统，实现"一网实现、全程服务、实时监控"，并建设完成一体化运作的财政业务数据平台，促进财政、代理银行、预算单位联网，实现财库行数据共享。

【干部队伍建设】深入学习实践科学发展观，推进党风廉政和作风效能建设，建设财税文化，提升干部队伍服务科学发展的素质能力。全局学习实践活动紧扣"科学理财促发展、务实创新出成效"这一实践载体，把握关键环节，推进各项工作，开展"应危机保增长怎么做，科学理财促发展"解放思想大讨论活动、"金点子"征集活动、"公述民评"活动、财政服务年活动。开展正科级领导岗位选拔、副科级领导职位竞争上岗，以及事业单位专业技术职称人员述职评议工作，完善选人用人机制。　（杭州市拱墅区财政局供稿　罗敏翔执笔）

西湖区

【概况】2009年，杭州市西湖区实现生产总值405.12亿元，比上年增长13.05%。其中：第一产业增加值3.55亿元，下降1.08%；第二产业增加值83.39亿元，增长10.04%；第三产业增加值318.18亿元，增长14.03%。全年财政总收入78.48亿元，增长16.2%，其中地方财政收入45.55亿元，增长18.7%；财政支出26.74亿元，增长30.50%。全区财政收支平衡，预算执行情况良好。

【培植地方财源】开展"春阳暖企"专项活动，落实扶优扶强、减负解困促发展政策，开展"走百户、送千家"企业服务活动，组织走访企业800户，兑现企业消费券资金1.47亿元，兑付其他各级各类企业扶持资金10473万元。解决落实帮扶措施36项。建立中小企业融资支持体系，缓解企业融资难题。搭建银企合作平台，建立政府、银行和企业共同发展的长效机制。举办银企座谈会，达成贷款意向7.8亿元，签订贷款意向协议3.9亿元。出资1000万元发起设立"西湖——星巢创业投资天使基金"1亿元，解决大学生创业资金难题，鼓励大学生自主创新创业，拓宽大学生就业渠道。筹备发行"三潭印月"债权基金、成立小额贷款公司。支持企业科技创新和转型升级，加快转变经济发展方式。完善服务业的财政扶持政策，引导服务业特色楼宇发展和加快服务业产业集聚。全区服务业（第三产业）完成地方财政收入36.96亿元，增长21.6%，对全区地方财政收入的贡献率81.2%，其中非房地产业完成23.79亿元，增长11.8%，占服务业收入的64.4%。

【优化支出结构】着力保障和改善民生，优化财政支出结构。落实新农村建设资金3亿元，比上年增加6000万元，提升农村公共服务水平，改善农村基础设施条件。出台《村级运转财政补助办法》，建立"全覆盖、保运转、保生态"的村级基本运转和公共服务的财政补助机制，当年补助资金1891万元。做好"家电下乡"等财政支农工作，兑现"家电下乡"等补助资金118万元。落实重点议案办理和重大实事资金6.72亿元。推进津补贴改革，落实资金解决机关离退休干部津补贴资金。推进义务教育绩效改革，提高教师待遇。完善社会保障体系，实行积极的就业政策，多渠道筹集各类就业保障资金1200万元，帮助就业困难人员提高技能、充分就业，鼓励大学生、留学生自主创业。继续推进农村居民养老保险，累计兑现养老保险补贴1.8亿元，农村居民养老保险参保率89.5%。制定增收节支办法，控制一般性支出，减少会议培训费、招待费和差旅费等行政支出，国外公务考察费较上年压缩20%，压缩公用经费支出10%，用于支持抗震救灾和保障民生支出。停止新建楼堂馆所项目，停止购置车辆。

【深化财政改革】按照"收入一个笼子、预算一个盘子、支出一个口子"的综合预算管理要求，将全区预算内外资金全部纳入预算管理，全面反映全区财政收支情况，提高预算编制的完整性。早编细编部门预算，试行预算上会，提高部门预算的公开性和透明度。扩大预算公开范围，将全区42个部门和9个街道的部门预算草案全部纳入人代会审查范围；创新预算公开方式，首次采用电子触摸屏系统供代表们自助查询财政资金的收支情况、资金流向。实行预算编制户籍化管理，建立部门对口联络制度，及时收集并掌握工作信息和部门动态，提高部门预算的科学性、规范性、有效性和准确性。制定财政项目结余资金管理办法，及时清理、盘活历年结余资金，缓解财政收支矛盾。通过全盘统筹、合理调度，节约建设财务成本7000余万元。规范整合财政项目资金，提高资金使用效率。建立部门预算执行分析反馈机制和100万元以上重点项目绩效评价制度，并将支出分析结果和绩效评价结果运用到预算管理中。加强政府性投资项目资金监管，对纳入财政管理的项目实行全过程管理和监控，前移审核关口，强化项目预算管理，对项目招投标文件、施工合同和大额工程联系单等重要环节进行监督把关。严把审核质量关，审核核减建设成本2.66亿元。区财政局连续三年获全省预算评审工作先进称号。加强区属企业国有资产管理。召开国有企业出资人座谈会，开展国有资本经营预算前期调查，出台《国有企业重大事项监督管理暂行办法》,制定《国有资本收益上缴办法》。探索国有资本经营预算形式,促进全区国有资产保值增值。加强政府性债务管理。出台《政府性负债管理暂行办法》,规范政府性债务审批程序。

【干部队伍建设】全局以"弘扬财政文化 完善公共财政 服务跨越发展"为实践载体,以党员干部受教育、科学发展上水平、人民群众得实惠为总要求,设计"春阳暖企""服务暖心""和风惠民""阳光行政""文化聚力"五项行动,发挥财政在"保增长、调结构、重民生"的积极作用。先后派出8个调研组,访问镇街和村社100余人次,召开座谈会10个,形成调研报告8篇。其中5篇在国家级刊物上发表,5篇在省级刊物上发表。实现各项工作"争先创一流"的目标。全局干部加强"为全区人民服务、为预算单位服务、为支付单位服务、为领导决策服务"意识,改变服务态度,树立精细理财、热情服务的观念。围绕"学习、制度、活动"三大平台开展系列活动,开展"三八"、"五四"、征集"金点子"、美丽赞演讲、野外拓展训练等系列活动,引导干部在活动中升华思想、陶冶情操、增长见识、磨砺意志、合作团队。全局的学习实践活动取得成效,在群众满意度测评中获好成绩。

(杭州市西湖区财政局供稿 葛潮鸣执笔)

高新技术产业开发区(滨江)

【概况】2009年,杭州高新技术产业开发区(滨江)实现生产总值293.64亿元,比上年增长12.48%,其中:第一产业增加值1.63亿元,下降16.8%;第二产业增加值130.31亿元,增长5.6%;第三产业增加值161.70亿元,增长19.2%。全年财政总收入71.88亿元,增长12.0%,其中地方财政收入36.91亿元,增长16.9%;地方财政支出21.88亿元,增长4.5%。财政收支平衡,预算执行情况良好。

【扶持产业发展】落实国家出台的各项减税让利政策,支持企业自主创新、提质增效和节能减排,服务企业帮助解决生产经营中存在的困难和问题。兑现各类产业扶持政策,全年安排产业扶持资金10.02亿元,其中上级转移支付2.39亿元,区级支出7.63亿元。落实"保增长、稳就业、促消费"政策,对辖区内492家企业,在承诺"不减薪、不裁员"的前提下,发放消费券1.04亿元。利用国家扩大内需、拉动消费的相关政策,争取专项资金2.9亿元,支持企业发展。缓解中小科技企业融资难,一方面增加担保公司注册资本金5000万元,提高对中小企业的融资担保能力,担保余额1.67亿元;另一方面设立金融风险专项基金2000万元,搭建银政企合作平台,新增发放中小企业银行贷款4.51亿元。帮助企业开展债券发行,形成企业债发行方案,并通过省、市有关部门审核。

【强化收入管理】密切关注收入动态。坚持国税地税、工商联席会议制度,定期组织召开财政收入形势分析会,通过建立信息互通、数据共享、情况互通的工作机制,随时掌握税收入库动态,及时协调征管中存在的问题。关注和加强非税收入征管,加强土地出让金征缴与管理工作,及时组织收入。严格预算约束,从严控制行政成本,压缩一般性财政支出,除国家法律法规、政策规定和解决突发事件等因素必需增加的支出外,公务接待、公务用车、公务出国费用等一般性支出零增长。

【优化支出结构】以改善民生为保增长的出发点和落脚点,推动经济社会统筹发展,各项民生事业支出优先予以保证。加大农业农村投入,全年安排农林水支出4736万元,增长17.1%,保障新农村建设的开展。加大教育投入力度,落实和完善义务教育各项政策措施,全年教育支出2.23亿元,增长5.6%。促进和稳定就业,就业再就业专项资金支出3359万元。加大社会保障力度,当年缴纳征地农民养老保险资金1.55亿元,发放征地农转非人员生活补助费8710万元。加强公共安全经费投入,支出公共安全经费6817万元,支持和促进"平安滨江"建设。落实社区(村)经费保障机制,安排经费4963万元,确保基层政权组织有序运转。

【强化财政监管】开展财政资金安全检查,清理梳理现有财政专项资金,出台财政专项资金管理暂行办法,规范财政专项资金的安全运行。推进绩效评价工作,完善绩效评价内部协调工作规程,确定对高新技术产业化项目、城市维护费——绿化养护项目等10个项目进行绩效评价,涉及财政资金9303万元。落实"小金库"专项治理工作,开展自查自纠,对全区123家单位组织"小金库"自查工作,自查面100%;选择8家单位进行重点检查,对查出的问题提出整改意见,并出台《行政事业单位财务管理办法》。加强政府采购的规范管理,出台政府采购操作细则,实施政府采购"跟踪问效"制度,严格按照规定的采购方式、采购程序组织实施政府采购。深化概预算管理。控制政府投资项目规模,全年批复概算项目54个,批复金额58.60亿元,净核减1.09亿元;批复工程量清单143个,开标项目95个,其中工程预算审核金额16.74亿元,净核减9973万元,核减率5.96%。开展行政权力搜索工作,共清理出权力事项1518项,编制财政行政许可、非行政许可和行政处罚三大类权力运行的流程图。加强国有资产监管,开展区属国有企业及国有控股企业年度经营绩效审计工作,实施区属国企运营管理、资本结构、经营收益等专项审计,加强对奥体中心、滨康综合体、白马湖开发建设等三大开发建设主体的管理。按照综合配套改革的实施计划,调研起草《杭州高新区(滨江)预算单位公务卡制度改革方案》和《杭州高新区(滨江)预算单位公务卡管理办法》。

【内部管理建设】开展学习实践科学发展观活动。结合财政管理改革实际，以“服务企业促发展、服务基层保稳定、服务群众提民生”为实践载体，实现在创新发展、综合实力、保障能力、体制机制、科学理财和能力素质上取得新突破的工作目标。建立重点工作项目化管理制度，将财政重点工作任务进行分解，确定八大类19项重点工作，实行项目化管理。完善内部管理制度。制定下发《关于加强财政干部队伍建设的意见》，充实干部职工的政治理论和业务知识；确定财政纪检监察重点工作13项，并按责任制要求进行责任分解，夯实财政反腐倡廉建设工作基础；丰富财政廉政文化活动内容，设计载体，开展形式多样的廉政文化进机关活动，将党风廉政建设责任制工作与其他财政目标任务有机结合起来，制定目标，分解责任，使反腐保廉各项工作措施落实到科室，贯彻到人。

（杭州高新技术开发区（滨江）财政局供稿　卢闻天执笔）

萧山区

【概况】2009年，杭州市萧山区实现生产总值1044.85亿元，按可比价计比上年增长10.1%。第一、二、三产业增加值依次为43.41亿元、652.68亿元和348.76亿元，分别增长5.5%、7.9%和15.0%；三次产业增加值占生产总值比重分别为4.2%、62.4%和33.4%。人均生产总值86634元。全区财政总收入137.08亿元，增长8.1%，其中地方财政收入69.53亿元，增长10.1%；财政总支出65.07亿元，增长7.6%。按现行财政体制计算，全年可用资金为70.84亿元，增长12.6%。财政可用资金与财政支出相抵，年末财政滚存结余5.77亿元，财政收支实现总体平衡。

【财政收入管理】争取支持，把握主动。面对年初收入负增长的不利局面，主动向区委、区政府、区人大有关领导汇报工作进展情况，每月定期向有关部门、镇街负责人和大企业集团通报收入形势，提高社会各界对萧山财政收入工作的关注度。加强分析，查漏补缺。关注经济形势变化和组织收入工作中出现的新情况、新问题，分析重点税种、重点行业、重点区域的收入变化，做好预案。落实举措，注重实效。在落实原有征管制度的基础上，完善对外地进萧建筑企业、教育劳务、歇业企业清算、股权投资和转让等行为的税收管理，完善非税收入征管模式，夯实征管基础。强化配合，形成合力。对内，完善科室和分局之间的收入协调机制；对外，加强与国税部门配合，运用增值税免抵调库手段，确保财政收入稳定增长。在下半年形势好转的情况下，加强与镇（街）等利益相关部门的沟通协调，加大调控力度，实现收入均衡有序入库。

【财政支出管理】创新体制机制。按照加快大江东新城开发建设的要求，拟定建立大江东新城财政体制的思路；调整完善城区四街道的财政体制；明确区内企业搬迁及跨区域发展财政收入统计口径、利益分成办法。加强预算管理。落实各项财政节支措施，出台会议费、差旅费、招待费的管理办法；实行“两分离、一核定”的预算编制模式；全面实施义务教育教师绩效工资改革；出台《城区街道办事处土地分成收入支出预算管理办法》，明确土地分成收支预算编制及结算方式。加强资金管理。通过调整科室职能，实现财政资金的集中管理；清理整合规范财政专项资金，制定办法明确专项资金结余处理方式；出台专项资金管理办法，就专项资金的设立、使用等进行规范；出台土地收储成本审核管理办法，加强对土地出让金成本构成的审核和成本支付的监管，全年核减土地成本2214万元；加强建设项目资金管理，在保障工程推进的同时控制支出进度，整合调度资金，降低融资成本，全年节约财务费用2.00亿元；开展地方财政资金安全检查工作；对预算内外及专项资金、调度资金使用情况进行全面清理。加强财政监管。推进财政支出绩效评价工作，全年共完成36个评价项目，涉及资金15.00亿元；加强政府性投资项目全过程监管，分别对前期拆迁补偿款支付、材料价格调差、人工价格风险控制等进行规范；加强审价工作，全年审价核减政府投资项目资金累计22.70亿元，核减率13.7%。

【支持企业发展】完善政府应急专项资金运作方式，全年累计使用65.00亿元，有效缓解企业经营资金周转困难；会同区经发局、杭州商业银行设立总额6亿元的中小企业债权基金，给区内中小工业企业开辟了融资新渠道；分两阶段实施总额1.10亿元的消费资助，促进扩大内需；落实企业基本养老保险费费率下降2.0%和企业社会保险费单位统筹部分减征一个月政策，减轻企业负担1.50亿元；失业保险基金用于扶持困难企业稳定就业的补贴1.50亿元；兑现各类财税优惠政策，全年共落实企业技术开发费加计扣除金额3亿元；国产设备抵免企业所得税4400万元；国家级高新技术企业所得税优惠6000万元；全年对企业减免地方税费3.80亿元；兑现工业扶持资金5.15亿元，支持企业发展。

【支持经济转型升级】优化完善现有工业企业技改政策，在产业导向不变的前提下，适当降低门槛，提高扶持标准，促进工业企业提升竞争力；完善中小企业担保公司运行风险补偿办法，为中小企业融资提供便利；出台扶持信息化应用和信息产业、楼宇经济、服务外包产业、现代物流业、企业分离发展服务业等政策，加快现代服务业发展；出台鼓励海外留学人员创业、大学生自主创业政策，设立1亿元创业投资引导基金，营造创业创新的良好氛围；调整完善外贸扶持政策，投入5000万元财政资金，促进外贸结构调整。

【民生工程建设】全年用于民生方面的支出48.02亿元，占全区财政支出的73.8%，剔除地方政府债券等不可比因素，当年新增财力的91.5%用于民生。推动教育强区、文化名区、卫生强区建设。教育支出15.98亿元，增长16.47%，支持城乡教育基础设施建设、免费义务教育等事业的发展；文化支出1.24亿元，其中当年新投入6432万元，完成博物馆新馆、跨湖桥遗址博物馆、档案新馆的建设；医疗卫生支出5.05亿元，推进区一医院等改扩建工程、社区卫生服务中心、社区卫生服务站等医疗基础设施的建设。支持社会保障事业。全年通过财政安排的社会保障支出6.60亿元，落实农村居民养老保险等五项"社保新政"，全面实施《萧山区基本养老保障办法》和《萧山区基本医疗保障办法》，提高城镇和农村低保标准以及70周岁以上老年人生活补助发放标准，支持保障性住房建设。保障重点公共基础设施建设。根据区委、区政府提出的三年城市交通建设行动计划投资要求和2009年区级财政建设项目，通过预算安排、市场化运作等多种方式，加强资金筹措，全年基本建设累计投入46.72亿元，为03省道东复线北伸等区内重点工程建设提供财力支撑。

【国有资产管理】提高国有资产处置收益。按照公开、公平、公正的原则，对原公务用车进行集中拍卖，取得收入905万元；对行政事业性单位经营用房进行集中拍租，取得收入210万元。整合区内经营性国有资产，理顺管理关系，调整完善国有资产经营总公司，通过收购、存量资产注入等方式，做大做强交通发展公司平台，实现国有资产的保值增值。加强资产评估工作，核准资产评估项目11项，净资产评估价值46.60亿元，评估增值61.8%

【会计队伍管理】加强会计管理信息化建设，启用"萧山财政局会计网"；做好会计从业资格和代理记账行政许可工作，全年办理会计从业资格证书3236本，审批代理记账机构2户；做好为会计人员办理注册、变更、调转手续工作，全年办理注册2304人次，变更634人次，调出185人次，调入287人次；做好各类会计考试的报名、考务工作，组织889人报名参加2009年全国注册会计师考试，10494人参加2010年会计从业资格考试，3812人参加2010年会计专业技术资格考试，3322人参加会计电算化考试；组织职高、财会中专等学校的珠算等级鉴定，有163人参加珠算等级鉴定考试，发放等级证149本。

【干部队伍建设】加强教育培训。邀请区检察院副检察长作预防职务犯罪讲座；组织干部279人分6批到看守所进行警示教育；组织新任中层干部到法制教育基地接受现场教育；学习《干部学习新干线》，提高干部职工业务素质。加强廉政建设。完善廉政监督员交叉明查暗访制度；开展廉政文化示范点建设活动，设立廉政文化展示厅；在办公区域设立廉政文化景观；展出廉政书画作品；局域网设立廉政文化网页，播出干部职工的廉政座右铭；以廉政建设为主题，统一基层办公电脑屏保和桌面，营造办公场所廉政文化氛围。深化财税文化建设。邀请中央音乐学院副院长举办《音乐与人生》讲座，提高干部文化素养；全体干部职工根据业余爱好成立11个兴趣小组，倡导健康生活方式；举办以"健体魄、悦心灵、强团队"为主题的环湘湖健身走活动、国庆60周年文艺汇演和财税青年论坛，丰富干部职工业余文化生活。

(杭州市萧山区财政局供稿　吴水忠执笔)

余杭区

【概况】2009年，杭州市余杭区实现生产总值532.46亿元，比上年增长8.8%。其中：第一产业增加值35.53亿元，增长3.7%；第二产业增加值287.89亿元，增长5.4%；第三产业增加值209.04亿元，增长15.1%。三次产业结构由上年的6.4:57.1:36.5调整为6.7:54.1:39.2。按户籍人口计算，全区人均GDP 63172元。全区财政总收入100.07亿元，增长20.1%，其中地方财政收入59.67亿元，增长22.9%；财政支出58.06亿元，增长30.2%。当年财政收支平衡。

【促进经济转型升级】落实财政扶持政策。参与拟订《关于加大保稳促调力度，促进工业经济平稳健康发展的政策意见》，推动企业转型升级，推进产业结构调整；出台《工业企业贷款再担保风险补偿金实施办法》和《还贷周转应急资金操作办理办法(试行)》，缓解中小企业融资困难；出台《创业投资引导基金管理办法》，采取跟进投资、创立资助和风险补助等方式引导区域内电子信息、生物医药等高新技术产业发展。兑现各类财政补助资金。全年用于支持企业发展的各类扶持资金4.17亿元，增长10.1%，其中：工业经济发展资金2.71亿元，科技创新资金9835万元，现代服务业发展资金2149万元，旅游发展资金2649万元。落实扩内需举措。实施消费券发放兑现工作，第一阶段市民消费券兑付4006万元，第二阶段社会消费券、政府消费券和教育培训消费券共兑付90万元；落实家电下乡，汽车、摩托车下乡政策，全年累计发放补贴资金1290万元。优化服务举措。推出"手机报"宣传服务平台，为区内各部门领导、镇乡主要领导、企业法人及财务负责人、全局财税干部等共计2457人发送15期最新财税政策信息；组织开展"百名党员访企业"活动，走访178家全区重点企业，为企业提供政策服务；实施"一窗式"办税服务，在良渚、塘栖、瓶窑三个基层分局实现一个窗口为纳税人办理所有涉税事项。

【组织财政收入】建立健全重点税源五级监控制度和重点税源监控预警机制，对重点税源户中的大型企业实行跟踪管理，2009 年列入重点税源管理 375 户，入库税收 26.26 亿元，占全部税收的 55.5%。贯彻营业税新条例，鼓励企业在余杭发展总部经济，引导企业正确核算混合销售行为、兼营行为等，以便正确核算营业税应税收入。推进企业主辅分离，制订《财税推进企业分离发展服务业三年行动计划指导意见》和《推进企业分离发展服务业工作绩效评价办法》，全年分离发展服务业企业 33 家，增加税收 750 万元。出台《关于外来建筑企业所得税征收管理有关问题的通知》，规范对外来建筑业所得税管理。开展租赁业专项纳税评估工作，出台租赁业税收征管暂行办法和评估指标体系，全年对 83 户租赁业纳税人进行评估，补缴各项税费 364 万元。加强企业所得税征管，开展重点行业纳税评估工作，完善征收方式和减免政策管理。加强股息红利、财产转让所得等个人所得税征管，增加税收收入 7071 万元。强化纯地税行业个体税收管理，全年增加地税收入 2000 万元。开展缴纳增值税企业城建税缴纳情况比对工作，查处应补缴税款 1388 万元，入库 973 万元。深化社会化办税服务平台建设，在全区范围开设办税服务点 35 个，代征税款 1779 万元。深化"五费合征"征缴机制，当年全区净增参保人员 17523 人。实施两项教育费附加比对工作，开发计算机比对程序，比对户数 665 户，入库 1185 万元。

【保障民生支出】当年全区预算内用于民生支出 38.59 亿元，比上年增加 7.03 亿元，增长 22.3%。**支持新农村建设**。全年用于"三农"支出 24.96 亿元，增长 21.6%。制定出台农民专业合作社组织扶持政策实施细则、加快推进新农村建设和现代都市农业发展的若干意见等，集中财力支持农业和农村经济发展的重点领域和关键环节。完善全区种粮农民补贴"一折通"系统，及时将 1613 万元省级直补资金发放到农户手中。推进农业综合开发，当年立项 6 个项目，争取省以上资金 1230 万元，全面完成 2008 年小流域治理项目，制定农业综合开发山区小流域农业生态工程项目管护制度，实行"镇级负责、区级考核、以奖代补"管护办法。**支持社会事业发展**。深化义务教育保障机制改革，当年教育支出 11.50 亿元，增长 14.7%；医疗卫生支出 3.67 亿元，增长 31.9%；社会保障和就业支出 4.27 亿元，增长 63.7%；文化体育与传媒支出 1.22 亿元，重点支持区有关文化设施建设，社区、农村健身苑点建设；预算内安排环境保护支出 1.74 亿元，增长 75.2%。**支持抗震救灾**。调减部门公用经费预算 5%，安排地方财政收入的 1%即 4820 万，用于支持青川灾后恢复重建。

【推进财政改革】推进综合预算改革和收支两条线管理，结合公务员津补贴改革和教师绩效工资改革，完成区级行政事业单位沉淀资金和人民政府财政专户资金清理工作。推进国库集中支付改革，加强预算执行会计信息网络建设，开展财政部门与预算单位相连接的预算执行会计信息专网建设试点，开展财政资金直拨试点工作。深化政府采购改革，实施政府采购信息管理系统试点，制订分散采购管理暂行办法，全年政府采购预算 2.50 亿元，实际采购金额 1.96 亿元，节约资金 5396 万元，节约率 21.6%。推进医疗卫生体制综合改革，收购黄湖、百丈、鸬鸟三家卫生院，其中黄湖镇社区卫生服务中心已实行收支两条线管理。规范土地出让金收支管理，完成软件调试，定期向上级报送土地出让金收支报表。

【财政监督管理】修订完善《财政专项资金管理办法》和实施细则，明确专项资金适用的范围和用途，提高资金使用绩效。推进财政绩效评价工作，完成全省联动项目乡村卫技人员素质提升工程绩效评价工作和市局联动项目外贸发展扶持资金的绩效评价工作；完成 60 个自评项目评价工作，其中：项目单位自评 41 项，主管部门评价 19 项。完成对 2006～2008 年财政支农专项资金的自查和 2008 年度省级补助资金的 17 个现代农业建设项目的绩效评价。落实厉行节约要求，对 2009 年党政机关公用经费一律按预算数核减 5%，共核减 201.68 万元；控制会议、学习培训、庆典活动经费，当年安排会议经费 409 万元，比上年下降 7%；控制专项经费、接待经费和车辆运行等经费，除少量安排公安等部门执法车辆更新外，一律不安排车辆购置经费；控制楼堂馆所建设经费，当年不安排党政机关新建办公楼经费。加强政府性债务管理，强化债务的计划管理，严格审批制度，建立债务偿还机制，筹措偿债准备金，防范债务风险。加强基本建设管理。制订政府投资项目工程预算审核办法和政府投资项目工程变更和概算预算调整管理规定，全年审核同意立项的建设项目 205 个，立项总投资 163.95 亿元，核减投资概算额 8.86 亿元，核减率 5.1%；累计核拨工程建设资金 29.18 亿元，完成决算项目 17 个，决算金额 2.78 亿元，核减资金 2129 万元，核减率 7.1%。

【会计管理】实施会计信息质量检查，重点检查交通、民政、劳动等部门的 4 家单位。对卫生、残联下属两个单位的 2009 年部门预算编制及执行情况进行监督检查。实施镇乡、街道财政财务检查和财政专项资金监督检查工作。做好会计从业资格和代理记账两项行政许可工作，全区会计持证人员 17120 人，会计代理记账机构 29 家。做好各项考试、报名工作，当年会计从业资格考试人员 3628 人，会计专业技术资格考试人数 706 人。加强会计服务工作，在余杭热线论坛开设会计论坛——"会计之家"专版；举办企业上市基础知识讲座。

【推进机构改革】8 月，经十二届区委常委会 55 次会议决定，建立杭州市余杭区国有资产管理办公室，与杭州市余杭区财政局合署办公，同时撤销区国有资产管理委员会办公室。11

月,余杭区政府出台《杭州市余杭区财政局、余杭地方税务局、余杭区国有资产管理办公室职能配置、内设机构和人员编制方案》,明确机构职能、内设机构和人员编制等,理顺财政、地税、国资管理体制机制。

【干部队伍建设】开展学习实践活动。制订出台《关于开展深入学习实践科学发展观活动的实施方案》,建立局班子成员与各党支部的联络机制,结合财税工作实际,实施"理论武装行动、项目化管理行动、百名党员访企业行动"等活动,完成各阶段学习实践任务。实施竞岗交流工作。制订出台《关于系统内干部实行新一轮竞岗、交流的实施意见》,62名符合条件的干部参加竞岗,新提拔中层干部22人。加强党风廉政教育。制订《反腐倡廉建设和作风建设组织领导及责任分工》,实施岗位风险点查找和教育工作,开展公述民评活动,邀请47名评议代表,对农发办、农财科、规费科、税政科和经建科等五个科室进行评议。组织收看《贪官心理档案》、《秘密》等电教宣传片,动员开展廉政、学习实践科学发展观等系列征文活动。推进财税文化建设。开展新法规全员业务轮训,组织中层干部专题讲座,开展"读好书"创新干部思想教育。开展争先创优活动,健全争先创优考核机制,全区财税系统在各项竞赛、评比中共获得区级以上集体类先进、表彰30项。

(杭州市余杭区财政局供稿　吴　建执笔)

富阳市

【概况】2009年,富阳市实现生产总值356.40亿元,比上年增长8.1%。其中:第一产业增加值24.94亿元,增长2.3%;第二产业增加值214.71亿元,增长4.0%;第三产业增加值116.08亿元,增长18.5%。三次产业结构由上年的6.9:63.7:29.4调整为7.0:60.2:32.8。按户籍人口计算的人均生产总值55251元,增长3.4%。全市财政总收入50.11亿元,增长11.2%,其中地方财政收入27.57亿元,增长16.9%;财政支出27.35亿元,增长14.3%。全年财政实现收支平衡,略有结余。

【支持经济发展】筹措支农资金,预算内安排农林水支出3.39亿元,政府性基金支出9851万元,预算外专户支出611万元,其他专项1.10亿元。申报中央、省及杭州市项目172个,向上争取资金1.10亿元。扶持和发展地方经济,出台各类扶持政策,及时兑现本级地方扶持企业的补助和奖励资金1.57亿元,增长17.5%;向上争取各类经济扶持补助奖励资金,全年报送上级扶持项目20大类、237个项目,中央、省、杭州市共下达补助和奖励资金1.04亿元,增长79.4%。落实各类结构性减税政策,通过调整城镇土地使用税征税范围,为企业减负5000余万元;将造纸企业所得税预征率从1%调整为0.5%。落实社保费优惠政策,从1月份起,将企业缴纳基本养老保险费费率从14%调整为12%,职工医疗保险基金统筹比率从6%调整为4%,为企业减负8500万元。加大金融保障力度,建立"2亿元中小企业风险基金",新增授信贷款13.54亿元;通过"3亿元应急转贷基金",为企业贷款共3.13亿元金额的搭桥周转。促进房地产市场平稳发展,发放个人房产交易税收补贴9645户,累计发放税收补贴3880万元。做好"家电下乡"、"汽车摩托车下乡"财政补贴的发放工作,其中:"家电下乡"当年兑付15621户,补贴470万元;汽摩下乡兑付3046辆,计金额670万元;家电以旧换新通过5户商家对896台家电补贴30.5万元。推进农业综合开发工作,成功申报并实施国家级农业综合开发土地治理项目3个,产业化农业龙头企业财政补贴项目2个和财政贴息项目6个,争取中央、省财政资金2756万元。

【保障民生支出】2009年市财政预算内民生支出22.75亿元,占地方财政支出83.2%,增长18.8%,其中教育、科学技术、社会保障、医疗卫生、农林水等各项法定支出均符合法律法规要求。推进新农村建设进程。完善农村医疗健康保障制度和养老保险制度,繁荣农村教育、文体、旅游事业。强化社会保障能力。提高企业退休人员的生活补贴和节日慰问费,对70岁以上老人发放生活补贴,缓解就业压力等。加强环境保护与生态建设。继续搞好"三沿五区"的环境整治、"杭千高速"沿线绿化工程、坟墓整治、"811"环境治理、清洁城乡治理工程等。健全义务教育保障机制。在免除义务教育阶段课本费、杂费及职业教育发放助学金等同时,加大对教育债务的清欠力度,全年从教育附加结余及预算内、当年教育附加收入中安排0.5亿多资金用于消债。

【组织财政收入】受国际金融危机影响,全年财政收入呈现前低后高走势,6月开始连续3个月高增长,之后税收增幅加速上扬。加强重点税源监控管理。4月,出台《重点税源管理办法(试行)》,将占全市收入总量60%的388户重点企业纳入监控范围,并在分局、新登所试行设立重点税源管理岗。全年重点税源企业组织税收收入12亿元,占总入库的63%,增长14.4%,比地税总收入增长高1.4个百分点。开展税源管理绩效评价。建立以数字化和目标化管理等22项指标为绩效评价内容的制度体系,开展绩效评价7次,抽查管理岗36个,占总体税源管理岗的62%,累计发现问题255个,增加税费近千万元。推进工业企业分离发展服务业。当年分离发展服务业22家,新增营业税1808万元。加强契耕两税征收。当年征收契、耕两税2.88亿元,增长47.3%。健全非税收入考核激励机制。当年组织非税收入5亿元,增长40%。建立非税收入考核激励机制,及时下达各部门2009年政府非税收入征收计划;建立政府非税收入的考核激励办法;规范罚没收入的管理,加大对土地违法案件的查处。全年罚没收入 1.30 亿元,增长 48%。

【支出管理】编制政府财力大预算和部门预算。按照构建大预算体系要求,依托预算标准体系,实现预算编制的精细化和全覆盖。实施部门预算总量控制,并实行项目预算的整合、细化与直拨,政府性项目从 144 个整合为 116 个。实行津补贴统发和项目集中支付。公务员的所有津补贴由财政直接发放到个人银行卡账户,同时对 245 个、涉及预算金额 7.04 亿元的政府性项目和部门项目由核算中心实行集中支付。强化预算约束力和执行力。落实削减部门公用经费、公务购车冻结一年、出国组团减少 20%,共压缩部门公用经费 1500 多万元。先后出台行政事业单位会议费管理办法、差旅费报销办法、办公设施配置和标准管理办法,规范编外人员的分类管理办法。强化政府投资基建项目概预算审核及财务决算批复工作。接受工程预算委托评审及工程变更预算审核项目 151 个,审结 132 个,送审金额 13.13 亿元,审定金额 12.7 亿元,核减 0.43 亿元。加强政府采购监管。共采购货物、工程、服务等 18208 个单位(次),采购次数 242 批(次),实际政府采购金额 7.10 亿元,节约资金 1.07 亿元,节约率 13.1%。推进财政支出绩效评价。由项目单位组织自评并完成上报《项目绩效自评报告》的项目 242 个,由项目主管部门组织评价并完成上报《项目绩效评价报告》的项目 4 个,由财政部门完成评价项目 17 个,涉及资金 1.58 亿元。

【财政管理改革】富阳市于 2008 年至 2010 年实施大财政体系建设。其主要任务:统揽、统盘、统筹政府资金、资产、资源,构建"大计划、大财政、大收支、大预算"运营体系,逐步建立"收入一个笼子、预算一个盘子、支出一个口子"的大财政建设体系。其主要特点:财力统揽,对分散在各个部门的政府资金、资产、资源进行集中管理、统一调度;资金统筹,通过组织税收收入,加强非税收入征管,完善土地出让金管理,加大政府性资产资源创收,做大做强投融资平台;预算统编,对预算编制实行运转、民生、建设三分开,将支出预算量化到具体的政府基本建设项目、政府专项工作项目及部门详细支出项目;项目统定,通过建立项目库制度,以项目统筹来打破部门界限、专委会界限,确保集中财力办大事,最大限度地优化资源要素配置;监管统一,对政府生财、聚财与用财的理财行为进行全程监管;绩效统评,将所有项目资金列入绩效评价计划。

【投融资机构运行监管】对当年政府拟投资建设项目,结合当年财力状况,编制年度政府投资项目融资计划和机构本级经费预算,强化财政统筹职能,加强预算管理与融资管理。试行投融资机构运作经费和项目资金"分账核算、专户管理、封闭运行"的管理模式,组织审计检查,查找薄弱环节,完善监管措施,提高监管水平。试行融资资金"借、用、还"一体化管理,建立政府投资机构债务的调控机制,强化债务动态监管,将年度政府债务还本付息额控制在政府综合财力可承受范围内,构建投融资安全网。

【会计信息质量检查】修订《会计人员工作考核记分办法》,规范会计人员的职业道德、日常管理、会计核算和监督管理及考核办法等,下达 2009 年度会计信息质量检查户数计划、明确检查内容。全年检查企业 335 户,对 282 名会计人员作扣分处理。抽查 15 家企业会计信息质量,查补各类税款 25 万元。

【干部队伍建设】建立阳光运行机制。开展权力搜索,查找勤政廉政风险点,共查找风险点 445 个,其中高风险 297 个、一般风险 84 个、低风险 64 个。实施干部全员培训。组织一般干部业务技能轮训、中层干部素质提高培训,共组织各类培训 20 余次,参加培训 1600 多人次。加强干部管理。开展中层干部竞岗工作,提拔 6 人为中层正职,12 人为中层副职;出台《关于在全局范围内选拔业务主办的实施意见(试行)》,加强中层后备力量培养,选拔 11 名基层业务主办;实行一般干部交流制,交流面占应交流人数的 27%。发挥群团组织作用。组织 15 个文体活动兴趣小组,丰富八小时外生活,举办局系统第九届运动会。开展各项关爱活动。全局 196 名党员干部结对困难户 128 户,送去慰问金 10 万余元;组织干部参加第十次"春风行动",捐款 14 万余元。 (富阳市财政局供稿 刘学文执笔)

建德市

【概况】2009 年,建德市实现生产总值 165.9 亿元,比上年增长 5.3%。其中:第一产业增加值 19.13 亿元,增长 2.7%;第二产业增加值 95.74 亿元,增长 2.2%;第三产业增加值 51.00 亿元,增长 13%。第一、二、三产业增加值占生产总值的比重分别为 11.5%、57.7%、30.8%。人均生产总值 32313 元,增长 3.6%。全市财政总收入 20.03 亿元,增长 3.2%,其中地方财政收入实现 10.57 亿元,增长 9.1%;地方财政支出 14.6 亿元,增长 18.2%。全年财政收支平衡。

【支持经济发展】落实国家出台的各项减负政策,全年累计落实高新技术企业所得税优惠、研究开发费用加计扣除所得税优惠、社会保险费临时下浮减征、水利建设资金减免等各项税费优惠额 10523 万元,高新技术企业所得税优惠计 3558 万元,帮助企业渡过逆境求发展。全年兑现落实各项财政资助资金 1.14 亿元,其中启动家电下乡、汽车摩托车下乡工程兑现资金 892 万元。调研中小企业扶持政策,分别投入 3000 万元建立中小企业贷款风险补偿专项资金和中小企业融资担保风险资金;建立中小企业融资风险中心,风险资金担保金额 5440 万元,受益企业 23 家。为乡镇经济发展服务,开展投融资平台建设,全市16个乡镇(街道)和1个省级开发区完成平台组建工作,乡镇平台的注册资本从组建改造前5269万元增加到46550万元。

【组织收入】围绕财政工作任务和收支目标,签订财政税收收入目标责任制,并将收入任务层层分解、逐级落实。建立税情预警机制,完善委托国税代征税费,建立18个部门共同参与的社会化征管机制,构建税源控管体系。规范非税收入管理,开展非税收入专项检查,税费并重、预算内外并举,为财政增收创造条件;通过全面采集整合各部门信息资源,开展相关信息比对,堵漏增收取得实效。

【财政支出】加强新农村建设,围绕发展现代农业、建设新农村、培养新型农民和帮困扶贫四个方面,加强支农资金整合力度;继续实施农民饮用水工程,解决农民饮用水安全问题;推进"千万农村劳动力素质培训工程",提升农民技能培训水平和创业就业能力;落实"低收入农户奔小康工程"的各项政策,提高低收入农户的收入水平;按照2008～2011年七大农业主导产业和五大特色产业发展规划,当年整合安排700万元财政专项资金用于农业主导特色产业提升工程。完善教育经费保障机制,推进义务教育经费保障机制改革,压缩一般性支出,确保绩效工资改革政策落实到位;建立学前教育专项资金并按项目实行"以奖代补",实施义务教育校舍维修改造长效机制;2009年春季义务教育阶段教科书经费实行国库直拨;实施中等职业学校农村低收入家庭学生学费扩面资助。完善以基本养老、基本医疗、最低生活保障制度为重点的社会保障体系,强化"三级救助圈"建设,实行低保、抚恤补助标准自然增长机制;完善促进创业就业政策,投入1600万元支持创业和再就业;改善群众医疗保障水平,提高新型农村合作医疗和城镇居民基本医疗保险筹资标准和报销比例,完善惠民医院和困难群众医疗救助政策;保障公共卫生服务经费,加强村卫生室建设,实施社区卫生服务中心收支两条线试点,促进医疗卫生事业发展。加大生态环境保护投入,打造健康卫生城市。开展农村困难群众危旧房救助,提高城乡低保五保人群住房救助标准从每平方米250元提高到320元。加大"平安建德"经费投入,落实维稳、综合治理及安全生产工作经费;支持政法经费保障机制改革,落实资金保障"数字法庭"、"科技强检"、"科技强警"建设需要,支持基层派出所营房及基层法庭建设。

【支出管理】深化部门预算改革。加强预算管理,严格预算约束,除民生刚性等必需增加的支出外,正常公用经费压缩5%,二类项目经费压缩20%,一类项目资金实行"零基"预算。部门和项目单位对财政专项安排资金(项目资金)设置预期绩效目标。对30万元以上的专项,实行单位自评和财政抽评相结合绩效评价,提高财政资金使用效益。推进国库集中支付改革。继续扩大财政(国库)直接支付范围,对部门预算中的一类项目经费全部实行财政(国库)集中支付,规范财政(国库)直接支付行为。加强政府投资项目管理。开展工程领域突出问题专项检查,完善制度,规范程序;强化项目评审力度,控制投资项目规模,提高投资效益,全年组织评审项目294个,审核资金7.50亿元,净核减3518万元,核减率4.7%。强化政府采购监管。按照《政府采购法》规定的采购方式、采购程序组织实施政府采购,对大规模教室设备公开招标;加强政府采购评审专家管理,制定采购评审专家监督考核办法,规范提升采购评审业务。当年组织采购167次,采购金额6370万元,节约资金1196万元,综合节约率15.8%。落实节约型机关建设。2009年暂停购置公务用车,执行会议经费预决算审批制度、外出考察报备制度;从严配置办公设备,对笔记本电脑、高档相机、摄像机等办公用品以保障必需原则从严审核把关。

【依法行政】加强财税法制建设,落实财税"五五"普法的各项工作,做好行政权力规范工作,完成职权目录、权力运行流程图编审,开展职权清理。以税收宣传月为平台,全方位多角度开展财税法规政策宣传,落实行政执法责任制和执法过错追究制,建立重大案件审理办法和过错责任追究办法,落实税收执法检查工作。规范执法行为,推进依法理财治税工作。年度预算编制、预算调整及年终决算按照法定程序提请人大及其常委会审议,执行经人大审议通过的财政预决算决议。定期和不定期地向市人大常委会、市人大财经工作委员会以及市政协报告财政预算执行情况,反映财经运行相关事项,主动接受指导和监督。

【债务管理】加强债务管理,防范财政风险,建立全市政府性债务统一管理信息系统,掌握全市负债总体规模、债务变动和负债现金流情况。多渠道筹集偿债准备金,确保按时还本付息,防范财政风险。根据省政府化解义务教育债务的要求和化解义务教育债务的实施方案,2009年度全市全面消化义务教育阶段债务。

【队伍建设】深入学习实践科学发展观,合理安排,主动把握,超前思考,保证学习实践活动质量,领导班子带头加强党性修养,树立和弘扬优良作风,发挥模范带头作用,在学习实践中提素质强能力。激活人力资源,切实提高队伍战斗力。完善"争明星考试"激励方式,开展巾帼建功示范岗、青年文明岗、党员先锋岗、办税服务之星、理财服务之星、创建勤政廉政双优建设单位"三岗两星一创建"活动,激发干部工作热情,提升服务水平。开展廉政效能文化建设,构建和谐财税、学习型组织。开展快乐工作健康生活的团队活动,展示财税风采,引导干部在活动中升华思想、陶冶情操、增长见识。

(建德市财政局供稿　吴继宾执笔)

临安市

【概况】2009年，临安市实现生产总值236.50亿元，比上年增长10.0%。其中：第一产业增加值24.78亿元，增长6.0%；第二产业增加值133.13亿元，增长6.8%；第三产业增加值78.59亿元，增长17.4%。第一、二、三产业增加值占GDP的比重分别为10.5:56.3:33.2。人均生产总值44946元，增长3.3%。全市财政总收入25.51亿元，增长13.6%，其中地方财政收入14.04亿元，增长20.4%；全市财政支出18.95亿元，增长27.9%。全年财政收支平衡，略有节余。

【支持经济发展】会同有关部门制定各项工业强市战略，以及增强工业科技自主创新能力和发展现代服务业政策。全年安排工业发展专项资金6000万元，向上争取科技创新、循环经济等补助资金4199万元，兑现技改贴息、招商引资和促进企业上市等资金6867万元，落实商贸业旅游业发展、金融贡献奖和汽车(摩托车)家电下乡补助等资金1424万元。开展“企业减负‘春雨’专项行动”，深入企业专题调研30余次，帮助企业解决实际难题13件。取消、暂停、降低行政事业性收费项目103个，政策性减负8522万元。国地税审核办理各类减免税2.75亿元、免抵调库2.20亿元、退税1.16亿元。落实临时性减征社会保险费政策，合计减征6761万元。推进农业综合开发工作，向上争取各类涉农补助资金1.9万元，安排各类支农资金3.70亿元，完成上年度农业综合开发项目建设，争取到5个农业综合开发项目。

【组织财政收入】建立税费收入应急预案，实行税收计划信息化处理，税源监控企业增加到625家，监控面72%以上。建立城镇土地使用税税源长效管理机制，与工商部门制定企业投资者信息管理制度，修订个体参数定税法，提高房地产企业土地增值税预征率，调整契税最低计税标准，抓好个人所得税全员管理和年所得12万元以上个人所得税自行申报工作。执行暂停、取消、降低行政事业性收费项目等规定，加强财政性票据管理，全年征收行政事业性收费2.18亿元，下降9.0%。完善社会保险费“五费合征”办法，全年征收社会保险费收入5.14亿元，增长8.0%，企业职工养老保险金支付能力由上年的24.78个月提高到27.97个月。

【优化财政支出】执行公用经费压缩5%、专项经费“零增长”、出国费用缩减20%和公务用车购置冻结一年等规定，压缩政府运行成本，保障和增加民生支出。全年一般公共服务经费支出3.34亿元，增幅回落4.9个百分点，低于一般预算支出21.1个百分点。实施义务教育教师工资绩效改革，提高中小学生均公用经费标准，免除城乡义务教育阶段学生课本费、作业本费。制定《抚恤优待对象医疗保障实施办法》和《城乡居民社会养老保险办法》，实施残疾人共享小康工程，实行免费婚前医药检查和孕前优生检查。全年新农村建设、科教文卫、社会保障、节能环保和平安创建等重点领域支出13.83亿元，增长26.9%，占一般预算支出72.9%。

【财政监督管理】出台《土地储备中心财务管理办法》和《土地开发整理资金管理暂行办法》，促进土地开发整理资金、土地储备资金的规范化管理。制订《社区卫生服务机构“收支两条线”试点工作实施方案》，将板桥乡社区服务中心纳入全省试点单位。开展对财税政策执行、“小金库”专项治理、财政专项资金使用和乡镇(街道)财政财务管理等监督检查。加强政府采购监管，全年预算采购资金1.28亿元，实际采购资金1.11亿元，资金节约率13.2%。规范政府性投资项目全过程管理，全年委托中介机构对59个项目进行审价，送审资金1.39亿元，净核减工程造价1325万元，核减率9.6%。

【国有资产管理】规范行政事业单位出租房管理，实现营业房出租出让由市城建发展公司统一公开办理。推进国有林地清理工作，完成实地测绘等基础性工作。按公开、公正、公平原则对市振兴担保公司、天目拍卖行等国有股权进行转让，全年共处置国有资产5915万元。完善《国有资产投资(控股)有限公司经营者绩效考核办法》，筹建市交通、基础设施投资公司。加强对政府性债务规模、借贷资金周转和借款资金使用等监管，防范财政债务风险。

【国库集中支付试点改革】制订财政国库管理制度改革方案，选取市卫生局、市水利水电局等5家单位作为改革试点单位。建立国库单一账户体系，规范收支缴拨类型、方式和程序，完善用款计划制度，将所有财政资金纳入国库单一账户体系管理，收入直接缴入国库单一账户或财政专户，支出分别采取财政直接支付和财政授权支付方式，通过国库单一账户体系支付到商品和劳务供应者或用款单位账户。当年受理、批复单位用款金额706万元，其中直接支付578万元，预算单位财政授权支付128万元。

【会计工作管理】完善会计管理新模式，健全会计管理网络，形成财政、国地税、审计和人民银行齐抓共管会计工作的格局。全年国地税共检查考核企业501家，考核会计人员869人，查处无证上岗会计人员82人。加强会计人员继续教育，全年共培训财会人员6600人次。做好各类会计考试的报名、考务工作，对2家代理记账机构加强监督指导。加强会计人才库建设，对10名会计资深人才和3名会计后备人才不定期组织培训与交流。

【干部队伍建设】开展学习实践科学发展观活动，邀请专家学者作辅导报告，举办科学发展观演讲比赛，上“微型党课”8次。完善干部职工教育、培训、管理、考核和监督办法，增加量化指标,科学规范各类考核。制订政府信息公开制度,规范财税信息公开流程。组织中层干部到监狱接受警示教育,增强财税干部拒腐防变能力。加强教育培训工作,分批组织财税干部到大专院校培训,全年共举办各类培训班14期,参训720人次。加强财税文化建设,成立各类业余兴趣小组,培养健康生活情趣。（临安市财政局供稿　王　敏执笔）

桐庐县

【概况】2009年,桐庐县实现生产总值171.57亿元,比上年增长8.1%。其中:第一产业增加值14.47亿元,增长2.7%;第二产业增加值106.12亿元,增长6.7%;第三产业增加值50.98亿元,增长13.0%。人均生产总值42902元,增长4.0%。全县财政总收入17.64亿元,增长10.2%,其中地方财政收入9.50亿元,增长15.5%;财政支出14.27亿元,增长30.8%。当年财政收支平衡。

【组织财政收入】优化收入结构,全年地方财政收入增幅高于财政总收入增幅5.3个百分点,地方财政收入占财政总收入的比重为53.9%,比上年提高2.4个百分点。扩大重点税源监控面,对306家重点税源企业进行监控。修订出台个人出租房税收管理办法,规范和完善私房出租税收征管,开展土地增值税清算工作和网吧等行业的专项纳税评估。引导企业分离发展服务业,全年成功分离8家企业。整顿和规范税收秩序。对营利性医疗机构等6个行业开展税收专项检查。全年查补入库税费1502万元,增长26.1%。开展社会保险费"五费合征"工作,全年征收社会保险基金3.50亿元,增长14.5%。

【支持经济发展】实施农业综合开发,完成江南灌区节水配套改造项目一期工程,2007~2008年度合村、莪山、旧县中低产田改造项目、蜂之语"蜂产品精加工综合项目"通过省级验收。完善农民补贴"一折通"动态管理,全年发放种粮农民农资综合直补资金1505万元。建立再生资源企业增值税退库周转金,全年退税8067万元,缓解企业资金周转困难。实施电子商务进企业计划,支持企业开拓市场。完善镍铁行业扶持政策、传统产业先进设备技改奖励实施细则等,促进企业转型升级。支持县城商务区建设,推动服务业跨越式发展。及时兑现各类财政扶持资金,落实各项税收优惠政策,全年财政扶持企业补助资金1.13亿元,减免税费7448万元。继续取消、暂停或降低104项行政事业性收费,减轻企业负担。做好家电、机动车下乡和家电以旧换新等工作,全年发放家电、机动车下乡补贴713万元,发放旅游消费券1000万元。

【优化支出结构】加大"三农"支持力度。完成农村安全饮用水工程,加快推进农村困难群众危房改造、"十百工程"、山塘水库除险加固等新农村建设工作。实施低收入农户奔小康工程,落实农机补贴政策,开展政策性农业保险和农村住房保险。全年财政投入"三农"资金达5.79亿元,增长15.1%。支持科教文卫事业发展。继续提高中小学公用经费保障标准,做好义务教育学校绩效工资实施和资金筹措工作。推进农村公共卫生网络建设,为创建卫生强县提供财力保障。全年安排教育支出2.95亿元,增长17.6%;科技支出4744万元,增长12.6%;文化体育与传媒支出3536万元,增长12.8%;医疗卫生支出1.23亿元,增长35.0%。支持社会保障体系建设。扩大县基本养老保障和基本医疗保障范围,制定实施无保障老人生活补贴实施办法,加快养老服务体系建设。确立优抚补贴自然增长机制,完善再就业长效机制,建立困难群众临时救助制度,加大对困难家庭帮扶、救助力度。全年安排社会保障和就业支出1.03亿元,增长17.1%。加大生态环保投入。推进清洁桐庐活动,开展农村生活污水处理、农家乐污水治理和农村改厕等工作。当年安排环境保护资金5479万元,增长21.5%,支持生态县建设。规范支出管理。在确保重点项目支出基础上,从严控制会议经费、接待经费等一般性支出,降低行政运行成本,公用经费和经常性业务经费均下降5%,专项经费零增长。

【深化财政改革】加强部门专项资金跟踪问效,细化项目资金预算编制。开展国库集中支付制度改革试点,严格支付方式,规范支付流程,提高财政资金运行效率。全年财政直接支付总额5.26亿元。完成行政事业单位往来账户清理工作,出台公务卡改革方案,提高公务支出透明度。制定出台财政专项资金管理暂行办法,规范专项资金管理、使用和监督,构建权力阳光运行机制。推进预算外资金征缴管理信息化进程,推广非税收入征管系统单位版运用,全年组织非税收入4.42亿元,增长14.5%。规范政府采购工作,研究制定分散采购项目管理暂行办法,扩充政府采购专家库,完善通用商品协议供货制度,提高政府采购效益,全年政府采购金额4.36亿元,增长20.8%。做好全县个人普通房屋买卖财政补贴政策实施工作,发放房屋交易财政补贴1541万元。贯彻落实扩权强县工作,接受省、市下放权力事项共39项,清理规范行政权力事项,建立制约有效的财政权力运行和监控机制。

【强化财政监督】加大对政府性投资项目的投资估算审核力度,对桐君街道社区经费使用情况开展调研式检查,对行政事业单位装修、改建工程支出资金进行审查。开展中央投资项目财务管理和资金管理督查工作,加强国债专项资金的财务核算与管理。完善规范公务员津补贴工作。做好党政机关和事业单位"小金库"专项治理工作。开展地方财政资金安全情况、全县种粮农民农资综合直补工作、新型墙体材料专项资金征收使用管理等专项检查。建立财政支农项目库,强化资金源头管理。建立农业综合开发内部管理制度,制订水利建设项目和资金管理办法、中低产田改造资金管理办法，规范财政资金分配使用。对避灾安置场所补助项目、农业综合开发土地治理项目和基层文化设施建设项目等进行绩效评价。科学编制政府性债务收支计划，严格举债审批程序。制订化解村级债务财政奖补资金管理办法，鼓励村集体经济组织控制新债，化解旧债。抓好依法行政工作，推进财税法制体系建设。做好会计考试网上报名工作，强化会计人员监督考核。加快推进信息化建设，升级改造FOA公文处理系统。

【国有资产管理】推进和深化国有资产管理体制改革，完成国有投融资公司整合工作，增强国资公司的运营和融资能力，确保国有资产保值增值。建立政府重点融资项目库，加强银政联系，实行项目跟踪服务制。完成经济开发区和凤川——江南新城资产整合，做好县国资公司企业债券发行工作。

【加强队伍建设】开展学习实践科学发展观活动，通过集中学习、召开民主恳谈会、开展"我为桐庐财税科学发展献一计"有奖征集活动等方式，做好"服务企业、服务基层"工作。开展公职人员岗位廉政教育，落实具有财税特色的惩防体系建设。深化学习型机关建设，组织干部参与新干线网络学习，推进中层干部学习论坛，组织中层干部进高校学习，开展全员业务培训，提高干部综合素质。加强行风效能建设，提高服务水平，县财税局在县级机关、直属单位综合考评中位列第一，连续第四年被评为优秀单位(满意单位)。结合新一轮行政审批制度改革，做好非行政许可审批事项清理工作。推进财税文化建设，坚持开展俱乐部活动，举办纪念新中国成立60周年财税系统文艺调演。及时办理人大建议、政协提案、12345县长公开热线等交办件。发挥党团工妇作用，参与无偿献血、慰问孤残儿童等社会公益活动，树立财税部门良好社会形象。

(桐庐县财政局供稿　岑　昱执笔)

淳安县

【概况】2009年，淳安县实现生产总值103.32亿元，比上年增长12.5%，人均生产总值22960元。其中第一、二、三产业增加值分别为19.71亿元、43.18亿元、40.43亿元，分别增长5.0%、14.4%、14.2%。全县财政总收入9.57亿元，增长12.4%，其中地方财政收入5.59亿元，增长13.7%；地方财政收入占财政总收入的58.4%，提高0.7个百分点。全年财政支出15.19亿元，增长24.5%；财政预算内新增财力用于民生方面的支出66.7%，政府对社会保障、医疗卫生、科技、城乡社区事务和农林水事务等民生事业投入增加，预算内相关支出增幅分别高于当年财政支出增幅26.5、52.9、34.0、29.7和32.5个百分点。财政运行情况良好，收支实现平衡。

【组织财政收入】加强税源管理，建立多层级的税源管理机制，开展以行业评估为重点的专项纳税评估工作。建立社区、公安、房管等单位共同参与的个人出租房税收征管机制，全年征收个人出租营业房税款177万元。做好房地产交易税收一体化管理，应用房屋交易最低计税价格系统，规范税费征管。加强税务信息化建设，推广应用税友2006快捷查询系统，提升信息管税的能力和水平。组织实施建筑安装业、旅游业为重点的专项检查活动，整顿和规范税收征管秩序，全年查补入库822万元。组织开展多种形式的财税宣传活动。

【发展地方经济】落实扩内需保增长政策，发挥财政政策资金导向作用，帮助企业应对金融危机。兑现工业经济发展扶持政策，全年兑现各项奖励政策资金6089万元。做好家电、汽车摩托车下乡财政补贴工作，全年共审核拨付补贴资金799万元。用好各项税费优惠政策，落实财产损失税前扣除、国产设备抵免等所得税优惠政策，落实社会保险费缴费比例临时性下浮政策，全县减征社会保险费802万元，惠及企业870户。培育服务业发展，实施高星级酒店产业奖励扶持政策，完成旅游消费券财政兑付，兑现支持乡村、观光休闲等旅游业发展的财政补助奖励政策，全年拨付旅游发展专项资金2434万元。鼓励企业主辅分离发展服务业，全年6家企业完成主辅分离。

【支持新农村建设】加大农业基础设施投入，全年安排落实水利基础设施建设、土地整理、农业综合开发补助资金14266万元。支持农业产业结构调整，安排落实农业产业化扶持资金2743万元。支持农村社会事业发展，提升农村公共服务水平，安排落实县以上"十百工程"、农村饮水工程、生态能源等补助资金6420万元。支持农村居民改善生活条件，安排落实县以上库区移民后期扶持资金和下山移民补助资金10959万元。继续对生态公益林保护予以财政补助，安排落实县以上补助资金3487万元。保障村级组织正常运转，安排落实村干部误工报酬及村级组织正常运转补助资金1919万元。

【推进社会保障体系建设】推进基本养老和基本医疗两大保障体系建设，推进被征地农民社会保障制度，当年全县有6561名农民办理被征地农民社会保障参保手续。提高全县新农合医疗保障水平，与劳动部门共同制定新农合二次补偿制度，26889人次享受到政策优惠。完善社会医疗救助制度，扩大救助范围，降低救助门槛，安排落实资金383万元。推进新一轮再就业政策，全年8245人次享受新的就业扶持政策，发放就业资金960万元。

【支持公共卫生事业发展】推进卫生强县创建，加大卫生事业投入，全年安排卫生创强项目资金1.03亿元，主要用于乡镇卫生院改(扩)建工程及添置设备、县一医院迁建工程、村卫生室建设、医疗卫技人才培养、农村改厕等。开展公共卫生服务体系建设，加大对城乡公共卫生事业的财政扶持力度，当年安排城区社区和农村公共卫生服务经费246万元。应对突发公共卫生事件，下拨21.75万元用于购置甲型H1N1流感防控应急物资，下拨39万元用于对婴幼儿奶粉事件中的病患儿童进行免费救治。

【支持教育事业发展】加快推进义务教育经费保障机制改革，提高中小学公用经费保障水平，全年安排经费1884万元。扩大教育资助范围，扩大免除中等职业学校学费的低收入家庭学生覆盖面，降低低收入家庭的界定标准。落实各项教育资助政策，贯彻城乡义务教育免费教科书制度，在职业教育资助全覆盖的基础上，对进入普通高中和普通高校学习的低收入农户子女实施教育资助。开展全县中小学校校舍维修工作，消除中小学校校舍安全隐患，投入校舍维修及基础设施建设工程资金1390万元。

【支持生态环境保护】支持生态县创建，加大对生态环境保护的投入。当年安排落实乡镇和村级污水处理、环境监测、千岛湖湖面垃圾打捞及无害化处理等生态保护专项资金6136万元。加大污水处理厂的建设投入，继南山污水处理厂和汾口污水处理厂建成投入使用后，又投入1700万元新建城西污水处理厂。

【加大基础设施建设投入】支持城市基础设施建设，全年财政拨付城市、交通基础设施建设资金54227万元，其中上江埠大桥等交通重点工程投入14840万元，改善交通基础设施。支持民生工程建设，全年用于文教卫基础设施建设的资金8197万元。筹措基础设施建设资金，共完成融资项目18个，实际到位资金13.96亿元，其中纳入财政统筹使用项目10个，到位资金5.58亿元，保障重大基础设施建设项目的实施。

【深化财政改革】深化预算管理改革，提高部门预算的精细化管理水平和公开程度，2009年向人大会提交三个部门预算，接受人大代表的审查。完善政府采购管理，通过扩充政府采购专家库，逐步建立考核评价、售后服务质量回访、不良行为公示等制度，提高政府采购监督力度。创新机制，加强政府投资项目管理，把好项目预算、施工合同、建设资金等节点的审核关，加强对项目投资变更、财务决算、绩效评价等节点管理。试点运行政府投资项目资金由财政直接支付，提高国库资金运行管理水平。做好政府投资项目工程预算和工程合同的审查，全年审核预算金额12.20亿元，复核审定金额11.68亿元，净核减0.52亿元。加强支农资金的管理和整合，提高支农资金使用效率。制定乡镇财政专项资金管理办法，对乡镇财政专项资金设立专户管理，强化监管，确保财政资金使用规范、安全和高效。防范政府债务风险，做好政府性债务的日常统计分析，监控债务预警指标，开展政府债务化解，当年化解教育负债1889万元。采取有效措施，政府性债务三项预警指标控制在省规定的警戒线内。

【加强队伍建设】深入开展学习实践科学发展观活动，加强廉政文化建设，组织观看廉政电教片，召开专题讲座，撰写廉政文章及格言警句，查找岗位廉政风险点，提高干部廉政意识。在局系统开展第三届"在平凡中闪光"先进事迹演讲会，用身边先进事迹感染人、激励人。组织中层干部缺岗竞聘活动，按照公开报名、竞聘演讲、民评测评、组织考察等程序，选拔录用9名干部。注重提高干部职工的素质，加强干部业务培训，组织干部到高校集中培训，拓展干部视野，提升干部修养。完善内部管理。结合实际改进ISO9000质量管理体系文件，优化各项业务流程。制定并完善计算机安全、安全保卫、财产物资管理、会议管理等制度，提高资产管理质量和后勤服务水平。在局系统举办"飞得更高"为主题的新春联欢晚会，为干部职工搭建一个展示自我、沟通交流的舞台。注重财税政策宣传，全年刊发《淳安财税信息》27期，8条信息被上级刊物录用，其中一条经省财政厅转报后，被财政部网站录用。设立财税文化展示厅，展现全局近十年的发展历程和所获得的成绩。发挥党团工妇和各兴趣小组作用，举办午间影院、开设财税阅览室、举办丰富多彩的文体活动，增强队伍凝聚力。2009年在县委、县政府综合考评中，局机关获第一名，获县委、县政府授予的优胜满意单位荣誉奖。　（淳安县财政局供稿　刘　强执笔）

宁波市财政工作概况

宁波市

【概况】2009年，宁波市实现生产总值4214.60亿元，按可比价格计算，比上年增长8.6%。第一产业增加值183.85亿元，增长4.1%；第二产业增加值2247.75亿元，增长5.4%，其中工业增加值2006.55亿元，增长4.1%；第三产业增加值1783.00亿元，增长13.3%。第三产业占比提高1.9个百分点。全市财政总收入966.25亿元，增长19.2%，其中地方财政收入432.77亿元，增长10.9%；全市一般预算支出506.08亿元，增长15.1%。全年财政收支平衡，略有结余。

【促进经济发展】加大政府公共投资。将争取到的15亿元地方政府债券用于支持轨道交通一号线、甬台温铁路宁波段等建设，落实中心城区城建、交通专项资金140亿元，其中市级财政资金40亿元，重点支持绕城高速连接线、“五路四桥”、机场快速干道等工程建设；落实住房保障专项资金5亿元，推进保障性安居工程建设。

拉动居民消费。推进家电下乡、汽车摩托车下乡和汽车、家电以旧换新等活动，全年共销售10.6亿元，发放财政补贴资金7359万元，其中家电下乡财政补贴资金兑付率97%，居全省前列。实施促进房地产市场健康发展的税费优惠和财政补贴政策，契税、个人所得税优惠3.6亿元，惠及9万多户市民。实施小排量汽车车辆购置税税率优惠政策，促进小排量汽车消费大幅增长，减轻居民车购税负担2.1亿元。

支持企业开拓国内外市场。在落实出口退税政策的同时，统筹安排外贸专项资金3亿元，支持重点商品出口和用于增量奖励；统筹安排出口信保补贴资金7000万元，鼓励企业联合投保，全市500余家企业受益；安排专项资金8000万元，支持千余家企业境外参展；落实专项资金1500万元支持建立宁波名品直销中心，在国内外重点城市开展“宁波周”宣传活动。

助推企业转型升级。推进工业创业创新倍增计划，市级落实工业结构调整资金2.15亿元，培育创业创新示范企业156家，培育新兴、特色优势产业基地24个，鼓励企业研发新产品。支持企业自主创新，扶持科技型企业发展，新认定138家高新技术企业(累计已认定615家)、142家市级科技型企业享受所得税优惠政策。通过对申报专利企业的补助，全市当年获专利授权1.58万件。全市财政科技支出16.97亿元，增长9.4%。支持现代服务业和总部经济发展，市级拨付专项资金2330万元对大型服务业机构实施补助，争取进出口银行来甬设立分支机构；支持以第四方物流平台为基础的海港、空港物流企业发展，推进综合电子商务和现代贸易物流大集团企业建设；推进企业分离发展服务业，成功分离338户。落实小型微利企业税收优惠政策，市级安排中小企业金融服务和信用担保专项资金5500万元，支持金融机构加大中小企业融资力度。支持节能减排和环境整治，引导企业发展新能源和新材料等新兴产业，市级落实专项资金4500万元支持节能创新研发，拨付环保专项资金4390万元支持环境检测和污染治理。

【组织财政收入】全市各级财税部门处理好减税轻费与力保增收、依法征税与优化服务的关系。全市地方财政收入中，税收收入完成404.72亿元，增长9.9%；非税收入完成28.08亿元，增长27.4%。社保费等其他各项收入168.66亿元，增长5.1%。按照现行财政体制计算，全市地方财政收入加上返还性收入、上级补助收入、调入资金、调入预算稳定调节基金、地方政府债券收入、财政净结余等117.03亿元，全年全市一般预算可用资金为549.83亿元。加强对重点税源分析调研，健全税源监控体系，对金融保险业、建筑业、房地产业等重点行业和企业集团进行实时税源监控。开展新企业所得税法全面贯彻实施后的首次汇算清缴；推进个人所得税全员全额申报和年所得12万元以上纳税人自行申报，全市个人所得税建档人数为28.8万人；做好新营业税暂行条例的梳理辅导和贯彻落实工作；构建与保险机构信息共享的车船税数据监控平台，申报覆盖率和成功率100%，堵塞车船税征管漏洞；针对成品油消费税和烟草消费税政策调整，抓好相关城建税和教育费附加的征收工作；强化社会保险费征缴数据管理，完善覆盖社保费征收全过程的制度体系，全市社保费征缴率98%以上。

【推动社会事业发展】加大对民生的保障和支持力度，全年农林水事务支出35.53亿元，增长16.3%；教育支出77.11亿元，增长14.9%；科学技术支出16.97亿元，增长9.4%。

加大强农惠农支持。加强农业基础设施建设，全市投入40亿元重点支持大中型水利项目、农田水利、水源地保护等基础设施建设。完善粮食购销和补贴政策，加快粮食功能区建设，落实资金1.2亿元用于农作物良种补贴、农机直补和市级以上重点生态公益林补偿。市级拨付资金3000万元，培育特色优势农业产业带和产业区，累计建成现代农业产业基地85个。推进农村住房制度改革和住房集中改建工作，全市共计投资1.1亿元。全市财政“三农”支出103.6亿元，增长12.6%。支援四川灾区重建工作，落实援建项目资金7.1亿元。

支持教育优先发展。推进基础教育均衡化，继续实行义务教育阶段学生“两免一补”政策，落实11亿元资金支持义务教育学校教师绩效工资改革，市级落实1.4亿元专项资金支持老三区配套学校建设，全面启动中小学校舍安全工程，提高中小学公用经费标准。发展职业教育，支持职教紧缺专业建设，落实经济困难职教学生资助政策。推进服务型教育体系建设，促进教育与经济社会的联动发展。

公共文化服务体系建设。实施"广电低保工程"，落实专项经费2185万元，免费为2.1万户低保户家庭安装有线电视。安排专项资金支持城区80余家学校室外体育场所对公众开放。落实资金2.06亿元支持东部文化广场、天一阁书库等城区标志性文化设施建设。宁波帮博物馆建成开馆，宁波市数字图书馆正式建成。完善宁波博物馆免费开放补助政策，支持文物和文化遗产保护。投入1200万元推进"万场电影千场戏进农村"活动，放映电影2.5万场，演出戏剧1000场。

落实就业政策。拨付就业专项资金5.9亿元，实施大学生就业"四个一千工程"*，支持大学生就业创业，帮助"零就业家庭"等就业困难群体再就业。

推进医疗卫生事业发展。推进医药卫生体制改革，做好资金测算，研究财政投入机制及转移支付办法。继续实施医疗机构使用廉价药物和大型医疗设备检查结果互认的政府补偿机制，拨付财政补助经费4300万元，患者减少药品费用1.8亿元。落实专项经费2700万元支持甲型流感防控和卫生强市创建工作。全市财政医疗卫生支出30.61亿元，增长5.3%。

统筹城乡社保体系建设。建立覆盖城乡居民的社会养老保险制度，继续提高企业退休人员养老金水平。完善医疗保险制度，启动实施与上海、杭州等地医保异地报销机制。深化社会救助体系建设，市级财政支出1.10亿元对城乡低保和优抚对象等人员实施补助。

【推进财政改革】做好新一轮市对县(市)区财政体制调整准备工作，在分析上一轮体制执行情况、开展调研的基础上，研究制定完善市对县(市)区财政体制的方案。推进国库集中支付改革，按照"横向到边、纵向到底"的工作目标，推动市级341家单位全面实施财政国库集中支付和公务卡改革，完成国库集中支付89.80亿元，其中财政直接支付78.67亿元，占87.6%。落实成品油价税费改革，根据国家的改革方案，将原公路养路费等"六费"收入及其安排的相关支出统一纳入一般预算管理。建立健全"明确责任、分类负担、收支脱钩、全额保障"的政法经费保障体制，明确政法经费保障重点。加强国有资本经营预算管理，做好市级国有资本经营预算编制工作，征收市属国有企业资本收益1.2亿元，专项用于增加宁钢、创意街区等国有企业资本金。强化政府采购规范化管理，制订市级政府采购管理工作规程，扩大政府采购协议(定点)采购范围，发挥政府采购的政策导向作用，全年纳入政府采购的资金126.20亿元，增长15%。完善并推广应用财政管理信息系统预算、集中支付、非税收入、政府采购等模块。

【加强财政监督管理】加强财税法制宣传，建立健全政府财税信息公开制度，强化财税执法监督，推进依法理财治税工作。开展财政专项资金清理整合和规范，市级共清理整合专项资金结余4.87亿元。加强政府重点投资项目监管，推进监督关口前移，确保资金安全和规范使用。落实中央关于党政机关厉行节约八项要求，控制行政运行成本，压缩一般性支出，出国(境)、车辆购置及运行、公务接待、用电用油用水等经费比上年减少，其中市级机关公用经费预算压缩3200万元。推广应用非税收入收缴管理信息系统，做好收费项目清理检查，强化财政票据日常监管，加强对土地出让金、罚没物品、水资源费等非税收入征管，提高政府非税收入的规范化管理水平。开展"小金库"专项治理工作，在组织3137家单位进行自查自纠的基础上，对全市215家单位进行重点检查，共查出涉及"小金库"金额2221万元。开展会计信息质量和会计师事务所执业质量检查，做好新会计准则贯彻工作，确保新旧会计制度顺利衔接。加强行政事业单位国有资产管理工作，制订市级机关资产配置标准，并加强资产评估中介组织执业监管，提高国有资产使用效益。

【加强干部队伍管理】开展学习实践科学发展观活动。全市各级财税部门围绕"积极财政促发展、和谐征纳克时艰、科学发展创佳绩"这一载体，开展学习实践科学发展观活动，结合财税业务工作，通过征求意见，分析检查，整改落实，解决实际问题，提升服务科学发展的意识和水平。制定《干部选拔任用工作实施意见》和《竞争上岗工作实施意见(暂行)》，优化选人用人机制，组织开展中层干部竞争上岗，对局机关处室正副职和下属单位领导班子及其成员进行考察，并在市局机关实施正副处职干部任期制，建立新录用人员培养联系人制度，推进干部管理和选拔任用工作。制定《构建反腐倡廉教育长效机制实施办法(试行)》，建立处职领导干部廉情报告制度，健全权力运行监控机制，抓好廉政谈话、述职述廉和廉情预警等制度的落实，全面落实党风廉政建设责任制，推进财税惩防体系建设。评选表彰全市"十佳"财税干部，开展精神文明创建活动，全市财税系统基层文明单位创建率100%。结合财税业务特点，组织2期处级干部能力培训和3期科(所)长业务能力培训。举办全市财税系统国庆60周年文艺汇演，活跃机关文化氛围，增强队伍凝聚力。（宁波市财政局供稿 单柳青执笔）

△注：

*"四个一千工程"：2009~2010年定向招取1000名到山区海岛任教的教师，定向招取培训1000名全科医生，经过岗前培训，并取得相应教师、执业医师资格证书后，依照事业单位人员要求办理录用手续，充实到农村中小学和社区卫生服务中心(站)工作。2009~2010年两年招聘1000名大专以上毕业生，经岗前培训，并取得相应教师资格证书后，推荐到提出需求计划的学前教育机构工作，由同级财政给予基本养老金

的补贴。2009年定向招取1000名全日制高校毕业生，推荐到全市现代物流企业和平台基地工作。以上被录用人员在培训期间享受每人每月500元的生活补贴等，费用由财政支付。

鄞州区

【概况】2009年，宁波市鄞州区实现生产总值709.91亿元，比上年增长10.0%。其中：第一产业增加值26.19亿元，增长4.6%；第二产业增加值437.01亿元，增长4.0%；第三产业增加值246.71亿元，增长21.3%。第一、二、三产业增加值占生产总值的比重为3.69:61.56:34.75。人均生产总值88792元，增长9.1%。全区财政总收入145.09亿元，增长8.5%，其中地方财政收入83.30亿元，增长14.4%；全年财政支出65.02亿元，增长13.7%。全年财政收支平衡，预算执行情况良好。

【支持经济发展】应对金融危机冲击，落实增值税转型等结构性减税、临时下浮企业社保费缴纳比例等各项保增促调政策，共为企业和群众减负19.50亿元，其中减免行政事业性收费3709万元，发放土地使用税补助6458万元，发放购房补贴6942万元，发放家电、汽车下乡及以旧换新补贴1209万元。加大政府投资力度，支持交通道路、功能区块及产业基地建设。申报12个项目获得财政部扩内需补助资金4299万元，申报地方政府项目债券8700万元。发挥财政资金导向作用，支持企业自主创新，全区科技支出1.53亿元，增长28.6%。增加中小企业发展专项资金和小企业贷款风险补偿资金，扶持中小企业健康发展。安排1600万元支持外贸企业电子商务交易平台建设、进出口收汇风险防范和境外参展。鼓励发展循环经济和清洁生产，兑现铸造企业关停转补贴1700万元。整合财政扶持服务业发展政策，落实服务业资金8800万元，鼓励发展总部经济、软件动漫、商贸、物流、旅游等产业，推进制造企业实行二、三产业分离发展，当年第三产业对财政收入的贡献率37.4%，地方财政收入占总收入的比重为57.4%，比上年提高2.8个百分点。

【保障民生支出】全年民生和社会事业支出49.30亿元，占总支出的67%。促进教育事业均衡发展。完善教育经费保障机制，安排1.3亿元保障12年免费义务教育。安排4000万元鼓励发展幼儿教育。支持实施义务段教师绩效工资制度。支持卫生事业发展。继续支持镇村卫生服务机构建设，落实"两免两减半"（免挂号费、诊疗费，减半收取床位费、护理费）和药品限价等政策，减免、优惠群众医疗费用2880万元。投入新型农村合作医疗资金1.11亿元，安排困难群众医疗救助资金2200万元，支持实施生育关怀和流动人口孕产妇分娩补助政策，缓解群众看病贵问题。完善社会保障体系。完善农民养老保障实施办法，发放老年人生活补助金6356万元，支出1047万元支持实施残疾人共享小康三大基本工程。发放困难群众基本生活价格补贴和城乡低保补助金。支持新农村建设。加大旧房拆迁补助力度，提高镇乡土地出让金分成比例，促进小城镇建设。支持实施农村分散式污水处理和河道疏浚工程，优化农村生态环境。安排就业扶持资金12560万元，促进被征地人员和大中专毕业生就业。安排1亿元转移支付资金支持欠发达镇村发展，促进区域协调发展。落实援建资金4506万元，支援四川灾区重建工作。

【深化财政改革】深化预算管理改革。细化预算编制，调整公用经费的分类分档标准，提高预算编制的质量和效率。出台基本支出管理办法和基本信息数据采集实施细则，建立预算单位基础信息数据库，动态掌握预算单位情况。加强预算内外指标管理，完善预算指标网上登记制度，加强项目经费审核，规范预算执行。推进国库集中支付改革。制订财政国库管理制度改革方案及各项配套制度，全年有23家一级行政事业单位纳入国库集中支付范围，共支付37524万元，其中财政直接支付27700万元，占74%。完善资金拨付流程，促进统发工资、基建、政府采购及项目资金从财政集中支付向国库集中支付过渡。创新绩效评价制度。以"财政负责、部门配合、人大政协监督、中介实地检查"的方式，对学前教育、山塘水库建设、技改补贴等6个项目进行绩效评价。在项目选择、指标设定、结果评定等环节分别召开听证会，委托中介机构对补助对象按不低于30%的比例进行抽查，邀请人大、政协参与调查问卷，综合评价指标、调查问卷、实地检查等情况出具评价报告。

【加强财政管理】强化政府采购监管。加强对供应商及其售后服务管理，对未按规定供货的供应商进行处罚。扩大政府采购规模，将土地集约利用评估、优秀剧目确定等服务型项目纳入采购范围，全年完成政府采购43840万元，节约资金7128万元。强化非税收入管理。将水资源费、矿产资源补偿费等纳入国库管理，增强政府对非税收入的统筹力度。规范土地出让金的成本核算、基金提取及收益使用。在4家单位启用新的非税收入收缴系统。强化日常监督管理。继续规范公务员津贴补贴发放，严格压缩行政运行支出，全年减少出国经费35%、车辆购置及运行经费22%、公务接待费14%。强化专项资金管理。建立财政政策兑现数据库，通过媒体公示22批次，涉及2194家企业共3.29亿元补助资金。开展治理"小金库"检查、部门预算执行情况、镇乡专项资金等检查，规范资金使用。加强会计人员管理。保障各类会计考试顺利进行，试行新版的会计从业资格管理系统软件，强化会计信息化管理水平。

【政府负债管理】加强政府性建设（开发）公司及重点项目的会计委派，出台《关于加强政府性债务资金管理的若干意见》，严格债务计划管理，加强银行账户开设及存贷款管理，规范负债资金监管,债务率及负债率指标均在省定警戒线内。

【镇乡财政监管】实施新一轮镇乡(街道)财政管理体制,调动各镇乡(街道)发展经济的积极性,全区有18个镇乡(街道)一般预算收入突破1亿元,其中12个突破2亿元。进一步强化镇级财源管理,新办企业界定等事宜,财政体制结算更加准确。制订规范化镇乡财政建设意见和考评细则,梳理编印镇乡财政管理制度和信息化操作手册。全面应用指标管理、资金申拨支付等6个系统,开发镇乡政府性债务管理系统和资产管理系统,提升镇乡财政精细化管理水平。开展镇乡长(街道主任)和基层干部业务培训,提高镇乡领导及财政干部的财政管理水平。

【国有资产监管】规范国有资产处置程序。做好原机关办公用房、粮站等资产和车改车辆拍卖工作,处置国有资产16宗,变现资产2214万元。加强行政事业单位出租房屋管理,开展专项检查,规范收益收缴,共招租19宗,租金收入362万元。

【干部队伍建设】围绕"推进科学理财,打造和谐财政"的宗旨,开展学习实践科学发展观活动,通过"科学发展、问计于民"、"创建服务型机关,促进企业发展"和"百名局长进百企"等进镇、进村、进企蹲点调研活动,帮助基层和企业解决实际问题。注重教育培训,加强调查研究,联合党校开展专题讲座,提高干部队伍综合素质和履职能力。加强党风廉政建设,组织干部到萧山南郊监狱开展警示教育,增强干部自我防御能力。继续开展"城乡结对"与"和美家园"等创建活动,增强财政为民服务意识。加强党建工作,以"公推直选"方式改选出新一届党支部书记和委员。优化工作流程,完善岗位责任制考核办法,重新编印《鄞州区财政局制度汇编》,通过ISO9001财政管理与服务质量认证外审。做好政务信息公开工作,提高财政工作的满意度与透明度。加强精神文明建设,深化青年文明号、巾帼文明示范岗等创建活动,规范窗口管理,优化财政服务,提升财政整体形象。

(宁波市鄞州区财政局供稿　毛盈飞执笔)

海曙区

【概况】2009年,宁波市海曙区实现生产总值358.14亿元,按可比价计算比上年增长8.8%。其中:第二产业增加值55.13亿元,增长1.0%;第三产业增加值303.01亿元,增长10.2%。三次产业比重为0:15.4:84.6。财政一般预算收入50.45亿元,增长6.9%,其中地方财政收入32.52亿元,增长9.5%;全年财政一般预算支出为16.05亿元,增长17.3%。全年用于安排民生和保增促调、扶持经济发展的支出为12.44亿元,占总支出比重77.5%。全年财政收支平衡。

【组织财政收入】加强对财政运行的监控和分析,关注税源变化趋势,及时采取应对措施,确保应收尽收。对月度、季度、半年度财政运行情况进行分析,按月通报收入完成情况,掌控收入进度,做好农业税收和非税收入的预测和分析工作,为领导提供决策依据。

【扶持经济】会同相关部门修订完善一系列保增促调、扶持产业发展的经济政策和财政政策,专项安排各项扶持资金,加大对企业补助力度和引进发展服务业的扶持力度,调整优化产业结构,促进产业转型升级。继续加强对重点税源企业的稳控工作,促进引税与稳税并举,支持企业稳定发展。保障全区重点项目的资金需求,按照区委、区政府的要求,及时统筹项目,确保资金足额按时到位。实施楼宇经济发展战略,发展现代服务业;围绕"拓市场、促调整、保增长",采取措施,为企业转型升级营造良好环境,促进区域经济平稳较快发展。抓好再生资源回收情况申报、家电"以旧换新"、家电下乡财政补贴等各类经济政策的审核拨付工作;开展"创服务型机关、促进企业发展"活动,深化和拓展与重点企业的联系,帮助企业解决困难和问题。

【保障重点支出】调整和优化财政支出结构,当年区级预算单位公用经费按预算数节减5%,严格控制公务接待、车辆购置与运行等相关经费支出规模,压缩会议、培训等一般性支出。安排社会保障和就业及地震灾后恢复重建支出18994万元,确保社会保障和扶贫帮困工作的顺利开展。保证社会公共支出和确保教育、科技法定增长比例,安排文教科卫事业费支出49664万元。优化社会治安环境、公共安全,投入国防及公共安全经费16887万元。改善市容环境,加快城市建设步伐,投入城乡社区事务及环境保护支出23096万元。

【部门预算】深化部门预算改革,增强部门预算编制的科学性。规范收支行为,对有收费项目的单位,分析预测其收费收入的增减变化因素,科学编制收入预算,调动单位增收节支积极性。并对各部门历年资金结余及2008年部门预算执行情况进行调查摸底,合理编制2009年部门预算。同时把部门预算人大审议范围从8家扩大到11家,增强部门预算的透明度和约束力。加快推进部门预算信息系统建设。探索制订《部门预算管理办法》,完善部门预算管理制度。

【财政改革】扩大政府采购规模,当年全区政府采购金额2.70亿元,增长100.5%,采购节约率为10.7%;强化政府采购预算职能,对没有预算的采购要求一律不予批准;试行统一采购,将"现代化教育装备采购"作为首批试点项目,节约资金10%。探索行政事业单位资产管理与预算管理有机结合的工作机制和流程,加强财政业务科室对新增资产配置专项经费的审核。提高国有资产管理信息化水平,在年初16家单位试点的基础上，对全区一级预算单位实行资产网络化管理。巩固国库集中支付改革成果，完善工作流程，全区通过国库集中支付的财政资金为 14.84 亿元，其中财政直接支付金额占资金支出总额的 87.5%。在成功推行行政单位公务用卡改革的基础上，逐步在事业单位试点公务用卡，建立定期抽查制度，对 3 家公务用卡单位进行抽查，规范操作流程。制定《机关工作人员差旅费开支规定》，规范公务活动支出。

【财政监督】修订、完善区财务考核办法，审查年度政府性投资项目计划，对全区各单位基建财务管理情况开展专项检查，探索和完善基建管理。继续加强单位内审工作，增强内控制度的严密性和完整性。发挥财务总监对资金监管和业务指导作用，加强对重点部门和重点项目资金使用效益和规范性的监管。组织开展区行政事业单位“小金库”专项治理工作，做好自查自纠、“回头看”及重点单位检查。推进财政支出绩效评价工作，选取“数字城管”、“政府购买社会工作服务项目”、“残疾人康复工程” 等项目开展绩效评价。规范国有资产监督管理，完成工业商业集团改制工作；对区属企业进行调研摸底，形成新的监管制度。

【会计管理】强化会计事务管理，落实行政执法责任制，按区统一要求，设立区行政审批中心分中心，开展代理记账机构年度登记工作，规范和健全会计从业资格和代理记账管理制度。探索、创新会计人员继续教育形式，出台海曙区 2009 年会计人员继续教育指导性意见，探索会计人员网上继续教育的新模式，提高培训质量。做好当年度各类会计资格考试和会计电算化初级考试考务工作。

【队伍建设】开展学习实践科学发展观活动，按照活动实施方案，完成学习调研、分析检查以及整改落实阶段的各项任务。创建学习型组织，局领导班子成员带头为全局干部职工作专题业务报告。各业务科室分别以国库集中支付、公务用卡和财政支出绩效评价工作为主题召开业务知识学习交流会。开展支部读书活动，要求每人读一本好书，交流读书心得，提高干部职工文化修养。根据服务单位的需求，设立 AB 岗制度和错时上下班制度。作为局对外服务窗口的会计管理科，先后被授予“2006～2008 年海曙区模范集体”、“宁波市工人先锋号”等荣誉称号，并通过区“群众满意基层站所”示范单位考核。会计核算中心主任胡建萍同志被评为海曙区“巾帼建功”标兵。以廉政文化进机关活动为切入点，加强廉政建设，注重廉政文化、财政文化、机关文化的有机结合。设计各种廉政文化宣传栏，设置廉政文化书报阅览角，营造机关廉政文化氛围。在局内网上开设廉政文化建设专栏，利用网络平台，拓宽廉政文化传播渠道。组织干部学习《公务员法》、《预算法》等法律规范，提高财政干部法律素质和依法行政水平；组织专题警示教育，运用视频、网络、报纸、杂志、宣传栏等多种手段充实宣传教育内容。组织缅怀先烈、爱心义卖、访贫问苦、文艺汇演、演讲比赛等活动，增强团体凝聚力。

（宁波市海曙区财政局供稿　徐　晨执笔）

江东区

【概况】2009 年，宁波市江东区实现生产总值 283.90 亿元，比上年增长 8.6%，其中：第一产业增加值 0.20 亿元，减少 63.3%；第二产业增加值 100.40 亿元，增长 3.5%；第三产业增加值 183.30 亿元，增长 11.8%。全区完成财政一般预算收入 35.82 亿元，增长 8.7%，其中地方财政收入 24.71 亿元，增长 12.0%。当年财政支出 14.92 亿元，增长 9.7%。全年财政收支平衡。

【组织财政收入】全面落实保增促调各项政策，利用财政政策和财政资金支撑引导作用，涵育税源。开展“三服务”活动，建立落实局中层以上干部联系企业制度，组织干部上门联系服务企业。加强收入的组织协调工作，调动各部门、街道组织收入的紧迫感和责任感。定期召开收入分析例会，加强对收入运行情况的科学预计和准确把握，强化重点税源和税收异常企业分析监控，解决组织收入过程中遇到的困难和问题。

【支持经济发展】推进服务强区战略，保障大项目建设和推进载体建设。加快推进产业优化升级，全年兑现各类财政扶持资金 8500 余万元，重点支持金融、物流、会展、创意、中介、信息等现代服务业加快发展。加大重点行业、重点企业、重点招商引资项目的扶持力度。支持创新体系建设，安排科学技术支出 5167 万元，用于支持高新技术产业发展。加快人才要素集聚，全年安排各类人才经费 400 万元，支持高素质人才引进，构筑创新型人才高地。

【保障民生支出】支持就业和社会保障工作，全年社会保障和就业支出18209万元，同口径增长25.4%。加大教育经费投入力度，全年教育支出34439万元，同口径增长27.9%；保障免费义务教育，推进教育均衡发展，安排资金5000万元，落实义务教育阶段教师绩效工资改革。保障公共卫生事业体系建设，全年医疗卫生支出7929万元，增长13.8%；支持省卫生强区创建，落实社区公共卫生服务经费，完善基层卫生服务体系；应对突发公共卫生事件，保障甲型流感防治经费及时足额到位。加强服务文化新区建设。统筹东部新城文化广场建设配套资金，加快打造特色主体文化功能区块。支持人居环境优化行动，推进内河整治工程、老小区综合整治工程和百丈路绿化升级改造工程。加大"平安江东"建设保障力度，全年公共安全及国防支出14917万元，增长10.2%。落实政法经费保障体制改革相关政策，确保建设"平安江东"经费需要。

【推进财政改革】严格控制一般性支出，贯彻中央、省、市厉行节约有关工作要求，制定实施全区行政事业单位降低行政成本、保证重点支出的九条规定。深化部门预算改革工作，全面落实预算管理各项规范性制度，严格按照"两上两下"的程序编制部门预算，推进预算编制与资产管理有机结合，提高预算编制标准化水平。加强非税收入管理，扩大"收支两条线"管理范围。推进国库集中支付改革试点工作，制订出台财政国库管理制度改革方案等管理制度，实现国库集中支付正式上线运行。全面推广使用公务卡，全区53家一级预算单位和部门已实行公务卡结算。推进财政监督工作，加大财政监督力度，对11家单位实施财政财务检查。做好全区"小金库"专项治理工作。健全财政支出绩效评价指标体系，提高财政资金使用效益。深化政府采购改革，全年政府采购金额9115万元，节约资金1501万元，节约率14.1%。强化国有资产管理，加强行政事业单位非经营性资产管理，推进投融资体制改革，理顺区国有企业权属关系，统筹资金支持全区重大项目建设。

【加强队伍建设】以"积极履行财政职能，突出增收节支主线，全面推进能力建设"为实践载体，开展学习实践科学发展观主题教育活动。坚持领导授课制度，开展主题征文和金点子征集活动，用科学发展观武装头脑、指导工作、推进发展。推进能力建设活动，注重推动科学发展、创新工作、应急谋远、化常为专、统筹协调、服务企业、公关塑造、团结和谐、廉洁从政、自我完善等十种能力建设。推进党风廉政建设，落实党风廉政建设责任制，建立落实横向到边、纵向到底的廉政建设责任网络和考核机制。深化机关廉政文化建设，组织开展廉政警言、廉政书画征集活动。推进机关文化建设，组织参加全市财税系统文艺汇演，参加区微型党课比赛，举办江东区财政局第三届职工运动会，增强干部的团队精神和协作意识。

(宁波市江东区财政局供稿　刘建春执笔)

江北区

【概况】2009年，江北区实现生产总值159.60亿元，比上年增长5.5%。第一、二、三产业生产总值分别为4.10亿元、60.10亿元、95.40亿元，增幅分别为3.4%、1.8%、8.1%。全区财政一般预算收入实现41.00亿元，增长2.4%，其中地方财政收入24.75亿元，增长8.6%；财政支出20.07亿元，增长9.1%。全年财政收支平衡。

【财政收入】当年财政收入增幅呈现前低后高企稳回升态势。受全球金融危机影响，前三季度财政一般预算收入增幅持续负增长，第四季度渐趋稳定向好，并小幅增长。重点企业对收入增长贡献突出。规模以上企业、30强企业、成长型企业当年入库各项税收20.26亿元，增长39.4%。因房产市场回暖，全年契税入库2.71亿元，增长89.5%。

【支持经济发展】完善各项财政政策。区财政局会同相关部门修订完善一系列财政政策扶持产业发展，安排各类专项扶持资金3.50亿元，加大对企业补助力度，调整优化产业结构，助力产业转型升级。落实减税轻费各项政策。落实城镇土地使用税临时性减负政策，落实再生资源增值税退付及首次购房补贴工作，全年土地使用税减免2309万元，再生资源增值税退税6938万元，个人住房交易补助2723万元，清理、取消或停征96项行政事业性收费。加大政府投资项目资金保障力度，推进宝庆寺安置房、机场路北延等重点区块和项目开发建设。

【保障民生需求】以人为本保民生。在可用财力相对减少的情况下，财政投入继续向教育、科技、文化体育、社会保障、医疗卫生、农林水等六大民生领域倾斜，确保新增财力主要用于民生领域，全年支出7.80亿元，占一般预算支出的38.8%，比上年提高4个百分点。落实惠农扩消费。落实粮食直补等各项惠农政策，落实"家电下乡"财政补贴政策，提高农民收入，扩大农村消费，全年发放农资综合直补、良种补贴、农机具购置补贴等428万元，家电、汽车摩托车下乡补助185万元。城乡统筹促发展。全年财政支农支出4亿元，其中：新农村建设专项资金4000万元，农村社保和农村医疗资金4900万元。新农合参保标准为459元/人，参合率98.5%，并推进两万人参加城镇居民医保。农村低保标准上调到320元/月，基本实现农民养老保险与城镇居民养老保险保障水平均等化。协调发展促和谐。加大就业扶持力度，区财政安排公益性岗位补贴2073万元。完成教师绩效工资改革，加大对教育、医疗等硬件设施的投入。慈城中学、庄桥中学、区人民医院、区公卫中心、洪塘社区卫生服务中心等一批工程已建成使用。

【强化财政监管】推进预算制度改革。修改并完善预算追加、结余等相关预算管理政策，开展国库集中支付改革试点，试行公务卡改革和网银应用。至年底，全区80家行政事业单位推行网上报账系统，51家实行公务卡消费。加强财政专项资金监管。出台区本级财政专项资金管理办法，完善土地出让金结算与拨付制约机制，建立江北区政府性投资基建项目调查制度，开展"小金库"专项治理，规范银行账户开户管理工作，开展财政资金信息安全检查。强化财政监督职能。合理控制债务规模，防范和化解财政风险。成立区国有资产监管中心，实行委派会计制，加强国有资产监管。探索建立绩效评价机制，完成"社区教育"专项资金绩效评价。参与全区村级财务抽查活动，整顿会计工作秩序。

【干部队伍建设】思想道德建设。采取集中授课、讨论交流、调研分析、深入剖析、查找不足、制订整改措施等方法，开展学习实践科学发展观活动，提高干部政治理论水平和思想道德素质。开展机关党支部建设、机关文明创建、廉政文化进机关等活动，此项活动得到上级部门肯定并推广。强化服务意识。开展"联系基层、服务发展、改进作风"专项活动，深入基层，主动服务，找准工作着力点，建立班子成员联系街道(镇)和重点区块、中层干部联系村(社区)和企业的工作机制，加强与各部门之间的联系协调，提高服务能力和水平。廉政建设。落实"一岗双责"廉政责任制，开展预防职务犯罪教育，建设惩防体系，健全社会监督网络，形成内外结合的廉政监督体系。财政文化建设。以局业余民乐队为龙头，组织干部开展文化活动，陶冶情操。局业余民乐队先后在市、省财税系统文艺汇演中荣获一等奖和二等奖。

（宁波市江北区财政局供稿　宗　理执笔）

镇海区

【概况】2009年，宁波市镇海区实现生产总值193.51亿元，比上年增长9.3%。其中：第一产业增加值4.87亿元，增长3.8%；第二产业增加值113.50亿元，增长6.4%；第三产业增加值75.14亿元，增长14.1%。区人均生产总值108791元，增加8975元。全年财政总收入75.69亿元，增长20.4%，一般预算收入42.13亿元，增长7.9%，体制分成收入21.66亿元，增长8.9%；一般预算支出20.78亿元，增长11.8%。全年财政收支平衡。

【应对危机促发展】落实"保增促调"战略，采取"减负、扶持、服务"等措施，帮助企业渡过难关。出台出口信用保险补助、土地使用税引导奖励等64项财政奖励扶持措施，累计兑付政策奖励资金2.61亿元；创新政策兑现方式，由原来每年年中一次集中兑付，调整为分期分批多次兑付，兑现时间比往年提前2个月；全面实施增值税转型、落实出口退税、减免行政事业性收费和减免征社保基金，为企业减负15.91亿元。按照扩大内需政策要求，整合统筹各类建设资金，深化金融合作，确保全区重点项目资金及时足额到位。兑现家电下乡、汽车摩托车下乡补贴资金190.53万元；落实房地产优惠政策，补助二手房交易1742万元。实施成品油价格和税费改革，成品油价格补贴发放到位。落实"创建服务型机关、促进企业发展"活动要求，开展"点题服务"和集中服务月等活动，深入企业宣传政策，帮助企业解决难题。

【保障民生添和谐】安排新农村建设专项资金5000万元，支持农村新社区建设，加大农业产业化项目资金投入，做好农业综合开发工作。安排教育经费4.98亿元，加强教育基本建设，支持全面实施城乡免费义务教育和教育基础设施建设，提升学前教育保障水平。安排社会保障和就业经费支出1.39亿元，用于居民最低生活保障和低收入困难人群生活补助支出2153万元；失业人员就业再就业补助经费5773万元，残疾人生活困难补助和就业政策补助经费1231万元。安排卫生事业经费支出1.42亿元，保障镇海人民医院开业运行，完善城镇居民基本医疗、农村新型合作医疗制度，推进甲型流感疫情防控工作。投入公共文化建设补助资金2484万元，推进城乡文化阵地建设，活跃城乡文化生活，投入1.4亿元，支持宁波帮博物馆建设并免费开放，实施古海塘文化提升工程。安排生态环保资金4511万元，支持生态环境建设。

【深化改革增活力】增强财政科学化精细化管理能力，提高财政运行的活力和效率。全面推进国库集中支付改革，4月份将全区一级预算单位、11月份将全区二级预算单位纳入国库集中支付范围，除基建资金暂不纳入外，其余资金全部进入集中支付系统。深化财政支出绩效评价工作，成立绩效评价科，建立绩效评价项目筛选机制，采取"一上一下"形式，确定7个重点评价项目，23个自评项目，涉及财政资金1.50亿元。深化部门预算改革，落实部门预算调整、预算追加管理办法，成立预算审议小组，对20万元以上的预算追加单进行集中审议。推进政府采购制度改革，全区105家单位编制采购预算，加强政府采购监督管理，全年完成政府采购金额14023万元，资金节约率13.1%。推进收入分配改革，巩固车改及规范津贴补贴工作成果，规范津贴补贴的发放工作，推进行政离退休人员生活补贴调整，实施义务教育学校教师绩效工资制度改革。

【强化管理提绩效】创建节约型机关。出台会议经费、业务招待费、外出学习考察经费管理等制度规定，引导党政机关压减一般性支出，年初确定的压减指标基本完成，全区公用经费同比下降8.1%。理顺行政事业单位国有资产管理机制。开展行政事业单位资产清查工作,252家单位列入清理范围,摸清各单位资产家底。制订《区属党政机关事业单位资产处置方案》和《区属行政事业单位房产土地管理暂行办法》,对资产性质进行界定,并实行集中管理和经营。开展“小金库”专项治理。按照中央、市政策要求,推进“小金库”专项治理工作,被评为全市先进单位。制订政府投资资金管理办法,加强在造价投资管理上的监管力度,对全区20家区属政府性投资公司实行定员定编管理。推进财政监督机制创新。区纪委(监察局)、审计局、财政等部门联合对32家单位节约型机关建设、津补贴清理等制度落实情况进行督查,公开通报检查中发现的违规行为。配合做好区长任期经济责任审计工作,规范财经秩序。加强会计监督,开展会计信息质量检查,创新会计继续教育模式,做好新会计准则贯彻工作。提高镇(街道)财政管理水平。完善财政体制,坚持财力向基层倾斜,镇(街道)、园区一般预算收入22亿元;继续加强镇(街道)财政基础管理工作,完善管理制度,健全内部制约机制。

【队伍建设树形象】深入学习实践科学发展观。按照区委统一部署和要求,紧扣“塑科学理财新优势,创服务发展新业绩”实践载体,结合财政业务工作,征求意见,分析检查,整改落实,致力于解决实际问题。组织开展十七届四中全会精神学习辅导。深化政风行风建设。通过健全完善服务措施、改进机关工作作风、完善财政管理机制、提高资金拨付速度、提升资金监管绩效,提高机关办事效率,在全区民主评议中,获得经济服务管理类第三名。注重教育培训。制订年度教育培训计划,组织30余项业务培训,举办财政干部能力建设培训。开展争先创优活动。区财政局核算中心获市级“三八红旗集体”称号,一同志被评为全市“十佳财税干部”。推进财政文化建设。围绕新中国成立60周年主题,开展文体活动,区财政局参加全市财税系统国庆60周年文艺汇演并获二等奖。推进党风廉政建设。制订《构建反腐倡廉教育长效机制实施办法(试行)》,健全权力运行监控机制,抓好廉政谈话、述职述廉和廉情预警等制度的落实,全面落实党风廉政建设责任制,推进财政惩防体系建设。 (宁波市镇海区财政局供稿 黎伦睦执笔)

北仑区

【概况】2009年,宁波市北仑区(宁波经济技术开发区)实现生产总值446.50亿元,比上年增长10.5%。其中:第一产业增加值6.68亿元,第二产业增加值256.48亿元,第三产业增加值183.34亿元,分别增长3.2%、9.6%、11.0%。第一、二、三产业增加值占生产总值的比重为1.5:57.4:41.1。全区财政总收入85.69亿元,增长8.3%,其中地方财政收入42.69亿元,增长14.3%。北仑区本级一般预算收入32.72亿元,增长11.8%,其中地方财政收入18.64亿元,增长16.4%;宁波经济技术开发区一般预算收入52.97亿元,增长6.3%,其中地方财政收入24.05亿元,增长12.7%。全区财政一般预算支出40.67亿元,增长16.8%。其中:北仑区本级18.97亿元,增长16.9%;宁波经济技术开发区21.70亿元,增长16.7%。全年财政收支平衡。

【支持经济发展】落实扩大内需、促进经济平稳较快发展等决策措施,推进重大项目包括梅山保税港区和重点功能区块等的开发建设,增强经济发展后劲。当年政府投资项目实际完成36.54亿元,一批基础设施及民生工程项目投入使用。投入4.67亿元落实一系列扶持企业和产业发展的政策措施,重点扶持优势行业产业升级和发展临港服务业,提高自主创新能力,发展循环经济。落实企业减负措施,对亩均税收贡献较好的1135家企业兑现4013万元的土地使用税补助,经审核后统一拨付到企业在地税部门申报纳税的银行账户;取消、暂停征收或降低收费标准的项目219项,相比2008年减负约2.40亿元。落实增值税转型改革,企业申报抵扣固定资产进项税额5.03亿元,直接影响当年度税收收入3.20亿元。

【财源建设】推进招商引资。制订《税源管理考核细则》,促使各部门、镇乡(街道)聚焦招商。鼓励重点临港大工业企业二、三产分离发展,引进关联企业,促进三产招商。通过核心商务区、现代国际物流园区等重点功能区块建设,发挥各自优势,促进集中招商。通过各部门收集进出口业务量、船舶停靠次数等讯息开展针对性的招商。构建税源维护体系。依托税源管理平台,督促帮助各镇乡(街道)开展税源情况排摸,建立重点税源维护机制,将税收贡献占财政收入近三分之一的27家税收支柱企业(集团)作为重点联系对象,及时掌握动态;落实相关政策,由各经济管理部门对178家重点企业开展维护,帮助企业解决实际问题,促进以商招商和税源增长;全面关注外迁注销企业。强化收入征管。依法加强收入征管,提高征管质量和效率,规范非税收入管理,在落实各项财税政策的基础上,做到应收尽收。

【保障民生支出】全面实施“民生提升行动计划”,推动城乡区域统筹发展。优先发展教育。安排教育支出5.13亿元,重点用于完善中小学生义务教育保障机制,全面推进学校标准化建设和全区义务教育均衡发展,发展职业教育,支持新市民的素质培训,确保义务教育段教师绩效工资改革实施。加快新农村建设。安排“三农”支出6.03亿元,支持九峰山成片连线新农村建设模式实施,推进农村生活污水整治规划,强化农业基础设施建设,培植壮大农业龙头企业。推进交通顺畅工程。安排3631万元用于公交IC卡补助,1235万元用于2008年以前年度公交公司亏损弥补,3100万元用于更新老旧公交车。建设“文化强区”。推进和谐文化建设系列活动，包括新中国成立60周年、北仑建区25周年纪念活动。启动卫生强区创建。投入医疗卫生经费3.34亿元，促进公共卫生网络建设，保障甲型H1N1流感防控工作。构建社会保障网络。安排社会保障和就业支出1.68亿元，建立完善新型农村养老保险制度，扩大新型农村合作医疗成果，实施城乡特困群众医疗救助工作，促进就业再就业，加快残疾人事业发展。

【财政支出改革】推进财政科学化精细化管理。开展节约型机关建设，压缩一般性支出。全区行政事业单位一般性专项经费在原来基础上一律压缩20%，实行出国经费先行审核，压缩会议、庆典等费用，执行公务用车编制管理规定和配备使用标准，推行公务卡管理制度等，节减行政经费5430万元。深化部门预算改革。重新核定人员支出定额标准，将各单位政府性基金和专项收入纳入部门预算管理。7月份开始启动国库集中支付新版软件试点运行。完善财政支出绩效评价管理制度。对重点生态公益林建设等四个财政支出项目进行评价。完善政府采购制度。拓展政府采购范围和规模，完成政府采购10.59亿元，资金节约率10.4%。参与构筑政府投资项目管理体系及廉政防火墙建设，此项举措得到中央领导评价并批示学习推广。加强财政监督。开展财政资金安全检查和“小金库”专项治理工作自查自纠、回头看以及整改落实工作。

【干部队伍建设】围绕服务大局与财政中心工作，依托“积极财政促发展、共克时艰创佳绩”这一实践载体，开展深入学习实践科学发展观活动。推进党风廉政建设，加快构建财政专项惩防体系，开好民主生活会，抓好廉政谈话、述职述廉和廉情预警等制度的落实，健全机关内部约束机制，推进政务公开各项举措。加强教育培训和干部选拔任用，开展廉政文化建设，提高财政干部的整体素质和综合能力。开展巾帼文明示范岗、群众满意基层站所(办事窗口)等各类精神文明创建活动，组织参加“送温暖、献爱心”活动，营造学先进、讲奉献的良好氛围。（宁波市北仑区[宁波经济技术开发区]财政局供稿　潘成方执笔）

大榭开发区

【概况】2009年，宁波大榭开发区实现生产总值130.04亿元，比上年增长11.0%。其中：第二产业增加值70.52亿元，增长49.6%；第三产业增加值59.52亿元，下降14.8%。二、三产业结构比例为54.23:45.77。全区财政一般预算收入59.80亿元，增长59.3%，其中地方财政收入13.07亿元，下降6.0%；全区财政一般预算支出15.27亿元，增长0.7%。全年全区财政收支平衡。

【组织财政收入】推行税源精细化管理，千方百计组织收入。完善财政扶持政策，出台鼓励投资创业支持企业发展的若干意见、引进第三产业企业的考核奖励办法等一系列扶持企业发展政策，促进财政收入增长。做好招商引资工作，全年共引进企业14户，组织税收630万元。强化税收分析和预测，及时掌握重点税源的变动趋势，提高税收分析预测准确性。加强企业所得税汇算清缴工作，建立企业所得税年报复审制度，共复审企业305户，补缴税款294万元。加强房产税、土地使用税管理，重点对全区工业企业、码头企业的纳税数据开展比对，补缴税款835万元。做好社保费征缴，开展历年社保费欠费清理核销和征收数据比对工作，全年征收社会保险费1.43亿元。

【支持经济发展】用足用好各类财政扶持政策。落实土地使用税减负政策，对全区的工业、港口、码头、仓储企业实行土地使用税补贴，补贴企业138户次，补贴资金848万元。对符合产业结构优化升级专项补贴的企业进行考核，共补贴172户次，补贴金额1013万元。帮助企业争取上级部门扶持政策，审核申报资料37户次，申报金额400万元。落实各项企业减负政策，全年累计减免各项税费4563万元。开展企业财产损失所得税税前扣除的审核和批转工作，审核批转企业9户，税前扣除金额7795万元。

【加大民生支出】财政增量资金向基础设施、教育、医疗卫生、文化、劳动就业、社会保障等民生事业倾斜。投入资金2.60亿元，加快滨海公园一期工程、建造文教广场、外来务工人员居住点建设、建设综合养老服务中心、老小区改造工程等基础设施建设。全年安排教育支出3600万元，实行免费义务教育，减免中小学学杂费、课本作业本费，免除公办幼儿园50%保育费。全年安排文化与体育传媒支出550万元，进行数字电视改造，健全社区教育学院和市民学校，丰富群众文化生活。加大就业投入，健全社会保障机制。安排2.32亿元用于社区建设投入；鼓励用人单位招用就业困难人员，落实劳动力培训、再就业补助、企业养老金补助等优惠政策；投入700万元支持公益性岗位开发。加大公共卫生投入，完善公共卫生服务体系。全年安排医疗卫生支出2300万元，添置医院仪器设备，加快社区服务体系，支持社区卫生服务站、120急救中心建设；完善新型合作医疗制度，提高政府补贴标准；开展村(居)民体检，健全对低保、低收入对象的医疗救助制度，减轻民众医疗负担。

【推进财政改革】深化部门预算编制改革，细化专项资金预算编制，提高预算编制严肃性。继续开展各预算单位年初结余资金清理。在充分试点基础上，在18家实行统一核算的行政事业单位中全面推行公务卡。出台财政国库管理制度改革方案，首批改革试点单位投入运行。完善政府采购改革，扩大政府采购范围和规模，全年下达采购计划767万元，实际采购金额654万元，资金节约率14.7%。加强国有企业监管，做好国有资产增值保值工作，完成国有资产保值增值指标考核工作。

【财政监督管理】加强财政绩效管理。加强预算执行管理，制订《开发区社区管理局部门经费管理办法》；厉行节约制止浪费，出台措施贯彻落实党政机关厉行节约有关要求；完善财政支出绩效评价工作，出台2009年财政支出绩效预算评价方案，指导全区13个部门开展13个绩效评价项目。强化财政监督管理。分别对工商局和人事局的资金使用情况进行监督检查，对部门经费预算及项目指标执行情况进行调查分析。开展“小金库”专项治理。完善财政投资项目审核。加强对政府投资项目的审核监管，共接审项目71个，送审金额2.01亿元，完成项目结算审核57个，送审金额1.70亿元，核定金额1.54亿元，核减1739万元，核减率9.8%。修订《政府投资项目管理办法》，完善政府投资项目资金管理和政府投资项目工程结算管理等制度。

【财政信息化建设】采取“由点至面逐步推开”的方法推行宁波市政府财政管理信息系统，做好国库集中支付子系统和部门预算系统的上线和维护工作。开展信息系统安全检查，加固数据库服务器。开展日常数据备份工作，保证重要数据安全。推进政务公开体系建设，完成外网网站改版工作，丰富网站内容。

【干部队伍建设】开展学习实践科学发展观活动，组织全体党员集中学习9次，局党支部中心组(扩大)专题理论学习3次，党员集中学习时间达15个小时以上。落实每周一晚上政治理论和业务学习制度，采取邀请专家学者授课、专题讨论、局领导重点发言、观看爱国教育纪录片等多种形式，确保全局干部理论学习的日常化、制度化、规范化。落实党风廉政建设责任制，通过开展案例分析、情况通报、邀请市局领导讲课等形式加强全局干部廉政意识。组织开展全局业务考试，鼓励青年干部参加研究生学历进修学习，选送干部参加上级部门组织的知识更新和任职培训等各类培训学习，提升干部综合素质。巩固文明创建成果，开展创建“文明单位”“青年文明号”等各类载体活动，通过组织慈善一日捐、结对共建、结对助学、慰问贫困户、青年志愿者公益服务等一系列活动，推动文明创建活动深入开展。会计核算中心被授予“全国巾帼文明岗”。

(宁波大榭开发区财政局供稿　吴　丹执笔)

余姚市

【概况】2009年，余姚市实现生产总值500.69亿元，比上年增长8.5%，其中第一、二、三产业增加值分别为29.61亿元、286.63亿元、184.46亿元，分别增长3.6%、5.6%、14%。全市财政总收入72.65亿元，增长3.4%，其中地方财政收入39.03亿元，增长17.1%；全市财政支出39.24亿元，增长15.3%。财政运行情况良好，收支平衡。

【支持经济发展】加大财政对农业的投入，当年全市财政支农支出89636万元，增长15.7%，重点支持农业综合开发、标准农田建设、村庄整治、下山移民、老区开发、农业科技等。落实土地使用税减负政策，对全市年缴纳土地使用税5万元以上的1264户企业，共计补助6018万元。做好种粮农民综合直补资金发放，实际发放1735万元，惠及全市9.96万农户。全年各项减税轻费和财政扶持经济的政策资金12.1亿元，增长59.2%。落实中央下达的扩大内需项目资金2607万元，实施家电、汽车、摩托车下乡和汽车、家电以旧换新补贴政策，兑付各项补贴资金1070万元。

大榭生活区

【保障民生支出】当年全市各项民生支出27.55亿元，占全市财政支出70.2%。投入3650万元用于扶持城乡职工就业和再就业；投入1.23亿元用于城镇居民医保、城镇职工医保、被征地人员养老保障和城乡老年居民养老保障补助；投入2000万元用于廉租住房经费保障和经济适用房货币化补助；投入1.5亿元用于农村网络公路建设；投入6508万元用于新型农村合作医疗、公共卫生经费和甲型H1N1流感防控；投入9406万元用于河姆渡遗址博物馆陈列改造、市博物馆扩建等文化项目；投入2500万元用于残疾人事业发展；投入3.35亿元用于公检法司和平安创建等经费保障；投入4767万元用于四明湖、陆埠水库等饮用水保护治理。

【加强财政监管】强化财政专项资金监管。7月份起实施财政涉农涉企补贴资金事前公示制度；争取上级财政补助资金5.31亿元，增长56.7%。加强农业财务和村级“三资”(资产、资源、资金)管理，做好服务“三农”工作。对23个农口单位以及10个乡镇的支农项目资金进行检查，共查资金总额2.11亿元。加强支出管理，开展节约型机关创建活动，执行厉行节约、反对铺张浪费的各项规定，出台财政专项资金、市属行政事业单位出租房屋、会议经费等管理办法和行政事业单位办公用房装修、办公家具及设备购置标准，缩减公务购车用车经费、会议经费、接待经费、出国(境)经费。做好离休人员和机关退休人员待遇调整工作。加强非税收入管理，规范土地出让金等基金预算收入和预算外资金管理。做好社保基金保值增值工作，当年社保基金余额44.3亿元。按中央和上级的统一部署，开展“小金库”治理工作。加强会计管理，提高会计工作质量。

【深化财政改革】实施义务教育教师绩效工资改革，将绩效工资增支资金及时拨付到各乡镇(街道)，保障义务教育绩效工资改革顺利实施。推进国库集中支付制度改革，11月确定市发改局、水利局等5个单位为首批试点单位，通过两个月的试点，累计支付财政资金1.4亿元，其中财政直接支付1.34亿元。加强财政资金绩效评价，对农业机械购置补贴、村庄整治建设资金等14个重点项目实施绩效评价，加强评价结果应用，将绩效评价意见反馈给相关科室。

【政府投融资管理】出台政府性债务管理办法，对投资公司进行调查摸底，摸清投资公司资产家底。在保障项目资金需求的同时，探索实行债务计划管理，合理控制债务规模。加强对投资公司的资金管理，年末各投资公司流动借款下降，存款规模比年中高峰期压缩9.7亿元。发挥偿债准备金作用，准备金规模6.6亿元，累计周转资金37笔19.3亿元。加强项目预算和基建财务管理，按工程进度及时拨付项目资金。

【支持乡镇财政建设】加大对乡镇(街道、经济开发区)财政支持力度，乡镇义务教育学校教师绩效工资改革增资和机关离退休人员增资全额由市财政承担，同时将公务员津、补贴增资、村干部报酬和教师奖金增资等列入当年各乡镇(街道、经济开发区)财政的支出基数，减轻乡镇(街道、经济开发区)财政负担。乡镇级财政一般预算支出增幅为18.3%，连续第三年高于市本级增幅。

【干部队伍建设】以“积极财政促发展，和谐征纳克时艰，科学发展创佳绩”为载体，开展学习实践科学发展观活动。定期召开思想政治工作会议，分析干部思想动态。以提高综合素质为目标，抓好干部教育培训工作。开展局“十佳财税干部”评选活动，推荐干部参加宁波市财税系统“十佳干部”评选，举办“十佳财税干部表彰暨国庆60周年文艺汇演”。开展与留守儿童结对活动，给孩子们送去一份温暖与关爱。开展以“进一步解放思想，推动科学发展”为主题的读书活动，在全局营造“好读书、多读书、读好书”的氛围。做好财税志编写工作，《余姚财税志》历时三年完成编纂。开展“服务深化年”活动，做好政策宣传辅导，编印政策汇编2000多册，发放到规模企业。加强党风廉政建设，召开反腐倡廉建设工作会议，层层签订党风廉政建设责任状，签订保廉承诺书；开展家庭保廉助廉活动；开展廉政文章、廉政故事和廉政楹联的征集活动；通过发廉政短信，进行经常性的廉政提醒；严格执行礼金、礼品、礼券登记上交等制度；定期召开党风廉政监督员会议，重视发挥特邀监督员的作用。开展“创建群众满意基层站所(办事窗口)”活动，全局6家单位分别被评为宁波市和余姚市“创建群众满意基层站所(办事窗口)”先进单位和示范单位。市财政局被评为2009年度宁波市“创建服务型机关、促进企业发展”活动先进集体、余姚市和谐机关、余姚市党建工作先进单位。

(余姚市财政局供稿　黄　颖执笔)

慈溪市

【概况】2009年，慈溪市实现生产总值626.24亿元，按可比价格计算比上年增长8.2%。其中第一、二、三产业增加值分别为31.39亿元、372.14亿元、222.71亿元，增幅分别为5.1%、5.5%、13.4%。人均生产总值达60610元。全市财政总收入91.00亿元，增长5.8%，其中地方财政收入49.10亿元，增长13.0%；财政支出50.07亿元，增长14.3%。全年财政收支平衡。

【落实财税优惠政策】落实高产田财政优惠政策、投资建设期内动工建设项目等各项财政返还政策4.38亿元；兑现房地产优惠政策个人所得税和契税财政补贴2247万元；兑现家电下乡财政补贴634万元，发放汽车、摩托车下乡财政补贴684万元，落实家电、汽车以旧换新财政补贴102万元。提升服务水平，开展“服务品质提升年”活动，将上级有关财税优惠政策和慈溪市新一轮财税扶持政策编印成册进行宣传。推动产业结构调整。全年兑现农经扶持资金5200万元，支持农业综合开发、现代农业发展和农业产业结构的调整；兑现二产扶持资金1.38亿元，用于企业技术改造和自主创新，加快高新技术产业和装备制造业发展；兑现三产扶持资金5493万元，用于推动现代服务业、特色旅游项目的发展。

【强化收入管理】强化经济税源分析，建立并组织实施经济税源分析规范，加强经济税源和企业税负分析。创新个税征管模式，在部分镇(街道)设立个体税收国地税联合征收站，形成以当地政府为主导，财政、国税和地税部门全力配合的个体税收社会化管理新模式。加强所得税征管,提前介入企业所得税汇算清缴,提高财务辅导的针对性和有效性;对企业中层以上管理人员、建筑工程承包人等重点纳税人加强个税征管,逐步实行建档管理。推动纳税评估标准化建设,引入企业、行业协会共同制定行业纳税评估规范,共出台毛绒、洁具、轴承等九个行业纳税评估规范。加强非税收入征管,在因实行轻费减负政策导致行政事业性收费大幅减收的情况下,全年非税收入71.02亿元,增长53%。

【支持社会事业发展】加大民生支出力度,全年用于民生支出的财政预算内外资金44.78亿元,增长14.5%。拨付9988万元完善新型农村合作医疗制,支持城乡卫生服务体系建设,全力保障甲型H1N1流感疫情防控经费。坚持教育公益性质和优先发展原则,全年市本级拨付资金1.55亿元保证城乡义务教育需求,设立民工子弟学校扶持专项资金,推动农村中小学“四项工程”建设,支持发展职业技术教育和成人教育。投入9637万元加快城乡文化体育设施建设。保障“三农”资金需求。全年拨付财政一般预算资金23.08亿元用于“三农”建设,增长13.7%。重点支持土地整理、水利设施、农村生活污水治理、山塘治理、旧村改造、杭州湾现代农业开发区等基础建设。支持新型城市化建设,全年市本级拨付资金8.54亿元,保障老小区改造和背街小巷改善、城河治理三项工程、北二环东延等“会战攻坚年”的重点项目。全力维护社会稳定。全年市本级拨付5763万元支持社区保安服务管理体制改革,保证“天网工程”全面完工并投入应用;支持食品、药品等监管体系建设;补助5352万元,用于解决劳动力培训、就业问题;支出6618万元,健全社会保障和救助体系,推进低收入农户奔小康工程、残疾人共享小康工程、居家养老、居家养残工作。

【深化财政改革】深化部门预算管理改革。加强部门预算管理,对部门预算按照机构编制性质实行分类管理,做到一个部门一本预算;制订预算编制管理规范,提前和延长预算编制时间,从7月份开始启动2010年预算编制工作;试行部门预算人大报告制度;控制预算追加,规范预算追加审批程序,杜绝未批先支、边批边支的情况;完善预算定额标准体系,将单位基本物业费列入预算定额范围。推动财政支付制度改革。继续扩大国库集中支付范围,新增水利局、司法局等试点单位10家,全年国库集中支付额18.62亿元,增长78%。推进公务卡改革试点。推进财政业务信息管理体统建设。从部门预算编制、指标管理、资金拨付、国库集中支付到预算总会计账处理,全面实现网上信息化管理;推广应用新办公自动化软件系统,实现公文网上阅办、资金网上审批等无纸化办公运行,提高工作效率。

【强化财政监管】加强部门预算支出管理,对各部门的预算执行情况按月进行分析,及时掌握部门预算执行动态;联合市纪委等部门开展“三费”、规范津补贴实施情况专项检查和全市行政事业单位“小金库”专项治理,对检查发现的问题及时纠正。加强财政专项资金和政府债务管理,按照“一项资金、一个办法”的要求,出台财政性投资项目等12项财政专项资金管理办法;强化政府债务管理,严格举借审批,按月编报债务计划执行情况,控制债务规模。加强镇级财政管理,全面实施新一轮镇级财政体制,财政收入增量分配向镇级倾斜,建立镇级财政运行分析制度,按季编报《乡镇财政工作简报》,分析镇级财政运行情况。强化财政投资项目资金管理。开展财务决算审批工作,完成财务决算审核项目41个,审定投资7.75亿元,核减投资181万元。推进财政支出绩效评价工作,扩大评价面和完善绩效评价指标和标准体系,全年共对就业、医疗卫生等人民群众关注度较高的15个重点项目和28个一般项目进行财政支出绩效评价。

【干部队伍建设】开展学习实践科学发展观活动。在局党组成员带领下,开好民主生活会,查找分析自身在服务科学发展方面存在的问题和原因,党员干部参加干部“进社区、入家庭”等各类学习实践活动。抓好干部教育培训。制订实施年度教育培训计划,分3批组织133名干部,到浙江税务学校和南京大学进行财税知识更新学习培训;组织一年一次全系统干部综合知识与能力考试,提高干部学习自觉性。加强系统党风廉政建设。做好局领导廉情公示工作,召开局行风廉政义务监督员会议,重新聘请局义务监督员,开展党风廉政建设专题教育月活动,邀请市检察院同志作慈溪本地案例警示教育,开展廉政责任谈话,开展发放廉政台历、树立户外廉政广告牌以及廉政小故事演讲比演、“清风伴我家” 十字绣评选等家庭助廉活动,营造廉政文化氛围。构建干部交流平台。发挥团、工、妇作用,组建乒乓球、羽毛球、音舞、棋牌等兴趣小组,开展“我爱记歌词”爱国歌曲大家唱主题活动,丰富干部业余生活,增强团队凝聚力。 (慈溪市财政局供稿 杨继辉执笔)

奉化市

【概况】2009年,奉化市实现生产总值196.83亿元,比上年增长6.2%。其中:第一、二、三产业增加值分别为18.95亿元、94.43亿元、83.45亿元,增幅分别为6%、2%、11.6%。全市财政总收入27.16亿元,增长7.6%,其中地方财政收入14.42亿元,增长11.6%;全市财政支出20.44亿元,增长11.4%。全年财政收支平衡。

【扶持企业促发展】执行中央、省、宁波市各项扶持企业发展、促进经济增长的结构性减税减费和支持企业技术改造等各项税收优惠政策,为企业减负4.05亿元。制订出台市本级保增促调财税扶持措施，加大对转型升级、节能减排、技术贴息、科技创新等财政扶持资金投入，用于扶持企业发展的财政资金增幅为34%。支持外向型经济发展，出口退税地方财政支出8263万元。组织实施国家创新基金项目培育，完善市创新基金项目政策体系，促进中小企业快速成长，荣获2009年国家中小创新基金工作先进单位。构建企业融资服务平台，全年为中小企业解决2亿元生产资金，有效缓解中小企业融资压力；设立企业转贷专项应急资金，帮助企业克服资金短期周转难题，累计转贷资金5.26亿元。

【引资本强管理保收入】发挥财税职能优势，培育和发展“总部经济”，引进“总部经济”企业全年入库税收1.54亿元，增长101.7%，当年增收数占总财政收入增收额的40.6%。坚持科学精细治税，完善税收分析、税源监控、纳税评估、征收管理横向互动机制。全面推行税务中介机构服务模式，加强重点企业和重点行业税源监控；完善房产税、土地使用税等地方税种税源数据库，抓好地方小税和基金（费）的征管，推进企业基础信息共享，夯实税收征管基础；依托计算机网络，深化数据管理利用，提高税收征管质量和效率。建立健全稽查——征管协作机制，开展重点区域、重点行业税收专项整治和专项检查，推进企业自查，提高企业税法遵从度，整顿和规范税收管理秩序。全市地税系统共组织各项税费收入16.57亿元，增长10.8%。

【以人为本重民生】加大对民生领域的投入，全市用于民生支出14.71亿元，占财政支出总量的72%。落实财政支农惠农政策，粮食直补等各项财政涉农补贴及时兑现到户；落实农民住房保险政策，参保率99.3%；做好家电下乡和汽车、摩托车下乡财政补贴发放工作，促进农村消费升级；加大农村基础设施建设投入，改造中低产田3.43万亩，新建29条农村联网公路和乡道。落实教育优先发展战略，教育支出占地方可用财力的31.7%，为5.5万名农村义务教育阶段学生免费提供教科书，贫困学生读书救助等各项补助政策落实；开展义务段教师绩效工资改革，教师待遇水平稳步提高；加大文化体育事业投入，保障省文化先进市创建工作顺利推进，实现消灭体育空白村目标。加大就业再就业保障力度，社会保障和就业支出增长23.5%。支持医疗卫生体制改革，扩大新型合作医疗覆盖面及保障力度，34.6万名农民和近4万名城镇居民参保。落实首次购房税收补贴政策，惠及2686户家庭。完善保障性住房建设的财政投入机制，完成3.83万平方米经济适用房建设，廉租房保障面扩大到人均收入线606元以下家庭。提高城乡居民最低生活保障标准，农村五保户和城镇“三无”对象有意集中供养率100%；落实救灾救济和民政医疗救助经费，6480户困难家庭和1170名患病群众得到及时救济；实施残疾人共享小康和托养工程，2882名残疾人受到政府关怀。

【深化改革重监督】全面实施国库集中支付改革，53家一级预算单位全部实施国库集中支付，全年国库集中支付规模12.02亿元，占年度财政总支出的58.8%。加强非税收入收缴管理，完成非税收入66789万元。开展财政资金绩效评价，完成7个项目财政专项支出资金的绩效评价。加大政府性项目财政监督和投资评审力度，完成315个政府投资项目的预决算和标底审查，审减政府资金1.09亿元。扩大政府采购规模，全年完成政府采购2.26亿元，节减政府资金2860万元。开展会计信息质量检查，市财政局被财政部评为2009年度全国会计监督先进单位。创新政府投融资管理体制，实施政府性投融资公司归口管理，做到债务、融资、财务、资产、绩效考核及相关项目“五个统一”，全年56亿元项目资金纳入财政监管范围。

【队伍建设重素质】开展学习实践科学发展观活动，以“积极财政促发展，和谐征纳克时艰，科学发展创佳绩，从严治队树形象”为活动载体，按要求完成学习调研、分析检查、整改落实等各个阶段活动事项。有序推进干部教育，全年举办业务知识培训8期，组织188名公务员分批参与更新知识培训考试，提高干部职工综合素质和业务技能。开展“强服务提效能保增长”效能建设活动，完善岗责体系，定期监督检查，强化责任追究，巩固机关效能建设成果。注重党风廉政建设，开展廉政谈话、反腐倡廉金点子征集、违法违纪案例典型学习等教育活动，制订《建立健全反腐倡廉惩防体系2009～2012年工作计划》，完善执法检查、执法监察、内部审计等监管机制，构筑反腐长效机制。加强系统精神文明建设，开展文明单位、青年文明号、示范党支部和巾帼示范岗创建活动等各类争创活动，增强财税队伍凝聚力。 （奉化市财政局供稿 蒋 敏执笔）

宁海县

【概况】2009年，宁海县实现生产总值235.55亿元，按可比价格计算比上年增长8.5%，第一产业、第二产业、第三产业增加值分别完成25.20亿元、131.65亿元和78.70亿元，分别增长4.8%、6.9%和12.3%，一、二、三产增加值占生产总值的比重为10.5:56.9:32.6。城镇居民人均可支配收入和农民人均纯收入分别为25945元和11367元，分别增长1.05%和10%。全县财政总收入34.46亿元，增长7%，其中地方财政收入17.91亿元，增长14.4%；全县财政支出23.58亿元，增长10.6%。全年财政收支平衡。

【落实积极财税政策】扩大政府公共投资。全年76个项目列入政府投资项目库，其中17个为中央扩大内需投资项目，使用国家无偿投入的中央预算内资金2821万元。取得财政部代理发行的宁波市地方政府债券资金1.23亿元，用于甬台温铁路宁海段建设项目。拉动居民消费。开展家电下乡、汽车摩托车下乡和汽车、家电以旧换新等活动,全年共兑现家电下乡补助资金455万元、汽车下乡补贴资金147万元。实施稳定房地产市场的税费优惠和财政补贴政策,减免普通住宅交易营业税3735万元,发放契税、个人所得税补贴773万元。助推企业转型升级。全年财政扶持资金总额1.63亿元,其中县本级兑现10275万元,争取上级资金6015万元。执行临时性下浮社保费缴纳比例及行政事业性收费的"免、缓、停"等政策,为企业减负1.54亿元,其中社保费11338万元、行政事业性收费4022万元。落实各项减税轻费政策,减少税费5500万元,其中:减免高新技术企业所得税1681万元,减免困难企业土地使用税、房产税、水利基金等595万元,减免信用担保企业、电视村村通、教育、医疗、科技服务等营业税293万元。支持企业融资担保服务,安排2000万元增加担保中心注册资金。

【加强收入管理】全县地税部门共组织各项收入20.55亿元,增长11.1%,其中税收收入12.68亿元,增长4.3%,社保费等其他各项收入7.87亿元,增长24.1%。深化税源监控分析,开展税收经济联动分析,逐月对工业经济税收进行专题分析,按季召开经济税收分析会。关注重大项目投资、重点行业景气指数等变化对地税收入的影响。建立160家重点税源企业财务及税收指标数据库,完善纳税人重大涉税事项备查制度。开展国地税协作,争取新办企业所得税管辖权。建立网上申报质量审查制,提升申报质量。开展新《企业所得税法》全面贯彻实施后的首次汇算清缴,全年共汇算清缴680户企业所得税和96户个人所得税,应纳税所得额1.91亿元。推广应用个人所得税全员全额申报系统,使用户数7120户,增长26.8%。深化分行业分税种管理,探索餐饮业、房地产业、建筑业等有利于地方税收增长的税源管理。

【保障民生支出】落实各项支农惠农政策。加强农业基础设施建设,全年投入3.36亿元,增长26.3%,支持中小型水利项目颜公河治理、水源地保护、水网铺设、污水治理等基础设施建设。加大农业循环经济示范区建设,投资1700万元推进产业基地、生态养殖小区、中小型沼气工程等项目建设。整合生态公益林补偿资金、种粮大户、农机具购置、农业合作社等补助资金,实行"政府直补专用卡"发放,共下拨资金2952万元。制定石油价格财政补贴资金分配实施方案,全年发放补贴资金1135万元,其中养殖与捕捞补贴资金894万元,农村客运汽车补贴资金241万元。安排620万元,对村主要干部实行工作补贴和考核奖励。全年县财政用于"三农"方面的支出7.04亿元,增长15.6%。支持教育优先发展。支持中小学校舍安全工程建设,完成3年计划的45%。深化义务教育经费保障政策改革,提高中小学公用经费标准,落实5170万元支持全县义务教育学校教师绩效工资改革。支持医疗卫生事业发展。推进医药卫生体制改革,建立财政投入机制。完善卫生服务体系,支持医疗卫生基础设施建设,安排2000万元支持妇保医院大楼建设,落实780万元支持乡镇卫生院标准化改造。支持公共文化体育服务体系建设。落实专项资金172万元实施"广电低保工程",投入295万元用于补助乡镇(街道)综合文化站建设,投资300万元支持行政村健身路径建设。统筹城乡社保体系建设。建立覆盖城乡居民的社会养老保险制度,农村60岁以上老人按月领到养老金。健全社会救助体系,加大对城乡低收入群体的补助力度,全年共拨付新型农村合作医疗保险资金5864万元;安排城乡低保和优抚对象等人员抚恤及生活补贴2724万元。

【深化财政管理改革】推进国库集中支付改革,对县本级61家预算单位全面实施财政国库集中支付改革。实施公务卡制度改革,将一级预算单位的招待费用纳入财政监管范围。开展"小金库"治理工作,配合县纪委对县教育局等16家单位进行重点检查。开展财政性资金监督检查,查处违规资金252万元。规范行政事业财务核算,重新修订行政事业单位工作人员差旅费开支规定。加强项目资金监管,重点关注民生支出项目,对15个单位93个项目3.10亿元资金进行项目细化管理。完成对有线电视"村村通"和全民健身工程的绩效评价工作。开展资金安全检查,针对制度建设和内控管理、岗位设置和人员配备、资金收付管理等十方面内容开展自查。扩大政府采购范围,新增公共服务类项目,全年采购总规模2.55亿元,增长83%,资金节约率12.6%。加强基建项目资金管理,完成西溪水库、检察院大楼等244个工程项目(标段)的竣工结决算审查工作,送审造价8.43亿元,核定造价8.09亿元,核减造价3379万元,核减率为4%。加强会计管理,通过考试选拔、专家推荐,建立宁海县第一批高级会计人才后备库;组织年销售额8000万元以上的企业会计人员到浙江税务干部学校参加业务培训。加强国有资产监管,成立国有资产监督管理局。开展对国有单位的房租调研,督促各单位严格依规办事。推动县城投公司做好企业债券的增资、审计、评估和担保等各项工作。

【加强干部队伍建设】围绕"理财治税强保障、科学发展作贡献"实践载体,组织干部集中学习、上党课、解放思想大讨论、召开各类研讨会座谈会,学习实践科学发展观活动。推进党风廉政建设,成立局纪检组,强化责任分解,拟定工作任务,明确责任单位和责任人;抓好廉政谈话、述职述廉和廉情预警等制度的落实。注重干部教育培训,组织开展业务操作技能竞赛活动;推行税收管理员工作讲评制度。与国税局联合举办"拥抱辉煌、开创未来"庆祝中华人民共和国成立60周年大型广场文艺晚会;组织财税合唱队代表宁海县参加宁波市庆祝新中国成立60周年"我和我的祖国"大型歌会。

(宁海县财政局供稿　章静霞执笔)

象山县

【概况】2009年，象山县实现生产总值237.1亿元，比上年增长8.1%。其中第一、二、三产业增加值分别为36.57亿元、115.54亿元、85.01亿元，分别增长3.4%、7.4%、11.0%。一、二、三产业增加值构成比为15.4:48.7:35.9。人均GDP44230元，增长7.7%。城镇居民人均可支配收入26431元，农渔民人均纯收入11159元，分别增长9.8%和9.4%。全县财政总收入30.01亿元，增长9.8%，其中地方财政收入16.71亿元，增长12.6%；财政支出23.16亿元，增长13.9%。全年财政收支平衡，略有结余。

【落实政策促转型】做好减负、激励、扩需三项工作，做好临时性下浮社保费缴纳比例集中减征工作，全年减缓征社保费9714万元，惠及企业2539家、城镇个体劳动者13701人。依法依规免征或下调行政事业性收费，全年累计减负2509万元。推进高新技术和小型微利企业减征企业所得税工作，减轻445户企业税负54万元。科学分离发展服务业，减轻20家企业税负25%的同时增加地方可用财力50余万元。落实技改贴息、科技创新、节能减排等政策，将资金兑现由年终一次兑付调整为分期分批多次兑付，全年共兑现523家企业奖励和扶持资金8098万元。投入6.3亿元，向外融资和争取到各类资金4.53亿元，支持城乡区域联网供水、象山港大桥、象山三中等重点项目建设。兑现6008户居民政策性购房契税和个人所得税补贴2319万元。做好家电、汽车摩托车下乡和汽车、家电以旧换新工作，发放757万元补贴，拉动20891户次居民消费6762万元。

【优化支出惠民生】新增财力的70%以上、地方可用财力的60%以上投向民生事业，全年支出11.38亿元。投入9800万元，保证企业离退休人员养老金、城乡低保对象低保金和优抚对象抚恤金按时足额发放；落实2970万元为低保及弱势群体提供医疗、助学救助、物价补贴和困难补助；投入1500万元支持城乡就业工作，约15000名就业困难群体从中受益。筹集5697万元支持新型农村合作医疗和城镇居民医疗保险，49.53万名城乡居民基本医疗得到保障；投入1555万元推进公共卫生服务体系建设。投入5217万元用于义务段教师实施绩效工资；投入5006万元用于校舍改造和设备更新，新改建校舍7万平方米。

【统筹资金强“三农”】全年“三农”投入8.22亿元，增长20.7%。投入6048万元，巩固农村税费改革成果，建立村级组织运转经费保障机制，提高村干部报酬，对参加养老保险的村主要干部实行财政补助，扶持经济薄弱村发展。发放强农惠农补贴2359万元，增长43.8%。投入2亿余元推进农业生产、农村水利基础设施、农业综合开发和生态环境建设，支持强塘固房、小型农田水利设施、小流域治理、现代农业示范基地建设、土地整理、农村能源清洁工程、动物检疫防疾、农产品质量安全工程和发展农业经济合作组织等，促进农业发展农民增收。

【财政监管重落实】在做好常规性财政监督的同时，重点落实“小金库”专项治理工作。根据上级部署，财政牵头，审计、监察等部门通力协作，完成全县225家行政事业单位的自查自纠工作，申报违纪单位6个，违纪金额120万元，对12家单位进行重点抽查，县财政局被评为宁波市“小金库”治理专项工作先进单位。发挥委派会计(财务总监)作用，在加强日常监管的基础上，对专项资金和工程项目资金实行重点控管，全年制止和纠正违规违纪金额5382万元。严格基建财务管理，落实《政府投资项目资金管理办法》等制度，“按计划、按程序、按进度、按预算”拨付工程款，开展财政性资金投资项目审查，评审项目267个，直接审减投资1370万元。

【创新改革建机制】推进部门预算改革。将科技局等5个部门预算及执行情况报市人大审批，促进预算编制与执行公开规范。启动财政国库集中支付制度改革。出台《财政国库管理制度改革资金支付管理办法》等一系列文件，成立财政国库收付中心，10月份在民政、农机两单位试点，全年直拨各类专项资金20274万元，提高财政资金使用效率。加强国资管理。凡国资(国有产权)转让一律进场交易、公开拍卖，全年共处置45宗，交易额2050万元，高出起拍价792万元。对行政事业单位出租房屋进行统一公开招租，全年共计11宗，累计总价1818万元，增加租金收益1136万元。规范政府采购。采取事前参与、事中监督和事后跟踪相结合的方式，加强政府采购监督，创新管理模式，主动上门服务，提高采购效率；将大型活动纳入采购范围，年采购金额24456万元，节约资金2836万元。

【队伍建设强素质】以“积极财政促发展，和谐征纳克时艰，科学发展创佳绩”为载体，开展学习实践科学发展观活动，建立健全学习制度，举办知识竞赛、上党课。加强廉政教育，举行廉政讲座，开展廉政文化进机关活动，开辟廉政文化走廊，提高干部职工廉洁自律意识，局纪检组被评为县纪检监察系统先进集体。采取多种形式，分期分批开展业务培训，集中组织税收知识、委派会计(财务总监)、综合文字三个培训班，提高干部业务技能。开展“四访企业”春风专项行动、“税企连连看”的税企交流QQ网络服务，QQ群注册人数近400人，推进网上申报、电话报税等便民举措，财政网络交流平台开始运行，实现“全天候、零距离”服务目标。

(象山县财政局供稿　黄　鹏执笔)

温州市财政工作概况

温州市

【概况】2009 年,温州市生产总值 2527.88 亿元,按可比价格计算,比上年增长 8.5%。其中:第一产业增加值 79.89 亿元,增长 3.1%;第二产业增加值 1287.75 亿元,增长 6.3%;第三产业增加值 1160.24 亿元,增长 11.5%。人均生产总值 32595 元,增长 7.3%。第一、二、三产业结构由上年的 3.1:53.1:43.8 调整为 3.2:50.9:45.9。城市居民人均可支配收入 28021 元,农村居民人均纯收入 10100 元,分别增长 7.1%和 7.1%。全年实现外贸进出口总额 132.75 亿美元,下降 5.1%,其中进口总额 23.39 亿美元,增长 11.9%,出口总额 109.36 亿美元,下降 8.1%。全年财政总收入 360.72 亿元,增长 6.2%,其中地方财政收入 195.64 亿元,增长 8.6%;市本级财政总收入 73.50 亿元,增长 7.2%,其中地方财政收入 49.76 亿元,增长 7.0%。全年财政一般预算支出 252.23 亿元,增长 20.3%;市本级财政支出 51.91 亿元,增长 16.1%。全年财政运行状况良好,财政收支平衡。

【组织财政收入】加强税收分析和计划管理。开展税源调查分析,健全"经济、财务、税收"三项指标相统一的经济税源分析和税收预测体系。强化税源精细化管理。完善税务登记动态管理按月通报联系制度,强化异常税源信息比对,加强发票用票核定管理,组织年度税费结算。完善税种行业管理。贯彻营业税条例及其实施细则,做好企业所得税征管范围调整、汇算清缴和分类管理、12 万元个税自行申报、外籍人员个税约谈制度、耕地占用税和契税征管、车船税由保险机构代扣代缴及软件开发工作,加强对房地产、建筑安装等支柱产业及投资担保等新兴行业的税收征管,推广应用房地产税收统一征管和不动产建筑业项目管理软件。加强非税收入征缴。全面实施社保费征缴制度,全市企业养老保险实际缴费单位比上年末新增 6227 户;做好土地出让金、国有资产(资源)有偿使用收入的收缴工作,配合有关部门对市区历年欠缴的土地出让金开展清理,共入库 21.60 亿元。

【支持经济发展】支持企业拓展市场。将市级开放型经济扶持资金增加至 1.50 亿元,制定专业展会扶持等财政补助政策;扩大内需,出台旅游消费券财政补贴政策,下拨家电下乡、汽车摩托车下乡及家电以旧换新财政补贴资金 1.20 亿元。促进经济转型升级。优化先进制造业、科技创新、人才引进等专项资金投向,出台企业整合重组、虚拟经营企业实施加工本土化、龙头企业带动中小企业发展等方面的财政扶持政策,支持节能减排发展循环经济,推行绿色政府采购;加大对服务业扶持力度,牵头做好企业分离发展服务业工作,全市实施分离 149 户,新增地方税费收入 1.90 亿元。增加专项投资。市级财政统筹项目安排投资额 111.70 亿元,其中财政统筹资金 18.00 亿元;组织梳理上报海域使用金减免、防洪设施建设等八类政策项目及资金需求;争取到中央代发地方政府债券 3.00 亿元,其中市本级 2.10 亿元。

【支持社会事业发展】支持教育事业发展。市级安排教育资金 20.50 亿元,支持义务教育经费保障机制改革、职业教育发展、困难学生资助体系等建设,市本级安排市直属义务教育学校绩效工资经费 3.02 亿元,安排农村预备劳动力培训专项资金 1215 万元,安排免费教科书经费 789 万元、教辅用书经费 516 万元,制定义务教育债务化解方案等。支持科技事业发展。市级安排科学技术支出 1.90 亿元,增长 6.2%,其中市本级安排科技三项经费 7850 万元,增长 6.1%;全年下达科技计划项目 721 项,其中重大项目 23 项,安排经费 1680 万元。推进文化大市和精神文明建设。安排文化大市建设经费 1708 万元,用于文化研究提炼工程、文明素质提高工程、文化精品创排及新中国 60 周年系列活动;安排宣传和文化系统文化事业建设费 2122 万元,用于温州市第三届艺术节补助等;安排农村数字电影公益性放映工程资金 217 万元;安排送书下乡 139115 册,其中市本级 24754 册;安排送戏下乡 1233 场,其中市本级 60 场。

【保障民生支出】支持医疗卫生事业发展。市级安排医疗卫生资金 6.7 亿元,比上年增加 5000 万元,支持市二医、农村公共卫生网络等建设。支持建设廉租房,全年市区安排资金 2.00 亿元,支持推进住房保障体系建设。落实积极的就业政策,安排市级大学生就业创业资金 2000 万元,支持实施应届高校毕业生预就业派遣援助制度;下拨失业保险基金 3962 万元,帮助市区困难企业稳定就业岗位。支持民生工程,市级投入 3.30 亿元支持市容环境、拆违治乱、城市交通等整治行动实施;安排 3.00 亿元用于温瑞塘河综合整治;市级投入"三农"资金 11.70 亿元,设立农业综合开发地方配套和农村农业应急支出预留项目;投入生态补偿、地质灾害防治及珊溪库区整治专项资金 7000 万元;落实农村住房改造规划编制以奖代补资金;安排省小康体育村建设补助资金 600 万元,用于 600个省小康体育村的配套建设;下拨为民办实事体育项目建设补助资金 900 万元,用于新建 30 个灯光篮球场和 300 个健身苑点等。

【深化公共财政改革】探索"三个子"和"三位一体"管理模式。深化预算管理改革,完善部门预算专家评审制度,将 20 个部门预算报市人代会审查且首次向媒体公开;成立市财政项目预算审核中心,出台市级国有资本经营预算试行意见。推进国库集中支付改革。市级国库集中支付改革扩面至149家，其中市一级预算单位实现全覆盖。推进支出绩效评价制度。开展项目预期绩效目标申报管理，全市全年完成项目单位自评、主管部门评价、财政部门评价等三个层次的绩效评价项目359个，涉及财政资金10.20亿元。推进政府采购信息化建设。全市政府采购节约财政资金10.70亿元，资金节约率为10.4%。

【加强会计管理】加强窗口服务。窗口办理会计管理事项95567件，其中发放会计从业资格考试用书3375人次，发放会计从业资格证书合格证677人次，认定会计从业资格2339人次，会计人员继续教育80597人次，会计管理问题网络咨询回复2685件，办理财政登记事项98件。加强会计人员继续教育管理。建立按专业技术级别、会计工作岗位、会计所属行业分别设置课程的继续教育模式，设置专业培训课程。加强会计监督检查。对全市12家资产评估机构经营期间业务开展情况及其设立条件变化情况进行审核。加强各类会计专业资格管理。组织34476名考生参加会计从业资格考试；组织11000名考生参加会计专业技术资格初、中级考试；组织40人参加高级会计师资格考评结合评审，25人获高级会计师资格。

【强化财政监管】加强专项资金管理，开发应用支农专项资金管理软件，出台市级部门结余资金管理暂行办法，对历年专项资金结余实行统筹安排使用。组织经营性城建资产专项调查，推进行政事业资产规范化处置。建立政府债务定期统计及报送制度，健全政府性债务管理机制。维护财经秩序，联合纪检、监察、审计等部门，对全市3773家行政事业单位开展“小金库”专项治理，其中重点检查297家，查处存在“小金库”问题的单位35家，违纪金额552万元。

【加强队伍建设】深化学习型组织建设。组织财政地税业务技能培训班42期，参训人员2381人；选派科级干部到乡镇(街道)挂职锻炼，开展中层干部竞争上岗；组织干部参加全市竞争性选拔副县级领导干部考试，入围考察5人，提任1人。加强干部作风建设。组织各县(市、区)局的16个单位开展交叉检查；在财税信息网上设立举报投诉栏，对全年收到的12件网上投诉件进行核实回复。加强财税文化建设。创办“财税网上党校”，举办第三届财税机关文化节和金秋趣味运动会，开展干部职工直系家属就业能力培训；深化社会评议整改年活动，市财政局在2009年度社会评议整改目标考核中名列全市第一。加强党风廉政专题教育。开展廉政箴言网上提醒和上墙宣传，举办反腐倡廉专题讲座，制定公务人员利益冲突回避方案，规范行政处罚自由裁量权。市局党组被市委评为全市党委理论学习中心组先进单位，市局获全省财税系统及市直机关“新中国成立60周年”文艺汇演一等奖。

（温州市财政局供稿　杨海曼执笔）

鹿城区

【概况】2009年，温州市鹿城区实现生产总值516.41亿元，按可比价格计算，比上年增长7.8%。其中：第一产业增加值1.38亿元，增长3.0%；第二产业增加值141.55亿元，与上年持平；第三产业增加值373.48亿元，增长11.2%。三次产业结构由上年的0.3:30.2:69.5调整为0.3:27.4:72.3。全年财政总收入31.58亿元，下降1.2%，其中地方财政收入16.96亿元，增长7.2%，增速分别回落13.5和3.9个百分点；全年财政一般预算支出17.49亿元，增长31.8%。当年财政收支保持平衡。

【巩固财源基础】有效发挥财政资金和政策的导向作用，实现经济平稳发展。帮扶企业保增长。开展“企业服务年”活动，整理编制《2005～2008年鹿城区财政扶持企业政策汇编》，给予企业政策和资金支持，全年争取上级补助资金5152万元，帮助企业应对危机。优化结构促转型。以科技创新公共服务平台建设、工业产业转型升级、服务业发展、节能减排等方面扶持为重点，支持外贸企业发展，全年统筹安排科技、技术改造和外贸扶持等补助资金共计4092万元。扩大需求促增长。实施财政补贴政策，推进“家电下乡”和“汽车摩托车下乡”，推动消费需求5289万元，受惠农民14879户。同时加大政府投资，全年拨付建设资金9.71亿元，重点支持道路交通、防汛堤塘、塘河治理、校舍维修和工业园区等建设项目。

【增收节支】组织财政收入。联系税务等相关部门，深化科学化、专业化、精细化税收征管方式，强化对税源的“精耕细作”，把财政收支运行与经济运行主要参数的变化结合起来分析，增强组织收入的前瞻性和主动性。推进税收社会化征管工作，健全收入计划目标分解、落实和责任机制，调动各街道、乡(镇)增收节支的积极性。完善“收支两条线”管理，把国有资源、国有资产、国有资本收益等逐步纳入财政管理，规范票据管理，强化非税收入征管，拓宽征收范围，组织罚没财物拍卖，拍卖所得全部上缴国库。合理调剂财力资源。通过对财政资金的定期转存优化组合，实现财政资金的保值增值，稳妥推进部门结余资金清理，重点加强对财政专项结余资金的统计、分析、核查和统筹使用，在安排延续和新增项目时先消化2007年以前年度产生的结余资金，提高财政专项结余资金的使用效率。抓好预算编制工作。因势利导，引导部门树立长期过紧日子的意识，贯彻上级厉行节约政策，严格执行公用经费、专项资金、车辆购置及运行、公款出国(境)、公务接待及水、电、油等费用压缩规定，打造节约型机关，确保民生刚性支出在财政减收情况下的平衡。当年全区一般公共服务支出增长0.9%，低于支出平均增幅30.9个百分点。

【加强民生支出】加大财政对民生的投入,当年全区财政支出用于民生的比重为58.2%,增长24.3%。加大对新农村建设的财政投入。筹措落实"三农"扶持资金1.56亿元,全面推进"千百工程"和农民饮用水工程,加大富民攻坚、惠民补贴和农村基础设施建设等方面的保障力度。支持教育优先发展。全年共安排教育支出6.79亿元,推进教育发展"五大工程",落实义务教育阶段教师绩效工资制度,加大对农村学校和薄弱学校的扶持力度。解决热点、难点问题,维护全区稳定大局。筹措落实1.08亿元,支持城乡社区公共卫生服务体系建设、基本医疗制度建设、重大疾病防控和突发公共卫生事件应急处置工作;健全社会保障体系,安排"新农合"、社会医疗救助、最低生活保障和农村独生女家庭养老保险等补助资金共计5113万元;保障公共服务支出,筹资落实环境保护、温瑞塘河整治工作,加大对基层组织建设、"文化大区"、"体育强区"、"旅游强区"和"平安鹿城"、"和谐社区"建设以及为民办实事工作的投入。

【深化财政改革】理顺财政体制。结合税收社会化征管工作,强化街道办事处社会管理和公共服务职能,规范乡镇财政收支行为,出台《关于街道办事处试行虚拟财政管理体制的意见》与《关于调整乡镇财政管理体制的通知》,通过"核定基数、收支挂钩、超收奖励"的体制管理办法,理顺分配关系,调动乡镇、街道增收节支的积极性。深化部门预算改革。健全政府预算体系,成立预算编制委员会,实行综合预算,规范预算编制规程,完善财政内部的初审、联审、平衡性审核机制,做好规范公务员津补贴的数据采集、资金测算和部门预算早编细编工作,增强部门预算的科学性、完整性和预算执行的约束力,自觉接受人大监督,增强财政透明度。改进会计集中核算运行模式。在继续完善远程查询服务的基础上,探索实施远程实时记账工作模式并进行试点,为国库集中支付转型奠定基础。整合审批职能。推进机关内部行政审批职能整合和集中改革工作,由财政监督与会计管理部门统一行使行政审批职能,实现行政审批提速增效。

【加强财政监管】探索财政科学化、精细化管理新路子,提升依法理财水平。加强国有资产管理。掌握全区国有企业国有资产规模变动、分布结构和营运效益。加强资产处置的审批工作,提高行政事业资产综合使用效益。做好2008年全区国有企业国有资产产权登记证的年检工作。强化政府采购监管。审查邀请招标、自行组织采购等政府采购方式,对政府采购过程中的现场秩序、操作规程、工作纪律、保密制度以及政府采购文件、资料的合法性、真实性进行监督。确保资金安全规范。开展财政资金安全检查工作,完善职责分工、预算执行、资金拨付、内部稽核等制度办法,健全内控机制,强化账户监管,优化拨款程序,加强资金核算管理、银行票据和往来款票据的管理,做好财政周转金催收清理工作。加强基本建设资金监管和程序管理。出台《鹿城区工程建设领域资金管理和物资采购突出问题专项治理工作方案》,解决工程建设项目物资采购监管薄弱、资金管理使用混乱等问题。实施民生、科技三项经费、农村卫技人员素质提升工程等11项重点项目绩效评价。开展"小金库"专项治理工作,强化财政执法监督,重点检查区公检法、教育等二十家单位,检查交通运输系统会计信息质量。开展会计信息质量检查和代理记账机构的年度审核。办理各类会计服务事项2254项,做好会计人员继续教育培训和会计资格考试考务工作。全年组织各类会计知识培训42班,参加培训4975人次。

【推进队伍建设】开展学习实践科学发展观活动,完成各阶段学习任务,丰富完善财政改革与发展思路,提高财政干部贯彻落实科学发展观的综合素质和能力。加强廉政建设,学教结合,订阅《中国纪检监察报》等学习资料,组织党员干部观看反腐倡廉警示教育片,构筑反腐倡廉制度防线,重新梳理鹿城区财政局内部制度,在重大节假日通过廉政短信等形式提醒干部。提升能力水平,组织符合条件的7名干部参加全区竞争性选拔科(局)级领导干部考试;组织参加市财政业务岗位培训和区公务员更新知识培训,参训人员48人(次)。推行"阳光财政",邀请人大、政协、老干部,区有关部门同志,部分街道乡镇负责人,企业家代表参加民主恳谈、民主评议,分析检查、整改落实。在群众满意度测评中,满意和比较满意率为百分之百;全年承办建议、提案17件,走访率与满意率均百分之百。

(温州市鹿城区财政局供稿　吴晓旻执笔)

瓯海区

【概况】2009年,温州市瓯海区实现生产总值230.12亿元,比上年增长8.2%。其中:第一产业增加值4.87亿元,增长0.1%;第二产业增加值145.17亿元,增长5.9%;第三产业增加值80.08亿元,增长13.5%。全区财政总收入28.00亿元,增长7.6%,其中地方财政收入13.10亿元,增长14.9%;财政支出8.91亿元,增长10.8%。当年财政收支平衡。

【助推经济发展】落实财政政策,筹措资金,加大基础设施投入。新设立经济建设科,争取市政府投资项目资金4.63亿元、瓯海区城市中心区建设项目地块平衡用地资金4.14亿元,支持多个市、区两级重点工程项目建设。注册资金2亿元成立瓯海区城投公司以增加融资渠道。落实各项惠企政策,助推企业转型升级。强化企业减负措施,为企业减免退税8.55亿元。搭建创新平台,扶持企业发展,共审核上报1个财政部项目、16个省级项目、47个市级项目，14家企业取得高新技术企业的认定，获得国家各级补助资金4370万元。做好市、区两级的先进制造业的申报调查工作，补助15个项目。审核兑现市、区两级外向型经济财政补助资金2383万元，受益企业243家次。审核兑现区级外向型财政扶持资金341万元，受益企业72家次。贯彻国家惠农政策，做好家电下乡、汽车下乡工作。全年兑付家电2645台，补贴78万元，补贴汽车1167辆，补贴434万元。

【完善公共财政建设】落实涉农、惠农政策。落实“三农”资金4991万元，加快农村基础设施建设，发展现代高效农业，兑现各类财政涉农补助资金；安排828万元用于“千村示范万村整治工程”，增长64.0%，改善农村居民的生产、生活条件。加大财政在教育、医疗卫生、文化体育等方面的投入。全年教育经费总支出3.31亿元，增长21.4%，完善教育经费投入保障机制，落实义务教育绩效工资改革；医疗卫生经费总支出1.18亿元，增长37.3%，加快城乡卫生服务中心的标准化建设，提高新农合参合标准和门诊报销比例；文化体育与传媒经费总支出1963万元，增长52.6%，鼓励发展文化旅游业和印刷包装业，完善群众体育保障和服务体系，助推省级“体育强区”创建；公共安全经费总支出1.39亿元，增长12.7%，支持社会治安防控体系建设，打造“平安瓯海”。支持灾区抗灾救助。按照地方财政收入1.0%的要求筹措灾后恢复重建资金1138万元，支持四川省青川县地震灾后重建。开展清费减负政策落实和“百场价格政策服务”活动。重点检查中央和省明令取消或降低的收费项目、关系群众切身利益和社会反映强烈的焦点收费项目、“三农”政策落实收费项目的执行情况。会同区发改局、区纠风办对全区行政事业性收费单位进行验审，验审127家单位，验审率100%。

【增收节支】推进税收精细化、专业化管理。优化收入结构，支持企业分离创办服务业。加强重点行业、重点企业、重点工程的营业税征管，把握税源变化趋势，挖掘财政增收潜力。定期召开财税收入分析会议，掌握全区企业特别是新增企业的动态。完善政府非税收入征收方式，落实按月票据结报核销制度，全年非税收入2.69亿元，增长20.9%。加强镇(街道)财政管理。通过严格支出、结余留用等措施，确保镇(街道)正常运转。同时，对镇(街道)实行财力倾斜，全年镇(街道)财政总支出增长14.9%。控制行政性成本。压缩行政事业单位公用经费288万元，安排专项经费2.50亿元，与上年持平；公务接待、办公会议、公款出国(境)、公务用车购置分别比上年同期下降10.7%、25.0%、61.1%、60.4%。采取灵活的资金储蓄方式节减融资成本。通过财政先予还贷，再重新办理借款的方式，使中心区每月减少利息支出11万元。开展“小金库”检查工作。督促370个党政行政机关和事业单位完成自查工作，自查率100.0%；完成重点检查单位33个，检查面9.0%。检查发现“小金库”3个，没收“小金库”资金25万元。

【财政监督管理】推进会计集中核算向国库集中支付转轨。在规范工资统发、会议费集中支付基础上，开展对社保资金、暂借款和暂付款的专项分析，加强行政事业单位银行账户规范化管理。加强政府投资项目预决算审核。全年审核32个预算项目，合计造价7.36亿元，修正不合理造价1860万元；审核工程竣工结算项目359个，净核减额1472万元，核减率9.4%；审核工程进度款5.57亿元。建立专项资金预期绩效目标申报管理制度，应用绩效评价结果，组织开展10个绩效自评项目、1个主管部门评价项目、2个财政部门评价项目，涉及教育、卫生、文化等方面以及老百姓关心的民生问题。联合发改、审计等相关部门对全区重点工程的质量管理、资金使用、合同管理等方面的65个整改落实情况进行回访。加强国有资产监管。全年共受理资产报废审批705万元、资产报废备案105万元、资产调拨审批190万元、资产评估备案663万元；监督瓯海区人民政府驻上海工作处房产、瓯海第一饲料厂改制资产公开拍卖，共拍得价款888万元。

【深化队伍建设】开展创建市级文明单位工作，打造“政治过硬、业务精通、纪律严明、作风正派”的财政干部队伍。开展学习实践科学发展观活动，以“保稳促调，增收节支，促进财政事业科学发展”为实践总载体，开展“科学发展服务民生”、“科学发展文化建设”、“科学发展增速提效”为主题的三大专项行动，围绕区外企业税收管理归属、分离发展服务业、财税鼓励扶持等问题进行调研。将学习型财政机关建设引向深入，以每周一政治业务学习为主线，鼓励干部职工参加各类学历教育、职称考试。推进机关财政文化建设。组织开展义务献血、“八一”拥军、慈善一日捐、羽毛球比赛、妇女打靶训练等文体活动，赴丽岙镇河头村开展抗台调研和“双百”集中送服务。抓好廉政勤政建设，将年度党风廉政建设责任制分类为22项具体内容落实到局班子成员和具体牵头科室。加强劳动纪律检查，强化教育、监督、管理，确保项目、资金、干部安全。

(温州市瓯海区财政局供稿　麻相漫执笔)

龙湾区

【概况】2009年，温州市龙湾区实现生产总值207.49亿元，按可比价格计算比上年增长7.5%，增幅比上年回落0.2个百分点。其中：第一产业增加值3.06亿元，增长0.7%；第二产业增加值157.03亿元，增长6.0%；第三产业增加值47.40亿元，增长13.5%。三次产业结构调整为1.5:75.7:22.8。全区城镇居民人均可支配收入24537元，增长5.4%；农村居民人均纯收入13661元，增长6.6%，农村居民人均纯收入居温州市首位。全年财政总收入25.13亿元，下降8.9%，其中地方财政收入10.79亿元，下降5.8%；财政总支出13.08亿元，增长35.5%。全年财政收支保持平衡。

【组织财政收入】在严峻的经济形势下，年初牵头邀请区地税、国税、工商、土地和审计等五个部门组成联合调研组，围绕《社会化征管工作》、《再生资源增值税退税工作》和《三个园区、码头、企业财政隶属关系调查》三大课题开展组织收入工作。借用镇街道力量，成立税收社会化征管办公室，开展税收社会化征管工作，堵塞税收漏洞，公平企业税负，全年10个代征点共入库税收1269万元。出台《扶持再生资源回收利用企业发展实施意见》，严把再生资源增值税抵扣发票审核关，遏制税收非正常流失，协调组建两家非定向型再生资源回收公司为全区200多家利废企业服务，全年再生资源企业实现销售收入6.29亿元，入库税费1.15亿元。厘清78家企业的财政隶属关系，走访20多家在外投资的重点企业，采用"一对一"结对方式引导龙湾区在外投资的企业回乡投资，增加税源。

【支持经济发展】召开行业协会、商会座谈会，鼓励企业提振信心、共谋发展，全年用于企业专项补助资金3633万元，为企业向上级财政部门争取补助资金6627万元，以此推进企业技术创新和转型升级。定期向全区600多家企业发送"财税之声"短信，累计发出2万多条短信。全年走访100多家企业，发放《财政扶持政策汇编》100多本，帮助企业解读最新的财税政策动态。

【确保民生需要】调整和优化支出结构，民生支出8.52亿元，剔除不可比因素，占财政总支出的73.5%。压缩政府公用经费支出，区机关和全额事业单位公用经费压缩5%，项目经费零增长，会议费、接待费、出国费等零增长，停止公务用车购置。安排教育支出2.03亿元，占全区财政当年支出比重34.8%，比上年提高0.5个百分点。落实义务教育绩效工资改革和校舍安全工程支出1.22亿元。社会保障和就业支出2712万元，其中城乡4677位低保对象得到最低生活保障支出850万元。设立100万元补助金扶持大学生村官创业。落实省市区三级补助资金176万元，完成40家"星光老年之家"建设。新型农村合作医疗政府补助投入2276万元，增长24.6%，补助金额较上年每人每年增加24元，参保人数27万人，占农业总人口的99.0%。安排农口预算经费3874万元，加强"防汛、防火、防疫"三防建设，扶持杨梅、蔬菜和水产养殖等特色产业和农村水利基础设施建设，保证河道疏浚经费需求。扶持粮食生产，做好种粮农户综合直补工作，通过"一卡通"直接发放给农民458万元，发放率99.9%。全年区本级重点财政性建设资金实施项目共投入9亿多元，重点用于中心区建设、东片排污管网和新区道路网一期工程等建设，财政性建设资金投资项目数、投资总量和完成率均为历年来完成最好的年份。

【财政管理改革】扩大集中核算范围，将教育系统41所学校财务纳入区会计核算中心实行集中核算管理，从4月1日起实行会计集中核算的单位全部实行远程报账制。印发《政府采购法制制度汇编》300本，并通过电子政务公开向各当事人宣传政府采购政策，完成政府采购预算金额6047万元，中标金额4937万元，节约率18.4%。开展家电下乡、汽车摩托车下乡工作，与各镇街道联系，加大拉动内需宣传和落实力度，共兑付家电产品2839台(件)，补贴金额90万元；补贴汽车1223辆，金额465万元。

【强化财政监督】推进绩效评价，组织10个绩效评价项目，共涉及资金2794万元，在温州市绩效评价工作综合考核中被评为优胜单位。加强国有企业资产监管，对全区18家国有企业进行调研，了解国有企业的经营状况和资产存量，维护国有资产权益。完成国有企业产权年检工作，规范产权登记和变更行为。开展财政专项资金与会计信息质量检查、"小金库"治理专项检查和区职工技协财务检查，共组织各类监督检查4次，检查37个单位，检查出各类问题资金491万元，处理21个单位。加强基本建设资金财务监督管理，财政预算评审43项共10.60亿元，纠正投资偏差3000多万元；财政决算评审240项共3.85亿元，核减2568万元，核减率6.7%。

【加强队伍建设】以深入学习实践科学发展观活动为契机，从加强教育、深化廉政建设、丰富业余活动、勤下基层等方面下工夫，抓好干部队伍建设。坚持每周半天的学习讨论，组织业务知识培训和法制培训213人次。在全区率先启动"廉政风险防范管理体系"这一风险防范新模式，对重点岗位和关键环节进行排查，细化权力运行的各个环节，全面推进惩防体系建设。加强财政文化建设，慰问老党员和困难群众、参加慈善一日捐、向台风"莫拉克"中受灾的台湾同胞捐款，开展消防演习、逃生演习、趣味乒乓球比赛等活动。勤下基层，与烟台村、新河村和石坦村三个村建立日常的联系制度，开展现场办公，协调解决河道拆违、道路建设、河道疏浚等热点难点问题。

(龙湾区财政局供稿　黄君畅执笔)

瑞安市

【概况】2009年，瑞安市实现生产总值383.24亿元，比上年增长8.7%。其中：第一产业增加值12.36亿元，增长3.3%；第二产业增加值194.04亿元，增长6.2%；第三产业增加值176.84亿元，增长12.3%。第一、二、三产业占GDP的比重由上年的3.3:53.0:43.7调整为3.3:50.6:46.1。全市财政总收入

51.01亿元，增长10.1%，其中地方财政收入27.40亿元，增长14.3%；财政支出27.02亿元，增长7.2%。全市财政收支平衡，预算执行情况良好。

【依法组织财政收入】转变组织收入方式。在工业企业经营困难的情况下，及时转变组织收入工作思路，把个私税收、纯地税行业、非税收入作为征管的重点。强化税收收入征管。以“抓大、评中、定小”税源管理思路为指导，及时掌控房地产业这个全市税源龙头，共入库新开楼盘相关税收4.13亿元、二手房税收2.07亿元，增幅分别为90.5%和54.7%；加强对纳税申报连续多月低于预警值企业的纳税辅导或纳税评估，实行精细化管理；加强个私经济的定额调整，共入库个私税收5.38亿元，增长23.2%。加强非税收入管理。开展政府非税收入清理，加强土地出让金收入结算和监管，组织政府非税收入资金44.90亿元；推行社保费“五费合征”，组织社保费收入12.16亿元，增长21.5%。全年财政总收入和地方财政收入增幅分别高出温州市平均水平3.9个和5.7个百分点；收入结构优化，地方财政收入占财政总收入的比重为53.7%，比全省平均水平高1.8个百分点。

【落实积极财政政策】应对国际金融危机持续蔓延对实体经济的负面影响，全面落实扩大内需、促进经济平稳较快增长的各项政策措施。向上争取地方政府债券1500万元，抓好中央下达的10个资金补助项目的跟踪落实；加强政府性融资服务，通过各种渠道筹集资金3亿元；安排重点工程建设资金3.06亿元，调度财政资金4.22亿元，保障民生工程、基础设施等重点建设项目资金投入。推进家电下乡、汽车摩托车下乡财政补贴审核发放工作，按照“乡级审核，乡级兑付”的原则在全市设立38个兑付点，全年共兑现补贴1727万元。推广应用农民补贴网，为82174户发放农资综合直补资金1210万元，以“一折通”形式发放油价补贴3148万元。

【帮扶企业渡过难关】与有关部门研究制定《金融机构支持地方经济发展业绩考评奖励暂行办法》，由市财政安排专项奖励资金，按金融机构对地方经济发展的贡献度给予奖励，鼓励金融机构扩大信贷总量，解决企业融资难问题；开展“金融服务地方经济推进周”活动，3753家企业和26个重点工程获得授信贷款430.00亿元。兑现市委、市政府《关于进一步扶持工业企业发展的若干政策意见》，加大对企业实施技术改造、自主创新、出口创汇等方面的扶持力度，给予企业3.50亿元的财税政策优惠。按照省、市有关文件精神，加大清费减负力度，取消、暂停和减免行政事业性收费项目共计35项，涉及核减金额5908万元。以市委、市政府开展的“千名干部进千企、共渡难关促升级”活动为载体，组织领导干部与66家重点企业建立结对帮扶关系，为企业送政策、送资金、送服务、送措施，帮助企业协调解决老厂房改造、发展资金短缺等方面难题。

【助推经济转型升级】安排专项资金8600万元，推进科技创新，支持发展高新技术、电子信息产业和装备制造业，市科技孵化器、高分子材料研究院、中药装备技术研究院组建运行；鼓励企业开发新产品、实施技术改造以及品牌建设，全市共创建温州市级以上企业技术中心8家，新增高新技术企业19家。安排专项资金300万元，推广应用节能降耗技术、设备和工艺，支持发展可循环经济。调整完善外贸扶持政策，全年兑现出口奖励等资金1381万元，支持企业拓展国内外市场，促进开放型经济发展。支持新兴产业发展，研究制定现代服务业发展财政扶持政策，支持船舶修造、水产加工等临港产业发展和沿海产业带建设；推进企业主辅业分离，完成19家企业分离工作。

【优化财政支出结构】加大对“三农”、教育、医疗卫生、社会保障、就业再就业、环境保护等民生领域投入力度，全年用于民生支出的比重为73.4%。**支持新农村建设。**落实财政支持新农村建设的稳定增长机制，预算内安排支农项目支出1.02亿元，增长10.2%。落实农村“康庄工程”、“千百工程”、农民饮用水工程等建设资金3900万元，安排蔬菜大棚、特色基地、农技推广等补助资金1460万元，促进农村基础设施建设和现代农业发展。安排扶贫资金400万元，促进欠发达地区协调发展。**支持各项社会事业发展。**安排教育经费8.54亿元，保障中小学日常公用经费使用需要，支持中小学校舍维修、基础教育阶段贫困学生资助、职业教育六项行动计划等；安排卫生经费1.59亿元，参与研究医药卫生体制改革，支持农民健康工程、城乡社区卫生服务机构建设，支持甲型H1N1流感防控等工作，拨付500万元支持瑞安市人民医院传染病分院建设。安排综合治理和“平安瑞安”建设专项资金660万元，推进“平安瑞安”建设。安排生态环保资金9600万元，大力支持“生态市”、温瑞塘河、排污管网等建设。**加大社会保障投入。**全年预算内社会保障和就业支出1.52亿元，增长4.7%，其中用于“五保”供养等农村社会救济支出3357万元、抚恤支出3077万元、农村最低生活保障支出2038万元、社会福利支出1174万元、残疾人事业支出147万元。完善事业单位养老保险政策，将事业单位退休人员统一纳入机关事业养老保险基金实行社会化发放；完善社会救助体系建设，修订《瑞安市社会医疗救助办法》，出台《瑞安市临时生活困难救助办法》；参与新型城乡合作医疗测算和政策制定工作，建立瑞安市新型城乡合作医疗制度；发挥失业保险促进就业功能，拨付清薪应急周转金440万元，用于垫付劳动力欠薪。**支持基础设施建设。**筹措重点建设项目资金15亿元，推进瑞枫公路改建工程、温福铁路瑞安段及站场配套工程、瑞祥大道二期续建工程、飞云江大桥拼宽工程等建设，支持新建污水收集管网25公里。

【深化财政管理改革】启动国库集中收付制度改革。制定改革实施方案以及业务流程规范、支付管理办法、会计核算办法等规章制度，12月份起在教育部门开展试点。推进财政支出绩效评价改革。研究制定《关于加强财政支出绩效评价结果应用的意见》，在预算编制中试行引入绩效评价结果；完善项目评价指标体系，完成15个项目的绩效评价。推进收入分配制度改革。研究提出公务员津补贴改革调整政策，完善公务员福利管理机制；推进义务教育绩效工资改革，多渠道落实资金3.33亿元，促进教师队伍稳定。实施"乡财市管"改革。推进集中记账等系列改革措施，强化对乡镇财政预算指标、财务开支、政府采购等方面的监管，控制乡镇新增赤字，投入消赤资金1850万元，引导乡镇累计消化赤字2080万元，至年底全面消除纳入"市管"乡镇的财政赤字。深化国有资产监管体制改革。拟订国有企业劳动用工管理办法、薪酬分配制度和领导人经营业绩考核办法，推进水产城股份整体转让和华瑞电厂改制工作，成功盘活开发区、旧城办闲置资产1.40亿元。

【强化财政监督】加强政府性债务管理。制订《关于进一步完善政府性债务管理机制的若干意见》，完善政府性债务投资项目决策机制，实行举债审批制度和债务管理情况通报制度，健全债务偿还来源机制，全市政府性债务余额增势得到较好控制；以举债审批为抓手，督促有关单位通过提前还款、低息置换、自有资金间隙调剂等方式，节约债务利息支出450万元。建立健全财政专项资金管理制度。按照"一项资金，一个办法"的要求，陆续出台《瑞安市扶贫资金管理办法》、《瑞安市农业产业化资金管理办法》等10个专项资金管理办法，规范专项资金使用和管理。加强财政资金安全管理和保值增值运作。研究制定财政性资金缴拨款管理、财务印章管理等办法，加强制度规范和流程控制，确保财政资金安全。将财政账户滞留资金转存定期存款，与银行签订协定存款协议，全年增加利息收入1300万元。加大财政监督检查力度。组织开展"小金库"专项治理工作，加强对企业和中介机构的会计制度执行情况检查，规范财经秩序。发挥政府采购和投资评审作用。完善和规范采购方式审批管理工作，组织政府采购4.63亿元，节约资金7869万元；加强项目投资评审工作，审查工程概预结算项目293个，核减金额1.10亿元。

【加强干部队伍建设】以"学习、制度、情感、激励、宣传和活动"六大平台建设为抓手，推进财税文化建设。深入开展学习实践科学发展观活动，推出"科学生财保稳促调、科学理财增收节支、科学强基提升素质、科学管理转变作风"等四大专项行动，全方位查摆问题、分析问题、解决问题，活动中完成调研报告10篇，发放征求意见函和表格600份，征求到意见建议98条，集中解决突出问题和历史遗留问题6个，在群众满意度测评中满意率99.4%。深化学习型组织建设，分类、分批、分层次安排626人次参加业务培训；加强调研工作，由班子成员带头、学会组织、办公室协调，全年完成调研论文40篇。完善和落实廉政制度，推行中层正职干部述勤述职制度，组织干部职工观看党风廉政建设电教片和职务犯罪现场庭审，邀请市纪委讲师团成员作反腐倡廉专题讲座。继续深化"文明单位"和"群众满意基层站所"创建活动，完善目标考核制度和"两级"考核办法，加大工作纪律、服务制度等落实情况的督查力度，促进政令畅通、效率提升。发挥局工会、共青团、妇委会等群团组织作用，结合庆祝新中国成立60周年开展形式多样的文体活动，组织摄影、健身操、篮球和羽毛球体育兴趣小组等集体活动，参加国庆大合唱、诗歌朗诵、演讲、廉政知识竞赛等比赛活动。市财政局在2009年度瑞安市级部门和行风建设民主评议中荣获第三名，连续五年名列前五，并获瑞安市精神文明建设工作、"千名干部进千企，共渡难关促升级"活动、纪检监察工作先进集体等荣誉称号。

(瑞安市财政局供稿　谢钦袖执笔)

乐清市

【概况】2009年，乐清市实现生产总值418.60亿元，比上年增长8.5%。其中：第一、二、三产业增加值分别为14.58亿元、253.62亿元、150.40亿元，分别增长1.0%、6.8%、12.2%。三次产业结构从上年的3.6:62.3:34.1调整为3.5:60.6:35.9。财政总收入58.94亿元，增长7.9%，其中地方财政收入27.23亿元，增长8.6%；财政支出32.52亿元，增长21.4%。当年财政收支平衡。

【组织财政收入】明确税收任务，对餐饮业、住宿业、足浴等行业设立警戒指标。将参数定税法中7个行业的淡旺季系数进行调整。将建筑安装业、连锁超市、营利性医疗机构、教育培训机构、租赁业等行业作为全年的检查工作重点。加强部门协作，联合规划建设、国土资源、交警等部门加强建筑业税收、城镇土地使用税、车船税等方面的征管。做好2008年税费结算工作，加强纳税评估、个体税收、源头管理、纳税申报、发票管理，完善案头分析制度，加大欠税清缴力度。全面推进社保费"五费合征"，企业缴费登记户数为16068户。

【支持经济发展】帮扶企业渡难关。开展"春雨帮扶"和"和风惠民"行动，减轻企业负担。取消和降低行政事业性收费，临时性适当下浮企业社会保险费缴纳比例，用人单位基本养老保险费缴费比例由13%降至12%等，为企业减负1.2亿元。鼓励引导信贷资金向中小企业倾斜，推荐发放中小企业专项信用贷款7100万元，健全中小企业贷款风险补偿机制，支持小额贷款公司发展，缓解中小企业融资难问题。优化结构促转型。落实市本级资金4203万元、争取上级财政补助资金3400万元，推进企业技术创新和技术改造，鼓励企业上市、品牌创建、标准化建设、推广应用新能源和循环经济发展。加大科技创新支持力度，对43家高新技术企业奖励补助997万元。统筹安排1000万元发展服务业专项资金，重点扶持物流、商贸、金融、楼宇经济、创意信息等服务行业发展。加大投入扩内需。争取省政府3000万元地方政府债券，筹措落实财政性建设资金12.31亿元，支持标准海塘、围垦、城市防洪、104国道改建、甬台温铁路配套工程、城市道路、楠溪江引水工程、污水处理等一批政府主导性重大项目建设。拨付家电、汽车摩托车下乡和家电以旧换新财政补贴资金1300万元，实现销售1.30亿元。

【保障和改善民生】全年财政用于民生支出占地方财政一般预算支出的75.4%，其中支出增量中民生支出占三分之二以上。支持社会事业发展。全面实施义务教育学校绩效工资制度，初中、小学生均公用经费标准提高至570和410元；继续支持校改基建、校舍维修和信息化装备，完成义务教育阶段学校基建债务清理化解任务。拟定深化医药卫生体制改革实施意见，推进医疗卫生事业发展，安排农村公共卫生三项经费8575万元。支持社会保障体系建设。实施积极的就业政策，提高大学生到村任职补助标准。全面启动城乡居民社会养老保险工作，新农合人均筹资水平达140元。实行退伍军人养老保险办法，出台烈士家属定期抚恤暂行办法，企业退休人员基本养老金月人均发放标准提高到1380元，提高城乡最低生活保障、农村五保和城镇“三无”对象集中供养水平。支持欠发达地区发展。投入扶贫资金1959万元，深化扶贫开发整村推进和扶贫产业带动低收入农户增收。统筹下达四川省青川县三锅乡中小学援建资金6542万元。

【深化财政改革】推进国库集中支付制度改革，制定改革方案及配套办法，选择市委农办、发改局等五单位作为第一批改革试点。编制非税收入计划，政府性基金收支计划向人代会报告审议，集中统筹行政事业性收费2352万元，全面运行土地出让收入征管信息系统。完善绩效评价制度，全年共落实15个绩效评价项目，范围涉及文化、农业、交通、城建等11个部门，涉及资金3.50亿元，探讨绩效评价结果应用，开展预期绩效目标申报试点。规范政府采购，政府采购合同金额1.70亿元，节约率14.9%。加强专项资金清理整合，对连续两年未使用完的专项资金结余予以收回统筹安排。支持农村综合改革，建立村级组织运转经费保障机制，村干部最低报酬由3600元/年提高至10000元/年。

【强化财政监督】推进依法行政工作，做好强县扩权对接工作，清理规范性文件159件，开展“五五”普法，开展行政处罚案卷评查和重大税务案件审理，开展税收执法检查和行政监察，建立健全税收法制员工作制度，规范财税自由裁量权。压缩行政开支，党政机关会议经费、公务用车购置及运行费用、出国经费分别减少10.9%、24.4%和23.8%。全面开展“小金库”专项治理工作，自查自纠上缴128万元结余资金，重点检查中认定159万元“小金库”资金。强化财政监督，检查乡镇社会抚养费收缴情况，补缴收入1299万元。清理政府性债务，审查财政性投资重点建设项目，核减资金3173万元，核减率8.2%。

【加强队伍建设】推进学习实践科学发展观活动，局党组成员每人牵头负责一个课题，梳理五类26项整改方案并加以落实。完善岗位目标考核制，继续尝试工作人员二级考核办法。落实党风廉政建设责任制，深化党风廉政教育，推进系统惩防体系建设，开展中层干部轮岗交流。建设财税文化，成立财税文化活动中心，拍摄财税文化纪录片，财税文化建设纪实文章在省财税刊物上推介、交流，小品《80后税务局长》在全省财税系统庆祝新中国成立60周年文艺晚会暨第三届文艺调演上成功演出并获二等奖。

（乐清市财政局供稿　徐宣建执笔）

永嘉县

【概况】2009年，永嘉县实现生产总值179.71亿元，按可比价计算，比上年增长6.8%。其中：第一、二、三产业增加值分别为6.29亿元、109.27亿元、64.15亿元，增幅分别为0.8%、5.8%、9.2%；第一、二、三产业占生产总值的比重为3.5:60.8:35.7。人均生产总值19356元，增长0.8%。全县财政总收入23.58亿元，增长8.3%，其中地方财政收入11.59亿元，增长7.3%；财政支出19.37亿元，增长14.8%。当年财政收支平衡。

【组织财政收入】健全收入分析机制。通过按旬预测、按月通报分析、按季召开收入分析会，做好收入情况分析和经济税源调查工作；适应新形势、新要求，建立收入预测误差率情况通报制度，提高依法科学调控收入能力。建立税源管理机制。扩大重点税源监控面，出台《永嘉县地方税务局重点税源管理办法》，加强对重点税源的监控，2009年651户重点监控户税收收入4.84亿元，占地方税收总收入的60.2%。为堵塞征管漏洞，自2009年8月份起，地税联合国税部门推出国税门征开票代征地方税、费工作。健全税种管理机制。抓好新企业所得税法及其实施细则条例的比对宣传、培训和辅导，确保新旧税法的平稳过渡；抓好年所得12万元个人所得税自行申报工作；加强建筑业税收源头控管以及房产税、车船使用税、土地增值税等其它小税种管理；组织契税、耕地占用税入库，共完成1.27亿元,增长28.9%。完善非税征管机制。坚持"税费并重,以税促费"的管理理念,完善"五费合征"机制;落实"参保登记、缴费基数、征缴流程、信息数据"的统一,推进企业征缴扩面,社保费等规费收入7.64亿元,增长15.2%,规费收入占地税部门总收入48.7%。

【支持经济发展】开展"春雨帮扶"和"和风惠民"专项行动,组织"百名税干进企业",召开"专题税企沟通会"和政策辅导会,及时将政府的税费优惠政策送到企业,引导和支持企业进行产业提升、科技创新、市场开拓、生产发展,组织企业申报项目资金。认定高新技术企业21户,实现税收优惠1883万元,继续落实技术研发费加计扣除等政策。继续为拟上市公司提供财务和税收政策的辅导和服务工作。落实家电下乡政策,共发放财政补贴1866万元。3月份对企业2009年社会保险费缴纳比例继续实行临时性下浮,惠及3400户企业和3.54万城镇个体劳动者,减征费额2200万元;做好养老保险费费率调整测算工作,7月起养老保险费费率由14.0%调整为12.0%,全年直接为企业和城镇个体劳动者减负2096万元;加大水利建设专项资金的减免力度,减征额为367万元;完善工会经费征缴管理,全年为企业减负近200万元。推进企业分离发展服务业。整合税收政策,加强与工商、房管、消防等部门的协调,指导全县基层各单位推进企业分离发展服务业,15家企业成功实现分离,新增地方税费收入279万元,其中营业税收入165万元。推行"十项便民服务措施",基层登记窗口实行免填单服务、双屏显示服务和POS机刷卡缴税(费)服务,方便纳税人。

【促进社会和谐】支持新农村建设。全年预算内用于"三农"支出12.12亿元,对新农村星级创建、农村十百工程、村主要干部报酬等进行补贴,对造田改地、造林、饮用水、防洪等国家重点建设项目投入财政资金,并继续实施粮食早稻种植补贴、粮食大户补贴、优质良种、农机具补贴及农业保险等措施,促进农业发展和农民增收;及时审核拨付粮食风险资金1592万元,保证地方储备粮食的安全,做好粮食市场风险的防范。建设新型社会保障救助体系。全年社会保障和就业支出9360万元,其中:支持五保对象和城镇"三无"对象集中供养工作,共拨款集中供养资金334万元,集中供养率97.7%;继续实施以大病统筹为主要形式的新型农村合作医疗制度,共拨款新型农村合作医疗配套资金7362万元,累计参保人数63.6万人,参合率98.4%;加快城乡卫生服务基础设施建设,下达中央、省市县专项资金1119万元。深化"平安永嘉"建设。全年公共安全支出1.52亿元,提高保障公共安全和处置突发事件的能力。推进重点工程建设。全年共筹集资金3.59万元,支持县城防洪工程、41省道、104国道、永嘉中学等项目建设。

【深化财税改革】启动网银支付改革试点。会计核算中心、支付银行及财务软件公司三方合作,进行网银支付改革试点,搭建网上支付平台,提高支付速度,保障支付安全,提高处理核算业务能力,为国库集中支付奠定基础。推进"乡财乡用县管"改革。全县除瓯北镇外其他37个乡镇均进入核算中心,实行远程报账办法,统一财务管理流程和制度,规范乡镇财政收支行为。深化部门预算改革。对各部门及乡镇的预算内外各项财政资金和其他收入实行统一管理、统筹安排,并统一编制《永嘉县2009年年初预算》,全面反映永嘉县各部门和乡镇财政预算情况,提高预算编制的透明度和科学性。推进财政支农资金整合工作。针对部分财政支农资金存在管理多头、使用分散、效率不高等情况,进行调研,调整和完善财政支农政策,逐步形成项目安排科学、投向重点突出、使用规范高效的支农资金管理运行机制。完善财税信息系统。金财工程的各大软件已有序投入使用。深化《税友2006》功能模块的应用,完善其工作流程设置。推行不动产建筑税收项目管理软件和代征单位单机版开票软件的应用,加强数据精细化管理。实现社保地税信息实时联网工作。

【规范财税管理】做好资金安全检查工作,制订详细、周密的工作方案,完成自查工作,并对自查中发现的问题,提出整改措施。加强对县重点工程建设财务等方面的监督管理,出台《永嘉县重点工程建设财务管理暂行规定》,从工程项目立项估概算审查、工程预结算审查、基建拨款审查等方面着手,健全基本建设项目事前、事中、事后的全过程监督机制,全年共审核基本建设拨款资金9.33亿元,审定拨款资金7.89亿元,核减1.44亿元,核减率15.4%。加大清理历年财政专项资金结余力度,共清理历年结余资金8522万元。履行稽查职能,全年共稽查纳税人128户,共查补各种税费、基金2127万元,查补收入占总收入的2.7%。

【加强队伍建设】深入开展学习实践科学发展观活动,结合县委"科学发展十大行动"联动推出"科学发展和风惠民"、"科学发展春雨扶企"等五个专项行动。与县检察院建立共同做好预防职务犯罪工作机制,成立职务犯罪预防工作指导协调小组,建立联席会议制度,确定预防工作重点。创建学习型机关。提炼和升华财税机关文化,开辟网上读书专栏,成立读书俱乐部,定期推荐优秀书目或文章,干部职工每季度至少读一本好书,撰写读书心得,定期举办"中层干部论坛"活动,交流学习工作经验。加强党风廉政教育及行风建设。制订《2009年党风廉政建设实施方案》、《2009年度党风廉政建设和反腐败工作责任分工》,召开党风廉政建设专题汇报会,以优化工作作风,提高机关效能为工作重点,争取工作主动性。全年共进行39次效能行风督查。同时委托县邮政部门向机关部门、乡镇、村居和企业代表发放2000份调查表开展社会问卷调查，向各类纳税人发放《纳税人满意程度调查表》，提高满意度调查的科学性。在全县行风效能综合评议中，县局、上塘分局、稽查局分别被评为满意单位、群众满意基层站所、群众满意重点岗位。 （永嘉县财政供稿　马永亮执笔）

洞头县

【概况】2009年，洞头县实现生产总值33.34亿元，比上年增长11.9%。其中：第一产业增加值为3.40亿元，下降3.7%；第二、三产业增加值分别为11.18亿元、18.76亿元，增幅分别为12.7%、13.0%。三次产业结构调整为10.2:33.5:56.3。全县人均生产总值26277元，增长11.2%。全年实现财政总收入4.29亿元，增长19.8%，其中地方财政收入2.27亿元，增长7.4%；财政总支出6.39亿元，增长4.6%。财政运行情况良好，收支平衡。

【组织财政收入】应对严峻的财税经济形势，落实各项财政政策和征管措施，优化收入结构，2009年，地方财政收入占财政总收入比重52.9%。加强重点税源数据分析，完善“抓大、评中、定小”的税源管理办法，增强组织收入工作的预见性。建立全县企业纳税20强月排行榜制度，鼓励企业争先创优。贯彻落实新营业税条例及实施细则，做好政策调整和征收管理衔接工作。做好企业所得税汇算清缴工作，开展年所得12万元以上个人所得税自行纳税申报工作，共补税22万元。抓好各税种征管，增值税、营业税、消费税分别以30.8%、10.4%、682.8%增幅增长，企业所得税、个人所得税分别下降35.6%、1.0%。耕地占用税、契税收入2064万元，增长51.8%，成为财政增收的一个新亮点。加强房产税、土地增值税、车船税、资源税等地方小税种的征管，实现收入2950万元，增长20.7%。强化非税收入征管信息化建设，实现非税收入2822万元；配合有关部门做好历年陈欠土地出让金的催收和清缴工作，入库2.20亿元。

【支持经济发展】推进企业分离发展服务业，成功分离发展服务业企业3户，新增地方税费120万元；为促进企业转型升级，出台《关于进一步促进洞头海运业发展的若干意见》、《洞头县关于促进建筑业发展的意见》等政策文件。落实财税优惠政策。贯彻落实国家和省、市取消、停止、降低行政性收费项目和标准的有关规定，及时做好临时性适当下浮企业社保费缴费比例和二手房交易营业税、水产品粗加工、高新技术企业等行业的税收减免工作，抓好基本养老保险费缴费比例调整落实工作，统一调整企业职工基本养老保险费由18%调至16%，城镇个体劳动者基本养老保险费由12%调至10%；共减免地方税费969万元，减轻社保费负担450万元。扶持企业发展。筹措资金，安排服务业发展专项资金1200万元、节能减排专项资金100万元、科技创新专项资金700万元、中小企业发展专项资金650万元；拨付海运业、制造业、工业及商贸流通业等专项扶持资金1460万元，落实油价补贴资金2545万元。支持生态、旅游建设。整合财政资金，支持国家级生态县和旅游强县创建，做好污染源减排、污染治理、水源保护区生态补偿等工作，加快海岛各景区基础设施和配套设施建设，提升景区品味。2009年，支持创建成功全国首个以县域命名的4A级旅游景区，获得“全国海钓基地”名片，接待游客176万人次，社会旅游综合收入7.10亿元，增长10.2%。

【保障民生支出】全县用于民生支出4.39亿元，占财政总支出的68.7%，增长25.2%；当年新增财力90.5%用于民生支出。加大对“三农”的投入，全县财政预算内支出7495万元，支持渔农业资源保护、渔农民转产转业、渔农业优惠政策扶持以及防汛抗旱、扶贫等。落实“家电下乡”、“汽车(摩托车)”下乡政策，做好粮食直补扩面工作。落实义务教育阶段教师绩效工资改革，免除义务教育阶段学生学杂费，加大困难学生救助，改善农村学校基础设施建设，提高义务教育阶段中小学生日常公用经费保障水平，全县教育支出1.20亿元，增长12.4%。加大社保投入，重点落实城乡居民最低生活保障、就业再就业各项扶持政策，推进农村困难家庭危旧房改造，落实廉租住房保障资金，全年社会保障和就业支出2336万元，增长44.6%。加大医疗卫生支出，重点保障新型农村合作医疗、农村医疗救助、社会公共卫生、重大疾病预防和控制等，全年支出3598万元，增长22.2%。加大科技文化投入力度，确保法定支出。保障重点工程建设，筹措资金，缓解重点建设资金不足问题，支持温州（洞头）陆域引供水工程等重点工程建设和工业基地建设。全年筹融资4.13亿元，其中，财政筹融资1.87亿元，完成筹融资任务的155.7%。加强国债资金管理，严格资金使用，全县16个项目争取中央国债资金5889万元。

【推进财政改革】完善部门预算指标体系，提高部门预算编制质量；强化“金财工程”作用，完善预算编制信息系统。调整和优化乡镇财政管理体制，对有关乡镇税收分成比例、海运业分成比例、专项补助政策、外来个人所得税分成政策和乡镇债务的化解政策等作出调整和明确。规范部门预算经费等各类财政资金审批程序，加强县级财政资金使用管理，提高工作效率和财政资金使用效益。规范和加强县级各部门财政专项资金结余管理，出台《县级部门财政拨款结余资金管理暂行办法》，提高财政资金使用效益。规范政府性举债行为，出台《政府性债务管理暂行办法》，防范和化解政府性债务风险。出台《政府采购管理暂行办法》，规范政府采购行为。开展扩权强县改革工作，涉及财政扩权改革事项27项。按照行政审批“两集中、两到位”的工作要求，设立行政审批科，梳理、整理行政审批事项43项，并全部进驻县审批中心和地税办税服务大厅，推进部门行政审批职能转换。做好公务员津补贴规范工作，研究离退休老干部和事业单位人员的津补贴政策。

【强化财政监管】发挥绩效评价作用，重点对文化洞头建设、中心渔港建设等15个项目进行绩效跟踪评价，涉及财政资金5532万元；复查2008年度监督检查处理结果落实情况，保证处理结果落实到位。开展"小金库"清理工作，全县142家党政机关和事业单位进行自查，对20家单位进行重点检查。开展部分重大工程项目前期经费信息质量检查，涉及三个部门11个项目，涉及资金343万元。做好重点项目的跟踪审价工作，注重事前、事中审价管理，规范工程造价，全年完成171个工程项目审价，送审金额2.15亿元，净核减1494万元，净核减率6.9%。规范财政专项资金管理，控制新增专项资金，对现有专项资金进行取消、归并、整合，对历年结余资金根据不同情况进行分类清理，提高资金使用效益。组织会计执法检查，督促企业对会计基础不扎实、科目适用不准确、成本核算不规范等问题进行整改。做好党务政务信息和政府信息公开，主动接受社会各界监督，提高财税工作透明度。

【加强队伍建设】组织学习实践科学发展观活动，在全系统内分层面、分批次、多形式地开展大讨论，以报告宣讲会、调研成果交流会等形式总结经验；召开内部征求意见座谈会、财税服务与发展座谈会、税企沟通会，抓好"民主恳谈开门纳谏"和"科学发展问计于民"活动；开展企业减负"春雨"专项行动，推出"送温暖、送政策、送服务"到企业活动，涉税事项"同城通办"等十项便民服务措施。强化财税干部队伍教育，制订教育活动计划，开展分层次、分类别干部能力提升培训和岗位技能培训，开辟内网学习专栏和讨论专栏，为干部职工提供学习平台，优化干部队伍结构。深化惩防体系建设，加强廉政教育，做好重大节假日节前廉政教育和干部任前廉政谈话；规范财税权力运行，印发《关于开展规范财税权力运行工作的通知》，进一步将权力纳入制度化和程序化轨道，强化监督和制约；组织开展"两提高、两降低"效能主题活动，引导和规范财税干部行为。巩固省级文明单位成果，推进"全国巾帼文明示范岗"、"省级基层文明单位"、"省级青年文明号"创建。推进财税文化建设，发挥工、团、妇等组织作用，搭建平台，创新载体，开展形式多样的文体活动，举办洞头财税系统第四届体育节、"唱响红色歌曲、传承革命传统"红歌会等活动，增强队伍凝聚力和向心力。关心关爱干部职工，对困难职工给予帮助，重视老干部工作。2009年，县财政局获浙江省委省级文明单位称号，洞头县会计核算中心获省级"青年文明号"称号。

(洞头县财政局供稿　朱红波执笔)

平阳县

【概况】2009年，平阳县实现生产总值171.91亿元，按可比价计算，比上年增长10.0%。其中：第一产业增加值9.31亿元，增长3.6%；第二产业增加值82.32亿元，增长9.5%；第三产业增加值80.28亿元，增长11.2%。人均GDP20000元，增长9.4%。全县财政总收入17.73亿元，增长10.1%，其中地方财政收入9.95亿元，增长12.9%；全县财政总支出18.31亿元，增长20.4%。当年财政收支平衡。

【支持经济发展】扩大内需促增长。落实中央扩大内需的政策，新增中央投资项目16个，争取国债补助2475万元，落实地方配套资金5979万元。减轻税费促发展。贯彻落实高新技术企业税收优惠、技术研发费加计扣除等政策，减免地方各项税费8927万元。对企业社会保险费缴纳比例实行临时性下浮减征，共计减免金额1904万元。取消或暂停部分行政事业性收费项目，降低部分项目收费标准。对亩产税收10万元以上的工业企业实行已征土地使用税财政返还政策，共返还金额299万元。贯彻执行中小企业贷款风险补偿政策，落实风险补偿专项资金300万元，缓解中小企业融资难问题。优化结构促转型。引导服务业发展，落实旅游、商贸流通等服务业发展专项资金，实施支持现代服务业发展的税收优惠政策。落实专项资金1500万元，用于企业技术改造、节能降耗和企业品牌建设等，支持工业经济转型升级。落实外贸发展专项资金660万元，支持外向型经济发展和结构优化。

【优化财政收入结构】当年全县地方财政收入占财政总收入的比重为56.1%；地税收入结构方面，营业税与地方七税收入占税收收入的66.3%。加强税源管理。依托信息化网络，提高税源监控和分析水平，完善日常征管、纳税评估和稽查职能，加强对房地产行业、建筑安装、制造业等重点行业的税收分析、监控和征管。完善税种行业管理。贯彻营业税条例及其实施细则，做好企业所得税征管范围调整、汇算清缴和分类管理、年收入12万元以上个税自行申报、耕地占用税和契税征管、车船税由保险机构代扣代缴及软件开发工作，推广应用房地产税收统一征管和不动产建筑业项目管理软件。加强非税收入管理。推进"五费合征"工作，完善土地出让金征管机制，全年社保基金入库5.51亿元，增长17.1%；土地出让金入库11.34亿元，增长15.7%。

【加大"三农"投入】加强农村基础设施建设。推进通乡通村道路建设，完善农村公路交通设施；落实资金1654万元改善农村人居环境；落实资金2004万元解决农村安全饮用水问题；加强农业综合开发，投入中低产田改造资金600万元，提高粮食生产效益；加强小流域综合治理、水库山塘除险加固，提升防洪抗灾能力。**支持创业富民和就业。**培育优势农业产业，落实各项扶持资金1869万元支持农业品牌创建战略，鼓励扶持具有地方特色种养业，促进农民增收。加强农村劳动力培训，落实资金167万元支持农户自主创业、自谋职业。安排下山脱贫资金2326万元推进"低收入农户奔小康工程"建设。**落实财政补贴政策。**落实财政粮食补贴资金3198万元，扶持粮食生产；支持粮食安全生产体系建设，完善粮食风险基金管理，确保粮食生产、流通及储备安全；落实成品油价格补贴1424万元，减少油价上涨对民生的影响；推进"家电下乡"和"汽车摩托车下乡"，全年共计补贴资金614万元，促进居民消费。

【保障民生支出】全县财政支出用于民生部分占全部支出的81.5%；财政增量用于民生支出的比例为89.1%。**保障重点项目建设。**落实地方政府债券资金1500万元，支持温福铁路鳌江车站站房工程建设；通过投融资平台、预算外资金和政府基金投入2.18亿元，支持鳌江火车站至千吨码头公路项目、鳌江火车站配套工程、万全水管网工程、昆鳌污水处理管网工程、水头防洪工程和珊溪引供水工程等重点民生工程建设。**支持教育事业发展。**全年一般预算投入6.00亿元，增长20.6%。深化义务教育经费保障机制，小学、初中生均公用经费分别为430元、640元，农村中小学爱心营养餐标准为每年350元；免除年人均收入4000元以下家庭子女就读中等职业学校的学费；加大投入维修改造中小学校舍，提高农村中小学师资水平和教育基础设施水平。**支持社会保障和医疗卫生发展。**全年一般预算投入2.84亿元，增长39.0%。加快推进城镇居民基本医疗保险工作，全县新型农村合作医疗人均筹资水平140元；支持实施残疾人共享小康工程，增强残疾人基本生活、基本照料、基本康复保障水平；农村、城镇低保对象补助水平分别提高为104元、176元，加强低收入群体基本生活保障；落实政策和资金，支持就业和再就业，促进稳定就业工作；加强乡镇卫生院经费保障，增强以基本医疗和公共卫生服务为重点的卫生服务能力。

【深化财政改革】**推进"三个子"改革。**制定出台《财政国库管理制度改革试点方案》及相关配套管理办法，开展国库集中支付试点工作；出台《财政支出绩效评价实施办法(试行)》，完善资金使用效益监管机制。**加强财政支出监管。**规范政府采购目录和标准，严格采购审核，全年实际采购额3998万元，节约率为11.0%；贯彻落实增收节支政策，加强公务用车、公务接待、公务会议、会务外出等"四公"消费监管，实现公用经费压缩5.0%，专项经费和会议经费"零增长"，出国经费削减20.0%，停止购买公务用车一年的目标；规范公务员津贴补贴，制定出台义务教育学校绩效工资实施办法，清理规范教师津贴补贴。**推进农村综合改革。**深化乡镇财政消赤工作，完善"乡财乡用县管"机制，两个乡镇一次性化解债务。**加强国有资产监管。**整合壮大投融资平台，理顺经营性国有资产监管体制，增强政府融资能力；制定出台《行政事业单位国有资产管理暂行办法》，健全行政事业单位国有资产管理机制。

【加强队伍建设】**开展"转变作风"专项行动。**通过公开办事流程、实行服务承诺、设立意见箱、电子邮箱、建立便民服务卡、开展满意度调查等方式，听民声、纳民意、问民计，推进纳税服务体系建设，向企业、个体纳税人和行政事业单位发放《满意度调查问卷》640份，开展满意度调查，总体满意度97.4%。**开展星级学习型组织创建活动。**建立载体机制，加大经费投入，完善图书阅览室、视频会议室等硬件设施，完善"平阳财税网"，开辟"学习园地"。**加强廉政建设。**开展"严纪律、塑形象"、"创业发展办事难，纪检监察来督办"等活动，加强执法监察和效能监察，提高财税部门工作效率；开展"读书思廉"、"家庭倡廉"、"征集廉政格言"等活动，建设财税廉政文化。

(平阳县财政局供稿　张晓慧执笔)

苍南县

【概况】2009年，苍南县实现生产总值219.26亿元，按可比价计算比上年增长10.3%。其中：第一产业增加值17.15亿元，增长3.6%；第二产业增加值100.15亿元，增长13.3%；第三产业增加值101.96亿元，增长8.6%。三次产业结构调整为7.8:45.7:46.5。全县财政总收入21.80亿元，增长9.4%，其中地方财政收入12.93亿元，增长10.3%；财政支出21.77亿元，增长12.1%。全年财政收支平衡，略有节余。

【保稳定促增长】支持"创新强工"和"开放型"经济发展，全年落实扶持资金3350万元，支持和鼓励企业实施技术改造、科技创新。出台小企业贷款风险补偿资金使用管理暂行办法，落实小企业贷款风险补偿资金349万元，引导金融机构增加小企业贷款6.90亿元；建立涉农贷款风险补偿制度，鼓励金融机构新增农业贷款1.30亿元。落实扶持企业发展优惠政策，临时下浮企业社会保险费缴纳比例和养老保险费费率，取消、暂停和降低行政事业性收费等，全年减轻企业负担1.03亿元；做好企业分离发展服务业工作，加大宣传辅导力度，全县11家企业实现分离。推进"家电下乡"、"汽车摩托车下乡"及家电、汽车以旧换新工作，共兑付家电下乡及汽车摩托车补贴资金985万元，有效拉动消费需求。

【组织财政收入】按照"一个课题制定一个措施"的要求，组织安排22个专题调研课题，每位领导班子成员牵头一个以上的调研课题，深入查找和剖析财政收入形势，制定出台13

项具体措施。依托信息化软件对重点税源进行一体化管理，重点企业的申报率100%；与国税部门建立门征环节代征地方税费协作征收机制，与工商部门建立股权变更信息共享机制，与房管部门加强二手房转让税收征管，与土管部门强化土地使用权转让环节联系制度，在交警部门实行驻点征收车船税，进一步堵塞税收征管漏洞。贯彻落实新的企业所得税法，做好汇算清缴及小型微利企业认定工作；完善个人所得税自行纳税申报业务操作规程，强化个人所得税全员管理相关措施；采取"人机结合"方式开展税费结算，将税费结算工作纳入规范化管理。全面推行"五费合征"工作，实行统一缴费基数和申报征缴；规范政府非税收入收退解程序，建立健全政府非税收入征管体系，增加地方政府财力。2009年地方财政收入占财政总收入59.3%，比温州市平均水平高出5.1个百分点。

【加强支出管理】严格控制会议、接待、出国、公车等经费开支，暂缓审批购置公务用车一年。联合县审计局、监察局出台《关于进一步加强政府性资金监管工作的若干规定》，规范国有资产和非税收入、工资性支出、公用经费、专项资金、政府性投资、政府债务等方面的管理。重新修订县级行政机关工作人员差旅费开支标准，规范、压减一般性支出。新增纳入预算会计核算中心统一核算单位29个，其中行政事业单位11个，国有建设项目18个。出台《全县重点工程建设指挥部工作人员补贴标准》，强化对各临时指挥部的财务管理。加强政府采购监管，全年下达政府采购预算1.21亿元，实际金额1.04亿元，节约资金1682万元，节约率14.0%。加强预算执行监督管理，严格按照时间序时进度拨付财政资金，确保财政收支平衡。

【加大民生投入】加大新农村建设财政投入。支持新农村建设，落实千库保安建设资金7505万元、千万农民饮用水工程建设资金3500万元、耕地开发和标准农田建设资金1497万元。落实种粮农户综合直补政策，拨付财政资金1748万元，涉及15万户农民。保障重点建设项目和社会发展资金需要。拨付交通设施建设资金1.63亿元、海涂围垦建设资金5200万元、清洁家园及生态建设资金2007万元、渔港建设资金1122万元和地质灾害治理、农村住房救助及保险、城镇廉租房补助等其他重点工程资金5300多万元。落实城市公交、农村客运、渔业捕捞、林业等多个行业的油价补贴，共下拨资金5040万元。支持社会各项事业发展。安排教育支出7.50亿元，增长15.7%；安排文化体育与传媒资金4339万元，增长15.1%；安排医疗卫生资金1.94亿元，增长81.4%；安排社会保障和就业资金1.18亿元，增长19.7%。

【深化财政改革】按照公共财政"三个子"和"三位一体"运行要求，加强预算内外资金统筹力度。做好资金申拨系统、指标管理系统等操作模块运行工作，制定"金财工程"资金申拨程序，完善分工和约束机制，保障财政资金安全和申拨行为规范。完善乡镇财政管理体制，采取提高一般预算超收分成比例和增加乡镇支出基数两种办法，增加乡镇可支配财力，确保基层政权正常运行。做好财政支出绩效评价工作，全县完成项目单位自评、主管部门评价、财政部门评价三层次的绩效评价项目8个，涉及财政资金2.38亿元。加强县预算会计核算中心分中心管理，制定核算分中心经费支出审批办法等7个管理制度，并确定分中心机构负责人，规范会计审核和监督行为，把握好预算执行关口，降低"代理报账制"乡镇隐性负债等形成的财政风险。

【强化财政监管】科学调度财政资金。印发《关于进一步规范财政性临时调度资金管理的通知》，根据预算和单位用款计划，通过测算，在保证用款单位资金需要的基础上，合理调度全县各乡镇、重点工程建设项目资金，累计调度资金3.28亿元，减少利息支出1700万元。做好财政性资金存款增值工作。根据社保资金特性确定不同存款增值方案，科学安排社保定期存款6.78亿元，当年新增1.31亿元，全年增加1800万元利息收入。提升存贷挂钩资金效益。明确社保基金定存与金融企业对地方经济建设贷款适度配比，促进金融企业对地方经济建设的贷款力度，全县金融企业政府性贷款15.80亿元。同时利用存贷挂钩机制将高利率贷款置换成低利率贷款，节省利息支出2000万元。开展小金库专项治理工作。通过动员发动、自查自纠、重点检查三个阶段，组织检查138户，追回损失或调账财政资金4048万元。审核政府投资基本建设项目概算和工程结算，全年审核政府性投资基本建设项目工程结算355户，核减造价6180万元，核减率11.9%。

【推进财税文化建设】制定《加强财税文化建设的实施意见》，通过搭建学习、制度、情感、激励、宣传、活动等六大平台，打造"共荣共进、温馨和谐、廉洁高效、充满活力"的财税大家庭。开展深入学习实践科学发展观活动。按照要求做好"规定动作"的同时，做好"自选动作"，组织召开民主恳谈会，向社会各界发放征求意见函300份，收集到各类意见建议51条，召开领导班子民主生活会，做好整改落实"回头看"工作。构筑财税监管体系。由纪检监察部门牵头，成立作风督查组，开展工作人员的上网行为监控和劳动纪律督查；由办公室牵头，对各项工作进行督查督办，确保政令畅通；由政策法规部门牵头，落实过错责任追究，规范执法行为；由监督检查部门牵头，做好财政部门内部审计，保障财政资金安全。加强干部教育培训和管理培养。运用"请进来"、"送出去"、"财税讲坛"等方式，提高干部学习兴趣和综合素质；推行中层干部轮岗制度，对在同一岗位5年以上的48名中层干部进行轮岗交流；完善后备干部管理办法，通过选拔形成30名后备干部。做好领导班子建设，组织开展中层干部公开选拔、优秀干部选送深造及推荐选调等工作。修订《考勤制度》、《科室工作考核办法》、《基层单位工作考核办法》、《十项规定处理办法》等相关制度，规范干部行为，提高工作效率。制定《重大事项决策论证审核办法》，明确重大事项事前论证的范围、要求、工作程序和结果应用等，提高依法行政水平。落实党风廉政建设责任制，组织召开基层单位一把手反腐倡廉建设工作汇报会，开展预防职务犯罪工作，加强廉政教育和宣传，重新聘任兼职监察员，多次组织赴法院旁听庭审，营造廉洁从政氛围。发挥工青妇组织作用，成立登山俱乐部和组织参加"迎国庆"大合唱、科学发展观电视辩论赛等活动，增强团队的凝聚力和战斗力。

（苍南县财政局供稿　陈青友执笔）

文成县

【概况】2009 年，文成县实现生产总值 33.59 亿元，比上年增长 10.2%。其中：第一产业增加值 3.64 亿元，增长 9.9%；第二产业增加值 11.13 亿元，增长 7.7%；第三产业增加值 18.82 亿元，增长 11.7%。全县人均 DGP 为 9009 元，增长 9.5%。三次产业结构为 10.8:33.2:56.0。全年财政总收入 3.69 亿元，增长 7.6%，其中地方财政收入 2.68 亿元，增长 15.2%；财政总支出 10.92 亿元，增长 25.6%。全县财政收支平衡，预算执行情况良好。

【组织财政收入】加强收入分析预测。强化税收计划管理和税源调查，深入企业了解金融危机后的生产经营情况。强化税源管理。加强与工商、国税等部门的协作，利用各部门的涉税信息对重点税源进行全面监控；建立日常税源管理质量考核通报制度，对各基层分局的 16 项日常税源管理和 3 项数据清理情况进行考核，按月通报考核结果。落实征管措施。深化《税友 2006》快捷查询功能的应用，推进个人所得税全员管理，开展年所得 12 万元以上个人所得税自行申报工作；扩大纳税评估范围，开展疑点企业和重点企业的纳税评估。完善非税征管机制。推行社保费"五费合征"制度，拓宽政府非税收入征管范围，探索国有资源（资产）类非税收入征管办法。

【支持经济发展】加大财政投入，拉动和扩大内需。加大资金整合力度，落实中央新增投资县级配套资金，集中财力支持重点项目建设；当年用于交通、水利、工业、旅游、市政等基础设施建设的财政资金 2.90 亿元。推进"家电下乡"、"汽车摩托车下乡"，下发财政补贴资金 556 万元。加强引导，推动经济转型升级。创新财政科技投入机制，统筹安排资金 1450 万元，通过贴息、奖励等形式引导企业科技创新、技术改造、产品研发和增加节能减排投入。加大对现代服务业扶持力度，落实税费、产业等扶持政策，支持企业分离发展服务业。落实增值税转型改革和国家、省、市有关税费减、免、缓政策，减免税费 6100 万元支持再生资源回收和困难企业发展；探索财政政策和税收优惠政策联动管理机制。优化服务，支持企业发展。推进"春雨"专项行动，加大对困难企业的帮扶力度，帮助企业应对国际金融危机造成的实际困难和问题；与重点企业建立"一对一"帮扶关系，帮助企业用足用好税费优惠政策。

【优先保障民生】支持农村改革发展。落实各项补贴和惠农政策，支持农业产业化发展和农业基础设施建设。增加对农村交通、医疗卫生、环境整治、农民饮用水等社会事业的投入，建立村级组织运转经费保障机制。落实扶贫小额信贷专项资金，扶持低收入农户发展生产和创业；支持农民下山脱贫。当年用于"三农"支出的财政性资金 6.08 亿元，增长 27.2%。支持社会事业发展。完善义务教育经费保障机制，支持创建"教育强县"、提高生均公用经费标准，改善办学条件，免除义务教育阶段学生课本费、作业本费和学杂费，落实义务教育教师绩效工资政策，扶持职业教育、民办教育和学前教育发展。支持社区卫生服务中心和乡镇卫生院标准化建设，实施城乡居民合作医疗制度，落实甲流防控经费，完善公共卫生服务体系。筹措资金，支持农村文化基础设施建设。2009 年，教育、医疗卫生、文化体育支出分别为 2.65 亿元、1.02 亿元和 3000 万元，分别增长 25.9%、38.5%和 23.8%。支持社会保障体系建设。健全社会保障资金多渠道筹措机制，加大社会保障投入力度，统筹安排资金 6700 万元，支持养老保险体系建设、城乡居民最低生活保障、"五保"集中供养以及对农村自然灾害的救助；支持实施积极的就业政策，拓宽就业渠道、增加就业岗位，转移再就业人员和农村剩余劳动力。筹措资金，增加廉租住房建设投入，扩大政策性农村住房保险覆盖面，加大对农村困难群众住房救助。支持生态环境保护。加大环境保护投入，重点支持污染源治理、珊溪库区周边环境整治以及泗溪河治理、污水处理厂、垃圾填埋场等市政设施建设。当年用于生态环境保护的财政资金 6700 万元。支持"平安文成"建设。统筹安排资金 2050 万元，用于政法机关基础设施建设和执法装备更新，完善公检法公用经费保障机制。加大对安全生产的投入，完善社会公共安全体系。

【深化财政改革】深化预算管理改革。细化预算编制，完善预算定额、费用支出和资产配置标准；探索部门结余资金清理办法，加强预算内资金统筹力度。推进国库制度改革。扩大国库集中支付改革试点范围；推行财政专户资金核算管理改革，实行财政专户的集中管理、分账核算和统一调度。完善绩效评价制度。健全绩效评价指标体系，创新财政支出绩效评价办法，完成绩效评价项目 2 个，组织落实 30 个项目的部门单位自评、3 个项目的主管部门评价和 2 个项目的财政部门评价，涉及财政资金 1.31 亿元。推进政府采购制度改革。扩大政府采购规模和范围，加强政府采购监管，规范政府采购行为。当年政府采购资金节约率7.2%。加强财政管理信息化建设。推进“金财工程”建设,启用财政综合办公平台,成功应用国库集中支付系统。

【规范财政监管】强化财政监督管理。规范项目资金下达程序和要求,开展医疗保险基金等专项检查、乡镇暂存暂付款清理和“小金库”专项治理工作。加强国有资产监管。制订《行政事业单位国有资产管理暂行办法》和《国有资产出租管理暂行办法》,规范国有资产配置、使用、处置等行为,强化国有资产出租收入管理。加强政府性投资项目财务管理。采取“前期成本控制、建设过程监督、竣工阶段结算审查”的管理方式,审核竣工结算项目41个,核减资金1007万元,核减率9.1%。依法规范税收秩序。深化日常税收检查,开展对旅游、拍卖、建筑安装、教育培训等行业的专项检查。强化政府性债务管理和乡镇财政赤字监管。

【加强队伍建设】开展学习实践科学发展观活动。通过自查自找、发放征求意见表、上门座谈、下户走访、税企沟通等形式多方面征求意见,采取多种措施落实整改。组织开展领导班子专题民主生活会和各支部民主生活会;做好学习实践活动“回头看”工作,对整改情况进行检查落实。推进学习平台建设。开展岗位业务轮训等各类培训,采取定期集中学习、分层次分岗位培训的方式,邀请专家开展政治理论和业务知识专题讲座;鼓励干部参加学历教育和职称考试,优化干部知识结构。创建省级文明单位。开展“巾帼文明示范岗”、“青年文明号”等活动,推行企业减负“春雨专项行动”等十项便民便企措施。开展“挂钩帮扶”、“春泥计划”等系列活动;组织干部参加各类知识竞赛。开展棋类比赛、乒乓球团体对抗赛和游园、登山等系列文体活动,增进干部队伍凝聚力。推进党风廉政教育。健全领导干部廉政档案,签订廉政从政承诺书;加强党风廉政警示教育,组织干部观看“党风廉政进机关”系列网上教育警示专题。加强机关内部管理。研究制定行政审批职能整合方案,清理归并行政审批事项;研究制订耕地占用税、契税征管职能划转工作方案;严格执行内部管理制度,坚持领导值周效能检查,对发现的问题及时纠正和处理。加强工青妇组织建设,改选局工会、局团委、局妇委会组成人员。通过中层干部竞选、一般干部轮岗等形式优化干部配置。

(文成县财政局供稿　朱建成执笔)

泰顺县

【概况】2009年,泰顺县实现生产总值34.00亿元,按可比价格计算,比上年增长10.5%。其中:第一产业增加值4.10亿元,增长5.3%;第二产业增加值12.32亿元,增长10.2%;第三产业增加值17.58亿元,增长11.8%。人均生产总值9581元,增长10.2%。三次产业结构比例为12.1:36.2:51.7。全县财政总收入3.64亿元,增长13.6%,其中地方财政收入2.63亿元,增长15.5%;财政总支出10.52亿元,增长20.9%。全年财政收支平衡。

【支持经济发展】落实积极财政政策。贯彻国家出台应对金融危机的各项减税增支政策。下调企业社保费单位统筹部分3.0个百分点,减轻企业负担300万元;城镇个体劳动者(或自谋职业人员)缴费比例下调2.0个百分点,惠及8446人,减征金额210万元。落实企业社会保险费临时下浮减征政策,企业统筹部分免征一个月,优惠金额321万元。加大对困难企业房产税和城镇土地使用税减免幅度,减免困难企业和下岗失业人员税收135万元。落实个人住房转让营业税优惠,对2009年度个人购买住房暂免征收土地增值税、印花税。取消和暂停部分行政事业性收费,各类行政事业性收费减收674万元。落实农业龙头企业减免水利建设基金优惠。加大对经济转型升级的财政投入,先后落实招商引资企业奖励507万元、重点骨干企业奖励250万元、骨干建筑企业奖励98万元、科技自主创新奖励100万元。加大重点项目投入力度,当年各级财政投入县重点工程资金2.51亿元,其中新城区配套设施1.91亿万元、廊桥文化园918万元、县职业教育中心二期工程700万元、县人民医院迁建工程1800万元、县体育中心1535万元、新城区九年一贯制学校300万元。落实省级文明县城创建经费和公检司法系统项目建设、治安巡防、食品安全等平安县创建经费。扩大内需,加大“家电、汽车、摩托车下乡”宣传力度,建立36个乡镇补贴资金兑付系统,设立专户,强化业务培训,受理农民补贴申领,及时兑付补贴资金,全年“家电下乡”产品销售5171件,销售额1159万元,兑付补贴资金140万元;“汽车摩托车下乡”产品销售额2797万元,兑付补贴资金280万元。

【加强收入管理】强化税收调控,全年收入增幅每月均保持在10.0%左右。调整完善乡镇财政收入奖励机制,及时兑现上年度乡镇财政增收奖励890万元。强化征管手段,开展税法宣传,推广应用快捷查询功能,开展数据清理,提升税务登记率、申报率、入库率等征管指标。与房管、国土等部门协调,加强契税、耕地占用税征管;与工商、国税部门建立信息共享和定期反馈机制;与供电、交警、保险公司、交通稽征等部门建立委托代征代缴关系,节约征税成本。开展税收稽查,共检查纳税户数56户,查补各项税(费)、罚款、滞纳金合计270万元,规范财税经济秩序。全年地税部门组织税收收入1.54亿元,增长19.9%。强化行业管理,完善支持第三产业发展政策,分离4家企业发展服务业。开展餐饮住宿行业税收评估,餐饮住宿业税收逆势增长。出台交通运输业税收征管办法,推广应用不动产建筑业管理系统。全年地方财政收入占财政总收入72.3%;在地方财政收入中,税收收入比重65.7%;地税部门组织的税收收入中,地方税占63.3%。强化非税征管,调动各方积极性,组织非税收入,对已纳入预算编制范围的行政事业性收费,按期从财政专户划缴国库,由预算统筹安排经费支出。

【着力改善民生】以创建省级教育强县、省级生态县、省级平安县、省级文明县为内容的"四大创建"和"十大民生工程"为载体,加大投入,民生支出成为财政支出主旋律。

保障教育事业发展经费。全年预算内教育总投入2.66亿元,增长21.8%,高于地方财政收入增幅,总量超过地方财政收入。完善义务教育经费保障机制,落实食宿工程915万元、新农村新校园452万元、校园布局调整670万元、农村薄弱学校改造552万元、扶困助学和营养餐经费192万元、义务教育债务化解1108万元。

加大生态建设投入力度。开展珊溪库区环境整治,提高重点生态公益林补偿标准。支持村庄环境整治,推广农业废弃物综合利用技术,支持生态乡镇、村创建。全年投入各类生态建设专项资金8000多万元,其中生态县建设专项3025万元、重点生态公益林1569万元、千百工程1147万元、环境保护专项792万元、垃圾填埋场777万元、乡镇污水处理502万元。

支持卫生社保事业。支持新型农村合作医疗、农民健康体检、城乡社区卫生体系建设,提高新型农村合作医疗住院报销标准、大病补助经费筹集标准。支持食品检测中心建设和县人民医院迁建工程,及时落实甲型流感防控经费、人民医院发热门诊及隔离留观区改建资金。提高城乡低保、优抚对象补助标准和企业退休人员基本养老金,建国前农村老党员生活补助标准提高1倍,农村计生独女家庭参加职工养老保险纳入财政补助。

支持"三农"发展。全年农林水事务支出增幅均高于财政正常性收入增幅。优化农业产业布局,支持发展无公害绿色有机、生态休闲观光农业,发展示范性农村合作组织、示范基地。安排1500万元垫付农村饮用水工程建设资金,建成农民饮用水工程项目55个。筹措村级组织运转补助经费,村两委主要干部、其他干部误工报酬分别提高到每人7410元、1800元。完善农民补贴网建设,落实粮农直补资金646万元。支持乡土文化发展和文物保护,及时拨付农村基层文化站、文化室建设专项资金1009万元。

【加强财政监管】严控行政成本。实现公用经费压缩5%、专项经费"零增长",冻结公务用车购置。强化非税收入收支年度计划管理,实行统一编制、统一管理、适当统筹,坚持量入为出、节约使用,核减部门上报非税开支计划1418万元。强化支农资金监管。履行监管职责,理顺财政与其他涉农业务部门关系,强化事前、事中、事后监督。建立支农项目库,规范项目筛选、申报程序,避免重复申报和多头申报。强化服务意识,按季汇总财政支农专项资金收支情况,主动联系部门,按照项目建设计划和进度审核办理拨付,当年下达各类财政支农专项资金1.74亿元。加强基建财务监管。全程跟踪项目可研、会审、竣工验收等环节,掌握资金拨付第一手资料,强化项目资金审核、报批、拨付。对县重点项目单位建设资金使用情况实施重点检查,控制管理费用,全年审核预结算项目62个,送审投资额7596万元,核减额1060万元,核减率为14.0%。加强国有资产监管。加强国有资产出租监管,探索国有资产公开竞价处置新模式。推进县彭月自来水有限公司组建、县长运公司与温州长运集团合并等国有资产重组工作,规范宇丰水电集团2009年经营业绩考核预算方案。

【深化财政改革】破解乡镇财政困境。推进乡镇片区财务管理中心模式改革。通过乡镇财政收入超收分成、加大项目建设县财政配套投入力度等措施,多渠道缓解乡镇财力困难。严格建设项目审批制度,控制和减少乡镇债务规模,落实乡镇政府运转债务"以奖代补"资金848万元,实现乡镇政府运转性债务"零赤字"。推进社会保险费五费合征。采集9221名灵活就业人员信息并办理"一户通"扣缴社保费手续;科学测算缴费基数、缴费比例,为减轻企业负担,实行按工资总额最低申报比例缴费,在费率下调、临时性下浮的情况下,推行五费合征工作,社保费收入平稳增长,全年组织社保费入库1.37亿元,增长10.9%。推进财政监管。开展财政资金绩效评价,开展"小金库"专项治理工作。将部分政府性投资项目纳入县会计核算中心核算,远程报账单位推广至40家,全面实施网银支付新技术。

【加强队伍建设】推行目标管理。出台13个专项考核办法,将目标管理向系统内部29个科室延伸,年终评出财政类和地税类先进单位各两个、落后单位各一个。当年获县目标管理考核先进单位,已连续3年获得目标考核先进单位。优化服务。深入开展学习实践科学发展观活动,召开各阶段动员会,面对企业发展困境,深入调研,以"春雨帮扶行动"为载体,迅速启动"税企沟通会"、"百名税干进百企"、"税收优惠政策专题辅导",推出双屏显示、同城通办、POS机刷卡缴税等十项纳税服务新举措,依法及时办理缓缴税款审核。加强党风廉政和效能建设。安装廉政电脑屏保,悬挂廉政格言,观看警示电教片,发送廉政短信,及时提醒,防患未然。每月开展效能动态督查,强化效能建设。举办丰富多彩的文化活动。举办全县"地税杯"乒乓球赛,局篮球队在县第五届"动感地带"杯篮球赛上获冠军,局参加新中国成立60周年大合唱比赛节目获金奖。

(泰顺县财政局供稿　刘志潮执笔)

嘉兴市财政工作概况

嘉兴市

【概况】2009年,嘉兴市实现生产总值1917.96亿元,按可比价计算,比上年增长9.3%;人均生产总值53796元,增长10.3%。其中第一、二、三产业增加值分别为107.01亿元、1111.74亿元、699.21亿元,增幅分别为3.1%、7.4%、13.6%。三次产业的结构比例由上年的5.8:59.8:34.4调整为5.6:58.0:36.4。社会消费品零售总额694.30亿元,增长15.8%。全社会固定资产投资1233.34亿元,增长22.5%。进出口总值172.05亿美元,下降13.3%,其中出口总值123.41亿美元,下降12.5%;进口总值48.64亿美元,下降21.5%。城镇居民人均可支配收入24693元,增长9.8%;农村居民人均纯收入12685元,增长9.9%。全市财政总收入279.35亿元,增长10.8%,占生产总值的14.6%。其中地方财政收入141.70亿元,增长11.7%,占财政总收入的50.7%。全市财政支出161.11亿元,增长18.5%。市本级财政总收入88.14亿元,增长13.1%,其中地方财政收入47.51亿元,增长11.2%;市本级一般预算支出55.51亿元,增长19.6%。财政运行情况良好,收支平衡。

【组织财政收入】建立税收收入预测分析协调机制以及重点企业监控、重大税源变动报告和收入措施落实反馈制度,强化对收入的分析和调控。规范和加强城镇土地使用税和房产税征管。加强企业所得税汇算清缴审核。加强建筑业税收管理,抓好重点工程的税收征管。完善税源间接管理模式,以快捷查询模块全面推广运用为契机,探索日常税源管理新机制。深化国地税部门协作,强化与工商、建设、国土等部门联系,提高第三方信息的采集和利用水平。

【服务企业发展】开展"暖春促发展,绿荫护民生"财税专项行动,通过政策引导、财税优惠等措施扶持企业发展。加大资金扶持力度,当年市财政预算安排五项发展资金21640万元,比上年增加2700万元。落实市本级个人普通住房转让税费补贴政策,支持房地产业发展,全年支付补贴14150户,金额4012万元。落实税费优惠政策,企业社会保险费缴纳比例实施临时性下浮,基本养老保险费单位缴纳部分费率由上年的18%降到15%,取消、暂停和降低部分行政事业性收费项目与标准,全市减轻企业地方税费负担15.42亿元。

【推动转型升级】落实积极的财政政策,扩大政府投资规模,引导社会加大投资力度和完善投资结构。落实有关支持转型升级的财税政策,贯彻新营业税暂行条例和实施细则;继续落实新企业所得税法实施后的相关配套政策。加快转变外贸发展方式,推进开放型经济稳定发展。出资1亿元设立创业风险引导基金,促进高新技术产业发展。利用财政性间歇资金与银行合作建立6亿元的中小企业信用贷款,缓解中小企业融资困难。完善服务业发展政策,加快服务业发展,出台鼓励和引导企业分离发展服务业的财税政策措施,推进企业分离发展服务业工作,全市分离服务业158家。制定完善支持农业和农村经济发展的政策意见,完善财政支农资金导向目录,推动农业优化升级。

【保障民生支出】筹集资金,确保民生支出需求,市级财政当年新增财力用于民生方面的支出为76.7%。支持新农村建设,加大"三农"支出力度,市本级一般预算支农支出3.18亿元,增长8.4%;制定市本级农房改造集聚和城乡一体新社区资金补助办法,加快现代新市镇、新社区建设。推进家电下乡、汽车摩托车下乡和家电以旧换新,全市拨付补贴资金5112万元。加大农村薄弱学校和校舍安全工程改造投入力度,保障义务教育学校教师绩效工资改革。加大财政科技投入,推进区域副中心建设和科技孵化城建设。完善社会保障体系,实现全市城乡居民养老保险全覆盖,对困难群众参加养老保险给予补贴,将乡村医生纳入养老保险体系。

【深化财政改革】*深化部门预算制度改革*。将部门所有预算内外资金全部汇编到一个部门预算,实现部门预算与财政综合预算有机结合;将市卫生局、国土资源局等部门预算(草案)提交市六届人大四次会议进行重点审查,并首次向人代会提交20个市级部门预算(草案)进行上会审查。*推进国库集中收付制度改革*。继2008年实现工资财政直接支付全覆盖后,2009年对社保资金实行国库集中支付。*加强绩效评价制度建设*。出台市级部门单位财政支出绩效评价工作考核办法,建立财政支出绩效评价联络员制度,完善项目预期绩效目标申报制度;开展市级部门单位项目自评、主管部门评价和财政部门重点评价;邀请市人大财经委、市政协委员共同参与绩效评价工作,提高评价工作的质量和权威性。

【推进农村综合配套改革】推进农村承包经营权流转,实施以"两分两换"(即将宅基地与承包地分开,搬迁与土地流转分开;以承包地换股、换租、换保障,推进集约经营,转换生产方式;以宅基地换钱、换房、换地方,推进集中居住,转换生活方式)试点为核心的"十改联动"(即就业服务、社会保障、户籍制度、新居民服务、涉农管理、村镇建设、金融体系、公共服务、规划统筹等)综合改革。调整完善县对乡镇的财政管理体制,提高镇(街道)财政保障能力,增强乡镇基本公共服务能力。加大农村教育投入,实现农村中小学生均公用经费支出标准与城市同类学校相等,教职工工资福利待遇水平与城市同类学校相同。全市全年农村教育支出36.07亿元，其中市本级5.73亿元。建立“一事一议”筹资筹劳财政奖补机制，加大对村级组织的扶持力度，当年全市用于村级组织正常运转、村干部报酬和经济薄弱村创收项目补助支出1.26亿元，其中市本级5484万元。

【支持医疗卫生体制改革】4月，出台《关于激励县以上医院使用廉价药品切实降低患者负担的试点方案》，实施“控药品总量、保正常运转、奖结构调整”的财政激励政策，激励医院提高西药甲类药品、中药占药品费支出的比重，形成甲、乙、非三类药品结构合理、中西药并重的药品使用机制。该方案自6月1日起在市妇保院先行试点，成效较显著。

【规范政府采购】推进政府采购“扩面增量”，将医药设备和以财政资金为主的建设工程项目纳入政府采购规范管理，拓展政府采购面，以面促量。全年全市政府采购11.6亿元，增长84.9%。推进政府采购信息化，建成涵盖政府采购预算执行管理、采购活动组织实施、采购资金支付和征信评估等整个政府采购流程的“嘉兴市政府采购信息管理系统”，规范和优化政府采购流程，实现采购预算管理与采购交易管理两大流程的对接。组织政府采购业务培训，参与政府采购知识竞赛等“浙江省政府采购十周年”宣传活动。

【强化财税监管】组织开展“小金库”专项治理工作，规范部门资金使用行为。加强财政审核监督，创新政府投资项目监管方式，实施全过程跟踪评审，全年审核工程项目272个，送审金额14.14亿元，审定金额12.07亿元，净核减2.07亿元，核减率14.6%。强化财政自身管理，在上年全面导入ISO9000质量管理体系并运行近半年的基础上，6月份通过外部认证。加强行政事业单位资产管理，建立资产动态管理信息系统，加强国有资产的出租、出借和对外投资行为的监管。健全稽查建议反馈制度，形成以查促管日常机制。推进执法责任制考核评议，强化行政执法内部管理机制。

【深化财税文化建设】制订并实施《2009年度财税文化建设实施计划》，推进六大平台建设。建设学习平台，举办“财税论坛”，加强中心组学习，推荐干部阅读财经领域、人文领域的前沿书籍；建设制度平台，建立财税文化建设考评机制、交流机制、奖励机制、调研机制；建设情感平台，开展在政治上、事业上、成才上、生活上关怀干部的“四个关怀”活动，开展送服务、送政策、送温暖“三送”活动，营造外部和谐氛围；建设激励平台，创新干部选拔任用机制，培养后备干部，启动财政人才库建设，优化人力资源机构；建设宣传平台，宣传财税优惠政策，及时解决发展难题，帮扶企业渡过难关；建设活动平台，开展书法、绘画和摄影比赛，组织开展文艺汇演，创刊《财税文化苑》。加强党风廉政建设，落实党风廉政建设责任制，建立兼职监察员和民主监督员制度，完善廉政风险排查和防范管理。开展安全保密教育和培训，对重点岗位进行保密安全检查。当好党委政府参谋，上报《调研与建议》16篇，得到市委、市政府主要领导的批示肯定。2009年，市财政（地税）局连续第八年被评为“工作目标责任制考核先进单位”，并获“市级文明单位”、“调查研究工作先进集体”等荣誉。（嘉兴市财政局供稿　刘　俊执笔）

南湖区

【概况】2009年，嘉兴市南湖区实现生产总值177.70亿元，比上年增长10%。其中：第一产业增加值11.01亿元，增长3.4%；第二产业增加值84.88亿元，增长7.6%；第三产业增加值81.82亿元，增长13.8%。三次产业结构比例为6.2:47.8:46.0。全区财政一般预算收入25.60亿元，增长15.8%，其中区级地方财政收入9.95亿元，增长21.6%；全区财政一般预算支出9.3亿元，增长34.7%。当年财政收支运行情况良好，财政收支平衡。

【助推经济转型升级】推进重大基础设施建设，安排公共基础设施建设支出2421万元，增长21%，主要用于农村联网公路、农村危旧桥梁改造。运用财政杠杆，安排工业发展资金2055万元，支持企业重大技术创新、新产品研发、重点产品结构调整等，促进节能降耗，加快经济发展方式转变。扶持三产发展，以打造城市中心商贸区为抓手，区、街道安排三产发展资金2100万元，重点支持楼宇经济建设。筹措以“老住宅区改造”为主的市区整治经费1500万元，为改善群众生活和三产经济创造良好环境。引导社会资金向创业投资领域集聚。出资3000万元成立嘉兴市南湖区新创风险投资公司，促进企业发展壮大。

【支持农业农村工作】完善财政支持粮食生产政策，全年安排4500万元，实施农业综合开发中低产田改造项目2.4万亩，49个建设用地复垦和土地开发开工建设，对全区4万多农户及4.95万亩土地流转对象发放直接补贴。支持高效生态农业发展，安排4480万元，新增农业设施栽培面积931亩，新建高效生态农业园区4个，新建牧业小区6个，改造标准鱼塘2342亩，新建生态公益林、经济林4100亩。支持农产品安全质量体系建设和农业科技推广，全年安排447万元，用于动物疫病防治补助和对获得各类农产品名牌企业的奖励。加大农村公益设施投入，改善农村生产生活条件，全年安排2500万元，启动建设农村新社区44个，新入住农户2930户；疏浚河道200公里，新建护岸9.4公里，新建农村饮用水二级管网60公里，11.2万农民生活用水得到改善。加大对经济薄弱村的扶持，发展壮大村级集体经济。全年安排200万元，对全区18个经济薄弱村基本运转及创收项目给予财政支持。

【保障民生支出】落实积极的就业政策，安排557万元再就业专项资金,用于“4050”灵活就业人员社会保险补贴,及自谋职业人员的一次性补助。推进城乡养老、医疗保障体系建设,安排2551万元用于补助城乡居民养老保险资金,安排1490万元用于城乡合作医疗和大病救济。推进社会养老服务,对民办养老机构进行补助,标准为每床位1000元至1500元;当年引入市场机制对全区居家养老服务给予财政补贴。保障群众住房改善需求,投入资金2645万元改造城市基础设施,放宽廉租住房困难家庭收入线认定标准,落实市政府建造经济适用房资金1500万元,并安排区内经济适用房货币补助资金760万元。

【保障社会事业发展】支持发展教育事业。安排财政资金2042万元用于生均公用经费补助,提高义务教育生均公用经费基本标准(小学从350元提高到400元、初中从450元提高到550元);安排财政资金1873万元,在全面免除义务教育阶段学杂费的基础上,免除课本费和作业本费。推进自主创新。筹措1.87亿元,用于科技城基础设施建设,落实科技项目地方配套资金。120余个科技创新项目落户南湖区。支持公益性文体事业发展。全区公益性文化和体育支出5034万元,增长180.6%。新建18家村、社区文化活动中心(活动室),丰富社区文化活动内容,向社会免费开放博物馆等文化设施。支持医疗卫生改革。落实“公共卫生三年行动计划(2007~2009年)”资金3890万元;完成30所村卫生室标准化建设、扩大计划免疫疫苗品种、儿童近视和肥胖监测干预等各类预防保健项目,实施公共卫生优秀人才培养计划;财政投入50万元,在3家区级医院设置“急救重症绿色通道”,缓解“看病难”问题。

【深化财政改革】加强非税收入管理,取消和停征41项行政事业性收费;实施国有土地使用权出让收入收缴分离,扩大公安等行政事业性收费收缴分离改革。推进国库集中支付改革,出台《南湖区区级财政资金国库集中支付管理暂行办法》,在公安、财政等五个部门26个预算单位,及一个街道实施国库集中支付改革,建立包括财政直接支付和财政授权支付两种形式在内的国库直拨体系。增收节支,压缩“三公”消费,推行公务用车改革,车改后年内减少交通费支出400余万元。深化部门预算改革,推进分类核算的预算支出管理,在强化项目库管理的基础上重点探索专项经费零基预算,开展区级单位结余资金清理,夯实预算管理基础。

【强化多层次监督】依法自觉接受人大监督,配合人大开展镇(街道)财源建设、政府性债务管理等专题调研,联同国税与地税机关完善区级税源管理办法,加强政府举债的事前监管。探索财政绩效评价,协同相关主管部门,构建评价指标体系,并引入专业评估机构等社会第三方参与绩效评价工作。健全财政监督机制,探索事前、事中、事后监督有机结合的方法和途径,建立健全覆盖财政运行全过程的监督机制,强化对与群众利益密切相关的重点支出,以及企业、行政事业单位会计信息质量监督检查。

【干部队伍建设】开展财税文化建设,围绕财税核心价值观,探索财税文化建设的各种有效载体;鼓励和引导干部职工参加各种形式的学历教育和职称考试,修订《学习教育鼓励办法》;加强业务培训,按照中层干部强管理、基层干部重业务、业务骨干求精深的要求,组织干部参加相对应类型培训;建设“财税论坛”平台,加强中心组学习,开展中层干部以上读书会;全局干部参与以“阅读 进步 和谐”为主题的“读书月”活动,组织党员干部演讲比赛,开展“共创和谐财税、共建幸福家庭”主题家庭联谊促廉活动;推进党风廉政建设,落实党风廉政建设责任制;加强机关效能建设,发挥党支部作用,建立健全机关党建工作责任制;抓好六项服务,即按时服务、首问服务、热情服务、提醒服务、限时延时服务和公开服务,提高财税工作人员的思想政治素质和业务水平。鼓励干部职工参加各类文体活动,培养健康向上的情趣。

(嘉兴市南湖区财政局供稿　杨琼菲执笔)

秀洲区

【概况】2009年,嘉兴市秀洲区实现生产总值160.28亿元,按可比价格计算,比上年增长10.1%。其中:第一产业增加值11.83亿元,增长3.2%;第二产业增加值96.18亿元,增长8.8%;第三产业增加值52.27亿元,增长14.2%。人均生产总值为63178元。三次产业结构比为7.40:60.00:32.60。全区财政一般预算收入21.24亿元,增长11.0%,其中区级地方财政收入7.27亿元,增长10.7%;全区一般预算支出10.25亿元,增长37.7%。当年财政预算执行情况良好,财政收支平衡。

【推动经济转型发展】围绕区委、区政府加快推进经济转型发展决定,落实积极的财政政策,全年安排各类财政资金6.90亿元,增长15%,主要包括工业发展、工业转型升级、节能、开放型经济、三产发展、新能源产业、竞争力企业、环保、集镇提升、交通、都市型农业等专项资金。投入科技发展资金1789万元,支持科技创新平台和创新体系建设。拓展融资渠道,向上海国际信托公司申请信托贷款5亿元,用于秀洲新区开发建设。开展“暖春促发展,绿荫护民生”专项行动,落实各项减负政策,减轻企业各类税费负担5.80亿元。

【增收节支】加强与国税地税部门合作,对增减幅度较大的税种及其在征收过程中暴露的问题,进行调查研究,提出可行措施,建立动态税源管理系统,确保各项税收收入稳定增长,全年实现税收收入19.53亿元,增长11.2%,财政性收入1.71亿元,增长9.2%。贯彻落实省市有关增收节支、厉行节约各项规定，出台九条具体措施，压缩会议费、出国费、招待费、车辆运行费等四项经费，停止购置公务用车一年，降低行政成本，区级机关公用经费压缩5%，专项经费零增长。

【保障民生支出】全区新增财力75%以上用于改善民生支出。支持新农村建设。投入支农资金1.61亿元，增长16%，出台秀洲区财政支持现代新农村建设导向目录，促进农业产业结构调整和农业增效、农民增收。区财政出资3500万元，在新塍镇组建欣农投资有限公司，推进"两分两换"、"两新工程"(即新市镇、新社区)的建设。支持教育事业发展。新增支出3469万元，全面实施义务教育学校教师绩效工资改革；新增支出244万元，提高全区中小学生均公用经费标准；投入中小学校舍维修改造专项资金2000万元，教育装备专项资金1100万元，教育环境明显改善。支持文化事业。按照区政府推动文化大发展大繁荣若干意见，设立2009～2012年农村文化建设专项资金1300万元，推进文化大发展大繁荣。支持城乡居民社会保障事业。调整和提高城乡居民社会养老保险财政补助标准，当年补助1647万元，其中：出资102万元解决84名乡村医生养老保险问题；出资23.48万元，解决214名困难残疾人个人缴费问题。支持城乡社会救助体系建设，投入救助资金221.94万元，共救助1092名困难群众。支持发展老年服务事业，投入资金150万元，新建30个"农村老年星光计划"点。支持公共卫生和计划生育事业，拨付医疗卫生经费4900万元、计划生育经费891万元。

【农业综合开发】拓展农业综合开发领域，贷款贴息项目立项被省农发办列入全省五个建设高标准农田试点之一。全年实施农业综合开发各类项目8个，其中：水利控制性项目1个、土地治理项目2个、扶持农民专业合作组织和科技项目各1个、贷款贴息项目3个，共投入项目建设资金3423万元。

【国有资产监管】制订区行政事业单位房产出租管理暂行办法和企业国有资本收益收取管理试行办法，对28处房屋实行对外公开招租，对40家行政事业单位资产清查损溢核实批复，对46家行政事业单位资产清查损溢审核后准予备案。完成9项事业单位改制，开展对国有企业职务消费、内部管理制度、经营预算执行情况检查，落实国有企业监管规定。

【财政改革】深化部门预算制度改革，完善预算定额标准和项目预算管理；规范资产数据及配置标准；改进经常性项目编审程序；对交通局、文化教育体育局的部门预算递交七届三次人代会审议。深化国库集中收付改革，对区公安局等五个部门的20个单位实行国库集中支付试点。深化政府采购改革，医药设备和以财政资金为主建设的工程项目纳入政府采购管理，政府采购"扩面增量"工作取得效果。

【财政监督】加强行政事业单位财务管理，开展"小金库"专项治理，全区215个单位开展"小金库"自查，对区级16个部门进行重点检查；开展对2007～2008年度支农专项资金12个项目资金使用情况检查和"工程建设领域突出问题"专项治理。对各类专项资金开展绩效评价，包括乡村卫技人员素质提升工程、2008年度就业与再就业专项资金、集镇社区整治提升工程、蔬菜产业提升项目、油车港兴港中低产田改造项目、2008年度科发资金、2008年度市级农发资金等项目。

【干部队伍建设】开展学习实践科学发展观活动，紧扣"深化财政改革，完善公共财政体系，服务转型升级，推动全区经济社会科学发展"这一实践载体，推进学习实践活动各个环节的工作。开展反腐倡廉宣传教育，深化以"教育、制度、监督、惩处、作风、改革"为内容的惩防体系建设，在各科室、各所属事业单位开展权力"搜索"、岗位职责风险点排查，制订惩治和预防腐败体系工作方案和工作措施，签订党风廉政建设责任书。以学习、制度、情感、激励、宣传和活动"六个平台"建设为载体，大力开展财政文化建设。组织参加区首届机关文化节暨第三届机关运动会、全市财政地税系统文艺汇演。组织开展"我为创建省级巾帼文明岗献一策"、巾帼文明岗爱心互动结对、结对帮扶、慈善献爱心和送温暖、献爱心、贫困学生慰问等活动。区财政局获区级机关部门年终考核一等奖；被市委、市政府命名为双拥模范单位；连续五年获得市国资监管先进集体；连续六年被区党工委评为"先进党支部'；支付中心被命名为"省级巾帼文明示范岗"；财政局系统两位同志被评为区级"十佳满意公仆"；7名同志获区级先进个人。

(嘉兴市秀洲区财政局供稿　沈志荣执笔)

海宁市

【概况】2009年，海宁市实现生产总值371.77亿元，按可比价计算，比上年增长10.4%；人均生产总值为56936元，增长9.9%。其中：第一产业增加值17.72亿元，增长3.0%；第二产业增加值226.32亿元，增长9.2%；第三产业增加值127.73亿元，增长13.7%。三次产业结构比为4.77:60.87:34.36。全市实现财政总收入48.39亿元，增长10.1%，其中地方财政收入23.95亿元，增长12.0%；全市财政一般预算支出26.30亿元，增长16.0%。地方财政收入占财政总收入的比重49.5%，提高0.82个百分点。全年财政预算执行情况良好，实现财政收支平衡。

【组织财政收入】加强经济和税收监测分析，发挥财税政策的调控和引导作用，建立健全"全面调研、月度预测、量化分析、动态监控""四位一体"的预测分析机制。推进企业实施主辅分离，制定实施鼓励和引导企业实施主辅分离的政策意见。当年完成主辅分离企业26户，新增地方财政贡献590万元。加强税源管理，实现税源管理由"外延扩大"的粗放型向"内涵细化”的精细化转变。利用第三方信息强化各项地方税种征管,通过信息比对抓好各项地方小税种征管。加强政府非税收入的征管,建立健全政府非税收入征管体系。加强土地出让金、国有资源有偿使用收入征管,增强政府财力。

【推进经济转型升级】修订完善经济发展政策及相关配套制度,对扶持资金继续实行总量控制、切块管理、注重绩效、突出重点。围绕“做优一产、做强二产、做大三产”目标,引导和加快对服务业和高新技术产业的支持力度。全年财政扶持78个项目,补助(奖励)资金2.62亿元;落实国家规定的各项税费减免政策,优化减免审批流程,全年减免各项税费1.61亿元;减轻企业社会保险费负担,企业养老保险费率从18%下调为15%,实行社保费临时性下浮集中减征一个月,全年减轻企业负担1.31亿元;落实新企业所得税法,使纳税人及时享受国家规定的各项优惠政策;落实行政事业性收费项目取消和暂停政策,全年取消20项,暂停3项、降低收费标准4项,为企业减轻负担6570万元。

【保障民生支出】推行基本公共服务均等化,新增财力重点向农村倾斜、向困难群众倾斜、向基层倾斜、向社会事业薄弱环节倾斜。全市全年三分之二以上新增财力用于改善民生。全年财政用于民生支出18.83亿元,增长13.7%,占财政总支出76.7%。其中:农业支出21605万元,用于保障农村康庄工程、村庄环境整治、农村桥梁改造、动物防疫、农业产业化发展等需求;教育支出62884万元,保障中小学校新建改建、职教六项行动、镇中心幼儿园基建补助等支出,从1月1日起对义务教育学校实施岗位绩效工资制度,全年增加资金投入4147万元;医疗卫生支出17793万元,用于保障城乡新型合作医疗、农民健康体检工程、社区卫生服务中心及卫生室建设等支出;社会保障和就业支出9173万元,用于保障城乡居民养老保险、城乡低保补助、70岁以上老年人生活补助等支出;科学技术支出10960万元,保障科创中心建设、信息化平台建设、科技三项经费等支出;文化体育与传媒支出5618万元,保障庆祝新中国成立60周年系列活动、“村村通户户响”工程、农村文化阵地专管员补助、物质文化遗产和非物质文化遗产保护等支出。

【推进财政改革】加强收入管理。对行政事业单位的房租收入实行“收支两条线”管理;实施国库集中支付制度,所有非税收入按规范的收入收缴程序缴入国库单一账户或财政专户。加强预算管理。做好部门预算“上会”工作;在专项经费预算的安排上,体现财政资金引导、多渠道筹措资金的原则;拓宽融资渠道,鼓励社会资本投资基础设施和公益事业建设,发挥财政资金的引导作用。加强支出管理。推进财政支出制度改革,推行国库集中支付制度,实行“T+0”(资金通过人民银行国库当天到账清算)结算模式,当年33个部门实行国库集中支付。

【实施城乡居民社会养老保险】采取“联村、包干、入户”、进度日报制等宣传措施,提高城乡居民社会养老保险的覆盖面。做好城乡居民社会养老保险缴费标准和养老金待遇调整工作,制订完善考核办法,完善缴费凭证,简化缴费手续,规范基金征缴。全年参保(含已享受待遇人员)5.8万人,其中新参保2.1万人。市级及乡镇财政用于补助城乡居民社会养老保险缴费8923万元。

【整合财政专项资金】按照“细化预算、完善制度、明确责任、强化监管、注重绩效”的总体原则,加强对财政专项资金的整合与管理。整合完善专项资金项目分类,制订和试行《海宁市市级部门(单位)项目支出预算管理办法》及相应的会议培训类项目支出等分类管理办法。规范和加强对专项资金事前、事中和事后的监督管理,规范专项支出项目申报,建立专项支出预算编制体系;强化对专项支出项目审核、核定、组织实施以及项目清理与滚动管理工作;推进国库集中支付制度改革,提高财政专项资金使用效率。开展历年专项结余资金清理工作,对专项资金连续两年以上(含两年)未使用的(不含考察费、招待费、礼品费等开支),由市财政予以收回。

【开展绩效评价】建立健全绩效评价“项目单位自评、主管部门复评和财政部门重点抽评”三级评价机制和一整套评价制度;结合预算管理推行评价结果应用;健全外网绩效评价信息共享专用平台;采取内部审计和外部监督共存并进的方法开展财政监督检查工作;推行项目预期目标绩效申报管理,开展对全市50万元以上专项资金实施绩效评价管理,提高财政资金运行效率。

【加强财政管理】深化部门预算改革,建立部门预算与人大联网实时监督系统;加强政府采购的管理与监督,扩大政府采购规模,全年政府采购总规模16100万元,实际支出13781万元,资金节约率14.4%;规范镇(街道)财政管理,强化财政职能,制定《海宁市镇(街道)财政管理业务工作规范》;完善国有土地使用权出让收入分配政策,创新理财机制。完善财政监督体系,健全财政监督机制,落实《加强财政预算监督管理的暂行办法》和《海宁市财政监督检查工作规程》;加强地方政府性债务管理,执行新增债务和融资担保审批制度,实行政府性债务定期报告办法;加大政府性重大投资项目评审管理力度,加强政府投资项目事前、事中、事后的监督;加强会计监管,开展会计诚信建设,对全市企业会计上岗进行执法检查。

【国有资产管理】启用行政事业单位国有资产管理系统,实现动态管理。推进实施行政事业单位办公用房管理改革,建立健全“统一权属管理、统一调配使用、统一出租经营”管理体制。制订海宁市企业国有资产整合调整方案,优化国有资产布局和结构,实现国有资产保值增值。指导和服务国企改革工作，推进国资平台建设，提升企业国有资产管理水平。探索多种融资形式，发行12亿元“09海宁国资债”；推进国企上市工作，指导海宁中国皮革城股份公司成功上市；完成钱江生化、天通控股股权分置改革；参与新市镇建设投融资平台工作。

【提升干部队伍素质】以“聚财理财惠民生、服务发展创佳绩”为实践载体，开展学习实践科学发展观活动。开展机关作风和效能建设。完善防范廉政风险的防控措施和工作制度，建立廉政风险防范工作长效机制；形式多样地开展廉政教育主题活动，提高干部廉洁意识；开展各项廉政文化建设，组织干部参加讲廉政故事、写廉政故事、唱廉政歌曲大赛。统筹规划，分级分类，做好财税干部的教育培训管理；创新选人用人机制，采用公开考试、竞争择优、民主监督的方式开展中层副职选拔。深化财税文化建设，开展“家乡礼赞·庆祝祖国六十周年华诞”摄影、书法、绘画、剪纸、诗歌、散文比赛，参加财税系统文艺调演，组织妇女、党员、团员开展丰富多彩的文体活动。

（海宁市财政局供稿　许立锋执笔）

平湖市

【概况】2009年，平湖市实现生产总值289.05亿元，比上年增长9.1%。其中：第一产业增加值13.78亿元，增长3.2%；第二产业增加值185.53亿元，增长7.5%；第三产业增加值89.74亿元，增长13.6%。三次产业占生产总值的比重分别为4.8%、64.2%和31.0%，三产比重提高2个百分点。人均生产总值59627元，增长4.3%。全年财政总收入43.70亿元，增长11.3%，其中地方财政收入20.82亿元，增长11.5%；全市财政一般预算支出22.49亿元，增长13.8%。全年运行情况良好，财政收支平衡。

【收入稳定增长】深化税种税源管理。通过“抓大、评中、定小”创新税源管理办法。当年新增重点税源137户，总户数为650户，监控面76.0%；加强小税种征管，全市小税种合计入库4.30亿元，增长16.4%。规范非税收入管理。开展社会保险费汇算清缴工作，共补缴社会保险费1554万元，启动社会保险费“五费合征”征缴机制；规范和完善财政票据管理，制订加强财政票据管理办法；加强国有土地出让金征收管理，全年国有土地出让收入10.40亿元；加大滞纳金征收力度，累计征收1036万元。开展税务稽查。全年查补各项税款2015万元、滞纳金36万元、罚款100万元，合计2151万元，全部入库。

【统筹城乡发展】推进现代新市镇和城乡一体化新社区建设，按照“三个高于”（即财政支农资金增量高于上年，财政基本建设资金用于农村建设的比重高于上年，其中直接用于改善农村生产生活条件的资金高于上年）要求筹措预算资金，开辟筹资渠道，全市财政资金用于“三农”投入9亿元，增长12.8%。完善各项支农扶农政策，支持农业基础设施建设和现代农业生产发展，落实发展村级集体经济、提高对经济薄弱村财政补助和扶持都市型现代农业发展等政策措施，提高资金使用效益。农业综合开发工作已完成两个土地治理项目，扶持实施淡水虾类标准化养殖、订单收购加工改扩建和热带观赏鱼苗种繁育、养殖及出口基地设施改造两个产业化项目。

【助推经济转型升级】开展帮扶企业“春雨”专项行动，落实提高出口退税率、实行增值税转型改革和高新技术企业税收优惠、技术开发费加计扣除等促进企业转型升级政策，通过社会保险费降率、减征等降低行政事业性收费举措，减轻企业负担4.05亿元。梳理和整合财政扶持新农村建设各项政策，制订财政支农资金整合工作实施意见，促进农业主导产业转型升级。推进“家电下乡”和“汽车摩托车下乡”工作，落实工业发展资金4355万元、外经贸发展资金964万元。推进企业技术创新和技术改造，落实科技发展资金2400万元，设立3000万元创业风险投资引导基金，支持处于初创期、成长期的科技型中小企业创业创新。推进高新技术研究开发与产业化，支持推广应用新能源，加快推进循环经济发展和企业节能降耗工作。支持发展服务业，落实服务业发展资金1379万元，推进企业分离发展服务业。

【推进社会事业发展】落实和完善城乡义务教育各项政策措施，实施义务教育学校绩效工资改革，小学、初中段生均公用经费标准分别提高到400元和500元。继续实施职业教育“六项行动计划”，健全学前教育投入机制，落实家庭经济困难人员和外来务工人员子女就学补助。支持覆盖城乡的公共文化服务体系建设，推进图书馆、博物馆、纪念馆、爱国主义教育示范基地免费开放和“广电低保工程”（即低保和困难家庭享受减免有线电视“入网费”和“维护费”的优惠政策）实施，提高公共财政用于发展公共图书馆事业建设比例。预算内安排社会保障支出7.90亿元，加强对被征地农民社会保障的动态管理，设立城乡最低生活保障和优抚社救自然增长机制，设立城乡一体化公共卫生专项资金，确保离休人员“两费”保障机制。落实就业政策，重点做好高校毕业生、农民工、就业困难人员就业和企业稳定工作，建成城乡一体化的人力资源市场。支持廉租房建设，实施对农村困难群众住房救助，改善城乡居民居住条件。推进新型农村合作医疗工作，提高统筹标准，筹资额由每人每年175元提高到234元，并将失土农民和外来民工纳入参保范围。

【为政府项目提供资金保障】全年拨付建设资金3.70亿元，为政府“项目推进年”提供资金保障。重点做好东湖景区环湖路、平湖中学、老年公寓等工程的竣工财务决算审查和固定资产交付使用工作，交付固定资产2.2亿元；对市第一人民医院、广陈水厂、曹兑港路等全市重点建设项目和重大财政投资项目进行执法全过程检查;筹措援川建设资金,预算内安排地震灾后恢复重建支出1867万元,确保对口援建的四川青川乐安寺乡重建工作。

【保障安保资金】推进“平安平湖”建设,有重点、分层次建设覆盖全市的社会治安视频监控系统,建成监控点1200个;落实上海世博安保“护城河工程”专项资金;加大对司法救助、法律援助、社区矫正和人民调解工作的支持力度,做好公检法司经费保障工作。

【深化财政管理改革】深化部门预算改革。按照“收入一个笼子、预算一个盘子、支出一个口子”的要求,加大预算管理改革力度。落实市委、市政府《增收节支厉行节约十项规定》,压缩部门预算公用经费、一般性项目经费、接待费、会议经费,全年节约各类经费2500万元。完善镇(街道)财政管理体制。制定“划分预算级次、划定收入范围、核定收支基数、明确支出责任、超收比例分成、自求财力平衡”的新一轮市对镇(街道)财政管理体制方案。推进政府采购管理。按照“以省为主、分级组网、高效链接、资源共享”的原则,推进政府采购信息化管理系统建设,全年完成政府采购支出6980万元,与政府采购预算相比节约资金789万元,节约率10.2%。

【强化资金管理】加强绩效评价和财税法制宣传。组织开展对2009年度预算资金超100万元的52个项目进行财政支出绩效自评,涉及财政专项资金2.25亿元。开展财税法制宣传教育,建立健全政府信息公开制度,依法做好依申请公开工作。强化财政资金管理。清理、撤销、合并专项资金,完善财政资金专户集中管理制度。开展对广陈镇现代农业园区基础设施建设和林埭镇现代水产区基础设施建设等项目的专项资金检查。在全市党政机关和事业单位中开展“小金库”专项治理工作。融资平台建设和债务控制并重。履行市国有资产经营有限公司的融资担保职能,为有关国资公司承担公益性项目筹集建设资金进行担保;全面梳理市级政府性直接负债、间接负债和隐性负债,编制政府性债务收支计划,加强政府性债务管理。

【干部队伍建设】以“聚力科学发展、构建和谐财税”为实践总载体,推进学习实践科学发展观活动,为企业、基层、群众办实事,受惠企业4526户。营造“勤学、善思、践行”氛围,引导干部职工树立积极向上的人生态度,增强干部队伍凝聚力,举办《祝福祖国、与国同庆》文艺汇演。开展“帮困思廉”活动,与云和县山区的结对贫困学生增加至52名。深化党风廉政建设,开展以“推进工程”、“提升工程”、“创新工程”、“优化工程”四位一体的党风廉政建设。制定并贯彻落实《平湖市财政地税系统惩治和预防腐败体系2009～2012工作方案和责任分解》、《开展岗位廉政排查防范工作实施方案》,重点开展廉政风险排查,共排查出风险点104项。2009年度平湖市财政局被市委、市政府评为优秀部门和党风廉政建设责任制考核优秀单位。

(平湖市财政局供稿　江全明执笔)

桐乡市

【概况】2009年,桐乡市实现生产总值335.16亿元,比上年增长10.0%,人均生产总值49950元,增长9.70%。第一、二、三产业完成增加值分别为20.05亿元、183.82亿元、131.29亿元,分别增长3.0%、8.5%、13.5%。三次产业结构由上年的6.43:56.39:37.18调整为5.98:54.85:39.17。全市财政总收入44.45亿元,增长6.3%,其中地方财政收入22.57亿元,增长10.6%;全市一般预算支出25.09亿元,增长19.6%。财政预算执行情况良好,财政收支平衡。

【组织财政收入】加强收入预测分析。完善税收收入分析预测制度,按月、季分行业、分税种进行收入分析和预测,及时掌握收入动态。加大收入征管力度。扩大税源监控范围,监控户数增加到1189户,监控企业入库税收收入占全部地方税收收入70.8%;加强税收精细化管理,组织开展纳税评估,推广应用地税电脑版发票及开票软件,开展房地产和建筑业项目管理,调整纯地税个体定额,开展房产税、土地使用税申报数据与税源信息数据的比对工作。加强非税收入征管。加强社会保险费的征管工作,组织开展社保费汇算清缴以及社会保险基金专项治理等工作,规范征管秩序;加强国有土地出让金管理,修订和完善《桐乡市国有土地使用权出让收入分配办法》,执行土地出让收支全额纳入地方政府性基金预算管理的制度,对土地的征用、出让收入实施信息化动态管理。

【推进经济转型升级】根据经济形势发展,及时调整完善财政支持企业发展的政策措施,帮助企业渡过难关,促进企业转型升级。2009年,安排财政资金2亿多元支持经济发展,重点支持工业和第三产业发展。以扶持工业平台建设为抓手,支持毛衫、化纤、皮草、家纺等传统特色产业的技术改造,加大对新特材料、机械制造、光电信息、生物医药等新兴产业的扶持力度;以科技创业平台建设为重点,完善鼓励技术创新和科技成果产业化的财政激励机制,提升企业自主创新能力和水平;调整生态保护、节能降耗等财政扶持政策,促进循环经济发展;拓宽服务业发展新渠道,继续支持重点专业市场建设和旅游业发展,加大物流、中介、会展等服务业的扶持力度,推进工业企业分离发展服务业工作,促进产业结构优化,并对分离后的企业落实扶持政策,当年完成分离企业31户。

【保障重点支出】统筹城乡协调发展。扶持发展设施农业、循环农业、绿色农业和休闲农业,培育特色农产品基地。全年农林水事务支出1.97亿元,增长12.4%。支持科学教育事业发展。推进和完善义务教育经费保障机制改革，提高中小学公用经费保障水平；创新投入方式，解决农民工子女就学问题；提高财政科技投入利用率，扶持建立产学研相结合的技术创新体系，落实人才引进和培养的财税激励政策；设立文化产业发展专项基金，推进“文化名市”建设。全市教育支出6.82亿元，增长13.3%；科学技术支出1.02亿元，增长12.7%。支持文化体育事业发展。扶持公益性体育事业发展，加大城乡体育设施建设。文化体育与传媒支出6312万元，增长9.4%。支持社会保障和医疗卫生事业发展。完善覆盖城乡居民的医疗保障体系，落实城乡居民合作医疗制度，支持发展公共卫生、农村卫生和基层社区卫生服务。全市医疗卫生支出1.60亿元，增长17.0%。继续实施城乡居民全民养老保险，实施被征地人员社会保障新办法和居家养老服务工作，对大中专毕业生发放职业培训券和实行见习培训，落实就业再就业政策。全市社会保障和就业支出1.20亿元，增长6.1%。支持生态建设。加大节能减排和环境整治投入，发展循环经济和绿色经济。全市环境保护支出1.04亿元，增长3.9%。支持交通建设。支持交通基础设施建设，支持沪杭高铁建设。全市交通运输支出2.72亿元，增长269.6%。支持“平安桐乡”建设。在保障公检法司正常履行职责的同时，加大对公检法司以及消防部门的软硬件投入，为建设“平安桐乡”提供财力保证。全市公共安全支出1.99亿元，增长6.5%。

【深化财政改革】加大部门预算改革力度。完善预算定额体系、费用支出标准体系和资产配置标准体系。落实“一压缩、两精简、三控制”六项措施，严把部门预算审核关，压缩政府行政成本。当年压缩部门预算经费4000多万元。推进国库集中支付改革。组织开展国库集中收付改革调研工作，起草《桐乡市财政国库管理制度改革试点方案》并由市府办批转下发。规范政府采购工作。严格政府采购预算管理，各采购单位严格按照批复的政府采购预算按季编制采购计划；对车辆定点维修实施公开招标，自3月1日起全面实施车辆定点维修；全年全市采购预算9976万元，实际采购8746万元，节约资金1230万元，资金节约率12.3%。加强政府投资项目监管。健全基本建设管理制度，制定《桐乡市行政事业单位办公用房装修标准及审批管理暂行规定》；强化资金监管，对新建项目及时跟踪管理，新建项目零超概算。创新会计管理模式。制订会计管理财政税务协作工作制度和会计工作考核办法，编印《会计管理手册》，组织开展会计人员情况调查工作；开发并启用《会计管理信息系统》和《会计人员申报登记系统》，全年7600多家企事业单位申报会计人员情况，申报率95.6%。

【整合财政支农资金】以农业主导产业发展规划为基础，将财政支农资金整合工作与省以上现代农业生产发展专项资金的项目实施工作相结合。对2009年度中央财政立项的水果、蔬菜和水产养殖等三个现代农业生产发展资金项目在中央补助505万元的基础上，共整合地方财政资金226万元，集中财力办大事，提高资金使用效益。以特色农业主导产业为资金整合平台，围绕杭白菊、蔬菜、水果、畜牧、水产养殖、花卉苗木、蚕桑、水稻八大农业主导产业，确定水产养殖、水稻产业的3个子项目作为2009年度财政支农资金整合的示范性建设项目。通过项目建设带动发展一批规模化、标准化的粮食生产、水产生产基地，拉动各类财政支农资金的集聚整合，整合多级次、多项目资金合计858万元，其中市财政整合多个项目资金60万元，申请省级财政资金200万元，吸引社会资金598万元。2009年，桐乡市财政支农资金整合工作在省考评的基础上，经财政部审核考评，在全省13个试点县中得分名列第一。

【启动“金财工程”建设】与软件公司共同开发“桐乡市财政局‘金财工程’一体化”软件，正式启动“金财工程”建设。2009年开展一期工程建设，主要包括：基础数据库、项目库、预算编审、预算调整、体制财力结算、企业扶持资金管理等模块。至12月底，基础数据库、项目库、预算编审系统、车辆管理系统、统发工资管理系统等模块上线试运行。

【国有资产监管】加强行政事业单位国有资产管理。对行政事业单位国有资产评估和产权交易活动进行监管，对评估报告的核准和中介机构资质进行审核。当年行政事业性产权交易（包括承租权）共109项，底价2395万元，成交价2995万元，增值600万元，增值率25.0%。加强国有产权交易监管。健全产权管理台账，至年底，共登记国有及国有控股、参股企业154户；加强对国有资产交易过程中评估、核准、委托交易等的监督管理，委托中介机构公开拍卖（挂牌）经济开发区标准厂房等五笔业务，拍卖（摘牌）成交价1534万元；规范国有股退出程序，推进国有股份从一般性竞争领域有序退出，完成3家企业的国有股权退出工作。加强政府债务管理。制订2009年政府性债务及国有公司债务收支计划，草拟并报市政府出台《桐乡市政府性债务管理实施办法》；尝试政府性债务绩效管理，选取两家公司将政府债务列入考核范围，并确定振东新区政府性债务使用情况作为绩效评价项目；5月份发行12亿元企业债券，以调整债务结构、降低融资成本、缓解集中还贷压力。

【强化财政管理】推进绩效评价工作。制订绩效评价工作计划，确定11个绩效评价项目，相关主管部门和项目单位开展自评，各财政业务科室参与辅导、跟踪评价工作进度和质量效果；组织落实2007年桐乡市工业生产性投资财政奖励资金支出项目的绩效评价工作，开展全省统一部署的“乡村卫技人员素质提升工程”绩效评价工作。同时，加大评价结果的应用。将绩效评价结果作为编制和安排2010年度部门项目预算的重要依据。开展“小金库”专项治理工作。下发“小金库”专项治理通知，明确治理范围和内容、方法和步骤、重点对象和治理的相关政策规定。在整个自查和"回头看"阶段,有424个单位参加自查,自查面100%,自查上报"小金库"单位5个。自查结束后,成立由纪检、审计、财政三个部门执法人员组成的3个检查组进行抽查。

【干部队伍建设】开展学习实践科学发展观活动。局领导班子带头学习调研,召开专题研讨会、民主恳谈会和民主生活会,广泛征求社会各界意见,查找问题,分析原因,提出整改措施。推进财税文化建设。组织开展中层干部读书会、"四心服务,助推财税保障新跨越"演讲比赛、"科学发展聚共识"读书征文评选等活动;组织开展迎"七一"老党员走访慰问、参观革命历史纪念馆等活动;组织集体无偿献血活动;组织参加嘉兴市财税系统文艺调演,选送小品《春雨》和音乐情景快板《桐乡财税人之歌》两个节目参演,均获二等奖。加强干部教育培训。举办政府非税收入知识、国库集中支付改革及会计核算等业务培训班,组织开展财政业务考试,组织开展公务员知识更新培训。加强党风廉政建设。开展廉政文化进机关活动,举办廉政书法作品展,参观警示教育基地;落实中层以上干部个人重大事项报告制度、个人收入申报制度等;制订《建立健全惩治和预防腐败体系的五年工作要点》,健全拒腐防变教育长效机制;加强对重点环节、重点岗位的风险点排查,确立监控目标,制订防范措施,组织对有资金账户的科室进行内部审计。2009年,市财政局获市级先进部门,其下属的支付中心获桐乡市服务民生满意站所。　　(桐乡市财政局供稿　沈荣民执笔)

嘉善县

【概况】2009年,嘉善县实现生产总值227.33亿元,按可比价格计算,比上年增长10.5%。人均生产总值59437元,增长10.3%。其中:第一产业增加值17.50亿元,第二产业增加值133.53亿元,第三产业增加值76.30亿元,分别增长3.3%、9.9%、13.5%。三次产业结构从上年的7.9:60.1:32.0调整为7.7:58.7:33.6。全县财政总收入33.38亿元,增长11.0%,其中地方财政收入15.97亿元,增长14.0%;全县地方一般预算支出18.13亿元,增长23.2%。财政预算执行情况良好,财政收支平衡。

【组织财政收入】强化税收管理。加强重点行业、重点企业的税收征管,全年入库营业税3.71亿元,增长15.1%。加强地方小税种征管,全年入库地方小税种3.42亿元,增长35.3%。加强契税、耕地占用税关键环节控管,全年征收契税、耕地占用税1.59亿元,增长37.8%。加强个人所得税全员申报全覆盖工作,全年个人所得税入库2.15亿元。优化收入结构。制定并落实发展生产性服务业,鼓励和引导工业企业实施主辅分离的政策意见,完成分离发展服务业企业20家,完善社保费征缴管理办法以及社保费征缴流程,全年共征收规费7.85亿元,其中社保费6.40亿元。加强国有土地出让金管理,健全与国土、招投标中心等部门的信息共享机制,确保出让金及时缴库。抓好"新版非税征管系统"推广应用,全年使用新版非税系统上线收费点82家,收费金额1.08亿元。制定相应激励措施,完善"收支两条线"管理。

【支持经济发展方式转变】支持"三农"发展。全年预算内支农支出1.82亿元,增长25.6%。重点支持精品农业、农业综合开发、水利建设和"强村计划"等。助推工业转型升级。制定并落实《关于鼓励和引导工业企业并购重组的若干意见》等政策,全年筹措产业转型升级扶持资金9773万元,其中县财政直接安排资金5309万元。推动服务业发展。重点培育扶持现代服务业,全年安排服务业发展专项资金2200万元。贯彻落实汽车、摩托车、家电下乡和家电以旧换新等政策。支持科技创新。加大对科创中心二期等建设支持力度,全年拨付科技资金5083万元。落实"保稳促调"政策。加大税费优惠政策的宣传和落实力度,完善并出台121条税费优惠政策和便民服务措施。执行集中减征社会保险费、下调企业基本养老保险缴费比例和行政性收费调整政策。加快税费减免、出口退税速度,全年减免税费1.33亿元,办理再生资源增值税退税3656万元。建立政银合作机制,利用财政间隙资金1亿元,采用存一贷二方式,加大银行对中小企业信贷支持力度,全年累计发放专项信用贷款3.20亿元,受益企业108家。

【保障民生支出】支持城乡统筹发展。全力保障交通基础设施、城市基础设施、学校基本建设、城乡供水一体化、污水处理等重大建设工程,加大中心城市和小城镇基础建设支持力度,全年拨付建设资金6.11亿元。争取国家扩大内需中央投资项目资金,共拨付中央补助资金2427万元,确保重大项目建设有序推进。支持"两新建设"(即现代新市镇和城乡一体新社区建设)试点工作,落实财税优惠政策。落实全国环境优美镇、省级生态镇、生态村财政奖励政策,研究制定水源保护区生态补偿机制,加大生态县建设投入力度。支持文教卫事业发展。完善农村义务教育以县为主管理体制和经费保障机制,城乡中小学公用经费标准实现统一。落实义务教育阶段绩效工资各项政策措施。全面免除公办学校借读费,取消义务教育阶段"杂费"收费项目。加大对文体设施投入力度,重点支持"体育强县"创建、历史文化遗产保护和文化产业发展等,支持省运会体育场馆等项目建设。全年拨付文教卫事业费6.77亿元,其中,教育事业费5.01亿元,文化事业费6524万元,卫生事业费1.10亿元。支持社会保障事业发展。制定出台完善城乡困难群众社会救助体系、完善职工医疗保险制度、推进城乡统筹就业工作等政策,加大社会救助力度,完善社会保险制度，加快就业服务体系建设。全年筹措社保基金11.30亿元，拨付各类社保资金7.81亿元。完善和落实城乡居民合作医疗制度，提高筹资标准和补偿比例，筹措合作医疗资金7339万元，当年拨付资金6585万元。加大对社会治安、安全生产、食品医疗安全等工作的投入力度。落实青川县前进乡对口支援建设资金1400万元。

【深化财政管理改革】完善"三位一体"运行机制。建立和完善部门预算、国库集中支付、绩效评价"三位一体"运行模式。加强财政支出绩效评价自评和重点评价项目绩效评价工作，完善绩效评价项目预期目标申报制度。强化政府采购监管。完善集中采购目录及标准，加强对采购单位联系人及供货商业务培训，严把供货商准入关，解决采购单位反映的突出问题。推进政府采购信息化建设，维护嘉善政府采购网日常运行。全年实行政府采购招标145次，采购预算金额2.88亿元，实际采购金额2.55亿元，节约额3297万元，节约率11.5%。完善县镇(街道)财政体制。根据部分镇行政区划调整的情况，完善县与开发区(街道)、县与镇(街道)财政管理体制，调动各镇(街道)积极性，增强地方财政收入活力。加强会计管理。抓好会计专业技术资格考试报名、辅导及考务工作，加强会计从业资格管理。全年共举办继续教育培训29期，培训会计人员3200人，组织电算化初级合格证考试7场，280人参加考试。

【加强国有资产管理】行政事业单位国有资产管理。规范行政事业单位国有资产有偿使用收入和支出，县级行政事业单位国有资产有偿使用收入实行"收支两条线"管理，全年行政事业单位国有资产有偿使用收入8406万元。行政事业单位经营性资产租赁管理。全年行政事业单位通过中介机构拍卖、拍租成交标的物77件，成交总金额1444万元，起拍金额1120万元，增幅28.9%。国有企业资产重组改革。结合县级国有企业行业特点、经营规模等现状，组建县城市建设投资集团有限公司、县交通建设投资集团有限公司和县商业开发投资集团有限公司三大专业集团公司。构建融资平台。构建县政府综合性融资平台——县国有资产投资有限公司，资产规模87.98亿元，净资产62.28亿元，拥有11家子公司涵盖水务、交通、燃气、房地产开发、旅游等行业；发行"'09嘉善国投债"，发行规模13亿元，债券期限7年，票据利率为7.2%。

【农业综合开发】全年投入农业综合开发资金3174万元(省以上财政资金2144万元，县财政配套资金580万元，镇、村自筹资金450万元)。其中：建设土地治理项目(西塘镇南、大云缪家)两个，改造低产田2万亩，投入农综土地治理项目资金1600万元(省以上财政资金1000万元，县财政配套资金300万元，镇、村自筹资金300万元)；建设农业综合开发高标准农田建设示范工程项目1个、高标准农田1万亩，投资1360万元；扶持农业龙头企业产业化经营项目3个，获省以上财政贴息资金214万元。

【干部队伍建设】深化财税文化建设。制订年度财税文化建设实施计划，深化物态文化、制度文化、精神文化、行为文化建设。完成第五轮全员双向聘任工作，举办中层干部思想政治工作研讨暨中层干部读书会。组织开展文学、摄影、剪纸作品征集评选、"我家60年"照片征集、歌咏和诗歌朗诵比赛、金秋篮球比赛等活动。建设文化长廊，将干部职工创作的书画和摄影作品上墙展览，编印《廉政文化作品集》、《小梅飘雪杏方红》等。舞蹈节目《那一片蓝》获得全市财税系统文艺调演第一名，并代表嘉兴财税系统参加全省汇演，获二等奖。提升干部综合素质。深化周五政治理论学习制度，注重政治理论和业务知识学习，组织开展一系列专题培训，并在全局范围内开展"十佳业务能手"评选活动，两名干部入选全省预算编制人才库。强化党风廉政建设。全面落实党风廉政建设目标责任制，制订党风廉政建设和反腐败工作县财政地税局责任分工工作计划，签订党风(行风)廉政建设责任书，落实干部廉洁自律制度。推进惩防体系建设，组织开展廉政风险大排查，并制定具体防范措施。

(嘉善县财政局供稿　尤晓啸执笔)

海盐县

【概况】2009年，海盐县实现生产总值210.30亿元，按可比价格计算，比上年增长8.0%；人均生产总值56845元。第一、二、三产业增加值分别为15.13亿元、135.01亿元、60.16亿元，分别增长为3.0%、6.4%、13.3%。三次产业结构比为7.2:64.2:28.6。全县财政总收入21.30亿元，增长11.2%，其中地方财政收入10.88亿元，增长12.3%；地方财政支出13.60亿元，增长19.2%。全年财政收支平衡。

【推动经济转型升级】加快农业转型升级，促进现代农业发展及引导农村土地承包经营权流转，推行促进农业规模经营等政策意见，推进"两分两换"，加快"两新"工程建设。统筹安排工业性财政扶持资金，支持企业投资于技术改造项目，提高自主创新能力，推进节能减排。全年兑现工业和外经贸发展资金5076万元。落实积极的财政政策，推动基础设施项目建设。争取中央国债补助资金4079万元，募集国资公司债券10亿元，加快推进东段围涂工程、城乡供水一期工程、污水管网工程及滨海新城安居工程等基础设施建设；加大政府投资项目投入力度，保障重点工程、民生工程和政府实事工程实施；贯彻有关家电、汽车摩托车下乡和家电以旧换新政策，全年审核发放下乡财政补贴682万元，县财政兑现家电以旧换新资金44万元。

【壮大地方财政实力】加大税收预测分析力度，每月通报收入情况，实时跟踪收入进度。强化重点税源管理，组织开展

“税源管理年”活动，贯彻“抓大、评中、定小”工作思路，全县224户企业纳入重点税源监控，重点税源户入库税收5.14亿元，占全部税收的66.8%；加强个人所得税征管，采取上门受理、开设“绿色通道”等多项措施，年所得12万元以上纳税人个人所得税自行纳税申报补缴税额313万元；企业所得税汇缴率98.6%。加强对小税种征管，车船税全面实施由保险机构代收代缴，全年入库车船税838万元，增长37.2%；开展房产税和土地使用税税源基础数据清理，入库“两税”6491万元，分别增长23.1%、13.0%。加强非税收入管理，启用新版非税收入征管信息系统。加强土地出让金收支管理，抓好历年土地项目的督查清欠，全年土地出让金收入增长57.6%。推进完善社会保险费“五费合征”办法，全年征收社会保险费6.19亿元，增收3121万元，增长5.3%。探索推进企业主辅分离，全年分离企业15户，新增地方税收250万元。

【改善民生】加大民生投入，当年全县财政用于民生支出10.20亿元，增长16.4%，全县财政支出中用于民生支出占74.8%；财政支出中农业、科技、教育的支出增长高于财政经常性收入的增长比例。支持农村改革发展。推进土地流转和“两新”建设，成立海盐县农村土地流转和产权交易服务中心，全年流转土地1.7万亩，其中进中心流转1.48万亩；支持各镇融资平台建设，筹建“两新”建设县级融资平台；构建现代农业、新农村建设和土地治理项目建设三大资金整合平台，整合县以上财政支农专项资金1.31亿元；落实各项支农惠农政策，兑现油菜水稻良种补贴、种粮农户综合直补等各类补助资金1.09亿元；落实“订单粮食”计划7000吨，筹措到位粮食风险基金230万元，推进粮食安全体系建设。加快社会保障体系建设。完善城乡居民合作医疗保险制度，提高人病医疗报销比例，增加普通门诊县级报销额度，实现本县定点医疗机构就诊实时结报，共筹集城乡居民合作医疗保险基金5663万元，参保率97%。年末城乡居民社会养老保险累计参保人数3.4万人，享受70周岁以上高龄老人补贴计2.1万人，发放城乡居民社会养老保险2833万元。在全省率先实现民政服务对象城乡居民合作医疗报销、重点优抚对象医疗补助、城乡困难人员医疗救助“三合一”实时结报。加大基础教育投入。推进教师绩效工资改革，绩效工资支出1.09亿元；完善“以县为主”的教育投入保障机制，落实城乡义务教育阶段免收杂费和提高公用经费政策，实施义务教育免教科书本费工作，实施低收入家庭学生教育券、营养券等资助政策；支持新建和改造农村校舍。改善困难群体居住条件。贯彻促进房地产市场健康发展政策，全年减免各项税收906万元、发放财政补贴750万元。筹措廉租住房保障资金3973万元，满足困难群众基本住房需求。

【推进财政管理改革】深化部门预算改革。完善政府公共预算编制，统筹安排、综合平衡财政预算内、外政府性资金。加快定员定额标准体系建设，细化基本支出和项目支出预算编制，逐步建立支出费用标准体系和资产配置标准体系。推进国库集中支付制度改革。12月1日起在5个县级部门预算单位中正式运行，构建以国库单一账户体系为基础、资金缴拨以国库集中收付为主要形式的财政国库管理制度。健全绩效评价工作机制。完善“项目单位—主管部门—财政部门”三层次评价体系。关注民生项目，自主遴选评价项目36项，涉及评价资金3200万元。探索绩效目标申报制度，推行财政部门重点绩评与审计部门绩效审计联动模式。加强政府采购监管。完善定期统一集中采购制度，拓宽定点采购、协议供货范围，全年政府采购预算8141万元，实际采购金额7180万元，资金节约率11.8%。控制一般性财政支出。全县各级党政机关公款出国(境)支出和车辆购置及运行支出在前三年支出平均数上分别压缩20%和15%，公务接待费用和电、水、油支出在上年基础上分别压缩10%和5%，机关行政专项经费“零增长”。

【加强财税监督管理】加强政府投资项目资金管理，关注53个政府投资重点项目实施进展，全年审核拨付政府投资项目财政资金4.11亿元。委托审价政府投资项目64个，送审金额7723万元，审定金额7393万元，核减率4.3%；制定实施《海盐县基本建设项目竣工财务决算审查暂行办法》，至年末批复政府投资项目竣工财务决算11项，累计批复投资7923万元，均已转为单位固定资产。控制政府债务规模，坚持“适度”、“可控”原则，把握发展速度与财力可能、债务规模与偿债能力之间的关系，控制政府债务总体规模，防范地方债务风险。深化国有资产监管，建立国有专业集团公司制度体系，实施经营业绩考核管理；加快经营性国有资产整合步伐，完成杭州湾投资发展集团和县南北湖旅游投资集团等公司的组建。

【推进财税文化建设】理念育人。开展深入学习实践科学发展观活动，开展“保增促调、助推四年”专题调研等四个专项行动，破解突出问题，完善体制机制。开展军地共建、社区共建、税企共建、村委共建等系列文明共建活动；创建市级廉政文化进机关示范点。制度管人。将党风廉政建设目标任务与财税业务工作同部署、同督查、同落实，形成齐抓共管“责任链”。开展廉政风险排查和防范工作，组织创建市级廉政文化进机关示范点。人文聚人。推进“关爱干部、培养干部”平台建设；组织干部职工参加“人文海盐”讲坛、“外经贸杯”科学发展英语口语演讲比赛；组织参加书画摄影比赛；百名干部参加的大合唱节目获县“爱国歌曲大家唱”活动金奖；组织开展“心连心爱心募捐”活动，全局干部捐款捐物献爱心。巩固市级文明单位创建成果，县财政局在全县工作目标责任制考核中获得先进部门称号。

(海盐县财政局供稿　范建松执笔)

湖州市财政工作概况

湖州市

【概况】2009 年，湖州市实现生产总值 1111.50 亿元，按可比价格计算增长 10.2%。其中：第一产业增加值 89.74 亿元，增长 3.0%；第二产业增加值 617.76 亿元，增长 8.3%；第三产业增加值 404 亿元，增长 14.8%。按户籍人口计算，人均生产总值 42942 元，增长 9.9%。全市财政总收入 146.69 亿元，增长 9.7%，其中地方财政收入 80.01 亿元，增长 11.7%；全市财政支出 108.81 亿元，增长 25.9%。市本级财政总收入 66.11 亿元，增长 5.8%，其中地方财政收入 36.17 亿元，增长 7.8%；市本级财政支出 49.65 亿元，增长 26.8%。全市财政收支平衡。

【服务经济发展】开展"帮扶企业'春雨'专项行动"，加大财税政策宣传力度，优化财税服务。落实高新技术企业税收优惠、技术开发费加计扣除，取消、暂停和降低行政事业性收费，下调养老保险费率和临时性下浮企业社会保险费等，全年减轻企业负担超过 20 亿元。做好再生资源增值税资格认定和及时退付，全市退付 1.99 亿元。出资 2000 万元组建网络银行"风险池"，为小企业提供 6 亿元的信贷支持。争取中央补助资金，支持重点项目建设，增加政府公共投资，扩大投资需求。争取扩大内需新增中央投资项目四批 100 个，补助资金 3.68 亿元，落实配套资金 17.24 亿元。争取到地方政府债券发行额度 7.50 亿元，债券规模居全省第四。落实促进房地产市场健康发展有关政策，合理引导住房消费与房地产开发建设。推进"家电下乡"、"汽车摩托车下乡"和家电"以旧换新"，全市共兑付补贴资金 1.19 亿元。继续加大对外贸的支持力度，加快外贸扶持政策兑现速度，稳定外贸出口。落实《关于加快工业转型升级的若干意见》，2009 年市财政直接安排的资金总量超过 1 亿元，突出重点扶持高新技术产业和新兴、特色产业发展。推进科技创新，全市科学技术支出 3.25 亿元，增长 15.4%。调整、完善科技创新专项资金管理办法，重点支持科技创业创新平台和研发中心建设、科技成果转化与产学研合作及重大科技项目实施。全市 122 家企业享受国家高新技术企业政策。推进工业企业分离发展生产性服务业，全市新增 45 户企业分离发展服务业，增加地方税费 2240 万元。

【组织财政收入】完善税源间接控管模式，加强收入分析和税源监控工作，对收入有重大异常变动的企业及时了解原因，有针对性地采取措施，确保掌握组织收入主动权。推进纳税评估工作，健全常态化工作机制，日常评估比例 10%，开展多种形式的深度评估。加强财政、国税、地税、工商等部门合作，实现地税与工商的信息联网，加强对新办企业的源头控管。贯彻新《营业税暂行条例》及其实施细则，强化"以票控税"征管手段。规范企业所得税管理，执行好企业所得税征管范围调整规定。依托信息化推进个人所得税全员全额管理，推进年所得 12 万元以上个人所得税自行申报缴纳工作，全市 11240 人自行申报。规范机动车车船税保险机构代收代缴工作，完善城镇土地使用税、房产税等地方小税种的动态管理。出台应税自用房产计税价格核定办法，对无原值房产和原值明显偏低房产加强税收征管。规范非税收入征缴工作，建立征缴激励机制，完善征缴管理考核办法。做好社保费"五费合征"工作，完善社保费全面自行申报缴纳，抓好信息分析和比对，提高社保费征缴水平。

【保障民生支出】加大对"三农"的投入。全市"三农"预算内支出 36.17 亿元，增长 24.9%；其中农林水事务支出 10.30 亿元，增长 38.6%。全市财政投入"百村示范，千村整治"工程专项资金 2.62 亿元；累计投入专项资金 38 亿元，共创建示范村 173 个，整治 1003 个行政村村庄环境，80%以上农村人口受益。拨付水利建设资金 1.33 亿元，支持大钱港、长湖申等水利工程建设和河道疏浚清淤。深化农村综合改革，建立村组织运转经费保障机制，将村干部基本报酬列入财政预算。依托"农民补贴网"，为农户免费办理"一卡通"47 万张，兑付综合直补资金 7365 万元，补贴面积 179 万亩。保障教育事业发展。全市教育支出 21.51 亿元，增长 18.8%。完善义务教育经费保障机制改革，全市投入 1.18 亿元，继续实施免杂费、教科书制度；提高中小学生均公用经费标准。筹措资金 5 亿元，确保义务教育学校教师绩效工资实施到位。执行义务教育债务化解激励机制，当年全市投入 1.32 亿元，自 2007 年起三年累计投入 3.81 亿元，义务教育化债工作基本完成。支持职业教育"五大工程"建设，推动中等职业教育发展。支持公共文化服务体系。通过专项补助，推进广播电视"村村通"。落实非物质文化遗产保护和全国第三次文物普查活动经费，加大文化遗产保护力度。支持卫生事业发展。做好医药卫生体制改革准备工作，建立市区社区卫生服务财政补助政策。落实甲型 H1N1 流感、手足口病等防治经费，保障公共卫生安全。提高社会保障水平。全市社会保险基金支出 31.68 亿元，比上年增加 4.38 亿元。支持新一轮就业政策实施，加大对高校毕业生就业工作补助力度，向接收高校毕业生的民营企业派送"就业券"，对到见习基地见习的高校毕业生提供生活和工伤保险补助。继续落实对灵活就业人员、农村低保家庭等就业优惠政策措施。实行企业职工基本医疗保险门诊医疗统筹办法，6 万人享受门诊医疗报销。完善新型农村合作医疗制度，市区人均筹资水平提高到180元。出台城乡居民社会养老保险制度，为2010年实施做好准备工作。提高市区被征地农民基本生活保障(补助)金标准。落实困难群众医疗救助财政补助和低保人员物价补助工作。抚恤优待对象医疗补助资金列入财政预算。支持残疾人奔小康工程实施。支持廉租房等保障性住房建设，城乡居民住房条件有所改善。加强生态城市建设力度。全市预算内环保支出6.80亿元，争取到中央三河三湖流域水污染防治专项资金1.54亿元。对污水集中处理项目实行以奖代补，建制镇污水处理设施实现全覆盖。对垃圾处理费实行补助，完善垃圾“户集村收镇运市(县、区)处理”机制。推进城市基础设施建设。多方筹措资金，重点支持旧城改造、滨湖大道、长岛公园、龙溪港东岸景观改造、仁皇山新区路桥等建设。推进交通路网建设，市财政从2008年起分三年拨付1.50亿元支持高速铁(公)路枢纽工程建设；落实交通道路补助资金9000万元。

【推进精细化管理】按照“收入一个笼子、预算一个盘子、支出一个口子”的要求，加强预算内外资金的统筹力度。深化部门预算改革，完善预算定额体系，实行“三下两上”的编制方法，采取项目优先级管理。40个部门预算报送人大财经委审查，其中4个提交大会审查。深化国库管理制度改革，对市级所有行政单位和部分事业单位实行集中支付，规范资金拨付管理，强化预算资金监管。加强绩效评价工作，全市评价项目57个，涉及财政资金12.66亿元；强化评价结果的应用，促进部门加强项目管理。加强对政府投资项目的预算审核，全年完成市级审核项目116个，核减资金4.08亿元。开展市级行政事业单位经营性国有资产专项调查，规范出租、投资等行为。完善政府采购协议供货询价机制，降低采购成本，全市全年节约采购资金2.45亿元，综合节约率17.3%；政府采购信息管理平台内网实施范围扩大到69家，大部分一级预算单位通过网络实施申报和确认。实施规范公务员津贴补贴工作。组织开展党政机关和事业单位“小金库”专项治理工作。控制一般性支出，贯彻落实中央、省厉行节约的各项规定，出台厉行节约意见，按规定压缩会议费、出国费、招待费、车辆运行费等四项经费，停止购置公务用车一年。推进会计诚信建设，提高会计行业执业质量和管理水平。

【加强队伍建设】深入开展学习实践科学发展观活动，确定“优质服务促发展、齐心协力稳收入、突出重点保民生”的实践载体，开展“三访三优、共克时艰、和谐共进”主题活动，做到思想认识、工作措施、组织保障“三到位”。经机关内部民主测评，群众“满意”和“比较满意”率100%。贯彻《关于在全省财政地税系统开展财税文化建设的意见》，建立完善符合本地财税工作特点和干部实际的财税文化建设规划，开展财税文化建设。推进学习型组织建设，提高干部思想政治素质和业务技能。深化精神文明创建活动，巩固和发展创建成果。优化老干部管理服务工作。发挥群团组织优势，丰富干部业余生活，提高团队凝聚力。下发《关于深入推进本系统反腐倡廉和作风建设的通知》，印发《党风廉政建设责任制考核实施意见》，强化反腐倡廉工作考核。开展权力“搜索”，规范权力运行机制。开展党风廉政和反腐倡廉“五个一”教育，坚持实行内部审计制度。加大对作风效能问题的查处力度。2009年，市财政局被评为市级文明单位、获得“创新创业好班子”称号。

(湖州市财政局供稿　赵明明执笔)

吴兴区

【概况】2009年，湖州市吴兴区实现生产总值233.00亿元，增长10.4%。其中：第一产业增加值13.9亿元，增长1.8%；第二产业增加值112.24亿元，增长7.6%；第三产业增加值106.86亿元，增长14.6%。全社会固定资产投资128.70亿元，增长21.6%；全社会消费品零售总额119.60亿元，增长15.2%。全区财政总收入18.57亿元，增长10.2%，其中地方财政收入9.62亿元，增长12.4%。全区财政支出7.94亿元，增长27.3%。全区财政收支平衡。

【组织财政收入】强化收入管理，分析收入形势，及时调整和强化工作措施，细化税源管理，建立科学的监控管理体系。挖掘增收潜力，保持财政收入的持续增长。完善乡镇税收协征机制，强化外来建筑业税收征管。加大对财政性收入的统筹与调控力度，抓好土地出让金、采矿权出让金等各项资源性收入的筹集与管理，统筹预算内外财力，促进全年收支平衡。加强对耕地占用税的征收，加强协作，强化征管，压缩欠税。在确保收入稳定增长的同时，优化收入结构，提高地方可用财力所占的比重。当年全区地方财政收入占财政总收入的比重为51.8%。

【发挥财政职能】围绕转变经济发展方式，促进转型升级，筹措整合财力3569万元，用于科技进步、企业技术创新和引导三产发展，完善操作办法，扶优扶强，培育壮大财源。加大对“三农”的投入，筹措农业发展资金3997万元，用于种粮大户、农机具、粮种补贴、粮农柴油补贴、森林生态补偿和支持农业龙头企业、小型水利建设等。筹措1346万元用于对“百千工程”、农村道路、桥梁建设及西部山区林间道路的改造。建立村级组织运转保障机制，实施农民培训工程。落实惠农政策，通过农民网一卡通直接发放农资综合补助等七大项财政直补资金1794万元。兑现家电下乡、汽车摩托车下乡财政补贴资金432万元。落实义务教育保障机制，确保中小学公用经费、教师工资统发、社会保障缴费等支出需求，财政全额补助义务教育阶段免收杂费资金1256万元，免教科书资金1313万元。稳步推进义务教育学校教师绩效工资的实施工作。完善资助家庭困难学生的政策，推进中、小学校舍安全和农村学校运动场“煤改塑”工程建设。加大对街道社区的投入力度，完善社区服务功能，提高社区工作者待遇。支持城乡公共卫生事业发展，筹措5289万元财政资金用于农村公共卫生体系建设、农村合作医疗、城镇居民医疗保险、添置公共卫生装备。关注弱势群体，完善新型社会救助体系专项资金管理办法，统筹各类救助资金2386万元用于最低生活保障、贫困家庭危房改造、就业再就业等十一类救助支出，落实为民办实事项目。全年民生支出51970万元，民生支出增量占新增财力的76.2%。全区农业、科技、教育支出分别增长67.7%、21.4%和27.5%。

【推进财政改革】完善“金财工程”建设，提高财政管理现代化水平，连续七年被省财政厅评为县级计算机应用先进单位。深化乡镇财政管理方式改革，以预算编制为龙头，指标管理为抓手，系统跟踪、现场评估为突破，规范乡镇财政收支行为。推进中心城教育经费财政国库集中支付改革，增强教育资金预算刚性。加强《政府采购法》宣传，拓宽政府采购范围，加大政府采购覆盖面。按照《政府采购法》的总体要求，结合区实际情况，制订政府采购操作规程，规范政府采购办事程序，提高采购效率。

【强化财政监督】开展节约型机关建设，区级部门日常公用经费支出下降10%。做好预算执行情况分析工作，强化对异常变化情况的跟踪监控。发放27份“规范意见书”，对预算单位内部财务管理中存在的问题，提出管理建议，提高部门和街道的财政财务管理水平。在党政机关和事业单位开展“小金库”专项治理。制订《财政支出绩效评价实施意见》及《财政支出绩效评价实施办法》等制度。加强会计管理，提高会计信息质量，培养从业人员道德操守，规范会计工作秩序。按照“控制新债，摸清底数，明确责任，分类处理，逐步化解”的具体要求，加强政府性债务管理，规范举债行为，防范政府性债务风险，实行项目化、动态化管理。完善财政票据管理办法，建立健全领票单位档案，加大票据管理力度。

【加强队伍建设】加强党风廉政建设，落实工作责任制，开展“廉节”教育，建立和完善内部监督制度，签订党风廉政建设责任书，强化责任监督，全面构建防腐体系。开展深入学习实践科学发展观活动，重点在建立规章制度、完善监督体系、突出工作重点、提高干部素质上下工夫。结合财政工作实际，培养政治强、业务精、作风正、形象好的财政干部队伍，完善内部管理制度，加强财政文化建设。开展争先创优活动，区财政局在区委、区政府年度综合目标考核中，连续第七年被评为一等奖。被授予“五型机关”、“和谐班子”等荣誉称号。

（吴兴区财政局供稿　倪志伟执笔）

南浔区

【概况】2009年，湖州市南浔区生产总值195.54亿元，比上年增长9.0%。其中：第一产业增加值17.79亿元，增长3.6%；第二产业增加值122.00亿元，增长7.5%；第三产业增加值55.75亿元，增长13.9%。全区财政总收入18.17亿元，增长8.26%，其中地方财政收入8.48亿元；财政总支出7.75亿元，增长25.1%。全年财政收支平衡，预算执行情况良好。

【组织财政收入】**落实责任保增长**。健全收入目标责任制，年初与各镇（开发区）以及地税征收部门签订财政收入目标责任书，强化征收责任；完善收入考核办法，调动征收部门和各镇（开发区）增收积极性；对各镇（开发区）实行按月收入通报制度，促进目标责任的有效落实。**强化分析抓主动**。健全完善收入分析例会制度和收入分析预测制度。关注宏观经济形势和政策变化对收入的影响，加强重点税源行业、重点税源企业的分析，提高收入预测的准确性，增强组织收入的前瞻性和主动性。**调优结构促增收**。推行纳税评估等一系列征管措施，加强对营业税、房产税、土地增值税等地方税收的管理，优化提升收入结构和质量。

【支持经济发展】**落实财税优惠政策**。落实增值税转型相关政策和新企业所得税法，取消和暂停部分行政事业性收费项目的征收。全年对企业政策性减税1亿元，减轻企业负担。**支持优势企业做大做强**。落实好各类支持企业发展资金，支持企业技术创新、工艺创新，推进“新象新牛”（指当年区内制造业销售收入15亿元以上的企业和当年区内制造业销售收入5亿元以上的企业）企业培育工作。**支持农业发展**。向上申请农业标准化推广、重点防护林建设及现代农业生产发展等项目资金和各级补助资金支持，促进农业龙头企业转型升级；安排好农业综合开发资金，增强农业经济的发展潜力，做强现代农业。**推进服务业发展**。出台鼓励工业企业分离发展服务业的财税扶持意见，及时拨付服务业发展专项资金，推动工业企业主辅业务分离。**支持工业园区建设**。推进区域合作和搭建融资平台，做好融资工作，保障工业功能园区基础设施建设、重点项目和重大产业化项目的资金需要。

【保障重点支出】2009年全区新增支出1.55亿元中，用于民生支出的比例为89.1%。**确保教育经费支出需要**。完善义务教育经费保障机制，落实义务教育阶段教师绩效工资改革、义务教育债务化解、农村中小学“三改”工程、“煤改塑”工程及改善教师办公条件等项目支出。**保障公共卫生事业经费**。落实农村合作医疗和城镇合作医疗筹资资金及农村和城镇卫生公共服务专项资金；筹措资金，支持手足口病、甲型H1N1流感等公共卫生突发事件的防治工作。支持社会福利事业发展。落实农村福利中心建设、农村计划生育家庭奖励及扶持经济薄弱村等资金，以及最低生活保障、城乡就业等补助资金。支持新农村建设。利用中央实施扩大内需政策的契机，拓宽筹资渠道，全区14个项目列入新增中央投资项目，争取资金支持，推进基础设施建设。安排"百千"工程资金、全区县乡道路建设、养护和管理等各类市政设施维修资金；拨付资金推进河道清淤工程建设。支持劳动力培训和"阳光工程"培育，提高农民的农业操作技能。落实各项惠农工程。发放粮农综合直补等补贴资金；做好"家电下乡"财政补贴工作，对10409台(辆)产品发放补贴。

【深化财政改革】推进部门预算改革。扩大部门预算审查范围，报送区人大财经委审查的部门预算试点单位由8个增加到13个，增强财政支出透明度。启动国库集中支付改革试点工作。依托"金财工程"，对区水利局、区旅游局、团区委、区信息中心四个首批试点单位实行国库集中支付改革试运行，并总结经验。完善镇财政管理体制。在听取多方意见的基础上，完善区对镇财政体制，制定《南浔区关于调整区对镇财政管理体制的意见》，明确镇政府预算收支范围和财政管理职权，合理界定区镇间的财政分配关系，调动各镇财政增收节支积极性。完善乡镇财政财务管理，实施镇财政"金财工程"，加强指标控制，规范乡镇财政预算管理。

【提升管理水平】加强财政资金监管，对财政专项资金特别是教育、卫生、文体、社会保障等专项经费使用情况进行监督检查，做好对部门预算执行情况的监督及重点工作的绩效评价。开展政府性投资项目概算审核工作，完成南西街改造工程、适园路(风顺路—圣船桥)污水管网、无公害粪便处理场等15个项目的概算审核，核减资金1796万元，核减率10.1%。加强国有资产监管，发挥委派会计的监督职能，加强国有企业财务监管，确保国有资产保值增值。

【加强队伍建设】加强干部教育培训。开展"提素质、创业绩、树形象"主题教育，深入贯彻学习实践科学发展观活动，结合实际工作，制订突出实践特色的实施方案，解决实际问题，提高办事能力。加强党风廉政建设。严格党风廉政建设责任制，抓好牵头工作责任分解和落实工作。全年安排各类廉政教育12次，全面加强反腐倡廉建设。推进党风廉政建设各项工作，完善特邀监察员队伍建设，健全和完善外部监督制度。发挥重大事项报告制度、却礼拒贿登记制度和干部廉政档案制度的规范约束作用，增强干部廉洁自律意识。加强机关作风建设。按照"管理精细化、工作流程化、服务标准化"的工作目标，执行首问责任制、服务承诺制等一系列规章制度，强化督促检查，以制度管人，提升内部管理水平。

(南浔区财政局供稿　马君君执笔)

德清县

【概况】2009年，德清县实现生产总值202.40亿元，比上年增长9.6%。其中：第一产业增加值16.10亿元，增长4.6%；第二产业增加值123.80亿元，增长8.3%；第三产业增加值62.50亿元，增长13.6%。第一、二、三产比例调整为8.0:61.1:30.9，人均生产总值47328元。全县实现固定资产投资110.68亿元，增长20.4%；社会消费品零售总额65.41亿元，增长16.1%；外贸进出口总额10.40亿美元，下降22.6%。全县城镇居民可支配收入25139元，增长9.3%；农村居民人均纯收入12002元，增长9.1%。全县财政总收入28.38亿元，增长10.2%，其中地方财政收入14.82亿元，增长10.0%；财政总支出18.84亿元，增长28.8%。全县财政收支平衡，略有结余。

【强征管 保收入】开展经济与财政收入形势调研，准确把握财源变化趋势。推进"数据采集、税源监控、税收分析、纳税评估、税务稽查"横向互动机制，实行部门信息共享，加强税收源头控管。实行营业税分行业精细化管理，加大企业所得税汇算清缴政策辅导和培训力度，强化个人所得税全员管理，确保主体税种支撑财政收入大盘。调整矿产品开采行为资源税征管办法，委托保险机构代收代缴车船税，完善城镇土地使用税和房产税税源信息管理，规范土地增值税预征管理，地方七税成为拉动收入增长的生力军。多层次开展重点企业、行业的日常纳税评估，全年纳税评估、税务稽查分别入库6325万元、4625万元。

【保增长 促转型】落实各项财税扶持政策，支持经济转型升级，帮助企业应对危机。支持工业经济发展，财政安排临杭产业带政策返回资金1.68亿元，用于开发区和乡镇平台建设；安排技术创新和科技三项经费4150万元，兑现工业企业城镇土地使用税财政返回2900万元和各类财政政策补助资金1.13亿元；落实国家结构性减税1.59亿元，减免民政福利、资源综合利用、高新技术企业所得税、增值税和国产设备抵免企业所得税9727万元，减免外商投资企业所得税7295万元，减征企业社会保险基金和工业企业水利建设专项资金3914万元，办理出口退税6.39亿元；落实国家和省有关清理行政事业性收费政策，对涉及单位开展重点检查。筹措支农惠农资金，安排农发、水利、造地改田和森林植被恢复等资金2.06亿元，发放油菜、生态公益林、种粮农民和农业保险等涉农补贴资金2122万元。支持重点基础设施建设，拨付基本建设项目资金5.15亿元；争取地方政府债券资金1.16亿元，用于宁杭铁路建设。引导现代服务业加快发展，加大对重点领域服务企业的扶持力度，稳步推进企业分离发展服务业；落实个人买卖普通住房财政补贴947万元，促进房地产市场健康稳定发展。

【重民生 保稳定】加大民生投入，调整和优化财政支出结构，落实各项与民生相关的税收优惠政策。改善生态及农村环境，安排生态县建设资金1500万元，和美家园建设资金3000万元，农村垃圾和供水一体化资金3000万元，公路养护和公交一体化资金2000万元。深化义务教育经费保障机制，安排4500万元落实义务教育教师绩效工资。支持科技和文化事业发展，引导企业和社会团体的科技投入，加大重大文化项目建设经费保障力度。实施并完善积极的就业政策，安排就业再就业资金1400万元。实施城乡居民养老保险制度，提高社会保障水平。完善新型农村合作医疗制度，人均筹资标准从114元提高到180元；推进城镇居民医疗保险制度建设，实现医疗保险全覆盖。落实平安创建资金，支持"平安德清"建设。安排"家电下乡"和"汽车摩托车下乡"财政补贴资金，促进社会消费。全年新增财力用于民生支出三分之二以上。

【强管理 提绩效】加大财政支出结构调整力度，全县公务接待费、会议费、出国经费和车辆运行费控制在省定下降幅度内。按照"收入一个笼子、预算一个盘子、支出一个口子"的要求，深化部门预算管理改革，着手调研国库集中支付改革，推进财政支出绩效评价，研究预算编制、执行、监督"三分离"财政运行机制改革。加强政府性专项资金(基金)预算管理，提高预算执行刚性。加强政府投资项目管理和资金运行监管，审减21个政府性投资项目概算投资额4100万元。加强政府性债务管理，防范债务风险。落实扩权强县改革工作，确保省、市放权到县的24项经济社会管理事项落实到位。设立行政许可科，清理整合行政审批事项与职能。加强乡镇财政财务管理，及时兑现乡镇、开发区体制超收分成资金。扩大政府集中采购范围，完成县内一般会议培训定点饭店、宾馆采购。规范公务员津补贴工作。做好财政资金的保值增值，加强地方财政资金安全检查和"小金库"治理，强化财政执法监督。

【抓队伍 优服务】以"深化财税改革，推进转型升级，保障社会民生，服务科学发展"为载体，开展学习实践科学发展观活动。以开展"帮扶企业'春雨'专项行动"、"春阳暖企"专项行动为重点，扩大纳税辅导面，发放税收优惠指南4000册，为全县上千家企业服务。开展业务技能培训。制订《2009年干部教育计划》，开展法律法规、财税业务、文明礼仪、普通话培训测试等学习培训。深化财税文化建设。推进学习、制度、情感、激励、宣传和活动六个平台建设，提升干部综合素质。抓好党风廉政建设。分析、研究党风廉政建设和反腐败工作，落实党风廉政建设责任制和反腐倡廉惩防体系建设，严格责任考核和责任追究，做到责任到人。开展作风建设。以"千人评议机关"、"创业创新好班子"等活动为载体，加强机关效能和作风建设，实行机关效能建设督察制度，加强对财税干部职工的监督和约束。2009年度，局领导班子被县委县政府评为"创新创业好班子"，局机关连续七年在县级机关部门领导班子工作考核中被评为一等奖。 （德清县财政局供稿 褚洁滢执笔）

长兴县

【概况】2009年，长兴县实现生产总值242.31亿元，比上年增长11%。其中：第一产业增加值22.17亿元，增长3.7%；第二产业增加值135.22亿元，增长10.0%；第三产业增加值84.92亿元，增长14.3%。三次产业结构从上年的9.0:57.1:33.9调整为9.2:55.8:35.0，人均生产总值39132元，增长10.5%。全县财政总收入33.89亿元，增长10.0%，其中地方财政收入18.47亿元，增长13.3%；财政总支出23亿元，增长13.8%。全县财政收支平衡。

【组织财政收入】加强经济税收分析，克服金融危机和政策性减收影响，实行"抓大、评中、定小"的税源分类管理，深化科学化、专业化、精细化征管，建立税收征管评估分析机制，提高税收征管工作绩效。国税、地税部门对共管税种实行"二统一"，即"统一征管办法、统一征收标准"，推进税负公平。加强房地产业、建筑业的营业税征管，全年营业税入库4.91亿元；加强企业所得税汇算清缴力度，全年企业所得税入库2.46亿元；抓好年所得12万元以上申报工作，全年个人所得税入库2.69亿元。加强多部门信息共享与工作协作，建立社会化税收征管机制，全年征收私房出租营业税收876万元，增长75.9%；全年委托公管、航管部门代征入库税收8563万元。推进工业企业主辅分离，全年分离8户，增加税费收入382万元。加大地方七税征管力度，全年地方七税入库4.16亿元，增长22.2%，小税种占税收比重为29.3%，占比提高2.87个百分点。加强非税收入管理，加大罚没收入征缴力度，全年征缴8753万元，增长11.7%。

【支持经济发展】开展"送政策上门、帮企业解困、促全民创业"主题实践活动和"为企业减负'春雨'专项行动"，出台各类惠企措施，落实增值税转型改革和高新技术企业税收优惠、技术研发费加计扣除等政策，取消和降低行政事业性收费；在3月份集中减征社保费2235万元；落实企业税费"减免缓"政策，全年为企业直接减负1.25亿元。落实积极的财政政策，及时下达中央新增投资资金和地方政府债券资金，指导企业用好用足财政政策，推动全县经济在保增长中加快转型升级。全年县财政兑现财政扶持政策支出5.56亿元，其中：兑现技术改造等工业经济政策奖励资金 30153 万元；兑现农林水和农业产业化补助资金 9181 万元，兑现开放型经济专项资金 997 万元；兑现服务、旅游发展资金 1086 万元，兑现房地产补贴资金 2107 万元，兑现家电下乡等补贴资金 1620 万元，兑现环境保护资金 10472 万元。

【加大民生投入】支持农村改革发展。全年投入支农资金 46116 万元，其中：财政预算内农林水事务支出 32403 万元(含省补 18408 万元)，增长 33.9%。支持社会事业发展。落实和完善义务教育各项政策措施，实施义务教育教师绩效工资改革，提高学前教育、小学、初中生均公用经费，财政预算内教育总支出 51037 万元(含省补 5119 万元)，增长 13.5%。完善社会保障体系建设。重点支持城乡低保、社会救助、新型农村合作医疗、农村公共卫生等新型社会救助体系和公共卫生体系的建立与完善。全年县财政安排就业再就业资金 1000 万元、失业基金安排就业资金 610 万元，增长 40%，稳定就业局势，改善就业环境。全年投入基本医疗 3950 万元，建立适合不同人群特点和满足多层次医疗需求的医疗保障体系。开展深化医药卫生体制改革的调研和测算工作，推进医改工作。做好城乡居民基本养老制度实施准备工作，企业养老金的支付能力提高到 22 个月。支持生态环保建设。兑现生态环保资金 10472 万元，支持生态县建设。支持灾区建设。及时拨付 1904 万元抗震救灾和灾后重建资金，支持四川青川灾后重建。

【推进财政改革】细化部门预算编制，强化对项目预算的审核，增强支出预算的公平性和透明度。扩大部门预算范围，从 2009 年起全面实施部门预算，从原来的 20 个单位增加到 56 个单位，其中教育局、档案局部门预算推行人代会报告制度。深化完善指标输入、资金审拨、审批、划拨操作新办法，实现预算编制与预算执行的有机衔接，加快推进国库集中支付改革。完善乡镇财政收入分析系统，推进“金财工程”。加大绩效评价力度，全县涉及民生的 9 个财政支出项目开展绩效评价，涉及资金 1.3 亿多元。完善绩效评价制度，规范操作流程，实施绩效评价项目分批上网招投标，提高绩效评价的质量和水平。

【加强财政监督】健全内控机制。规范预算指标管理、资金拨付程序，建立相互监督、相互牵制的工作机制，确保资金安全。强化资金管理。加强对预算执行情况的监督与管理，强化预算刚性约束。加强国债资金全过程监督管理，确保国债资金专款专用。加强对乡镇财政的业务指导和监管，规范财务运作。规范津、补贴工作。当年全县纳入核算中心集中核算的单位 59 个，另外新进津补贴发放单位 25 个。健全监管制度。规范、完善政府采购，提高政府采购效率和质量，制订《关于进一步加强政府采购工作的意见》，全年节约政府采购资金 2096 万元，节支率 18.5%，深化国有资产监管体制改革，制定《长兴县人民政府关于进一步加强国有资产监督管理的若干意见》，成立县国资办，建立健全国有资产管理制度体系。完善政府性债务审批制度，开展控制和化解乡村债务、义务教育负债工作，防范财政风险。强化财政监督检查。开展“小金库”治理。对全县 9 个单位进行财政监督检查，查出违规资金 1124 万元，处罚和追缴金额 61 万元，补缴税费 59 万元。强化会计基础管理。开展多层次职业教育培训，处罚涉税违法案件财务人员 2 人，罚款 1.8 万元。加强农业综合开发项目管理。顺利通过 2006～2008 年三年项目国家农综办验收考评，完成 2010 年、2011 年土地治理项目和产业化项目的申报。

【加强队伍建设】以开展“学习实践科学发展观”活动为主线，以学习型组织建设为抓手，加强干部队伍建设，完善内部管理制度，开展财税文化建设。建立健全内部考勤和督查制度，实施目标责任制，完善系统工作人员请销假等规章制度。落实党风廉政建设责任制，开展党风廉政教育，健全权力运行监控机制，建设具有财政特色的惩防体系，健全权力运行监控机制，提升干部拒腐防变能力。2009 年县财政局获县综合考核先进单位和创建学习型机关先进单位等荣誉称号。

(长兴县财政局供稿　殷　巍执笔)

安吉县

【概况】2009 年，安吉县实现生产总值 159.52 亿元，比上年增长 11.2%。其中：第一产业增加值 18.12 亿元，增长 1.1%；第二产业增加值 77.27 亿元，增长 9.9%；第三产业增加值 64.13 亿元，增长 15.5%。人均生产总值 34978 元，增长 11.5%。全年财政总收入 18.31 亿元，增长 24.3%，其中地方财政收入 10.54 亿元，增长 27.4%；财政总支出 17.25 亿元，增长 39.0%。全年财政收支平衡，财政预算执行情况良好。

【组织财政收入】按照“均衡入库、持续增长、优化结构、调控有力”的要求，完善征管措施，拓宽增收渠道，优化收入结构，建立经济发展与政府收入协调增长长效机制。整合征管资源，挖掘征管潜力，增强征管力量，堵塞征管漏洞；完善工商、国税、地税、技术监督四部门“一窗式”联合办证模式，建立纳税户籍源头管理长效机制；完善委托代征机制和措施，扩大代征范围，保障分散税足额入库。实施科学化、精细化管理，强化主体税种管理，加强现代信息化管理手段的应用，完善“金财工程”信息平台，提高征管和工作效率；加强税源调查和重点税源监控，掌握税源动态，强化税源管理；加强税费政策宣传，创新纳税服务举措，完善纳税服务机制，提高服务质量；挖掘增收潜力，建立小税种稳定增长机制，全年入库小税种收入

2.73亿元，增长26.5%。坚持税费并重，强化非税收入征管，推进“五费合征”征管模式，全年征收五项社会保险基金4.29亿元，其中企业职工养老保险基金3.20亿元。征收地方教育附加、残疾人就业保障金和水利建设基金等6771万元，增长9.7%。

【支持经济发展】保增长、抓转型，做强工业经济。扶持重点企业做优做强，提升规模效应。鼓励企业加快技术设备改造，提高自主创新能力。培育企业股改上市，提高企业市场竞争能力。拨付园区建设资金3048万元、加快工业经济发展三十条政策资金3986万元、先进制造业基地建设资金1415万元、企业优惠政策资金1946万元，拨付科技专项资金1390万元、外贸发展资金489万元，办理出口退税8.62亿元、企业政策性减免税费3367万元。支持招商引资，扩大招商引资成果，拨付招商引资专项资金980万元。拨付人才专项资金429万元，鼓励企业实施人才培养和引进战略。开展企业减负“春雨”行动，贯彻减征企业社会保险基金政策。全年制造业入库税收8.49亿元，增长20.1%。提质量、优结构，培育现代服务业。拨付服务业发展专项资金300万元，落实服务业发展财税扶持政策，支持商贸流通业、物流业、中介服务业发展，带动房地产业和传统服务业稳步发展。拨付旅游发展专项资金280万元、“中国美丽乡村”旅游共享券发放资金752万元，支持旅游业做优做强。探索实施企业主辅分离，加快发展生产性服务业。安排文化专项资金300万元，扶持发展文化产业。全年第三产业入库税收5.50亿元，增长17.8%。

【优化支出结构】加大“三农”扶持力度。全县支农支出1.84亿元，增长59.7%，支持农业综合开发、水利设施、“千库保安”等工程建设，发展现代农业。支持农村劳动力培训工程，提高农民就业能力。完善村干部工资财政统发机制，提高村组织运转保障能力。支持农村公路养护、管理、改造，加快农村公路联网工程建设。落实“家电下乡”、“汽车摩托车下乡”优惠政策，发放补贴资金945万元。培育农业专业合作社，推动农业规模化发展。加大支农资金整合力度，提高支农资金使用效益。加大生态环境建设投入。环境保护支出1.32亿元，增长47.1%，支持城乡生态建设、村庄环境提升和农村饮水安全工程，支持加快“中国美丽乡村”建设。创新新农村建设融资措施，成功搭建“中国美丽乡村”建设融资平台。引导教育、卫生、文体、食品药品安全等专项投入向农村倾斜，推动“村村优美、家家创业、处处和谐、人人幸福”的新农村建设。加大社会保障投入力度。发放城乡居民最低生活保障资金1004万元、农村困难群众物价补贴179万元、义务兵家属优待金、退伍军人等人员的生活补助资金553万元、困难群众危房改造资金353万元、农民住房保险资金82万元，拨付再就业资金941万元，减免下岗失业人员再就业税收578万元，拨付医疗救助专项资金475万元。拨付专项资金838万元，落实农民定期体检政策，健全农村公共卫生管理和服务体系。拨付城乡新型合作医疗专项资金4247万元，将农村新型合作医疗人均筹资水平从上年的124元提高到160元。加大公共事业投入力度。安排财政资金，落实义务教育免杂费、课本费政策，提高义务教育生均公用经费标准，全面实施义务教育教师绩效工资。实施职业教育“六项行动”，支持职业教育实训基地建设，加快职业教育发展。拨付地方教育附加1763万元，支持农村中小学校舍改造维修。安排资金化解义务教育学校债务。安排博物馆建设资金2500万元，拨付文化体育专项资金467万元，支持群众文化设施建设、公共文化服务体系十大工程建设、省级“文化先进县”和“体育强县”的创建。落实农村部分计划生育家庭奖励扶助政策。拨付专项资金2600万元，支持推进县城“洁美亮绿”工程。争取中央财政太湖流域污染治理、病险水库除险加固、农村公路建设、城乡供水设施建设等扩大内需国债补助资金7244万元，争取地方政府债券资金4000万元，推动全县交通、环保、城乡污水管网等惠民工程建设。

【推进财政改革管理】加快推进财政改革，强化财政管理，提高理财水平。全面推进部门预算，完成90个机关事业单位的部门预算编制，规范审批程序。加快推进国库支付制度改革，在5个部门开展国库集中支付制度试点，规范预算执行制度。加强绩效评价制度建设，提高绩效评价工作实效，制订《安吉县财政支出绩效评价实施意见》，完成“千库保安”工程等7个绩效评价项目。规范政府采购制度，组织政府采购52次，协议供货389批次，完成采购金额6119万元，节约资金767万元。对政府投资项目资金实行跟踪监管，严格按工程进度审核拨付资金，督促建设单位健全财务管理制度。对17个部门和乡镇的财务收支和预算执行情况进行专项检查。做好“小金库”专项治理工作，组织行政事业单位自查298户，重点检查30户，强化预算执行监管和乡镇财政监督指导。

【干部队伍建设】开展深入学习实践科学发展观活动，开展财税科学发展大讨论，破解发展难题，提高发展能力。围绕树立“依法治税、为民理财、务实创新、廉洁高效”财税核心价值观，建立财税文化建设长效机制。通过组织读书会、演讲赛、素质拓展训练等活动，丰富干部文化生活。制订规范行政权力运行工作的实施方案，完善税收执法过错责任追究制，强化行政执法监督制约机制，规范执法行为。建立党风廉政责任制，开展形式多样的廉政教育活动，签订廉政承诺书，加强干部队伍廉政建设。 （安吉县财政局供稿　饶立新执笔）

绍兴市财政工作概况

绍兴市

【概况】2009年,绍兴市实现生产总值2375.46亿元,比上年增长9.3%。其中:第一产业增加值124.45亿元,增长3.5%;第二产业增加值1379.50亿元,增长7.1%;第三产业增加值871.51亿元,增长14.2%。三次产业比调整为5.2:58.1:36.7。全市人均生产总值54309元,增长6.7%。全年实现社会消费品零售总额717.90亿元,增长16.0%。完成全社会固定资产投资1055.03亿元,增长15.2%。全市外贸进出口总额204.90亿美元,下降14.0%,其中:进口总额47.29亿美元,下降25.3%;自营出口总额157.61亿美元,下降9.9%。金融机构本外币存款余额4139.54亿元,增长26.8%。城镇居民人均可支配收入26874元,增长9.0%;农村居民人均纯收入12026元,增长9.8%。全年财政总收入298.53亿元,增长8.7%,地方财政收入160.43亿元,增长11.7%;市本级财政总收入74.75亿元,增长8.1%,地方财政收入43.01元,增长10.4%。全年财政支出169.54亿元,增长17.7%,其中市本级财政支出40.58亿元,增长5.6%。全市和市本级均实现当年财政收支平衡,并略有结余。

【支持经济转型升级】贯彻落实积极财政政策,促进产业结构调整和经济转型升级。全市拨付产业转型升级财政扶持资金13.11亿元,其中市本级3.70亿元,支持纺织、食品饮料、医药化工、机械电子和节能环保等五大主导产业的产业提升和高新技术产业发展。市本级安排1500万元专项资金,支持企业利用阿里巴巴电子商务服务拓展市场;拨付外贸科技研发、参展补贴和品牌出口奖励1000万元,支持外贸发展;认定首批总部企业4家,拨付奖励资金881万元,支持总部经济发展;支持二环内企业搬迁发展,落实补偿资金4.40亿元;拨付商贸流通业发展专项资金522万元;安排2500万元旅游发展专项资金,支持旅游产品的开发和旅游市场营销。

【缓解中小企业融资难】设立创业投资引导基金,市本级出资1200万元,参与设立首期规模5000万元的小企业集合信托基金,21家企业获得贷款支持。市本级将中小企业信用贷款专项资金扩大到2.50亿元,总信用贷款规模5亿元,新增兴业银行中小企业信用贷款,首期贷款规模4000万元,两家银行合计发放贷款5.21亿元,惠及241家(次)中小工业或服务业企业。对新招员工达到20%的中小企业小额贷款,实行财政贴息20%,对金融机构符合政府扶持方向的中小企业新增不良贷款按一定比例给予补偿。

【落实各类优惠政策】全市落实企业各项税收优惠22.90亿元、增值税出口退税107.74亿元,其中市本级税收优惠4.32亿元、增值税出口退税23.00亿元;落实中央、省和市出台支持企业发展减免行政事业性收费和社保基金6.72亿元,其中市本级1.50亿元。

【筹措政府性投资项目资金】采取预算内外安排、企业债券统筹、整合资产盘活存量、统一包装项目、争取上级补助等一系列方式筹措建设资金,保障政府性投资项目资金需求。全市共获得地方政府债券资金8.50亿元,其中市本级3亿元;全市共获得扩大内需国债补助资金2.39亿元,其中市本级2180万元;市本级获取其他建设项目补助资金1080万元,发放和安排使用企业债券资金30亿元,协调落实信贷资金41.40亿元;实施贷款利率高低置换,节约银行利息支出近2亿元。

【民生支出】全市财政支出中用于民生支出116亿元,占总支出68.4%,增长15.1%,其中教育、科技、农林水事务等分别增长16.1%、25.9%、26.3%;市本级财政支出中用于民生支出27.10亿元,占支出66.7%,增长12.6%,其中教育、科技、农林水事务等同比分别增长14.5%、32.5%、14.1%。

【支持农村经济发展】提高粮食、农资综合补贴等标准,市本级安排茶叶产业发展和森林旅游发展资金等专项资金2700万元,支持现代农业发展,与越城区联合组建新农村建设公司,支持新农村建设,安排欠发达乡村和低收入农户奔小康工程1000万元专项资金。

【推动教育优先发展】实施义务制教育教师绩效工资,追加补助资金4200万元。落实免除义务教育段学生课本费、作业本费及民办学校免杂费补助资金709万元,保障中小学校舍安全工程资金需求。

【支持文化事业】落实绍兴博物馆、鲁迅纪念馆免费开放经费补助资金4283万元。支持建立覆盖城乡的公共文化服务体系,加大社区、乡村文化设施投资,保障中国兰亭书法节等大型节会活动。

【保障社会事业发展】完善城镇职工、城镇居民和未成年人医疗保障办法,建立起企业参保人员门诊补贴制度,提高医药费报销标准和新型农村合作医疗筹资水平;出台新型《城乡居民社会养老保障办法》,及时调整职工养老、失业及低保等事关群众切身利益的保障待遇,支持医患纠纷第三方调解机制建设。支持实施新一轮促进就业政策,市本级发放10267名灵活就业人员社会保险补贴1565万元、748名大中专毕业生见习补贴119万元。推进保障性住房建设,安排廉租住房保障资金1376万元,帮助83户困难群众解决基本住房需求。

【控制一般性支出】全市及市级一般公共服务支出增长5.1%和0.5%,低于财政支出增幅11.9个百分点和4.3个百分点。从紧编制2009年度部门预算,调减公用经费预算5%,暂停安排公务用车购买经费一年,全市公务出国(境)经费、接待经费、车辆运行经费、水电费等同比减少8067万元,下降14.1%。

【加强预算编制管理】深化综合预算改革,建立和完善预算定额体系、预算费用支出标准体系和资产配置标准,加强项目预算管理。开展部门预算与罚没收入、行政事业性收费收入脱钩试点。加强结余资金管理,统筹结余资金安排。试编社会保险基金预算和政府性基金预算,试编国有资本经营预算。制订清理整合和规范财政专项资金的意见,重点开展科技资金、支农资金和文化专项资金的整合,优化支出结构。

【国库集中支付改革】分批推进市级机关国库集中支付改革。第1批单位于当年9月1日起实现集中支付,第2批于2010年1月1日起正式实施,市本级101家机关行政单位及参照公务员管理事业单位实现集中支付。

【绩效评价改革】开展项目预期绩效目标评审,完成项目预算审核14个,调减资金3416万元,将绩效评价层次由三级缩减为"项目单位自评、财政部门评价"两个层次,推动"公交补贴"、"新农村建设资金"项目市县联动评价,市本级实现100万元以上的财政支出项目绩效评价"全覆盖"。

【规范政府采购行为】落实政府采购预算要求,扩大采购范围,市本级将行政事业单位会议、培训项目纳入政府采购,实行区域联动采购模式,推进信息化建设,妥善处理质疑投诉13件。全市采购预算29.27亿元、合同金额26.21亿元,节资率10.5%,其中市本级采购预算7.68亿元,合同金额7.07亿元,节资率7.9%。

【财政监督管理】出台《关于进一步加强财政性资金和社会公共资金监管的意见》,从制度上保障财政监督顺利开展。建立健全银行账户以及定期存款管理机制,通过活期存款改定期增加利息收入;出台财政投资股权收益收缴办法,收缴股权收益2616万元。会同纪委、监察、审计等部门组织开展"小金库"治理工作,部门自纠率100%。开展政府投资项目评审项目139个,核减资金1.98亿元,资金核减较上年增长60%;制定政府性投资项目派驻财务总监办法,做好派驻财务总监的前期准备。

【加强队伍建设】组织后备干部开设"财税干部讲坛"10期,坚持"请进来、走出去"培训机制,邀请专家学者专题辅导,组织干部赴高等院校进行短期培训。更新财税知识,防范财税执法风险。系统内12位年轻干部上挂下派换岗锻炼;组织开展3次科级职位竞争上岗活动,新产生科级干部22名。市本级共有21人取得注册会计师、注册税务师或司法执业资格,全市有5名同志被省财政厅确定为预算编制人才库成员。全系统行风评议满意度名列全市第五,市财政局行政审批服务处、企业一处被市有关部门授予"群众满意机关科室"称号。举办全系统庆祝新中国成立60周年文艺汇演,表彰"财税工龄30年以上的干部"。 (绍兴市财政局供稿 丁 玲执笔)

越城区

【概况】2009年,绍兴市越城区完成生产总值407.47亿元,比上年增长9.1%。其中:第一产业增加值6.44亿元,下降1.8%;第二产业增加值194.43亿元,增长2.9%;第三产业增加值206.60亿元,增长16.4%。三次产业增加值结构比重为1.6:47.7:50.7,第三产业所占比重提高3.3个百分点。全区财政总收入4.84亿元,其中地方财政收入4.84亿元,增长14.2%;财政支出6.11亿元,增长49.4%。全区财政收支平衡。

【财政保障】编制部门预算。以科学性、规范性为原则,把好预算编制关,按完善后的财政体制测算确定可用资金数,合理统筹安排预算,经人代会批准后于3月底将预算指标下达区级各部门。筹措资金。通过项目申报等方式,当年争取到省、市各级财政补助资金24329万元,其中教育补助资金12872万元,新农村建设资金3327万元,农口专项资金1558万元,汽车家电下乡补助资金1222万元,残保金分成及专项补助资金546万元,离退休干部提高生活补贴补助资金499万元,社区卫生机构改革补助资金322万元等。出租房税收代征。重视抓好出租房屋的税收征管工作,深入有关镇、街进行个人出租房税收征管及分成调研活动。当年征收入库税费1823万元。民生支出。继续加大对农村中小学家庭经济困难学生的资助力度,全年受助教育券学生124名,免除住宿费4.34万元;爱心营养餐受惠学生4459人,资助金额78万元。拨付支农资金1706万元,新农村建设项目资金2685万元,粮农补贴资金422万元。根据2008年度区政府各项政策拨付兑现资金400万元,其中拨付企业奖励资金313万元,科技经费131万元,税收分成资金50万元。根据国务院拉动内需、稳定家电行业发展一系列政策,拨付家电、汽车摩托车下乡补贴资金543万元。配合市财政局支持老小区改造项目,共拨付老小区管理资金872万元。

【财政管理】新财政体制运行分析。根据新的区级财政体制与镇街财政体制运行情况,参与区"扩权强区"调研活动。出台系列制度。制定出台农贸市场改造提升、农业发展等专项资金补助及管理办法,加强项目资金管理。修订完善新农村建设专项资金使用管理办法、完善财政资金使用审批程序及2009年税源经济工作奖考评细则等制度。津补贴改革。修改完善《规范公务员津贴补贴实施方案》,做好全区教师绩效工资改革资金的争取和落实工作。

【财政监督】绩效评价工作。制订财政支出绩效评价实施方案和绩效评价工作内部规程,规范绩效评价工作;组织对22个20万元以上的项目专项资金进行单位自评和主管部门评价,项目评价总资金1.06亿元,其中财政专项资金7640万元,涉及新农村建设、医疗卫生、教育等范围;对评价情况进行及时反馈,督促整改。财政监督工作。围绕“加大会计监督,综合治理会计信息失真问题”,对全区6个单位开展会计信息质量检查。组织对全区41家党政机关和95家事业单位的“小金库”进行自查自纠,自查面100%;联合区纪委、审计局,对5家单位实施重点检查,对发现的问题落实整改措施。对鉴湖人民医院等6个基本建设项目的资金来源和落实情况进行审核;做好鉴湖镇人民医院、皋埠镇公墓建设工程的预算审核。对皋埠镇畜牧站、鉴湖镇人民医院、北海街道社区卫生服务中心三项目156万元中央国债资金进行全过程跟踪监督,并按要求建立月报编制制度。接受区审计局2008年度财政同级审计工作,落实审计局提出的审计意见和建议。政府采购工作。把发挥政府采购规模优势和提高采购效率结合起来,全年政府采购预算金额2755万元,中标金额4398万元,节约资金357万元,节支率为7.5%。会计核算工作。做好全区干部职工正常工资、社保基金等晋升调整工作;正确核算全区68家单位财务核算工作,确保44.97亿元资金运转无差错。国有资产管理。加强国有资产使用、调拨、报废、处置等一系列管理工作,出台《行政事业单位国有资产处置管理暂行办法》,对全区行政事业单位国有资产处置进行制度规范。会计管理工作。组织2009年会计从业资格考试、专业技术资格考试报考、会计电算化考试报名、购书、监管工作。做好会计从业资格证新办理、变更登记等工作。

【队伍建设】抓好日常教育,提升业务能力。按照“载体多样、全员参与、分层施教、形成氛围、扩大影响”的要求,利用座谈会、专题讲座、个体上课、职称考试等方式,搭建不同平台开展党的政治理论教育、廉洁从政教育、行风效能建设教育和业务培训。抓好主题教育,营造和谐氛围。按照区委学习实践科学发展观活动领导小组和局党组要求,围绕“增收入、重保障,为越城区经济社会事业发展当后勤兵”主题活动,开展学习实践科学发展观活动,营造“和谐、效能、科学”的财政工作氛围。提高干部职工的思想认识,提升能力本领,转变工作作风,完善体制机制。 (绍兴市越城区财政局供稿 楼杨燕执笔)

绍兴县

【概况】2009年,绍兴县实现生产总值655.26亿元,按可比价计算增长9.8%。其中:第一产业增加值23.96亿元,增长4.0%;第二产业增加值408.18亿元,增长8.0%;第三产业增加值223.12亿元,增长14.2%。三次产业的比例为3.66:62.29:34.05。人均生产总值91491元,增长9.3%。全县财政总收入81.20亿元,增长7.2%,其中地方财政收入43.58亿元,增长13.1%;财政支出42.06亿元,增长23.7%。全年财政收支平衡。

【组织财政收入】完善税源分类管理,构建规模企业、中小企业、个体户三级税源管理框架模式;强化经济税源形势分析,建立县局、分局两级分析平台系统;开展企业分离发展服务业工作,52户企业实施分离;强化税种征管,加强重点行业、重点企业、重点工程的营业税征管,推行建筑、房地产等行业营业税项目管理办法,推广应用《税友2006》不动产建筑业税收项目管理软件;强化个人所得税监控,加强机关事业单位、镇(街)以及金融、保险等重点行业的个人所得税管理,自行申报缴纳年所得12万元以上个人所得税784万元;强化小税种征管,土地使用税、房产税、土地增值税三个地方小税种合计增收2.86亿元,增长71.3%;完善社保费“五费合征”征管模式,加强欠费管理,征缴各项社会保险费11.95亿元,增长5.3%;规范土地出让金、罚没收入等非税收入的征缴管理,优化收入结构,当年地方财政收入占财政总收入的比重为53.7%,提高2.8个百分点。

【支持经济“保稳促调”】构建新型融资担保体系,财政安排5000万元支持政策性担保公司组建,出资比例占担保公司注册资金的45%左右,实行国资相对控股。落实扩大内需政策,争取公益性、基础性国债补助资金1841万元,争取地方政府债券转贷资金2亿元,通过土地出让金县级净收益、政府性基金、财政预算内安排等渠道共筹集财政资金9.46亿元,支持各项重点项目建设;采取“家电下乡销售网点代办申报,邮政储蓄银行柯桥支行审核确认并兑付”的方式,做好“家电下乡”、“汽车摩托车下乡”、“家电以旧换新”政策的落实,家电补贴12179台,计360万元,汽车、摩托车补贴3505辆,计739万元,合计兑付财政补贴1099万元。围绕“强工、兴商、优农”的基本方针,发挥财政资金激励引导作用,投入4.70亿元支持发展现代农业、工业结构调整、企业节能减排、发展服务业、自主创新等。设立1.33亿元专项资金,推动工业转型升级,引导企业加大技改和研发投入,壮大新兴产业;设立4500万元服务业专项资金,支持商贸、旅游业发展,支持总部楼宇经济,培育壮大金融、保险、研发设计、中介服务、会展物流等现代服务业。向上争取各类补助资金5554万元,支持经济发展。

【支持城乡统筹发展】加大“三农”投入,当年县财政预算内资金用于“三农”资金18.70亿元,增长25.1%。其中:安排2200万元专项资金用于稳定粮食生产,提升菜篮子工程和发展农业主导产业;加大各项惠农政策性补贴力度,发放种粮农民综合补贴1495万元;推进新农村建设,投入3159万元用于支持农民公寓建设、加大村庄环境整治力度和优化社区公共服务。按照大稳定、小调整的要求,调整镇(街)分成基数递增率和东部三镇财政体制,维护县镇财力格局稳定和镇街组织收入积极性;加大一般转移支付力度,在转移支付安排上重点向南部山区和经济相对薄弱镇(街)倾斜,共补助镇(街)基本公共服务均等化及民生项目经费10229万元,增长20.3%。

【推进基本公共服务均等化】以支持"六个所有"* 民生计划为抓手，结合公平教育改革、医药卫生体制改革、社会保障体制改革，加大公共财政投入力度。强化教育经费保障，对近10万名学生实行免费教育，实施长寿老人补贴制度，发放长寿老人补贴1053万元，城镇低保、农村低保标准月人均分别提高到340元、240元，完善新型农村合作医疗制度，安排1680万元开展第二轮农民健康体检。全年财政用于"六个所有"民生资金20.73亿元，当年新增财力90%以上用于民生事业。同时，投入资金支持"文化强县"和生态县建设。

【深化财政管理改革】实现所有政府性资金收入全部纳入财政管理范围，所有政府性资金支出全面纳入预算管理。建立绩效评估结果与部门预算编制相挂钩的联动机制。根据资金类别和管理需求，分别编制一般预算、政府性基金预算、社保基金预算、国有资产经营预算等四类预算，将所有县级部门预算(草案)提交县人代会审议。完善"收支彻底脱钩"的非税收入管理体制，规范政府非税收入退付和往来款拨付工作，将预算外资金财政专户全额上缴财政统筹安排；规范土地出让金管理，严格出让金收入、成本和收益核算，与国土部门建立横向联网，实现数据实时共享。完善财政支出绩效评价体系，制订财政支出绩效评价管理办法，规范绩效评价的组织管理、评价实施、评价结果应用；扩大绩效评价面，共实施绩效评价项目49个，其中财政部门组织实施的重点评价项目13个，涉及财政资金2亿多元。

【强化财会监管与服务】按照政府主导与企业主体相结合、强化监督与优化服务相结合、预防为主与依法查处相结合的原则，建立"县镇联动、以镇为主"的财会监管运行机制，18个相关部门和各镇街开发区参与这项工作；编写《企业财会管理百例》一书，发放1700多册；开发"绍兴县企业监测预警平台"，对规模以上工业企业及集团企业实施财务风险预警，形成以销售环节、生产环节、投融资环节、财务比率和重大事件等五方面信息为重点，以"突减"、"突增"、"突发"的"三突"分析为核心的财会监管指标及评估方法体系，对企业可能出现的财务风险做到"早预知、早发现、早防范"；加强会计管理与服务，颁发会计从业资格证书1639本，会计继续教育和业务培训10325人。

【加强财政监督管理】厉行节约，一般公用经费比上年压缩5.1%，各部门其他工作经费预算安排减少8312万元，减幅25.1%。强化资金统筹调度能力，确保教师绩效工资改革、医药卫生体制改革、离退休人员生活补贴调整等改革措施的平稳实施。加强预算执行管理，分类、分项目对预算执行情况进行通报，增强部门预算经费使用的公开、规范和透明；强化专项工作经费、政策性经费审核，完善部门预算延伸管理，实施财政监督检查项目23个，对财政资金实行全过程监管；开展"小金库"专项治理工作，312户行政事业单位开展自查，完成重点检查项目36个；加强政府性投资项目资金监管，规范基本建设财务核算，参与评审单位工程造价项目55个，核减1018万元，评审工程政府采购清单149宗，涉及总造价2.10亿元。防范政府性债务风险，控制债务计划，参与政府直属公司融资监管，把好计划外融资审批关；对政府性投资项目实施跟踪管理，控制建设成本；加强政府性债务预警和监控，开展专题调研，分析县域政府性债务重点环节的变化趋势。

【加强干部队伍建设】开展学习实践科学发展观活动和"解放思想、创业创新、率先发展"主题教育活动，将学习活动与财税工作实践紧密结合，推动财税工作的创新与发展。以财税网络学校、财税大讲坛为阵地，开展各项基础型教育和专题型教育，全系统大专以上学历干部占93.3%，具有中级以上职称干部占51%。落实党风廉政建设责任制和行风效能建设各项制度，在全市"企业评部门"和"群众评行风"活动中名列前茅。坚持用人与管人相结合，落实考察、评价、监督、激励机制，按照"公正、公平、公开"的原则，招考录用13名公务员，调整充实中层后备干部队伍。抓好窗口建设，提升财税部门形象，历时5年编写的《绍兴县财政税务志》正式出版，开展五四青年节主题团日活动、"唱响红色经典、牢记入党誓言"主题歌咏比赛、国庆60周年文艺作品征集展览、系统第三届运动会等一系列活动，引导干部形成健康向上的生活方式。

△注：* "六个所有"——中共绍兴县委、县政府为保障和改善民生组织实施民生计划的主要内容，即老有所养、病有所医、住有所居、学有所教、劳有所得、难有所助

(绍兴县财政局供稿　祝建良执笔)

诸暨市

【概况】2009年，诸暨市实现生产总值527.50亿元，按可比价格计算比上年增长9.5%。其中：第一产业增加值31.48亿元，增长3.9%；第二产业增加值317.58亿元，增长8.2%；第三产业增加值178.44亿元，增长13.0%。人均生产总值49509元，增长9.1%。全市财政总收入54.69亿元，增长8.7%，其中地方财政收入29.57亿元，增长11.5%；财政支出32.29亿元，增长16%。全年财政收支平衡。

【组织财政收入】完善重点税源管理机制。确定713户重点税源监控企业，完善基础管理平台，推广应用不动产建筑业项目管理软件；加强重点税源企业各主要税种、税目收入与相关经济指标之间的弹性比较分析，及时采取应对措施。"两税一费"管理创新。建立健全房产税税源管理长效机制"、"生产性房屋出租预警价格的形成及应用"、"建立营业税预警式管理机制"等管理创新项目，建立房产税税源管理监管机制。强化部门协作。实现与国税征收数据和工商数据的实时联网，与

保险机构建立车船税代征关系，与国土部门建立信息互通机制，防止漏征漏管户出现。加强非税收入征管。贯彻落实中央、省、市企业减负政策，减少非税减免缓审批环节；加强行政事业单位经营性资产出租出售收入、河道采砂收入等国有资源（资产）有偿收入管理；全面实施国有风景区门票收入纳入财政专户管理；规范土地出让金征收管理，适度提高征地调节金征收比例，全年共征收征地调节金1.48亿元、社会保障资金6369万元、廉租房保障金4691万元、教育偿债资金612万元。

【支持经济发展】落实扶持经济发展政策。通过财政贴息奖励等形式鼓励企业自主创新，推动项目投资，安排2亿元奖励资金激励企业转型升级，对列入年度市级重点投资项目、建设科技创新平台和加大研发投入的企业实施专项奖励，兑现市本级财政贴息奖励资金9373万元；推进家电、汽车摩托车下乡，兑现家电下乡补贴资金827万元，汽车摩托车下乡补贴资金1356万元；鼓励企业加快技术改造，落实高新技术企业研究开发费加计扣除政策，对28户高新技术企业减征企业所得税952万元。落实税费优惠政策。全年审批各类税费减免3841户次，减免各类税收1.50亿元，减免水利建设专项资金818万元；贯彻省政府关于调整用人单位养老金缴费比例精神，将养老保险费的企业缴费比例由17%降至15%，落实社会保险费集中减征一个月政策，减征社会保险费4471万元，惠及企业5860户；贯彻落实清费减负政策，累计减免缓各种行政事业性收费6492万元。

【统筹社会发展】关注民生及和谐社会建设，全年一般预算支出投入民生项目22.51亿元，增长15.3%。新农村建设投入。支持新村建设、农村饮用水、农民素质培训等实事工程，实施新胜溪山区中低产田改造等农业综合开发项目建设，确保预算内财政支农支出法定增长。全年财政支农支出3.17亿元，增长50.3%，其中新农村建设专项资金支出2.04亿元。民生事业投入。完善城镇职工基本医疗保险制度，落实城乡老年居民生活补贴等制度，全年社会保障和就业支出4.08亿元，增长9.5%；筹措教师绩效工资1.2亿元，保障推行义务教育绩效工资改革，全年教育文化支出8.80亿元，增长14.7%。基础设施建设投入。市本级财政投入资金1.25亿元，用于浦阳江航道疏浚、城市公交等；投入3545万元用于城市道路修造、园林绿化工程与污水排放、老小区改造与经济适用房建设；全年生态环境保护支出0.94亿元，增长9%。

【深化财政改革】国库集中支付改革。确定国库改革最终清算模式，所有单位转入国库集中支付系统报送用款计划，对全市机关及事业单位实行国库集中支付。部门预算改革。细化预算指标管理，对部门项目预算按AB类实行分类管理，实行重点工程项目预算单独编制；规范和加强部门财政拨款结余资金和省补助资金管理，优化财政资源配置。控制行政经费开支。减少会议、接待、差旅和公车使用等日常支出，提高人员经费标准，压缩一般性项目支出，公务用车不列入部门预算计划，部门预算中未安排干部出国经费。全市部门可用项目金额比上年减少9781万元，核减率16%。规范政府采购行为。将财政投资建设工程纳入政府采购监管，全年政府采购规模6.25亿元，节约资金5000万元，节资率为8%。

【强化财政监管】推进财政绩效评价。强化绩效评价的事前管理，促使评价工作关口前移；完善委托中介机构实施绩效评价招投标程序，围绕民生和社会热点，确定73个项目实施绩效评价，其中财政组织评价11个。财政监督检查。建立财政审计联席会议制度，做到大部分监督检查项目不重复。参与35家单位的“小金库”治理重点检查阶段工作，通过检查共纠正各类违规金额261万元。实施政府采购、财政补贴资金、土地出让金等13个项目的专项检查，对17个企业单位实施会计信息质量检查，发现及纠正违规金额1210万元。政府投资项目监管。制订出台《诸暨市政府投资项目工程变更审查规定》，按轻重缓急合理安排各项政府投资项目，概算审价重视前期实地调查，促使项目“瘦身减肥”，全年审核工程概、预算项目资金23.03亿元，净核减资金1.58亿元，净核减率为6.9%。国有资产监管。配合完成旧城改造整体开发建设战略。规范开展国有产权交易工作，共开展3宗产权交易。完善行政事业单位国有资产管理信息化建设，保证“国资管理系统”有效运行。

【加强队伍建设】推进财税文化建设。开展深入学习实践科学发展观活动，参与新中国60周年书法、绘画、摄影作品征集评选和征文比赛，在全体干部职工中开展“我为财税发展献计策”活动，共收到献计312条。汇总干部职工文化教育需求，分层分类分时间推出教育培训总体计划，第二次组织干部赴扬州税院业务培训，118名干部通过了EXCEL国家计算机三级考试，全局50岁以下干部全部取得大专以上学历，其中本科以上学历占55%。加强机关作风建设。坚持将行风效能建设融入财税工作全过程，针对存在的突出问题，明确目标任务，制订配套措施，加强检查考核，在诸暨市34个重点评议部门的“企业评部门”活动中满意率为92.18%，排名第二，在“群众评窗口”活动中排位第一，在绍兴全市“企业评部门”活动中排位第一。加强内部管理。成立行政审批服务科，设立国库支付中心，分设社会保障科，将财政投资预决算审核中心的单位性质由自收自支调整为全额拨款。加强人力资源管理，招录干部5人，提拔任用4名中层副职。推进大楼物业管理等后勤保障工作的精细化，完善消防、卫生、车辆等安全管理制度，完成对局本级及下属单位的资产清理。抓好党风廉政建设。通过组织干部赴省六监进行现场警示教育，开办廉政党课，节前短信提示等方式，对干部进行多方位的廉政教育，树立廉政思想防线。注重制度规范和责任落实，从源头推进反腐倡廉工作，完善资金审批拨付、经费报销、税费减免等各项制度，坚持以制度管人，按程序办事，被绍兴市财政局评为纪检监察工作先进集体和诸暨市纪检监察工作先进集体。创建文明单位。围绕服务发展、服务民生、服务基层、让群众满意的“三服务一满意”主题，建设“为人实、工作实、数字实”的财税机关。市财政局被诸暨市委评为“学习实践科学发展观活动”先进集体。

（诸暨市财政局供稿　斯　巍执笔）

上虞市

【概况】2009 年，上虞市生产总值 368 亿元，增长 8.8%。其中：第一产业增加值 26.18 亿元，增长 3.7%；第二产业增加值 219.09 亿元，增长 6.9%；第三产业增加值 122.73 亿元，增长 13.3%。第一、第二和第三产业增加值占生产总值的比重分别为 7.1%、59.5%和 33.4%，第三产业比重提高 1.4 个百分点，对 GDP 的贡献率 48.5%，比上年提高 11.2 个百分点。按户籍人口计算，人均生产总值 5 万元，增长 8.7%。全市财政总收入 43.96 亿元，增长 10.4%，其中地方财政收入 22.76 亿元，增长 12.5%；财政支出 26.75 亿元，增长 26.1%。当年财政收支平衡，并略有结余。

【组织财政收入】注重税收分析预测，评定纳税信用等级，尝试不动产、建筑业营业税项目管理，完善征、评、查互动机制，实施责成自查、专项检查，查补地方税费 3617 万元；完善“五位一体”税源管理机制，落实嘉绍跨江通道、杭甬客运专线等一次性重点税源代征；发展服务业和税收筹划工作，新增分离企业 26 家；实施耕地占用税新政，推进房地产交易环节税收一体化征管，压缩欠税 1062 万元；规范非税收入管理，压缩土地出让金欠缴，增加收入 4.52 亿元；开展对外投资、经营性及闲置房产清查，公开拍卖安置余房，收缴国有资本经营和资产处置收入 1.41 亿元。

【支持经济发展】落实市委“企业解困年”各项举措，实施企业帮扶解困财政政策，设立 1 亿元政府应急专项资金，累计使用 10.78 亿元，维护区域金融生态安全；调整专项信用贷款额度，累计发放中小企业信用贷款 3.80 亿元，缓解中小企业融资难问题；开展“财税服务年”暨企业减负“春雨”专项行动，成立纳税服务中心，开通纳税服务热线，优化服务提振发展信心。推进经济转型升级，调整完善工业转型升级、照明电器、光伏及绿色能源、企业上市、现代服务业等财政扶持政策，重点实施企业兼并重组、总部楼宇经济、房地产市场扶持、分离发展服务业等各项政策，兑现各类扶持资金 3.12 亿元。用好税费优惠，落实高新技术企业、小型微利企业、研发费用和福利企业工资加扣等各类企业所得税优惠政策，办理契税、耕地占用税、房产税、土地使用税等减免事项，实施社会保险费减征、降率政策，对临时性生产经营困难、就业贡献率高的中小企业进行社保补助，减轻企业负担 4.5 亿元，增强企业发展后劲。拉动居民消费，支持首届购物节、金秋森林休闲节等节会活动，着力推进家电、汽车和摩托车下乡，累计受理 33389 户，补贴资金 1421 万元。

【优化支出结构】全年预算内用于民生支出 17.60 亿元，增长 17.9%，占总支出的三分之二以上。支持农村全面发展。推进支农专项资金整合，调整农业产业化、村级机构运转保障及村级物业经营项目等补助办法，实施村干部基本报酬补助，兑现粮食综合直补、良种、种粮大户、农机具购置等各项涉农补贴政策，支持曹娥江标准江堤、电排站、中低产田等建设改造，扩大中心镇扶持范围，落实乡镇工业功能区财政激励政策，到位各类资金 2.44 亿元。促进社保体系建设。调整完善社会保障“三项制度”、就业扶持等政策，实现养老保险制度全覆盖，落实城乡居民低保标准自然增长机制，实施残疾人共享小康工程，提高企业退休退职人员养老金及医疗保险、医疗救助标准，到位各类社保资金 1.75 亿元。支持社会事业发展。保障义务教育教师绩效工资改革支出 9018 万元，提前完成 1.72 亿元义务教育债务化解任务，继续实施城乡义务教育教科书免费制度，推进城乡教育均衡发展；支持文化强市建设，安排资金 1450 万元，推进农村文化阵地、文化“三下乡”活动、“村村响”工程等建设；落实甲型 H1N1 流感防控经费 258 万元，投入 1000 万元新建、改建 68 个卫生服务机构；落实住房政策性保险、住房救助、廉租房保障等政策，推进经济适用房和人才公寓建设；加大公共安全投入，拨付资金 847 万元，支持企业安全生产、治安卡口和视频监控系统等建设。

【注重债务管理】优化政府债务结构，提高资金管理绩效，全年实际完成政府投资项目财务支出(不含水务、电力)31.67 亿元。向上争取资金，争取到位新增中央投资 6642 万元，累计拨付国债资金 3036 万元，到位政府债券额度 1.8 亿元，会同有关部门成功发行 8 亿元水务债券，缓解重点项目建设资金需求。坚持通过市外银行融资解决政府贷款的原则，现有市内外融资合作银行 35 家，未提款授信储备 36 亿元，引导市内银行退出政府投资项目并投向经济实体。理顺资金管理体系，加强资金整合调度，提供转贷资金 1.32 亿元，为崧厦、丰惠等乡镇提供融资担保 1.18 亿元。

【深化财政改革】落实厉行节约各项举措。严格控制出国费、会议招待费、公务用车购置及运行费、水电费等非生产性支出，调减公用经费 5%，压缩行政成本，确保财政稳健运行。深化部门预算改革。实施建设局、水利局、科技局等三部门预算提交人代会审议，完善基本支出定额标准体系建设，出台专项资金管理办法，深化项目支出管理。完善绩效评价工作机制。注重财政稽查与绩效评价的有机融合，实施政策、资金、项目、管理、内部等“五型”绩效，出台评价结果应用办法。深化政府采购改革。探索实施非公开招标方式采购及分散采购项目管理办法，建立采购业务管理员制度，加强车辆、罚没物资管理，扩大政府采购范围。创新会计管理模式。实施会计事务与监督职能的分离，举行会计学会、珠算协会换届，开展会计质量信息检查，对45名违规会计人员进行告诫处分。推进国资体制改革。落实国企经营责任制，出台行政事业单位房产出租、企业国有资产监督管理、国有企业经营管理者任免及重大财务事项报告等管理办法，运行资产管理信息网络系统。规范乡镇财政管理。举办乡镇财政业务培训班，出台社区资金管理办法，调研新一轮财政体制，推进市级管理模式向乡镇延伸管理，夯实乡镇财政管理基础。

【加强队伍建设】以学习实践科学发展观活动为契机，深入开展“财税文化建设年”活动，坚持党委月(周)例会、中心组专题学习、党员政治生日谈话、科室工作讲评、政府财力分析会等学习活动，开展党委、科室两个层面的课题调研，应用网络学校，组织系统中层读书会和全员读书活动。举办系统全民健身运动会、迎国庆60周年歌咏晚会，展现财税良好的社会形象。举行系统第三届岗位能手选拔，局机关干部陈烽当选上虞市“十大杰出青年”，6名干部成为市管副局级后备干部，选派5名干部上挂下派、驻企帮扶，5名干部经公开选拔调往外单位担任中层干部。加强党风廉政建设，开展“群众满意基层站所”创建，组织一把手走进“民情热线”，实施纳税人满意度测评，规范财税权力运作，推进惩防体系建设，确保权力阳光运行。

(上虞市财政局供稿　丁光兴执笔)

嵊州市

【概况】2009年，嵊州市实现生产总值231.18亿元，比上年增长9.2%。其中：第一产业增加值23.28亿元，增长3.8%；第二产业增加值126.63亿元，增长8.6%；第三产业增加值81.27亿元，增长11.8%。三次产业结构比例由上年的10:55.8:34.2调整为10:54.8:35.2。人均GDP为31510元，增长9.2%。全市财政总收入20.83亿元，增长7.8%，其中地方财政收入10.86亿元，增长8.5%；财政支出14.60亿元，增长17.7%。当年财政收支平衡。

【支持经济发展】助推产业转型升级。整合财政资金，集中财力重点培育壮大支柱产业，促进转型升级。全年共兑现工业扶持资金5885万元，兑现建筑业扶持资金126万元，兑现商贸流通服务业扶持资金180万元。推动银企对接，兑现信贷投入考核奖金90万元；对符合政府扶持方向的中小企业新增不良贷款，市财政给予金融机构一定比例补偿。落实减负措施。落实高新技术等税收优惠政策，共减免税费775万元；落实社会保险费集中减征一个月及下调费率政策，共减免2837万元；其他扶持政策减免1932万元。根据省政府、绍兴市政府规定，取消或暂停征收多项行政事业性收费，为企业包括个体工商户减负2359万元。拓展服务领域。以“双服务”活动和“春雨行动”为载体，上门为企业服务，倾听意见，摸排问题，为企业发展出谋划策。深化补正承诺制等“六项便民措施”，支持企业发展。落实“家电下乡”和“汽车摩托车下乡”工作，全年共发放补贴资金937万元，刺激消费需求。

【组织财政收入】健全税收精细化管理。坚持“抓大、评中、定小”的税源管理思路，深化“数据采集—税源监控—税收分析—纳税评估—税务稽查”五位一体互动机制，实行税收源头控管。建立税源比较分析平台，对相关指标定期研判。实施企业所得税行业管理办法，实行所得税预警管理。建立部门联动机制。市财政局与开发委、经贸局、发改局等单位联动，跟踪管理重点工程涉税信息。地税与社保联网，实现社保费数据共享。与国土部门配合，在土地交易时，把缴纳营业税等地方税费作为办理土地过户手续的前置条件。健全信息技术支撑机制。从3月1日起，应用不动产项目管理软件，对全市建筑、房地产企业实行跟踪管理。应用个人所得税全员申报系统，合并补征多次所得税收。应用《税友2006》快捷查询模块，提高审核分析质量。健全非税收入征管机制。在61个行政事业单位推广应用非税收入征管软件，教体局直属学校全部进入收支两条线管理。开展交警罚款全省联网试点，罚款收入通过省财政厅结算后转入市结算户。加强对有经营性收入的各预算单位的审核力度，将滞留在财政专户外的资金划入财政专户。加强对折抵指标资金的专项管理，全年收缴折抵指标7861万元，收缴农田代保资金4.54亿元。

【深化财政改革】细化部门预算。基本支出、项日支出的功能科目从“款”级细化到“项”级，经济科目按新的政府收支分类。试行国库集中支付。制订财政国库管理制度改革方案、财政国库集中支付管理办法等一系列文件，减少资金流转环节，规范预算单位资金支付管理。强化财政结余资金管理。制定行政事业单位财政性拨款结余资金管理暂行办法，对以前年度的结余资金进行全面清理，结余资金并入年度预算统筹安排。。

【加大民生投入】2009年全市用于教育、农业、科技、社会保障、医疗卫生的支出分别增长14.9%、21.2%、17.8%、14.7%、15.1%，分别达到法定增长要求。全年全市财政支出中用于民生支出10.48亿元，按同口径计算，占财政支出的74.0%，比上年提高1.3个百分点，新增财力用于民生的比重94.0%。健全财政支农资金稳定增长机制，支持农业基础设施建设和现代农业生产发展。全面落实和完善城乡义务教育各项政策措施，实施义务教育阶段教师绩效工资改革。支持建立覆盖城乡的公共文化服务体系，推进文化体制改革。推进城镇居民基本医疗保险工作，提高新型农村合作医疗筹资标准，完善社会保障体系建设。

【加强财政监督】财政绩效评价。出台财政支出绩效评价管理办法，明确绩效评价实施方法，重申绩效评价工作责任与纪律。规定200万元以上的财政专项支出实行绩效评价，财政资金安排与项目绩效优劣挂钩。当年绩效评价共涉及55个项目3.15亿元财政资金。"小金库"专项治理。在100%自查的基础上,开展"回头看"检查,查处违纪金额400多万元。选取19个部门和53个单位,实施重点检查,规范财政财务管理。国有资产监管。完善国有资产监管运行机制,对全市45家行政事业单位开展资产核实,严把国有资产审核关、审批关、监督关,确保国有资产保值增值。会计基础管理。组织会计类考试及培训,改进和完善会计继续教育内容和形式,加强企业财务总监队伍建设,组织、指导企业会计人员参加高级会计师资格全国统一考试,全市105人具有高级会计师资格和注册会计师资格。政府采购管理。调整有关表式、评估专家库、协议供货商等,完善政府采购管理。当年实施政府采购95次,采购金额2.65亿元,节约资金3315万元,节约率11.1%。

【干部队伍建设】加强财税文化建设。在局机关和会计核算中心,分别开展创建文明科室、群众满意单位活动;组织干部职工开展唱红歌比赛、拔河比赛等文体活动,陶冶情操,增强凝聚力。开展机关作风建设。完善《干部职工岗位责任制》、《失职追究制》等制度,提高机关效能。完善财政服务体系,提高服务意识和服务质量。开展学习沈浩先进事迹等活动,提振干部队伍精神风貌。组织教育培训。对中层干部、后备干部、一般干部,多渠道开展行政管理、财政知识、法律法规、会计知识、公文写作等业务技能培训,组织业务考试,以考促优。推进廉政建设。举办廉政报告会、观看廉政教育片、组织中层干部旁听法院庭审等,增强干部廉洁自律意识。坚持开展读书思廉、短信送廉、干部述廉活动,提高干部廉洁从政自觉性。创建文明单位。引导干部树立"敢于争先、勇夺第一"的理念,开展争创"文明单位"、"青年文明号"、"巾帼文明示范岗"等活动。局机关在市委、市政府的部门年度综合考评中荣获总分第二名,被评为先进党委、先进集体。

(嵊州市财政局供稿　黄小明执笔)

新昌县

【概况】2009年,新昌县实现生产总值187.06亿元,比上年增长8.7%。其中:第一产业增加值13.12亿元,增长3.6%;第二产业增加值104.81亿元,增长5.2%;第三产业增加值69.13亿元,增长15.4%。人均生产总值43011元,增长9.3%。全社会固定资产投资66.83亿元,增长13.3%;城镇居民人均可支配收入24987元,增长8.6%;农民人均纯收入9965元,增长9.4%。全县财政总收入23.10亿元,增长13.8%,其中地方财政收入10.64亿元,增长13.8%,增幅列绍兴市首位;全县财政支出13.27亿元,增长29.9%。全年财政收支平衡。

【依法组织收入】深化税收征管改革。健全数据采集—税源监控—税收分析—纳税评估—税务稽查"五位一体"互动机制,加强制度建设,完善基础数据,提高税收征管水平。突出税源监管。参照杭州市财政局加强重点税源管理的主要做法,加强重点税源企业的税收征管。利用发改、财政等部门提供信息,对投资项目实行全程监控,加强重点行业、重点企业、重点工程税源管理。加强行业管理。提炼广告业、旅游业纳税评估指标体系,组织开展住宿业、租赁业专项纳税评估;开展餐饮业经营情况调查,制订饮食行业专项税收征收管理办法;制订出租房产税收管理办法,加强出租房屋的税收征管。优化地方税收结构。强化地方小税种征管,落实车船税委托保险公司在缴纳"交强险"环节代收代缴办法,实现税险同步。全年入库地方税收4.32亿元,增长13%,地方税收结构提高到50.7%。强化规费征收。推行社会保险费"五费合征",与社保部门实现数据共享,利用网上申报系统,实现社会保险费电子申报缴费,形成多样化征缴格局。全年规费收入7.53亿元,增长18.2%,增收1.16亿元。

【支持经济发展】落实政策助企脱困。实施增值税转型改革,做好暂停、减免或缓征部分行政事业性收费工作,取消、暂停、减免或缓征行政事业性收费项目141项,改善企业生产经营环境。落实促进经济发展政策,鼓励企业开展技术攻关,加快传统块状经济提升发展,兑现各类奖励和补贴2995万元。安排280万元资助科技创业中心建设,扶持企业构建自主创新体系。抓好高新技术企业认定审核工作,形成22家高新技术企业群体。推动经济转型升级。通过产业扶持、财政贴息、财税优惠等措施,支持和辅导工业企业分离发展安装、餐饮、咨询等服务业和科研机构,培植本地物流企业,促进第三产业发展。争取资金促进发展。配合相关部门做好项目申报服务和审核工作,为企业向上争取专项资金7256万元。宣传落实企业设备融资租赁贴息政策,做好中小企业融资平台启动工作,扩大成长型、科技型中小企业贷款和信用担保规模,为71家企业办理贷款担保,担保金额1.50亿元。落实税收优惠政策。落实技术开发费加计扣除、国产设备投资抵免等企业所得税优惠政策,减轻企业负担。抓好困难企业地方税收减免工作,为57家困难企业减免地方税费591万元。实施社会保险费缴纳比例临时性下浮政策,对2678户企业减征社会保险费2410万元。

【推进"三农"建设】调整财政资金投向,财政投入向"三农"倾斜,2009年财政一般预算"三农"投入6355万元,增长22.6%,扩大公共财政覆盖农村范围。调动金融扶持。安排150万元农业贷款风险补偿资金,用于支持农民创业启动资金贷款风险补偿和低收入农户、欠发达乡村创业贷款贴息。整合支农资金。财政投入2600万元资金,用于水库除险加固、农民饮用水工程、农田水利设施建设、村庄整治建设等领域,提高农业综合开发水平,改善农业基础设施建设。稳定农业生产。完善种粮直补、农资直补政策,落实农机、能繁母猪、农业保险等补贴130万元,调动农民发展生产积极性。促进农民增收。财政投入200万元推进“千万农村劳动力素质培训工程”,引导农村剩余劳动力有序转移。搭建多种发展平台。成立“农业龙头企业发展促进会”,提高农业经济组织市场竞争力,实现农业企业抱团发展,提升农业产业化水平;创建“小康新农村建设公司”,对新农村建设项目实行补助和奖励,多渠道筹集新农村建设资金;以农业龙头企业入股方式筹资设立“新农担保有限公司”,创新农村金融服务方式,解决农副产品加工企业、农村经济合作组织、种养大户及低收入农户贷款难问题;设立“小康物业公司”,投入500万元开展异地联建项目,发展村级集体经济,促进低收入农户奔小康。

【保障民生支出】加大财政对科技、文化、医疗卫生等公共事业发展的支持力度,增加民生财政支出,全年民生支出8.9亿元,增加1.68亿元,当年新增财力用于民生事业86.6%。其中教育、科技、社会保障和就业、医疗卫生等支出分别增长14.9%、22.8%、53.2%、39.8%。增加教育投入。推进义务教育经费保障机制改革,落实和完善城乡义务教育各项政策措施,全县中小学公用经费等达到省定标准。多渠道筹集校舍维修改造、义务教育债务化解专项资金,改善办学条件,推进教育发展。强化社会保障。实施城乡居民社会养老保险办法和城乡老年居民生活补贴,实现社会保险全覆盖。完善促进就业再就业政策,支持农村劳动力技能培训,支持城镇失业人员职业培训,拓展就业空间。做好城乡低保、城镇“三无”对象和农村“五保”户集中供养工作,推进政策性农村住房保险工作,提高社会保障能力。加大卫生事业投入。支持农村和城市社区公共卫生建设,完善覆盖城乡、功能完善的公共卫生体系,财政投入新型农村合作医疗100元/人。环保投入。安排160万元资金用于污染源普查、噪声达标、园区整治等环境整治项目,争取中央和省级资金198万元,用于农村环境综合治理,落实城乡垃圾集中处理财政补贴1132万元,改善农村人居环境。加快公共文化体系建设。落实文化事业发展专项资金,用于艺术创作演出、民间艺术开发保护、文化示范镇乡(街道)建设的奖励和补助。

【深化财政改革】深化部门预算改革。实施综合预算,统筹安排预算内外资金,提高部门预算编制的准确性、完整性、合理性。严格控制一般性支出,突出重点保障人民群众最关心、最直接、最现实的领域,促进基本公共服务均等化。完善国库集中支付。扩大国库集中支付范围,完善各项配套办法,加快各项收入直接缴入国库的进程,规范支付流程,提高财政资金运行效率,增强国库资金调控力度。加强专项资金管理。夯实财务管理基础,实行出纳初审、会计交叉复核、科长审核的流转程序,落实印鉴专责管理制度,完善专项资金运行机制,提高专项资金运行水平。开展小金库专项治理,严格执行财经纪律,专项治理见成效。深化绩效评价改革。落实《财政支出绩效评价管理办法》,扩大绩效考评工作的范围,增强财政性资金使用部门的绩效意识。提高信息化水平。加快信息中心硬件建设,实施机房改造,购配小型机,完善现有网络。完善“数据采集—税源监控—税收分析—纳税评估—税务稽查”五位一体互动机制,推广应用房地产一体化和不动产建筑业税收项目管理软件。根据“金财工程”总体规划,推进财税库银横向联网,做好财政核心业务软件系统的开发应用工作。

【强化财政监督】规范行政执法程序。加快财税法制建设,实施“人机结合”方式的执法责任制考核评议工作,预防和化解行政争议,推进依法行政、依法理财、依法治税工作。加强国有资产管理。规范国有资产处置程序,健全国有资产风险防范管理体系,盘活存量资产,优化资本结构。加强政府采购监管。规范采购资金管理,减少划拨中间环节,实现政府采购资金的全程监管。加强投资项目监督。强化政府投资项目立项、变更管理,严控投资规模。加强财政性借款和财政担保管理,控制债务规模,优化债务结构,防范财政风险。加强会计法规宣传。做好会计职称考试、教育、培训工作,开展会计信息质量检查和会计师事务所执业质量检查。

【加强队伍建设】树立“依法治税、为民理财、务实创新、廉洁高效”核心价值观,培育财税特色文化理念和行为体系,建设“实、稳、优”的财税文化。召开青年干部座谈会,举办中层干部读书会,组建游泳、登山、羽毛球、乒乓球等健身队,利用业余时间开展健身活动。建立部门负责人工作日志查询系统,开展后备干部推荐和业务能手评比活动。开展科学发展观实践教育活动,以提升能力素质为核心,实施分层次岗位培训,加强干部素质技能培养。坚持周一学习制度,以集中与分散学习相结合的方式制订学习计划,安排学习内容,开展教育培训。鼓励和支持干部参加学历教育,培养更多高学历、复合型人才,全局干部大专以上学历为97%以上,高级会计师职称32人。加强党风廉政建设,履行领导干部“一岗双职”,层层签订党风廉政建设责任书,推行廉政承诺公示制和述廉评廉制,建立中层干部廉政档案。坚持民主集中制,对人事管理、重大资产处置、大额资金使用等重大事项实行集体决策。结合工作检查、执法监察及干部考核,强化廉政建设落实情况的督促检查。开展行风效能建设,联合发改、经贸等部门组成政策指导服务团,开展“送信心、送政策、送服务”活动。创建文明单位,落实创建工作责任制,人人参与创建活动。开展机关开放日活动,邀请社会各界人士,走进机关开展互动交流,促进服务型机关建设。开展满意度问卷调查,征求纳税人的意见和建议,集中解决群众所反映的热点、难点问题。执行“一月一通报、两月一督查”制度,强化规章制度、工作目标落实情况的监督检查,提高工作效率和服务质量。

(新昌县财政局供稿　梁晓富执笔)

金华市财政工作概况

金华市

【概况】2009年，金华市实现生产总值1765.94亿元，按可比价计算，比上年增长9.0%。其中：第一产业增加值92.13亿元，增长4.8%；第二产业增加值920.74亿元，增长7.4%；第三产业增加值753.07亿元，增长11.6%。全市人均生产总值38179元，增长8.5%。全市完成全社会固定资产投资635.45亿元，增长8.3%。实现社会消费品零售总额780.99亿元，增长15.6%。完成进出口总额93.43亿美元，下降2.1%。市区城市居民人均可支配收入22915元，增长7.0%，全市农村居民人均纯收入9001元，增长8.9%。全市财政总收入232.63亿元，增长6.3%，其中地方财政收入129.28亿元，增长8.0%；市区财政总收入52.65亿元，增长11.4%，其中地方财政收入31.48亿元，增长11.5%。全市一般预算支出165.36亿元，增长20.2%；市区一般预算支出46.03亿元，增长29.0%。全市各县(市、区)当年财政收支平衡。

【组织财政收入】优化财政收入结构。全市地方财政收入占财政总收入的比重为55.6%，提高0.9个百分点。营业税和地方小税种占地税税收收入的61.4%，提高1.9个百分点。市区营业税和地方小税种收入占地税税收收入的65.2%，提高4.1个百分点，为近五年来最高。加强地税征管。全市地税税收收入增长6.1%。开展房产税、土地使用税等地方税专项清理和纳税评估。全面推广应用不动产建筑业项目管理软件，市本级推广应用111户，申报项目213个，申报税款1.23亿元。推广应用《税友2006》快捷查询模块，系统中全部10大类模块和31张报表能定时加工、准确可靠。加大稽查力度，结合总局督办案、大型企业自查督导、行业专项检查，全市全年查补收入1.55亿元。加强非税收入和政府性资源收益管理。在清费减负前提下全市非税收入增长23.3%。市区研究出台基础测绘成果应用管理办法，在省内率先将基础测绘成果应用纳入政府性资源收益管理。市本级全年实现政府性资源收益5585万元。加强非税收入信息化管理，开发土地出让金管理系统，实现实时联网、动态管理，市区土地出让金收入23.86亿元，增长23.1%。

【贯彻积极财政政策】实施调整结构、促进投资消费增长的一系列举措。落实帮扶企业相关工作，全市批准税费减免5.66亿元；将市级统筹区(含市本级及市辖各区)用人单位基本养老保险费缴费比例由18%调整为14%，实行临时性下浮社会保险费缴费比例，减轻企业社保费负担2.72亿元；取消和降低行政事业性收费180项。共为企业减负10.2亿元。贯彻扩大内需各项政策。全市落实中央、省投资项目配套资金13.27亿元。筹措资金加大对浙中城市群文体基础设施建设的支持力度，安排中国婺剧院、市体育中心、文化中心等市区重点项目建设资金3.43亿元。争取到地方政府债券3.8亿元，到位国债资金7889万元。促进居民消费，落实“家电下乡”、“汽摩下乡”、“家电以旧换新”等政策，及时兑付补贴资金。加大浙中商业购物中心、市场强市、电子商务之都“三大品牌”建设投入，支持浙中购物节及各类展会的举办。稳定出口市区财政支持出口企业防范风险，实现出口保险全覆盖。

【助推经济转型升级】重点扶持主导产业。支持汽车和零部件、五金、饰品、水晶、家具制造等优势产业发展，财政政策、资金、服务向汽摩配、电子信息、生物医药等主导产业倾斜，对行业龙头企业实行“一企一策”扶持，落实重点优势工业企业、科技创新、技术改造、小企业专项贷款等方面的扶持资金3.01亿元。从50家市区重点优势工业企业中淘汰发展潜力下降、产能低下、资产质量下降的企业8家，吸收新进企业8家；认定首批市区总部企业8家。加快发展现代服务业。财政预算安排市区现代服务业引导资金3000万元，通过建立服务业发展专项奖励资金、贷款贴息、直接补助等方式支持传统服务业优化升级，促进信息、外包、中介等技术和知识密集型、生产性服务业发展。研究出台《市区服务业发展引导资金管理办法》、《关于促进国际服务外包产业发展的实施意见》、《关于扶持市区信息服务业发展的意见》等办法。以分离发展服务业工作为抓手，全市分离新增物流、科研等服务业企业79家。助推企业自主创新。市本级财政科技支出增长24.9%，高于财政经常性支出6.8%的增幅。安排专项资金，实施技改项目资助、专利技术奖励等科技扶持政策，引导和激励企业加大技术改造和技术创新力度。引进西安交大模具技术研究所；与动力新跃(北京)汽车研究院合作成立动力新跃(金华)汽车研究院等科研机构，筹建中国校车生产基地。

【保障民生支出】以改善民生为根本目的，财力向民生领域倾斜。全市民生支出116.39亿元，增长18.7%，占财政支出的70.4%，新增民生支出占新增财力的70.2%。完善社会保障体系。全市社会保障支出9.32亿元，增长15.1%。推进城乡居民社会养老保险体系建设，实现社会养老保险制度全覆盖。提高城镇职工医疗、居民医疗及新农合保障水平，建立城镇居民医疗保险参保对象免费健康体检机制，市区在校学生每年体检一次，未成年人及其他城镇居民两年体检一次。市区新型农村合作医疗保险人均筹资标准从104元提高到150元，财政

金华佛手生产基地

投入5719万元，出资标准从人均74元提高到110元，个人缴费从人均30元提高到40元。市区居民最低生活保障标准，城镇由人均300元提高到340元，农村由人均180元提高到204元。实施积极的就业政策，出台《市区扶持失业人员自主创业实施办法》，完善小额担保贷款申贷程序，建立免除反担保小额贷款的担保基金直接担保机制。保障甲型H1N1流感防控资金需求，市区安排139万元资金专项用于市级传染病院负压病房的改造、负压救护车的购置、应急视频系统配备和流感网络监测。加大教育、医疗、科技、文化等事业投入。提高中小学日常公用经费保障水平，建立义务教育阶段中小学校舍维修改造长效机制，教育支出41.73亿元，增长16.7%。支持医疗卫生体制改革，医疗卫生支出11.84亿元，增长32.6%。推进新农村建设。继续以村庄整治为龙头，支持农民生活污水处理、农民饮用水工程等项目，全市农林水事务支出16.82亿元，增长25.2%。推进城乡公交统筹发展工作，市区成功实施农村客运班线公司化改造，13条城乡公交线路正式开通。

【深化财政管理】推进预算管理体制改革。深化“三个子”预算管理体制改革，提高预算编制的完整性、执行的严肃性、监督的有效性。市本级310家行政事业单位实现国库集中支付制度全覆盖，财政直接支付范围拓展到工资支付、政府采购及年度预算指标在30万元以上单个专项。严控一般性支出。贯彻厉行节约各项措施，规范职务消费，严控预算追加，全市行政事业单位会议费、出国费用、公车购置及运行等支出分别下降11.0%、41.1%、19.6%。开展“小金库”专项治理，对232家单位实施重点检查。加强财政资金运行管理。市本级加强财政性资金调度和存放管理，出台《财政性资金调度和存放管理暂行规定》。探索以公开招标的形式开设财政专户，对部分财政性专项资金的存放进行公开招标。提高财政资金绩效。全市对269个涉及民生及社会关注度高的项目开展绩效自评，对35个项目开展重点评价。加强政府投资项目财务监督，全市完成评审项目1875个，核减造价6.89亿元，核减率6.92%。加强政府采购管理。全市政府采购预算金额23亿元，采购规模18.24亿元，资金节约率20.7%。市本级出台《政府采购领域供应商贿赂行为处理办法》。

【深化财税文化建设】以深化财税文化建设为抓手，提升干部思想素养和职业道德，提高队伍凝聚力和执行力。拓展学习平台、激励平台。组织全体干部到江西财大开展业务轮训。全年共举办20余期培训班，受训2200多人次。对中层干部开展以“勤修个人品质、恪守职业道德、弘扬财税文化”为主题的集中教育。采用公开竞争上岗的方式提拔年轻干部，制定后备干部制度并确定首批后备干部，探索非领导职务任用新机制。健全制度平台。开展权力搜索，清理出具有审核审批权限的工作事项104项，拟定新制度82项。贯彻落实党风廉政建设责任制，使党风廉政建设与财税业务工作同布置、同落实、同检查、同考核。开展“强化效能建设，注重廉洁自律”主题教育。丰富活动平台、情感平台。在全省财政地税系统庆祝新中国成立60周年文艺调演活动中，选送的情景讲述节目《无愧于那一肩蔚蓝》获得三等奖；在市妇联组织的庆“三八”祖国颂诗歌朗诵会上，《蓝色的畅想》获得金奖。支持市财税系统摄影协会、书画协会等文体小组开展活动，编印全市财税干部自己创作的摄影作品集《光影十年》，举办庆祝新中国成立60周年书画摄影作品展。

（金华市财政局供稿　杨　柳执笔）

婺城区

【概况】2009年，金华市婺城区实现生产总值97.75亿元，增长9.5%。其中：第一产业增加值11.78亿元，增长6.5%；第二产业增加值47.94亿元，增长7.7%；第三产业增加值38.03亿元，增长12.8%。第一、二、三产业增加值占生产总值的比重为12.1∶49.0∶38.9。人均生产总值42187元。全区财政总收入10.57亿元，增长3.4%，其中区级财政收入3.38亿元，增长12.2%；全区财政支出10.10亿元，增长31.3%。全年财政收支平衡。

【支持经济发展】运用财政政策、资金等手段，加强对重点行业、重点企业和重点项目的扶持，促进财源建设。支持外贸出口企业发展，当年兑现外贸自营出口企业财政补贴316万元。鼓励企业加快技术改造，当年财政支持企业技术改造项目3个，扶持资金504万元。区财政资助资金393万元，鼓励企业产品科技创新。鼓励企业创优、创牌，支持企业标准(闲置)厂房出租，全年奖励创牌项目7个，奖励资金30万元；知名商标11个，奖励资金34万元，标准(闲置)厂房补贴项目9个，补贴资金85万元。全年帮助企业解决到期银行贷款资金置换11次，置换资金3700万元。向有关银行推荐中小企业27家，贷款金额1900万元，缓解企业资金困难。

【组织财政收入】应对金融危机对区域经济的冲击和各种政策性减收因素的影响，千方百计挖掘税源，依法加大对重点纳税行业的税源监管和收入征管力度，密切与国税地税部门的沟通与协调，抓住重点，为区委、区政府当好参谋，发挥乡镇与国、地税部门之间的纽带和桥梁作用，促进乡镇完成年度收入任务。加强政府非税收入征收，推进组织收入的精细化管理，保持全区财政收入平稳增长，优化收入结构和质量。区级财政收入比年初预算超收970万元，比上年增收3685万元。

【支农投入】加大支农投入力度，促进农民增收。全年全区农业支出15115万元，增长49.3%，其中区本级投入支农资金5461万元，增长20%。重点支持文明生态村、生态家园，蔬菜、生猪、果品等特色主导产业，支持农业龙头企业、农村专业合作组织、农技推广、扶贫开发、防洪水土保持等建设。按政策要求做好涉农资金补贴发放工作。当年兑付种粮农户化肥、柴油财政综合补贴、大中型农机具购置补贴等1807万元；兑付生态公益林补偿、毛竹低产林改造、水稻、能繁母猪、生猪保险配套资金，水稻、油菜、粮油机插补贴等涉农补助资金2528万元；兑付家电、汽车、摩托车下乡财政补贴等资金733万元。

【保障民生支出】加大教育事业投入力度。当年全区教育支出32055万元，增长24.4%。落实农村义务教育经费保障机制改革，保障义务教育教师绩效工资的按时到位，按要求落实农村义务教育阶段学生生均公用经费、校舍维修改造、贫困寄宿生生活费补助等惠民政策。做好农村义务教育债务化解工作，化解债务2050万元。支持推进医疗卫生的改革。全区医疗卫生支出9784万元，增长36.8%。提高农村新型合作医疗的保障水平，参合农民人均筹资标准从上年的104元提高到150元，全区参合农民287408人，占应参保农业总人口的95.6%，提高1.2个百分点，全年累计为参合农民支付医疗费4046万元，增长46.3%。安排资金，用于甲型H1N1流感防控和公共卫生安全事件应急工作。落实计划生育政策。全区计划生育支出1321万元，增长11.3%，为全区1.6万人次农村育龄妇女进行生殖健康免费检查，检查面95%以上，为1218人发放奖励扶助金102万元，继续实行独生子女户残疾或死亡的父母及独生子女孤儿的补助和放弃二胎生育指标父母的奖励政策。提高对弱势群体的保障力度。全区社会保障和就业支出7142万元，增长9.0%。全年累计拨付城镇低保资金560万元，农村最低生活保障受益人口从上年的6710人增加到7282人，月人均补助标准从上年的152元提高到172元，全年支付农村低保补助资金1360万元。全区财政供养“五保户”880人，其中集中供养868人，发放“五保户”供养财政补助资金359万元。全年支付医疗救助资金430万元，再就业资金147万元。安排落实资金187万元支持残疾人安居工程，落实救灾资金83万元，用于受灾群众的基本生活救助。

【确保重点建设资金需要】多方筹措资金，保证重点建设项目资金需求。做好人民西路延伸改造项目的融资工作，完成1.5亿元贷款的授信工作，已到位贷款1.5亿元。争取上级资金2000万元，支持浙中信息产业园建设。向上级争取支农专项资金，全年申报支农项目140个，向省财政争取资金10898万元，增长13.5%；向市财政争取资金4557万元，增长37.5%。配合有关部门，争取国家扩大内需资金，申报扩大内需中央国债投资项目27个，争取国债资金4965万元，申报镇级污水处理项目8个，争取省级补助资金1895万元。筹措资金1625万元，支持莘畈水库除险加固、乌引续建配套、千库保安、金西水厂等项目建设。

【财政监管】修改完善《婺城区2009年机关事业单位经费支出包干办法实施细则》，明确预算执行要求，强化预算约束。理清国有资产管理思路，强化投融资工作，拟订《关于进一步加强国有资产监督管理工作的意见》和《关于进一步加强国有投融资(经营)公司管理的意见》。规范政府性债务管理，制定《婺城区政府性债务管理办法》。加强政府采购管理，规范政府采购行为，扩大采购规模，全年办理政府采购项目352笔，预算采购资金3128万元，实际采购资金2903万元，节约财政资金225万元，节约率7.2%。强化绩效评价工作，完成绩效评价计划编制工作，完成省联动两个项目的绩效评价。做好会计核算工作，及时向单位提供各种会计信息。依照国家财经法规、财务会计制度和操作规程做好费用的审核报销和工资发放工作。全年办理各种收支业务8.38亿元，纳入会计核算中心核算的单位数增加到165个。加强会计人员素质建设，组织会计从业资格考试、会计职称考试和会计人员继续教育的培训工作。开展“小金库”专项治理工作，组织开展自查、重点检查，自查单位228家，自查面100%；对17家单位开展重点检查。规范支农资金使用管理，强化资金使用监督，分类下达30个资金使用管理文件。加强日常管理监督，会同农口主管部门，做好对支农项目建设中期的检查和对已完工项目的竣工验收工作。开展2008年度财政扶贫资金的省级审计检查，涉及资金354万元；开展2007～2008年度财政对农业投入保障长效机制建设情况的自查工作；对区山地蔬菜产业提升项目、淡水养殖项目、毛竹低产林改造三个支农项目和基层文化设施建设项目、乡村卫技人员素质提升工程开展绩效评价。完善"乡财区管"和加强行政事业单位银行账户管理，对区内与财政有经费领拨关系的所有的行政事业单位的银行账户进行年审。

【加强队伍建设】开展深入学习实践科学发展观活动。按照区委、区政府的统一部署和要求，精心组织，完成学习调研、分析检查、整改落实三个阶段，共召开座谈会3次，参加座谈57人次；发放征求意见函135份，征求到意见建议26条。注重边查边改，解决突出问题。落实党风廉政建设责任制，坚持教育、制度、监督并重的惩防体系构建。深化财税文化建设，开展廉政文化进机关建设活动，培育以"依法治税、为民理财、务实创新、廉洁高效"为核心内容的财税文化，增强干部队伍的凝聚力和战斗力；发挥党工妇作用，开展帮扶结对、文明创建和联系村工作；关心离退休人员生活，离退休干部党支部被评为市级先进党支部。

（金华市婺城区财政局供稿　胡京宏　潘志升执笔）

金东区

【概况】2009年，金华市金东区实现生产总值78.75亿元，增长8.9%。其中：第一产业增加值8.84亿元，增长4.0%；第二产业增加值45.34亿元，增长8.6%；第三产业增加值24.57亿元，增长11.1%。第一、二、三产业比重为11.2:57.6:31.2。全区人均生产总值24618元。全区财政总收入6.56亿元，增长7.3%，其中地方财政收入2.54亿元，增长9.8%；财政一般预算支出8.46亿元，增长47.0%。全年财政收支平衡。

【应对危机保增长】把保经济增长、促结构调整作为财政工作的首要任务。加大工业经济帮扶力度。梳理现行工业经济扶持政策，深入企业送服务，帮助企业解决难题，取消和降低各类行政事业性收费37项，减轻企业负担1700万元；先后组织5次银企对接会，协调银企关系，帮助企业落实贷款5.50亿元，为企业争取各类上级补助资金1200万元。落实扩大内需政策。筹措资金加大新城区基础设施建设力度，为金义（金华—义乌）快速路、曹塘澧公路等重点项目支付资金1.28亿元；落实家电、汽摩下乡等惠民政策，采取预拨资金、乡镇直接审核兑付等办法缩短兑付时间，全年累计拨付补贴资金808万元。助推企业转型升级。完善经济发展扶持政策，全面整合工业、科技、外贸等财政专项资金，注重发挥财政资金的导向作用，重点扶持优势产业和优势企业，推进企业转型升级和调整优化经济结构；兑付外贸贴息、技术改造、考核奖励等扶持资金1360万元；支持科技创新，财政科技投入1492万元，增长19.6%，有4个项目列入省重大科技专项，被认定为省知识产权示范区。注重发展第三产业。设立金东区信息软件产业园，出台《进一步加快服务业发展的实施意见》、《关于扶持信息软件创业园发展的意见》等政策，安排服务业发展专项资金310万元，落实100万元资金专项扶持信息软件产业发展。

【增收节支促平衡】积极组织财政收入。针对国际金融危机和系列减税政策等因素对财政收入带来的不利影响，关注收入变化趋势，加强预算执行分析，协同国、地税部门研究应对措施，根据完成进度及时督促提醒有关乡镇加强收入组织工作，开展乡镇代征员业务培训，深入开发区及有关乡镇商讨对策，挖掘税源，确保完成财政收入任务。优化收入结构，区级财政收入占财政总收入的38.8%，提高0.9个百分点。加强非税收入征管。建议区政府出台工业用地出让最低限价制度，与金华市财政局理顺土地出让金结算手续。对区属部门往来款和会员费票据使用及票款缴存情况进行专项检查，规范非税收入"收支两条线"管理。争取上级资金支持。制定向上争取资金考核办法，科学策划、精心包装，全区19个部门单位获上级补助资金2.51亿元，增长65%。严格控制一般性支出。牢固树立"过紧日子"的思想，贯彻落实上级增收节支、厉行节约的各项规定，规范职务消费，严控预算追加，全区出国费用、车辆购置运行费、公用经费分别下降23.1%、15.0%、5.0%。

【加大投入重民生】优化财政支出结构，加大民生事业财政投入，全区民生支出6.10亿元，占财政一般预算支出的72.1%，一般预算支出增量用于民生的比例为100%。支持农村改革发展。启动支农资金整合工作，全年安排新农村建设资金5700多万元，重点支持整区整治、饮水安全、生活污水处理等民生工程，并追加650万元专项用于农村住房改造和农村土地流转，追加1035万元落实村书记、主任基本报酬制度，兑付农民综合直补资金315万元。加大教育事业投入。教育支出增长19.8%，提高中小学生爱心营养餐标准，追加5000万元落实义务教育绩效工资制度，化解义务教育负债3662万元，完成"普九"债务化解工作。加大医疗卫生事业投入。医疗卫生支出增长26.4%；区财政对新农合补助提高66.7%，人均补助从104元提高到150元；全额承担乡镇公共卫生人员和乡镇卫生院离退休人员经费，追加648万元支持医疗卫生体制改革，推进245家社区卫生机构标准化改造和区公共卫生中心建设，专项保障甲型H1N1流感等疫病防控和国家卫生城市创建等工作。加大社会保障投入力度。社会保障支出增长10%，提高城镇最低生活保障、精减职工补助、现役军人优待金等财政补助标准，增加计生奖励、医疗救助和村干部社保等专项补助。

【深化改革建机制】深化财政集中支付改革。启用网络版的财务核算软件和工资统发软件，32家具备条件的行政事业单位通过网络登录方式自行进行财务核算；简化财政集中支付流程，实现财政资金支付网络化操作；扩大财政集中支付范围，将财政专项资金、政府采购资金统一纳入财政集中支付范围。提高预算执行透明度，就区交通局、水务局预算执行情况专题向区人大汇报。启动预算管理信息化建设。完成财政预算编制系统初始化，开展预算编制信息化试点，为实现预算编制的科学化精细化管理奠定基础。深化“乡财区管”改革。设立乡财区管教育分中心，将全区中小学校财务纳入区财政监管平台；举办乡镇财政业务培训班，分批实施乡镇(街道)财务轮查，加强票据未达款项清理，以《反馈单》形式告知存在问题，限期整改反馈，促进乡镇财政财务规范运行。加强财政资金管理。开展财政资金安全大检查，制定出台《金东区财政资金拨付管理内部操作制度》，改进国库现金管理办法，与银行签订财政资金专户协议，存款利率由0.36%提高到1.17%，提高存量财政资金收益。

【精细管理提绩效】加大对财政性资金账户的监管。开展全区未纳入财政集中收付管理的财政性资金账户清理，将58个账户纳入财政集中收付管理，并分类制定账户集中收付管理办法，规范财政性资金收支管理。加大对政府投资项目管理。组建21位专家组成的政府投资项目管理专家库；将新城区政府投资项目纳入区财政统一监管范围；制定出台《基本建设项目财政集中支付暂行规定》，规范项目资金拨付；强化项目预算审核，全年审核政府投资项目105个，核减造价1956万元，核减率15.2%，其中金义快速路绿化工程送审造价1515万元，通过采取优化绿化方案、规范招标、出租空闲土地等措施，造价控制为380万元，节约资金1135万元。加强政府性债务管理。争取到金融机构中长期贷款10.5亿元，通过“以贷还贷”方式置换各类债务8亿元，节约财务成本7000多万元，解决一批历史遗留问题，优化债务结构，降低融资成本。推进绩效评价工作。完善项目管理、项目档案、项目检查验收等三项绩效评价管理制度，组织对28个项目开展自评，完成8个项目的重点评价，并专题向区人大常委会作绩效评价工作情况汇报。加强财政监督。实施公务员津补贴改革，规范公务员收入分配。完成对区水务局、公安分局闲置房产的处置。完成政府采购166笔(批)次，实际采购金额为909万元，节约采购资金77万元。开展“小金库”专项治理，完成自查单位232家，重点检查12家。

【队伍建设强素质】按照省财政厅财税文化建设要求，探索六个平台建设，提升干部队伍综合素质。强化科学发展理念教育，以“科学理财促发展、强化服务创一流”为载体开展第二批深入学习实践科学发展观活动，坚持理论与实践相结合，通过开展解放思想大讨论、专题论坛和参加“三送”、“百日攻坚大会战” 等活动，提高党员干部科学发展意识和实践工作能力。深化人事制度改革，开展第二轮中层干部竞争上岗和一般干部双向选择工作，通过竞争演讲和民主测评等程序，提拔5名干部，4名干部岗位交流。加强队伍业务能力培养，选派干部40多人次参加各类业务培训，鼓励干部提高学历和职称水平。落实党风廉政建设责任制，开展财政权力搜索工作，建立领导班子和中层以上干部“办事档案”制度，组织开展“纪念建党88周年缅怀革命先烈、重温入党誓词”活动，完善具有财政特色的惩防体系。搭建活动平台，按季度开展登山、参观学习等工会活动，组队参加金华市财税系统文艺调演，在金东区首届机关趣味运动会上获团体第六名。深化机关效能建设，开展争先创优活动，局妇委会被省妇联授予浙江省“三八红旗集体”称号，局机关连续第三年被评为年度考核综合先进，国库支付中心获市级“群众满意基层站所”创建先进单位，乡财监管中心被授予区级“群众满意基层站所”。

(金华市金东区财政局供稿　洪　俊执笔)

兰溪市

【概况】2009年，兰溪市实现生产总值147.76亿元，比上年增长9.2%。其中：第一产业增加值14.90亿元，增长4.8%；第二产业增加值88.36亿元，增长8.0%；第三产业增加值44.50亿元，增长13.2%。三次产业结构由上年的9.8:63.0:27.2调整为10.1:59.8:30.1。人均生产总值22444元，增长9.1%。全市财政总收入17.18亿元，增长7.3%，其中地方财政收入9.02亿元，增长11.0%；全市地方财政支出10.01亿元，增长15.2%。当年实现财政收支平衡，并消化历年赤字185万元。

【支持经济发展】落实积极的财政政策，主动为企业减负，包括废旧物资回收和资源综合利用企业退税、社会保险费临时性下浮、高新技术企业税收优惠等各类税费减免(减征)政策等，全年共为企业报批减免(减征)相关税费6.16亿元。兑现各项工业经济扶持政策，突出扶优扶强、支持技术创新，全年共兑现工业扶持资金1.03亿元，其中重点骨干企业“一厂一策”3815万元，企业技改奖励1050万元，园区企业奖励3161万元。设立并安排工业企业转贷专项资金5000万元，累计为30家企业提供转贷资金近亿元，缓解中小企业融资困难。落实积极财政政策，全年兑付“家电下乡”、“汽摩下乡”、“家电以旧换新”财政补贴资金1038万元，拉动直接消费9300万元。开展“企业服务年”活动，及时办结14项重点企业难题。出台工业企业分离发展服务业税费优惠及财政扶持政策，5家企业成功实现主辅分离,当年增加地方税费 895 万元。

【组织财政收入】完成全年财政收入预算目标,同时收入结构进一步优化,地方财政收入占财政总收入的比重为 52.5%,提高 1.8 个百分点;纯地方税收入占地税税收收入的 74.7%,提高 12.3 个百分点。实施项目税收跟踪管理,如对较大型房地产开发项目、重点工程等实行专人监管,确保税款及时足额入库,建筑和房地产业共增收营业税 5276 万元,占营业税增收总额的 92.3%。发展"总部经济",支持企业"总部纳税"。加大税款清欠力度,开展城镇土地使用税清理检查,清欠入库税款 1200 万元;马公嘴地块单笔补缴入库税款 1490 万元,加收滞纳金 227 万元。加大社会保险费征缴力度,社保、地税部门成立联合辅导检查组,对费负偏低或非正常申报缴费企业进行缴费辅导检查,辅导检查企业应补缴社保费 1338 万元,其中基本养老保险费 823 万元,截至年底已补缴入库社保费 388 万元,其中基本养老保险费 294 万元。

【保障民生支出】优化支出结构,加大民生和社会事业投入,全年地方财政支出比上年增加 1.32 亿元,其中用于民生 1.06 亿元,占新增支出的 79.8%。支持"教育强市"。财政安排 1100 万元用于学校教学仪器购置;安排 3335 万元保障义务教育绩效工资发放,并实现教育资金向农村倾斜。加大文化投入。支持市博物馆建设,实施农村文化"十项工程"。加大对"三农"的支持力度。加快实施"低收入农户奔小康"工程,实施小额贷款、来料加工以奖代补、下山脱贫等扶持农民增收的举措,组织实施村庄整治、千库保安、强塘固防及农业综合开发等农业基础设施建设。加快基础设施建设。多方筹集资金,投入资金 5.36 亿元用于全市基础设施建设,保障 330 国道外迁等省重点工程项目和城区至杭金衢高速连接线二期拓宽及沈村互通口改造工程、污水处理工程等全市重点项目建设,以及工人路立交、火车站广场改造等老城改造提升项目和中洲公园、大云山改造等重点实事项目的实施。抓住国家扩大内需有利时机,向上争取资金补助,加快工程项目建设及民生政策实施,全年争取到位上级补助 6.68 亿元,增长 45.5%。

【推进财政改革】贯彻省对县市财政新体制,做好新体制的落实及对接工作。早编、细编部门预算,人员经费预算由统一定额改为分类分档定额,提高预算编制的科学性、合理性。推进财政资金绩效评价工作,开展农村卫技人员培训资金和文化基础设施建设资金专项检查,提高财政资金使用效率。拓展财政筹资渠道,开展政府融资,当年新增建设项目贷款 4.82 亿元;争取到位省财政调度资金 7 亿元,增强财政资金调度能力。

【加强财政监管】出台《政府性债务管理实施方案》,实行政府性债务"统一归口、总额控制、收支计划"管理,规范举债程序、行为及债务资金监管,防范财政风险。开展"小金库"专项治理工作,规范行政事业单位的财务行为。扩大会计统一核算范围,将全市街道所属 20 家中小学校纳入会计核算中心教育分中心统一核算管理。实施公务员津补贴改革,规范公务员收入分配。加强企业国有资产监管,做好水务资产与钱江水利公司合作前期工作,确保国有资产保值增值。继续加强会计管理工作,加强会计监督,组织开展会计信息质量检查和财政监督检查。

【完善政府性投资资金管理】制定实施《政府性投资项目资金拨付管理办法》,完善政府性投资项目资金的拨付程序及方式,并向政府性投资公司派驻财务总监,规范政府投资项目资金使用及监管。加强政府性投资项目"三算"审核监管,全年累计审核各类政府性投资项目 330 个,送审投资额 9.76 亿元,审定投资额 9.07 亿元,净核减金额 6900 万元。

【干部队伍建设】开展深入学习实践科学发展观活动,针对经济财政形势,组织"服务企业,春雨行动;攻坚克难,奋发有为"活动,并以科学发展观指导财税工作实践,提高财税科学发展能力。以提高干部执行力为重点,加强干部作风建设。深化落实优化服务环境的措施,做好优化环境直通车——网上对外平台受理答复工作,提高干部服务水平特别是窗口人员的服务水平。组织开展中层干部竞聘上岗,选拔一批责任心强、素质高、作风好的干部充实到中层干部队伍。开展一般干部轮岗交流,优化人力资源配置。继续抓好党风廉政建设,坚持"三靠两抓",落实党风廉政建设责任制,从教育引导和强化管理两方面入手,构建惩治和预防腐败体系建设。加强财税文化建设,构建财税文化建设平台。加强干部教育培训,分批组织全局干部到扬州税校进行税务干部知识更新培训,提高干部综合素质。利用业余时间,有序开展团、工、妇等团体活动,培养干部职工健康向上的生活情趣,营造"快乐工作"氛围。

(兰溪市财政局供稿　章承枫执笔)

义乌市

【概况】2009 年,义乌市生产总值 519.50 亿元,比上年增长 9.0%,人均生产总值 71457 元。其中:第一产业增加值 14.60 亿元,增长 5.0%;第二产业增加值 227.30 亿元,增长 6.8%;第三产业增加值 277.60 亿元,增长 11.1%,第三产业对 GDP 增长的贡献率为 63.7%,比全省平均高 5.9 个百分点,拉动义乌市 GDP 增长 5.2 个百分点。三次产业比重由上年的 3.1:45.3:51.6 调整为 2.8:43.8:53.4,第三产业比重提高 1.8 个百分点。全年完成财政总收入 70.81 亿元,增长 2.4%,其中地方财政收入 38.63 亿元,增长 2.2%;财政一般预算支出 35.69 亿元,增长 11.6%。财政运行情况良好,全年财政收支平衡。

【支持经济发展】帮扶企业保增长。开展"帮扶企业'春雨'专项行动"和机关中层以上干部联系企业活动，落实高新技术企业税收优惠、临时下浮企业养老保险费等政策，全年为企业减负3.85亿元。增加投入保增长。坚持资金保障和管理两手抓，创新服务方式和优化项目资金审拨流程，支持、配合有关部门向上争取资金2.02亿元，争取到地方政府债券1.60亿元。扩大需求保增长。支持出口企业和市场经营户参加境外展会，拓展国际市场，全年落实外贸扶持资金2766万元；做好普通住房补贴，家电、汽车（摩托车）下乡补贴和家电、汽车以旧换新工作，全年拨付下乡补贴资金2254万元。优化结构促转型。参与制定加快工业转型升级、推进节能减排和循环经济等政策，加大对企业创新、创牌的支持力度，全年落实科技产业转化发展专项资金2894万元，工业技改专项资金2675万元，创品牌及标准化战略奖励资金928万元；推进企业分离发展服务业，15家企业成功实施主辅分离，增加地方税收近300万元；落实扶持粮食生产等强农惠农政策，推进土地开发整理复垦和大规模土地流转，全年落实种粮补贴948万元。

【支持改善民生】全年民生事业支出45.05亿元，占财政总支出的55.6%，提高9.8个百分点，新增财力三分之二以上用于民生支出。整合优化财政资源。贯彻落实党政机关厉行节约六项规定，制定行政事业单位出差和会议定点管理办法，严格控制行政成本，全年压缩经费2532万元。加大民生工程和民生实事支持力度。重点支持村庄绿化工程、农村污水处理、农村公路和水利等农村基础设施项目建设，全年投入农村基础设施建设资金2.87亿元；保障义务教育教师绩效工资改革资金6142万元、青川援建资金4506万元、甲型H1N1流感预防专项经费1227万元和登革热防控经费1606万元及时到位；安排文化体育事业、医疗卫生、环境保护等建设资金共计12.38亿元。加大社会保障支持力度。实施积极的就业政策，支持建立土地承包经营权流转农民养老保险制度，扩大城乡居民医疗保险覆盖面，将在校大学生和城镇独生子女列入医保范围，全年落实社会保障和就业资金2.78亿元。

【组织财政收入】优化收入结构。2009年地方财政收入占财政总收入的比重为54.6%。加强地税征管。全市地税税收收入增长12.7%。健全协税护税网络，把协管漏征漏管户列入各镇街年度考核内容，加强委托代征和欠缴税费管理，有效堵塞征管漏洞；推广应用《税友2006》系统快捷查询软件，清理垃圾数据，提高征管数据质量，加强欠缴税费清理及催缴工作，系统欠缴税费数据压缩42.0%；开展国地税征管数据比对，共查找出税收有差异的企业3551户，合计补缴税款694万元；开展工业园区企业房产税和城镇土地使用税税源调查，对企业应缴而未申报缴纳的税款进行追缴，房产税和土地使用税分别增长16.8%、18.5%；开展纳税评估和辅导，提高所得税汇算清缴质量，全年通过纳税评估和辅导补缴税费8216万元，共有6927人自行申报年所得12万元以上的个人所得税，补缴税款4016万元；重点开展银行、保险等高收入行业专项检查，其中银行业共自查补缴税费3392万元；强化农业二税征管，农业二税全年收入3.15亿元。完善各项规费征收。全年组织各项规费收入16.46亿元，占地方税费总收入的35.2%，增长36.7%，其中社会保险费收入13.60亿元，增长46.0%；水利建设专项资金完成9343万元，增长10.2%；两个教育费附加完成1.68亿元，增长3.0%。

【深化财政改革】实施行政事业单位国有资产管理体制改革。推行"统一产权、集中管理、授权使用"的行政事业单位国有资产管理体制，建立"财政局—公共资产管理中心—资产占有、使用单位"三层次管理模式，全面开展资产清查和产权统一登记，对闲置房产实行公开拍租，全年共清查单位356家，清理经济实体64家，房屋建筑物1347宗，公开拍租闲置房产149个区块，租金增幅46.0%。提高财政支出的透明度。财政预算以综合预算形式整体提交市人代会审议，上会审议部门预算单位从2家增加到10家，实现财政预算执行信

建设生态市

息系统与市人大在线联网,提高预算透明度。深化国库集中收付制度改革。增加义乌市建设银行为国库集中支付代理银行;开展财政资金安全自查工作,确保财政资金安全、规范和高效使用;关注财政资金流量变化,科学调度财政性资金,合理安排财政性存款,减少活期存款余额,实现财政资金的保值增值。深化“镇财市管”改革。开展镇(街道)财务制度贯彻落实情况自查、预算执行和财务管理情况检查,完善镇街总会计队伍,提高镇街财务工作质量和管理水平;落实强镇扩权试点工作,做好放权项目资金的转移支付和使用监督。

【强化财政监管】加强支农资金项目管理。做好财政支农项目库管理工作,重点扶持水果产业等优势特色产业,确保财政资金效益最大化。加强社保资金监管。对医疗救助资金、救灾资金进行抽查,对社会保险基金进行专项治理检查;开展住房公积金和住房资金管理使用情况专项检查,促进规范管理。加强基建财务管理。严把资金审核拨付关,完善政府采购项目管理,强化项目概算管理,加大估算投资500万元以上项目的概算审核力度,全年共审核概、预、结算604个,核减造价2.72亿元。启动绩效预算试点。探索绩效预算管理新模式,扩大绩效自评、复评和重点评价范围,共对77个项目实施评价;试行绩效评价结果反馈和公开机制,规范绩效评价工作。开展“小金库”治理工作。自查单位共354家,重点检查单位27家,延伸检查相关联的协会、学会、培训中心等共28家,对自查和检查中发现问题的13家单位发放整改通知书。完善“金财工程”建设,加强财政精细化管理提供有力的技术支撑。

【加强队伍建设】加强思想建设。深入开展学习实践科学发展观活动和“抓落实、求创新、谋突破”主题活动,推进工作创新与发展,被评为义乌市第二批学习实践活动先进单位。完善制度建设。试行中层副职干部竞争上岗,实行干部岗位轮换,建立新录用公务员导师制度;试行基层单位二级考核办法,加大临时工作人员考核力度;完善学习培训机制,加强干部学习培训,推进党委理论学习中心组、中层干部读书班、全员培训和税收会计知识业务竞赛等学习平台建设,被评为金华市党委理论学习中心组先进单位。创新廉政建设。完善兼职纪检员工作制度,健全纪检监察组织网络体系,严把党风廉政关;开展“两提高、两降低”效能建设活动,加大效能监察力度。打造特色财税文化。出台以培育特色财税文化和加强干部队伍建设为宗旨的《义乌市财政地税局关于加强财税文化建设的实施意见》;开展健康丰富的集体活动,寓教于文、寓教于乐,组建文学、篮球、乒乓球、摄影等兴趣小组,举办“走近山水”登山活动。参加2009年市直机关篮球赛,获乙组第四名,参加市直机关混合乒乓球赛荣获团体第三名;组织承办金华市财税系统文艺调演活动。 (义乌市财政局供稿 叶 庆执笔)

东阳市

【概况】2009年,东阳市实现生产总值248.83亿元,比上年增长9.1%。其中:第一产业增加值11.66亿元,增长4.5%;第二产业增加值131.67亿元,增长7.0%;第三产业增加值105.50亿元,增长12.3%。人均生产总值30555元,增长4.4%。全市财政总收入25.55亿元,增长6.1%,其中地方财政收入15.15亿元,增长11.7%;财政总支出18.82亿元,增长21.8%。全年财政收支实现平衡。

【支持经济发展】支持经济转型升级。落实积极财政政策,全年安排技改资金2560万元,专项用于企业技术改造、技术创新、循环经济、节能减排等;加大扶优扶强力度,兑付政府特别奖999万元;落实高新技术企业税收优惠政策和企业技术开发费用加计扣除政策,减轻企业所得税负担4057万元。支持现代服务业发展,提升影视产业发展层次,安排补助资金7078万元;扶持商贸服务企业和市场发展,安排专项资金1300万元;支持企业分离发展服务业,建立“政府引导、部门协作、企业参与”三位一体的运行机制,全年实现分离9户,实际新增税费160万元。加大对困难企业的帮扶力度。落实社保费减征、困难企业税费减免、下岗职工再就业、取消办证工本费等各项优惠政策,困难企业房产税、土地使用税、专项水利建设基金等减免3190万元;社会保险缴费比例临时性下浮减征2153万元;调整基本养老保险费后减负900万元。出台中小企业财税扶持政策,设立市企业家协会应急互助基金1000万元,缓解中小企业短期资金困难。扩大内需促进增长。积极向上争取资金支持,扩大投资项目规模。落实好政府投资性项目建设,支持第二自来水厂、垃圾填埋场技改扩容、城区污水处理、红椿巷拆迁等基础设施和民生工程建设。全面落实政策性促进消费政策,开展“家电下乡”、“汽车摩托车下乡”、“家电、汽车以旧换新”工作,兑现补贴1249万元。

【组织财政收入】持续优化地方财力。全市组织地方财政收入15.15亿元,占总收入比重为59.2%,提高2.87个百分点。营业税和地方小税种组织入库7.49亿元,占税收收入比重62.7%,比上年提高3.1个百分点。地方可用财力持续加大。提高税收征管水平。坚持“抓大、评中、定小”的税源管理思路,完善重点行业、重点企业收入预警机制,制定2009年度个体税收定期定额标准和调整方案。开展房产税、土地使用税专项清理和纳税评估,全面清查全市实行机打票行业的发票使用管理情况。调整土地增值税预征率,从1%提高到2%,“核定征收率”调整为5%,保证土地增值税及时、并均衡入库。强化社保费征缴工作。完善“五费合征”政策,改进城镇个体劳动者社会保险费的征管方式，全面推行"一户通"实时扣款，取消医保基金收入过渡户，加强并规范社会保险的补报业务。**加强非税收入和农税征管工作。**坚持"以票管收、源头控制"，出台《东阳市财政票据管理暂行办法》，规范行政事业单位的收费管理，加强自收自支单位政府统筹资金的征收。执行"先税后征地、先税后发证"办税程序，加强部门协作、信息互动，提高农税的征缴水平，全市入库农税1.52亿元，增长25.0%，其中契税增长46.5%，创历史新高。

【保障民生支出】全市民生事业保障支出11.88亿元，增长20.2%。**加大"三农"投入。**全年安排支农支出2.58亿元，增长12.9%。主要用于推进村庄整治、农业产业化、水库除险加固配套、农民饮用水工程、劳动力素质培训、"低收入农户奔小康工程"等方面。做好市行政村区域调整后续完善工作，落实行政村党组织书记和村委会主任发放基本报酬等政策，安排村级组织运行扶持资金1300万元。加大农业综合开发治理，实施三单青溪山区小流域农业生态工程、200吨香榧果加工扩建项目等。**加大对教育的投入。**全年教育支出5.67亿元，增长31.0%。主要用于义务教育段教师绩效工资改革、提供免费教科书、免学杂费、教育券营养餐等扶困助学、中等职业教育奖学助学、教师素质提升工程、生均公用经费提高、布局调整及校舍维修改造等方面。**加大对社会保障支持力度。**全年社会保障支出8243万元。落实积极就业政策，以低保等困难对象为重点，开发社区公益岗位，促进就业维护社会稳定。调整职工医保、居民医保、失业保险、生育保险等相关政策，落实城镇居民医疗保险政策；完善新型社会救助体系，规范最低生活保障制度，分类分层救助制度全面实施。**支持城乡社区卫生服务体系和公共卫生体系建设。**当年安排医疗卫生支出1.54亿元，增长36%。推进城乡社区卫生服务体系建设，做好农民健康体检和社区卫生服务中心建设；加大对甲型H1N1流感、儿童免疫、传染病防治等公共卫生投入。**支持文化大市建设。**全年安排支出4500万元，增长7.4%。完成广播电视"村村通"工程，实施广播电视"文化低保"项目。

【推进财政改革】深化部门预算管理改革，按照《东阳市市级部门项目支出预算管理办法》等规定，明确政府收支科目分类，整合财政专项资金。推进工资制度改革，完善公务员津补贴方案，提高离退休人员福利待遇；出台《东阳市机关事业单位编制外人员用工管理办法》，规范临时用工人员工资管理。深化财政追加预算改革，执行追加预算支出审批程序和公用经费预算。落实上级部门厉行节约的指示精神，压缩一般性公务支出，降低行政运行成本，全年压缩一般公用经费2106万元。调整中心镇财政体制，提高体制收入增收分成比例，调动镇财政增收积极性。加强政府采购信息化建设，建立全省县市首个政府采购服务信息化管理综合平台。实行协议供货网上竞价制度，加强对协议供货商的管理，降低采购成本，全市政府采购合同金额9887万元，资金节约率12.7%。

【加强财政监督】规范加强国有资产管理，制定出台《企业国有资产监督管理暂行办法》、《乡村直管公房处置管理办法》等，做好东阳市城市发展有限公司发行企业债券前期的相关工作和红椿巷旧城改造区域的行政事业单位、国有企业资产管理，在金华地区率先实行行政事业单位国有资产管理信息系统。强化政府性投资项目预算审核，审核项目97个，送审金额72748万元，审定金额68994万元，净核减3754万元，净核减率5.1%。开展国债资金专项督查，出台《政府性债务管理暂行办法》及其实施细则，明确债务主体的偿债责任，完善政府性债务的预警制度、日常监督和动态管理。推进财政绩效评价工作，建立绩效评价结果报告制度，组织实施蔬菜产业提升项目、农村基层文化设施项目、农村卫技人员素质提升项目等绩效评价。开展行政事业单位"小金库"专项治理和国有企业财务会计信息质量检查。全面推行会计网络化管理，试行网络、面授相结合的教育新模式，组织开展会计论文学术交流。

【干部队伍建设】开展学习实践科学发展观活动，以"坚持科学发展，深化财税改革，实现奋力追赶"为实践载体，组织开展企业帮扶行动计划、"财税文化建设"、"制度落实年" 等活动。开展东阳人文精神大讨论，开辟财税文化长廊，组织年轻干部走访退休老干部，激励干部创新创业热情。加强干部作风建设，开展"企业服务年"、"万人百企评机关"和涉企科级岗位评议等作风建设活动。在市纪委组织的"万人百企评机关"和涉企科级岗位评议活动中财政局列机关部门评议"涉企组"第一名。开展第四轮中层干部竞争上岗和一般干部双向选择工作，坚持民主、公平、择优原则选拔中层干部，新提拔年轻干部5名。加强党风廉政建设，出台行政执法投诉举报制度、诫勉谈话制度等，落实党风廉政建设责任制。开展"廉政教育月"主题系列活动，每月刊发廉政《警示》，开展廉政专题讲座，组织观看警示教育片，发放《廉政演示》书籍，撰写廉政格言，筑牢廉政思想底线。推进财税文化建设，制订干部学习培训计划，开展各种层次的岗位大练兵。发挥机关团组织、工会、摄影协会等组织作用，开展寓教于乐、健康向上的集体活动，丰富干部职工业余文化生活。 （东阳市财政局供稿　徐宏刚执笔）

永康市

【概况】2009年，永康市实现生产总值257.36亿元，增长9.5%。其中：第一产业增加值6.99亿元，增长4.5%；第二产业增加值167.21亿元，增长8.8%；第三产业增加值83.16亿元，增长11.5%。第一、二、三产结构比为2.7:65.0:32.3。按户籍人口计算，全市人均生产总值4.5万元。全市财政总收入33.69亿元，增长7.3%，其中地方财政收入17.72亿元，增长12.1%；财政支出19.23亿元，增长16.3%。全年财政收支平衡。

【促进经济结构调整】发挥财政资金和政策的导向作用，促进经济结构调整、产业优化升级。加大总部经济政策引导力度，对符合政策的企业做好奖励落实工作，兑现17户工业企业的总部经济奖励资金460万元。推进企业分离发展服务业，全年新增分离企业28家，获得金华市地方税务局专项考核最高分，受到省地方税务局通报嘉奖。兑现工业经济发展奖励专项资金9991万元，加强对企业技改、科技孵化、品牌培育、三产发展等方面的奖励和补助。落实《关于科技企业孵化器及入孵企业若干政策意见》，拨付第三产业发展引导资金1120万元，扶持市场建设与培育、商贸流通业、旅游业、生产性服务业、现代物流业、住宿和餐饮服务业、社区服务业等行业的发展，加快促进产业结构调整。扶持利废企业发展，对再生资源回收企业上缴税收地方财政所得部分全部用于企业技改补助，共补助资金1833万元。落实税费优惠政策，临时性下浮企业社会保险费缴费比例，减征2042万元。调整基本养老保险缴费比例，对23270户城镇个体劳动者减征1125万元。办理各类退库税费8267万元，增强企业发展活力。

【组织财政收入】依托国税地税协作管理机制，调高国地税共管双定户定额。制定交通运输业税收征管办法，强化"以票控税"征管模式，加大对交通运输业及个体经营户等税收薄弱环节的征管力度。细化小税种管理，全年入库"地方七税"3.78亿元，增长9.8%，其中房产税累计入库8534万元，增长8.3%，土地使用税累计入库5918万元，增长6.6%。全面清理建筑业税收，清理未申报建筑企业314户，补报建筑业工程额1.65亿元，补缴营业税800多万元。专项评估饮食、住宿等行业的97户纳税人，入库税费161万元，加收滞纳金18万元。完善《税友2006》系统，提高数据比对的高效性和准确性，补征教育费附加、地方教育附加、水利建设基金83万元。全年第三产业增加值占GDP比重32.3%，高于全市GDP增速两个百分点；地方财政收入占财政总收入的比例提高到52.6%；地税部门入库第三产业税收5.99亿元，增长27.3%，占地税税收收入的比例提高到50.2%。

【保障重点支出】优化财政支出结构，重点向民生和三农领域倾斜，当年新增财力的三分之二以上用于民生，民生方面支出13.86亿元，增长12%。全面实施城乡居民养老保险制度，实现养老保险制度全市全覆盖。加大农村公共卫生事业投入，完善新型农村合作医疗制度。对义务教育学校全面实施绩效工资。全年财政支农支出2.95亿元，重点支持"三清四改"、农村饮用水工程等项目建设。实施扶贫安居工程，安排近3亿元安居工程专项资金，当年起3年内对全市1.2万农户的旧农房进行改造。安排城乡低保和集中供养经费1270万元，提高农村低保标准，组织落实低保对象提标扩面工作。完成政策性农村住房保险续保工作，152969户农户参加政策性农村住房保险，参保率99.0%。组织开展家电下乡、汽车下乡工作，完成农民家电下乡资金划拨372万元，涉及农户13883户，汽车下乡资金补贴951万元，涉及农户3286户。

【加强财政监管】强化对政府投资项目资金管理，提高财政资金使用效率。当年审核概算项目4个，编审核算项目168个，审核结算项目128个，合计核减资金9564万元，核减率11.5%。拓宽政府非税收入征收范围，着重抓好资源性、资产性政府非税收入。跟踪管理公拍租金入专户的情况，督促各单位租金收入及时、足额缴入财政专户。压缩一般性财政支出，对各镇(街、区)、行政事业单位2009年公用经费按预算数核减5%，经常性专项经费按预算数核减10%，出国(境)经费比上年压缩30%，非经常性专项经费和会议、车辆运行经费实施"零增长"。开展"小金库"专项治理工作，重点治理2007年以来各项"小金库"资金的收支数额，以及2006年底"小金库"资金滚存余额和形成的资产，共检查40个党政机关和事业单位，其中重点检查单位32个，占检查面20.1%。支持中心镇建设，加大中心镇基础设施资金投入力度，扩大中心镇财权。安排1500万元中心镇发展专项资金，对中心镇基础建设项目进行"以奖代补"。推进财政周转金清欠工作，实行有奖举报制度，扩大公开催款面，累计收回金额3106万元。加强会计管理工作，组织会计业务培训、继续教育及各类考试，依法加强会计监督，组织开展会计信息质量检查和财政监督检查。

【深化国有资产管理】完善企业国有资产与财务管理，确保国有资产保值增值。推进规范行政事业单位公开招拍租工作，组织12个批次的公开招拍租，成交年租金1491万元，总租金4769万元，年租金较招拍租前增长37.6%。开展行政事业单位资产出租专项检查，对18家单位实施重点抽查。全面推行资产评估结果公示制，继续推行企业经营者绩效年薪考核，对部分企业经营者薪酬限定总额发放。加强投融资平台建设工作，组建成立国有资产投资集团有限公司，推进融资债券发行工作。

【提升队伍形象】以"抓分离促转型、优结构保民生、讲科学助发展"为载体，深入开展学习实践科学发展观活动，完成各项学习任务。在干部职工中推行"对上以敬、对下以爱、对己以严、对人以和、对事以真"的工作理念，提升干部队伍能力素质。组织开展中层干部竞聘和一般干部双向交流活动，新提拔任用11名中层正职。开展全员业务培训，在浙江大学之江校区开展二期业务知识全员轮训，共有140多名干部参加。坚持"标本兼治、综合治理、惩防并举、注重预防"的方针，抓好党风廉政建设责任制分解落实，建立健全教育、制度、监督并重的惩治和预防腐败体系，确保财政队伍安全。以“文明单位”、“巾帼文明示范岗”、“青年文明号”等创建活动为载体，推进各项精神文明创建活动，营造积极进取的团队氛围，永康市财政局被评定为金华市级文明单位。以五个文体兴趣小组为平台，精心组织开展“新中国成立60周年——财税文化艺术周”活动，内容包括乒乓球比赛、篮球比赛、书法比赛、摄影比赛、歌咏比赛等，倡导健康向上的生活方式，增强干部队伍凝聚力。

（永康市财政局供稿　程复明执笔）

武义县

【概况】2009年，武义县实现生产总值103.25亿元，比上年增长9.1%。其中：第一产业增加值9.78亿元，增长6.2%；第二产业增加值58.96亿元，增长7.9%；第三产业增加值34.51亿元，增长12.0%。全县人均生产总值30775元。全县财政总收入14.37亿元，增长4.8%，其中地方财政收入7.34亿元，增长6.0%；财政总支出12.74亿元，增长17.0%。全县当年财政收支平衡。

【力促经济回暖】落实积极财政政策。及时把争取到的6500万元地方政府债券下达到项目单位，支持金温铁路改造、城市雨污分流等重点项目建设。筹集资金8亿多元，支持实施政府投资项目共139个。着力为企业减负。落实企业社会保险费缴纳比例临时性下浮政策，并向县政府建议缓征企业社保费6个月，累计减征社保费2250万元，缓缴2200万元。落实国家有关支持工业企业自主创新、转型升级的税收优惠政策，地税部门为符合条件的企业减免税收1592万元。出台多项经济扶持政策。向县委县政府建议修订扶持工业发展政策的建议，企业社会贡献奖享受条件从每亩土地利用绩效税收4万元／亩调整为3.5万元／亩，适当降低政企互动政策门槛。出台鼓励工业用地流转的政策，对利用全县闲置土地办企业的，在流转过程中因房产、土地转让所产生的相关费用全额奖励给受让方。出台促进房地产业健康稳定发展的若干意见，对个人购买自住房，给予一定奖励。出台扶持外贸发展政策，降低生产企业出口奖励门槛，提高奖励标准。兑现产业发展资金。全年累计安排各项产业发展资金9716万元。推进企业分离发展服务业。当年新增7家企业实行主辅分离，增加地税收入196万元，企业减轻税收负担18万元。

【组织财政收入】加强地税征管。开展税收征管调研，针对薄弱环节完善征管措施。加强工业企业资产处置税收管理，从税负上引导企业通过土地、厂房转让过户方式流转土地要素资源，并加大对以前年度股权转让个人所得税的清理征收力度，增加地方税收4409万元。优化纳税服务，通过健全企业不动产台账、完善管理、开展纳税评估等措施加强“资产类”、“效益类”和“资产交易类”税收管理。累计完成税收收入5.04亿元，增长5.8%。加强农税和非税收入征管。强化房地产交易环节税收一体化征管，加强与国土、房管等部门沟通协调，加大耕地占用税和契税新政策宣传和征管力度，农业两税入库5800万元，增长0.5%；加大政府非税收入征管力度，规范征收行为，遏制非税收入下降势头。

【保障民生支出】支持“三农”发展。预算内安排支农资金2400万元，增长6.4%。向上争取资金和项目，整合支农资金重点支持现代农业发展、农村水利建设、清泉工程、村庄整治、生态村建设、农村垃圾集中处理等，农林水事务累计支出1.80亿元。支持教育发展。贯彻落实“以县为主”的教育管理体制，提高义务教育阶段中小学日常公用经费保障水平，落实扶困助学政策，提前化解义务教育债务。强化项目资金监管，推进中小学校舍标准化和校舍安全工程建设。累计教育支出3.10亿元，增长6.2%。支持医疗卫生事业发展。安排资金支持卫生服务中心（站）、武义第二人民医院等项目建设，加强城镇职工基本医疗保险和农村新型合作医疗基金管理，拨付专项资金160万元用于H1N1流感防控工作。医疗卫生累计支出1.01亿元，增长56.5%。支持就业和社会保障工作。加大就业扶持力度，加强对社会救助、医疗救助、自然灾害等民生项目资金管理，确保资金安全、及时到位。社会保障和就业支出6872万元，增长7.1%。新增财力用于社会事业和保障民生的比例超三分之二，2009年全县新增财力4000万元，其中用于社会事业和解决民生保障方面2786万元，占比69.7%。

【强化财政管理】加强预算管理。开展财政收入预测分析，加大收支统筹，确保财政收支平衡。以规范津补贴为契机，提高预算单位公用经费并规范管理。健全专项资金支付管理制度和类别档次，控制新增项目，对各单位结余资金进行清理，共清理各单位历年结余资金1765万元。出台差旅费、招待费、办公设备配置等制度，落实上级有关厉行节约的规定，压缩因公出国（境）经费，核减车辆运行费用，全年压缩支出676万元。开展治理“小金库”工作，其中自查自纠上报金额565万元；查处2家违规单位，涉及金额11万元。稳步推进津补贴规范工作。从2009年1月1日起，在全县范围内推行规范公务员津贴补贴标准、机关离退休人员津贴补贴标准，资金保障及时到位，并实施相应配套制度，确保各项工作有序开展。贯彻实施义务教育段教师绩效工资，确保义务教育学校教师工资不低于公务员平均工资水平。加强乡镇财政管理。延续上一轮乡镇财政管理体制，加大乡镇财政经费保障力度，确保乡镇正常运行。规范乡镇财政收支管理，完善制度建设，规范经费支出，强化项目经费管理，控制乡镇新增债务。加强政府投资项目监管。加强政府投资项目前期、计划及过程管理，加大项目的概预算及竣工决算审核力度,提高财政资金使用绩效,规范政府性投资建设项目管理。

【加强队伍建设】加强领导班子建设。以深入学习实践科学发展观活动为契机,局班子广泛征求意见,组织班子民主生活会,提高班子凝聚力和战斗力。推进学习型组织建设。开设“内部课堂”,鼓励干部参加学历和职称考试,提高干部业务水平和工作技能。完善干部激励机制。坚持“以人为本”理念,注重人文关怀,注重挖掘干部潜能,注重领导与普通干部、干部与干部之间的情感交流,营造干部队伍上下和谐顺畅、积极向上的良好工作氛围。2009年,县局根据工作需要,提拔使用一批年轻干部。开展文体活动。县局根据干部的需求和特长,建立登山、书法、乒乓球、篮球等兴趣小组,引导广大干部远离低级庸俗,培养高雅情趣。组织各种比赛,参加金华市财税系统运动会、文艺调演,以及武义县组织的大合唱活动。

(武义县财政局供稿　陈红波执笔)

浦江县

【概况】2009年,浦江县实现生产总值109.64亿元,增长8.6%。其中:第一产业增加值6.28亿元,增长4.6%;第二产业增加值67.44亿元,增长7.7%;第三产业增加值35.92亿元,增长10.9%。全县财政总收入13.17亿元,增长6.2%,其中地方财政收入7.21亿元,增长7.1%;全县财政总支出10.09亿元,增长10.1%。全年财政收支平衡。

【支持经济发展】落实各项保增长促发展政策,全年办理各项税费减免1.17亿元,安排各项财政补助9748万元。减轻企业负担。落实国家和省提高出口退税率、增值税转型、企业所得税和小规模纳税人税率调低、减征社保费、取消和降低行政事业性收费等减税减负政策。针对废旧物资回收企业增值税政策调整给企业带来的困难,出台财税扶持政策,安排财政补助2023万元。设立企业转贷应急资金,缓解企业融资困难,累计转贷总额1.60亿元。促进工业经济转型升级。兑现工业科技发展扶持资金4125万元,其中先进装备奖励438万元,高新技术(产品)奖励198万元,科技项目和研发投入奖励216万元,外贸出口奖励1390万元,上规模企业特别贡献和销售规模奖励310万元,亩均税收奖励341万元,节能减排奖励143万元,特色行业服务平台58万元。落实促进工业建设用地流转的财税政策,优化园区土地资源配置,安排财政补助600万元。促进房地产市场发展。落实个人住房买卖财政补助政策,安排补助资金3000万元。落实促内需政策。通过“一卡通”共拨付家电、汽车摩托车下乡、家电以旧换新补贴资金750万元。落实积极财政政策,加大融资力度,共筹措建设资金14.90亿元,政府投资建设工程支出8.10亿元,增长37.2%。

【组织财政收入】采取有效措施,应对全球金融危机和国家结构性减税带来的收入压力,确保财政收支平稳运行。地方财政收入占财政总收入的比重为54.5%,比上年提高0.45个百分点。促进税负公平。推行企业所得税和餐饮、娱乐、足浴等行业税收预警管理,平衡行业税负。开发“浦江县税务综合管理平台”,开展国地税联合定税,促进定税公平公正公开。加强部门合作。实行工商、国税、地税“三证合办”,建立地税、国土、城建、房管等部门协调机制,对个人股权转让和住房买卖实行“先税后证”管理。强化小税种征管。加强重点行业和重点税种监管,加大对与经济关联度不大的土地增值税、房产税、土地使用税征管力度,三税分别增长23.5%、11.3和50.3%。加强非税收入征管。规范“五费合征”,开展欠费清理,在减征企业缴纳一个月社保费980万元,7月1日起费率由15%下调为14%的情况下,社保基金收入2.35亿元,增长10.8%;实行土地收入旬报和对账制度,加大欠缴催收力度,土地出让金收入6.73万元。推进企业主辅分离。县政府出台促进企业主辅分离的财税优惠政策,共有5家企业实现主辅分离,增加地方税费130万元。

【保障民生支出】调整优化支出结构,财政用于民生事业支出占预算内支出83.5%。支持“三农”发展。落实促进粮食生产补贴政策,拨付农资综合、农机购置、粮食生产机械化等各项农民直补资金800多万元;支持现代农业发展,拨付农发基金817万元;促进农民增收,安排来料加工经费300万元;支持灾后重建,拨付水毁修复建设资金238万元;安排甘泉工程、城乡一体化长效管理机制专项资金320万元。改善农村生产生活条件,支持农业基础设施建设,拨付甘泉工程、村庄整治、土地整理、强塘固库、农业综合开发资金19523万元。加大教育投入。设立学前教育专项资金,支持学前教育事业发展,安排补助资金214万元。中小学生均公用经费分别提高到350元和550元,农村中小学爱心营养餐标准提高到每生每年350元。拨付浦中、职技校、校舍改造等教育基础设施建设资金11806万元。支持农村文化建设。拨付乡镇综合文化站、“广播电视村村通响工程”补助资金403万元。支持公共卫生服务体系建设。拨付农村乡镇卫生院改造资金246万元。按人均城区20元、农村15元标准安排基本公共卫生服务经费,农民健康体检标准提高到人均30元,新型农村合作医疗补助标准提高到人均110元。拨付计划生育两免经费110万元,甲型H1N1流感防治专项经费33万元。提高社会保障水平。安排被征地农民基本生活保障资金1721万元,城镇和农村最低生活保障金分别提高到312元和188元,拨付廉租住房保障金16万元,支持实施残疾人共享小康工程。支持就业再就业。拨付就业补助550万元,大学生村官和见习补助353万元。加大环保投入。城乡环境卫生支出2693万元，杭坪水资源保护区支出292万元，乡镇垃圾中转站、镇级污水处理、垃圾填埋场、第二污水处理厂建设支出3650万元，森林生态效益补偿支出443万元。促进平安建设。支持城区167个治安动态视频监控点建设，设立社区矫正、法律援助、司法救助、交通事故救助经费专项经费。

【深化财政改革】稳步推进预算编制、执行、监督"三分离"的财政运行机制改革。深化预算管理改革，统筹运用预算内、外财力，盘活部门沉淀资金，缓解财政收支矛盾。健全预算管理机制和流程，预算编制全部细化到"项"级科目和落实到具体执行项目。加大政府采购管理力度，凡涉及政府采购的部门一律编报政府采购预算。规范收入分配制度，统一公务员津补贴标准。稳步推进国库集中支付改革，12月起在财政局等6家单位试点。合理调度财政存款。改善政府融资结构，合理安排还贷期限，降低融资成本1500万元。调整乡镇总会计队伍，规范乡镇街道、开发区专项资金管理。加强工会票据、征地补偿资金、食堂资金管理，机关事业单位物业管理实行统一招标。

【强化财政监督】加强"小金库"和三项经费的治理和管理，控制一般性支出。开展对8项政府性资金、水晶展览馆工程项目资金、国土资源局等单位的资金收支情况检查，开展财政国库账户清理，完善财政资金管理。对郑宅镇政府(含工业功能分区)的财政、财务资金情况进行检查，处理项目资金未专款专用、少缴个人所得税、费用核算不规范、账务处理不准确等问题。出台浦江县财政支出绩效评价结果应用意见，完善财政支出项目预期绩效目标申报制度，对15个部门33个项目2亿多元资金组织绩效自评。加强政府投资项目评审，全年审核119个项目，涉及财政资金7.80亿元，核减8063万元，平均核减率10%。

【加强国资监管】实行企业国有资产"国家所有，委托管理，分工监督"管理体制，与全县25家企业主管单位签订委托管理协议书。规范国有资本投资和新设立国有企业管理，加强国有企业招用人员管理，落实国有企业年度审计工作，开展全县国有企业工资薪酬情况调查。加强行政事业单位国有资产管理，盘活国有资产存量，对原司法局、审计局等行政事业单位国有资产管理实行集中处置。

【干部队伍建设】深入开展学习实践科学发展观活动，以财税文化建设为抓手，深化拓展学习型组织建设，全年获得县级以上先进集体22项，先进个人33人次。加强作风建设。推行干部办事档案制度，制订干部办事档案记录本，把干部工作业绩、道德操守、廉洁自律等情况都列为记录内容，由人事部门按季进行记录归档，作为年度考核和干部提拔的重要参考。加强教育培训。鼓励干部职工参加各种业务培训、学历考试和资格考试，提高业务水平。举办中层干部读书会，坚持中层业务干部调配必须具有中级职称且"逢进必考"原则，强化持续学习理念。加强廉政建设。落实党风廉政建设责任制，设立财税廉政文化活动室，开展书画润廉活动，邀请司法部门举行廉政讲座，观看廉政警示教育片，设立廉政屏保，发送廉政短信，开设网站廉政专栏，组织廉政宣誓，增强干部自律意识。建设财税文化。以兴趣小组为单位，组织开展太极拳、摄影、书画、汽排球、登山、钓鱼、拔河等活动，组团参加县十四届全民运动会、全省财税系统第三届文艺调演，选送书画、摄影作品参加庆祝新中国60周年主题活动。开展"道德浦江"建设，组织党员干部志愿者参与县"文明交通"劝导活动、自愿献血、结对扶贫等活动。创建文明单位。组织开展"青年文明号"、"巾帼文明示范岗"、"涉企中层群众评议"等活动，会计核算中心获得省级巾帼文明岗荣誉称号。

(浦江县财政局供稿　吕根暄执笔)

磐安县

【概况】2009年，磐安县实现生产总值40.65亿元，比上年增长9.2%。其中：第一产业增加值6.11亿元，增长4.8%；第二产业增加值22.01亿元，增长9.3%；第三产业增加值12.53亿元，增长11.2%。三次产业结构由上年的15:55.6:29.4调整为15.1:54.1:30.8。人均生产总值19408元，增长6.9%。全县一般预算总收入5.20亿元，增长5.3%，其中地方财政收入2.72亿元，增长7.6%；全县一般预算支出7.90亿元，增长17.7%。全县当年财政收支平衡。

【"保稳促调"】开展帮扶解困活动。组织开展"三进三送"(即进企业、进乡镇、进农村，送政策、送项目、送温暖)活动；落实税费优惠和减免缓政策，减免税费合计1749万元；兑现工业经济扶持政策奖补资金3422万元。落实扩大内需政策。加大重点项目资金保障力度，统筹拨付政府性投资项目资金1.32亿元；落实"家电、汽摩下乡"和"家电、汽车以旧换新"等政策，共兑付补贴资金444万元；发放购买商品房契税补贴131万元。推进产业转型升级。安排资金1000万元，重点推动农业产业结构的调整和优化；落实项目资金1100万元，推进8个农业综合开发项目的实施；安排平台建设专项资金1000万元，促进产业集聚发展；落实财政奖补资金1300万元，支持房地产业、旅游业、建筑业、服务业等行业发展；新认定再生资源增值税退税企业5户，支持科技型中小企业创业创新；探索开展企业分离发展服务业工作，成功分离1家物流公司。

【组织收入】完善税源管理办法，加大监控力度，县级监控企业从原来的164户扩大到264户，推广应用不动产和建筑项目税收管理软件;加强部门协作,拓宽涉税信息共享,推进房地产税收和农业两税社会一体化征管模式,实行催缴税款通知书"公证送达",协税护税体系建设成效明显;开展企业厂房建筑税收、农业两税专项清理工作,全县175户企业申报缴纳厂房建筑业税收1200万元,全年耕地占用税、契税分别增长60.8%、124.2%;坚持"税费并重",推进社保费"五费合征"扩面工作。全年组织税费收入3.24亿元,增长7.4%。深化"收支两条线"改革,推广应用新版政府非税收入征管信息系统,做好政府非税收入收缴管理。全年完成土地出让金、行政事业性收费、政府性基金等非税收入3.23亿元,增长82.9%。

【民生支出】全年民生事业支出4.75亿元,占财政总支出的60.2%,增长18.9%。推进教科文事业发展。全年教育投入1.72亿元,增长8.1%,高于地方财政收入增长;科技经费支出2191万元,增长22.5%;落实财政专项资金657万元,支持城乡公共文化服务体系建设、农村文化活动繁荣和农村文化队伍素质提升工程,改善农村及社区文化体育设施。加大"三农"扶持力度。加强支农专项资金整合,建立支农项目验收责任制,健全财政支农资金稳定增长机制。全县"三农"财政投入1.10亿元,增长21.0%。提高城乡基本保障水平。落实资金630万元,推进城乡社区卫生服务体系建设;调整城镇职工基本医疗保险政策,县内外就医补助起付标准分别降低100～200元,住院报销比例分别提高3～5个百分点;落实"新农合"补助资金1582万元,人均筹资水平提高到140元,惠及参合人员17万人;城镇、农村居民低保标准分别提高到276元、165元,受惠对象达到4158户5277人;落实资金2139万元,保障救灾救济、社会救助、优抚安置工作。完善免疫规划经费保障机制,落实甲型H1N1流感防控经费70万元;配合出台新一轮就业政策和普通高校毕业生就业政策,落实就业资金455万元;落实综合治理、重大事故防范和处置等维稳防控经费计6360万元,增长11.5%,促进和维护社会安全稳定。

【财政监管】规范财政资金管理。推进"金财工程"建设,利用系统软件加强预算指标管理;建立财政资金"涉审涉批涉付"事项限时办结等制度,加强财政资金使用管理;实施部门预算、国库集中支付、"三财县管"等制度,提高财政资金运行的安全性、规范性。提升理财效益。完善财政性资金存贷挂钩考核办法,累计调整财政存款1亿元,激发金融机构支持地方建设积极性,全年各金融机构新增政府性项目贷款2.3亿元,贷款月执行利率从上浮40%以上压缩到上浮10%以内,减少政府性融资支出800万元;合理调度财政间歇性资金,及时为有关单位提供资金周转,节减政府融资成本,压缩政府性债务。加强预算单位支出监管。建立一般预算支出和招待费用支出情况每月通报制度,对104个行政事业单位的有关支出实行按月通报;加强各单位财务报销监管,开展行政事业单位会计从业资格情况、会计信息质量和财务收支检查;创新财政绩效评价方式,首次由中介机构和主管部门对项目实施情况进行绩效评价,对16个财政性项目进行跟踪问效。加强项目支出监管。政府性基本建设项目审核范围扩大到县内各园区和乡镇,累计完成预决算审核项目264个,核减资金2037万元,平均核减率11.7%;加大政府采购监管力度,节减资金552万元,资金节约率13.4%。

【国有资产管理】配合县政府制订出台国有资产实行全面集中管理和加强国有融资(经营)公司管理办法,理顺管理体制,健全国资管理制度。建立国有企业、国有投融资公司财务分析季度例会制度,强化国有企业和国有投融资公司的财务管理。行政事业单位的60宗国有资产完成房产、土地"双证"过户,为政府融资平台融资抵押提供资产保障;通过公开拍卖、拍租,组织国资收入2602万元;利用国有资产抵押(保证)贷款3.34亿元,支持政府性投资项目建设。

【干部队伍建设】开展学习实践科学发展观活动。以"深化财税改革,构建品质财政;落实科学发展,服务磐安经济"为主题,科学谋划,周密组织,突出特色,完成学习实践活动各个阶段的工作任务。深化学习型组织建设。把引导财税干部牢固树立学习意识作为财税文化建设的切入点,坚持以集中辅导、专题讲座、微型学堂等有效手段,开展政治理论和业务学习,组织52岁以下干部职工进行理论和业务知识考试;按季组织系统中心组学习会,开展理论调研和工作交流。完善财税内部管理制度。完善岗位目标责任制考核办法,建立临时聘用人员绩效考核制度,形成以分线考核、捆绑考核、量化考核为框架的考核机制;建立完善办事流程及限时服务承诺制、财政涉审涉批涉付事项限时办结制、中层以上干部每周工作内网公示等多项制度,提升工作效能和服务水平;完善公务接待、公车使用管理等四项制度,规范财务支出。推进作风廉政建设。落实党风廉政建设目标责任制,组织开展规范财税权力运行工作,完善系统惩防体系,确保财政资金和干部队伍安全;通过参观看守所、观看警示片,以剖析反面案例提升廉政教育成效;加强干部作风建设,加大纪律效能监督检查力度,组织实施中层岗位社会民主评议。重视培育精神文明。发挥工团妇组织作用,组织开展读书征文、演讲比赛和登山、游泳、书法等竞赛活动,组队参加金华市财税系统文艺汇演;开展基层文明单位、青年文明号等争先创优工作,会计核算中心荣获"市三八红旗集体"称号;在全县30个部门90个岗位参与的"磐安县重点涉企中层岗位群众评议"活动中,财税系统中有6个参评岗位列前十,其中直属分局、企财科、征管科分获第一、第三和第五名。

(磐安县财政局供稿　胡志锋执笔)

衢州市财政工作概况

衢州市

【概况】2009年，衢州市实现生产总值617.50亿元，比上年增长11.1%。其中：第一产业增加值60.02亿元，增长4.1%；第二产业增加值337.24亿元，增长12.8%；第三产业增加值220.24亿元，增长10.7%，三次产业增加值结构调整为9.7:54.6:35.7。全社会固定资产投资415.40亿元，增长15%。社会消费品零售总额250.30亿元，增长16.1%。进出口总额11.84亿美元，下降10.8%，其中：出口7.30亿美元，下降19%；进口4.54亿美元，增长6.6%。市区城市居民人均可支配收入19539元，增长8.1%；农村居民人均纯收入7336元，增长7.2%。全市财政总收入62.34亿元，增长8.8%，其中地方财政收入37.85亿元，增长10.1%；市本级财政总收入33.09亿元，增长13.6%，其中地方财政收入19.21亿元，增长13.5%。全市财政支出95.39亿元，增长40.4%，其中市本级财政支出40.45亿元，增长36.2%。全年财政收支平衡。

【支持经济保稳促调】在全市财税系统开展"百名干部联百企"活动，财税干部与企业"一对一"结对联系，帮扶企业应对金融危机。落实各类税收减免、行政事业性收费减免、出口退税、下调养老保险费率和临时下浮企业社会保险费等政策，全年由此减轻企业负担7.60亿元。市财政拨付3.50亿元财政分成资金、3亿元产业与资源合作项目资金，用于市经济开发区、市高新园区工业平台建设。市财政拨付1.03亿元发展资金，支持工业企业技术改造、节能减排和外向型经济发展；拨付2883万元资金，支持传统服务业升级改造和现代服务业发展。出台工业企业分离发展服务业扶持政策，并深入企业进行政策宣传和业务辅导，全年帮助11家工业企业实现主辅分离。设立5000万元创业投资引导基金，与浙江某投资管理有限公司合作组建创业投资有限公司，支持初创期、成长期中小企业加快发展。与建行、某网站共同组建"风险池"，为中小企业搭建融资新平台。完善金融机构贷款激励机制，引导金融机构加大对中小企业的放贷力度。全市金融机构本外币贷款新增146.70亿元，中小企业贷款占全部贷款的46.7%。落实国家扩大内需政策，全市中央扩大内需国债投资项目172个，落实地方政府配套资金10.10亿元。全市争取到地方政府债券7亿元，其中市本级2.50亿元。推动家电、汽车、摩托车下乡和家电以旧换新，出台《衢州市家电下乡工作实施方案》，全市财政拨付补贴资金4947万元，实现家电、汽车摩托车下乡销售86297台和17772辆。

【组织财政收入】根据经济形势，把提高征管质量和效率作为组织收入的重点，财政收入自5月份止跌回升后逐月增长。制订《重点企业税源管理办法》、《税收分析工作实施办法》，每季召开全市财政局长和分管地税副局长例会，每月召开税收收入分析会，定期对重点税源进行分析评估。全市纳入地税部门监控的重点纳税企业1785家，其税收额占地税部门组织的税收收入比重为74.6%。加强国税、地税、工商、国土、建设等部门之间的信息共享与协作，防止税收流失。全面摸清房产税、土地使用税、契税等税源情况，加强小税种的精细化管理，全市入库小税种收入12.47亿元，增长17.2%。建立征收单位、财政票据、收费项目、收费标准数据库，推进非税收入征管的信息化建设。全面开展社会保险费汇算清缴，在下调养老保险统筹费率和减征一个月社会保险费的情况下，全市征收社保费收入15.40亿元，比上年增长4.1%。

【保障重点支出】调整优化财政支出结构，加大民生投入，全市财政预算内民生支出62.22亿元，财政增量用于民生支出的比例为83%。加大"三农"投入。各级财政投入"三农"资金35.91亿元，增长33.5%；投入村庄整治财政性资金2.50亿元；投入农业综合开发项目资金1.21亿元，实施土地治理项目9.7万亩，扶持产业化经营项目17个；全市发放农综直补资金7872万元，受惠农民180余万人；全市落实"低收入农户奔小康"工程资金1.68亿元，投入扶贫资金3510万元。加大社会保障体系建设投入。全市社会保障和就业支出5.96亿元，增长27.7%。企业退休人员基本养老金月人均提高140元。全市发放低保金和低保物价补贴7355万元。市本级城镇和农村最低生活保障标准分别提高到312元和188元。全市安排8000万元就业资金，城镇新增就业26351人。全市落实廉租住房保障资金1.11亿元，新增廉租住房保障家庭2005户；落实农村困难群众危旧房救助资金3790万元，5600户农户受到救助。加大社会事业发展投入。全市教育支出18.20亿元，增长17.1%。全市20000余名义务教育阶段在职和离退休教职工的绩效工资按时发放到位。小学、初中生公用经费分别提高到每人每年350元和550元。全市36038人次享受助学奖学资金6096万元。对人均年收入4000元以下家庭子女就读职业学校实行免费政策。全市医疗卫生支出6.58亿元，增长56.3%。全市文化体育传媒支出1.88亿元，增长10.6%。全市科技支出2.18亿元，增长25.7%。加大生态环境保护和"平安衢州"建设投入。全市环境保护支出4.11亿元，增长46.1%，城市污水集中处理率63.6%，生活垃圾处理率100%，万元GDP综合能耗下降5%以上。全市公共安全支出6.27亿元，增长11.6%。

【深化财政改革】以科学化、精细化管理为目标，推进"收入一个笼子、预算一个盘子、支出一个口子”的财政管理改革。深化部门预算改革。清理和调整部门单位定员定额标准，在市级行政事业单位全面推广应用部门预算编制软件，启用预算执行系统，预算编制执行更加透明规范。市建设局及下属单位的部门预算提交市人大审议。推进财政国库集中支付改革。出台《市级财政国库集中支付改革扩面实施方案》、《市级财政国库集中支付管理办法》等制度，对纳入市级机关会计核算中心集中核算的123家预算单位全面实施财政国库集中支付改革，启动龙游、开化两县财政国库集中支付改革试点工作。扩大政府采购范围。出台《关于推进市场诚信体系建设的工作计划》、《衢州市政府采购合同履约验收办法（试行）》，将教育系统部分采购项目、市直医疗单位医疗设备耗材纳入部门集中采购。全市政府采购节约资金14721万元，资金节约率14.4%。推进财政资金绩效评价工作。建立市本级财政专项支出项目预期目标申报制度，全市对176个财政支出项目进行评价，涉及财政资金7.97亿元。

【加强财政监管】推进依法行政，建立制度对县（市）局依法行政工作进行联合考评。完善专项资金管理制度，制订信访积案化解专项资金、宣传文化事业发展资金、旅游专项资金等管理办法。推进专项资金整合，将17项财政支农专项资金整合为农业转型升级资金和新农村建设资金两大类，整合归并外贸补助资金。对所有政府性基金和政府专项资金结余情况进行清理，推进财政性资金统筹使用。出台《关于加强国家扩大内需国债投资项目资金管理的通知》，开设国债项目资金专户，对国债专项资金实行财政直接支付。加强财政投资项目评审，市财政组织对106个项目的预算、标底和决算进行审核，审核金额1.70亿元，核减1592万元，核减率9.3%。开展“小金库”专项治理工作，将“小金库”专项治理与会计信息质量检查、财政财务检查、规范津贴补贴等工作相结合，组织26个检查组112名检查人员，对174家党政机关和事业单位开展重点检查和延伸检查。加强住房公积金、彩票发行和公益金使用监督管理。加强会计管理工作，全市办理会计从业资格证1460人，全市持证会计人员累计21810人，组织培训财会人员1500余人。开展全市注册会计师行业和会计师事务所学习实践科学发展观活动，推进注册会计师行业党建工作。落实中央和省、市厉行节约有关规定，全市党政机关及财政全额拨款事业单位公用经费、车辆购置及运行费用、公款出国（境）支出等分别下降6.1%、25.1%、26.1%。

【国有资产管理】开展行政事业单位国有资产调查摸底，全年共核实市级党政机关“非转经”房产23.5万平方米。对20家行政事业单位进行国有资产管理情况专项检查。全年市级完成30多家单位50多批次的资产出租、处置审核审批工作。加强国有资产整合，推进经委、建设系统资产整合和水业集团组建工作。起草《关于进一步加强国有企业反腐倡廉建设的意见》，推进国有企业反腐倡廉工作。起草《衢州市属国家出资企业负责人经营业绩考核暂行办法》，强化国家出资企业负责人的薪酬管理。通过对国有企业实行工效挂钩考核，核减市级16家国有企业工资总额1015万元。东方大酒店有限责任公司、产权交易所、规划设计院三户企业国有股权划转市国有资产经营有限公司。市国有资产经营有限公司累计调度资金2.06亿元，帮助各投资公司解决资金周转困难。编制和执行政府性投资公司债务收支计划，加强政府性债务管理，年末市级政府性投资公司债务余额比年初计划下降9476万元。

【干部队伍建设】开展学习实践科学发展观活动，增强干部职工的大局意识、责任意识、服务意识和效能意识。出台《关于开展财税文化建设的实施意见》，加强财税文化建设。组织各类干部教育培训24期，培训干部2300人次。对市局机关部分干部进行岗位交流，开展非领导职务晋升工作，全年组织干部轮岗交流14人，晋升非领导职务58人。制定《因公（私）出国境管理办法》，加强干部因公（私）出国境管理。完善《岗位目标责任制考核办法》，对全局所有制度进行梳理汇编，开展权力“搜索”，查出容易出问题环节55个，建立健全相关规章制度106个。完善党风廉政建设责任制，出台《惩治和预防腐败体系2008～2012年工作计划分工抓落实操作版》，细化工作分工，明确责任处室、牵头领导者，使惩防体系建设更具可操作性。加强人大建议、政协提案的办理工作，承办的27件主办件和41件会办件的办复率、满意率100%。举办全市财税系统文艺汇演和体育运动会，完成政治思想研究会换届工作。

（衢州市财政局供稿　郑成岗　余国华执笔）

柯城区

【概况】2009年，衢州市柯城区实现生产总值59.74亿元，按可比价计算，比上年增长11.5%。其中：第一产业增加值6.5亿元，增长3.0%；第二产业增加值18.65亿元，增长15.6%；第三产业增加值34.59 亿元，增长11.6 %。三次产业增加值占全区生产总值比重分别为10.9%、31.2%和57.9%，人均生产总值44770元，增长10.2%。全区财政总收入3.76 亿元，增长13.2%，其中地方财政收入2.57亿元，增长18.7%；全区财政总支出6.84亿元，增长36.3%。全年财政收支平衡。

【财源建设】贯彻落实国家出台的各项减税让利政策，支持企业自主创新、提质增效和节能减排工作，帮助企业解决生产经营中的困难，将金融危机对企业的影响减小到最低程度。配合有关职能部门争取国家扩大内需项目资金。全年共申报各类项目210个，争取省市各类财政项目资金3.51亿元，增长48.4%，其中争取到26个中央扩大内需投资项目，资金5055万元。抓好重点项目和招商引资工作，支持重点骨干企业的企业改革、技术改造、产业升级和效益提升工作，培植新财源。发挥财政职能作用，解决资金要素保障，确保双港经济开发区、东港园区、航埠集镇功能区土地征用和基础设施配套等项目平台拓展的资金需要。

【增收节支】千方百计组织收入，将收入任务层层分解、逐级落实。完善措施，强化非税收入管理，做到税费并重、预算内外并举，为财政增收创造条件。加强预算管理，严格预算约束，除国家法律法规、政策规定和解决突发事件等因素必需增加的支出外，其他一般性支出基本实现零增长。严格执行政府收支分类核算科目，加强预算执行分析预测工作，确保重点，兼顾一般，调整优化支出结构，科学合理调度资金，促进财政精细化、科学化管理，确保财政平稳运行。执行《柯城区乡镇(街道)部门(单位)会议管理规定(试行)》和《柯城区公务接待管理规定(试行)》，控制会议费、招待费等经费的过快增长，节减不必要的支出。围绕区委、区政府的中心工作，筹措资金，支持全区改革和发展。按照保工资、保运转、保稳定和保重点的要求，确保全区机关事业单位职工工资的按时足额发放、机构职能的正常运转，确保义务教育教师绩效工资的全面实施和正常发放，以及农业、卫生、社会保障等重点民生领域及新农村建设方面的资金需要。

【改善民生】筹措资金支持农业产业结构调整。按照“农业26条”规定，当年筹措专项资金2000多万元，兑现农业贷款贴息、低收入农户奔小康贷款贴息、“小农水”建设资金、农产品加工与促销资金、农业产业转型升级奖励资金等财政奖扶政策。做好农民直补资金“一折通”网络日常维护工作，了解掌握基础信息变动情况，防止截留挪用和虚报冒领行为。当年通过“一折通”管理发放方式累计发放2008年农资综合直补资金220万元、水库移民后期扶持资金59万元。做好城乡最低生活保障工作。全区有城镇最低生活保障对象696人，累计发放基本生活费152万元；农村最低生活保障对象5496人，累计发放基本生活费709万元。落实中央扩大内需政策。贯彻落实国家扩大内需实行的汽车、摩托车、家电下乡惠农补贴政策，组织开展汽车、摩托车、家电下乡工作。至年底，兑现家电下乡补贴8459户，补贴资金226万元；汽车、摩托车下乡2518户，补贴资金276万元；家电以旧换新单位4个，补贴资金229万元。

【推进财政改革】规范和完善政府收支分类改革。完善部门综合预算改革，建立综合预算管理体系，按照“预算内外统一编制、统一确定支出标准”的编制原则，以“零基预算”为基础，取消基数加增长的编制方法，各项经费均按实际需要和财力可能统筹安排，实行预算内外综合平衡。探索国库集中支付改革，根据国库集中支付改革“分步进行，稳步推进”的工作方针，借鉴兄弟县市的先进经验，草拟《柯城区财政国库管理制度改革方案》。推行财政绩效评价。草拟2008年度区本级财政支出绩效评价项目名单，报区政府审定后，确定全年开展本级绩效评价项目共12个，其中：财政部门评价项目1个，主管部门评价项目9个，单位自评项目2个，涉及教育、卫生、农业等部门单位，其中民生领域基建项目7个，涉及2008年度本级财政资金3911万元。加强政府采购管理。按照《政府采购法》规定的采购方式、采购程序组织实施政府采购。全区全年共组织采购487次，采购预算资金1460万元，实际采购金额1297万元，节约资金163万元，综合节约率11.2%。完善财政资金安全管理有关制度。配合区审计局做好对区本级财政的审计和各项专项审计调查，对查出的问题，及时作出整改。配合中央、省、市、区有关部门做好地方财政资金安全检查和中央扩大内需26个重点建设项目专项资金、土地资金、标准农田建设项目资金、农业开发资金、扶贫资金等专项资金审计工作，完善各项资金管理制度，确保各类财政资金安全有效运行。

【强化财政财务监督】加强财政资金支出管理。规范公务员津、补贴，并以此为契机，完善内部经费稽审制度，落实“三严格”，即严格履行审批制度，严格履行审核制度，严格执行备用金制度；同时对核算单位实行支出定期监控，纠正各种不规范原始凭证，对不符合规定的业务予以退票，强化对招待费、会议费、差旅费、津补贴等人、车、会费的使用监督。做好全区行政事业单位车辆定点保险结算工作，全年共节约车辆保险经费10万余元。加强新增中央国债投资项目资金管理。围绕区委“两个强力推进”的决策部署和加强扩大内需资金管理的要求，健全管理制度，完善《国债投资项目资金管理及拨付程序》，设立国债资金管理专户，及时拨付中央国债投资项目资金，并按规定落实地方配套资金。加强国有资产管理。摸清行政事业单位家底，全年核销固定资产1580万元，核准划转固定资产127万元。加强财政票据管理。加强对非税收入的源头控管，严格把好票据购领、核销、资金缴存三个关口，在确保财政各类票据使用安全的同时，确保部门单位政府非税收入及时足额缴纳财政专户。全区全年缴纳财政专户管理资金7.35亿元，其中：专项资金6.47亿元，一般非税收入8795万元。加强政府性债务管理。完成2008年度全区政府性债务的调查、汇总和上报工作，截至2008年底，全区政府性债务余额3.03亿元，其中：区属各部门单位负债余额1.98亿元，乡(镇、街)负债余额1.05亿元，按照省政府要求，做好债务的化解工作。2008年末，政府负债率、债务率和偿债率分别为6%、68.2%和40.4%，均低于省政府规定的警戒线。加强会计管理。继续做好会计从业人员继续教育、会计职称和会计从业资格报名考试组织工作，举办会计从业人员继续教育培训班12期，培训会计人员400人次。开展财政监督检查。开展“小金库”专项治理和会计信息质量检查工作。对区属26家单位开展重点检查，共查出“小金库”24个，涉及金额717万元，对查出的问题均按不同情况进行分类处理。

【干部队伍建设】组织开展深入学习实践科学发展观活动。按照学习实践活动要求的阶段、步骤，加强领导，健全机构，精心组织，广泛宣传，紧密结合财政管理改革实际，按照规定动作做到位、特色工作有创新的要求，围绕建设“学习型，效能型，服务型，和谐型，廉洁型”机关，以理论学习为基础，以“提高思想认识，查找突出问题，促进工作开展”为目标，以“落实科学发展观，优化理财职能，促进经济发展”为载体，通过集中学习、广泛征求意见、自我剖析查找等方式找准问题，整改落实。结合局党风廉政建设，开展权力搜索。各职能科室开展权力搜索，促进财政机关内提素质、外树形象。加强内部管理，实施“点子工程”。全局干部职工从财政管理改革和自身业务职能的不同角度，每人提出1～2个点子，并将这些点子进行归类、筛选，注意好点子的科学利用。结合“三服务”活动，开展蹲点调研。2009年，全局干部通过调查研究，共形成调研报告17篇，有5篇分别获省、市财政学会三等奖；同时注意调研成果的科学应用，促进财政工作科学发展。

（衢州市柯城区财政局供稿　徐良书执笔）

衢江区

【概况】2009年，衢州市衢江区实现生产总值67.17亿元，比上年增长11.6%。其中：第一产业增加值13.51亿元，增长4.8%；第二产业增加值31.58亿元，增长13.7%；第三产业增加值22.08亿元，增长13.5%。人均生产总值16691元，增长10.5%。三次产业结构比为20.12:47.01:32.87。全区财政总收入4.16亿元，增长14.7%，其中地方财政收入2.56亿元，增长12.1%。全区财政总支出10.01亿元，增长32.3%。全年财政收支平衡。

【支持经济发展】发挥财政对经济发展的促进作用，加大重点财源涵养，应对国际金融危机的冲击。支持工业经济发展。加大衢江经济开发区，廿里、上方、大洲工业功能区和峡川、杜泽、后溪等独立工矿区基础设施投入，优化投资发展环境。兑现财税优惠政策、安排财政贴息和工业发展基金，支持高档特种纸、机械制造等主导特色产业发展。完善工业企业还贷周转金制度，帮助企业转贷1300万元，新增工业企业贷款3亿元，增长16%。取消、暂停和降低行政事业性收费126项并临时性下浮企业社会保险费缴纳比例和下调养老保险缴费率，减轻企业负担。全区新增规模企业24家，规模企业总数153家，增长18.6%，规模企业实现产值56.32亿元，增长26.8%。安排科学创新资金400万元，实施省级技术改造、技术创新项目34个，新获国家专利授权81项，新增省级著名商标1个、工业新产品16个，民心炭业科企合作项目获国家科技进步二等奖。加大对农业的投入力度。全年区级财政支农支出3396万元，增长9.9%；兑现粮农综合等补贴4320万元，增长11.6%，全区形成“粮、橘、猪、竹”为主导的蔬菜、瓜果等特色产业竞相发展的态势。加大现代服务业扶持力度。二手车交易市场建成营业，浙西粮油交易中心、省级粮库等市综合物流中心项目进展顺利，支持物流、商贸、旅游业发展。落实家电、汽车、摩托车下乡补贴政策，兑现补贴792万元，家电下乡补贴资金兑现率居全省各县(市、区)第一。全区消费品市场活跃，全年实现社会消费品零售总额21.33亿元，增长16%。

【强化收入征管】加强与国税、地税等部门协调，完善政府税收目标责任制，调动税收征管部门积极性。针对前5个月财政收入连续负增长的实际，召开财政、税务部门负责人参加的联席会议，分析税收形势，落实加强重点税源控管措施。推进房地产税收一体化管理办法改革，实行最低计税价、先票后征和电子申报制度，加强耕地占用税、契税征收管理，确保应收尽收。6月份起财政收入止跌回稳、增幅逐月提高。全年营业税、企业所得税、城市维护建设税、契税等主体税种税收收入分别增长24.8%、54.7%、13.9%和30.8%。坚持以票管费。完善非税收入管理信息网络，加强源头控管，拓宽非税收入征管范围，挖掘增收潜力，优化收入结构，提高政府财政调控能力。

【保障重点支出】整合财政资金，保障扩大内需和改善民生等重点支出需要，全年区财政预算内增加改善民生等支出3255万元，增长149.6%。全年区财政用于教育、医疗卫生、科技、文体传媒支出分别为1.46亿元、2950万元、1220万元和540万元，分别增长10.8%、9.3%、30.3%、9.5%。义务教育经费保障机制落实到位，教师工资按时发放，7月份起义务制学校教师全部实行绩效工资制度。初中、小学生均公用经费最低标准提高到550元和350元。实施农村中小学校舍安全工程2.6万平方米，推行义务教育强校接管小规模学校工作。投入618万元，完成区职业中专组建工作。完善城乡卫生服务网络，完成6所乡镇卫生院扩建和23家社区卫生服务中心(站)建设，保障应对甲型H1N1流感等重点传染病防控。农民健康体检率74.6%，免费婚前医学检查率和孕前优生检测率分别为64.2%和72.8%。新建乡镇文化站4个，全区拥有文化馆1个，乡镇文化站21个。“广电低保”工程建设投入160万元，免除城乡低保家庭有线电视网络初装费和视听维护费，全区有线电视覆盖率96.2%、有线电视用户8.6万户，农村有线电视入户率74.9%。完善支持社会保障体系，年末基本养老保障参保30424人，增长13.7%，农村养老保障参保26510人。新型农村合作医疗人均筹资标准提高到140元，参合率95.7%，基本医疗保险24354人，增长16.7%，城镇居民医疗保障参保率99%，被命名为省基层低保规范化建设示范区。提高农村"五保"和城镇"三无"对象集中供养水平，保障被征地人员基本生活。落实就业再就业促进政策和帮扶措施，新增城镇就业1070人，城镇失业人员实现再就业455人，城镇零就业家庭实现动态消零。

【支持新农村建设】统筹财政支农资金，支持农村基础设施、生态环保、安全饮水等建设。实施整治村50个、提升村12个，完成电气化改造村47个，创建农村社区建设示范点10个。新解决6.2万农村人口的安全饮水问题。新建改建户用沼气2715户，新增沼气容积2.6万立方米。加固病险水库6座、钱塘江堤防11.73公里，完成河道整治47公里，农村危旧房改造879户。实施低收入农户奔小康和乌溪江库区二期脱贫致富工程，转移安置山区库区群众1307人，库区群众人均纯收入增长15.6%。落实省、市结对帮扶项目294个、实施水库移民后期扶持项目297个。支持实施农民素质培训工程，培训返乡农民工和农村剩余劳动力10568人次，新增转移就业6985人。农村居民人均收入7011元，增长7.1%，其中工资性收入3428元，占48.9%。

【支持环境保护】落实全省"811"环境保护新三年行动计划，统筹资金，支持生态环保建设。深入推进钱塘江上游水资源保护工作，廿里、上方、峡川三个集镇污水处理设施和8000农户生活污水处理系统建成使用并完成166个规模养殖场排泄物治理工作。加强企业排污和能耗管理，扶持清洁生产。万元工业增加值综合能耗、化学需氧量和二氧化硫排放量下降率均完成目标任务，全区空气质量达标天数300天。落实生态补偿政策措施，生态园区建设全面推进。全区拥有自然保护区6个，面积6975公顷。乌溪江湿地被列入国家湿地公园建设试点，黄坛口乡被命名省十大生态旅游名乡。

【推进财政改革】按照"收入一个笼子、支出一个口子、预算一个盘子"和预算编制、执行、监督"三位一体"的要求，推进财政体制改革。在区民政局、区司法局实行部门综合预算。同时，将上级财政转移支付资金、政府性基金、政府非税收入纳入预算管理。制定《衢江区政府非税收入管理办法》，扩大政府非税收入管理范围。深化政府采购制度改革，扩大采购规模。全年全区政府集中采购金额1131万元，资金节约率15%。建立行政事业单位闲置资产网上调剂平台，区法院等部门闲置的办公桌椅等调剂到义务制教育学校。完善财政支出绩效评价制度，对基层文化设施建设、农村卫技人员素质提升工程等14个项目实施评价，涉评资金2688万元。将原5个乡镇(街道)"乡财乡用区管"扩大到所有乡镇，全区行政事业单位财务基本纳入会计核算中心集中核算。

【加强财政监督】加强财政法制建设，组织区级部门、乡镇负责人学习《预算法》、《会计法》、《政府采购法》、《财政违法行为处罚处分条例》等财政政策法规。推行财政专项资金直拨制和按进度拨付制，对农口部门专项资金管理使用情况进行调查，提出整合财政专项资金意见。加强国有资产监督管理，根据《衢江区行政事业单位国有资产处置管理暂行办法》等规定，批准转让小车资产53万元、划拨资产价值58467万元，报废资产70余万元。开展"小金库"清理，全区自查自纠142个单位，重点检查8个单位，对发现的问题及时整改落实。设立涉企收费罚款审核专窗，全年受理并处理涉企收费罚款事项15起。加强政府性债务管理，启动化解义务教育债务工作，化解义务教育债务1745万元。落实厉行节约方针，全年财政预算公用经费、专项经费、会议费、接待费、公务用车购置及用车费、出国费等总额"零增长"。加强会计管理，举办继续教育培训班22期，培训会计人员1500人次。对水利水电、农业技术推广中心等单位进行会计信息质量检查。严格行政事业单位经费拨付和经费报销制度，开展公务员津补贴、义务教育制学校教师绩效工资政策执行情况检查。

财税法制宣传活动

【加强队伍建设】开展深入学习实践科学发展观活动。以"做大总量、优化支出、深化改革、强化监管"为实践载体，提高科学理财水平。推进"招商引资和项目推进年、基层基础建设年和服务企业、服务园区、服务民生"为主题的实践活动，中层以上干部分别联系一家企业并开展走访活动,听取对财政工作意见和建议,帮助基层和企业解决实际问题。加强学习型机关建设,向干部职工推荐阅读《智慧书》、《人生论》、《行成于思》、《人性的光辉》、《心灵的和谐》等书目。选派部分干部到江西财经大学培训。加强财政文化建设,结合纪念新中国成立60周年,举行文艺演出活动,开展书画作品征集活动。加强内部制度建设,开展内部管理制度梳理及权力搜索活动,建立健全管理制度并抓好制度执行。加强反腐倡廉建设。深化党风廉政教育,开展正反典型教育活动。层层落实党风廉政建设目标管理责任制。加强精神文明建设,组织开展羽毛球、乒乓球、象棋、游泳比赛以及体验农家乐等活动。2009年度,区财政局获衢江区争先创优综合先进集体荣誉称号。　　(衢州市衢江区财政局供稿　舒雪贵执笔)

江山市

【概况】2009年,江山市实现生产总值140.91亿元,比上年增长12.1%,人均生产总值23833元,增长7.3%。其中第一、二、三产业增加值分别为15.10亿元、80.40亿元、45.41亿元,分别增长4.9%、13.9%、11.8%。全市财政总收入10.77亿元,增长4.1%,其中地方财政收入6.59亿元,增长6.1%,全市财政总支出16.61亿元,增长42.5%。全年财政收支平衡。

【服务经济发展】制定政策促增长。参与制订本市工业企业亩均财政贡献奖评选办法、加快旅游业发展的若干政策意见、促进商贸商务业发展的若干政策意见、加快现代物流业(专业市场)发展的若干政策意见。帮扶企业保增长。落实本市"工业提升36条"、"保稳促调12条"、"房地产发展17条"等政策,全年拨付制造业、旅游业、商贸流通发展和节能减排、生态环保等专项扶持资金1.65亿元;调度财政资金2.83亿元,帮助企业转贷4.26亿元,节减企业财务费用500多万元,审批减免地方税费2986万元。开展行政事业性收费清理和已取消、暂停收费项目的监督检查,制定涉企罚没款统一监管实施办法,集中受理和审核涉企罚没款备案业务,全市减少收费7700多万元。项目建设助增长。配合有关部门做好项目包装和推荐企业项目争取上级支持,全年取得上级补助资金7.2亿元,净增1.5亿元,增长26.3%。与各金融机构开展合作,引进市外信贷资金8000万元,向本市金融机构融资1.9亿元,支持钱江源生态环保等项目建设。做好地方债券的申报工作,争取省批准地方债券额度1.3亿元。调度资金4亿元,支持土地储备、工业园区开发、城市公共基础设施建设、旅游景点开发建设等领域建设。

【增强政府财力】开展不动产建筑业项目管理软件应用的试点,推进个人所得税代扣代缴明细申报工作。开展房地产开发企业土地增值税清算,健全源头控管和委托代征等征管方法。推进企业分离发展服务业工作,全年成功分离3家企业,增加地方税费收入62.1万元。加强政府非税收入管理,将经营性事业单位经营收入纳入财政专户管理。加强土地出让收支项目明细管理,细化2009年度土地出让收支预算,强化非税收入征管,全年取得土地出让金收入8.4亿元。加强国有资产处置管理,全年收取处置收入1786万元。加强规费收入管理,全年入库2.65亿元,增长4.2%;完善建设安装行业社会保险费征收管理,全面推行企业养老保险费自行汇算清缴工作,各项社保费收入增长6.5%。完善残疾人就业保障金征管办法,企业残保金实行按月申报。

【优化支出结构】预算安排教育、文化、卫生、社保、公共安全等9项民生支出5.42亿元,增长15.8%,增幅高于全市一般预算支出0.4个百分点,全市财政增量用于民生支出的比例68%。加大"三农"投入。统筹安排4.2亿元,专项用于支持以村庄整治、"幸福乡村"创建为重点的新农村建设,以千库保安工程为重点的水利设施建设,以山区农民下山脱贫、低收入农户奔小康为重点的扶贫工作,以及土地开发整理和农业综合开发、生态公益林建设等林业建设、农民饮用水工程建设和现代农业发展、农村基层组织建设和村规模调整、种粮农民粮食直补。落实家电、汽摩下乡和家电换购工作,共兑现补贴资金1180万元。支持教育事业发展。完善和落实义务教育经费保障机制,义务教育教师各项法定津、补贴全部由市财政承担,筹措资金1亿元实施义务教育绩效工资改革;统筹调度资金4133万元,加大教育建设项目资金投入,促进农村中小学食宿改造项目及布局调整项目建设顺利实施;继续做好家庭经济困难学生资助工作,提高农村中小学爱心营养餐保障水平和农村中小学生均公用经费。加大社会保障投入。完善城镇职工基本医疗保险、医保和新农合政策,出台城乡居民医疗救助办法、促进残疾人事业发展实施方案和促进就业、稳定就业局势有关政策,开展"充分就业行政村"试点,做好农村卫生体制改革和城乡居民社会养老保险试点的基础工作,向60周岁及以上人员发放城乡居民基础养老金。做好弱势群体的救济救助和优抚工作,及时拨付各类救济救助款、低保补助资金、大病医疗救助资金和抚恤支出资金。落实新型农村合作医疗、城镇职工基本医疗保险、城镇居民医疗保障实时结报工作,实现重点优抚对象医疗费用报销一站式服务。

【深化财政改革】推进"收入一个笼子、预算一个盘子、支出一个口子"改革,调整非税收入预算管理方式,将部门单位罚没收入、部分行政性收费收入纳入政府财力预算范围,同时将上级部门相对固定的专项转移支付纳入年初预算安排。强化预算控制,减少预算追加,全年一般性业务工作经费预算追加同比下降32%,党政机关及全额事业单位公用经费、公务用车购置及运行费和出国经费支出分别减少7.3%、17.1%和65.7%。科学编制全市政府性债务收支计划。实施非税收入归口管理、核算。扩大政府采购监管范围，将广播电视专用设备、水利水文专用设备及政府投资项目竣工结算审核业务纳入政府采购。完善经济强镇发展财政扶持政策，加大专项转移支付补助。做好规范公务员津、补贴整体方案制订执行工作。

【强化财政监管】加强对国有投资公司管理，对国有投资公司的机构营运经费支出实行预算化管理，制定国有投资公司和国有企业会计人员财务分析例会制度，对城投公司、土地储备中心等实行会计集中核算。强化行政事业单位国有资产的日常监管，把好资产报废核销审核、抵押贷款审核关。制定出台残疾人共享小康工程、节能减排专项资金管理办法等规范性文件，加强政府性专项资金管理。开展财政监督检查、会计信息质量检查的自查自纠，开展地方性财政资金安全自查，对日常资金管理事项进行逐项检查整改。推进财政部门、主管部门和项目实施单位三个层次的绩效评价，开展城镇居民医疗保障资金等9个项目绩效评价。加强对政府投资项目投资规模和投资估算的审核，控制项目工程的投资规模，使项目投资纳入可控范围之内。开展行政事业单位"小金库"清理检查，责成226个机关单位开展自查自纠，对11个单位开展重点检查。开展地方性财政资金安全检查，确保资金安全运行。实施会计人员素质提升工程，对全市会计人员进行分期、分批、分层次、分行业的会计业务教育培训。

【加强队伍建设】深入学习实践科学发展观活动，组织开展"推进科学理财，服务跨越发展"活动。推进财税文化建设，组织两期厦门国家会计学院的理论研修班，利用中心组学习会、支部会、全局干部大会和邀请专家举办专题讲座等形式，加强干部政治业务学习。继续开展"点子"征集活动。完善在职教育制度体系，鼓励干部职工参加在职学历教育、职称考试和技工技师培训。开展调查研究，共完成业务调研文章100篇。注重财税文化建设。组织兴趣小组，开展登山、摄影、乒乓球、篮球等活动，创作的《收税纳税都是爱》、《财政颂》两个节目参加衢州市财税系统文艺会演；组队参加第三届衢州市财政地税系统运动会和江山市第四届机关运动会，并在江山市第四届机关运动会上取得总分第三名。在江山信息网增加网上评议财政地税干部行业作风的窗口，并纳入岗位责任制进行考核。组织开展纳税人满意度调查和服务承诺兑现情况检查。全面开展权力搜索，对个别干部进行诫勉谈话，组织中层干部赴看守所开展警示教育。全年共获得衢州市级以上先进集体43个，先进个人20个；市级先进集体20个，先进个人18个，并连续第4年获江山市最佳满意部门(单位)称号。

(江山市财政局供稿　王成诗执笔)

龙游县

【概况】2009年，龙游县实现生产总值97.88亿元，比上年增长11.7%，人均生产总值24280元，增长11.5%。第一、二、三产业增加值分别为9.92亿元、56.21亿元、31.75亿元，分别增长4.1%、13.1%、11.6%。全县实现财政总收入7.93亿元，增长6.7%，地方财政收入5.00亿元，增长6.4%；一般预算支出12.94亿元，增长33.7%，其中民生支出占72.3%，新增财力72.4%用于民生支出。全年财政收支平衡。

【促进经济发展】帮助企业减负增效。落实增值税转型改革和高新技术企业税收优惠以及临时下浮企业社会保险缴费率等各项政策，全年企业减负1.15亿元。对龙游县行政事业性收费项目进行初步清理，暂停、降低21项行政事业性收费，全年共减少行政事业性收费近1000万元。拓宽企业融资渠道。设立4000万元工业企业还贷周转金和200万元信用担保扶持专项资金，制定中小企业贷款风险补偿政策。全年为11家企业提供转贷资金2.38亿元，为全县各金融机构申请2008年度小企业贷款风险补偿资金97万元。扩大内需拉动消费。共争取中央新增国债项目27个，获国债资金补助7688万元，安排县级配套资金1.20亿元。开展家电下乡、汽车摩托车下乡和家电以旧换新活动，及时发放家电、汽摩下乡和家电以旧换新补贴资金772万元，惠及农户14686人次。落实房地产业税收优惠政策，减免二手房交易营业税、契税等2401万元。

【组织财政收入】夯实税源信息基础。全面开展税源调查，完善分产业、分区域、分企业的基础信息资源台账，将大小税源纳入全方位管理、分析、监控范围；不定期走访企业，及时、全面收集企业征管基础数据；深化数据分析应用，着重分析主要行业、主要税种收入结构和趋势、税源存量和潜力、征管指标变化情况等。创新重点税源监控办法。建立独立纳税重点税源监控报表制度，将2008年度实际入库地税收入100万元和10万元以上的企业分别纳入省级和县级税源监控范围。强化个体私营税收征管。推行行业代表座谈会、个体工商户巡查等征管方式，开展纯地税行业典型调查测算工作，并在此基础上对原"参数定税法"行业定额指标进行调整。加强土地出让金和土地指标管理，全年收缴土地出让金5.96亿元、土地资源调剂资金6.90亿元。

【优化支出结构】加大对"三农"的支持力度。推进支农专项资金整合，逐步健全财政支农资金增长机制，全年投入"三农"财政资金3.50亿元，增长19.4%。落实农业各项扶持政策和补贴政策，推进农业产业化发展，加大农业综合开发力度，支持农业基础设施建设和农业事业发展。深化农村综合改革，建立村级组织运转经费保障机制。支持教育文化事业。落实和完善城乡义务教育各项政策措施，实施义务教育绩效工资改革，全年财政增加绩效工资支出8282万元，小学、初中生均公用经费最低标准分别提高到350元和550元；拨付691万元落实扶困助学扩面和学生爱心营养餐，完成5486万元义务教育债务化解工作。促进社会保障体系建设。调整完善新型农村合作医疗、城镇居民合作医疗、被征地人员基本生活保障等政策，全年投入财政资金5106万元，使30万城乡居民得到基本医疗保障。做好弱势群体的救济救助和优抚工作，对城乡困难人员实施医疗救助。启动城乡居民健康体检工作，实施妇女健康促进工程。严控一般性支出。执行厉行节约的有关规定，全年公务接待费同比下降10.2%，公用经费下降10%，公务购车暂停一年，公务出国考察费用下降93.3%，会议经费下降28.9%。

【深化财政改革】深化“三个子”财政管理改革，探索建立预算编制、执行、监督三分离管理体制。深化部门预算改革。完善部门预算编制体系，规范预算定额标准和编制程序，细化编制内容，将部门单位现有的财政资金进行统筹整合、捆绑使用。在做好部门预算的基础上，编制国资公司项目预算以及土地指标收支预算等，健全预算管理体系。做好国库集中支付改革试点工作。起草国库集中支付改革方案，制定资金清算、集中支付管理暂行办法等配套机制，选取3家行政事业单位进行试点运行，并在2009年12月上线运行。加大支农专项资金整合力度。将预算内、外各项支农资金实行“水利·林业·农业三大类、扶贫·建设·发展三大块”管理，并通过财政部门、主管部门、农业专家“三方会审”，集中资金来源，集中投入渠道，集中投入取向。

【强化国资运营】规范国资监管，提升国资营运效益。对所有国资公司统一监管，推进会计委派和集中核算工作，对国资公司实行国有资产经营预算；建立资产利用管理效率考核评价体系，设置资产闲置率、资产利用率等考核指标，并与年度考核挂钩。梳理存量资产，优化配置资源。对存量国有资产进行清产核资，建立国有资产管理数据库，将国有资产存量、使用、闲置及处置情况纳入全程动态管理。在此基础上，对不同地块、不同用途的资产进行重组置换，对行政事业单位经营性资产进行公开招租，对其他存量资产制订出让计划，有计划地推出资产出让工作，实现资产从实物形态向资金形态转化。发挥担保功能，拓宽政府融资渠道。开展土地征用、收储及土地整理工作，保障政府土地资源供给能力；加强对政府资金的供求关系的分析、研究，继续做好项目融资工作；加强与国开行、农发行等相关金融机构联系对接，优化债务结构，提高政策性银行贷款比例，降低财务成本；探索建立“投资主体多元化、筹资方式市场化、投资项目业主化”的投资新途径，缓解财政筹资压力。

【加强监督检查】做好权力“搜索”工作，找准风险易发的关键部位和薄弱环节，完善相关的财政管理和内控制度。深入推进财政支出绩效评价工作，对33个财政专项资金项目开展绩效评价，涉及财政资金1.12亿元。将财政审核监督重心前移到招投标环节和合同签订环节，提高政府投资项目的资金使用效益，全年完成“三算”(概算、预算、结算)审核项目515个，送审金额6.78亿元，审定金额6.12亿元，平均核减率9.7%。抓好部门会计集中核算、“乡财县管乡用”等制度的落实，坚决清理和查处“小金库”，全县159家党政机关和事业单位自查率100%，重点检查12家单位。做好规范公务员津、补贴工作。完善政府采购制度，规范行政事业单位国有资产管理，提高财政资金使用效益。

【加强队伍建设】加强廉政建设。结合学习实践科学发展观活动，下发《关于开展反腐倡廉专题教育的通知》，召开预防职务犯罪警示教育大会，制订《县局班子成员廉政谈话、谈心分工表》，层层落实廉政谈话、谈心教育责任；创建教育载体，开展“读书思德”、“结贫思廉”、“案例示廉”等活动。加强干部教育培训。制订干部教育培训计划，在加强财税业务培训的同时，针对财税业务的新变化对干部进行财税政策、财税法律等知识更新培训；出台干部教育培训管理办法，鼓励财税干部参加学历(学位)教育、职称、执业资格考试，促进干部自学成才；举办岗位技能全员轮训考核、计算机应用培训、财经知识等普及型培训。全年共举办培训班23期，干部职工参训980人次；注重提升培训效果，不定期开展有关财税知识考试，并将教育培训中的考试与日常工作中的考核结合起来，以考核实绩为主。完善内控机制。制定《纪检监察工作要点》、《预防职务犯罪工作计划》和《党风廉政建设和反腐败工作组织领导及责任分工》，实施《干部诺廉述廉评廉考廉办法》，党风廉政建设责任

美丽校园

书签订率100%;制订内部检查工作计划,对财政资金分配、拨付、使用情况进行全过程监督,对重点岗位、重点环节工作跟踪监控;调整内部兼职监察员,举办监察员业务培训班,提高纪检监察队伍素质。**开展财税文化建设**。发挥乒乓球、羽毛球、棋类、文艺、书画摄影等兴趣小组作用,定期组织开展活动,鼓励干部职工在工作之余“三走近三远离”,以健康的文化生活陶冶干部职工的思想情操。(龙游县财政局供稿 金德锋执笔)

常山县

【概况】2009年,常山县实现生产总值62.96亿元,按可比价格计算,比上年增长10.5%。其中,第一、二、三产业增加值分别为5.73亿元、35.06亿元、22.17亿元,分别增长4.3%、12.6%、9.2%。人均生产总值按户籍人口计算为19160元,增长10.0%。全县财政总收入5.66亿元,增长2.7%,其中地方财政收入3.81亿元,增长7.1%;全县财政支出12.02亿元,增长38.2%。全年财政收支平衡。

【支持经济发展】发挥财税职能作用,全力促进县域经济持续平稳健康发展。落实帮扶企业“春雨专项行动”,开展“工业服务月”、“百名干部服务企业”活动。全年县财政共拨付扶持工业企业发展政策资金2045万元,减免社会保险费1015万元、水利专项资金68万元,办理再生资源企业增值税退税2966万元。建立工业企业还贷周转金,全年为企业提供22笔,累计1.01亿元资金周转服务,缓解中小企业融资难题。建立服务业发展专项资金,支持实施服务业发展规划,完善物流业财税优惠政策,推进工业企业分离发展服务业,着力发展现代服务业提升传统特色服务业。整合各项政府性资源,做大做强融资平台,提升政府融资能力。向县外金融机构争取融资支持,保障全县重点项目资金需要。

【组织财政收入】坚持依法治税,规范管理。建立健全数据采集—税源监控—税收分析—纳税评估—税务稽查“五位一体”横向互动机制,加强部门之间信息共享,强化税收源头控管。在抓好主体税种征管的同时,加强资源税、房产税、土地使用税等小税种的征管,做到应收尽收。坚持“先税后证”(即办理房产交易手续须先缴税,再凭完税单到房管部门办理过户手续)制度,促进契税和耕地占用税收入稳定增长。全县税收收入占地方财政收入比重85.1%,提高3.7个百分点。以信息化为依托,推进社会保险费“五费合征”工作。强化行政事业单位“非转经”资产管理,增强国有资源有偿使用收入和政府性基金征收管理,增强政府综合财力。

【保障和改善民生】优化财政支出结构,建立健全保障和改善民生的长效机制。当年县财政增量资金用于民生支出占97%。**加大“三农”投入**。全年财政对“三农”的各项投入6.62亿元,增长33.5%。围绕农民减负增收,整合财政支农资金,加大新农村建设投入,足额安排新农村建设专项资金2470万元,增长8.8%。落实和完善各项支农政策,支持面向农民的职业教育和技能培训。围绕提高农业综合生产能力,加大农业基础设施建设和农业结构调整力度,支持农田水利、农业产业化龙头企业、农产品基地、农业专业合作社组织、农业标准化和科技示范基地建设等。完善扶贫小额信贷、贫困村村级资金互助等制度,扶持低收入农户发展特色产业、来料加工业。做好家电下乡、汽车摩托车下乡和家电以旧换新财政补贴工作,全年发放财政补贴626万元。**支持教育事业发展**。深化农村义务教育经费保障机制改革,有序化解义务教育债务。提高中小学生公用经费标准,将初中、小学生均公用经费标准分别提高到550元和350元。加快农村中小学教师集体宿舍破旧房改造和小规模学校调整改造,改善农村困难学校办学条件,促进农村教育事业健康发展。实行农村中等职业教育免费政策,保障农村困难家庭子女完成中等职业教育。**支持社会保障和医疗卫生事业发展**。完善社会保险费统筹管理,扩大职工基本养老保险覆盖面。完善困难群众就业援助制度,夯实就业扶持政策。完善被征地人员基本生活保障制度,实现新增被征地人员即征即保。推进城镇廉租住房建设,加大农村困难群众危旧房改造财政支持力度。推进残疾人共享小康工程,改善残疾人生活条件,保障残疾人基本生活。加强城乡基层卫生服务机构和卫生队伍建设,完善县、乡、村三级农村卫生服务体系。完善免疫规划经费保障机制,落实防控甲型H1N1流感经费。**支持特色文化县建设**。落实基层文化设施、素质工程补助经费,提高农村文化队伍素质,加大文化遗产保护力度。全年投入341万元用于支持特色文化县建设。

【深化财政改革】深化部门预算编制改革,完善部门预算编制方法,规范部门的收支行为,减少预算的随意性,提高预算编制精细化水平,构建“收入一个笼子,预算一个盘子,支出一个口子”的财政运行机制。执行“收支两条线”管理,推广应用政府非税收入征管信息系统,实现非税收入管理信息化、科学化、网络化的管理目标。严格非税收入票据管理,做到“以票管费、以票促收”。规范政府采购行为,加强对政府采购经办机构的监督管理,扩大政府采购规模,提高政府采购效率。全年政府采购预算3329万元,实际采购2767万元,节约资金562万元,资金节约率为16.9%。在调查研究、数据测算的基础上,制定改革实施方案,推进收入分配制度改革,促进规范公务员津补贴和义务教育阶段教师绩效工资改革的实施。

【强化财政监管】加强对各项财政资金使用的跟踪问效,建立良好的财政资金运行秩序。出台国债项目专项资金拨付管理规定,对项目资金账户管理、拨付程序、会计核算以及财政监督等方面作出具体规定，确保国债项目资金安全、有效，提高资金使用效益。检查和梳理各项财政资金的拨付、会计核算等环节，对存在的问题进行通报和整改，确保财政资金运行安全。完善绩效评价指标库，落实项目绩效自评制度，完成省级项目三衢石林景区、山地蔬菜标准化生产基地等建设项目的绩效评价工作。组织乡镇财政收入，严格乡镇财政支出管理，确保专款专用，提高资金使用效益。加强乡镇债权债务管理，防范乡镇财政风险。推进"小金库"专项治理工作，开展对全县195家行政事业单位的检查，及时处理存在的问题。

【加强队伍建设】深入开展学习实践科学发展观活动，邀请县有关领导、专家学者作专题报告，要求干部职工撰写学习心得体会，并以财税信息形式刊发。组织部分干部职工到厦门国家会计学院进行业务知识更新培训，开展《企业所得税》、财税法规等业务培训，选派3名优秀干部到企业、园区、信访局挂职学习锻炼。全年组织干部培训班10期，参训人员731人次。深化党风廉政建设，印发《2009年党风廉政建设和反腐败工作组织领导和责任分工》，局领导和各科室负责人签订党风廉政建设责任书，科室负责人和党员干部签订廉政建设责任书，形成层层抓落实的责任机制。坚持每月组织党员干部观看一次廉政教育警示片。继续聘请行风监督员，全方位接受社会监督。坚持以人为本，以财税文化建设为载体，组织各类集体活动。开展"两提高、两降低"主题活动和规范权力运行活动，完善机关效能建设的各项制度，促进效能型、服务型机关建设和财政权力的规范运行。2009年，县财政局在县政府直属部门考核中获"优秀单位"称号；在县纪委对涉企部门按季进行的"三评"(评环境、评部门、评个人)活动和"满意不满意单位"评选活动中，被评为"先进部门"和"比较满意单位"；"创新服务机制，为企业切实解决融资难题"项目，被评为衢州市效能建设先进典型。　　(常山县财政局供稿　李慧卿执笔)

开化县

【概况】2009年，开化县实现生产总值59.10亿元，比上年增长11.0%，其中第一、二、三产业实现增加值8.96亿元、29.72亿元和20.42亿元，分别增长4.3%、11.8%、13.1%，三次产业结构为15.2:50.3:34.5，人均GDP16874元。全县财政总收入4.89亿元，增长0.1%，其中地方财政收入3.25亿元，增长8.3%；财政总支出13.41亿元，增长55.4%。全年财政收支平衡。

【服务经济保增长】面对复杂困难的财税经济形势，把"保增长"放在财税工作的首要位置，落实"保稳促调"各项措施，发挥财税职能作用，促进经济持续发展。帮扶企业保增长。落实工业36条、硅产业发展、外贸发展、科技创新、集约用地等产业扶持政策，兑现扶持资金5151万元，引导企业健康发展。落实高新技术企业所得税、房产税、土地使用税和资源综合利用等税收优惠政策，取消、暂停和降低行政事业性收费，出台并落实集中减免和调低社会保险费费率政策，共为企业减轻负担6484万元。落实还贷周转金政策，扩大工业企业还贷周转金规模至4000万元，向38家企业提供84笔临时性周转资金累计4.46亿元，为企业节省财务成本669万元。出台存贷挂钩考核办法，调动各金融机构支持地方经济发展的积极性。支持中小企业融资担保机构建设，用好担保机构风险补偿、费用补助等政策，拨付风险补偿资金120万元，为151家中小企业担保贷款2亿元，缓解中小企业融资难题。项目建设助增长。落实积极财政政策，加大政府性投资项目建设力度，重点支持旧城改造、城白线公路改造、工业园区建设、供水工程等项目。县本级财政投资完成4.93亿元，超出计划26.1%；发挥县属国有投资经营公司融资平台作用，总共申请到位贷款5.2亿元；争取并落实中央扩大内需投资项目资金5093万元。扩大内需促增长。落实家电下乡、家电以旧换新和汽车、摩托车下乡政策，兑现补贴资金692万元，拉动农村消费6143万元。完善政策促转型。制定光伏产业高端化项目财政贴息政策，支持太阳能光伏电池片及组件建设。出台工业企业分离发展服务业的实施意见，推进醉根艺品有限公司等企业分离发展服务业。

【千方百计抓收入】加强经济税收调研，建立"一月一例会，一税一专题"的税收分析制度，召开专题会议对房地产行业税收、企业所得税、服务业税收、城镇土地使用税等进行分析，提高税收分析的广度、深度、精度，针对经济税收形势制定有效措施加强征管，并印制税收分析小册子报送县领导和相关经济管理部门。对全县177户重点企业实施税源监控，开展行业和重点税源企业税收情况比对分析。加强高速公路、政府性投资项目营业税和房地产交易等重点税源征管，做好2008年度所得税汇算清缴，健全自然人股权转让所得个人所得税管理办法，强化各小税种的征管，确保各项税收收入足额入库。建立社会综合治税机制，实现40多个部门涉税信息互通共享。以外来建筑安装业、连续亏损企业、高收入行业及高收入个人所得税等9个方面为重点，强化税务专项检查。完善规费征管，开展社会保险费汇算清缴、专项治理，实行社会保险五费、工会经费、残疾人就业保障金的"七费同基"(即基本养老保险费、基本医疗保险费、失业保险费、工伤保险费、生育保险费企业统筹部分和由地税部门代征的残疾人就业保障金、工会经费，统一按工资总额为缴费基数)征缴办法，建立工会经费、残疾人就业保障金正常缴费机制。实行非税收入指标管理，推广新版浙江省政府非税收入征管信息系统，加强对土地出让金等非税收入的收缴，提高政府调控能力。

【优化支出重民生】以改善民生作为保增长的出发点和落脚点，合理调度财政资金，推动经济社会统筹发展。加大新农村建设支持力度。落实各项支农惠农政策，支持高效生态农业发展、生态环境建设、农村基层组织建设、农民素质提升和农业综合开发，推进农村改革发展、农业转型升级、农民增收致富，直接发放粮农综合直补、移民专项补助、森林生态效益补偿等资金8730万元，农林水事务支出2.27亿元，增长55%，全县“三农支出”6.32亿元。加快教育事业发展。落实义务教育各项政策措施，实施义务教育教师绩效工资改革，增加支出5389万元，小学、初中生均公用经费最低标准分别提高到350元和550元；对人均年收入4000元以下家庭子女就读职校免收学费；支持教育布局调整、校舍维修和义务教育建设债务偿还。教育支出2.33亿元，增长20.5%。促进就业再就业。出台促进普通高校毕业生就业的政策，发放就业补助220万元，增长11.9倍；发放困难企业社保补贴540万元，减轻企业负担稳定就业。完善社会保障体系建设。全面启动城乡居民社会养老保险工作，推进社会保险扩面，落实最低生活保障标准自然增长机制，实行被征地农民“即征即保”政策；实施残疾人共享小康工程，为639位残疾人白内障复明、安装假肢、集中供养等提供补助。社会保障和就业支出7795万元，增长12.4%。加大城镇住房保障体系建设力度，投入资金4345万元支持廉租房和经济适用房建设。启动医疗卫生体制改革试点工作。完善卫生投入机制，支持乡镇卫生院改造，医疗卫生支出7681万元，增长57%。加快生态县建设步伐。支持污水管网配套工程建设，支持生态县“七大工程”建设，环境保护支出7457万元，增长35.3%。

【深化改革强管理】落实“三个子”的要求，执行“收支两条线”规定，将行政和全额事业单位罚没和收费收入以及乡镇的社会扶养费全额纳入预算管理，按照保障人员经费和严控专项支出的新思路，编制2010年财政预算。启动财政国库管理制度改革试点工作，出台资金清算、集中支付管理等配套办法，选定3家商业银行、3家单位进行试点运行，将人员经费和公用经费纳入国库集中支付范围。对财政专户实行归并，提高财政定期存款比例，增强财政调控能力，减少融资利息支出，增加财政存款利息收入。修订完善《财政支出绩效评价实施意见》和《财政支出项目绩效评价具体指标体系》，细化绩效评价程序、指标体系，组织开展财政支出50万元以上项目单位绩效自评，开展乡村卫技人员素质提升工程、基层文化设施建设等项目绩效评价。完善政府采购管理办法，加强政府采购的监管，对中标供应商提供货源进行监督检查，提高政府采购效益。全年政府采购额1515万元，节约资金274万元，节支率15.3%。从7月1日起执行规范公务员津、补贴实施方案。

【强化监管促规范】出台规范公务接待经费和公车管理的规定，行政事业单位公务接待费压缩10%，公车执行出车登记、定点加油、定点保险等制度，全年一般公共服务支出占一般预算支出的15.6%，降低4.7个百分点。开展财政专项资金清理，制定财政专项结余资金管理办法，对财政结余资金的清理、整合、监管等方面做出规定。整合滞留在各账户上专项资金5603万元，收归财政统筹使用。推进财政支农资金整合，整合现代农业生产发展、扶贫开发资金1673万元。加强政府性投资项目计划管理，参与项目建设的实地审查竣工验收、绩效考核，规范政府建设项目资金管理。实行政府债务收支计划管理，落实偿债准备金制度，定期做好政府性债务统计分析，防范政府债务风险。开展“小金库”专项治理。加强国有资产管理，全年收缴国有资产收益4162万元。组织会计人员持证上岗情况专项检查，督促行政机关、企事业单位提升会计信息质量。

【注重文化强队伍】以学习实践科学发展观活动为平台，加强干部队伍财税文化建设。征集“科学发展金点子”，制定落实整改措施。开展“春雨”行动，搭建“百名干部联百企”平台，为企业送政策、谋项目、搞服务。继续实行班子成员联系办理建议提案的制度，按时完成22件建议提案的办理工作，满意率100%。坚持每周一学习制度，邀请省财政厅、省地税局师资库、省委党校和县委宣讲团成员主讲，学习政治理论、财税业务、法制、人文等知识。组建球类、棋类、摄影书画等8个兴趣小组，组织多种文体活动、比赛，组队参加全市财税系统运动会、财税系统文艺汇演、全县庆国庆广场演出等活动。组织第四轮中层干部竞聘上岗和轮岗交流工作，优化中层干部队伍结构。落实党风廉政建设责任制，层层签订责任书，修订党风廉政建设责任制考核办法，加强责任制落实督查，促进干部职工廉洁从政。修订完善内部管理制度，完善党务、政务、人事、财务、资产管理制度体系，推进各项工作精细化管理。县财政局多项工作得到县委、县政府的肯定，在2009年度部门满意不满意单位测评中总排名第二，被评为最满意单位；全年获市以上各类单项和综合先进单位奖27个，获市以上单项和综合先进个人表彰11个。　（开化县财政局供稿　叶黎明执笔）

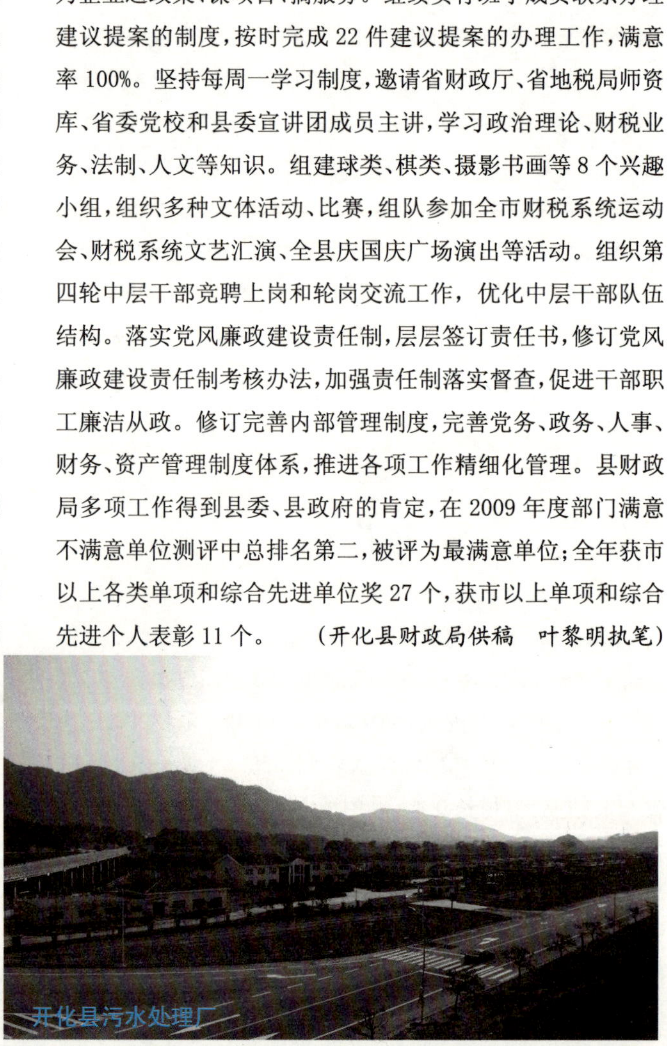

开化县污水处理厂

舟山市财政工作概况

舟山市

【概况】2009年,舟山市实现生产总值533.26亿元,比上年增长11.0%。其中:第一产业增加值51.41亿元,下降3.0%;第二产业增加值248.25亿元,增长14.7%;第三产业增加值233.60亿元,增长10.3%。三次产业结构比例由上年的10.0:46.2:43.8调整为9.6:46.6:43.8。按户籍人口计算,全市人均生产总值55106元,增长11.0%。全社会固定资产投资额400.70亿元,增长18.0%。社会消费品零售总额181.69亿元,增长15.1%。外贸进出口总额70.23亿美元,增长16.0%。城镇居民人均可支配收入24082元,渔农村居民人均纯收入12612元,分别增长8.2%和11.0%。舟山港域完成港口货物吞吐量1.93亿吨,增长21.7%。12月末全市海上货运净载重量为336万吨,增长14.9%。全年旅游接待人数1753万人次,增长15.6%。全市财政总收入76.99亿元,增长15.5%,其中地方一般预算收入48.78亿元,增长13.0%,地方财政收入增幅位列全省第二。全市财政支出78.16亿元,增长19.4%。市本级地方财政收入21.02亿元,增长10.1%;市本级财政支出26.15亿元,增长15.5%。全市和市本级财政当年收支平衡。

【组织财政收入】依法治税,组织税收收入。落实税收计划,做好税收收入分析预测和入库工作。健全数据采集、税源监控、税收分析、纳税评估、税务稽查“五位一体”税源监控管理机制;加强发票管理,“以票控税”;落实“抓大、评中、定小”,强化对重点行业、重点企业的日常税源管理;开展企业分离发展服务业工作,全市新增企业分离发展服务业24户,由此新增地方税费收入2489万元;做好企业所得税汇算清缴工作;加强对建筑业营业税的征缴;开展股权转让税收征管工作,全市共征收股权转让所得个人所得税500余万元;布置开展房地产开发企业土地增值税清算;推进机动车车船税由保险公司代收代缴;调整海砂资源税率;推进管查互动机制,充分发挥地税稽查作用,全市共检查纳税户334户,新查处大要案10件,查补收入6262万元。全市地税部门完成地税收入40.21亿元,增长10.4%。“税费并举”,组织非税收入。加强财政票据源头管理、推进非税收入信息化建设,深化“收支两条线”管理。市本级缴入财政专户的非税收入53.78亿元,增长40.2%,其中土地出让金36.88亿元;完善社保费“五费合征”征缴机制,全市地税部门完成其他收入16.00亿元,增长14.5%。

【促进经济“保稳促调”】针对金融危机对经济的冲击,坚持一手抓减负解困,一手抓扶优扶强,整合财政资金和税收优惠政策,发挥财税“四两拨千斤”的作用。加强政策引导。参与制定扶持房地产业、航运业、服务业、旅游业、外经贸、软件和创意产业发展等一系列政策;开展企业减负“春雨”专项行动,落实企业五项社会保险费集中减征一个月、下调基本养老保险费缴费比例和取消或暂停、减免部分行政事业性收费政策,全市减免各类涉企税费3.11亿元;全市减免二手房交易营业税1.65亿元,市本级实施二手房交易税收补贴2454万元;市本级兑现航运新政专项资金1420万元;落实扩大内需的家电、汽车、摩托车下乡政策。加大财政投入。全市安排促进海洋经济发展资金5.56亿元,其中:先进制造业基地专项资金1.90亿元,现代服务业发展专项资金4498万元,旅游发展专项资金7463万元;投入4000万元用于经济强镇基础设施建设;增加科技投入,新增工业转型升级专项资金1000万元,安排省海洋经济研究院建设资金1000万元、人才培养经费1070万元。通过突出重点,扶优扶强,促进海洋经济重点产业、重点企业、重点区域的发展,推进经济转型升级。缓解要素制约。积极向上争取到中央扩大内需国债补助资金2.17亿元和1.50亿元中央代发地方政府债券,大陆引水二期工程获国开行信贷支持。帮助企业缓解融资难题,全市筹集3.07亿元设立企业应急(临时)周转资金;推出总额为2.00亿元政银合作中小企业专项信用贷款;注资5000万元支持市中小企业担保公司做大做强;注资1000万元设立市工商联转贷扶持资金;发起设立浙江省海洋经济创业投资基金。安排舟山跨海大桥项目经费1.22亿元。

【优化支出结构】优化财政支出结构,保障各项民生投入。加大“三农”投入。全市财政支农支出19.77亿元,增长21.2%,其中用于基础设施建设投入4.22亿元,确保强塘固房、千村示范万村整治、渔农村饮水安全、中心渔港等重点工程需要;用于渔农业生产性投入2.16亿元,支持粮食生产安全体系建设;安排“菜篮子”及市场风险资金2483万元;用于暖促工程专项支出1.43亿元。加大社会事业投入。全市财政教育支出10.52亿元,增长8.4%。落实资金5468万元确保义务教育阶段教师绩效工资推行,提高中小学日常公用经费保障水平,完善贫困家庭学生教育资助体系,扶持学前教育和职业教育发展,推进校舍安全建设;全市财政文化体育支出1.94亿元,增长12.1%,保障海洋文化名城建设,促进公益性体育事业发展;全市财政医疗卫生支出6.08亿元,增长35.4%,完善城镇居民医疗保障制度,推进新型渔农村合作医疗制度,建立新型抚恤医疗保障制度;投入4157万元支持卫生城市创建,及时落实防控甲流专项经费571万元;支持“平安舟山”建设,全市公检法司支出5.80亿元,增长14.0%。加大社会保障投入。全市社会保障和就业支出4.46亿元,增长8.2%。参与制定《舟山市被征地农民养老保障实施意见》,提高被征地农民的保障水平,推进新型社会救助体系的建设,完善渔农民养老保障方案,发放困难企业就业补贴710万元;投入专项资金2000万元推进城乡公交一体化建设;安排资金启动定海旧城区改造,落实资金确保廉租房、经济适用房建设。压缩一般性支出。按比例核减全额拨款单位2009年日常公用经费、车辆运行经费、接待经费的预算,市本级130余家单位共削减2009年度行政经费预算674万元。全市一般公共服务支出14.41亿元,增长9.2%。

【深化财政改革】完善市区财政体制。拟订《关于进一步完善市区财政管理体制的方案》,报经市委、市政府同意;规范税收收入预算级次监管。规范公务员津贴补贴。会同人事劳动部门做好测算、汇报等工作,开发市本级津贴补贴发放信息管理系统,拟订具体实施意见和相关配套政策,从2010年起执行。深化部门预算改革。扩大部门预算编制范围,完善定员定额标准,强化执行监督;理顺预算管理体系,体现"财权与事权相统一"原则。深化国库管理改革。完善市本级财政国库集中支付系统。从12月起,对纳入市级会计核算中心支付管理的预算单位实施公务卡制度试点改革。加强和规范财政资金专户管理,确保财政资金的安全管理和及时拨付。推进财政绩效评价。市本级组织实施城区卫生公共服务等9个项目绩效评价,完善评价组织方式,科学设置指标体系,健全绩效评价结果应用机制。深化政府采购改革。开展市本级协议供货产品价格调查,规范政府采购文件的标准格式文本,执行党政机关2009年新购公务车辆冻结一年的规定。全市政府采购预算7.53亿元,节约采购资金9700万元,节约率12.9%。

【加强财政监管】按照"收入一个笼子、预算一个盘子、支出一个口子"的要求,强化财政监督管理。加强财政专项资金管理。制订、细化财政专项资金管理办法;推进专项资金整合,试行市级财政部分支农渔专项资金分配使用集体会商制度;继续开展专项资金结余清理;拟订《关于落实成品油价格和税费改革后财政补贴机制的实施意见》,加强对油价补贴资金监管。加强政府投资项目管理。建立以项目预算管理为龙头、财务管理为手段、资金管理为目标的管理模式,对中央新增投资项目和地方政府债券项目,落实专人跟踪管理制度,加强基本建设项目审核和竣工财务决算审核。市本级完成竣工财务决算7个,审定投资额1.62亿元,审减资金1028万元,审减率为6.3%。加强政府性债务管理。严格政府性债务归口管理,强化债务计划管理,坚持适度举债,建立债务偿还机制,筹措偿债准备金。加强行政事业单位国有资产管理。重点开展资产出租出借清理,拟订《舟山市本级行政事业单位国有资产出租出借管理暂行办法》,报经市政府同意并下发,从2010年起实施。加强财政和会计监督检查。开展"小金库"专项治理工作,对14家单位实施重点检查,发现涉及违规资金461万元。严格会计从业资格管理,加强会计信息质量检查;开展会计师事务所、资产评估机构的执业质量、行业自律公约履约情况检查;对彩票的销售发行及财务情况、市属单位非税收入管理、票据管理、财务管理、预算执行和政府采购等情况进行抽查,提高财政资金管理水平。

【加强队伍建设】开展深入学习实践科学发展观活动。结合财税工作实际,围绕"完善公共财政体系推动经济社会科学发展、培植财税文化提高科学发展能力"实践载体,重点破解财政地税工作的七个难题。推进财税文化建设。坚持以人为本,搭建学习、制度、活动等六个平台。深化学习型组织建设,推进以"人为师荣,帮带争先"为主要内容的岗位大练兵活动,组织多层次、多形式的干部教育培训,开设处长论坛。加强机关效能建设和文明创建。深入开展"企业服务年"、"春阳暖企"等活动;争创省级文明单位活动;开展扶贫帮困活动,全局干部职工踊跃参加"慈善一日捐"和向台湾受灾同胞捐款活动。加强党风廉政建设。落实党风廉政建设责任制;推进依法行政工作,做好政府信息公开工作;落实规范权力运行和重点岗位廉政风险防范工作,确保项目、资金、干部"三个安全"。市财政局保持市级文明单位称号,被评为全市重要事项重点工程实事项目组织实施先进单位、全市依法行政工作考核优秀单位、普法依法治理工作优秀单位,会计核算中心荣获全国"巾帼文明岗"。

（舟山市财政局供稿　徐颖娜执笔）

定海区

【概况】2009年,舟山市定海区实现生产总值211.16亿元,增长11.0%,人均生产总值56282元,增长10.9%。其中第一、二、三产业增加值分别为7.43亿元、92.78亿元、110.94亿元,增幅分别为-0.8%、14.0%、9.2%,产业结构比例调整为3.5:44.0:52.5。全区财政总收入10.78亿元,增长18.7%,其中地方财政收入6.20亿元,增长15.7%;财政总支出14.99亿元,增长24.9%。全年财政收支平衡。

【财源建设】助推产业结构调整和经济转型升级。制订、完善扶持建筑业、交通运输业等重点行业、企业发展的各项政策,投入经济发展扶持资金1.51亿元,增长125.1%,其中扶持第三产业发展资金5625万元,增长58.5%。减免各类涉企税费2000万元,减轻企业负担。支持农渔业经济健康发展,投入支持农渔村经济发展资金2.82亿元,增长23.6%。落实一系列惠农政策,支持种植、养殖基地建设,加强农产品质量标准体系和品牌建设,发展壮大农民专业合作社和农业龙头企业。取消和暂停行政事业性收费项目50个、降低收费标准项目14个,全年减轻社会收费负担500万元。兑现交通运输业发展扶持专项资金6560万元,涉及企业187家;兑现各项财政优惠政策,兑付2008年度新办工业企业、目标管理企业和其他企业中小企业发展扶持专项资金804万元,涉及企业71家。支持区担保公司增加注册资本提高担保能力,全年共办理担保金额3.56亿元,缓解中小企业融资担保困难。筹资增加海运企业转贷基金500万元为海运企业融资提供资金资助,共为海运企业解决122批次、累计4.64亿元银行转贷金额。

【统筹城乡建设】投入财政资金2.33亿元推进农渔村基础设施建设,改善农村生产生活条件。投入资金430万元加快推进城乡保洁一体化,出资647万元新建改建城市社区办公活动用房。出台《定海区社区(村)集体物业经济发展专项资金管理办法》,安排资金406万元扶持社区(村)集体物业经济发展。加大环保设施建设力度,投入资金1643万元建设"绿色生态定海"。实施连岛工程沿线景观建设,推进村庄整治建设和生态社区创建活动。

【优化支出结构】调整财政支出结构,确保全年财政收支平衡。树立过紧日子的思想,在保证基本支出前提下,降低行政运行成本,全区公用经费支出实行"一削减、二压缩、三冻结",削减区级日常公用经费10%,压缩乡镇公用经费支出10%,压缩区长预备费37%,压缩会议、接待等经费支出,冻结车辆购置,冻结出国考察,冻结人员编制。

【保障民生支出】投入科技资金1773万元,推进企业科技创新,促进企业转型升级,成立海洋科技研究院打造区科技研究平台。投入教育资金2.71亿元,合理配置教育资源,组建二中教育集团,金塘中学投入使用,教师绩效工资改革到位。投入1864万元文化事业资金,加快文化事业发展。投入1.20亿元支持社会保障体系建设,城乡最低生活保障标准分别提高到320元和200元,新型农渔村合作医疗筹资标准提高到188元。全区4475人享受城乡最低生活保障,192100人享受新型农渔村合作医疗,39500人享受新型社区老年人奖励保障金,23300人享受被征地农民基本养老生活补助,1670人次享受城乡医疗救助,159人享受城乡退役士兵安置。开展农渔民健康体检,做好H1N1防治工作。投入公共安全资金9943万元创建"平安定海"。完善突发公共事件财政应急预案。开展家电下乡、汽车摩托车下乡财政补助工作,启动家电以旧换新财政补助工作,兑付资金303万元。

【深化财政改革】加大"收入一个笼子、预算一个盘子、支出一个口子"预算管理改革,推进构建预算编制、执行、监督"三分离"的预算管理体系。完善部门预算编报规程,细化基本支出和项目支出预算编制,启用预算编制软件改进部门预算编制手段。完善预算执行管理监督机制,制定出台《加强预算执行管理的若干意见》。出台《财政国库管理制度改革方案》,开展国库集中支付试点工作。推进"金财工程"建设,成功运行"资金申拨管理系统"。全区乡镇街道全部实现会计电算化,统一财政财务会计核算体系、财务报表体系,会计信息资源实现共享。出台《农渔村社区会计核算办法(试行)》,加强农渔村社区资产及财务管理工作。

【加强财政监管】加大专项资金整合力度,制订专项资金管理制度,开展财政资金安全检查,规范资金使用和管理。组织落实部门单位绩效自评和重点项目评价工作,按计划完成绩效评价项目8个,总投资额3.84亿元,其中财政资金2562万元。加强基本建设项目立项资金来源审批,完善基本建设资金管理办法,审结政府投资基本建设项目36个,资金节约率12.9%。加快推进政府采购信息化建设,扩大政府采购范围和规模,全区30万元以上50万元以下工程建设项目纳入政府集中采购。全区政府集中采购项目640起,资金节约率11.6%。制定《公务车辆定点维修企业管理暂行办法》,规范全区公务用车维修行为和节约维修费用支出。组织107家单位开展"小金库"自查自纠工作,财政、纪委、审计三部门组成联合检查组对10家行政事业单位进行重点检查,针对问题进行整改和处理。规范行政事业单位国有资产处置行为,全区报批处置国有资产51批,通过舟山信达产权交易所竞卖、竞租房屋、车辆、股权等31批次,成交额8471万元。

【财政文化建设】开展深入学习实践科学发展观活动,以"支持海洋经济发展做大财政蛋糕,完善公共财政体系促进社会和谐"为实践载体,开展解放思想大讨论和感悟"科学发展观与财政工作"主题征文活动。组织干部参加"千名党员干部进百企访万户"、"进企业,谋发展,促转型"等活动。抓好党风廉政建设和作风建设。出台《定海区财政局党组议事规则》,形成民主科学决策机制。通过发放廉政贺卡、廉政短信等形式在全局营造廉政氛围。结合财政业务工作开展"两提高、两降低"效能建设主题活动,开展以"实践科学发展观、提升制度执行力"为主题的提升制度执行力专项行动。加强干部价值观、权力观、政绩观教育,倡导培养良好的职业道德和政治素养。组织干部参加"学习实践科学发展观,推进反腐倡廉建设"活动和廉政专题灯谜活动。鼓励参加职称考试,全局本科及以上人数占全局人数72%,有专业职称人数占全局人数58%,其中中级及以上职称人数占全局人数31%。组织参加全市财税系统文艺调演,在区直属机关第二届运动会上取得佳绩。组织干部职工慰问结对帮扶对象、残疾人家庭,开展"让爱心在我们中间传递"迎"六一"捐赠衣物献爱心活动、"慈善一日捐,济困献爱心"、义务献血、"城乡结对、共创文明"等活动。

(舟山市定海区财政局供稿 钟国勇执笔)

普陀区

【概况】2009年，舟山市普陀区实现生产总值162.36亿元，比上年增长9.8 %，人均生产总值50577元，增长6.3%。其中第一、二、三产业增加值分别为20.48亿元、72.23 亿元、69.64 亿元，增幅分别为-3.1%、11.0%、12.1%，三次产业的比重为12.6:44.5:42.9。全区财政总收入 22.18亿元，增长22.3%，其中地方财政收入12.76亿元，增长15.1%；全区财政支出19.93亿元。全年财政收支平衡。

【采取措施保增长】帮扶企业。面对2009年严峻金融危机，加大对经济实体的扶持力度。筹措5000万元转贷资金，用于重点骨干企业到期贷款的临时周转需要。增加区信用担保公司注册资本，以增强担保力，全年累计为中小企业贷款新增担保5.80亿元。落实上级减税减负政策，推进增值税转型、降低小规模纳税人税负3000万元，取消和降低行政事业性收费、企业社会保险费4400万元。实施二手房交易财政补贴政策，共补贴资金3060万元，促进房地产市场稳定。组织符合农业龙头企业贴息资金补助政策条件的水产企业进行申报，全区22家农业龙头企业争取到中央和省级贴息资金1091万元，占全市50%、全省10%。及时兑现海运业扶持资金，为企业解决燃眉之急。优化结构。拟定出台扶持企业分离发展服务业、电子商务等政策，重点支持开拓新兴市场、品牌建设、发展服务外包业。研究制定船舶配套业发展扶持政策，鼓励船配行业做大做强；出台海上工程企业、招商引资、产业投资、产业转型升级的若干意见，支持工业经济转型升级；扩大重点企业扶持范围，重点骨干企业由40家增加到50家，对重点船配企业实行“一企一策”的优惠政策，支持工业经济做大做强。当年支出各类产业发展扶持资金2.00亿元，增长149%，全年实现第二产业地方财政收入5.60亿元，增长29.6%；全年实现第三产业地方财政收入6.60亿元，增长14.3%，财源结构优化。

【组织收入增财力】强化多部门协作，了解国地税征收部门征管情况，建立财政收入动态分析系统，实施财税库信息共享；深入船舶修造、海运、水产企业了解生产经营情况，科学判断收入增减趋势，发现和解决组织收入工作中的倾向性问题，增强组织收入的前瞻性和主动性。做好组织非税收入工作，加强财政票据管理，提高非税收入收缴率，加强国有资源有偿使用和政府性基金征收管理，增强地方财力，全年完成非税收入2.40亿元。

【统筹安排重民生】加大社保事业投入力度。拟定一系列提高社保标准、健全社会保障体系相关政策措施。主动参与城乡居民养老保险办法标准制定，从2009年12月起60周岁以上的城乡居民都能领到每月70元的基础养老金。修订完善城镇居民医疗保险和新型渔农村合作医疗制度，推进渔农村社区“星光老年之家”、城市社区居家养老服务站的建设，实现养老和医疗保险体系的城乡全覆盖。全年本级财力用于社保支出6240万元，增长9.9%。加大渔农业投入力度。推进渔农村生产、生活、组织方式三大变革，主动筹措资金，落实惠农强农政策措施。安排资金2000万元，加快标准渔港建设，支持远洋渔业发展。安排资金1900万元，开展海塘加固、水库治理、河道整治工程建设。安排资金1000万元，建设绿色生态廊道，美化渔农村人居环境。落实“家电下乡”补贴、农资综合直补和良种补贴政策，发放财政补贴近462万元。细化油价补贴政策，发放渔农业油价补贴资金1.20亿元，减轻渔农民负担。当年本级财力用于渔农业投入1.40亿元。加大社会事业投入力度。加快教育布局调整，安排资金1.55亿元，支持普陀中学、职教中心、乡镇公办幼儿园建设。排摸中小学校舍安全风险，制订校舍安全工程实施计划，确保工程顺利实施。深化义务教育经费保障机制改革，2009年小学、初中生均公用经费分别达到520元、720元，比调整前分别提高120元、220元。实施教师绩效工资改革，及时拟定教师绩效工资总体规模和人均水平，在全市率先推出教师绩效工资实施方案。安排文化体育旅游专项资金，举办新中国60周年、沈家门港开港600周年、沙雕节等节庆活动，支持大众海钓、游艇码头建设。加大公共卫生投入力度，启动乡镇卫生服务中心建设，足额安排城乡公共卫生专项资金，及时落实甲型H1N1流感防控资金。增加公共安全投入，促进和谐普陀建设。全年本级财力用于社会事业支出6.90亿元，增长36.7%。

【整合资产保重点】整合国有资产。充实国资公司资本金，注册资金从1.70亿元增加到5.00亿元。投资组建“印象普陀”、舟山群岛旅游等公司，新增投资6000万元。增加钓梁围垦资本金4900万元，完成国有围垦企业的股权划转和收购，实施光升水产、普惠饲料、桃花岛石水岗等6宗地块的土地收储。优化融资方式。建立以国资公司为主体的政府融资平台，全年争取到4.50亿元的新增融资计划，实现融资方式“三个转变”，即由商业银行融资为主向国家政策银行融资为主转变，由流动资金贷款为主向项目资金贷款为主转变，由部门分散贷款为主向国资公司集中贷款为主转变，既保证重点实事项目的资金需求，又降低财务成本近1500万元。支持基础设施建设。筹集资金1.50亿元，支持滨港路综合改造、天吴隧道、农村道路等项目建设；筹集资金1.20亿元，支持南北线排污、城区环卫设施、渔农村改厕治污等项目建设；筹集资金2900万元，支持鲁家峙灯塔、东港亮灯工程、东港入口绿化工程等项目建设；筹集资金1200万元，支持数字城管、城市监控、鲁家峙消防站等项目建设。实施夜排档改造提升工程，精心策划夜排档建筑形态，强化施工管理，沈家门海鲜夜排档顺利开业。

【加强管理重绩效】加强预算管理。推进国库集中支付制度，建立预算编制基础数据库，提高部门预算编制精细化水平。加强预算执行监控，在11家单位开展公务消费卡试点工作。增强服务意识，提升会计集中核算管理服务质量。深化政府采购改革，实施药品、教科书、船只加油、车辆维修和工会疗养政府统一采购，2009年政府采购额1.40亿元，节约财政资金2260万元。加强国资监管。出台国有企业用工管理办法，完善国有企业用工制度。建立国有企业惩防体系，制订国有企业财务开支标准，实施会计年报审计通报制度，加强财务总监管理，规范国有企业财务行为，将22家区属及部门所属国有企业财务分配列入管理。推进国资进退机制，完成区交通局、区文广局下属4家国有企业的合并重组工作。制定国有闲置房产使用处置方案，明确出让、租赁、调配方向，发挥国有资产最大经济和社会效益，基本实现国有资产一个"笼子"管理。加强财政监管。降低行政成本，停止购买公务用车，压缩会议经费、接待经费、出国经费，确保中央和省有关增收节支、厉行节约各项规定落到实处。开展会计信息质量检查和"小金库"治理工作，强化会计从业资格和会计中介机构监管。推进财政支出项目绩效评价，对校舍维修改造、避灾安置场所建设等9个项目实施财政支出绩效评价，及时纠正资金使用过程中的不合理行为。控制政府性投资项目的建设标准和规模，提高政府投资项目绩效。

【注重素质强队伍】深入学习实践科学发展观。以"发挥财政职能、关注民生工程"为主题，以局党组中心组学习、机关学习、党支部学习为平台，精心组织各类活动，深入开展调研，解决实际问题。开展"服务企业、共克时艰"活动，派遣干部进驻企业；开展"关爱基层、服务三渔农"实践活动，蹲点调研区城乡环卫服务公司，解决创卫工作中的难题。加强财政文化建设。以加强能力建设为核心，搭建干部教育培训平台，组建合唱团、举办局机关运动会，培养健康文明的工作生活情趣，引导干部职工树立积极向上的人生态度。加强廉政建设。全面落实党风廉政建设责任制，制定重点岗位廉政风险排查防范实施意见，以资金分配、资产拍卖租赁、工程建设、土地收储为重点，做好重点岗位廉政风险排查工作，规范权力运行流程。创建廉政文化建设示范点，增强干部职工廉洁自律意识。加强作风建设。针对财政工作实际，结合渔农民群众关心的热点难点重点问题，主动做好服务"三农"的各项工作。开展青年文明号、巾帼文明岗、群众满意科室等创建活动，改善服务方式，提升服务水平。

(舟山市普陀区财政局供稿　郑　忠　丁钰珏执笔)

岱山县

【概况】2009年，岱山县实现生产总值102.35亿元，比上年增长20.3%，全县人均生产总值53394元，增长20.7%。其中：第一产业增加值14.88亿元，下降3.9%；第二产业增加值54.52亿元，增长37.1%；第三产业增加值32.95亿元，增长10.7%。产业结构比例调整为14.5:53.3:32.2。全县财政总收入9.32亿元，增长23.6%，其中地方财政收入5.11亿元，增长20.0%；全县财政总支出11.40亿元，增长24.0%。全年财政收支平衡。

【组织财政收入】按照"三个三"工作要求，创新工作思路，组织各项收入，确保当年财政收支平衡。加强主体税种征管。贯彻落实新营业税暂行条例和实施细则，加强对企业股权转让的企业所得税征管和对非居民企业营业税征管。抓好地方小税种征管。强化出租经营房房产税、城镇土地使用税等地方小税种管理，全年地方小税增长41.6%，占县级地方财政收入的22.1%。加大税务稽查案件查处力度，发挥稽查威慑力。抓好个人所得税管理。组织落实2008年度年所得12万元以上个人所得税纳税申报工作，补缴个人所得税167万元。将行政事业单位的个人所得税纳入全员管理，强化股东股权转让的个人所得税征管，征收个人股东股权转让个人所得税180万元。做好土地出让金资金征收和收入结算工作，全年土地出让金收入38007万元。加强农税征管，组织农税收入，全年完成农税收入4055万元，增长128.6%。

【支持经济发展】发挥财政对经济的宏观调控作用，促进全县经济稳步持续发展。增加县中小企业贷款担保促进会担保资产总量。县财政在原有1000万元基础上再注入700万元资金，用于经营业绩较好、有发展前景、信用度较高的中小企业担保。成立小额贷款公司，设立海运企业专项转贷资金，加大国资参与支持经济发展力度，缓解中小企业和海运企业资金周转困难。支持工业经济转型升级。安排300万元工业经济转型升级发展专项资金，重点用于企业技术改造和技术创新，帮助企业加快科技创新步伐，推动产业结构升级。落实和完善促进就业有关政策，减轻企业负担。落实海运企业、集装箱运输企业、开发区工业企业财政优惠政策资金1492万元，减征行政事业单位收费510万元，减征社保资金827万元。落实企业技术开发费加计扣除政策资金240万元，推动全县企业技术投入，提高产品竞争力。

【确保民生需求】优化支出结构，增加民生财政支出，全年新增财力70%以上用于民生支出，当年民生支出82300万元，增加15365万元，占财政总支出的72.2%。坚持城乡统筹发展，加大对农业和农村基础设施的投入力度，支持生态农业、高效农业和现代农业，促进农业经济结构调整，推进农业产业化和农村城镇化进程。支持科技支农和农村劳动力创业就业，着力改善农村生产生活条件，增加农民收入。全年投入资金25464万元，增长17.7%。支持社会保障体系建设，县财政投入资金4895万元用于建立覆盖城乡的社会保障体系，重点抓好被征地农民等群体保障工作，增长10.5%。增加教育、文化、科技、卫生等社会事业投入。坚持教育优先发展，深化义务教育经费保障机制改革，巩固免费义务教育政策。加快卫生事业发展，支持公共卫生体系建设，城镇居民医疗保险基本实现全覆盖。支持全民健身工程，发展公益性文化事业。全年用于文教卫等社会事业发展资金30673万元，增长22.0%。加大公共安全投入，全年县财政用于公共安全支出6982万元，增长16.5%。加大生态环境建设投入力度，全年投入3969万元，增长42.1%。

【深化财政改革】全面实施非税收入征管信息系统，顺利完成新版非税收入征管系统全面上线工作，实现征收单位、财政、银行三方数据共享、数据同步和数据安全。对全县行政事业性收费项目进行清理，取消39项收费项目和降低部分收费标准。制定和完善《文化事业建设专项资金使用管理办法》等制度，规范财政资金使用管理。贯彻落实省委、省政府《厉行节约六项要求的通知》精神，压缩出国费用、车辆购置及运行费用、公务接待及一般性费用支出。推行行政事业单位公务接待卡和机动车辆一车一卡定点加油办法，规范行政事业单位公务接待和机动车辆加油行为。完善指标管理，规范单位支出行为，杜绝正常经费和专项经费的相互占用，推进行政事业单位个人收入分配改革，制订出台《义务教育阶段教师绩效工资改革实施方案》。加强储备粮油管理，完善财政资金补贴办法。研究制定国有企业工资发放制度。制定国有企业实施工资发放方案，采取基本工资加效益工资、工资总额包干等办法，把全县生产经营性企业工资制度全部纳入国资监管范围。

【强化财政监督】按照《财政资金拨付管理办法》的规定，对资金拨付依据、拨付程序及拨付手续进行检查，对会计核算中心在业务流程设置、资金的审核、拨付、复核，与银行电子对账情况、未达账情况、定期存单情况进行重点检查。加大对涉及民生、社会保障、新农村建设资金的检查力度，确保财政专项资金不移用、不截留。开展财政资金安全、会计信息质量和"小金库"专项治理重点检查工作，严肃财经纪律，保证会计信息质量的真实性。加强财政支出绩效评价工作，创新评价方法，由县人大牵头，联合财政、审计共同实施对农村改厕治污资金和旅游发展资金两个项目的绩效评价。

【加强队伍建设】实施学习实践科学发展观教育活动，广泛征求各方面意见，查找工作中存在的不足与问题，开展调查研究，形成学习实践科学发展观调研文章30多篇。转变机关工作作风，提高办事效率，优化服务水平。制订《惩治和预防腐败体系实施细则》，细化、分解岱山县惩防体系2008～2012年工作细则。加强机关效能建设，定期监督检查，巩固机关效能建设成果。推进财税文化建设，制订出台加强财税文化建设实施方案。加强干部教育培训，举办中层干部综合素质提高培训班，对近五年新任职人员进行专题培训和业务测试。组织参加全市财税系统迎国庆文艺调演和全县"祖国在我心中大家唱"合唱比赛，并取得优良成绩。推进"文明单位"、"巾帼文明示范岗"、"青年文明号"等精神文明创建活动，开展"一岗一号"活动，会计核算中心被命名为"舟山市青年文明号"和舟山市"巾帼文明示范岗"。组织"下村帮扶共建小康行动"，打造城乡合作的基层党组织互帮互助体系，2009年与两社区建立结对帮扶关系，并选派2名干部为社区指导员。

（岱山县财政局供稿　高汉旗执笔）

嵊泗县

【概况】2009年，嵊泗县实现生产总值57.39亿元，比上年增长8.8%。其中：第一产业增加值8.62亿元，增长4.0%；第二产业增加值28.65亿元，增长11.1%；第三产业增加值20.12亿元，增长7.5%。三次产业结构调整为15.0:49.9:35.1。全县人均生产总值71911元，增长9.0%。全县财政总收入4.49亿元，增长4.9%，其中地方财政收入3.69亿元，增长10.1%；全县财政总支出8.12亿元，减少0.6%。当年财政收支平衡。

【组织财政收入】加大对重点税源的监控力度，密切关注小洋山地区新开工项目情况，重点跟踪北侧围垦、西港区、申港石油二期等工程的进展。强化征管，利用相关财政扶助政策，在全方位拓展涵养税源渠道的同时，严格执行税收政策，做到应收尽收。"抓大不放小"，健全车船税、土地使用税、资源税、房产税等小税种征管，全年实现小税种收入3436万元，增长19.3%。"税费并举"，完善社保费"五费合征"，加强扩面征缴，规范征收程序，全年规费收入1.12亿元，增长12%。以查促征，以整顿和规范税收秩序为主线，对建筑、旅游等行业开展专项检查，全年检查企业及个体工商户70户，查补各类税款、滞纳金、罚款计416万元。

【支持经济发展】加大财政支农(渔)力度。全年财政投入"三渔"资金3.62亿元(扣除油价补贴)，增长28.6%。多渠道向上争取各类农口资金，助推渔业捕捞、近海养殖、农田水利、围海造地等项目建设，全年争取到省市专项支农资金7400余万元，重点扶持一批农业综合开发项目和竞争优势明显、辐射带动能力强的县级骨干龙头企业，推进海岛渔区产业结构转型升级。统筹城乡经济发展。统筹安排渔农村基础设施建设、绿化造林、防汛抗旱、暖促、渔民“双转”等专项资金，改善海岛渔村环境面貌和群众的生产生活质量，助推新渔农村建设进程。帮扶企业爬坡过坎渡难关。为应对金融危机影响，及时出台扶持中小企业发展、加快服务业发展和水产加工企业奖励办法等扶持企业政策；落实政府出台相关优惠政策，全年共兑现财政补助资金2115万元，其中支持企业发展兑现资金1977万元。科学技术方面投入2101万元，用于中小企业技术改造。做好企业贷款转贷资金工作。制定出台海运企业应急转贷资金操作规程，确保中小企业应急转贷资金安全、有序、高效运行，全年为11家海运、客运、水产品加工等各类企业办理贷款应急转贷，累计转贷金额9760万元。

【保障民生支出】加大对民生支出的倾斜，全年财政用于社会发展事务支出2.8亿元，增长19.7%。增加教育投入，安排财政资金9943万元，保障义务教育阶段教师绩效工资改革。医疗卫生方面投入8571万元，用于县人民医院2480万元及乡镇卫生院改造470万元；拨付70余万元资金用于解决社区公共卫生的仪器设备购置和工作经费；投入甲型H1N1流感防治经费86万元，确保流感预防和疫苗接种工作开展。社会保障和就业方面投入5158万元，安排渔农村老年人以奖代保金528万元、促进再就业资金659万元、城乡低保专项补助资金385万元。文化事业方面投入2267万元，用于县海洋文化中心建设、乡镇广播电视数字微波联网工程、新中国成立60周年庆典及嵊泗新闻网建设；支持公共文化服务体系建设，出台《文化事业发展专项资金管理办法》，支持“村村通”、“村村响”等重大工程，加大对文化遗产保护的投入，安排落实“送电影下乡”、“送戏下乡”、“送书下乡”经费。

【深化财政改革】严格预算管理。公用经费一律压缩10%，节约270余万元。严格支出管理。严格出国(境)经费预算管理，控制国内考察学习活动；严格执行公务用车编制管理规定和配备使用标准，冻结公车采购一年；控制党政机关办公楼等楼堂馆所建设，确保专项经费支出“零增长”。严控行政成本。相继出台《关于党政机关厉行节约严格支出管理的通知》和《关于县属行政事业单位会议管理规定》，要求各部门牢固树立“厉行节约，勤俭办事”的理念，减少会议、接待、差旅和公车使用等日常支出。推进国有资产管理改革。对县国有资产管理层的机构、人员进行重新配置，理顺工作关系，明确工作职责，强化管理职能；根据《嵊泗县国有企业收入分配监管暂行办法》，选择4家国有企业实行年度业绩和任期经营业绩考核，根据企业经营特点制订“一企一策”考核办法，做好国有资产管理工作。

【加强财政监管】规范行政事业性收费。全年取消和停止征收涉及交通、城建、卫生、公安、农林、民政等多个部门的行政事业性收费，减少行政事业性收费400万元，其中仅工商收费就减征260万元。立足“以票管费”，加强各部门日常收费管理，及时收缴发放票据，督促各单位及时结报，避免乱收费等违规现象发生。加强专项资金管理。报县政府批转《嵊泗县地方政府性债务管理实施暂行办法》，规范政府性债务举借和偿还行为。制定出台《财政性资金债权管理制度》，以确保财政性资金的安全；出台《财政拨款结余资金管理暂行办法》等制度，规范财政结余资金管理，提高财政资金使用效益。开展“小金库”清查。牵头组织101户纳入“小金库”专项治理自查自纠的独立核算单位开展自查自纠工作，并会同县纪委、审计部门对全县11家单位进行重点检查；检查清理“小金库”1个，查处违规金额9万元，追回已发放给职工的现金2万元，并上缴国库。

【加强队伍建设】加强学习型组织建设。深入学习实践科学发展观，各党支部书记和科室领导配合，形成一把手负总责、一级抓一级、一级带一级、层层抓落实的工作格局。从实际出发，以学习实践活动为契机，结合全县财税改革发展的实践，探索学习实践活动的新思路、新办法，推动学习实践活动深入开展。鼓励干部职工参加各种形式的学历教育，抓好业务培训，并要求每位干部结合实际工作，加强调研，群策群力，为财税发展建言献策，全年完成调研论文136篇。通过集中学习、局域网交流、基层调研、中层干部每月业务交流会等形式，提升干部职工的综合素质。加强财税文化建设。健全和完善局乒乓球、羽毛球、摄影、钓鱼、女子健身操等各类兴趣小组，定期开展全局性的文体活动。组织全局“迎国庆、展风采——财税文化建设”文艺汇演，选送的两个节目参加舟山市财政地税系统第二届文艺汇演，分别获一、三等奖。加强作风建设。参与基层文明单位、群众满意基层站所、青年文明号、巾帼文明示范岗等评选，洋山税务分局被舟山市纠风办评为“群众满意基层站所”，泗礁税务分局办税大厅获市级“巾帼文明示范岗”称号。加强干部考核和管理。对中层干部进行聘期民主测评考核及调职意向调查。加强对年轻干部和表现突出干部的提拔使用，新提拔聘任一批中层干部。规范内部管理，实施岗位交流。加强党风廉政建设。重申各项规章制度，建立中层干部轮岗制度、节假日出岛人员登记制度等，实现以制度管人、管事；抓效能建设，不定期组织内部自查，提升工作效率，改进工作作风；加强教育和防范，确保干部和资金的安全。

(嵊泗县财政局供稿　章　耀执笔)

台州市财政工作概况

台州市

【概况】2009年，台州市实现生产总值2025.47亿元，比上年增长8.5%。其中：第一产业增加值131.91亿元，增长2.1%；第二产业增加值1039.01亿元，增长7.7%；第三产业增加值854.55亿元，增长10.3%。三次产业结构由上年的6.8:52.8:40.4调整为6.5:51.3:42.2。全市人均生产总值为35148元，增长7.6%。社会消费品零售总额817.88亿元，增长15.2%。全社会固定资产投资834.10亿元，增长9.8%。进出口总额120.32亿美元，下降12.9%。城镇居民人均可支配收入24429元，增长7.4%，农村居民人均纯收入10006元，增长9.0%。全市财政总收入263.16亿元，增长6.1%，其中地方财政收入136.02亿元，增长7.9%。市本级财政总收入112.24亿元，增长7.1%，其中地方财政收入59.01亿元，增长9.7%。全市财政支出124.57亿元，增长9.4%；市本级支出49.75亿元，增长9.8%。全年全市财政收支平衡，预算执行情况良好。

【依法组织财政收入】根据均衡入库、持续增长、优化结构、调控有力"四位一体"的工作思路，抓好组织收入工作。做好税收收入分析、预测工作，健全数据采集—税源监控—税收分析—纳税评估—税务稽查"五位一体"的税源管理互动机制，实现源头控管，全市监控纳税户2048户。加强个税自行申报政策宣传，全市自行申报人数21149人。做好新老税法的过渡工作，宣传房产税、城镇土地使用税等新政策，根据车船税征收方式改革要求，协调车船税入库。加强部门协作，推进"五费合征"，做好企业征缴扩覆工作。完善信息支撑技术，发挥《税友2006》管理和应用功能，做好不动产建筑业税收项目管理软件推广应用工作。正确处理稽查与服务的关系，做好重点稽查、专项稽查工作，全年检查企业1148户，查补税费1.72亿元。以工业企业主辅分离工作为重点，增加地方财政收入。全年全市分离75户。规范政府非税收入管理，加强国有资源有偿收入、行政事业性收费和政府性基金收入管理，做大财政收入盘子。

【促进经济企稳回升】推进"企业服务年"，组织"千名财税干部进万家企业"活动，全市2000名财税干部，深入全市万家中小企业，开展"送信心、送信息、送资金、送政策、送服务"五送活动。落实各项财税优惠政策。落实各级政府为应对金融危机和经济困难出台的一系列扶持企业发展的优惠政策。全年全市落实增值税转型、小规模企业、小型微利企业税率调减等政策减轻企业负担11亿元；落实困难企业房产税、土地使用税减免等税收优惠项目15个，优惠金额1.03亿元；落实社保基金减免及养老基金征收率下调政策，受惠户数2万多户，减轻企业负担5亿元；审批国产设备投资抵免所得税额1.01亿元，减免水利建设专项资金4100万元；清理各类行政性收费项目175项，减轻企业负担2.5亿元。推进高新技术企业认定工作，全市全年共认定136家，全年落实高新技术企业优惠政策减轻企业所得税负担2亿元。合理整合使用专项资金，提高财政支持经济发展的整体效能。全市科学技术支出3.4亿元，增长8.2%；拨付先进制造业基地建设专项资金2.41亿元，科技型中小企业创新专项资金1.4亿元，现代服务业发展引导专项资金4900万元。全年各类优惠减免补助36亿元。拓展筹融资渠道，促进投资增长。争取上级资金项目，争取中央补助项目135个、资金3.60亿元，争取地方政府债券3.5亿，部分县市发行企业债券。加强国债资金管理，将国债资金列入政府预算管理。加大财政投入，推动重点工程建设。增加群众收入，扩大市场、促进消费。健全社保体系，提升群众消费信心。推进家电下乡、汽车下乡、家电以旧换新等事关民生又推动经济增长的政府民心工程，全年全市共兑付补贴资金9839万元。加快发展二手房和住房租赁市场，正确引导和调控房地产走势，全年全市落实房地产契税、耕地占用税优惠减免2350万元，市本级发放个人购买普通住房财政补贴4471万元。支持对外贸易，支持企业调整出口产品结构，促进外贸增长方式转变，全市安排外贸扶持资金3550万元，其中市级财政安排1000万元。

【加大民生保障力度】全市民生支出占财政总支出的76.6%。加大对"三农"的投入。全市安排"三农"支出10.90亿元，增长10.8%，争取省以上农业综合开发资金8323万元，增长8%。完善和落实各项涉农税收政策，减轻农业生产的税收负担。鼓励农村公共事业发展。抓好粮食和生猪生产，出台促进粮食生产政策，市级财政安排300万元用于扶持粮食生产，确保粮食安全和有效供给。落实为民办实事项目资金。推进公共文化服务体系建设，支持"百分之一公共文化计划"(指在项目建设投资总额中提取百分之一的资金，用于公共文化设施建设)。保障义务教育经费，开展义务教育教师绩效工资改革，支持基础教育均衡协调发展；支持农村教育现代化、提高教育质量，加大对困难群众子女和民工子弟就学的扶持力度；办好高等教育，发展职业教育，推进中等职业教育减免政策的落实。加强公共卫生服务体系建设，支持城乡卫生基础设施建设，统筹发展城乡医疗卫生事业，增强公共卫生服务能力，加大对甲型流感和手足口病等重大疫情防治的财政保障力度；深化医药卫生体制的改革。推进新型农村合作医疗制度,提高城乡合作医疗补助标准,支持健全城乡医疗救助制度。促进社会保障体系完善。确保养老、医疗、工伤、生育、失业等社会保障和被征地农民基本生活保障支出,支持扩大就业。完善“五费合征”,扩大社会保险覆盖面,完善企业职工基本养老保险制度,妥善解决流动参保人员养老保险关系的接续问题,落实好离退休干部生活补贴方案及资金保障。加大对环保和社会稳定的保障力度。加大民生工程、生态环境建设投入力度,支持生态环境改善。保障政法机关公用经费,加大产品质量和食品安全监督投入,支持“平安台州”建设。

【深化财政改革】继续深化部门预算改革。增加预算内容,完善预算编制办法,编细、编实部门预算。修订完善基本支出定额,细化支出预算编制,力求部门预算指标科学、合理;严格预算执行,规范预算追加。扩大国库集中支付范围。按照“收入一个笼子,预算一个盘子,支出一个口子”的管理模式,逐步将所有财政性资金全部纳入国库单一账户体系运行管理。市级二级预算单位启动财政国库集中支付改革。县市区扩大财政国库集中支付范围。深化政府采购改革。制订政府采购目录及限额标准,做好政府采购专家库建设和管理工作。全市共完成政府采购预算 25.91 亿元,节约资金 3.64 亿元,节约率 14.05%。

【强化财政监督】推进财政绩效评价。全市联动开展技术改造财政补助专项资金绩效评价,以及基层文化设施建设、乡村卫生技术人员培训项目评价工作。建立健全财政资金监管机制。全面清理、合理归并、整合使用专项资金,将专项资金整合用于重点领域、重点项目和重点地区,提高财政资金使用效益。开展“小金库”清理工作。全市自查面为 100%,重点检查单位 316 家,自查和重点检查共查出小金库金额 1.3 亿元,并进行处理。健全防治“小金库”的长效机制。加强国有资产和政府性投资管理。加大对资产处置行为的监管力度,完善行政事业单位国有资产管理体制。继续开展市级政府性债务清理工作,编制政府性投资(负债)预算,严格控制新上政府投资项目,压缩政府负债规模。加强项目管理,全市审核政府性投资项目 2748 个,总额 83.45 亿元,核减 5.24 亿元。

【加强队伍建设】开展学习实践科学发展观活动。在学习实践活动中充分结合财政工作实际,分析全市经济形势,提出财税支持经济发展的具体措施。市局成立会计师事务所学习实践活动指导小组,组织指导在注册会计师行业中开展学习实践活动,注册会计师协会成立行业协会党组织。推进财税文化建设。组织开展全市财政地税系统庆祝建党 88 周年及新中国成立 60 周年文艺调演活动。发挥工会、妇联、共青团作用,开展兴趣小组活动,培育财税干部高尚情操。做好教育培训工作。坚持周一晚学习制度,定期举办局机关公务员论坛,组织全市系统科级干部公共管理高级研修班和全市系统新任公务员培训班。至年底,全局大专以上学历占 87.9%。加强廉政建设。探索廉政文化建设的方式、方法,建立三道“防火墙”,引导干部廉洁从政。以党风党纪课为载体,组织全员学习各种规章制度及政策法规;组织观看廉政电教片,常打“预防针”,培育干部廉政信念、廉洁信仰及爱岗敬业意识。加强干部人事管理。针对津补贴改革后干部队伍中存在的实际问题,创新干部激励方式。开展创建“人民满意机关”活动。将创建人民满意机关活动与学习实践科学发展观活动相结合、与“两创”活动相结合、与学习型财税组织建设相结合、与工作目标责任制活动相结合。市财政局被市委、市政府评为学习实践科学发展观活动先进单位、“创建人民满意机关优胜单位”、依法行政示范单位。

(台州市财政局供稿　卢云芬执笔)

椒江区

【概况】2009 年,台州市椒江区生产总值 265.28 亿元,比上年增长 5.5%,其中一、二、三产业增加值分别为 8.32 亿元、124.02 亿元、132.94 亿元,人均 GDP 达到 5.26 万元。全区财政总收入 32.51 亿元,增长 4%,其中地方财政收入 18.07 亿元,增长 9.8%,全区 9 个镇街道全部实现增收。收入结构持续优化,地方财政收入占比为 55.6%,较上年提升 2.4 个百分点。全区财政总支出 14.86 亿元,增长 9.9%。全年财政收支平衡。

【支持经济发展】推动三大产业发展。加大支农投入,改善农村基础设施。投入 3200 万元改造加固堤塘,投入 2000 万元拓宽疏浚整治河道。实施农村土地承包经营权流转改革,深化农村综合改革搞活农业经济。支持培育农业龙头企业、农民专业合作社,推进农业产业化、标准化建设,支持农业自主品牌建设,支持农业特色点建设。坚持以“双服务”专项行动为抓手,加大企业扶持力度,推进工业经济转型升级。区级财政用于企业扶持的专项资金 3600 万元。加强对中小企业、三农企业的融资服务,支持旅游、商贸、金融、现代物流等第三产业发展。支持扩大政府性投资。成立椒江区投资发展有限公司,构筑三级政府投融资平台,形成由财政主导的统一计划、统一融资、统一调度的政府投融资管理机制,全年共融入资金 16.94 亿元,根据重点工程建设进度累计拨付 16.64 亿元(含调剂资金),推动一批重点工程建设。落实居民消费刺激政策。落实个人购买普通商品房财政补贴、家电下乡、汽车摩托车下乡以及家电以旧换新、汽车摩托车以旧换新政策,促进消费、拉动内需。全年办理购买普通住房财政补贴 4182 套,累计办理家电下乡产品、汽车摩托车补贴、家电以旧换新 3.36 万件,补贴资金1098万元。

【挖潜增收】联合多部门抓收入保增长。推进征管信息共享，加快税收代征站点建设，抓好组织收入工作。抓非税收入征管增财力。加强区属国有资源使用收益管理，海域使用金收入首次纳入财政预算。配合做好熟地包装与地块拍卖，增加土地出让收益，全年累计组织政府性基金收入14.13亿元。累计组织社保基金收入3.86亿元。抓收入结构优化提质量。推进8家工业企业主辅分离，做大营业税等地方收入比重。农税征管围绕“先税后证”，加强部门联动，升级农税联网征缴系统，推进房地产税收一体化管理工作，全年累计征收契税、耕地占用税2.27亿元，增长52.1%。

【改善民生】发展教育事业。全年安排教育支出3.83亿元，增长14.5%。上调全区义务教育中小学生均公用经费标准、农村中小学爱心营养餐标准。启动中小学校舍安全工程，完成1.8万平方米校舍改造。投入3980万元全面完成省定义务教育学校消债任务。支持发展职业教育、民办教育。

加大社会保障投入。健全医疗、养老保障，修订各类医保管理办法，提高筹资标准和保障水平。全额补助农村五保户、城乡三无人员、低保家庭和特困残疾人等困难群体保费。研究制定城乡居民社会养老保险制度的实施方案，支持城乡就业再就业工作，对困难企业发放就业岗位稳定补贴。实施弱势群体公共财政保障工程，免除城乡低保家庭有线电视视听费，支持农村困难家庭危旧房改造，支持城乡困难家庭入住政府廉租房，扩大对失业、医疗和交通事故等的社会救助。

发展公共卫生、体育文化事业。加大公共卫生事业投入，按标准安排公共卫生专项服务经费。支持疾控中心、妇幼保健所、街道卫生院等基础设施建设。做好甲型H1N1流感、手足口病等传染性疾病的应急防控资金保障，采购防控医疗设备，储备防控物资。加大公益性文化事业投入力度，支持文物和非物质文化遗产的抢救和保护，推进椒江博物馆建设。继续支持实施“农村文化活动繁荣工程”和“文化信息资源共享工程”。加快建设城乡体育设施，支持全民健身运动。

推进城乡、陆岛协同发展。完善支农惠农机制，做好各类粮食生产补贴资金、柴油补贴资金的发放与监管，支持农业、渔业生产。落实老年人免费乘车渡轮，支持建设渔船安全救助信息系统，补助渔民开展渔业互保。推进农民住房保障体系建设，实施农村住房保险，补助农民危房改造，推进“农村康居工程”建设。公共财政资金继续向欠发达地区倾斜，推进大陈岛建设、椒北建设。建设上下大陈岛际交通船，实施岛上有线电视与城区互联。加大椒北开发力度，推进农村公路联村联网和安全保障工程，建设椒北水厂、椒北污水处理厂，实施“黄水改造”，构架城乡供水一体化。

【财政改革】推进部门预算精细化管理。按照“三个子”要求，构建预算编制、执行、监督“三位一体”又相互分离的预算管理体系。单位基本支出实行定员定额，项目支出向标准化、精细化、绩效化推进。推进分配制度改革。落实公务员津补贴、教师绩效工资改革，启动医卫人员和其他事业人员绩效工资改革的前期准备工作。推进镇街道财政管理方式改革。研究制定新一轮财政体制改革方案，重新界定区、街道两级财权、事权分配格局。分两年逐步改革镇、街道财政管理方式，实现“六统一”(统一会计核算制度、会计科目统一设置、统一账务处理方法、统一各类会计报表、统一财务软件、统一存放会计资料)。上划原镇街道所属的学校财政管理权，预防和化解镇街道财政风险，确保基层政权稳定。推进国库集中支付试点改革。按照国库集中支付与会计集中核算“两种模式并存、两种流程结合”的操作模式，9月份开始对科技、交通、卫生三个部门实施试点改革。

【财政监管】统一管理重点建设资金，全区重点工程资金融通能力提升，资金运转效率提高，重点建设资金链安全稳定，全区继续保持连续多年“零逾期”、“零欠息”，政府性融资信誉良好。出台《椒江区政府投资项目投资控制和资金管理暂行规定》，规范工程变更、结算管理等建设控制行为。开展政府投资项目评审工作，全年审核概算、预算、结算项目472个，送审金额14.86亿元，核减资金9268万元。推进政府采购信息化、公开化工作。会计集中核算工作继续在150家预算单位推行。加强国有资本的收益管理。加强会计工作管理，全区会计从业资格考试、会计职称考试报名全部实行网络化。“小金库”专项治理取得实效。

【财政文化建设】以“深化财政改革，开展财政五个服务，推动椒江经济社会科学发展”为特色载体，组织开展学习实践科学发展观活动，取得成果。发挥工、青、妇组织作用，开展“庆祝建党88周年、新中国成立60周年”主题系列活动，推进财政文化建设，增强全局向心力、战斗力和凝聚力。推进机关党建工作，开展“学习型、服务型、创新型”机关创建活动，获椒江区党建工作创新奖。在各级考核中，区财政局被评为全市财政地税系统工作目标考核先进单位，区“人民满意机关”创建示范单位，区级机关工作目标考核优秀单位，会计核算中心被授予“全国巾帼文明岗”荣誉称号。

(台州市椒江区供稿　王永斌执笔)

黄岩区

【概况】2009年，台州市黄岩区实现生产总值194.01亿元，比上年增长8.3%；人均GDP3.27万元，略有增长。其中：第一产业增加值10.28亿元，增长1.0%；第二产业增加值102.14亿元,增长7.5%;第三产业增加值81.59亿元,增长10.0%。全区财政总收入28.45亿元,增长4.4%,其中地方财政收入14.28亿元,增长7.6%;财政支出15.30亿元,增长17.9%。地方财政收入占财政总收入的比重为50.2%,提高1.5个百分点;财政总收入占生产总值的比重为14.7%,提高0.2个百分点。财政收支平衡,预算执行情况良好。

【扶持区域经济发展】2009年受国际金融危机冲击和国内经济下行的影响,黄岩区经济增速有所放缓,区财政局全力以赴保稳促调,保障财政扶持经济发展的专项资金足额到位。帮扶企业发展。兑现全区企业创新奖补资金8300万元;出台《关于扶持企业开拓市场的若干意见》,整合外经贸扶持资金,筹集1000万元贸易发展资金,鼓励企业参加境外展出。举办中国浙江国际工业设计博览会、第六届中国台州国际电动车及零备件展览会、塑料日用品产销对接会等,引导企业开拓市场。减轻企业负担。落实各项税费政策,做好符合条件的企业增值税先征后退工作,办理返还企业增值税3298万元;及时审核办理退库,全年共办结各项退税1635笔,退还税(费)基金合计7294万元。减免税费,全面落实临时性下浮社保费缴费比例政策,减征金额2063万元;降低养老保险费缴费比例,减征6000多万元;落实水利建设专项基金、房产税、城镇土地使用税减免等政策性工作,减免2402万元。取消、暂停、降低行政事业性和经营服务性收费148项。做好促进消费工作。推进家电、汽车摩托车下乡,拉动居民消费。全年共销售家电产品10236台(件)、汽车摩托车2967辆,财政补贴资金1108万元。提高区域经济增长力。发展总部经济,确定13家企业为首批实施发展总部经济对象。扶持第三产业发展,推进工业企业主辅分离。全年完成7家企业实施分离发展服务业的工作目标。

【依法组织收入】深化收支分析和预测工作,及时了解经济形势变化趋势,分析财政收支状况及发展态势,采取各项措施,确保重点支出、严控一般性支出。强化收入征管、优化收入结构,稳定地方财政收入。加强精细化管理,推进税款缴库方式改革,完善"一户通"电子缴税工作,加强税收基础管理和纳税评估工作。加强分税种管理,继续加强个人所得税全员全额管理工作,做好土地增值税清算工作和车船税由保险机构代收代缴工作,改变个人出租营业房原有的税收征缴模式,做好农税新软件应用工作。深化拓展《税友2006》应用,加强信息化征管。加强非税收入征管,规范行政事业性收费项目和标准管理,做好政府非税收入优惠政策的落实工作,减轻企业和个人的负担。推进"五费合征"工作,继续巩固社保扩面工作成果。

【加大支农力度】支持农业产业发展,推进新农村建设。全年投入支农一次性项目资金9505万元,增长13.9%,支持以水利为重点的农业基础设施建设。开展农业综合开发工作,争取省以上立项7个,资金补助1851万元,区财政配套投入860万元,实施对永裕河中低产田改造1.8万亩、茅畲山区中低产田改造0.6万亩、科技罐头厂年产2.5万吨果蔬深加工项目建设;头陀、上垟、富山国家农业综合开发项目通过省级"三年期"验收和绩效考评,通过国家审计署审计。农业综合开发工作受到黄岩区政府通报表彰。实施对农民直接补贴,完善农民保障体系。区财政投入775万元并争取上级财政2542万元补助资金,用于大中型水库移民后期扶持直补和库区项目建设,受益人数4万人;推行粮食直补和良种补贴资金"一卡通"兑现模式,共兑现795万元,受益农户9万户;安排生态公益林林农补助资金420万元,受益林农2万户;投入农民住房保险补助资金140万元,并争取省级财政补助56万元,受益农户14万户;投入政策性农业保险补助资金106万元,为参保农户提供1.60亿元保额的风险保障;安排农村劳动力素质培训经费100万元,7600人次受益。

【重视民生支出】调整和优化财政支出结构,保障民生支出。全年全区教育支出4.14亿元,增长11.5%。提高学生公用经费标准,在全面免除九年制义务教育杂费的基础上,继续免除课本作业本费。完善社会保障体系,全年社会保障和就业支出6047万元,增长37%。调整被征地农民基本生活保障标准,设立残疾人小额扶贫贷款贴息资金,设立扶贫资金贷款贴息资金,实施困难家庭高校毕业生就业援助计划,健全政府就业网络,2009年净增城镇就业人数6682人,城镇登记失业率控制在3.7%以内。完成农村劳动力素质培训7615人次。完善公共卫生服务体系,全年医疗卫生支出6520万元,增长17.3%。提高新型农村合作医疗报销标准和城镇居民医疗报销标准、计划生育奖扶标准。有效防控甲型H1N1流感、手足口病等疾病,新型农村合作医疗工作参保率95%。支持生态建设,完成44家企业废水达标治理和沙埠工艺品行业酸洗加工环境综合治理,江口轻化投资区废气整治。强化饮用水水源地保护,创建5个省级生态乡镇、72个市级生态村,通过"国家级园林城市"验收。

【深化财政改革】深化预算资金支出管理,加大财政支出结构调整,加强预算执行管理,增强预算执行刚性。早编、细编部门预算,严格按照部门预算的要求拨付资金,严控预算追加。贯彻落实增收节支、厉行节约的各项规定,压缩会议费、招待费、考察费等经费,全年停止购置公务用车,严格控制行政成本,实行公用经费零增长。稳步推进预算管理体制改革,深化以综合预算为主要内容的部门预算改革,加强"三个子"统筹工作,强化预算的完整性、科学性、透明性;统筹各类财政性资金,将行政事业单位所有收入纳入预算收入编制范围;在预算安排中重点关注民生,并科学延伸实施单位。在确定五家试点单位的基础上,推进国库集中支付改革,实施政府性工程项目国库集中支付。

【强化财政监督】加强财政资金规范管理。出台《黄岩区财政性资金管理操作规范书》,建立完整规范的资金管理制度,加强财政投资项目支出审核工作。从项目预算编审到工程结算审核,核减造价 1054 万元,核减率为 5.7%,提高项目建设资金的使用效益。加强国有资产管理。依托区国有资产经营公司对政府性投资项目进行有针对性的投融资,全年获抵押担保贷款 20.75 亿元。16 个政府性融资项目争取到中央补助资金 1.02 亿元。深化政府采购改革。协助区政府起草出台《黄岩区政府采购管理办法》,加大政府采购在支持自主创新和节能减排方面的工作力度。当年全区政府采购预算金额 1.20 亿元,实际采购金额 1.05 亿元,节约采购资金 1500 万元,节约率 12.6%。推进财政监督和财政支出绩效评价工作。开展全区"小金库"专项治理工作,对 20 个重点检查单位以及 2 个举报单位实施检查,共计查出违规资金 1769 万元,涉及单位 18 家。对总投资 25 亿元的黄岩江北商务区一期进行项目绩效评价分析,提出五条合理化建议,为区政府及时调整区块规划设计方案、高效合理利用土地资源、节约建设资金提供依据。对现代农业发展资金、避灾安置场所补助资金、技术改造财政补助资金、农村卫技素质培训经费、动物防疫疾病经费等项目进行绩效评价,涉及金额 9000 多万元。

【加强队伍建设】开展学习实践科学发展观活动。按照区委的统一部署,以"服务科学发展、完善公共财政、构建和谐税收、再创黄岩辉煌"为实践载体,完成各个阶段的学习任务。组织推进廉政文化建设,开展设置电脑廉政主题屏保、参观廉政图片展览、观看教育片等活动,增强干部廉政意识。以财税文化建设为契机,打造高素质财税干部队伍。组织 60 多名中层干部参加在上海国家会计学院举办的素质提升培训,组织 2006 年以来录用的 16 名公务员参加省市组织的公务员初任培训。发挥工、青、妇等群团组织的作用,组建财税民乐团,丰富财税人俱乐部活动。在新中国成立 60 周年大庆之际举办第三届"迎国庆•展风采"文化周活动,开展文艺汇演及摄影、书法、体育等项目的竞赛。区财政局获台州市财税系统羽毛球比赛团体第四名、台州市财政地税系统迎接建党 88 周年及新中国成立 60 周年文艺调演比赛第一名、黄岩区公务员体能运动会团体总分第一名;在全区政务信息考核中得分第一;在"黄岩区文明单位创建擂台赛"中获总分第一名;局妇委会获全国"三八"红旗集体称号。

(台州市黄岩区财政局供稿 夏智敏 彭 颖执笔)

路桥区

【概况】2009 年,台州市路桥区实现生产总值 278.57 亿元,比上年增长 8.5%;人均生产总值 63603 元,增长 7.7%。第一、二、三产业增加值分别为 7.41 亿元、132.07 亿元和 139.09 亿元,分别增长 0.7%、6.9 %和 10.6%。第一、二、三产业结构调整为 2.7:47.4:49.9。全区财政总收入 36.12 亿元,增长 10.4%,其中地方财政收入 17.86 亿元,增长 14.9%;财政支出 12.11 亿元,增长 10.6%。全年财政收支平衡,财政预算执行良好。

【强化组织收入】坚持财源建设和组织收入"两手抓",确保财政收入稳定增长。强化收入预测分析,加强与各执收部门配合协作,定期召开分析例会,积极应对宏观环境变化、产业结构调整对收入的影响,提高收入的计划性和预见性。完善财税联动机制,强化对 641 家规模企业税源动态监管,巩固以金融业、建筑业为重点的主体税种管理,确保重点税源的足额征缴。出台《关于进一步加强和规范政府非税收入管理的意见》,把国有资源、国有资产、国有资本收益等纳入财政管理,确保非税收入应收尽收。全年财政总收入和地方财政收入两项收入增幅指标,分别高于台州全市平均水平 3.3 和 7 个百分点。

【优化支出结构】落实区委、区政府年初提出"一般性项目支出压缩 40%、公务费用支出压缩 20%,全年停止购置和更新公务用车"及省、市有关增收节支、厉行节约的要求,在预算支出编制和执行上,从严控制一般性支出,全年财政支出同比压缩 4000 万元。推进民生财政建设,继续加大惠及老百姓最关心、最直接、最现实的民生事业,全年新增财力 5519 万元中的 5400 万元用于民生支出,新增财力用于民生支出比重 97.8%。其中,一般预算中的教育支出 3.83 亿元、医疗卫生支出 6331 万元、环境保护支出 2437、城乡社区事务支出 5872 万元、农林水事支出 8290 万元,分别增长 8.0%、60.6%、106.5%、69.7%和 33.9%。全年"三农"投入 4.58 亿元,增长 16.1%,以支持农业基础设施、农村环卫事业、农村义务教育、农民素质培训、农村低保和农产品质量安全等领域。

【服务经济发展】以"保增长,调结构,促转型"为主线,落实积极财政政策,在促进投资、消费增长和稳定外贸出口方面采取措施。完善中小企业信用担保机制,及时拨付小企业贷款风险补偿 440 万元,缓解中小企业融资难。支持企业自主创新,拨付各类区级奖补资金 5712 万元,推进企业技术改造和转型升级。及时下达油价补贴 1531 万元,降低因油价上涨对交通、渔业、农业等行业的压力。先后发放粮食直补、综合直补、农机具补贴等各类资金 1798 万元,促进农业发展、农村稳定、农民增收。落实税费减免政策，全年减、免、缓、停 112 项行政事业性收费，累计减轻企业税费负担 2.13 亿元。研究中央和省、市在落实科学发展观、建设小康社会、扩大内需等方面的政策取向，加强与上级部门联系，全年争取到上级财政专项资金 9390 万元，支持地方经济发展。做好家电、汽车下乡政策，全年兑现补贴 787 万元，拉动家电和汽车消费 1.58 亿元。以加大投融资平台建设为抓手，对区运输总公司等 6 家国有公司的产权重新整合和划转，将区公共资产投资管理有限公司打造成总资产 97.63 亿元、净资产 60.11 亿元、下属控股子公司 24 家的国有集团公司。围绕扩内需政策，多渠道筹措项目建设资金，与国家开发银行签订项目贷款意向 12 亿元，争取到泰隆商业银行德国政府中小企业贷款授信 2000 万欧元，争取到省政府统一发行的地方政府债券 4000 万元。加大区本级投入力度，全年科技预算经费投入 4746 万元，增长 16.5%，占当年财政经常性预算支出的 5.0%。设立外贸发展扶持资金 1000 万元，用于外经贸发展奖补，促进外向型经济发展。出台《关于扶持企业主辅分离的实施意见》，推出综合、财政、税收三大政策，推动产业结构调整。制订《农村土地承包经营权流转资金使用管理暂行办法》，设立专项资金 100 万元，促进农村土地流转，推进农村综合改革。

【深化管理改革】完善“收入一个笼子、预算一个盘子、支出一个口子”和预算编制、预算执行、预算监督“三位一体”的财政运行机制，提高管理水平。以完善和健全制度为基础，制订和出台《财政资金管理操作规范书（试行）》、《财政国库集中支付制度改革实施方案》等 8 个办法和制度，推进依法行政，依法理财工作。出台新一轮镇（街道）财政管理体制，从收支划分、收入分成、考核奖惩三大方面进行完善，调动镇（街道）增收节支的积极性。提高预算透明度，在 2008 年教育系统预算安排实行人代会审议制的基础上，又将农林局、农办、水利等部门预算提交区人代会审议，扩大预算信息披露内容。创新绩效评价工作，编印《绩效评价政策宣传手册》发放各部门单位，组织各镇街道、区级机关共 250 余人开展财政支出绩效评价专题培训，开展省市联动项目财政支出绩效评价，选取教育局等 15 家单位的 15 个项目，开展绩效自评。完善政府投资管理，加强对项目预算立项的依据、设定项目和预期绩效目标的可行性论证，加大基建集中核算制度，53 个项目列入会计集中支付。加大基建审核力度，全年审核工程建设进度款 1.18 亿元，办理工程结算备案项目 187 个，送审造价 3.71 亿元，审定价 3.39 亿元，核减 3227 万元。

【完善监管机制】及时制订《行政事业单位“小金库”专项治理工作实施方案》，会同纪检、审计等部门，按步骤、分阶段开展专项治理工作，全区 196 家行政事业单位纳入专项治理，自查面 100%。加强会计集中核算，全区 115 家部门（单位）纳入会计集中核算，比上年增加 7 家。加强政府采购监督，完善政府采购预算编制制度，继续规范公务出差定点管理及公务车辆费用支出和加油、保险、维修“一账三定”管理，全年采购预算总额 3254 万元，实际采购支出 2860 万元，节约资金 394 万元。规范单位房屋出租管理，通过对账、卡、物的核对，对全区行政事业单位产权进行年检，重新办理产权登记 75 家，全面摸清国有资产总量。出台《行政事业单位房屋出租管理（暂行）办法》，对全区行政事业单位房地产出租出借开展专项检查工作，规范出租出借的审批、操作程序、收益管理。完善会计管理工作，全年安排会计从业资格考试 138 场次，发放会计从业资格证书 219 本，办理会计人员迁证手续 222 人。安排会计专业技术资格考试 36 场次，安排 4715 名会计接受后续教育，提高财会人员业务素质。

【提升财政新形象】开展主题教育活动，先后制订《深入学习实践科学发展观活动实施方案》、《服务企业、服务基层“双服务”专项活动实施方案》等 5 个方案，通过教育学习、基层调研、思想讨论、征求意见、组织群众评议等多项活动，提高思想认识。全面落实党风廉政建设责任制，紧扣收入管理、支出管理、项目管理三个环节，从健全内部管理机制、深化财政管理改革、强化财政监督职能入手，开展局领导“述职述廉”、中层干部“公述民评”活动，增强勤政廉政意识。开展文明单位创建活动，把开展创建活动同财税文化、队伍形象建设有机结合，组织干部职工参加慈善一日捐、党员扶贫捐等献爱心活动，组织参加全市财税系统纪念建党 88 周年暨新中国成立 60 周年文艺会演，组织举办“科学发展，和谐财政”迎新春文艺晚会，展示队伍精神风貌。全年获全国财政“五五”普法知识竞赛浙江赛区优秀单位、路桥区区级先进集体等 12 项集体荣誉。

（台州市路桥区财政局供稿　郑宣彬执笔）

临海市

【概况】2009 年，临海市实现生产总值 275.62 亿元，比上年增长 10.8%。其中：第一产业增加值 23.61 亿元，增长 5.0%；第二产业增加值 147.78 亿元，增长 13.8%；第三产业增加值 105.60 亿元，增长 8.0%。三次产业比由上年的 8.4:53:38.6 调整为 8.5:53.4:38.1。全市财政总收入 32.95 亿元，增长 7.5%，其中地方财政收入 17.3 亿元，增长 7.7%；财政支出 24.8 亿元，增长 21.9%。当年财政收支平衡。

【服务经济建设】开展“春雨专项行动”。以“保稳促调”为主线，贯彻落实中央宏观调控政策，参与推进五大主导行业产业转型的实施意见和成长型小企业培育办法的制订，落实市委、市政府扶持工业、农业等发展措施，全年兑现扶持工业

"1217"政策奖励(补助)、高新技术企业减征企业所得税、基本养老保险费费率下调等1.57亿元。推进企业分离发展服务业。出台企业分离发展服务业三年规划和具体实施意见，采取"长期规划、分步落实"推进企业分离发展服务业工作。全年分离服务业企业11家，增收地方税收2000多万元。发挥市经济担保公司作用。支持经济担保公司增加注册资本，扩大担保规模，全年共为85家中小企业累计担保1.20亿元，帮助中小企业缓解融资难和担保难的问题。

【组织财政收入】在组织收入压力加大的情况下，通过加大征管力度、创新管理制度、推进企业主辅分离等手段，当年地税工商税收完成14.30亿元，增长7.3%。依托《税友2006》信息管理系统，抓好日常税源管理，加强营业税和企业所得税等税种管理；加强个人所得税管理，全市2160人自行申报"12万元以上"个人所得税；完善税收项目管理办法和清算制度，开展交通运输业和餐饮旅馆业等行业税收专项整治，全年清缴入库房地产业等税收2593万元；落实15家保险机构，代扣代缴车船使用税1073万元；做好小型微利企业税款补征工作，调整餐饮、娱乐、广告等行业个体定额，房产税、土地使用税分别增长32.7%、15.4%。坚持应收尽收，组织开展社保费清算和社保基金专项治理，共清算企业1854家，补缴社会保险费743万元。当年规费入库7.63亿元，增长10.3%，其中社会保险费收入5.93亿元，增长10.4%，增幅位列台州市第二。开展契税欠税清理，发布欠税通告300份，清欠180多户，全年入库契税1.2亿元。全面清理个体欠税，多次组织开展个体户欠税清理专项行动。开展税收专项检查和纳税评估，开展房地产业、服务业等行业税收专项检查和重点税源的自查、重点检查工作，查补入库税费2900万元；探索管查和纳税评估互动机制，对重点税源进行纳税评估，补缴税款1135万元。

【保障民生支出】确保新增财力三分之二以上用于民生，财政全年用于民生保障2.39亿元，增长21.9%。提高基本公共服务均等化水平。加大就业、医疗、教育、住房、社会保障等资金投入力度，提高城乡居民最低生活保障、农村合作医疗补助、重点优抚对象补助和离休人员生活补贴等标准，继续扩大城镇职工基本养老保险、新型农村合作医疗等覆盖面，完善社会保障体系。加大对"三农"的支持力度。及时审核发放家电下乡、汽车摩托车下乡补贴、种粮补贴、油价补贴和村干部基本报酬补助等，全年支农资金支出3亿元，增长34%。其中，家电下乡和汽车、摩托车补贴资金兑付率100%，高于全省平均水平。向上争取专项补助资金。做好项目包装，以优势项目向上争取财政专项资金7.8亿元，增加农业综合开发、农村公路改造、水利基础设施、村庄环境整治等投入，推进农村康居工程和现代农业产业化等建设。保障公共安全费。安排公、检、法等部门办案经费4057万元，安排保障甲型H1N1流感、手足口病防控等公共卫生资金1500万元，安排对口支援四川地震灾区恢复重建资金2281万元，市对口援建的营盘乡小学和卫生院已交付使用。

【深化财政改革】推进部门预算改革。落实省委、省政府关于增收节支的通知精神，参与制订全市党政机关厉行节约工作九条措施，修订完善办公用品、培训费、会议费开支标准和管理制度，停止新购公车审批，压缩和控制各类会议、接待、公务用车等费用，提高重点支出保障能力，全面、细化部门预算，增强执行刚性。推进镇(街道)财政体制改革。出台新一轮镇(街道)财政管理体制，实施镇(街道)五类财政分成体系，组织镇(街道)负责人进行新体制知识培训，新旧体制平稳过渡。推进教育经费管理体制改革。出台《进一步加强中小学财务管理工作的意见》，参与制定《临海市义务教育学校绩效工资实施办法》，完成全市绩效工资清算工作，保证教师绩效工资制度改革的顺利实施。推进国有资产管理改革。制订行政事业单位办公设备配置标准，共处置核销、置换、出让26家行事单位资产计1392万元，对外拍卖及招租6家，审批投资及产权变更7户，规范行政事业单位国有资产监管。

【强化财政监管】开展"小金库"专项整治。全市85个党政机关、140个事业单位和6个社会团体进行自查，对执收、执法权相对集中以及教育、卫生、交通等33个部门和单位开展重点检查，查出存在"小金库"单位7个，查出违纪金额507万余元，涉案违法人员已移送相关部门处理。加强专项资金管理。加强财政支农项目立项、政府投资项目决算、集镇和农村生活污水处理工程验收等监管，对科技、城建、旅游发展基金等项目的安排和支出建立反馈制度，重点开展百村整治、现代农业、水利基础设施、中小学食宿工程等专项资金绩效评价工作。加强政府采购管理。全年共举行政府采购招标会238批(次)，完成采购预算23957万元，节减财政支出3136万元，平均资金节约率13.1%。加强政府性债务管理。建立政府偿债准备金，出台《加强镇(街道)项目融资管理工作意见》，控制和压缩政务负债规模。加强非税收入管理。完善政府非税收入征缴办法，在对部分专项资金清理整合的基础上，将水资源费、森林植被恢复费和易地绿化补偿费等纳入政府性基金管理，增强政府调控能力。加强会计工作管理。完成全国会计专业技术资格考试和全省会计从业考试工作，举办会计电算化培训10期、会计继续教育培训33期。

【加强队伍建设】开展学习实践科学发展观活动。把学习实践科学发展观与财税工作统一起来，组织团队调研、破解难题促发展和献策临海等活动。临海市财政局被台州市委宣传部评为第五批学习型组织示范点。破解企业融资难、一对一帮扶联系制度和8大服务举措等得到市委肯定。优化财税服务。

围绕临海市委、市政府"比服务"的工作要求,以争创"青年文明号"和"文明单位"为载体,全系统获省级、台州市级和临海市级各项集体荣誉62项,个人荣誉63人次。*加强财税文化建设*。局代表队在台州市财税系统庆祝新中国成立60周年文艺调演中获二等奖,在临海市庆祝新中国成立60周年歌咏比赛中获最佳演唱奖,并在江南长城节期间举办全省"税务杯"桥牌邀请赛。全年有100多篇文章发表在全国及省级报刊上。*深化党风廉政建设*。加强领导班子和中层干部建设,7月份对部分中层干部进行调整和轮岗。规范公务员津补贴,用制度管人、靠制度理财、按制度办事,全体干部自觉践行党风廉政责任制,提高拒腐防变能力,做到干净干事。

(临海市财政局供稿　沈卫山执笔)

温岭市

【概况】2009年,温岭市实现生产总值498.73亿元,比上年增长10.0%;人均生产总值42260元,增长4.7%。其中:第一产业增加值36.07亿元,增长2.1%;第二产业增加值261.18亿元,增长10.4%;第三产业增加值201.48亿元,增长10.7%。三次产业比例由上年的7.9:52.8:39.3调整到7.2:52.4:40.4。全市财政总收入47.55亿元,增长4.8%,其中地方财政收入25.02亿元,增长7.0%;全市财政支出28.90亿元,增长22.6%。全年财政实现收支平衡。

【组织财政收入】*向强化税源监管要收入*。扩大县市级以上重点税源监控企业至1350家,地市级监控企业至349家,省级及以上重点税源监控企业至73家,并均衡分布于各行业,基本上将年入库税款10万元以上及所得税查账征收企业列为监控对象。在按年分季分解税收计划的基础上,实行税收入库"每日一报"制度,分税种、分行业进行分析,做到税收旬测和月测。2009年,税收收入预测综合误差率控制在3.02%以内。*以强化地税征管增收入*。加强重点行业税收征管,组织开展住宿服务业、租赁业和上年度所得税税负率偏低或纳税异常的纳税人进行专项纳税评估;对饮食业大户和国地税共管的水泵、电机、空压机、鞋业、机械加工等重点行业进行定额调整,平均调增幅度13.2%。抓好税种管理,规范所得税征收方式,重新鉴定733户企业征收方式。编制涵盖118个涉税小行业的《小行业目录》。密切与国税部门配合,联合开展纳税信用等级评定。坚持以查促管,开展行业性税收专项整治,全年共检查233户,查补金额2755万元。*抓好非税收入和农业两税征管*。全年九项规费收入8.82亿元,增长10.0%。严格"收支两条线"管理,加强行政事业单位规费收入、罚没收入和农业两税征管,全年共征收非税收入30.30亿元,增长14.6%;征收耕地占用税和契税2.19亿元,增长17.0%。

【支持经济发展】落实"减税减费"以及财税各项扶持政策。全面落实增值税转型、成品油税费改革、出口退税率提高、房地产交易税率优惠等政策,全年共为企业减免各种税款6142万元;落实社会保险费企业缴纳部分停征一个月政策,减征社会保险费2990万元;执行用人单位基本养老保险费缴费比例调整政策,共为企业减负8250万元;扶持农业龙头企业和安置残疾人的福利企业,减免水利建设资金、教育费附加和地方教育费附加178.16万元。参与加快先进制造业发展、加快建筑业发展、加快开放型经济发展等政策调研,完善财税帮扶措施;支持组建温岭市信合担保公司,解决中小企业融资担保难问题;利用财政资源,解决企业外出承包工程、造船行业的保函问题;及时兑现拨付政府鼓励企业发展的各项财政专项补贴资金8425万元。发行12亿元企业债券,争取到中央扩大内需国债资金4717万元,以及中央代地方发行的政府债券4000万元,用于铁路配套项目等建设。做好家电、小汽车下乡补贴和油价补贴工作,全年共办理家电下乡22502户,家电以旧换新2223件,汽车摩托车下乡7157户,拨付补贴资金2264万元,补贴兑现率99.99%。

【财政支出有保有压】调整和优化支出结构,让更多财政资金用于民生。保障重点支出,其中预算内支农支出4.40亿元,增长19.4%;医疗卫生支出1.75亿元,年增长35.3%;城乡社区建设1.41亿元,年增长83.3%;环境保护支出4119万元,增长47.1%。控制行政运行费用,落实各级党委政府出台的增收节支措施,严格执行财经纪律,实现全年度全市公务用车零购买、机关专项支出零增长、公用经费缩减5%、会议接待费缩减10%的目标。发挥财政专项资金效用,清理整合历年结余的专项资金,对项目完工结余、项目中止及其他结余进行清理,并把结余清理与部门预算编制有机结合,共清理整合专项资金7820万元。

【创新财政管理方式】深化部门预算改革,对水利局、交通局部门预算进行民主恳谈,将教育局等8个部门预算上交市人代会审议。扩大国库集中收付改革范围,在2008年实行国库集中收付制度改革试点的基础上,新增贸易与粮食局、国土局等4个部门,试点面覆盖到22个部门、1个二级单位和2个重点工程项目。推进国有资产管理,加大国有资产处置力度,公开出让畜禽开发公司、贸粮局等5宗资产计1.58亿元。实施新一轮镇(街道)财政管理体制,将原单一的"分税制"体制改为"分税制"和综合财政管理体制相结合的管理方式。推进房地产交易税收一体化建设,相继通过主城区和泽国、大溪、新河、箬横、松门等5大集镇范围内存量房计税基准价评估体系的评审,并投入应用。

【提升财政监管水平】配合相关部门对全市公务员奖金和

津补贴发放情况进行核查，并按时发放2009年津补贴。对45个行政事业单位进行"小金库"专项清理。对17个项目财政资金使用情况进行绩效评价。组织对全市部分企业执行《小企业会计制度》情况进行督查，对全市6114名会计人员进行中小企业财务与会计实务培训。召开温岭市会计学会第七次会员代表大会，选举产生出新一届理事会。严把财政性投资项目资金来源审批关，做到资金不落实不批，超标准超面积不批。发挥基建项目财政审核中心的技术优势，做好政府性投资项目的造价监管，全年累计审核项目902个，合计资金36亿元，累计核减2.15亿元。推进政府采购工作，全年共组织164次，采购预算金额2.71亿元，节约资金3518万元，资金节约率为13.0%。

【加强干部队伍建设】将学习实践科学发展观作为全年思想政治工作的主线，开展以"提高工作水平、提高办事效率和服务转型升级、服务财税发展"为主题的机关作风专项整顿。活动期间，采取开设网上信箱、发放征求意见表、上门座谈、民主恳谈等多种形式，共向1500家规模以上企业及89个部门寄发征求意见表，改进机关工作作风。多层次实施干部教育培训，按计划实施13个班次约6000多人次的教育培训，组织全体中层以上干部参加素质提升培训，选送多名年轻干部参加高学历学习。推进财税法治建设，落实执法过错责任追究制度，推行税收执法责任制电子化考核。高度重视财税文化建设，注重发挥工青妇组织作用，引导干部职工开展多项健康、文明的文体活动。抓好党风廉政建设，通过签订责任状、廉政承诺、述廉评廉，做到一级抓一级、层层抓落实。鼓励开展争先创优活动，全局获得温岭市级以上表彰79项。

（温岭市财政局供稿　潘方军　蒋丽娜执笔）

玉环县

【概况】2009年，玉环县实现生产总值243.33亿元，比上年增长0.3%；人均生产总值58938元，减少4.6%。其中：第一产业增加值16.38亿元，减少0.6%；第二产业增加值151.91亿元，减少3.4%；第三产业增加值75.04亿元，增长9.2%。全县财政总收入37.01亿元，增长3.8%，其中地方财政收入16.56亿元，增长4.6%；财政支出19.13亿元，增长4.3%。当年财政收支平衡，略有节余。

【组织财政收入】坚持"均衡入库、持续增长、优化结构、调控有力"四位一体和"应收尽收、决不收过头税"的组织收入原则，通过"抓大、评中、定小"，健全"五位一体"税源管理互动机制，完善税源间接控管模式，加强主体税种源头控管，分行业设置所得税最低预征率，规范个人所得税委托代征、代扣代缴管理，跟踪管理政府投资项目、企业自建厂房。实施财税精细化管理，"抓大不放小"，抓好地方税种征管，强化企业运输发票控管，加速房地产税收一体化进程，开展土地增值税清算，推进车船税代征代扣，房产税、城镇土地使用税、土地增值税、车船税增幅分别为33.2%、52%、85%、96%，共入库营业税和地方七税6.45亿元，占税收收入的55.2%，比上年提高7.9个百分点。加大欠税清理，开展专项纳税评估，加强双定户比对管理，开展税收专项检查，查补税费2522万元；规范非税收入收缴管理，加强国有资源有偿使用收入、行政事业性收费和政府性基金征管；全面推行社保费"五费合征"，五项社保基金入库3.55亿元。地方财政收入占总收入的比重为44.7%，提高0.3个百分点。

【支持经济发展】开展"春雨"、"春阳"专项活动，落实技术开发费加计扣除等各类税收优惠政策，取消或暂停、减免和降低57项行政事业性收费，下调基本养老保险费率、临时下浮企业社会保险费，为企业、个人减负3.33亿元。落实并兑现工业转型升级专项资金、三产发展资金、科学研究与开发专项资金、外贸发展资金、上市专项资金等财政资金8164万元，争取上级扶持企业补助资金2400多万元。出资5000万元设立县中小企业信用担保有限公司，为中小企业搭建融资担保平台。争取9个中央扩大内需投资项目中央补助1320万元，落实地方政府债券2500万元用于深浦隧道及接线工程建设。制定推进工业企业实施主辅分离意见，成功分离10户企业。实施家电下乡、汽车摩托车下乡及以旧换新活动，兑现发放家电下乡专项资金1800多万元。

【注重民生支出】推进基本公共服务均等化，重视民生投入，促进社会和谐稳定，全县财政增量78.5%用于民生投入，全年安排15.6亿元资金，用于科技、教育、文体、三农、社保、公共安全、医疗卫生、城乡社区、"强塘固房"等民生事业发展；将小学、初中生均日常公用经费标准分别提高到350元和550元，提前一年消化农村义务教育债务；支持举办海岛文化节活动，完成农村广播村村通工程；启动城乡居民社会养老保险试点，安排财政资金322万元向60周岁以上老人发放基本养老金；发放中央财政油价补贴4381万元；3个农业综合开发项目总投资1600多万元，通过省级验收并获得优秀等次；重视粮食生产，支持生猪规模养殖场建设，实施畜禽、狂犬等疫病防控防治工作，通过"一卡通"等方式向4万多农户发放粮油补贴、奖励资金713万元；安排失业保险基金782万元解决困难企业生产发展。

【加强财政监管】按照"收入一个笼子、预算一个盘子、支出一个口子"的要求，细化部门预算编制项目，调整和完善定员定额标准体系。制定出台国库管理改革实施方案，对县卫生局等6个部门、乡镇实行国库集中支付改革试点，实现全县行政事业单位财务核算规范化管理和工资统发。出台《政府性投资项目财政资金临时调度管理暂行办法》，规范财政间隙资金调度，共调度资金8.46亿元。开展财政资金安全自查及会计师事务所执业质量检查，重点对交通运输、公用事业、医药卫生等8个部门单位开展会计信息质量检查，清理检查72项财政专项资金累计金额2849万元。开展“小金库”专项治理，自查面100%，查处违纪违规资金232万元。规范国有资产处置廉政风险项目化管理，配合纪委清理拍卖13辆公车，增值率114.3%。严控行政成本，公用经费定额标准减少5%，专项经费、会议经费“零增长”，出国经费支出压缩20%。加快政府采购制度建设，政府采购395批次，节约资金2472万元，资金节约率13.9%。实施行政事业单位办公用房管理状况和使用绩效调查，对全县技术改造、乡村卫技人员素质提升工程和鸡山乡文化站改建工程等3项工程开展专项资金绩效评价，加强县重点建设项目委派会计年度工作考核；规范援建财政资金专户管理，拨付援建可用资金3924万元。实行会计从业人员菜单式培训、无纸化考试，完成第四届县会计学会换届选举。加强财税法制建设，利用《今日玉环》、玉环财税网站等载体，开展《企业国有资产法》条文宣传。

【加强干部队伍建设】开展深入学习实践科学发展观活动，完成学习调研、分析检查、整改落实三个环节的各项学习任务，建立“完善公共财政、构建和谐税收、服务科学发展”实践载体，开展局领导专题蹲点调研和“百名财税干部进企业”活动，通过上门走访、专题座谈，转变工作作风，为群众办实事，为企业送信心、送政策、送服务、送资金、送信息。组织干部职工到上海国家会计学院、县委党校等地进行业务培训，提高综合素质。落实党风廉政建设责任制，将农业科、企业科、稽查局纳入县级部门关键岗位重点监督、绩效考评范围。开展财税文化建设，以学习、制度、情感、激励、宣传和活动“六个平台”为载体，发挥工青妇组织作用，组建文体俱乐部，设立羽毛球、乒乓球等兴趣小组，举办全县财税系统首届羽毛球比赛。全系统获全国“巾帼文明岗”、市“巾帼建功标兵”、县级机关事业单位工作目标管理责任制考核优秀单位、创建县“人民满意机关”示范单位、县级“群众满意站所队室(办事窗口)”创建工作示范单位等各类集体荣誉10多项，县财政局连续四年获创建县“人民满意机关”示范单位称号。

(玉环县财政局供稿　盛杰星　陈　煜执笔)

天台县

【概况】2009年，天台县实现生产总值101.96亿元，比上年增长8.3%。其中：第一产业增加值7.67亿元，增长2.9%；第二产业增加值45.98亿元，增长8.2%；第三产业增加值48.31亿元，增长9.1%。人均生产总值17827元，增长7.3%。全县财政总收入12.44亿元，增长7.8%，其中地方财政收入6.54亿元，增长8.1%；全县财政总支出12.94亿元，增长22.1%。全年财政收支平衡。

【支持地方经济发展】应对经济环境的变化，开展企业减负“春雨”专项行动和“暖冬暖心暖经济”专项行动，组织“百名税干进百企”、“税企恳谈”等活动，为企业送资金、送政策、送服务、送信息、送信心。兑现各类税收优惠政策，审批国产设备投资抵免企业所得税422万元，批准技术开发费加计扣除3955万元，落实高新技术优惠政策减征企业所得税2722万元，依法减免地方税收3064万元。清理各类行政性收费1400万元；实行社保费临时性下浮政策，为用人单位和自由职业者减负2400万元。安排扶持工业技术改造资金2684万元、中小企业发展资金2182万元，支持企业技术创新；安排1000万元的工业功能区建设专项资金，支持工业平台建设。帮助企业争取到中央级项目5个、省级项目28个，争取到上级各类专项资金4617万元。争取中央扩大内需资金5849万元，争取中央财政代理发行地方政府债券资金3000万元，扩大投资需求。推动县政府出台《关于推进企业主辅分离发展服务业的实施意见》，从财政、税收、综合服务三方联动推进主辅分离工作。落实家电、汽车摩托车下乡政策，兑付专项资金880万元。

【组织财政收入】开展服务基层、服务企业的“双服务”行动，推行涉税事项同县通办、纳税人电子申报、“一窗通”办税、税务登记免填单等一系列方便纳税人的服务举措，营造良好税收“软环境”。落实征管、稽查、法规协作制衡机制。推进税收征管社会化建设，将个人出租房税收、装饰业税收、个体货运定额税收分别委托镇(街道)、消防部门、税务师事务所代征，从源头上加以控管。各代征单位全年共代征税款1060万元，增长50%以上。全年实现营业税及地方七税收入2.85亿元，增长5.2%，占地税收入的比重54.3%；地方财政收入占财政总收入52.4%，增长0.13个百分点。推动县政府出台《政府非税收入计划管理试行办法》，加强政府对非税收入的计划管理，收取政府非税收入9.42亿元，增长23.8%。全面推行社保“五费合征”，共征缴社会保险费2.72亿元，增长5.7%。

【支持“三农”发展】建立支农资金稳步增长机制，在土地出让金中按3%比例提取新农村建设资金。全县“三农”财政投入6.86亿元，增长17.1%，全力支持农业基础设施建设和现代农业生产发展。安排7409万元，支持新农村建设；安排1188万元，推进城乡环卫一体化建设。出台《支农资金整合实施方案》，以特色优势产业、和谐生态村建设、区域经济特色建设为三大主导平台，推进财政支农资金整合，共整合各级、各部门资金7329万元，集中财力办大事、办好事、办难事，力促新农村改革发展。加大农业综合开发投入，实施完工四个国家农业综合开发项目，完成投资2699万元，改造中低产田25000亩，营造防护林200亩，新建防洪堤、泵站、机耕道路等各类配套基础设施。

【促进社会民生改善】贯彻落实县委《关于全面改善民生的决定》精神，全年财政增量用于民生支出比例67.8%。完善被征地农民基本生活保障制度，安排保障资金4919万元；加大社会救济力度，提高城镇、农村低保财政补助，取消乡镇配套，由县财政全额负担，落实社会救济、五保供养及城乡最低生活保障资金1655万元；落实离退休干部生活补贴1425万元；支持实施残疾人共享小康工程。加大农村劳动力素质培训力度，重点扶持"零就业家庭"、"4050"人员、农村低保户家庭劳动力就业。出台《廉租住房保障资金管理办法》，对低收入住房困难家庭实行廉租住房补贴。建立公共卫生服务经费保障机制，强化预防保健、重大传染病等公共卫生工作。

【统筹社会事业发展】将义务教育全面纳入公共财政保障范围，免除城乡义务教育阶段学生学杂费、课本费、作业本费1162万元；发放教育扶困补助和营养餐券246万元；投入2298万元支持校网调整、教师素质培训等；实施"职教六项行动计划"，缓解上学难。筹措资金1.12亿元，确保义务教育教师绩效工资改革到位。完善环境保护投入机制，筹措7000多万元资金，支持农村饮用水改造、农村城乡环卫一体化和农村生活污水处理设施建设，支持农村能源生态示范项目建设，支持绿化造林、退耕还林和生态公益林建设。加强公检法司、纪检、政法等各项经费保障，全年公共安全支出1.04亿元，推进"平安天台"建设。

【深化财政改革】实行部门综合零基预算。建立科学的预算定额体系、预算费用支出标准体系和资产配置标准，把预算细化到部门、基层单位、具体项目。实行预算执行情况预警机制，强化绩效评价结果的应用。清理整合财政专项资金。制定《天台县清理整合和规范财政专项资金的实施方案》，合并资金用途或扶持对象相近的专项资金，全年共清理36项，其中归并25项，取消11项，增强集中财力办大事的能力。推行国库集中支付制度。推动县政府出台《县级财政国库管理制度改革方案》，确定县水利局等五家有代表性的单位作为财政国库集中支付试点单位，试点单位的集中支付工作进入平稳运行阶段。改革乡镇财政财务管理方式。建立县乡生态转移财力机制，以财政手段引导生态经济发展，完成"乡财县管乡用"改革。完善政府采购工作机制。建立政府采购监督管理联席会议制度，完善政府采购工作协调和沟通机制，加强和规范对政府采购的监督管理。

【加强财政风险防范】完善《地方政府性债务管理实施暂行办法》，加强全县政府性债务管理。组织做好扩大内需中央投资项目资金的拨付及使用管理监督工作，发挥国债资金的投资效益。清理"小金库"，联合县纪委、审计等5家单位，对全县所有预算单位进行检查，查出"小金库"金额540万元，违反津补贴金额98万元。加强财政监督，推动县政府出台《关于加强地方财政监督工作的若干意见》，建立健全国有资产管理制度，以加强对国有资产的有序管理。强化政府投资项目的财政财务监管，开展财政基建资金使用管理情况专项检查分析，组织财政性投资项目工程预算评审。

【加强队伍建设】深入开展学习实践科学发展观活动，围绕"科学理财建生态、改革创新促提高、财税文化树形象"实践载体，实施"五个五"活动。通过学习实践活动，细化与分解问题，制定23项整改落实措施，推动财政各项工作。在企业减负"春雨"专项行动和"暖冬暖心暖经济"专项行动中，组织"百名税干进百企"、"税企恳谈"等活动。推进财税文化建设，举办学习实践科学发展观活动系列大讲堂，邀请专家开办专题讲座；创作两首财税之歌——《财税之歌》和《岁月流金》；举办庆新中国成立60华诞《财税之歌》大型文艺晚会；组织棋牌、摄影等9个兴趣小组，陶冶机关干部情操；组织全体干部开展拓展训练，培养团队精神。推行党务政务公开，以"廉政文化进机关"为载体加强廉洁财税建设。构建效能共建工作机制，抓好重点岗位动态监管工作，在基层单位开展争创"基层文明站所"活动。继续开展"联村联户连心"活动。2009年，县财政局获天台县级机关单位工作目标责任制考核优秀单位、台州市财政地税系统工作目标考核先进单位，并连续两年被台州市委、市政府评为"市级文明单位"。

（天台县财政局供稿　蔡　斌执笔）

仙居县

【概况】2009年，仙居县实现生产总值82.95亿元，按可比价格计算比上年增长9.3%。其中：第一产业增加值8.75亿元，增长2.2%；第二产业增加值36.97亿元，增长9.9%；第三产业增加值37.23亿元，增长10.2%。全县人均生产总值16927元，增长8.4%。全县财政总收入9.34亿元，增长1.1%，其中地方财政收入4.94亿元，增长2.8%；财政总支出12.33亿元，增长41.4%。全年财政收支平衡。

【支持经济发展】落实各项帮扶企业政策，包括：高新技术企业税收优惠、地方税费减免、下调养老保险费率、临时下浮企业社会保险费，暂停或降低100多项行政事业性收费等，减轻企业负担，增强企业发展后劲，全年共减免各类税费6000

多万元。贯彻落实积极的财政政策，争取中央投资项目21个，并落实好项目配套资金。重视基础设施建设，多方筹措资金用于城市道路改造及孟溪两岸整治等工程，改善城市交通，提升城市品位。落实家电下乡和汽车摩托车下乡政策，促进居民消费，全年共兑现补贴资金887万元。发挥财政资金引导作用，安排工业发展专项资金3000万元，重点支持企业加强技术改造、开拓国内外市场，促进产业结构转型升级。县政府出台《推进企业主辅分离及发展总部经济的实施意见》，对分离发展服务业和发展总部经济的企业给予财政政策扶持，培育新的财源增长点。

【增收节支保平衡】分析组织收入中出现的新情况、新问题，在每季度开展经常性分析的基础上，对收入变化较大的月份开展重点分析，为采取措施组织收入提供决策参考。加强重点税源监管分析和新增项目税源跟踪管理，运用纳税评估、信息比对等手段，强化税收源头控管。通过完善收入征管机制、健全信息共享平台、开展税务专项检查、规范税费减免流程等，堵塞征管漏洞。当年地税部门共组织税收收入3.35亿元，其中入库营业税和地方七税1.97亿元，占地方财政收入的39.9%。健全政府非税收入征管体系，加强行政事业性收费和政府性基金的征收管理，做好土地出让金收支管理，缓解财政困难。加强预算执行管理，增强预算执行刚性，减少预算追加。落实厉行节约的各项规定，严格控制行政成本，县政府出台《关于进一步做好党政机关厉行节约有关工作的通知》，压缩会议费、考察费、招待费等一般性经费，严控电脑等办公设备采购，实行公务用车定点加油，全年没有添购新的公务用车。

【推进社会事业发展】优化支出结构，筹措资金，优先保障各项民生支出，全年财政增量用于民生支出的比例为71.1%。*支持"三农"发展*。落实各项支农惠农政策，安排资金500万元用于推进低收入农户创业增收工程，获台州市唯一村级公益事业一事一议财政奖补工作试点县；加大农业综合开发力度，支持绿色农产品基地建设，建立健全财政支农资金稳定增长机制，全年农林水事务支出1.52亿元，增长79.7%。*促进社会事业发展*。保障义务教育经费，扩大扶困助学范围，加大校舍维修改造力度，多方筹措资金确保义务教育教师绩效工资实施，全年教育支出36389万元，增长26.1%。投入文化专项资金412万元，支持"文化三下乡"、农村文化俱乐部创建、农村文化繁荣工程建设等。推进公共卫生服务体系建设，开展医疗卫生体制改革，全年医疗卫生支出11987万元，增长51.7%。*完善社会保障体系*。在不增加农民负担的前提下，将农民医保筹资标准从102元提高到140元，并提高医药费报销比例；支持困难群体就业，及时拨付医疗救助资金和住房救助资金，落实各项财政补贴政策，保障困难群体基本生活。

【深化财政管理改革】*构建预算编制、执行、监督"三分离"的财政管理模式*。深化部门预算改革，根据财力实际，细化公用经费项目，提高基本财政保障水平，压缩专项支出，预算编制更加公开、透明；根据工业企业属地管理的变更，相应调整乡镇、街道收入基数，提出2009年乡镇财政体制调整意见。推进国库集中收付改革，对预算内外资金实行统一拨付和核算，提高资金安全性和拨付效率。出台《财政支出绩效评价实施意见》，对财政专项资金在30万元以上的财政支出实行绩效评价。*推进财政管理精细化*。开展专项资金清理、规范和整合，对扶困助学资金、体育彩票公益金、文化专项资金、医疗救助资金等使用情况进行监督检查。开展"小金库"专项治理，规范单位收支行为。在调研和反复测算的基础上，落实规范公务员津贴补贴。实行政府性投资项目标底预算审核制度，变事后监督为事前管理，全年26个项目净核减预算造价474万元。*加强政府采购管理*。建立政府采购专家库，出台政府采购供应商诚信管理办法，提高采购效率和质量。*加强国有资产管理*。结合仙居实际提出整合投融资渠道、做大做强投融资平台的建议；做好与"浙江医药"股权纠纷的诉讼工作，确保国有资产保值增值；协助仙琚制药做好上市工作。

【加强干部队伍建设】*推进学习型组织建设*。深入开展学习实践科学发展观活动，将财政工作与学习实践活动有机结合，组织理论知识学习、演讲比赛、征文活动等。鼓励干部参加各类学历教育，开展岗位技能比赛和业务大讨论活动，多方位提高干部业务能力。通过举办财税论坛、邀请专家讲课等，拓宽干部视野，提高执行能力。*加强党风廉政建设*。坚持集中教育与日常教育、正面示范教育与反面警示教育相结合，增强干部的廉政意识。将党风廉政建设列入局工作目标岗位责任制考核，并与科室负责人签订责任状，实现责任、措施、考核"三到位"。开展规范财政地税权力运行工作，加强对权力运行的监督和制约。*加强财税文化建设*。组建登山、棋类、乒乓球等8个兴趣小组，引导干部职工培养积极向上的人生态度。县财政局获全县国庆歌咏大赛一等奖、全县机关运动会团体第二名。2009年，县财政局获市级文明单位称号，被县委评为2009年度"创建人民满意机关示范单位"、党建工作先进单位、第十六批县级文明单位等。　（仙居县财政局供稿　陈广飞执笔）

三门县

【概况】2009年，三门县实现生产总值86.63亿元，按可比价格计算，比上年增长10.5%，人均生产总值20413元。其中：第一产业增加值13.42亿元，增长2.5%；第二产业增加值37.54亿元，增长12.4%；第三产业增加值35.67亿元，增长11.3%。全县财政总收入11.63亿元，增长8.5%，其中地方财政收入6.61亿元，增长8.1%；财政总支出14.10亿元，增长39.3%。当年财政收支平衡。

【支持经济发展】建立领导联系制度。在全系统开展"企业服务年"、"项目推进年"活动，深入企业送政策、送服务、送温暖。建立局领导跟踪联系县十六项重点工程和十项民生实事工程进展情况汇报机制。加大财政投融资力度。帮助企业解决融资困难，全年共帮助92家次企业办理贷款担保手续，担保金额2亿元，为56家次企业办理委托贷款1.6亿元。争取中央及省级拨付专项资金1.38亿元，用于交通和污水配套管网建设。争取地方政府债券资金4000万元，用于甬台温铁路建设。加强三门县国有投资性公司的融资力度，参与县佃石水库供水工程、铁路站场等重点工程融资9.83亿元，为三门重点项目和重点工程建设提供资金保证。落实财政扶持政策。做好再生资源企业增值税退税资格认定和退税申报工作，全年审核认定企业11户，受理增值税退税684万元，为27家企业安排财政技改贴息资金350万元。争取上级财政补助资金2632万元，引导企业"保稳促调"、转型升级。

【促进收入增长和结构优化】加强税收征管。扩大重点税源监控面，地税收入的60%以上税源得到有效监控；加强对核电等重点区块的税收征管，成立核电税收征管领导小组，全年入库核电项目税收1.05亿元，比上年增收5500万元；加强房地产和建筑业等重点行业税收征管，深化造船业的税收征管，建立起"一户一册、一船一档、一月一报"的造船业税收征管模式；加强重点税种监管，对橡胶和纺织行业实行行业预警率征收企业所得税；强化地方小税种的税收管理，委托保险公司代为征收车船税。深化非税收入征收管理。加强非税收入信息化建设，部署2008年度社会保险费结算工作，全面推进社会保险费"五费合征"工作，实现"五费合征"企业全覆盖目标，做好社会保险费专项治理工作，制定《社会保险基金专项治理工作实施方案》。地税部门全年组织各项收入7.63亿元，增长9.3%，其中税收收入5.08亿元，增长10.4%。

【保障重点支出】将新增财力的1990万元，用于教育、农村合作医疗及农村公路养护等民生领域。利用国债资金5678万元，用于农村饮用水、农村基层卫生院、节能减排等建设。支持农村农业发展，深化农民保障体系改革，加大农村基层组织建设资金保障力度。安排财政资金1592万元，用于农村住房保险赔付和廉租住房保障改革。发放财政补助资金2808万元，用于家电下乡、粮农直补和油价补贴等涉农项目。完善农民健康体检和农村医疗保险机制，落实农村基本养老金发放政策，统一和完善乡镇敬老院财务管理制度。扶持现代农业发展，全年投入支农资金1.97亿元，用于造地改田、"百村整治"、"农村饮用水"、农业救灾及森林生态效益补偿。安排财政资金1248万元，用于花桥和蛇盘塘三期中低产田改造项目。筹集省以上财政扶持资金530万元，着重扶持虾蟹、蔬菜等三门农业传统产业。加大对科学、教育、文化及卫生等领域的财政保障，做好政府性科技投入的财政保障工作，加强对中小学校舍危房改造和中小学生营养餐的财政保障，逐年清偿义务教育学校负债，配合制定三门县义务教育学校教职工绩效工资实施方案。会同卫生部门研究制定"三门县城乡社区卫生服务建设和发展规划"。投入资金支持基层文化俱乐部和三门东海明珠工程建设。

【深化财政管理】撤销、归并财政账户15个，改变财政资金开户过多、重复设置、管理分散等现状，逐步实现支出"一个口子"的管理目标，做好财政资金集中核算管理改革。推广应用新版政府非税收入征管信息系统，组织财政、代理银行、执收单位探讨业务流程，13家行政事业单位进入征管信息系统正式运行。调研完成三门县国有投资性公司财政财务改革和县行政中心运行后续资产处置工作方案，上报县领导讨论。加强基本建设工程竣工财务决算审核工作，主动参与政府项目招投标、变更、工程预结算备案管理。探索会计管理工作新思路，实现专业技术资格考试的网上报名，组织58位会计人员赴专业学校培训，举办校企联谊活动，促进企业会计人员的学习与交流。开展会计信息质量暨"小金库"治理重点检查工作，对全县234家行政事业单位、27家国有投资性公司、40家临时机构及28家国有经营性公司进行"地毯式"检查。加强财政绩效评价，选取文化设施建设资金、卫生技术人员素质培训资金、技术改造财政补助资金、环保专项资金等四个项目进行绩效评价。扩大政府采购范围及规模，节约财政资金700万元。加强政府债务控管，深化乡镇财政管理。加强对国有公司、行政事业单位以及乡镇政府举债行为的监管，从严控制债务规模，健全政府债务规模限额管理和风险预警机制。

【加强队伍建设】开展学习实践科学发展观活动，围绕"提升素质强队伍、优化服务保增长"的总载体，制定《实施意见》与《各阶段工作方案》，开展"企业减负、固本培源"行动。抓干部在岗自学与培训，抓全员系统培训和院校脱产培训。建立健全《财税系统惩防体系工作方案》，规范财税权力，强化权力的相互监督，利用正面事例引导，运用反面教材教育。加强党风廉政建设，落实党风廉政建设责任制，推进财税惩防体系建设。抓好基层单位"争先创优"活动，做好台州市级文明单位的创建申报工作。修订完善《财政地税局中层干部选拔工作暂行办法》等制度。

（三门县财政局供稿　叶照虎执笔）

丽水市财政工作概况

丽水市

【概况】2009年,丽水市实现生产总值542.02亿元,比上年增长10.6%。其中:第一产业增加值58.06亿元,第二产业增加值260.93亿元,第三产业增加值223.03亿元,分别增长3.5%、11.3%和11.7%。三次产业结构从上年的10.9:48.6:40.5调整为10.7:48.1:41.2。人均生产总值23520元,增长10.0%。全年全社会固定资产投资279.19亿元,增长12.2%,其中限额以上固定资产投资256.61亿元,增长10.7%。全年实现外贸进出口总额11.11亿美元,其中出口总额9.35亿美元,分别下降12.4%、9.3%。全市城镇居民人均可支配收入19018元,农村居民人均纯收入5703元,扣除价格因素,分别增长8.6%和14.2%。全市财政总收入65.58亿元,增长3.4%,其中地方财政收入37.42亿元,增长3.5%。市本级(包括开发区、莲都区,下同)财政总收入23.26亿元,增长6.1%,其中地方财政收入12.82亿元,增长1%。全市财政支出112.87亿元,增长31.6%;市本级财政支出29.03亿元,增长32.9%。全市地方财政收支平衡,并消化历年赤字112万元。

【组织收入】全市地税部门组织各项收入45.59亿元,增长4.7%,其中税收收入27.32亿元,增长0.1%;市本级地税部门组织各项收入15.66亿元,增长4.8%,其中税收收入9.79亿元,增长1.9%。全市契税、耕地占用税收入分别为2.91亿元、7693万元,分别增长39.9%、49.6%;市本级契税、耕地占用税收入分别为1.03亿元、697万元,分别增长11.8%、-69.7%。加强非税收入征管,启用交通违法罚没收入征收管理财政、交警、代收银行3个子系统的非税收入征管系统;加强土地出让金收支管理;市本级政府非税收入21.55亿元,其中土地出让金收入14.64亿元(含退库2.59亿元)。推进社保费"五费合征"工作,在临时性下浮社保费缴费比例和下调基本养老保险费缴费比例的情况下,全市地税部门组织社保费收入15.24亿元,增长14.2%;其中,市本级社保费收入4.89亿元,增长9.2%。

【服务地方经济】组织开展"企业服务年"活动和企业减负"春雨专项行动",举办10场专题税企沟通会、深化"十项便民措施"、百名干部进百企、"网送税法连千家"、在线答复企业咨询、选派52位干部结对联系43户企业等活动,巩固和完善财税服务措施。用足用好支持企业发展的各项财税优惠政策,下调用人单位基本养老保险费缴费比例,落实临时性适当下浮企业社保费缴费比例和减免困难企业城镇土地使用税、房产税、水利建设专项资金政策,依法办理缓交税款。全市地税部门共审批减免税收1.21亿元、水利建设专项资金3178万元,减轻社保费负担1.06亿元,其中市本级审批减免税收3481万元、水利建设专项资金2495万元,减轻社保费负担4486万元。全市共减免契税和耕地占用税1.05亿元,其中市本级共审批减免契税和耕地占用税5100万元。全市办理出口退(免)税7.57亿元,其中市本级1.27亿元。加快财政扶持资金审批兑付,将一年一次审核兑付财政扶持资金的做法调整为按半年或按月、按次的兑付。全市拨付制造业、旅游业、商贸流通业等专项扶持资金3.45亿元,其中市本级拨付制造业、旅游业、商贸流通业等专项扶持资金1.38亿元。推进企业分离发展服务业工作,全市分离发展服务业企业37户,年产生营业收入3.9亿元,年产生地方税收2300万元。同时,加强财税政策研究,参与研究制定促进经济转型升级的各种政策,为企业转型升级提供政策保障。

【保障民生支出】优化财政支出结构,使有限的财力优先保障民生支出。加大"三农"投入,全年全市财政预算内新农村建设投入47.73亿元,增长21.6%;其中市本级预算内新农村建设投入7.05亿元,增长27.8%。加大教育投入,全年全市教育支出21.57亿元,增长12.2%,其中市本级教育支出5.0亿元,增长16.4%。全市拨付义务教育阶段免杂费补助资金6170万元,义务教育阶段家庭经济困难学生资助资金309万元,资助2.77万人,贫困寄宿生生活补助资金2087万元。提高义务教育阶段中小学日常公用经费保障水平,全市义务教育阶段中小学日常公用经费分别为550元、350元。做好职业教育"六项行动计划"资金保障工作,安排4466万元资金用于职业教育(含高职),其中资助家庭经济困难学生14743人计2286万元。加大科技投入,确保法定增长比例。加大医疗卫生、社会保障投入,对低保对象实施分类施保,低保差额分档补助每人每月不低于100元,加大城乡困难居民医疗救助力度,全年全市医疗卫生、社会保障和就业支出分别为8.70亿元、5.79亿元,分别增长50.7%、12.5%;其中市本级医疗卫生、社会保障和就业支出分别为2.36亿元、1.53亿元,分别增长55.6%、8.5%。筹措资金,保障市政府房地产新政策顺利实施,保障"农民增收六大目标"、整村搬迁、异地转移、危旧房改造等重点工作。全年市财政累计拨付购房补贴资金6500万元,兑现上年整村搬迁经费2290万元,安排农民增收六大目标项目经费1800万元,安排农民异地转移专项资金3000万元,安排农村危旧房改造经费1000万元。做好甲型H1N1流感防治、"莫拉克"台风救灾、四川青川石坝乡灾后恢复重建等资金保障工作。

【支持重点建设项目】筹措基本建设资金，推进重点项目建设，2009年省财政下达全市地方政府债券5.5亿元，用于金温铁路扩能改造项目，其中市本级1.12亿元。加强市本级政府性债务管理，债务年融资成本控制在6.5%左右，比上年下降1.8个百分点。严格基本建设预算管理，坚持项目财务收支进度及项目用款需求月报制，强化建设资金审核与拨付。加强财政综合协调，抓好资金调度，提高债务资金使用效率。开展直接拨付试点工作，全年共办理丽水中学、丽水职业高中、丽水海关、丽水救助站4个单位直接拨付资金9752万元。

【财政管理改革】加强“收入一个笼子、预算一个盘子、支出一个口子”的管理工作。完善部门预算指标体系、预算编制信息系统。推进国库集中支付改革，至年底，市直共有38家单位实行国库集中支付。加强财政资金集中核算工作，全年纳入核算中心管理的单位175个，基建项目48个，市预算会计核算中心累计支付财政性资金13.38亿元。加强政府采购管理，规范采购及审批行为，在全省率先对部分市场价格变化快、采购量小、市场透明度较高的项目实行集中采购限额标准，全年全市完成实际采购金额6.8亿元，其中市本级1.7亿元。深化财政资金绩效评价改革，健全“项目单位—主管部门—财政部门”三层次评价体系，完善绩效评价办法，强化评价成果应用，重点做好食品安全专项资金、“百村示范、千村整治”专项资金及农村卫技人员素质提升工程、基层文化设施建设工程等项目绩效跟踪评价。加强国有资产管理。有序推进规范公务员津补贴工作和义务教育阶段绩效工资改革，深化“收支两条线”改革等财政管理改革。

【财政监管】加强政府性专项资金管理，制定市直工业经济、建筑业、市直城乡困难居民医疗救助、农村劳动力素质培训、市级解决疑难复杂信访问题等专项资金管理办法。开展“小金库”专项治理工作，配合市纪委对11户行政事业单位进行重点检查，共查出“小金库”资金来源723万元。加强会计监督管理，健全完善会计人员继续教育管理制度，强化会计人员的教育培训。开展国债资金、财政资金安全、会计信息质量等监督检查。开展粮食清仓查库工作，加强地方金融管理。加大财政投资项目预决算评审力度，全年市财政项目预算审核中心共审查工程估算、概算、预算(标底)、结算、决算审查项目207个，审核财政性资金7.8亿元，核减6253万元。

【化解乡镇债务】加强对各县(市、区)乡镇债务化解工作的指导，印发《关于下达化解乡镇债务指标的通知》，明确各有关县(市、区)化解乡镇债务的具体任务。当年化解乡镇债务2154万元。至年底，丽水市乡镇债务余额为1540万元，下降58.3%，负债乡镇30个，占乡镇总数的17%，减少39个乡镇，其中：缙云县15个，债务余额1109万元；庆元县12个，债务余额318万元；松阳县3个，债务余额113万元。其余县(市、区)乡镇已全部实现“零负债”，其中青田县乡镇债务化解工作受到国务院总理温家宝和省委书记赵洪祝的肯定，景宁县乡镇债务化解工作得到国务院副总理张德江的高度评价。

【干部队伍建设】开展深入学习实践科学发展观活动，在活动中，共征集“金点子”12个，撰写调研文章、心得体会170篇，征集发展案例7个，群众满意度99%。加强干部调研工作，全年共完成局重点业务调研课题31个。加强干部教育培训工作，全年共组织各类培训班21个、培训1588人次，开展计算机操作比武、岗位业务技能比武等活动。加强反腐倡廉教育，制定《建立健全惩治和预防腐败体系责任分工》，巩固反腐倡廉保障机制。印发《关于开展“两提高两降低”实施方案》，完善效能建设相关规定，推动全系统机关效能建设深入开展。规范财税权力运行，印发《关于进一步开展规范财税权力运行工作的通知》，做好职能梳理、权力“搜索”和流程再造工作，构建和完善财税权力运行和监控机制。全面推进文明创建活动。组织开展“颂歌献祖国”全市财税系统文艺调演、“心中的丰碑”演讲比赛、“青春献财税”沙龙、“爱国歌曲大家唱”、拔河比赛、摄影比赛、棋牌比赛等活动。2009年，市财政局、地税局被省纪委、省监察厅、省效能办评为全省“效能建设创新创优先进典型”，被市委、市政府命名为2009年度“市级文明单位”称号，被市政府连续第七年评为部门工作目标责任制考核优秀单位。

(丽水市财政局供稿　阮美莲执笔)

莲都区

【概况】2009年，丽水市莲都区实现生产总值143.19亿元，比上年增长10.8%。其中：第一、二、三产业增加值分别为10.92亿元、59.15亿元、73.12亿元，分别增长3.5%、11.7%、11.3%。全区人均生产总值为37268元，增长10.2%。区级财政总收入8.69亿元，增长16.5%，其中地方财政收入4.30亿元，增长9.5%；财政总支出10.57亿元，增长24.9%。全年财政收支平衡。

【确保“三农”投入】保障财政对农业的投入稳定增长。全年支出各类支农资金21100万元，增长41.6%。其中：农业各类扶持资金6141万元，农民下山异地转移及危旧房改造扶持资金5630万元，土地复垦资金3868万元，林业各类扶持资金1643万元，农业综合开发项目扶持资金1419万元，水利各类扶持资金1202万元，扶贫资金797万元，移民后扶等资金400万元。做好农资综合直补资金发放工作。全区通过邮政“一折通”发放农资综合直补资金666万元，补贴标准为36.08元/亩，惠及种粮农户6.56万户。做好良种补贴和农机具购置补贴工作。全区共投入良种补贴和农机具购置补贴资金131万元，受益农户5万多户。通过改革完善"三补贴"政策,加大补贴力度,扩大补贴种类和范围,增强粮食生产能力,支持农业优良品种推广。

【促进区域经济发展】把工业园区建设和旅游等服务业的发展作为政府支持的重点。全年投入资金9000多万元用于碧湖、南山工业园区和风情东西、古堰画乡、石牛城市温泉"三大景区"建设,随着入园企业的发展壮大,全区财政收入结构单一的局面得到改善。东西岩景区如期通过4A级景区评估验收,古堰画乡核心区块实现整体开放,旅游业带动经济发展的乘数效应逐步体现。扶持重点企业做大做强。当年共兑现财政扶持资金6244万元。其中:企业技改扶持6122万元、企业技术创新和品牌培育奖励46万元、扶持外向型经济发展76万元。推进企业科技创新和节能减排,提升综合实力。开展家电下乡、家电以旧换新工作,对农民购买家电下乡补贴产品给予13%的财政补贴,购买以旧换新补贴产品给予10%财政补贴,拉动销售额4659万元,兑付补贴325万元,居全市首位。

【改善民生】提高城镇居民和农村居民困难救助标准,2009年全区享受城乡低保救助的有5098户6368人,最低生活保障标准分别提高为312元/月•人和188元/月•人,全年共发放低保救助金1211万元,增长30.5%。首次将连续居住三年以上的外来务工人员列入医疗救助范围,医疗救助最高额度从上年的1.1万元提高到3万元,全年共拨付医疗救助金400万元,增长25.8%,1102位城乡困难居民得到医疗救助。农村"五保对象"和城镇"三无人员"集中供养率分别为91.6%和92.7%,同时将农村"五保对象"和城镇"三无人员"纳入新型农村合作医疗和城镇居民医疗保险体系,并将其住院费和门诊费纳入医疗救助范围,建立个人健康档案,常年提供保健、诊疗服务。建立残疾人事业发展长效机制,实施残疾人基本生活保障、康复和重度残疾人托(安)养工程,对家庭人均收入低于区低保标准150%的持证重度残疾人,单独实行最低生活保障,全额享受最低生活保障金,全年发放救助资金350万元。提高医疗服务保障水平。当年全区参加城镇居民医疗保险的有82165人,筹资总额为1607万元,支出医疗保险费972万元,受理报销49990人次。参加新型农村合作医疗的有230349人,参合率为94%,每人年筹资标准为140元,当年新农医资金支出3356万元,受理报销165245人次。落实再就业援助和就业帮困工作。鼓励各类企业吸纳失业人员就业、失业人员自主创业及灵活就业和农村富余劳动力的转移就业。足额安排促进再就业资金,全年共拨付促进再就业资金379万元,其中用于社保补贴支出290万元,涉及失业人员1413人,另有7992人次接受城乡劳动力技能培训。加大教育、卫生、文化和公共服务安全投入。推进"新四项工程",全面实施教师绩效工资改革,本级财政用于教育支出22343万元,增长27.6%。完善公共卫生经费保障机制,多渠道筹措资金1000多万元,用于新建、修缮卫生院业务用房和添置医疗设备,提高农村卫生服务条件。加快农村文化服务体系建设,完善农村文化活动场所,丰富农村文化生活。加强公共服务和公共安全,改善政法机关执法办案装备和解决办案经费不足,全年政法支出8385万元,增长19.9%。此外,政府还实行助学、助房等系列配套救助政策,社会保障体系建设不断完善。

【加强收入征管】根据市区财政体制划分,莲都区不设税务征收机构。一方面加强和市国地税部门的协作,定期召开收入分析例会,主动应对各种不利因素,挖潜增收;另一方面出谋划策,全力支持配合国地税部门加强税收征管。同时,加强非税收入征管。规范行政事业性收费行为,强化收缴分离,实行网上核销财政票据,确保非税收入及时足额上缴财政专户。2009年财政专户资金收入1.45亿元,财政专户资金支出1.57亿元,政府非税收入1.81亿元。

【深化财政改革】抓好节支工作。2009年预算安排专项经费同比减少近1000万元,下降16.3%,在预算指标下达时对公用经费和专项业务费财政统一预留5%。执行区委、区政府提出的节支要求,全年会议经费、公务接待费、公用经费支出分别下降10%、17%、5%,达到或超过年初确定的会议经费和专项费"零增长"、公务接待费下降10%、党政机关公用经费压缩5%的预定目标。健全专项资金管理制度。出台《莲都区财政资金追加及专项资金管理办法》,规范一般性财政资金的追加程序,加强专项资金管理,明确专项资金中用于一般性支出的比例及审批程序,确保专项资金能专款专用。加强非经营性资产的管理。加强对公有出租房的收入管理,出台《莲都区城区内区属行政事业单位经营性国有资产统一管理实施办法》,实行核定基数,超收分成的管理办法。有效盘活专项节余资金。盘活历年来沉淀在单位账户上的专项资金余额,整合资金办实事,共清理上缴各类节余资金2400万元。对所有财政专户中暂存暂付款进行清理,共清理各种暂存暂付款44笔,涉及金额7206万元。加强政府采购工作。当年全区计划采购资金4592万元,实际采购金额3394万元,节约资金1198万元,节约率26.1%。

【加强财政监督】完善财政管理制度。出台《莲都区关于进一步扶持担保公司发展的意见》,财政安排一定的扶持资金,用于担保公司的风险防范、政策扶持和奖励,促进担保行业健康发展,缓解中小企业及农户融资难。建设"金财工程"。与市局机关信息中心沟通协调,完成金财工程的调试安装及财政应用软件培训等前期准备工作。深化财政支出绩效考评。对2008年度农业、林业、卫生、计生、环保等72个10万元以上专项资金进行财政绩效自评,涉及金额2055万元。在自评的基础上,确定33个项目为重点绩效评价项目,委托会计师事务所进行评价，涉及金额1365万元。建立项目绩效评价档案，对重点评价项目结果进行汇编，作为部门预算编制参考。开展清理“小金库”专项检查。全区65个党政机关和78个事业单位进行自查，在单位自查的基础上，对15个部门和下属单位2007年、2008年度的财务收支情况进行重点检查，对存在的问题要求在规定时间内整改，并要求所有单位建立健全内部管理制度，严格财经纪律。

【干部队伍建设】按照《莲都区第二批深入学习实践科学发展观活动实施方案》的统一安排，区局及时召开动员大会，制定《深入学习实践科学发展观活动实施方案》，全面开展深入学习实践科学发展观活动。在学习实践活动第一阶段工作中，开展学习培训、调查研究、思想讨论，深化全体党员干部职工对科学发展观的认识，统一思想、完善思路、形成共识。第二阶段，广泛征求意见，开展谈心活动，组织召开专题民主生活会和组织生活会，撰写分析检查报告，组织群众评议，理清发展思路，转变工作作风。2009年，在区政府年度目标责任制考核评比中，区财政局第十一次获得优胜单位称号，连续第四次获得区人民满意单位荣誉称号。

（丽水市莲都区财政局供稿　江永武执笔）

龙泉市

【概况】2009年，龙泉市实现生产总值51.03亿元，按可比价格计算，比上年增长11.2%。第一、二、三产业增加值分别为8.70亿元、21.84亿元、20.49亿元，增幅分别为3.6%、14.8%、10.4%。人均GDP19360元，增长10.4%。全市实现财政总收入4.1亿元，比上年下降2.2%，其中地方财政收入2.49亿元，增长0.3%；全市财政总支出9.88亿元，增长29%。全年财政收支平衡。

【支持经济发展】支持工业经济发展。贯彻落实市委、市政府关于支持工业经济发展的各项举措，全年共兑现工业发展奖励资金1047万元。发挥国有资产经营担保有限公司平台作用，争取金融机构配合，为89家企业担保融资2.55亿元，由财政局牵头引进的泰隆商业银行分支机构正式营业。开展“暖冬”和“春雨”行动，贯彻落实国家和省制定的各项财税优惠政策，全年为企业减免养老保险费、城镇土地使用税和水利建设资金等各项税费637万元，促进企业发展。做好再生资源增值税政策落实工作，全年共审核退还5家符合退税企业增值税563万元，帮助企业发展。全面统筹政府财力，全年调剂项目间歇资金4.15亿元，支持项目建设。加大对农业投入，支持新农村建设。按照“农民增收六大目标”要求，全年安排支农支出2.08亿元，扶持毛竹、茶叶、蔬菜、食用菌等农业主导产业发展；提高粮食综合生产能力，落实种粮大户、良种、农业机械等农业直补政策，稳定粮食生产。全年安排1500万元资金，支持村庄整治、农村危旧房改造和整村搬迁等新农村建设。做好粮食综合直补资金的兑现发放工作，全年发放补贴金额1103万元，惠及农户58589户，受益人数22万人。做好家电和汽车摩托车下乡补贴各项工作，全年累计兑付补贴资金420万元。做好2009年小黄南山区中低产田改造、梅地源山区小流域治理和300吨金观音加工等5个项目农业综合开发工作，争取到省以上级补助资金1110万元。加大对自主创新、新兴产业和第三产业的支持力度。全年安排1025万元资金，支持经济转型升级、推进企业技术创新和技术改造，以及处于初创期、成长期的科技型中小企业创业创新。推进企业分离发展服务业，出台《加快企业分离发展服务业的若干意见》，全市3家企业进行了分离。

【组织财政收入】坚持“均衡入库、持续增长、优化结构、调控有力”的组织收入目标，积极应对经济金融危机对收入的影响，完成全年收入目标任务。做好收入分析调查预测工作。落实好《税收分析工作制度》，加强对181家规模以上工业企业、69家落地新开工企业和61家新竣工投产企业的收入监控，增强组织收入的前瞻性和主动性。创新征管方式，从精细化管理入手，向管理要收入。在抓好营业税等主税种征管的同时，加强对地方小税种的征管。加强与国税、招投标和工商等相关部门的联系，形成齐抓共管的局面。针对股权转让、建筑业、娱乐业等税收征管上的难点及薄弱环节，出台企业股权变更有关涉税事项等管理办法，加大征管力度。加强非税收入征管，推进社会保险费“五费合征”，加强和规范社保费征管，全年累计征收入库社会保险五费1.29亿元，增长16.7%。通过精细化管理，增强地方可用财力，全市地方财政收入占财政总收入的61.1%，地方财政收入中税收收入比重占87.2%。

【保障民生支出】优化财政支出结构，全年用于民生支出8.07亿元，占财政总支出的81.7%。支持教育文化事业优先发展。重视义务教育经费保障机制改革，优先保障义务教育教师绩效工资改革，增量配套3280万元资金保障教师绩效工资发放；安排725万元校舍维修资金。筹措资金，支持东升小学迁建、中职学校续建等工程建设。化解义务教育债务，全年化解债务792万元。按照职业教育“六项行动”要求，支持职业教育发展。筹措安排资金支持文化事业，支持青瓷煅烧“非遗”申报和推进人民公园、青少年宫、青瓷博物馆及青瓷创意基地等建设，确保龙泉置县1250年县庆活动隆重举行。支持社会保障事业发展。筹措安排1000万元地方配套资金，缓解社保支付困难。加强社会救助、社会福利和优抚安置及保障残疾人事业等工作，全年发放低保资金1083万元。加大对卫生事业投入，将全市新型农村合作医疗人均筹资标准财政补助部分由70

元提高到 110 元,支持市人民医院搬迁工作,落实 H1N1 流感防治经费 50 万元。加大对项目推进和引进的“项目双进年”资金支持。全年全市共包装上报项目 590 个,支持“美好新龙泉”建设。加大对公检法司投入力度,加强基层政法机关建设。帮助房地产企业和聚珍园等农业企业走出困境,维护社会稳定。筹措资金,加大对中山东路、华楼街、龙翔路、人民公园等城市建设及水利西进、第二水源等与人民生活相关项目的建设。

【深化财政改革】深化国库集中支付制度改革。按照“收入一个笼子、预算一个盘子、支出一个口子”要求,单独成立国库科,在原预算内资金实行电子化核算的基础上,将预算外财政专户、社保基金专户、其他各专项资金全部纳入金财工程一体化软件操作,保障资金使用的安全、合规和有效。推进政府采购制度改革。制订出台《政府采购工作规程》和《关于对公务礼品实行定点采购的通知》等办法,建立 60 人的政府采购专家库,冻结公务用车采购一年,全年共组织政府采购 445 次,采购资金 6468 万元,节约资金 2460 万元。深化税收征管改革。将农业两税划归地税部门征管,按照社保费“五费合征”要求,做好部门协调工作,从 2009 年 1 月 1 日起实现事业单位养老保险费由地税部门征收。加强财税法制建设。开展“小金库”专项治理工作,共自查和重点检查单位 257 户,查出违纪金额 278 万元,建立防治“小金库”的长效机制。建立健全资产管理体系,制订出台《龙泉市行政事业单位固定资产管理暂行办法》,加强行政事业单位国有资产管理。开展普法教育和以税收宣传月为重点的财税法规宣传活动。

【加强财政监管】科学编制 2009 年部门预算,对 163 家部门单位及基层预算单位按“二上二下”的程序编制预算指标。坚持厉行节约原则,将一般预算、预算外资金收支预算、政府性基金纳入部门预算。加强项目支出预算管理和监督,公用经费按预算数核减 5%后下达指标,专项经费零增长,因公出国(境)经费支出在近 3 年平均数基础上压缩 20%,公务用车购置冻结一年,确保厉行节约六项举措落到实处,全年全市同比减少支出 845 万元。建立健全各项制度,提升财政资金运行管理水平。完善出台《村庄综合整治资金管理办法》、《低收入农户奔小康项目资金管理办法》等办法。开展财政绩效评价工作,全年对涉及民生、“三农”和市委、市政府确定重点工程政府性投资项目等 39 个项目开展绩效评价,提高资金使用效率。开展惠农资金大检查,加强对惠农资金监管。深化会计集中核算工作,共退回不符合规定的结报业务 239 笔,涉及金额 185 万元。深化会计委派管理工作,纳入中心核算单位达 113 户。全年共审定政府性投资项目标底和变更 222 个,核减金额 3458 万元。做好规范公务员津贴补贴的各项准备工作。

【干部队伍建设】开展实践科学发展观主题教育。根据全市统一部署,结合财政地税工作实际,开展深入实践科学发展观主题教育,制订学习方案,分步实施。深入企业、联系村等进行调查研究,共完成各级调研报告 29 篇,其中省以上课题 3 个,市级以上课题 6 个,为领导决策提供参考。开展为企业送服务、送政策、解难题等活动,邀请浙江工商大学、浙江税校教授为企业负责人和财务人员举办培训班,为企业解决实际困难,促进企业发展。加强党风廉政建设。落实党风廉政建设各项规定,从教育、制度、监督入手,建立健全惩治和预防腐败体系责任分工。市局与科室、基层单位层层签订责任书,结合机关效能建设,对服务窗口办事效率和服务意识进行定期和不定期监督检查,促进工作效率和服务意识的提高。利用晚学时间等开展党风廉政建设教育学习,加强对干部廉政教育,提高干部廉洁意识。加强财税文化建设。探索财税文化建设有效载体,倡导干净干事、敬业爱岗、业务高超的工作理念。按照年龄和职务不同,分 5 批召开财税文化建设座谈会,征询意见和建议,分批次组织干部到浙江省税务培训中心进行业务技能培训,提升干部综合素质。丰富干部业余文化体育生活,参与市委、市政府和各有关单位、部门组织的各项文体和技能比武等活动,举办全局干部职工首届气排球赛,丰富干部业余文化生活。

(龙泉市财政局供稿 张伟龙执笔)

缙云县

【概况】2009 年,缙云县实现生产总值 89.08 亿元,比上年增长 10.7%。其中:第一、二、三产业增加值分别为 6.39 亿元、52.94 亿元、29.75 亿元,分别比上年增长 3.0%、11.8%、10.5%。人均生产总值 19845 元,增长 10.0%。全社会固定资产总投资 30.13 亿元,增长 13.3%。全县财政总收入 9.01 亿元,增长 0.1%,其中地方财政收入 4.45 亿元,增长 4.1%;财政总支出 12.51 亿元,增长 32.1%。全县全年财政收支平衡。

【支持经济发展】支持工业做强做大。贯彻落实县委、县政府《关于推进工业经济又好又快发展的若干意见》精神,全年兑现工业发展专项资金 4235 万元,增长 31%。做好工贸项目储备和申报工作,全年帮助企业争取到省以上扶持工业发展资金 4124 万元。支持循环经济发展,累计为 15 家销售再生资源企业办理增值税退税 6346 万元。帮助企业排忧解难。做好临时性下浮企业社保费费率工作,及时下调用人单位和城镇个体劳动者基本养老保险缴费比例,加大地方税费减免力度。全年累计减免各项税费 3700 多万元,惠及全县大部分工业企业和 15000 名城镇个体劳动者。建立工业企业用地回购承诺制度,增加县中小担保公司注册资本,加大贷款置换、担保和贴息力度,帮助 200 多家企业解决资金难题。支持第三产业发展。筹措落实旅游业发展专项资金,推进旅游基础设施建设、景点开发以及旅游宣传、营销等工作开展。推进工业企业分离发展服务业，全年有6家企业实现主辅分离。落实扩大内需政策。全年累计兑现“家电下乡”和“汽车摩托车下乡”补贴资金989万元，各类下乡产品销售总额9000多万元。

【组织收入】有效组织地方税收。通过强化税源管理夯实税收征管基础，减少金融危机冲击，加强税收收入的科学化、精细化管理，促进税收收入持续平稳增长。加强社保费征收管理，结合本县实际，制定《缙云县社会保险缴费登记管理实施办法》，统一缴费登记，为社保扩面工作打基础。全年入库社保收入22087万元，增长17.8%。加强政府非税收入管理。建立土地出让金备查台账，及时催缴、清欠土地出让金，确保土地出让金足额缴库。强化“以票控费”，严格银行账户审批管理，从源头上确保各项行政事业性收费、罚没款及时上缴财政。加强户外广告等资源有偿使用收入征收管理，加大非税收入纳入预算管理力度，充实壮大政府可用财力。

【保障重点项目建设】强化项目经费保障。加大项目筹融资力度，全年会同有关单位争取到各类银行贷款近7亿元，争取到国债项目资金5475万元。全年累计核拨政府性投资项目建设资金56866万元（不含还本付息），增长96.8%。做好基本建设预算和财政收支计划编制工作，强化项目概算成本控制，全年累计审减125个项目概算金额5500万元，净核减率5.4%。建立基本建设拨付资金绿色通道，提高资金拨付速度。

【加大“三农”投入】落实各项支农惠农政策，全年农林水事务支出5826万元，增长44.6%。支持农村基础设施建设。筹措落实县财政配套资金，推进农民饮用水工程建设，继续支持康庄工程、村庄整治工程以及农田水利等项目建设。预拨资金600多万元，推动旧村改造和农村危旧房改造工作开展。推进农业综合开发项目实施，2007～2008年度农业综合开发项目通过省农业综合开发办检查验收，当年完成项目投资1000多万元，项目完工率和进度均居全省前列。促进农业增效和农民增收。扶持农业龙头企业、各类农民专业合作社和特色农产品基地建设。扩大政策性农业保险覆盖面，帮助农民防范农业生产风险。拨付种粮农民综合直补资金，促进粮食生产。做好农业扶贫工作，加强扶贫资金管理。安排小额扶贫贷款县配套补助资金200万元，支持金融机构向低收入农户发放小额贷款，全年扶贫小额贷款2000万元。

【支持社会保障事业】强化社会保障。全年累计拨付各类社会保险基金2.83亿元，确保参保人员按时领到各类保险金；继续加大社会救助投入，全年拨付城乡低保、抚恤救济和医疗救助资金3200万元。保障教育经费。统筹落实7400万元资金，及时兑现义务教育学校教师绩效工资；拨付中小学校舍维修、设备购置、教师培训及各类教育配套资金4200万元，强化新建学校项目经费保障，并再次提高中学生均公用经费标准，改善办学条件。加大文化、体育和卫生投入。分别设立文化、卫生创强专项工作经费，推动创强工作开展；安排必要经费，支持城乡文体设施建设以及各类文体活动开展；加大农村和城市公共卫生投入，支持城乡医疗保障体系建设，提高城乡基本医疗服务水平；落实甲型H1N1流感疫情防控经费140万元，促进疫情控制。支持和谐缙云建设。落实国庆安保、流动人口管理、信访、社会治安综合治理等维稳经费；支持公检法司部门改善办案条件。加大生态和环保投入。落实县垃圾填埋场及城乡污水处理项目建设经费，及时拨付森林生态效益补偿金。

【加强财政管理】加强财政专项资金管理。制定并由政府出台《缙云县财政专项资金管理办法》。对各乡镇部门历年项目结余经费进行清理，继续加大专项资金整合力度。重视财政资金安全。开展地方财政资金安全检查工作，重点从权限制衡、业务流程、印鉴保管、手续规范、潜在风险等环节入手，开展科室自查和交叉检查，消除资金安全隐患。加强预算外资金管理。严格非税收入票据管理，组织开展票据使用自查和抽查工作，实现“以票控费”。全面加强政府性负债管理。建立健全部门和单位债务档案，制定政府债务性管理具体落实方案，明确政府性债务举债、使用、偿还的操作流程。建立政府性债务计划编制报告、政府性债务情况季报、单位举债及还款计划落实报告以及政府性债务登记等制度。

蔬菜大棚

【加强财税监督】规范财税执法行为。落实行政执法责任制，做好税收执法检查、重大案件审理和行政处罚案卷评查工作，抓好“五五”普法工作，推进依法理财治税。梳理扩权事项和执行依据目录，把39项扩权事项分解落实到具体科室和岗位。开展"小金库"专项治理工作。制定《"小金库"专项治理重点检查实施方案》，组织单位自查自纠和财政重点检查工作，并及时提出处理意见；设立小金库举报电话，接受社会各界监督举报，严肃处理私设"小金库"行为。加强国有资产监督管理。会同县人事部门完善国有资产经营考核机制，促进国有资产保值增值。联合有关部门开展粮食清仓查库工作，确保粮食储备安全。做好国家轮换储备粮油公开拍卖工作，对国家储备油实行政府采购回储。加强会计监督管理，对3家单位实施会计信息质量检查。

【深化财政改革】推进"三个子"改革。在编好一般预算的同时，着手启动政府性投资预算等预算编制工作，以实现预算一个"盘子"目标；制定财政资金支付规范，将各类财政性资金通过财政支付中心一个"口子"支出。深化政府采购制度改革。制订发布《2009年政府集中采购目录》和《政府集中采购目录及标准实施细则》，扩大政府采购范围，规范政府采购行为。当年全县政府采购预算金额15760万元，实际采购金额13717万元，节约资金2043万元，资金节约率13.0%。推进财政支出绩效评价。完善绩效评价指标体系，指导单位开展项目绩效自评，做好"基层文化场馆建设"等重点项目的评价工作，增强单位资金绩效意识，提升信息化管理水平。加快"金财工程"一体化步伐，成功实施《浙江财政综合办公平台》；实现对国库的电子拨款。

【干部队伍建设】抓好干部教育培训工作。开展学习实践科学发展观活动，结合实际抓好学习调研、分析检查、整改落实各个阶段的活动。组织干部参加上级业务部门举办的各类业务培训、人才库选拔和技能竞赛活动，促进业务水平提升。建设财税文化。发挥团工妇等组织作用，通过情操培养、爱心奉献、风采展示等形式，先后组织开展专题讲座、观看励志电影、主题讨论会、慈善公益捐赠、爱心献血、首届趣味运动会、青年拓展训练等各种活动，引导干部牢固树立财税核心价值观，增强队伍凝聚力和干部的责任心。县局机关自编自导自演的哑剧节目《征纳变奏曲》在全省财税系统文艺调演中获得一等奖。推进党风廉政建设和机关效能建设。制订《惩防体系2008～2012年工作方案》和《2009年党风廉政建设责任制工作重点和责任分工》，修订完善党风廉政建设考核办法，加强日常廉政宣传和教育，落实权力制衡要求。开展"两提高、两降低"效能建设活动，加强日常机关效能监察和电脑外网使用监管，与每位干部职工签订《机关效能建设责任书》，做到防微杜渐。县局机关及下属的两个分局均通过县级文明单位复评，财政支付中心获省级巾帼文明岗称号，局工会被评为全县工会先进集体，机关团总支获县级先进团组织称号；全年多项工作和个人受到上级表彰，2009年县局机关连续第三年被评为全县工作综合先进集体。　（缙云县财政局供稿　苏超坡执笔）

青田县

【概况】2009年，青田县生产总值94.17亿元，比上年增长11.0%。其中：第一产业增加值4.85亿元，增长1.9%；第二产业增加值56.67亿元，增长11.2%；第三产业增加值32.65亿元，增长12.0%。三次产业结构为5.1∶60.2∶34.7。全县人均生产总值23859元，增长9.7%。全县财政总收入11.48亿元，增长2.3%，其中地方财政收入7.39亿元，增长7.2%；财政总支出19.99亿元，增长48.2%。全年财政收支平衡。

【支持经济发展】采取各种方法、渠道筹集资金保障全县重点项目和基础设施建设资金需要。其中，向银行融资6.44亿元，争取中央资金5000多万元、地方政府债券3.10亿元。落实购房补贴、家电和汽车下乡等政策，全年发放购买住房税收和财政补贴3.07亿元，家电和汽车下乡补贴540多万元，拉动城乡居民消费。整合涉农资金，设立1000万元农业产业化专项资金，支持农业支柱产业发展。安排2000万元旅游发展专项资金，加快推进生态旅游业发展。推进工业企业分离发展服务业，全年分离出4家服务业企业，促进现代服务业的发展。落实各项税费优惠政策，减轻企业负担，全年为企业减免税收1600多万元，集中减征社保费462万元，下调养老保险费近600万元。落实财政贴息、补助和奖励政策，扶持企业创新发展，全年拨付企业技术和发展资金1722万元。组织22名税务干部"一对一"联系帮扶20户重点税源企业、困难企业、分离发展服务业企业，了解企业的生产经营情况和需求，帮助企业解决困难。举办税企沟通会、工业企业优惠政策专题讲座，引导、鼓励企业用足用好财税优惠政策。

【组织收入】掌握主动促增长。加强税源调查和税收预测，对全县8个行业25家企业开展税源调查，加强重点税源监控管理。制定《税收收入预测考核办法》和税收预测分析例会制度，增强组织收入工作调控力。强化税收征管。以强化工作岗位责任制考核促进税收征管标准化、精细化。查找并改进税收征管工作需完善的环节，研究出台企业股权转让环节的税收征管办法、对房地产企业销售不动产专用发票(自开)实行监开管理等，提高税收征管水平。加强非税收入征管。推广应用新非税收入征管系统，做好财政票据资金结报工作，有效规范和加强政府非税收入征管，全年政府非税收入3.53亿元。深化社保费"五费合征"改革，明确社保、地税工作职责，形成工作合力，全年各项社会保险费收入1.89亿元，增长35.8%。

【支持新农村建设】2009年全县财政投入"三农"各类资金8.10亿元，增长20.5%。设立1000万元农业产业化专项资金，壮大杨梅、山茶油、田鱼等主导产业，培育农业龙头企业，发展农民专业合作社。推进低收入农户奔小康工程，通过扶贫小额信贷、低收入农户集中村发展互助资金试点、低收入农户出国补助、来料加工以奖代补等政策，帮助低收入农户脱贫致富。安排新农村建设专项资金2000万元，改善农村居住环境，新增新农村示范村8个、整治村50个、省级生态乡镇1个。投入资金5500万元启动农村危旧房改造工程，改善农民住房条件，全年改造农村危旧房8328间。开展村级公益事业一事一议财政奖补试点工作，争取省财政奖补资金90万元，推动试点村基础设施建设。投入资金2380万元实施小规模自然村整体搬迁，推进山区农民异地转移，加快城乡一体化进程。全面推广"一折通"，规范涉农补贴程序，健全补贴发放渠道，确保惠农政策落到实处。

【改善民生】加大对民生事业投入，全年民生支出总额7.50亿元，占全县一般预算支出的72%。巩固和完善社会保障体系。全年医疗卫生和社会保障投入1.4亿元。新型农村合作医疗筹资标准提高到143元，为农民健康提供更有力的保障，全年新型农村合作医疗资金支出4566万元。提高城镇居民基本医疗保险报销比例。加大城乡居民最低生活保障力度，全县城镇和农村居民最低生活保障标准分别提高到312元和190元，县财政投入1450万元，增长95%。加大财政补贴投入，加强下岗职工、困难企业职工、农村劳动力等群体的职业技能培训，稳定就业形势，全年再就业资金支出269万元，其中培训资金支出151万元，培训人员2928人。推进教科文事业发展。全年教育事业投入2.7亿元，实施义务教育阶段教师绩效工资，提高教师待遇；小学、初中生均公用经费标准分别提高到450元、600元。安排科学技术支出3550万元，支持科技创新、科技兴农、人才强县工作。安排文化支出2625万元，保障重点文化项目建设，加大基层文体设施、文化下乡和民间文艺保护开发投入。

【深化财政改革】强化培训资金、新农村建设资金、科技资金等专项资金整合，清理、盘活历年往来、结余资金，提高财政资金保障能力。执行县政府《财政综合预算管理办法》，坚持预算内外资金综合考虑，统一标准，增强政府宏观调控能力。在部门预算管理上，细化项目预算编制，提高单位对编制部门预算的认识，同时强化非税收入的预算管理，深化"收支两条线"改革。在普查政府债务的基础上，试编政府负债计划，加强政府债务日常管理，动态掌握全县政府负债情况。盘活国有资产，通过调剂方式做大国有营运机构资产规模，增强国有资产投融资能力。

【加强财政管理】加强乡镇财政管理。建立专职乡镇报账员队伍，制订实施乡镇报账员考核办法，各乡镇更新财务管理制度，规范乡镇财务管理各项工作。投入资金27万元全面更新乡镇财政管理的硬件设施，通过政府网络平台实现乡镇会计管理软件终端延伸至乡镇，提升乡镇财政办公自动化水平。深化财政支出绩效评价工作。将各级财政安排资金50万元以上的116个项目全部列入评价范围，并通过举办业务培训、开展考核评比等措施提高绩效评价工作质量，加强对专项资金使用的监管。加强政府投资项目资金管理。规范项目资金拨付程序，实行项目资金与工作经费分离管理，确保专款专用，避免资金浪费。加强投资项目评审工作，全年完成评审项目378个，审定造价9.39亿元，净核减造价6800多万元。深化政府采购工作。实行协议供货网上二次竞价、政府采购预算价格事前调查论证、网上征集项目采购方案等制度，提高政府采购工作效率和质量。全年政府采购1008次，实际采购额7356万元，节约采购预算资金1304万元。

【深化干部队伍建设】推进财税文化建设。以"3+X"为载体开展财税文化建设活动。"3"，即"三个一"工程，发动全体财税干部共读一本书《奋翔振翅向云天——青田财税纪事》、同唱一首歌《守望国徽的神圣——青田财税人之歌》、共建一个网站"青田财税网"，弘扬财税精神，构建和谐财税。在突出抓好"3"的同时，开展"X"活动：开展学习实践科学发展观活动，提高干部思想修养，完善财税工作机制；强化业务学习，通过中层干部"走出去"培训、财税专家"请进来"讲座、业务知识考试等活动，提高财税干部业务能力；完善干部选拔任用机制，实施中层干部竞争上岗，优化干部队伍结构；开展读书活动、职工运动会、兴趣小组活动、工会活动等团体活动，丰富干部业余生活。推进机关效能建设。完善机关内部管理规章制度，加强日常管理、动态管理，促进干部养成良好作风。在实行行风监督员制度的基础上，聘请记者和网友组建媒体监督员队伍，接受社会监督。推进党风廉政建设。开展规范财税权力运行工作，对本系统所有133项行政权力进行搜索、整改和全面规范，从根本上夯实反腐倡廉防线。落实党风廉政建设责任制和《建立健全惩治和预防腐败体系2008～2012年工作规划》，为党风廉政建设提供制度保证。2009年，青田县财政局获全省财政法制工作先进集体、全市效能建设创新创优先进典型单位、县直部门年度工作考核先进单位、县党风廉政建设先进单位、县级文明单位、县"千名干部评机关"活动先进单位、县"三八"红旗集体等多项荣誉。（青田县财政局供稿 张 毅执笔）

云和县

【概况】2009年，云和县实现生产总值27.71亿元，按可比价格计算比上年增长8.2%。第一、第二、第三产业增加值分别为3.09亿元、14.05亿元、10.57亿元，分别增长3.7%、7.6%、

10.4%。全县财政总收入3.29亿元,增长4.5%,其中地方财政一般预算收入1.90亿元,增长3.3%;全县财政支出6.89亿元,增长20.4%,剔除省专项补助及上年结转支出2.20亿元后增长18.3%。全年财政收支平衡,预算执行情况良好。

【发展经济服务企业】组织干部上门送政策、送服务、送资金,帮扶企业共渡难关。贯彻税费减免、财政奖励补助等扶持政策,落实各项企业扶持资金1252万元。2009年,首次将专利权等无形资产作为担保抵押物为企业提供担保贷款。担保公司累计为企业和下岗职工提供担保贷款余额4870万元,帮助企业解决融资难问题。加大对第三产业,特别是服务业、旅游业的财税扶持力度,增强地方经济的发展后劲和对地方财政的贡献率。

【组织财政收入】按照"均衡入库、持续增长、优化结构、调控有力"的组织收入目标要求,落实各项征管措施,抓好收入工作,提高财政保障能力。做好纳税评估、信息化建设、发票管理、税收法制化建设、年收入12万元以上个人所得税自行纳税申报等工作,坚持精细化、科学化、规范化征管。重视地方税源的重大变化,密切关注税收、经济运行态势,对税源结构进行系统摸底。加强与工商、国税部门的联系,加大对物流行业的税收征收管理。创新税源监控方法,从源头上堵塞税收漏洞。当年纯地方税入库8047万元,占地税税收收入的59.03%。推进"五费合征"工作,提高社保费征管质量和效率,全年组织社保费收入9340万元,增长21.2%。

【加强支出控管】树立过紧日子的思想,控制行政成本和机关公务经费,压缩一般性和非正常性支出。降低公用经费标准,公用经费以及专项经费"零增长",部门预算经批准后严格执行不予追加。深化支出管理改革,提高资金使用效益。通过完善部门预算、国库集中支付、政府采购、绩效评价、整合专项资金等措施和手段加强支出管理。全年政府采购总额为5428万元,节约资金970万元, 节约率为15.2%。开展"小金库"清理工作,推行义务教育教师绩效工资,规范行政事业单位的收入分配。发挥财政资金的导向作用,通过盘活存量资金、多渠道融资等手段保障项目资金需求。围绕重点项目建设,加强政府投资项目融资管理,严把"四关",即融资审批关、过程监督关、调度统筹关、使用效率关,以期达到减轻财政支出压力和减少财政风险的目的。加强政府投资项目预算评审工作。全年完成项目评审111个,送审额2.28亿元,核减2218万元,核减率为9.7%。

【优化支出结构】把改善民生作为财政保障的重点来抓,完善民生投入机制,促进社会和谐稳定。健全和完善对"三农"的投入机制,提高公共财政用于"三农"的总量和比重,推进社会主义新农村建设。当年全县预算内"三农"资金投入3.15亿元,农业综合开发完成投资总额为4156万元,增长69.6%。筹措资金,支持推进城乡统筹发展,推进城乡基本公共服务均等化。2009年,县财政预算安排民生和社会事业支出占预算总支出的67%,新增民生和社会事业预算支出占新增财力的72%。加大对医疗卫生、社保和就业的投入。全年社会保障和就业支出3214万元,其中农村最低生活保障和社会救济支出963万元,增长15.05%;社会保险基金支出9267万元,增长21.0%。加大对教育、科技、环保的投入。全县教育支出11252万元,增长12.8%,科学技术支出1305万元,增长29.1%。环境保护支出2027万元,剔除一次性因素后增长34%。加大对城乡统筹协调发展的投入,全县农林水事务支出8867万元,交通运输支出5768万元。

【加强财政监管】加强预算外资金管理。规范"收支两条线"管理工作,贯彻《浙江省预算外资金管理条例》,预算外资金专户实行"准金库"化管理,并对纳入核算中心管理的行政事业单位实行零户统管。加强财政专项资金管理。执行《县专项资金管理办法》,各专项资金制订细化的管理制度,从资金申请、审核、审批、使用等方面作出规定。开展支农资金整合,提高支农资金效益。加强政府投资管理,编制政府投资预算,出台《政府投资项目融资管理暂行办法》,开展项目评审和绩效评价,使项目资金效益最大化,将政府债务风险控制到最小。加强和完善土地出让金管理。将土地出让金收入全额纳入国库管理,加强全程监督,做好土地出让金的成本核算、收益分配与资金调度。加强政府债务管理。合理制定政府举债的总体规划、政策和目标,严格举债审批程序,实行债务统一管理和总量控制。完善国资公司融资规范化管理,控制担保范围和担保审批,防范政府性债务风险。规范公务员津补贴,并纳入会计核算中心津补贴专户统一发放。加强对六个国资经营公司财务监管,开展国有资产整合工作。

【干部队伍建设】以开展学习实践科学发展观活动为契机,加强财税文化建设。通过打造"六个平台",增强财税"软实力"。打造学习平台,提升干部文化涵养;打造制度平台,构建和谐有序的财税工作环境;打造情感平台,营造和谐融洽的财税好氛围;打造激励平台,建设财税激励文化;打造服务平台,建设财税服务品牌;打造业余活动平台,形成"健康、文明、阳光"的生活理念。加强党风廉政建设,健全教育、制度、监督为一体的反腐倡廉机制。贯彻十七届四中全会提出的提高党的建设科学化水平的精神,强调作风建设重要意义,巩固和推广作风建设的成果。以"两提高、两降低"为主题,开展效能建设实践活动。组织干部深入挂钩村、结对户进行走访调研,慰问困难群众,解决他们生产、生活上的难题。2009年,县财政局被评为省级文明单位和县级先进集体。

(云和县财政局供稿 王丽华执笔)

遂昌县

【概况】2009年，遂昌县生产总值47.86亿元，比上年增长10.3%。其中：第一产业增加值6.43亿元，增长4.7%；第二产业增加值22.06亿元，增长10.0%；第三产业增加值19.37亿元，增长12.7%。三次产业结构由上年的13.6∶47∶39.4调整为13.4∶46.1∶40.5。全县财政总收入5.89亿元，增长2.8%，其中地方财政收入3.19亿元，增长3.1%；财政总支出9.50亿元，增长25.8%。全县当年财政收支平衡。

【支持经济发展】发挥财税职能，帮助企业应对危机，提升发展信心。提高服务水平，推出“补正承诺”、“免填单”、“延时服务”等新举措，开通绿色服务通道，为纳税人提供方便快捷、优质、贴心的办税服务；9月新成立行政许可科，简化程序、提高效率。落实各项税收减免政策，开展“春雨”专项行动，帮助企业用足用好税收优惠政策，全年共审批减免各项税费847万元，及时落实企业社会保险费缴纳比例临时性下浮政策，为企业减负1034万元，全年共拨付企业各类扶持资金4549万元。推进企业分离发展服务业，出台《企业分离发展服务业办法》和《关于加快企业分离发展服务业若干规定》，当年成功分离3家服务业企业。支持旅游经济发展，加快旅游配套设施建设，加大旅游促销宣传力度，扶持农家乐发展，全年共筹措落实各类旅游业发展资金4043万元。增强国有担保公司的担保能力，完善担保体制机制，共为39家中小企业提供贷款担保，担保金额4401万元，同比增长64%；向国家开发银行争取工业企业转贷临时周转金贷款，为企业提供临时周转借款。

【依法组织收入】按照“抓减负、保增长、促发展”的要求，以组织收入为中心，夯实税费征管基础，巩固“五费合征”成果，提高税费征管质量和效率。做精做细收入分析预测，按月分析税收材料，追踪收入执行情况及其变化因素，正确评估经济发展状况及财税形势，提高组织收入工作的主动性。依托税友2006系统，建立健全“人对事、事对户”的税源间接控管模式，持续提高税源管理质量。完善项目资金争取激励措施，将重点部门向上争取资金工作纳入部门考核，通过建立申报项目库的形式，形成财政与部门有效联系机制，合力筹措资金。

【保障社会事业发展】按照基本公共服务均等化和低收入群众增收行动计划要求，优化财政支出结构，解决民生问题。2009年，新增县级可用财力全部用于民生支出。加大“三农”支持力度，全年共拨付“三农”资金50700万元，重点支持农业产业化发展、农村基础设施改善、生态环境保护等，改善农村生产生活条件。落实城乡义务教育各项政策措施，出台义务教育教师绩效工资实施方案，提高义务教育教师待遇水平；支持教育事业发展，多渠道筹措教育项目建设资金，全年共拨付教育项目建设资金3938万元；提高中小学校公用经费保障水平，扩大贫困学生和中职生的资助面，免除义务教育阶段学生课本费、作业本费，义务教育债务全面化解。支持环境保护和生态建设，全年安排2425万元用于生态县建设，支持生态公益林扩面、森林限伐、乡镇村污水处理设施建设、农村生态公墓建设，推进污染减排工作。

【健全社会保障体系】全面启动城乡居民社会养老保险工作，完善失地农民生活保障制度，提高低收入群体基本生活保障水平，农村及城镇居民最低生活保障人均补差从75元提高到100元，发放安老、抚孤、助医、助学等资金659万元，农村五保、城镇“三无”人员集中供养率95.1%，落实家电下乡贴补资金505万元，惠及10971户。加快医疗卫生事业发展，支持农村公共卫生工作，新型农村合作医疗筹资额提高到人均140元。调整新农医报销政策，扩大新农医受益面，当年拨付新农医财政补助资金2438万元，城镇居民医疗财政补助资金100万元。及时落实防控甲型H1N1流感经费。支持农村危旧房改造工程建设，全县实施农村危旧房改造4828户，启动旧村改造29个村。

【深化财政改革】开展国库集中收付管理制度改革试点，在学习借鉴其他市县经验的基础上，结合实际，研究制订具体改革方案，并确定2家试点单位。部门预算改革按照“收入一个笼子、预算一个盘子、支出一个口子”的要求，推进预算编制、执行、监督“三分离”，完善预算管理机制，统筹预算内外资金，做到财政预算、基金预算、专项资金预算同时下达，预算管理向规范化、法制化迈进。加强乡镇财政管理，落实乡镇债务化解任务，至年底完成全县乡镇所有账面债务的化解任务，当年化解乡镇债务231万元，继续加大对乡镇财政的转移支付力度，乡镇财政体制补助从2007年的887万元提高到2009年的1097万元。完善政府采购制度，当年预算采购资金6158万元，实际支付采购资金5419万元，节约采购资金739万元，资金节约率为10%。

【规范财政管理】保障全县部门单位会计核算、资金支付的日常运转，完善会计核算中心内部审核制度和中心借款制度，对拖欠的个人借款3个月以上未归还的进行集中清理。深化财政资金绩效评价工作，出台《财政支出绩效评价办法》，完成2008年度农村生活垃圾处理、旅游发展专项资金及全省联动项目的绩效评价工作。推进“小金库”专项治理工作。完善政府性投资项目管理，出台待决事项联席会议制度、不定期监管内容通报制度、中介机构审价管理等办法，通过体制机制的完善创新明确职责、加强监管，理顺关系、化解矛盾，发挥财政资金的使用效益,全年组织完成工程预、决算审价 174 个,建设单位送审造价 19167 万元,审定造价 17372 万元,净核减 1795 万元,平均核减率为 9.4%。加强政府性债务管理,按照"适度举债、讲求效益、加强管理、规避风险"的原则,编制政府债务收支计划,合理控制负债率、债务率和偿债率,通过对政府性债务的规范管理,优化政府债务结构,5 年期以上贷款占贷款总额的 67%,缓解政府性债务还贷压力。提升会计管理水平,开展会计监督、会计管理和会计培训工作,全年组织会计人员培训 1200 人次。

【干部队伍建设】开展财税文化创建活动,组织参与全县"发现遂昌"金点子征集和"名城建设,我当先锋"演讲比赛等活动,共收集到金点子 57 个,重大项目谋划 2 个,推荐的两名干部分获全县"名城建设,我当先锋"演讲比赛一、二等奖,通过财税文化建设,提高干部职工凝聚力,建设和谐财税队伍。加强学习教育培训,坚持日常学习与重点培训相结合,通过知识讲座、全员轮训、在岗自学、业务考试、课题调研等多种渠道,创新学习方法和手段,提高财税干部的学习能力和学习效率,学习效果作为年轻干部晋升依据之一。以学习实践科学发展观活动为契机,深入开展执行力建设专项行动,通过召开理论学习会、专题讲座、撰写心得体会等形式加深干部对科学发展观的认识,将落实科学发展观的要求贯穿于各方面的工作。开展权力观教育,深化"权为谁所用"大讨论活动,在全系统范围内开展权力运行"回头看",针对不同岗位所涉及的执法权进行对照分析,减少行政执法中的自由裁量权和随意性。开展警示教育,赴上饶集中营缅怀革命先烈,组织干部观摩廉政影片、聆听"依法行政防范执法风险"及"如何预防职务犯罪"等专题讲座,加强干部权力观、地位观、利益观教育。

(遂昌县财政局供稿　项国英执笔)

松阳县

【概况】2009 年,松阳县实现生产总值 38.90 亿元,比上年增长 11%;人均生产总值 16462 元,增长 10.5%。第一产业、第二产业、第三产业增加值分别为 8.52 亿元、14.89 亿元、15.49 亿元,分别增长 3%、15.1%、11.5%。全县财政总收入 3.61 亿元,增长 7.2%,其中地方财政收入 2.19 亿元,增长 9.4%;全县财政总支出 8.82 亿元,增长 28.9%。全年财政收支平衡。

【依法组织收入】加强部门协作,完善协税护税网络。加强门征开票、房地产等环节及相关行业税收征管,有力堵塞征管漏洞。加强重点税源监控,建立相关税收档案。加强重点行业税收征管。制定实施《货物运输业税收征收管理若干规定》和《关于完善企业股权转让税收管理办法的通知》,开发运用"货运税款差额补征系统",规范个体货物运输业、企业股权转让税收征管。抓好基金征管。共征收养老、医疗、工伤、失业、生育保险金 1.08 亿元,比上年增收 1118 万元,增长 11.5%。征收教育费附加、地方教育附加、文化事业建设费、水利建设专项资金 1594 万元。抓好农业税收征管。征收农业税收 2344 万元,增收 1121 万元,增长 91.7%。健全预算外收入征管体系。加强对行政事业单位罚没收入、一般预算外收入和专项收入的征收管理,全年进入财政专户的预算外资金(不含单位往来款)3.97 亿元,增长 55%。

【扶持企业渡难关】落实中央和省、市、县支持经济发展的各项政策,加快资金调集和拨付进度及时兑现优惠政策。支持发展工业,落实工业企业技改贴息返还政策,全年共审核享受优惠政策企业 72 家,兑现财政贴息技改资金 1663 万元,兑现 2008 年度财政贴息资金 1254 万元,支持县工业企业的生产发展。开展新政策对企业影响的调研,出台《关于扶持再生资源回收经营企业若干意见》,5 家企业进行退税资格认证报批,办理退税 1141 万元;继续做好促进县房地产市场健康稳定发展相关优惠政策的兑现工作,办理个人购房补贴 6 批次 328 户,兑现补贴资金 1063 万元。落实企业社保费减征一个月和费率下降政策,帮助企业渡过难关。

【优化支出结构】全年民生类支出 5.88 亿元,比上年增加 8776 万元,增长 17.6%,占财政总支出 66.7%。控制差旅费、出国费、会议费等一般性支出。一般公共服务支出占一般预算总支出的比重从上年的 18.9%下降到 16.7%,同比下降 2.2 个百分点,教育、科学技术、文化体育与传媒、社会保障和就业、医疗卫生、环境保护、城乡社区事务、农林水事务、交通运输、采掘电力信息及粮油储备管理等事务的支出比重从上年的 73.1%上升到 75%,同比提高 1.9 个百分点。民生类、发展类支出的增幅均高于支出平均增幅。

【推进财政管理改革】加强财政资金管理,制定出台《财政性资金审批拨付管理办法》,财政资金拨付流程趋于完善,提高财政资金运行的安全性。完善"支出一个口子"的财政管理模式。国库集中支付改革试点运行平稳。推进财政监督和绩效评价工作,提高财政资金使用绩效。开展"小金库"专项治理。完成全县 202 家行政事业单位和社会团体自查自纠"回头看"和 12 家单位重点检查工作;启动部门预算支出整体绩效评价试点。完成市政工程、千库保安工程等多个项目绩效评价工作,并指导项目单位开展绩效自评工作。完善政府采购监管机制,提高采购效益。全年实施采购 97 批次,实际支付金额 5298 万元,资金节约率 13.8%。深化国有资产体制改革,加强国有资产管理。严格国有资产处置审批程序,所有处置均通过县招投标中心公开进行,处置收入实行收支两条线管理。规范行政事业单位房屋出租行为,对部分县直单位的店面房进行公开招租。

【队伍建设】*加强作风建设*。规范权力运行，健全渎职犯罪预防机制和惩防体系，完善党务政务公开制度，开展科室权力搜索、效能排行榜、效能示范窗口评比等活动，在全体干部职工中实践“七个不让”要求，即“不让领导交办的工作在我手中延误，不让正在办理的事项在我手中中断，不让各项差错在我手里发生，不让前来办事的群众在我这里受到冷落，不让各种不良习气在我身上出现，不让财税部门的形象在我这里受到影响，不让松阳的形象在我这里受到损害”，激发干部职工工作热情，增强干部职工服务意识、大局意识和廉政意识，推动各项工作顺利开展。*加强廉政建设*。弘扬求真务实、真抓实干的工作作风，执行各项党内监督制度和“财政地税系统工作禁令”，提高工作效率、改进工作作风，打造一支高素质的财税干部队伍。建立固定的廉政建设宣传窗口，在办公场所设立廉政标识岗位牌，在会议室、走廊等公共场所悬挂职业道德和廉政格言警句。结合财政地税工作特点，组织干部参加党政干部廉洁从政考试、开展“一帮一”结对帮扶活动、组织渗透廉洁从政文化内涵的财税干部元宵文艺晚会，在活动中巩固廉政建设的成果。*加强教育培训*。配合相关部门组织干部进行普通话培训；鼓励干部参加高学历教育，提高整体学历水平；开展业务考试，组织开展多种形式的业务学习、培训、考试，提高干部业务素质；聘请老干部为全局干部开展人生观、工作观讲座。*加强财税文化建设*。组建业余兴趣小组。引导干部职工参与县全民运动会、国地税趣味运动会等健康有益的文体休闲活动。搭建网上平台。利用财税内网进行各种政策措施的宣传，宣扬积极、健康、向上的工作、生活理念，引导大家树立正确的财税文化观、人生观、世界观。 （松阳县财政局供稿　毛兰香执笔）

庆元县

【概况】2009年，庆元县实现生产总值25.95亿元，比上年增长10.6%；人均生产总值15240元，增长10.3%。其中：第一产业增加值4.63亿元，增长3.4%；第二产业增加值10.89亿元，增长12.6%；第三产业增加值10.43亿元，增长11.9%。全年财政总收入2.15亿元，增长4.3%，其中地方财政收入1.29亿元，增长3.3%；财政总支出7.30亿元，增长26.9%。全年财政收支平衡。

【依法组织收入】加强科学化精细化管理，确保财政收入平稳可持续增长。加强税收征管，完善征管举措，强化税源管理，出台个人股权转让所得个人所得税管理办法，完善交通运输业税收征管办法，加强城镇土地使用税政策跟踪，创新企业所得税汇算清缴方式；推广不动产建筑业税收项目管理软件，推进个人所得税代扣代缴全员申报，做好契税、耕地占用税和房地产交易税收一体化管理工作，提升征管的质量和水平。加强社保基金征管，深化社保费“五费合征”，完善社保费征缴机制，社保基金收入保持稳定增长。加强非税收入征管，完善非税收入征管体系，推进非税收入征管信息化建设，将水资源费、森林植被恢复费纳入国库管理，加强国有资源有偿使用收入、行政事业性收费和政府性基金的征管；与各专业银行实行协定存款利率，增加财政资金增值收益，增强政府可用财力。

【支持经济发展】开展企业减负“春雨”专项行动，梳理整合并出台保增长扩内需调结构重民生若干政策的实施意见，优化经济发展软环境。落实取消和降低行政事业性收费、提高出口退税率、实行增值税转型改革、下调养老保险费率和临时性下浮企业社会保险费等政策，全年减轻企业税费负担4000余万元。落实积极的财政政策，争取到中央扩大内需国债项目27个，资金5267万元。搭建政府融资平台，重点保障城市基础设施、工业平台、大交通网络、城乡卫生医疗、教育强县战略等政府主导性建设项目。落实家电下乡、汽车摩托车下乡政策，共发放补贴资金269万元，拉动居民消费。支持外贸出口，形成投资、消费、出口协调拉动的发展格局。落实“千万助企”行动计划，设立转型升级专项资金，全年共拨付财政助企资金1506万元。整合落实财政支农资金，促进农业主导产业转型升级。制定出台加快企业分离发展服务业的若干意见，推进企业分离发展服务业，5家企业实现服务业分离，促进经济转型升级。

【保障民生支出】筹措落实资金保障民生事业，2009年新增财力的86.7%用于民生支出，促进民生改善和社会和谐。*加大“三农”投入*。落实各项农业扶持和补贴政策，加大农业综合开发力度，支持农业基础设施建设和现代农业发展，改善农村生产生活条件。*完善社会保障体系*。建立社保资金多渠道筹措机制，启动城乡居民社会养老保险，农村和城镇最低生活保障分别提高到每月166元、276元，并实行全县集中社会化发放；推进城镇居民基本医疗保险，新型农村合作医疗筹资标准提高到人均140元；加强廉租住房保障体系建设，改善居住条件。*支持社会事业发展*。保障教育事业发展经费，教育支出1.5亿元；实施义务教育学校教师绩效工资改革，财政增支2250万元，提升教师待遇水平；义务教育中小学生均公用经费标准分别提高到550元、350元，职业中学贫困生资助面从10%扩大到55%。加大卫生事业投入，实行免费婚检和孕前优生检测，落实防控甲型H1N1流感经费。整合文化专项资金，完善公共文化服务体系，促进文化事业发展。落实环境保护资金，加大生态环保财力转移支付，推进生态县建设。

【推进财政改革】推进“收入一个笼子、预算一个盘子、支出一个口子”改革,完善预算编制、执行、监督“三位一体”的财政运行机制。细化部门预算指标,完善县级财政供养人员信息系统数据库,提升预算编制质量。结合国库集中支付改革要求,对15家行政事业单位开展财政资金远程报账查询试点。以金财工程一体化软件为依托,推广运用资金申拨操作系统,促进资金拨付科学化、规范化。完善行政事业单位国有资产管理体制,推进行政事业单位房地产资源出租市场化,共审批房地产出租18个单位118项,其中移交国资公司管理的房产收取租金121万元,并将税后金额上缴国资收益专户。推进收入分配制度改革,规范公务员津贴补贴。深化政府采购制度改革,推行政府采购商品标贴签和计算机、打印机二次询价制度,提升政府采购效能,全年政府采购金额4324万元,节约率15.0%。

【加强财政监管】推进财政专项资金清理、规范、整合,提升财政资金使用效益。加强绩效评价工作,对基层文化设施建设等民生项目开展绩效评价,对疾控经费等专项资金进行监督检查,完善绩效评价及资金检查结果应用机制。深化细化政府性投资项目资金预算审核,规范审价管理,严格控制成本,共评审预、结算项目104个,审定投资额1.26亿元,核减额1149万元,核减率8.3%。完善政府性债务管理办法,实行政府性债务归口管理,防范财政风险。落实以生态激励为核心的乡镇财政体制,提升财政保障能力,乡镇财政体制补助及债务化解奖励共支出812万元,增长35.6%。合理调度财政资金,年节约利息支出260多万元,增强融资效益。配合审计署上海特派办对庆元县中央扩大内需国债资金审计工作,重视审计成果应用。开展“小金库”专项治理,纪检、组织、监察、人事、财政、审计等部门共同组织,在全县204户行政事业单位中开展自查自纠,对105户进行重点检查,32户存在问题的单位整改到位,“小金库”治理取得成果。开展财政资金安全检查、会计信息质量检查,推进会计管理信息化,提升财政监管水平。加强财政法制宣传教育,推进政府信息公开,规范财政执法。

【干部队伍建设】加强教育培训,组织干部参加学习实践科学发展观活动,增强服务科学发展的能力和水平;开展业务和普及型学习培训,满足干部职工对知识的需求;建立学习教育长效机制,鼓励干部提升学历。培育和弘扬财税文化,加强党对团、工、妇等组织的领导,自编自导自演小品《春雨行动》参加全市财税系统文艺汇演及庆元县社区文艺演出,组织“党员万米长跑”迎国庆等活动。关心关爱干部职工,定期组织职工体检,对生活困难职工给予帮助,参与社会扶贫救困帮扶活动,营造和谐氛围。加强机关作风建设,开展“提高工作效率,提高服务水平,降低公务支出,降低行政成本”效能建设主题活动,出台加强计算机和网络使用管理的制度,不定期开展效能行为监察;开展“百名股(所)长大评议”活动,所有干部职工照片上墙,督促干部主动履职。层层落实党风廉政建设责任制,开展权力观、地位观、利益观“三观”教育,推进文化反腐,持续深化具有财政特色的惩防体系建设。深化目标责任制考核和争先创优工作,对“局先进科室、先进个人、创新工作”进行评比表彰。 (庆元县财政局供稿 练素红执笔)

景宁畲族自治县

【概况】2009年,景宁畲族自治县实现生产总值23.14亿元,比上年增长9.8%。其中:第一产业增加值4.03亿元,增长4.9%;第二产业增加值8.31亿元,增长8.5%;第三产业增加值10.8亿元,增长12.7%。全社会固定资产投资15.4亿元,增长14.8%;社会消费品零售总额11.1亿元,增长14.3%;全县农民人均纯收入5409元,增长12.5%;城乡居民年末储蓄存款余额15.2亿元,增长46.2%。全县财政总收入2.81亿元,增长0.6%,其中地方财政收入1.70亿元,增长4.8%,地方财政收入占财政总收入的比重为60.5%,提高2.5个百分点。全年财政支出8.96亿元。当年财政收支平衡。

【组织收入】针对金融危机和经济下滑的影响,坚持税费并重抓收入,围绕管理要收入,确保财政收入由年初的负增长转为下半年的正增长。在加强收入形势调查研究工作的基础上,加强与国税、地税、工商、经贸等部门的沟通和联系,收集经济发展动态性和财源信息的变化情况,提高收入预测分析水平。加强部门协作,完善税源间接控管机制,优化纳税服务,推广以票管税,严格税收执法,规范纳税评估,加强税务稽查,堵塞税收漏洞,组织地方税收收入1.34亿元,增长9%。强化政府非税收入征管体系建设,开展财政票据检查,强化票据监管,重视政府资金利息收入管理;完善国有资产资源市场化运作机制,推行国有资产资源的拍卖、拍租、转让、出让等增加国资收益,全年实现政府性非税收入2.97亿元(其中土地开发成本回收1.21亿元)。在落实好养老保险费费率下调和政策性减征等工作的同时,完善社会保险费“五费合征”机制,税费并重将社保费征缴纳入税务稽查,推进社保费社会化征缴,社保费征缴扩面取得进展,全年社保费等入库9588万元,增长6.5%。

【建设民生财政】坚持以人为本保障民生支出,优化支出结构,建设民生财政,当年民生支出7.33亿元。统筹城乡发展,安排农民异地转移专项资金9283万元、筹集农村危旧房改造资金1018万元,村庄整治专项资金350万元、农民饮用水工程专项资金200万元。推进基本公共服务均等化,全年预算安排科技支出1005万元,增长20.4%;医疗卫生支出6549

万元，增长118.2%；全年免除义务教育阶段学杂费公用经费669万元，投入资金394万元对13所校舍实行维修改造，促进科教文卫事业发展。加大基础设施建设投入力度，将公益性项目纳入政府投资基本建设预算，落实配套资金推进云景高速公路建设，加快县域公路网和康庄工程建设。支持城乡社保和就业工作，全年社会保险基金支出7342万元，确保推进城乡社保体系建设等资金需求，全年预算安排社保和就业支出2610万元，增长27.8%。投入资金140万元建设廉租房，筹措资金建成194套限价房。

【落实扩大内需政策】落实家电下乡及汽车摩托车下乡政策，简化农民领取补贴的程序，将"乡级审核、县级兑付"的模式简化为"县级审核，集中兑付"的模式，全年审核农民家电下乡补贴户数2127户，申请摩托车汽车下乡补贴户数1823户，拨付资金249万元。严格国债项目资金管理，落实建设项目20个，资金4996万元。推进重点工程建设，全年安排基本建设资金1.5亿元，支持丽景工业园、云景高速、省道公路、外舍防护工程、鹤溪河延伸段、城南旧城改造等重点工程建设。

【帮扶企业渡难关】开展企业减负"春雨"专项行动，全面落实扶持企业自主创新和促进现代服务业发展的财税优惠政策，为企业落实减免税收2421万元，审核办理税费退库129万元，落实社保费缴费比例临时性下浮政策为企业减负165万元，争取出台养老保险费缴费比例下调政策，从2009年1月1日起至2010年底基本养老保险费单位缴纳部分的缴费比例从18%统一下调至13%；做好企业享受优惠政策资格认定工作，共审核拨付企业发展资金1369万元，落实取消、暂停和降低征收部分行政事业性收费标准等政策，减轻企业负担。

【产业培育】财政支农资金比上年增长20%，扶持农业七大产业发展，全年共拨付茶产业、毛竹产业、食用菌产业、高山冷水茭白及花卉产业、中药材产业及油茶产业等补助资金1000多万元，惠明茶荣获全国驰名商标；围绕保增长目标扶持二、三产业，筹措资金8000万元开工建设丽景民族工业园，国资公司为丽景民族工业园基础设施建设提供2亿元融资担保；落实财税优惠政策发展以旅游业为龙头的第三产业，注资2000万元启动畲乡之窗等景区景点及望东洋高山湿地保护项目建设，畲乡之窗4A级景区通过国家验收。

【规范支出管理】推进部门预算编制改革，选择公安、水利、妇联等5个部门开展深化部门预算编制改革，开展绩效评价工作，建立"项目单位—主管部门—财政部门"三层次评价体系，全年共审核评价各类专项资金2431万元。组织开展"小金库"专项治理，共查处涉及小金库的单位4个，金额190万元。实施《政府采购协管员制度》，规范政府采购管理，全年政府采购资金3340万元，节约资金607万元，节约率15.4%。加快财政预算支出管理的信息化建设，建立财库银数据信息联网体系。制定《乡镇财政管理考核实施细则》，完善乡财县管机制，严格乡镇债务管理，连续两年实现乡镇零负债。加强会计核算和会计监督，核算中心核审拒付不符合政府采购、基建财务管理和预算外收支两条线规定等资金363.4万元。严格执行厉行节约各项规定，压缩会议费、招待费、车辆运行费等支出，停止购置公务用车1年，通过削减预算安排、绩效考评、审核检查等措施，严格控制行政成本，将一般性支出控制在合理增长的范围。调整优化财政支出结构，增强预算执行刚性，确保财政收支平衡。

【加强国有资产管理】深化行政事业单位国有资产管理，规范行政事业单位资产监管，利用市场化手段对国有资源进行公平配置，实现国有资产效益最大化，整合国有资产融资平台，累计为重点建设项目融资担保贷款5亿元。

【落实扶贫政策】贯彻落实省委《关于扶持景宁畲族自治县加快发展的若干意见》，执行省财政厅《关于扶持景宁畲族自治县加快发展的意见》精神，科学安排使用5000万元专项资金，主要用于鹤溪镇双后降少数民族村下山脱贫小区、农业产业化、县中心幼儿园等项目建设。配合省财政厅做好鹤溪镇三枝树、敕木山、包凤村等5个低收入农户集中村致富奔小康工程，落实帮扶资金129.5万元，实施7个帮扶项目。帮助英川镇隆川村和寨后村低收入农户制订产业规划，筹集扶持资金22.5万元，帮助两个村修整村道，发展高山吊瓜、食用菌等脱贫项目，并组织全体干部职工与该镇低收入农户结成扶贫对子，为两个结对村的低收入农户捐款50100元。

【干部队伍建设】按照"党员干部受教育、科学发展上水平、人民群众得实惠"的要求，坚持以"服务提效能，创业促增收，创新保增长，为推动经济社会实现科学发展提供财力保障"为实践载体，全局党员干部参加一系列学习实践科学发展观活动，推动财税工作实现科学发展、持续发展。继续以学习型组织、廉政型队伍、效能型机关和财政文化建设为抓手推进干部队伍建设，开展"弘扬廉政文化，推进反腐倡廉"主题活动，构筑"一体两翼三轮"(以惩防体系为主体，文化反腐、科技反腐两翼助推，教育、制度、监督三轮并驱)的反腐倡廉工作新格局。打造财税文化建设平台，组织开展书画摄影、感恩教育和文娱体育活动，编写新中国成立60年税务老干部回忆录。推进学习型机关建设，参加省市各类学习培训，组织中层干部到宁波市鄞州区参观学习。重视行风建设，主动向基层群众、人大代表、特约监督员等征求意见和建议，参与创建省级文明县城活动，开展创建群众满意基层站所活动。县财政局被评为全县综合目标考核先进集体，县核算中心荣获全县十佳群众满意基层站所。(景宁畲族自治县财政局供稿　刘小明执笔)

江干财政加大扶持和服务企业力度

四季青服装集团

西子奥的斯生产线

佑康集团生产线

2009 年，杭州市江干区财政局积极应对危机造成的经济下滑，加大扶持和服务企业的力度，全年用于支持企业创新、推进产业升级等各类财政扶持政策资金达 1.7 亿元。同时增强服务意识，开展“百日走访百家企业”活动，组织业务骨干分行业分区块走访调研重点企业，宣传各类扶持政策，切实为企业减负、解困、增实效。

楼宇经济蓬勃发展

快乐工作 健康生活的 建德财政人

建德市财政局坚持以科学发展观为统领，深化制度建设，健全监督机制，加强财税文化建设，不断推进干部队伍的发展与进步。在创建学习型组织、培植和谐财税文化中，不断创新载体，搭建和完善各类文化建设平台，建设具有自身特色、与时俱进的财税文化体系，构建以为国收税、为民理财为职责使命，和谐平衡、源远流长为文化取向，快乐工作、健康生活为人生追求的核心价值理念。

“财税之夜”百姓纳凉晚会

诗歌朗诵会

文体健身周活动

第五届“税企杯”乒乓球赛

富阳市财政支持新农村建设

今日唐家坞

春一村(稠溪村)

2009年,富阳市用于发展农业生产、基础设施建设、城乡环境整治、生态建设、文化教育、医疗卫生、社会保障等方面的"大三农"资金17.22亿元,同比增长14.5%。其中,新增村内主干道212公里,新增和改建卫生厕所农户19211户、公厕82座,消除露天粪坑196只,新增垃圾箱4112个、垃圾集中收集房171座,新增污水处理池8300立方米,改造危旧房8万平方米,新装路灯1724盏,农村生产生活条件进一步改善。

规划有序的民居

淳安县财政
支持旅游事业发展

淳安县财政紧紧围绕“以湖兴县，融入都市”战略，支持千岛湖创建“5A 级”风景旅游区，促进淳安旅游业快速发展。2009 年，县财政共投入 25439 万元用于千岛湖生态保护。同时，县财政还投入 8497 万元实施千岛湖旅游品牌宣传以及 5A 风景区创建。旅游基础设施的建设、乡村旅游发展项目的实施，提升了千岛湖旅游接待能力。2009 年千岛湖成功获得 5A 国家级旅游景区荣誉称号，又进一步提升了千岛湖的知名度。

举行庆祝新中国成立60周年文艺汇演

桐庐县财政局
深化财税文化建设

桐庐县财政局将财税文化建设作为内炼素质外树形象的重要抓手，围绕“务实、创新、大气、和谐”的财税精神，开展形式多样、内容丰富的财税文化建设活动，营造良好的工作氛围，提高财税干部综合素质，推动财税事业全面发展。

中层干部“公述民评”大会

丰富多采的兴趣活动

鄞州区财政推动产业升级

国家重点高新技术企业、国家首批创新试点企业——宁波博威集团有限公司

杉杉科创基地研发中心

宁波市鄞州区发挥财政资金导向作用，推动企业自主创新和高新技术企业发展，全年科技支出 1.53 亿元，比上年增长 28.6%，带动企业研发投入 22.3 亿元。至 2009 年底，全区有拥有国家级高新技术企业 162 家，居宁波市首位。

浙江利时集团塑胶流水线

鄞州区科技中心

宁波大榭开发区
全面加快产业转型升级

宁波大榭开发区财政局全力支持加快产业集聚之区建设，大力推进具有国际竞争力的石化产业基地和国家能源中转基地建设步伐，重点打造两大石化基地：国际级聚氨酯产业基地和千万吨级炼化一体化产业基地，以此推动大榭开发区产业结构转型升级。

中海油重交沥青项目

招商国际集装箱码头项目

中石化原油中转基地

发展航运业

镇海区财政局

当好“保稳促调”主攻手

2009年，面对国际金融危机的严峻挑战，宁波市镇海区财政部门把支持“保增长促发展”放在首要位置，切实担负起“主攻手”的角色，出台出口信用保险补助、土地使用税引导奖励等64项财政奖励扶持政策，增强财政与金融、财政政策与产业政策、环保政策、土地政策、自主创新等政策的有机结合，形成多方面政策的联动机制和叠加效应。2009年累计兑付政策性奖励资金2.61亿元。此外还通过全面实施增值税转型、落实出口退税、减免行政事业性收费和减免社保基金，为企业减负15.91亿元。

技改投入

加大对外贸易

北欧科技企业孵化基地

镇海化工区夜景

奉化市公共财政普惠三农

奉化市财政坚持“多予、少取、放活”的原则，落实各项支农惠农政策，加大“三农”投入力度，推进农业综合开发，农业基础设施逐年完善，农业产业化经营势头良好，农业龙头企业快速崛起，2009 年，全市新农村建设投入 9.06 亿元，比上年增长 24%，高于财政支出增幅 12.6 个百分点，促进了农民增收、农业增效和农村稳定。

大堰农田建设

红胜海塘围垦工程

新建农村公路

新农村——蒋家池头村

全球生态 500 强——滕头村

邀请老干部参加民主恳谈会

科学发展　和风惠民

——温州市财政局学习实践科学发展观活动掠影

围绕“保稳促调 增收节支 促进财税事业科学发展”实践总载体，温州市财政局成立由局党组书记任组长的领导小组，扎扎实实开展学习实践科学发展观活动，认真抓好3个阶段、11个环节和整改落实各项工作。在群众满意度测评中，对全局学习实践活动满意的占99.4%，比较满意的占0.6%，同时，局机关在2009年度社会评议整改目标考核中名列全市第一。

参加“服务企业、促进发展”广场接访活动

举办“财税文化节”系列活动

深入企业，开展“科学发展春雨帮扶”活动

龙湾区财政支持城市基础设施建设

瓯海大道

龙湾中学

龙湾文化中心

河泥荡公园

温州市龙湾区财政局多渠道筹集基础设施建设资金，推进重大项目建设，龙湾城市建设日新月异。万吨级码头商舟云集，永强机场航班穿梭不停，温州大桥车水马龙，瓯海大道犹如彩带飘舞，龙湾正奏响一支海、陆、空交相辉映的现代立体交通交响曲。行政管理中心大楼、文化中心、河泥荡公园、龙湾中学建成投入使用，人武部、消防、边防大楼等一批公建项目加快建设，东片排污管网工程建设全面铺开，生态建设力度加大，人与自然和谐发展。

灵昆大桥

参加全县歌咏大赛并获冠军

苍南县财政局加强财税文化建设

迎新春晚会

专题讲座提升素质

苍南县财政局开展形式多样、内容丰富的财税文化建设活动，积极倡导和培育“以财税为荣、为财税争光”的财税文化理念，建设“共荣共进、温馨和谐、廉洁高效、充满活力”的苍南和谐财税大家庭。

义务献血奉献爱心

利济医学堂

叶适纪念馆

高则诚纪念堂

瑞安市全力打造“文化之旅”

农村社戏

瑞安市尝试文化与旅游的有机结合，利用自身非物质文化遗产资源优势，花巨资全力打造玉海楼藏书阁、利济医学堂、叶适纪念馆、高则诚纪念堂、木刻活字印刷作坊等文化旅游系列品牌，开发文化旅游产品，引导文化旅游品牌化经营，并推进主题公园、旅游度假区等设施建设。2009 年全市财政用于文化建设及文物保护等支出 1853 万元、旅游管理支出 388 万元，支持文化旅游事业协调发展。

六科卢氏祠堂古建筑

乐清市财政主导性投资重大民生工程

104 国道线清江大桥

乐清市财政 2009 年筹措落实财政性建设资金 12.31 亿元，支持标准海塘、围垦、城市防洪、104 国道改建、甬台温铁路配套工程、城市道路、楠溪江引水工程、污水处理等一批政府主导性重大项目建设，为支持经济社会发展作出积极贡献。

荆雁水厂

山区连线工程

104 国道清江至湖雾段改建工程

瓯南大桥

平阳县财政重基础设施建设

平阳县财政部门统筹安排财政资金，优化财政支出结构，保障全县重点项目建设。2009年通过投融资平台、预算外资金和政府基金投入，支持温福铁路鳌江车站站房工程、鳌江火车站至千吨码头公路项目、鳌江火车站配套工程、万全水管网工程、昆鳌污水处理管网工程、水头防洪工程和珊溪引供水工程等重点基础设施建设，为推动平阳经济和各项事业发展打下扎实基础。

平阳中学

铁路公路纵横交叉

昆阳新貌

洞头县财政支持
生态旅游县建设

洞头县围绕国家级生态县和旅游强县创建工作目标，加大财政投入力度，加快海岛景区基础设施和配套设施建设。2009年，洞头县成为全国首个以县域命名的4A级旅游景区，获得“全国海钓基地”名片，社会旅游综合收入7.10亿元，比上年增长10.2%。

海滨浴场

海霞军事主题公园

洞头普陀寺

仙叠岩

文成县发展高效生态农业

2009年，文成县围绕"抓特色、创品牌、强龙头、促提升"的思路，加大财政投入力度，发展高效生态农业。统筹安排财政资金1100万元，重点支持肉兔、名优茶、高山水果、山地蔬菜、淡水养殖、中药材等特色农业产业发展，提高农业综合生产能力和农产品市场竞争力，促进农业经济快速增长，增加农民收入。

肉兔养殖

稻田养鱼示范点

高山水果

半天香茶园

嘉兴市财政支持产业结构优化
推动经济转型升级

高效生态农业园区

2009 年，嘉兴市财政加大财政资金投入力度，完善各项财政扶持政策，共安排五项发展资金计 2.16 亿元，重点支持科技平台建设、产业集聚、工业企业分离发展服务业等，支持高新技术企业、高效生态农业、现代服务业、服务外包产业、无线传感网产业等发展，推动经济转型升级。

工业企业分离发展服务业

电机高新技术企业

加西贝拉公司研发大楼

海宁市加大财政投入推动旅游业发展

2009 年，海宁市加大对旅游业的投入力度，全年投入旅游发展专项资金 2634 万元，比上年增长 58.7%，主要用于盐官景区开发、旅游宣传、旅游节庆活动。全年共接待国内外旅游者 618.01 万人次，旅游总收入 58.06 亿元。盐官观潮景区和皮革城分获“中国最佳旅游目的地”和“国际休闲旅游购物基地”称号。

皮革城

闻名遐迩的钱江大潮

海盐县财政支持现代农业发展

武原镇双桥村葡萄种植基地

海盐县财政出台一系列加快农业转型升级、推进农业规模化经营、培育壮大现代农业主体、促进现代农业发展的补助政策，引导传统农业向现代农业转型发展。

布隆环保型种猪基地发酵床养猪模式

秦万芦荟基地

平湖市财政支持园林城市创建

平湖市财政2007年至2009年共投入财政资金1.38亿元，用于城市园林化建设。三年共完成绿化新建项目197个，改造提升项目24个，立体绿化项目41个，新增城市绿化378.5万平方米。到2009年底，城市建成区绿地率、绿化覆盖率和人均公园绿地面积分别达41.07%、42.14%和12.1平方米。形成了“满城绿色四季花，道路成网树成行，公园如珠落满城，生态绿化连城乡”的绿化格局。平湖市被国家住房和城乡建设部命名为“国家园林城市”。

绿荫中的图书馆

亲水休闲带

城市入口绿色景观

桐乡市财政推进经济转型升级

浙江新澳纺织集团有限责任公司生产车间

2009年，桐乡市财政部门发挥职能作用，加大对新特材料、机械制造、光电信息、生物医药等新兴产业的扶持力度，完善鼓励技术创新和科技成果产业化的财政激励机制，重点扶持工业平台和科技创业平台建设，全力帮助企业渡过难关，推进经济转型升级。

华鹰风电公司生产的风力发电机获得国家创新基金立项

浙江百力达太阳能有限公司硅片生产车间

无限新能源有限公司电路板车间

巨石集团有限公司60万吨生产基地

湖州大剧院

湖州博物馆

湖州市财政助推文化事业发展

全民健身蓬勃发展

湖州图书馆

文化下乡

传统的蚕花节

湖州市各级财政部门重视文化大市建设，加大公共财政对文化事业的投入力度。支持图书馆、博物馆、大剧院等一批重要文化设施建设，着力构建惠及千家万户的农村公共文化服务体系，繁荣和丰富群众性文化活动。同时加大力度挖掘和保护传统文化，形成了“善琏湖笔之乡”、“浙北乾龙灯会”、“新市蚕花庙会”等以乡镇为基础的民间特色文化活动。

加强林区道路建设

德清县财政支持新农村建设

德清县财政落实各项强农惠农政策，助推农业产业优化升级，着力改善生态及农村环境。安排农发、水利、造地改田、探矿权采矿权使用及价款和森林植被恢复等资金2亿多；安排生态县建设资金1500万元，和美家园建设资金3000万元，农村垃圾和供水一体化资金3000万元，公路养护和公交一体化资金2000万元；发放各类涉农补贴资金2000余万元；减免涉农税收789万元，取得明显经济效益、社会效益和生态效益。

加快农田水利建设

新农村建设

绍兴市财政局加强财税文化建设

“歌舞欢庆 和谐财税”文艺汇演

双簧“财税三宝”参加演出

绍兴市财政局加强财税文化建设，成立市财税学会财税文化研究分会，指导各地开展财税文化建设；通过干部讲坛、高校培训、网校学习、读书月等措施，建设学习型组织；以丰富多采的兴趣活动，提升财税文化品位。2009年成功组织全市财税系统文艺汇演，集中展示财税干部精神风貌。

财税工龄30年以上干部受表彰

举办各类读书会

团员青年开展拓展训练

新农村建设

发展农村副食品市场

绍兴县财政推进城乡统筹发展

农村交通建设

免费义务教育

绍兴县财政推进城乡统筹发展，着力将柯桥新县城打造成“国际纺织之都、现代商贸之城”，加快新县城繁荣发展，同时，更好发挥新城镇幅射作用，加快推进城乡一体化发展。2009年全县财政预算内资金用于“三农”支出18.70亿元，比上年增长25.1%。在转移支付安排上重点向南部山区和经济相对薄弱镇（街）倾斜，全年共补助镇（街）基本公共服务均等化及民生项目经费1.02亿元，增长20.3%。

县城新貌

新昌县确立新农村建设可持续发展机制

2009年，新昌县改革新农村建设投入机制，探索建立政府扶持、各方参与、市场运作的“一会三公司”（农业龙头企业发展促进会、小康新农村建设有限公司、新农担保有限公司、小康物业有限公司）新农村建设新模式，有效缓解农村发展资金需求与财政单一扶持的矛盾，积极提升农业产业化水平和公共服务能力，确立新农村建设的可持续发展机制。

县领导视察茶叶良种基地

担保公司人员深入农业企业了解情况提供担保服务

竹笋基地

茭白基地

诸暨市财政按照“一要吃饭、二要建设”的原则，调整支出结构，合理调度资金，重点关注民生事业建设，切实将有限的财政资金用于群众最关心、最直接、最现实的方面，保证了国家和省地市的一系列惠民政策得到全面兑现。全年市财政民生支出达22.51亿元，比上年增长15.3%，占总支出70%。

大电网

城西工业新城

诸暨市财政支持民生事业发展

石壁水库饮水工程

横空出世——诸永高速诸暨段

嵊州市财政支持农村文化建设

小学生围棋比赛

戏班子进村

文化带来和谐美

嵊州市财政大力推动农村文化建设，实施“送书、送戏、送电影”工程。2009年全市投入资金120多万元，送戏135场、送电影4900场，配送图书24000册，建成农家书屋82个，丰富了农村文化生活。同时，市财政支持乡镇文化站建设，对建成并已经开展活动的乡镇文化站给予奖励补助，鼓励乡镇文化站为群众提供丰富多采的文化活动，提高农村居民文化生活质量。

崇仁镇的舞狮队

布朗李

优质葡萄

奶牛养殖场

精品盆景

源东大白桃

合作社产业化经营

金华市金东区立足区情，围绕农业增效、农民增收的总目标，加大政策引导和资金扶持力度，2009年投入扶持农业生产资金2700多万元，推进农业经济结构调整，发展产业化经营，初步形成蔬菜、水果、花卉苗木、畜禽、奶牛乳制品等农业块状经济，农民收入稳步增长。目前金东区拥有“中国花卉苗木之乡”、“中国源东白桃之乡”、“中国南方奶牛之乡”等9个全国特产之乡称号。

金东区财政 支持现代农业发展

红叶石楠穴盘苗生产基地

廉政教育

参观廉政基地

婺城区财政局
开展廉政文化进机关活动

“七·一”期间在烈士墓前重温入党誓词

金华市婺城区把廉政文化进机关活动当作财税文化的重要内容，做到“五有”·有组织领导，有活动场所，有计划，有内容，有工作特色。机关廉政文化建设与机关作风建设、效能建设相结合，树立为民、务实、清廉、高效的机关服务理念。

听老支书介绍当年红军革命情况

学书法

2009年汽车场地越野锦标赛

武义县将旅游业作为支柱产业加以培育，加大财政投入力度，促进了武义旅游业的迅速崛起。2009年，全县接待游客222.87万人次，实现旅游总收入16.75亿元，比上年分别增长51.2%和51.6%。武义县被评为"浙江省旅游经济强县"，当选"浙江省十大生态旅游名城"，国际旅游学会授牌武义为"国际养生旅游实验基地"。

武义县财政支持"旅游经济强县"建设

雪漫熟溪桥

牛头山庄

中国最大的丹霞赤壁之一——大红岩

东阳市财政大力支持横店影视产业发展

2009年，东阳市财政安排财政资金7078万元，支持横店影视产业发展。浙江横店影视产业实验区正式成立于2004年初，规划总面积365平方公里，是国家广电总局批准设立的第一个国家级影视产业实验区，是目前全国规模最大、要素最集聚的影视产业发展基地，有“中国好莱坞”的美誉，先后被评为“中国文化创意产业最佳投资环境园区”、“浙江省文化产业示范基地”、“浙江省文化建设示范点”、“浙江省改革开放30周年典型事例100例之一”。截至2009年底，已吸引了华谊兄弟、光线传媒、保利博纳等327家影视文化企业入驻。2009年，实现营业收入20.23亿元，比上年增长46.3%，上交税费1.47亿元，同比增长34.93%。

明清宫苑

梦幻谷景区——《梦幻太极》

横店新景

秦王宫

财税书画摄影展

开展户外运动

浦江县财政局加强财税文化建设

2009年，浦江县财政局以学习实践科学发展观活动为载体，以兴趣小组为单位，通过组织开展廉政宣誓以及各种有益身心的活动，充实财税文化内涵，带动机关各项工作的开展。

参加县全民健身跑

换装仪式暨廉政宣誓

磐安县财政支持发展旅游业

2009 年，磐安县委县政府出台了《关于进一步加快旅游业发展的若干意见》，提出“建设浙中生态经济区，打造中国休闲养生城”的发展目标，明确把旅游业作为重要的经济增长点和第三产业的龙头来培育。全年接待游客首次突破百万，达到 102.58 万人次，增长 70.62%；实现旅游总收入 2.87 亿元，增长 83.97%，两项指标增幅均居全省前列。

文化养生游——玉山古茶厂

农家乐特色村

乡村休闲游——乌石村

文化养生游——孔氏家庙

山水养生游——花溪风景区

衢州市财政着力落实扩大内需政策

开展扩大消费系列活动

农博会粮交会

汽车下乡

2009年,衢州市财政着力落实扩大内需各项政策,全市落实地方政府配套资金10.1亿元,国债项目地方配套资金落实率达到100%。市级筹措落实了23859万元财政性资金,确保政府重点项目的顺利建设。争取到地方政府债券7亿元,其中市本级2.5亿元,支持重点项目建设。加强与商业银行的合作,新增项目借款4亿元。全市财政拨付补贴资金4947万元,其中市本级1618万元,实现家电、汽车摩托车下乡销售86297台和17772辆,其中市本级实现家电、汽车摩托车下乡销售30561台和7002辆,有效拉动农村居民消费。

黄衢南高速公路

咨询家电下乡财政补贴政策

家电下乡

衢江区财政支持特色农业发展

奶牛乳业基地

衢州市衢江区财政从农业大区实际出发，统筹财力，加大农村“一村一品”建设，促进了全区特色农业发展。2009 年，全区农民家庭收入三分之二来自特色农业，实现农业发展农民增收。

百合花卉基地

迷你甘薯基地

葡萄基地

粮食基地

江山市财政支持文化事业发展

历史文化名镇廿八都的群众文化活动

江山市重视文化事业发展，实施文化繁荣、文化融入、文物保护、文化产业、文化惠民工程，加大对文化事业的财政扶持力度。2009年，市财政安排和争取省及以上资金5000多万元，推进公共文化基础设施建设和基层群众文化生活建设，加快历史文化遗产保护进程，维护文化市场与文化产业的有序发展。截至2009年底，全市已拥有国家级非遗保护项目1个，省级非遗保护项目9个；国家级文物保护单位1个，省级文物保护单位6个；国家级历史文化名镇1个，省级历史文化名镇1个，省级历史文化名村1个。廿八都镇被命名为“中国民间艺术之乡”。

新落成的文化艺术中心

乡村文化大舞台

江南毛氏发祥地、毛泽东祖居地——清漾

开化县财政
加大民生保障支出力度

苏庄中心小学教学楼

2009 年，开化县财政以改善民生作为保增长的出发点和落脚点，优化财政支出结构，民生领域的财政支出大幅增加，支出 6.32 亿元，比上年增加 1.58 亿元，增长 33.4%，全县社会保障水平不断提高，社会事业全面发展。

城关中心卫生院

村头敬老院

台州市财政加大农业综合开发投入

示范基地

2009年台州市财政争取省以上农业综合开发资金8323万元，比上年增长8%，加大农业综合开发投入，提高农业综合生产能力，促进农民增收。

国家农业综合开发科技项目——临海高含油量浙油50油菜花种植示范基地

深入企业，加强沟通，了解企业发展状况，帮助企业解决难题，传达政策信息

黄岩区财政局

帮扶企业共克时艰

2009 年，台州市黄岩区财政局扎实开展服务企业活动，组织干部开展以送信心、送政策、送服务、送资金、送信息为主要内容的一系列活动，沟通税企感情，宣传财政地税扶持政策，帮助企业减轻负担，应对经济危机冲击。

全局干部分组走访企业，宣传政策，帮扶企业渡过难关

召开沟通会，增进税企了解，帮扶企业发展

温岭市财政支持农业产业转型升级

温岭市采取多项举措助推农业产业转型升级，出台现代农业示范区建设意见及财政扶持政策，以园区为抓手，点面结合、做大做强现代农业产业。2009年，市财政安排2907万元用于生产性农业产业发展，其中353万元农业科技推广资金用于农业新品种、新技术、新装备的研发推广和运用，实现农业产业高效化、生态化、现代化。

鼓励“农家乐”、“渔家乐”项目建设

实现农业作业机械化操作

花卉产业蓬勃发展

仙居县财政局推进财税文化建设

参加全县机关篮球比赛

参加县乒乓球赛

仙居县财政局按照“依法治税、为民理财、务实创新、廉洁高效”的财税核心价值观，将学习实践科学发展观活动与财税文化建设有机结合，开展内容丰富的文化活动，引导干部职工培育积极向上的人生态度，展示财税干部良好形象。

财政地税系统联欢晚会

科学发展观演讲比赛

慰问贫困儿童

理论考试

椒江财政引领低碳生活理念
保护生态环境

椒南供水泵站

台州市椒江区财政投入 3000 万元建设城市公共自行车系统，倡导市民低碳出行。首期计划建设 150 个站点，采取一次性规划、分步实施的方案，站点将覆盖城区主要的居民小区、购物场所、公交站点周围、广场公园等。

2009 年，区财政筹措资金加大城乡环保基础设施投入，实施污水处理与中水回用工程，推进城市污水治理和农村生活污水整治。建成了日处理 10 万吨的工业固废处理中心和日处理 6 万吨污水一期工程。加大垃圾中转站、填埋场和生态公厕建设投入，推进城乡环卫一体化。

新购置环卫车辆

新建生态公厕

公共自行车站亭

公共自行车刷卡取车

污水厂清水池

丽水市落实积极财政政策
推进城市基础设施建设

丽水市财政部门筹措各类资金，不断加大财政投入力度，积极推进城市基础设施建设，建成了紫金大桥、防洪堤、体育中心、处州公园等一批民生关注度高的重大基础设施项目。

紫金大桥

防洪堤一景

体育中心

青田县财政助推『三农』发展

2009年，青田县财政加大支持“三农”事业发展的力度，全年投入财政资金8.06亿元，比上年增长20.48%。用好农业产业化专项资金，做强农业主导产业，发展高效生态农业，促进农业增效。制定并落实农民创业奖补优惠政策，支持来料加工、农家乐等特色产业的发展，促进农民增收。加大农村基础设施建设投入，深入推进“十村示范、百村整治”、农村危旧房改造、康庄工程、农民饮用水等惠农工程，促进农村面貌改善。

生态养

康庄

集休闲观光与农业生产于一体的生态

新农村新面貌

庆元县财政局
注重财税文化建设

慰问联系乡贫困户

自编自演自导小品《春雨行动》进社区

演讲比赛

拔河比赛

庆元县财政局按照"依法治税、为民理财、务实创新、廉洁高效"的工作理念，坚持以党建带动团、工、妇等群团组织建设，依托"学习、制度、情感、激励、宣传、活动"六大平台建设，组织丰富多采的文化活动，加强财税干部素质提升工程建设，丰富财税文化内容，切实增强干部队伍的向心力、凝聚力和战斗力，营造和谐氛围，提升财税工作合力和整体效能。

学习实践科学发展观

湖山有机鱼

金竹山茶油

遂昌县财政支持原生态农产品产业发展

遂昌县财政围绕县委、县政府“经营山水、统筹城乡，全面建设长三角休闲旅游名城”的发展战略，加大投入扶持原生态农产品产业发展，原生态农产品品牌建设成效明显。黄泥岭土鸡、金竹山茶油、七山头土猪、建洋原生态米等8大品种10个原生态农产品培育基地相继建成，2009年实现产值1799万元，促进了农业结构调整和农民增收致富。

黄泥岭土鸡

高山小黄牛

落实积极财政政策 支持基础设施建设

舟山市普陀区财政局落实积极财政政策，加大资金筹集力度，2009年投入8.27亿元用于基础设施建设。其中，筹资1.50亿元，支持滨港路综合改造、天吴隧道、农村道路等项目建设；筹资1.20亿元，支持南北线排污、城区环卫设施、渔农村改厕治污等项目建设；筹资2900万元，支持鲁家峙灯塔、东港亮灯工程、东港入口绿化工程等项目建设；筹资1200万元，支持数字城管、城市监控、鲁家峙消防站等项目建设；筹资3000万元实施沈家门海鲜夜排档改造提升工程。全区城市功能进一步提升。

鲁家峙大桥

东港海滨公园

东港概貌

鲁家峙新貌

嵊泗财政支持海洋文化事业发展

嵊泗县财政局围绕建设“东海明珠·中国第一岛城”的宏伟目标，加大对海洋文化建设的投入力度，满足渔农村群众的文化生活需求，取得显著成效。

渔民画村

嵊泗渔歌唱进奥运会

嵊山文化广场

海洋文化中心落成

财经统计资料

1978—2009年浙江省财政收支情况

年 份	财政总收入（亿元）	地方财政收入（亿元）	财政支出（亿元）	增长速度(%)			总收入占GDP比重(%)	人均财政支出(元)
				总收入	地方收入	支出		
1978	27		17				22.9	46
1979	26		18	-5.8		1.8	16.4	47
1980	31		17	20.3		-2.3	17.3	45
1981	34		17	10.3		-1.3	16.8	44
1982	37		19	6.7		10.3	15.7	48
1983	42		22	14.1		16.2	16.3	55
1984	47		29	11.7		31.3	14.5	72
1985	58		37	24.8		29.9	13.6	93
1986	69		51	17.8		36.3	13.7	125
1987	76		51	11.3		0.5	12.7	124
1988	86		63	12.0		23.2	11.1	151
1989	98		75	14.8		18.4	11.6	178
1990	102		80	3.4		7.3	11.1	189
1991	109		88	7.2		10.2	10.2	208
1992	118		95	8.6		7.8	8.7	222
1993	167		125	40.8		31.2	8.7	290
1994	209	95	153	25.7		22.4	7.9	353
1995	249	117	180	18.7	23.4	17.8	7.0	413
1996	292	140	214	17.4	19.5	18.5	7.0	486
1997	341	157	249	16.7	12.7	12.4	7.3	543
1998	402	198	287	18.0	25.9	19.4	8.1	645
1999	477	245	344	18.8	23.9	20.0	8.8	770
2000	658	343	431	37.4	39.6	25.4	10.7	958
2001	918	501	597	30.5	46.1	38.5	12.4	1322
2002	1167	567	750	36.3	13.2	25.5	14.6	1653
2003	1469	707	897	25.9	24.6	19.6	15.1	1970
2004	1805	901	1063	22.9	27.5	18.5	15.5	2322
2005	2115	1067	1266	17.2	18.4	19.1	15.7	2750
2006	2568	1298	1472	21.4	21.7	16.3	16.3	3179
2007	3240	1650	1807	26.2	27.1	22.8	17.3	3878
2008	3730	1933	2209	15.1	17.2	22.2	17.4	4711
2009	4122	2143	2653	10.5	10.8	20.1	17.9	5626

2007—2009年浙江省一般预算收支决算

单位：万元

收			入	支			出
预算科目	2007年	2008年	2009年	预算科目	2007年	2008年	2009年
一、税收收入	15353548	17920894	19838146	一、一般公共服务	3289148	3724556	3976905
增值税	3062238	3489164	3685473	二、外交		13	
营业税	4950505	5743030	6636158	三、国防	42929	50048	54828
企业所得税	2745550	3030972	2950644	四、公共安全	1737917	1996246	2169814
企业所得税退税	-3728	-8160	-51	五、教育	3838886	4539902	5193303
个人所得税	1024993	1157086	1241136	六、科学技术	715442	867928	993037
资源税	61092	67501	66750	七、文化体育与传媒	493408	637593	640943
固定资产投资方向调节税	9		2	八、社会保障和就业	1079848	1415223	1530802
城市维护建设税	983666	1104714	1141346	九、医疗卫生	1122822	1428690	1770527
房产税	494883	601248	686297	十、环境保护	297530	465183	554210
印花税	233113	279484	289457	十一、城乡社区事务	1546345	1939499	2246114
城镇土地使用税	189053	578304	721471	十二、农林水事务	1421494	1774175	2360813
土地增值税	340815	402641	489370	十三、交通运输	450743	594234	2463553
车船税	36620	97132	111109	十四、采掘电力信息等事务			1061836
耕地占用税	152882	205723	273851	十五、粮油物资储备管理等事务			550914
契税	1081197	1170966	1544225	十六、金融监管支出			20439
烟叶税	646	811	908	十七、地震灾后恢复重建支出		126185	178033
其他税收收入	14	278		十八、预备费			
二、非税收入	1141433	1412996	1586985	十九、国债还本付息支出			1506
专项收入	632037	726397	671114	二十、其他支出	705132	805957	775909
行政事业性收费收入	293740	331009	419374				
罚没收入	638367	710137	789732				
国有资本经营收入	-507465	-468413	-463799				
国有资源（资产）有偿使用收入	79899	104552	114732				
其他收入	4855	9314	55832				
收入合计	16494981	19333890	21425131	支出合计	18067928	22085756	26533486

2009年浙江省一般预算收支决算分级

单位：万元

预算科目	决算数合计	省级	地级	其中：地级直属乡镇	县级	乡镇级
一、税收收入	19838146	1789015	3401476	21983	11395388	3252267
增值税	3685473	200763	483475		2081474	919761
营业税	6636158	903984	932129	6621	3917775	882270
企业所得税	2950644	536420	477970	2430	1516332	419922
企业所得税退税	-51				-51	
个人所得税	1241136	78200	191505	1722	747281	224150
资源税	66750		9782		27473	29495
固定资产投资方向调节税	2		139		-137	
城市维护建设税	1141346	41243	272584	3058	593580	233939
房产税	686297	14039	127433	3331	393425	151400
印花税	289457	13120	49025	810	169532	57780
城镇土地使用税	721471	1183	112442	3693	378999	228847
土地增值税	489370	5	82485	318	353772	53108
车船税	111109	58	17689		89785	3577
耕地占用税	273851		73875		189986	9990
契税	1544225		570943		935254	38028
烟叶税	908				908	
其他税收收入						
二、非税收入	1586985	428827	283159		849074	25925
专项收入	671114	95232	136365		414755	24762
行政事业性收费收入	419374	269489	51027		97699	1159
罚没收入	789732	49939	218046		521743	4
国有资本经营收入	-463799	-38504	-170964		-254331	
国有资源(资产)有偿使用收入	114732	31163	23026		60543	
其他收入	55832	21508	25659		8665	
收入合计	21425131	2217842	3684635	21983	12244462	3278192
一、一般公共服务	3976905	304511	888708	3755	2190736	592950
二、外交						
三、国防	54828	12159	11349		29343	1977
四、公共安全	2169814	364698	500530		1277413	27173
五、教育	5193303	568153	647554	72	3277679	699917
六、科学技术	993037	204213	199856		564248	24720
七、文化体育与传媒	640943	121206	194245	59	293945	31547
八、社会保障和就业	1530802	58304	396444	761	888201	187853
九、医疗卫生	1770527	242158	331624	414	1111871	84874
十、环境保护	554210	29737	95283	165	379091	50099
十一、城乡社区事务	2246114	7589	569077	887	1484044	185404
十二、农林水事务	2360813	369769	248678	1504	1440833	301533
十三、交通运输	2463553	751081	731995		970959	9518
十四、采掘电力信息等事务	1051836	78333	170836		758425	44242
十五、粮油物资储备管理等事务	550914	66665	114615		353455	16179
十六、金融监管支出	20439	3021	11785		5629	4
十七、地震灾后恢复重建支出	178033	48428	39466		89990	149
十八、国债还本付息支出	1506		639		867	
十九、其他支出	775909	27790	200417	570	484051	63651
支出合计	26533486	3257815	5353101	8187	15600780	2321790

2009年浙江省政府性基金收支决算分级

单位:万元

项　　目	决算数合计	省级	地级	其中:地级直属乡镇	县级	乡镇级
三峡工程建设基金收入						
地方农网还贷资金收入						
煤炭可持续发展基金收入						
电源基地建设基金收入						
铁路建设附加费收入						
民航机场管理建设费收入						
高等级公路车辆通行附加费收入						
转让政府还贷道路收费权收入						
港口建设费收入						
下放港口以港养港收入						
散装水泥专项资金收入	8736	277	1925		6534	
新型墙体材料专项基金收入	43015	2152	26232		14631	
中央对外贸易发展基金收入						
旅游发展基金收入						
援外合资合作项目基金收入						
对外承包工程保函风险专项资金收入						
国家茧丝绸发展风险基金收入						
文化事业建设费收入	30860	25962	2169		2729	
地方教育附加收入	481721	54838	101529		310564	14790
地方教育基金收入						
国家电影事业发展专项资金收入	1525	1525				
农业发展基金收入	26	4	4		18	
新菜地开发建设基金收入	4126		4126			
新增建设用地土地有偿使用费收入	500077	417949	10965		71163	
林业基金收入						
育林基金收入	123	43	63		17	
森林植被恢复费收入	13163	2577	1299		9266	21
中央水利建设基金收入						
地方水利建设基金收入	572899	82102	125191		365135	471
南水北调工程基金收入						
灌溉水源灌排工程补偿费收入						
水资源补偿费收入	656		43		613	
残疾人就业保障金收入	131804	8605	20013		103186	
政府住房基金收入	5140		662		4478	
城市公用事业附加收入	54500		22135		32365	
国有土地使用权出让金收入	18975225	133	7732376		10873109	369607
国有土地收益基金收入	553185		204502		348610	73
农业土地开发资金收入	74464	10036	19397		44966	65
大中型水库移民后期扶持基金收入						
大中型水库库区基金收入						
彩票公益金收入	147503	65679	60191		21633	
城市基础设施配套费收入						
小型水库移民扶助基金收入						
其他政府性基金收入	65631		32980		31938	713
本年收入合计	21664379	671882	8365802		12240955	385740

续表：

单位：万元

项　目	决算数合计	省级	地级	其中：地级直属乡镇	县级	乡镇级
三峡工程建设基金支出						
地方农网还贷资金支出						
煤炭可持续发展基金支出						
电源基地建设基金支出						
铁路建设附加费支出						
民航机场管理建设费支出	45810	25447	19896		467	
高等级公路车辆通行附加费支出						
转让政府还贷道路收费权支出						
港口建设费支出	13470		10970		2500	
下放港口以港养港支出						
散装水泥专项资金支出	6687	235	2714		3738	
新型墙体材料专项基金支出	47107	243	37363		9454	47
中央对外贸易发展基金支出	9240	704	420		8116	
旅游发展基金支出	120	60			60	
援外合资合作项目基金支出	2034	1216	685		133	
对外承包工程保函风险专项资金支出						
国家茧丝绸发展风险基金支出	170	30	60		80	
文化事业建设费支出	32287	7153	18015		6909	210
地方教育附加支出	372564	5000	59402		272925	35237
地方教育基金支出	1048				1048	
国家电影事业发展专项资金支出	813	307	457		49	
农业发展基金支出	478				478	
新菜地开发建设基金支出	2318		188		2055	75
新增建设用地土地有偿使用费支出	285336	850	23325		253395	7766
林业基金支出	114	100			14	
育林基金支出	925		162		736	27
森林植被恢复费支出	9801	484	1345		7684	288
中央水利建设基金支出	1819	20	324		1340	135
地方水利建设基金支出	615596	12234	112198		458815	32349
南水北调工程基金支出						
灌溉水源灌排工程补偿费支出						
水资源补偿费支出	290				290	
残疾人就业保障金支出	104746	1373	16366		83871	3136
政府住房基金支出	2360		527		1833	
城市公用事业附加支出	48170		16792		31021	357
国有土地使用权出让金支出	17178048		5692581		10596812	888655
国有土地收益基金支出	407789		160263		245421	2105
农业土地开发资金支出	94556		18898		67312	8346
大中型水库移民后期扶持基金支出	61269		89		61139	41
大中型水库库区基金支出						
彩票事务	111413	13689	45246		48793	3685
城市基础设施配套费支出						
小型水库移民扶助基金支出						
其他政府性基金支出	71274		39784		30836	654
本年支出合计	19527652	69145	6278070		12197324	983113

2009年浙江省政府性收支决算

单位:万元

预算科目	政府性收支	一般预算	政府性基金	国有资本经营预算	预算外财政专户资金
一、税收收入	19838146	19838146			
增值税	3685473	3685473			
营业税	6636158	6636158			
企业所得税	2950644	2950644			
企业所得税退税	-51	-51			
个人所得税	1241136	1241136			
资源税	66750	66750			
固定资产投资方向调节税	2	2			
城市维护建设税	1141346	1141346			
房产税	686297	686297			
印花税	289457	289457			
城镇土地使用税	721471	721471			
土地增值税	489370	489370			
车船税	111109	111109			
耕地占用税	273851	273851			
契税	1544225	1544225			
烟叶税	908	908			
其他税收收入					
二、非税收入	29195408	1586985	21664379	23877	5920167
专项收入	671114	671114			
行政事业性收费收入	3554415	419374			3135041
罚没收入	789732	789732			
国有资本经营收入	-439922	-463799		23877	
国有资源(资产)有偿使用收入	588750	114732			474018
其他收入	2366940	55832			2311108
收入合计	49033554	21425131	21664379	23877	5920167
一、一般公共服务	4942027	3976905	111413		853709
二、外交	106				106
三、国防	76768	54828			21940
四、公共安全	2311955	2169814			142141
五、教育	7398667	5193303	373612		1831752
六、科学技术	1010268	993037			17231
七、文化体育与传媒	798886	640943	33100		124843
八、社会保障和就业	1785110	1530802	104746		149562
九、医疗卫生	1987387	1770527			216860
十、环境保护	603713	554210			49503
十一、城乡社区事务	21333632	2246114	18016259		1071259
十二、农林水事务	3399041	2360813	692610		345618
十三、交通运输	2779747	2463553	59280	2400	254514
十四、采掘电力信息等事务	1208272	1051836	53794	12861	89781
十五、粮油物资储备管理等事务	594336	550914	11564	7500	24358
十六、金融监管支出	23829	20439			3390
十七、地震灾后恢复重建支出	184508	178033			6475
十八、国债还本付息支出	1506	1506			
十九、其他支出	1259677	775909	71274		412494
支出合计	51699435	26533486	19527652	22761	5615536

2009年浙江省社会保险基金收支

单位：万元

科目	上年结余	本年收入	上级补助收入	省补助计划单列市收入	下级上解收入	计划单列市上解省收入	本年支出	补助下级支出	省补助计划单列市支出	上解上级支出	计划单列市上解省支出	年终结余
一、企业职工基本养老保险基金	7813616	4777863			34527	1000	3235583			37289	1000	9353134
二、失业保险基金	1015671	439990			19368	1000	177928			19363	1000	1277738
三、城镇职工基本医疗保险基金	2611780	2017028					1575884					3052924
四、工伤保险基金	232807	170932					106911					296828
五、生育保险基金	98814	95449					79108					115155
合计	11772688	7501262			53895	2000	5175414			56652	2000	14095779

2009年浙江省财政一般公共服务支出

单位：万元

科目	决算数	科目	决算数
人大事务	95317	质量技术监督与检验检疫事务	95450
政协事务	67357	国土资源事务	99953
政府办公厅(室)及相关机构事务	1298658	海洋管理事务	19365
发展与改革事务	119878	测绘事务	13810
统计信息事务	55495	地震事务	2392
财政事务	243439	气象事务	23532
税收事务	382939	民族事务	3183
审计事务	49919	宗教事务	6253
海关事务	9338	港澳台侨事务	16198
人力资源事务	87742	档案事务	27677
纪检监察事务	53047	共产党事务	348625
人口与计划生育事务	190567	民主党派及工商联事务	28231
商贸事务	166030	群众团体事务	79781
知识产权事务	3614		
工商行政管理事务	239902	其他一般公共服务支出	149213
一般公共服务支出合计		3976905	

2009 年浙江省财政教育支出

单位:万元

科　　目	决算数	科　　目	决算数
教育管理事务	132258	留学教育	
普通教育	3859522	特殊教育	18843
职业教育	480939	教师进修及干部继续教育	93246
成人教育	26603	教育附加及基金支出	493908
广播电视教育	16464	其他教育支出	71520
教育支出合计		5193303	

2009 年浙江省科学技术支出

单位:万元

科　　目	决算数	科　　目	决算数
科学技术管理事务	35693	社会科学	10393
基础研究	16253	科学技术普及	38163
应用研究	63078	科技交流与合作	7031
技术研究与开发	557861		
科技条件与服务	71031	其他科学技术支出	193534
科学技术支出合计		993037	

2009 年浙江省文化体育与传媒支出

单位:万元

科　　目	决算数	科　　目	决算数
文化	300572	广播影视	80076
文物	78787	新闻出版	9480
体育	93241	其他文化体育与传媒支出	78787
文化体育与传媒支出合计		640943	

2009 年浙江省社会保障和就业支出

单位:万元

科　　目	决算数	科　　目	决算数
人力资源和社会保障管理事务	169202	残疾人事业	33688
民政管理事务	118629	城市居民最低生活保障	35922
财政对社会保险基金的补助	122957	其他城镇社会救济	19484
行政事业单位离退休	177587	自然灾害生活救助	21357
企业改革补助	952	红十字事业	3437
就业补助	94697	农村最低生活保障	97885
抚恤	143845	其他农村社会救济	101442
退役安置	64164	保障性住房支出	5696
社会福利	66295	其他社会保障和就业支出	253664
社会保障和就业支出合计		1530802	

2009年浙江省医疗卫生支出

单位：万元

科目	决算数	科目	决算数
医疗卫生管理事务	91813	妇幼保健	17515
医疗服务	297840	农村卫生	213552
社区卫生服务	90531	中医药	4726
医疗保障	770016	食品和药品监督管理事务	55932
疾病预防控制	101787		
卫生监督	40667	其他医疗卫生支出	86148
医疗卫生支出合计		1770527	

2009年浙江省环境保护支出

单位：万元

科目	决算数	科目	决算数
环境保护管理事务	46548	已垦草原退耕还草	
环境监测与监察	16089	能源节约利用	44427
污染防治	205287	污染减排	79722
自然生态保护	128532	可再生能源	8273
天然林保护	229	资源综合利用	6949
退耕还林	10	能源管理事务	68
风沙荒漠治理			
退牧还草		其他环境保护支出	18076
环境保护支出合计		554210	

2009年浙江省城乡社区事务支出

单位：万元

科目	决算数	科目	决算数
城乡社区管理事务	453977	城乡社区环境卫生	287039
城乡社区规划与管理	62109	建设市场管理与监督	9563
城乡社区公共设施	1041044		
城乡社区住宅	63134	其他城乡社区事务支出	329248
城乡社区事务支出合计		2246114	

2009年浙江省农林水事务支出

单位：万元

科目	决算数	科目	决算数
农业	1346373	扶贫	98418
林业	226145	农业综合开发	150956
水利	471940		
南水北调		其他农林水事务支出	66981
农林水事务支出合计		2360813	

2009年浙江省交通运输支出

单位：万元

科　　目	决算数	科　　目	决算数
公路水路运输	1466279	石油价格改革对交通运输的补贴	26769
铁路运输	825569	邮政业支出	7
民用航空运输	3118	其他交通运输支出	141811
交通运输支出合计		2463553	

2009年浙江省采掘电力信息等事务支出

单位：万元

科　　目	决算数	科　　目	决算数
采掘业	33229	安全生产监管	46971
制造业	248686	国有资产监管	8382
建筑业	7302	支持中小企业发展和管理支出	318110
电力监管支出	327		
工业和信息产业监管支出	21472	其他采掘电力信息等事务支出	367357
工业商业金融等事务支出合计		1051836	

2009年浙江省粮油事务支出

单位：万元

科　　目	决算数	科　　目	决算数
粮油事务	89768	旅游业管理与服务支出	85974
商业流通事务	182141	涉外发展服务支出	122649
物资储备	545	其他粮油物资储备管理等事务支出	69837
粮油物资储备管理支出合计		550914	

2009年浙江省地震灾后恢复重建支出

单位：万元

科　　目	决算数	科　　目	决算数
倒塌毁损民房恢复重建	541	工商企业恢复生产和重建	
基础设施恢复重建	1583	党政机关恢复重建	50
公益服务设施恢复重建	11355	军队武警恢复重建	
农业林业恢复生产和重建	1019	其他恢复重建支出	163485
地震灾后恢复重建支出合计		178033	

2009年浙江省市县级一般预算收支情况

单位:万元

项目 \ 地区	杭州市	市本级	富阳市	桐庐县	临安市	建德市	淳安县	上城区
一、收入合计	5207899	566154	275699	95011	140369	105736	55893	389886
(一)税收收入	5043428	559386	254469	87778	134484	100684	49614	380284
增值税	856311	55430	56348	19350	26471	23021	7530	40732
营业税	1764472	25325	71648	27880	40604	25733	20387	186762
企业所得税	747259	62901	25145	10307	15344	10068	6403	53853
个人所得税	321063	11208	12166	5143	8114	6645	2929	40368
资源税	10498		2972	468	968	2529	47	
城市维护建设税	306234	62213	15292	4569	9043	6162	2258	21312
耕地占用税	67004	31371	7579	1852	689	6852	588	
契税	483118	305836	21236	8344	15868	7255	3313	
烟叶税								
其他各项税收收入	487469	5102	42083	9865	17383	12419	6159	37257
(二)非税收入	164471	6768	21230	7233	5885	5052	6279	9602
专项收入	134919	29306	10882	3171	4737	3474	1455	7772
行政事业性收费收入	9320	5948	42		195	780	779	
罚没收入	119330	37871	12933	3903	6783	5387	3731	1618
国有资本经营收入	-105678	-68200	-3000		-6000	-4700		
国有资源(资产)有偿使用收入	6517	1843	373	159	170	111	285	212
其他收入	63						29	
二、支出合计	4981883	1372993	273521	142678	189515	146030	151915	165821
一般公共服务	710542	255153	36151	20566	33414	21984	25225	15569
外交								
国防	6772	1854		424	349	361	64	
公共安全	341886	112075	18380	10012	13003	9198	9511	12288
教育	862769	151970	81621	29485	46317	36229	35748	37484
科学技术	220721	83460	10913	4744	8223	7058	3000	6758
文化体育与传媒	121959	48717	4309	3536	3290	2546	2748	901
社会保障和就业	485469	199340	29826	10345	16385	9552	10184	21105
医疗卫生	323644	104193	22606	12325	14303	12680	14156	8553
环境保护	97518	28094	9601	5479	7473	4887	7396	478
城乡社区事务	789148	135904	11082	9106	9241	8375	5239	45962
农林水事务	254489	35588	33862	17193	20026	20059	21072	
交通运输	266290	145446	5261	8553	7106	4119	6113	
采掘电力信息等事务	264084	35104	5666	6058	5081	1099	1709	1555
粮油物资储备管理等事务	79848	20086	1354	2350	3646	2252	3031	1348
金融监管支出	93			47		46		
地震灾后恢复重建支出	25165	10139	2358		1166			
国债还本付息支出	19							
其他支出	131467	5870	531	2455	492	5585	6719	13820

（续表一）　　单位：万元

项目 \ 地区	下城区	江干区	拱墅区	西湖区	滨江区	萧山区	余杭区	开发区
一、收入合计	575339	298945	290758	464546	369136	695281	596701	262600
（一）税收收入	561631	294424	280444	456557	362077	659637	577711	259052
增值税	56910	40511	69176	46192	61803	165806	85638	100818
营业税	268626	141901	106340	226554	145800	201874	211613	47724
企业所得税	104562	55351	40729	76830	70716	74683	69982	66789
个人所得税	49882	12786	15077	41995	38775	34687	24832	14738
资源税						1001	2513	
城市维护建设税	29258	15426	19697	24298	16803	41092	31430	6238
耕地占用税						3906	14167	
契税						50123	71143	
烟叶税								
其他各项税收收入	52393	28449	29425	40688	28180	86465	66393	22745
（二）非税收入	13708	4521	10314	7989	7059	35644	18990	3548
专项收入	10655	5675	7284	9049	6090	19687	12985	2281
行政事业性收费收入	1351							225
罚没收入	1487	3719	2897	3470	823	21728	12042	738
国有资本经营收入		-5000		-5000		-6779	-6999	
国有资源（资产）有偿使用收入	215	127	133	470	146	974	962	304
其他收入						34		
二、支出合计	170700	180258	145487	241234	271319	650678	580629	183745
一般公共服务	25643	21992	23526	31022	15021	80854	76502	23316
外交								
国防	180	123	21	628	15	1746	993	14
公共安全	16433	15114	12696	19550	7419	40008	31780	8190
教育	33612	33066	25641	45055	22600	159813	115032	7320
科学技术	4719	7613	4585	7547	21971	19312	19390	11090
文化体育与传媒	1126	1653	2083	2177	1522	12393	12191	1685
社会保障和就业	21957	12368	13435	28901	17300	48765	42740	1100
医疗卫生	9371	10002	9584	12344	5395	50548	36679	367
环境保护	20	174	343	1051	1087	10597	17369	2474
城乡社区事务	29102	30720	42139	59007	101737	91483	56495	78150
农林水事务	18	2914	857	5097	4959	48309	42948	899
交通运输						38293	51399	
采掘电力信息等事务	7022	2983	5447	15208	68280	32042	29464	46115
粮油物资储备管理等事务	21497	1669	1156	1164	228	6685	12810	513
金融监管支出								
地震灾后恢复重建支出					3068	6318		1949
国债还本付息支出							19	
其他支出		39867	3974	12483	717	3512	34758	563

(续表二)

单位:万元

项目 \ 地区	西湖风景名胜区	临平工业园区	宁波市	市本级	慈溪市	余姚市	奉化市	象山县
一、收入合计	25845		4328003	423326	491037	390273	144213	167067
(一)税收收入	25196		4047249	345126	438423	363063	134946	153674
增值税	575		784655	68014	104239	81093	32333	29503
营业税	15701		1297745	49685	116101	91806	43436	51073
企业所得税	3596		592659	130608	43041	38234	11652	21093
个人所得税	1718		267070	12351	30862	25750	9020	10275
资源税			6381		86	350	223	1274
城市维护建设税	1143		234420	56859	21833	15324	8729	7725
耕地占用税			52150		4056	4214	3358	1373
契税			319907		32101	43089	9964	15565
烟叶税								
其他各项税收收入	2463		492292	27609	86104	63203	16231	15793
(二)非税收入	649		280754	78200	52614	27210	9267	13393
专项收入	416		125494	26631	12339	10395	4686	6392
行政事业性收费收入			59480	23225	7559	10984	831	2260
罚没收入	200		132733	28653	20889	9709	7845	9058
国有资本经营收入			-88148	-23645	-281	-13915	-4300	-5072
国有资源(资产)有偿使用收入	33		24489	2507	9677	6919	205	755
其他收入			26706	20829	2431	3118		
二、支出合计	101777	13583	5060788	1313115	500721	392416	204380	231628
一般公共服务	1494	3050	766465	144443	84532	77512	37549	39315
外交								
国防			9263	3298	929	994	251	273
公共安全	6229		379045	98422	52882	33458	16183	20424
教育	1776		771087	132432	106299	78811	45189	49928
科学技术	301	37	169678	18500	25779	15041	6418	7014
文化体育与传媒	21082		107370	42562	7507	10041	3025	4551
社会保障和就业	2166		289938	57851	31583	31707	12585	12109
医疗卫生	538		306079	74098	41980	30631	14784	15779
环境保护	65	930	56673	5942	3899	4767	3010	3760
城乡社区事务	67195	8211	647613	235183	30769	21615	7416	7502
农林水事务	671	17	355307	56101	43431	49401	25667	45177
交通运输			353034	191847	13530	6101	18621	5909
采掘电力信息等事务	34	1217	359279	52003	34187	15838	3766	8380
粮油物资储备管理等事务	59		166452	38932	10474	8189	2810	5335
金融监管支出			10291	9000		561	95	163
地震灾后恢复重建支出	167		36373	9383	3669	2770	1267	1334
国债还本付息支出			708	75				633
其他支出		121	276133	143043	9271	4979	5744	4042

（续表三） 单位：万元

项目 \ 地区	宁海县	鄞州区	镇海区	北仑区	江东区	江北区	海曙区	开发区
一、收入合计	179067	661218	216618	186373	247057	247458	325218	240525
(一)税收收入	158090	645576	207429	169166	242840	244420	320206	236450
增值税	39810	117375	48325	31639	16771	31463	21482	65887
营业税	46898	238524	61347	56742	118235	98586	155182	52350
企业所得税	17554	73253	27558	18543	20611	31515	41727	42149
个人所得税	12393	36989	12506	13140	19863	13722	33160	11324
资源税	224	1682	166	2010		222		
城市维护建设税	10191	34604	11490	9828	11507	13297	15087	7086
耕地占用税	5006	5004	3069	5548	6301	1515	1803	9650
契税	9206	60468	16969	15957	31418	27124	23416	12853
烟叶税								
其他各项税收收入	16808	77677	25999	15759	18134	26976	28349	35151
(二)非税收入	20977	15642	9189	17207	4217	3038	5012	4075
专项收入	7974	15846	7569	8309	5017	4865	6603	4027
行政事业性收费收入	1830	1350	510	1059				
罚没收入	13666	19450	4157	7792	255	1043	8232	3
国有资本经营收入	-3329	-21594	-4766		-1200	-3000	-10000	
国有资源(资产)有偿使用收入	806	590	1710	31	145	130	177	45
其他收入	30		9	16				
二、支出合计	235775	650211	207792	189718	149239	200659	160510	216963
一般公共服务	39405	105978	33080	27209	25234	45208	30236	26753
外交								
国防	333	903	530	484	204	531	413	67
公共安全	19989	43992	15649	14902	14713	15572	16474	8644
教育	45104	114000	35757	40375	32898	35844	31207	10948
科学技术	6972	26830	9244	8923	5167	7819	6705	10985
文化体育与传媒	4743	17902	4080	3050	2239	2463	1538	2851
社会保障和就业	13952	29740	15160	11446	18209	9653	18113	5333
医疗卫生	17849	35860	8022	11886	7929	8992	10215	21514
环境保护	2366	11945	4463	4490	116	1284	224	216
城乡社区事务	7346	91642	14927	16051	22640	12323	22872	66693
农林水事务	36717	43552	9212	15702	707	12994	1151	3702
交通运输	23240	45383	2828	6147	12	9982	263	11545
采掘电力信息等事务	3769	45041	34039	15258	3472	25067	11714	39524
粮油物资储备管理等事务	5208	20121	6901	6755	11204	3420	3806	4932
金融监管支出	188		4	40				144
地震灾后恢复重建支出	1416	4506	2801	897	1262	1368	881	1954
国债还本付息支出								
其他支出	7178	12816	11095	6103	3233	8139	4698	1158

（续表四）

单位：万元

项目 \ 地区	大榭开发区	宁波保税区	东钱湖区	高新开发区	温州市	市本级	平阳县	苍南县
一、收入合计	130657	106155	50050	121691	1956445	497605	99451	129345
（一）税收收入	129853	97703	47823	112461	1790182	466713	89285	115091
增值税	62662	18195	4050	11814	359552	26770	18590	19853
营业税	22199	28918	18623	48040	548829	176755	27809	39767
企业所得税	26838	21571	7048	19664	231550	49736	8581	12565
个人所得税	7990	10256	1747	5722	126911	38759	5290	6797
资源税	54		90		768	15	38	76
城市维护建设税	-368	4586	1834	4808	121883	29626	4744	6445
耕地占用税			1223		16354		1209	1042
契税	889	875	8498	11515	166173	84107	11313	11519
烟叶税								
其他各项税收收入	9589	13302	4710	10898	218162	60945	11711	17027
（二）非税收入	804	8452	2227	9230	166263	30892	10166	14254
专项收入		1979	643	2219	66191	11703	3746	4984
行政事业性收费收入	244	6096	566	2966	4577			2204
罚没收入	493	54	915	519	106314	31157	7531	8616
国有资本经营收入				2954	-31287	-16000	-1600	-2005
国有资源（资产）有偿使用收入	67	98	89	538	18094	3966	471	455
其他收入		225	14	34	2374	66	18	
二、支出合计	152733	102192	42968	109768	2515604	519088	183085	217714
一般公共服务	11997	12272	15978	9764	407474	94635	27119	37350
外交								
国防			4	49	5573	1228	843	331
公共安全	2900	133	2439	2269	217684	54161	12748	15588
教育	3755		5164	3376	685935	102901	59983	74987
科学技术	5095	2713	431	6042	56927	20462	3288	2783
文化体育与传媒	456		223	139	54214	17872	4448	4339
社会保障和就业	14784	2019	3026	2668	132349	27854	11844	11769
医疗卫生	3120		2235	1185	186374	28463	16599	19392
环境保护	6170	1808	128	2085	49068	4354	6336	4477
城乡社区事务	35380	46047	2873	6334	185384	40300	2543	5632
农林水事务	8517		2691	585	215822	23461	22872	30030
交通运输	15965	1055	566	40	124989	63043	8487	6392
采掘电力信息等事务	14358	22628	2717	27518	37007	5371	1369	2183
粮油物资储备管理等事务	25913	10298	1389	765	45487	20333	1983	2058
金融监管支出	96				864	749	35	52
地震灾后恢复重建支出	1167	672	327	699	11782	4455		
国债还本付息支出					11	11		
其他支出	3060	2547	2777	46250	98660	9435	2588	351

（续表五）

单位：万元

项目＼地区	瑞安市	永嘉县	乐清市	文成县	泰顺县	洞头县	鹿城区	瓯海区
一、收入合计	274038	115877	272332	26770	26327	22707	169557	130754
（一）税收收入	249083	105920	250806	15495	17288	19885	160192	120733
增值税	55547	29643	75233	1873	1609	4015	32812	34836
营业税	67222	26123	59581	5287	7895	8468	59779	30516
企业所得税	29738	14220	39527	1763	2334	1477	20684	23261
个人所得税	16292	6260	19429	1186	1080	965	11102	6457
资源税	99	176	203	11	5	112	8	19
城市维护建设税	15874	7155	18443	999	847	1041	11304	10217
耕地占用税	1998	2479	1304	1045	108	100	862	2606
契税	28897	10231	14222	1524	2396	1964		
烟叶税								
其他各项税收收入	33416	9633	22864	1807	1014	1743	23641	12821
（二）非税收入	24955	9957	21526	11275	9039	2822	9365	10021
专项收入	8653	5905	10450	730	682	763	5643	5060
行政事业性收费收入				1910	246	217		
罚没收入	21714	5226	13929	1615	1939	1508	3594	5729
国有资本经营收入	-6000	-1350	-3500		-210	178		-800
国有资源（资产）有偿使用收入	588	176	647	5730	5382	156	128	32
其他收入				1290	1000			
二、支出合计	270205	193730	325164	109191	105202	63901	174918	141630
一般公共服务	51780	30777	41671	18914	16176	14031	26596	18867
外交								
国防	438	399	576	42	57	273	607	764
公共安全	28126	15208	21563	5447	4884	4499	27971	13905
教育	82853	63326	120345	26483	26463	12013	44275	33099
科学技术	6612	4082	5662	962	728	1047	2259	2093
文化体育与传媒	4204	4398	4248	3000	3749	1529	2845	1963
社会保障和就业	15163	9360	17478	8092	7358	2714	8138	7946
医疗卫生	19102	19186	24297	10209	9163	3688	13692	11753
环境保护	4816	2514	3916	3919	3988	2133	2795	2370
城乡社区事务	11164	4569	15034	1944	3323	2842	10519	9338
农林水事务	26210	24910	32650	12885	12775	10903	6701	6921
交通运输	5416	9401	12552	5211	8871	2554	910	1518
采掘电力信息等事务	4085	2871	4921	391	1481	2214	2806	2801
粮油物资储备管理等事务	3401	1936	4235	2095	1415	1131	2509	2432
金融监管支出					12	16		
地震灾后恢复重建支出	335						3007	1458
国债还本付息支出								
其他支出	6500	793	16016	9597	4759	2314	19288	24402

（续表六） 单位：万元

项目 \ 地区	龙湾区	开发区	嘉兴市	市本级	海宁市	桐乡市	平湖市	嘉善县
一、收入合计	107873	83809	1417039	475050	239510	225734	208229	159700
（一）税收收入	98726	80965	1370321	451399	231817	217517	209117	156481
增值税	36359	22412	341812	94358	62483	54244	58973	45791
营业税	16100	23527	396537	146429	64088	62808	58559	37080
企业所得税	15431	12233	146656	49097	27318	25001	22950	14957
个人所得税	7492	5802	72748	24028	10388	12110	9481	8593
资源税	6		865		260			
城市维护建设税	9570	5618	84079	24985	14138	12065	12854	7203
耕地占用税	3172	429	23117	6126	3191	3385	3297	3752
契税			98336	38190	13000	14940	12806	12133
烟叶税			71			71		
其他各项税收收入	10596	10944	206100	68186	36951	32893	30197	26972
（二）非税收入	9147	2844	46718	23651	7693	8217	-888	3219
专项收入	5573	2299	50029	15165	8308	7033	7263	5736
行政事业性收费收入			16021	8018	2550	1270	689	1917
罚没收入	3435	321	46872	16422	6377	9116	5904	4308
国有资本经营收入			-70960	-19500	-9800	-9500	-15000	-8960
国有资源（资产）有偿使用收入	139	224	3160	2097	232	199	256	218
其他收入			1596	1449	26	99		
二、支出合计	130779	80997	1611146	335630	262957	250918	224919	181264
一般公共服务	21117	8441	265182	62541	46881	33625	44549	27301
外交								
国防	15		2636	381	592	552	622	30
公共安全	11809	1775	133135	30151	19000	19886	16104	14167
教育	36009	3198	348888	34237	62884	68157	47783	39691
科学技术	2544	4405	59007	11699	10960	10226	8257	5083
文化体育与传媒	1417	202	36262	12470	5618	6312	5178	2324
社会保障和就业	4147	486	75129	19829	9173	11981	10955	9000
医疗卫生	10550	280	88756	12845	17793	16107	11610	10991
环境保护	4711	2739	59764	11349	6271	10364	8154	8836
城乡社区事务	23423	54753	150313	50649	22073	17924	23331	9129
农林水事务	5392	112	123647	9720	21605	19745	14473	18183
交通运输	634		172124	59454	26560	27237	6329	21126
采掘电力信息等事务	4023	2491	37629	9744	5281	3027	7812	8520
粮油物资储备管理等事务	1721	238	34480	4502	3227	3255	16380	2604
金融监管支出			777	426	196	48	107	
地震灾后恢复重建支出	1005	1522	14014	3384	3929	2040	1867	1400
国债还本付息支出			36	12	9	9		6
其他支出	2262	355	9367	2237	905	443	1408	2873

（续表七） 单位：万元

项目 \ 地区	海盐县	南湖区	秀洲区	湖州市	市本级	长兴县	德清县	安吉县
一、收入合计	108816			800106	361736	184703	148235	105432
(一)税收收入	103990			749998	343899	169710	140828	95561
增值税	25963			147374	62645	34698	32552	17479
营业税	27573			216984	107798	49098	30826	29262
企业所得税	7333			92747	44367	22507	15176	10697
个人所得税	8148			45926	20973	10765	8348	5840
资源税	605			25050	6059	11532	6270	1189
城市维护建设税	12834			40338	20147	8599	6574	5018
耕地占用税	3366			18911	12634	1550	1073	3654
契税	7267			57363	27959	9451	9480	10473
烟叶税								
其他各项税收收入	10901			105305	41317	21510	30529	11949
(二)非税收入	4826			50108	17837	14993	7407	9871
专项收入	6524			23139	9911	6140	3975	3113
行政事业性收费收入	1577							
罚没收入	4745			41671	20826	8753	3421	8671
国有资本经营收入	-8200			-17100	-15000		-100	-2000
国有资源(资产)有偿使用收入	158			440	142	100	111	87
其他收入	22			1958	1958			
二、支出合计	136006	116914	102538	1088133	310917	230005	189125	172492
一般公共服务	24959	12266	13060	161050	42891	33905	38724	24357
外交								
国防	428	31		1005	258	248	91	251
公共安全	12356	12874	8617	82685	36754	14281	11813	12199
教育	38938	30359	26839	215076	31645	51037	33784	36954
科学技术	6243	3685	2854	32490	10819	7627	4461	4946
文化体育与传媒	2606	921	833	18592	6797	3915	2829	3827
社会保障和就业	4667	5568	3956	50807	12421	9688	9596	10291
医疗卫生	8412	4525	6473	64696	16363	13514	12224	9535
环境保护	3899	5881	5010	68005	11573	12294	10746	13195
城乡社区事务	5813	14164	7230	71054	24760	7173	9284	10042
农林水事务	17834	9187	12900	102961	26000	32403	12507	18375
交通运输	4467	13308	13643	112572	62096	23316	19631	5812
采掘电力信息等事务	1629	1216	400	56472	14437	13473	17394	7156
粮油物资储备管理等事务	2288	1571	653	22815	7422	4442	4254	4119
金融监管支出				354	140		171	43
地震灾后恢复重建支出	968	426		7071	4019	1705	1347	
国债还本付息支出				600	500		100	
其他支出	499	932	70	19828	2022	984	169	11390

（续表八） 单位：万元

项目 \ 地区	吴兴区	南浔区	湖州经济开发区	绍兴市	市本级	绍兴县	上虞市	嵊州市
一、收入合计				1604310	430134	435832	227646	108594
（一）税收收入				1510690	404162	407297	217216	104268
增值税				320295	66335	92235	49233	25276
营业税				408151	131205	103241	60372	25478
企业所得税				184743	44614	48696	28193	9990
个人所得税				80691	23314	15629	13847	5831
资源税				3060	920	392	241	118
城市维护建设税				81120	23608	18463	11331	6354
耕地占用税				31661	3495	9819	5476	3808
契税				136507	41533	39782	18143	6561
烟叶税				533				207
其他各项税收收入				263929	69138	79040	30380	20645
（二）非税收入				93620	25972	28535	10430	4326
专项收入				43429	9738	12960	6001	2978
行政事业性收费收入				17229	6941	4922	2094	715
罚没收入				68275	23180	8701	8255	7490
国有资本经营收入				-39415	-15380		-6039	-7000
国有资源（资产）有偿使用收入				3726	1137	1952	99	143
其他收入				376	356		20	
二、支出合计	79388	77508	28698	1695366	344720	420590	267468	145856
一般公共服务	9845	8307	3021	265150	64837	56636	37528	27487
外交								
国防	81	76		3506	811	643	481	383
公共安全	3134	3193	1311	143912	47467	29680	18077	10677
教育	27579	27681	6396	373777	53867	75396	60432	42199
科学技术	1806	1639	1192	77951	19709	20671	10357	6718
文化体育与传媒	543	547	134	40464	16865	9701	3062	3080
社会保障和就业	3928	3663	1220	102069	19147	30669	15315	8536
医疗卫生	6596	6256	208	111668	26268	27521	14794	10795
环境保护	7075	8013	5109	40301	4715	6200	12205	3473
城乡社区事务	4989	6446	8360	109011	17002	51454	6413	2861
农林水事务	7488	5122	1066	161177	19358	43716	35473	16444
交通运输	847	823	47	111842	33676	30055	24839	5696
采掘电力信息等事务	2944	1068		52757	5888	17995	13487	2681
粮油物资储备管理等事务	740	1691	147	29681	2148	6650	4885	2601
金融监管支出				1746	819		481	263
地震灾后恢复重建支出				14786	3900	3872	2614	
国债还本付息支出				42	15	10	9	
其他支出	1793	2983	487	55526	8228	9721	7016	1962

(续表九)

单位:万元

项目 \ 地区	新昌县	诸暨市	越城区	金华市	市本级	兰溪市	永康市	武义县
一、收入合计	106438	295666		1292755	314800	90218	177160	73445
(一)税收收入	102492	275255		1157372	279253	87581	154586	66576
增值税	31185	56031		223463	36334	20993	37764	17508
营业税	22966	64889		341416	99058	23006	32457	15910
企业所得税	15438	37812		143414	37523	8549	20784	7189
个人所得税	5163	16907		86881	21850	3828	8334	4598
资源税	19	1370		2047	367	970	97	212
城市维护建设税	6610	14754		78411	17898	8447	12984	4110
耕地占用税	1470	7593		15980	5721	1031	4450	1050
契税	6000	24488		101786	26557	5629	12944	4750
烟叶税	326							
其他各项税收收入	13315	51411		163974	33945	15128	24772	11249
(二)非税收入	3946	20411		135383	35547	2637	22574	6869
专项收入	3975	7777		39668	7660	5680	6550	2779
行政事业性收费收入	695	1862		17743		707	4505	670
罚没收入	5194	15455		89040	29492	1683	11535	3300
国有资本经营收入	-5996	-5000		-12897	-2000	-5580	-317	
国有资源(资产)有偿使用收入	78	317		1718	395	147	301	120
其他收入				111				
二、支出合计	132729	322913	61090	1649119	241752	148558	192351	127353
一般公共服务	22789	45246	10627	271096	38340	18188	30087	21418
外交								
国防	324	583	281	2950	543	67	478	253
公共安全	10767	23939	3305	152381	32419	9272	16163	9545
教育	31429	81607	28847	414502	37370	40496	56259	31035
科学技术	4827	14730	939	62193	9779	4085	10009	4463
文化体育与传媒	2122	5550	84	36611	13857	2241	2256	2450
社会保障和就业	7893	17901	2608	93248	10342	10712	7303	6872
医疗卫生	7165	22890	2235	118354	12855	13700	13924	10082
环境保护	3923	9391	394	36337	5379	3826	3800	4597
城乡社区事务	7389	17358	6534	78772	12821	3236	8359	4511
农林水事务	12990	31746	1450	168184	14158	18813	20572	18027
交通运输	5544	12032		106448	39210	8294	15580	9820
采掘电力信息等事务	3813	8627	266	30872	3707	4127	2845	1292
粮油物资储备管理等事务	2207	8772	2418	25109	1939	3182	2416	2737
金融监管支出	83	100		1390		25	539	100
地震灾后恢复重建支出		4400		8299	2940		1580	
国债还本付息支出		8		12				3
其他支出	9464	18033	1102	42361	6093	8294	181	148

（续表十）　　单位：万元

项目 \ 地区	东阳市	磐安县	义乌市	浦江县	金东区	婺城区	开发区	衢州市
一、收入合计	151531	27200	386255	72146				378521
（一）税收收入	136523	23135	344099	65619				340312
增值税	22781	5994	67544	14545				53282
营业税	48026	8142	97280	17537				110106
企业所得税	14024	2525	45623	7197				29979
个人所得税	9646	2022	33195	3408				22219
资源税	109	23	230	39				3490
城市维护建设税	8660	1169	21702	3441				21711
耕地占用税	2547	574	350	257				16132
契税	12622	861	31113	7310				28422
烟叶税								
其他各项税收收入	18108	1825	47062	11885				54971
（二）非税收入	15008	4065	42156	6527				38209
专项收入	4437	851	9318	2393				17180
行政事业性收费收入	4800	1080	5381	600				3933
罚没收入	7545	2076	28941	4468				19924
国有资本经营收入	-2000		-2000	-1000				-4073
国有资源（资产）有偿使用收入	226	58	405	66				1243
其他收入			111					2
二、支出合计	188226	79030	356885	100922	84617	100985	28440	958046
一般公共服务	30677	12604	77716	16368	10202	12361	3135	151817
外交								
国防	352	33	635	267	275	47		1652
公共安全	15847	6360	38435	8333	5528	6548	3931	61011
教育	56658	17160	89471	29802	19223	29277	7751	182005
科学技术	7432	2191	16060	3251	1514	2301	1108	21800
文化体育与传媒	3003	1966	6828	1781	1134	1020	75	18797
社会保障和就业	8244	4645	25243	7393	4094	7142	1258	59551
医疗卫生	15391	5890	21833	7834	5952	9784	1109	65742
环境保护	5809	1890	5545	2652	1032	1807		41080
城乡社区事务	7226	2748	25891	3664	2689	4053	3574	42464
农林水事务	16808	11049	20537	12989	19548	15115	568	128491
交通运输	8407	3004	11221	2989	1805	6118		125523
采掘电力信息等事务	5976	1477	7645	1368	565	374	1496	36132
粮油物资储备管理等事务	4182	1520	3437	1434	1802	1992	468	17410
金融监管支出	220		349	157				595
地震灾后恢复重建支出			3779					
国债还本付息支出			8	1				32
其他支出	1994	6493	2252	639	9254	3046	3967	3944

(续表十一)　　单位:万元

地区 / 项目	市本级	龙游县	常山县	江山市	开化县	柯城区	衢江区	舟山市
一、收入合计	192062	50011	38056	65879	32513			487786
(一)税收收入	175341	44638	32369	60840	27124			455671
增值税	30315	6813	4054	8859	3241			54079
营业税	54715	12912	10026	21568	10885			191903
企业所得税	15428	3597	2015	5872	3067			51055
个人所得税	13225	2304	1870	3462	1358			25173
资源税	643	161	1973	570	143			9338
城市维护建设税	12397	2081	1603	4326	1304			23237
耕地占用税	5382	5738	3415	357	1240			8458
契税	15433	3227	2684	4988	2090			28873
烟叶税								
其他各项税收收入	27803	7805	4729	10838	3796			63555
(二)非税收入	16721	5373	5687	5039	5389			32115
专项收入	9984	1849	1881	2462	1004			14712
行政事业性收费收入	860	649	750	700	974			6371
罚没收入	9515	2377	2884	1803	3345			14802
国有资本经营收入	-3990			-83				-21800
国有资源(资产)有偿使用收入	352	498	170	157	66			17026
其他收入			2					1004
二、支出合计	242861	129428	120151	166118	134077	61581	103830	827392
一般公共服务	39731	19659	18244	27036	20891	9608	16588	144141
外交								
国防	527	183	128	290	252	44	228	2032
公共安全	27542	7142	6737	7926	6597	2641	2426	57984
教育	23389	29042	23977	36452	23309	24048	21788	105797
科学技术	4160	3152	3465	4300	3681	947	2095	21057
文化体育与传媒	4732	2273	2848	5302	1684	492	1466	19350
社会保障和就业	17815	8308	7892	9626	7795	2235	5880	44588
医疗卫生	9248	10713	10107	10688	7681	7273	10032	73736
环境保护	8397	7522	6408	5443	7457	1863	3990	19712
城乡社区事务	21388	3350	3082	5886	2636	2392	3730	43686
农林水事务	10827	22052	17801	23613	22732	7843	23623	139614
交通运输	47867	10965	13794	21954	23332		7611	59526
采掘电力信息等事务	21511	3076	2597	2964	3179	1078	1727	28124
粮油物资储备管理等事务	4367	1527	2089	4483	2201	961	1782	17582
金融监管支出	323	90	34	148				356
地震灾后恢复重建支出								210
国债还本付息支出	13	5		7	7			8
其他支出	1024	369	948		643	96	864	49889

（续表十二）

单位：万元

项目＼地区	市本级	岱山县	嵊泗县	定海区	普陀区	台州市	市本级	临海市
一、收入合计	210201	51058	36928	62018	127581	1360227	88037	173388
（一）税收收入	185727	59287	30137	54532	125988	1266445	79052	160701
增值税	14576	8025	1241	10656	19581	283823	6944	35354
营业税	74296	23896	20545	23500	49666	355692	33920	40739
企业所得税	18186	8536	1936	6612	15785	160627	11588	20545
个人所得税	10531	3466	919	2607	7650	87158	7178	10628
资源税	1503	3589	1804	1014	1428	3643		951
城市维护建设税	10208	2325	1223	2700	6781	87333	5861	12161
耕地占用税	7122	1336				16421	1327	1965
契税	19620	2719	837	602	5095	94645	1415	11627
烟叶税								
其他各项税收收入	29685	5395	1632	6841	20002	177103	10819	26731
（二）非税收入	24474	-8229	6791	7486	1593	93782	8985	12687
专项收入	6926	1769	712	1952	3353	47278	5392	5720
行政事业性收费收入	5379	234	147	374	237	1501	124	
罚没收入	5997	2379	1044	3513	1869	72288	5470	8246
国有资本经营收入	-4000	-12800			-5000	-33569	-3249	-1500
国有资源（资产）有偿使用收入	9171	189	4888	1644	1134	6167	1248	221
其他收入	1001			3		117		
二、支出合计	273150	123931	81169	149880	199262	1759524	214337	248477
一般公共服务	61214	18895	16293	21724	26015	332279	49266	37972
外交								
国防	987	297	207	132	409	4486	733	622
公共安全	19641	6982	5959	11863	13539	156241	24822	21930
教育	27042	15532	9943	22742	30538	449578	28094	74752
科学技术	10016	2466	2101	1773	4701	45914	7144	7569
文化体育与传媒	9228	2625	2267	1819	3411	42106	17654	4280
社会保障和就业	19135	4895	5158	6881	8519	80852	6848	14811
医疗卫生	30052	10050	8571	11051	14012	102893	6323	15447
环境保护	6131	3101	1247	3912	5321	27875	3866	4559
城乡社区事务	4607	7509	3872	14529	13169	79272	9973	10692
农林水事务	27786	35147	14935	26576	35170	203871	17020	28167
交通运输	26383	8612	5053	8332	11146	116503	25014	15162
采掘电力信息等事务	6472	3539	1457	11635	5021	44424	7155	5702
粮油物资储备管理等事务	5676	1446	1372	1411	7677	29092	6463	3424
金融监管支出	168		28	10	150	649	160	
地震灾后恢复重建支出	210					11720	851	2910
国债还本付息支出	7	1				10		2
其他支出	18395	2834	2706	5490	20464	31759	2951	476

（续表十三）

单位：万元

项目 \ 地区	温岭市	玉环县	三门县	仙居县	天台县	椒江区	黄岩区	路桥区
一、收入合计	250238	165568	66069	49377	65442	180667	142843	178598
（一）税收收入	237580	158336	58672	41195	58306	169045	131879	171679
增值税	46607	52573	11294	10454	11541	34548	35753	38755
营业税	67803	35411	20899	12494	17771	48113	35687	42855
企业所得税	31442	19603	5501	5395	7433	16669	14796	27655
个人所得税	19378	10735	4673	3029	4810	9684	7775	9268
资源税	396	454	666	111	78		226	761
城市维护建设税	14740	9425	2778	2540	3637	13756	11293	11142
耕地占用税	3967	3175	1144	600	943	607	1361	1332
契税	18541	7942	2670	2025	5044	22082	6636	16663
烟叶税								
其他各项税收收入	34706	19018	9047	4547	7049	23586	18352	23248
（二）非税收入	12658	7232	7397	8182	7136	11622	10964	6919
专项收入	7482	5874	1850	1773	2343	5055	5010	6779
行政事业性收费收入	1377							
罚没收入	9135	5953	5904	6157	5885	8861	9375	7302
国有资本经营收入	-6000	-4717	-500		-1222	-5512	-3480	-7389
国有资源（资产）有偿使用收入	655	122	143	172	105	3218	59	224
其他收入	9			80	25			3
二、支出合计	288982	191298	140965	123298	129441	148622	153019	121085
一般公共服务	50075	40105	30891	19331	27421	27658	28820	20740
外交								
国防	110	491	808	166	464	264	761	67
公共安全	19612	18035	10974	8579	10458	14678	14211	12942
教育	76418	44940	32754	36389	38177	38338	41375	38341
科学技术	3570	5904	2683	1714	2499	5730	4355	4746
文化体育与传媒	3179	3962	2359	1806	2443	2591	2082	1750
社会保障和就业	15051	8502	5091	4740	4820	6048	8285	6656
医疗卫生	17529	13063	8727	11987	9366	7600	6520	6331
环境保护	4119	1573	2904	1518	2989	907	3003	2437
城乡社区事务	14066	6918	7325	4529	2954	10200	6743	5872
农林水事务	45030	19447	19001	15157	13823	17997	19939	8290
交通运输	14590	14170	10208	10688	7868	3861	8851	6091
采掘电力信息等事务	9827	2653	3284	1719	3432	5498	2493	2661
粮油物资储备管理等事务	4859	3246	2213	1429	2439	1974	1802	1243
金融监管支出	89	152	98		55	38	57	
地震灾后恢复重建支出	1850	1583				1645	1327	1554
国债还本付息支出			2	1	1		2	2
其他支出	9008	6554	1643	3545	232	3595	2393	1362

（续表十四）

单位：万元

项目 \ 地区	丽水市	本级	缙云县	景宁县	莲都区	龙泉市	青田县	庆元县
一、收入合计	374198	125530	44467	17022	2631	24870	73922	12941
（一）税收收入	317463	111418	36600	13387		21686	64544	10051
增值税	60064	21754	10880	1757		3559	9029	1746
营业税	100339	32943	7967	4497		8181	25957	3212
企业所得税	33535	13922	4106	1200		1776	5788	1334
个人所得税	27096	8088	2127	2697		1476	3413	837
资源税	1610	275	66	78		230	720	5
城市维护建设税	21337	8782	3111	505		1668	3131	567
耕地占用税	7693	697	1893	763		103	2579	190
契税	29095	10293	2489	1113		1550	7344	917
烟叶税	304			70				189
其他各项税收收入	36390	14664	3961	707		3143	6583	1054
（二）非税收入	56735	14112	7867	3635	2631	3184	9378	2890
专项收入	13843	3949	1933	762	234	801	2172	561
行政事业性收费收入	13710	532	2495	1323	1718	707	3570	1161
罚没收入	28544	9463	3560	1441	622	1777	3492	1164
国有资本经营收入	-368		-156			-225		-155
国有资源（资产）有偿使用收入	989	168	35	109	57	107	144	159
其他收入	17					17		
二、支出合计	1128670	184538	125089	89554	105729	98850	199950	72996
一般公共服务	197198	35657	17629	16890	16473	18153	34075	12706
外交								
国防	2794	729	134	247	289	201	495	49
公共安全	79152	17076	7941	5111	9800	4923	11990	5120
教育	215736	24607	33365	15410	25385	19874	33391	15422
科学技术	21086	4108	2455	1005	2422	1663	3620	1373
文化体育与传媒	24012	3491	2037	2227	1730	3007	3236	2125
社会保障和就业	58498	5862	6227	3197	10074	5001	11006	3421
医疗卫生	86427	10916	8862	6549	12038	8531	15460	5498
环境保护	28140	5483	2736	2093	2124	2930	2291	3718
城乡社区事务	41808	16490	4650	1912	2867	2120	4168	2522
农林水事务	137481	8659	13031	12278	12588	20774	17488	10595
交通运输	163621	37959	21242	6606	2846	9393	51785	8135
采掘电力信息等事务	26723	9444	2133	1090	2350	1034	3738	854
粮油物资储备管理等事务	16293	2747	2164	1050	1532	1085	1817	839
金融监管支出	303					107	193	
地震灾后恢复重建支出	185	185						
国债还本付息支出	28	6	7				15	
其他支出	29185	1119	476	13889	3211	54	5182	619

(续表十五)　　单位：万元

项目＼地区	松阳县	遂昌县	云和县
一、收入合计	21933	31879	19003
(一)税收收入	17433	26569	15775
增值税	3279	5007	3053
营业税	5884	6506	5192
企业所得税	1306	2495	1608
个人所得税	1425	5466	1567
资源税	64	112	60
城市维护建设税	950	1477	1146
耕地占用税	229	1146	93
契税	2115	1866	1408
烟叶税	45		
其他各项税收收入	2136	2494	1648
(二)非税收入	4500	5310	3228
专项收入	780	1242	1409
行政事业性收费收入	1298	399	507
罚没收入	2382	3382	1261
国有资本经营收入		168	
国有资源(资产)有偿使用收入	40	119	51
其他收入			
二、支出合计	88153	94957	68854
一般公共服务	14756	16030	14829
外交			
国防	228	239	183
公共安全	5953	6108	5130
教育	19337	17693	11252
科学技术	1622	1513	1305
文化体育与传媒	2142	2090	1927
社会保障和就业	4381	6115	3214
医疗卫生	6685	5693	6195
环境保护	1704	3034	2027
城乡社区事务	2623	2323	2133
农林水事务	14092	19109	8867
交通运输	10468	9419	5768
采掘电力信息等事务	1662	2829	1589
粮油物资储备管理等事务	1384	1975	1700
金融监管支出	3		
地震灾后恢复重建支出			
国债还本付息支出			
其他支出	1113	787	2735

2009年浙江省市、县(市)财政总收入

单位:万元

地区名称	财政总收入	地区名称	财政总收入	地区名称	财政总收入	地区名称	财政总收入
杭州市	10194264	开发区	529720	德清县	283800	衢江区	
市本级	1623920	大榭开发区	598026	安吉县	183075	**舟山市**	769927
富阳市	501056	宁波保税区	208817	吴兴区		市本级	302216
桐庐县	176351	东钱湖区	75392	南浔区		岱山县	93173
临安市	255068	高新开发区	195215	经济开发区		嵊泗县	44933
建德市	200336	**温州市**	3607243	**绍兴市**	2985319	定海区	107828
淳安县	95695	市本级	735046	市本级	747472	普陀区	221777
上城区	654273	平阳县	177303	绍兴县	812021	**台州市**	2631616
下城区	981137	苍南县	217997	上虞市	439641	市本级	151656
江干区	522956	瑞安市	510079	嵊州市	208320	临海市	329502
拱墅区	582023	永嘉县	235774	新昌县	230985	温岭市	475522
西湖区	784776	乐清市	589417	诸暨市	546880	玉环县	370059
滨江区	718822	文成县	36893	**金华市**	2326315	三门县	116279
萧山区	1370808	泰顺县	36363	市本级	526498	仙居县	93432
余杭区	1000679	洞头县	42917	兰溪市	171800	天台县	124429
开发区	690823	鹿城区	315768	永康市	336919	椒江区	325118
西湖风景名胜区	35541	瓯海区	280005	武义县	143683	黄岩区	284464
临平工业园区		龙湾区	251341	东阳市	255515	路桥区	361155
宁波市	9662496	开发区	178340	磐安县	52021	**丽水市**	655823
市本级	2300956	**嘉兴市**	2793539	义乌市	708147	市本级	230010
慈溪市	910019	市本级	881359	浦江县	131732	缙云县	90148
余姚市	726490	海宁市	483904	金东区		景宁县	28142
奉化市	271670	桐乡市	444471	婺城区		莲都区	2631
象山县	300128	平湖市	437034	开发区		龙泉市	40726
宁海县	344635	嘉善县	333790	**衢州市**	623398	青田县	114838
鄞州区	1180281	海盐县	212981	市本级	330852	庆元县	21458
镇海区	421276	南湖区		龙游县	79319	松阳县	36050
北仑区	327162	秀洲区		常山县	56632	遂昌县	58890
江东区	358227	**湖州市**	1466856	江山市	107702	云和县	32930
江北区	409966	市本级	661066	开化县	48892		
海曙区	504516	长兴县	338915	柯城区			

2009年浙江省11个市地方财政收入排序

单位：万元

排名	所属地区	地方财政收入	排名	所属地区	地方财政收入
1	杭州市	5207899	7	金华市	1292755
2	宁波市	4328003	8	湖州市	800106
3	温州市	1956445	9	舟山市	487786
4	绍兴市	1604310	10	衢州市	378521
5	嘉兴市	1417039	11	丽水市	374198
6	台州市	1360227			

2009年浙江省11个市本级地方财政收入排序

单位：万元

排名	所属地区	地方财政收入	排名	所属地区	地方财政收入
1	杭州市	566154	7	金华市	314800
2	温州市	497605	8	舟山市	210201
3	嘉兴市	475050	9	衢州市	192062
4	绍兴市	430134	10	丽水市	125530
5	宁波市	423326	11	台州市	88037
6	湖州市	361736			

2009年浙江省县(市)地方财政收入排序

单位:万元

排序	所属地区	县(市)名称	地方财政收入	排序	所属地区	县(市)名称	地方财政收入
1	宁波市	慈溪市	491037	30	绍兴市	新昌县	106438
2	绍兴市	绍兴县	435832	31	湖州市	安吉县	105432
3	宁波市	余姚市	390273	32	温州市	平阳县	99451
4	金华市	义乌市	386255	33	杭州市	桐庐县	95011
5	绍兴市	诸暨市	295666	34	金华市	兰溪市	90218
6	杭州市	富阳市	275699	35	丽水市	青田县	73922
7	温州市	瑞安市	274038	36	金华市	武义县	73445
8	温州市	乐清市	272332	37	金华市	浦江县	72146
9	台州市	温岭市	250238	38	台州市	三门县	66069
10	嘉兴市	海宁市	239510	39	衢州市	江山市	65879
11	绍兴市	上虞市	227646	40	台州市	天台县	65442
12	嘉兴市	桐乡市	225734	41	杭州市	淳安县	55893
13	嘉兴市	平湖市	208229	42	舟山市	岱山县	51058
14	湖州市	长兴县	184703	43	衢州市	龙游县	50011
15	宁波市	宁海县	179067	44	台州市	仙居县	49377
16	金华市	永康市	177160	45	丽水市	缙云县	44467
17	台州市	临海市	173388	46	衢州市	常山县	38056
18	宁波市	象山县	167067	47	舟山市	嵊泗县	36928
19	台州市	玉环县	165568	48	衢州市	开化县	32513
20	嘉兴市	嘉善县	159700	49	丽水市	遂昌县	31879
21	金华市	东阳市	151531	50	金华市	磐安县	27200
22	湖州市	德清县	148235	51	温州市	文成县	26770
23	宁波市	奉化市	144213	52	温州市	泰顺县	26327
24	杭州市	临安市	140369	53	丽水市	龙泉市	24870
25	温州市	苍南县	129345	54	温州市	洞头县	22707
26	温州市	永嘉县	115877	55	丽水市	松阳县	21933
27	嘉兴市	海盐县	108816	56	丽水市	云和县	19003
28	绍兴市	嵊州市	108594	57	丽水市	景宁县	17022
29	杭州市	建德市	105736	58	丽水市	庆元县	12941

2009年浙江省乡镇财政总收入排序

单位:万元

排序	所属地区	县(市、区)	乡镇(街道)	总收入	排序	所属地区	县(市、区)	乡镇(街道)	总收入
1	温州市	乐清市	乐成镇	58936	31	温州市	乐清市	虹桥镇	22951
2	杭州市	余杭区	闲林镇	52180	32	杭州市	萧山区	衙前镇	22710
3	温州市	苍南县	龙港镇	51422	33	台州市	玉环县	楚门镇	22513
4	杭州市	余杭区	良渚镇	47504	34	杭州市	萧山区	临浦镇	21877
5	温州市	永嘉县	瓯北镇	47492	35	杭州市	余杭区	塘栖镇	21451
6	温州市	苍南县	灵溪镇	46717	36	温州市	鹿城区	双屿镇	21450
7	杭州市	萧山区	宁围镇	45562	37	绍兴市	绍兴县	平水镇	21165
8	绍兴市	绍兴县	马鞍镇	44920	38	绍兴市	绍兴县	安昌镇	21000
9	湖州市	长兴县	雉城镇	44896	39	台州市	温岭市	泽国镇	20680
10	绍兴市	绍兴县	钱清镇	44257	40	金华市	义乌市	佛堂镇	20230
11	杭州市	江干区	九堡镇	42331	41	嘉兴市	海盐县	武原镇	20027
12	杭州市	西湖区	三墩镇	41597	42	温州市	平阳县	昆阳镇	19041
13	杭州市	江干区	笕桥镇	40472	43	温州市	瓯海区	梧田镇	18995
14	绍兴市	绍兴县	齐贤镇	36532	44	湖州市	吴兴区	织里镇	18174
15	杭州市	余杭区	余杭镇	33668	45	杭州市	江干区	丁桥镇	17978
16	杭州市	萧山区	瓜沥镇	33266	46	台州市	温岭市	大溪镇	17388
17	温州市	平阳县	鳌江镇	29592	47	杭州市	拱墅区	半山镇	17119
18	杭州市	萧山区	闻堰镇	29382	48	杭州市	余杭区	乔司镇	16960
19	绍兴市	绍兴县	杨汛桥镇	28776	49	杭州市	拱墅区	康桥镇	16796
20	湖州市	南浔区	南浔镇	28568	50	杭州市	余杭区	中泰乡	16788
21	温州市	乐清市	北白象镇	28334	51	杭州市	萧山区	义蓬镇	15704
22	湖州市	德清县	武康镇	27833	52	温州市	瓯海区	新桥镇	15474
23	温州市	乐清市	柳市镇	26878	53	绍兴市	诸暨市	大唐镇	15381
24	台州市	临海市	杜桥镇	26412	54	杭州市	萧山区	党山镇	15122
25	台州市	三门县	海游镇	25747	55	湖州市	长兴县	煤山镇	15045
26	绍兴市	绍兴县	福全镇	25298	56	温州市	平阳县	水头镇	14717
27	杭州市	江干区	彭埠镇	25271	57	杭州市	萧山区	坎山镇	14565
28	绍兴市	诸暨市	店口镇	24992	58	杭州市	萧山区	义桥镇	14415
29	金华市	东阳市	横店镇	23438	59	绍兴市	上虞市	道墟镇	14002
30	杭州市	萧山区	新街镇	22962	60	嘉兴市	平湖市	乍浦镇	13566

（续表一）

单位：万元

排序	所属地区	县(市、区)	乡镇(街道)	总收入	排序	所属地区	县(市、区)	乡镇(街道)	总收入
61	杭州市	富阳市	高桥镇	13339	91	杭州市	富阳市	灵桥镇	10839
62	湖州市	吴兴区	八里店镇	13311	92	杭州市	萧山区	浦阳镇	10722
63	湖州市	德清县	新市镇	13281	93	嘉兴市	桐乡市	濮院镇	10679
64	绍兴市	绍兴县	兰亭镇	13220	94	杭州市	萧山区	进化镇	10564
65	杭州市	萧山区	河庄镇	13185	95	嘉兴市	嘉善县	姚庄镇	10556
66	嘉兴市	海宁市	许村镇	13053	96	台州市	温岭市	箬横镇	10294
67	湖州市	长兴县	李家巷镇	13047	97	杭州市	萧山区	新湾镇	10281
68	嘉兴市	嘉善县	西塘镇	13007	98	温州市	永嘉县	上塘镇	10258
69	台州市	玉环县	清港镇	12720	99	嘉兴市	秀洲区	王江泾镇	10211
70	杭州市	萧山区	靖江镇	12686	100	嘉兴市	平湖市	全塘镇	10136
71	台州市	路桥区	金清镇	12686	101	杭州市	富阳市	新登镇	10052
72	杭州市	萧山区	所前镇	12669	102	台州市	温岭市	松门镇	10005
73	杭州市	余杭区	仁和镇	12523	103	嘉兴市	平湖市	新埭镇	9973
74	绍兴市	诸暨市	枫桥镇	12499	104	杭州市	桐庐县	横村镇	9867
75	杭州市	余杭区	瓶窑镇	12495	105	金华市	义乌市	苏溪镇	9785
76	杭州市	萧山区	党湾镇	12305	106	丽水市	缙云县	壶镇镇	9431
77	湖州市	德清县	钟管镇	12070	107	杭州市	萧山区	戴村镇	9361
78	温州市	鹿城区	南郊乡	12054	108	温州市	龙湾区	瑶溪镇	8922
79	杭州市	余杭区	仓前镇	11842	109	金华市	义乌市	大陈镇	8847
80	温州市	瑞安市	塘下镇	11801	110	湖州市		杨家埠镇	8795
81	杭州市	萧山区	益农镇	11598	111	杭州市	萧山区	河上镇	8771
82	湖州市	德清县	乾元镇	11583	112	绍兴市	越城区	马山镇	8732
83	绍兴市	绍兴县	夏履镇	11491	113	温州市	瓯海区	郭溪镇	8719
84	杭州市	萧山区	南阳镇	11425	114	湖州市	长兴县	和平镇	8694
85	湖州市	南浔区	练市镇	11371	115	金华市	义乌市	上溪镇	8597
86	杭州市	余杭区	崇贤镇	11271	116	舟山市	岱山县	高亭镇	8539
87	杭州市	桐庐县	富春江镇	11074	117	金华市	兰溪市	灵洞乡	8512
88	嘉兴市	桐乡市	崇福镇	11002	118	绍兴市	上虞市	崧厦镇	8485
89	绍兴市	诸暨市	本级	11000	119	台州市	临海市	东塍镇	8476
90	湖州市	南浔区	双林镇	10856	120	绍兴市	上虞市	沥海镇	8460

（续表二）

单位：万元

排序	所属地区	县（市、区）	乡镇（街道）	总收入	排序	所属地区	县（市、区）	乡镇（街道）	总收入
121	湖州市	德清县	雷甸镇	8454	151	台州市	温岭市	新河镇	7279
122	金华市	婺城区	白龙桥镇	8402	152	温州市	乐清市	翁洋镇	7226
123	温州市	平阳县	肖江镇	8387	153	台州市	路桥区	横街镇	7192
124	绍兴市	绍兴县	孙端镇	8320	154	绍兴市	诸暨市	草塔镇	7178
125	嘉兴市	平湖市	新仓镇	8296	155	温州市	苍南县	钱库镇	7123
126	湖州市	南浔区	菱湖镇	8296	156	温州市	瓯海区	瞿溪镇	7092
127	绍兴市	越城区	灵芝镇	8219	157	舟山市	嵊泗县	菜园镇	6989
128	舟山市	定海区	金塘镇	8177	158	嘉兴市	海宁市	盐官镇	6976
129	金华市	浦江县	黄宅镇	8173	159	温州市	龙湾区	沙城镇	6877
130	温州市	苍南县	金乡镇	8109	160	嘉兴市	海宁市	长安镇	6868
131	丽水市	缙云县	五云镇	8080	161	嘉兴市	秀洲区	新塍镇	6779
132	嘉兴市	南湖区	余新镇	8021	162	舟山市	定海区	干览镇	6751
133	嘉兴市	平湖市	黄姑镇	8017	163	湖州市	德清县	洛舍镇	6746
134	嘉兴市	海宁市	袁花镇	8013	164	绍兴市	诸暨市	璜山镇	6699
135	温州市	乐清市	象阳镇	7820	165	杭州市	桐庐县	江南镇	6643
136	嘉兴市	海宁市	斜桥镇	7743	166	湖州市	长兴县	夹浦镇	6611
137	绍兴市	越城区	斗门镇	7684	167	湖州市		白雀乡	6604
138	杭州市	富阳市	大源镇	7637	168	温州市	瓯海区	景山镇	6578
139	温州市	乐清市	大荆镇	7637	169	绍兴市	上虞市	小越镇	6546
140	嘉兴市	嘉善县	天凝镇	7570	170	台州市	临海市	白水洋镇	6503
141	杭州市	桐庐县	分水镇	7465	171	杭州市	淳安县	千岛湖镇	6404
142	台州市	路桥区	新桥镇	7447	172	杭州市	富阳市	受降镇	6358
143	嘉兴市	桐乡市	洲泉镇	7427	173	台州市	临海市	涌泉镇	6261
144	杭州市	萧山区	楼塔镇	7416	174	绍兴市	诸暨市	山下湖镇	6153
145	绍兴市	绍兴县	漓渚镇	7405	175	舟山市	岱山县	长涂镇	6092
146	温州市	龙湾区	状元镇	7378	176	嘉兴市	嘉善县	大云镇	6060
147	金华市	义乌市	义亭镇	7364	177	绍兴市	诸暨市	应店街镇	6049
148	杭州市	西湖区	双浦镇	7347	178	绍兴市	绍兴县	陶堰镇	6040
149	嘉兴市	秀洲区	王店镇	7337	179	嘉兴市	海宁市	周王庙镇	6008
150	绍兴市	诸暨市	牌头镇	7311	180	舟山市	定海区	白泉镇	6008

（续表三）

单位：万元

排序	所属地区	县(市、区)	乡镇(街道)	总收入	排序	所属地区	县(市、区)	乡镇(街道)	总收入
181	温州市	永嘉县	桥头镇	5995	211	嘉兴市	南湖区	新丰镇	5302
182	杭州市	淳安县	汾口镇	5980	212	湖州市	长兴县	小浦镇	5251
183	湖州市	南浔区	和孚镇	5965	213	舟山市	岱山县	东沙镇	5240
184	嘉兴市	嘉善县	干窑镇	5880	214	舟山市	岱山县	衢山镇	5232
185	嘉兴市	南湖区	凤桥镇	5813	215	温州市	乐清市	磐石镇	5194
186	湖州市	安吉县	孝丰镇	5803	216	台州市	玉环县	龙溪乡	5172
187	温州市	瑞安市	莘塍镇	5771	217	温州市	乐清市	蒲岐镇	5143
188	嘉兴市	海盐县	百步镇	5757	218	温州市	乐清市	雁荡镇	5141
189	台州市	路桥区	蓬街镇	5722	219	金华市	兰溪市	游埠镇	5130
190	金华市	武义县	桐琴镇	5707	220	衢州市	常山县	天马镇	4994
191	台州市	临海市	汛桥镇	5681	221	温州市	乐清市	芙蓉镇	4984
192	温州市	泰顺县	罗阳镇	5620	222	湖州市	安吉县	高禹镇	4948
193	嘉兴市	南湖区	大桥镇	5609	223	温州市	苍南县	宜山镇	4936
194	嘉兴市	桐乡市	乌镇镇	5602	224	衢州市	龙游县	湖镇镇	4921
195	绍兴市	越城区	皋埠镇	5583	225	温州市	乐清市	黄华镇	4919
196	金华市	东阳市	巍山镇	5562	226	舟山市	岱山县	秀山乡	4888
197	台州市	临海市	桃渚镇	5558	227	台州市	三门县	健跳镇	4821
198	绍兴市	越城区	东浦镇	5535	228	舟山市	嵊泗县	洋山镇	4805
199	舟山市	普陀区	虾峙镇	5514	229	金华市	义乌市	赤岸镇	4802
200	湖州市	吴兴区	环渚乡	5504	230	湖州市	长兴县	槐坎乡	4773
201	台州市	临海市	沿江镇	5439	231	嘉兴市	嘉善县	陶庄镇	4722
202	绍兴市	上虞市	丰惠镇	5437	232	舟山市	定海区	小沙镇	4707
203	舟山市	普陀区	桃花镇	5410	233	杭州市	淳安县	威坪镇	4656
204	湖州市	吴兴区	埭溪镇	5405	234	绍兴市	绍兴县	王坛镇	4643
205	金华市	金东区	孝顺镇	5381	235	绍兴市	诸暨市	次坞镇	4623
206	舟山市	定海区	马岙镇	5359	236	舟山市	定海区	岑港镇	4616
207	嘉兴市	海宁市	丁桥镇	5344	237	嘉兴市	桐乡市	石门镇	4598
208	台州市	黄岩区	院桥镇	5340	238	台州市	温岭市	石塘镇	4595
209	嘉兴市	海宁市	黄湾镇	5338	239	湖州市	吴兴区	东林镇	4586
210	金华市	永康市	古山镇	5326	240	台州市	天台县	平桥镇	4584

（续表四）

单位:万元

排序	所属地区	县(市、区)	乡镇(街道)	总收入	排序	所属地区	县(市、区)	乡镇(街道)	总收入
241	金华市	东阳市	南马镇	4582	271	温州市	瓯海区	潘桥镇	4063
242	温州市	鹿城区	仰义乡	4572	272	杭州市	富阳市	渌渚镇	4045
243	温州市	平阳县	腾蛟镇	4536	273	绍兴市	绍兴县	稽东镇	4031
244	温州市	苍南县	巴艚镇	4522	274	湖州市	安吉县	天荒坪镇	4014
245	湖州市	南浔区	旧馆镇	4496	275	湖州市	德清县	新安镇	3986
246	温州市	瓯海区	南白象镇	4485	276	嘉兴市	南湖区	七星镇	3922
247	绍兴市	绍兴县	富盛镇	4470	277	嘉兴市	海盐县	秦山镇	3906
248	湖州市	长兴县	林城镇	4438	278	嘉兴市	平湖市	林埭镇	3891
249	台州市	温岭市	滨海镇	4412	279	台州市	临海市	上盘镇	3830
250	舟山市	定海区	册子乡	4406	280	绍兴市	嵊州市	甘霖镇	3814
251	温州市	乐清市	七里港镇	4381	281	杭州市	余杭区	运河镇	3805
252	绍兴市	嵊州市	长乐镇	4349	282	嘉兴市	海盐县	通元镇	3742
253	温州市	瓯海区	娄桥镇	4347	283	舟山市	岱山县	岱西镇	3736
254	湖州市	长兴县	泗安镇	4345	284	嘉兴市	海盐县	西塘桥镇	3723
255	湖州市	安吉县	梅溪镇	4338	285	温州市	永嘉县	乌牛镇	3719
256	杭州市	富阳市	场口镇	4336	286	金华市	东阳市	画水镇	3710
257	台州市	临海市	尤溪镇	4318	287	台州市	玉环县	芦浦镇	3710
258	杭州市	余杭区	径山镇	4288	288	温州市	洞头县	北岙镇	3681
259	温州市	乐清市	清江镇	4279	289	湖州市	德清县	三合乡	3673
260	衢州市	开化县	华埠镇	4260	290	杭州市	临安市	高虹镇	3626
261	嘉兴市	秀洲区	油车港镇	4252	291	温州市	龙湾区	天河镇	3612
262	嘉兴市	秀洲区	洪合镇	4248	292	舟山市	定海区	双桥镇	3598
263	绍兴市	越城区	东湖镇	4248	293	绍兴市	上虞市	章镇镇	3577
264	台州市	温岭市	城南镇	4237	294	台州市	温岭市	温峤镇	3560
265	嘉兴市	海盐县	沈荡镇	4216	295	台州市	临海市	河头镇	3545
266	温州市	瓯海区	仙岩镇	4190	296	温州市	苍南县	桥墩镇	3530
267	杭州市	桐庐县	瑶琳镇	4164	297	温州市	瑞安市	飞云镇	3518
268	湖州市	长兴县	洪桥镇	4155	298	金华市	东阳市	千祥镇	3499
269	温州市	瓯海区	泽雅镇	4148	299	温州市	苍南县	矾山镇	3490
270	杭州市	临安市	於潜镇	4146	300	衢州市	常山县	辉埠镇	3483

(续表五)

单位:万元

排序	所属地区	县(市、区)	乡镇(街道)	总收入	排序	所属地区	县(市、区)	乡镇(街道)	总收入
301	杭州市	富阳市	万市镇	3457	331	绍兴市	上虞市	梁湖镇	2980
302	温州市	乐清市	石帆镇	3449	332	嘉兴市	海盐县	澉浦镇	2974
303	杭州市	临安市	太湖源镇	3435	333	杭州市	建德市	寿昌镇	2968
304	金华市	永康市	象珠镇	3413	334	金华市	东阳市	歌山镇	2948
305	绍兴市	诸暨市	安华镇	3403	335	台州市	仙居县	白塔镇	2939
306	湖州市	德清县	禹越镇	3395	336	衢州市	江山市	贺村镇	2938
307	温州市	乐清市	淡溪镇	3333	337	嘉兴市	平湖市	广陈镇	2934
308	杭州市	建德市	梅城镇	3328	338	嘉兴市	桐乡市	河山镇	2934
309	金华市	武义县	泉溪镇	3315	339	温州市	平阳县	郑楼镇	2878
310	舟山市	普陀区	东极镇	3312	340	温州市	瓯海区	丽岙镇	2877
311	湖州市	吴兴区	妙西镇	3296	341	金华市	永康市	花街镇	2873
312	台州市	临海市	永丰镇	3289	342	湖州市	吴兴区	道场乡	2872
313	杭州市	富阳市	常安镇	3259	343	杭州市	富阳市	环山乡	2863
314	杭州市	临安市	昌化镇	3233	344	衢州市	柯城区	航埠镇	2842
315	台州市	临海市	括苍镇	3215	345	杭州市	富阳市	新桐乡	2839
316	丽水市	松阳县	西屏镇	3208	346	台州市	仙居县	横溪镇	2831
317	温州市	平阳县	麻步镇	3201	347	台州市	仙居县	下各镇	2824
318	杭州市	建德市	乾潭镇	3198	348	金华市	永康市	石柱镇	2821
319	温州市	永嘉县	桥下镇	3194	349	湖州市	长兴县	虹星桥镇	2817
320	嘉兴市	桐乡市	屠甸镇	3179	350	温州市	平阳县	宋桥镇	2811
321	嘉兴市	桐乡市	高桥镇	3144	351	金华市	婺城区	汤溪镇	2785
322	温州市	乐清市	白石镇	3106	352	杭州市	建德市	大同镇	2782
323	丽水市	云和县	云和镇	3103	353	金华市	永康市	龙山镇	2767
324	湖州市	长兴县	白岘乡	3102	354	金华市	浦江县	白马镇	2758
325	台州市	玉环县	沙门镇	3077	355	台州市	玉环县	干江镇	2734
326	杭州市	富阳市	洞桥镇	3068	356	金华市	兰溪市	诸葛镇	2729
327	台州市	黄岩区	宁溪镇	3038	357	温州市	乐清市	南岳镇	2703
328	绍兴市	诸暨市	阮市镇	3018	358	杭州市	桐庐县	凤川镇	2668
329	温州市	苍南县	藻溪镇	2987	359	台州市	临海市	小芝镇	2658
330	金华市	东阳市	湖溪镇	2986	360	绍兴市	嵊州市	黄泽镇	2647

（续表六）

单位：万元

排序	所属地区	县（市、区）	乡镇（街道）	总收入	排序	所属地区	县（市、区）	乡镇（街道）	总收入
361	台州市	三门县	高枧乡	2640	391	杭州市	余杭区	黄湖镇	2254
362	杭州市	淳安县	临歧镇	2613	392	台州市	黄岩区	屿头乡	2253
363	金华市	金东区	傅村镇	2604	393	温州市	乐清市	南塘镇	2234
364	温州市	瓯海区	茶山镇	2566	394	湖州市	安吉县	良朋镇	2232
365	湖州市	安吉县	报福镇	2548	395	杭州市	富阳市	胥口镇	2226
366	绍兴市	越城区	鉴湖镇	2535	396	舟山市	定海区	长白乡	2226
367	温州市	苍南县	霞关镇	2530	397	金华市	婺城区	罗店镇	2210
368	金华市	婺城区	乾西乡	2510	398	金华市	东阳市	虎鹿镇	2182
369	杭州市	淳安县	姜家镇	2500	399	金华市	婺城区	安地镇	2181
370	台州市	温岭市	石桥头镇	2494	400	台州市	椒江区	大陈镇	2173
371	台州市	三门县	珠岙镇	2469	401	杭州市	富阳市	湖源乡	2171
372	温州市	乐清市	天成乡	2453	402	丽水市	青田县	温溪镇	2159
373	温州市	苍南县	马站镇	2445	403	绍兴市	上虞市	汤浦镇	2153
374	杭州市	临安市	板桥乡	2428	404	绍兴市	上虞市	驿亭镇	2149
375	湖州市	安吉县	溪龙乡	2422	405	丽水市	莲都区	碧湖镇	2136
376	温州市	洞头县	大门镇	2415	406	绍兴市	嵊州市	仙岩镇	2135
377	温州市	乐清市	仙溪镇	2412	407	温州市	乐清市	双峰乡	2134
378	嘉兴市	桐乡市	大麻镇	2411	408	金华市	浦江县	郑家坞镇	2128
379	金华市	磐安县	尖山镇	2410	409	温州市	苍南县	观美镇	2123
380	金华市	金东区	曹宅镇	2397	410	湖州市	安吉县	皈山乡	2111
381	衢州市	开化县	城关镇	2362	411	温州市	苍南县	望里镇	2071
382	金华市	磐安县	安文镇	2359	412	杭州市	淳安县	大市镇	2070
383	温州市	鹿城区	藤桥镇	2350	413	杭州市	临安市	西天目乡	2069
384	湖州市	南浔区	善琏镇	2345	414	温州市	龙湾区	灵昆镇	2058
385	嘉兴市	海盐县	于城镇	2314	415	绍兴市	诸暨市	东白湖镇	2023
386	绍兴市	新昌县	儒岙镇	2312	416	台州市	三门县	沿赤乡	2019
387	丽水市	青田县	鹤城镇	2303	417	温州市	文成县	大峃镇	2014
388	温州市	乐清市	城北乡	2295	418	温州市	平阳县	钱仓镇	2004
389	绍兴市	上虞市	上浦镇	2274	419	杭州市	淳安县	梓桐镇	2002
390	温州市	苍南县	赤溪镇	2268	420	绍兴市	嵊州市	崇仁镇	1996

（续表七）

单位：万元

排序	所属地区	县(市、区)	乡镇(街道)	总收入	排序	所属地区	县(市、区)	乡镇(街道)	总收入
421	温州市	泰顺县	三魁镇	1993	451	金华市	东阳市	佐村镇	1786
422	绍兴市	嵊州市	三界镇	1987	452	金华市	永康市	舟山镇	1780
423	金华市	东阳市	马宅镇	1986	453	舟山市	嵊泗县	嵊山镇	1770
424	丽水市	缙云县	东渡镇	1985	454	温州市	乐清市	智仁乡	1764
425	金华市	兰溪市	马涧镇	1973	455	台州市	三门县	亭旁镇	1762
426	丽水市	莲都区	仙渡乡	1947	456	温州市	泰顺县	雅阳镇	1762
427	台州市	黄岩区	北洋镇	1943	457	金华市	婺城区	蒋堂镇	1759
428	温州市	瑞安市	仙降镇	1939	458	杭州市	临安市	河桥镇	1746
429	金华市	婺城区	竹马乡	1926	459	杭州市	临安市	太阳镇	1737
430	杭州市	临安市	藻溪镇	1901	460	杭州市	富阳市	常绿镇	1729
431	杭州市	淳安县	枫树岭镇	1896	461	温州市	苍南县	沿浦镇	1725
432	杭州市	富阳市	渔山乡	1895	462	湖州市	安吉县	杭垓镇	1707
433	温州市	洞头县	东屏镇	1884	463	杭州市	淳安县	浪川乡	1689
434	丽水市	景宁县	鹤溪镇	1880	464	温州市	平阳县	南雁镇	1684
435	金华市	永康市	唐先镇	1872	465	台州市	黄岩区	头陀镇	1679
436	杭州市	临安市	横畈镇	1871	466	杭州市	建德市	下涯镇	1657
437	杭州市	淳安县	中洲镇	1866	467	绍兴市	上虞市	谢塘镇	1656
438	舟山市	岱山县	岱东镇	1857	468	丽水市	缙云县	新建镇	1653
439	杭州市	建德市	大洋镇	1856	469	温州市	泰顺县	泗溪镇	1648
440	湖州市	安吉县	昆铜乡	1854	470	杭州市	富阳市	永昌镇	1632
441	金华市	浦江县	郑宅镇	1850	471	温州市	乐清市	四都乡	1626
442	台州市	黄岩区	上郑乡	1848	472	杭州市	临安市	龙岗镇	1619
443	绍兴市	诸暨市	街亭镇	1845	473	金华市	磐安县	尚湖镇	1619
444	温州市	乐清市	湖雾镇	1845	474	温州市	洞头县	鹿西乡	1619
445	金华市	武义县	柳城镇	1840	475	金华市	东阳市	东江镇	1616
446	温州市	瑞安市	汀田镇	1819	476	杭州市	富阳市	春建乡	1604
447	台州市	三门县	六敖镇	1817	477	金华市	武义县	王宅镇	1603
448	温州市	泰顺县	筱村镇	1812	478	金华市	婺城区	罗埠镇	1594
449	温州市	泰顺县	仕阳镇	1802	479	绍兴市	诸暨市	王家井镇	1582
450	金华市	兰溪市	梅江镇	1792	480	杭州市	淳安县	王阜乡	1571

（续表八）

单位：万元

排序	所属地区	县(市、区)	乡镇(街道)	总收入	排序	所属地区	县(市、区)	乡镇(街道)	总收入
481	杭州市	桐庐县	钟山乡	1566	511	绍兴市	诸暨市	江藻镇	1437
482	台州市	仙居县	官路镇	1563	512	台州市	仙居县	田市镇	1435
483	杭州市	淳安县	文昌镇	1553	513	台州市	黄岩区	沙埠镇	1434
484	温州市	平阳县	山门镇	1549	514	金华市	武义县	履坦镇	1431
485	舟山市	嵊泗县	黄龙乡	1545	515	丽水市	缙云县	舒洪镇	1429
486	杭州市	余杭区	百丈镇	1533	516	温州市	泰顺县	司前镇	1424
487	温州市	苍南县	炎亭镇	1533	517	温州市	苍南县	新安乡	1422
488	衢州市	江山市	上余镇	1532	518	温州市	瑞安市	陶山镇	1421
489	台州市	天台县	白鹤镇	1526	519	温州市	乐清市	雁湖乡	1420
490	金华市	武义县	茭道镇	1522	520	舟山市	普陀区	蚂蚁岛乡	1419
491	金华市	永康市	西溪镇	1521	521	绍兴市	诸暨市	同山镇	1418
492	杭州市	富阳市	里山镇	1519	522	杭州市	桐庐县	百江镇	1407
493	金华市	磐安县	深泽乡	1515	523	湖州市	安吉县	章村镇	1405
494	温州市	乐清市	岭底乡	1510	524	衢州市	常山县	宋畈乡	1403
495	台州市	天台县	坦头镇	1499	525	金华市	磐安县	玉山镇	1400
496	杭州市	临安市	潜川镇	1498	526	台州市	黄岩区	茅畲乡	1388
497	杭州市	富阳市	上官乡	1498	527	湖州市	南浔区	千金镇	1385
498	金华市	金东区	赤松镇	1498	528	杭州市	淳安县	屏门乡	1379
499	温州市	文成县	珊溪镇	1494	529	温州市	鹿城区	上戍乡	1370
500	舟山市	定海区	北蝉乡	1494	530	杭州市	富阳市	龙门镇	1348
501	湖州市	长兴县	水口乡	1487	531	金华市	兰溪市	水亭乡	1346
502	湖州市	德清县	莫干山镇	1484	532	台州市	仙居县	朱溪镇	1345
503	金华市	磐安县	新渥镇	1473	533	金华市	婺城区	雅畈镇	1324
504	衢州市	龙游县	小南海镇	1460	534	温州市	苍南县	大渔镇	1319
505	金华市	婺城区	苏孟乡	1456	535	温州市	瑞安市	马屿镇	1319
506	湖州市	长兴县	吕山乡	1454	536	杭州市	淳安县	里商乡	1311
507	湖州市	长兴县	吴山乡	1448	537	台州市	温岭市	坞根镇	1307
508	台州市	玉环县	鸡山乡	1445	538	丽水市	遂昌县	妙高镇	1304
509	台州市	仙居县	大战乡	1443	539	杭州市	桐庐县	莪山畲族乡	1301
510	杭州市	建德市	李家镇	1437	540	衢州市	衢江区	上方镇	1294

（续表九）

单位：万元

排序	所属地区	县（市、区）	乡镇（街道）	总收入	排序	所属地区	县（市、区）	乡镇（街道）	总收入
541	金华市	永康市	方岩镇	1288	571	温州市	鹿城区	临江镇	1121
542	温州市	苍南县	莒溪镇	1271	572	温州市	永嘉县	沙头镇	1120
543	台州市	临海市	汇溪镇	1258	573	丽水市	缙云县	东方镇	1119
544	湖州市	南浔区	石淙镇	1257	574	衢州市	常山县	何家乡	1115
545	温州市	平阳县	榆洋镇	1252	575	绍兴市	诸暨市	澧浦镇	1114
546	温州市	苍南县	南宋镇	1248	576	杭州市	淳安县	金峰乡	1101
547	温州市	泰顺县	彭溪镇	1243	577	温州市	泰顺县	龟湖镇	1100
548	金华市	磐安县	仁川镇	1229	578	湖州市	德清县	筏头乡	1098
549	湖州市	安吉县	上墅乡	1226	579	绍兴市	新昌县	城南乡	1085
550	温州市	苍南县	浦亭乡	1222	580	衢州市	龙游县	横山镇	1083
551	温州市	苍南县	芦浦镇	1218	581	台州市	三门县	沙柳镇	1083
552	衢州市	常山县	球川镇	1216	582	舟山市	嵊泗县	枸杞乡	1082
553	绍兴市	诸暨市	五泄镇	1214	583	杭州市	余杭区	鸬鸟镇	1080
554	金华市	金东区	岭下镇	1210	584	台州市	三门县	里浦镇	1076
555	温州市	苍南县	云岩乡	1202	585	绍兴市	新昌县	大市聚镇	1073
556	温州市	乐清市	龙西乡	1201	586	温州市	文成县	玉壶镇	1067
557	绍兴市	诸暨市	赵家镇	1182	587	金华市	金东区	澧浦镇	1061
558	丽水市	青田县	船寮镇	1179	588	台州市	黄岩区	上垟乡	1060
559	衢州市	衢江区	廿里镇	1176	589	衢州市	常山县	招贤镇	1056
560	温州市	乐清市	镇安乡	1176	590	温州市	泰顺县	大安乡	1048
561	温州市	永嘉县	岩头镇	1176	591	金华市	婺城区	洋埠镇	1046
562	绍兴市	新昌县	小将镇	1164	592	杭州市	淳安县	安阳乡	1044
563	温州市	苍南县	中墩乡	1159	593	金华市	永康市	前仓镇	1041
564	杭州市	建德市	航头镇	1158	594	温州市	平阳县	凤卧镇	1032
565	台州市	三门县	泗淋乡	1156	595	杭州市	淳安县	界首乡	1028
566	丽水市	庆元县	松源镇	1155	596	杭州市	临安市	三口镇	1011
567	温州市	平阳县	鹤溪镇	1149	597	衢州市	龙游县	溪口镇	1011
568	温州市	苍南县	渔寮乡	1142	598	台州市	仙居县	埠头镇	1011
569	杭州市	淳安县	左口乡	1140	599	金华市	兰溪市	香溪镇	1000
570	温州市	苍南县	凤池乡	1135	600	温州市	苍南县	石砰乡	999

（续表十）

单位：万元

排序	所属地区	县(市、区)	乡镇(街道)	总收入	排序	所属地区	县(市、区)	乡镇(街道)	总收入
601	绍兴市	诸暨市	陈宅镇	998	631	金华市	金东区	塘雅镇	883
602	衢州市	开化县	马金镇	994	632	湖州市	安吉县	鄣吴镇	875
603	台州市	天台县	三合镇	983	633	温州市	泰顺县	柳峰乡	873
604	绍兴市	诸暨市	直埠镇	981	634	湖州市	安吉县	山川乡	870
605	杭州市	建德市	钦堂乡	977	635	金华市	武义县	桃溪镇	869
606	杭州市	建德市	大慈岩镇	977	636	绍兴市	上虞市	盖北镇	869
607	衢州市	江山市	清湖镇	971	637	温州市	苍南县	蒲城乡	867
608	温州市	苍南县	括山乡	967	638	温州市	洞头县	元觉乡	862
609	台州市	天台县	街头镇	965	639	杭州市	淳安县	富文乡	861
610	杭州市	临安市	清凉峰镇	964	640	舟山市	普陀区	白沙乡	855
611	金华市	磐安县	冷水镇	961	641	杭州市	建德市	莲花镇	851
612	衢州市	江山市	峡口镇	958	642	绍兴市	新昌县	澄潭镇	851
613	衢州市	柯城区	石梁镇	958	643	台州市	三门县	花桥镇	849
614	金华市	婺城区	琅琊镇	953	644	杭州市	淳安县	瑶山乡	845
615	台州市	黄岩区	富山乡	951	645	温州市	苍南县	龙沙乡	840
616	金华市	兰溪市	横溪镇	944	646	温州市	乐清市	福溪乡	838
617	温州市	泰顺县	下洪乡	943	647	杭州市	建德市	三都镇	821
618	舟山市	嵊泗县	花鸟乡	943	648	金华市	金东区	江东镇	820
619	温州市	文成县	黄坦镇	941	649	温州市	洞头县	霓屿乡	819
620	温州市	苍南县	仙居乡	926	650	舟山市	普陀区	登步乡	818
621	杭州市	桐庐县	新合乡	924	651	丽水市	松阳县	古市镇	814
622	丽水市	青田县	腊口镇	923	652	温州市	泰顺县	新浦乡	814
623	台州市	黄岩区	平田乡	918	653	温州市	平阳县	宋埠镇	813
624	温州市	平阳县	闹村乡	917	654	温州市	泰顺县	东溪乡	813
625	杭州市	临安市	岛石镇	904	655	舟山市	嵊泗县	五龙乡	811
626	温州市	泰顺县	西洋镇	902	656	温州市	苍南县	五凤乡	810
627	金华市	东阳市	三单乡	897	657	丽水市	青田县	北山镇	809
628	金华市	兰溪市	黄店镇	897	658	杭州市	建德市	杨村桥镇	806
629	衢州市	龙游县	塔石镇	894	659	金华市	浦江县	中余乡	805
630	温州市	泰顺县	南院乡	890	660	衢州市	衢江区	高家镇	804

（续表十一）

单位：万元

排序	所属地区	县(市、区)	乡镇(街道)	总收入	排序	所属地区	县(市、区)	乡镇(街道)	总收入
661	温州市	鹿城区	双潮乡	804	691	温州市	苍南县	腾洋乡	702
662	温州市	泰顺县	百丈镇	788	692	丽水市	莲都区	雅溪镇	701
663	湖州市	安吉县	昌硕街道	787	693	衢州市	衢江区	湖南镇	701
664	台州市	三门县	小雄镇	782	694	丽水市	莲都区	大港头镇	700
665	温州市	平阳县	梅溪乡	782	695	绍兴市	诸暨市	东和乡	695
666	温州市	永嘉县	碧莲镇	782	696	温州市	鹿城区	七都镇	695
667	温州市	文成县	南田镇	779	697	绍兴市	新昌县	镜岭镇	691
668	金华市	磐安县	方前镇	778	698	杭州市	桐庐县	合村乡	689
669	衢州市	开化县	池淮镇	771	699	台州市	仙居县	皤滩乡	689
670	湖州市	长兴县	二界岭乡	769	700	衢州市	常山县	同弓乡	682
671	台州市	仙居县	步路乡	762	701	绍兴市	新昌县	沙溪镇	680
672	杭州市	临安市	湍口镇	748	702	台州市	玉环县	海山乡	676
673	丽水市	景宁县	东坑镇	748	703	金华市	武义县	新宅镇	675
674	金华市	浦江县	前吴乡	745	704	衢州市	江山市	淤头镇	670
675	衢州市	江山市	石门镇	744	705	衢州市	开化县	音坑乡	663
676	温州市	平阳县	顺溪镇	743	706	衢州市	开化县	村头镇	661
677	衢州市	龙游县	模环乡	738	707	绍兴市	新昌县	回山镇	658
678	温州市	苍南县	岱岭乡	730	708	衢州市	柯城区	万田乡	657
679	杭州市	临安市	乐平乡	727	709	温州市	泰顺县	月湖乡	657
680	台州市	天台县	石梁镇	727	710	绍兴市	上虞市	永和镇	655
681	杭州市	淳安县	宋村乡	726	711	温州市	平阳县	晓坑乡	654
682	杭州市	临安市	大峡谷镇	723	712	温州市	瑞安市	湖岭镇	646
683	杭州市	淳安县	鸠坑乡	723	713	温州市	永嘉县	西溪乡	640
684	绍兴市	新昌县	梅渚镇	721	714	台州市	仙居县	上张乡	639
685	台州市	仙居县	湫山乡	721	715	温州市	泰顺县	凤洋乡	639
686	杭州市	淳安县	石林镇	714	716	衢州市	常山县	白石镇	638
687	丽水市	庆元县	竹口镇	713	717	衢州市	衢江区	大洲镇	637
688	温州市	文成县	巨屿镇	712	718	金华市	磐安县	万苍乡	636
689	温州市	泰顺县	包洋乡	705	719	丽水市	青田县	高湖镇	635
690	丽水市	青田县	东源镇	704	720	温州市	平阳县	凤巢乡	631

（续表十二）

单位：万元

排序	所属地区	县(市、区)	乡镇(街道)	总收入	排序	所属地区	县(市、区)	乡镇(街道)	总收入
721	衢州市	江山市	凤林镇	626	751	温州市	瑞安市	桐浦乡	560
722	台州市	天台县	洪畴镇	624	752	衢州市	开化县	苏庄镇	558
723	杭州市	临安市	千洪乡	623	753	金华市	兰溪市	柏社乡	556
724	金华市	磐安县	双溪乡	619	754	台州市	仙居县	双庙乡	556
725	台州市	三门县	横渡镇	619	755	温州市	平阳县	梅源乡	555
726	温州市	平阳县	南湖乡	617	756	衢州市	柯城区	华墅乡	552
727	衢州市	柯城区	石室乡	615	757	温州市	泰顺县	松洋乡	551
728	绍兴市	嵊州市	石璜镇	615	758	衢州市	常山县	大桥乡	550
729	温州市	永嘉县	枫林镇	615	759	绍兴市	诸暨市	岭北镇	548
730	温州市	泰顺县	雪溪乡	613	760	温州市	泰顺县	九峰乡	546
731	丽水市	莲都区	联城镇	609	761	丽水市	莲都区	双黄乡	545
732	温州市	永嘉县	徐岙乡	605	762	杭州市	临安市	新桥乡	542
733	金华市	磐安县	胡宅乡	604	763	金华市	磐安县	维新乡	541
734	丽水市	青田县	山口镇	602	764	温州市	苍南县	凤阳乡	540
735	丽水市	青田县	海口镇	599	765	绍兴市	新昌县	巧英乡	538
736	衢州市	衢江区	杜泽镇	598	766	温州市	平阳县	桃源乡	534
737	绍兴市	诸暨市	马剑镇	598	767	丽水市	莲都区	太平乡	531
738	绍兴市	上虞市	长塘镇	597	768	温州市	鹿城区	岙底乡	529
739	温州市	泰顺县	仙稔乡	593	769	温州市	泰顺县	翁山乡	527
740	衢州市	开化县	桐村镇	590	770	金华市	磐安县	窈川乡	525
741	丽水市	遂昌县	云峰镇	588	771	金华市	武义县	白姆乡	525
742	温州市	泰顺县	洋溪乡	588	772	杭州市	临安市	横路乡	524
743	衢州市	龙游县	詹家镇	587	773	金华市	磐安县	双峰乡	524
744	温州市	文成县	樟台乡	587	774	金华市	浦江县	花桥乡	523
745	温州市	泰顺县	洲岭乡	583	775	衢州市	衢江区	全旺镇	518
746	衢州市	柯城区	沟溪乡	581	776	台州市	仙居县	溪港乡	518
747	金华市	浦江县	岩头镇	579	777	衢州市	常山县	东案乡	516
748	金华市	磐安县	大盘镇	571	778	台州市	仙居县	淡竹乡	515
749	丽水市	龙泉市	八都镇	568	779	温州市	泰顺县	黄桥乡	515
750	衢州市	常山县	青石镇	568	780	温州市	永嘉县	大若岩	515

（续表十三）

单位：万元

排序	所属地区	县(市、区)	乡镇(街道)	总收入	排序	所属地区	县(市、区)	乡镇(街道)	总收入
781	温州市	永嘉县	巽宅镇	513	812	衢州市	龙游县	石佛乡	470
782	丽水市	景宁县	梧桐乡	509	813	温州市	泰顺县	联云乡	466
783	衢州市	衢江区	莲花镇	509	814	丽水市	龙泉市	上洋镇	464
784	温州市	文成县	龙川乡	509	815	衢州市	常山县	芳村镇	464
785	金华市	浦江县	大畈乡	509	816	衢州市	衢江区	峡川镇	464
786	温州市	苍南县	昌禅乡	507	817	衢州市	开化县	杨林镇	460
787	衢州市	柯城区	九华乡	506	818	温州市	瑞安市	平阳坑镇	458
788	温州市	平阳县	青街乡	501	819	丽水市	缙云县	大源镇	457
789	杭州市	临安市	马啸乡	495	820	台州市	仙居县	广度乡	457
790	台州市	三门县	蛇蟠乡	495	821	温州市	平阳县	龙尾乡	456
791	丽水市	龙泉市	安仁镇	494	822	衢州市	开化县	大溪边乡	453
792	丽水市	莲都区	老竹镇	493	823	温州市	永嘉县	东皋乡	450
793	温州市	泰顺县	横坑乡	492	824	丽水市	青田县	仁庄镇	446
794	温州市	永嘉县	岩坦镇	492	825	丽水市	青田县	季宅乡	445
795	绍兴市	新昌县	双彩乡	490	826	衢州市	常山县	新昌乡	445
796	温州市	文成县	西坑镇	490	827	衢州市	开化县	长虹乡	440
797	衢州市	江山市	四都镇	489	828	金华市	金东区	源东乡	438
798	温州市	瑞安市	龙湖镇	489	829	丽水市	景宁县	九龙乡	436
799	丽水市	缙云县	七里乡	488	830	丽水市	遂昌县	石练镇	436
800	台州市	仙居县	安岭乡	488	831	温州市	永嘉县	鹤盛乡	431
801	丽水市	景宁县	渤海镇	486	832	丽水市	龙泉市	查田镇	428
802	衢州市	龙游县	庙下乡	486	833	温州市	泰顺县	岭北乡	428
803	温州市	文成县	百丈漈镇	483	834	衢州市	江山市	大桥镇	427
804	衢州市	开化县	林山乡	482	835	温州市	永嘉县	岭头乡	427
805	丽水市	青田县	祯埠乡	480	836	衢州市	江山市	坛石镇	426
806	衢州市	江山市	新塘边镇	478	837	金华市	磐安县	九和乡	423
807	温州市	瑞安市	碧山镇	477	838	温州市	平阳县	怀溪乡	421
808	丽水市	景宁县	沙湾镇	475	839	丽水市	庆元县	荷地镇	420
809	衢州市	龙游县	沐尘乡	472	840	衢州市	开化县	张湾乡	420
810	温州市	文成县	周壤乡	472	841	丽水市	龙泉市	兰巨乡	419
811	衢州市	衢江区	后溪镇	471	842	丽水市	遂昌县	大柘镇	419

（续表十四）

单位：万元

排序	所属地区	县（市、区）	乡镇（街道）	总收入	排序	所属地区	县（市、区）	乡镇（街道）	总收入
843	金华市	磐安县	盘峰乡	417	874	绍兴市	嵊州市	金庭镇	378
844	绍兴市	上虞市	下管镇	417	875	绍兴市	嵊州市	下王镇	374
845	丽水市	松阳县	大东坝镇	415	876	温州市	瑞安市	曹村镇	374
846	丽水市	云和县	崇头镇	415	877	绍兴市	新昌县	新林乡	372
847	丽水市	庆元县	黄田镇	414	878	温州市	平阳县	维新乡	372
848	绍兴市	上虞市	岭南乡	414	879	绍兴市	新昌县	东茗乡	370
849	衢州市	衢江区	云溪乡	413	880	温州市	永嘉县	渠口乡	369
850	温州市	永嘉县	黄南乡	413	881	衢州市	开化县	中村乡	368
851	温州市	永嘉县	五尺乡	413	882	绍兴市	嵊州市	谷来镇	368
852	台州市	天台县	雷峰乡	412	883	丽水市	龙泉市	道太乡	365
853	丽水市	缙云县	大洋镇	411	884	衢州市	开化县	齐溪镇	365
854	丽水市	青田县	黄洋乡	407	885	温州市	平阳县	西湾乡	363
855	温州市	永嘉县	花坦乡	405	886	丽水市	青田县	舒桥乡	359
856	丽水市	庆元县	左溪镇	404	887	衢州市	衢江区	横路乡	357
857	温州市	文成县	二源乡	403	888	温州市	泰顺县	万排乡	353
858	丽水市	景宁县	英川镇	400	889	温州市	瑞安市	梅屿乡	352
859	丽水市	青田县	章村乡	399	890	金华市	婺城区	长山乡	349
860	衢州市	江山市	长台镇	398	891	丽水市	遂昌县	金竹镇	349
861	台州市	天台县	龙溪乡	398	892	绍兴市	上虞市	陈溪乡	348
862	温州市	永嘉县	鲤溪乡	393	893	金华市	武义县	俞源乡	347
863	金华市	浦江县	虞宅乡	393	894	金华市	浦江县	杭坪镇	346
864	温州市	瑞安市	林溪乡	391	895	丽水市	松阳县	望松乡	343
865	温州市	瑞安市	芳庄乡	387	896	衢州市	开化县	塘坞乡	343
866	金华市	武义县	大田乡	386	897	台州市	天台县	南屏乡	343
867	丽水市	遂昌县	湖山乡	386	898	温州市	永嘉县	茗岙乡	343
868	台州市	天台县	泳溪乡	386	899	温州市	瑞安市	高楼乡	341
869	丽水市	庆元县	屏都镇	384	900	丽水市	龙泉市	城北乡	340
870	绍兴市	上虞市	丁宅乡	383	901	衢州市	衢江区	黄坛口乡	340
871	丽水市	龙泉市	龙南乡	382	902	衢州市	开化县	何田乡	336
872	丽水市	云和县	石塘镇	381	903	丽水市	莲都区	峰源乡	335
873	衢州市	江山市	大陈乡	379	904	温州市	泰顺县	竹里乡	335

（续表十五）

单位：万元

排序	所属地区	县(市、区)	乡镇(街道)	总收入	排序	所属地区	县(市、区)	乡镇(街道)	总收入
905	温州市	永嘉县	溪口乡	335	938	温州市	永嘉县	陡门乡	307
906	衢州市	常山县	新桥乡	334	939	丽水市	缙云县	双溪口乡	306
907	温州市	文成县	峃口乡	333	940	丽水市	遂昌县	北界镇	306
908	金华市	婺城区	莘畈乡	331	941	温州市	平阳县	吴洋乡	304
909	衢州市	龙游县	社阳乡	331	942	衢州市	开化县	金村乡	302
910	丽水市	青田县	海溪乡	330	943	丽水市	景宁县	大均乡	300
911	丽水市	云和县	赤石乡	330	944	丽水市	莲都区	丽新乡	299
912	丽水市	青田县	巨浦乡	329	945	丽水市	庆元县	五大堡乡	298
913	衢州市	龙游县	罗家乡	328	946	丽水市	景宁县	澄照乡	296
914	温州市	瑞安市	荆谷乡	328	947	温州市	文成县	平和乡	296
915	温州市	泰顺县	峰文乡	328	948	丽水市	景宁县	标溪乡	294
916	金华市	婺城区	塔石乡	327	949	丽水市	景宁县	秋炉乡	287
917	丽水市	青田县	吴坑乡	327	950	丽水市	缙云县	溶江乡	286
918	丽水市	云和县	朱村乡	327	951	温州市	永嘉县	界坑乡	286
919	丽水市	莲都区	高溪乡	326	952	金华市	武义县	坦洪乡	285
920	衢州市	衢江区	岭洋乡	326	953	丽水市	云和县	紧水滩镇	285
921	丽水市	青田县	贵岙乡	325	954	温州市	泰顺县	碑排乡	285
922	金华市	婺城区	沙畈乡	324	955	丽水市	景宁县	大际乡	283
923	丽水市	龙泉市	屏南镇	324	956	丽水市	青田县	阜山乡	281
924	温州市	永嘉县	张溪乡	323	957	丽水市	遂昌县	新路湾镇	280
925	丽水市	龙泉市	塔石乡	321	958	衢州市	江山市	张村乡	280
926	丽水市	龙泉市	锦溪镇	320	959	丽水市	遂昌县	王村口镇	279
927	衢州市	江山市	碗窑乡	318	960	温州市	瑞安市	顺泰乡	279
928	温州市	瑞安市	金川乡	318	961	丽水市	青田县	仁宫乡	275
929	金华市	磐安县	高二乡	316	962	温州市	永嘉县	昆阳乡	274
930	金华市	武义县	西联乡	314	963	温州市	平阳县	朝阳乡	272
931	衢州市	柯城区	七里乡	310	964	丽水市	遂昌县	三仁乡	271
932	温州市	永嘉县	石染乡	310	965	温州市	永嘉县	潘坑乡	270
933	丽水市	龙泉市	小梅镇	309	966	丽水市	云和县	云坛乡	269
934	丽水市	庆元县	岭头乡	309	967	丽水市	景宁县	郑坑乡	268
935	衢州市	江山市	廿八都镇	309	968	丽水市	龙泉市	住龙镇	263
936	绍兴市	嵊州市	北漳镇	309	969	衢州市	柯城区	姜家山乡	263
937	台州市	天台县	三州乡	308	970	温州市	永嘉县	下寮乡	262

（续表十六）

单位：万元

排序	所属地区	县（市、区）	乡镇（街道）	总收入	排序	所属地区	县（市、区）	乡镇（街道）	总收入
971	丽水市	缙云县	胡源乡	261	1005	金华市	武义县	三港乡	227
972	丽水市	庆元县	隆宫乡	261	1006	丽水市	遂昌县	濂竹乡	227
973	丽水市	景宁县	鸬鹚乡	260	1007	丽水市	遂昌县	应村乡	227
974	衢州市	江山市	塘源口乡	258	1008	绍兴市	嵊州市	里南乡	225
975	温州市	永嘉县	西岙乡	256	1009	丽水市	青田县	方山乡	224
976	温州市	文成县	十源乡	254	1010	温州市	永嘉县	山坑乡	223
977	温州市	平阳县	南几镇	253	1011	丽水市	缙云县	前路乡	222
978	温州市	瑞安市	潮基乡	253	1012	丽水市	缙云县	三溪乡	222
979	丽水市	松阳县	象溪镇	251	1013	衢州市	衢江区	太真乡	221
980	丽水市	遂昌县	安口乡	251	1014	丽水市	遂昌县	黄沙腰镇	219
981	丽水市	庆元县	张村乡	249	1015	温州市	泰顺县	峰门乡	218
982	温州市	永嘉县	溪下乡	247	1016	丽水市	龙泉市	岩樟乡	217
983	丽水市	莲都区	黄村乡	246	1017	温州市	瑞安市	营前乡	217
984	丽水市	庆元县	安南乡	245	1018	温州市	瑞安市	永安乡	215
985	丽水市	青田县	高市乡	244	1019	丽水市	缙云县	石笕乡	214
986	衢州市	衢江区	周家乡	244	1020	温州市	瑞安市	大南乡	212
987	温州市	永嘉县	表山乡	243	1021	丽水市	青田县	小舟山乡	210
988	温州市	文成县	双桂乡	242	1022	丽水市	云和县	雾溪乡	209
989	丽水市	龙泉市	竹洋乡	239	1023	丽水市	青田县	祯旺乡	208
990	温州市	文成县	云湖乡	238	1024	丽水市	庆元县	贤良镇	207
991	丽水市	景宁县	大地乡	236	1025	丽水市	景宁县	葛山乡	205
992	丽水市	青田县	章旦乡	235	1026	金华市	武义县	大溪口乡	204
993	温州市	瑞安市	鹿木乡	235	1027	温州市	永嘉县	大岙乡	203
994	丽水市	龙泉市	宝溪乡	234	1028	丽水市	庆元县	江根乡	202
995	丽水市	庆元县	淤上乡	233	1029	丽水市	景宁县	景南乡	201
996	衢州市	龙游县	大街乡	232	1030	丽水市	云和县	黄源乡	201
997	衢州市	衢江区	双桥乡	232	1031	衢州市	江山市	保安乡	201
998	绍兴市	嵊州市	贵门乡	232	1032	温州市	文成县	东溪乡	201
999	温州市	文成县	金垟乡	232	1033	温州市	文成县	桂山乡	201
1000	温州市	永嘉县	西源乡	232	1034	丽水市	青田县	石溪乡	200
1001	丽水市	庆元县	百山祖乡	231	1035	丽水市	庆元县	举水乡	199
1002	温州市	文成县	公阳乡	230	1036	金华市	婺城区	岭上乡	198
1003	丽水市	青田县	万阜乡	229	1037	温州市	瑞安市	东岩乡	197
1004	衢州市	衢江区	灰坪乡	228	1038	丽水市	庆元县	官塘乡	195

（续表十七）

单位：万元

排序	所属地区	县(市、区)	乡镇(街道)	总收入	排序	所属地区	县(市、区)	乡镇(街道)	总收入
1039	丽水市	云和县	安溪乡	192	1070	丽水市	缙云县	方溪乡	160
1040	丽水市	庆元县	龙溪乡	190	1071	衢州市	衢江区	举村乡	160
1041	温州市	瑞安市	宁益乡	190	1072	温州市	文成县	仰山乡	160
1042	丽水市	青田县	岭根乡	189	1073	丽水市	遂昌县	龙洋乡	158
1043	温州市	瑞安市	桂峰乡	189	1074	丽水市	云和县	沙铺乡	158
1044	温州市	瑞安市	北麂乡	188	1075	丽水市	景宁县	雁溪乡	155
1045	丽水市	庆元县	四山乡	187	1076	温州市	瑞安市	北龙乡	154
1046	温州市	文成县	富岙乡	183	1077	丽水市	松阳县	新兴乡	153
1047	温州市	文成县	周山乡	182	1078	丽水市	遂昌县	柘岱口乡	150
1048	丽水市	青田县	汤洋乡	181	1079	丽水市	松阳县	樟溪乡	144
1049	温州市	文成县	石垟乡	181	1080	绍兴市	嵊州市	通源乡	144
1050	丽水市	遂昌县	高坪乡	179	1081	丽水市	遂昌县	蕉滩乡	143
1051	温州市	永嘉县	应坑乡	179	1082	丽水市	遂昌县	蔡源乡	142
1052	温州市	文成县	朱雅乡	177	1083	丽水市	遂昌县	西畈乡	140
1053	温州市	文成县	金星乡	175	1084	温州市	文成县	下垟乡	135
1054	温州市	文成县	金炉乡	174	1085	丽水市	松阳县	叶村乡	133
1055	丽水市	松阳县	裕溪乡	173	1086	丽水市	松阳县	斋坦乡	130
1056	丽水市	庆元县	合湖乡	172	1087	衢州市	江山市	双溪口乡	127
1057	温州市	瑞安市	枫岭乡	171	1088	温州市	文成县	岭后乡	126
1058	丽水市	云和县	云丰乡	169	1089	绍兴市	嵊州市	王院乡	125
1059	丽水市	景宁县	毛洋乡	168	1090	温州市	文成县	黄寮乡	117
1060	丽水市	云和县	大源乡	167	1091	绍兴市	嵊州市	雅璜乡	111
1061	温州市	文成县	上林乡	167	1092	丽水市	松阳县	板桥乡	105
1062	金华市	婺城区	箬阳乡	166	1093	绍兴市	嵊州市	竹溪乡	105
1063	丽水市	青田县	万山乡	165	1094	丽水市	松阳县	竹源乡	103
1064	丽水市	松阳县	赤寿乡	164	1095	丽水市	松阳县	枫坪乡	101
1065	温州市	文成县	里阳乡	164	1096	丽水市	松阳县	三都乡	97
1066	丽水市	景宁县	梅岐乡	162	1097	丽水市	松阳县	新处乡	90
1067	丽水市	云和县	大湾乡	162	1098	丽水市	松阳县	安民乡	85
1068	丽水市	景宁县	家地乡	161	1099	丽水市	松阳县	四都乡	85
1069	丽水市	松阳县	玉岩镇	161	1100	丽水市	松阳县	谢村乡	85

2009年浙江省乡镇财政基本情况

单位：万元、个、人

项目	合计	乡	镇
一、本年乡镇数	1190	445	745
其中：实行"乡财县管"的乡镇数	654	319	335
二、乡镇财政机构数	903	348	555
其中：财税所数	425	144	281
三、已建立乡镇国库的乡镇数	2		2
四、税务所机构数	207	2	205
国家税务所数	68		68
地方税务所数	139	2	137
其中：一乡(镇)一所数	17	2	15
五、乡镇财政所总人数	3515	807	2708
1. 行政编制实有人数	1605	411	1194
2. 事业编制实有人数	1771	369	1402
3. 以工代干人数	22	9	13
4. 集体财务人员人数	117	18	99
六、乡镇财政供养人数	199628	27382	172246
1. 一般预算财政拨款开支人数	67718	14014	53704
2. 一般预算财政补助开支人数	131910	13368	118542
其中：教师	99029	8644	90385
七、赤字乡镇个数	54	22	32
八、乡镇年末总人口	33045488	5034599	28010889
城镇人口	5264285	345794	4918491
乡村人口	27781203	4688805	23092398
九、乡镇财政一般预算收入分档			
100万元(不含)以下的乡镇数	409	322	87
100万元(含)~500万元的乡镇数	198	66	132
500万元(含)~1000万元的乡镇数	103	23	80
1000万元(含)以上的乡镇数	480	34	446
十、村民委员会个数	25683	6029	19654
十一、乡镇一般预算收支平衡情况			
收入总计	5060415	392326	4668089
一般预算收入	3300175	147533	3152642
税收收入	3274250	145790	3128460
非税收入	25925	1743	24182
上级补助收入	1561817	228218	1333599
其中：地震灾后恢复重建补助收入			
上年结余	188279	16575	171704
转贷财政部代理发行地方政府债券收入			
调入预算稳定调节基金			
调入资金	10144		10144
地震灾后恢复重建调入资金			

续表:

项目	合计	乡	镇
支出总计	5060415	392326	4668089
一般预算支出	2329977	251175	2078802
上解上级支出	2565103	123612	2441491
财政部代理发行地方政府债券还本			
安排预算稳定调节基金			
调出资金			
年终结余	165335	17539	147796
其中:净结余	87514	6543	80971
十二、乡镇政府性基金预算收支平衡情况			
收入总计	1193398	37044	1156354
政府性基金收入	385740	6985	378755
上级补助收入	737107	29405	707702
其中:地震灾后恢复重建补助收入			
上年结余	70076	654	69422
调入资金	475		475
支出总计	1193398	37044	1156354
政府性基金支出	983113	33125	949988
上解上级支出	5781		5781
调出资金	1219		1219
年终结余	203285	3919	199366
十三、乡镇国有资本经营预算收支平衡情况			
收入总计			
国有资本经营预算收入			
地震灾后恢复重建补助收入			
上年结余			
支出总计			
国有资本经营预算支出			
调出资金			
年终结余			
十四、乡镇预算外财政专户资金收支平衡情况			
收入总计	1151625	110978	1040647
预算外财政专户资金收入	845016	66161	778855
上级补助收入	318187	32616	285571
上年结余	-11578	12201	-23779
支出总计	1151625	110978	1040647
预算外财政专户资金支出	1156677	97914	1058763
上解上级支出	20310	4879	15431
政府调剂资金	9400		9400
其中:调入一般预算资金	8925		8925
年终结余	-34762	8185	-42947

2009 年各省、市、自治区财政收支占全国财政收入、税收收入占地方财政收入比重及排序

单位名称	一般预算收入(亿元)	约占全国财政收入的比重(%)	排序	税收收入(亿元)	约占地方财政收入的比重(%)	排序	一般预算支出(亿元)	约占全国财政支出的比重(%)	排序
北京市	2026.81	2.96	6	1913.97	94.43	1	2319.37	3.06	10
天津市	821.99	1.20	15	614.27	74.73	17	1124.28	1.48	27
河北省	1067.12	1.56	10	839.33	78.65	10	2347.59	3.09	9
山西省	805.83	1.18	17	581.91	72.21	24	1561.70	2.06	20
内蒙古自治区	850.86	1.24	13	576.83	67.79	26	1926.84	2.54	15
辽宁省	1591.22	2.32	7	1183.98	74.41	18	2682.39	3.54	7
吉林省	487.09	0.71	24	361.11	74.14	19	1479.21	1.95	21
黑龙江省	641.66	0.94	21	444.31	69.24	25	1877.74	2.47	16
上海市	2540.30	3.71	3	2368.45	93.24	2	2989.65	3.94	5
江苏省	3228.78	4.72	2	2654.75	82.22	7	4017.36	5.29	2
浙江省	**2142.51**	**3.13**	**5**	**1983.81**	**92.59**	**3**	**2653.35**	**3.50**	**8**
安徽省	863.92	1.26	12	629.32	72.84	22	2141.92	2.82	12
福建省	932.43	1.36	11	778.14	83.45	6	1411.82	1.86	22
江西省	581.30	0.85	23	430.02	73.98	20	1562.37	2.06	19
山东省	2198.63	3.21	4	1720.35	78.25	12	3267.67	4.31	4
河南省	1126.06	1.64	9	821.50	72.95	21	2905.76	3.83	6
湖北省	814.87	1.19	16	616.06	75.60	14	2069.92	2.73	13
湖南省	847.62	1.24	14	568.27	67.04	28	2210.44	2.91	11
广东省	3649.81	5.33	1	3130.61	85.77	4	4334.37	5.71	1
广西壮族自治区	620.99	0.91	22	417.68	67.26	27	1621.82	2.14	18
海南省	178.24	0.26	28	151.24	84.85	5	486.06	0.64	29
重庆市	655.17	0.96	20	435.62	66.49	27	1292.09	1.70	25
四川省	1174.59	1.72	8	886.67	75.49	15	3590.72	4.73	3
贵州省	416.48	0.61	25	311.71	74.84	16	1372.27	1.81	23
云南省	698.25	1.02	19	548.11	78.50	11	1952.34	2.57	14
西藏自治区	30.09	0.04	31	18.51	61.51	30	470.13	0.62	30
陕西省	735.27	1.07	18	532.80	72.46	23	1841.64	2.43	17
甘肃省	286.59	0.42	27	176.04	61.43	31	1246.28	1.64	26
青海省	87.74	0.13	30	70.17	79.97	9	486.75	0.64	28
宁夏回族自治区	111.58	0.16	29	90.74	81.32	8	432.36	0.57	31
新疆维吾尔自治区	388.78	0.57	26	301.13	77.46	13	1346.91	1.78	24
地方合计	32602.59			26157.43			61023.14		

2009年全省国民经济和社会发展总量与速度

指　标	1978年	1990年	2000年	2006年	2007年	2008年	2009年	指数(2009年为以下各年%)			1979-2009年平均增长(%)
								1978年	2004年	2008年	
人口											
年末总人口(万人)	3750.96	4234.91	4501.22	4629.4	4659.34	4687.85	4716.18	125.7	103.0	100.6	0.7
年末从业人员数(万人)	1794.96	2554.46	2726.09	3172.38	3405.01	3486.53	3591.98	200.1	120.1	103.0	2.3
全省生产总值(亿元)	123.72	904.69	6141.03	15718.47	18753.73	21462.69	22990.35	4417.9	176.5	108.9	13.0
第一产业	47.09	225.04	630.98	925.1	986.02	1095.96	1163.08	338.1	115.0	102.4	4.0
第二产业	53.52	408.18	3273.93	8511.51	10154.25	11567.42	11908.49	9225.2	173.9	106.8	15.7
第三产业	23.11	271.47	2236.12	6281.86	7613.46	8799.31	9918.78	5467.7	192.1	112.5	13.8
人均生产总值(元)	331	2138	13416	31825	37358	42166	44641	3206.5	164.0	107.7	11.8
交通运输											
旅客周转量(亿人千米)	66.68	257.29	606.73	929.15	1010.6	1071.33	1152.38	1728.2	144.9	103.0	9.6
货物周转量(亿吨千米)	164.19	400.65	1199.74	4363.71	4701.3	4883.46	5659.78	3447.1	209.5	103.4	12.1
全社会固定资产投资总额(亿元)	23.23	186.96	2267.22	7593.66	8420.43	9323.00	10742.32	46243.3	177.3	115.2	21.9
财政收支											
财政总收入(亿元)	27.45	101.59	658.42	2567.7	3239.89	3730.06	4121.89	15016.0	228.3	110.5	17.5
#地方财政收入(亿元)	27.45	101.59	342.77	1298.2	1649.5	1933.39	2142.51	7805.1	237.8	110.8	15.1
财政支出(亿元)	17.43	80.23	431.3	1471.86	1806.79	2208.58	2653.35	15222.9	249.6	120.1	17.6
贸易											
社会消费品零售总额(亿元)	46.86	353.75	2553.59	5357.97	6271.32	7533.30	8622.26	18400.0	212.6	114.5	18.3
进出口总额(亿美元)	0.7	27.73	278.34	1391.47	1768.56	2111.09	1877.35	268187.1	220.3	88.9	29.0
#出口总额(亿美元)	0.52	21.89	194.44	1008.94	1282.73	1542.67	1330.10	255794.2	228.8	86.2	28.8
价格指数											
居民消费价格指数(上年=100)		102.1	101.1	101.1	104.2	105.0	98.5				
城乡居民收入											
城镇居民人均可支配收入(元)	332	1932	9279	18265	20574	22727	24611	1134.1	153.5	109.7	8.1
农村居民人均纯收入(元)	165	1099	4254	7335	8265	9258	10007	1249.6	146.3	109.5	8.5
教育和文化											
高等学校在校学生数(万人)	2.4	6	22.2	74.7	80.9	86.8	91.0	3756.3	153.0	104.8	12.4
普通中学在校学生数(万人)	214.7	169.6	249.6	262.3	266.6	269.8	262.3	122.2	98.5	97.2	0.6
小学在校学生数(万人)	501.4	372.4	353.8	339.4	335.5	332.3	325.1	64.8	94.4	97.9	-1.4
报纸出版数量(万份)	24080	66865	173526	280261	291048	298677	314033	1304.1	122.8	105.1	8.6
杂志出版数量(万份)	393	4716	8736	8009	8082	7407	7596	1932.8	85.1	102.6	10.0
图书出版数量(万份)	12033	19596	27014	27026	25656	29564	31221	259.5	116.0	105.6	3.1

注:1. 本表价值量指标按当年价格计算,发展速度按可比价格计算。

2. 城镇居民人均可支配收入、农村居民人均纯收入发展速度均已扣除价格变动因素。

2009年浙江省国民经济和社会发展统计公报

浙江省统计局 国家统计局浙江调查总队

2010年3月5日

2009年，浙江深入贯彻落实科学发展观，深入实施“八八战略”和“创业富民、创新强省”总战略，大力推进“全面小康六大行动计划”，坚决贯彻落实中央刺激经济的一揽子计划和相关政策措施，坚持标本兼治、保稳促调，全力应对国际金融危机冲击，迅速扭转了经济增速过快下滑的势头，全省经济回升向好，社会和谐稳定。

一、综合

初步核算，2009年全省生产总值为22832亿元，比上年增长8.9%(见图1)。其中：第一产业增加值1162亿元，第二产业增加值11843亿元，第三产业增加值9827亿元，分别增长2.3%、6.8%和12.5%。人均GDP为44335元(按年平均汇率折算为6490美元)，增长7.6%。三次产业增加值结构从上年的5.1:53.9:41.0调整为5.1:51.9:43.0。

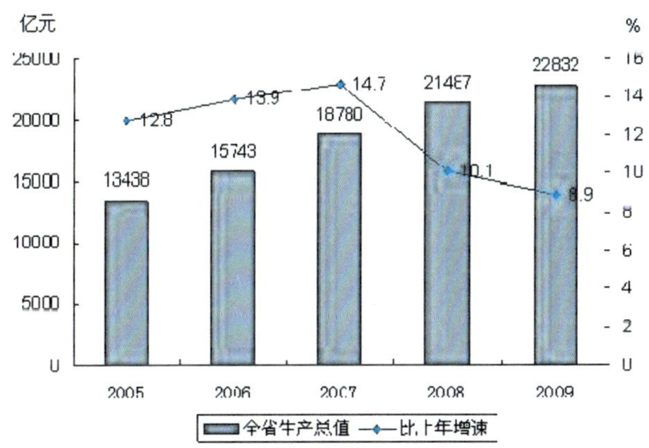

图1 2005～2009年全省生产总值及其增长速度

全省居民消费价格比上年下降1.5%，其中居住类下降7.3%，食品类上涨0.7%(见图2、表1)；商品零售价格下降1.2%，农业生产资料价格下降4.1%，工业品出厂价格下降5.1%，原材料、燃料、动力购进价格下降7.4%，固定资产投资价格下降3.3%。

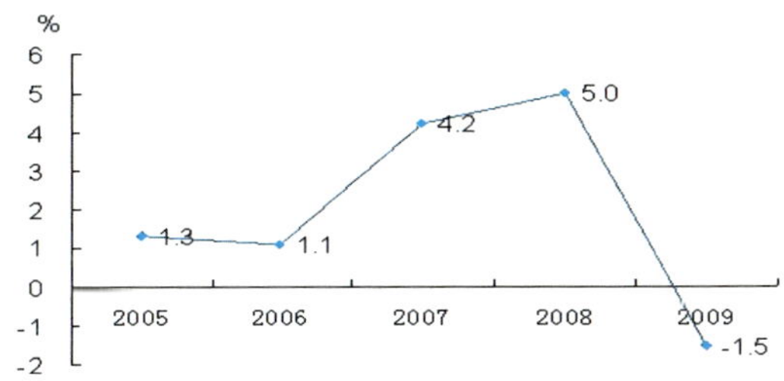

图2 2005～2009年居民消费价格涨跌幅度

表1 2009年居民消费价格变动情况(上年=100)

	全省	城市	农村
居民消费价格总指数	98.5	98.7	98.2
食品	100.7	102.1	99.5
# 粮食	105.5	105.7	105.3
烟酒及用品	100.5	100.9	100.2
衣着	98.2	98.9	97.8
家庭设备用品及服务	99.8	100.6	99.2
医疗保健及个人用品	102.4	101.7	103.0
交通和通信	96.0	95.8	96.3
娱乐教育文化用品及服务	98.4	98.0	98.7
居住	92.7	92.0	93.3

全省财政一般预算总收入4122亿元，比上年增长10.5%，其中地方一般预算收入2142亿元，增长10.8%。

全年新增城镇就业人数81.9万人。年末城镇登记失业率为3.26%，比上年末下降0.23个百分点。

二、农业和农村建设

2009年，全年粮食播种面积和单产分别比上年增长1.5%和0.3%，粮食总产量为789.2万吨，增长1.8%，其中晚稻总产量为598.8万吨，减少0.4%(见表2)。

主要经济作物播种面积有增有减。其中：油料播种面积210.1千公顷，蔬菜618.9千公顷，分别比上年增长10.1%和0.1%；棉花播种面积20.1千公顷，比上年减少1.2%。

畜牧业生产增长，渔业生产保持稳定。全年肉类总产量为170.4万吨，比上年增长0.2%；水产品总产量445.6万吨，其中海水产品产量343.1万吨，淡水产品产量86.5万吨，远洋渔业产量16.0万吨。

现代农业进一步发展。全年净增有效灌溉面积6.1千公顷，新增机电排灌面积1.3千公顷。农业机械总动力2450.6万千瓦，比上年增长2.8%。

新农村建设成效显著。全面完成3185个村庄环境综合整治任务，目前80%村庄生活垃圾实现集中收集处理，70%农户家庭实现改厕，40%村庄开展了生活污水治理。“千万农村劳动力素质培训工程”共培训农民108.6万人。农家乐休闲旅游业发展较快，全省累计发展农家乐休闲旅游村(点)2331个，经营农户1.1万户，直接从业人员9.6万人。低收入农户奔小康工程进展顺利。农民下山搬迁工程稳步推进,欠发达地区完成山区农民和库区移民下山搬迁总投资18.2亿元,实现下山搬迁1.45万户5.3万人。

表2　2009年主要农产品产量

	绝对数(万吨)	比上年增长(%)
粮食	789.15	1.8
春粮	58.53	6.9
早稻	67.87	14.3
秋粮	662.75	0.2
油料	43.24	4.8
花生	5.39	3.5
油菜籽	37.02	4.8
棉花	2.81	-0.3
糖料	81.36	-4.8
茶叶	16.74	3.1
水果	712.41	-4.7
蔬菜	1764.76	0.4

三、工业和建筑业

2009年,全部工业增加值为10457亿元,比上年增长5.9%,其中规模以上工业增加值8232亿元,增长6.2%,轻、重工业增加值分别增长5.5%和6.7%(见表3)。规模以上工业销售产值39629亿元,增长2.1%。国有及国有控股工业企业增加值1223亿元,比上年增长3.6%。规模以上工业企业完成出口交货值8561亿元,下降10.8%;出口交货值占销售产值的比重为21.6%,比上年下降3.1个百分点。

表3　2009年规模以上工业增加值

	绝对数(亿元)	比上年增长(%)
工业增加值总计	8231.71	6.2
在总计中:轻工业	3639.24	5.5
重工业	4592.46	6.7
在总计中:国有企业	667.73	4.5
集体企业	33.38	3.9
股份合作企业	76.33	-3.6
联营企业	4.70	-0.7
有限责任公司	1501.00	5.6
股份有限公司	539.89	4.6
私营企业	3228.02	8.9
其他企业	35.59	6.0
港澳台商投资企业	922.13	6.7
外商投资企业	1222.95	2.7
在总计中:国有及国有控股企业	1223.20	3.6

规模以上工业企业新产品产值为7361亿元,比上年增长12.6%,新产品产值率为18.1%,比上年提高1.7个百分点。制造业中,高新技术产业增加值1771亿元,比上年增长6.9%,占规模以上工业的比重为21.5%。汽车产量为28.2万辆,增长77.2%,其中轿车产量为22.4万辆,增长73.1%(见表4)。

表4　2009年主要工业产品产量

	单位	绝对数	比上年增长(%)
纱	万吨	195.6	11.8
布	亿米	139.2	5.7
化纤	万吨	1207.2	18.6
卷烟	亿支	804.2	5.7
房间空调器	万台	303.1	-16.5
发电量	亿千瓦小时	2193.3	5.8
钢材	万吨	2359.4	28.7
水泥	万吨	10796.5	7.2
化肥(折100%)	万吨	46.5	-1.7
汽车	万辆	28.2	77.2
#轿车	万辆	22.4	73.1
集成电路	亿块	21.4	-10.2
电子元件	亿只	339.7	5.9
移动电话机	万台	2640.7	4.5
微型电子计算机	万台	89.2	-15.5

全年规模以上工业企业实现利润2041亿元,比上年增长34.4%。其中,国有及国有控股企业283亿元,增长234.4%;股份制企业260亿元,增长137.4%;外商及港澳台投资企业651亿元,增长26.1%;私营企业656亿元,增长18.5%。工业企业产品销售率97.3%,比上年提高0.1个百分点。

全年建筑业增加值1386亿元,比上年增长15.3%。全年资质以上建筑企业利润总额250亿元,比上年增长16.3%;税金总额280亿元,增长15.7%。

四、固定资产投资和房地产业

2009年,全社会固定资产投资10742亿元,比上年增长15.2%(见图3),其中限额以上投资9906亿元,增长15.8%;限额以上非国有控股投资6265亿元,增长10.8%,占全部限额以上投资的63.2%。

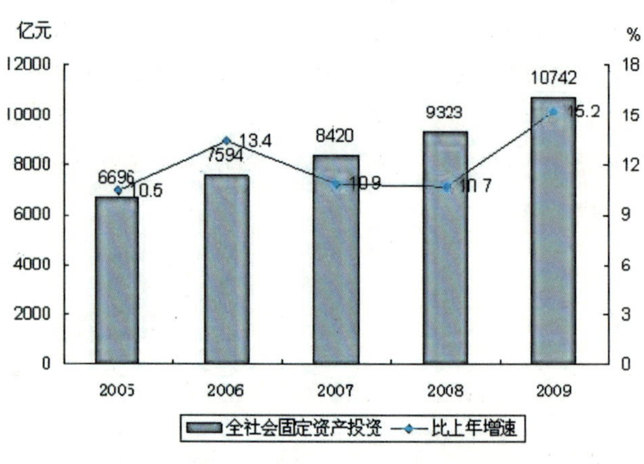

图3　2005～2009年固定资产投资及其增长速度

在限额以上固定资产投资中，第一产业投资57.5亿元，比上年增长59.3%；第二产业投资4291亿元，增长8.9%，其中工业投资4253亿元，增长8.7%；第三产业投资5557亿元，增长21.5%。全年限额以上投资项目29977个，比上年增长13.9%，其中，新开工项目15868个，增长27.1%。

全年房地产开发投资2254亿元，比上年增长11.4%。商品房销售额4303亿元，增长1.3倍。

五、国内贸易

全年社会消费品零售总额8622亿元，比上年增长15.9%，扣除价格因素，实际增长17.3%。其中：城市消费品零售额5771亿元，比上年增长16.3%；县及县以下消费品零售额2851亿元，增长14.9%。分行业看，批发零售贸易业零售额7576亿元，增长16.2%；住宿餐饮业零售额994亿元，增长14.1%；其他行业零售额52亿元，增长1.1%。

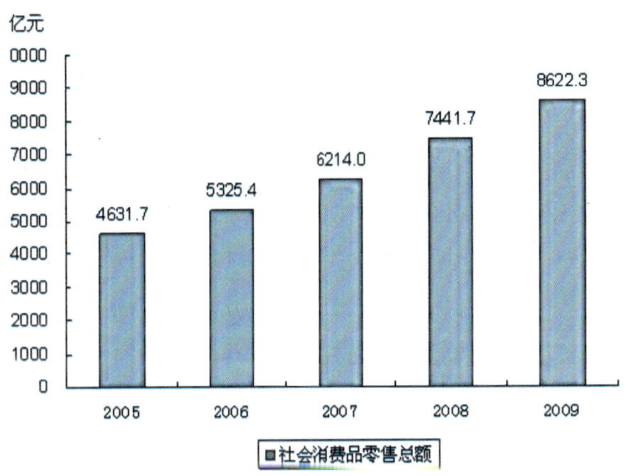

图4　2005～2009年社会消费品零售总额

在限额以上批发零售贸易业销售额中，汽车类零售额比上年增长30.2%，中西药品类增长18.0%，通信器材类下降17.8%，建筑及装潢材料类下降11.7%，服装、鞋帽、针纺织品类增长13.1%，家具类增长14.2%，日用品类增长13.0%，粮油食品饮料烟酒类增长6.6%，石油及制品类增长3.1%，家用电器和音像器材类增长5.4%。

年末全省共有商品交易市场4232家（含38家网上交易市场），全年成交总额11688亿元，其中有形市场成交总额10745亿元，比上年增长9.7%。成交额超亿元的市场633个，超10亿元的市场162个，超百亿元的市场18个。全省累计已建立乡镇连锁超市1843个，已有14109个行政村开设便利店16776个，覆盖率为47.2%。

六、对外经济

全年进出口总额为1877亿美元，比上年下降11.1%。其中：进口547亿美元，下降3.7%；出口1330亿美元，下降13.8%（见表5）。

主要出口市场逐渐回暖，出口降幅持续收窄。美国仍为第一大出口国，日本重新成为第一大进口来源地（见表6）。

全省新批外商直接投资项目1738个，比上年减少120个，合同外资160亿美元，实际到位外资99亿美元，分别比上年下降10.1%和1.3%。第三产业利用外资继续保持良好势头，合同外资57亿美元，实际外资34亿美元，分别比上年增长7%和11.4%，各占外资总额的35.7%和34.2%。

全年对外承包工程、对外劳务合作、对外设计咨询完成营业额24亿美元，比上年增长38.7%；批准境外企业和机构共计475家，其中产业项目149家，贸易公司235家，境外办事处91家；总投资13亿美元，其中中方投资12亿美元，总投资和中方投资分别增长45.7%和43.5%。

表5　2009年进出口主要分类情况

	绝对数（亿美元）	比上年增长（%）
进出口总额	1877.3	-11.1
出口额	1330.1	-13.8
#一般贸易	1066.5	-12.5
加工贸易	249.1	-13.5
#机电产品	555.1	-18.4
#高新技术产品	98.5	-28.2
进口额	547.2	-3.7
#一般贸易	374.4	8.8
加工贸易	117.6	-21.7
#机电产品	119.0	-20.8

表6　2009年对主要市场进出口情况

国家或地区	出口额（亿美元）	比上年增长（%）	进口额（亿美元）	比上年增长（%）
欧盟	360.7	-15.4	64.4	-1.9
东盟	80.4	-8.0	44.4	-12.7
美国	230.6	-13.1	40.4	-6.1
日本	89.0	-10.6	79.1	-11.6
韩国	35.5	-21.0	58.4	-14.9
中国香港	45.0	-13.5	2.2	-24.5
中国台湾	13.2	-23.8	77.4	-14.3

七、交通运输、邮电和旅游

全年交通运输、仓储和邮政业增加值857亿元，比上年增长1.9%。

全年铁路、公路和水运等运输方式完成货物周转量4918.5亿吨千米，比上年增长0.7%；旅客周转量1103.5亿人千米，增长3.0%。港口完成货物吞吐量10.3亿吨，同比增长9.7%，其中：沿海港口完成7.1亿吨，内河港口完成3.2亿吨，分别增长12.6%和3.9%（见表7）。

表 7　2009 年铁、公、水路运输方式完成运输量

	单位	绝对数	比上年增长(%)
货物周转量	亿吨千米	4918.5	0.7
铁路	亿吨千米	323.3	-4.8
公路	亿吨千米	542.6	4.0
水运	亿吨千米	4052.6	0.8
旅客周转量	亿人千米	1103.5	3.0
铁路	亿人千米	291.3	0.5
公路	亿人千米	804.5	3.9
水运	亿人千米	7.8	6.3
沿海港口货物吞吐量	亿吨	7.1	12.6

全年邮电业务总量 1666.3 亿元，比上年增长 7.8%。其中：邮政业务总量 58.1 亿元，增长 19.2%；电信业务总量 1608.2 亿元，增长 7.4%。

全年本地电话交换机容量 3110 万门。新增移动电话交换机 72 万户，总容量为 7973 万户。年末本地电话用户达 2118.6 万户，其中城市电话用户 1313.8 万户，农村电话用户 804.8 万户；移动电话用户 4436 万户，全年新增 459 万户。年末全省互联网用户数为 890.9 万户，比上年新增 86 万户。

全年实现旅游总收入 2644 亿元，比上年增长 17.5%。其中：接待国内旅游者 2.44 亿人次，增长 16.8%，实现国内旅游收入 2423.5 亿元，增长 18.8%；接待入境旅游者 570.6 万人次，增长 5.7%，实现旅游外汇收入 32.2 亿美元，增长 6.6%。

八、金融、证券和保险

年末金融机构本外币各项存款余额 45112 亿元，比上年末增长 27.4%，其中人民币存款余额增长 27.6%。全部金融机构本外币各项贷款余额 39224 亿元，比上年末增长 32.4%，其中人民币贷款余额增长 31.4%。年末城乡居民本外币储蓄存款余额 18169 亿元，比上年末增长 22.8%(见表 8)。

2009 年末，全省全年新增上市公司 16 家，其中境内上市 10 家，境外上市 6 家。目前，全省共有境内上市公司 141 家，居全国第三位，累计融资 1101.64 亿元。其中：中小板上市公司 60 家，占全国中小板上市公司总数的 18.3%，居全国第二位；创业板上市公司 5 家，占全国创业板上市公司总数的 13.9%。全省现有境外上市公司 45 家，累计融资 456.72 亿元。

表 8　2009 年全部金融机构本外币存贷款情况

指　标	年末数(亿元)	比上年增长(%)
各项存款余额	45112.0	27.4
其中：企事业存款	16791.7	46.8
城乡居民储蓄存款	18169.4	22.8
其中：人民币	17833.4	23.1
各项贷款余额	39223.9	32.4
其中：短期贷款	21684.3	26.1
中长期贷款	15324.5	42.8

全年保险业实现保费收入 645.5 亿元，比上年增长 12%。其中：财产险保费收入 247.4 亿元，比上年增长 21.7%；人身险保费收入 398.1 亿元，增长 6.8%。支付各类赔款及给付 220.1 亿元。其中：寿险业务给付 75.4 亿元，健康险和意外伤害险赔款及给付 16 亿元，财产险赔款 128.7 亿元。

九、教育和科学技术

全省拥有普通高校 78 所(含筹建 1 所)。全年研究生招生 16184 人，在学研究生 43381 人，毕业生 7941 人；普通本专科招生 26.14 万人，在校生 86.65 万人，毕业生 21.82 万人。普通高考录取率 82.5%，比上年提高 7.5 个百分点；高等教育毛入学率为 43%，比上年提高 3 个百分点。各类中等职业教育招生 27.68 万人，在校生 72.77 万人，毕业生 23.15 万人；普通高中招生 30.02 万人，在校生 85.55 万人，毕业生 28.58 万人；初中招生 55.45 万人，在校生 176.72 万人，毕业生 59.15 万人。初中入学率、巩固率分别为 99.93%和 99.98%，初中毕业升高中段的比例为 97.7%，比上年提高 0.22 个百分点。小学招生 53.91 万人，在校生 325.14 万人，毕业生 57.24 万人，小学毕业生升学比例为 99.99%。义务教育入学率 99.97%，巩固率 99.99%，完成率 98.58%。特殊教育招生 1649 人，在校生 1.23 万人。全省拥有幼儿园 10067 所，在园幼儿 167.06 万人。

全年全社会科技活动经费投入 720 亿元，比上年增长 16.2%，占全省生产总值的比例为 3.15%，比上年提高 0.27 个百分点。R&D 经费占全省生产总值的比例为 1.7%，比上年提高 0.09 个百分点。地方财政科技投入 101 亿元，比上年增长 16.7%，地方财政科技拨款占地方财政支出的比重为 3.82%。

年末全省拥有县及县以上独立的研究开发机构 149 家，省级以上重点实验室、工程技术研究中心(含试验基地)172 家，省级高新技术企业研发中心 953 家，国家认定的企业技术中心 40 家，拥有省级区域科技创新服务中心 117 家，国家级示范生产力促进中心 12 家。全年专利申请量 10.85 万件，专利授权量 7.99 万件，分别比上年增长 20.6%和 51.0%。全年技术市场合同成交金额 56.5 亿元。

年末全省有 1122 家产品质量检验机构，其中国家检测中心 22 个，产品质量、体系认证机构 5 个。全省有 11313 家企业获得强制性产品认证 76699 张，有 39752 家企业获得了管理体系认证。法定计量技术机构 77 个，全年强制检定计量器具 586.35 万台件。全年测绘部门完成各种比例尺地形图 7.46 万幅。

十、文化、卫生和体育

年末全省文化部门共有艺术表演团体 72 个，群艺(文化)馆、文化站 1610 个，公共图书馆 95 个，博物馆 84 个。省市级广播电台、电视台各 12 座，县级广播电视台 66 家。全省乡镇和行政村的有线电视联网率分别达到 100%和 99%以上。有线电视用户数 1110.2 万户，比上年增长 5.1%，入户率为 70.6%，广播、电视综合覆盖率分别达到 99.1%和 99.3%。全省制作生产各类电影 18 部，电视剧 31 部 1100 集，动画 29 部 19502 分钟。广播影视业经营收入初步统计为 110.6 亿元，比上年增长 10.4%。全年城市影院共放映电影 43.82 万场，观众 1299.3 万人次，票房收入 4.2 亿元，比上年增长 55.4%。共完成 25 万场农村电影放映任务，超额完成省政府下达 15 万场的放映任务。

全省 14 家图书出版社，共出版图书 8287 种，总印数 3 亿册；公开发行的报纸有 70 种，年发行量 31 亿份，平均每千人每天拥有 164 份报纸；出版期刊 219 种，年发行量 0.71 亿册。全省共有综合档案馆 98 个，已开放各类档案 10783 全宗，共计 218.4 万卷 15.7 万件。

年末全省共有卫生机构 1.56 万个，其中医院、卫生院 2474 个。医院和卫生院床位 15.79 万张，卫生技术人员 26 万人，其中执业医师和执业助理医师 10.79 万人，注册护士 8.78 万人。已设置城乡社区卫生服务中心 1314 个、服务站 7158 个，分别完成规划目标数的 92.2%和 79.8%，共验收通过 136 家省级规范化社区卫生服务中心。本年完成第二轮农民健康体检工作，全省已体检参合农民 1854 万人，体检率为 61%。

公共卫生体系建设工作和重大传染病防控工作进一步加强。2009 年，全省累计报告发生甲、乙类传染病 166390 例，报告死亡病例 325 例。报告总发病率为 324.98/10 万，报告死亡率为 0.63/10 万，病死率为 0.20%。

2009 年，我省运动健儿共取得世界冠军 11 个、亚洲冠军 23 个、全国冠军 59 个。共举办国际性体育竞赛 26 项次、全国性竞赛 66 项次、全省性竞赛 145 项次。全省共有 7 个县(市、区)和 142 个乡镇通过省级体育强县、强镇的检查验收。全年发行体育彩票 45.28 亿元，比上年增加 5.03 亿元，居全国第四位。

十一、人口、人民生活和社会保障

2009 年，年末全省常住人口 5180 万人，比上年增长 1.17%。其中，男性人口 2614 万人，女性人口 2566 万人，分别占总人口的 50.5%和 49.5%。全年出生人口 52.6 万人，出生率为 10.22‰；死亡人口 28.8 万人，死亡率为 5.59‰；全年自然增长人口 23.8 万人，自然增长率为 4.63‰。

据对全省城乡住户抽样调查，全省城镇居民人均可支配

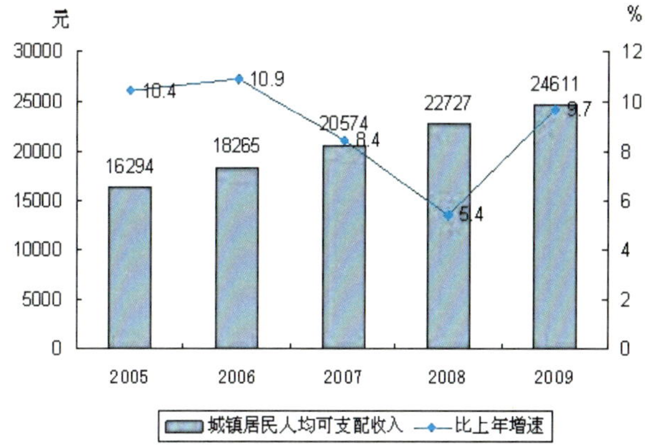

图 5 2005～2009 年城镇人均可支配收入及实际增长速度

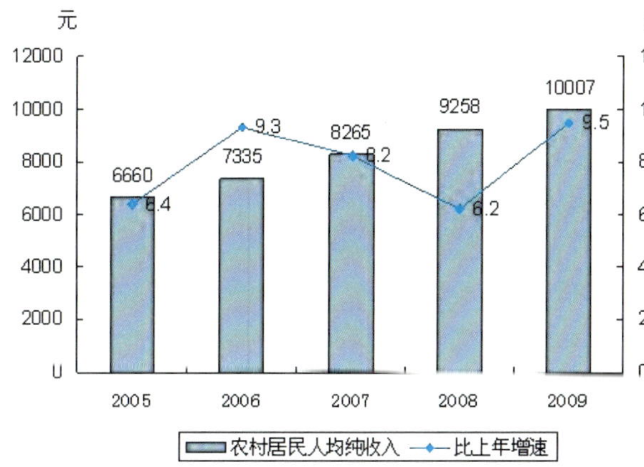

图 6 2005～2009 年农村人均纯收入及实际增长速度

收入 24611 元，农村居民人均纯收入 10007 元，扣除价格因素，分别比上年实际增长 9.7%和 9.5%，城镇居民人均可支配收入连续 9 年、农村居民人均纯收入连续 25 年列全国各省区第一位(见图 5、6)。城镇居民收入基尼系数(衡量居民内部收入分配差距的指标）为 0.2935，农村居民收入基尼系数为 0.3634。城镇居民人均消费支出 16683 元，比上年实际增长 11.6%；农村居民人均生活消费支出 7375 元，实际增长 6.2%。城镇居民家庭恩格尔系数（居民家庭食品消费支出占生活消费总支出的比重）为 33.6%，农村居民家庭恩格尔系数为 37.4%，分别比上年下降 2.8 个和 0.6 个百分点。

城乡居民居住条件继续改善。城镇居民人均住房建筑面积 35.1 平方米，农村居民人均居住面积 59.3 平方米。城乡居民家庭主要耐用消费品拥有量继续增长(见表 9)。

各项社会保障待遇进一步提高。年末全省企业养老、城镇职工基本医疗、工伤、失业、生育保险参保人数分别达到 1432 万、1174 万、1331 万、784 万、750 万，分别比上年增加 138.4 万、119.8 万、69.3 万、53.4 万、60.7 万。企业基本养老保险基金累计结余 935.8 亿元，支付能力达到 32 个月。城镇居民基

表 9　2009 年城乡居民每百户主要耐用消费品拥有量

	单位	城镇居民	比上年增长(%)	农村居民	比上年增长(%)
洗衣机	台	92.91	1.8	65.64	4.9
电冰箱	台	99.23	1.4	85.34	6.4
空调器	台	180.05	5.5	69.62	13.6
摩托车	辆	25.63	-0.9	55.64	-2.2
家用汽车	辆	23.72	20.7	6.23	31.4
彩色电视机	台	181.63	3.1	157.02	4.9
固定电话	部	89.71	-0.4	89.94	-2.5
移动电话	部	191.57	1.4	176.64	10.6

本医疗保险参保人数 488 万人，386 万名被征地农民参加社会保障。全省企业退休人员月平均养老金待遇为 1445 元，继续位居全国省区第一。

新型农村合作医疗机制继续完善，保障能力不断增强。2009 年，全省参合人数 3035 万人，参合率为 92%，人均筹资水平 179 元，所有县（市、区）人均筹资全部达到 140 元及以上。全省共有 170 万人次得到住院结报，5000 万人次得到门诊等结报，报销支出住院费用 43 亿元，报销支出门诊等费用 12 亿元，住院补偿率为 36.5%，门诊补偿率为 24%。

社会救助工作机制逐步健全。据初步统计，全省现有在册低保对象 69.8 万人，比上年增加 1.1 万人，支出资金 11.8 亿元，增加 2.3 亿元。全面实施医疗分类救助模式，开展即时救助。全省全年共筹集医疗救助资金 5.1 亿元，支出超过 5 亿元，除资助 133.5 万名五保、低保对象等困难群众参加医疗保险外，救助困难群众近 40 万人次。全省五保、“三无”对象集中供养率分别为 95.5%和 99.1%。全省年新增各类养老机构床位数 1.5 万多张，新建市、县（市、区）养老服务指导中心 32 个、乡镇（街道）养老服务中心 308 个、城市社区居家养老服务站 510 个、农村“星光老年之家”4100 多个。年内共发行各类福利彩票 49.3 亿元，增长 21.2%，筹集公益金 15.9 亿元。

十二、资源、环境保护和社会安全

水资源保障状况良好。2009 年，全省降水量接近多年平均水平，平均降雨量 1594 毫米，比上年增加 4.9%。全省水资源总量为 946 亿立方米，比上年增长 10.6%，人均水资源量 1836.9 立方米。总用水量为 213.5 亿立方米，其中生活用水 24.9 亿立方米，生产用水 168.7 亿立方米，城市环境用水 19.8 亿立方米，人均用水量为 414.6 立方米。全省拥有省市县三级海洋环境监测预报机构 25 个，气象雷达观测站点 8 个，卫星云图接收站点 25 个。

环境质量持续改善。2009 年，全省八大水系、运河和主要湖库 171 个省控监测断面中有 67.3%的断面水质满足水环境功能要求。钱塘江流域市县交接断面水质达标率为 58.2%，26 个省控饮用水源地水质达标率为 84.7%。全省城市空气综合污染指数为 1.62，11 个设区市城市环境空气质量达到二级标准的天数均在 292 天以上，超过 90%的县级以上城市空气质量达到二级标准。设区城市区域环境噪声小于 55 分贝的县以上城市比例超过 70%，全省城市总体声环境质量保持在上一年水平。全省县及县以上城市污水处理率为 75.6%，比上年提高 2.5 个百分点。

节能降耗工作扎实推进，能源利用效率继续呈稳步提高趋势。全省规模以上工业单位增加值能耗同比下降 5.9%；千吨以上和 1311 家重点用能企业能源消费比上年分别下降 1.9%和 3.3%，单位工业增加值能耗分别下降 6.7%和 6.9%。化学需氧量和二氧化硫排放量分别比上年削减 4.6%和 5.3%。

生态省建设取得明显成效。全年共完成绿化造林 106.5 千公顷，森林覆盖率为 57.4%（按国家口径，不含灌木林）。全省已有 43 个市、县（市、区）获得国家级生态示范区的验收命名，累计创建国家级环境优美乡镇 138 个、省级生态乡镇 648 个。现有全国绿色学校 49 所，省级生态环境教育示范基地 69 个。全省建有省级以上自然保护区 18 个，其中国家级自然保护区 9 个。省级以上森林公园 103 个，其中国家级森林公园 35 个。

全年因灾造成的直接经济损失 120 亿元。全年农作物受灾面积 445 千公顷，其中，绝收 58 千公顷。全年全省海域共发现赤潮 24 次，比上年减少 5 次，累计赤潮面积 4330 平方千米。

2009 年，我省群众安全感达 96.35%，比上年度上升 0.7 个百分点，全省群众安全感持续第 6 年保持在较高水平，被认为是全国最具安全感的省份之一。各类事故总量继续下降，连续第 6 年实现“零增长”的目标。全年全省共发生各类事故 28455 起、死亡 6546 人、直接经济损失 27771 万元，分别比上年下降 10.1%、6.4%、6.2%。其中：道路交通共发生事故 23390 起、死亡 5689 人、直接经济损失 8846 万元，分别比上年下降 9.8%、3.0%和 10.2%；火灾事故共发生 4275 起、死亡 79 人，直接经济损失 5306 万元，分别下降 8.7%、7.1%和 6.8%。

注：(1) 本公报所列各项数据为年度初步统计数据。

(2) 全省生产总值和各产业增加值绝对数按现行价格计算，增长速度按可比价格计算。

(3) 全省人均生产总值按年平均常住人口口径计算。

财经法规选编

浙江省人民政府关于推进政策性农业保险的若干意见

(2009 年 4 月 27 日 浙政发〔2009〕26 号)

2006 年以来,我省成功实施了为期三年的政策性农业保险试点工作,探索了一条具有浙江特色的农业保险新路子,在农业灾后恢复生产中发挥了重要作用。随着现代农业的发展,农民群众的保险意识和需求日益增强,迫切需要建立更健全的政策性农业保险制度。为认真贯彻党的十七届三中全会和中发〔2009〕1 号文件精神,进一步巩固和扩大政策性农业保险试点成果,促进现代农业发展和农民群众创业致富,现就推进政策性农业保险提出以下若干意见。

一、总体要求

坚持以科学发展观为指导,深入贯彻实施"创业富民、创新强省"总战略,以保护农户灾后恢复生产能力为出发点,以保大灾、保大户、保主要品种为重点,以"共保经营"为主要方式,坚持政府推动、农户自愿、市场运作的机制,逐步扩大参保品种、参保对象和保险责任范围,进一步完善政策性农业保险制度,构建广覆盖、多层次、可持续的政策性农业保险体系,不断增强农业抗风险能力。通过几年的努力,力争使全省政策性农业保险主要品种大户参保率 70%以上,县(市、区)自选品种参保率 60%以上, 参保品种农业增加值占全省农业增加值的 60%以上,为现代农业发展和农民创业致富提供有力保障。

二、进一步完善政策性农业保险制度

(一)健全共保经营制度。由浙江保监局指导在浙财产保险公司组成省政策性农业保险共保体(以下简称共保体)。共保体章程每三年签订一次,章程到期后按照"大稳定、小调整"原则,适度调整共保体成员参与比例。如有新成员加入或因特殊原因退出共保体的,需向共保体提出申请,经浙江保监局审核后,报省政策性农业保险工作协调小组同意。共保体章程和农险条款、费率的制定以及变更、修改,须商省政策性农业保险工作协调小组确定,并按程序报备。受共保体委托,首席承保的商业保险公司承担具体经营业务。共保体主要经营具有全省普适性的国家和省定品种,实行"独立核算、盈利共享、风险共担"。

(二)逐步完善保险责任和费率设置。进一步优化区域风险划分,合理确定各品种区域风险系数。稳步扩大责任范围,将保险责任扩大到包括热带风暴级以上热带气旋、暴雨、洪水、冻害、常见病虫害、大规模疫病等主要大灾。逐步提高保障程度,保险金额保持在物化成本的 50%左右。科学调整费率设置,使各品种费率水平更加符合实际。

(三)不断发展保险品种。在继续抓好水稻、能繁母猪、奶牛、油菜、公益林等必保品种和大棚蔬菜、露地西瓜、柑橘树、林木、生猪、鸡、鸭、鹅、淡水鱼等选保品种参保工作的基础上,进一步完善政策性农业保险品种目录体系,重点推进全省普适性保险品种。鼓励各地开办特色保险品种,并报省政策性农业保险工作协调小组备案。积极争取更多品种列入国家财政补贴范围。

(四)逐步扩大参保对象。将政策性农业保险参保对象从大户扩大到以大户为主,兼顾部分散户,让更多种养户得到实惠。将政策性能繁母猪、奶牛、油菜、公益林保险的参保对象扩大到所有符合条件的农户。进一步扩大政策性水稻、大棚蔬菜、露地西瓜、柑橘树、生猪、鸡、鸭、鹅、淡水鱼等保险品种的大户参保面,鼓励农业龙头企业、农村经济合作组织、农民专业合作社在有效控制风险和提高农业产业化水平前提下,组织规模以下种养户参保。

(五)完善定损理赔机制。完善政策性农业保险 24 小时报案、大灾快速理赔等制度,优化大灾理赔流程,加快农业保险理赔速度。抓好政策性农业保险理赔纠纷裁定工作,建立专家库,规范裁定程序。加快政策性农业保险气象指数定损等新技术开发,加强全省农业灾害风险数据库建设,进一步提高政策性农业保险定损理赔的合理性。

(六)继续探索互助合作保险机制。加强互助合作保险与农业合作组织的有机结合,继续探索开展奶牛、生猪、桑蚕、山核桃、水产养殖等互助合作保险,进一步推进渔业互助合作保险。

三、加大对政策性农业保险的支持力度

(一)加大保费补贴力度。中央、省和县(市、区)财政安排专项资金,对参加政策性农业保险的农户给予保费补贴。

1. 水稻、油菜保费由财政补贴 90%。欠发达和海岛地区由中央、省、县财政分别承担 35%、45%、10%,其他地区由中央、省、县财政分别承担 35%、30%、25%。

2. 大棚蔬菜、露地西瓜、柑橘树、林木、淡水鱼等 5 个品种保费由财政补贴 45%;奶牛保费由财政补贴 60%;生猪、鸡、鸭、鹅保费由财政补贴 65%; 公益林火灾保险保费由财政全额补贴。省财政与欠发达和海岛地区按六四比例分担,与其他地区按四六比例分担。

3. 能繁母猪保费由财政补贴 80%。欠发达和海岛地区由

省、县财政分别承担60%、20%，其他地区省、县财政分别承担20%、60%。

4.有条件的地方可增加对参保农户的保费补贴。各级财政与共保体以"按实补贴、一年一结"的形式结算。财政安排的保费补贴、超赔补贴和购买再保险等资金应纳入年度财政预算，并以县为单位设立核算账户，省和县（市、区）财政对补贴资金实行专户管理、专账核算，每年预算安排的结余部分，应及时转入专户，用于以后年度的"以丰补歉"。

（二）完善风险分担机制。进一步完善政策性农业保险巨灾责任5倍封顶方案。全省农业保险赔款在当年农业保险保费2倍（含）以内的，由共保体承担全部赔付责任；赔款在当年农业保险保费2～3倍（含3倍）的部分，由共保体与政府按1:1比例承担；赔款在当年农业保险保费3～5倍（含5倍）的部分，由共保体与政府按1:2比例承担。政府承担的超赔责任由省与欠发达和海岛地区按六四比例、与其他地区按四六比例分担。各县（市、区）农业保险赔款总额超过当年农业保险保费5倍的情况下，实行先预摊、再年度结算，其中政府承担的预摊超赔责任，由省与县（市、区）政府按二八比例执行。在保险年度末统计全省全年总赔款后，再按全省范围内5倍封顶的要求，实行封顶系数（全省农业总保费×5/全省总赔款）转换后统一结算。

（三）支持共保体开展经营活动。各级政府要进一步完善支持共保体经营的政策措施，促进其可持续经营。要采取有效措施支持共保体拓展和落实其他涉农保险业务。

四、切实加强对政策性农业保险工作的组织领导

（一）推进政策性农业保险，提高农业防范和抵御风险能力，事关农业稳定发展，事关农民切身利益。各级政府要高度重视政策性农业保险工作，把这项工作摆上重要议事日程，纳入新农村建设考核内容。进一步健全政策性农业保险领导协调机构，落实责任、精心部署、广泛动员、积极推进。要建立政策性农业保险风险预警和运行监管机制，健全大灾应急预案，筹建巨灾超赔准备金。积极创造有利条件，向国内外再保险市场购买再保险。充分利用农业保险信息资料，为参保农户提供个性化服务，提高农业管理水平。

（二）各地要进一步发挥乡镇干部、农技人员等基层干部的积极性，主动做好政策性农业保险相关工作，着重组织种养大户、农民专业合作社和农业龙头企业参保，积极引导其他农户自愿参保。强化政策引导，对参保农户在项目资金扶持、技术指导和培训、灾后重建等方面予以优先考虑安排。各级发展改革、保监、财政、农业、林业、渔业、民政、农办、国税、气象、金融等相关部门要认真履行职责，合力推进政策性农业保险工作。

（三）共保体要进一步完善基层服务网点设置，推进农村保险服务站和基层代办员制度建设，优化服务，提高经营管理水平和理赔效率。鼓励探索农业保险与农村信贷、林权制度改革有机结合的银保互动机制，有序引导金融资本投资农业。

宁波市参照本意见执行。

附件：浙江省政策性农业保险财政补贴欠发达和海岛地区名单（略）

浙江省人民政府
关于建立城乡居民社会养老保险制度的实施意见

（2009年9月22日 浙政发〔2009〕62号）

为进一步完善我省社会养老保险体系，根据《国务院关于开展新型农村社会养老保险试点的指导意见》（国发〔2009〕32号）和省委、省政府关于建立健全覆盖城乡居民养老保障制度的总体安排，现就建立我省城乡居民社会养老保险制度提出如下实施意见。

一、指导思想和总体要求

（一）指导思想。高举中国特色社会主义伟大旗帜，以邓小平理论和"三个代表"重要思想为指导，深入贯彻落实科学发展观，紧紧围绕全面建设惠及全省人民小康社会的总体目标，着眼于建立健全覆盖城乡居民的养老保障体系，按照"保基本、广覆盖、有弹性、可持续"的基本原则，加快建立与我省经济社会发展水平相适应、与相关养老保障制度相衔接的城乡居民社会养老保险制度，确保城乡居民老有所养。

（二）总体要求。建立城乡居民社会养老保险制度，要坚持覆盖城乡、惠及全民，逐步实现人人享有基本养老保障，让全省人民共享改革发展成果；要坚持政府主导和城乡居民自愿参保相结合，社会统筹与个人账户相结合，引导城乡居民普遍参保；要坚持低水平起步、积极稳妥推进，筹资标准和待遇标准要与经济社会发展水平及各方面承受能力相适应；要坚持权利与义务相对应，个人（家庭）、集体、政府合理分担责任，鼓励长缴多得、多缴多得，逐步形成城乡居民社会养老保险与企业职工基本养老保险等保障制度相衔接的制度体系。

二、目标任务

今年，城乡居民社会养老保险工作要全面启动，各市都要确定1个县（市、区）列入国家或省试点；已经先行开展城乡居民社会养老保险工作的市、县（市、区），要根据本实施意见调

整和完善相关政策；其他市、县(市、区)要抓紧按照本实施意见制订实施办法，做好组织实施准备。2010年1月1日起，凡符合条件、年满60周岁的本省户籍城乡居民按规定享受政府提供的基础养老金，并加快推进参保缴费工作，扩大覆盖面。2012年，全省实现制度全覆盖。

三、主要政策

(一)参保范围。具有本省户籍，年满16周岁(全日制学校在校学生除外)，非国家机关、事业单位、社会团体工作人员，未参加职工基本养老保险的城乡居民，均可在户籍地参加城乡居民社会养老保险。

(二)基金筹集。城乡居民社会养老保险基金主要由个人缴费、集体补助和政府补贴构成。

1. 个人缴费。参加城乡居民社会养老保险的人员应当按规定缴纳养老保险费。缴费标准目前设为每年100元、200元、300元、400元、500元五个档次，各地可按不低于当地上年农村居民人均纯收入或城镇居民人均可支配收入5%的额度，增设和调整若干绝对额缴费档次。参保人自主选择档次缴费，多缴多得。

2. 集体补助。有条件的村集体经济组织应当对参保人缴费给予补助，补助标准由村民委员会召开村民会议民主确定。鼓励其他经济组织、社会公益组织、个人为参保人缴费提供资助。

3. 政府补贴。社会统筹基金由财政提供，主要用于支付基础养老金、参保人个人缴费补贴、缴费年限养老金和丧葬补助费等。省财政按照省里确定的基础养老金最低标准，对两类一至六档地区分别给予80%、72%、64%、48%、20%和10%的补助。对五至六档地区，如纳入国家或省试点，省财政按国家实际补助标准和城乡居民享受基础养老金的人数给予补助。

参保人所在市、县(市、区)财政对参保人缴费给予补贴，补贴标准不低于每人每年30元；对选择较高档次标准缴费的，可给予适当鼓励；对重度残疾人、低保对象等困难群体缴费，按当地最低档次缴费标准给予部分或全部补贴。缴费补贴的具体标准和办法由市、县(市、区)政府制订。

(三)个人账户。国家为每个城乡居民社会养老保险参保人建立终身记录的养老保险个人账户。个人缴费、集体补助及其他经济组织、社会公益组织、个人对参保人缴费的资助，市、县(市、区)政府对参保人的缴费补贴，全部记入个人账户。个人账户储存额目前每年参考中国人民银行公布的金融机构人民币一年期同期存款利率计息。

(四)待遇享受。城乡居民养老金待遇标准、领取条件等按下列规定执行：

1. 养老金待遇标准。城乡居民养老金待遇由基础养老金、个人账户养老金和缴费年限养老金三部分组成，支付终身。

基础养老金标准每人每月不低于60元。市、县(市、区)政府可适当提高当地基础养老金标准，城镇居民的基础养老金水平可适当高于农村居民。

个人账户养老金月标准为个人账户全部储存额除以139(与现行企业职工基本养老保险个人账户养老金计发系数相同)。参保人死亡后，其个人账户中的资金余额，除政府补贴外，可以依法继承。政府补贴余额用于继续支付其他参保人的养老金。

缴费年限养老金月标准根据长缴多得的原则，按缴费年限分段计发。目前暂定为：缴费5年(含5年)以下的参保人，其月缴费年限养老金按1元/年计发；缴费6年以上、10年(含10年)以下的参保人，其月缴费年限养老金从第6年起按2元/年计发；缴费年限11年(含11年)以上的参保人，其月缴费年限养老金从第11年起按3元/年计发。

按本实施意见规定已领取养老金待遇的参保人员，死亡时可享受一次性丧葬补助费。一次性丧葬补助费标准为参保人死亡当月享受的基础养老金的20个月金额。

对参保的复员退伍军人(含制度实施时60周岁以上的人员)，军龄视同缴费，并加发优待养老金。具体办法附后。

2. 养老金待遇领取条件。年满60周岁、未享受国家机关、事业单位、社会团体离休、退休、退职待遇和职工基本养老金待遇的城乡有户籍的老年人，可以按月领取养老金。

城乡居民社会养老保险制度实施时，已年满60周岁、未享受国家机关、事业单位、社会团体离休、退休、退职待遇和职工基本养老金待遇的本省户籍城乡居民，不用缴费，可以按月领取基础养老金，但其符合参保条件的子女应当参保缴费；距领取年龄不足15年的，应按年缴费，也允许补缴，年补缴额不得低于当地当年的最低缴费标准，累计缴费年限不超过15年；距领取年龄超过15年(含15年)的，应按年缴费，累计缴费年限不少于15年。

要引导中青年城乡居民积极参保、长期缴费，长缴多得。

3. 养老金调整机制。省政府根据国家政策并结合我省实际，适时调整全省基础养老金最低标准和缴费年限养老金标准。各市、县(市、区)政府可结合本地实际，适时调整当地基础养老金标准。

四、制度衔接

(一)与原农村社会养老保险制度的衔接。城乡居民社会养老保险制度实施时，凡已参加了原农村社会养老保险(以下简称老农保)、年满60周岁且已领取老农保养老金的参保人，在继续领取老农保养老金的同时，享受城乡居民社会养老保险基础养老金；对已参加老农保、未满60周岁且没有领取养老金的参保人，应将老农保个人账户储存额按城乡居民社会养老保险制度实施当年当地的平均缴费额折算缴费年限(折算的缴费年限最长不超过15年，下同）并继续缴费，老农保个人账户全部储存额并入城乡居民社会养老保险个人账户。

（二）与职工基本养老保险制度的衔接。城乡居民社会养老保险制度实施后，已参加职工基本养老保险的城乡居民，期间因就业状况发生变化而中断缴费的，如职工基本养老保险缴费年限累计不满15年的，可将职工基本养老保险关系转入户籍地参加城乡居民社会养老保险，职工基本养老保险个人账户资金转入城乡居民社会养老保险个人账户，并按转入当年当地的平均缴费额折算缴费年限，按规定享受城乡居民社会养老保险待遇。

城乡居民社会养老保险制度实施后，参加了城乡居民社会养老保险、后因就业又参加了职工基本养老保险的城乡居民，在养老保险关系转移时，可将城乡居民社会养老保险个人账户储存额，按职工基本养老保险的规定折算缴费年限并继续缴费。到达退休年龄时，如符合按月领取职工基本养老保险待遇条件的，按职工基本养老保险享受养老金待遇；如不符合按月领取职工基本养老保险待遇条件的，可将其职工基本养老保险个人账户转换为城乡居民社会养老保险个人账户，按当年当地城乡居民社会养老保险平均缴费额折算缴费年限，按规定享受城乡居民社会养老保险待遇。

（三）与被征地农民基本生活保障制度的衔接。城乡居民社会养老保险制度实施后，参加了城乡居民社会养老保险的农村居民，如被征地且符合参加被征地农民基本生活保障条件的，可以同时参加被征地农民基本生活保障。

城乡居民社会养老保险制度实施后，已经参加被征地农民基本生活保障的居民，要求转为参加城乡居民社会养老保险的，可将其被征地农民基本生活保障个人账户资金及其个人享有的社会统筹部分权益合并抵缴城乡居民社会养老保险的个人缴费，按当年当地城乡居民社会养老保险平均缴费额折算缴费年限，按城乡居民社会养老保险规定享受相应待遇。

（四）与其他保障待遇的衔接。符合享受城乡居民社会养老保险待遇条件的人员，如符合享受被征地农民基本生活保障、水库移民后期扶持政策、最低生活保障、计划生育家庭奖励扶助、社会优抚、农村“五保”和城镇“三无”人员供养、精减职工和遗属生活补助等待遇条件，可同时叠加享受。

（五）跨地区转移。城乡居民社会养老保险的参保人跨地区转移，可将其城乡居民社会养老保险关系及个人账户储存额转入新参保地，按新参保地规定继续参保缴费并享受相应待遇。

上述规定，今后国家有规定的，从其规定。

五、管理服务

（一）经办机构建设。各地要认真记录城乡居民参保缴费和领取待遇情况，建立档案，长期妥善保存。要建立城乡居民社会养老保险信息管理系统，纳入社会保障信息管理系统（“金保工程”）建设，并与其他公民信息管理系统实现信息资源共享。要大力推行社会保障卡，方便参保人持卡缴费、领取待遇和查询本人参保信息。各地要根据实际，依靠现有的社会保险经办机构，在增加必要人员力量、给予必要经费保障的基础上，承担起城乡居民社会养老保险有关经办业务。乡镇、街道劳动保障所（站）要配备专职人员，村、社区要落实代办员。要整合城乡现有社会服务资源，运用现代管理方式和政府购买服务方式，降低行政成本，提高工作效率。城乡居民社会养老保险工作经费纳入同级财政预算，不得从城乡居民社会养老保险基金中开支。

（二）基金管理和监督。城乡居民社会养老保险费由当地社会保险经办机构负责征收，也可由当地政府委托有关机构征收。城乡居民社会养老保险待遇发放，由当地社会保险经办机构负责。建立健全城乡居民社会养老保险基金财务会计制度。城乡居民社会养老保险统筹基金纳入同级财政预算。城乡居民社会养老保险基金以市、县（市、区）为单位，纳入同级社会保障基金财政专户，实行收支两条线管理，单独记账、核算，专款专用，并按有关规定实现保值增值。

各级人力资源社会保障行政部门要切实履行基金的监管职责，制订完善各项业务管理规章制度，规范业务程序，建立健全内控制度和基金稽核制度，对基金的筹集、上解、划拨、发放进行监控和定期检查，并定期披露基金筹集和支付信息，做到公开透明，加强社会监督。财政、监察、审计部门按各自职责实施监督，严禁挤占挪用，确保基金安全。社会保险经办机构和村民委员会、城镇社区居民委员会每年在行政村和社区范围内对参保人缴费和待遇领取资格进行公示，接受群众监督。

六、组织领导

（一）切实加强领导。建立城乡居民社会养老保险制度是深入贯彻落实科学发展观、加快建设覆盖城乡居民社会保障体系的重大决策，是应对国际金融危机、扩大内需、促进经济持续发展的重大举措，是逐步缩小城乡差距、改变城乡二元结构、推进基本公共服务均等化、促进城乡一体化发展的重要基础性工程，是实现广大城乡居民老有所养、增加收入、促进社会和谐的重大惠民政策。各级政府要充分认识做好这项工作的重大意义，将其纳入当地经济社会发展规划和年度计划，作为政府目标责任考核的重要内容，切实加强组织领导。省政府成立省城乡居民社会养老保险工作领导小组，负责这项工作的组织协调。各地也要抓紧成立相应的组织协调机构。各级人力资源社会保障行政部门要切实履行城乡居民社会养老保险工作行政主管部门的职责，会同有关部门做好城乡居民社会养老保险的统筹规划、政策制订、统一管理、综合协调等工作。各有关部门要密切配合，形成合力，共同积极有序地推进这项工作。

列入国家和省试点的县(市、区),要精心制订试点实施方案,报省政府批准后组织实施,确保试点工作取得成功。

(二)切实加强舆论宣传。各市、县(市、区)政府和有关部门要准确把握国家和省的文件精神,坚持正确的舆论导向,充分运用各种通俗易懂的宣传方式,向广大城乡居民和各级干部深入宣传建立城乡居民社会养老保险制度的重大意义、基本原则和具体政策,不断增强城乡居民的参保意识,使这项惠民政策家喻户晓、深入人心,形成推进城乡居民社会养老保险工作的良好氛围。

各市、县(市、区)政府及有关部门要及时掌握和研究工作推进过程中出现的新情况、新问题,妥善处理改革、发展和稳定的关系,把这件惠及城乡居民的好事真正办好。重要情况要及时向省城乡居民社会养老保险工作领导小组报告。

附件:复员退伍军人养老金计发办法

退伍军人养老金计发办法

为体现对复员退伍军人参加城乡居民社会养老保险的优待政策,参保的复员退伍军人(含制度实施时60周岁以上的人员)按以下办法计发养老金待遇:

一、基础养老金。按复员退伍军人领取养老金当年当地的统一标准发给。

二、个人账户养老金。复员退伍军人军龄可按一定的标准账户化。具体为:以复员退伍军人领取养老金待遇当年当地平均缴费额加上政府缴费补贴为基数,乘以其军龄(不满1年按1年算,下同)计算账户化额度,该额度计入个人账户储存额。个人账户养老金的计发办法与其他参保人相同。

三、缴费年限养老金。复员退伍军人的缴费年限为军龄与其个人实际缴费年限之和。其缴费年限养老金的计发办法与其他参保人相同。

四、优待养老金。复员退伍军人在享受上述三部分养老金待遇的同时,每人每月再加发40元优待养老金。今后,该标准由省里适时统一调整。

浙江省人民政府办公厅
浙江省创业风险投资引导基金管理办法

(2009年3月18日 浙政办发〔2009〕24号)

第一章 总 则

第一条 为贯彻省委、省政府“创业富民、创新强省”总战略,加快发展我省创业投资事业,根据《创业投资企业管理暂行办法》(发展改革委等十部委令2005年第39号)、国务院办公厅《关于创业投资引导基金规范设立与运作的指导意见》(国办发〔2008〕116号)和财政部、科技部《科技型中小企业创业投资引导基金管理暂行办法》(财企〔2007〕128号)等文件精神,制定本办法。

第二条 浙江省创业风险投资引导基金(以下简称引导基金)是由政府设立的政策性、引导性基金,其设立的宗旨是发挥财政资金“四两拨千斤”的作用,通过扶持创业投资企业的发展,逐级放大,引导社会资本进入创业投资领域,促进国内外优质创业资本、项目、技术、人才向浙江聚集,推进全省经济结构调整和产业升级。

第三条 引导基金规模为5亿元人民币,主要通过阶段参股和跟进投资等方式实施投资运作,其中跟进投资的资金比例不得高于30%。

引导基金以基金管理机构的资本金形式存续,逐年投入。

第四条 引导基金按照“政府引导、市场运作、科学决策、严格管理”的原则进行投资运作,重点引导创投基金或创业投资企业投向电子信息、生物医药、先进制造、新能源、新材料、环保节能、高效农业、现代服务业等符合浙江省高新技术产业发展规划的领域,引导创业投资企业重点投资处于初创期、既有风险又具成长性的科技型中小企业创新创业。

第二章 组织架构

第五条 浙江省创业风险投资引导基金管理委员会(以下简称管委会)为引导基金的领导机构。主要职责是:确定投资方向和投资原则,审查批准浙江省创业风险投资引导基金管理有限公司(以下简称引导基金管理公司)章程及投资项目管理、投资风险控制、投资退出机制和业绩考核等制度;审查批准引导基金管理公司资金筹集、投资计划等重大事项。

第六条 管委会由常务副省长任主任,省政府分管副秘书长和省财政厅厅长任副主任,委员由省发改委、省经贸委、省科技厅、省财政厅、省信息产业厅、省审计厅、省金融办、人行杭州中心支行、浙江银监局等部门负责人担任。

第七条 管委会下设办公室,主要负责管委会的日常工作。办公室设在省财政厅,由省财政厅分管副厅长兼任办公室主任。

第八条 管委会下设监事会,作为引导基金运作的监督机构,负责引导基金管理运作过程中的风险监控。监事会由省发改委、省科技厅、省财政厅、省审计厅、省金融办等部门委派相关人员组成。

第九条 浙江省财务开发公司为引导基金管理公司的出资人。

引导基金管理公司负责引导基金的日常管理与投资运作事务,实施阶段参股和跟进投资,并代表引导基金行使民事权力、承担民事义务与责任。

第十条 引导基金管理公司履行下列主要职责:

(一)承担引导基金对外投资的出资主体;

(二)面向社会公开征集引导基金合作的创业投资机构;在尽职调查、审慎评估的基础上,按照规定程序确定投资的可行性方案;

(三)决定阶段参股与跟进投资项目实施方案,并报管委会备案;

(四)管理引导基金投资形成的股权,履行股东的权利和义务;

(五)负责实施引导基金投资形成股权的退出工作;

(六)对引导基金所投资企业(项目)的实施情况进行监督检查,定期向管委会报告监督检查情况、引导基金财务状况及运作过程中的其他重大事项。

第三章 投资对象

第十一条 引导基金的投资对象主要是国内外有实力的创业投资企业和其他企业。

第十二条 引导基金按照公开、公平的原则,重点与国内外投资业绩突出、基金募集能力强、管理经验丰富的品牌创业投资企业进行合作。

第十三条 引导基金阶段参股创业投资企业应当具备以下条件:

(一)经工商行政管理部门登记并按照《创业投资企业管理暂行办法》的有关规定进行备案;

(二)实收资本(或出资额)在10000万元人民币以上,或者出资人首期出资在3000万元人民币以上,且承诺在注册后5年内出资总额达到10000万元人民币以上。所有投资者以货币形式出资;

(三)至少有3个对高新技术中小企业投资的成功案例,即投资所形成的股权年平均收益率不低于15%,或股权转让收入高于原始投资额20%以上;投资累计5000万元以上;

(四)至少有3名具备5年以上创业投资或相关业务经验的专职高级管理人员;

(五)管理和运作规范,具有严格合理的投资决策程序和风险控制机制;按照国家企业财务、会计制度规定,有健全的内部财务管理制度和会计核算办法;

(六)《创业投资企业管理暂行办法》其他有关规定。

第十四条 阶段参股的其他企业应当具备以下条件:

(一)注册资金5000万元以上;

(二)新组建公司的投资额中,战略投资在1000万元以上或财务投资在3000万元以上;

(三)管理和运作规范,符合国家企业财务、会计制度规定,有健全的内部财务管理制度和会计核算办法。

第十五条 本办法所称初创期企业,是指在浙江省内注册设立,主要从事高新技术产品研究、开发、生产和服务,成立时间在5年以内的非上市公司,且应当具备下列条件:

(一)具有企业法人资格;

(二)职工人数在300人以下,具有大专以上学历的科技人员占职工总数的比例在30%以上,直接从事研究开发的科技人员占职工总数比例在10%以上;

(三)年销售额在3000万元人民币以下,净资产在2000万元人民币以下,每年用于高新技术研究开发的经费占销售额5%以上。

第十六条 引导基金不得用于从事贷款或股票、期货、房地产、基金、企业债券、金融衍生品等投资以及用于赞助、捐赠等支出和对创投以外的企业担保。闲置资金只能存放银行或购买国债。

第四章 投资管理

第十七条 引导基金投资主要采用阶段参股和跟进投资等方式。

第十八条 阶段参股是指引导基金向创投基金或创业投资企业进行股权投资,并在约定的期限内退出。主要支持与社会资本共同发起设立新的创投基金或创业投资企业。设立的创业投资企业必须在浙江注册。

第十九条 引导基金的参股比例最高不超过创业投资企业实收资本(或出资额)的25%,且不能成为第一大股东。

第二十条 参股创业投资企业的资金规模最低为1亿元人民币,引导基金参股期限一般不超过5年。

第二十一条 引导基金参股的创业投资企业进行投资时应当遵循下列原则:

(一)投资对象原则上应当是在浙江省范围内注册设立的创业企业,投资浙江省范围内企业的资金不低于80%;

(二)投资对象仅限于未上市企业。但所投资的未上市企业上市后,创业投资企业所持股份的未转让部分及其配售部分不在此限;

(三)投资对象应以处于初创期企业为主,投资初创期企业的投资额比例不得低于全部投资额30%,并逐步达到50%以上;

(四)为保证资金流动性和分散风险,对单个创业企业的累计投资不得超过创业投资企业自身注册资金的20%;

(五)投资对象不属于合伙或有限合伙企业;

(六)不得投资于其他创业投资企业;

(七)原则上不得控股被投资企业。

第二十二条 引导基金管理公司应监督所投资的创业投资企业按规定的投资方向、投资比例进行投资运作,但不参与该创业投资企业的日常经营和管理。

第二十三条 引导基金参股创业投资企业稳定运营以后,可在适当时机将股份通过下列途径完成退出:将股权优先转让给其他股东;公开转让股权;参股创业投资企业到期后清算退出。

第二十四条 参股创业投资企业应当在《投资合作协议》和《企业章程》中明确下列事项:

(一)在有受让方的情况下,引导基金可以随时退出;

(二)参股创业投资企业的其他股东不先于引导基金退出;

(三)参股创业投资企业未按规定向初创期企业投资的,引导基金有权退出。

第二十五条 参股创业投资企业其他股东自引导基金投入后3年内购买引导基金在参股创业投资企业中的股权,转让价格按不低于引导基金原始投资额确定;超过3年的,转让价格按不低于引导基金原始投资额与按照转让时中国人民银行公布的同期贷款基准利率计算的收益之和确定。参股创业投资企业其他股东之外的投资者购买引导基金在参股创业投资企业中的股权,按上述确定转让价格的原则,以公开方式进行转让。

第二十六条 经专家评审通过的阶段参股项目,应在有关媒体上公示1周。对公示中发现问题的项目,引导基金不得投资。

第二十七条 跟进投资是指对创业投资企业选定投资的创业企业,引导基金与创业投资企业共同投资的投资行为。

第二十八条 跟进投资仅限于当创业投资企业投资初创期企业或需要政府重点扶持和鼓励的高新技术等产业领域的创业企业时,引导基金可以按适当股权比例向该创业企业投资。跟进投资项目应在浙江省境内。

第二十九条 被跟进创业投资企业须按《创业投资企业管理暂行办法》的有关规定经过备案,并以现金方式对创业企业进行投资。

第三十条 对拟跟进投资的项目,引导基金管理公司应对以下内容进行审查:

(一)被投资企业法人营业执照复印件;

(二)被投资企业章程;

(三)上年度被投资企业的会计报表和审计报告(新设立的企业除外);

(四)被投资企业的资产评估报告(新设立的企业除外);

(五)创业投资企业已批准投资的决策文件副本;

(六)创业投资企业编制的《投资建议书》或《可行性研究报告》;

(七)创业投资企业与被投资企业或其股东签订的《投资意向书》。

第三十一条 对于符合条件的跟进投资项目,引导基金在确认创业投资企业已全额出资后,按双方协议要求办理跟进投资的出资手续。

第三十二条 引导基金按创业投资企业实际投资额30%以下的比例跟进投资,出资方式为现金出资,投资价格与被跟进创业投资企业的投资价格相同,单个项目原则上不超过500万元人民币。

第三十三条 引导基金对单个企业只进行一次跟进投资。

第三十四条 引导基金跟进投资形成的股权可委托共同投资的创业投资企业管理。采用股权托管的,应当由受托管机构与被跟进投资的创业投资企业签订《股权托管协议》,明确双方的权利、责任、义务、股权退出的条件或时间等。

第三十五条 引导基金采用跟进投资方式形成的股权一般在5年内退出。共同投资的创业投资机构不得先于引导基金退出其被投资企业的股权。

第三十六条 被跟进创业投资企业、创业企业其他股东购买引导基金跟进投资形成的股权,转让价格可以按不低于引导基金原始投资额与按照转让时中国人民银行公布的同期贷款基准利率计算的收益之和确定。同等条件下被跟进创业投资企业有优先受让权。被跟进创业投资企业、创业企业其他股东之外的其他投资者购买引导基金跟进投资形成的股权,按上述确定转让价格的原则,以公开方式进行转让。

第三十七条 参股的创业投资企业或跟进投资企业发生清算时,按照法律程序清偿债权人的债权后,按照事先约定,股东共有的剩余财产首先清偿引导基金。

第五章 监督管理

第三十八条 引导基金管理公司于每季度末向管委会报送引导基金投资运作、资金使用等情况;及时报告运作过程中的重大事件,并于每个会计年度结束后的4个月内提交经注册会计师审计的年度会计报表。

第三十九条 由监事会对基金管理机构履行职责情况进行日常监督,并委托社会中介机构对引导基金运作情况进行审计。

第四十条 实行绩效考核制度。由管委会办公室负责定期对引导基金有关政策目标、政策效果及其投资情况进行绩效评估,对引导基金管理公司进行年度业绩考核,考评结果作为对引导基金管理公司进行奖惩的依据。

第六章 附 则

第四十一条 本办法自发布之日起施行。

浙江省人民政府办公厅转发省发展改革委省财政厅关于浙江省基本公共服务均等化行动计划2009年度实施计划的通知

（2009年4月23日 浙政办发〔2009〕44号）

各市、县（市、区）人民政府，省政府直属各单位：

省发改委、省财政厅制订的《浙江省基本公共服务均等化行动计划2009年度实施计划》已经省政府同意，现转发给你们，请结合实际，认真贯彻实施。

浙江省基本公共服务均等化行动计划2009年度实施计划

省发展改革委 省财政厅

为扎实推进我省基本公共服务均等化行动计划，特制订2009年度实施计划如下：

一、总体要求和目标

以科学发展观为指导，深入实施“创业富民、创新强省”总战略，围绕“保增长、抓转型、重民生、促稳定”的工作主线，着力解决广大人民群众最关心、最直接、最现实的利益问题，着力改善欠发达地区和广大农村的生产生活条件，着力保障社会弱势群体、困难群体的生存和发展，加快构建配置合理、功能完善、便捷高效的基本公共服务供给体系，努力实现基本公共服务覆盖城乡、区域均衡、全民共享，促进社会公平正义和人的全面发展。

2009年计划完成十大工程81个项目建设投资641.33亿元，占五年计划总投资的27.9%。其中，省财政初步建议安排79.1亿元，比上年增长14.9%。

二、主要任务

（一）千方百计稳定和扩大就业。

1. 大力培育新的就业增长点。抓住中央扩大内需决策部署的有利时机，实施更加积极的就业政策，努力扩大就业容量，大力推进创业促就业，实施与就业挂钩的企业发展支持政策，保持就业局势稳定。2009年新增城镇就业人员60万人；引导和帮助25万名城镇失业人员实现再就业，其中就业困难人员6万名；城镇登记失业率控制在4%以内。（责任单位：省人力资源社会保障厅）

2. 全力做好大中专毕业生就业工作。出台我省《关于加强普通高等学校毕业生就业工作的意见》。开展大中专毕业生专项就业服务活动。完善面向基层和中小企业就业的激励政策，落实对高校毕业生的创业资助和扶持，建立未就业高校毕业生回原籍见习制度。实行大中专毕业生失业登记制度，对家庭困难和进行失业登记的大中专毕业生开展一对一就业援助。努力扩大高校研究生和专升本招生规模，鼓励高校所属成人教育机构吸纳应届高职高专毕业生接受本科教育。（责任单位：省人力资源社会保障厅、省教育厅）

3. 努力促进农民工就业稳定。积极完善促进农民工就业的政策措施，支持企业采用灵活用工、弹性工时等措施稳定就业岗位，支持困难企业采取在岗培训、轮班工作等办法减少裁员。大力支持农民工返乡创业和投身新农村建设，做好农民工社会保障和公共服务。（责任单位：省人力资源社会保障厅、省农办、省经信委）

4. 着力解决就业困难群体的就业问题。出台《关于建立健全城镇零就业家庭就业援助长效机制的意见》，确保城镇零就业家庭出现一户、帮扶一户、解决一户，全省城市50%以上的社区达到“充分就业社区”标准。进一步加强对农村低保家庭的就业帮扶。加强残疾人就业援助，全年完成残疾人技能培训1.5万名，新增就业8000人。（责任单位：省人力资源社会保障厅、省残联）

5. 加快实施特别职业培训。集中组织对困难企业在职职工开展在岗培训和转岗培训，对失去工作返乡的农民工开展实用技能培训，对城镇失业人员开展技能就业培训，对新成长劳动力开展技能储备培训。2009年完成再就业培训15万人、职业技能鉴定60万人、农村预备劳动力培训3万名、“双证制”培训10万名。（责任单位：省人力资源社会保障厅、省教育厅）

6. 全面启动失业动态重点监测。实行全省统一的就业失业登记制度，完善失业预警制度。在全省范围内开展失业动态重点监测报告工作。推进公共就业服务向乡镇、农村延伸，进一步推进市、县公共就业服务场所建设。（责任单位：省人力资源社会保障厅、省统计局）

7. 发展和谐稳定的劳动关系。出台《关于贯彻劳动合同法及实施条例的若干意见》。进一步推进工资集体协商制度，深入开展劳动关系和谐企业和工业园区创建活动。推广实施工资支付保证金制度。建立健全劳动争议仲裁绿色通道。加快推动劳动保障监察"网格化"管理建设。积极构建企业风险预警系统，完善欠薪应急机制。（责任单位：省人力资源社会保障厅）

（二）进一步完善社会保障体系。

8. 全面推行社会保险"五费合征"。2009 年新增企业职工基本养老保险参保人数 60 万；新增城镇职工基本医疗保险参保人数 60 万；工伤保险基本实现全覆盖；新增失业保险参保人数 10 万。全面推进城镇居民基本医疗保障制度，将大学生纳入参保范围，2009 年全省参保人数达到 425 万，参保率力争达 85%以上。（责任单位：省人力资源社会保障厅、省地税局）

9. 减轻企业缴纳社会保险费负担。在确保企业职工社保待遇不受影响、社保制度平稳运行的前提下，对企业社会保险费缴费比例实行临时性适当下浮，标准相当于企业缴费统筹部分 1 个月的额度。对暂时无力缴纳社会保险费的困难企业实施缓缴政策，允许其在 2009 年内缓缴社会保险费，期限最长不超过 6 个月。（责任单位：省人力资源社会保障厅、省财政厅、省地税局）

10. 进一步完善社会保险政策。根据中央部署，研究制定养老保险关系转移接续办法；研究制定做实个人账户和推行省级统筹的实施办法；研究事业单位养老保险制度改革办法；研究制定大学生参加城镇居民基本医疗保险的政策方案；研究制定适合农民工特点的养老保险参保政策；研究城镇职工基本医疗保险、城镇居民基本医疗保险、新型农村合作医疗之间的政策衔接问题。（责任单位：省人力资源社会保障厅、省财政厅）

11. 稳步推进新型农村养老保险制度。出台《关于建立新型农村社会养老保险制度的指导意见》。深化新型农村养老保险试点工作。进一步规范完善被征地农民基本生活保障制度，逐步由即征即保过渡到先保后征。（责任单位：省人力资源社会保障厅、省财政厅）

12. 依法规范社会救助体系。规范城乡最低生活保障制度，健全城乡低保标准动态调整机制、困难群众物价补贴机制和低保家庭定期复核机制，实行动态管理下"应保尽保、应补尽补、应退尽退"。完善农村最低生活保障制度，加大省级财政补助力度，取消乡镇一级财政资金配套。健全农村五保和城镇"三无"对象集中供养制度，稳定集中供养率。完善医疗救助制度，确保医疗救助筹资额不低于人均 7 元。完善重点优抚对象基本医疗保障、政府医疗补助、医疗救助和医疗优惠"四位一体"的医疗保障制度。进一步完善法律援助网络，全年法律援助案件比上年增加 10%以上，法律援助沿街一楼窗口建成率达 75%。启动社会救助、低保、灾民生活救助等地方性法规立法论证调研，推进救助工作法制化建设。（责任单位：省民政厅、省卫生厅、省司法厅）

13. 全面推进新型社会福利体系建设。加快社会福利工程建设，2009 年新增机构养老床位 15 万张，新建城市社区居家养老服务网点 500 个、农村社区"星光老年之家"4000 个，建设 30 个县（市、区）居家养老服务指导中心，改（扩）建 300 个街道（乡镇）养老服务中心。进一步推进残疾人共享小康工程，2009 年使 10 万名贫困重度残疾人得到基本生活保障、基本照料和康复服务，其中提供免费助听助明助行服务 2.5 万名。健全完善"残疾孤儿手术康复明天计划"，继续实施"儿童福利机构建设蓝天计划"，2009 年新建儿童福利院 2 个。加强流浪未成年人救助保护，2009 年新建流浪未成年人救助保护中心 2 个、迁建救助管理站 3 个。（责任单位：省民政厅、省残联）

14. 加快完善住房保障体系。积极推进"惠民安居"工程，2009 年新增廉租住房受益家庭 1 万户以上，新开工建设经济适用住房 300 万平方米以上，基本完成低保标准 1.5 倍以下城镇住房困难家庭廉租住房应保尽保，基本满足家庭人均收入低于当地城镇居民人均可支配收入 60%的住房困难家庭购租经济适用住房的需求。新开工农民工公寓 59 万平方米。加强欠发达地区廉租住房保障，落实省级廉租住房保障专项补助。全面实施"固房工程"，2009 年完成 1.6 万户农村困难群众危旧房改造。新增 1000 个县、乡、村避灾安置场所；完成高山远山地区、地质灾害危险区、重点库区贫困群众下山搬迁 5 万人；逐步完善农房保险政策，健全长效机制。（责任单位：省住房城乡建设厅、省民政厅、省农办、省国土资源厅）

（三）全面推进教育均衡化。

15. 加快学前教育发展。省财政安排 5000 万元作为学前教育发展专项资金，重点扶持农村和欠发达地区。加快乡镇中心幼儿园建设，建立幼儿园等级评定及规范收费制度，补助扶持靠收费不能维持运转的规范幼儿园。（责任单位：省教育厅、省财政厅）

16. 提高义务教育经费保障。提高义务教育中小学生均公用经费标准，2009 年将义务教育中小学生均公用经费标准提高到小学每生每年 350 元，初中每生每年 550 元。提高农村中小学爱心营养餐标准，从每生每年 200 元提高到 350 元，省财政仍按一类地区 70%、二类地区 50%的比例给予补助。实施义务教育阶段中小学教师绩效工资制度，将义务教育学校教师的工资和合理收入全部纳入财政预算，确保义务教育教师平均工资水平不低于当地公务员平均工资水平。（责任单位：省教育厅、省财政厅、省人力资源社会保障厅）

17. 继续做好中小学校舍维修改造工程。重点推进农村中小学教师集体宿舍危旧房改造项目，2009 年开工建设 60 万平方米、竣工 40 万平方米。着力改善困难地区、薄弱学校办学条

件,2009年完成小规模学校调整改造项目。(责任单位:省教育厅)

18.继续实施农村中小学教师"领雁工程"和农村中小学"书香校园"工程。2009年培训中小学骨干教师12300人,其中完成省级骨干培训4000人,市级骨干培训3300人,县级骨干教师培训5000人,省财政投入资金5000万元;为2800所农村中小学配送图书150万册。(责任单位:省教育厅)

19.启动实施第二轮农村中小学现代远程教育工程。2009年配备班级多媒体教室3050套,完成4万条多媒体素材的资源库建设任务,基本完成由省级中心、市、县(市、区)分中心和学校播放点构成的"三位一体"远程教育网络平台。(责任单位:省教育厅)

20.大力实施"职业教育六项行动计划"。扩大中职学生免费范围,从2009年秋季开始,对年人均收入4000元以下的农村低收入家庭子女就读中等职业学校实行免缴学费。实施"扶千名人才、促千村发展"工程,从省重点扶持范围内招收低收入农户青年到浙江林学院等高校免费接受高等农业职业教育。(责任单位:省教育厅)

(四)促进人人享有基本医疗卫生服务。

21.完善城乡公共卫生服务体系。开展乡镇卫生院体制改革试点。启动开展"城乡基层卫生强化行动",2009年重点支持欠发达地区城乡社区卫生服务中心建设。争取推进30家妇幼保健机构建设。新建县级卫生监督机构5家以上。建立城乡统一的公共卫生服务项目制度,2009年项目达标率达到80%以上。大力推广社区责任医生制度,积极引导建立社区首诊机制,2009年城乡每千名居民拥有社区责任医生数达到0.7名以上,城乡社区卫生服务机构门诊量占总门诊量的比重力争达到45%以上。(责任单位:省卫生厅)

22.深入实施"农民健康工程"。2009年新农合参保率巩固在90%以上,全省以县为单位人均筹资水平达140元以上,力争全省平均新农合住院补偿比例达到35%以上,经济发达地区达到40%以上,门诊补偿比例达到15%~30%。做好第二轮农民健康体检,农民体检率累计达60%,三大类12项农村公共卫生服务人口达3300万。(责任单位:省卫生厅)

23.全面实施中医药服务普及项目。加强20个中药制剂室建设,研制60个中药制剂品种;继续推广58项中医中药适宜技术,新开展30项诊疗技术研究;培养中医药骨干200名;制播中医药学术与科普录像20部;继续开展"三名三进"中医药普及项目。(责任单位:省卫生厅)

24.继续实施"基层卫技人员素质提升工程"。2009年完成4720名全科医生、960名社区护士、960名医学检验人员、960名医学影像技术人员、480名心电技术人员岗位培训和16000名乡村医生2年1次注册培训的教育任务。(责任单位:省卫生厅)

25.加强人口和计划生育基层基础工作。完成15个县级计划生育指导站标准化建设项目。完善"农村计划生育家庭奖扶金制度"与"计划生育家庭特别扶助制度",完成17.5万左右人次、1.5亿元农村计划生育奖励扶助金和1.6万左右人次、0.26亿元特别扶助金发放任务。全面开展免费婚检和免费孕前优生检测,加强基层计划生育和生殖健康服务。(责任单位:省人口计生委、省卫生厅)

26.加快食品药品安全监管向农村延伸。继续推进"浙江省食品质量安全风险控制和百姓查询信息系统"项目,完成数据中心建设,研发浙江食品质量安全检测数据共享和风险预警数据库管理软件,完成主查询网站建设,初步完成市级查询网站终端建设。继续实施农村药品供应保障体系建设项目、城乡药品质量保障项目和药品不良反应监测网络建设项目,全省药品监督抽验覆盖面提高到55%以上,医疗器械抽验达到700批次,新设28个县级药品不良反应监测站。(责任单位:省食品药品监管局、省质量技术监督局)

(五)提高农村公共文化服务水平。

27.加大"送文化"下乡和农民"种文化"活动力度。扩大"送戏送书送电影工程"覆盖面,2009年组织1.5万场演出、15万场电影、100万册图书到农村;组织培训农村基层文艺骨干1万名,开展100场县级、1000场乡镇级以农民为主体,具有较大影响和地域特色的文化展示汇演活动。(责任单位:省文化厅、省广电局)

28.加强农村和欠发达地区文化基础设施建设。全面推进全省乡镇综合文化站建设,2009年争取开工建设200个左右乡镇综合文化站,重点建成100个欠发达地区乡镇综合文化站,扶持1000个行政村配置文化活动器材。继续推进"文化信息资源共享工程",将近千部优秀戏曲、电影和科教等数字文化资源送到农村。实施"文化低保",为低收入农户集中村配备文化活动经费。(责任单位:省文化厅)

29.加快建设青少年校外活动场所综合网络。建成2个市级和5个县(市)级青少年宫;推动10个建筑面积未达标的县(市、区)青少年宫加快建设;补助15家青少年宫加快完善设施设备;在街道(中心镇)建设30家综合利用的青少年校外活动场所;实施青少年宫信息网络工程,建设8家公益性的"天天青少年网络活动室";"流动少年宫"进农村(社区)活动开展200场。(责任单位:团省委)

30.突出抓好农村体育健身基础设施建设。继续开展"关爱农民体质健康百万活动"为100个体育强镇1万名农民进行体质健康测试,2009年新建小康体育村3000个、村级文体俱乐部200个,新建县级、镇(乡)全民健身活动中心(体育主题公园)6~7个(符合无障碍建设标准),创建体育强县2~3

个、体育强镇70个。全面推进国民体质监测工作，2009年扶持新建省级国民体质监测与健身指导中心4～6个、镇(乡)国民体质监测站100个。(责任单位：省体育局)

(六)统筹城乡公共基础设施建设。

31.大力推进城乡社区服务中心建设。2009年新建城市社区服务中心413个、街道社区服务中心22个、乡镇社区服务中心240个和村级社区服务中心3000个，力争全省每个城市社区工作服务用房面积都在350平方米以上。积极开展全国和谐社区建设示范单位创建活动。(责任单位：省民政厅)

32.加快城乡交通一体化。2009年开工建设通村公路4000公里(含路面、路基)，确保完成2500公里，全省等级公路通村率达99%，通村公路硬化率达98%，建设联网公路2000公里；修复改造农村公路桥梁246座，完善农村公路安全设施1500公里；农村公路路面大中修2000公里，增设和完善12522公里农村公路标志标线。班车通村率达到91%，公交一体化率达到45%，新建乡镇客运站20个，港湾式停靠站1200个，新改建农村货运站15个。加快实施水上康庄工程，建成陆岛码头项目10个；安排撤渡建桥项目3个，完成渡埠改造项目50个，渡船更新15艘。(责任单位：省交通运输厅)

33.深入实施千万农民饮用水工程。解决210余万农村居民饮水安全问题，新增城镇供水延伸覆盖农村受益人口130万，争取率先基本实现农村饮水安全目标。(责任单位：省水利厅、省住房城乡建设厅)

34.加强农村邮政通信基础设施建设。2009年基本完成“村村响”工程建设，基本实现乡乡建有广播站、行政村(或农村社区)建有广播室目标，全省农村有线广播农户收听覆盖率达到80%，行政村有线电视网络联网率达95%以上，农村广播电视的综合人口覆盖率提高到98%以上；新建邮政村邮站3000处，维护邮政村邮站10000处，城镇信报箱更新改造20万户；新通宽带行政村100个，新增宽带用户80万户，完成100个以上通电不通电话自然村(20户以上)的村通任务，村通率力争达到100%。实施“广电低保”工程，免除全省城乡低保户的有线电视“入网费”和“收视维护费”。开展农村信息化试点，建设省农村信息化综合信息服务平台。(责任单位：省广电局、省邮政管理局、省通信管理局、省经信委)

35.深入推动“千镇连锁超市、万村便利店”工程。2009年新增行政村连锁便利店1000家。加快建设农村新型流通体系，建立支持农村商贸流通业发展的长效机制，扩大农村消费。(责任单位：省商务厅)

36.加大农村污染治理和生态环境建设。继续实施新一轮“千村示范万村整治”工程，2009年完成3000个村庄环境综合整治和1000个已整治村生活污水治理水平提升任务；新增开展农村污水治理的农户79.5万户，新增卫生厕所农户46.55万户，新增村内主干道硬化里程5250公里以上，新增种植村庄绿化苗木300万株以上，农村生活垃圾收集处理的行政村覆盖面提高到80%以上。继续加快“811”镇级污水处理项目建设，2009年基本完成100个建制镇的生活污水处理设施建设。(责任单位：省农办、省住房城乡建设厅)

三、保障措施

为扎实推进我省基本公共服务均等化行动计划，需要建立“任务项目化、运作协同化、督查动态化、绩效考评化”的工作机制，形成真抓实干、合力推进的工作格局。

(一)任务项目化。一是制订行动计划的年度实施计划，明确目标任务和责任单位，由省政府批准下发实施。二是建立年度实施计划的项目库。省级有关部门每年年底前排出一批实施项目安排建议，省财政厅负责核定实施项目财政投入，省基本公共服务均等化行动计划协调小组办公室(设在省发改委)负责编制年度项目实施计划。实行工作任务项目化、项目指标定量化。

(二)运作协同化。一是每年定期召开省基本公共服务均等化行动计划协调小组会议，及时研究分析实施计划总体执行情况。二是建立省级部门联络员例会制度，及时研究各部门专项工作的实施情况和存在问题。三是建立市、县(市、区)联系点制度。首批联系点为绍兴县、浦江县、遂昌县。各联系点加大工作力度，每年制订具体实施方案，明确阶段性重点工作，确保实施项目顺利推进。省级有关部门加大对联系点的指导，优先给予政策支持。四是确保基本公共服务均等化项目的投入。各级各部门要量力而行、尽力而为，统筹安排，确保基本公共服务均等化项目的投入。

(三)督查动态化。一是建立季度督查通报制度，省级有关部门和各设区市分别在每年7月、10月和次年1月初，向省基本公共服务均等化行动计划协调小组办公室报告年度主要任务和项目执行情况、存在问题及相关工作建议。省基本公共服务均等化行动计划协调小组办公室分年中、第三季度和年末三次，向省委、省政府提交督查报告。二是建立信息沟通制度，通过定期编发《基本公共服务均等化行动计划专刊》，通报工作情况，交流工作信息，指导工作推进。

(四)绩效考评化。一是建立对省级部门基本公共服务均等化工作的绩效考核制度。将基本公共服务均等化行动计划的实施情况纳入政府部门年度目标责任制考核，纳入市县政府领导班子和领导干部政绩考评体系。二是建立对各市、县(市、区)基本公共服务均等化实现程度的综合评估制度。每年对各市、县(市、区)基本公共服务均等化实现程度作出综合评估，并公布动态指数。

附件：浙江省基本公共服务均等化行动计划2009年度实施计划表(略)

浙江省人民政府办公厅转发省人力社保厅省财政厅省教育厅关于义务教育学校绩效工资实施意见的通知

(2009年5月25日 浙政办发〔2009〕67号)

各市、县(市、区)人民政府,省政府直属各单位:

省人力社保厅、省财政厅、省教育厅《关于义务教育学校绩效工资的实施意见》已经省政府同意,现转发给你们,请认真贯彻执行。

义务教育学校实施绩效工资,是贯彻落实《义务教育法》的具体措施,也是深化事业单位收入分配制度改革的重要内容,充分体现了党中央、国务院和省委、省政府对广大义务教育教师的关心,对于依法保障和改善义务教育教师特别是农村义务教育教师的工资待遇,提高教师地位,吸引和鼓励各类优秀人才长期从教、终身从教,促进教育事业发展,具有十分重要的意义。

义务教育学校实施绩效工资,涉及广大义务教育学校教职工的切身利益,社会关注,政策性强。各市、县(市、区)政府一定要高度重视,加强领导,周密部署,认真组织实施。要把义务教育学校实施绩效工资同深化学校人事制度改革、加强教师队伍建设紧密结合起来,同完善义务教育经费保障机制、规范学校收费行为和经费管理紧密结合起来。通过实施绩效工资,推动教育改革,促进义务教育事业发展。要加强宣传引导,做好思想政治工作,注意研究解决实施中出现的问题,妥善处理各方面关系,确保教师队伍稳定。

关于义务教育学校绩效工资的实施意见

省人力社保厅 省财政厅 省教育厅

根据《国务院办公厅转发人力资源社会保障部财政部教育部关于义务教育学校实施绩效工资指导意见的通知》(国办发〔2008〕133号),结合我省实际,制定本实施意见。

一、实施范围和时间

按国家规定执行事业单位岗位绩效工资制度的义务教育学校正式工作人员,从2009年1月1日起实施绩效工资。

二、绩效工资总量和水平的核定

(一)绩效工资总量暂按学校工作人员上年度12月份基本工资额度和规范后津贴补贴水平核定。其中,义务教育教师规范后津贴补贴平均水平,由县级及以上政府人事、财政部门按照教师平均工资水平不低于当地公务员平均工资水平的原则确定。绩效工资总量随基本工资和学校所在县级、市直、省直公务员规范后津贴补贴的调整相应调整。

(二)义务教育学校实施绩效工资同清理规范义务教育学校津贴补贴结合进行,将规范后的津贴补贴和原国家规定的年终一次性奖金纳入绩效工资总量。在人事、财政部门核定的绩效工资总量内,学校主管部门具体核定学校绩效工资总量时,要合理统筹,逐步实现同一行政区域义务教育学校绩效工资水平大体平衡。对农村学校特别是条件艰苦的学校要给予适当倾斜。

三、绩效工资的分配

(一)绩效工资分为基础性和奖励性两部分。基础性绩效工资主要体现地区经济发展水平、物价水平、岗位职责等因素,占绩效工资总量的70%;奖励性绩效工资主要体现工作量和实际贡献等因素。

1.基础性绩效工资的实施。基础性绩效工资设立生活补贴、岗位津贴、教(工)龄补贴、班主任津贴、农村教师任教津贴五个项目,除此之外,各地不得自行设立其他项目。各项目具体标准由县级及以上政府人事、财政、教育部门确定,一般按月发放。其中:

生活补贴主要体现经济发展水平和物价水平等因素,不同岗位执行统一标准。

岗位津贴主要体现岗位职责等因素,适当拉开差距,实行一岗一薪。

教(工)龄补贴主要体现从教年限、工作年限等因素。

班主任津贴主要体现对班主任的倾斜。原国家规定的班主任津贴与绩效工资中的班主任津贴项目归并,不再分设,纳入绩效工资管理。

农村教师任教津贴主要体现对农村特别是条件艰苦学校教师的倾斜。根据原省人事厅、省财政厅、省教育厅《关于实行农村教师任教津贴的通知》(浙人发〔2008〕78号)规定发放的农村教师任教津贴予以保留,在此基础上,各地还可结合实际对部分地理位置偏远、办学条件艰苦学校的教师加发任教津贴。

2. 奖励性绩效工资的实施。在考核的基础上，由学校确定奖励性绩效工资的分配方式和办法。各学校根据实际情况，可设立考核奖、超课时（工作量）津贴、教育教学成果奖励、名优教师奖励等项目，也可设立其他项目。

考核奖主要体现对教师的日常考勤、考绩等情况。

超课时（工作量）津贴主要体现多劳多得。其中，班主任工作量要作为教师工作量的重要组成部分，在学校内部分配时可进一步向班主任倾斜，更好地发挥班主任的激励导向作用。

教育教学成果奖励主要体现对教师教育、教学取得成绩的激励。

名优教师奖励主要体现对各级各类优秀教师的倾斜。

（二）充分发挥绩效工资分配的激励导向作用。教育部门要制定绩效考核办法，加强对学校内部考核的指导。学校要完善内部考核制度，根据教师、管理、工勤技能等岗位的不同特点，实行分类考核。根据考核结果，在分配中坚持多劳多得，优绩优酬，重点向一线教师、骨干教师和作出突出贡献的其他工作人员倾斜。

（三）学校制定奖励性绩效工资分配办法要充分发扬民主，广泛征求教职工的意见。分配办法由学校领导班子集体研究后，经学校教职工代表大会（教职工大会）通过后，报学校主管部门批准，并在本校公开。

（四）校长的绩效工资，在人事、财政部门核定的绩效工资总量范围内，由学校主管部门根据对校长的考核结果统筹考虑确定。

四、相关政策

（一）《中共中央办公厅国务院办公厅转发〈中央纪委、中央组织部、监察部、财政部、人事部、审计署关于严肃纪律加强公务员工资管理的通知〉的通知》（厅字〔2005〕10 号）下发前，学校发放的改革性补贴，除超过规定标准和范围发放的之外，暂时保留，不纳入绩效工资，另行规范。在规范办法出台前，一律不得出台新的改革性补贴项目、提高现有改革性补贴项目的标准和扩大发放范围。

（二）义务教育学校实施绩效工资时，对完全中学、小学、特殊教育学校中从事非义务教育教师的津贴补贴问题，由各地统筹考虑。

（三）在实施绩效工资的同时，对义务教育学校离退休人员发放生活补贴，标准由县级及以上政府人事、财政部门确定。绩效工资不作为计发离退休费的基数。

（四）实施绩效工资后，学校不得在核定的绩效工资总量外自行发放任何津贴补贴或奖金，不得违反规定的程序和办法进行分配。对违反政策规定的，坚决予以纠正，并进行严肃处理。

五、经费保障与财务管理

（一）义务教育学校实施绩效工资所需经费，纳入同级财政预算。各市、县（市、区）要统筹考虑义务教育学校教师与当地公务员平均工资水平，有效控制公务员津贴补贴水平。各市、县（市、区）财政要承担经费保障的责任，大力开展增收节支，积极调整支出结构，统筹各种财力，保障义务教育学校实施绩效工资所需经费。省财政对财力薄弱地区给予适当转移支付补助。

（二）要规范学校财务管理，严格执行国务院关于免除义务教育阶段学生学杂费等费用的规定，严禁“一边免费、一边乱收费”。学校的国有资产实行统一管理，各类政府非税收入一律按照国家规定上缴同级财政，严格实行“收支两条线”。严禁利用收费收入和公用经费自行发放津贴补贴。

（三）学校绩效工资应专款专用，分账核算。绩效工资应以银行卡的形式发放，原则上不得发放现金。具体发放方式按地方财政国库管理制度有关规定执行。实行工资财政统一发放的地方，基础性绩效工资按规定程序直接划入个人工资银行账户，奖励性绩效工资经学校主管部门审核后，由同级财政部门划入个人工资银行账户。

六、组织实施

（一）各市政府人事、财政、教育部门制定的具体实施办法，报省人力社保厅、省财政厅、省教育厅批准后实施。各县（市、区）级政府人事、财政、教育部门制定的具体实施办法，报市级政府人事、财政、教育部门审批，并报省人力社保厅、省财政厅、省教育厅备案。

（二）各地区、各有关部门要统筹义务教育学校实施绩效工资与当地规范公务员津贴补贴、义务教育经费保障机制改革、完善农村教师工资经费保障机制、深化中小学人事制度改革等各项工作。要及时研究和妥善处理实施中出现的问题，确保绩效工资平稳实施。

（三）各有关部门要分工协作、密切配合，人事部门要发挥牵头作用，会同财政、教育等部门，抓紧制定具体实施办法；财政部门要积极筹措资金，确保资金落实到位，特别是优先保证农村义务教育教师所需资金到位；教育部门要统筹不同学校之间奖励性绩效工资分配，加强对学校内部考核、分配的指导。各有关部门要建立健全有效的监督检查工作机制，严格把握政策和程序，督促学校严格执行实施绩效工资的有关政策。

浙江省人民政府办公厅
关于进一步加强行政事业单位国有资产管理工作的意见

(2009年7月27日 浙政办发〔2009〕97号)

为加快建立与社会主义市场经济体制和公共财政要求相适应的行政事业单位国有资产监督管理体系，规范行政事业单位国有资产管理工作，提高国有资产使用效益，根据国家有关法规政策，经省政府同意，现就进一步加强我省行政事业单位国有资产管理工作提出以下意见：

一、进一步提高对加强行政事业单位国有资产管理工作重要性的认识

行政事业单位国有资产是国有资产的重要组成部分，是行政事业单位履行职能、发挥作用的物质基础，是国家政权建设的物质保证。加强行政事业单位国有资产管理，对于健全国有资产管理制度，完善公共财政体制，优化政府资源配置，提高资产使用效率，降低行政事业运行成本，理顺收入分配关系，加强党风廉政建设，促进社会事业发展具有重要的现实意义。近年来，各地、各部门积极探索行政事业单位国有资产管理改革，取得了明显成效，确保了国有资产安全完整，履行了行政事业单位的职责。当然也要认识到，少数地区、部门和单位对行政事业单位国有资产管理工作不够重视，存在家底不清、账实不符、重钱轻物、重购轻管、权属不清、职责不明、资产价值和效能观念淡薄等问题，影响了国有资产管理工作的有效开展，必须引起高度重视，采取有效措施，切实把行政事业单位国有资产管理工作抓紧抓好。

二、明确行政事业单位国有资产管理的目标和原则

当前和今后一个时期，行政事业单位国有资产管理要以“三个代表”重要思想为指导，按照科学发展观和党的十七大提出的完善各类国有资产管理体制和制度的要求，建立与公共财政体制相适应的、国家统一所有、政府分级监督管理、单位占有使用的资产管理体制，努力实现行政事业单位国有资产“归属清晰、权责明确、配置合理、处置规范、运作高效”的管理目标。具体工作过程中应遵循以下几项原则：

(一)坚持资产管理与预算管理相结合。预算管理是从源头上控制资产形成、优化资源配置、提高资产使用绩效的有效手段；资产管理是预算管理的一项基础性工作，有效开展资产管理工作，及时提供准确、完整的资产统计报告和相关数据资料，有利于深化部门预算改革，科学编制预算。坚持资产管理与预算管理相结合，通过完善资产配置标准，严格资产配置程序，进一步深化部门预算改革，促进资产的公平配置和有效使用，实现预算管理精细化、科学化。

(二)坚持资产管理与财务管理相结合。资产管理是财务管理的重要内容，行政事业财务规则对资产管理有着明确的规定。坚持资产管理与财务管理相结合，有利于强化财务管理，提高财务管理水平；也有利于明晰各类资产账目，严格各项资产的财务核算，如实反映资产存量和结构状况，加强资产的监督管理，使之合理配置和有效使用。

(三)坚持实物管理与价值管理相结合。实物管理与价值管理是资产管理工作的两个方面，实物管理是从资产的购置、使用、处置等环节对资产实施管理和维护；价值管理是以货币形式反映单位占有、使用资源的规模、数量。坚持实物管理与价值管理相结合，做到账实相符，有利于确保国有资产的安全、完整，发挥国有资产使用的最大效益。

三、认真履行对行政事业单位国有资产的监督管理职责

财政部门是政府负责本级行政事业单位国有资产管理的职能部门，代表政府履行所有者的职责，对行政事业单位国有资产实行综合管理。要按照行政事业单位国有资产管理的法律、法规和规章制度的有关要求，认真组织开展相关工作，确保完成工作目标；要建立健全本级行政事业单位国有资产管理制度，研究制定切实可行的资产配置标准，加强资产配置和处置审批管理，加大存量资产整合力度，推动资产共用、共享；要建立严格的审批程序和监督机制，规范行政事业单位国有资产出租、出借和事业单位对外投资、担保等行为；要按照“收支两条线”的规定，加强行政事业单位国有资产收益的制度管理；要按照企业国有资产监督管理的有关规定，加强对尚未与行政单位脱钩的经济实体、实行企业化管理的事业单位以及事业单位创办的具有法人资格企业的监督管理。

各级主管部门要认真承担本部门和所属行政事业单位国有资产的监督管理职责；要根据国有资产管理的有关规定，制定本部门国有资产的管理办法，并认真组织实施；要加强本部门国有资产购置、处置、出租、出借、对外投资和担保事项的审核、把关和监督管理；要督促本部门所属行政事业单位按规定缴纳国有资产收益；要认真做好本部门行政事业单位国有资产清查、统计汇总和监督检查工作；要加强对本部门所属经济

实体资产、财务的监督管理。

各行政事业单位对本单位占有、使用的国有资产承担资产安全使用、有效运转、资产保全和日常监督管理的责任。要根据国有资产管理的有关规定，认真做好资产购置、验收入库、使用保管、修理维护以及资产清查、统计报告等工作，明晰国有资产的归属，提高国有资产的使用效益，保障国有资产的安全完整；对国有资产配置、处置、出租、出借、对外投资和担保事项，要按照有关规定报经同级财政部门审批；要加强对出租、出借、对外投资资产的专项管理，建立台账，及时、足额缴纳国有资产收益；要加强对所属经济实体法人治理结构、运作模式、经营状况、收益分配等的日常监督管理，承担国有资产保值增值的责任。

各级财政部门、主管部门和行政事业单位要各司其职、各负其责，构建"财政部门—主管部门—行政事业单位"三个层次的行政事业单位国有资产监督管理体系，形成对行政事业单位国有资产实行全方位有效管理的良好局面。

根据工作需要，为有利于国有资产的管理，政府可以将部分单位的房产、土地、车辆等资产管理工作交由机关事务管理局等有关单位实行集中管理。机关事务管理局等有关单位应按行政事业单位国有资产管理规定完成国有资产集中管理的任务，并接受财政部门的指导和监督检查。

四、有效规范对行政事业单位国有资产的日常管理

（一）完善制度建设。各级政府要加强行政事业单位国有资产制度建设，切实加强本级行政事业单位国有资产管理工作。各级财政部门要对现有的行政事业单位国有资产管理制度进行梳理和完善，建立健全资产配置、使用、处置、评估、收益收缴等管理办法和信息报告、监督检查等配套制度，全面规范行政事业单位国有资产管理工作。各级主管部门和行政事业单位要完善本部门、本单位国有资产购置、使用、处置等制度，建立资产管理岗位责任制，强化国有资产的规范管理，加快推进我省行政事业单位国有资产管理规范化、制度化进程。

（二）抓好关键环节。国有资产管理涉及配置、使用和处置等环节，关键要把住几个关口：一要严把资产入口关。要坚持资产管理与预算管理、财务管理、价值管理相结合，资产配置要与单位履行职能相匹配，通过加强资产的存量管理和增量配置管理，实现资产优化配置，逐步解决部门之间资产占有不均等问题。对有规定配置标准的资产，结合单位的存量资产状况，统一按标准配置；对没有规定配置标准的，要厉行节约，从严控制，并通过盘活存量资产、加强存量资产调控等办法加以解决，原则上不重新购置。二要严把资产使用关。以保障国有资产安全完整，提高资产使用效率为重点，落实资产管理责任制，明确资产购置、验收、保管、使用、维护等内部流程和岗位职责，定期清查资产，做到账实相符、账账相符、账卡相符，切实改变"重购置、轻管理"的现状。对经批准用于出租、出借、对外投资、担保的资产要建立监督管理制度，实行专项管理，防止国有资产流失。三要严把资产出口关。资产处置要按规定报经同级财政部门批准，未经报批不得自行处置。经批准处置的国有资产，要按照"公开、公平、公正"的原则，通过拍卖、招投标等市场竞价方式处置，提高资产处置的透明度，实现国有资产处置的"阳光操作"。

（三）规范收益管理。行政事业单位国有资产收益是财政预算收入的重要组成部分，加强国有资产收益管理是资产管理的重要工作。各级财政部门要加强对国有资产收益的监督管理，行政事业单位处置国有资产取得的收益、行政单位出租、出借国有资产取得的收入，要按照政府非税收入的管理规定实行收支两条线管理；对事业单位出租、出借、担保所取得的国有资产有偿使用收入和对外投资收益，要纳入单位部门预算统一管理。

（四）建立信息系统。各级财政部门、主管部门、行政事业单位要借助现代信息技术手段，加快推进省、市、县（市、区）三级行政事业资产动态管理信息平台建设，全面、及时、准确地掌握行政事业资产信息，实行对行政事业单位国有资产从入口、使用到出口等各环节的动态管理，以信息化推动行政事业单位国有资产管理的科学化、规范化。

五、切实加强对行政事业单位国有资产管理的组织领导

加强行政事业单位国有资产管理工作是各级政府以及财政部门、主管部门和行政事业单位的重要职责。各级政府要按照科学发展观的要求，加强对行政事业单位国有资产管理工作的组织领导，建立资产管理责任制，加强监督检查，切实把这项工作抓起来。各级财政部门要健全行政事业资产管理机构，充实相应人员，认真抓好各项组织协调工作。各级主管部门和各行政事业单位要严格实行国有资产管理法定代表人负责制，明确内部资产管理机构和人员，努力抓好本部门、本单位的国有资产管理工作。

各级财政、审计、监察等部门要在当地政府的领导下，相互支持、密切配合，共同做好行政事业单位国有资产监督管理工作。各级财政部门要切实承担起行政事业单位国有资产综合管理的职责，积极会同审计、监察等部门开展行政事业单位国有资产专项审计，把行政事业单位国有资产管理作为政府效能监察的重要内容，把资产管理情况纳入各单位主要负责人的业绩考核和经济责任制审计范围；各级监察部门要加大对违纪行为的查处力度，对违反行政事业单位国有资产管理规定，隐藏、私分国有资产或坐收、挪用国有资产收益以及造成国有资产流失的，要依法追究单位主要负责人和相关人员的责任。

行政事业单位国有资产管理工作政策性强、涉及面广、情况复杂，需要高度重视，认真对待。各地、各部门、各单位要加强调查研究，及时掌握新情况，发现新问题，探索实践加强行政事业单位国有资产管理的新办法、新途径，切实抓好各项制度和工作的落实，不断提高行政事业单位国有资产管理的工作水平。

浙江省人民政府办公厅转发省发改委关于进一步做好加快发展服务业工作意见的通知

（2009年8月28日 浙政办发〔2009〕108号）

各市、县（市、区）人民政府，省政府直属各单位：

省发改委《关于进一步做好加快发展服务业工作的意见》已经省政府同意，现转发给你们，请结合实际，认真贯彻执行。

关于进一步做好加快发展服务业工作的意见

省发展改革委

今年以来，各地、各部门认真贯彻省委、省政府"保稳促调"的一系列决策部署，积极落实推进服务业发展的各项政策措施，取得了明显成效，服务业总量快速增长、结构有所调整、布局趋向优化，为全省经济企稳回升发挥了重要作用。当前，我省经济发展仍然面临诸多困难和挑战，企稳回升的基础还不稳固。各地、各部门要继续扎实做好各项工作，进一步引导和推动服务业加快发展，为全省经济平稳较快增长和转型升级作出更大贡献。

一、进一步贯彻落实全省服务业工作会议精神

（一）抓目标落实。各市、各部门要根据省里年初下达的目标任务，做好半年度目标落实和完成情况的检查。各市要确保具体目标分解落实到县（市、区），同时根据目前服务业发展态势和全省经济"保稳促调"的要求，在原有基础上适度调高发展目标。今年全省服务业增长速度要确保超过12%，力争达到13%左右。省级各部门也要根据《2009年浙江省服务业工作要点》的要求，扎实做好各项工作，确保顺利完成今年的工作任务。

（二）抓政策落实。要全面落实国务院和省政府出台的促进服务业发展的各项政策，加大对政策落实情况的检查力度，分析政策实施过程中出现的各种问题，对不符合发展要求的政策及时进行调整和修改。要进一步深化细化促进服务业发展的政策。各部门要根据年初服务业重点工作安排，抓紧研究制定各项配套政策和实施细则，确保年内全部出台实施。各市、县（市、区）要结合本地实际，研究制定相关配套政策，为加快服务业发展创造良好的政策环境。

（三）抓责任落实。各地、各部门要进一步强化对服务业工作的组织领导，明确领导责任，强化协调服务职能，形成"主要领导亲自抓、分管领导直接抓"的工作格局。要明确落实各项服务业具体工作的责任部门和责任人，建立相应的考核和奖惩机制，推动服务业工作扎实有效开展。

二、进一步加快服务业重点行业、重点企业和重点区域发展

（一）突出发展三大行业。根据服务业发展规划的要求，继续抓好商贸、金融、物流、信息、科技、商务、旅游、文化、房地产和社区服务等与经济转型升级和改善民生密切相关的10大重点行业发展。近期要突出抓好以下三大行业：

一是现代物流。结合贯彻实施国家《物流业调整和振兴规划》，尽快编制出台我省物流业发展行动方案。围绕港航强省建设，大力推进港口物流发展，加快编制《宁波—舟山港域现代物流发展规划》，大力发展煤炭、矿石、石油、成品油、粮食等大宗商品物流体系，大力发展以保税物流为重点的国际物流体系，逐步将宁波—舟山港建设成为上海国际航运中心的重要组成部分。积极引进和培育现代物流骨干企业，鼓励和支持物流公共服务平台建设。

二是服务外包。顺应国际产业布局的新变化，积极承接国际服务业转移，加快提升我省承接国际服务外包业务的能力。围绕信息技术外包（ITO）和业务流程外包（BPO）两种主要形式，重点发展软件、信息、金融、物流、人力资源、研发设计等领域的服务外包。从地区发展实际出发，推进服务外包产业差异化发展战略。杭州、宁波、嘉兴等城市应加快整合软件企业、高校和相关研究机构，打造服务外包产业示范基地。其他服务业外包产业发展基础相对薄弱的城市，应寻求比较优势和发展机遇，确定发展目标，予以重点突破。

三是商贸综合体。集购物、旅游、娱乐、休闲、餐饮等多种

功能于一体的商贸综合体作为一种新兴业态，发展前景好；同时，我省商贸和旅游业发展基础扎实，为商贸综合体发展提供了较好条件。要加强规划引导和典型示范，大力推进商贸综合体建设。结合我省实际，加大创新力度，以购物、旅游等为中心，积极推进多种形式、不同规模的商贸综合体建设和发展。

（二）突出抓好"三个一批"工作。围绕培育服务业市场主体，着重做好服务业企业的分离、引进和提升工作。一是分离发展一批。在试点的基础上研究制定鼓励企业分离发展服务业的政策措施，着重推动企业分离发展生产性服务业，确保完成今年新增分离试点企业1000家的目标任务。二是引进移植一批。鼓励引进国外知名的服务企业，充分发挥其示范带动作用；加大与中央直属企业和国内大型服务企业的对接力度，鼓励其到我省投资发展各类服务业。三是整合提升一批。鼓励服务企业并购重组，加大资源整合力度；探索建立省级重点服务业企业培育和联系制度，在全省范围内选择一批具有较强创新性和竞争力的服务业企业，作为省级服务业重点企业，加大培育和支持力度。

（三）突出发挥三类区域优势。一是中心城市要大力引进和培育发展高端服务业。加快发展服务外包、文化创意、研发设计等新兴服务业，鼓励发展商贸综合体、电子商务等新型业态，大力支持服务业技术创新和商业模式创新。不断提高中心城市服务经济的比重，加快向现代服务业为主导的产业结构转型。二是经济强县要大力引导发展总部经济。顺应劳动密集型加工制造环节空间转移的趋势，在做大做强研发设计和品牌营销、售后服务等两端服务业上下功夫，提高核心竞争力。围绕块状经济向现代产业集群转型升级，加快推进科技、信息、物流和商务等区域生产性服务体系建设。积极扶持农村服务业发展，加快推进城乡基本公共服务均等化。三是把集聚区作为现代服务业发展的重要空间载体。年底前编制完成《浙江省现代服务业集聚区总体布局与建设规划》，选择确定30个左右已有一定基础、符合区域定位且发展前景好的现代服务业集聚区，作为省规划布局内集聚区加以重点培育。加强重点集聚区的土地、资金等要素保障，加大招商引资力度，扶持重点集聚区的公共服务平台建设。各市也要进一步加快推进服务业集聚区规划的编制和实施工作。

三、进一步推进服务业重大项目建设

（一）加大对服务业重大项目实施的要素保障。加强土地保障，优先安排列入全省服务业重大项目计划的项目用地。加强资金支持，推进银企合作和项目融资对接，提高服务业信贷比重；探索建立服务业债权基金和股权基金，发挥杠杆效应，引导社会资本加大对服务业的投入。

（二）做好服务业重大项目的增补和储备工作。根据各地项目进展情况和实际需要，下半年再选择一批具有创新性、带动性和可行性的服务业项目，增补列入省服务业重大项目计划。重点梳理一批现代物流、服务外包、商贸综合体等方面的项目，加大支持力度。建立和完善动态管理的服务业重大项目储备库，尽早启动2010年服务业重大项目计划的编制工作。

四、进一步加强服务业统计考评工作

（一）建立和完善服务业统计分析制度。进一步完善政府统计和行业主管部门分工负责的服务业统计工作机制。统计部门要加快健全服务业统计调查方法和指标体系，提高统计工作的全面性、科学性、及时性和有效性。各行业主管部门要结合统计部门的总体工作部署，及时准确汇总并报送基础数据。进一步加强对服务业运行情况的监测与分析，逐步建立服务业形势分析制度。各市也要尽快建立和完善相应的服务业统计分析制度。

（二）加强对服务业工作的考评督查。充分发挥考核评价机制的激励和鞭策作用，下半年重点做好对省级部门的服务业工作考核和对各市的服务业发展状况评价工作。各市要加大对服务业工作的考核评价力度，将服务业发展目标纳入政府工作目标责任考核体系；有条件的市可先行对所辖县（市、区）服务业发展状况进行评价通报。加强对各地、各部门贯彻落实全省服务业工作会议精神和《2009年浙江省服务业工作要点》情况的专项督查，确保各项政策措施落到实处。

五、进一步重视对服务业发展的引导和管理服务

（一）加强规划和资金引导。一是重视规划引导。积极组织实施《浙江省服务业发展规划》，加强对服务业发展的重点行业和空间布局的引导。加快编制专项规划，引导和促进服务业具体行业和重点领域加快发展。二是注重财政资金引导。充分发挥各级服务业引导资金对社会资本进入服务业领域的引领和促进作用。整合省级服务业发展引导财政专项资金，优化专项资金的使用结构，对重点领域、重大项目、关键环节等加大资金的扶持力度，充分发挥财政资金"四两拨千斤"的作用，引导社会资金投资服务业。

（二）加强典型示范。在全省范围内树立一批服务业创新发展、集聚发展和分离发展的典型，树立一批服务业企业商业模式创新的典型，树立一批市、县（市、区）服务业工作的典型。在上半年组织开展服务业主要行业典型宣传工作的基础上，下半年适时启动围绕商业模式创新和服务业工作的典型宣传。各地要根据服务业发展和工作实际，充分利用各种媒体手段，抓好服务业典型宣传，加大力度营造舆论氛围，提升社会各界对服务业的认识。

（三）加强队伍建设。各地要根据服务业发展实际需要，加强服务业工作的队伍建设和人员力量调配，加大培训教育力度，不断提高干部队伍的业务水平，提高服务业综合管理能力，为推进我省服务业又好又快发展提供有力保障。

浙江省人民政府办公厅转发省商务厅等部门关于浙江省汽车家电以旧换新实施方案的通知

（2009 年 9 月 2 日 浙政办发〔2009〕110 号）

各市、县（市、区）人民政府，省政府直属各单位：

省商务厅等部门关于《浙江省汽车家电“以旧换新”实施方案》已经省政府同意，现转发给你们，请认真贯彻实施。

浙江省汽车家电“以旧换新”实施方案

省商务厅 省财政厅 省发改委 省经信委 省环保厅 省工商局 省质量技监局 省物价局

为认真贯彻落实《国务院办公厅关于转发发展改革委等部门促进扩大内需鼓励汽车家电以旧换新实施方案的通知》（国办发〔2009〕44 号）精神，结合浙江实际制定本方案。

一、重要意义

（一）有效扩大消费市场。汽车和家电消费是居民消费的重要内容，占有整个消费市场较高的比重。实施汽车、家电“以旧换新”工作，有望带动全省汽车消费 10 万辆，按当前每辆汽车平均售价 11 万元计算，可带动汽车消费 110 亿元；家电“以旧换新”方面，可带动全省家电消费 40 亿元。两者合计可带动消费 150 亿元。

（二）带动相关产业发展。浙江省是家电和汽车配件生产大省，全省从事汽车及零部件生产、汽车服务业的企业达 3 万余家，年产值 4000 多亿元；家电整机生产和配件生产都具有一定规模，特别是家电配件在全国占有较高份额。按照国家发改委预测，本轮汽车、家电“以旧换新”能拉动消费约 1200 亿元，对我省产业拉动效应将十分显著。同时，围绕汽车、家电消费，还可带动维修、装潢、保险等相关服务业发展。

（三）促进节能减排和循环经济发展。老旧汽车油耗比新车高 5%～10%，特别是“黄标车”油耗比“绿标车”高 30%，污染物排放量严重超标，老旧家电电耗比新家电高 20%～30%。实行汽车、家电“以旧换新”，有利于提高汽车、家电能效水平，减少环境污染。同时，家电“以旧换新”交售的旧家电一律进行拆解处理，有利于形成“回收—运输—拆解—利用”一体化的废旧家电回收利用体系，带动整个再生资源回收利用体系建设，有效解决再生资源回收过程中的环保、治安和利用等问题，促进循环经济发展。

（四）稳定和扩大就业。汽车、家电生产技术含量高，产业链长，鼓励汽车、家电“以旧换新”，不仅有利于促进汽车、家电产业稳步增长，也有利于促进营销、物流、售后服务以及报废汽车、废旧家电回收拆解等劳动密集型行业的发展，能够安置大量就业人员，对我省稳定和扩大就业具有十分重要的意义。

二、基本思路

按照“扩大消费、节能减排、便利惠民、安全高效”的原则，推进汽车、家电“以旧换新”工作。充分利用国家有关促进消费的政策，采取财政补贴方式，鼓励汽车、家电“以旧换新”，坚持与“汽车摩托车下乡”、“家电下乡”等扩大消费政策相衔接，积极营造良好的消费环境。接轨 2011 年即将施行的《废弃电器电子产品回收处理管理条例》等法规，做好报废家电和报废汽车的拆解处理工作，加快推进再生资源回收体系建设，促进节能减排，发展循环经济。做好补助资金的管理和使用，确保财政资金使用安全有效，同时做到简便易行，方便广大消费者，进一步扩大政策效应。

三、政策措施

（一）汽车“以旧换新”。在现有老旧汽车报废更新补贴政策的基础上，进一步扩大补贴范围，加大补贴力度，加快老旧汽车报废更新。根据《汽车以旧换新实施办法》（财建〔2009〕333 号），补贴资金由中央财政按照各省市的市场规模切块，实行补贴资金包干。我省调整“黄标车”补贴标准差额所需资金，由地方财政安排。

1. 补贴范围。对符合一定使用年限要求的中、轻、微型载货车和部分中型载客车，适度提前一定年限报废并换购新车的，给予补贴。对提前报废“黄标车”并换购新车的，给予补贴。同时，符合财政部、商务部公告的《2009 年老旧汽车报废更新补贴资金发放范围及标准》规定的车型，只能享受一种补贴政策；提前报废“黄标车”并换购新车，新车已享受了 16 升及以下乘用车减半征收车辆购置税政策的，不再享受老旧汽车报废更新补贴政策。

2. 补贴标准。符合条件的老旧汽车和“黄标车”报废更新单辆补贴金额，原则上不高于同型车辆的单辆车辆购置税金额，具体标准为：

(1)老旧汽车:中型载货车6000元;轻型载货车5000元;微型载货车4000元;中型载客车5000元;轻型载客车4000元;微型载客车3000元;其他车型6000元。

(2)"黄标车":中型载货车6000元;轻型载货车5000元;微型载货车4000元;中型载客车5000元;小型载客车(不含轿车)4000元;微型载客车(不含轿车)3000元;轿车、重型载货车、大型载客车、专项作业车6000元。

3. 资金补贴流程。包括旧汽车报废、办理注销登记、购买新汽车和补贴资金申领等四个步骤。

(1)旧汽车报废。按照《老旧汽车报废更新补贴资金管理暂行办法》(财建〔2002〕742号)的有关规定,车主将符合条件的报废汽车交售给有资质的报废汽车回收拆解企业。

(2)办理注销登记。汽车回收拆解企业将回收的旧汽车有关信息录入系统,按规定对车辆进行解体,并向车主开具《报废汽车回收证明》,同时将报废的机动车登记证书、号牌、行驶证和《报废汽车回收证明》副联等交公安机关办理注销登记。

(3)购买新车。车主重新购买新车。

(4)补贴资金申领。车主凭报废汽车"以旧换新"补贴资金申请表、回收证明、注销证明、新车购车发票、机动车登记证书、车辆购置税完税凭证、有效身份证明到市或有条件的县(市、区)商务、财政、环保等部门汽车"以旧换新"联合服务窗口申领补贴资金。有困难的县(市、区)由当地政府确定申领补贴资金程序。对符合条件的,财政部门于受理后15个工作日内将补贴资金发放给车主。不符合条件的,由商务部门退回申请,并说明理由。

4. 实施时间。2009年6月1日至2010年5月31日。

(二)家电"以旧换新"。浙江省是全国家电"以旧换新"9个试点省市之一,国家根据我省家电消费市场规模,安排相应财政资金补助我省家电"以旧换新",省财政给予相应配套,其中,中央财政负担80%,省财政负担20%。宁波市配套资金由宁波市财政安排。

1. 补贴范围。包括电视机、电冰箱、洗衣机、空调、电脑5类家电产品。

2. 补贴对象。一是对交售补贴范围内的旧家电并购买新家电的消费者给予补贴。二是对回收补贴范围内的旧家电并送到拆解处理企业的运输费用给予补贴。

3. 补贴标准。交旧购新补贴不超过家电销售价格的10%,并分品种确定补贴最高上限。其中,电视机400元/台,电冰箱(含冰柜)300元/台,洗衣机250元/台,空调350元/台,电脑400元/台。

回收运输实行定额补贴,补贴标准按《家电以旧换新运费补贴办法》(财建〔2009〕498号)文件规定执行。

4. 操作程序。包括实施主体确定、旧家电收购、新家电购买、废旧家电拆解处理和补贴资金申领等五个步骤。

(1)确定实施主体。省商务厅会同省财政厅以招标方式确定家电销售商和家电回收企业。拆解处理企业由省环保厅会同省财政厅等部门,根据有关环保法律法规,按国家试点方案要求先确定1~2家,可根据实际需要适当增加。

(2)收购旧家电。消费者通过网络或者电话提出交售旧家电,回收企业上门收购旧家电,并向消费者开具国家统一印制的家电以旧换新凭证。

(3)购买新家电。消费者凭家电以旧换新凭证,向中标的家电销售商购买新家电。家电销售商按照新家电售价减去补贴后的价格销售给消费者。财政部门根据销售商的有关记录和凭证给予补贴。

(4)废旧家电拆解处理。回收企业将收购的旧家电一律交售给拆解处理企业进行拆解处理。拆解处理企业向回收企业垫付运输费用,并开具发票。财政部门根据拆解处理企业实际回收量,按照回收运输补贴标准给予运费补贴。

(5)申领补贴资金。家电销售商凭新家电销售发票存根和对应的家电以旧换新凭证,到县(市、区)财政部门申领补贴资金。废旧家电拆解处理企业凭收购发票底单及有关记录,到县(市、区)财政部门申领运费补贴。

5. 实施时间。2009年6月1日至2010年5月31日。

(三)资金拨付。汽车和家电"以旧换新"的财政资金拨付程序,按《汽车以旧换新实施办法》(财建〔2009〕333号)、《家电以旧换新实施办法》(财建〔2009〕298号)和《家电以旧换新运费补贴办法》(财建〔2009〕498号)等文件规定执行。

四、组织实施

(一)建立工作机制。成立省汽车、家电"以旧换新"工作领导小组,由分管副省长任组长,省商务厅、省财政厅、省发改委、省经信委、省公安厅、省交通运输厅、省环保厅、省工商局、省质量技监局和省物价局等部门为成员单位,形成工作合力。领导小组下面分设"省汽车以旧换新工作领导小组办公室"和"省家电以旧换新工作领导小组办公室",办公室设在省商务厅,负责日常事务。各地要成立相应的工作领导小组,组织实施当地汽车、家电"以旧换新"工作。

(二)明确部门分工。省商务厅负责牵头组织实施"以旧换新"工作,牵头设立汽车"以旧换新"联合服务窗口,指导报废汽车回收和新车的销售,会同相关部门做好家电回收和销售企业的招标、管理和服务,组织开展业务培训和宣传,做好"以旧换新"日常管理,并配合省财政厅、省环保厅等部门做好有关工作;省财政厅负责补助资金的拨付和管理,并落实工作经费;省经信委负责加强我省汽车、家电产品生产企业的管理,督促指导生产企业提高和保障产品质量；省环保厅负责对汽车、家电的拆解处理实施监管，并做好“黄标车”认定和查验等工作。省发展改革、公安、交通运输、工商、质量技监、物价等部门根据职责做好市场监管工作。

(三)拟定实施细则。根据《汽车以旧换新实施办法》(财建〔2009〕333号）和《家电以旧换新实施办法》(财建〔2009〕298号)，由省商务厅会同财政、公安、环保等部门分别拟定《浙江省家电“以旧换新”实施细则》和《浙江省汽车“以旧换新”实施细则》，进一步明确“以旧换新”的操作流程，实施主体确定，补贴申报程序，补贴资金兑付，产品售后服务，市场秩序监督，政府保障措施等内容。

(四)加强宣传推广。各级政府及相关部门要加强对汽车、家电“以旧换新”工作的宣传，积极通过报刊、广播、电视、网络等新闻媒体，以及印发宣传画(单)、设立公示栏等多种形式宣传汽车、家电“以旧换新”的政策措施、补贴范围、补贴标准和补贴申报程序等内容，使“以旧换新”工作深入基层、深入群众，把我省汽车、家电“以旧换新”工作推向深入。

(五)做好日常监管。汽车、家电“以旧换新”工作任务重、时间紧、涉及面广，需要相关部门根据国家文件规定和部门职责，认真做好各项工作。重点做好实施主体确定、业务培训、宣传推广、资金兑付、市场监管等工作。各级政府及相关部门应加强市场监管和检查，设立投诉电话和信箱，受理社会各界的举报和投诉，严厉打击假冒伪劣、欺行霸市、价格欺诈等行为，防止地方保护和市场垄断，确保我省汽车、家电“以旧换新”工作取得实效。

汽车、家电“以旧换新”工作环节多，涉及销售、回收和拆解；覆盖面广，包括城市和农村市场，需要省、市、县三级联动，以及乡镇政府积极参与。各级政府要高度重视，落实工作机构、人员和经费，尽快组织实施，做好宣传、指导和监管等工作，推进我省汽车、家电“以旧换新”工作顺利开展。

附件：浙江省汽车、家电“以旧换新”工作领导小组成员名单(略)

浙江省人民政府办公厅
浙江省行政事业单位国有资产管理暂行办法

(2009年11月5日 浙政办发〔2009〕178号)

第一章 总 则

第一条 为规范和加强行政事业单位国有资产管理，维护国有资产的安全和完整，合理配置国有资产，提高国有资产使用效益，根据《行政单位国有资产管理暂行办法》(财政部令第35号)和《事业单位国有资产管理暂行办法》(财政部令第36号)等有关规定，结合我省实际，制定本办法。

第二条 本办法适用于本省各级党的机关、人大机关、行政机关、政协机关、审判机关、检察机关、各民主党派机关、参照公务员法管理的群团机关和事业单位(以下统称行政单位)的国有资产管理行为和其他各级各类事业单位（以下统称事业单位)的国有资产管理活动。

第三条 本办法所称行政事业单位国有资产，是指由各级行政事业单位占有、使用的，依法确认为国家所有的资产，包括用国家财政性资金形成的资产、国家调拨的资产、按照国家规定组织收入形成的资产，以及接受捐赠和其他依法确认为国家所有的资产，表现形式为流动资产、固定资产、无形资产和对外投资等。

第四条 行政事业单位国有资产实行国家统一所有、政府分级监督管理和单位占有、使用的管理体制。

第五条 行政事业单位国有资产管理活动应遵循以下原则：

(一)资产管理与预算管理相结合；

(二)资产管理与财务管理相结合；

(三)实物管理与价值管理相结合。

第二章 管理机构及职责

第六条 各级政府财政部门主管行政事业单位国有资产管理工作。其主要职责是：

(一)贯彻执行国家有关国有资产管理的法律、法规和政策；

(二)根据国家国有资产管理的有关规定，制定行政事业单位国有资产管理的制度办法，组织实施并对执行情况进行监督检查；

(三)负责研究制定本级行政事业单位国有资产配置标准，审批资产配置预算、资产处置和产权变动事项，负责组织产权界定、产权纠纷调处、资产统计报告、资产评估、资产清查等基础管理工作；

(四)负责本级行政事业单位出租出借国有资产的审批，负责本级事业单位利用国有资产对外投资、担保事项的审批，负责事业单位转企改制中国有资产的监督管理，负责与行政单位尚未脱钩的经济实体和事业单位创办企业国有资产的综合监督管理，包括企事业单位改制工作中涉及的国有资产处置、国有股权设置等事项的审批；

（五）负责本级行政事业单位国有资产收益的监督、管理；

（六）建立和完善本级行政事业单位国有资产管理信息系统，对行政事业单位国有资产实行动态管理；

（七）对本级行政事业单位和下级财政部门的行政事业单位国有资产管理工作进行监督、检查。

第七条 主管部门负责对本部门及所属行政事业单位的国有资产实施监督管理。其主要职责是：

（一）依据本办法制定本部门及所属行政事业单位国有资产管理的具体办法并组织实施和监督检查；

（二）组织本部门及所属行政事业单位国有资产的清查、统计及日常监督检查工作；

（三）审核本部门所属行政事业单位利用国有资产出租、出借等事项，审核有关资产购置、处置事项以及本部门所属事业单位利用国有资产对外投资和担保等事项；

（四）负责本部门所属事业单位改制方案的审核报批工作；负责本部门所属与行政单位尚未脱钩的经济实体和事业单位创办企业的改制工作，审批改制方案，审核改制工作中涉及的国有资产处置、国有股权设置等事项，并在企事业单位改制前负责对其国有资产运营的监管，督促所属单位按规定缴纳国有资产收益；

（五）负责对本部门及所属行政事业单位国有资产管理和使用情况的汇总报告和监督考核。

第八条 行政事业单位对本单位占有、使用的国有资产实施具体管理。其主要职责是：

（一）依据本办法制定本单位国有资产管理的具体办法并组织实施；

（二）负责本单位资产采购、验收入库、账卡管理、维护保管、清查登记、统计报告及日常监督检查工作，保障国有资产安全完整；

（三）负责办理本单位国有资产的配置、处置、出租、出借等事项和事业单位对外投资、担保事项的报批手续，对出租、出借、对外投资资产实行专项管理，承担保值增值的责任，按照规定及时、足额缴纳国有资产收益；

（四）负责与行政单位尚未脱钩的经济实体和事业单位创办的企业国有资产的具体监督管理工作，承担保值增值的责任，并按照规定及时、足额缴纳国有资产收益，向主管部门和同级财政部门报告有关国有资产管理工作；

（五）负责按照企事业单位改制的相关政策，制定事业单位转企改制和下属企业（经济实体）改制方案，按规定报经批准后组织实施。

第九条 财政部门、主管部门和行政事业单位应当明确管理机构和人员，做好本级、本部门、本单位国有资产管理工作，并建立资产管理信息系统，对国有资产实行动态管理，做好资产统计和信息报告工作。

第十条 根据工作需要和国家有关规定，政府可以将部分行政事业单位的房产、土地、车辆等国有资产管理工作授权机关事务管理局等有关单位实行集中管理，并接受财政部门的指导和监督检查。具体办法另行制定。

第三章 资产配置

第十一条 行政事业单位国有资产应当按规定标准配置，没有规定配置标准的，应当从严控制，合理配置，能通过调剂解决的，原则上不重新购置。

行政事业单位资产配置标准由同级财政部门根据国家有关规定、行政单位履行职能、事业发展需要及地方财力状况等情况分别研究制定。

第十二条 资产配置按以下程序报批：

（一）行政事业单位应当在编制部门预算的同时，按照财政部门预算编制的要求，根据单位存量资产的质量、结构和分布情况，结合资产配置标准，提出本单位下一年度拟购置资产的品目、数量，测算经费额度，编制资产购置预算，经主管部门审核汇总后，报同级财政部门审批（没有主管部门的直接报财政部门，下同）。

（二）财政部门根据年度财力状况及本级资产配置标准和行政事业单位资产存量状况，对行政事业单位的资产购置预算提出审核意见并据此安排年度资产购置预算资金；经汇总平衡后，编制年度资产购置预算草案，按规定程序报经批准后形成年度资产购置预算，由财政部门在批复年度部门预算时一并批复下达。

（三）行政事业单位应按照财政部门批准的资产购置预算组织实施，不得办理无资产购置预算的资产购置事项。

（四）行政事业单位年度预算执行中，需增加或调整资产购置的，也按上述程序报经批准。

（五）经由财政部门审批同意的资产购置预算原则上应于当年执行完毕；因特殊情况需跨年度执行的，经财政部门核实同意后可转入下一年继续执行。

第十三条 行政事业单位用上级补助收入进行资产购置的，由主管部门审核后报同级财政部门审批，上级补助资金项目明确有设备购置的不再审批，由单位登记入账后报同级财政部门备案。

对上级部门直接配置、调拨、奖励的资产和接受捐赠的资产以及其他依法确认为国家所有的资产，行政事业单位应当及时入账并报同级财政部门备案。

行政事业单位必须明晰资产权属，及时掌握资产使用状态，单位之间不得互相无偿占用对方资产，因工作需要确需无偿占用的，应报同级财政部门批准。

第十四条 行政事业单位配置列入控购范围的资产，应按规定办理控购审批手续；行政事业单位购置纳入政府采购范围的资产，应当依法实施政府采购。

第四章　资产使用

第十五条 行政事业单位应当建立健全国有资产使用管理制度，规范国有资产使用行为，充分发挥国有资产的使用效益，定期清查盘点，做到家底清楚，账、卡、实相符，防止国有资产流失。

第十六条 行政单位不得以任何形式用占有、使用的国有资产新办经济实体。

对已经举办的经济实体，应当按照国家关于党政机关与所办经济实体脱钩的规定进行脱钩。脱钩之前，行政单位和同级财政应当按照各自职责，依据国家有关规定对经济实体的经济效益、收益分配及使用情况进行严格监管。

第十七条 行政事业单位将占有、使用的国有资产对外出租、出借的，必须事先经主管部门审核后报同级财政部门审批。经批准同意对外出租的国有资产，应按照公开、公平、公正的原则，通过市场竞价等方式对外出租。

事业单位利用国有资产对外投资、担保的，应先组织必要的可行性论证，其中用非货币性资产对外投资的，还应组织相应的资产评估、履行核准或备案手续，对外投资或担保事项经主管部门审核后报同级财政部门审批。行政单位不得用国有资产对外担保，法律另有规定的除外。

财政部门的批准文件是行政事业单位订立资产出租、出借合同以及事业单位订立对外投资、担保合同的依据。

第十八条 行政单位出租、出借国有资产所形成的收入上缴同级财政，支出按履行职能需要由同级财政统筹安排，实行"收支两条线"管理。

事业单位利用国有资产出租、出借、对外投资、担保等所取得的收益必须纳入单位部门预算，统一核算、统一管理。

第十九条 主管部门和财政部门对行政事业单位改变国有资产使用形态的行为要从严审批、控制风险。本办法下发前，已经将国有资产出租、出借、对外投资、担保的单位，应把相关情况和资料报同级财政部门备案。

第二十条 行政事业单位超标配置、低效运转或者长期闲置的国有资产，由同级财政部门调剂使用或者处置；有主管部门的事业单位或实行垂直管理的行政单位，经同级财政部门批准可在系统内调剂使用。

第五章　资产处置

第二十一条 行政事业单位国有资产处置，是指行政事业单位对占有、使用的国有资产进行产权转让或者注销产权的行为。处置方式包括无偿调拨(划转)、出售、出让、转让、置换、对外捐赠、报废、报损以及货币性资产损失核销等。

第二十二条 行政事业单位国有资产处置应当严格履行审批手续，未经批准不得自行处置。资产处置应由行政事业单位资产管理部门、财务部门会同相关技术部门审核鉴定，提出处置意见，经主管部门审核后报同级财政部门审批。

行政事业单位分立、撤销、合并、改制及隶属关系发生改变时，应对其占有、使用的国有资产进行清查，符合评估情形应当进行评估，资产处置方案经主管部门审核后报财政部门审批。

第二十三条 行政事业单位应当按照财政部门批准的方式对相应资产进行处置，资产处置应当按照公开、公正、公平的原则进行。资产的出售、出让、转让等应当采取拍卖、招投标等方式以及国家法律、行政法规规定的其他方式进行。

第二十四条 行政事业单位出售、出让、转让国有资产的应当委托具有相应资质的资产评估机构依照国家有关规定进行资产评估。评估结果经核准或备案后作为市场竞价的参考依据。在交易过程中，当意向交易价格低于评估结果90%时，应当暂停交易，在按规定经主管部门审核报同级财政部门重新确认后方可继续交易。

第二十五条 交易事项完成后，行政事业单位应将交易结果及有关情况报财政部门备案。

第二十六条 涉及股权转让的，股权转让方案经主管部门审核后报同级财政部门审批。主管部门主要负责人及持股单位法定代表人要就转让股权的可靠性、合法合规性负责并作出书面承诺；参与审计和评估的中介机构要对审计、评估结果的准确性负责并作出书面承诺。上述承诺是财政部门审批股权转让事项的前提条件。

第二十七条 经批准召开重大会议、举办大型活动等临时购置的国有资产，由主办单位在会议、活动结束时按照本办法规定报批后处置。主办单位对资产的安全和完整性负责，不得擅自占有或者处置。

第二十八条 行政事业单位国有资产处置收入按政府非税收入管理的有关规定，实行"收支两条线"管理。

第二十九条 财政部门对行政事业单位国有资产处置事项的批复文件是财政部门重新安排行政事业单位有关资产配置项目的参考依据，也是行政事业单位调整有关资产、资金账目的依据和原始凭证。

第六章　资产评估与资产清查

第三十条 行政事业单位有下列情形之一的，应当委托具有资产评估资质的评估机构对相关资产进行评估：

(一)拍卖、有偿转让、置换国有资产的；

(二)整体或者部分改制为企业的；

(三)整体或者部分资产租赁给非国有单位的；

(四)确定涉讼资产价值的；

(五)事业单位以非货币性资产对外投资的；

(六)依照国家有关规定需要进行资产评估的其他情形。

第三十一条 行政事业单位有下列情形之一的,可以不进行资产评估:

(一)经批准行政事业单位整体或者部分资产无偿划转;

(二) 行政、事业单位之间的合并、分立;

(三)发生其他不影响国有资产权益的特殊产权变动行为,报经同级财政部门确认可以不进行资产评估的。

第三十二条 进行资产评估的行政事业单位,应当如实提供有关情况和资料,并对所提供的情况和资料的客观性、真实性和合法性负责,不得以任何形式干预评估机构独立执业。

第三十三条 行政事业单位国有资产评估项目实行核准制和备案制。实行核准制和备案制的项目、范围、权限依据国家和省有关部门的规定执行。

第三十四条 行政事业单位有下列情形之一的,应当进行资产清查:

(一)国家专项工作要求或者本级政府组织资产清查的;

(二)进行重大改革或者整体、部分改制为企业的;

(三)遭受重大自然灾害等不可抗力造成资产严重损失的;

(四)会计信息严重失真或者国有资产出现重大流失的;

(五)会计政策发生重大更改,涉及资产核算方法发生重要变化的;

(六)同级财政部门认为应当进行资产清查的其他情形。

第三十五条 资产清查工作的内容包括基本情况清理、账务清理、财产清查、损溢认定、资产核实和完善制度等。资产清查的具体办法按照国家和省财政部门规定的资产清查办法执行。

第七章 产权纠纷调处

第三十六条 行政事业单位之间或与其他国有单位发生的产权纠纷由当事人协商解决。协商不能解决的,可以向同级或者共同上一级财政部门申请调解或者裁定,必要时报有管辖权的人民政府处理。

第三十七条 行政事业单位与非国有单位或者个人之间发生产权纠纷的,由行政事业单位提出处理意见,经主管部门审核并报同级财政部门批准后与对方当事人协商解决。协商不能解决的,依照司法程序处理。

第八章 资产信息管理与统计报告

第三十八条 行政事业单位应当按照国有资产管理信息化的要求,及时将资产变动信息录入管理系统,对本单位实行动态管理,并在此基础上做好国有资产统计和信息报告工作。

第三十九条 行政事业单位国有资产信息报告是行政事业单位财务会计报告的重要组成部分。行政事业单位应当按照财政部门规定的财务会计报告的格式、内容及要求,对其占有、使用的国有资产状况定期作出报告。

第四十条 行政事业单位国有资产占有、使用状况,是主管部门、财政部门编制和安排行政事业单位预算的重要参考依据。各级财政部门、主管部门应当充分利用资产管理信息系统和资产信息报告,全面、动态地掌握行政事业单位国有资产占有、使用状况,建立和完善资产与预算有效结合的激励和约束机制。

第四十一条 财政部门根据国有资产管理工作的需要,开展行政事业单位国有资产产权登记工作。产权登记办法由开展产权登记的财政部门制定并负责组织实施。

第九章 法律责任

第四十二条 财政部门、主管部门、行政事业单位及其工作人员,应当认真履行国有资产管理、监督职责,依法维护国有资产的安全、完整,提高国有资产使用效益。对违反本办法规定的单位和个人,依据《财政违法行为处罚处分条例》、《浙江省国有资产流失查处试行办法》(省政府令第149号)等有关法律、法规和规章进行查处。

第四十三条 监察、审计部门应加强对行政事业单位国有资产管理工作的行政监督和审计监督,对因管理不善、失职、渎职造成国有资产损失的,应依法依纪追究有关责任人的责任。

第十章 附 则

第四十四条 除行政单位以外的其他社会团体和民办非企业单位中占有、使用国有资产的,参照本办法执行。

第四十五条 对实行企业化管理并执行企业财务会计制度的事业单位以及与行政单位尚未脱钩的经济实体、事业单位创办的具有法人资格的企业,由财政部门按照企业国有资产管理的有关规定实施监督管理。

实行企业化管理的事业单位、与行政单位未脱钩的经济实体和事业单位创办的企业必须按照《公司法》的有关规定自主经营、自负盈亏,建立权责明确、管理科学的现代企业制度,定期向持股单位、上级主管部门和同级财政部门报告生产经营或业务活动情况,按要求报送财务会计报告和利润分配方案,接受上级单位和同级财政部门的管理、指导和监督。

第四十六条 本办法自发布之日起施行。省财政厅、省国有资产管理局《关于印发〈浙江省行政事业单位国有资产管理暂行办法的通知〉》(国资〔1996〕34号)同时废止。

市、县(市、区)财政部门可根据本办法有关规定,制定具体的实施办法。行政事业单位资产处置的审批权限由各地自行确定。

第四十七条 本办法由省财政厅负责解释。

省财政厅
关于进一步完善对种粮农民直接补贴工作经费管理办法的通知

(2009年1月8日 浙财企字〔2009〕7号)

各市、县(市、区)财政局:

为进一步加强对种粮农民直接补贴工作经费的管理,深入贯彻落实党中央、国务院粮食直补及农资综合直补政策,加快中国农民补贴网建设,全面推广对种粮农民补贴"一卡通"或"一折通",建立健全农户补贴数据月报制度,加强对农户补贴发放的监管,根据《财政部关于进一步完善对种粮农民直接补贴工作经费管理办法的通知》(财建〔2008〕892号)等有关文件规定,以及近年来实施粮食直补、农资综合直补出现的新情况,我们对原来的《浙江省对种粮农民直接补贴工作经费管理办法》进行了修订完善,现印发给你们,请严格遵照执行。

浙江省对种粮农民直接补贴工作经费管理办法

根据《国务院关于进一步深化粮食流通体制改革的意见》(国发〔2004〕17号)、《财政部关于建立中国农民补贴网分户数据资料月报制度 动态反映分户补贴兑付进度的通知》(财办建〔2008〕107号)、《财政部关于进一步完善对种粮农民直接补贴工作经费管理办法的通知》(财建〔2008〕892号)等有关文件规定,为进一步加强对种粮农民直接补贴工作经费的管理,结合我省实际,特制定本办法。

一、对种粮农民直接补贴工作经费的内容

对种粮农民直接补贴工作经费,包括贯彻落实粮食直补及农资综合直补政策、推进农民补贴网络信息系统建设、实行农民补贴"一折通"或"一卡通"、向种粮农民兑付补贴资金、建立健全农户补贴数据月报制度、加强对农户补贴发放的监管等相关工作经费。

二、对种粮农民直接补贴工作经费的筹措

对种粮农民直接补贴工作经费,原则上由市、县(市、区)财政预算安排,省财政适当补助。

按政策规定正常发生的对种粮农民直接补贴工作经费,地方财政预算要优先安排。在使用对种粮农民直接补贴工作经费省财政补助资金之后,工作经费仍有缺口的,由市、县(市、区)自筹解决。

对种粮农民直接补贴工作经费省财政补助资金,由省财政根据年度工作情况适当安排。补助资金的分配主要考虑各市、县(市、区)对种粮农民直接补贴工作的年度工作量和完成质量等情况。

二、对种粮农民直接补贴工作经费的使用

对种粮农民直接补贴工作经费的开支范围:一是在人员经费、公用经费等预算正常安排的行政经费之外,确因工作需要额外增加的费用开支;二是财政部、省财政厅布置的整理、收集、报送各类粮食财务报表及相关数据等信息资料所需的费用。

对种粮农民直接补贴工作经费,由市、县(市、区)财政局根据本地实际工作情况统筹安排,对乡镇、街道等基层单位的工作经费要优先保证。

核实农户补贴面积等基础资料、规范补贴兑付程序、农民补贴网络信息系统应用软件培训及联网管理等方面的技术支持、实施"一折通"或"一卡通"、建立健全农户补贴数据月报制度、实现对农户补贴发放的及时监管,是进一步加强对种粮农民补贴管理的基础,对种粮农民直接补贴工作经费要优先保证相关费用开支。

四、对种粮农民直接补贴工作经费的拨付

省财政下达的对种粮农民直接补贴工作经费,通过省级粮食风险基金专户拨入市、县(市、区)粮食风险基金专户。

市、县(市、区)财政安排的工作经费,原则上要求通过粮食风险基金专户拨付。

五、对种粮农民直接补贴工作经费的监管

市、县(市、区)财政局每年年末向省财政厅报送本年度对种粮农民直接补贴工作经费的筹措和使用情况。

市、县(市、区)财政局要加强对种粮农民直接补贴工作经费的管理和监督,严格按照规定的范围使用,不得挪作他用。如发现违规违纪问题,要依法追究有关责任人的责任。

市、县(市、区)财政局要按财政部、省财政厅的有关文件规定,及时报送各类粮食财务报表及有关信息资料。省财政厅将对市、县(市、区)农民种粮补贴工作、农民补贴网络信息系统建设、补贴资金兑付管理、农户补贴数据月报等工作情况进

行考评，重点考核填报数据的及时性、准确性以及补贴落实到户情况，并不定期通报考评情况，考评结果直接与省财政补助的工作经费挂钩，奖优罚劣。

六、本办法自印发之日起执行。2006年12月30日省财政厅印发的《浙江省对种粮农民直接补贴工作经费管理办法的通知》(浙财企字〔2006〕323号)同时废止。

省财政厅 省人民政府国有资产监督管理委员会关于印发浙江省省本级企业国有资本收益收取管理试行办法的通知

(2009年2月25日 浙财企字〔2009〕35号)

省级各部门、有关单位，各省本级企业：

经省政府同意，现将《浙江省省本级企业国有资本收益收取管理试行办法》印发给你们，请认真贯彻并遵照执行。执行中如有问题，请及时与我们联系。

根据《浙江省人民政府关于试行国有资本经营预算的意见》(浙政发〔2008〕25号)精神，对省本级企业自2008年度起实现的国有资本收益按《浙江省省本级企业国有资本收益收取管理试行办法》规定进行收缴，其中：税后应缴利润上交先在省国资委监管企业施行，21家省属县级电力企业从2009年度起实行，其他企业根据情况分步实施。

考虑到目前的经济形势和企业的实际情况，2008年度税后应缴利润按标准减半收取，请各有关企业按规定申报缴纳，各预算单位认真组织监交。

浙江省省本级企业国有资本收益收取管理试行办法

第一章 总 则

第一条 为建立国有资本经营预算制度，规范国家与企业的分配关系，加强省本级企业国有资本收益管理，依据《中华人民共和国公司法》、《中华人民共和国预算法》、《浙江省人民政府关于试行国有资本经营预算的意见》(浙政发〔2008〕25号)，结合省本级企业实际情况，制定本办法。

第二条 本办法适用范围为省本级国有资本经营预算单位所监管(或所属)的企业(包括金融企业)，简称省本级企业。

第三条 本办法所称省本级国有资本经营预算单位，是指省国资委及其他有国有企业监管职能的省级部门和单位(以下统称预算单位)。

第四条 本办法所称国有资本收益，是指国家以所有者身份依法取得的国有资本投资收益，具体包括：

(一)应缴利润，即国有独资企业按规定应当上交国家的利润；

(二)国有股股利、股息，即国有控股、参股企业国有股权(股份)获得的股利、股息收入；

(三)国有产权转让收入，即转让国有产权、股权(股份)获得的收入(扣除转让费用)；

(四)企业清算收入，即国有独资企业清算收入(扣除清算费用)，国有控股、参股企业国有股权(股份)分享的公司清算收入(扣除清算费用)；

(五)其他国有资本收益。

第五条 省本级企业国有资本收益应当按规定直接上交省财政，纳入省本级国有资本经营预算收入管理。省本级企业按规定应上交省财政的国有资本收益实行“收支两条线”管理，对列入国有资本经营预算支出的项目不得坐支。

法律法规对省本级企业国有资本收益另有规定的，从其规定。

第六条 省本级企业国有资本收益由省财政厅负责收取，预算单位负责监交，省本级企业按规定上交。

第二章 省本级企业国有资本收益的申报与核定

第七条 省本级企业上交国有资本收益应当按规定申报，并如实填写省本级企业国有资本收益申报表(附表1～5)。具体申报时间及要求如下：

(一)应缴利润，在年度终了后5个月内，由省本级企业一次申报；

(二)国有股股利、股息，在股东会或者股东大会(没有设立股东会或者股东大会的为董事会，下同)表决日后30个工作日内、股利(股息)支付日前，由国有控股、参股企业据实申报，并附送股东会、股东大会的决议文件；

(三)国有产权转让收入，在签订产权转让合同后30个工作日内，由省本级企业或者预算单位授权的机构据实申报，并附送产权转让合同和资产评估报告；

（四）企业清算收入，在清算组或者管理人编制剩余财产分配方案后30个工作日内，由清算组或者管理人据实申报，并附送企业清算报告和中国注册会计师出具的审计报告；

（五）其他国有资本收益，在收益确定后30个工作日内，由有关单位申报，并附送有关经济事项发生和金额确认的资料。

第八条 省本级企业在向预算单位申报上交国有资本收益的同时，将申报表及相关材料报送省财政厅。无预算单位的企业直接报送省财政厅。

第九条 国有独资企业拥有全资公司、控股子公司、子企业的，应当由集团公司（母公司、总公司）以年度合并财务报表反映的归属于母公司所有者的净利润为基础申报，并给予抵扣以前年度未弥补亏损和按规定提取的法定公积金（法定公积金已达实收资本50%及以上的不再抵扣）。

第十条 国有独资企业上交年度净利润的比例，区别不同行业，分以下五类执行（企业分类名单详见附表6）：

（一）第一类100%；

（二）第二类10%；

（三）第三类5%；

（四）第四类暂缓上交；

（五）第五类免交。

第十一条 国有控股、参股企业应付国有投资者的股利、股息，上交比例为100%，按照股东会或者股东大会决议通过的利润分配方案执行。

国有控股、参股企业应当依法分配年度净利润。当年不予分配的，应当说明暂不分配的理由和依据，并出具股东会或者股东大会的决议。

第十二条 国有产权转让收入、企业清算收入和其他国有资本收益，上缴比例为100%。

第十三条 省本级企业上缴国有资本收益区别以下情况核定：

（一）应缴利润，根据经省财政厅或预算单位认定的中介机构审计的企业年度合并财务报表反映的归属于母公司所有者的净利润及抵扣项目和规定的上交比例计算核定；

（二）国有股股利、股息，根据国有控股、参股企业关于利润分配的决议核定；

（三）国有产权转让收入，根据企业产权转让协议和资产评估报告等资料核定；

（四）企业清算收入，根据清算组或者管理人提交的企业清算报告核定；

（五）其他国有资本收益，根据有关经济行为的财务会计资料核定。

第十四条 省本级企业根据国家政策进行重大调整，或者由于遭受重大自然灾害等不可抗力因素造成巨大损失，需要减免应缴利润的，应当向省财政厅及预算单位提出申请。由预算单位提出初审意见，省财政厅提出建议意见报省政府批准后，将减免的应缴利润直接转增国家资本或者国有资本公积。

第三章 省本级企业国有资本收益的上交

第十五条 国有资本收益属于政府非税收入，列政府收支分类科目中“国有资本经营收入”款级科目。

第十六条 省本级企业国有资本收益上交，按照以下程序执行：

（一）预算单位在收到所监管（所属）企业上报的国有资本收益申报表及相关材料后15个工作日内提出审核意见，报送省财政厅复核，省财政厅在收到预算单位审核意见或无预算单位的企业申报表后15个工作日内提出复核意见；

（二）预算单位根据省财政厅同意的复核意见向所监管企业下达国有资本收益上交通知（无预算单位的企业由省财政厅向企业下达国有资本收益上交通知），省财政厅向企业开具“浙江省政府非税收入一般缴款书”；

（三）省本级企业依据预算单位或省财政厅下达的国有资本收益上交通知和省财政厅开具的“浙江省政府非税收入一般缴款书”办理国有资本收益缴款手续。

第十七条 省本级企业当年应缴利润应当在申报日后5个月内交清，其中：应缴利润在2000万元以下（含2000万元）的，须在2个月内一次交清；应缴利润在2000万元以上、5000万元以下（含5000万元）的，可分两次在3个月内交清；应缴利润在5000万元以上的，可分三次在5个月内交清。

第十八条 国有股股利、股息，由国有控股、参股企业在股利、股息支付日直接上交省财政。

第十九条 国有产权转让收入、企业清算收入和其他国有资本收益，省本级企业、预算单位授权的机构或清算组（管理人）等应当在收到预算单位或省财政厅下达的国有资本收益上交通知和省财政厅开具的“浙江省政府非税收入一般缴款书”7日内交清。

第四章 监督检查

第二十条 省本级企业应及时上交国有资本收益，省财政厅和各预算单位应加强对省本级企业国有资本收益收缴的监管工作。

第二十一条 省本级企业按规定上交国有资本收益的总体情况，应列入预算单位对企业的经营业绩考核内容；企业年度经营业绩考核专项审计报告应对各项国有资本收益及上交情况进行披露。

第二十二条 省财政厅会同预算单位或委托中介机构对省本级企业应缴国有资本收益进行检查，各企业、预算单位授权的机构、清算组（管理人）和负责企业年报审计的中介机构应当予以配合，如实反映情况，不得拒绝、阻挠和拖延。

第五章　罚　则

第二十三条 省本级企业、社会中介机构，以及国家机关工作人员、企业工作人员和注册会计师等有违法违规行为的，将依照《中华人民共和国会计法》、《中华人民共和国注册会计师法》、《财政违法行为处罚处分条例》和《行政机关公务员处分条例》等有关法律法规进行查处。

第六章　附　则

第二十四条 本办法有关条款与以前制定的有关省本级国有收益管理办法有抵触的，一律以本办法为准。

第二十五条 本办法自发布之日起执行。

第二十六条 本办法由省财政厅负责解释。

附表：

1. 省本级企业国有资本收益(应缴利润)申报表(略)
2. 省本级企业国有资本收益(国有股股息、股利)申报表(略)
3. 省本级企业国有资本收益(国有产权转让收入)申报表(略)
4. 省本级企业国有资本收益(企业清算收入)申报表(略)
5. 省本级企业国有资本收益(其他国有资本收益)申报表(略)
6. 省本级企业税后利润上交比例表(第一批)(略)
7. 省本级企业国有股股利(股息)上交名单(略)

省财政厅 省海洋与渔业局
浙江省海域使用金减免管理办法

(2009年3月2日 浙财综字〔2009〕23号)

第一条 为规范海域使用金减免行为，切实保障海域使用权人的合法权益，依据国家和省有关规定，制定本办法。

第二条 申请人申请减免海域使用金，县级以上(含县级，下同) 人民政府财政和海洋行政主管部门审查批准减免海域使用金，适用本办法。

第三条 减免国务院以及县级以上地方人民政府审批的项目用海应缴中央国库的海域使用金，按国家规定由财政部和国家海洋局审查批准。

减免除养殖用海外的国务院以及县级以上地方人民政府审批的项目用海应缴地方国库的海域使用金，由省财政和省海洋行政主管部门审查批准。其中，减免国务院审批的项目用海应缴地方国库的海域使用金，经省财政和省海洋行政主管部门审查批准后报财政部、国家海洋局备案。

减免养殖用海的海域使用金，由审批项目用海的地方人民政府财政和海洋行政主管部门审查批准，并报省财政和省海洋行政主管部门备案。

减免宁波市本级及所属县(市)人民政府审批的项目用海(不含养殖用海)应缴地方国库的海域使用金，由宁波市人民政府财政和海洋行政主管部门审查批准，并将审查批准文件报省财政和省海洋行政主管部门以及财政部、国家海洋局备案。

第四条 下列项目用海，经依法批准免缴海域使用金：

(一)军事用海。具体范围按照国务院、中央军委的有关规定执行。

(二)用于政府行政管理目的的公务船舶专用码头用海。仅包括公安(边防)、海关、交通(港航)、海事、海监、出入境检验检疫、环境监测、渔政、渔监等公务船舶专用的港池、码头(含堆场)、防波堤和航道用海，不包括其他相关用海。

(三)航道、避风(避难)锚地、航标、由政府还贷的跨海桥梁、海底隧道以及城市道路、非收费的公路与桥梁用海等非经营性交通基础设施用海。不包括企业专用的交通基础设施用海。

(四)教学、科研、防灾减灾、海难搜救打捞、渔港等非经营性公益事业用海。不包括为上述非经营性公益事业服务的各类经营性配套设施用海。渔港用海仅包括港池、引桥、堤坝、航道、渔业码头(含堆场)及附属的非经营性设施用海。

第五条 下列项目用海，经依法批准减免海域使用金：

(一)除避风(避难)以外的其他非专用的锚地、出入海通道等公用设施用海。减免海域使用金的幅度最高不得超过应缴金额的30%。

(二)国务院审批或核准的固定资产投资项目用海。其中：属于国家发展改革委《产业结构调整指导目录》鼓励类的，海域使用金减免金额最高不超过应缴金额的20%；属于限制类或淘汰类，一律不予减免海域使用金。国家重大(重点)建设项目的污水达标排放用海不予减免海域使用金。

(三)遭受自然灾害或者意外事故，经核实经济损失达正常收益60%以上的养殖用海。

(四)渔民个人或村级集体经济组织养殖用海。

第六条 符合本办法第四条和第五条规定情形的项目用海，申请人应当在收到《海域使用金缴款通知书》之日起30日内，按照下列规定提出减免海域使用金的书面申请，逾期一律不予受理。

(一)申请人申请减免国务院审批的项目用海应缴的海域使用金，其中：应缴中央国库的海域使用金，分别向财政部和国家海洋局提出书面减免申请；应缴地方国库的海域使用金，分别向用海项目所在地财政和海洋行政主管部门提出书面减免申请，经项目所在地财政和海洋行政主管部门逐级审核后，报省财政和省海洋行政主管部门审查批准。

（二）申请人申请减免养殖用海应缴的海域使用金，向审批项目用海的地方人民政府财政和海洋行政主管部门提出书面减免申请。

（三）申请人申请减免除国务院审批的项目用海和养殖用海外应缴的海域使用金，向用海项目所在地财政和海洋行政主管部门提出书面减免申请，经用海项目所在地财政和海洋行政主管部门逐级审核后，报省财政和省海洋行政主管部门审查批准。其中，申请减免应上缴中央国库的海域使用金，由省财政和省海洋行政主管部门审核后，联合报财政部和国家海洋局审查批准。

第七条 申请人申请减免海域使用金，应当提交下列相关资料：

（一）减免海域使用金的书面申请，包括减免理由、减免金额、减免期限等内容。

（二）能够证明项目用海性质的相关证明材料。

（三）县级以上人民政府财政和海洋行政主管部门认为应当提交的其他相关材料。

第八条 省财政和省海洋行政主管部门在收到申请人的书面申请后30日内，由省海洋行政主管部门对申请减免海域使用金的合法性提出初审意见，经省财政部门审核同意后，由省财政会同省海洋行政主管部门以书面形式联合批复申请人。其中：涉及减免应缴中央国库海域使用金的，省财政和海洋行政主管部门在批复申请人之前，依照规定报经财政部和国家海洋局审查批准。

第九条 除经批准减缴或免缴的养殖用海外，其他经批准减缴或免缴海域使用金的项目用海，如需转让、出租海域使用权或者经批准改变海域用途或用海性质的，应当报经原批准用海的人民政府批准，并按规定标准补缴减免部分的海域使用金。海域使用权受让人或者海域使用权人应当按照本办法规定重新履行海域使用金减免申请和报批手续。

第十条 海域使用权人申请海域使用金减免时将多个用海项目"打捆"，或者同一用海项目包含多种用海类型的，有关财政和海洋行政主管部门应当分项目、分类型逐一审核，不得笼统进行整体核定、"打捆"减免。

第十一条 用海项目应缴海域使用金额超过1亿元，用海单位或个人一次性缴纳确有困难的，经有关海洋行政主管部门商同级财政部门同意后，可批准其分期缴纳。海域使用金分期缴纳的时间跨度最长不得超过3年，第一期缴纳的海域使用金不得低于应缴海域使用金金额的50%，最后一次缴纳海域使用金的期限不得超过项目用海的施工期限。有关海洋行政主管部门应当与海域使用权人签订分期缴纳海域使用金协议，明确分期缴纳海域使用金的具体时间和金额，并督促用海单位和个人按时足额缴纳海域使用金。

第十二条 除本办法规定以外，任何地区、部门和单位均不得以任何名义违规越权批准减免海域使用金。县级以上人民政府财政和海洋行政主管部门应当严格按照本办法规定权限批准减免海域使用金。违反本办法规定批准减免海域使用金的，按照《中华人民共和国海域使用管理法》、《财政违法行为处罚处分条例》和《海域使用管理违法违纪行为处分规定》等有关法律法规进行查处。

申请人应当严格按照本办法规定，如实提供有关资料，不得弄虚作假，骗取减免海域使用金。对违反本办法规定，骗取减免海域使用金的，按照《中华人民共和国海域使用管理法》、《财政违法行为处罚处分条例》和《海域使用管理违法违纪行为处分规定》等有关法律法规进行查处。

第十三条 本办法自发布之日起执行。此前有关规定与本办法不一致的，一律以本办法为准。

省财政厅
浙江省现代农业生产发展资金绩效评价实施细则（试行）

（2009年3月16日 浙财农字〔2009〕62号）

第一章 总 则

第一条 为加强现代农业生产发展资金和项目管理，建立健全激励和约束机制，切实提高资金使用效益，根据财政部《中央财政现代农业生产发展资金绩效考评试行办法》（财农〔2009〕4号）、《浙江省现代农业生产发展资金和项目管理实施细则（试行）》（浙财农字〔2008〕221号）、《浙江省财政支出绩效评价实施意见》（浙财绩效〔2006〕2号）等有关规定，特制定本实施细则。

第二条 现代农业生产发展资金绩效评价（以下简称绩效评价），是指县级以上单位运用一定的评价方法、设置一定的评价指标和评价标准，对财政安排的支持现代农业生产发展资金绩效目标实现程度及项目实施所取得的绩效等进行综合性的评价。

第三条 绩效评价遵循的原则

(一)客观、公正、科学、规范原则。按照“公开、公平、公正”的要求，采用科学、规范的评价程序和操作方案，准确、合理地衡量项目的绩效情况。

(二)有利于推动支农资金整合原则。在绩效评价的内容、评价指标以及计分权重设置等方面，应当充分体现支农资金整合的要求。

(三)权责统一原则。绩效评价应当有利于促进资金分配、管理、使用权的行使，与承担相应责任相统一。

(四)定性与定量评价相结合原则。绩效评价应当在对评价内容确定量化测定分值的基础上，结合项目实施效果和管理工作情况进行综合分析评价。

第二章 评价依据和内容

第四条 绩效评价的依据

(一)国家相关法律法规和各级财政部门制定的现代农业生产发展资金管理规章制度。

(二)现代农业生产发展资金项目实施方案、资金申请文件、资金拨付文件、项目实施和资金使用情况总结等有关文件资料。

(三)以现代农业生产发展资金项目为平台整合相关支农资金的要求、各地申请立项时制定的资金整合方案。

(四)统计部门公布的有关农业统计数据和财政部门反映资金管理的有关数据。

(五)县级以上财政部门的有关批复文件、检查结论，财政部驻浙江省财政监察专员办事处出具的有关检查结果，审计部门出具的有关审计报告或委托中介机构出具的有关项目评审或竣工验收报告、评价意见等。

(六)其他相关资料。

第五条 绩效评价的内容

(一)实施方案制定：主要评价主导产业优势、支持重点环节、保障措施与机制创新、实施方案内容以及方案报送情况。

(二)支农资金整合：主要评价市县财政部门整合相关资金的渠道、资金规模以及资金到位情况。

(三)资金项目管理：主要评价制度建设、资金拨付进度、政策宣传、信息报送以及部门协作配合情况。

(四)项目实施效果：主要评价项目实施情况以及取得的经济效益和社会、生态效益。

(五)违规违纪行为：主要评价被审计、财政、监察机构等部门查出或被新闻媒体曝光并经查实的违规违纪行为整改落实情况。

第三章 组织实施工作

第六条 绩效评价工作由省财政厅统一组织，按照“财政牵头、部门配合、权责一致”的原则分级实施。必要时可邀请有关部门、专家或委托中介机构进行。参与评价的机构或个人要对所做结论的真实性负责。

第七条 部门职责

(一)财政部门的主要工作职责：

1. 根据财政部的部署，组织实施绩效评价工作。

2. 制定绩效评价实施细则。

3. 指导协调农口部门按计划开展绩效评价工作。

4. 根据绩效评价结果，落实相关激励约束措施。

5. 加强对下级财政部门绩效评价工作指导和监督。

6. 按规定向上级财政部门报送绩效评价报告。

7. 对评价中发现的问题认真研究和限期整改。

8. 宣传绩效评价有关政策，及时向上级财政部门反馈绩效评价相关信息。

(二)农口部门的主要工作职责：

1. 及时组织实施本部门归口专项的绩效评价工作。

2. 制订切实可行的绩效评价具体实施方案。

3. 指导和监督项目所在地绩效评价工作。

4. 宣传绩效评价有关政策，及时向财政部门反馈绩效评价相关信息。

5. 按规定向财政部门报送绩效自评或绩效评价报告。

6. 对评价中发现的问题认真研究、及时整改，并将整改结果或情况报财政部门。

第八条 绩效评价由市、县(市、区)自评、省级抽查和省级综合评价组成。

1. 市、县(市、区)自评：由项目所在市、县(市、区)财政部门会同主管部门对纳入绩效评价范围的专项资金使用绩效进行自评，形成自评报告报送省财政厅和省级农口部门。

2. 省级抽查：由省财政厅会同省级农口部门选择部分地区对自查情况进行实地抽查。

3. 省级综合评价：省财政厅会同省级农口部门在市、县(市、区)自评和抽查的基础上，形成绩效评价综合报告。

第九条 绩效评价以年度为周期，每年 3 月底前，各地完成相关专项资金的自评工作，并向省财政厅和省级农口有关部门上报相关文件材料和评价报告。4 月 6 日前，省财政厅会同省级农口部门形成绩效评价综合报告。

第四章 评价结果及运用

第十条 绩效评价实行百分制，计分采用量化指标，满分为 100 分(具体评价量化指标见附表)。根据得分的不同情况将评价结果划分为 4 个等级：总分在 90 分以上(含 90 分)为优秀；80～89 分(含 80 分)为良好；70～79 分(含 70 分)为合格;70分以下为不合格。

第十一条 绩效评价结果是对现代农业生产发展资金管理工作的综合评价,将作为下年度资金安排的重要依据。对资金使用管理过程中出现的违规违纪行为,根据国家相关规定进行查处。

第十二条 省财政厅对绩效评价结果以适当方式公布,接受社会监督。

第十三条 各地应当根据绩效评价结果,及时总结经验教训,完善项目资金管理办法,提高管理水平和资金使用效益。

第五章 附 则

第十四条 本办法自发文之日起施行。

附:浙江省财政支出项目绩效评价报告(略)

省财政厅 省经贸委 省发展改革委 省科技厅 省信息产业厅关于印发《浙江省工业转型升级财政专项资金管理暂行办法》的通知

(2009年3月25日 浙财企字〔2009〕60号)

各市、县(市)财政局、发改委、经贸局、科技局、信息产业主管部门(宁波不发),省级有关单位:

根据省政府《关于加快工业转型升级的实施意见》(浙政发〔2008〕80号)的精神,从2009年开始,将整合现有工业、科技类财政专项资金,建立统一的工业转型升级财政专项资金,重点用于支持企业技术改造,同时对企业技术创新、新产品创新、管理创新、高新技术产业化、企业信息化等方面给予支持。为加强工业转型升级财政专项资金的管理,提高财政资金的使用绩效,更好地发挥财政政策的导向作用,我们研究制定了《浙江省工业转型升级财政专项资金管理暂行办法》,现印发给你们,请遵照执行。执行过程中如有问题,请及时反馈。

2009年度工业转型升级财政专项资金项目采取分批申报审核拨付办法,具体申报事项另行通知,请各地预先做好项目申报的准备工作。

附件:

浙江省工业转型升级财政专项资金管理暂行办法

第一条 为了进一步推进我省工业发展方式转变,促进工业经济结构转型升级,根据省政府《关于加快工业转型升级的实施意见》(浙政发〔2008〕80号)和省政府《专题会议纪要》(〔2009〕10号)有关精神,特制定本办法。

第二条 资金来源

浙江省工业转型升级财政专项资金(以下简称“专项资金”)由省财政按照“存量调结构、增量调方向、增量调存量”的方法,在整合现有工业、科技类相关财政资金的基础上统筹安排。

第三条 管理原则

(一)坚持公开、公正、公平,注重科学化、规范化管理,突出重点,专款专用。

(二)坚持扶优扶强,着力促进大企业、大集团的发展,提高我省工业企业市场竞争力。

(三)加强专项资金相关归口管理部门的协调配合,着力优化资源整合和配置,促进资金统筹安排、合理使用。

(四)建立健全专项资金使用绩效跟踪和考评制度,落实部门责任和决策程序,提高专项资金使用效益。

第四条 支持对象

凡在浙江省范围内(不含宁波市)工商管理部门登记注册、具有独立法人资格、财务会计制度健全、依法纳税的工业企业,以及依法成立的研发机构,符合国家和省产业政策与导向的工业技术改造投资项目及产品、技术、管理创新和企业信息化项目,特别是行业和区域块状经济的龙头企业技术改造项目,均可申请转型升级专项资金贴息或补助。

第五条 支持范围

(一)列入计划的省重点技术改造项目。

(二)企业采用先进技术改造传统产业,高新技术产业化和装备制造业的技术改造项目。

(三)企业以产品信息化、制造过程信息化、管理信息化和电子商务为主要内容的信息化建设项目。

(四)企业围绕开发新产品、新工艺、新技术的自主研发、成果转化、关键共性技术产业化项目。

(五)企业以应对技术性贸易壁垒为主要内容的技术攻关、服务平台建设项目。

(六)省工业转型升级领导小组研究确定的年度其他重点支持领域或重大项目。

第六条 支持方式

对企业符合申报条件的技术改造和自主创新等项目，一般按企业中长期金融机构贷款的金额或实际投资额给予一定比例的贴息或补助；同时对申报省贴息或补助的项目，地方政府（欠发达地区除外）应先落实同比例配套的贴息或补助资金。

第七条 贴息、补助及配套标准

（一）对工业企业符合申报条件，固定资产投入在一定额度以上的技术改造项目，按照金融机构提供的中长期贷款总额的2.5%给予贴息，对欠发达地区的企业，按中长期贷款总额的5%给予贴息，贴息期为1年；对部分在行业发展中起重要作用且关联度大的企业自筹资金的省重点技术改造项目给予适当支持，具体按照实际的设备、技术投入数的2.5%给予补助；对于既有中长期贷款又有自筹资金的技术改造项目，只能享受其中一种方式支持。

（二）对工业企业、研发机构符合申报条件，固定资产投入在一定额度以上的自主技术创新、产业成果转化以及信息化改造项目，按照企业实际投入额的一定比例给予补助。

（三）对省安排贴息或补助的技术改造项目，除欠发达地区外要按1:1比例进行配套贴息或补助。

（四）同一企业同一内容的项目只能向一个专项资金归口管理部门进行申报，不得多头申报。企业同一项目已获得国家支持的，省里不再安排资金。

（五）单个项目省贴息或补助的金额原则上不超过500万元，个别省重点项目最高不超过1000万元。

第八条 年度支持重点

（一）年度支持重点根据国家和省政府的要求，由专项资金相关归口管理部门在每年3月底前提出，报经省工业转型升级领导小组研究确定。

（二）专项资金相关管理部门应按照省工业转型升级领导小组研究确定的年度支持重点，分别做好年度专项资金项目申报工作，确保突出专项资金的重点支持方向。

第九条 申报程序和时间

（一）专项资金相关管理部门每年根据省工业转型升级领导小组研究确定的年度支持重点领域，分别会同省财政厅下发当年工业转型升级项目申报通知。

（二）各市、县（市）主管部门和财政部门要按照申报通知的要求，共同组织符合条件的企业进行申报，并联合行文分别上报专项资金相关管理部门和省财政厅。

（三）省级有关单位申报的项目，由企业提出申请，经主管部门或省属集团公司审核并签署意见后直接报送专项资金相关管理部门和省财政厅。

第十条 企业申报时应提供的资料

1. 浙江省工业转型升级财政专项资金项目申报表；

2. 项目核准或备案批准文件复印件；

3. 金融机构出具的项目中长期固定资产贷款合同、资金入账凭证；

4. 企业上年度经审计的财务会计报告；

5. 企业自筹资金的项目，需提供具有一定资质会计师事务所出具的企业设备、技术实际投入情况的专项审计报告；

6. 地方财政给予项目资金配套贴息或补助的承诺书；

7. 项目单位营业执照复印件；

8. 其他按要求需要提供的资料。

第十一条 项目的审核和资金拨付

（一）对于申报的技术改造贴息或补助项目，由专项资金相关管理部门会同省财政厅，根据各自管理职责进行认真审核，提出专项资金贴息或补助的安排意见。

（二）对于确定的贴息或补助项目，由省财政厅按财政隶属关系会同专项资金相关管理部门下达资金文件，将资金拨付到市、县财政局和省级有关单位，由市、县财政局和省级有关单位转拨到项目承担企业。

（三）企业收到财政贴息或补助资金后，应按国家有关规定进行财务会计处理，并专款专用。

第十二条 监督管理

（一）申请贴息或补助资金支持的项目，要严格执行国家和省有关政策规定，不得擅自改变项目的主要建设内容和建设标准，更不得转移、挪用贴息或补助资金。

（二）各级财政和相关主管部门要加强项目实施及资金使用全过程的监督管理，组织开展跟踪检查，对达不到建设进度和投资要求的项目，应视情况减拨、停拨直至追回已拨的贴息或补助资金。

（三）对弄虚作假骗取财政专项资金的，按照《财政违法行为处罚处分条例》等有关法律法规进行查处，同时在3年内取消该单位申报财政专项资金的资格。情节严重构成犯罪的，依法追究刑事责任。

第十三条 绩效评价制度

（一）专项资金相关管理部门应根据省财政厅制定的相关办法规定，建立健全专项资金使用绩效评价制度，每年度对管理的相关专项资金进行绩效评价，评价结果将作为下一年度省财政安排专项资金的依据。

（二）省工业转型升级领导小组办公室对年度转型升级专项资金的使用情况要及时进行总结，对专项资金的绩效评价情况要进行汇总，为省工业转型升级领导小组研究确定下一年度支持重点和方向提供决策参考。

第十四条 本办法自发布之日起施行。原《浙江省建设先进制造业基地财政专项资金管理办法》、《浙江省应对技术性贸易壁垒专项资金管理》、《浙江省企业信息化财政专项资金管理办法》同时停止执行。

省财政厅
浙江省家电下乡补贴资金管理办法

(2009年3月27日 浙财企字〔2009〕65号)

第一条 为加强和规范家电下乡补贴资金管理，确保家电下乡工作在我省顺利实施，进一步扩大农村消费、提高农民生活质量、促进社会主义新农村建设，根据财政部《家电下乡补贴资金管理办法》(财建〔2008〕709号)和省政府办公厅《关于浙江省家电下乡工作实施方案的通知》(浙政办发〔2009〕22号)精神，结合我省实际，制定本办法。

第二条 本办法所称家电下乡补贴资金(以下简称"补贴资金")，是指中央财政和省级财政安排的，对农民购买补贴类家电产品按一定比例给予补贴的资金。

第三条 补贴资金按照专项转移支付资金国库集中支付有关规定，纳入国库单一账户体系管理，实行国库集中支付。中央财政安排的补贴资金通过省级财政专项转移支付资金零余额账户支付到各市、县(市)财政局"中央专项资金特设专户"；省级财政安排的补贴资金通过国家金库浙江省分库支付到市、县(市)国库。市、县(市)财政收到省级拨付资金后，应按当地财政国库管理制度和补贴资金管理有关规定，及时将此项资金直接支付到购买人的补贴账户。

第四条 补贴资金的管理和使用应当遵循公开透明、定向使用、科学管理和加强监督的原则。

第五条 补贴对象：全省凡具有农业户口且购买补贴类家电的人员(以下简称"购买人")，均可享受财政补贴，但每户每类补贴产品购买数量不得超过2台(件)。

第六条 补贴方式：购买人在规定时间内购买补贴类家电产品、提出申请并提供有关证明材料经审核符合相关条件的，由户口所在地财政给予直接补贴。

第七条 补贴标准：按补贴类家电产品销售价格的13%给予补贴。

第八条 资金来源：补贴资金由中央财政和省级财政共同负担。其中，中央财政负担80%，省级财政负担20%。

第九条 补贴产品：彩电、冰箱(含冰柜)、手机、洗衣机、空调、热水器、电脑、微波炉、电磁炉、摩托车共10类，其中，摩托车补贴归入汽车下乡补贴渠道实施。具体规格、型号以及产品最高限价由商务部、财政部统一招标确定。

第十条 有效时间：凡在2009年2月1日至2013年1月31日期间，购买人在我省承担家电下乡销售业务的网点购买规定数量的补贴类产品(以申报补贴时提供的销售发票载明的时间为准)，均可享受补贴。

第十一条 补贴资金拨付采取事前预拨、事后清算的方式。实施过程中，实际补贴资金超出预算部分，由各市、县(市)级财政先行垫付。

第十二条 补贴资金每年清算一次，各市、县(市)财政局会同经贸主管部门在每年3月底前，核实汇总本地区补贴资金使用情况，报省财政厅进行审核清算。

第十三条 家电下乡产品销售网点应当在农民购买补贴类家电产品后，及时把购买人基本资料和产品等相关信息录入到家电下乡信息管理系统的销售网点终端，保证补贴业务及时开展。

第十四条 购买人应按规定的时间要求，及时持相关资料到户口所在地乡镇(街道)财政部门申报，可跨年度申报。申报时购买人应提供以下材料：

1. 购买产品的发票原件，发票在载明商品基本情况的同时，应加注购买人的姓名及身份证号码；

2. 能够证明购买人身份的居民身份证原件和户口本原件(或公安户籍管理部门出具的证明)；

3. 补贴类家电产品专用标识卡；

4. 购买人所在户持有的"涉农补贴一卡(折)通"存折，即农资综合直补一卡(折)通(下同)。

尚未开设专用存折的，财政部门应及时帮助农户到相关金融机构开设涉农补贴账户和办理一卡(折)通存折。

第十五条 补贴资金的审核及兑付

(一)乡镇(街道)财政部门按照本办法规定，对购买人提供的申报材料进行初审，并按发票载明的产品销售价格的13%核定补贴金额。初审内容主要包括：

1. 购买人提供的身份证明与发票载明的是否一致；

2. 发票价格是否在该产品的最高限价之下；

3. 产品标识卡是否与购买产品一致；

4. 每户每类补贴产品购买数量是否超过2台(件)。

(二)乡镇(街道)财政部门初审后，对符合补贴条件的，将有关信息录入家电下乡信息管理系统，并打印"家电下乡补贴资金申报表"，一式三联，由申请人和受理人签字盖章，分别用于申请人留存、乡镇(街道)财政部门存档、上报县(市、区)财政局，并做好申报材料复印及档案管理工作；对不符合补贴条件的，应在购买人申报时当面作出明确说明。

(三)县(市、区)财政局对乡镇(街道)财政部门上报的补贴申请认真审核无误后，应在购买人提出申请的30个工作日内，通过补贴资金特设账户将补贴资金拨付到当地“涉农补贴一卡(折)通”开户银行，由其将补贴资金直接支付到购买人的补贴账户。

第十六条 购买人退货时，应首先退还财政补贴资金。购买人应根据乡镇(街道)财政部门提供的补贴资金银行账户，将领取的补贴资金缴入该户后，才能办理退货手续。各乡镇(街道)财政部门要做好退还补贴资金的登记工作，并及时将退还资金清单上报县(市、区)财政部门，以便补贴资金的审核清算。

第十七条 省财政厅对补贴资金支付情况实行动态监管，指导市、县财政部门加强补贴资金管理，并将不定期进行抽查，及时研究解决补贴资金管理中发现的问题。各市、县财政部门要研究制定补贴资金的具体操作规程，切实加强补贴资金的审核兑付管理，确保补贴资金及时足额兑付到购买人手中。

第十八条 各级财政部门对补贴资金的财务管理进行监督检查，也可委托审计部门或社会审计机构进行财务审计和检查，并对违反财务管理规定的行为进行查处。同时要加强对负责发放补贴的相关金融机构的监管，签订相应的委托代发协议，明确责任，确保补贴资金安全和及时足额发放。

第十九条 任何单位和个人不得以任何理由截留、挤占、挪用补贴资金，不得拖延兑付时间，严禁骗取补贴资金行为的发生，否则将追回或停止拨付补贴资金，对违反本规定的行为，一经查实，将按《财政违法行为处罚处分条例》(中华人民共和国国务院令第427号)予以查处，构成犯罪的，移交司法机关处理。

第二十条 本办法自印发之日起执行。

省财政厅
浙江省农业综合开发财政有偿资金
呆账核销和延期还款实施办法

(2009年4月29日 浙财农发字〔2009〕10号)

第一章 总 则

第一条 为加强农业综合开发财政有偿资金(以下简称财政有偿资金)管理，根据财政部《农业综合开发财政有偿资金呆账核销和延期还款办法》(财发〔2008〕61号)及有关制度、办法，制定本实施办法。

第二条 本实施办法适用于中央和省级立项的农业综合开发项目(含部门项目，下同)财政有偿资金的呆账核销和延期还款。

第二章 认定条件

第三条 下列不能按借款合同约定期限回收的财政有偿资金，按规定程序报经批准，可以列入呆账予以核销：

(一)项目用款单位(以下简称项目单位)依法宣告破产、关闭、解散或撤销，并终止法人资格，市、县(市、区)财政部门(以下简称“县级财政部门”)和委托贷款银行对项目单位和担保人进行追偿后，未能收回的财政有偿资金。

(二)项目单位因严重自然灾害和其他不可抗力事件，损失巨大且不能获得补偿，或者获得补偿后仍无力偿还部分或全部财政有偿资金，县级财政部门和委托贷款银行对项目单位和担保人进行追偿后，未能收回的财政有偿资金。

(三)项目单位受县级以上(含县级，下同)政府批准的重点工程建设占地或其他宏观经济政策调整等因素影响，造成项目停建、生产经营终止，按国家有关规定获得补偿后仍无力偿还部分或全部财政有偿资金，县级财政部门和委托贷款银行对项目单位和担保人进行追偿后，未能收回的财政有偿资金。

(四)项目单位虽未依法宣告破产、关闭、解散、撤销，但已完全停止经营活动，被县级以上工商行政管理部门依法注销、吊销营业执照，终止法人资格，县级财政部门和委托贷款银行对项目单位和担保人进行追偿后，未能收回的财政有偿资金。

除前款规定外，项目单位不能偿还到期资金，经过相关法律程序后，仍无法收回的财政有偿资金，报经批准，可以列入呆账予以核销。

第四条 下列不能按借款合同约定期限偿还的财政有偿资金，按规定程序报经批准，可以延期还款：

(一)项目单位符合本实施办法第三条第一款第(一)、(三)、(四)项及第二款中所列情况，但因相关法律程序尚未终结等原因，暂时难以提供有效证明文件，需要延期偿还的财政有偿资金。

(二)项目单位因严重自然灾害和其他不可抗力事件，不能按期还款，但项目仍可续建或继续发挥效益，需要延期偿还的财政有偿资金。

(三)项目单位因项目调整等情况，确实需要延期偿还的财政有偿资金。

第五条 单个项目财政有偿资金延期还款的时限一般不超过1年。延期的财政有偿资金到期后需要继续延期的，按照规定程序报批。同一项目延期还款的时限原则上累计不超过3年。

经批准延期的财政有偿资金，应按规定签订新的借款合同，并按原合同规定的占用费率收取资金占用费。

第三章 申报和审批

第六条 财政有偿资金的呆账核销和延期还款由项目单位提出申请，县级财政部门实地调查核实并进行追偿后，符合认定条件的，按照有偿资金归属权限自下而上逐级申报。

项目单位无法提出申请的，由县级财政部门实地调查核实并进行追偿后，符合认定条件的，按照有偿资金归属权限自下而上逐级申报。

第七条 中央财政有偿资金的呆账核销和延期还款，由省财政厅上报财政部审批；省级财政有偿资金的呆账核销和延期还款，由省财政厅审批。

第八条 申报中央财政和省级财政有偿资金（以下简称"省以上财政有偿资金"）呆账核销或延期还款的，应当提供下列材料：

（一）项目单位的基本资料。包括：申请财政有偿资金呆账核销或延期还款的文件（申请的理由、企业的基本情况和现状）；省农业综合开发办公室（以下简称"省农发办"）批复的项目实施计划以及县级财政部门与委贷银行签订的委托合同、委贷银行与项目单位签订的财政有偿资金借款合同的复印件。

（二）县级财政部门的调查资料。包括：呆账核销或延期还款申报表（格式见附件）；县级财政部门的调查报告（呆账核销或延期还款的形成原因、采取的补救措施及结果、追偿情况、抵押物处置情况、担保人的情况、呆账核销或延期还款的理由等）。

第九条 申报省以上财政有偿资金呆账核销的，还应当根据不同情况同时提交下列相关证明材料：

（一）符合本实施办法第三条第一款第（一）项中所列情况，属于依法宣告破产的，提交破产财产分配报告及县级以上人民法院破产裁定；属于依法关闭、解散或撤销的，提交股东会、股东大会或县级以上人民法院确认的清算报告及县级以上工商行政管理部门注销证明。

（二）符合本实施办法第三条第一款第（二）项中所列情况，应区别不同情况分别提交相关部门的证明材料：

1.遭受干旱、洪涝、风雹、台风、地震、低温冷冻和雪灾、高温热浪、病虫害、滑坡、泥石流等自然灾害的，提交县级民政部门向上级民政部门报送的当地灾情报告以及对该项目受灾损失的认定材料。

2.发生动物疫情的，提交县级以上人民政府兽医主管部门关于控制、扑灭动物疫病的相关文件及财政部门给予补偿的情况。

3.出现其他不可抗力事件的，提交财政部门要求出具的相关证明文件。

此外，属于一般产业化经营项目的，须提交县级财政部门委托具有相应评估资质的社会中介机构出具的项目单位资产评估报告。属于重点产业化经营项目的，由省财政厅委托具有相应评估资质的社会中介机构对项目单位进行资产评估。

（三）符合本实施办法第三条第一款第（三）项中所列情况的，提交县级以上政府重点建设工程批准文件、国家宏观经济政策调整依据及获得补偿的情况。

（四）符合本实施办法第三条第一款第（四）项中所列情况的，提交县级以上工商行政管理部门注销、吊销证明和县级财政部门的财产清收证明（包括债务人和担保人的基本情况、形成呆账的原因及补救措施、债务追收过程等）。

（五）符合本实施办法第三条第二款中所列情况的，提交县级以上人民法院裁定证明。

第十条 申报省以上财政有偿资金呆账核销的，项目单位应及时提出呆账核销申请；县级财政部门在完成调查核实和认定工作后，应于每年的10月31日前向省财政厅申报。

第十一条 申报省以上财政有偿资金延期还款的，项目单位应在财政有偿资金到期年度的8月31日前提出延期还款申请；县级财政部门收到项目单位的申请后，应及时完成调查核实工作，于当年的9月30日前向省财政厅申报。

第四章 管理和监督

第十二条 财政有偿资金呆账的会计处理，按照《浙江省农业综合开发资金会计核算办法》（浙财农发字〔2007〕10号）的规定执行。

第十三条 市、县（市、区）财政部门和农发办应当加强财政有偿资金呆账核销和延期还款的管理，严格认定条件，及时申报审批，依法接受审计机关的监督。

第十四条 对于不符合规定条件、没有确凿证据和弄虚作假核销财政有偿资金呆账等违法违规行为，应当及时予以制止和纠正，并按照《财政违法行为处罚处分条例》（国务院令第427号）等有关法律法规予以查处。

第五章 附 则

第十五条 财政部门与农发办分设的市、县（市、区），财政有偿资金呆账核销和延期还款的调查核实、申报审批由财政局会同农发办办理。

第十六条 各市、县（市、区）财政部门可根据本实施办法，结合当地实际情况制定实施细则，并报省财政厅备案。

第十七条 本实施办法自下发之日起执行。原《浙江省农业综合开发财政有偿资金延期还款和呆账处理实施细则》（浙财农〔2000〕61 号）同时废止。过去有关规定与本实施办法不一致的，以本实施办法为准。

附件：1. 中央财政农业综合开发有偿资金呆账核销申报表（略）

2. 中央财政农业综合开发有偿资金延期还款申报表（略）

3. 省财政农业综合开发有偿资金呆账核销申报表（略）

4. 省财政农业综合开发有偿资金延期还款申报表（略）

省财政厅 省农业厅 省林业厅 省海洋与渔业局 省财政农业产业化贴息资金管理办法

（2009 年 5 月 4 日 浙财农字〔2009〕104 号）

第一章 总 则

第一条 根据省委《关于认真贯彻落实党的十七届三中全会精神 加快推进农村改革发展的实施意见》（浙委〔2008〕105 号）精神，为加强省财政农业产业化贴息资金管理，提高资金使用效益，依据浙江省财政专项资金管理的有关规定，制定本办法。

第二条 省财政农业产业化贴息资金（以下简称贴息资金）是指省财政预算安排，专项用于符合规定条件的项目单位发生符合规定内容银行贷款所支付的利息给予的补贴资金。

第三条 贴息资金的使用要贯彻落实中央和省委、省政府关于推进农业发展方式创新、提升现代农业发展水平的各项方针政策，围绕我省农业主导产业，促进现代农业发展，提高农业总体效益，增加农民收入。

第四条 本办法所指的银行贷款，是指各类银行提供的符合本办法规定贴息内容的贷款。

第五条 贴息资金的安排遵循择优扶持、额度控制、先付后贴的原则。对带动力强、与农户联结紧密的项目单位的贷款，同等条件下优先安排贴息资金。现代农业生产发展、农业综合开发等支农专项资金当年已支持的项目单位不再安排贴息资金。

第二章 贴息条件及方式

第六条 申请贴息资金的项目单位应具备以下条件：

1. 工商登记满 2 年以上，具有独立的企业法人资格；

2. 市级以上（含市级）农业龙头企业；

3. 主营农产品生产、加工、流通，所从事的产业属当地农业主导产业，其上年生产、加工和流通产值占企业总产值的 80%以上；

4. 上年末资产负债率低于 60%（含），有较强的盈利能力和发展前景；

5. 与农户建立较为稳定的产销协作关系；

6. 财务规范，银行信用好，建立了符合市场经济要求的经营管理机制。

第七条 申请贴息资金的银行贷款必须是：

1. 种养业基地生产设施建设贷款；

2. 先进适用技术和设备引进、改造贷款；

3. 非常性情况需要扩大农产品收购贷款。

“非常性情况”是指非人力、非市场竞争因素而影响农产品正常销售，为保护种养（捕）业农户的利益，需要项目单位扩大农产品收购。

第八条 省财政对项目单位年度银行贷款 1000 万元（含）以内的部分给予一年的贴息，以上一年度实际发生的贷款和支付的利息为依据，贷款期限不足 12 个月的，按实际贷款期限计算贴息，贴息率为 3%。

第三章 贴息资金的申报及审核

第九条 市、县（市）财政部门和农口主管部门依据本办法规定组织贴息资金申报，在审查核实项目单位申报材料的基础上，择优选择贴息项目。属于省级专项转移支付一类地区的经济欠发达县（市），上报的项目单位不超过 3 家；属于省级专项转移支付二类地区的经济发达和较发达县（市），上报的项目单位不超过 2 家，对二类地区中省级农业龙头企业较为集中（4 家及以上）的市县，可增加至 3 家；设区市上报的项目单位不超过 5 家，区不再单独申报；省属企业直接向主管部门申报。

第十条 市、县（市）财政部门和农业、林业、渔业部门于每年 5 月 30 日前以正式文件向省财政厅和省级农口主管部门提出贴息资金申请（各 1 份），同时附以下材料，并对所申报的项目内容和材料的真实性、合规性负责。

1. 省财政农业产业化贴息资金申请表（详见附表）；

2. 上一年度项目单位银行贷款合同和结息凭证复印件；

3. 工商登记及市级以上农业龙头企业认定文件复印件；

4. 经审计或财税部门确认盖章的上一年度项目单位资产负债表、损益表和现金流量表；

5. 项目实施情况、与农户联结情况。

第十一条 省财政厅会同省级农口主管部门组织人员，对各地上报的贴息项目进行审查。

第十二条 省财政厅依据审查意见，并结合年度预算安排的贴息资金规模，会同省级农口主管部门对符合条件的项目提出具体贴息意见。

第十三条 对予以贴息的项目，通过“浙江农业信息网”进行为期3天的公示，公示内容包括项目单位、项目贷款和贴息额。

第四章 贴息资金的下达及监督管理

第十四条 公示期满后，省财政厅会同省级农口主管部门对没有疑义的项目下达贴息资金。市、县(市)财政部门应及时将资金拨付给项目单位。

第十五条 各级财政、农口主管部门要与贷款银行密切配合，严格按要求审核贴息对象、贷款项目、实际结息情况等。

第十六条 各级财政、农口主管部门要督促项目单位严格按照规定使用贴息资金，并自觉接受审计部门和上级有关部门的检查监督。凡发现有虚报、骗取、套取、挪用、移用贴息资金行为的，一经查实，除责令立即纠正并收回所补资金外，取消该项目单位今后申请贴息资金的资格，同时停止该市、县(市)下一年度申请贴息资金资格，并按照《财政违法行为处罚处分条例》等有关法律法规进行查处；构成犯罪的，移送司法部门依法追究刑事责任。

第五章 附 则

第十七条 本办法自下发之日起施行。《浙江省财政农业产业化以奖代补资金管理办法》(浙财农字〔2007〕68号)同时废止。

附表：省财政农业产业化贴息资金申请表(略)

省财政厅
关于加快支农资金拨付进度
加强支农资金管理的意见

(2009年5月20日 浙财农字〔2009〕134号)

各市、县(市、区)财政局(宁波不发)，省级农口各部门：

近年来，党中央、国务院和省委、省政府对“三农”工作非常重视，将其作为当前及今后一段时期党和政府工作的重中之重，出台了一系列重大支农惠农政策。各级财政部门和省级农口部门认真贯彻落实党和国家有关农业和农村发展的方针政策，不断建立健全支农资金稳定增长机制；不断完善种粮直补、农机具购置、农机作业补贴等各项强农惠农政策；不断优化支农支出结构，着力支持现代农业发展、农业基础设施建设和农民创业，促进农村经济繁荣；不断推进集体林权制度改革、国有农林渔场改革及新型农技推广体系改革，为新农村建设提供体制保障；不断创新支农资金监管机制，提高支农资金使用效益。但支农资金拨付不及时、保障不到位、使用不规范、监管不有力、绩效不明显的问题仍然存在，支农资金使用管理中的违规违纪现象时有发生，部门预算中也不同程度地存在项目交叉安排、分散使用和管理不力的现象。为进一步加快支农资金拨付进度，规范支农资金管理，强化监管责任，切实提高支农资金使用效率，现提出如下意见：

一、认真贯彻落实支农惠农政策，切实加快支农资金拨付进度

当前，国际金融危机对全球实体经济的冲击和造成的损失进一步扩大，国际经济形势恶化对我省经济增长、就业、企业效益等方面的负面影响已经显现并日益加重，受国内外环境变化和自身结构性、素质性矛盾的影响，全省农业经济面临巨大挑战。今年，省委、省政府提出“保供给、促增收、强基础、重民生”十二字“三农”工作方针，以千方百计保证粮食安全和主要农产品有效供给，千方百计促进农民收入持续增长，大力推进农村民生建设、基础设施建设和城乡一体化体制机制建设，努力在新农村建设上取得新进展。鉴此，为最大限度发挥财政支农资金效益，各级财政部门要积极会同农口主管部门认真贯彻落实各项支农惠农政策，切实加快支农资金拨付进度，杜绝滞留资金现象。一是确保农口民生保障资金及时足额到位，特别是对直接补贴农民的资金，要利用“一折通”、“一卡通”等手段，减少资金拨付环节，及时足额地发放、兑现给农民。二是对动物防疫等直接关系到群众生命财产安全的资金，要加大保障力度，确保疫苗、疫情监测及免疫工作等补助经费足额落实并及时拨付到位。三是要加快农业机械购置等补贴资金结算进度。四是要提前布置项目申报工作和加快项目立项程序。对常规性的项目要尽早启动前期申报工作，各级财政部门要积极会同主管部门提前布置有关工作，并尽量简化项目立项程序，加快项目立项过程。五是对能够采取国库集中支付的支农资金，一定要通过国库集中支付方式进行，尽量减少不必要的中间环节。六是对部分前期工作准备充分的项目可以采取预拨的形式拨付部分资金，以进一步加快资金支出进度。

二、规范完善项目立项和资金分配办法，进一步提高工作透明度

各级财政部门要本着“公平、公正、公开”的原则，进一步完善项目立项和资金分配办法。一是规范项目申报程序。对需

要申报的支农项目，及时制订、发布立项指南或资金管理办法，明确财政资金支持对象、支持环节、支持方式、资金使用范围、补助标准、申报程序、管理措施及工作要求等，提高项目申报工作的透明度；财政资金的使用要突出关键环节和重点环节。二是完善项目立项制度。继续执行项目标准文本管理制度、专家评审制度和公示公告制度，规范项目立项行为，努力提高立项环节的公平性、公正性和透明度，避免暗箱操作。三是规范资金分配办法。要继续推广运用公式法、因素法等分配方法合理分配财政支农资金和财政扶贫资金，努力实现分配依据客观、分配程序规范、分配结果公正，逐步建立财政支农资金安排与检查结果、绩效评价结果相衔接的资金分配制度。四是建立项目库制度。根据规范管理和提高项目申报效率的要求，各地要切实建立起支农专项资金的项目库，财政支农项目要在项目库中择优选择。

三、切实加强对支农资金使用管理，严格监督检查

各级财政部门要不断完善制度，规范资金使用，加强监督检查，建立支农资金运行管理的长效机制，确保资金安全有效使用。一是认真执行现有制度规定，进一步加强制度建设。要按照依法行政、依法理财的要求，不折不扣地执行好现行制度和规定，并主动会同主管部门在清理现有的各项管理制度的基础上，及时制定和完善有关制度，逐步建立科学合理、层次清晰、分工明确、覆盖全面的财政支农资金管理制度体系。二是要结合预算管理制度改革，积极推行国库集中支付制度和政府采购制度，对动物疫苗、农业机械及其他大宗物资设备等应严格按照政府采购的有关规定，实行政府采购和国库集中支付。三是对支农项目要实行公告公示制度，接受广大农民群众的监督。四是推广财政支农资金实行县级报账制等管理制度，避免资金被截留、转移和挪用，努力提高支农资金使用管理的安全性、有效性和规范性。任何单位不得违规将财政资金通过主管部门或所属单位转给非项目单位使用，更不得将财政资金通过地方、主管部门或有关企业转回本单位使用，严禁以任何形式用财政资金设置账外账和私存私放。五是切实加强财政支农资金使用的日常管理，充分发挥财政监督机构、审计部门、社会中介机构以及新闻媒体和社会舆论监督的作用，加强对财政支农项目事前、事中、事后全程的监督检查。六是研究建立健全支农支出的责任追究机制，规范支农资金的决策行为，对有不良记录的市、县(市、区)，在安排支农项目补助资金时予以调控。七是要研究借助现代科学信息技术和手段建立支农资金监控网络，对资金运行的全过程进行检查和监督。

四、完善绩效评价办法，逐步建立以绩效为导向的资金分配激励机制

各级财政部门和省级农口主管部门要结合各地实际，把绩效评价工作作为财政支农的重点工作来抓，按照依法理财、科学理财的要求，积极探索、建立健全绩效评价指标体系，在重大专项资金管理中全面推进绩效评价，逐步建立以结果为导向的资金分配激励机制，促进财政支农工作责任的落实。一是完善现有相关专项资金的绩效评价办法，按照简便、可操作、反映成效的原则，健全评价指标体系，完善评价标准，建立自我评价和第三方评价相结合的评价机制。进一步建立财政支持现代农业生产发展、森林生态效益补偿基金等绩效评价制度。二是做好财政支持现代农业生产发展、财政扶贫资金的绩效评价工作，实现“问效”与“问责”的有机结合。三是注重绩效评价结果的应用，发挥绩效评价工作实效，将评价结果与下年度专项资金的分配相挂钩，对评价结果好的市、县(市、区)在立项时给予优先考虑，并将评价结果通过适当的方法进行通报。

五、进一步规范部门预算支出管理，强化监管措施

各级财政部门和省级农口部门要切实做好部门预算的立项管理、资金整合、规范支出、资金运行监控及资金检查等工作，进一步强化对支农支出的监管手段。一是进一步完善预算支出标准体系，加强标准的执行力度，促进预算支出的标准化，提高预算管理的公平性。二是加强部门项目支出的预算管理，进一步优化部门项目立项的科学性，不断加强项目支出的跟踪检查。三是加快预算执行进度，加强部门预算的执行分析，充分发挥资金使用效益。四是运用信息化、专业化和系统化管理技术，精确、细致、深入地实施预算管理，科学编制预算，实现对预算编制、预算执行等各环节的精确掌控，提高预算管理的规范性。

六、严格监管奖惩措施，建立支农资金监管信息通报制度

各级财政部门会同农口主管部门要随时了解各地支农资金使用和监管动态，及时认真总结、推广当地支农资金使用与监管的好经验、好做法，特别是要总结好在创新资金监管机制方面的好经验、好做法，对监管措施到位、支农资金使用效益好的地方和单位给予通报表扬，并采取适当方式予以鼓励。对违规违纪问题进行通报批评，责成出现问题的地方和部门提出整改措施并限期落实。同时，要切实加强对财政支农和农业财政财务管理工作的宣传，根据每年的工作重点，制订具体的宣传计划，注重宣传的引导性和时效性。

今年，是贯彻落实党的十七届三中全会《决定》和省委《实施意见》、深化农村改革的重要一年，也是国际金融危机对我省经济发展负面影响全面凸现的一年，各级财政部门要把加强支农资金拨付进度和监管放在农业财政财务工作的突出位置，抓实抓好。同时，要进一步加强财政部门与农口主管部门之间的分工协作，既要明确各自责任，又要密切配合，共同做好支农资金拨付与监管工作。

省财政厅
浙江省省本级国有资本经营预算管理试行办法

(2009年5月26日 浙财企字〔2009〕116号)

一、总 则

第一条 为规范省本级国有资本经营预算管理工作,根据《中华人民共和国预算法》、《浙江省人民政府关于试行国有资本经营预算的意见》(浙政发〔2008〕25号)等规定,制定本办法。

第二条 省本级国有资本经营预算是省政府以所有者身份依法取得国有资本收益,并对所得收益进行分配而发生的各项收支预算,是政府预算的重要组成部分,由省级各有关单位的预算组成。

第三条 试行国有资本经营预算,要以邓小平理论和"三个代表"重要思想为指导,认真贯彻落实科学发展观,通过对国有资本收益的合理分配及使用,完善国有企业收入分配制度,推进国有资本的合理配置,推动国有企业的改革和发展,不断增强国有经济综合实力,促进我省经济又好又快发展。

第四条 试行省本级国有资本经营预算,应坚持以下原则:

(一)统筹兼顾、适度集中。统筹兼顾国有企业自身积累、自身发展和国有经济结构调整及国民经济宏观调控的需要,适度集中国有资本收益,合理确定预算收支规模。

(二)保证重点、兼顾一般。国有资本经营预算支出安排要以国家和省政府确定的产业发展和结构调整投入为重点,兼顾一般项目支出。

(三)相对独立、相互衔接。既保持国有资本经营预算的完整性和相对独立性,又保持与政府公共预算的相互衔接。

(四)分级编制、分步实施。国有资本经营预算实行分级管理、分级编制,根据条件分步实施。

(五)统一上交、量入为出。国有资本收益实行统一上交财政,以收入总量确定支出规模,不留赤字,结余转入下年使用。

第五条 省本级国有资本经营预算按财政年度编制,自公历1月1日起,至12月31日止。

第六条 省财政厅为实施省本级国有资本经营预算的主管部门,负责制(修)订省本级国有资本经营预算管理制度,负责省本级国有资本经营预算收支核算,编制省本级国有资本经营预算草案,报告国有资本经营预算执行情况,汇总编报省本级国有资本经营决算。

第七条 省国资委及其他有国有企业监管职能的部门和单位为国有资本经营预算单位(以下简称预算单位),负责研究制订本部门国有经济布局和结构调整的政策措施,参与制订国有资本经营预算有关管理制度,根据预算编制要求提出本部门国有资本经营预算建议草案,组织和监督本部门国有资本经营预算的执行,负责所监管(所属)企业国有资本收益的监交,汇总编报本部门国有资本经营预算收支月报,根据决算编制要求提出本部门国有资本经营决算草案,按规定接受有关部门的监督检查。

第八条 预算单位所监管(或所属)企业(以下简称企业)根据预算编制要求提出本企业国有资本经营预算建议书,根据批准的预算按规定使用预算资金并定期向主管预算单位和省财政厅报送预算执行情况,编报本企业国有资本经营预算收支月报和年度决算草案,按规定接受有关部门的监督检查。

二、预算编制

第九条 省财政厅每年布置一次省本级国有资本经营预算草案编制工作,同时向预算单位和企业下发预算编报通知。

第十条 省本级国有资本经营预算收入是省政府非税收入的组成部分,包括:

(一)利润收入,即国有独资企业按规定应上缴国家的税后利润;

(二)国有股股利、股息收入,即国有控股、参股企业国有股权(股份)获得的股利、股息收入;

(三)国有产权转让收入,即转让国有产权、股权(股份)获得的收入;

(四)清算收入,即国有独资企业清算收入,以及国有控股、参股企业国有股权(股份)分享的公司清算收入(扣除清算费用);

(五)其他国有资本收益收入;

(六)上年结转。

第十一条 省本级国有资本经营预算收入由省财政厅负责收取,各预算单位负责监交,各企业按《浙江省省本级企业国有资本收益收取管理试行办法》规定及时、足额上交省财政。

法律法规对企业国有资本预算收入另有规定的,从其规定。

第十二条 省本级国有资本经营预算支出包括:

(一)资本性支出,即向新设企业注入国有资本金,向现有国有企业增加资本投入,收购其他企业股权(股份)等支出;

(二)费用性支出,即补偿国有企业改革成本、分离办社会、消化历史挂账、解决历史包袱、人才队伍建设以及加强国企监管等方面的费用支出；

(三)研发性支出，即补助国有企业自主创新、产品研发、节能减排等科技活动的支出；

(四)其他支出，即用于补充社保基金等方面的支出。

第十三条 省本级国有资本经营预算支出实行项目管理，按项目性质分为资本性支出项目、费用性支出项目、研发性支出项目和其他支出项目。

省财政按省本级国有资本经营预算支出总额的1%～3%设置预备费，用于当年预算执行中难以预见的特殊开支，使用时按规定报省政府审批。

第十四条 预算单位及企业申报的项目应当同时符合下列条件：

(一)符合国家和省的方针政策；

(二)符合本办法规定的国有资本经营预算支出范围；

(三)符合国家产业导向或部门履行职能需要；

(四)资本性支出项目和研发性支出项目要有明确的绩效目标和实施计划，并经过充分的论证。

第十五条 项目申报必须如实填写《浙江省省本级国有资本经营预算项目申报书》，属资本性支出项目和研发性支出项目的还须附报可行性报告，项目申报书和可行性报告具体格式每年随同预算编报通知下发。

第十六条 企业编制的国有资本经营预算建议书包括以下内容：

(一)正式行文的编制报告；

(二)项目申报书；

(三)资本性支出项目和研发性支出项目的可行性报告；

(四)预算报表；

(五)与项目有关的其他材料。

第十七条 预算单位编制的国有资本经营预算建议草案包括以下内容：

(一)正式行文的编制报告：反映所监管(或所属)企业户数、经营状况、行业分布和国有资本经营收益等情况；预算编制的主要依据、收支规模；预算资金支出重点，对申报项目的排序；预算编制工作情况；

(二)本单位及所监管(或所属)企业的项目申报书；

(三)所监管(或所属)企业资本性支出项目和研发性支出项目的可行性报告；

(四)预算报表；

(五)与预算编制有关的其他材料。

第十八条 省财政厅编制的省本级国有资本经营预算草案包括以下内容：

(一)编制报告：预算编制的原则和依据，预算收支规模及主要内容，对省本级预算单位编制的国有资本经营预算建议草案的审核说明；

(二)预算报表。

第十九条 省本级国有资本经营预算编制软件系统，由省财政厅在现有“金财工程”中按照省级部门预算的规定办理；预算报表格式每年随同预算编报通知下发。

第二十条 省本级国有资本经营预算报批程序实行“二上二下”：

(一)“一上”：企业按照预算编报要求，提出本企业国有资本经营预算建议书报主管预算单位，并抄送省财政厅；无主管预算单位的企业直接报省财政厅。主管预算单位根据产业发展规划、国有经济布局和结构调整、国有企业发展要求等，对其所监管(或所属)企业申报的项目，从申报依据、可行性论证、绩效目标等方面进行严格审查后，提出本单位国有资本经营预算建议草案报省财政厅。

(二)“一下”：省财政厅根据国有资本预算收支规模和资金投入重点，对各预算单位编制的国有资本经营预算建议草案和企业编制的国有资本经营预算建议书进行审核后，将初审意见及收支控制数下达给各预算单位，预算单位据此下达所监管(或所属)企业；无主管预算单位的直接下达给企业。

(三)“二上”：企业按“一下”控制数调整预算建议书报主管预算单位，主管预算单位审核后将调整后的预算建议草案报省财政厅，无主管预算单位的企业直接报省财政厅。

(四)“二下”：省财政厅对预算单位调整后的国有资本经营预算建议草案、企业调整后的国有资本经营预算建议书商省国资委、省发改委后，编制省本级国有资本经营预算草案报省政府。省本级国有资本经营预算草案经规定程序批准后，自批准之日起30日内，由省财政厅批复到预算单位，无主管预算单位的直接批复给企业；主管预算单位在省财政厅批复预算之日起15日内，批复给所监管(或所属)企业，同时抄报省财政厅备案。

三、预算执行

第二十一条 省本级国有资本经营预算收入按《浙江省省本级企业国有资本收益收取管理试行办法》(浙财企字〔2009〕35号)的规定执行。

第二十二条 省本级国有资本经营预算支出，由各预算单位所监管(或所属)企业在经批准的预算范围内，按项目进度分月提出用款申请，经主管预算单位审核后报省财政厅核定，无主管预算单位的企业直接报省财政厅审核。省财政厅按照现代国库管理制度的规定，将预算资金直接支付到收款人或用款单位账户。

第二十三条 预算一经批复，企业和预算单位不得自行调整，必须按预算核准的用途使用。预算执行过程中，如发生项目变更、终止等情况，必须及时提出书面申请，经主管预算单位审核后报省财政厅，无主管预算单位的企业直接报省财政厅，按规定程序审批后调整预算。

第二十四条 企业和预算单位应定期编报国有资本经营预算收支报表，向省财政厅报送预算执行情况；省财政厅定期向省政府和财政部报送国有资本经营预算执行情况。

四、预算监督

第二十五条 预算单位和企业要建立健全内部财务管理制度，加强项目实施和资金使用监管，提高资金使用效益。

第二十六条 省财政厅对预算的实施过程和完成结果进行监督、检查，联合职能部门或委托中介机构进行专项审计。对违反国家有关法律、法规和财务规章制度的，按照《财政违法行为处罚处分条例》等有关法律法规进行查处；情节严重构成犯罪的，依法追究刑事责任。

第二十七条 研发性支出项目完成后，项目单位要及时组织验收和总结，并将资金使用、研发结果等项目完成情况分别报省财政厅和主管预算单位。

第二十八条 省本级国有资本经营预算支出实行绩效评价制度，具体评价工作按照浙江省财政支出绩效评价有关规定实施。

第二十九条 预算单位、企业的项目完成情况和绩效评价结果，作为以后年度国有资本经营预算支出安排的重要依据。

五、附　则

第三十条 本办法自发布之日起施行。

省财政厅 省林业厅 省政策性农业保险领导小组办公室
浙江省公益林政策性林木火灾保险赔偿资金使用管理办法

(2009年6月1日　浙财外金字〔2009〕29号)

第一章　总　则

第一条 为增强我省公益林抵御自然灾害的能力和抗击风险能力，有利于林业生产经营者灾后迅速恢复生产，促进公益林稳定发展和林农增收，根据《中共浙江省委　浙江省人民政府关于进一步深化集体林权制度改革的若干意见》(浙委〔2007〕146号)、《浙江省公益林管理办法》(浙江省人民政府令第260号)和《浙江省人民政府办公厅关于增设政策性林木油菜奶牛保险险种的通知》(浙政办发〔2008〕91号)规定，特制定本办法。

第二条 有国家级公益林和省级公益林(指符合《浙江省公益林管理办法》规定的国家级公益林和省级公益林，以下统称"公益林")的县(市、区)，且自愿实行政策性林木火灾保险制度的，应执行政策性林木火灾保险政策条款，即费率0.1%，保险金额200～800元/亩。保费由省、县(市、区)级财政列入预算并按标准给予全额补贴，省财政与欠发达地区和海岛地区按六四比例分担，与其他地区按四六比例分担。保费支付按照省政策性农业保险保费支付规定执行。

县级林业主管部门所属的公益林管理站(或营林站等)接受农村专业合作经济组织、行政村村级集体经济组织或林业经营主体委托承担统一投保责任。政策性农业保险共保体为保险人；县级林业主管部门所属的公益林管理站(或营林站等)为投保人；农村专业合作经济组织或行政村村级集体经济组织或林业经营主体为被保险人。

第三条 公益林政策性林木火灾保险赔偿资金是指根据保险合同约定，发生保险责任事故后，由保险人核损后支付给被保险人的赔偿金额以及专户存储产生的利息收入。

第四条 公益林政策性林木火灾保险赔偿资金实行专户存储、专账核算、封闭运行。公益林政策性林木火灾保险赔偿资金专户(以下简称"林木保险专户")由投保人开设。

第二章　保险赔偿资金支付、使用、核算与档案管理

第五条 根据保险合同中投保人与被保险人的约定，发生保险事故损失后，由投保人请求保险人赔偿。保险人受理投保人的赔偿请求并经核定后，对属于保险责任的，应在10个工作日内按保险条款给予赔偿。

第六条 保险人履行赔偿义务时，应将赔偿金额划入投保人开设的"林木保险专户"，并书面告知县级林业主管部门，抄送县级财政部门。

投保人根据与被保险人签订的委托协议，通知被保险人及时恢复受损森林资源，经县级林业主管部门组织验收合格后15个工作日内，由投保人根据验收单向被保险人支付林木火灾保险赔偿资金。

由于被保险人丧失恢复受损森林资源能力或被保险人在受灾后6个月内未能恢复受损森林资源的，经被保险人同意或委托，由投保人组织人员实施森林资源的恢复建设，相应的林木火灾保险赔偿资金由投保人用于恢复受损森林资源。

被保险人在受灾后1年内既不委托投保人又不自己履行恢复受损森林资源的，投保人应书面通知被保险人，并限期恢复受损森林资源，视森林资源恢复状况和实施情况以及县级

林业主管部门的验收合格情况再支付相应的林木火灾保险赔偿资金。

被保险人接到投保人的书面通知后6个月内仍不实施受损森林资源恢复活动的，投保人应及时向县级林业主管部门报告，经县级林业主管部门、财政部门和政策性农业保险办公室会商同意，相应的林木火灾保险赔偿资金统一用于本行政区域内森林资源的恢复。

第七条 投保人应建立和健全档案管理制度。按照被保险人名录、投保人组织恢复森林的受益对象、林地小班来设置明细科目；建立健全林木火灾保险赔偿资金收付存制度，将林木火灾保险赔偿资金的支付及签收情况及时造册登记、录入档案。

第三章 职责与责任追究

第八条 投保人必须认真履行投保职责，根据政策性林木保险规定，与各被保险人签订委托协议，与保险公司签订保险合同。

第九条 保险人必须严格执行政策性林木保险规定，按照公益林政策性林木火灾保险条款承办公益林保险业务，对发生保险责任范围内的灾害事故损失及时进行定损理赔。

第十条 各级财政部门、林业主管部门、政策性农业保险领导小组办公室应加强对保费、保险赔偿资金支付和使用管理的监督，建立投保人、保险人的日常报告制度，实行定期和不定期的检查，确保保费及时拨付、理赔资金及时足额到位和保险赔偿资金专款专用。

第十一条 保险人保险理赔不及时、不合理，损害投保人和被保险人利益的，省政策性农业保险领导小组办公室应及时责令其纠正并采取补救措施，纠正或补救不积极的，省政策性农业保险办公室应停止其政策性林木保险业务。

第十二条 县级财政部门、林业主管部门或有关责任单位挤占、滞留保险赔偿资金，违反专款专用规定的，省财政厅、省林业厅责令其改正；未及时改正的，按《财政违法行为处罚处分条例》等国家有关行政法规进行查处。

第十三条 挪用或骗取保险赔偿资金的，一经发现，立即查处，情节较重的，追究责任单位主管领导和直接责任人员的行政责任；构成犯罪的，移交司法部门追究刑事责任。

第四章 附 则

第十四条 本办法自发布之日起执行。各市、县（市、区）可以根据本办法规定，结合本地实际制定具体实施办法。

省财政厅
关于进一步加强地方政府性债务管理的通知

（2009年6月2日 浙财预字〔2009〕24号）

各市、县（市）财政局，省级各部门：

省政府《关于加强地方政府性债务管理的通知》（浙政发〔2005〕5号）、省政府办公厅《关于印发浙江省地方政府性债务管理实施暂行办法的通知》（浙政办发〔2006〕6号）下发以来，各地积极采取措施，加强政府性债务管理，努力化解财政风险，全省政府性债务规模得到较好控制，取得了一定的成效。但从2008年下半年以来，地方政府性债务出现较快增长态势，虽然有应对金融危机的因素，但也与一些市县债务风险意识不强、债务管理不严不无关系。为进一步贯彻落实省政府有关文件要求，严格控制债务规模，防范债务风险，根据省政府领导的批示精神特作如下通知：

一、提高认识，高度重视，严格控制政府性债务规模。 今年，由于中央和省采取了一系列扩大内需的措施，加上一般地方财政收入增收困难，特别是土地出让收入预计要比上年减少，而支出的刚性很强，增支的需求很猛，财政收支矛盾突出，全省政府性债务规模控制的任务十分严峻。由于地方政府职能所限，所借债务只有靠以后年度财政盈余来偿还，如债务规模过大势必对当地的经济建设和社会发展产生不利影响，严重的甚至影响政府运转和社会稳定。因此，各地、各部门必须要有清醒认识，以贯彻落实科学发展观的高度，严格控制政府性债务规模，采取有效措施，把负债率、债务率、偿债率控制在省政府浙政发〔2005〕5号文件规定的警戒线以内。2008年债务规模已突破警戒指标的市县（包括只突破一项指标的），除铁路建设外原则上不能再新增债务；未突破警戒指标的市县需增加债务规模的，按省政府文件规定的程序履行审批手续，所增债务要严格控制在三个警戒指标以内。

二、实行政府性债务归口管理。 各级政府及其部门、所属单位举借政府性债务，必须在政府统筹安排下，由同级财政部门实行统一归口管理，建立健全有关制度，切实做到政府性债务统一管理、统一审批，防止多头负债造成债务失控。

三、完善政府性债务偿债准备金制度。 偿债准备金是为提高政府偿还政府性债务能力，抵御债务风险而专门设立的。各级政府应至少按年初地方政府性债务余额的3%提取偿债准备金。

四、省级各部门要带头执行省政府关于控制债务的有关

规定。从2009年起，省级原则上不再新增债务规模，如确需增加，须报省政府或报省发改委、省财政厅审批，并落实好还款的资金来源。

五、加强协调，强化责任。市县财政部门、省级有关单位要把政府性债务管理工作摆在重要的位置，加强对政府性债务管理工作的协调和监管，加强与相关部门配合协作；建立健全政府性债务管理制度和工作责任制，切实把省政府有关文件精神落到实处。

省财政厅 省农业厅 省林业厅 省海洋与渔业局 省财政农民专业合作社专项资金管理办法

(2009年6月2日 浙财农字〔2009〕139号)

第一条 根据省委《关于认真贯彻落实党的十七届三中全会精神 加快推进农村改革发展的实施意见》(浙委〔2008〕105号)精神，为加强省财政农民专业合作社专项资金管理，提高资金使用效益，依据财政专项资金管理的有关规定，制定本办法。

第二条 省财政农民专业合作社专项资金(以下简称专项资金)是指省财政预算安排，专项用于支持农民专业合作社发展的补助资金。

第三条 专项资金的使用，要贯彻落实中央和省委、省政府关于加快培育现代农业生产经营主体的各项方针政策，重点扶持规范化农民专业合作社的发展壮大，着力提高农民专业合作社的服务能力和组织化程度，推进农业规模经营，促进现代农业发展。

第四条 现代农业生产发展、农业综合开发等支农专项资金当年已支持或上年度省以上财政已支持过的农民专业合作社不再安排专项资金。

第五条 申请专项资金支持的农民专业合作社，必须是经市、县农业行政主管部门认定的规范化农民专业合作社，并具备以下条件：

1. 工商登记满2年以上。

2. 入社成员以农民为主体，入股成员数100个以上(渔业、农机专业合作社50个以上)，出资比例符合《浙江省农民专业合作社条例》规定要求。

3. 具有一定的产业基础，有比较健全的服务网络，能有效地为合作社成员提供专业服务；生产记录健全，产品质量安全。

4. 按照财政部《农民专业合作社财务会计制度》(试行)进行财务管理和会计核算。

5. 产权清晰，管理民主，建立合作社成员账户；按股金额和交易额相结合的方式进行盈余分配，其中按交易额返还比例不低于60%。

第六条 专项资金支持的环节：

1. 农业服务设施建设。支持农产品加工、整理、储存、保鲜、运销和检测等服务设施购置，包括服务设施建设中发生的贷款贴息。

2. 农产品质量标准与认证。支持无公害生产基地、无公害农产品、绿色食品、森林食品、有机食品、名牌产品和驰名商标的认证和创建等。

3. 市场营销服务。支持构建市场营销网络、参加产品展示展销等促进生产与市场对接的项目，包括进超市、设立销售点和展示展销点等。

4. 技术推广、培训和信息服务。支持为合作社成员和农户提供的专业技术、培训和信息服务，包括聘请专家和技术人员提供服务等。

第七条 鼓励农民专业合作社开展农业贷款担保、内部资金互助合作等业务，切实解决成员生产发展资金问题。对建立农业贷款担保或内部资金互助合作制度的农民专业合作社，同等条件下优先安排省补助资金。

第八条 市、县(市)财政、农业部门会同林业、渔业部门依据本办法规定和当地农民专业合作社的发展实际，择优选择项目申报。所申报项目的财政支持环节原则上不得超过2项。属于省级专项转移支付一类地区的经济欠发达县(市)，上报的家数不超过3家；属于省级专项转移支付二类地区的经济发达和较发达县(市)，上报的家数不超过2家；设区市上报的家数不超过5家，区不再单独申报。

第九条 市、县(市)财政、农业部门会同林业、渔业部门确定申报的项目后，应填列《财政农业专项资金管理标准文本》(以下简称《文本》)，于每年6月30日前以正式文件并附《文本》及证明合作社符合本办法第五条规定条件的相关材料一并上报省财政厅、省农业厅、省林业厅、省海洋与渔业局(各1份)。

第十条 省财政厅会同省农业厅、省林业厅、省海洋与渔业局组织专家，从合作社具备的条件、项目实施情况、财政支持的环节及产生的效益等方面对申报项目进行审核和评价，根据评审结果，并结合年度预算安排的资金规模，确定支持项目和扶持资金。

第十一条 对拟予以支持的项目，通过“浙江农业信息网”进行为期3天的公示，公示内容包括合作社名称、项目内容、扶持资金。

第十二条 公示期满后，对没有疑义的项目，省财政厅会同省农业厅、省林业厅、省海洋与渔业局下达省补助资金。

第十三条 专项资金实行县级报账制，各地财政部门依据合作社有效的支出凭证及农口主管部门签署的意见，及时拨付补助资金。

第十四条 市、县(市)财政、农业、林业、渔业部门要对申报的项目内容和材料的真实性、合规性负责。凡发现有虚报、骗取、套取、挪用、移用资金行为的，一经查实，除责令立即纠正并收回所补资金外，取消该合作社今后申请该专项资金的资格，同时停止该市、县(市)下一年度申请该专项资金资格，并按照《财政违法行为处罚处分条例》等有关法律法规进行查处；构成犯罪的，移送司法部门依法追究刑事责任。

第十五条 农民专业合作社要向全体成员公开、公告省财政补助资金的使用情况，接受成员的监督。

第十六条 专项资金所形成的资产严格按照《中华人民共和国农民专业合作社法》的规定管理。

第十七条 项目所在地的农业部门会同财政、林业、渔业部门要对项目实施实行绩效评价，切实加强对资金使用情况的监督检查，督促项目单位按期保质完成项目。项目完成后，要及时组织验收，并对项目实施、资金使用和产生的效益进行总结，于每年3月底前书面报送省财政厅、省农业厅、省林业厅和省海洋与渔业局。省级部门组织专家进行抽查复验和绩效考评，考评结果作为下一年度安排农民专业合作社专项资金的主要依据之一。

第十八条 本办法自发布之日起施行。

省财政厅 省供销合作社联合社
浙江省供销合作社财政扶持资金管理暂行办法

(2009年6月5日 浙财企字〔2009〕132号)

第一条 为加强浙江省供销合作社财政扶持资金(以下简称扶持资金)管理，提高资金使用效益，促进全省供销合作社的改革和发展，不断提高供销社为农服务的水平和能力，根据《中共浙江省委、浙江省人民政府关于深化改革充分发挥供销合作社在新农村建设中重要作用的意见》(浙委〔2006〕106号)有关规定，结合我省实际，特制定本办法。

第二条 扶持资金由省财政预算安排，专项用于扶持全省(不含宁波，下同)供销社系统农民专业合作社建设、供销社为主举办的农信担保公司奖励、农资连锁网络体系建设和农产品购销网络体系建设。

第三条 扶持资金分配使用原则：

(一)坚持为“三农”服务的宗旨；

(二)坚持公开、公平、公正，坚持择优扶强、突出重点和适当向欠发达地区倾斜的原则；

(三)以建设新农村、发展现代农业、加快农村现代流通服务网络体系建设为目标，加强供销社农村流通职能，促进供销社整体为农服务能力的提高。

第四条 扶持资金使用范围：

(一)全省供销社系统围绕当地主导产业组建的各类农民专业合作社的生产、加工、仓储、流通等环节基础设施建设、改造和设备更新；

(二)以供销社系统为主举办的并主要为农民专业合作社提供信用担保服务的农信担保公司的奖励；

(三)供销社系统农资连锁经营企业新建或改建农资配送中心建设以及测土配方、科技培训等农资科技服务；

(四)供销社系统农产品专业批发市场升级改造、农产品配送中心建设以及产地农产品市场建设等。

第五条 扶持资金申请条件：

(一)办理工商登记注册一年以上，独立核算、管理运作规范、在行业内具有带动和引领作用的农民专业合作社、农信担保公司、农资连锁经营企业、农产品批发市场和带动力强的农产品流通网络骨干企业。

(二)与供销社社有资本紧密联结，产权清晰。

(三)财务会计制度健全，会计基础工作规范。

(四)专业合作社应同时具备：入社社员100户以上，带动农户500户以上，年销售规模800万元以上(经济欠发达市县新办的特色农民合作社入社社员30户以上，带动农户100户以上，年销售规模100万元以上)；注册资本较大，自我发展能力较强，建设项目清晰；实施标准化生产和品牌化经营，产业主导作用明显，产品具有较强的市场竞争力。

(五)农资连锁经营企业应同时具备：农资配送中心建筑面积不小于1000平方米，且符合商务部《农资农家店建设与改造规范》要求的农资连锁门店不少于20家；管理规范、诚信经营，近年来无销售假冒伪劣商品、坑农害农行为。

(六)农产品批发市场应同时具备：发展前景好、规模扩大较快、交易手段较先进、管理水平较高的区域骨干市场；带动地产农产品年销售2000万元以上或具有5家以上营销网点，带动20家以上专业合作社或种养殖大户农产品销售的产地农产品市场或农产品流通骨干企业。

第六条 扶持资金申报材料。符合本办法规定的使用范围和申请条件的单位，均可申请扶持资金补助，申请时应提供以下材料：

（一）扶持资金申请文件及申请表，申请文件要对项目实施、投资及绩效情况进行重点说明；

（二）企业营业执照复印件；

（三）项目可行性论证报告；

（四）近期财务会计报告；

（五）其他要求提供的材料，如项目批准或备案文件。

第七条 扶持资金申报、审批程序：

（一）建立项目库。每年3月底前，各市、县（市、区）供销社和省本级单位将符合本办法条件的申报对象和项目上报省供销社，由省供销社审核、筛选确认后建立项目库。项目库一年一定，原则上只有入选当年项目库的单位才有正式申报资格。

（二）下发申报通知。省供销社和省财政厅于每年6月底前下发组织申报扶持资金的通知。

（三）单位申报。凡符合申报条件且入选项目库的单位，应按本《办法》和申报通知要求，在对项目可行性进行充分论证的基础上，向所在市、县（市、区）供销社、财政局提出申请，并报送完整的申报材料，材料中须明确资金的具体用途。省属单位直接向省供销社和省财政厅申报。

（四）市、县（市、区）供销社、财政局审核上报。市、县（市、区）供销社、财政局对项目以及财务管理、会计核算等情况进行实地审核，内部管理不规范、制度不健全的企业不得入选。审核通过后联合行文上报省供销社、省财政厅。

（五）项目公示和确认。省供销社和省财政厅对各市、县（市、区）和省属单位上报项目进行审核，必要时实地抽查审核。审核后对拟安排项目在省供销社网站进行公示，根据公示结果正式确定项目，由省财政厅会同省供销社将扶持资金联合下达到市、县（市）财政部门。

（六）各市、县（市）财政部门收到扶持资金后，应及时、足额拨付到项目申请单位。项目申请单位应严格按规定用途使用，并按现行财务会计制度进行账务处理。

第八条 对供销社为主举办的农信担保公司考核奖励按有关考核办法另行报批。

第九条 扶持资金监督检查、违规处理：

（一）项目申请单位必须按批准的扶持项目专款专用，严格资金使用的审批管理制度，自觉接受上级和当地有关部门对扶持资金使用情况的审计、监督和检查。

（二）各级供销社和财政部门要加强对项目执行和资金使用情况的监督检查，并于年度终了3个月内将扶持资金使用和检查情况联合上报省供销社和省财政厅。省供销社将会同省财政厅不定期地对扶持资金使用情况进行抽查。

（三）任何部门和单位不得以任何理由截留、挤占和挪用扶持资金。对于违反本办法规定使用、骗取扶持资金的部门、单位和个人，按照《财政违法行为处罚处分条例》和有关法律法规进行查处，并由当地供销社负责将扶持资金追回上交省财政。单位违法违规的，从次年度开始3年内取消该单位的扶持资格。

第十条 本办法自发布之日起开始执行。省财政厅、省供销社联合印发的《浙江省供销合作社扶持资金使用管理暂行办法》（浙财企字〔2007〕91号）、《浙江省农资连锁网络体系建设专项资金使用管理暂行办法》（浙财企字〔2007〕98号）、《浙江省供销社系统农产品批发市场建设专项资金管理暂行办法》（浙财企字〔2007〕92号）同时停止执行。

附：浙江省供销合作社财政扶持资金申请表（略）

省财政厅 省科学技术厅
浙江省科技富民强县专项行动计划资金管理办法

（2009年6月10日 浙财教字〔2009〕81号）

第一章 总 则

第一条 为规范和加强浙江省科技富民强县专项行动计划资金（以下简称"专项资金"）的管理，提高资金使用效益，根据财政部、科学技术部《关于印发科技富民强县专项行动计划资金管理暂行办法的通知》（财教〔2005〕140号）和《关于继续开展科技富民强县专项行动计划工作的通知》（国科发农〔2008〕196号）精神，特制定本办法。

第二条 专项资金主要用于经济欠发达地区开展科技富民强县专项行动计划（以下简称"专项行动"），具体名单见附1。

第三条 专项资金实行项目管理。项目一次性申报立项和核定预算，在考核基础上分年度拨付资金。

第四条 专项资金管理原则：

（一）分级管理、县级为主。专项行动由省、县（市、区）分级管理，县（市、区）为实施主体，具体负责组织实施。省财政厅、省科技厅负责集成相关科技资源，协调落实相关政策和省级财政专项资金投入。

(二)统一部署、分步实施。根据各地区域特色和地方科技工作基础，进行整体设计，统一部署安排，选择具有示范带动作用、能有效延长产业链的优势项目进行扶持，成熟一批，实施一批。

(三)财政引导、奖补结合。以财政投入为引导，构建多元化投入机制。通过财政资金的前期引导和后期奖励等方式，调动社会各方参与实施专项行动的积极性，加大对专项行动的资金投入。

(四)专款专用、追踪问效。专项资金要按照本办法规定的开支范围使用，不得用于与专项行动无关的开支。同时，建立对专项行动立项、实施、验收的动态管理机制，加强对专项项目预算执行情况和使用效果的监督管理，提高资金使用效益。

第二章 专项资金开支范围

第五条 专项资金应当围绕区域特色产业发展，重点支持技术引进、消化吸收、示范推广、技术培训等方面的工作。

第六条 开支范围：

(一)新技术、新品种引进费：是指项目实施过程中为引进新技术、新品种或购买专利，进行消化吸收、生产工艺流程改造、技术的适用性改进和集成创新等发生的费用。

(二)技术示范应用费：是指项目实施过程中为开展技术示范所需购买或改造小型仪器设备、低值易耗品以及租用示范场地等发生的费用。

(三)科技服务费：是指项目实施过程中聘请科技人员对项目进行技术指导、咨询、服务所发生的费用。

(四)培训费：是指项目实施过程中开展的实用技术培训等工作所发生的资料费、讲课费、场所租用费、学员食宿补助等费用。

第七条 专项资金实行单独核算和管理。县(市、区)财政、科技部门应当按照国家有关财务规章制度的规定，加强对专项资金的管理，严禁擅自扩大开支范围。

第三章 申报与审批

第八条 专项行动由县(市、区)科技富民强县工作协调领导小组牵头组织有关部门，按照相关要求制定实施方案，由县(市、区)科技行政主管部门、财政部门联合向省财政厅、省科技厅申报立项。

第九条 申报县(市、区)应围绕本地有突出优势的特色产业，优选一个项目进行申报。原项目验收合格后，可选择新的产业项目进行申报，也可对原项目进一步深化并申报重新立项。

第十条 县(市、区)科技主管部门和财政部门应于每年3月15日前申报当年度实施项目，逾期不再受理(2009年度申报项目截止日期调整为2009年6月15日)。

第十一条 县(市、区)申报时应提供以下材料：

(一)科技富民强县专项行动计划实施方案(附2)，包括实施周期内专项行动的总体目标、具体任务、可行性分析、保障措施等。

(二)科技富民强县专项行动计划县(市、区)专项资金项目预算申请表(附3)。

(三)科技富民强县专项行动计划县(市、区)专项资金项目预算支出表(附4)，以及详细的测算依据、标准和说明等。

第十二条 省科技厅、省财政厅组织专家对县(市、区)申报的实施方案进行可行性论证，择优立项并批复实施方案。同时，组织汇总材料向财政部、科技部申报国家专项行动计划项目。

第十三条 县(市、区)实施项目分三个层次。

(一)浙江省科技富民强县专项行动计划国家项目(以下简称"国家项目")。

(二)浙江省科技富民强县专项行动计划省级项目(以下简称"省级项目")。省级项目作为申报国家项目的必备条件。

(三)浙江省科技富民强县专项行动计划培育项目(以下简称"培育项目")，培育项目次年不能成为省级项目的，该项目不再参与申报立项。

第十四条 专项资金补助标准：

(一)国家项目除中央财政补助外，省财政按中央财政补助金额给予1:1的配套补助，省财政补助额度不低于250万元。

(二)省级项目省财政给予250万元补助。若省级项目由上一年度培育项目提升的，则扣减省财政已核拨的培育项目补助。

(三)培育项目省财政给予50万元补助。

(四)国家项目、省级项目完成验收后，对开展工作积极、措施得力、实施效益显著的项目，省财政分别给予100万元和50万元的以奖代补资金。

第十五条 专项资金的拨付：

(一)国家项目的省财政配套补助资金与中央补助资金一次性下达，中央财政另有规定的除外。

(二)省级项目补助资金实行分期拨付，立项当年下达补助资金的70%；次年根据上一年度项目实施和经费使用情况拨付补助资金的30%，对于执行效果不理想的，则停止拨付。

(三)培育项目补助资金立项当年一次性拨付。

(四)以奖代补资金待项目完成验收后一次性拨付，继续用于科技富民强县专项行动。

第十六条 经批准的专项行动项目预算一般不予调整。特殊情况需要调整的，由县(市、区)根据项目执行情况提出项目预算调整建议，按照原申报程序履行报批手续。

第四章 组织实施

第十七条 各级财政、科技部门要加强与相关部门协调，集成资源，落实资金，严格按照省专项行动总体方案和国家批准的实施方案组织专项行动的实施。

第十八条 县(市、区)要保证必要的财政投入，以保障专项行动的顺利开展。

第十九条 市级财政、科技行政主管部门按照有关要求，对专项行动实施进行指导。

第二十条 省财政厅、省科技厅对专项行动实行动态管理，并按有关要求及时向科技部、财政部报告年度执行情况。

第二十一条 县(市、区)科技富民强县工作协调领导小组，要明确职责，加强项目管理，科技富民强县工作协调领导小组办公室要协调组织各相关单位，具体落实中央和省批复的实施方案，及时报告执行情况和重大事项，配合有关部门做好监督检查工作。

第二十二条 专项行动项目因客观原因必须中止的，县(市、区)应及时提出申请，由省财政厅、省科技厅负责清查处理，项目结余资金归还原渠道，专项资金形成的固定资产按照国家有关规定进行处置。

第五章 监督管理

第二十三条 专项行动实行绩效考评制度，对项目立项、执行、效果、资金管理等进行绩效考评。

第二十四条 项目完成后，县(市、区)科技行政主管部门、财政部门应及时向省财政厅、省科技厅提出验收申请。省科技厅、省财政厅按照有关规定组织验收。

第二十五条 省财政厅、省科技厅组织有关机构和专家按规定对专项行动执行情况进行年度检查和整体评价。

第二十六条 对未经批准变更项目和任务，挤占、截留、挪用专项资金，未落实承诺经费，未认真履行职责，造成项目目标不能实现的县(市、区)，省财政厅、省科技厅将视其情节轻重采取追回拨款、终止项目等措施；涉及违法违规的，按照《财政违法行为处罚处分条例》等有关法律法规进行查处。

第六章 附 则

第二十七条 县(市、区)政府安排的用于实施专项行动的资金，可纳入本办法统一管理。

第二十八条 本办法自发布之日起施行。《浙江省科技富民强县专项行动计划资金管理暂行办法》(浙财教字〔2006〕41号)同时废止。

附：1. 浙江省科技富民强县行动计划实施范围

2. 科技富民强县专项行动计划实施方案(略)

3. 科技富民强县专项行动计划____县(市、区)专项资金项目预算申请表(略)

4. 科技富民强县专项行动计划____县(市、区)专项资金项目预算支出表(略)

附1：

浙江省科技富民强县行动计划实施范围

淳安县；安吉县；舟山市定海区、普陀区、岱山县、嵊泗县；泰顺县、文成县、永嘉县、苍南县、平阳县、洞头县；金华市金东区、婺城区、兰溪市、武义县、磐安县；三门县、仙居县、天台县；丽水市莲都区、云和县、景宁县、缙云县、龙泉市、遂昌县、松阳县、青田县、庆元县；衢州市衢江区、柯城区、龙游县、江山市、常山县、开化县

省财政厅
浙江省财政支出绩效评价实施办法

(2009年6月11日 浙财绩效字〔2009〕5号)

第一章 总 则

第一条 为加强财政支出绩效管理，建立科学、规范的财政支出绩效评价体系，提高财政资金使用效益和效率，根据财政部有关规定和省政府办公厅《关于认真做好财政支出绩效评价工作的通知》(浙政办发〔2005〕91号)精神，特制定本实施办法。

第二条 财政支出绩效评价(以下简称绩效评价)是指部门(单位)根据设定的绩效目标，运用科学、合理的评价方法，设置、选择合适的评价指标和评价标准，对财政支出全过程及其实施效果进行客观公正的综合评判。

第三条 绩效评价应遵循“统一领导、分类管理、客观公正、科学规范”的原则。

(一)统一领导原则。绩效评价工作由各级政府统一领导，财政部门牵头组织，部门(单位)具体实施。

(二)分类管理原则。绩效评价工作由部门(单位)根据评价对象的特点分类组织实施。

(三)客观公正原则。绩效评价工作要坚持客观、公正，从评价对象的实际出发，实事求是地评价财政支出绩效。

(四)科学规范原则。绩效评价以财政支出的经济性、效率性和有效性为出发点，按照规范的程序，科学、准确地评价财政支出绩效。

第四条 绩效评价的主要依据：

(一)国家相关法律、法规和规章制度;

(二)政府制定的国民经济发展规划和方针政策;

(三)政府和财政部门制定的绩效评价管理制度与工作规范;

(四)部门(单位)职能职责、中长期发展规划及年度工作计划;

(五)相关行业政策、行业标准及专业技术规范;

(六)预算申报的相关材料和财政部门的预算批复;

(七)部门(单位)年度决算报告;

(八)其他。

第二章 绩效评价的对象、内容和方法

第五条 绩效评价的对象为纳入预算管理的财政性资金(包括财政预算内资金、预算外资金和其他资金),并以项目支出为重点,有条件的地方可对部门(单位)整体财政支出实施绩效评价。

第六条 绩效评价的基本内容:

(一)绩效目标的设定与完成程度;

(二)项目组织实施管理水平;

(三)项目实施所取得的经济效益、社会效益和生态环境效益等;

(四)财政资金使用情况、财务管理状况、资产配置与使用情况等;

(五)根据实际情况需要评价的其他内容。

第七条 绩效评价的基本方法包括目标比较法、成本效益法、历史比较法、横向比较法、专家评议法、问卷调查法等,在具体实施评价时,可同时采用多种评价方法。

第八条 绩效评价按实施阶段的不同,可分为预算申报(事前)评价、实施过程(事中)评价和完成结果(事后)评价三种类型。预算申报(事前)评价是指对项目资金申报情况的评价;实施过程(事中)评价是指对项目支出实施过程执行情况的评价;完成结果(事后)评价是指项目支出完成后的总体评价。

第九条 绩效评价一般以预算年度为周期实施,对跨年度的重大(重点)项目,可根据项目支出预期与完成情况实施阶段性评价。

第三章 绩效目标

第十条 绩效目标是部门(单位)使用财政资金计划在一定期限内达到的产出和效果,是预算编制和绩效评价的重要依据,一般以量化的数值或比率来表示。部门(单位)在编制预算时,应明确项目绩效目标,并尽量予以细化。

第十一条 绩效目标的主要内容:

(一)预期提供的公共产品及服务,包括产品和服务的数量目标、质量目标、时效目标、成本目标以及服务对象满意度目标等;

(二)项目支出预期效果,包括经济效益、社会效益、生态环境效益和可持续性影响等。

第十二条 绩效目标应符合以下要求:

(一)方向明确。绩效目标要符合国民经济和社会发展规划、部门职能及事业发展方向,并与财政支出范围、方向及效果紧密相关。

(二)细化量化。绩效目标应从数量、质量、时效和成本等方面进行细化,并尽量以量化为主。不能量化的,可采取定性方式分级分档设置。

(三)科学合理。绩效目标的制定,要经过科学论证和调查研究,且又要符合客观实际。

第四章 绩效评价指标与标准

第十三条 绩效评价指标是衡量和评价财政支出绩效的载体。绩效评价指标设置应以评价对象和相关规定及内容为基础,并考虑系统性、重要性等多种因素确定。

绩效评价指标根据评价内容的不同,可分为业务指标和财务指标。业务指标主要包括目标设定情况、目标完成程度、组织管理水平、项目实施效益等;财务指标主要包括资金落实情况、实际支出情况、财务管理状况和资产配置与使用等。

绩效评价指标根据适用对象不同,可分为共性指标和个性指标。共性指标是适用于所有财政支出的评价指标,由财政部门统一制定。个性指标是根据评价对象的不同特点而设置的指标,由部门(单位)和财政部门或受托中介机构共同研究确定。

第十四条 在组织实施绩效评价时,要按照定量与定性相结合并以定量为主的原则,设置、选择一定数量且能衡量财政支出实际绩效的具体指标,设置时可参考"浙江省项目支出评价指标一览表"(详见附2)。在设定具体指标的基础上,应对具体指标设置一定的分值(权重)。

第十五条 绩效评价标准是衡量财政支出绩效的标尺和准绳,其基本类型有计划标准、行业标准、历史标准和经验标准等。

第十六条 绩效评价标准应对照具体评价指标来确定。在评价对象和具体评价指标确定后,应选择合适的评价标准。

第五章 绩效评价工作程序

第十七条 为确保评价结果的客观公正,绩效评价工作应当遵循严格、规范的工作程序,一般分为前期准备、实施评价、撰写报告和结果应用等四个阶段。

第十八条 前期准备。

(一)确定评价对象。绩效评价对象由部门(单位)根据绩效评价工作重点及预算管理要求确定。

(二)成立评价工作组。评价对象确定后,部门(单位)应成

立评价工作组，负责确定评价机构、制订或审定评价方案、审核评价报告等。

（三）确定评价机构。评价机构由评价工作组根据项目实际情况确定，主要负责制订评价方案、实施具体评价等工作。评价机构可以是受托的中介机构，也可以是评价工作组。

（四）制订评价方案。评价机构根据评价对象特点制订评价方案，内容包括评价依据、评价人员、评价指标与标准及评价时间等，并报评价工作组审定。

（五）下达评价通知。部门（单位）在实施具体评价工作前，应下达评价通知，内容包括评价方案和有关评价要求等。

第十九条 实施评价。

（一）资料收集与审核。评价机构要收集与被评项目有关的数据和资料，并进行审核与分析。

（二）现场与非现场评价。现场评价是指评价机构到现场采取勘察、询查、复核等方式，对有关情况进行核实，并将所掌握的有关信息资料进行分类、整理和分析，提出评价意见。非现场评价是指评价机构在听取被评价项目单位汇报或介绍后，对所提交的有关资料进行分类、整理与分析，并提出评价意见。

（三）综合评价。评价机构在现场与非现场评价的基础上，选择合适的评价方法，对照评价方案中设置的评价指标与标准，对项目绩效情况进行综合性评判。

第二十条 撰写报告。

（一）撰写报告。评价机构按照规范的文本格式撰写绩效评价报告（详见附1），经征求被评价单位意见后，提交评价工作组审核。绩效评价报告必须依据充分、内容完整、数据准确、客观公正。

（二）提交报告。评价机构应在规定时间内将评价报告提交评价工作组。

第二十一条 结果应用。

（一）评价工作组对评价报告反映的情况要进行认真分析，并将项目实际绩效、存在问题和相关建议，按规定要求及时反馈有关部门（单位），并限期落实整改。

（二）评价工作组要根据评价结果情况，提出相关意见或建议并随附评价报告及时报送预算编制部门，作为下年度预算编制与安排的重要依据。

第六章 绩效评价组织与实施

第二十二条 绩效评价工作由财政部门统一组织管理，部门（单位）具体组织实施。

财政部门负责统一制定绩效评价各项政策制度，指导、监督和检查部门（单位）的绩效评价工作。

部门（单位）负责制订本部门绩效评价工作具体操作办法，建立绩效评价工作协调小组和联络员制度，并明确专人负责绩效评价工作，同时指导和检查所属单位的绩效评价工作。

第二十三条 绩效评价组织方式包括部门（单位）绩效自评和财政部门组织评价。

第二十四条 部门（单位）绩效自评实施范围由同级政府或财政部门确定。省级部门绩效自评范围为年度预算安排300万元以上的项目支出（含项目所有承担单位）。

部门（单位）每年应在自评范围内选取一定数量的项目进行绩效自评，并填写年度项目评价计划表（详见附3）报财政部门。省级部门（单位）应于每年2月底前将该表报送省财政厅。市、县（市、区）的部门（单位）绩效自评范围及评价计划表报送时间，由各地自行确定。

第二十五条 部门（单位）应按规定组织开展绩效自评工作，及时提交评价报告。评价报告包括项目基本概况、项目支出明细情况、项目绩效情况等（详见附1）。省级部门（单位）应于每年8月底前对本部门（含所属单位）绩效自评情况进行汇总，并填写年度项目评价完成情况表（详见附4），随附评价报告一式两份报省财政厅。

第二十六条 财政部门每年根据评价工作重点和预算管理要求，会同有关部门，遴选部分重点项目（特别是民生项目）组织评价。对被列入财政部门年度评价计划的项目，项目承担单位应积极提供有关资料，配合做好绩效评价工作。

第二十七条 各级财政部门应加强对本地区绩效评价工作的组织和指导。各市财政局应于每年1月底前填写上年度项目评价完成情况表（含各县、市、区，详见附6）报省财政厅；于每年3月底前填写本年度项目评价计划情况表（含各县、市、区，详见附5）报省财政厅。上述均以电子文档报送。

第二十八条 在具体实施评价时，委托中介机构评价的，应在全省绩效评价中介机构库中选择或通过公开招投标方式确定，如需聘请外部专家参与的，可在各级绩效评价专家库中选聘。

第二十九条 参与评价人员应严格按规定要求进行评价，不得在规定程序之外施加倾向性影响，不得谋取不正当利益，以确保评价结果的客观、公正和评价工作质量。

第七章 绩效评价结果应用

第三十条 各级财政部门要充分应用绩效评价结果，建立与预算相结合，多渠道应用评价结果的有效机制。

第三十一条 建立激励与约束机制，强化评价结果在项目申报和预算编制中的有效应用。

财政部门要将评价结果作为预算安排的重要依据。对评价结果优秀并绩效突出的，在安排预算时给予优先考虑；对评价结果不合格的，在安排预算时应从紧考虑或不予安排；项目单位未按规定报送绩效目标或评价报告的，特别是对跨年度项目，财政部门可暂缓拨付（或支付）财政资金。

部门（单位）应将评价结果作为编报年度预算的重要依据，并根据评价结果进行认真分析，对存在的问题予以整改。

第三十二条 建立评价结果反馈与整改机制。组织实施绩效评价的部门(单位)、财政部门应将评价项目绩效情况、存在的问题及相关建议反馈给被评价单位，并督促其落实整改。被评价单位要针对项目实施中存在的问题和建议进行认真整改，并将落实整改情况及时上报有关部门。

第三十三条 建立评价信息报告制度。财政部门要将绩效评价工作开展情况及重点评价项目绩效情况等向同级人民政府报告，同时对部门(单位)绩效自评完成进度、完成质量以及组织开展等情况，可在一定范围内予以通报。对社会关注度高、影响力大的民生项目支出绩效情况，经同级人民政府批准后，可通过新闻媒介等形式向社会公开，接受社会公众的监督。

第八章 附 则

第三十四条 各市、县(市、区)财政部门可结合当地实际，制定相应的操作办法。

第三十五条 本实施办法自下发之日起实施。2006 年印发的《浙江省财政支出绩效评价实施意见》(浙财绩效字〔2006〕2 号)同时废止。

附 1：浙江省财政支出项目绩效评价报告(略)

附 2：浙江省项目支出评价指标一览表(略)

附 3：______年度项目评价计划表(略)

附 4：______年度项目评价完成情况表(略)

省财政厅 省中小企业局 关于印发《浙江省中小企业信用担保机构小企业贷款担保风险补偿办法》的通知

(2009 年 6 月 25 日 浙财外金字〔2009〕31 号)

各市、县(市、区)财政局、中小企业局(宁波不发)：

为进一步规范小企业贷款担保风险补偿资金的使用和管理，现将修订后的《浙江省中小企业信用担保机构小企业贷款担保风险补偿办法》印发给你们，请遵照执行。省财政厅、省中小企业局《关于印发浙江省中小企业信用担保机构小企业贷款担保风险补偿试行办法的通知》(浙财建字〔2007〕186 号)同时废止。

2008 年度中小企业信用担保机构小企业贷款担保风险补偿工作按照本办法规定申报。请各地财政部门会同中小企业工作部门，于 2009 年 7 月 20 日前将 2008 年度担保风险补偿资金申请材料联合上报省财政厅和省中小企业局。

附件：浙江省中小企业信用担保机构小企业贷款担保风险补偿办法

浙江省中小企业信用担保机构小企业贷款担保风险补偿办法

第一章 总 则

第一条 为贯彻落实《浙江省促进中小企业发展条例》和省政府办公厅《关于加强中小企业信用担保体系建设的若干意见》(浙政办发〔2007〕93 号)精神，健全担保机构风险补偿机制，规范小企业贷款担保风险补偿资金的使用和管理，鼓励担保机构为小企业贷款提供担保服务，特制定本办法。

第二条 小企业贷款担保风险补偿资金(以下简称“担保风险补偿资金”)是鼓励中小企业信用担保机构为小企业贷款提供担保的政府引导性扶持资金。

第三条 本办法的补偿对象是为小企业贷款提供担保服务的中小企业信用担保机构。小企业标准按照原国家经贸委、国家发改委、财政部、国家统计局四部门联合制定的《关于印发中小企业标准暂行规定的通知》(国经贸中小企〔2003〕143 号)执行。

第四条 省财政厅和省中小企业局是担保风险补偿资金的业务主管部门，共同负责担保风险补偿资金使用的指导、管理和监督。省中小企业局主要负责担保风险补偿资金的业务指导，会同省财政厅确定担保风险补偿资金的具体扶持方式、扶持对象和使用范围。省财政厅主要负责年度担保风险补偿资金的预算管理，会同省中小企业局下达资金安排计划，并负责资金拨付。

第五条 担保风险补偿资金的使用应当符合国家和省政府有关中小企业信用担保体系建设的指导性政策，坚持公开、公平、公正的原则，确保担保风险补偿资金规范、安全和高效使用。

第二章 担保风险补偿资金的来源与补偿标准

第六条 省财政预算每年安排一定的担保风险补偿资金，有条件的县（市、区）也可安排相应的资金用于担保风险补偿。

第七条 担保风险补偿资金主要用于当年为小企业贷款担保的信用担保机构的风险补偿。担保机构收到担保风险补偿资金应计入“担保扶持基金”科目。担保机构当年发生代偿损失提取的风险准备金不足以弥补的，经主管财政部门审核后可从“担保扶持基金”中予以补偿。

第八条 担保风险补偿标准以当年该担保机构的小企业贷款担保总额为依据，按不超过1%的比例予以补偿，单户担保机构最高补偿金额不超过50万元。

第三章 担保风险补偿资金的申请条件

第九条 申请担保风险补偿资金的担保机构必须满足下列条件：

1. 已在所在地中小企业工作部门备案且开展担保业务两年以上；

2. 按时向中小企业工作部门报送担保业务情况报表和财务会计报表，接受中小企业工作部门的监管；

3. 严格执行《担保企业会计核算办法》（财会〔2005〕17号）和《金融企业财务规则》（财政部第42号令）等规定，按时向同级财政部门报送财务会计报表等相关资料；

4. 无违法违规经营等不良纪录，组织机构完善，管理制度健全，依法纳税，担保业务操作和风险控制规范；

5. 经人民银行杭州中心支行和省中小企业局认定的信用中介机构评级，且信用等级达BBB级（含）以上；

6. 原则上实收资本在3000万元（含，下同）以上，其中政策性、互助型担保机构和欠发达市县可降低到1000万元（含）以上。年担保贷款总额放大到实收资本的3倍及以上，且代偿损失率低于全省上年平均水平；

7. 严格按照国家有关规定执行担保费率，并足额提取风险准备金。

8. 担保费收入占营业收入的50%以上；

9. 对单户企业的担保额不得超过注册资本金的10%，且绝对额不得超过500万元。被担保企业的年主营业务收入不超过3000万元。

第四章 申报资料及程序

第十条 申请担保风险补偿资金的担保机构须提供下列材料，并按顺序装订成册：

1. 小企业贷款担保风险补偿资金申请书（见附表1），包括小企业贷款担保风险补偿资金申请表、担保机构基本情况表、担保机构担保贷款情况汇总表，并附审计机构审计确认书或相关协作银行的确认件；

2. 担保机构经审计的财务报告，包括资产负债表、利润表、担保余额变动表、审计报告；

3. 《备案证》复印件；

4. 经人行杭州中心支行和省中小企业局认定的评级机构出具的评级报告；

5. 担保机构从业人员从业资格证书复印件；

6. 其他相关证明材料。

第十一条 申报程序

1. 每年4月末前，各符合条件的担保机构根据本办法规定，自行填报小企业贷款担保风险补偿资金申请书以及相关资料，报同级财政部门和中小企业工作部门审核。

2. 各市、县（市、区）财政部门会同中小企业工作部门按本办法规定审核汇总后，于5月底前一式两份联合上报省财政厅和省中小企业局（见附表2）。

3. 省财政厅、省中小企业局按照有关规定和程序对各地上报的项目进行审定后，研究确定扶持项目，并由省财政厅拨付担保风险补偿资金。

第五章 担保风险补偿资金的监督与检查

第十二条 省财政厅、省中小企业局负责对担保风险补偿资金使用情况实施监督检查。

第十三条 各级财政部门要及时拨付担保风险补偿资金，加强对担保风险补偿资金的监督和管理。

第十四条 获得担保风险补偿资金的担保机构要严格执行国家有关财务制度，充分发挥资金使用效益。

第十五条 担保风险补偿资金必须专款专用，严禁截留、挪用。对申报的材料弄虚作假或截留、挪用担保风险补偿资金等违法行为，按《财政违法行为处罚处分条例》等国家有关法律法规进行查处，并将已拨付的担保风险补偿资金全额收回上缴省财政。被处罚的单位3年内不得申报担保风险补偿资金。构成犯罪的，依法追究刑事责任。

第六章 附 则

第十六条 本办法自公布之日起施行。省财政厅、省中小企业局《关于印发浙江省中小企业信用担保机构小企业贷款担保风险补偿试行办法的通知》（浙财建字〔2007〕186号）同时废止。

附表1：浙江省中小企业信用担保机构小企业贷款担保风险补偿资金申请书（略）

附表2：中小企业信用担保机构小企业贷款担保机构风险补偿资金汇总表（略）

省财政厅 省科学技术厅
浙江省发明专利引进项目经费管理办法(试行)

(2009 年 6 月 26 日 浙财教字〔2009〕110 号)

第一章 总 则

第一条 为加强对省发明专利引进项目经费的管理,促进国内外发明专利等知识产权资源向我省集聚,进一步提升我省企业自主创新能力,根据省委、省政府《关于认真贯彻保增长扩内需调结构要求的若干政策意见》(浙委〔2009〕2 号)精神和省级科技项目经费管理有关规定,特制定本办法。

第二条 省发明专利引进项目主要是指省内企业以研发、生产经营为目的,通过转让、许可方式引进国内外让与人拥有的、有利于提升浙江核心竞争力的发明专利技术项目。

第三条 省发明专利引进项目补助经费在省专利专项经费中切块安排,主要用于补助受让人引进发明专利产生的费用。

第四条 省科技厅、省财政厅共同负责省发明专利引进项目的组织与实施,受让人所在市、县(市、区)科技局、财政局负责对辖区内项目实施情况的日常管理与监督。

第五条 按照公正、合理、择优的原则,省发明专利引进项目实行网上常年受理申报(http://www.zjinfo.gov.cn)、定期组织专家评审、分期拨付补助经费的管理方式。

第二章 条件与程序

第六条 申报省发明专利引进项目的受让人必须是省内(宁波市除外)注册、具有独立法人资格的企业,且与让与人间不存在投资、经营管理等利益关系。

第七条 申报省发明专利引进项目的专利技术必须符合以下条件:

(一)无专利权法律争议且在项目实施期内有效的发明专利;

(二)专利权转让合同或专利实施许可合同合法有效,且为 2009 年 1 月 1 日后签定的;

(三)符合国家技术和产业政策,属高新技术或先进适用技术范畴,具有较强的市场竞争优势;

(四)所引进的发明专利须直接用于本企业的研发、生产或经营,实施后能产生较大的经济社会效益;

(五)省外(境外)引进的项目必须为省内首次引进。

第八条 受让人网上申报省发明专利引进项目的,须同时向其所在市、县(市、区)科技局、财政局提交以下书面材料(一式两份):

(一)《浙江省发明专利引进项目申请表》(见附 1);

(二)专利权转让合同或专利实施许可合同及备案证明复印件;

(三)合同款项受让人支付凭证和出让人收款凭证复印件;

(四)专利说明书及专利权有效证明材料复印件,如属国(境)外专利,则应提交中文译本;

(五)受让人的工商营业执照、上年度完税凭证复印件;

(六)其他需要提供的证明材料。

第九条 每年 3 月与 9 月底前,各市、县(市、区)科技局、财政局对当地申请项目进行初审汇总,并联合向省科技厅、省财政厅行文上报。

每年 4 月与 10 月上旬,省科技厅会同省财政厅组织相关领域的专家对申报的发明专利引进项目进行评审,并根据本办法第七条规定的要求,在引进的必要性、引进后消化吸收再创新情况、实施后能达到的产业化水平或市场前景、前期工作基础和创新条件等方面提出评审意见。

第十条 根据专家评审意见,省科技厅会同省财政厅审核并择优确定资助的发明专利引进项目。

第三章 标准与拨付

第十一条 对确定资助的省发明专利引进项目,按以下标准核定补助经费:

(一)属专利权转让的,按不高于受让人支付转让费合同额的 20%;

(二)属专利实施许可的,按不高于受让人支付的许可使用费合同额的 15%。

同一受让人在同一财政年度中获取的补助资金,最高不超过 100 万元。

第十二条 项目补助经费核定后,经省财政厅审核,当年拨付补助总额的 40%。

补助经费通过国库集中支付方式拨付到企业,同时抄送受让人所在地财政局、科技局。

第十三条 根据受让人所在市、县(市、区)科技局、财政局联合出具的省发明专利引进项目效益证明及经其审核的承担企业上年度决算报表,对两年内达到预期经济效益目标的项目,拨付剩余的 60%补助经费;对三年后仍未达到预期经济效益目标的项目,不再拨付补助资金余额。

第四章 管理与监督

第十四条 各市、县(市、区)科技局于每年4月前向省科技厅上报上年度辖区内省发明专利引进项目实施情况。省科技厅负责省发明专利引进项目实施情况分析及绩效评估工作,于每年6月底前将相关情况报送省财政厅。

第十五条 受让人隐瞒真实情况、提供虚假材料或采取其他欺诈手段,骗取省发明专利引进项目补助经费的,省科技厅将依法追回其全部补助经费,并在五年内不再受理其各类省级科技项目的申请。

第五章　附　则

第十六条 本办法所称的让与人是指订立专利权转让或专利实施许可合同的国内外专利权人,受让人是指订立该专利权转让或实施许可合同的省内企业法人。

第十七条 本办法自发布之日起实施。

附1:浙江省发明专利引进项目申请表(略)

省财政厅
浙江省农业综合开发省财政贴息资金管理办法

(2009年6月29日 浙财农发字〔2009〕18号)

第一章　总　则

第一条 为加强和规范农业综合开发省财政贴息资金(以下简称贴息资金)管理,提高资金使用效益,根据《农业综合开发中央财政贴息资金管理办法》(财发〔2008〕62号)、《浙江省农业综合开发资金和项目管理实施办法》(浙财农发字〔2006〕6号)以及有关政策规定,制定本办法。

第二条 本办法所称贴息资金,是指省财政安排专项用于农业综合开发产业化经营项目银行贷款贴息资金。

第三条 本办法所称银行贷款,是指经批准的金融机构(以下简称银行)提供的符合本办法规定贴息范围及条件的贷款,包括固定资产贷款和季节性收购农副产品流动资金贷款。

第四条 贴息资金安排遵循突出重点、择优扶持、额度控制、先付后贴的原则。

第二章　贴息范围、条件及方式

第五条 贴息资金重点扶持国家级、省级农业产业化龙头企业、符合条件的农民专业合作组织以及具有市场竞争优势、与农民利益联系紧密的市级农业产业化龙头企业,适当扶持正在成长上升、确能带动农民致富的县级农业产业化龙头企业(以下简称项目单位)。

第六条 申请贴息资金的项目(以下简称项目)应当属于农业综合开发产业化经营项目扶持范围并符合立项条件。

第七条 贷款贴息对象为项目前两个会计年度内通过银行立项的固定资产贷款以及季节性收购农副产品流动资金贷款,省财政对项目上一个会计年度内实际支付的贷款利息进行贴息。

第八条 项目应当落实固定资产单笔贷款500万元(含)以上,或者季节性收购农副产品流动资金累计贷款500万元(含)以上。农民专业合作社项目应当落实一定规模的固定资产贷款或者季节性收购农副产品流动资金贷款(贷款规模详见省农发办每年发布的贴息项目申报指南)。项目单位单独申请固定资产贷款贴息或季节性收购农副产品流动资金贷款贴息的,省财政贴息的贷款额度上限为3000万元(含)。项目单位同时申请固定资产贷款和季节性收购农副产品流动资金贷款贴息的,省财政贴息的贷款额度上限为4000万元(含)。

第九条 对用于固定资产投资的跨年度贷款,贴息期限原则上为1年,项目单位可申请连续贴息,最长不超过2年。对于连续贴息的项目,其第二次贴息的对象相应变更为前三个会计年度内通过银行立项的贷款。

对季节性收购农副产品流动资金贷款,按照实际贷款期限贴息,最长不超过1年。

第十条 项目单位在上一个会计年度内已经获得农业综合开发其他方式或当年其他财政支农专项资金扶持的,不得申请农业综合开发财政贴息资金。

第十一条 项目贷款贴息率不高于同期中国人民银行公布的同档次人民币贷款基准利率(以下简称基准利率)。具体贴息率由省财政厅根据年度贴息资金预算指标和基准利率等确定。

第十二条 对于项目单位未按期偿还贷款及其他违约行为而产生的逾期贷款的利息、加息、罚息,以及超出财政贴息贷款额度上限的部分,省财政不予贴息。

第三章　贴息资金的申报及审定

第十三条 符合本办法规定贴息范围和条件的项目,按照属地管理的原则,由项目单位向管辖所在地财政部门和农业综合开发办公室(以下简称农发办)提出贷款贴息申请。农发办设在财政部门的,可直接向农发办提出申请。

第十四条 项目单位申请贴息资金时,应当提交银行贷款合同、贷款到位凭证、贷款银行出具的利息结算清单等原始凭证及复印件,并填报《农业综合开发财政贴息资金申请表》(附表1)和《农业综合开发财政贴息项目申报表》(附表2)。

第十五条 市、县(市、区)财政部门和农发办应当与贷款银行密切配合,对项目单位提交的贴息资金申报材料(以下简称申报材料)进行严格审核,并对申报材料的真实性负责。财政部门重点审核银行贷款即固定资产贷款和季节性收购农副产品流动资金贷款的落实、实际支付的银行贷款利息等情况;农发办重点审核项目是否符合贴息范围和条件、项目对农民的带动能力以及项目是否存在重复申报或多头申报等情况。

第十六条 市、县(市、区)农发办对符合要求的项目申报材料进行汇总,填写《农业综合开发财政贴息资金项目汇总表》(附表3),连同按项目装订成册的申报材料,一并上报省财政厅。农发办不设在财政部门的,由农发办与财政部门联合行文上报。

第四章 贴息资金的拨付及监督管理

第十七条 对经审核符合条件的项目,省财政厅将贴息资金拨付市、县(市、区)财政部门。市、县(市、区)财政部门应当在收到省财政贴息资金后30个工作日内,按照农业综合开发财政资金报账管理规定将贴息资金拨付到项目单位。

第十八条 市、县(市、区)财政部门、农发办应当严格按规定管理贴息资金,并自觉接受审计部门和上级财政部门的检查监督。对截留、挤占、挪用贴息资金以及弄虚作假骗取贴息资金的,按照《财政违法行为处罚处分条例》(国务院令第427号)、《农业综合开发财政资金违规违纪行为处理暂行办法》(财发〔2005〕68号)有关规定严肃查处。

第五章 附 则

第十九条 项目单位申请贴息资金的有关具体要求按照省农业综合开发办公室每年印发的《浙江省农业综合开发产业化经营项目申报指南》执行。

第二十条 本办法自下发之日起实施。原《浙江省农业综合开发财政贴息资金管理办法》(浙财农发字〔2005〕30号)同时废止。

附表:1. 农业综合开发财政贴息资金申请表(略)

2. 农业综合开发财政贴息项目申报表(略)

3. 农业综合开发财政贴息资金项目汇总表(略)

省财政厅 省发展改革委
浙江省服务业发展引导财政专项资金管理办法

(2009年8月4日 浙财企字〔2009〕185号)

为充分发挥服务业发展引导财政专项资金的政策导向作用,提高财政资金使用绩效,调动地方政府和企业发展服务业的积极性,引导多渠道资金对服务业的投入,促进我省服务业加快发展,特制定本办法。

第一条 浙江省服务业发展引导财政专项资金(以下简称省服务业引导资金)由省级财政预算统一安排,专款专用。

第二条 省服务业引导资金主要用于全省服务业发展中的薄弱环节、关键领域和新兴行业,促进服务业的市场化、社会化、产业化发展。省级财政已设立专项资金的服务业领域,一般不再重复安排引导资金。

第三条 省服务业引导资金年度支持重点,根据服务业发展规划和省政府当年工作重点,以及本办法规定的使用方向,由省发改委和省财政厅研究确定。

第四条 省服务业引导资金使用范围和支持方式

1. 支持服务业重大项目发展。优先扶持列入《浙江省服务业重大项目年度计划》的项目发展,对符合条件、使用中长期银行贷款的项目给予贷款利息补贴。贴息率不超过当期中长期银行贷款利率。原则上按项目的建设实施进度和贷款的实际发生额分期安排贴息资金。

2. 支持服务业集聚区建设。重点支持总部经济、创意产业、物流园区、软件基地等生产性服务业集聚区和特色商业街区等消费性服务业集聚区信息服务平台项目。具体按项目直接投资额的一定比例适当予以补助。

3. 支持现代物流业发展。重点支持经营状况在全省同类企业名列前茅的第三方物流企业物流信息系统、现代物流标准化和物流统计直报体系建设等项目。具体按项目直接投资额的一定比例适当予以补助。

4. 支持省级行业协会和中介服务机构发展。对社会化运作及为企业服务工作成绩显著的全省性行业协会给予一定的经费补助;对会计师事务所或评估机构新获得上市公司审计或评估资格的给予一定的奖励。

5. 支持服务业领域标准化建设。鼓励服务业领域开展行业标准化建设,对标准化建设的费用给予一定补助。

6. 加大小型服务企业贷款风险补偿力度。具体贷款风险补偿实施办法另行制定。

7. 对服务业国债项目给予适当配套。具体配套办法根据年度资金预算研究确定。

8. 其他需要支持的服务业项目。

第五条 申请省服务业引导资金补助的项目应具备的条件

1. 符合服务业发展规划确定的方向和重点,能够提高制造业水平、扩大市场容量、扩大就业、带动作用强、经济效益和社会效益显著、能够形成具有较大规模和较强竞争力、示范作用明显的现代服务业项目。

2.项目承担单位必须是在浙江省内工商部门注册，具有独立法人资格，合法经营、依法纳税，内部财务会计制度健全，并按规定报送财务会计报告和财务快报的企业及相关单位。

第六条 省服务业引导资金的申请程序

1.省发改委会同省财政厅研究确定年度资金支持重点和项目申报要求，联合下发项目申报通知；各市、县（市）发展改革、财政部门按照要求联合组织项目申报。

2.项目申报实行属地化管理，项目单位应按照本办法的规定和年度申报通知的要求，对符合条件的项目，由企业按要求向所在地发展改革和财政部门提出申请。各市、县（市）发展改革和财政部门对项目申请单位报送的材料，要明确职责分工，认真进行审核汇总后，正式行文联合上报省发改委、省财政厅。省属单位由主管部门统一汇总将申报材料一式两份直接向省发改委和省财政厅申报。申请时应提交下列文件、资料：

(1)省服务业引导资金申请报告；

(2)项目申请表，主要包括申请项目基本情况、投资规模、经济及社会效益情况等；

(3)项目核准（备案）的文件，会计师事务所出具的上一年度审计报告及对项目实施、投资额度等情况的专项审计报告书；

(4)申请贷款贴息的项目须出具项目单位与有关金融机构签订的贷款协议或者贷款合同文本（复印件）；

(5)项目单位对资金申请报告内容和附属材料真实性负责的声明；

(6)省发改委、省财政厅要求提交的其他材料。

第七条 省服务业引导资金项目审批和资金拨付程序

省发改委、省财政厅对省级有关单位和各市、县（市）上报的项目及材料，按各自职能进行审核，必要时委托中介机构进行评审，共同提出服务业引导资金补助意见，经综合平衡后，由省财政厅会同省发改委按项目单位财政隶属关系将资金拨付到相关市、县（市）财政局及省级有关单位。

第八条 省服务业引导资金的管理和监督

1.各市、县（市）应根据财力可能相应建立服务业引导资金，对于各地组织申报的项目，当地已按一定比例配套扶持的，省服务业引导资金将给予优先安排。

2.省发改委、省财政厅要求报告投资补助和贷款贴息项目建设情况的，项目单位应按要求定期向省发改委、省财政厅报告项目建设实施情况和重大事项。使用投资补助和贷款贴息资金的项目，符合招投标要求的，按有关规定执行。

3.省发改委、省财政厅负责对项目实施情况的监督检查；市、县（市）发展改革和财政部门负责对所申报项目实施情况的管理和监督，及时协调处理项目实施过程中的问题，并将有关情况报省发改委和省财政厅备案。投资项目不能按计划完成建设目标的，项目单位应及时报告情况，说明原因，提出调整建议。省发改委、省财政厅可视具体情况进行相应调整。

4.省服务业引导资金必须专款专用，严禁截留、挪用。市、县（市）财政和省级有关单位对于省财政下达的专项资金，应及时、足额拨付到项目单位，项目单位收到财政部门拨付的资金后，应严格按规定使用。对于擅自改变专项资金用途或弄虚作假骗取财政资金等违反财经纪律的，暂停所在地下一年度申请省服务业引导资金资格，取消项目单位继续申请项目补助的资格，并依照《财政违法行为处罚处分条例》等有关法律法规进行查处。

第九条 省服务业引导资金的绩效评价

每年年度终了，省发改委要及时会同省财政厅对年度省服务业引导资金的使用绩效进行评价，并向省服务业工作部门联席会议报告；评价结果作为省财政厅安排省服务业引导资金的重要依据。

第十条 本办法自发文之日起开始执行。原《浙江省服务业发展引导财政专项资金管理试行办法》（浙财企〔2006〕171号）同时停止执行。

省财政厅 省商务厅
浙江省促进国际服务贸易发展专项资金管理办法

（2009年8月6日 浙财企字〔2009〕184号）

第一条 为规范浙江省促进国际服务贸易发展专项资金（以下简称“专项资金”）的使用管理，提高财政资金使用绩效，更好地发挥专项资金在促进我省国际服务贸易发展中的作用，根据省政府《关于支持和鼓励国际服务外包产业加快发展的意见》（浙政发〔2009〕20号）精神，特制定本办法。

第二条 专项资金来源

专项资金每年根据省政府批准的促进外经贸发展政策意见，从省级外贸出口发展基金中统筹安排。

第三条 专项资金使用对象

在浙江省内（不含宁波，下同）工商行政管理部门注册、具有独立法人资格、财务会计制度健全、依法纳税、按规定向同级财政部门报送财务会计报告和财务快报、从事国际服务贸易的企业和有关单位。

第四条 专项资金使用管理原则

（一）围绕我省国际服务贸易发展战略和工作目标，以国际服务外包为突破口和重点，大力拓展国际服务贸易，切实提高国际服务贸易企业的国际竞争能力，培育浙江对外开放新的增长点，促进我省经济转型升级和经济社会又好又快发展。

(二)充分发挥专项资金的扶持、引导和带动作用，注重推动全省服务贸易协调发展，重点支持国际服务贸易企业开拓国际市场，提升我省承接国际服务外包能力，打造“浙江服务”整体品牌形象。

第五条 资助或奖励内容

(一)支持国际服务外包业务发展。

1. 支持国际服务外包企业人才培训。重点对国际服务外包企业选送新录用人员到经省商务厅、省财政厅认定的服务外包培训机构业务培训的费用给予一定的资助；对经认定的培训机构开展服务外包人员就业前业务培训给予一定的资助。

2. 支持国际服务外包企业开展国际认证。重点对服务外包企业进行 CMM、CMMI、PCMM、ISO27001/BS7799、ISO20000、SAS70 等国际认证费用给予 50%的资助，单项认证资助最高不超过 20 万元，每家企业资助最高不超过 30 万元。

3. 支持国际服务外包企业购置必要的设备。重点对服务外包企业交换器、服务器、网络传输设备等购置费用给予一定的资助，每家企业资助最高不超过 50 万元。

4. 支持服务外包企业开拓国际市场。重点对省商务厅组织的年度计划内重点境外服务外包专场对接会发生的场租费等公共费用给予全额资助；对参加活动的服务外包企业人员的国际交通费、境外住宿费等按国家标准给予一定的资助；对服务外包企业参加境外或境内全国性重点服务外包展览会的展位费、为展示浙江省服务外包整体形象而发生的公共布展费给予一定的资助。

5. 支持省国际服务外包示范园区建设。重点对示范园区公共信息技术平台建设等公共服务项目给予一定的资助。

6. 支持国际服务外包中介机构发展。重点对服务外包行业龙头中介机构信息交流、标准制定、市场开拓、统计分析、人才培训、专家支持系统建设等方面给予一定的资助。

7. 支持国际服务外包企业做大做强。对全省国际服务外包业务突出的龙头企业给予一定的奖励。

(二)促进文化产品和服务出口。

1. 对省内具有一定出口实绩的文化出口重点企业，符合商务部等 6 部门制定的《文化产品和服务出口指导目录》要求的图书报刊互联网出版物、影视作品与节目、动漫游戏音像制品等文化出口产品而投入的翻译费、外语配音费等给予一定的资助。

2. 对省内具有一定出口实绩的文化出口重点企业，符合商务部等 6 部门制定的《文化产品和服务出口指导目录》要求，经省商务厅、省财政厅认定的境外推广发行图书报刊及互联网出版物、影视作品与电视节目境外落地播出、商业演出与商业艺术展览项目，给予赴境外人员国际交通费、境外住宿费一定的资助。

3. 对省内具有一定出口实绩的文化出口重点企业，符合商务部等 6 部门制定的《文化产品和服务出口指导目录》要求，经省商务厅、省财政厅认定的参加境外出版、影视、动漫、文化艺术等具有一定规模和影响的国际展（博）览会的摊位费、展播费，及境外推广发行而产生的节目频道费、主机托管(租用宽带)费等给予一定的资助。

4. 对省内具有一定出口实绩的文化出口重点企业，符合商务部等 6 部门制定的《文化产品和服务出口指导目录》要求，经省商务厅、省财政厅认定的为开拓国际市场而在境外设立的专卖店(柜)的场地租赁费给予一定的资助。

(三)推进国际服务贸易全面发展。

1. 对会计师事务所为开展国际业务进行的人才培训，以及在境外开展业务发生的前期费用给予一定的资助。

2. 对我省国际服务贸易发展的其他形式予以一定资助，具体项目由当年度申报通知规定。

第六条 申报专项资金所需相关材料

1. 专项资金申请报告；

2. 专项资金项目申请表(表式附后)；

3. 项目申请单位法人营业执照、相关资质证书、知识产权证书复印件；

4. 项目申请单位上一年度经过审计的财务会计报告和财务快报；

5. 项目实施的有关证明材料(合同、协议等)；有关费用支出的银行付款凭证、对应发票或收据、用汇核销单等；

6. 其他根据申报通知要求提供的材料。

第七条 专项资金的申请和拨付程序

(一)专项资金实行按年度申请、拨付。符合本通知第五条资助要求的市、县(市)国际服务贸易企业和单位，在每年 1 月底前将有关资料分别报送所在地市、县(市)财政部门和商务部门，市、县(市)财政部门和商务部门对申请项目审核无误并签署意见后，在每年 2 月底前联合行文上报省财政厅和省商务厅；省级企业和单位每年 2 月底前直接向省财政厅和省商务厅提出申请，逾期或材料不齐的不予受理。

(二)省商务厅负责对申请专项资金资助项目进行全面审核，提出项目资助资金的初步意见。

(三)省财政厅负责对项目资助资金进行审定，会同省商务厅将资助资金及时拨付到省级有关单位和市、县(市)财政部门。

(四)省级有关单位和市、县(市)财政部门收到资助资金后，应及时拨付到项目申请单位，不得截留或挪用。申请企业及单位对资助资金应按现行有关制度规定做好财务会计处理。

第八条 专项资金跟踪问效和监督管理

(一)为提高专项资金的使用效益，防止骗取、挪用资金行为的发生，省财政厅和省商务厅将建立监督检查制度，不定期地对资助项目的资金使用情况进行跟踪抽查，必要时将委托中介机构进行专项检查。

（二）市、县（市）财政部门和商务主管部门要建立对专项资金资助项目的跟踪问效和绩效评价制度，对专项资金资助项目的资金使用情况要进行监督检查，对于发现的违规使用资金的行为，要按《财政违法行为处罚处分条例》（国务院令第427号）等有关法律法规进行查处，追缴全部已拨付的资金；对于违规使用资金的企业，取消其申请专项资金资助的资格，并及时将有关情况报送省财政厅和省商务厅。

第九条 附则

本办法自发布之日起施行。

附表：浙江省促进国际服务贸易发展专项资金申请表（略）

省财政厅 省教育厅
浙江省农村中小学现代远程教育工程专项资金管理办法

（2009年8月13日 浙财教字〔2009〕142号）

第一条 为加强我省农村中小学现代远程教育工程专项资金（以下简称专项资金）管理，确保工程顺利实施，根据省财政厅、省教育厅印发的《浙江省第二轮农村中小学现代远程教育工程实施方案》和有关财务管理的法规和规章，特制定本办法。

第二条 各市、县（市、区）教育、财政部门应根据第二轮农村中小学现代远程教育工程（以下简称农远工程）建设目标，结合本地实际编制农远工程三年规划和年度绩效目标及实施计划。

农远工程年度绩效目标及实施计划应于每年3月30日前报省教育厅、省财政厅。

第三条 专项资金列入各级财政预算。省教育厅按照省级部门预算编制要求编制年度专项资金预算，并按批复的预算组织实施。

市县级财政安排的专项资金，应按照当地部门预算编制要求编制年度专项资金预算。

第四条 农远工程分多媒体教室建设、计算机教室建设、教育教学资源建设、教师培训和远程教育网络平台建设等5个子项目，所需经费由省与市县分担。资源编制、教师培训、网络平台软件（网站）建设经费由省全额承担；计算机教室、多媒体教室、远程教育网络平台硬件建设经费，省按“三类法”补助，即一类地区补助70%，二类地区补助50%，三类地区不补助。

第五条 专项资金应按规定的用途使用。

（一）多媒体教室和计算机教室项目建设经费主要用于硬件设备采购、设备安装、配套软件采购、设备（软件）使用培训等。

（二）教育教学资源项目建设经费主要用于教育教学资源引进、自主开发、征集收购、奖励评比、审定、配送（升级）等。其中教育教学资源自主开发经费包括会务费、讲课费（稿费）、制作费、审定费、差旅费、学生参与开发费用、出版发行和生产相关费用等。

（三）教师培训项目建设经费主要用于远程和集中培训、网络观摩课和学科教研等活动，包括会务费、场地费、资料费、讲课费（教研指导费）、差旅费、节目制作和传输费用等。

（四）远程教育网络平台项目建设经费主要用于远程教育网络平台建设所需的硬件设备采购、设备安装、远程教育软件（网站）采购、管理和使用人员培训等。

上述各项费用的开支标准，已有明确规定的，按有关规定执行；无明确规定的，报财政部门批准后执行。

第六条 每年7月底以前，各市、县（市、区）教育、财政部门根据年度专项资金预算，将市县安排并纳入省集中采购范围的专项资金归集到省教育厅指定账户，由省教育厅统一办理政府采购执行建议书申报、委托等相关事宜。逾期未落实到位配套资金的，取消其当年实施计划。

第七条 农远工程中硬件设备购置、网络平台（软件）建设、资源引进等涉及政府采购的，应当按规定程序实行省级政府（部门）集中采购。

自主资源开发、教师培训（包括网络观摩课组织）等采用省统一组织，市、县、学校共同参与的方式。具体项目实施计划，由省教育厅报省财政厅批准同意后组织实施。

第八条 专项资金采购的硬件设备、网络平台（软件）、引进资源等的配送工作由各中标商承担，配送安装工作完毕后由各市县建设单位负责实施验收，验收合格后出具验收合格单据并报省教育厅。省教育厅根据国库集中支付制度有关规定，凭汇总的验收合格单据支付款项。

专项资金采购的硬件设备、网络平台（软件）等资产的占有权、使用权和日常管理权归建设单位所有。在项目实施完毕后，由省教育厅会同省财政厅统一办理资产（含软件和硬件）调拨手续，建设单位根据调拨资产的类别和金额登记增加单位国有资产，并进行统一管理。

第九条 对项目完成、撤销形成的专项资金净结余，由省教育厅向省财政厅提出专项资金结余安排使用申请，经省财政厅批准后方可使用。未予批准的，由省财政厅收回。

项目当年未完成或者推迟到下年度执行而形成的专项资金结余，可结转下年度使用，但不得自行改变资金用途。

第十条 专项资金的到位和使用等情况，由省财政厅、省教育厅进行全程监督，同时接受审计部门的审计监督，以确保资金专款专用。省财政厅、省教育厅对农远工程实施情况进行不定期检查或抽查，发现移用、挤占、截留设备或没有完成年度工作目标的，视情节轻重停止专项资金补助，并按有关规定追究相关单位及人员的责任。

项目完成后，应按有关规定对项目实施情况组织绩效评价，评价结果作为安排省补助资金的重要依据。

第十一条 各地、各学校要加强管理，确保设备和资源使用效益。每年年末，各市、县(市、区)教育、财政部门要将补助设备和资源实际使用情况报送省财政厅、省教育厅。

第十二条 本办法自发布之日起施行。

省财政厅 省中小企业局
浙江省中小企业扶持资金使用管理办法

(2009年9月2日 浙财企字〔2009〕213号)

第一条 为进一步规范中小企业扶持资金的使用和管理，提高财政资金使用绩效，促进中小企业健康发展，根据《中华人民共和国中小企业促进法》、《浙江省促进中小企业发展条例》和国家有关规定，特制定本办法。

第二条 本办法所称的中小企业扶持资金(以下简称“扶持资金”)是指省财政预算安排的，用于改善中小企业外部发展环境、扶持中小企业创业创新发展的专项资金。

第三条 扶持资金的使用应当有利于促进中小企业的创业创新发展，有利于鼓励中小企业服务体系建设，有利于改善中小企业的外部环境，坚持体现公平、公正、公开原则。

第四条 扶持资金采取补助和奖励相结合的支持方式。对成长型中小企业和小企业创业新星给予奖励；对中小企业服务体系建设项目根据实际支出给予适当的补助。

第五条 扶持资金的使用范围：

(一)支持中小企业创业创新发展。对省中小企业局会同有关部门评价认定的成长型中小企业和小企业创业新星，按照评价认定结果择优给予一定的奖励。

(二)支持中小企业融资服务体系建设。重点对全省性的中小企业融资服务平台项目给予一定的支持，对担保行业自律组织、信用评价机构等单位为中小企业提供优质服务、创新担保业务形式、建立风险防范机制、开展信用征集和评级等服务项目给予一定的补助。

(三)支持中小企业教育培训服务。重点对中小企业创业辅导培训、中小企业经营管理及专业技术人员培训和中小企业服务机构从业人员的培训教育项目给予一定的补助。

(四)支持中小企业公共服务平台建设。重点对依托中小企业集聚园区和小企业创业基地的生产型、科技型公共服务平台建设给予一定的支持，对中小企业服务机构开展中小企业共性技术服务中心建设、中小企业公共信息化建设以及省级中小企业专业协会建设等项目给予一定的补助。

第六条 当年已通过其他渠道获取中央或省级财政资金支持的项目，扶持资金原则上不再予以支持。

第七条 申请扶持资金的企业或单位必须同时具备下列资格、条件：

(一)具有独立的法人资格和相应的资质；

(二)规范的内部规章制度以及健全的组织机构；

(三)经济效益良好，社会效益明显，会计信用、纳税信用和银行信用优良，无违法违纪记录；

(四)按规定定期向财政部门和中小企业主管部门报送财务会计报表；

(五)申报项目须符合扶持资金年度支持方向和重点。

第八条 扶持资金申报程序

(一)每年6月底前由省中小企业局会同省财政厅研究确定年度资金支持重点，联合下发项目申报通知；各市、县(市)中小企业主管部门、财政部门按照要求联合组织项目申报。

(二)项目申报实行属地化管理，项目单位应按照本办法的规定和年度申报通知的要求，对符合条件的项目，由企业、单位按要求向所在地中小企业主管部门和财政部门提出申请。各市、县(市)中小企业主管部门和财政部门要明确职责分工，对项目申请单位报送的材料，进行认真审核汇总后，正式行文联合上报省中小企业局、省财政厅。省属单位由主管部门统一汇总后直接向省中小企业局和省财政厅申报。

第九条 凡符合本办法规定的使用原则和使用范围的企业、单位，均可申请扶持资金补助，申请时一般应提供以下材料：

(一)扶持资金申请文件及项目申请表；

(二)法人执照副本以及相关资质证明复印件；

(三)生产经营情况或业务开展情况，以及申请扶持项目所产生的绩效情况；

(四)具有一定资质的会计师事务所出具的上一年度财务审计报告和项目实施及投入情况的专项审计报告；

(五)申报通知要求提供的其他材料。

第十条 项目评审和资金拨付

(一)对各地上报的项目，由省中小企业局、省财政厅根据各自职责，按照有关规定对项目单位资格条件及相关资料进行初审筛选，并委托中介机构或组织相关技术、财务等方面的专家，依据本办法相关规定和当年扶持资金的支持重点，对申请项目进行评审，共同提出扶持资金补助意见。

（二）对确定的补助项目，省财政厅会同省中小企业局按项目单位财政隶属关系将资金拨付到相关市、县（市）财政局及省级有关单位，各级财政部门和省级相关单位要及时将扶持资金拨到项目单位。项目单位收到扶持资金后，要严格执行国家有关财务制度，进行财务会计处理，并确保项目资金专款专用，充分发挥项目资金使用效益。

第十一条 建立项目定期报告制度。各项目单位要在每年1月底前向当地县级中小企业主管部门报告上年度本单位财政资金使用情况、项目进展情况和存在问题。各地中小企业主管部门在每年2月底前将情况汇总报省中小企业局。

第十二条 健全绩效评价制度。省中小企业局要根据财政资金绩效评价的有关规定，建立健全扶持资金绩效评价制度，切实提高财政资金使用效益。绩效评价情况作为下一年度扶持资金安排的重要依据。

第十三条 加强监督检查和跟踪问效。各级财政和中小企业主管部门要加强对项目执行和资金使用情况的监督检查，督促项目承担单位按时完成申请项目的预期目标和成效。扶持资金必须专款专用，严禁截留、挪用。对弄虚作假骗取财政资金或截留、挪用等违法违规行为，按照《财政违法行为处罚处分条例》（国务院令第427号）等有关法律法规进行查处，并全部追缴拨付资金；对违法使用资金的企业或单位，从次年度开始3年内取消申请专项资金扶持资格。

第十四条 本办法自公布之日起施行。浙江省财政厅、浙江省中小企业局《关于印发〈浙江省中小企业专项扶持资金使用管理暂行办法〉的通知》（浙财农字〔2004〕194号）同时废止。

省财政厅 省商务厅
浙江省保持外贸稳定增长专项资金使用管理办法

（2009年9月18日 浙财企字〔2009〕244号）

第一条 根据财政部、商务部《关于做好保持外贸稳定增长有关资金管理工作的通知》（财企〔2009〕126号）精神，为加强中央保持外贸稳定增长专项资金的使用管理，提高财政资金的使用绩效，推进我省外贸稳定健康发展，特制定本办法。

第二条 专项资金的来源

中央保持外贸稳定增长专项资金（以下简称“专项资金”）由中央财政切块下达，并由省财政厅、省商务厅共同管理、统筹安排。

第三条 专项资金的使用原则

（一）符合中央保持对外贸易稳定增长的有关要求；

（二）符合中央、省产业政策导向；

（三）符合我省外贸发展政策；

（四）符合公开、公平、公正原则；

（五）符合WTO有关规则。

第四条 申报单位应具备的基本条件

（一）在浙江省内（不含宁波市，下同）依法登记注册、具有独立法人资格；依法纳税，具有健全的财务管理制度和良好的财务记录；已取得国家或省有关部门批准（核准或备案）开展对外贸易经济合作业务的各类企业、出口基地、中介组织和其他项目单位；

（二）按规定向各级财政和商务主管部门报送会计报表和统计资料。

对已享受中央和省其他专项资金的项目，不再重复安排资金支持。

第五条 专项资金的支持范围

（一）支持企业开拓除美国、加拿大、欧盟、日本、韩国、港澳之外的新兴市场，支持企业或中介组织到新兴市场国家或地区开展贸易促销活动；

（二）支持企业或行业中介组织建设和完善境外营销及售后服务网络，开展国际标准认证、境外商标注册、境外专利申请等出口品牌培育活动；

（三）支持国家或省里认定的科技兴贸、机电产品、农产品出口基地，机电及高新技术产品、农轻纺产品等行业出口公共服务平台建设；

（四）支持农产品出口企业和行业组织建立农产品质量可追溯体系；

（五）支持国家鼓励发展的重点机电和高新技术行业的共性技术研发。

第六条 支持方式和标准

专项资金采取资助和奖励相结合的方式，具体资助或奖励的标准为：

（一）开拓新兴市场项目。

1. 对企业和中介组织（项目单位）参加省商务厅、省财政厅确定的新兴国家对外贸易展（博）览会，发生的展位费、公共布展费、展品运输费给予70%的资助，其中对省商务厅组织的重点展会给予100%的资助；对参展人员的国际交通费、境外住宿费按不同参展地域给予分档资助，每个摊位支持1人，每家企业重点展会最多支持4人、一般展会2人。

2. 对参加省商务厅、省财政厅确认的在新兴市场开展境外促销活动，发生的国际交通费、境外住宿费给予一定的资助，每家企业最多不超过 2 人费用。

(二)建设境外营销网络项目。

1. 对建设境外营销网络(贸易公司、专业市场、专卖店、贸易展示中心、售后服务机构、仓储物流中心等，下同)发生的前期费用，包括境内企业在项目所在国注册(登记)境外企业(机构)之前，为获得项目而发生的聘请第三方的法律、技术及商务咨询费、规范性文件和标书的翻译费用等；经省商务厅、省财政厅认定的组织贸易展示中心、专业市场前期考察发生的国际交通费、境外住宿费等，具体按实际发生费用的 50%进行资助。每个项目只支持一次。

2. 对建设境外营销网络发生的经营费用，包括营销机构当年度租用办公或营业场地、仓库、专卖店发生的租金及装修费；常驻海外人员的保险费用(每个境外机构仅限 2—3 人)、境外营销广告宣传费用、网络信息管理系统软件开发费或购置费，按实际发生费用的 50%进行资助，每个项目当年最高资助不超过 100 万元。整体营销平台当年最高资助不超过 500 万元。

3. 对海外并购获取营销渠道、知名品牌以及设立研发机构所发生的支出，给予实际投资 30%的资助，最高不超过 200 万元。每个项目只支持一次。

4. 对境外设立营销机构 5 家以上(含 5 家)并正常经营 1 年以上的企业，给予奖励 50 万元。

5. 每家企业累计支持总额不超过对外实际投资额的 50%。

(三)出口品牌培育项目。

对企业开展质量、环境管理体系等国际标准认证所发生的认证费、境外商标注册费、境外专利申请费等，给予 50%资助。单个项目支持上限为 10 万元，每家企业当年最高不超过 30 万元。

(四)公共服务平台建设项目。

对出口基地建设和完善信息服务、认证研发、试验检测、品牌培育、国际孵化器等公共服务平台，汽车及零部件、船舶、机床、能源设备等机电和高新技术产品以及农产品、轻工、纺织品等重点出口领域的行业组织建立研发中心、技术标准制定和认证中心、测试验证中心等公共服务平台，按项目实际投资额给予不超过 50%的资助。单个公共服务平台资助金额，国家级不超过 500 万元，省级不超过 300 万元。

(五)出口农产品质量可追溯体系项目。

对农产品出口企业或行业组织按照良好农业规范(GAP)、危害分析和关键点控制(HACCP)或有机产品等标准及相关要求，建立出口产品溯源和追踪体系(主要包括实验室建设、化学品投入控制、监控检测设备购置、进口生产设备等)给予投资额 50%以内资助，单个项目资助金额不超过 100 万元。

(六)机电和高新技术产品出口企业共性技术研发项目。

对机电和高新技术产品出口企业或行业组织开展共性技术研发，给予研发费用比例不超过 50%、单个项目最高不超过 200 万元的资助。

第七条 申请专项资金所需相关材料

(一) 申请开拓新兴市场、出口品牌培育项目需提供以下材料：

1. 专项资金项目申请报告；

2. 专项资金项目申请表(详见附表 1)；

3. 项目申请单位法人营业执照复印件；

4. 有关费用支出的银行付款凭证、对应发票或收据、用汇核销单等；

5. 申请出口品牌培育的还需提供相关注册证书、合同、境外机构出具的公证、批复文件等复印件；

6. 与项目资金有关的其他材料。

(二)申请建设境外营销网络项目需提供以下材料：

1. 专项资金项目申请报告。包括项目基本情况、项目贷款或费用支出情况、项目预期收益情况分析等；

2. 专项资金项目申请表；

3. 国家批准开展对外投资业务的文件；

4. 项目申请企业上一年度的年度审计报告；

5. 费用支出凭证或付息结算清单(复印件应加盖单位公章)；

6. 驻外使(领)馆经商处出具的书面意见；

7. 与项目有关的其他材料。

(三)申请公共服务平台、农产品质量追溯体系、共性技术研发项目需提供材料：

1. 专项资金项目申请报告；

2. 专项资金项目申请表；

3. 申报单位法人营业执照副本复印件(出口基地须提供成立基地领导小组的文件)；

4. 申请公共服务平台、共性技术研发项目的企业须提供经中介机构审计的申报项目专项审计报告及项目可行性研究报告及论证意见；

5. 项目相关费用支出凭证、对应发票或收据等(已有专项审计报告的可以不提供)；

6. 公共服务平台对外提供无偿或优惠服务、技术交流共享的承诺书，共性技术研发向行业内企业提供无偿或优惠服务的承诺书；

7. 其他与项目有关的材料。

第八条 专项资金的申请和拨付程序

(一)专项资金实行按年度申请、一次性拨付的办法。各市、县(市)外经贸企业在年度内发生的属于专项资金资助范围且具备资助条件的项目，在 10 月 15 日之前向市、县(市)财政部门和商务(外经贸)部门申报，市、县(市)财政部门和商务(外经贸)部门对企业申请项目进行审核汇总后，于 10 月底前联合行文上报省财政厅和省商务厅。省级外经贸企业在年度内发生的属于专项资金资助范围、并具备资助条件的项目，在

10 月底直接向省财政厅和省商务厅申报。逾期不予受理。

(二)专项资金采取网上申报和纸质材料申报同步进行的方式。未进行网上申报的项目不纳入支持范围。申报材料要求完整、清晰,材料不齐的不予支持。

(三)省商务厅负责委托中介机构或专家对申请专项资金资助项目进行全面审核,对重点项目进行现场评审,并根据审核意见,提出项目资助资金的初步意见。

(四)省财政厅负责对项目资助资金进行审定,会同省商务厅将资助资金拨付到省级有关单位和市、县(市)财政部门。

(五)省级有关单位和市、县(市)财政部门收到资助资金后,应及时拨付到项目申请单位,不得截留或挪用。申请单位对资助资金应按现行有关制度规定做好财务会计处理。

第九条 专项资金使用的监督检查

(一)省商务厅和省财政厅共同建立项目监督检查和定期验收制度。省商务厅和省财政厅将对项目的执行和资金使用情况进行跟踪检查,并对重点项目进行定期验收。

(二)申请公共服务平台和共性技术研发专项资金的,在资助资金到位 1 年内向当地商务部门和财政部门报送《机电和高新技术产品出口结构调整项目跟踪问效登记表》(详见附表 2)和项目实施总结材料。市、县(市)商务部门和财政部门在汇总本地区项目实施总结材料的基础上,向省商务厅和省财政厅联合报送资金跟踪问效情况。不执行跟踪问效的企业,今后 3 年内不得申请国家和省有关专项资金。

(三)对于发现违规使用资金的行为,按《财政违法行为处罚处分条例》(国务院令第 427 号)等有关法律法规进行查处,追缴全部已拨付资金;对于违规使用资金的企业,取消其申请专项资金资助的资格。

第十条 本办法从印发之日起执行。

附表:

1. 浙江省保持外贸稳定增长专项资金申请表(略)

2. 机电和高新技术产品出口结构调整项目跟踪问效登记表(略)

省财政厅 省教育厅
浙江省学前教育专项资金使用管理办法

(2009 年 9 月 19 日 浙财教字〔2009〕197 号)

第一条 为推进学前教育发展,提高我省学前教育质量,根据《浙江省人民政府关于进一步加快学前教育发展 全面提升学前教育质量的意见》(浙政发〔2008〕81 号),省财政设立学前教育专项资金。为规范专项资金的使用和管理,提高资金使用效益,特制定本办法。

第二条 本办法所称学前教育专项资金(以下简称专项资金),是指由省财政设立的、面向全省所有学前教育机构的专项补助资金。

自 2009 年至 2012 年,省财政每年安排学前教育专项资金 5000 万元。

第三条 专项资金补助范围为乡镇中心幼儿园建设以奖代补、低收费幼儿园生均教育经费补助、幼儿园升等奖励、幼儿园教师培训。

第四条 专项资金应按规定用途使用。

(一)乡镇中心幼儿园建设以奖代补和幼儿园升等奖励经费,主要用于幼儿园设施改造和玩具教具、图书资料、仪器设备添置;

(二)低收费幼儿园生均教育经费补助,用于幼儿园日常公用经费和人员经费的开支;

(三)幼儿园教师培训补助经费,主要用于与幼儿园教师培训相关的业务费、伙食补助费、资料费和住宿费等开支。

专项资金不得用于与以上项目无关的支出。

第五条 乡镇中心幼儿园建设以奖代补、低收费幼儿园生均教育经费补助、幼儿园升等奖励按以下标准进行奖、补。

(一)乡镇中心幼儿园建设以奖代补。对当年新建或改建完成并经有关部门验收评估达到省三级标准的乡镇中心幼儿园,根据幼儿园的不同规模,给予一定的奖励性补助。补助标准为每班 2 万元(12 班以上规模的幼儿园按 12 班计算,每班人数原则上应不低于 20 人)。

(二)低收费幼儿园生均教育经费补助。对保教费(不含伙食费)在 120 元 / 月及以下的省三级幼儿园和准办园,按上学年末实际在园幼儿数每生每年给予 100 元的教育经费补助。

(三)幼儿园升等奖励。对所有由"准办园"升等为"省三级"的社会力量举办的幼儿园,根据幼儿园的不同规模,给予一定的奖励。奖励标准为每班奖励 0.5 万元(12 班以上规模的幼儿园按 12 班计算,每班人数原则上应不低于 20 人)。各市、县(市、区)等级幼儿园根据《浙江省幼儿园等级评定办法(试行)》转评为同等级的省级幼儿园,不视为晋升等级,专项资金不予奖励。

以上三个项目所需经费由省财政与市县财政分担,分县补助比例见附件 1。

第六条 幼儿园教师培训所需经费由省财政与市县财政分担。省财政根据确定的培训费结算标准、培训人数安排补助经费。

幼儿园教师培训包括幼儿园教师资格证培训、乡镇中心幼儿园骨干教师培训、乡镇中心幼儿园园长培训、幼教教研员或培训者培训。

第七条 市县教育、财政部门和承担培训任务的院校为专项资金申请人。

申请人应于每年9月底前将本辖区内乡镇中心幼儿园建设以奖代补、低收费幼儿园生均教育经费补助、社会力量办园升等奖励、教师培训情况等经费申报材料(见附2、3、4、5、6)报 省教育厅和省财政厅审核。

乡镇中心幼儿园建设以奖代补、低收费幼儿园生均教育经费补助、社会力量办园升等奖励的省财政补助经费,由省财政厅根据标准和经费分担机制下达市县。

幼儿园教师培训补助经费,由省财政厅按当年培训情况结算省补助资金,按培训计划预拨下年度省补助资金。其中,幼儿园教师资格证培训补助资金下达到市县;省级幼儿园骨干教师培训(含园长培训和培训者培训)经费直接下达到承担培训任务的院校。当年实际支出小于预计数的,省财政按实结算补助资金;实际支出大于预计数的,按预计数结算补助资金。

第八条 专项资金补助的玩具教具、图书资料、仪器设备购置、园舍改造及培训服务等项目,符合政府采购条件的,应当由县级有关部门按规定实施政府采购。

幼儿园教师培训机构原则上按自愿、公开、竞争、择优的原则确定。培训承办单位要根据培训计划和任务,勤俭办学。培训承办单位应在每个培训班结束后15天以内,将培训经费结算情况报省教育厅备案,原则上每个培训班培训经费结余额不得超过总额的5%,否则取消以后年度承办幼儿园教师培训的资格。

第九条 学前教育专项资金必须按规定用途使用,任何部门、单位不得截留或挪用。专项资金的使用和管理接受审计部门的审计和社会监督。

第十条 市县财政部门应加强对专项资金使用的管理,确保专款专用,提高资金使用效益。市县教育部门应严格按照《浙江省幼儿园申办审批办法(试行)》和《浙江省幼儿园等级评定办法(试行)》的规定,加强本辖区内幼儿园的管理,建立幼儿园基本情况台账。

第十一条 建立专项资金绩效评价制度。绩效评价由县级以上财政、教育部门组织。省财政厅会同省教育厅将组织力量对各地资金使用情况进行检查和评价,评价结果将作为以后年度安排专项资金的重要依据。对绩效评价中发现的弄虚作假骗取、挪用专项资金等行为,除追缴专项资金、取消以后年度专项资金补助外,根据《财政违法行为处罚处分条例》等有关法律法规依法追究有关单位及个人的法律责任。

第十二条 本办法自发布之日起施行。

附:1.分市县补助比例表

2.乡镇中心幼儿园建设工程奖励补助申请汇总表(略)

3.低收费幼儿园教育经费补助申请汇总表(略)

4.社会力量办园升等奖励申请汇总表(略)

5.幼儿园教师资格证培训补助经费申请表(略)

6.幼儿园教师省级培训经费申请表(略)

附1:

分市县补助比例

泰顺县、松阳县、庆元县、开化县、文成县、景宁县,省财政补助比例为100%;

龙泉市、仙居县、缙云县、常山县、天台县、淳安县、遂昌县、磐安县、云和县、岱山县、洞头县、嵊泗县、江山市、永嘉县、龙游县、苍南县、青田县、武义县、衢州市、丽水市,省财政补助比例为90%;

三门县、安吉县、舟山市、金华市、平阳县、兰溪市,省财政补助比例为80%;

嵊州市、临海市、浦江县、东阳市、桐庐县、建德市、新昌县、临安市,省财政补助比例为60%;

诸暨市、永康市、上虞市、德清县、长兴县、海盐县、富阳市、嘉善县、桐乡市、海宁市、平湖市、玉环县,省财政补助比例为40%;

瑞安市、乐清市、温岭市、义乌市、绍兴县、湖州市、台州市、嘉兴市、温州市、绍兴市、杭州市,省财政补助比例为20%;

宁波市及所属县(市、区),由宁波市解决。

省财政厅 省商务厅
浙江省中小外贸企业融资担保专项资金使用管理操作办法

(2009年9月19日 浙财企字〔2009〕245号)

第一条 为规范中小外贸企业融资担保专项资金的使用管理,提高财政资金使用绩效,支持融资担保机构扩大对中小外贸企业的担保业务,根据财政部、商务部《关于印发〈中小外贸企业融资担保专项资金管理暂行办法〉的通知》(财企〔2009〕160号)规定,特制定本操作办法。

第二条 专项资金来源

中小外贸企业融资担保专项资金(以下简称"专项资金")由中央财政切块下达。

第三条 专项资金的管理使用原则

符合国家和省产业政策导向,坚持公开透明、定向使用、科学管理、加强监督的原则,确保资金的安全和使用效益。

第四条 专项资金的使用对象。专项资金定向用于鼓励开展中小外贸企业融资担保服务的担保机构。

第五条 申请专项资金的担保机构必须同时符合以下资格条件：

（一）在浙江省内（不含宁波市，下同）依法登记注册、具有独立法人资格，市属担保机构实收资本4000万元以上（欠发达地区市属担保机构实收资本3000万元以上），县属担保机构实收资本2000万元以上；

（二）在所在地中小企业工作部门备案且开展担保业务2年以上；

（三）财务管理制度健全，按规定提取、管理和使用各项准备金，及时定期向主管财政部门和相关管理部门报送企业财务报表；

（四）经人民银行杭州中心支行和省中小企业局认定的信用中介机构评级，且信用等级达BBB级（含）以上；

（五）上年度担保贷款总额放大到实收资本的2倍以上，且代偿损失率低于全省上年平均水平；

（六）中小外贸企业融资担保业务额占担保总额的20%以上；

（七）未获得其他中央财政补贴的担保业务，且单户中小外贸企业的担保额不超过注册资本金的10%，绝对额不超过800万元；

（八）依法纳税，银行信用良好，3年内无违法违规经营等不良纪录。

第六条 本操作办法所称中小外贸企业指在浙江省内依法登记注册、具有独立法人资格、上年度或本年度具有出口实绩（海关统计数）的中小企业。中小企业标准按照原国家经贸委、原国家计委、财政部、国家统计局四部门联合制定的《关于印发中小企业标准暂行规定的通知》（国经贸中小企〔2003〕143号）规定执行。

第七条 专项资金的支持方式

（一）鼓励担保机构扩大对中小外贸企业提供融资担保服务，对担保机构开展的中小外贸企业融资担保业务，按照担保额给予一定比例的资助，年最高资助比例不超过2%。

（二）鼓励担保机构提供低费率担保服务，在不提高其他费用标准的前提下，对担保费率低于银行同期贷款基准利率50%的中小外贸企业融资担保业务给予一定奖励，奖励比例不超过银行同期贷款基准利率50%与实际担保费率之差。

（三）支持欠发达地区地方政府出资新设或增资担保机构，开展中小外贸企业融资担保业务，对地方政府新增出资额给予一定比例资助，最高不超过30%。

第八条 申请专项资金所需相关材料

（一）专项资金申请报告；

（二）中小外贸企业融资担保专项资金申请表（附表1）、担保机构中小外贸企业融资担保情况表（附表2）及电子表格；

（三）相关协作银行的中小外贸企业融资担保确认件；

（四）担保机构工商营业执照副本复印件；

（五）担保机构上年度经中介机构审计的财务报告复印件；

（六）具有5名以上执业注册会计师、且近3年来未受到过处罚的会计师事务所出具的专项审计报告，专项审计要求对担保机构提供的中小外贸企业融资担保专项资金申请表中所列各项指标、中小外贸企业融资担保专项资金申请表所列内容逐项审计确认；

（七）与银行签署的担保合作协议书复印件；

（八）欠发达地区地方政府出资新设或增资担保机构合同、章程的复印件、验资报告；

（九）其他相关证明材料。

申请材料要求按顺序装订成册，复印件清晰且要求加盖单位公章，整本材料复印件加盖骑缝章。

第九条 专项资金的申请程序

（一）专项资金实行按季申请拨付的办法。各市、县（市）中小外贸企业融资担保机构在每季度结束后7日内，向市、县（市）财政部门和商务（外经贸）部门申报季度内符合专项资金资助条件的项目，市、县（市）财政部门和商务（外经贸）部门对申请项目进行审核汇总后（格式见附表3），于每季度结束后15日内联合行文上报省财政厅和省商务厅。

（二）担保机构中小外贸企业融资担保情况表和中小外贸企业融资担保情况汇总表等有关申报材料的电子表分别报省财政厅（邮址：shenyanping@czt.zj.cn）和省商务厅（邮址：jinjing@zftec.gov.cn），逾期不予受理。

（三）申报材料要求完整、清晰，材料不齐的不予支持。

第十条 专项资金项目的审核和资金拨付

（一）省商务厅负责对申报项目进行全面审核，并根据审核意见，提出项目资助或奖励资金的初步意见；

（二）省财政厅负责对项目资助或奖励资金进行审定，会同省商务厅将资金及时拨付到各市、县（市）财政部门；

（三）各市、县（市）财政部门收到资助资金后，应立即拨付到担保机构，不得截留或挪用；

（四）担保机构应按现行有关制度规定做好财务会计处理，采取本办法第七条第（一）项、第（二）项支持方式的，担保机构收到的专项资金用于弥补代偿损失；采取本办法第七条第（三）项支持方式的，专项资金作为补偿出资政府的国家资本金投入处理。

第十一条 专项资金的监督检查

（一）省财政厅、省商务厅将不定期对专项资金的使用管理情况进行监督检查；

（二）各级财政、商务（外经贸）部门要加强对专项资金的监督管理，并于每季度结束后一个月内就上季度专项资金的拨付情况、政策实施效果、存在问题及意见建议等形成书面材料，上报省财政厅和省商务厅；

（三）专项资金必须专款专用，任何单位或者个人不得滞留、截留、挤占、挪用专项资金。对以虚报、冒领等手段骗取和滞留、截留、挤占、挪用专项资金的，一经查实，将收回已安排的专项资金，取消今后申请该专项资金的资格，并按照《财政违法行为处罚处分条例》（国务院令第427号）等法律法规的相关规定进行查处。

第十二条 本办法自印发之日起施行。

附表：

1.中小外贸企业融资担保专项资金申请表（略）

2.担保机构中小外贸企业融资担保情况表（略）

3.中小外贸企业融资担保情况汇总表（略）

省财政厅 省环境保护厅
浙江省自然保护区专项资金管理办法

（2009年9月21日 浙财建字〔2009〕192号）

第一条 为提高自然保护区的建设和管理水平，进一步加强和规范自然保护区专项资金（以下简称“专项资金”）的使用管理，根据财政部《自然保护区专项资金使用管理办法》（财建〔2001〕899号）、《浙江省自然保护区管理办法》（省政府令第215号）等有关规定，制定本办法。

第二条 专项资金使用管理的基本原则

按照“合理分配、优化结构，规范管理、务求绩效”的原则，专项资金采用因素法分配给省级以上自然保护区，专项用于自然保护区管护能力的建设。

第三条 专项资金补助对象和范围

专项资金补助对象为国家级和省级自然保护区。

专项资金主要用于以下方面的支出：

（一）基础设施建设及维护，包括保护站点建设、标识系统、瞭望塔、野生动植物保护设施、巡护设施、防火设施等；

（二）野外自然综合考察、本底调查、保护区发展和建设规划及可行性研究编制费用；

（三）珍稀濒危物种保护拯救、生物多样性监测及保护物种的繁殖栽培科研利用；

（四）与保护区的性质、规模相适应的，必要的科研及观察仪器设备购置费用；

（五）自然保护区内退化或受自然灾害影响，确需人工辅助的生态恢复工程的费用；

（六）自然生态保护宣传教育费用；

（七）已获得中央财政专项资金补助项目的配套资金。

专项资金不得用于自然保护区人员经费和办公开支、楼堂馆所建设以及生态旅游等项目的支出。

第四条 专项资金分配方法

（一）指标设置。按照自然保护区的管护面积、评估等级、资金使用绩效和级差系数等因素设置相关指标。

1.管护面积：自然保护区总面积和核心区占总面积的比例。

2.评估等级：自然保护区规范化建设和管理水平的考核评估等次。

3.资金使用绩效：上年资金绩效考评结果。

4.级差系数：国家级自然保护区设定系数为1，省级自然保护区设定系数为0.5。

（二）权重分配。

1.管护面积（40%）：包括自然保护区总面积（20%）和核心区占总面积的比例（20%）。

自然保护区总面积（20%）：根据国务院和省政府批复的面积确定补助系数，其中，保护区面积达到或超过10000公顷的，设定系数为1；3000（含）～10000公顷的，设定系数为0.75；3000公顷以下的，设定系数为0.5。

核心区占总面积的比例（20%）：按照批复的核心区面积占保护区总面积的比例确定补助系数，面积达到或超过30%的，设定系数为1；不足30%的，设定系数为0.5。

2.评估等级（40%）：按照年度自然保护区规范化建设考评等次，对考评结果为优秀、良好、及格、不及格的分别设定系数为1、0.75、0.5、0。

3.资金使用绩效（20%）：资金使用符合规定的设定系数为1，存在违规使用的为0。

（三）计算方法。依据管护面积、评估等级、资金使用绩效的权重分值，乘以级差系数得出分配比例，结合当年资金总额确定分配预算指标。具体计算公式如下：

各保护区专项资金分配额＝省专项资金分配总额×［级差系数×（管护面积分值＋评估等级分值＋资金使用绩效分值）］/Σ［级差系数×（管护面积分值＋评估等级分值＋资金使用绩效分值）］

第五条 专项资金预算下达

省财政厅、省环保厅根据上述分配方法，将专项资金预算下达到有关市、县（市）财政局、环保局。相关市、县（市）财政局按照规定程序办理专项资金划拨手续，及时、足额将专项资金拨付给自然保护区管护部门。

第六条 监督管理

（一）各级财政部门会同环保部门要加强对专项资金使用情况的监督和检查，督促自然保护区管护部门严格按规定使用专项资金，并加强财务管理和会计核算，严格控制开支范围和标准，提高资金使用效益。

（二）省财政厅、省环保厅每年对专项资金使用绩效进行评估和考核。若发现有挪用资金、弄虚作假等违规行为或违反本办法规定、绩效不明显的，则按有关规定责令改正；情节严重的，省财政厅将责令项目所在地财政部门停止拨款、收回资金，并按《财政违法行为处罚处分条例》等有关规定给予查处。

（三）专项资金的使用，应自觉接受各级审计和监察部门的监督，对违纪违法行为严格实行责任追究。

第七条 本办法自发布之日起施行。原《浙江省自然保护区专项资金管理暂行办法》（浙财建字〔2008〕205号）同时停止执行。

省财政厅 省环境保护厅
浙江省省级环境保护专项资金管理办法

（2009年9月21日 浙财建字〔2009〕191号）

第一章 总 则

第一条 为加强省级环境保护专项资金使用管理，提高资金使用绩效，促进污染防治和减排，改善环境质量，根据《排污费征收使用管理条例》（国务院令第369号）、财政部、环保部《关于调整中央集中排污费分配方式的通知》（财建〔2008〕726号）、《浙江省排污费征收使用管理办法》（省政府令第195号）及其他有关规定，制定本办法。

第二条 省级环境保护专项资金（以下简称专项资金）是指由省环境保护行政主管部门依法征收的排污费和市、县（市、区）环境保护行政主管部门按依法征收的排污费总额的10%上缴省级国库部分所构成，纳入省级财政预算管理，专项用于污染防治、污染减排和环境保护的资金。

第三条 专项资金按照合理分配、优化结构、公开透明和对经济欠发达地区适当照顾的原则，实行因素法、系数法和项目法相结合的分配办法。市县部分专项资金主要按因素法、系数法分配，省级部分专项资金主要按项目法分配。同时，为进一步推进全省环保科技工作，每年从专项资金中统筹部分资金按项目法分配，用于各市、县（市）申报的环保科技应用类项目。

第二章 专项资金补助范围和原则

第四条 专项资金主要安排用于：

（一）重点污染源治理项目。支持重点排污企业采用先进工艺和技术治理污染源，推行清洁生产，实施污染物从产生到排放的全过程控制，大力削减污染物排放总量，实现全面稳定达标。

（二）区域性污染防治项目。支持重点流域、区域实施环境综合整治和污染集中控制，避免和减少跨行政区域污染，遏制环境恶化，改善环境质量。

（三）污染防治新技术、新工艺的推广应用项目。支持污染物去除率高、处理成本低的污染防治新技术、新工艺的研究开发及推广应用。

（四）具有示范意义的省级环境污染治理示范工程、循环经济示范项目，以及工业集中式污水处理厂的污泥无害化处理处置设施建设项目。

（五）省政府确定的其他重点污染防治、污染减排、环境保护措施项目。

第五条 专项资金不支持以下项目：

（一）不符合国家和省的有关产业政策要求，明令淘汰或禁止的项目。

（二）属于新建项目配套的污染治理设施建设项目（即“三同时”项目）。

（三）城镇污水处理厂及其配套污水管网、污泥处置，以及生活垃圾处置场等城市基础设施建设项目。

（四）用于项目单位人员经费支出或楼堂馆所建设，以及城乡环境绿化、环境卫生等与污染防治无关的其他项目。

第六条 对按因素法、系数法分配的市县部分专项资金，由省财政厅会同省环保厅按照各市、县（市、区）上年度上缴排污费金额、主要污染物削减量、环境质量状况等因素以及省级专项转移支付系数，将专项资金预算下达到各地；省财政厅和省环保厅不再另行组织项目申报。

第七条 按项目法分配的专项资金，省级部分由省属企业按照《指南》要求提出项目申请，由当地财政、环保部门或由其省级主管部门初审后，向省财政厅和省环保厅申报；环保科技应用类项目，由各市、县（市）财政、环保部门按照《指南》要求组织项目申报。省财政厅会同省环保厅组织对申报项目进行审核、筛选，必要时可组织联合调研和专家评审论证，根据审核意见确定补助项目并下达资金预算。

项目申报截止时间原则上为每年8月底，逾期不予受理。

第三章 专项资金预算下达和使用

第八条 省财政厅会同省环保厅根据上述专项资金分配办法，将专项资金预算下达到各市、县（市）财政部门。对按因素法、系数法分配到各市县的专项资金，由当地财政部门会用环保部门根据专项资金补助范围和原则、年度支持重点和预算指标，提出具体项目分配方案，并于省级预算下达后2个月内报省财政厅和省环保厅备案。

第九条 各地财政、环保和省级有关部门要根据年度分配方案，及时将补助资金拨付给项目单位，并督促项目单位抓紧项目建设，认真落实配套资金，确保项目按进度实施。

第十条 项目单位应严格按照国家和省有关财务制度规

定使用专项资金,并加强财务管理和会计核算,严格控制开支范围和标准,提高资金使用效益。

第四章 监督管理

第十一条 专项资金的使用应接受财政、环保、审计部门的监督和检查。各市、县(市、区)财政、环保部门要加强对专项资金使用情况和项目执行情况的监督检查,督促项目单位严格按规定使用专项资金,实行专款专用,严禁截留、挪用或转作他用,确保项目建设进度。各地应在每年6月底前将上年度专项资金安排使用和补助项目建设进度等情况,报省财政厅和省环保厅。

第十二条 省财政厅、省环保厅将不定期对专项资金的使用情况进行监督检查,并在项目完成后视情况进行绩效评价。对违反本办法规定的,将督促有关单位限期整改;情节严重的,省财政厅将责令项目所在地财政部门停止拨款和收回专项资金,扣减或取消下一年度专项补助资金,并依照有关法律、法规的规定进行查处。

第五章 附 则

第十三条 本办法自发文之日起执行。原《浙江省省级环境保护专项资金管理暂行办法》(浙财建字〔2004〕95号)同时停止执行。

省财政厅 省中小企业局 省发展改革委 省金融办 人行杭州中心支行 浙江银监局 浙江省小企业贷款风险补偿办法

(2009年10月30日 浙财外金字〔2009〕52号)

第一章 总 则

第一条 为充分发挥财政资金的导向作用,积极鼓励银行业金融机构加大对小企业信贷支持力度,有效缓解小企业融资困难,促进我省经济持续、稳定、较快发展,特制定本办法。

第二条 小企业贷款风险补偿资金(以下简称"风险补偿资金")是鼓励和促进银行业金融机构增加小企业贷款的政府引导性专项扶持资金。

第三条 本办法所称的小企业,是指在本省境内依法设立的,上年销售(营业)收入在500万元以下,且金融机构贷款余额在200万元以下的生产型、科技型和从事现代服务业(包括现代商贸业、现代物流业、信息服务业、科技服务业、商务服务业、文化服务业和社区服务业)的企业。

第四条 省财政厅、省中小企业局、省发改委是风险补偿资金的业务主管部门,共同负责风险补偿资金使用的指导、管理和监督。省中小企业局和省发改委共同负责风险补偿资金的业务指导;省财政厅负责年度风险补偿资金的预算管理,并负责资金拨付;人行杭州中心支行、浙江银监局、省金融办等部门负责做好风险补偿的审核工作。

省中小企业局和省发改委会同省财政厅共同确定风险补偿资金的具体支持方式和使用范围,并提出年度使用计划,报省政府办公厅批准。

第五条 风险补偿资金的使用,应当符合国家宏观经济政策、产业政策和区域发展政策,坚持公开、公平、公正的原则,确保风险补偿资金规范、安全和高效使用。

第二章 风险补偿资金的来源

第六条 风险补偿资金的来源:

(一)省级财政预算安排的中小企业专项扶持资金和服务业发展引导资金;

(二)市、县(市、区)配套的财政资金。

第七条 市、县(市、区)财政资金与省级专项扶持资金实行自愿配套的原则,省和市、县(市、区)资金配套比例一般为5:5,其中欠发达市、县(市、区)为7:3。

第八条 市、县(市、区)财政自愿出资配套的,应于当年9月底前向省财政厅和省中小企业局、省发改委出具自愿出资配套承诺书,明确同意实施风险补偿的相关银行业金融机构以及地方最高配套出资金额,同时将上年度银行业金融机构对小企业的贷款实绩和本年度贷款计划上报备案。

省中小企业局、省发改委会同省财政厅根据配套出资的市、县(市、区)小企业贷款实绩,确定省财政和市、县(市、区)财政配套出资的风险补偿资金数额,共同组成该市、县(市、区)风险补偿资金总额。

第三章 风险补偿资金的标准和使用范围

第九条 银行业金融机构风险补偿标准,以上一年度该市、县(市、区)的小企业贷款月均余额为基数,按小企业贷款比上年净增额的0.5%予以补偿。小型服务业企业贷款风险补偿在小企业贷款风险补偿标准的基础上再提高0.3个百分点。

第十条 风险补偿资金主要用于补偿银行业金融机构新增小企业贷款产生的风险。

第十一条 省级财政对小企业贷款增加较多、风险控制较好的银行业金融机构给予适当的奖励。

第四章 风险补偿资金的管理和监督

第十二条 配套出资的市、县(市、区)的有关银行业金融机构应根据本办法要求，于次年2月底前将相关申请资料报当地经贸（中小企业）、发改、财政部门。当地经贸（中小企业）、发改、财政等部门联合当地人行、银监、金融办等有关部门，对银行业金融机构当年新增小企业贷款实绩进行审核，并于3月31日前报省财政厅、省中小企业局和省发改委。省财政厅、省中小企业局、省发改委联合人行杭州中心支行、浙江银监局、省金融办等部门共同对各地上报的银行业金融机构新增贷款情况进行审核。

第十三条 省级风险补偿资金由省财政厅拨付给经办银行业金融机构所在地财政部门。各地财政部门应及时将省级及本级配套的风险补偿资金一并拨付给经办银行业金融机构。配套资金不到位的市、县（市、区），将不再纳入下一年度的风险补偿范围。

第十四条 银行业金融机构应根据本办法所指的小企业的实际状况，单独建立符合小企业贷款业务特点的信贷管理制度、业绩考核和奖惩机制，积极创新产品和服务，简化信贷流程，提高贷款发放效率。

第十五条 风险补偿资金必须专款专用。对弄虚作假、挪用资金等违法行为，按《财政违法行为处罚处分条例》等国家有关法律法规进行查处，并将已拨付的风险补偿资金全额收回上缴省财政。

第五章 附 则

第十六条 根据省政府办公厅《关于促进小额贷款公司健康发展的若干意见》（浙政办发〔2009〕71号）精神，各县级政府参照本办法精神，对小额贷款公司涉农贷款、弱势群体创业贷款和其他领域的小额贷款实施风险补偿，补偿比例可控制在0.5%左右。省财政根据省金融办组织的小额贷款公司年度考评结果和各地对小额贷款公司风险补偿情况，通过转移支付的方式给予县级财政适当的补助。

第十七条 本办法自发文之日起实施。

省财政厅
浙江省外来务工人员子女教育专项资金管理办法

（2009年11月6日 浙财教字〔2009〕244号）

第一条 为贯彻《中华人民共和国义务教育法》，落实国务院办公厅《关于进一步做好进城民工就业子女教育工作意见的通知》提出的解决进城务工农民子女接受义务教育“以流入地政府管理为主，以公办中小学接纳为主”（两为主）政策，推动我省外来务工人员子女教育工作健康发展，省财政设立外来务工人员子女教育专项资金（以下简称专项资金）。为规范专项资金管理，特制定本办法。

第二条 专项资金向接收外来务工人员子女较多、条件薄弱的公办学校倾斜。对接收外来务工人员子女较多的民办学校，给予一定的支持。

第三条 专项资金专项用于接受外来务工人员子女教育的学校改善办学条件，主要用于学校基础设施改造、教学设备购置，不得用于人员开支、学校运转、归还债务等支出。

第四条 专项资金实行项目管理，专款专用。

第五条 申请专项资金补助的学校必须符合下列条件：

（一）经县级及以上教育部门批准设立的义务教育学校；

（二）学校在校生中，外来务工人员子女占10%以上；

（三）以往年度省财政安排的各类教育财政专项资金使用、管理规范，能及时完成项目建设并按要求报送专项资金使用情况；

（四）财务管理规范。

第六条 专项资金的申请

（一）专项资金申报时间为每年6月。凡符合本办法第五条规定的学校，均可按照本办法申报专项资金补助。

（二）学校申报的项目应有明确的建设内容、项目预算、建设期限。

（三）市县财政部门对学校的专项资金申请审核后，在规定时间内通过“教科文信息管理平台”报省财政厅。

第七条 省财政厅根据年度专项资金预算、各地外来务工人员子女入学人数和项目申报情况，审核确定专项资金资助的项目和项目预算。

外来务工人员子女入学人数，以通过“教科文信息管理平台”上报的上年末各地外来务工人员子女就学生数为准。

第八条 外来务工人员子女教育专项资金安排的教学设备购置类支出，实行政府采购；基础设施改造类支出，按照相关规定实行招投标管理。

第九条 建立奖惩制度和项目管理责任追究制度。对严格按照规定管理使用资金、项目建设组织实施得力、成效显著的市县，省财政厅在下一年安排专项资金时给予奖励。对因工作不力、管理不严造成国有资产流失以及出现挤占、挪用、滞留专项资金等其他重要责任事故的行为，将按照规定追究有关人员的责任，并视情节轻重缓拨、减拨、停拨直至追回专项资金。

第十条 本办法自发布之日起实施。

省财政厅 省商务厅
浙江省实施“走出去”战略专项资金使用管理办法

(2009年11月10日 浙财企字〔2009〕296号)

第一条 为加强浙江省实施“走出去”战略专项资金(以下简称“专项资金”)的使用管理,提高财政资金的使用绩效,进一步贯彻实施“走出去”战略,鼓励和引导企业开展对外经济技术合作业务,推进国际化经营,特制定本办法。

第二条 专项资金的来源

专项资金每年根据省政府批准的年度外经贸促进政策,从省级外贸出口发展基金中统筹安排。

第三条 申请专项资金的单位应具备的基本条件

(一)在浙江省内(不含宁波市,下同)依法登记注册,具有独立法人资格;依法纳税,具有健全的财务管理制度和良好的财务记录;已取得国家或省有关部门批准(核准或备案)开展对外经济技术合作业务资格的各类外经贸企业、中介组织和其他项目承办单位。

(二)按规定向各级财政和商务(外经贸)主管部门报送会计报表和统计资料。

第四条 专项资金资助或奖励的范围

(一) 支持企业到境外投资,设立生产加工企业、营销网络、研发机构和境外经济贸易合作区(工业园),开展境外农、林、渔和矿业等合作开发;

(二)支持企业承揽境外工程承包、设计咨询业务;

(三)支持企业参与和承接国家对外援助项目;

(四)支持企业开展对外劳务合作(外派劳务、境外就业);

(五) 支持对外投资、经济合作事业发展的公共服务项目。

第五条 专项资金资助或奖励的内容及标准

(一)境外投资项目

1. 对企业开展境外投资发生的前期费用,包括境内企业在项目所在国注册(登记)境外企业(机构)之前,为获得项目而发生的聘请第三方的法律、技术及商务咨询费,项目可行性研究报告编制费、规范性文件和标书等资料的购买及翻译费用等给予一定的资助;参加经省商务厅、省财政厅认定的前期考察发生的国际交通费、境外住宿费按不同地域给予分档资助,前期考察每家企业最多资助2人。每个项目只资助一次。

2. 对在境外投资开展生产加工、资源开发和经济贸易合作区(工业园)建设的企业,当年度累计投资100万美元以上的给予一定资助,最高不超过100万元。

3. 对企业在境外设立营销网络(贸易机构、专卖店、贸易展示中心、售后服务机构、仓储物流中心等)发生的经营费用,包括当年度租用办公或营业场地、仓库、专卖店发生的租金及装修费,常驻海外人员的保险费用(每个境外机构仅限2～3人),境外营销广告宣传费用,网络信息管理软件开发费或购置费,按最高不超过实际发生费用的50%给予资助,每个项目当年资助最高不超过100万元。整体营销平台当年最高资助不超过500万元,资助时间最长不超过3年。

4. 对企业海外并购获取营销渠道、知名品牌以及设立研发机构所发生的支出,给予不超过实际投资30%的资助,最高不超过200万元。对企业境外技术研发机构,获得专利技术的注册费给予一定资助。每个项目只资助一次。

5. 对年自营出口规模2000万美元以上的企业在境外设立营销机构5家以上(含5家)并正常经营1年以上的,奖励50万元;对年自营出口规模1000万美元以上的企业在境外设立营销机构3家以上(含3家)并正常经营1年以上的,奖励30万元。

6. 对企业在境外设立商品专业市场,经营规模在400平方米、经营户20家以上的给予一定资助,最高不超过50万元。

7. 对境外经济贸易合作园区建设企业引资入区浙江企业每增加1家一次性给予一定奖励。

8. 对企业开展境外渔业合作业务,当年完成营业额在1000万美元以上的给予一定奖励,最高不超过50万元。

9. 对中方购买入渔费支出50万美元以上的,按照一定比例进行资助,最高不超过40万元。

10. 每家企业累计资助总额不超过对外实际投资额的50%。

(二)境外工程承包项目

1. 对企业开展境外工程承包项目,前期考察发生的国际交通费、境外住宿费等,按最高不超过实际发生费用的50%给予资助,每家企业最多资助2人。每个项目只资助一次。

2. 对企业承揽境外工程承包业务过程中发生的项目投标保函、履约保函和预付款保函等所发生的手续费,按最高不超过当年实际支付费用的30%给予资助。

3. 对企业为在境外开展工程承包,前期垫资在年度内实际发生的国内银行贷款利息支出,按最高不超过实际支付利息的50%给予资助。实际利率超过中国人民银行公布执行的基准利率的,利息按基准利率核定,贴息时间最长不超过1年。

4. 对企业在境外开展工程承包,当年完成境外承包工程营业额在300万美元以上的给予一定奖励，最高不超过80万元。

5.对企业开展境外项目设计咨询服务，当年完成营业额在10万美元以上的给予一定奖励，最高不超过30万元。

6.对企业参加商务部、省商务厅组织的境内外工程展发生的摊位费给予一定的资助。

（三）对外援助项目

1.对承接国家物资援助项目的企业（单位），项目合同金额1000万元及以下的给予资助5万元，合同金额1000万元以上的资助10万元。

2.对参与国家成套项目投（议）标的企业（单位），每参与一个项目资助2万元。中标项目实施后，合同额1000万元及以下的项目资助15万元，1000万元以上的项目资助30万元。

3.对参加国家农业技术合作项目投（议）标的企业（单位），每参加1个项目奖励2万元。中标项目实施后，每执行一个项目奖励10万元。

（四）境外劳务合作项目

1.对在境外开展对外经济技术合作业务的企业为其在外工作的中方人员，向保险机构投保的人身意外伤害保险费用，按最高不超过实际保费支出的50%给予资助，每人最高保险金额不超过50万元。

2.对经省商务厅批准设立的对外劳务培训基地，一次性给予一定资助，并根据年培训外派劳务人员规模，按最高不超过每人300元标准给予资助。

（五）公共服务项目

1.对省商务厅组织的境外投资项目洽谈、对接等专项活动，发生的场租费、宣传费等给予全额资助。对企业参加专项活动发生的国际交通费、境外住宿费给予一定的资助，每家企业最多资助2人。

2.对企业根据省商务厅要求派遣工作人员赴境外处置纠纷和突发事件的国际交通费、境外食宿费等给予全额资助。

（六）省政府批准的当年度外经贸促进政策其他资助项目，具体资助内容和标准根据情况另行确定。

（七）上述资助项目中，凡已享受中央和省有关资金资助的项目不再重复安排。

第六条 申报专项资金应递交的材料

（一）专项资金申请报告；

（二）项目申请表（表式附后）；

（三）申请单位法人营业执照副本复印件；

（四）国家或省有关部门批准（核准或备案）开展对外经济技术合作业务的文件复印件；

（五）申请单位上一年度经过审计的财务会计报告；

（六）项目实施的有关证明材料（项目合同、任务批件等）；

（七）费用支出的银行付款凭证、对应发票或收据、用汇核销单等；

（八）我国驻当地使领馆经商参处（室）的证明文书；

（九）年度申报通知要求提供的其他材料。

第七条 专项资金的申请和拨付程序

（一）专项资金实行年度一次申请拨付的办法。各市、县（市）外经贸企业、中介组织、项目承办单位将年度内发生的属于专项资金资助或奖励范围、并具备资助或奖励条件的项目的有关资料，于次年1月底前报送市、县（市）财政部门和商务（外经贸）部门；市、县（市）财政部门和商务（外经贸）部门对申请项目进行初审后，于次年2月底前联合行文上报省财政厅和省商务厅。省级外经贸企业、中介组织和项目承办单位将年度内发生的属于专项资金资助或奖励范围、并具备资助或奖励条件的项目，于次年1月底前直接向省财政厅和省商务厅申请。逾期或材料不齐的不予受理。

（二）省商务厅负责委托中介机构对申请项目进行全面审核，并根据中介机构审核意见，研究提出项目资助或奖励资金的初步意见。

（三）省财政厅负责对申请项目资助或奖励资金进行审定，并根据年度资金使用计划，会同省商务厅将资助资金及时拨付到省级有关企业、单位和市、县（市）财政部门。

（四）省级有关企业、单位和市、县（市）财政部门收到资助或奖励资金后，应及时拨付到项目申请企业、单位，不得截留或挪用。申请企业及单位对资助资金应按现行有关财务会计制度规定做好财务处理。

第八条 专项资金使用的监督检查

（ ）省商务厅和省财政厅将建立监督检查制度，对项目的执行和资金使用情况进行跟踪检查，必要时将委托中介机构进行专项检查。

（二）各级财政、商务（外经贸）部门要建立健全专项资金项目的监督检查和跟踪问效制度，对发现的问题要及时纠正，并向省财政厅、省商务厅报告。

（三）对于发现的骗取、挪用专项资金的行为，将按《财政违法行为处罚处分条例》（国务院令第427号）等有关法律法规进行查处，追缴全部已拨付的资金；对于违规骗取资金的企业，取消其申请专项资金资助的资格。

第九条 附则

本办法自发布之日起实施。省财政厅、原省外经贸厅《关于印发浙江省对发展中国家投资贸易专项资金使用管理暂行办法的通知》（浙财企字〔2005〕9号）和《关于印发浙江省实施“走出去”战略专项资金使用管理办法的通知》（浙财企字〔2005〕164号）同时停止执行。

附表：浙江省实施“走出去”战略专项资金申请表（略）

省财政厅 省教育厅
浙江省高校“重中之重学科”建设资金使用管理办法

(2009年12月1日 浙财教字〔2009〕266号)

第一条 为进一步加快高校重点学科建设步伐,提高高校科技创新能力,提升我省高等教育综合实力,促进我省经济社会发展,设立浙江省高校“重中之重学科”建设资金。为规范资金的管理,提高资金使用效益,特制定本办法。

第二条 “重中之重学科”建设的目标是建设一批具有较高知识创新和科技创新能力,能承担国家和省重大科技项目的重点学科;培养和集聚一批国内外有较大影响的带头人,形成高素质、高水平的优秀学科梯队;形成一批在学科领域内重大标志性的科研成果,促进科研成果转化,提升我省产业水平,成为我省高层次人才培养、高科技成果转化的中心和基地。“重中之重学科”建设,要突出与我省经济的关联度,突出学科综合与交叉,强调学科已有的优势和特色,强调与高层次人才培养相结合,强调科技创新和制度创新。

第三条 “重中之重学科”建设资金的来源

(一)省财政安排;

(二)学校自筹;

(三)市县财政安排;

(四)其他部门或企业投入。

第四条 “重中之重学科”建设资金的使用范围

(一)实验室建设:用于实验室改造,仪器设备购置、维护,图书资料征订等;

(二)队伍建设:用于高层次人才引进和人才梯队的培养;

(三)开放基金:用于围绕本学科前沿领域,面向国内外开展前瞻性学术研究;

(四)学术交流:用于国际合作交流、承办学术会议。

第五条 “重中之重学科”建设资金的分配原则

(一)集中投入的原则。围绕提高我省高校重点学科水平的目标重点投入。

(二)公平公开的原则。引入竞争机制,鼓励学校竞争。

(三)讲求效益的原则。建立相应的绩效考评机制和奖惩制度。对项目进行绩效考核,上一期的执行情况作为资金分配的因素。

第六条 “重中之重学科”建设资金的使用要求

(一)省级财政专项资金用于实验室建设的经费不低于70%,其中用于实验室改造的经费不超过35%;用于队伍建设的经费不超过20%;用于开放基金的经费不超过5%;用于学术交流的经费不超过5%。

学校自筹及其他渠道投入的资金,可根据实际需要确定用途。

(二)“重中之重学科”建设资金必须专款专用,不得用于支付罚款、捐款、还贷、出借、赞助、对外投资以及其他与项目无关的开支。学校要加强对建设资金的管理,并实行单独核算。

(三)建设项目因故终止的,必须对账目、资产等进行清理,剩余经费按原渠道归还。

(四)因不可抗力因素造成课题研究目标、重大技术路线或主要研究内容发生重大调整对建设经费使用造成较大影响时,可以对经费使用进行调整,但必须按申报程序上报审批。

第七条 “重中之重学科”建设资金的申报与确定

(一)“重中之重学科”申报建设单位,应按照《浙江省省级部门项目支出预算管理暂行办法》的要求和“重中之重学科”建设资金使用范围,向省教育厅提交书面申请报告,说明项目具体内容、详细的经费预算和分年度实施计划等情况,并填写《浙江省高校重中之重学科建设方案》和《浙江省高校重中之重学科建设经费预算》(格式另行制定)。

(二)省教育厅和省财政厅组织专家对申报单位报送的“重中之重学科”建设申报材料及经费预算进行评审,提出评审意见。对专家组评审意见进行审核后,由省教育厅、省财政厅联合确定“重中之重学科”建设方案和补助金额。

(三)省教育厅、省财政厅代表省政府与项目单位签订《“重中之重学科”建设任务书》,作为财政预算管理和建设单位执行依据。

第八条 “重中之重学科”建设资金的预算管理

(一)“重中之重学科”建设资金,根据建设单位隶属关系由同级财政部门管理。省属高校的“重中之重学科”建设资金由省财政厅进行管理;非省属高校的“重中之重学科”建设资金由市县财政部门参照本办法的规定管理。

(二)“重中之重学科”建设单位,应按同级财政部门编制部门预算的规定,将“重中之重学科”分年建设经费纳入年度部门预算。

(三)高校与附属单位共同建设或不相隶属单位合作建设的“重中之重学科”,由附属单位或合作单位分别编报年度预算。

省财政补助资金,均编入高校年度预算。

(四)省属高校“重中之重学科”建设资金实行国库集中支付。无法实行国库集中支付的,暂通过资金专户进行管理。

第九条 合作建设“重中之重学科”资产的管理

高校与附属单位共同建设或不相隶属单位合作建设的“重中之重学科”,在建设过程中形成的仪器设备等国有资产,按照“谁出资，谁占有”的原则进行管理。

第十条 “重中之重学科”建设单位要严格按照经批准的项目建设规划和分年度实施计划落实自筹资金，进行建设。要建立健全内部控制制度，加强对建设资金的管理。

第十一条 建立项目进退机制和专项资金使用管理的责任追究制度。在建设目标不变的情况下，按程序报经批准可根据实际情况调整年度项目实施计划和当年建设经费预算。省教育厅和省财政厅将组织对“重中之重学科”建设情况和专项资金的使用情况进行专项检查。建设资金使用年度考核不合格的，限期纠正；建设资金使用年度考核连续两年不合格的，取消建设资格。

第十二条 建立“重中之重学科”建设实施情况报告和绩效评价制度。建设单位应根据经批准的学科建设规划和分年度实施计划，按时上报项目实施情况（报告制度另行制定）。在学科建设任务完成后，由省财政厅会同省教育厅组织进行绩效评价。

合作建设的“重中之重学科”，由高校牵头报送项目实施情况。

第十三条 建立激励机制。学校自筹资金建设的未列入省高校“重中之重学科”的学科，如今后列入国家重点实验室、国家重点学科或获得博士学位授予点，省财政给予适当奖励。

第十四条 建设单位违反规定使用、骗取财政专项资金的，按《财政违法行为处罚处分条例》等有关法律法规进行查处，并追究有关人员的责任。

第十五条 本办法由省财政厅、省教育厅负责解释。

第十六条 本办法自发布之日起实施。

省财政厅 省发展改革委 省民政厅 省人力资源社会保障厅 省卫生厅关于完善政府卫生投入政策的意见

（2009年12月22日 浙财社字〔2009〕247号）

各市、县（市、区）财政局、发展改革委、民政局、人事劳动社会保障局（人事局、劳动保障局）、卫生局：

根据中共中央、国务院《关于深化医药卫生体制改革的意见》（中发〔2009〕6号）、国务院《关于印发医药卫生体制改革近期重点实施方案（2009～2011）的通知》（国发〔2009〕12号）、省委、省政府《关于深化医药卫生体制改革的实施意见》（浙委〔2009〕81号）和财政部等五部委《关于完善政府卫生投入政策的意见》（财社〔2009〕66号）等文件精神，现就我省完善政府卫生投入政策提出如下意见。

一、完善政府卫生投入政策的基本原则

（一）明确责任，落实投入。确立政府在提供公共卫生和医疗服务中的主导地位。公共卫生服务主要通过政府投入提供，基本医疗服务由政府、社会和个人三方合理分担费用，特需医疗服务由个人直接付费或通过商业保险支付。政府卫生投入增长幅度要高于经常性财政支出增长幅度，逐步提高政府卫生投入占经常性财政支出的比重和政府卫生投入占卫生总费用的比重，有效减轻居民个人基本医疗卫生费用负担。

（二）划分事权，分级负担。按照省与市、县财政分级管理体制，科学界定政府间卫生具体事权范围，明确省政府和市、县政府的投入责任。市、县政府承担其本级卫生投入主要责任，省政府按照事权责任和基本公共服务均等化要求，建立规范的卫生投入转移支付制度，加大对欠发达地区的转移支付力度，逐步形成职责明确、分级负担、财力与事权相匹配的政府间卫生投入机制。

（三）保障基本，统筹规划。政府投入以支持建立基本医疗卫生制度框架体系为目标，逐步完善公共卫生服务体系、医疗服务体系、医疗保障体系和药品供应保障体系，重点加强基本、基础和基层。优化资源配置，科学制定并严格执行区域卫生规划，统筹安排区域内医疗卫生存量和增量资源，着力加强县、乡两级医疗卫生资源整合，促进城乡医疗卫生事业均衡发展。支持中医药事业发展，鼓励发挥中医药的优势作用。

（四）转变机制，提高绩效。创新政府投入机制，以投入机制创新推动医药卫生各领域各环节管理体制、运行机制、用人机制、分配机制等各项体制机制改革。完善政府投入方式，坚持供方投入和需方投入兼顾、硬件建设和软件建设并举，积极探索实行政府购买服务、直接补助需方等多种财政投入形式。建立财政投入监管制度。逐步实施医疗卫生绩效管理，建立健全科学合理的绩效考评体系，考核结果与政府投入安排相衔接，提高资金效率。

二、明确政府卫生投入的范围、内容和方式

（一）健全公共卫生经费保障机制

1. 公共卫生服务机构补助。疾病预防控制、健康教育、妇幼保健、精神卫生、应急救治、采供血、卫生监督和计划生育等专业公共卫生服务机构的收支纳入同级政府财政预算安排，按规定配置标准所需的基本建设、设备购置等发展建设支出由政府足额安排，人员经费、公用经费和业务经费根据人员编制、经费标准、业务工作完成及考核情况由政府预算全额安排。专业公共卫生服务机构按照规定取得的收入，应上缴财政的要全部按国库集中收付制度规定及时足额上缴国库或财政专户。

2. 基本公共卫生服务项目经费。基本公共卫生服务项目经费由政府按照服务人口数和人均补助标准安排，并根据经

济社会发展水平和基本公共卫生服务需要，合理增加基本公共卫生服务内容，逐步提高人均基本公共卫生服务经费标准。对政府举办的城乡基层医疗卫生机构提供基本公共卫生服务所需项目经费，由政府根据其服务人口、服务半径和服务数量、质量等情况，通过绩效考核后核定。对符合条件的非政府举办的医疗机构承担的基本公共卫生服务，可采取购买服务的方式给予政府补助。

3．重大公共卫生服务项目经费。艾滋病、结核病、地方病等重大疾病防治、国家免疫规划、血液安全、农村妇女住院分娩、重性精神疾病管理治疗、农村改水改厕、免费婚前医学检查、免费孕前优生检测、农村妇女孕前和孕早期补服叶酸、农村妇女宫颈癌和乳腺癌筛查、贫困白内障患者复明等重大公共卫生项目所需资金由政府全额安排。重大公共卫生服务项目由政府根据重大疾病预防控制需要和财力可能确定和调整。

（二）完善医疗卫生机构补助政策

1. 基层医疗卫生机构补助

（1）补助范围。基本药物制度实施后，政府主要负责基层医疗卫生机构开展基本医疗服务和公共卫生服务所必需的建设发展经费、人员经费、公共卫生服务项目经费以及突发公共卫生事件处置任务经费等。建设发展经费主要用于补助基本建设、设备购置、人员培训和人才招聘支出；人员经费主要用于补助政府核定的编制人员工资补助、社会保险单位缴费和事业单位养老保险制度改革前的离退休人员费用支出；公共卫生服务项目经费主要用于补助基层医疗卫生机构承担重大公共卫生任务和基本公共卫生任务的支出。

（2）补偿办法。基本药物制度实施后，基层医疗卫生机构经核定的经常性收入不足以弥补核定的经常性支出的，差额部分由政府列入预算足额安排。基层医疗卫生机构运行成本通过医疗服务收费和政府补助补偿。其中：开展基本医疗服务和公共卫生服务所需经常性支出，由业务收入和财政安排的公共卫生服务项目经费、人员经费等经常性收入补偿；建设发展支出和突发公共卫生事件处置任务支出由政府专项补助。

基本药物制度和绩效工资制度实施后，财政部门对基层医疗卫生机构的经常性收支和建设发展支出，按照不同方式管理。对经常性收支，原则上按照“核定收支、差额补助、总量控制”的方式进行管理；对建设发展支出，按照“核定计划、专项补助、包干使用”的方式进行管理。具体管理办法另行制定。

有条件的地方，可探索对基层医疗卫生机构实行收支两条线管理，基层医疗卫生机构的基本医疗服务等收入全额上缴，开展基本医疗和公共卫生服务所需经常性支出由政府核定并全额安排。

2. 村卫生室补助

对符合设置规划的村卫生室，政府在建设初期给予一次性补助。基本药物制度实施后，政府采取定额补助的办法安排村卫生室运行补助，主要用于补偿其开展基本医疗服务所需人力成本等支出。村卫生室承担公共卫生服务任务所需支出，由基本公共卫生服务项目经费中按规定标准安排。

3. 公立医院补助

在推进公立医院改革的同时，合理安排政府对公立医院投入，主要用于基本建设和设备购置、扶持重点学科发展、事业单位养老保险单位缴费补助、政策性亏损补贴和承担的公共卫生服务任务补助等方面。

在事业单位养老保险制度改革前，公立医院符合国家规定的离退休人员费用，由财政根据国家有关规定核定补助。

4. 鼓励社会力量举办医疗卫生机构

政府在保持公立医疗卫生机构适度规模的同时，要在平等、公开、规范、有序的基础上，鼓励和引导社会资本参与部分公立医疗卫生机构的重组改制或者直接举办医疗卫生机构，为不同层次的患者提供更多的选择空间。对于社会力量举办的医疗卫生机构，除了按规定享受相应的税收优惠政策，承担政府公共卫生服务任务可以按照规定获得政府补偿外，政府还可以在房屋建设、设备购置以及人员培养等方面给予一定的扶持。

（三）落实基本医疗保障补助政策

建立与经济发展水平相协调的基本医疗保障筹资增长机制，落实政府对新型农村合作医疗和城镇居民基本医疗保险的补助政策，逐步提高筹资水平和政府补助标准。机关事业单位职工参加城镇职工基本医疗保险以及落实国家公务员医疗补助政策所需资金，由各级政府按照有关规定予以安排。完善城乡医疗救助制度，加大财政投入，逐步提高救助水平。医疗保障经办机构所需必要的工作经费，由同级政府预算安排。

（四）建立医疗卫生人才培养培训投入机制

根据医疗卫生发展要求，科学制定区域内人才培养培训规划，并实行滚动管理和实施。政府统筹安排区域内医疗卫生人才专项经费，重点用于县及县以下基层医疗卫生机构投入。

（五）支持建立药品供应保障体系和医药卫生科技进步

支持国家基本药物目录的制定修订和食品、药品、医疗器械标准的建立和完善。加大食品和药品监督管理能力建设投入，支持食品安全和药品安全突发事件和重大事故应急处置工作。

加大医学教育和医学科研投入，推进医学教育和医药卫生科技进步。

三、合理划分各级政府之间的卫生投入责任

合理划分省和市、县公共卫生支出责任。各级专业公共卫生机构所需发展建设支出和日常运转所需经常性支出，主要由同级政府负担，省政府对困难地区公共卫生机构的基本建

设和设备购置给予适当补助。按照基本公共服务均等化的要求，市、县政府要承担建立城乡基本公共卫生服务经费保障机制的主要责任，省政府根据服务人口和绩效考核情况等对困难地区给予适当补助。市、县政府对于辖区内重大传染病预防控制等公共卫生承担主要投入责任，省政府对于跨地区的重大传染疾病预防控制等公共卫生给予补助。纳入国家免疫规划的常规免疫以及国家确定的群体性预防接种和重点人群应急接种所需疫苗和注射器的购置费用由中央政府承担，省及以下人民政府确定的群体性预防接种、应急接种所需疫苗和注射器的购置费用由同级政府承担。市、县政府要结合城乡基本公共卫生服务经费保障机制，切实保障实施国家免疫规划相关冷链系统的建设、运转和预防接种等工作经费，省政府对困难地区给予必要支持。对于重大突发性公共卫生事件所需经费，主要由同级政府投入为主，省政府根据需要给予适当补助。

合理划分各级政府对医疗卫生机构的补助责任。市、县政府承担基层医疗卫生机构投入的主要责任，省政府对基层医疗卫生机构的人员经费、基本建设、设备购置、人员培训和人才招聘等予以补助。公立医院发展建设支出、符合国家规定的离退休人员费用和政策性亏损补贴，由同级政府安排。省政府对欠发达地区公立医院的基本建设和设备购置给予适当补助。

合理划分基本医疗保障制度的补助责任。政府对新型农村合作医疗、城镇居民基本医疗保险和城乡医疗救助的补助资金，由省财政和市、县财政按照省对市县转移支付有关规定分别负担。

合理划分食品药品监督管理机构经费保障责任。市、县食品药品监管机构正常经费和能力建设经费由同级政府负担。省政府对困难地区监管能力建设予以补助。

四、加强对政府卫生投入的管理监督

（一）各级财政、发展改革等部门要按照有关法律法规的规定，认真落实政府卫生投入政策，并结合本地实际制定具体办法，合理安排资金。

（二）政府卫生投入资金应依据合法、科学、公开、公正、规范、透明的原则进行分配，并依法接受人大、审计部门和社会的监督。

（三）各级财政、发展改革、卫生、人力资源和社会保障、民政、中医、药监等部门要加强对政府卫生投入资金使用情况的监督管理。充分发挥会计师事务所等有资质社会中介组织的审计监督作用。建立健全监测评估制度，采取绩效考评等方法，提高资金使用效率。考评结果要及时公开，接受监督。

（四）政府专项补助支出应按照国家关于专项资金管理的有关要求，专款专用。资金支付按照财政国库管理制度有关规定执行，加快项目资金使用进度并对资金流向进行监控。项目所需设备和劳务，根据《中华人民共和国政府采购法》等有关规定实行政府采购。医院重点学科建设项目，应通过公开招标等政府采购方式确定。

（五）有关公立医疗卫生机构、医疗保险机构、药品监督机构新建、改扩建工程建设和限额以上的大中型医疗设备购置项目必须符合区域卫生规划要求，按分级管理原则，经项目主管部门、投资主管部门综合平衡、审批后列入年度基本建设投资计划。严格禁止基层医疗机构的贷款行为，限制公立医疗机构的贷款行为。社会力量举办的非营利性医疗机构的基本建设项目，也要纳入国家基本建设程序管理。

基本建设工程项目要认真贯彻《中华人民共和国招标投标法》，保证招标、投标工作公开、公正。工程项目要严格按照批准的预算规模、标准和内容建设，并按有关规定实施项目建设稽查、审计、竣工验收等制度。有关部门要加强监督，规范管理，建立工程质量责任追究制度。

（六）加强对医疗卫生预算单位的财务监管，监督其严格执行财务会计制度有关规定，确保应缴入财政专户或国库的资金及时应缴尽缴。

（七）对挤占挪用政府补助资金以及未按照国家有关规定使用资金、造成资金损失浪费的单位和个人，按照有关法律法规严肃处理。

省财政厅 省监察厅 人行杭州中心支行关于预算单位公务卡制度改革的实施意见

（2009 年 12 月 30 日 浙财库字〔2009〕23 号）

各市、县（市、区）财政局、监察局、人民银行（宁波不发）：

近年来，按照国务院和中央纪委提出的公务卡制度改革要求，结合全国公务卡改革试点电视电话会议精神，省本级和杭州、宁波、舟山市积极探索公务卡制度改革并取得了成功。为深化国库集中支付制度改革，加强财政监督管理，提高财政资金使用效率，决定在全省预算单位推行公务卡制度改革。现就预算单位公务卡制度改革提出如下实施意见，请结合当地实际认真贯彻落实。

一、公务卡制度改革的必要性

公务卡制度改革是加强公共财政管理，进一步深化国库

集中支付改革的需要，是推进政府管理科学化、精细化的必然要求。推行公务卡制度改革有利于提高预算单位用款效率和财务管理水平；有利于提高政府支出透明度，加强预算执行监督管理；有利于从制度上预防和控制腐败，减少违法违规行为。

二、公务卡制度改革的总体思路

公务卡制度改革的总体思路是坚持公共财政改革方向，以公务卡为媒介，以国库单一账户体系为基础，以国库集中支付管理信息系统为支撑，逐步实现使用公务卡办理公务支出，最大程度地减少单位现金结算支付，规范单位财务管理，强化财政动态监控，健全现代财政国库管理制度。

三、公务卡制度改革的主要内容

公务卡制度改革主要内容是“银行授信额度、个人持卡支付、单位报销还款、财政实时监督”。

（一）公务卡种类

公务卡分单位公务卡（以下简称单位卡）和个人公务卡（以下简称个人卡）两种。单位卡指以单位名义申请的贷记卡。单位卡仅用于本单位同城特约委托收款业务，不得用于消费等其他支出和现金支取。发卡银行应严格按本意见规定，限制开放单位卡除同城特约委托收款业务以外的功能。个人卡是指预算单位工作人员持有的，主要用于日常公务支出和财务报销业务的贷记卡。个人卡以预算单位工作人员个人名义申请开立，也可以用于个人支付结算业务，工作人员作为持卡人并承担相应法律责任。个人卡公务支出不允许提取现金。对个人卡提现行为，视同个人支付行为，单位财务部门不予报销相关费用。

（二）公务卡发卡银行

公务卡的发卡银行（以下简称发卡行）为办理国库集中支付业务的代理银行。预算单位确定代理银行后，要与银行签订公务卡代理服务协议，并报财政部门和当地人民银行备案。

（三）公务卡标准及标记

为保障金融信息安全，加强对公务卡的监控和管理，预算单位公务卡统一使用“6”字开头的银联标准贷记卡。银联浙江分公司与发卡行确定公务卡BIN号编码段，报省财政厅和人行杭州中心支行备案。

公务卡采用全省统一格式、统一标记，各发卡行应按《浙江省公务卡卡面及标记》（见附件）制卡。《浙江省公务卡卡面及标记》电子格式另行下发。

（四）公务卡的信用额度

公务卡的信用额度本着适度、安全的原则，由当地财政部门、人民银行根据本地实际设立最高限额，预算单位根据银行卡管理规定和业务需要，与发卡行协商设定。

（五）公务卡信息安全

公务卡是预算单位工作人员专门使用的信用卡，包含大量的国家工作人员个人信息、公务活动信息及公务消费信息，对国家经济运行、财政金融安全和商业安全具有重要影响。各地在推行改革时务必高度重视，并妥善处理好个人卡私人消费信息，不得公开个人卡的私人消费信息。

四、公务卡制度改革的实施步骤及要求

按照公务卡制度改革的总体目标，我省公务卡制度改革的实施步骤为：2010年前完成省、市两级预算单位的公务卡制度改革，力争2012年前全省预算单位全面实行公务卡制度。

为确保公务卡制度改革顺利进行，应重点抓好以下几个方面的工作：

（一）加强组织领导

推行公务卡制度改革，涉及管理观念、管理方式、管理要求等多方面的调整，面临阻力和矛盾是不可避免的。各级财政部门要积极向当地党委、政府汇报，明确改革的必要性和重要意义，争取各级党委、政府和预算单位领导的重视和支持，以顺利推进改革。各级纪检监察机关要认真贯彻落实十七届中央纪委二次全会要求，积极支持、配合财政部门推行公务卡制度改革，进一步加强监督检查，督促该项改革有序推进，取得实效。

（二）做好协调配合

推行公务卡制度改革是一项系统工程，涉及财政、人行、预算单位、发卡行等多个部门，并受相关政策、受理环境、用卡观念等诸多因素影响。因此，在推进公务卡改革过程中，各级纪委、财政、人民银行一定要各司其职，加强协调，形成合力，共同创造良好的政策环境和工作环境。同时要注意与预算单位、发卡行的沟通协调，在确保财政资金安全的前提下，简化流程，提高服务效率和质量。

（三）加强宣传培训

要通过电视、报刊、网络等传媒有组织、有步骤地宣传公务卡制度改革，逐步转变预算单位工作人员的用卡观念和传统的现金偏好，并带动全社会使用非现金结算方式，为全面推行公务卡改革营造良好的舆论和社会环境。同时，要加大对单位工作人员、财务人员和发卡行工作人员的培训力度，确保各方能熟练掌握公务卡的具体使用方法，为全面推行公务卡改革奠定坚实基础。

（四）落实配套措施

各级财政部门和人民银行要加强政策研究，不断完善公务卡制度，研究相关优惠政策，不断改善公务卡受理环境，推进银行卡受理市场建设，为公务卡的推广应用创造良好的环境。

附件：浙江省公务卡卡面及标记（略）

省财政厅 省水利厅
浙江省小型农田水利设施建设补助专项资金管理实施细则

（2010年1月8日 浙财农字〔2009〕488号）

第一章 总 则

第一条 为加强和规范我省小型农田水利设施建设补助专项资金管理（以下简称小农水专项资金），提高资金使用效益，根据财政部、水利部《中央财政小型农田水利设施建设和国家水土保持重点建设工程补助专项资金使用管理办法》、《中央财政小型农田水利重点县建设管理办法》精神和有关规定，结合我省实际，特制定本细则。

第二条 本细则所称的小农水专项资金是指由中央财政和省财政预算安排的，采用"民办公助"等方式，用于支持农户或联户、农民用水合作组织、村组集体和农民专业合作经济组织自愿开展的小型农田水利设施建设项目的专项资金。

第三条 小农水专项资金重点支持重点县建设和专项工程建设，其分配和安排按照"科学合理，公正规范"的要求，并遵循以下原则：

（一）突出支持现代农业产业，夯实农业增产和农民增收基础；

（二）突出工程设施续建配套改造，发挥工程整体效益；

（三）突出节水灌溉技术的运用和推广，提高农业用水效率和效益；

（四）突出"民办公助"和产权制度改革，推进建管机制体制的完善和创新；

（五）兼顾地区差异，适当向欠发达地区倾斜。

第四条 各级财政、水利部门要建立有效工作机制，明确分工，落实责任。水利部门负责项目建设方案的编制、年度建设任务的确定、项目工程建设的监督管理、建后管护措施的落实；财政部门负责项目补助资金的筹措、分配和监督管理，协调资金的整合，并参与项目建设的监督管理。财政、水利部门共同做好项目绩效评价和项目验收工作。

第二章 资金使用与管理

第五条 各地要按照中央和省委、省政府关于加强农业基础设施的要求，坚持"政府引导、民办公助、以奖代补"等方式，把加大政府投入与鼓励农民投工投劳结合起来，积极引导社会资金投资，逐步建立多元化的小型农田水利设施建设投入机制。

各级财政要切实加大对小型农田水利设施建设的投入，设立小型农田水利设施建设专项资金，逐步扩大资金规模，增加投入。

第六条 各地要按照财政部《关于深入推进支农资金整合工作的指导意见》（财农〔2009〕439号）和省政府办公厅《关于做好财政支农资金整合工作指导意见的通知》（浙政办发〔2006〕127号）要求，切实加大资金整合力度。要以县级农田水利规划为依据，以小农水专项资金为引导，以重点县建设为平台，以提高资金使用效益为目标，按照"渠道不乱、用途不变、优势互补、各记其功、形成合力"的原则，在不改变资金性质和用途的前提下，整合各类涉及农田水利的建设资金，统筹安排，各有侧重和分工，进一步拓宽农田水利建设投入渠道，发挥项目区的整体效益。

第七条 小农水专项资金用于重点县建设的，重点支持现有小型农田水利设施和大中型灌区末级渠系续建、配套、改造，因地制宜建设高效节水灌溉工程和适度新建小型水源工程。小农水专项资金用于支持专项工程建设的，主要解决小型农田水利设施最薄弱的环节，重点支持高效节水灌溉、小型水源建设，以及渠道、机电泵站等其他小型农田水利设施修复、配套和改造。

具体内容包括：容积1～10万立方米山塘整治建设、喷微灌工程和管道灌溉工程、流量小于立方米／秒的大中型灌区末级渠系和小型灌区渠系、装机小于1000千瓦的小型灌排泵（闸）站、流量小于立方米／秒的引水堰闸、控制面积3万亩以下的排水沟渠等。

第八条 小农水专项资金使用范围主要包括项目建设材料费、工程设备费、施工机械作业费、项目管理费。其中项目管理费从中央财政安排的小农水专项资金中按不超过1%的比例列支，主要用于重点县和专项工程项目的论证审查、规划编制、工程设计、技术咨询和信息服务支出，不得用于人员补贴、购置交通工具、会议费等支出。项目管理费不足部分由地方另行解决。

第九条 省以上资金对重点县建设和专项工程建设实行不同的资金补助方式：

（一）对重点县建设，实行定额补助。省财政厅、省水利厅根据各地近年来小型农田水利项目实施情况、县级农田水利建设规划编制情况、县级农田水利投入水平、县级农田水利建设管理机制创新以及现阶段农田水利建设任务等因素确定重点县。省财政厅按照中央财政下达的小农水专项资金规模、省财政预算安排规模以及省级专项转移支付类别档次系数确定中央财政和省财政补助资金。

(二)对专项工程建设,实行按比例补助。省财政厅、省水利厅根据项目评审结果,择优确定补助项目,省财政厅按照中央财政下达的小农水专项资金规模、省财政预算安排规模和省级专项转移支付类别档次系数,确定中央财政和省财政补助比例。

第十条 省财政厅、省水利厅根据财政部、水利部当年小农水有关政策和我省小农水建设要求,及时制定和发布年度小农水专项资金项目立项指南,明确小农水专项资金重点投向、地方申报规模、项目申报文本和建设方案编制提纲等。

第十一条 小农水专项资金的申报主体包括重点县申报主体和专项工程申报主体。

重点县申报主体为县级水利和财政部门。

专项工程申报主体包括:农户或联户、农民用水合作组织、村组集体、农民专业合作经济组织。

第十二条 重点县建设项目,由县级水利、财政部门依据本地农田水利规划以及重点县的建设目标和要求,按省水利厅、省财政厅制订的提纲组织编制《小型农田水利重点县建设标准文本》和《小型农田水利重点县建设方案》等申请材料和报告,联合向省水利厅、省财政厅申报。

专项工程项目,由符合条件的申报主体提出申请后,县级水利、财政部门负责择优选择并归类汇总。同时,以县为单位组织编制《小型农田水利专项工程建设标准文本》和《小型农田水利专项工程建设方案》等申请材料和文件,联合向省水利厅、省财政厅申报。

项目申报涉及筹资筹劳的,还应当按照有关规定"一事一议"经村民民主议事通过,并提供村民会议有关决议等资料,按程序报县级财政、水利部门。项目申报主体为农民用水合作组织或农民专业合作经济组织的,须同时报送合作组织证书复印件。

县级水利、财政部门共同对申报材料的真实性、完整性负责。

第十三条 省财政厅、省水利厅组织专家对项目进行评审,依据评审结果确定重点县申报项目和专项工程申报项目,并签署审查意见,联合上报财政部、水利部进行合规性审查。

第十四条 根据财政部、水利部合规性审查意见和中央财政拨付资金文件的通知,省水利厅会同省财政厅下达年度实施计划,省财政厅根据计划拨付小农水专项资金。各地财政部门要及时拨付小农水专项资金,保证工程项目的顺利实施。

第十五条 小农水专项资金应实行县级报账制、大宗物品政府采购制,具备条件的地方应积极实行国库集中支付制度。项目实施单位对各级财政资金和自筹资金要按照专款专用原则,实行专账管理,确保专项资金按规定用于立项批准的小农水项目,严禁截留、挤占和挪用。农民投工投劳情况按受益村建立台账。

第十六条 各级水利、财政部门要积极推动小型农田水利设施管理体制改革,明确产权,落实管护责任,探索、创新和建立长效运行机制,确保工程发挥效益。按照谁受益、谁管护的原则,工程产权归受益的农户或联户、村组集体、农民用水合作组织和农民专业合作经济组织所有,并由其负责管护。

第三章 资金监督与检查

第十七条 小农水专项资金的使用管理要公开透明,实行公示制。地方财政、水利部门要采取适当的形式,将项目建设情况在当地进行公告,资金使用、筹资筹劳等情况应及时向受益区群众张榜公布,接受监督。

第十八条 各级财政、水利部门要建立和健全资金监管体系,加强对小农水专项资金的使用管理和监督检查,加强项目建设的日常监管,掌握项目建设进度,发现问题及时纠正,保证专款专用。积极配合有关部门做好审计、稽查等工作。

第十九条 各地财政、水利部门要建立绩效自评制度,将项目建设的组织管理、建设进度、工程质量、资金投入、资金整合、资金使用和监管,以及管护机制等因素纳入自评范围。在各地自评的基础上,省财政厅、省水利厅组织对全省的考核,考核结果作为下一年度分配资金的重要因素。

第二十条 各级财政、水利部门要设专人负责小农水项目的工程进度、资金落实和完成情况。重点县要于每季末 15 日内将当季项目实施情况等信息通过浙江省中央财政农田水利项目信息管理系统上报,每年 12 月 15 日前报送年度总结材料,内容包括加强组织领导、加大投入力度、实施成效、建管体制改革和机制创新等方面内容。季报信息可选择其中一两个内容进行重点撰写,年度材料应对全部内容作总结。专项工程项目在每年的 12 月 15 日前报送进度和总结。各地要广泛利用媒体报刊,重点宣传小农水建设的政策、进展、典型、作用及成效。

第二十一条 各级财政、水利部门要加强对农田水利专项资金的监督和检查,发现问题及时督促纠正,对违反本办法行为的,依照《财政违法行为处罚处分条例》(国务院令第 427 号)给予处罚、处理、处分。

第二十二条 对项目建设管理混乱、资金使用不规范以及违规违纪问题,一经通报或核实,涉及重点县的,取消重点县资格,三年内不得重新申报;涉及专项工程的,取消项目所在县申报小农水项目专项工程资格,三年内不予安排。

第四章 附 则

第二十三条 本细则自颁布之日起施行。各地可结合当地实际,根据本实施细则制定具体操作规程。

第二十四条 本细则由省财政厅、省水利厅负责解释。

2009年财政规章及其他规范性文件目录

序号	文件名称	发文单位	文号	发布日期
1	关于开展新型农村社会养老保险试点的指导意见	国务院	国发〔2009〕32号	9月2日
2	关于印发《国家技术创新工程总体实施方案》的通知	科学技术部 财政部 教育部 国务院国资委 中华全国总工会 国家开发银行	国科发政〔2009〕269号	6月5日
3	关于全面开展城镇居民基本医疗保险工作的通知	人力资源和社会保障部 财政部	人社部发〔2009〕35号	4月8日
4	关于落实好2009年财政支持现代农业生产发展政策工作的通知	财政部	财办农〔2009〕1号	1月12日
5	关于进一步做好扩大内需促进经济增长政策落实和资金监管工作的通知	财政部	财监〔2009〕2号	1月14日
6	关于做好2009年度支持承接国际服务外包业务发展资金管理工作的通知	财政部 商务部	财企〔2009〕44号	3月27日
7	关于印发《中央财政促进服务业发展专项资金管理办法》的通知	财政部	财建〔2009〕227号	5月26日
8	关于进一步加大各项就业政策落实力度的通知	财政部	财社〔2009〕44号	6月12日
9	关于推进省直接管理县财政改革的意见	财政部	财预〔2009〕78号	6月22日
10	关于贯彻落实《彩票管理条例》的通知	财政部 民政部 国家体育总局	财综〔2009〕39号	6月22日
11	关于印发《家电以旧换新实施办法》的通知	财政部 商务部 国家发展改革委 工业和信息化部 环境保护部 工商总局 质检总局	财建〔2009〕298号	6月28日
12	关于印发《汽车以旧换新实施办法》的通知	财政部 商务部 中宣部 国家发展改革委 工业和信息化部 公安部 环境保护部 交通运输部 工商总局 质检总局	财建〔2009〕333号	7月13日
13	关于印发《中小外贸企业融资担保专项资金管理暂行办法》的通知	财政部 商务部	财企〔2009〕160号	8月7日
14	关于做好2009年中央财政支持农民专业合作组织工作的通知	财政部	财办农〔2009〕53号	8月11日
15	关于调整重大技术装备进口税收政策的通知	财政部 国家发展改革委 工业和信息化部 海关总署 国家税务总局 国家能源局	财关税〔2009〕55号	8月20日
16	关于发布《资产评估收费管理办法》的通知	国家发展改革委 财政部	发改价格〔2009〕2914号	11月17日
17	关于推进旅游业转型升级加快建设旅游经济强省的若干意见	中共浙江省委	浙委〔2009〕49号	5月6日
18	关于印发《"小金库"专项治理工作实施办法》的通知	省委办公厅 省政府办公厅	浙委办〔2009〕64号	6月1日
19	关于进一步加强企业国有资产监督管理工作的意见	省委办公厅 省政府办公厅	浙委办〔2009〕89号	9月5日
20	关于调整全省征地补偿最低保护标准的通知	省政府	浙政发〔2009〕17号	3月19日
21	关于调整城镇个体劳动者基本养老保险缴费比例的通知	省政府	浙政发〔2009〕19号	4月2日

（续表一）

序号	文件名称	发文单位	文号	发布日期
22	关于推进政策性农业保险的若干意见	省政府	浙政发〔2009〕26号	4月27日
23	关于印发浙江省企业职工基本养老保险省级统筹实施方案的通知	省政府	浙政发〔2009〕34号	6月10日
24	关于开展排污权有偿使用和交易试点工作的指导意见	省政府	浙政发〔2009〕47号	7月20日
25	关于当前稳定农业发展促进农民增收的若干意见	省政府	浙政发〔2009〕39号	7月23日
26	关于第三批取消暂停征收部分行政事业性收费项目和降低部分收费标准的通知	省政府	浙政发〔2009〕48号	7月28日
27	关于建立城乡居民社会养老保险制度的实施意见	省政府	浙政发〔2009〕62号	9月22日
28	关于加强城镇住房保障促进房地产市场稳定健康发展的实施意见	省政府办公厅	浙政办发〔2009〕20号	3月2日
29	关于浙江省家电下乡工作实施方案的通知	省政府办公厅	浙政办发〔2009〕22号	3月16日
30	关于加快推进大学生参加城镇居民基本医疗保险工作的通知	省政府办公厅	浙政办发〔2009〕23号	3月16日
31	关于印发浙江省创业风险投资引导基金管理办法的通知	省政府办公厅	浙政办发〔2009〕24号	3月18日
32	转发省经贸委等部门关于资源节约与环境保护行动计划2009年实施方案的通知	省政府办公厅	浙政办发〔2009〕30号	4月3日
33	转发省商务厅等部门关于加快转变机电产品进出口增长方式意见的通知	省政府办公厅	浙政办发〔2009〕40号	4月20日
34	转发省发改委省财政厅关于浙江省基本公共服务均等化行动计划2009年度实施计划的通知	省政府办公厅	浙政办发〔2009〕44号	4月23日
35	关于加快光伏等新能源推广应用与产业发展的意见	省政府办公厅	浙政办发〔2009〕55号	5月7日
36	关于进一步推进工业循环经济发展的意见	省政府办公厅	浙政办发〔2009〕61号	5月13日
37	关于实施新一轮山海协作工程的若干意见	省政府办公厅	浙政办发〔2009〕63号	5月15日
38	关于搞活流通扩大消费的实施意见	省政府办公厅	浙政办发〔2009〕65号	5月20日
39	转发省人力社保厅省财政厅省教育厅关于义务教育学校绩效工资实施意见的通知	省政府办公厅	浙政办发〔2009〕67号	5月25日
40	关于印发浙江省低收入群众增收行动计划2009年度实施计划的通知	省政府办公厅	浙政办发〔2009〕87号	5月30日
41	关于促进小额贷款公司健康发展的若干意见	省政府办公厅	浙政办发〔2009〕71号	6月8日
42	关于印发浙江省推进政府主导以省为单位的网上药品集中采购工作实施意见的通知	省政府办公厅	浙政办发〔2009〕84号	6月26日
43	关于印发进一步加强农村公路建设促进农村交通运输发展指导意见的通知	省政府办公厅	浙政办发〔2009〕88号	7月8日
44	关于进一步加强行政事业单位国有资产管理工作的意见	省政府办公厅	浙政办发〔2009〕97号	7月27日
45	转发省发改委关于进一步做好加快发展服务业工作意见的通知	省政府办公厅	浙政办发〔2009〕108号	8月28日
46	转发省商务厅等部门关于浙江省汽车家电以旧换新实施方案的通知	省政府办公厅	浙政办发〔2009〕110号	9月2日

（续表二）

序号	文件名称	发文单位	文号	发布日期
47	关于印发浙江省行政事业单位国有资产管理暂行办法的通知	省政府办公厅	浙政办发〔2009〕178 号	11 月 5 日
48	关于报送浙江省农村公共卫生服务项目绩效评价报告的函	省财政厅	浙财绩效字〔2009〕1 号	1 月 5 日
49	关于印发浙江省小型农田水利设施建设补助专项资金管理实施细则的通知	省财政厅 省水利厅	浙财农字〔2009〕488 号	1 月 6 日
50	关于进一步完善对种粮农民直接补贴工作经费管理办法的通知	省财政厅	浙财企字〔2009〕7 号	1 月 8 日
51	关于政府采购执行情况专项检查省本级重点检查情况的通报	省财政厅 省监察厅 省审计厅	浙财采监字〔2009〕2 号	1 月 11 日
52	关于印发浙江省政府采购档案管理办法的通知	省财政厅 省档案局	浙财采监字〔2009〕6 号	1 月 15 日
53	转发财政部国家发改委交通运输部监察部审计署关于公布取消公路养路费等涉及交通和车辆收费项目的通知	省财政厅 省物价局 省交通厅 省监察厅 省审计厅	浙财综字〔2009〕11 号	1 月 20 日
54	转发财政部 国家发展改革委 水利部关于水资源费征收使用管理办法的通知	省财政厅 省物价局 省水利厅	浙财综字〔2009〕12 号	1 月 22 日
55	关于做好省级单位 2009 年度公务车辆定点保险的通知	省财政厅	浙财采监字〔2009〕7 号	2 月 10 日
56	关于加强省供销社和省属集团公司所属高职学院创新创业资金财务管理的意见	省财政厅	浙财企字〔2009〕30 号	2 月 11 日
57	关于表彰 2008 年会计信息质量检查和事务所执业质量检查先进单位的通报	省财政厅	浙财监督字〔2009〕2 号	2 月 11 日
58	转发财政部国家税务总局关于坚决制止越权减免税加强依法治税工作的通知	省财政厅 省国税局 省地税局 财政部驻省财政监察专员办事处	浙财税政字〔2009〕1 号	2 月 11 日
59	关于报送浙江省政策性农业保险三年试点情况的报告	省财政厅	浙财农字〔2009〕37 号	2 月 12 日
60	转发财政部 外交部 监察部 审计署 国家预防腐败局关于加强党政干部因公出国（境）经费管理暂行办法的通知	省财政厅 省政府外事办 省监察厅 省审计厅	浙财政字〔2009〕10 号	2 月 13 日
61	关于核定 2009 年支援青川县灾后重建财政资金规模的通知	省财政厅	浙财预字〔2009〕10 号	2 月 16 日
62	转发财政部 中国人民银行 国家税务总局 交通运输部关于实施成品油价格和税费改革有关预算管理问题的通知	省财政厅 人行杭州中心支行 省国税局 省地税局 省交通厅	浙财预字〔2009〕11 号	2 月 17 日
63	关于浙江省 2008 年义务教育经费保障机制改革工作情况的报告	省财政厅 省教育厅	浙财教字〔2009〕15 号	2 月 17 日
64	关于表彰浙江省先进会计工作者的决定	省财政厅	浙财会字〔2009〕11 号	2 月 17 日
65	关于印发浙江省省本级企业国有资本收益收取管理试行办法的通知	省财政厅 省国资委	浙财企字〔2009〕35 号	2 月 18 日
66	关于表彰 2008 年度会计管理工作先进单位和先进个人的通报	省财政厅	浙财会字〔2009〕15 号	2 月 23 日
67	转发财政部关于印发金融类国有及国有控股企业绩效评价暂行办法的通知	省财政厅	浙财外金字〔2009〕10 号	2 月 24 日
68	关于印发浙江省海域使用金减免管理办法的通知	省财政厅 省海洋与渔业局	浙财综字〔2009〕23 号	2 月 26 日
69	关于调整省级政府非税收入银行账户体系的通知	省财政厅	浙财综字〔2009〕24 号	3 月 2 日
70	转发财政部国家税务总局关于再生资源增值税政策的通知	省财政厅 省国税局 财政部驻浙财监办 人行杭州中心支行	浙财税政字〔2009〕3 号	3 月 4 日
71	关于全面清理涉及交通和车辆收费的通知	省财政厅 省物价局 省交通厅 省监察厅 省政府纠风办 省审计厅	浙财综字〔2009〕26 号	3 月 5 日

（续表三）

序号	文件名称	发文单位	文号	发布日期
72	关于印发浙江省农业综合开发土地治理项目工程管护实施办法（暂行）的通知	省财政厅	浙财农发字〔2009〕3号	3月5日
73	关于增设地方政府收入科目的通知	省财政厅 省地税局 人行杭州中心支行	浙财预字〔2009〕14号	3月10日
74	关于做好2008年度中央财政现代农业生产发展资金项目绩效评价工作的通知	省财政厅	浙财农字〔2009〕59号	3月11日
75	关于拨付2008年度低收入农户集中村下山搬迁项目省补助资金的通知	省财政厅	浙财农字〔2009〕60号	3月11日
76	关于印发《浙江省政府采购信息管理系统建设和推广实施方案》和《浙江省2009～2011年政府采购信息管理系统推广实施计划》的通知	省财政厅	浙财采监字〔2009〕11号	3月13日
77	关于进一步做好社会保险基金专项治理工作的通知	省财政厅	浙财社字〔2009〕47号	3月13日
78	关于印发《浙江省现代农业生产发展资金绩效评价实施细则（试行）》的通知	省财政厅	浙财农字〔2009〕62号	3月16日
79	转发财政部关于印发财政部代理发行2009年地方政府债券发行兑付办法的通知	省财政厅	浙财库字〔2009〕5号	3月18日
80	关于开展2008年度高级会计师考评结合评审工作的通知	省财政厅	浙财办发〔2009〕48号	3月20日
81	关于加强海域使用金征收管理有关具体问题的通知	省财政厅 省海洋与渔业局 人行杭州中心支行	浙财综字〔2009〕32号	3月20日
82	关于印发浙江省民办养老服务机构省级专项补助资金使用管理办法的通知	省财政厅 省民政厅	浙财社字〔2009〕50号	3月23日
83	关于印发《浙江省工业转型升级财政专项资金管理暂行办法》的通知	省财政厅 省经贸委 省发展改革委 省科技厅 省信息产业厅	浙财企字〔2009〕60号	3月24日
84	转发财政部、商务部关于做好支持搞活流通扩大消费有关资金管理的通知	省财政厅 省经贸委	浙财企字〔2009〕63号	3月24日
85	转发财政部 教育部 人力资源和社会保障部关于进一步加强中等职业学校国家助学金发放管理工作的通知	省财政厅 省教育厅 省劳动和社会保障厅	浙财教字〔2009〕38号	3月25日
86	关于印发浙江省家电下乡补贴资金管理办法的通知	省财政厅	浙财企字〔2009〕65号	3月27日
87	转发财政部、商务部、工业和信息化部关于加大家电下乡政策实施力度的通知	省财政厅 省经贸委	浙财企字〔2009〕67号	3月27日
88	关于落实省级党政机关厉行节约有关预算管理工作措施的通知	省财政厅	浙财预字〔2009〕17号	3月27日
89	关于2009年全省财政地税系统财税文化建设的意见	省财政厅 省地税局	浙财人教字〔2009〕12号	3月30日
90	关于报送浙江省财政部门五年来依法行政为民理财工作总结和今后工作思路的报告	省财政厅	浙财法字〔2009〕3号	4月3日
91	关于贯彻落实暂停发放各类考核奖励性补贴的通知	省财政厅 省地税局	浙财人教字〔2009〕13号	4月8日
92	关于做好2009年地方政府债券发行有关工作的通知	省财政厅	浙财建字〔2009〕48号	4月10日
93	关于下达林业国债专项资金的通知	省财政厅	浙财建字〔2009〕50号	4月13日
94	关于做好2009年地方政府债券有关工作的通知	省财政厅	浙财预字〔2009〕18号	4月13日
95	关于贯彻落实省委办公厅、省政府办公厅扩大县（市）部分经济社会管理权限的实施意见	省财政厅	浙财法字〔2009〕4号	4月14日
96	关于耕地占用税减免补征税等问题的通知	省财政厅	浙财农税字〔2009〕7号	4月14日

（续表四）

序号	文件名称	发文单位	文号	发布日期
97	关于扶持景宁畲族自治县加快发展的意见	省财政厅	浙财预字〔2009〕19号	4月15日
98	关于上报浙江省2008年财政支持现代农业生产发展资金项目绩效考评结果的报告	省财政厅	浙财农字〔2009〕90号	4月15日
99	关于印发浙江省汽车摩托车下乡实施方案的通知	省财政厅 省经贸委 省公安厅 省物价局 省工商局 省质监局	浙财企字〔2009〕81号	4月15日
100	关于浙江省国有企业领导人员职务消费制度改革调研情况的报告	省财政厅 省监察厅 省审计厅	浙财企字〔2009〕84号	4月21日
101	转发财政部 商务部关于做好2009年度支持承接国际服务外包业务发展资金管理工作的通知	省财政厅 省商务厅	浙财企字〔2009〕86号	4月21日
102	转发财政部关于当前应对金融危机加强企业财务管理的若干意见	省财政厅	浙财企字〔2009〕88号	4月21日
103	关于试行省属普通高等学校本科教学业绩考核结果与财政拨款挂钩办法的通知	省财政厅 省教育厅	浙财教字〔2009〕61号	4月21日
104	关于做好2008年度农业贷款风险补偿工作的通知	省财政厅 人行杭州中心支行	浙财外金字〔2009〕19号	4月21日
105	转发财政部关于印发农业综合开发中央财政贴息资金管理办法的通知	省财政厅	浙财农发字〔2009〕9号	4月22日
106	关于收取世界银行贷款浙江城建环保项目管理费的通知	省财政厅	浙财外金字〔2009〕20号	4月23日
107	关于印发省财政农业产业化贴息资金管理办法的通知	省财政厅 省农业厅 省林业厅 省海洋与渔业局	浙财农字〔2009〕104号	4月27日
108	关于印发浙江省农业综合开发财政有偿资金呆账核销和延期还款实施办法的通知	省财政厅	浙财农发字〔2009〕10号	4月29日
109	关于切实做好家电下乡补贴资金兑付工作的通知	省财政厅	浙财企字〔2009〕94号	4月29日
110	关于对省商业集团所属职业学院实训基地建设项目实施绩效评价的通知	省财政厅	浙财企字〔2009〕100号	5月5日
111	转发财政部 国家税务总局 民政部关于公益性捐赠税前扣除有关问题的通知	省财政厅 省国税局 省地税局 省民政厅	浙财税政字〔2009〕7号	5月6日
112	关于下达2009年地方政府债券（一期）资金的通知	省财政厅	浙财建字〔2009〕66号	5月13日
113	转发财政部关于金融类国有及国有控股金融企业绩效评价相关事项的通知	省财政厅	浙财外金字〔2009〕24号	5月13日
114	转发财政部关于印发中央财政新型农村金融机构定向费用补贴资金管理暂行办法的通知	省财政厅	浙财外金字〔2009〕25号	5月13日
115	关于下达2009年十大重点节能工程、循环经济和资源节约重大示范项目及重点工业污染治理工程第三批扩大内需国债补助支出预算的通知	省财政厅 省人力资源和社会保障厅	浙财建字〔2009〕70号	5月15日
116	关于转发《中央农村环境保护专项资金管理暂行办法》和《中央农村环境保护专项资金环境综合整治项目管理暂行办法》的通知	省财政厅	浙财建字〔2009〕71号	5月15日
117	关于加快支农资金拨付进度加强支农资金管理的意见	省财政厅	浙财农字〔2009〕134号	5月20日
118	转发财政部等部门关于印发《家电下乡操作细则》的通知	省财政厅 省商务厅 省经济和信息化委员会 省物价局 省委宣传部 省农业厅 省环境保护厅 省供销合作社联合社 省地税局 省国税局 省工商局 省质监局	浙财企字〔2009〕112号	5月20日
119	转发财政部 人力资源社会保障部关于加强城镇居民基本医疗保险基金和财政补助资金管理有关问题的通知	省财政厅	浙财社字〔2009〕70号	5月20日

（续表五）

序号	文件名称	发文单位	文号	发布日期
120	关于改革和完善省级以上自然保护区财政补助政策的通知	省财政厅	浙财建字〔2009〕85 号	5 月 22 日
121	关于印发浙江省公益林政策性林木火灾保险资金使用管理办法的通知	省财政厅 省林业厅 省政策性农业保险领导小组办公室	浙财外金字〔2009〕29 号	5 月 22 日
122	关于家庭共同共有房屋土地分家析产不征契税有关问题的通知	省财政厅	浙财农税字〔2009〕9 号	5 月 26 日
123	关于印发浙江省省本级国有资本经营预算管理试行办法的通知	省财政厅	浙财企字〔2009〕116 号	5 月 26 日
124	关于开展 2009 年度教授级高级会计师资格评审工作的通知	省财政厅 省人力资源和社会保障厅	浙财会字〔2009〕39 号	5 月 26 日
125	关于全省财政系统开展规范财政权力运行工作的意见	省财政厅 杭州海关 省国税局 省地税局	浙财监察字〔2009〕2 号	5 月 31 日
126	关于印发省财政农民专业合作社专项资金管理办法的通知	省财政厅 省农业厅 省林业厅 省海洋与渔业局	浙财农字〔2009〕139 号	5 月 31 日
127	关于烟草行业无偿划转多元经营的房地产有关契税政策的通知	省财政厅	浙财农税字〔2009〕10 号	5 月 31 日
128	转发财政部 海关总署 国家税务总局关于支持文化企业发展若干税收政策问题的通知	省财政厅	浙财税政字〔2009〕10 号	5 月 31 日
129	关于开展规范财政权力运行工作的通知	省财政厅	浙财办发〔2009〕72 号	5 月 31 日
130	关于做好省级单位办公设备耗材定点采购的通知	省财政厅	浙财采监字〔2009〕19 号	6 月 1 日
131	关于要求印发浙江省“小金库”治理工作实施办法的函	省财政厅	浙财监督字〔2009〕5 号	6 月 2 日
132	转发财政部 国家税务总局关于延长下岗失业人员再就业有关税收政策的通知	省财政厅 省国税局 省地税局	浙财税政字〔2009〕11 号	6 月 2 日
133	关于进一步加强地方政府性债务管理的通知	省财政厅	浙财预字〔2009〕24 号	6 月 2 日
134	关于印发浙江省供销合作社财政扶持资金管理暂行办法的通知	省财政厅 省供销合作社联合社	浙财企字〔2009〕132 号	6 月 4 日
135	关于印发浙江省科技富民强县专项行动计划资金管理办法的通知	省财政厅 省科学技术厅	浙财教字〔2009〕81 号	6 月 5 日
136	关于开展避灾安置场所补助项目（2006～2008）绩效评价工作的通知	省财政厅 省民政厅	浙财综字〔2009〕60 号	6 月 8 日
137	关于印发浙江省财政支出绩效评价实施办法的通知	省财政厅	浙财绩效字〔2009〕5 号	6 月 11 日
138	关于开展 2009 年外国政府贷款项目绩效评价工作的通知	省财政厅	浙财外金字〔2009〕30 号	6 月 12 日
139	关于 2008 年度地方政府性债务情况的通报	省财政厅	浙财预字〔2009〕26 号	6 月 15 日
140	转发财政部 商务部关于做好 2008 年度对外经济技术合作专项资金申报工作的通知	省财政厅 省商务厅	浙财企字〔2009〕138 号	6 月 15 日
141	关于印发 2009 年浙江省农业农村发展重点领域重点项目扶持导向目录的通知	省财政厅	浙财农字〔2009〕146 号	6 月 16 日
142	关于印发《浙江省政府采购招标文件范本（试行）》的通知	省财政厅	浙财采监字〔2009〕20 号	6 月 18 日
143	转发财政部七等部门关于印发《汽车摩托车下乡操作细则》的通知	省财政厅 省经济和信息化委员会 省公安厅 省商务厅 省物价局 省工商局 省质监局	浙财企字〔2009〕140 号	6 月 19 日
144	关于印发浙江省发明专利引进项目经费管理办法（试行）的通知	省财政厅 省科学技术厅	浙财教字〔2009〕110 号	6 月 22 日
145	关于印发浙江省中小企业信用担保机构小企业贷款担保风险补偿办法的通知	省财政厅 省中小企业局	浙财外金字〔2009〕31 号	6 月 22 日

（续表六）

序号	文件名称	发文单位	文号	发布日期
146	关于贯彻落实厉行节约六项要求工作任务分工的通知	省财政厅	浙财办发〔2009〕78 号	6 月 23 日
147	关于基本养老保险省级调剂金上缴比例调整后有关预算管理问题的通知	省财政厅 省地税局 人行杭州中心支行 省人力资源和社会保障厅	浙财预字〔2009〕28 号	6 月 25 日
148	关于印发浙江省农业综合开发省财政贴息资金管理办法的通知	省财政厅	浙财农发字〔2009〕18 号	6 月 29 日
149	关于开展浙江省乡村卫技人员素质提升工程绩效评价工作的通知	省财政厅	浙财绩效字〔2009〕6 号	7 月 2 日
150	关于集体企业（股份合作制）股份转让有关契税问题的批复	省财政厅	浙财农税字〔2009〕13 号	7 月 3 日
151	关于开展浙江省基层文化设施建设项目绩效评价工作的通知	省财政厅	浙财绩效字〔2009〕7 号	7 月 6 日
152	转发财政部关于印发《2009 年地方政府债券资金项目安排管理办法》的通知	省财政厅	浙财建字〔2009〕117 号	7 月 7 日
153	关于滩坑水电站主体工程耕地占用税征收标准的通知	省财政厅	浙财农税字〔2009〕14 号	7 月 16 日
154	转发财政部 银监会关于当前应对金融危机加强银行业金融机构财务和风险管理的意见	省财政厅	浙财外金字〔2009〕35 号	7 月 17 日
155	关于浙江省矿产资源有偿使用制度改革工作实施情况的报告	省财政厅 省国土资源厅	浙财建字〔2009〕123 号	7 月 20 日
156	转发财政部关于印发《财政支出绩效评价管理暂行办法》的通知	省财政厅	浙财绩效字〔2009〕8 号	7 月 24 日
157	关于开展财政支持现代农业生产发展宣传活动的通知	省财政厅	浙财农字〔2009〕192 号	7 月 27 日
158	转发财政部、教育部、总参谋部《应征入伍服义务兵役高等学校毕业生学费补偿国家助学贷款代偿暂行办法》的通知	省财政厅 省教育厅 省军区司令部	浙财教字〔2009〕138 号	7 月 28 日
159	关于印发浙江省省属科研院所扶持专项资金管理办法的通知	省财政厅 省科学技术厅	浙财教字〔2009〕140 号	7 月 29 日
160	关于印发浙江省农村中小学现代远程教育工程专项资金管理办法的通知	省财政厅 省教育厅	浙财教字〔2009〕142 号	7 月 31 日
161	关于报送落实省委、省政府 2009 年反腐倡廉建设和作风建设牵头工作任务情况的报告	省财政厅	浙财监察字〔2009〕3 号	7 月 31 日
162	关于印发《浙江省促进国际服务贸易发展专项资金管理办法》的通知	省财政厅 省商务厅	浙财企字〔2009〕184 号	7 月 31 日
163	关于印发浙江省服务业发展引导财政专项资金管理办法的通知	省财政厅 省发展改革委	浙财企字〔2009〕185 号	7 月 31 日
164	关于印发《浙江省家电以旧换新实施细则》的通知	省财政厅 省商务厅 省经济和信息化委员会 省工商局 省环境保护厅 省质监局 省物价局	浙财企字〔2009〕187 号	7 月 31 日
165	关于对图书购置项目进行绩效评价的通知	省财政厅	浙财教字〔2009〕143 号	8 月 4 日
166	关于开展 2008 年度现代农业生产发展资金项目绩效评价工作的通知	省财政厅	浙财农字〔2009〕204 号	8 月 6 日
167	关于印发浙江省广播电视对农节目专项资金管理暂行办法的通知	省财政厅 省广播电影电视局	浙财教字〔2009〕147 号	8 月 6 日
168	关于印发《浙江省汽车以旧换新实施细则》的通知	省财政厅 省商务厅 省委宣传部 省经济和信息化委员会 省公安厅 省环境保护厅 省交通运输厅 省工商局 省质监局 省物价局	浙财企字〔2009〕194 号	8 月 11 日

（续表七）

序号	文件名称	发文单位	文号	发布日期
169	关于开展省级金保工程项目(2004～2008 年)绩效评价工作的通知	省财政厅	浙财社字〔2009〕104 号	8 月 11 日
170	转发财政部 国家税务总局 商务部 科技部 国家发展改革委关于技术先进型服务企业有关税收政策问题的通知	省财政厅 省国税局 省地税局 省商务厅 省科技厅 省发展和改革委	浙财税政字〔2009〕16 号	8 月 12 日
171	关于村经济联合社变更为股份经济合作社有关契税问题的通知	省财政厅	浙财农税字〔2009〕15 号	8 月 15 日
172	关于开展 2009 年世界银行贷款浙江公路项目绩效评价工作的通知	省财政厅	浙财外金字〔2009〕41 号	8 月 19 日
173	关于大学生参加城镇居民基本医疗保险省财政补助有关问题的通知	省财政厅 省人力资源和社会保障厅	浙财社字〔2009〕117 号	8 月 21 日
174	关于浙江省外国政府贷款项目 2009 年度绩效评价工作情况的报告	省财政厅	浙财外金字〔2009〕43 号	8 月 24 日
175	关于印发浙江省中小企业扶持资金使用管理办法的通知	省财政厅 省中小企业局	浙财企字〔2009〕213 号	8 月 25 日
176	关于浙江省国家投资土地开发整理项目清理情况的报告	省财政厅 省国土资源厅	浙财建字〔2009〕166 号	8 月 28 日
177	关于印发浙江省地质勘查基金管理暂行办法的通知	省财政厅 省国土资源厅	浙财建字〔2009〕176 号	9 月 4 日
178	关于印发浙江省中小商贸企业融资担保费用补贴资金使用管理操作办法的通知	省财政厅 省商务厅	浙财企字〔2009〕226 号	9 月 4 日
179	关于调整新型农村合作医疗等专项资金补助办法的通知	省财政厅 省卫生厅	浙财社字〔2009〕133 号	9 月 4 日
180	关于印发浙江省学前教育专项资金使用管理办法的通知	省财政厅 省教育厅	浙财教字〔2009〕197 号	9 月 8 日
181	转发财政部国家税务总局关于补充养老保险费补充医疗保险费有关企业所得税政策问题的通知	省财政厅	浙财税政字〔2009〕15 号	9 月 8 日
182	关于进一步改进家电下乡补贴资金审核兑付工作的通知	省财政厅	浙财企字〔2009〕233 号	9 月 9 日
183	关于印发浙江省政府采购供应商注册及诚信管理暂行办法的通知	省财政厅	浙财采监字〔2009〕28 号	9 月 10 日
184	关于下达 2009 年地方政府债券(二期)资金的通知	省财政厅	浙财建字〔2009〕184 号	9 月 11 日
185	转发财政部 民政部 国家体育总局关于贯彻落实彩票管理条例的通知	省财政厅 省民政厅 省体育局	浙财综字〔2009〕94 号	9 月 13 日
186	关于印发浙江省省级环境保护专项资金管理办法的通知	省财政厅 省环境保护厅	浙财建字〔2009〕191 号	9 月 16 日
187	关于印发浙江省自然保护区专项资金管理办法的通知	省财政厅 省环境保护厅	浙财建字〔2009〕192 号	9 月 16 日
188	关于浙江省财政支农专项资金检查工作情况的报告	省财政厅	浙财农字〔2009〕274 号	9 月 17 日
189	关于印发浙江省保持外贸稳定增长专项资金使用管理办法的通知	省财政厅 省商务厅	浙财企字〔2009〕244 号	9 月 17 日
190	关于印发浙江省中小外贸企业融资担保专项资金使用管理操作办法的通知	省财政厅 省商务厅	浙财企字〔2009〕245 号	9 月 17 日
191	关于印发浙江省促进服务业发展专项资金使用管理操作办法的通知	省财政厅 省商务厅	浙财企字〔2009〕258 号	9 月 22 日
192	关于印发浙江省农村物流服务体系发展专项资金使用管理操作办法的通知	省财政厅 省商务厅	浙财企字〔2009〕259 号	9 月 22 日

（续表八）

序号	文件名称	发文单位	文号	发布日期
193	关于印发浙江省开拓国际市场专项资金使用管理办法的通知	省财政厅 省商务厅	浙财企字〔2009〕261号	9月22日
194	关于公布浙江省行政事业性收费项目和收费标准目录的通知	省财政厅 省物价局	浙财综字〔2009〕100号	9月25日
195	关于报送《浙江省农村物流服务体系发展专项资金使用管理操作办法》等三个资金管理办法的报告	省财政厅	浙财企字〔2009〕268号	9月25日
196	关于做好扩大失业保险基金支出范围相关业务会计核算工作的通知	省财政厅 省人力资源和社会保障厅	浙财社字〔2009〕154号	9月27日
197	关于印发《浙江省财政厅开展工程建设领域突出问题专项治理工作方案》的通知	省财政厅	浙财建字〔2009〕230号	10月14日
198	关于做好政府还贷二级收费公路项目票据转换工作的通知	省财政厅 省地方税务局 省交通运输厅	浙财建字〔2009〕232号	10月14日
199	关于印发浙江省小企业贷款风险补偿办法的通知	省财政厅 省中小企业局 省发展改革委 省政府金融办 人行杭州中心支行 浙江银监局	浙财外金字〔2009〕52号	10月14日
200	关于对省级地勘单位产业结构调整项目（2004～2008年）进行绩效评价的通知	省财政厅	浙财建字〔2009〕235号	10月16日
201	转发财政部关于加快落实中央扩大内需投资项目地方配套资金等有关问题的通知	省财政厅	浙财建字〔2009〕240号	10月23日
202	关于印发浙江省财政系统专业人才库管理办法的通知	省财政厅	浙财人教字〔2009〕37号	10月26日
203	关于下达2009年浙江省"莫拉克"台风灾后恢复重建工程中央补助支出预算的通知	省财政厅	浙财建字〔2009〕245号	10月28日
204	转发财政部关于印发2008年度金融类国有及国有控股企业绩效评价财务指标标准值的通知	省财政厅	浙财外金字〔2009〕53号	10月28日
205	关于调整下拨2009年城乡困难群众一次性生活补贴资金的通知	省财政厅	浙财社字〔2009〕168号	10月29日
206	关于印发浙江省实施"走出去"战略专项资金使用管理办法的通知	省财政厅 省商务厅	浙财企字〔2009〕296号	11月2日
207	关于开展村级公益事业一事一议财政奖补试点工作的通知	省财政厅 省农业厅	浙财农税字〔2009〕18号	11月5日
208	关于村经济合作社承受村民委员会房屋土地权属不征契税的通知	省财政厅	浙财农税字〔2009〕19号	11月7日
209	关于下达2009年国家重点档案抢救和保护补助费的通知	省财政厅	浙财教字〔2009〕249号	11月11日
210	关于印发契税耕地占用税及一体化征管系统开发应用工作总结的通知	省财政厅	浙财办发〔2009〕117号	11月11日
211	关于2009年度高级会计师资格考评结合评审工作的通知	省财政厅 省人力资源和社会保障厅	浙财会字〔2009〕69号	11月16日
212	转发国家税务总局关于明确中国农业银行改制有关契税政策的通知	省财政厅	浙财农税字〔2009〕20号	11月17日
213	关于清算2008年省级储备粮油有关补贴及轮换销售差价的通知	省财政厅 省粮食局	浙财企字〔2009〕317号	11月17日
214	关于印发浙江省省级援外医疗队专项资金使用管理办法的通知	省财政厅	浙财社字〔2009〕175号	11月17日
215	关于2009年第三季度浙江省中小外贸企业融资担保专项资金使用情况的报告	省财政厅 省商务厅	浙财企字〔2009〕325号	11月19日
216	转发财政部关于进一步加强涉农金融专项补助资金管理的通知	省财政厅	浙财外金字〔2009〕66号	11月25日
217	关于明确城乡居民社会养老保险制度中有关财政补助政策口径等问题的通知	省财政厅	浙财社字〔2009〕203号	11月27日
218	关于下达2009年"811"环境保护新三年行动专项资金的通知	省财政厅 省环境保护厅	浙财建字〔2009〕278号	11月27日

（续表九）

序号	文件名称	发文单位	文号	发布日期
219	关于印发浙江省高校重中之重学科建设资金使用管理办法的通知	省财政厅 省教育厅	浙财教字〔2009〕266 号	11 月 30 日
220	关于 2009 年度省级化肥储备利息费用补贴清算的通知	省财政厅	浙财企字〔2009〕354 号	12 月 2 日
221	关于明确 2010 年度浙江省集中采购统一目录和省级集中采购目录及标准的通知	省财政厅	浙财采监字〔2009〕38 号	12 月 4 日
222	转发财政部 国家税务总局关于再生资源增值税退税政策若干问题的通知	省财政厅 省国税局 财政部驻浙财监办	浙财税政字〔2009〕23 号	12 月 4 日
223	关于将部分公益性国债项目转贷资金转为拨款的通知	省财政厅	浙财建字〔2009〕314 号	12 月 9 日
224	关于印发浙江省“广电低保”工程专项资金管理办法的通知	省财政厅 广播电影电视局	浙财教字〔2009〕303 号	12 月 10 日
225	关于表彰浙江省先进会计工作者的决定	省财政厅	浙财会字〔2009〕81 号	12 月 15 日
226	关于省本级全面推广应用新版非税征管信息系统的通知	省财政厅	浙财综字〔2009〕141 号	12 月 15 日
227	关于开展浙江省普通会计人员网络继续教育的通知	省财政厅	浙财会字〔2009〕83 号	12 月 21 日
228	关于 2009 年浙江省财政支持现代农业生产发展资金项目实施情况的报告	省财政厅	浙财农字〔2009〕480 号	12 月 21 日
229	关于公布罗石林等 9 位同志具有教授级高级会计师资格的通知	省财政厅 省人力资源和社会保障厅	浙财会字〔2009〕84 号	12 月 22 日
230	关于 2006～2008 年全省基层文化设施建设项目绩效评价情况的报告	省财政厅	浙财绩效字〔2009〕11 号	12 月 22 日
231	关于完善政府卫生投入政策的意见	省财政厅 省发展改革委 省民政厅 省人力资源社会保障厅 省卫生厅	浙财社字〔2009〕247 号	12 月 22 日
232	关于跨区域总分机构企业所得税分配及预算管理的补充通知	省财政厅	浙财预字〔2009〕1 号	12 月 22 日
233	关于公布取消暂停征收部分行政事业性收费项目和降低部分收费标准及有关事项的通知	省财政厅 省物价局	浙财综字〔2009〕4 号	12 月 22 日
234	关于 2006～2008 全省乡村卫技人员素质提升工程项目绩效评价情况的报告	省财政厅	浙财绩效字〔2009〕12 号	12 月 23 日
235	转发财政部关于加强中央政府公共投资预算执行监管工作的通知	省财政厅	浙财监督字〔2009〕12 号	12 月 23 日
236	关于做好耕地占用税和契税征管职能划转工作的通知	省财政厅 省地税局	浙财人教字〔2009〕49 号	12 月 25 日
237	关于预算单位公务卡制度改革的实施意见	省财政厅 省监察厅 人行杭州中心支行	浙财库字〔2009〕23 号	12 月 28 日
238	关于表彰会计信息质量检查十周年先进集体和先进工作者的通报	省财政厅	浙财监督字〔2009〕13 号	12 月 29 日
239	关于印发浙江省金财工程运维平台管理办法的通知	省财政厅	浙财办字〔2009〕28 号	12 月 29 日
240	关于 2009 年度全省财政系统调研报告评审结果的通报	省财政厅	浙财办字〔2009〕29 号	12 月 31 日
241	关于表彰 2009 年度全省财政系统会计工作先进单位和先进个人的通报	省财政厅	浙财会字〔2009〕89 号	12 月 31 日
242	关于调整送书下乡和送戏下乡专项资金补助标准和范围的通知	省财政厅 省文化厅	浙财教字〔2009〕339 号	12 月 31 日
243	关于 2008 年度现代农业生产发展资金项目绩效评价有关情况的通报	省财政厅	浙财农字〔2009〕483 号	12 月 31 日

重要财政文选

省领导论财政

省委常委、省纪委书记任泽民在省财政厅调研时的讲话

这次到省财政厅调研主要是加强联系，了解熟悉我省财政工作情况，便于纪检监察工作与财政工作进一步搞好协调配合，以更好地推进反腐倡廉建设，为我省经济平稳较快发展创造良好的环境。

刚才听了钱巨炎厅长有关我省财政工作的汇报，有几点给我留下了深刻印象。一是财政工作非常重要。这些年来，省财政厅按照省委、省政府的统一部署，开拓创新，扎实工作，财政工作为促进全省经济社会发展发挥了重要作用。首先是聚财有道。不是简单的收钱，而是能够把有关方面的财力聚集起来。其次是理财有方。想办法，出政策，把财力做大，这个方面我们省财政部门做得很好。第三是用财有效。用有限的资金对各个方面的需求给予了很好的保障，包括民生、新农村建设等，有力地促进了全省经济社会发展。二是财政工作有许多创新。我省财政方面有许多改革举措走在全国前列。浙江财政收入结构很好，有特色。前段时间我在市县调研时了解到，基层的财力比较强，能够办一些大事，这都得益于我省财政近年来推出的改革措施。三是财政系统有一支好的队伍。好的队伍是我们宝贵的财富。我省财税系统干部队伍素质高，党员比重也比较大，这是做好工作的保障。这些年来，省财政厅党组一班人抓班子、带队伍，尤其是在党风廉政建设和反腐败工作上，措施得力，成效明显，在去年党风廉政建设考评中，财政厅取得了好的成绩。队伍建设抓得好，为全省财政工作提供了很好的政治和组织保障。刚才钱厅长谈了很多好的观点，我都非常赞成。

对于财政系统的反腐倡廉建设，我再简单讲几点要求。

*一要深化财政体制改革。*财政系统要结合实际，把反腐倡廉要求寓于各项改革和重要政策措施中。要深化预算管理体制改革，有效监控预算资金运行。深入推进部门预算改革、国库集中支付改革、政府采购制度改革，完善财政支出绩效评价体系，加强收支两条线管理，从源头上规范财政权力运行，集中治理“小金库”，加强资金监管，防范腐败行为。财政系统的纪检监察组织，要理清工作思路，明确工作方向，积极协助党组加强党风建设和反腐败工作，主动当好参谋和助手，保证反腐倡廉建设的各项改革措施落到实处。在今后的工作中，财政工作需要纪检监察机关支持的，特别是一些需要加大力度推进改革的工作，我们责无旁贷，一定全力支持你们的工作。

*二要强化监督检查工作。*最近，中央出台了一系列关于加强党风廉政建设和反腐败工作的文件，省委、省政府还要召开专门会议进行部署，如对拉动内需的重大工程投资进行监督等。作为财政部门，要与有关的部门一起，强化监督检查，认真查找项目建设和资金管理使用中的廉政风险点，进一步完善投资计划安排、资金拨付和管理使用等方面的规章制度，严把执行程序关，确保新增中央和省投资项目规范、合法、有效地实施，为促进我省经济平稳较快发展提供有力保证。同时，要加强对中央和省委、省政府有关厉行节约规定落实情况的监督检查，努力实现今年各级党政机关公用经费、公务接待费、公务用车费、专项经费、因公出国(境)经费等各项经费的节约指标，真正把有限的资金和资源更多地用于扩大投资、拉动内需上，用于提供公共服务和改善保障民生上。当前，推动经济的平稳较快发展，事关党和国家工作的大局。纪检监察工作只有围绕这个中心、服务这个大局，只有主动地贴近经济社会发展来搞好服务、提供支持和保障，才能真正具有活力，发挥应有的作用。我们要共同努力，把中央精神贯彻落实好，保证浙江经济有一个好的发展环境，绝不能因为我们在党风廉政建设和反腐败工作上出现了偏差、出了问题，影响这个大局。

*三要不断加强队伍建设。*我省发展到现在的阶段，党风廉政建设和反腐败工作处在一个非常关键的时期，也是一个腐败现象的多发期、高危期，现在全省的案件，包括信访件的数量在全国也是比较高的。一个领导班子把队伍建设和反腐倡廉建设抓得紧一点，工作做得到位一点，使我们的干部不犯错误、少犯错误，这是我们追求的最高境界。我多次强调，要注重惩防并举，纪委要始终把办案工作放在重要位置，但也不是办的案子、查处的人越多越好，成绩越大。在现在这个特殊的时期，要通过我们的工作，发挥各级党组织的作用，使我们的干部不犯错误、少犯错误，才是我们工作追求的目标。干部的成长除了个人勤奋努力外，组织在人力、物力、财力上花了很多心血，特别是领导干部，一旦犯错误以后，不但给个人、家庭带来很大的伤害和损失，也会给一个地方的工作、给党的事业带来损失。财政厅在抓队伍建设方面很有特色，队伍带得也是好的，要保持这个好的状态。

(2009 年 7 月 28 日　根据录音整理)

厅（市）领导谈财政

在省财政厅处长会议上的讲话（摘要）

钱巨炎

一、落实

今年财政工作任务都已经明确，收支任务已经省人代会批准并具有法律效力，着重要抓好三个落实：

一是把握好今年的收支盘子。首先要完成省人代会批准的2042亿元的地方财政收入任务。地方财政收入增长6%这个目标是经过深思熟虑，党组经过多次的反复讨论、计算各项减收因素以后确定的，虽然这个增幅可能是近30年来最低的，但相对来讲还是比较积极的。因为今年的形势确实不容乐观，1月份全省完成地方财政收入264亿元，同比-5.5%，其中只有30个县市增长，其他都下降。今年没有要求"开门红"，能开好局就可以。因为每年开门红后，1月份收入基数越来越高，再这样下去，上半年的收入任务有一半在1月份完成，这不符合均衡入库的原则。今年总的趋势还是平稳的，去年11月份是-7.1%，12月份-6.6%，今年1月份-5.5%，到2、3月份可能会有点回升，这样下来，到后几个月就好些。但3个月时间还看不出发展的趋势，2月份是走平还是继续负增长很关键，如果是继续往下跌，那就令人担心了。

财政的主题始终是收、支、管，钱从哪里来，钱到哪里去，钱怎么分，效果怎么样。钱从哪里来实际是一个收入问题，是税收制度的问题；钱到哪里去是公共财政的问题；钱怎么分，纵向层级之间的分配就是财政体制问题，横向分配就是部门预算问题，纵横交叉。要关注收支的规模、质量和结构，随着时间的推移，规模不断扩大，收入、支出结构不断优化，并不断向好的方向发展。今年还是要继续关注收入结构问题，不求地方收入做多少大，而是要求质量要好，一定要做实。要重视一般预算收入里面的税收结构，因为基金、非税收入等本来就是地方可用财力，去年全省财政支出2208亿元，基金支出2263亿元，再加上预算外300亿元，共4800亿元，加上税收返还100多亿元，实际上政府操控的支出规模将近5000亿元，收入6500亿元（不包括关税和出口退税）。今年支出规模扣除燃油税因素是2400亿元，地方财政收入2042亿元，要抓好落实，确保完成。

二是深化落实新一轮省对市县财政体制。财政体制的调整不仅仅是利益格局的调整，更重要的是通过利益格局调整的导向作用，促进地方产业结构、产品结构和税种结构的调整。通过营业税政策的调整，使地方能够做大三产，提升产业结构；通过体制传导对产业结构产生影响，不断增强地方可用的财力。要强调地方财政收入概念，各地要重视地方财政收入。要落实好体制的几项后续工作。

三是落实工作措施。要围绕省委、省政府"两创"总战略、保稳促调、产业转型升级的要求，认真贯彻落实好积极的财政政策。中央的项目要积极争取，落实好配套资金，包括环保、水利、医疗卫生、教育等，原来已经有渠道、有资金来源，一直在做的，配套要衔接好。

二、完善

要继续深化和完善1998年以来陆续出台的公共财政管理方面的各项改革，部门预算要细化，国库支付要扩面。国库集中支付深化以后，从面上来讲有些专项被移用挪用的情况可能会被遏止，但是根本问题不容易解决，实际上是财力保障不充分的问题。绩效评价的框架已经初步构建，要扎扎实实地开展，尽量针对专项资金的项目作出一个客观公正的评价。评价主要是从当前专项资金的使用状况而言，并不是评价功绩，而是评价不足的地方，通过发现问题加以改进。绩效评价最后涉及绩效预算问题，下一步要真正把绩效评价的成果在财政能操控的范围里真正地应用到部门预算中去。对部门的预算要细化，但也要讲究方法，可以定总量不定项目，不直接给钱定项目，而是定总量，由部门按照轻重缓急排好项目以后，我们加以细化。要继续深化政府采购改革，政府采购工作总体上来讲功不可没，十年有它的成绩，但也要正视政府采购中存在的问题，从制度层面进行约束完善，今后政府采购原则上提前一年做预算。

各项改革制度要完善，工作要深化，服务要提升。改革认准的方向要坚定不移地往前走，不能后退。推出去的改革必须考虑成熟，看准了，稳步推行；同时效率和服务要跟上去。有些程序必须要过，但从设计的路径来讲要考虑如何提高效率。比如预算排定以后，预算很细，部门就可以直接向国库申请支付，不要一个处室一个处室批，到主管部门去批。但这里面有一系列程序一定要设定好，就像制作电脑的软件一样，里面可能很复杂，但最后像傻瓜相机一样快门按一下就行。完善改革要科学地设定管理制度，财政部提出了科学化、精细化、专业化的要求，科学化是科学合理的制度安排，所以我们提出部门预算、国库集中支付和预算监督制度“三分离”。要关注制度本身，关注制度需要完善的地方，花更多的精力研究完善公共财政制度，研究钱到哪里去更加符合公共财政的要求，更加符合在现阶段经济发展水平、财政管理水平。特别是在座的处长们，要从纷繁的事务中跳出来，从更高的视野来改进管理，不断提高工作水平。

三、拓展

拓展实质上是务实创新的问题。要拓展管理领域，创新管理理念、管理制度，主要有几个方面：一个是制度创新，一个是管理创新，还有文字和科研的创新。

一是科研创新。科研所需要物色既具有一定理论功底、又具有一定组织能力，能够把财政领域的力量组织起来的人才，比如浙江大学、财经学院等学校研究财政问题的专家，还有全省财政系统包括外省财政系统各种各样的人才，把这些力量组织起来，把我们的理念与他们进行交流沟通，充分发挥外力的作用，做好科研文章，真正把科研所的作用发挥出来。

二是文字创新。上次省人大冯明副主任提出预算报告能不能改一改，一是让人家能够看得懂，再是方式上作些创新。预算报告确实很难写，它有固定的格式，那么我们能不能借鉴一下韩国、新加坡、香港等国家或地区的预决算报告的写法？今后财政如果要改革，肯定是按照美国模式（如韩国）或英国模式（如香港）改，但又要结合亚洲地区的实际。我们可以借鉴他们预决算报告的模式，但不是照搬照抄，而是借鉴吸收，将其本土化。现在广东省的预决算报告比较细化，我们可以借鉴。像这些方面，不要受条条框框约束，可以先看看、先研究，至少知道人家是怎么写的。这就是文字上的创新。

三是制度创新。今年的重点是专项资金整合问题，其他包括政府采购、部门预算、国库集中支付、预算监督体系制度建设、立法的制度建设等，都可以作为今年制度建设方面的重点。财政部现在有一个监督体系，如果今后条件成熟，我们也可以成立预算监督局，探索开展一些工作。比如，一方面可以监督落实省级专项资金的使用情况，另一方面也监督他们的财政收入。现在绩效评价、预算评审、监督局等机构合起来实际上是比较强大的，如果我们的监督机构能够成立，会是比较强大的组织机构。如有必要，我们对一些重点的地方也可以派驻，也可以派一些干部出去。总之，在制度创新方面，我们要有一个大胆的构想。当然，实际操作上务必要稳妥推进，要仔细考虑到底可行不可行，不能贸然行动。

四是管理创新。主要是“三分离”的问题。财政管理改革已经进行了十年，应该说已经比较成熟，下一步就是逐步深化问题。我们的组织架构基本上是沿用原来计划经济体系下的架构，有必要按照生产关系与生产力相适应的原理，建立与改革相适应的组织架构。总的来讲，财政部门现在工作环境很不错，省委、省政府都很重视、关心、支持。比如创业投资引导基金的事情，省发改委、省科技厅都很想做，但是省领导还是要让财政来管；还有浙商银行持股问题等等，实际上都能反映出省领导对财政厅的信任。既然领导把工作交给我们，我们就要把工作做好。

五是关注上级动向。要关注财政部下一步在体制、管理制度方面的动向。部里支出盘子大，如果收入减少，有可能会动税制，如扩大增值税范围，我们要关注。体制的问题非常重要，上下级政府之间、层级之间分配关系就是靠体制。这次燃油税费改革基数的事情，经建、预算、综合等处表现很好，我们的办事处发挥了重要作用。一直以来，业务处室、驻京办事处都是靠多年来的努力工作、真心尊重和真诚交流获得部里的认可和支持，也结下了深厚的感情。今后，我们要珍惜、把握好这种健康向上的关系，继续关注动向，加强交流，以更好地开展工作。

四、保障

主要是指财力保障、组织保障、工作保障、廉政建设保障。廉政建设保障非常重要，要“吃一堑，长一智”。重点讲讲组织保障的问题，着重是处级干部的问题。

一个强有力的班子和一支高素质的队伍是组织保障最强有力的支撑，这支队伍最重要的中坚力量就是处级干部。在方向大致明确的情况下，处级干部的工作作风从某种程度上能够决定我们能不能真正贯彻落实好意图和政策。有一支主动性强、素质高、思路清晰、工作扎实的处级干部队伍，就不用担心政策意图、党组意图得不到贯彻，而且还可以得到创造性的贯彻，落实得更好。我们的处级干部虽然也有能力稍强稍弱、工作方式方法的区别，但是总的来讲这支队伍非常好，非常整齐。在具体工作中，处级干部要起到承上启下的作用，对上要领会厅党组意图，对下要传导到位。一旦失误，很可能会出现“失之毫厘，差以千里”的严重后果。目前这支队伍存在的一个重要问题就是平均年龄偏高。根据人教处的统计，厅里正处长平均年龄49岁，副处长平均年龄42岁，这确实给了我们一个不小的震动。希望老同志、老处长们对此能有正确的认识。2004年厅党组原来有个规定，但是后来没有执行，从内心来讲，我也很犹豫，到底要不要执行，也还可以再探讨。但是从历史使命的角度来看，希望大家还是要有一个正确的认识。从历史发展、历史使命的角度来看，需要大胆提拔使用年轻人。不管厅党组的政策执行不执行，老同志总是要面临退出历史舞台的那一天。在这种情况下，要更多地考虑让那些真正具有能力的年轻人尽快走上领导岗位，也使接下来的一批年轻人尽快走上副处岗位。财政厅是一个专业部门，总的来讲需要队伍稳定，处长们在各个处室兢兢业业，情况也熟，如果没有原则性问题，适度交流即可，以稳定为主，不要大换班。财政是专业部门，是搞业务的，搞懂财政业务没有三五年不行，要把专业研习深、研习透。在此，对处长们提出几点要求：

一是勤学。首先强调的是加强学习。现在财政改革任务很重，变化很多，法律、人文、经济、社会等很多方面都有很多新的知识需要学习。处长们对外就应该是本专业的专家，对政策依据、具体措施、实施情况和基础数据等等都应该做到脱口而出，这就需要勤奋、投入地学习。在今年的全省财政地税工作会议上，吕省长讲到了三个月的数字，省长能讲出一个部门报表里三个月的数字变化，相信那天在座的很多局长都讲不出来，因为省长是用心在管，用心在研究。处长们对自己领域内的数据要更加熟悉，做到如数家珍、有专业精神，这要靠学习。

二是善思。处长们不要每天忙于事务，有时要让自己的脑子空一空，可能更有利于工作的开展。有时超脱一些，“跳出山外来看山”，可能就看清楚了。就如苏东坡所言，“不识庐山真面目，只缘身在此山中”。“跳出来”的另一层意义在于“横看成岭侧成峰”，换个角度来看问题，可能又不一样。所以处长们要善于学习，勤于思考。思考实质上就是信息的合成处理，然后在轻松状态之下可能容易出一些好点子。

三是践行。处级干部肯定需要实干。你想到的点子必须要先做，尝试一下，看看行不行。很多点子都是通过处级层面的尝试最后演变为政策，对全省产生效益。当自己的政策对老百姓能产生某种影响，特别是积极影响的时候，你就能感觉到一种成功感。比如说民生方面，所有的政策跟老百姓的生计都有关系，政策如果制定得合理，由于你的努力使老百姓得益，这种成功感是非常强烈、非常值得自豪的。再比如政法处的规范清理津补贴工作，对所有干部都会产生影响，那么政策制定得合理与否就非常关键。财政的本质是分配问题，面向不同人群，对不同群体会产生不同影响，跟所有人息息相关。所以还是要多学习、多思考、多实践。

总的来讲，处长们说起自己的工作要能够成竹在胸，然后还要有建设性、主动性、超前意识，要能够让分管厅长“追着赶”而不是“推着走”。我们每个人现在的工作要对现在负责，同时也会对未来产生影响，每件事情都要对历史负责。既能无愧于现在，也能无愧于未来；既要对上负责、对下负责，也要处理好左右的关系。比如我们与部门之间，同样是给钱不给钱，会不会处关系，结果可能完全不同。关系处理好了，不给钱也没意见；关系没处理好，给了钱还有意见。所以处长们要有组织协调能力，对内能调动处里的积极性，对外也能协调好与对口部门的关系。归根到底，取决于个人素质，靠的是自己不断地学习思考，提高修养，提升自身素质。财政工作是在历史的积累上发展起来的，不是空中楼阁，必须要正确评价前人的工作，看到自己工作成绩里有前人的贡献，要低调一点、务实一点、厚道一点，对人诚恳一点。对过去，多回忆回忆愉快的事情，尽量忘记不愉快的事情；对自己、对单位、对朋友、对他人，都要负起责任。有责任感是一个人最重要的品质。作为处长来讲，就是要敢于对上、敢于对下、敢于对自己负责。

（2009 年 2 月 3 日　根据录音整理）

抓收入 强管理 保平衡
推动全省经济社会平稳较快发展（摘要）

钱巨炎

一、应对危机，上半年全省财政地税工作积极有为

今年以来，面对国际金融危机冲击造成的经济增速持续放缓、发展困难明显增多等诸多挑战，全省各级财政地税部门以科学发展观为指导，按照“依法治税、为民理财、务实创新、廉洁高效”的总体工作思路，念好“实、稳、优”三字诀，牢固树立政治意识、经济意识、法治意识、创新意识、服务意识、风险意识，认真贯彻中央应对金融危机“一揽子”计划和省委、省政府“保稳促调”等一系列政策措施，充分发挥财税职能作用，积极做好保增长、抓转型、重民生、促稳定的各项工作，促进了全省经济社会平稳较快发展。

（一）保增长、促转型

1. 帮扶企业保增长。本着“民生为本、企业为基”的理念，积极开展“帮扶企业‘春雨’专项行动”和“春阳暖企”专项行动，深入开展“双服务”活动，帮助企业应对危机，提升发展信心。取消和降低行政事业性收费、落实临时性适当下浮企业社会保险费缴纳比例政策、调整用人单位基本养老保险费缴费比例等，积极落实提高出口退税率、实行增值税转型改革和高新技术企业税收优惠、技术研发费加计扣除等政策，加大对企业扶持力度，上半年已使企业减负 290 亿元。完善小企业贷款风险补偿政策，将小额贷款公司纳入补偿范围，加大对服务业企业融资的补偿力度，缓解中小企业融资难问题。

2. 扩大需求促增长。一是加大政府投资。积极做好中央新增投资省级财政所需配套资金的落实工作，争取 2009 年地方政府债券额度 82 亿元，并下达一期债券 40 亿元。筹措落实省

本级铁路建设资本金，支持“六线二枢纽”等重大基础设施项目建设。二是着力扩大内需。深入实施低收入群众增收和基本公共服务均等化行动计划，加大以改善民生为重点的社会建设投入，积极推进“家电下乡”和“汽车摩托车下乡”，稳定和改善居民消费预期，促进消费。三是扶持外贸发展。安排3.5亿元省级外贸发展资金，完善外经贸促进各项政策，支持出口企业优化产品结构、创建自主品牌、参加境外展会、开拓国际市场，稳定外贸出口。

3. 优化结构促转型。一是引导服务业加快发展。认真落实分类分档激励奖补机制，筹措落实支持服务业发展各项专项资金，进一步加大对服务业的支持力度。完善服务业税收优惠政策的具体实施办法，加大现有推进现代服务业发展税费政策的宣传、辅导和落实力度，扎实推进企业分离发展服务业工作。二是积极支持工业经济转型升级。整合工业类、科技类财政专项资金，设立总额为5亿元的工业转型升级专项资金，推进企业技术创新和技术改造。筹措落实节能和循环经济发展资金，加快推进节能降耗工作。三是助推农业优化升级。加大现代农业生产发展资金投入力度，支持中央立项蔬菜、虾蟹、油茶产业、水(干)果产业和其他农业主导产业，促进农业主导产业转型升级。四是加大创新支持力度。上半年，新认定两批高新技术企业共407户。省财政设立5亿元创业风险投资引导基金，支持处于初创期、成长期的科技型中小企业创业创新；支持“人才强省”，推进创新型人才和创新团队建设；支持实施标准化战略，激励技术标准创新。

（二）稳收入、优结构

深化科学化、专业化、精细化征管，通过“抓大、评中、定小”管理手段，提高税源管理工作绩效；建立健全数据采集——税源监控——税收分析——纳税评估——税务稽查“五位一体”横向互动机制，加强多部门信息共享，实现税收源头控管；积极推广应用不动产建筑业税收项目管理软件，进一步推进个人所得税代扣代缴明细申报工作，加快推进发票电子化；制定《浙江地税系统2009～2011年发展规划》，促进地税工作稳步发展。更新服务理念，创新服务手段，构建和谐征纳关系。稳步推进新版政府非税收入征管信息系统的推广，做好政府非税收入收缴管理，加强政府非税收入收缴资金账户监管；进一步加强国有资源有偿使用收入、行政事业性收费和政府性基金的征收管理，增强政府财力。上半年，全省地方财政收入1132.03亿元，增长2.6%，完成年初预算的55.4%；全省地税部门共组织各项收入1289.48亿元，下降1.7%，其中：税收收入864.82亿元，下降3.1%；社保费收入337.76亿元，增长2.3%。

（三）重民生、保稳定

切实加大财政对民生的投入，落实各项与民生相关的税收优惠政策，上半年全省财政支出用于民生的比重为67.9%。加大对新农村建设的财政投入，完善各项强农惠农政策，支持农村改革发展。深化义务教育经费保障机制改革，小学、初中生均公用经费分别达到350元、550元，制定义务教育学校教师绩效工资实施方案，对家庭人均收入4000元以下的子女就读中等职业学校实行免除学杂费政策，试行省属普通高等学校本科教学业绩考核结果与财政拨款挂钩。支持城乡公共文化服务体系建设，加大省级重大文化项目建设的经费保障力度，促进文化大发展大繁荣。实施积极的就业政策，研究制定稳定就业的政策措施，努力稳定就业局势。支持社会保障体系建设，调整基本养老保险缴费比例，城镇职工基本养老保险实现省级统筹，完善基本养老保险省级调剂补助办法，加大对困难市县的补助力度。认真贯彻中央医药卫生体制改革精神，做好财政资金测算工作；加快推进城镇居民基本医疗保险工作，将大学生纳入城镇居民基本医疗保险，全省所有县市新型农村合作医疗人均筹资水平达到140元以上；进一步完善免疫规划经费保障机制，及时落实防控甲型H1N1流感经费。加大扶贫投入，稳步推进扶贫小额信贷、“低收入农户集中村”村级互助资金试点工作，提高农民增收致富能力。进一步加大生态环保财力转移支付资金投入和森林生态效益补偿力度，改革完善省级以上自然保护区财政补助政策，探索开展省排污权有偿使用和交易试点，推进生态省建设。加大对景宁县和全省18个重点民族乡镇的财政扶持力度，扶持欠发达地区和民族地区发展。

（四）强管理、提绩效

按照“收入一个笼子、预算一个盘子、支出一个口子”的要求，推进预算编制、执行、监督“三分离”的财政运行机制改革。进一步完善预算分配机制，加大预算内外资金统筹力度，深化部门预算管理改革，25个省级部门的部门预算提交省十一届人大二次会议审查，省农业厅、科技厅部门预算上人代会重点审查。深化财政国库集中支付改革，确保省级改革规范运行；在全省11个设区市均已实施的基础上，稳步推进县级国库改革。完善绩效评价实施办法，健全绩效评价工作机制，开展41个省级部门128个项目的绩效自评工作；加强财政项目支出审核，上半年审核项目252个，净审减2.62亿元，审减率10.2%。加快推进政府采购制度改革，全面推行政府采购信息化建设；积极开展加入GPA谈判研究工作，并取得阶段性成果。加快推进财政专项资金的清理、整合，出台清理整合和规范财政专项资金管理的意见，完善项目立项的科学决策制度，规范财政专项资金管理。加强政府性债务管理，对超过债务预警指标值的市县进行通报，严格控制债务规模，防范债务风险。建立国有资本经营预算制度，探索国有产权收益收缴管理。开展资产管理信息系统试点，加快建立我省行政事业单位国有资产管理监督体系。稳步推进财政扩权强县改革，认真开展地方财政资金安全检查和"小金库"治理工作，强化财政执法监督。认真贯彻落实中央和省有关增收节支、厉行节约各项规定，努力降低行政成本。

（五）优素质、强队伍

深入开展财税文化建设，出台2009年系统财税文化建设的意见，扎实推进学习平台、制度平台、情感平台、激励平台、宣传平台和活动平台建设，积极营造"勤学、善思、践行"的氛围，提升干部队伍综合素质。完善学习教育机制，深入推进岗位培训，加大年轻干部培养锻炼和岗位交流，启动全省财政系统预算编制人才库建设。扎实推进反腐倡廉建设工作，全面落实党风廉政建设责任制，积极开展党风廉政教育，持续深化和有效落实具有财政特色的惩防体系建设，进一步健全权力运行监控机制。认真做好学习实践科学发展观活动整改落实和"回头看"工作，深入开展效能建设主题活动，切实推进机关精神文明建设。

二、正视危机，全面把握当前财税经济形势

目前，我国应对全球金融危机的"一揽子"计划已初见成效，全国经济运行总体企稳向上，且积极因素在累积增加。我省经济也出现了下行趋缓、运行趋稳、回暖向好的积极变化，地方财政收入已连续3个月实现增长，财政运行企稳向好。但是必须看到，由于世界经济总体仍处于衰退之中，金融危机仍将在相当长时期和一定程度上影响财税经济运行，我国经济持续平稳回升的基础还不稳定、不稳固、不平衡；我省经济发展中的结构性、体制性和素质性矛盾依然突出，经济发展的困难和不确定因素仍然很多；财政收支矛盾十分严峻，防范财政风险的任务仍很艰巨。对此，我们必须保持清醒头脑，充分估计形势的严峻性和复杂性，进一步增强危机感和紧迫感，进一步做好在较长时期内应对各种困难和复杂局面的准备。

（一）充分认识金融危机影响的长期性

首先，从经济周期理论看，无论是资本主义经济，还是社会主义经济，经济的周期性波动都不可避免。随着国际金融危机的爆发，世界经济就此告别繁荣阶段，进入衰退阶段，并将持续一定时期后才能走出低谷，步入新的复苏阶段。因此，即使今年我国经济顺利地从"前低"转入"后高"，也并不意味着会马上重新进入一个高涨阶段。从上世纪90年代初期以来的经验看，每当高涨期和低迷期来临，都会延续5年左右，我国经济发展将在低位持续一个较长的时期。

其次，从国际经济形势来看，世界经济将因为缺乏新的增长点而持续低迷。当前，美国已经将新能源作为培育新经济增长点的突破口，但由于技术创新周期的原因，近中期难以取得实质性突破并大规模产业化，并形成新的经济增长点，不可能重现上世纪90年代依靠信息技术创新带动的集约式增长。因此，危机过后世界经济将因缺乏强有力的动力机制，在较长时期里将保持相对低迷状态。

再次，从国内经济形势看，金融危机将对我国经济增长格局带来长期影响。一方面，在危机之后美国等西方发达国家不可避免地对消费行为进行调整，我国出口产品的外部需求将相应下降。同时，危机也使国际间经济贸易竞争更加激烈，各国将通过贸易保护手段来保护本国产业。因此，从长期来看，出口虽然仍将可能重新成为我国经济增长的重要动力，但很难再恢复到危机前那种持续高速增长的态势，出口不振的局面将一直延续。另一方面，经过前几年投资过度扩张，我国不少行业已出现产能过剩，加上去年以来实施的刺激经济一揽子计划，不少领域的投资已经或接近饱和，今后不可能像前些年那样有那么多投资热点，一直保持那么高的投资增长率。因此，在今后一段时期里，我国经济增长将从主要依靠投资、出口拉动逐步转到更多地依靠消费拉动，而这需要较长的时间。

（二）充分认识财政收支平衡的严峻性

从收入看，财政收入形势依然严峻。一方面，受金融危机影响，我省经济企稳回升的基础仍不稳固。以民间投资为主的制造业投资难以启动；刺激消费的优惠政策效应下半年将逐渐减弱；受国际市场需求萎缩、人民币汇率持续升值和各种贸易保护主义措施的影响，我省外贸出口形势将更趋严峻；工业生产难以快速回升，一些行业、企业生产经营还比较困难，将使地方财政收入难以实现较快增长。此外，财政持续稳定增长的基础还不牢固，税收收入的后期走势不容乐观。另一方面，今年还面临诸多政策性不可比减收。在企业所得税改革造成减收的基础上，全面实施增值税转型改革，多次上调出口退税率，暂停征收存款利息所得税，高新技术企业、小型微利企业税收减免，个人住房转让营业税政策调整和房地产交易环节税收政策调整以及贯彻落实帮扶企业实施的税费减免政策等，使财政直接面临减收的压力。

从支出看，财政支出刚性强、需求大。一是为扩大内需促进经济转型升级方面的支出需求增长较大；二是深入实施"全面小康六大行动计划"，需要不断加大投入；三是兑现义务教育教师绩效工资，推进医药卫生体制改革、政法经费保障机制改革、中小学校舍安全工程建设等新增政策性支出增长压力较大。

上半年，全省地方财政收入增长2.6%，全省财政支出增长18.8%，支出增长势头迅猛，财政资金保障压力不断加大。据初步预测，今年全省地方财政收入能力争完成年度预算增长6%的任务；而全省财政支出增长将大大超过年度预算增长5%的目标，收支平衡难度极大。因此，今年将是近年来我省财政形势最为严峻、平衡压力最大的一年。

(三)充分认识防范财政风险的重要性

财政风险不仅仅是财政系统内部的风险，它实质上是一种政府的经济风险。金融危机的传导是金融风险逐步向财政风险积聚的过程，如果金融风险的积聚没能得到及时有效的控制和化解，最终将会引发财政危机，影响地方经济发展，引发社会动荡。因此，必须高度重视财政风险问题，从讲政治的高度，采取有效措施，切实防范财政风险。

一是防范收支不平衡风险。量入为出、收支平衡、不列赤字是预算编制管理的基本原则，也是《预算法》的基本要求。财政部门担负着为政府运转、各项改革和经济发展、政治和社会稳定提供必要的资金保障的重任，财政收支不平衡将会影响公共财政职能的有效发挥，使财政宏观调控能力下降，严重的收支不平衡还可能引发财政风险。我们要充分认识到实现财政收支平衡是落实科学发展观、实现经济又好又快发展的重要基础，是政府应尽的职责，将实现财政收支平衡作为财政管理工作必须遵守的一项最基本原则。

二是防范政府性债务风险。近年来，我省各地积极采取措施，加强政府性债务管理，努力化解财政风险，全省政府性债务规模得到较好控制，取得了一定的成效。但从去年下半年以来，地方政府性债务出现较快增长态势，虽然有应对金融危机的因素，但也与一些市县债务风险意识不强、债务管理不严不无关系。据统计，截至2008年底，全省地方政府性债务负债率超过警戒线的市县有25个，债务率超过警戒线的市县有12个，偿债率超过警戒线的市县有26个，其中：三个警戒指标全部超过的市县有9个，超过两个警戒指标的市县有10个，全省政府性债务控制面临严峻形势。我们要充分认识到债务风险的危害性和防范化解债务风险的重要性、紧迫性，牢固树立科学发展观和正确政绩观，正确处理发展速度与财力可能、债务规模与偿债能力之间的关系，严格控制政府性债务规模，努力防范和化解地方政府过度负债的风险。

三是防范财政资金管理风险。随着国库集中收付制度的逐步建立和不断完善，财政资金由分散管理向集中管理转变，有效解决了原拨款制下资金分散管理的种种弊端，财政资金实现了安全、规范、有效运行。但与此同时，财政资金管理的潜在风险从原先分散在各个预算单位资金使用层面变为集中在国库支付管理部门管理层面。从最近的检查看，目前个别地方在财政资金安全管理方面还存在一些较为突出的问题，如财政资金安全意识淡薄，“重分配、轻管理”的传统观念依旧根深蒂固；财政专户管理不规范，财政专户过多、重复设置、管理分散；内控管理制度不落实；一些地方调度国库资金过多等。对此，如果听之任之，不加重视，就极易产生财政资金管理上的风险，“湖北省潜江市国库资金被盗案”就是一个警示。因此，我们必须强化财政资金管理风险防范意识，通过制度建设将资金风险控制全面融入到业务培训、工作流程、内部监督等各个层面，形成思想、制度、技术、流程、监督等多张交织细密的资金安全“防护网”，实现事前防范、事中控制、事后监督的“全过程”资金安全管理，杜绝财政资金安全隐患。

三、趁势而上，确保完成全年目标任务

当前，我省正处在积极应对国际金融危机冲击、加快经济转型升级的关键时期，处在全面建设惠及全省人民的小康社会的攻坚阶段。省委十二届五次全体(扩大)会议作出了《中共浙江省委关于深化改革开放推动科学发展的决定》，为我省今后一个时期深化改革开放指明了方向，明确了总体要求、工作重点和主要举措。全省各级财政地税部门要结合工作实践，立足当前，着眼长远，切实把全会的精神落到实处，深入实施“两创”总战略和“全面小康六大行动计划”，按照“标本兼治、保稳促调”的工作部署，密切关注财税经济形势的发展变化，坚定不移地研究完善和落实各项应对国际金融危机的财税政策措施，努力把应对危机当作转变传统发展模式、推动科学发展的重大机遇，在保增长的同时，更加注重推进结构调整，更加注重加快自主创新，更加注重加强节能环保，更加注重城乡统筹和区域协调发展，更加注重深化改革开放，更加注重保障和改善民生，巩固和发展企稳回升势头，推动全省经济社会平稳较快发展。

(一)以保平衡为目标，做好增收节支工作

正确处理好依法征税与实施结构性减税的关系，确保收入均衡可持续增长。依法组织好财政收入，确保收入均衡入库、持续增长、结构优化、调控有力，是财政税务部门最基本的职责所在。要在狠抓各项保增长财税政策措施落实的同时，坚定信心，明确目标，按照“法治、务实、有为”的组织收入原则，全力以赴做好组织收入各项工作，确保圆满完成年初目标任务。要密切关注经济发展走势、宏观经济政策和税收政策变化对财税收入的影响，加强调研，摸清家底，准确把握税源发展趋势，不断增强组织收入预见性。要及时掌握重点行业、重点企业、重点环节生产经营和税源变化情况，深入分析税收增减变化内在原因，科学判断收入增减未来趋势，及时发现和解决组织收入工作中的苗头性、倾向性问题，切实增强组织收入工作主动性。要加强重点税种管理和地方小税种源头控管，关注税收征管薄弱环节，规范税费减免，堵塞征管漏洞，努力拓展新的税收增长点。加大第三方信息采集和信息比对力度，强化城镇土地使用税、城建税、股权转让个人所得税等税种征管。加快不动产建筑业税收项目、杭州市重点税源管理等先进的税收管理软件和经验办法的推广应用，积极探索应用“网络发票”，进一步推进个人所得税代扣代缴明细申报工作，不断提高地税征管质量和效益，实现堵漏增收。要进一步完善社保费征管机制，积极探索研究国有资源类、资产类和国有资本收益

征管，拓宽非税收入征收范围和征收渠道，不断增强财政调控能力。

正确处理好增加政府支出与节约行政经费的关系，确保财政收支平衡。财政支出是促进经济平稳较快发展直接和有力的手段。在当前严峻的经济形势下，一方面，财税部门要充分发挥公共财政在社会主义市场经济条件下资源配置和经济调节的职能作用，更加积极主动地服务于经济社会发展大局。要转变理财观念，既要勤俭持家、科学理财，又要舍得投入、主动埋单，变被动为主动，积极为党委、政府当好参谋，有所为有所不为，该出手时就出手，集中财力支持经济社会发展的重要领域。另一方面，要牢记"两个务必"，牢固树立过紧日子的思想。过紧日子不仅是一种态度，更是一份责任。各级财税部门要带头勤俭节约，艰苦奋斗，共克时艰。要严格执行财政预算，增强预算刚性，确保中央和省有关增收节支、厉行节约各项规定落到实处，严控行政成本，并将核减、压缩的费用量化到部门。要认真履行职责，合理调度、拨付财政资金，促进财政职能的有效发挥和财政收支平衡。

(二)以保增长为主线，促进经济转型升级

立足当前，积极落实好各项财税政策。整合财税资源，创新扶持手段，用足用好财税政策，推动全省经济在保增长中加快转型升级。继续贯彻落实积极的财政政策，及时下达中央新增投资资金和地方政府债券资金，加快重点基础项目和民生工程建设，扩大国内需求。认真清理行政事业性收费项目和收费标准，关注中小企业生产经营状况，建立中小企业政策成效监测体系，确保国家和省各项清费减负、扶持企业发展政策落到实处；鼓励金融机构加大对中小企业的金融支持，扩大中小企业多元融资渠道。确保完成1000家企业分离发展服务业工作，充分发挥创业风险投资引导基金、工业转型升级专项资金、服务业引导资金的政策导向和资金扶持作用，支持企业技术创新和技术改造，推动工业转型升级和服务业加快发展；充分发挥政府采购的规模效应和市场导向作用，加大对节能、环保、自主创新等产品的支持力度，促进产业结构优化升级。认真落实完善促进外经贸发展的各项政策，鼓励和支持企业积极开拓国际市场，促进外贸出口。支持构建农村金融服务体系，引导、鼓励和支持村镇银行、小额贷款公司、农村资金互助社等新型农村金融机构增加涉农贷款投放，支持"三农"发展。

着眼未来，加大对新兴产业发展的支持力度。新兴产业往往处于成长初期，面临巨大的市场空间；同时也处在技术突破和产业化的关键时期，单纯依靠企业的努力是远远不够的，必须政企合力，多管齐下，采取切实有效的政策措施加以推进。当前，我省正处在新兴产业培育和发展机遇期的关键点上，要创新财政支持重点和方式，综合运用体制、资金、政策等多种手段，强化新兴产业发展的政策和制度保障，破除新兴产业发展的体制机制障碍，形成推进新兴产业发展的具有前瞻性、系统化、集成化的强力机制。加大财税扶持力度，大力扶持引领浙江经济未来发展的新能源、新材料、节能环保、生物医药、电子信息、海洋、文化创意等新兴产业及研发设计、营销等产业链"微笑曲线"的两端，大力推进经济转型升级，夯实财源基础。

(三)以惠民生为重点，保障公共服务支出

坚持量力而行，尽力而为，集中财力保障已经确定的各项重点民生工作有序推进。加大财政支农资金整合力度，加快支农支出进度，推进农村改革发展；积极培育新型农业生产经营主体，大力扶持现代农业。扎实推进"领雁工程"和"农远工程"，提高农村中小学师资水平和教育装备水平。重视义务教育学校实施绩效工资工作，加紧清理规范教师津贴补贴，积极筹措落实资金，市县财政要承担经费保障的责任，特别是优先保证农村义务教育教师所需资金到位，确保绩效工资平稳实施。加大对职业教育的支持力度，加快农村中等职业教育发展；完善高校财政拨款办法，逐步建立以绩效为主要内容的高校财政拨款制度。加快基层文化设施建设，推进文化信息资源共享工程，让人民群众共享先进、优秀文化成果。继续实施积极的就业政策，不断完善失业保险制度，稳定就业局势。推进企业职工基本养老保险省级统筹和新型农村社会养老保险制度试点，逐步建立覆盖城乡居民的养老保障制度。积极参与医药卫生体制改革，以"三基"(基础设施、基本制度、基层单位)为重点，加大财政卫生投入，推进医疗卫生新体制建设。进一步健全社会救助体系，完善城乡医疗救助制度，提高医疗救助的惠及范围和补助水平，保障和改善困难群体的基本生活。完善财政补助政策，支持农村困难群众住房救助工作。认真做好家电、汽车摩托车下乡财政补贴工作，支持开展汽车、家电"以旧换新"试点，探索创新补贴资金兑付方式，让农民群众真正得实惠。

(四)以"三分离"改革为核心，推进科学化精细化管理

在全国财政厅(局)长座谈会上，财政部提出了全面推进财政科学化精细化管理的总体要求和主要任务，就是要坚持依法理财、科学理财、民主理财，牢固树立全局观念、法治观念、创新观念、效率观念、服务观念、责任观念，按照突出重点、统筹兼顾、远近结合、分步实施的原则，突出依法理财、注重流程设计、完善岗责体系、加强绩效考核、健全配套制度、运用科技手段、坚持以人为本等基本要求，建立完整的政府预算体系，完善预算编制制度，加强预算执行管理，强化预算监督，建立预算编制与预算执行、预算监督相互制衡、有机衔接的运行机制，提高财政管理绩效，保障财政职能作用充分发挥。我们要按照财政部的统一部署，从全局和战略的高度，统一思想、

提高认识,开拓进取、真抓实干,紧密结合实际,把推进财政科学化精细化管理作为今后一个时期财政管理改革的中心任务,切实抓紧抓实抓好。当前的主要任务是:

按照"三个子"、"三分离"的要求,搭建起预算编制、预算执行、预算监督三个既相对分离,又相互联系、相互制衡的职能机构。贯彻落实新一轮省对市县财政体制,关注市县财政运行情况和政策实施效果,完善有利于科学发展的财政体制机制。深化以"三个子"为目标的综合预算改革,以加强专项整合、提高项目预算质量为重点的项目预算管理改革,以完善预算定额标准为基础的零基预算改革,优化以部门预算为龙头的预算管理业务平台;界定事业单位供给范围,加强资产管理与预算管理的结合;推进部门结余资金清理,实行重大项目绩效预算试点,进一步推进部门预算编制科学化、精细化。完善省级国库集中支付制度,不断扩大市县国库集中支付改革范围。稳步推进财税库银横向联网改革,建立省级财税库银横向联网系统。在省级预算单位全面推行公务卡管理,指导市县积极推进公务卡试点。开展全省财政资金安全检查,积极探索和实施财政国库现金管理,不断提升财政资金运行管理水平。加强政府性资金和财政运行全过程的监督,促进监督与管理的有机融合,保障资金使用的安全、合规、有效。落实省级部门绩效自评各项工作,对全省基层文化设施建设项目和农村卫技人员素质提升工程等重点项目实行绩效评价,指导各地落实评价结果应用机制,推进全省绩效评价工作深入开展。加快推进全省政府采购信息化建设步伐,促进政府采购管理和执行的规范化、科学化和精细化。继续深化农村综合改革,稳步推进乡镇财政管理方式改革。完善村级组织运转经费保障机制,加大经费保障力度,加强农村基层组织建设。

进一步加强财税法制建设,不断提高财税法治化水平。加强政府性债务管理,2008 年债务规模已突破警戒指标的市县(包括只突破一项指标的),除铁路建设外原则上不能再新增债务;未突破警戒指标的市县需增加债务规模的,所增债务要严格控制在三个警戒指标以内,切实提高抵御债务风险能力。认真组织开展"小金库"治理,建立防治"小金库"的长效机制。加强行政事业单位国有资产管理,建立健全资产管理制度体系。组织实施国有资本经营预算。加强会计监管力度,推进全省多层次会计人才的发掘和培养,提高会计队伍素质。

四、文化引领,不断加强干部队伍建设

在当前严峻的财税经济形势下,我们积极应对危机,确保完成全年目标任务,推动财税事业可持续发展,过去是,现在是,将来也必将要紧紧依靠广大财税干部,依靠有文化的广大财税干部,依靠有现代文化的广大财税干部。在座的各位局长,一定要像抓财税业务工作那样,投入足够的时间和精力来抓领导班子和干部队伍建设,保证财税事业后继有人。

(一)勤学善思践行,不断提高工作能力和领导水平

"火车跑得快,全靠车头带"。在座的各位局长担负着"抓好业务、带好队伍、当好参谋"的使命,要努力使自己成为一名具备现代财税文化的领导。勤学、善思、践行,是我们不辱使命、实现自我升华的不二法门。中共中央政治局常委、中央书记处书记、中央党校校长习近平在中央党校举行的 2009 年春季学期第二批进修班暨专题研讨班开学典礼上指出,书籍是人类知识的载体,是人类智慧的结晶,是人类进步的阶梯,各级领导干部要深刻认识现代领导活动与读书学习的密切关系,深刻认识领导干部的读书学习水平在很大程度上决定着工作水平和领导水平,真正把读书学习当成一种生活态度、一种工作责任、一种精神追求,自觉做到爱读书、读好书、善读书。在座的各位局长,要多读书、读好书、善读书,坚持在读书学习中领悟人生真谛、体会人生价值,在推动财税事业发展中实践人生追求;坚持阅读与思考的统一,开动脑筋,深入思考在金融危机形势下财税工作的新问题、新矛盾;坚持读书与运用相结合,联系实际,在保增长、调结构、促改革、惠民生中再立新功。我们安排三天时间举办局长培训班,对于大家也是一次难得的学习、思考、交流的机会。希望大家通过学习,深化认识,自觉地把思想统一到中央和省委、省政府对经济形势的科学分析和判断上来,统一到厅党组关于财税文化建设的总体部署上来,不断增强工作的主动性。

(二)加强文化修养,不断提高领导班子的凝聚力和号召力

班子是领导核心,要发挥好班子的核心作用,关键看两点:一是要有共同的文化基础。"志不同者不为谋。"这个共同基础对于我们党员领导干部而言,主要就是党性修养和道德修养,这是我们的终身必修课。道德修养是党性修养的基石,党性修养是道德修养的升华。班子成员要弘扬坚持理想、忠诚于党的政治品德;忠实履职、勤勉干事的职业道德;清正廉洁、一心为民的秉政美德;注重品行、坚持操守的社会公德。只有这样,班子成员才能心往一块想,劲往一处使,才能充分发挥领导核心作用。二是要落实好民主集中制。客观世界复杂多变,人类的认识能力相对来说是有限的,我们每个人的观点往往都只是客观世界某个方面的近似的反映。人的认识活动本质上是在价值标准支配下对信息的选择、组合和判断的过程,每个人的价值标准不可能整齐划一,不同思想的激荡既是创新的前奏,又是和谐的基础。因此,班子内有不同观点不仅是正常的,而且是有益的,关键是作为班长,要善于营造民主、开放、包容、团结的文化氛围,不断增强凝聚力和号召力。

(三)深化财税文化建设,不断增强广大干部职工的积极性和纪律性

“依法治税、为民理财、务实创新、廉洁高效”的财税文化核心理念，体现了“民主、科学、法治、公正、职业、效率”等现代社会所追求的重要价值。用这样的现代财税文化理念武装起来的、充满创造激情和奉献精神的财税干部队伍，才是我们面对现代社会复杂多变的挑战并化危机为机遇、最终战胜金融危机、确保完成财税工作任务和财税事业持续发展的力量源泉和可靠保证。在目前金融危机和规范津补贴的大环境下，如何坚定大家的信心、增强大家的积极性、纪律性，同舟共济、齐心协力，是摆在我们局长面前的一个现实问题。各地要根据厅党组的统一部署，创新形式，注重实效，扎实开展财税文化“学习平台、制度平台、情感平台、激励平台、宣传平台和活动平台”建设，推动财税文化由传统走向现代，充分发挥现代财税文化的导向、凝聚、激励和约束作用，积极应对各种挑战。

要加强廉政文化建设，深化廉政文化进机关、进家庭活动，不断提高廉政文化的渗透力，进一步增强干部特别是领导干部的廉洁自律意识。认真做好权力搜索工作，规范权力运行，深化惩防体系建设。要在前瞻性、系统性和可执行性上下工夫，不断增强体系的惩防功能。要保持今年以来廉政建设的良好态势，努力使犯错误、受处分干部的人数越来越少。要从确保财税事业长远发展的高度，把加快年轻干部的培养和提拔使用摆上重要的议事日程。

（2009 年 8 月 4 日在全省财政地税局长培训班暨座谈会上的讲话）

抓住机遇 乘势而上 全面推进我省注册会计师行业党建工作（摘要）

钱巨炎

一、我省注册会计师行业发展概况和行业党建工作情况

（一）我省注册会计师行业发展概况

1983 年 12 月 3 日，省财政厅批准成立浙江会计师事务所。这是改革开放恢复重建注册会计师制度后，我省第一家会计师事务所。近 26 年来，我省注册会计师行业经历了从无到有、脱钩改制、持续发展等阶段，目前无论数量还是质量，均达到了一定规模和水平。截至 2009 年 9 月 30 日，全省共有会计师事务所 340 家。专职从业人员一万多人，其中注册会计师 3841 名。通过人才引进和培养，我省已聚集了近 6000 名具有注册会计师、注册资产评估师、注册税务师、房地产估价师、土地估价师等执业资格和中高级职称的人才。

我省注册会计师行业除为企业提供审计、评估等传统服务外，还积极拓展服务领域，在维护市场经济秩序、提供鉴证职能等方面发挥主导作用，为浙江经济转型、产业结构调整和企业二次创业提供大量增值服务。2008 年度全行业经营总收入突破 19 亿元。

（二）我省注册会计师行业党建工作基本情况

1999 年底，根据财政部规定，全省 225 家会计师（审计）事务所在人员、财务、业务、名称四个方面与政府部门（单位）彻底脱钩，其党团、工会组织从政府部门转出。目前，我省注册会计师行业党组织关系以属地管理为主。据不完全统计，截至 2009 年 9 月 30 日，全省注册会计师行业现有中共党员 2459 名，成立党委 2 个，党支部（总支）115 个。

近几年来，我省注册会计师行业党建工作在所在地党组织的领导和统一部署下，先后参加了党员先进性教育、结对帮扶、助学捐款等活动，取得了良好社会效应。但同时也存在不足：一是事务所基层党组织不够健全，党组织发挥作用的方式有待改进。二是党员流动性较大，管理有难度。三是因行业内绝大多数党员处在繁重的业务第一线，导致工学矛盾相对突出。这些问题，有待我们进一步研究解决。

二、抓住机遇，乘势而上，全面推进我省注册会计师行业党建工作

党的十七届四中全会提出，要加大在中介机构、协会、学会以及各类新社会组织中建立党组织的力度。胡锦涛总书记强调要统筹推进新经济组织和新社会组织以及律师、会计师行业等领域党建工作。日前，中组部和财政部党组联合发文，要求进一步加强注册会计师行业党的建设工作。我们将以此为契机，深入贯彻落实科学发展观，不断推进行业基层党组织建设，为推动行业发展提供强大的政治和思想保障。

（一）健全行业协会党组织设置，扩大党建工作覆盖面

2009 年 12 月 31 日前，建立“中国共产党浙江省注册会计师行业委员会”，由省财政厅分管全省注册会计师行业工作的副厅长担任党委书记，省注协秘书长担任常务副书记，另配备一名专职副书记和若干名专职党务工作人员。各市注协在 2010 年 3 月底前设立党委或党总支。注册会计师行业党组织由同级财政部门党组织负责管理，会计师事务所党组织由当地注协党组织负责管理。没有设立协会的地区，由当地财政部门党组织商同级党委组织部门研究确定。

凡有正式党员 3 人以上的事务所，应根据党章规定单独设立党组织；正式党员不足 3 人的，可按照业务相近、地域相

邻的原则，就近就便与其他事务所或社会组织联合建立党支部；对尚无党员的会计师事务所，由当地行业党组织通过选派党建工作指导员、联络员等方法，开展党的工作。

(二)选好配强党务工作者，加强党员教育和管理

选配政治素质好、既懂业务又熟悉党务工作的党员骨干进入注协和事务所党组织领导班子。加大对行业党务工作者特别是党组织书记的培训力度，创新培训形式，突出培训重点。

在事务所从业的党员，组织关系原则上都要转入所在事务所党组织。落实好流动党员活动证管理制度。依托行业管理信息系统建立党建信息数据库，动态采集党员信息，力求做到对本地区注册会计师行业党员底数清楚、党员组织关系从属状况清楚、党组织组建情况清楚。每年结合业务培训，结合行业诚信教育和职业道德教育，加强党性党风党纪教育，努力提高党员队伍整体素质。加强入党积极分子队伍建设，注重从优秀的事务所合伙人、业务骨干和青年注册会计师中发展党员，不断优化党员队伍结构。

(三)落实党建工作责任制，创新党建工作方式

把注册会计师行业党建工作纳入各市财政部门党组织抓基层党建工作考核评价体系。各级财政部门党组织要严格落实党建工作责任制，加强调查研究和督促指导，每年至少听取一次工作汇报，专题研究行业党建工作。各级注协应将党建经费列入协会工作经费，切实保障所属事务所党组织开展活动所需经费。

要按照党章规定，结合行业特点，以创建“五好”党组织(领导班子好、党员队伍好、工作机制好、作用发挥好、社会反映好)为抓手，深入开展争先创优活动，深化基层党建工作三级联创活动，坚持和完善“三会一课”(即定期召开支部党员大会、支部委员会和党小组会，按时上党课)制度。发挥党员专业优势，组织和引导他们积极参加政府决策咨询和社会公益等活动。广泛开展党员责任制承诺、党员示范岗等活动，充分发挥党组织战斗堡垒作用和党员先锋模范作用。

三、联系实际，突出重点，扎实开展会计师事务所学习实践活动

各级财政部门要把指导事务所开展好学习实践活动，作为当前和今后一个时期的重要任务来抓。各级注册会计师协会、行业党委和广大事务所要深刻学习领会中央精神，充分调动积极性，发挥创造性，确保学习实践活动取得实效。

(一)加强组织领导，营造良好氛围

省财政厅牵头组建会计师事务所学习实践活动指导小组及其工作机构，负责指导全省事务所学习实践活动。各市财政部门要结合实际，参照省里做法，设置相应的学习实践活动工作机构，加强工作指导。要及时总结推广学习实践活动中的好做法、好经验，用典型引路的方式，增强指导工作实效性和针对性，不断把行业学习实践活动引向深入。

(二)突出实践特色，加快行业发展

各级财政部门要按照中央要求，扶持会计师事务所参与社会管理与公共服务，以购买服务方式帮助事务所解决发展中的困难；采取有效措施，为事务所开展学习实践活动提供必要条件。通过学习实践活动，切实解决事务所发展中的突出问题，有效推进事务所党建工作，推进事务所科学发展，更好地为浙江经济社会发展大局服务。

(三)正确处理关系，做到统筹兼顾

一是处理好业务工作和行业党建工作的关系，前者是行业工作的主体，后者是促进行业发展的政治保证；二是处理好发展与规范的关系，既要大力促进发展又要坚持不懈地抓好规范，维护行业信誉；三是处理好服务与管理的关系，既要搞好服务又要严格依法管理；四是处理好“练内功”和外部环境支持的关系，在外部环境向好的大背景下，进一步加强事务所内部建设；五是处理好做好当前工作与落实好中长期规范的关系。既要切实解决眼前的几个突出问题，又要形成行业发展规范的长效机制。

(2009年11月3日在全省新社会组织党建工作现场推进会上的讲话)

在部分市县财政地税局长座谈会上的讲话(摘要)

钱巨炎

一、关于当前财税形势

总体分析，当前和今后一个时期全省财政地税收入不乐观、不稳固，支出压力大、刚性强，收支矛盾加大，财政平衡困难。

1. 收入不乐观、不稳固

不乐观主要是指前景不乐观，不稳固是指基础不稳固。主要表现在：

一是收入的基本面不行。随着中央应对金融危机“一揽子”计划和省委、省政府“保稳促调”等一系列政策措施的实施，目前全省经济增速下滑的态势已经得以扭转，经济社会发展情况好于年初预期，财政收入增幅持续回升，但当前企业的基本面没有根本改善，投资、消费、出口等拉动经济增长的结

构还未得到根本改变，财政收入形势并不乐观。目前，投资基本靠政府投资，民间投资没有带动，而政府投资难以持久；刺激消费的政策效应逐渐减弱；受国际市场需求萎缩、人民币升值和各种贸易保护主义的影响，加上过高的外贸出口依存度，出口下降对我省财政经济的影响难以弥补。

二是宏观政策层面不明。虽然国家明确继续实施积极的财政政策和适度宽松的货币政策，但在微观操作层面已经发生很大改变，各大银行已经收缩银根，10月份公开市场上货币净回笼量达1560亿元。从长期看，积极的财政政策是难以为继的，同时放大效应也有限，刺激经济的关键是货币政策。目前货币政策何去何从还不明朗，而对浙江来讲，银根收缩与否与经济增长关系重大。

三是房地产和增值税免抵调因素影响。今年房地产因素对收入增长的贡献率在4～5个百分点左右；全省增值税免抵调总额接近300亿元，影响地方收入70亿～80亿元。而明年房地产业税收恐难持续增长，增值税免抵调的调控作用也将逐步削弱。

四是政策性减收因素很多。有些政策如增值税转型的减收效应在今年没有得到充分释放，明年可能会集中释放出来。同时，明年还要实施新的减收性政策，如中小企业所得税优惠政策、高技术企业税收优惠政策等。这些政策将对明年的收入产生较大影响。

五是收入时间分布影响。2008年财政收入增幅是前高后低，今年是前低后高，明年可能是前高后低，这很容易引起盲目乐观，认为全年形势不错，但到后面可能会出现意想不到的情况。我们要把这些情况分析清楚。

六是今年收入还有去年留下来的因素，但大多数市县能留到明年的收入不会太多，如果各市县在收入上你追我赶，明年这个因素就可能更少。

2.支出压力大、刚性强

一是扩内需、保增长、促转型导致的支出增长很快，特别是投资力度加大及由此产生的配套资金要求。如铁路投资，浙江境内初步匡算总投资是1300亿元，地方各级政府需出资本金300多亿元，配套压力很大。

二是公平收入分配政策导致的支出压力很大。如落实离退休公务员津补贴、义务教育教师绩效工资、城乡居民养老保险制度、新型农村合作医疗等，许多增支因素今年还只停留在账面上，明年开始要真正到位，财政支出面临巨大压力。

三是改革需要支付的成本在增加。如医疗卫生体制改革、文化体制改革、教育体制改革等。这些改革都需要增加大量的财政投入。

四是规范非税收入导致财政支出的增加。很多非税收入规范或取消后都需要财政给予弥补、保障。还有些将到期的非税收入，也要研究后续保障问题。如明年水利建设基金将到期，政策是否延续，如何征，水利建设资金如何弥补。

五是今年尽管困难，但尚有点历年结余，还有些家底，而明年结余用得差不多了，支出压力会更大。

二、关于下一步财税工作

第一，充分认清形势。要充分认识当前财税工作的严峻性和困难的长期性，今年虽然遭遇了百年一遇的金融危机，财政经济形势异常严峻，但从财政收支矛盾来看，今年还不是最困难的一年，明年会比今年更困难，而且这种困难不是短期的。由于近期密集出台的政策性增支因素及其他各种原因，已经使我们回到"吃饭"财政的局面，有的市县甚至"吃饭"都会很困难。如果对困难认识不清、估计不足，在收支把握上存在盲目性，必然使财税工作陷于被动局面。

第二，理性把握收入。所谓理性，就是不能盲目乐观，不能仅看到目前收入上来了，就"头脑发热"，过于乐观，盲目地你追我赶，一味追求收入的数字漂亮。要倡导"理性"，避免市县之间盲目攀比，把握好收支进度，确保收入可持续稳定增长。一方面，要切实做好今年收尾工作。今年全省GDP增长估计在8%～8.5%，财政收入增长与其持平即可，如果能适度低于GDP增幅，那就更加主动。全省地方财政收入增长预计在8%左右，各市县要按照省里的相关要求把握好财政收入的增长水平。在当前经济形势下，财政收入仍维持高增长可能会带来很多负面效应：对企业而言，他们会认为减负"口惠而实不至"，"春雨减负"、"春阳暖企"行动只是停留在表面，会怀疑政策有否真正到位；对部门而言，好不容易树立起来的"过紧日子"观念被财税高增长态势所冲淡，重新回到"大手大脚"的状态，支出欲望快速膨胀，从某种意义上说，当前树立财政困难的观念要比增加财政收入更重要；对社会而言，财政增速低一些，从社会宣传和鼓舞人心来看，反而更为有利，因为财政实质体现了国民收入分配的关系，体现了国家、企业、个人的财力"蛋糕"切分的关系，是此长彼消的关系，在今年尤为困难的经济形势下，财政收入保持较低增长，说明政府真正以人为本，让利于民，藏富于民。另一方面，要进一步优化税收收入结构和地方收入结构。这是收入问题的关键。过去我们讲的"三个三"，实际上就是优化收入结构的问题，现在还要继续做好这篇文章，要尽量不降低税收收入占财政收入的比重，并在此基础上提高地方财政收入占财政总收入的比重，这才是最大的效益。要进一步宣传并强化地方财政收入这一概念，财政总收入可以作为参考，而不应作为考核依据。由于体制原因，有些欠发达地区的非税收入比例较高，有的达到20%～30%，有个别的达到40%，虽然是出于平衡财政的需要，但我们不鼓励这样做。各地要努力提高税收收入占财政收入的比重，提高地方财政收入占财政总收入的比重。根据我们的预测分析，明年的地方财政收入大体与全年的预算收入持平，即增长6%。

第三，合理安排支出。要分清轻重缓急，做到有保有压。首先要保吃饭，不留硬缺口。中央出台的增支政策给地方造成很大压力，但我们要尽可能地落实好配套资金，确保已出台的政策落实到位，并科学处理好执行中央政策和地方可持续发展的关系。要在保障资金安全有效的前提下，适当加快支出进度，及早拨付各项重点支出，避免年底集中支出。

三、关于应对措施

面对当前严峻的财税经济形势，要破解"收支矛盾加大、财政平衡困难"的局面，必须从深化改革、强化管理、振奋精神三方面着手。所谓"沧海横流方显英雄本色"，越是困难时期，越能凸现财政部门的管理水平和工作能力。越是困难情况下，更容易推出改革措施，要通过改革和管理来克服、破解困难局面。

1. 深化改革。一是要继续深化和稳步推进符合浙江实际的"收入一个笼子、预算一个盘子、支出一个口子"财政运行机制改革。二是要进一步搭建、细化预算编制、执行、监督"三分离"的组织框架，保障"三个子"顺畅运行，把有限的资金用好，用出效益。三是要继续完善收支两条线的相关措施，切实加强预算内外资金统筹调度的力度。加强对土地出让金的规范管理，并以此为突破口，加强改革力度。四是在依法治税、应收尽收的前提下，确保优惠政策的落实到位，同时加大税收征管改革力度，加强税收软件开发，实施数据大集中，公平税负，扩大税源。

2. 强化管理。大力倡导科学化、精细化管理，要掌握各类收支基础数据，未雨绸缪，把握工作主动权。要进一步加强专项资金管理，加大整合力度，健全完善机制，先整合，再改进分配办法，实施"物理组合、化学反应"。要合理控制政府债务问题，各地要就政府债务问题向当地主要领导多汇报、多提醒，充分引起领导的重视。

3. 振奋精神。一是加强财税文化建设。要在总结经验的基础上，结合财税干部的需求，进一步做精、做深财税文化建设，并通过文化建设产生"文化生产力"。二是积极消除规范津补贴给队伍建设带来的负面影响。规范津补贴后，市县财税干部职工收入有所下降，一定程度上影响了队伍的精神状态。各级领导要正面引导，帮助解决一些实际问题，营造良好工作氛围，增强队伍凝聚力。三是发挥"财政、地税一家"的体制优势，调动干部职工的积极性。比如税务分局、财税所领导职数的高配问题，可以先搞试点，再突破推进。协调好与国税、人行之间的关系。四是确保队伍安全、信息安全，推进信息公开工作。要加强廉政建设，谨小慎微，干净干事。　(2009年11月27日)

加强财政支出绩效评价推进财政管理科学化精细化

钱巨炎

财政支出绩效评价是公共财政管理改革的重要组成部分，与部门预算、国库集中支付共同构成"三位一体"的公共财政管理体系，是推进财政管理科学化精细化，提高资金使用效益的重要手段。浙江省从2003年开始，按照"先易后难、由点及面、稳步推进"的原则，从制度建设、机构人员、实施评价、业务培训等方面着手，以项目评价为重点，由部分试点到全面铺开，不断推进财政支出绩效评价工作，取得了一定成效。

一、建立健全绩效评价制度

2005年10月，省政府办公厅下发了《关于认真做好财政支出绩效评价工作的通知》，并随文下发了《浙江省财政支出绩效评价办法(试行)》，为全省财政支出绩效评价工作确立了基本制度依据。为使绩效评价工作更具有操作性，省财政厅又先后制定出台了《浙江省财政支出绩效评价实施意见》、《浙江省中介机构参与绩效评价工作暂行办法》等一系列配套制度，对绩效评价工作程序、评价指标和标准、组织方式与评价方法等作了明确规定。同时，建立厅内部绩效评价联席会议制度和内部绩效评价工作考核办法，加强绩效评价工作的组织与协调。全省各地也相继出台了财政支出绩效评价实施办法、操作规程等，普遍建立了内部协调机制。目前，全省财政支出绩效评价制度框架基本确立。

二、落实绩效评价机构和人员

为保障绩效评价工作的有效推进，2005年4月，省财政厅设立绩效评价处。截至2007年底，全省各市、县(市)财政部门已全部设立绩效评价管理机构，其中，7个设区市绩效评价管理机构与财政监督部门(或其他职能部门)合署办公，绍兴、湖州、温州市单设绩效评价处；县(市、区)绩效评价管理机构绝大部分与财政监督部门合署办公，其中，龙游和乐清单设。全省已有400多名财政干部从事或参与财政支出绩效评价工作。

三、构建绩效评价信息平台

一是建立参与绩效评价中介机构库。全省已有符合条件的292家中介机构被纳入中介机构库。二是建立评价专家库。2006年，省级绩效评价专家库建立，目前大部分市、县也初步建立了绩效评价专家库。全省已将1200余名各类专家纳入各级专家库。三是建立绩效评价指标库。编印《浙江省财政支出绩效评价参考指标》，将9大类68个项目的具体评价指标和标准纳入指标库。四是建立信息共享平台。在省财政厅网站开辟"绩效评价"专栏，促进各地绩效评价工作交流。

四、积极组织项目评价

1.评价范围。凡年度预算安排财政专项资金在300万元以上的省级支出项目，要求各部门(单位)按规定进行绩效自评；各市县评价范围由各级政府或财政部门自行确定。财政部门主要对财政管理的重点领域、项目支出的重点部门，社会关注度高、影响大，特别是事关民生方面的支出项目实施评价。

2.评价方法。按照共性与个性、定量与定性相结合的原则，从业务与财务两方面入手，设置统一的绩效评价指标体系与标准。通过成立评价工作组或委托社会中介机构等评价方式，由评价人员收集有关项目评价资料，在座谈、实地勘查、查阅与分析的基础上，对照评价指标与标准进行客观公正的评价，形成评价结论，并按规定撰写绩效评价报告。

3.组织评价。一是采取"上下联动"方式开展重点项目评价。2005～2008年，每年选择2个重点项目组织实施评价，分别对全省促进就业再就业专项资金、环境自动监测网络建设项目、农村公共卫生服务和千万农村劳动力素质培训等项目，按照"统一指标、统一标准、分级评价、上下联动"的方式，先由各市县财政部门组织评价，再由省财政厅委托中介机构进行综合评价。二是组织开展省级项目支出绩效自评。2007～2008年，在省级预算安排300万元以上的支出项目中选择了296个项目，要求有关部门(单位)按规定实施绩效自评。自评结束后，由省财政厅委托中介机构对自评情况进行抽查与核实，形成总结材料上报省政府，对抽查中发现的问题通报省级各部门。三是探索单位整体支出评价。对省疾病预防控制中心和卫生监督所实施整体支出绩效评价试点，台州等地也对单位整体支出评价进行了探索，为单位整体支出评价积累了一定经验。目前，浙江省财政支出绩效评价项目不断增加，评价范围已涉及教育、科技、卫生、农业、社保、环保、水利、民政、城市建设等领域。截至2008年底，全省累计已对4221个项目实施评价，涉及资金773.54亿元。其中，省级371个支出项目，涉及资金158.49亿元；各市县3850个支出项目，涉及资金615.05亿元。

五、建立评价信息报告和反馈制度

省财政厅每年将绩效评价工作开展情况及重点评价项目绩效情况等向省政府报告，对部门(单位)绩效自评完成进度、完成质量以及组织开展等情况，在一定范围内予以通报。对财政资金运行中存在的主要问题，提出相应意见和建议，并督促有关单位予以整改落实。同时，将评价结果提供给预算和相关业务部门参考，作为预算安排的重要依据。

绩效评价工作的有效开展，推动了全省各地、各部门树立绩效理念，对强化支出管理、加强专项资金整合、提高财政资金使用绩效发挥了积极作用。

1.树立了财政支出绩效理念。通过绩效评价，各级政府领导、部门和单位初步树立了"要钱不能随意，花钱要讲绩效"的理念，逐渐重视财政支出绩效问题，并把绩效评价工作列入重要议事日程。如湖州市成立了绩效评价工作领导小组并下设办公室，由市政府秘书长任组长，年终对各主管部门的绩效评价工作开展情况进行考核；天台县财政局成立了绩效评价委员会，将财政支出绩效评价工作纳入县委、县政府对各部门年度工作目标量化考核内容；有的市县将年度绩效评价计划(评价项目)提交政府常务会议研究确定，有的市县则将年度绩效评价项目计划随同年度部门预算一起下达。在各级政府领导和财政部门的有效推动下，主管部门逐步加深了对财政支出绩效评价工作重要性的认识，各部门(单位)使用财政资金的绩效理念正在逐步形成。

2.提高了财政资金的使用绩效。通过评价信息报告和反馈制度，提高了财政资全安排和使用的透明度，有效推动各部门、单位提高财政资金管理水平和使用效益。如2005～2007年，省财政厅连续三年对省属高校实验室建设项目实施绩效评价，对评价不合格的5个高校实验室，采取核减或停拨专项经费等措施，减少财政资金的损失浪费，有效促进了省属高校实验室建设项目管理水平的不断提高。台州市在对先进制造业专项资金绩效评价工作中，发现某主管部门下属单位违规将财政拨入的先进制造业专项资金转入技协、工会等账户使用，为此，在2008年部门预算中取消了该部门的财政专项资金安排，同时追回违规使用的财政资金。

3.促进了财政资金安排的科学性。通过绩效评价，将评价结果作为预算安排的重要依据，对资金使用绩效好的部门，下年度安排预算时给予优先考虑；对资金使用绩效不理想的部门，下年度不安排或少安排项目资金。绩效评价结果的应用还对优化财政支出结构，促进财政资金有效配置发挥了积极作用。2006年，省财政厅针对全省第一轮就业再就业专项资金绩效评价中发现的"资金结余偏大，资金使用效率不高"等一系列问题，提出了"存量调结构，充分发挥结余资金作用"等建议，得到省政府领导的高度重视，要求省有关部门认真研究解决，有效促进了第二轮再就业资金结构的优化。同时，根据省级部门项目支出绩效评价反映的情况，省财政厅制定出台了《浙江省省级部门财政拨款结余资金管理暂行办法》，对连续两年未使用的项目支出形成的结余收归财政另行安排，有效提高了财政资金使用效率。

(此文发表于《中国财政》2009年第17期)

在全省小金库治理工作会议上的讲话(摘要)

罗石林

一、领导重视，群众支持，自查自纠阶段工作取得明显成效

这次党中央、国务院在全国范围内开展"小金库"专项治理工作，省委、省政府非常重视，赵书记和吕省长多次听取工作汇报并作重要批示，对在专项治理工作中可能出现的各种问题进行了认真的分析和研究。在省委、省政府的高度重视和支持下，我省出台《"小金库"专项治理工作实施办法》，成立省治理"小金库"工作领导小组，省委常委、常务副省长陈敏尔同志亲自担任领导小组组长，省政府办公厅、监察厅、财政厅、审计厅一把手任副组长，成员由省政府办公厅、省纪委、省委组织部、省委宣传部、省公安厅、省财政厅、省地税局、省国税局、人民银行杭州中心支行、省银监局分管领导组成，领导小组办公室设在省财政厅，赵立妙同志兼任办公室主任。各地区各部门迅速贯彻落实上级精神，积极推进"小金库"治理工作自查自纠工作，取得了明显成效。

(一)各地"小金库"治理专门机构相继成立。从目前掌握的情况来看，各地区各部门先后成立领导小组，设立日常工作机构，并抽调了专门人员负责接受举报和查处工作，基本做到了机构到位、人员到位、经费到位，形成了一级抓一级，一级对一级负责，层层抓落实的良好局面。

(二)宣传发动工作卓有成效。各地区各部门充分利用报纸、广播、电视、网络等多种媒体，多形式、多层次、多角度地宣传了本次"小金库"治理工作的重要意义、工作部署，对"小金库"的具体表现等政策问题进行解读，并及时公布举报电话、举报信箱和保障奖励措施，在全省范围内营造了关注和支持"小金库"治理的良好氛围，为开展好本次专项治理工作创造良好的舆论氛围。

(三)群众举报积极踊跃。截至6月29日，省本级已接到群众有效举报信息30余条，各地举报信息正在统计之中。群众举报的积极踊跃，一方面说明我们前期的宣传发动工作取得显著成效，说明群众是支持我们这项工作的，但另一方面也说明我们的财务管理中确实还是存在一些漏洞，"小金库"治理工作任务还很重。我们将根据群众举报信息进行进一步核查和追究，对经查属实的将依法依纪严肃处理。

(四)各部门各地区自查自纠工作基本完成。各地区各部门根据省委、省政府统一部署，对照中纪委、监察部、财政部、审计署《关于在党政机关和事业单位开展"小金库"专项治理工作的实施办法》要求，对本部门"小金库"情况进行自查自纠，该项工作已于6月底基本完成，部分存在问题的单位同时还对管理中存在的制度漏洞进行了整改。

虽然我省"小金库"治理自查自纠工作取得一定成效，获得阶段性胜利，但我们还要清醒地认识到，这项工作在全省范围内开展还不平衡，少数地区和部门还存在一定问题，主要表现在：组织领导不得力，没有成立专门机构，配备专门人员；思想上不重视，自查工作流于形式，存在走过场问题；资料和信息报送不及时，影响了全省治理工作的整体推进，等等。希望存在上述问题的单位和地区迅速整改，及时将相关情况报送省治理"小金库"工作领导小组办公室，共同推动我省"小金库"专项治理工作的深入开展。

二、提高认识，明确要求，深刻领会治理"小金库"工作的重要意义

通过前一阶段的宣传发动和自查自纠阶段的实践，各地区各部门对本次"小金库"治理工作的重要性、必要性、实施阶段和工作要求等有了一定认识，但也还有个别地区和部门领导对中央开展这次"小金库"治理工作的意义和要求的认识不是很深刻，思想上不够重视，行动上不够支持。

(一)充分认识本次"小金库"治理工作的重要意义

"小金库"治理工作是深入贯彻落实科学发展观的具体体现，是完善社会主义市场经济体制的必然要求，是深化收入分配制度、财税体制等改革的重要内容，是建立健全惩治和预防腐败体系、推进反腐倡廉建设的重大举措。在国际金融危机仍在蔓延加深、外部经济环境依然严峻的形势下，深入开展"小金库"治理工作具有更加重要的现实意义。

首先，"小金库"治理是贯彻落实科学发展观，完善社会主义市场经济体制的必然要求。"小金库"是指违反法律法规及其他有关规定，应列入而未列入符合规定的单位账簿的各项资金(含有价证券)及其形成的资产。"小金库"的存在，不仅导致会计信息失真，扰乱社会主义市场经济秩序，造成国家财政收入和国有资产的流失，而且违背了科学发展观的要求，扭曲了市场对资源的合理配置，削弱了政府宏观调控能力，影响了经济平稳较快发展。因此，必须从完善社会主义市场经济体制的高度出发，从全面学习实践科学发展观、保持经济平稳较快发展的大局出发，进一步提高对"小金库"治理工作的认识。

其次，"小金库"治理是实现从源头上惩治和预防腐败，加强作风建设的必然要求。"小金库"的存在，已成为铺张浪费、奢靡享受、违法乱纪的重要资金来源，诱发和滋生了一系列的

腐败现象，严重败坏党风政风和社会风气，妨碍经济社会健康发展，影响社会和谐稳定，危害党和国家的建设事业。深入开展"小金库"治理工作，坚决查处和纠正各种形式的"小金库"，是按照"标本兼治、重在治本"要求，从源头上治理腐败的重大举措。面对当前国内经济发展困难增多、企业效益下降、就业压力加大的形势，要把深入开展"小金库"治理工作与进一步加强作风建设更好地结合起来，大力发扬艰苦奋斗的精神，牢固树立过"紧日子"的思想，把有限的资金与资源用在应对危机最关键的地方，用在保障和改善民生上。

最后，"小金库"治理是深化收入分配制度、财税体制等改革的必然要求。"小金库"问题的存在与蔓延，从某种程度上讲，与现行收入分配制度、财税体制等改革正在推进、管理不到位有关系。要通过专项治理，全面研究分析现行制度与管理中存在的问题与漏洞，采取切实有效的措施加以健全和完善，进一步深化财政、金融、国有资本运营管理体制改革，完善财政、财务、会计和资金管理，规范收入分配秩序，逐步建立健全防治"小金库"的长效机制。

(二)明确"小金库"治理的工作任务和要求

全面完成"小金库"治理工作任务，必须按照中央治理"小金库"工作领导小组组长、财政部长谢旭人同志提出的"有序、有力、有效"的要求，抓好各项措施的落实。要按照中办和国办下发的《意见》和省委办公厅、省政府办公厅联合印发的《实施办法》，严格遵循时间要求，切实保证步调一致。具体工作中应着重把握好以下几个方面。

一是准确把握本次"小金库"治理工作的范围和重点。此次专项治理范围是全省党政机关和事业单位（包括驻外机构），事业单位中要以财政全额拨款事业单位为重点。

党政机关包括各级党的机关、人大机关、行政机关、政协机关、审判机关、检察机关以及工会、共青团、妇联等人民团体。

事业单位是指按照《事业单位登记管理暂行条例(修正)》(中华人民共和国国务院令第411号)和中央机构编制委员会办公室《关于批转〈事业单位登记管理暂行条例实施细则〉的通知》(中央编办发〔2005〕15号)规定所设立的各类社会服务组织。

本次专项治理的重点是2007年以来各项"小金库"资金的收支数额，以及2006年底"小金库"资金滚存余额和形成的资产。对设立"小金库"数额较大或情节严重的，应追溯到以前年度。

二是准确理解"小金库"的具体表现。根据省《"小金库"专项治理工作实施办法》规定，"小金库"是指违反法律法规及其他有关规定，应列入而未列入符合规定的单位账簿的各项资金（含有价证券）及其形成的资产，主要表现形式包括：(1)违规收费、罚款及摊派设立"小金库"；(2)用资产处置、出租收入设立"小金库"；(3)以会议费、劳务费、培训费和咨询费等名义套取资金设立"小金库"；(4)经营收入未纳入规定账簿核算设立"小金库"；(5)虚列支出转出资金设立"小金库"；(6)以假发票等非法票据骗取资金设立"小金库"；(7)上下级单位之间相互转移资金设立"小金库"。

三是坚持整体推进。这次治理工作，要与规范津补贴、行政事业单位资产管理、银行账户管理等专项工作结合进行。各地各部门可以结合各自的实际情况和工作特点，本着统筹兼顾、整体推进的原则，更好地整合治理内容、整合检查力量、发挥综合效应，节约成本，提高效率，在规定时间内完成规定任务，绝不能拖全省的后腿。

三、突出重点，讲求实效，狠抓治理工作的全面落实

我省"小金库"治理工作下一步将转入重点检查阶段，各地各部门要结合实际，进一步明确重点任务和工作要求，抓紧研究落实方案，进一步明确责任，细化措施，突出重点，标本兼治，纠建并举，扎实推进"小金库"专项治理工作。对重点检查阶段的工作，主要有五点要求：

第一，要进一步加强领导。"小金库"治理工作涉及面广，涉及层次多，工作任务重，工作要求高，能否顺利开展、取得实效，关键在领导。各部门各单位的主要负责同志，要切实履行好第一责任人的政治责任，分管领导要切实履行好直接领导责任，做到主体明确、任务明确、责任明确。具体而言，一是组织机构要到位。要迅速成立主要负责同志挂帅的领导机构，"一把手"要亲自抓动员、抓部署、抓推进、抓落实，亲自协调解决筹备工作的重要问题。二是工作班子要到位。要建立专门的工作班子，抽调精干人员专司其职，不仅要确保本单位安排的工作，更要确保组委会布置的任务有人抓总、有人负责、有人办事、有人联络，保证纵向联络畅通高效，横向衔接有序。三是方案细化要到位。要按照总体方案的要求，对大会交办的任务、自己开展的活动等研究制订周密细致的具体落实方案，明确各项工作时间节点，实行定岗、定责、定任务、定完成质量和完成时限。要按照《实施办法》的总体要求，结合实际，认真制订本地区、本部门、本行业的具体实施方案，做到目标、任务、措施、方法、责任、要求"六个明确"。

第二，要明确重点检查阶段工作要求。根据省《"小金库"专项治理工作实施办法》要求，在自查自纠基础上，各级"小金库"治理领导机构要组织开展重点检查，重点检查面不得低于纳入治理范围单位总数的5%，重点领域、重点部门和重点单位检查面不得低于20%。重点检查对象包括：(1)执收、执罚权相对集中的部门和单位；(2)教育、卫生、交通、民政等与人民群众利益密切相关的部门和单位；(3)宾馆、培训中心、招待所、出版社、报社、杂志社等与党政机关、事业单位有隶属关系的

单位；(4)以前检查发现存在“小金库”的部门和单位；(5)有群众举报的部门和单位；(6)自查自纠措施不得力、工作走过场的部门和单位。各地各部门在重点检查中要积极予以关注，采取得力措施，力求“小金库”无处可藏。此外，各地各部门也要根据自身实际情况和工作特点，确定治理工作的重点，并结合各项改革和日常管理工作整合检查力量和治理内容，节约检查成本，提高检查效率。这次专项治理工作要与规范津补贴、节约与控制行政成本支出、行政事业单位资产管理、银行账户监管、扩大内需促进经济增长和政策落实情况监督检查等专项工作结合进行，与财政监管、审计监督、税务稽查等日常监管工作相结合，统筹兼顾，整体推进，综合实施。

第三，要切实做好举报受理和奖励工作。“小金库”具有极强的隐蔽性。经验表明，群众举报是重大案件破获的一个重要突破口。各级“小金库”治理日常工作机构要充分发挥举报电话、举报信箱和网络举报的作用。根据“条块结合、分级负责”的原则，坚持属地原则，在统一接受群众举报的基础上，分级移送案件。如果案件重大，各地区认为需要省治理“小金库”工作小组协查的，或省治理“小金库”工作小组认为需要重点检查的，可以由省治理“小金库”工作小组检查。各地区要正确对待举报工作，认真执行信访工作保密制度，切实保护举报人的合法权益，对打击报复举报人的，依法依纪从严惩处。对举报信息经查属实的，要按照《“小金库”治理工作举报奖励办法》规定，及时发放奖金。

第四，要加强协调配合。从目前的情况来看，各地区各部门成立的治理工作领导小组都是由纪检监察、财政、审计、国税、地税、公安、金融等多部门联合组成，各部门既要各司其职，各负其责，又要紧密配合，形成合力。纪检监察机关和组织人事部门要加强对有关纪律规定执行情况的监督检查，严肃查处违纪违规典型，对有关责任人员及时作出处理；财政、审计部门要搞好重点检查工作的组织实施和违反财经法律法规问题的处理处罚工作；宣传部门要协调有关新闻单位做好宣传工作；公安机关要做好“小金库”有关经济犯罪的侦查处理工作；税务部门要做好涉税问题的查处工作；人民银行和银行业监管部门要协调商业银行对专项治理工作给予支持配合，对专项治理中涉及的账户查询、资金冻结和划转等事宜，依法及时办理。特别是对“小金库”举报线索的核查取证工作，有关金融机构要积极配合。

第五，对出现问题的单位和个人要依法依纪严肃处理。对本次“小金库”治理工作，中央执行“宽严相济”的处罚原则，即“自查从宽、被查从严”。我们不希望在治理中以行政处分的方式来处理某个人，但如果有无视法律、漠视治理的人和单位，需要移送司法处理的，我们也决不手软。重点检查中发现的问题必须一查到底，该曝光的曝光，该处理的处理，该免职的免职，决不姑息纵容。

四、因地制宜，标本兼治，建立防治“小金库”长效机制

“小金库”治理工作，“治”是过程，“理”是目标。各地各部门要把这次“小金库”治理工作与党风廉政建设和反腐败工作结合起来，与建立健全单位财务管理和内控制度结合起来，与深化财政改革工作结合起来，根据本地区、本部门实际情况，因地制宜，切实建立起防治“小金库”的长效机制，努力从根本上铲除“小金库”滋生的土壤，杜绝“小金库”问题的存在。

首先，要按照吕省长提出的“三个子”要求，深化财政综合预算改革。要建立健全预算编制、执行、监督“三分离”的预算管理模式。深化“收支两条线”管理改革，实行收支脱钩和收缴分离，是编制综合预算的基础；统筹预算内外财力，科学合理安排支出是编制综合预算的关键。

按照资产管理和预算管理相结合的原则和有关政策，深化非税收入收支两条线管理，做到“收入一个笼子”。通过建立和完善非税收入收缴分离制度，推行“单位开票、银行代收、财政统管”的非税收入票款分离办法，实行财政与执收单位、财政与银行的信息联网，加强预算单位银行账户管理，从源头上截断“小金库”的资金来源。

继续深化部门预算编制改革，健全财政综合预算编制体系，体现“预算一个盘子”。完善预算决策的制衡机制，规范预算编制方式，提高预算编制质量，提高预算的完整性、严肃性、权威性和透明度。完善现有的综合预算管理模式，在所有行政定额单位试点的基础上，扩大到参照公务员管理的事业单位。实施非税收入计划管理，各部门、各单位按照国家各项非税收入政策，实事求是地预测、编制年度非税收入计划。创新部门预算管理机制，推进管理科学化、精细化。

全面推行财政国库集中支付制度，健全财政综合预算执行体系，实现“支出一个口子”。扎实推进财税库银横向联网改革，建立完善动态监控体制，稳步推进公务卡制度改革，推行将所有财政性资金及其账户全部纳入国库单一账户体系管理，同时严格按照国库集中支付制度要求，撤销国库单一账户体系以外、不予保留的相关账户，全面实行财政国库集中支付制度。

其次，要进一步加强单位财务管理。合并单位账务，一个单位只能设立一套账，并按月据实向主管部门和同级财政、审计部门报送会计报表。对非独立核算单位，以及未按《会计法》规定配备会计、出纳和财会责任人的单位，不得开设账户，不得管理和核算资金。除正常的转拨款外，严禁以各种名义在上下级单位之间转移资金，严禁上级单位到下属单位报销支出，严禁下属单位以任何名义给上级单位领导、职工发放津贴补贴。单位必须按照有关规定，完整、准确地向财政、审计等监督

机关报送财务收支决算，自觉接受社会监督。各部门要加强对下属单位财会人员的业务培训，提高预算单位财会人员业务技能和政策水平，提高预算单位财务管理水平和执行国家财经纪律的能力。

最后，要把制度建设当作整改的一个重要举措来抓。要针对检查发现的新情况和新问题，深入剖析问题产生的原因，及时制定有关制度法规，完善管理，强化制约。要深化改革，强化源头治理，建立和完善防治"小金库"的长效机制。各级各部门反应要快，行动要迅速，发现问题要及时整改，查漏补缺，亡羊补牢。

（2009 年 7 月 3 日）

厉行节约 保稳促调 切实推进省级预算科学化精细化管理（摘要）

罗石林

一、近年来省级预算编制改革情况回顾

近年来，省财政厅与省级各部门密切配合，齐心协力，以党的十七大精神和省委十二次党代会精神为指导，贯彻落实科学发展观，紧紧围绕"创业富民、创新强省"总战略和各项事业发展目标，坚持"依法治税、为民理财、务实创新、廉洁高效"总体工作思路，进一步调整和优化财政支出结构，完善预算编制，强化预算执行，加强预算监督，预算管理朝着"科学、规范、公平、透明、有效"的目标有序推进，科学化、精细化程度不断提高，有力地促进了浙江经济社会又好又快发展。

（一）优化财政支出结构，保障财政支出重点

1. 全省财政支出结构不断优化。根据"存量调结构、增量优方向、以增量调存量"的原则，近年来，省财政在改善民生、推进基本公共服务均等化、促进经济转型升级等方面采取了一系列重要措施。财政支出的重点放在全面改善民生，解决人民群众"最关心、最直接、最现实"的问题上，连续四年新增财力用于民生比重超过三分之二，全省财政支出中事业发展支出比重由 2002 年的 51.1%提高到 2008 年的 59.2%，省级财政支出中事业发展支出比重由 2002 年的 52.6%提高到 2008 年的 54.0%，有效地保障了省委、省政府重大战略决策的实施，有力地支持了"平安浙江"、"法治浙江"和"文化大省"建设，大大提高了构建社会主义和谐社会的财政保障能力。

2. 厉行节约，严格控制行政成本。加大财政支出结构调整力度，加强预算编制管理和预算执行监督，严格控制行政成本。2009 年各级党政机关的公用经费一律按预算数核减 5%，专项经费"零增长"，2009 年因公出国（境）经费支出在近 3 年平均数基础上压缩 20%，车辆运行费用支出在近 3 年平均数基础上降低 15%，公务接待费在 2008 年基础上削减 10%，节电节水节油指标在 2008 年基础上降低 5%。公务用车购置冻结一年，并大力压缩会议、文件、通信等方面的费用支出。同时，严格按照中央规定，深入开展"小金库"治理工作，从资金来源上堵塞漏洞。

3. 着力促进经济增长和转型升级。把保经济增长放在财政工作的首要位置，贯彻落实积极的财政政策。正确处理好扩大内需和防范风险的关系，在债务可控的范围内积极向中央争取地方政府国债资金，努力保障"三个千亿工程"建设资金。省级财政筹措 100 亿元，支持以"六线两枢纽"为重点的铁路项目建设，扩大投资需求。加大清费减负力度，深入开展涉农、涉企等专项治乱减负工作，为企业发展营造良好环境。调整和优化财政支持企业发展的政策措施，省财政设立 5 亿元工业转型升级专项资金，通过财政贴息、产业扶持、风险投资、财税优惠等措施，推进经济结构调整。充分利用增值税转型改革和财政贴息、财税优惠、税费减免等措施，鼓励企业加大技术改造投入，发展高新技术和现代服务业，推进经济结构调整。完善小企业贷款和担保机构风险补偿办法，每年安排省级小企业贷款风险补偿资金 6500 万元；加快发展创业风险投资基金，缓解中小企业融资困难。调整外贸出口发展扶持政策，省财政今年继续安排 3.5 亿元外贸发展基金，促进出口平稳较快增长和产品结构优化。贯彻落实好新一轮省对市县财政体制，充分发挥财政奖补机制特别是营业税奖励政策的导向作用，在提高地方财政收入中税收收入比重的前提下，提高财政总收入中地方财政收入的比重，不断增强地方可用财力。积极探索研究国有资源类、资产类非税收入和国有资本收益的征管办法，拓宽政府非税收入征收范围和渠道，增强政府统筹调控能力。

（二）贯彻落实"三个子"，切实提高预算完整性

提高预算完整性是"三个子"综合预算管理的本质要求，一方面要不断扩大省级部门预算涵盖面，另一方面也要不断扩展省级预算编制的广度和深度。

1. 明确责任主体。各部门作为预算编制和执行的责任主体基本明确，部门单位科学理财、依法理财的自觉性和主动性大大增强。2004 年起，省级所有部门实施了部门预算改革。2009 年编制部门预算的达 139 个部门、782 个单位。财政部门作为预算牵头部门，积极指导配合省级部门开展工作，努力推进预算改革、完善预算编制。

2. 扩大编制口径。一是强化部门综合预算。省级部门预算包含了部门、单位的绝大部分收支，既包括预算内资金，也包括预算外资金，还包括政府性基金和单位其他资金，所有资金纳入预算统筹安排。2004年，省级纳入部门预算资金330亿元，2009年达765亿元，比2004年增加435亿元，年均增长23.4%。二是试编国有资本经营预算。根据《浙江省人民政府关于试行国有资本经营预算的意见》的要求，省财政建立完善了国有资本经营预算的制度框架体系，并试编2009年国有资本经营预算。三是按照财政部和省政府的要求，在完善社会保险基金预算基础上，继续试编省级社保预算。四是探索政府性债务的计划化管理，试编2009年省级政府性债务收支计划。

3. 严格"收支两条线"管理。按照"收入一个笼子、预算一个盘子、支出一个口子"的综合预算管理要求，严格执行"收支两条线"政策，加强预算资金统筹力度，完善现有综合预算管理模式。2008年，在所有行政定额单位进行"三个子"改革试点，实行严格的收支脱钩；2009年，进一步扩大到参照公务员法管理事业单位。加强政府非税收入预算管理，细化省级政府非税收入计划编制，加强政府非税收入计划执行的监督和考核工作。

(三)改进预算编制方法，实现科学公平分配

科学、公平原则是预算管理的根本原则之一，也是预算改革所追求的重要目标之一。近年来，我们在提高预算分配的科学性和公平性方面做了大量工作。

1. 预算定额体系基本完善。2004年，我们建立以"人员支出定额"、"日常公用支出定额"和"车辆交通经费定额"为主要内容的行政单位预算标准定员定额体系。随后，又制定、完善了"省属高校生均定额"、"省级医院床位定额"等事业单位预算分配办法。按照总体稳定、分步实施的原则，2008年，调整完善省级监督管理类事业单位财政供给方式，由"基数法"改为"零基法"，采取了"人员支出按实际"与"公用支出按定额"相结合的方法。

2. 省级支出标准体系初步建立。结合政府收支分类改革，从2007年开始，筹划建立省级支出标准体系。省级支出标准体系由"经费支出标准体系"和"实物配备标准体系"两类构成。到2009年，除由市场定价的5项标准、国家或制度规定的3项标准外，已设立"会议费"、"差旅费"、"培训费"、"物业管理费"等4项经费支出标准，"房屋建筑物购建"、"办公设备购置"、"交通工具购置"、"大型修缮"等4项实物配置费用标准。

3. 专项资金管理逐步强化。专项资金是预算编制改革的热点，也是人大、审计部门审查监督的重点。去年以来，按照省委、省政府的要求，重点加强了专项资金的清理、规范、整合工作。首先是严格控制新增专项资金。2009年，除法律、法规以及中央和省委、省政府确定的增支项目外，各地、各部门不再新开口子。今后，各地、各部门在新设财政专项资金时，也将严格把关，统筹安排，从紧掌握。其次是取消、归并、整合现有专项资金。对已经实现项目目标或已经到期的项目，以及支持方向与党委、政府工作目标相偏离的项目，坚决予以取消；对符合党委、政府工作目标，但支持方向、扶持对象和用途相同或相近的项目，予以归并；不同部门管理但支持方向、扶持对象和用途相同或相近的项目，予以整合。2009年，省级重点对工业、服务业、农业、科技、生态环保等五大类专项资金进行了初步整合。再次是清理历年结余，对项目实施完成形成的结余；受政策变化、计划调整、项目绩效差等原因导致项目中止或撤销形成的结余；项目支出进度超过预算确定期限一年以上而形成的结余；滞留账上超过三年以上不用的专项资金结余，全部收归财政统筹安排。第四是按照"立项科学、管理规范、注重绩效"的目标，建立财政专项资金管理的长效机制。目前，《关于清理整合和规范财政专项资金管理的意见》已由省政府办公厅下发。

4. 预算细化程度大大提高。基本支出、项目支出的功能科目从"款"级细化到"项"级，经济科目按新的政府收支分类，大大细化。同时，根据政府采购法的有关规定，严格政府采购预算编制，要求凡使用财政性资金采购纳入政府采购目录的商品和服务，都需编制政府采购预算，政府采购预算内容明细到采购的具体品目。

(四)强化预算执行，严格预算管理

强化预算执行，增强预算有效性，是预算的生命力所在。我们从严控预算追加、强化结余管理等入手，努力增强预算有效性。

1. 严控预算追加。预算追加主要用于解决年初预算编制时无法预见的临时性、突发性支出。但是，由于预算与行政目标任务结合不够紧密、编制质量不高等原因，省级预算追加情况比较普遍，有些部门每年都会出现很多的追加需求。为有效解决这一问题，在从源头上抓预算编制质量的同时，我们采取措施严控预算追加。2007年起原则上掌握在8月份起开始追加，通过预算追加时间的逐步推迟，促使省级部门对预算的追加行为有了新的认识，预算严肃性得到有效增强。

2. 强化结余管理。近年来单位结余资金增加较快，已成为当前审计关注的重点问题。为了进一步加强省级部门财政拨款结余资金的管理，规范省级部门财政拨款结余资金使用，优化财政资源配置，提高财政资金使用效益，按照"减少增量，压缩存量"的原则，制定了《浙江省省级部门财政拨款结余资金管理办法》。今年初，我们第一次按照办法的规定实施了清理收回，共收回结余资金5.55亿元。除少数发展建设类项目确因客观原因未能完成的，经批准可以返还单位外，其余资金将

收归财政统一安排，用以缓解当前紧张的财政收支形势。

(五)规范预算编制程序，保障公正合理高效

在坚持“二上二下”预算编制程序的前提下，结合我省实际，我们从加强制度建设、提前预算编制时间、完善预算控制数审核机制、强化“金财工程”支撑等方面规范预算编制程序，进一步提高预算编制的规范性。

1.加强制度建设。近年来，在改革实践的基础上，我们先后制订实施了《浙江省部门预算编制规范》、《浙江省省级部门项目支出预算管理办法》、《浙江省省级政府采购预算管理暂行办法》、《省属高校预算定额制度》、《浙江省省级部门财政拨款结余资金管理暂行办法》、《加强财政支出绩效评价结果应用的意见》等一系列预算管理制度，大大推动预算编制的规范化进程。

2.提前预算编制时间。省级每年都在7、8月份布置下一年度的预算，但实际上这项工作开始的时间更早。近几年，我们都是在每年的2、3月份启动下一年度预算编制改革研究，提出改革总体思路的建议，4、5月份由各相关处室负责研究确定各项改革措施的具体方案，6、7月份形成下一年度深化预算改革的正式方案。考虑到预算编制改革的长期性和规划性，从今年开始，制定了滚动的三年期预算编制改革规划，让大家对一段时期内预算改革的方向提前有个了解，做好实施准备。

3.强化“金财工程”支撑。为提高预算编制管理效率和编制工作的规范性，在“金财工程”总体框架下，我们逐步完善以“预算编审”、“项目库管理”、“基础资料库管理”等为主要内容的预算编制信息系统。虽然在软件实施过程中，也遇到了一定的困难和问题，但是，信息化是财政管理的方向，我们要在坚持信息化的前提下，不断完善、开发适应预算管理需要的信息系统。

(六)推进财政支出绩效评价，提高财政资金使用效益

省委、省政府领导对推进财政支出绩效评价工作非常重视，省委十二届历次全会都对这项工作提出了明确要求。财政支出绩效评价不仅仅是财政管理的重要手段，更是推动政府职能转变、建设“责任政府”的重要抓手。在当前财政收支形势严峻的情况下，推进财政支出绩效评价又有了新的含义和使命，加强财政支出绩效评价，推动资金节约、促进效益发挥可以在缓解财政收支矛盾方面发挥重要作用。

近三年来，评价实施范围不断扩大，评价项目不断增加，已涉及教育、科技、卫生、农业、社保、环保、水利、城市建设等领域。一是做好重点项目的评价工作。2005年，我们组织专家组对建设周期长达15年投资30多亿的“一轮治太骨干工程”实施了评价，并将项目评价情况上报省政府。2006年，又将我省第一轮(2003～2005年)促进就业再就业专项资金作为重点项目，按照全省“统一指标、统一标准、分级评价、上下联动”的方式，委托中介机构进行综合评价，该项目3年累计投入财政资金11.89亿元，涉及全省77个市、县(市、区)。2007年，我们又对全省环境自动监测网络建设项目采取全省“上下联动”实施评价，并将评价报告上报省政府。2008年对农村公共卫生和千万农村劳动力素质培训项目，继续采取全省“上下联动”方式，委托中介机构进行综合评价。二是组织开展省级项目支出绩效自评。2007年，对省级300万元以上的158个项目组织实施了绩效自评，并委托中介机构对自评情况进行抽查。2008年，又对省级300万元以上的138个项目组织实施了绩效自评工作，并委托10家中介机构对19个部门20个自评项目情况进行了抽查和核实，对抽查中发现的问题向省级各部门进行了通报。三是探索单位整体支出评价。省卫生厅对疾病预防控制中心和卫生监督所实施了整体支出绩效评价试点，取得良好的效果。

(七)配合人大预算审查，促进预算公开透明

按照省人大的要求，本着积极平稳的原则，逐步扩大部门预算送省人代会审查的范围。2009年，送省人代会审查的部门预算增加到25家。同时，从2004年开始，省人大每年选取一到两家部门预算进行重点审查。重点审查的部门预算需接受专家评审和省人大代表的专题审查，对预算编制提出很高要求，随着重点审查程度逐步深入，媒体的关注程度大大提高，促进部门预算的规范性、严肃性及透明度不断提高。

省级预算改革自2000年开始，已经有九个年头。九年来，省级预算改革在有效发挥财政职能作用、调整和优化财政支出结构、促进提高预算管理的完整性、规范性、科学性、有效性和透明性等方面，均取得了显著成效。可以说，一个职责明晰、程序规范、内容完整、方法科学的预算管理运行机制已经基本确立。这些成绩来之不易，得益于省委、省政府的正确领导，得益于省级各部门的理解和支持，更凝集着省级各部门广大财务工作者的辛勤劳动和无私奉献。为此我代表省财政厅向省级各部门和在座各位表示深深的谢意！

二、当前省级预算编制和管理中存在的问题

全面实施省级部门预算改革九年来，取得了明显成效，但是工作中仍然存在一些问题和不足，还需要通过不断深化改革，逐步加以改进和完善。主要有以下几个方面：

(一)“三个子”综合预算管理力度还需加大。目前我们实施的以“三个子”综合预算改革试点，在广度和深度方面都还有待进一步拓展。预算完整性仍有待进一步提高，有些部门没有按照综合预算原则编制预算，编报预算的单位和资金范围不全。有些单位没有把所有收入、支出都纳入预算，特别是房租收入、上年结余资金，还有游离于预算之外的情况。政府采购预算不完整，该编政府采购预算的没有编，年初编的政府采购预算非常不准。预算调整情况仍较多，预算的约束性还有待

进一步提高。

(二)省级财政支出标准体系亟须完善。经过几年努力,通过不断调整完善基本支出定员定额制度,以定员定额为核心的基本支出标准体系已初步建立。但是,由于种种原因,目前省级的基本支出标准体系仅涵盖了部分单位,仍有大量事业单位尚未纳入;经费支出标准体系和实物配置标准体系仍不够完整,许多经济科目的支出仍没有标准可依。

(三)项目支出管理仍存在不少问题。项目设置缺乏规范,一个项目应包含什么样的内容没有统一标准;项目用途交叉、重复设置的情况时有发生;有些部门存在重分配、轻绩效,整体规模效益不高的情况;资产管理与预算管理没有有效结合,还没有形成按存量资产状况来决定资产购置预算的机制;绩效评价工作还需向纵深推进,预期绩效目标设定流于形式,绩效评价结论科学性还需不断提高,评价结果应用机制还不够完善。

(四)结余资金管理仍需规范。预算执行率低的情况比较突出,一些部门拿到项目资金后,当年无法执行,不能及时发挥资金效益,整体上降低了公共财政的资源配置效率。有的专项资金严重"老化",几年甚至十几年挂在账上,不能动又不动用;部门财政拨款结余资金总体规模仍然较高,个别部门结余资金增长规模较大,结余资金统筹使用力度有待加强。部门结余资金管理制度上还不够完善,与预算精细化管理要求还有一定差距。

(五)部门内部预算监督和管理水平有待提高。近几年,人大、审计等部门对省级预算的监督力度越来越大,但一些省级部门对人大、审计监督意见的落实情况并不理想,一些问题屡查屡犯。一些部门内部监督较为薄弱,部门财务内部控制机制不够完善,执行中挤占、移用、浪费财政资金和"重要钱、轻管理"、不注重资金效益等现象依然存在。预算信息公开的力度仍需加强。一些部门工作前瞻性考虑不够,预算编制与部门工作计划结合不够紧密,预算编制不准确、不科学的情况仍不同程度存在。

三、今明两年财政经济形势

从去年开始的国际金融危机,给我国经济发展带来了巨大冲击。党中央、国务院牢牢把握经济工作的主动权,实施积极的财政政策和适度宽松的货币政策,不断充实完善应对国际金融危机的一揽子计划,保增长、调结构、促改革、惠民生。省委、省政府根据中央的决策部署,结合我省实际,及时出台了一系列"保稳促调"政策措施,沉着应对国际金融危机的严峻挑战。从上半年的宏观经济数据看,经济运行出现了一些积极变化,但总体形势仍相当严峻。由于减收增支,全年财政收支面临较大困难,是近年来财政形势最为严峻的一年。今年1~6月,全省地方财政收入1132.03亿元,增长2.6%,全年财政收入完成预算难度已逐渐增大。但是,在财政收入大幅下降的同时,财政支出却大幅攀升,1~6月,全省财政支出1088.58亿元,增长18.8%。

(一)上半年财政收支的主要特点

一是全省财政收入止跌回升。在积极财政政策和适度宽松的货币政策作用下,我省工业经济活力有所增强,5月份经济数据显示,工业增加值已连续2个月正增长,投资、消费分别连续5个月、3个月回升。与此相应,全省税收收入累计增幅从6月份开始出现年内首次正增长,1~6月,全省税收收入增长0.6%,比上月提高3.7个百分点。在税收收入增幅快速回升带动下,地方财政收入累计增幅达2.6%,比上月提高0.9个百分点,创年内迄今为止最高增幅。

二是全省财政支出增长较快。为实现"保稳促调"目标,我省各级财政部门努力采取措施,贯彻落实积极财政政策,事关民生的各项重点支出得到切实保障。上半年,全省各级财政积极筹措资金,重点在扩大内需、促进经济转型升级、抗击甲型流感、深入实施"全面小康六大行动计划"等几个方面增加了大量投入,确保了省委、省政府重点工作任务的顺利实施。

(二)下半年及明年财政收支运行预期

虽然上半年全省财政收入出现止跌回升的向好势头,但今年下半年的财政经济形势仍很严峻,收支矛盾将非常突出。

一是财政收入持续增长乏力。上半年我国GDP同比增长7.1%,经济增长出现企稳迹象,但由于国际金融危机尚未见底,对中国经济的不利影响尚未减弱,一些企业、行业生产经营还比较困难,企业实现利润还在继续下降,财政增收乏力。

二是增支压力较大。年内还将出台一些大的政策性增支,其中:农村义务教育教师绩效工资改革,全省各级财政需承担58亿元;医药卫生体制改革,全省3年需承担122亿元,今年需要安排36亿元;建立城乡居民社会养老保险制度,初步测算,今年需安排40亿元左右。这些新增支出的压力非常大。为落实省委、省政府"保增长、抓转型、重民生、促稳定"的目标要求,积极开展"春阳暖企"行动,支持企业克服困难,渡过难关,我们还需加大扩大内需、促进经济转型升级方面的支持力度;深入实施"全面小康六大行动计划",改善民生、全面建设惠及全省人民的小康社会还需要大量财力予以保障;根据中央要求,今明两年还将继续拿出地方财政收入的1%,支援四川青川县灾后恢复重建。

对2010年的收支,我们现在还难以做出准确的预测,可以肯定的是,形势仍不容乐观,收支矛盾将异常突出。

四、2010年推进省级预算科学化精细化管理的工作重点

2010年推进省级预算科学化精细化管理工作的指导思想是:全面贯彻党的十七大和省委第十二次党代会精神,深入贯

彻落实科学发展观，围绕"创业富民、创新强省"总战略和"标本兼治、保稳促调"方针，遵循"集中财力办大事"和"一要吃饭、二要建设、三要有所积累、四要增强宏观调控能力"的理财原则，按照"依法治税、为民理财、务实创新、廉洁高效"的总体工作思路和"实、稳、优"的工作要求，省级部门预算编制要与国民经济和社会发展计划相一致，与单位履行行政职能及事业发展计划相协调，与省级财力相适应；进一步优化财政支出结构，保证重点支出，严格控制一般性支出，有保有压，从严从紧编制预算；继续实施积极的财政政策，贯彻落实好厉行节约，严格控制出国、接待、公务用车购置及运行、会议等经费；按照"科学、规范、公平、透明、有效"的目标和科学化、精细化管理的要求，继续深化预算编制和管理改革。

(一)贯彻落实积极财政政策，严格控制政府行政成本，保障和改善民生

7月下旬召开的全国财政工作会议上，温家宝总理就当前财政工作做出重要批示：财政部门认真贯彻落实中央关于应对国际金融危机、促进经济平稳较快发展的一系列方针、政策和措施，为保增长、调结构、促改进、惠民生作出了重要贡献，取得了显著成效。当前我国经济正处在企稳回升的关键时期，财政工作面临的形势仍然十分严峻。要继续坚定不移实施积极的财政政策和适度宽松的货币政策，全面落实"一揽子计划"，特别要加大对保障和改善民生的支持。要狠抓增收节支，坚持控制一般性支出，把有限的财力真正用到促进经济社会发展的关键领域，努力实现经济又好又快发展。

温总理的指示，对当前财政政策的取向和财政工作的重点提出了非常明确的要求。这既是针对当前形势所提的要求，同时，也是对今后一个时期内财政政策大致走向的预判。我们要按照中央和省委、省政府的要求，坚定不移地实施积极的财政政策，认真落实各项重大财税政策措施，加强和改善财政宏观调控。要创造性地采取措施，实现"保增长、抓转型、重民生、促稳定"的目标。要筹措资金扩大内需，加快基础设施建设，支持经济转型升级，帮助企业尽早走出困境，促进经济平稳较快发展。要努力保障教育、医疗卫生、社会保障、就业、保障性住房等与人民群众生活直接相关的重点支出。要继续严格控制政府行政成本。在当前应对国际金融危机的大背景下，厉行节约，控制行政成本，是凝聚民心、维护改革发展稳定大局、提高政府威信的重要举措。中央和省委、省政府对这项工作非常重视，不但提出了具体的压缩要求，同时提出了督查的措施。下一步，省纪委将会同有关部门对执行情况进行检查。2010年，还将继续采取措施厉行节约，公用经费、专项经费大体维持2009年水平。今后中央、省委、省政府如果有新的要求，按新的要求执行。请省级各部门统一思想，付诸行动，真正下决心降低行政成本。

(二)深入贯彻落实科学发展观，全面推进预算管理科学化、精细化

预算管理贯穿于研究制定和实施财政政策、编制和执行预算的全过程。预算管理水平的高低，直接影响到财政职能作用的发挥和财政资金的使用效率。做好预算工作，必须全面推进预算科学化、精细化管理。这是贯彻落实科学发展观的必须要求，符合现代管理的发展趋势，是新形势下做好财政工作的迫切需要。

推进省级预算科学化、精细化管理必须坚持与时俱进，牢固树立"六种意识"。一是政治意识。预算体现了党和政府的政策和宏观调控意图。因此，预算编制必须紧贴省委、省政府工作的中心，自觉服从、主动服务于经济社会发展大局，充分发挥财政职能作用。二是经济意识。财政根本上是由经济发展决定的，经济是财政的基础和财政收入的来源。要积极地通过财政政策的制定和实施、财政资源的配置和运用，引导和推动各类市场主体持续健康发展，实现经济发展方式转变。三是法治意识。公共财政是法治财政，要将依法理财作为财政工作的灵魂贯穿始终，努力实现有法可依、有法必依、执法必严、违法必究，奠定科学、民主、廉洁理财治税的法治基础。四是创新意识。坚持从时代要求和财政发展需要出发，建立健全鼓励创新的机制，搭建创新的平台，保护创新的成果。五是服务意识。不断改进公共服务水平，做到管理与服务的有机结合，在强化管理中提高服务水平，在优化服务中强化财政管理。六是风险意识。要高度重视财政风险尤其是政府性债务风险的防范工作，切实落实各项制度和工作措施，确保财政安全运行。

在推进预算科学化、精细化管理过程中，必须遵循以下基本要求：一是突出依法理财。预算编制必须严格依照法律法规进行，省级部门必须严格按法律法规履行职责，做到依法行政和依法理财的有效结合。二是注重流程设计。要按照精简程序、理清环节、分清责任、明确标准的要求，健全和优化财政管理工作流程，使预算编制、执行、监督、绩效评价等各项工作规范化运行。三是完善岗责体系。要在科学化、精细化管理的前提下建立健全岗责体系，从机制上保证权责一致，使预算管理工作人员切实承担起预算管理每一环节的责任。四是加强绩效考核。绩效考核是实现预算管理科学化、精细化的重要保障。要积极推进预算编制、执行等工作的绩效考核。五是健全配套制度。要在执行已有行之有效制度的基础上，根据形势任务的发展变化不断健全各项工作规范，符合省级预算管理实际。六是运用科技手段。科学化、精细化管理要求运用先进技术，大力推进财政管理信息化建设，以信息化推动科学化精细化。七是坚持以人为本。加强预算管理工作人员的培训教育，提高专业能力和综合素质，为科学化精细化管理提供组织保障和智力支持。

（三）继续深化“三个子”综合预算改革，实现省级全口径预算目标

要按照吕省长提出的“收入一个笼子、预算一个盘子、支出一个口子”的综合预算管理目标，严格执行“收支两条线”政策，进一步加大预算资金统筹力度，重点是规范行政单位预算资金来源。考虑到省级党政机关的机构性质和管理实际，为加强对省级党政机关的财政财务管理，拟对省级所有党政机关实行更为严格的收支脱钩。所需资金全部改由预算内资金安排，单位收取的各项预算外资金，不再与单位挂钩，由财政部门统筹安排用于发展建设项目。2010年，在去年单位自行发放福利来源调整的基础上，将进一步规范单位津补贴及包干结余提取福利费的政策。各部门、单位要加强非税收入的管理，非税收入无故不得低于2009年的水平。在此基础上，各部门、单位要建立执收、执罚岗位的责任考核制度，做到应收尽收，并全额上缴财政。对于各单位的房租等财产性收益，要严格按省政府即将出台的行政事业单位资产管理办法执行，已出租的房产，未经省财政批准，不得随意改变用途。

试编省本级全口径政府预算。为准确掌握政府性资金总体情况，统筹安排资金，2010年拟试编省本级全口径政府预算。全口径政府预算包括公共预算、社保基金预算、国资经营预算。编制全口径政府资金预算，有利于发挥省级财政资金的整体效益，有利于省委、省政府准确把握省级财力状况，有利于加大资金的统筹力度，是省财政厅采取的应对当前严峻财政形势、缓解财政收支矛盾的重要举措之一。

（四）改善支出预算编制质量，加快支出标准化建设，提高预算科学性

一是进一步开展专项资金清理、整合和规范工作。在当前形势下，加强专项资金清理、整合和规范，具有十分重要和现实的意义。首先，这是贯彻落实国家宏观调控政策和落实省委“创业富民、创新强省”总战略的要求。加强财政资金清理整合，提高财政资金使用绩效，可以有效调整财政支出结构和投向，集中财力办大事，把有限的资金集中到贯彻落实国家宏观调控政策和省委、省政府的决策部署上来。其次，这是贯彻落实科学发展观的重要举措之一。学习实践科学发展观，重点在于财政工作的实践和创新。随着财政改革的不断深入，财政管理水平逐步提高，特别是财政专项资金管理也取得了很多成效。但是，财政专项资金管理中存在的问题也逐渐突出，要求我们运用科学发展观，积极采取措施，优化完善财政专项资金的管理，有效促进财政专项资金使用效益的发挥。第三，这也是加强财政专项资金管理的需要。我们在近年的工作中发现，财政专项资金管理存在一些问题，包括：有些专项资金“老化”，几年甚至十几年挂在账上，资产价值逐年耗损；有些财政专项资金“部门化”，部门先把钱要到，再考虑怎么用钱；也有的专项资金交叉重复设置，等等。这些问题严重影响了财政专项资金效益的发挥。2010年预算，要根据省政府办公厅《关于清理整合和规范财政专项资金管理的意见》要求，一方面严格控制新增专项资金，另一方面继续做好取消、归并、整合现有专项资金的工作，同时要加强结余资金的清理和统筹使用力度。

二是要继续提高支出预算编制质量。特别是要提高项目支出预算的编制质量。要规范项目支出预算的项目设置。在以前的预算编制过程中，各单位根据自身需要和历史习惯设置项目支出预算的项目，有一定的随意性，整体上项目支出预算的项目设置不够规范。主要表现在：一个项目所应包含的内容多少没有统一标准，有的项目非常笼统，例如“依法行政专项”，有的项目涵盖面过窄，例如“小汽车购置专项”、“电脑购置专项”等；还有的单位直接按处设项，一个处室一个项目。项目设置是项目支出预算管理的源头，是对项目支出预算进行审核、执行、监督、绩效评价等的基础和前提。特别是绩效评价，有的单位为了规避300万元以上项目要进行绩效评价的规定，将项目分散设置成若干小项目；有的项目金额虽然达到绩效评价的要求，但像“小汽车购置”这样的项目，绩效评价显然就没有多大意义。因此，今年将采取措施规范项目设置，要求按部门单位履行的职能或履行职能的具体活动和工作来设置项目。同时，要加强政府采购预算的编制。政府采购预算虽然已经编制多年，但从执行情况来看，漏编、错编的情况比较多，执行过程中出现了大量的调整政府采购预算的行为。政府采购预算是依据《政府采购法》编制，是政府采购的前提和基础，各部门一定要高度重视政府采购预算的编制，编细、编准，尽量减少执行中调整预算的行为。

三是继续完善支出标准体系。支出标准体系是预算管理的重要基础。在制定和完善办公设备费用、会议费、办公用房装修改造费用、差旅费、物业管理费标准、培训费标准和办公用房建设费用标准等费用支出标准的基础上，将逐步扩大费用支出标准范围。2010年，增设基建项目代建费标准，请大家在编制2010年预算时自觉遵照执行。

（五）深入推进绩效评价工作，加强绩效评价结果应用，提高预算管理有效性

绩效评价是预算绩效管理的基础，预算绩效管理是政府绩效管理的重要组成部分。随着社会主义市场经济及公共财政体制的不断完善，预算绩效管理的重要性将日益增强，一切财政管理活动都要围绕资金使用绩效来进行。要逐步将绩效理念和方法融入预算管理的全过程，在编制预算时设立绩效目标，在预算执行时以绩效目标为导向，对预算执行结果要进行绩效评价，并将评价结果应用于改进预算管理和以后年度预算编制。

2010年，我们将重点加强绩效评价结果应用管理。根据财政部《财政支出绩效评价管理暂行办法》和省财政厅《关于加强财政支出绩效评价结果应用的意见》的相关精神，对300万元以上的项目，在填报项目申报书时，应根据项目可行性论证报告、工作规划等有关资料，从实施项目预期社会效益、经济效益、生态环境效益等方面明确绩效目标，并予以量化。凡未明确绩效目标的项目，不予安排财政资金。逐步建立评价结果在部门预算安排中的激励与约束机制，各主管部门要将下属单位绩效评价结果，作为审核2010年预算的重要依据，财政部门要根据2009年财政组织评价项目的评价结果与2010年预算安排挂钩；要建立项目资金使用情况报告制度，在报送2010年部门预算的同时，须将2009年部门项目支出预计执行情况一并报送省财政厅。

（六）强化预算财务管理监督，提高预算的透明度和执行的严肃性

要继续加大预算和财务监督力度。省级部门是预算管理的主体，要对本部门预算编制的完整准确性和资金使用的合理合规性负责。各部门要完善内部监督机制，健全预算财务内控制度，堵塞预算财务管理漏洞，消除预算财务管理隐患。同时，要继续加大对各部门的财务指导力度和财政监督力度，建立资金使用跟踪问效机制，确保财政资金的合理合规使用。要继续发挥人大、审计对省级预算的监督作用。2010年，省财政厅将改革报送人大审议的省级预算内容和格式，进一步提高预算透明度。对于部门预算，我们目前还没有形成正式的送审方案，但可以肯定的是，送审预算内容的广度和深度也将进一步提高。各部门要积极配合人大、审计部门对省级预算执行情况的监督、检查，认真落实人大、审计提出的整改意见。

（2009年8月11日 在2010年省级预算布置会上的讲话）

顺势而为 精打细算
努力做好省级部门财务管理工作（摘要）

罗石林

一、统一思想，不断提高做好行政政法财务管理工作重要性的认识

我们的服务对象是政府首脑机关、主要的行政职能部门和公共安全机关。我们所做的工作，不只是简单地要经费、要项目，也不只是单纯地收收付付、算算账、编编报表，而是关系到国家政权建设和社会和谐稳定。因此，必须充分认识行政政法财务管理工作的重要性，增强做好财务管理的使命感、责任感。

（一）行政政法预算是行政政法机关正常运转的物质基础

财政是国家政权建设的物质保障，无财则政不存，缺财则政不稳。具体到各行政政法单位，财政就是行政政法机关正常运转的物质基础，没有经费保障单位就无法履行职能，缺乏规范的财务，单位也不能顺利地开展各项工作。因此，做好行政政法财务工作，对于确保行政政法机关有效履行职责，保障社会主义市场经济体制顺利运行，为中国特色社会主义事业提供坚强可靠的司法保障和和谐稳定的社会环境，具有十分重要的意义。

（二）行政政法财务管理工作是履行政府职能的重要环节

预算体现党和国家的方针政策，规范着政府的活动范围和方向，通过财政管理制度和预算政策的执行，可以规范政府行政行为。而单位财务管理活动是财政管理活动的延伸和具体化。目前政府部门在履行职能过程中还存在着一些不够规范的问题，在财务上的表现主要是项目立项不够严谨、项目预算编制不够精细、执行标准不够统一等。纵观国际潮流和历史发展的趋势，以财政、财务管理活动的科学化、精细化来规范部门行政行为的方向是不可逆转的，这一点在很多发达国家都已经做到了，我们国家也要逐步做到。一个单位要做什么事都必须体现在预算中，而且要不折不扣地执行，这样通过预算编制、执行、资产管理等财务管理活动就可以有效推动单位规范各项行政行为的进程。只要在预算范围内，单位履行职能就有可靠的经费保障。

（三）行政政法财务管理工作水平需各方共同合作提高

财务管理工作是单位开展职能活动的综合反映，贯穿单位管理活动的全过程。随着部门预算改革的深入、国库集中支付的全面推行、政府采购的进一步完善，使得单位财务管理工作更加复杂化、多样化，所以一个单位的财务管理工作绝对不是财务一个处室的事，更不是几个财务人员的事，而是要涉及整个单位各个部门及每个干部职工。要做好一个单位的财务管理工作，就要调动全体人员当家理财的积极性，树立全员财务管理的理念，这对从事财务管理的工作人员，提出了更高的要求。财务管理人员要善学、善思、善谋，努力改变被动应付的局面。首先财务人员要善学。过硬的专业技能和较高的财务政策水平，是一个单位开展财务管理工作的基本要素。财务领导要善思，根据不同时期单位的中心工作任务，结合预算安排和财政管理要求，为领导出好点子，当好参谋，充分发挥财务管理职能，争取领导的重视和支持，这是做好单位财务管理工作

的关键所在。财务部门要善谋，通过建立健全内部财务管理控制制度，谋划全员参与的财务管理制度和操作程序，让单位里的每个人都主动关心财务管理，积极配合财务部门工作，这是提高单位财务管理水平的根本途径。

二、顺势而为，进一步推进公共财政改革

顺势而为，是指顺应事物本身的发展规律和趋势来做事情，才能事半功倍。力学上有一个理论"波浪省力说"，意思是海浪这种涌动的方式，从力学上讲，它是最省力的。世界潮流浩浩荡荡，世界万物均有运势和发展趋势，只有顺着事物发展的趋势做才能取胜。

(一)建国以来财政管理历史沿革

纵观新中国近几十年预算管理的发展历史，大致可以划分"统、放、收"三个阶段。1980年以前，与高度统一的计划经济相适应，财政预算管理也采取了"统"的管理模式。预算管理实行统收统支，所有的收入支出都由财政统一核算，统一支出，收支活动都适用同一个规范，省内不同县之间、不同部门之间人员的开支水平基本一致。当时的财务管理非常规范，相当精细，如出差坐公交车坐几站能报销都有规定，财经纪律执行也相当严格。随着改革开放的不断深入，与之相适应的财政预算管理也进入了"放"的阶段，为鼓励各部门开源节流，采取"抓大放小"的管理方式，给予部门较多的财务权限。部门可以搞创收，创收的收入部门有支配权，各部门支出水平出现较大差距，创收多的多花钱，创收少的少花钱。应当说，根据改革开放的需要，适当的简政放权是必要的，但现状是放得过了。当前，我国正处在法制社会建设的过程中，政府行政行为越来越公开、透明，财政预算管理需要与之相适应，需要由"放"逐步过渡到"收"的阶段，要逐步向预算管理科学规范、公平合理、公开透明迈进。第二阶段中"放"得过多，导致管理不规范、政府运行成本过高，因此预算管理改革的目标是要逐步走向科学规范。

(二)当前财政改革环境现状分析

一是从财政收支形势来讲，前几年，全省财政收入一直处在高位运行，去年下半年以来受国际金融危机冲击，我省经济增速减缓，财政形势趋紧，因此对今年及今后一个时期严峻的财政形势我们要有清醒的认识。随着中央和省扩大内需政策效应的逐步显现，今年到目前为止，财政运行逐步企稳向好，但今后几个月及明年财政形势仍不容乐观，经济基本面、房市、股市、通货膨胀预期等一系列不确定因素的存在，使得财政收入增长预期不稳定。同时，财政支出增长势头迅猛且刚性很强，今年全省有几项新增刚性支出，压力相当大。第一项，教师绩效工资，今年必须实行，全省兑现义务教育教师绩效工资估计要58亿元；第二项，医疗体制改革，初步估算今后3年要新增支出120亿～130亿元，平均每年40亿～45亿元；第三项，城乡无劳保居民(包括农民)养老保险改革支出，初步估计每年新增支出40多亿元。财政减收增支的矛盾不仅仅在今年出现，而且会持续一段时间。浙江财政的困难虽然是发展中的困难，但过惯了那种宽裕的生活，将撑大了的支出规模压下来较难，压力不亚于收支规模小的地方。经济可能一两年内会恢复增长，但对财政来讲，困难不是一两年的，将持续较长时间。

二是从财政分配上讲，财政资金分配的方向和重点将越来越向民生倾斜。随着科学发展观的深入贯彻落实和社会主义和谐社会建设步伐不断加快，近年来涉及民生的财政政策不断出台，特别是财政支持教育、就业、医疗卫生、社会保障、住房保障等方面的民生政策越来越多，财政资金的分配对象由过去主要面向部门和国有企业，扩展到面向全社会、面向千家万户；从主要针对城镇和居民，扩展到农村和农民；由主要涉及经济领域扩展到经济社会生活各个领域。

三是从财政管理上讲，日益庞大的财政收支规模对预算管理提出了更高的要求。近年来财政收支规模不断扩大，2008年全省财政支出2208亿元，是1994年的14.43倍。出于加强自身管理的内生需求，需要全面推进财政科学化、精细化管理。这就要求我们的预算编制和财务管理，逐步实现"一上"全部细化到"项"级科目和落实到具体执行项目，提高项目支出预算的细化程度；推进资产管理与预算编制的有机结合，切实加强新增资产配置专项审核和资产收益管理，实现资产配置管理和处置管理的有效衔接；强化预算执行管理，建立预算支出执行责任制度，加强预算执行管理将作为日常工作重点，上年的预算执行情况要作为编制下年预算的重要参考依据；建立健全覆盖所有政府性资金和财政运行全过程的监督机制；细化报送人大审议的预算草案，提高预算透明度，等等。

四是从社会监督上讲，财政资金的分配使用既要接受人大、审计等监督，还要接受社会监督，而信息化的飞速发展使得社会监督更容易实现。社会各界对预算透明、政府信息公开的呼声比较强烈，尤其对于会议费、交通费、出国费、招待费等四项经费，社会关注度很高。

综上所述，现在正处于公共财政体制改革快速推进的过程之中，财政改革的方向就是要朝着"科学、公平、规范、透明、效率"这一目标迈进，这是人民的利益所在，是历史的潮流，必须顺乎这个潮流。

(三)积极推进各项财政改革

近年来，在省委、省政府的统一领导下，按照公共财政体制框架的原则、要求和方向，省财政已经顺势进行了一系列的财政管理改革，并将继续推进各项改革。

1. 部门预算改革

省级部门预算改革从2000年起步，当年3家单位试编部门预算，2004年省级137个部门全面推行了以综合预算和零

基预算为核心、规范的部门预算。通过几年的努力，部门预算改革的成效已经初步显现。一是明确了预算编制和执行的责任主体，做到"一个部门一本预算"。二是增强了部门预算的完整性，省级单位编制的部门预算，不仅包括财政预算内资金收支，还包括各项预算外资金收支以及其他收支，将原先分散在各个部门的收入、支出统一反映到部门预算中。三是规范了预算编制方法，单位预算编制基本形成了基本支出和项目支出两种编制方法。四是省级支出标准体系逐步建立，目前已经设立了会议费、差旅费、培训费、物业管理费等多项经费支出标准。

2010年，要加大"三个子"综合预算管理改革力度，考虑到省级党政机关的机构性质和管理实际，2010年省级党政机关所需资金将全部由预算安排，单位收取的各项非税收入，不再与单位挂钩，由财政部门统筹安排。各部门所有的收支都要列入部门预算管理，所有收入要上缴财政。部门履行职能所需要的经费，财政按要求予以保障。部门该收的钱一分不能少，按规定上缴到财政，这是部门的职责，收不上来，不能应收尽收，也是部门没有履行好职责的一个表现，该扣的经费也要相应扣除。

2. 国库集中支付改革

省本级从2005年率先开始实施国库集中支付制度。改革分三步走，2005年，率先在原会计集中核算单位实施改革，2006年扩大到杭外非集中核算单位，2007年1月在省级部门预算单位全面推开。目前，纳入省级国库集中支付改革的预算单位共有776家，资金范围涵盖了预算内(含政府性基金)和预算外资金。改革的内容主要有：设立国库单一账户体系，财政资金通过单一账户体系直接或授权支付给收款人；实行分月用款计划制度；实行财政直接支付和财政授权支付两种资金支付方式；通过电子网络系统对财政资金的使用进行全过程监控，并通过支付管理信息系统及时、全面地掌握财政资金支付信息；在部分省级预算单位试行公务卡结算方式，提高公务支出透明度，控制预算单位现金流量与现金风险，简化预算单位财务结算与报销流程。

从省级改革情况看，国库集中支付制度的优越性和成效明显。国库集中支付改革以后，都是电子货币，花钱看不到钱。国库集中支付制度从根本上解决了过去财政资金层层拨付，流转环节多、效率低的问题，有效地提高了财政资金支出的规范性和透明度。但现在的改革还不是很彻底，保留了一些特设账户、预算外账户等，目前的改革推行程度与我们设定的最高目标还有一定的距离。下一步，要朝着既定目标继续推进改革。

3. 政府采购制度改革

目前，全省政府采购已覆盖到绝大多数党政机关、事业单位和团体组织，政府采购规模从1999年的4.75亿元增长到2008年的437.97亿元，采购范围涵盖货物、工程、服务三大类100多个品目。仅省本级一年实施的采购预算项目就达1万多个，涉及的采购审查、确认等业务3万多笔，采购金额近58亿元。省级政府采购信息化建设初见成效，按照"一个平台、两大系统"的总体构架，完成了政府采购内网业务系统的建设，以网上采购业务和全程采购监管为主要内容的"外网系统"及"网站平台"建设正在稳步推进，其中以政府采购网上监管业务为主要内容的外网一期已建成使用。通过政府采购改革，财政资金使用效益进一步提高，政府采购政策功能得到充分发挥，确保了采购"国货"这一基本政策在我省的顺利实施，同时，通过鼓励政府部门使用"节资节能"产品，加快了我省"资源节约型社会"建设。

不可否认，政府采购改革过程中也存在一些需改进的问题，如大家反映较多的采购过程长、采购物品质量等问题。但政府采购是国际通行做法，主要是政府公共物品的交易要由市场定价，避免公私利益冲突。政府采购的目标是以最少的钱取得最大效益，或同等质量前提下少花钱。在具体工作中财政部门会继续遵循两个原则，一是经办人不能有与公共利益相冲突的行为发生；二是要以方便为前提，尽可能地方便用货单位，存在的问题要尽快解决。

4. 财政支出监督制度改革

近几年，我省以推进绩效评价工作为抓手进一步深化财政支出监督制度改革。2005年起，我省绩效评价工作以"建立制度、实施评价"为重点，遵循"统一组织、分级实施、先易后难、由点及面"的原则，逐步开展了一系列工作。一是建立财政支出绩效评价制度体系。建立中介机构库、专家库以及绩效评价指标库，为规范开展绩效评价工作奠定了扎实基础。二是基本建立"项目单位—主管部门—财政部门"三层次评价体系。财政安排300万元以上的项目，由单位自行申报自评；财政部门对部分重点项目实施重点评价；对部门自评项目实施自评质量抽查。三是建立和完善全省绩效评价信息库。在省财政厅网站开辟"财政支出绩效评价"子网，及时公布绩效评价有关政策制度和信息；对省级主管部门和各级财政部门的评价信息进行汇总、归类并汇集在子网中，供部门借鉴。通过绩效评价，各部门初步树立了绩效理念，有的单位已经把绩效评价工作作为一项日常重要工作来抓。财政资金分配过程比过去更加规范、透明，预算编制、执行等各环节之间有了更严格的监督和约束机制。今后，我们将进一步探索评价结果的应用机制与途径，适时制订出台《浙江省财政支出绩效评价结果应用暂行办法》，逐步建立绩效预算体系，使两者有机结合，从而提高财政支出绩效管理水平。

公共财政体制改革是一个系统工程，需要方方面面一起共同努力。我们已经共同走过了一段改革的道路，下一步，我们将在省委、省政府的统一领导下，与省级各兄弟部门一道，稳步推进各项财政改革。各部门要认清形势、顺势而为，同心同德，同甘共苦，同舟共济，携手共进。

三、精打细算，努力做好部门财务管理工作

财政管理科学化、精细化将是今后一段时期财政改革的目标，也是趋势。今年7月，根据财政经济形势的变化，以及加强政府自身管理的需要，财政部提出了“全面推进财政科学化、精细化管理”的要求。当前我省部门财务管理工作中存在的问题主要有：一是预算编制与部门工作计划结合不够紧密，一些部门工作前瞻性考虑不够，预算编制不准确、不科学的情况仍不同程度存在；二是预算执行率低的情况比较突出，部门财政拨款结余资金总体规模仍然较高，结余资金管理仍需规范；三是预算不完整，有些单位没有把所有收入、支出都纳入预算，特别是房租收入、上年结余资金；四是项目设置缺乏规范，项目用途交叉、重复设置的情况时有发生；五是有些部门内部监督较为薄弱，部门财务内部控制机制不够完善，执行中挤占、移用、浪费财政资金和“重要钱、轻管理”、不注重资金效益等现象依然存在。

针对上述问题，各单位财务部门应当共同谋划，精打细算，努力做好部门财务管理工作。

一是提高预算编制水平。预算编制要做到“精打细算”，突出“精”和“细”。“精”是指精通政策、精通实情、精熟家底、精算收支，财务部门首先要精通政策，及时掌握政策并理解透彻、把握到位；其次要精通实情，全面深度掌握本单位各个项目运行及经费支出情况，找到本单位工作运转的规律，统盘考虑本单位的年度预算编制问题，对不符合财政政策的项目及不合理开支要求，及时予以纠正；再次是精熟家底，尤其是资产家底要清，如果对自己的家底还没有摸清楚，那就无法做到资产配置与预算编制相结合，以后的资产配置都会有配置标准，如果超过配置标准乱报资产购置预算，财政都要予以收回；最后是精算收支，对各项目所需资金一点一滴都要精算，对整个单位的项目及资金管理都要做到心中有数、胸有成竹，要有根有据，使人心服口服。

“细”是指预算对象细、编制内容细、工作流程细、岗责体系细。首先，预算对象要细。预算对象包括单位内部各个处室，包括各个业务经办人员。预算编制工作不是财务一个部门的事，需要单位内部各处室共同参与完成。其次，预算编制内容要细，尤其是项目预算。目前项目经费的编制相对比较粗放，不够严谨细致，如何提高项目支出预算编制质量是2010年预算我们重点要做的一件事。项目设置名称要规范，有的单位按处室设置专项，这是非常不规范的，我们要求按单位履行的职能或履行职能的具体活动、工作任务来设置项目。项目预算要细化，经济分类科目要细化到类、款两级，功能科目要细化到类、款、项三级，而且要求科目分类使用准确。再次，工作流程要细，这是精细化管理的基础，是为细化编制内容服务的。按照分清责任、明确目标的要求，建立细致明确的预算编制工作流程。有了规范的工作流程，才能实现各环节间的“无缝衔接”。最后，岗责体系要细。在优化流程的前提下建立岗责体系，从机制上保证权责一致，明确界定岗位职责，确定工作衔接的节点和程序，做到分工明确、各司其职、协调配合，并形成详尽的岗位工作规范。

二是提高控制行政经费开支水平。最近温家宝总理就当前财政工作做出重要批示，其中一条内容就是“要狠抓增收节支，坚决控制一般性支出”。在当前应对国际金融危机的大背景下，厉行节约，控制行政成本，是凝聚民心、维护改革发展稳定大局、提高政府威信的重要举措。对于政府部门而言，在当前形势下采取各项措施严控一般性支出，降低政府行政成本，不仅仅是态度，更是一种责任。随着改革的进一步深化和完善，预算单位的每一笔财政资金收支都处于实时监控下，预算执行信息的完整性、及时性大幅度提高，预算执行透明度明显增强，这为财政运行管理提供了及时可靠的信息基础。从制度和信息手段来讲，财政资金的流向、用途等资金活动的详细信息都可以及时获取。2009年，我们已采取多项措施压缩相关费用，下一步，省纪委将会同有关部门对执行情况进行检查。2010年，还将继续采取措施厉行节约，严格控制行政成本。省级各单位财务部门要绷紧厉行节约这根弦，当好财务参谋，为如何压缩本单位几项费用出好点子，执行好政策。

三是提高专项资金整合水平。目前，部分专项资金名目繁多，资源分散，效率低下。有的专项存在多年，当初设立的依据早已不存在，但项目依旧保留；有的专项使用范围较宽，面面俱到，天女散花，但数额很小，每个单位只分到几万元甚至几千元，造成资金分散，起不到财政资金应有的导向作用；有的专项交叉重复设置，近几年审计部门在对某些专项资金进行审计时，常常发现同个项目同时得到三四个部门补助的专项资金，而且这种情况不是个别现象，还带有一定的普遍性。从预算角度来讲，专项资金设置过多过乱，一方面分散了财力，钱没有花在刀刃上；另一方面，省级支出标准体系逐步建立后，部分单位钱花不出去，每年的专项结余比较多，预算支出实际执行率较低。针对这种情况，年初吕省长在全省财政地税工作会议上强调“要下大决心，切实加强专项资金整合”，省政府办公厅已出台《关于清理整合和规范财政专项资金管理的意见》。资金整合工作重点有四方面：一是严格控制新增专项资金；二是取消、归并、整合现有专项资金；三是清理历年结余；四是建立专项资金管理的长效机制。财务部门作为本单位财政资金管理的责任部门，有责任也有义务做好本单位的资金整合工作，

主动向领导汇报取得支持，及时清理并提出整合方案。

四是提高财务内控水平。根据各项财政改革要求，及时调整和完善单位内部各项财务管理制度，以制度来约束不规范行为，提高单位财务管理水平。根据中央和省委、省政府决策部署，全省开展了“小金库”专项治理工作，“小金库”治理工作是深入贯彻落实科学发展观的具体体现，是完善社会主义市场经济体制的必然要求，是深化收入分配制度、财税体制等改革的重要内容，是建立健全惩治和预防腐败体系、推进反腐倡廉建设的重大举措。“小金库”的存在，不仅导致会计信息失真，扰乱社会主义市场经济秩序，造成国家财政收入和国有资产的流失，而且违背了科学发展观的要求。各单位要根据此项工作要求，及时建立单位内部资金管理和财务内控制度，把房租收入、资产出租收入、其他收入及所有支出都纳入预算。以高度的政治责任感认识“小金库”治理工作，准确把握政策精神，将自查自纠工作落到实处，建立长效内控机制。

五是提高财务人员的财政业务水平。行政政法财务管理工作非常重要，从事财务管理工作的同志必须充分认识到肩上所负的神圣职责，要热爱专业、尊重专业、钻研专业、坚持专业。首先，要热爱专业。自己做的事，自己都不喜欢，工作肯定干不好。财务工作整天与数字打交道，枯燥乏味，但干一行就要爱一行。其次，要尊重专业。对自己从事的职业，自己都不尊重，别人怎么会尊重？属于专业范围内的事，不论事大事小，都要予以尊重，这是讨论和研究问题的基础，也是部门间合作配合的基础。财务岗位是财政部门与各单位之间联系的桥梁，是否尊重财务部门的工作，直接关系到两个部门之间工作的协调配合。第三，要钻研专业。刻苦钻研业务，努力提高专业技能和专业水平。这两年财政改革进度比较快，财政业务政策每年都有变动，因此对财务人员的人员素质、业务水平要求比较高。从事财务工作的同志，只有不断地学习，不断地坚持，不断地提高业务水平，才能干好财务工作。财政部门已经组织开展多次业务培训，有条件的单位也可以单独组织本系统财务人员进行业务培训，财务人员要及时吃透并掌握政策，只有对财政业务政策熟悉，才能及早谋划，为领导献计献策。第四，要坚持专业。这很重要，也很难，但一定要坚持，以维护专业的尊严，只有坚持才能得到尊重。要以坚持专业为荣，不能突破的坚决不突破，真正做到业务精通、把关到位。这四个方面是相互联系的有机整体，相辅相成，缺一不可，只有把四个方面都做好了，财务管理工作才能上一个新的更高的水平。

（2009年8月28日在省直单位行政政法财务管理工作会议上的讲话）

在市地财政局农业处长座谈会上的讲话（摘要）

金慧群

一、2009年财政支农工作简要回顾

2009年，是我省财政收支平衡困难、增收节支任务特别艰巨的一年，但也是全省财政支农工作有声有色、形式丰富多样、投入稳步增长、取得卓越成效的一年。厅党组充分肯定农财工作所取得的成绩，钱巨炎厅长在不同场合多次表扬支农资金整合和支农资金规范化管理所取得的成效。全省各级农财干部紧紧依靠当地党委、政府领导，上下齐心，共同努力，按照“依法治税、为民理财、务实创新、廉洁高效”的总体工作思路，念好“实、稳、优”三字诀，积极应对国际金融危机冲击造成的经济增速持续放缓、发展困难明显增多等诸多挑战，多方筹措资金，进一步加大城乡统筹力度，把改善民生作为新农村建设的重点，加大财政支农投入力度、政策扶持力度和合力建设力度，稳步开展财政支农资金整合工作，不断优化支农支出结构，着力解决农民群众最关心、最直接、最现实的问题。

（一）加大投入保重点

2009年，全省财政一般预算内农林水事务支出实际执行数236.73亿元，完成年初预算的126.7%，比上年增长33.4%。2009年省财政支农资金支持重点可概括为“五促进、一降低”。

1.大力支持主导产业转型升级，促进现代农业发展。以现代农业生产发展资金项目为平台，加强支农资金整合，以点带面，促进我省十大农业主导产业转型升级，全面推进我省现代农业生产发展。2009年，在中央财政安排我省1.75亿元的基础上，省与市县整合财政性资金3.75亿元，统筹用于蔬菜、虾蟹和油茶、水（干）果等主导产业发展，是历年来各级财政投入农业生产发展最多的一年，对提升我省现代农业发展水平、提高农产品竞争力发挥了重大作用。

2.支持农业基础设施建设，促进农业增效、农民增收。一是重点支持“强塘”工程、病险水库除险加固建设，提高防灾减灾能力；支持“水资源保障百亿工程”建设，提高水资源的长效保障能力；支持小流域综合治理，提高水土流失综合防治能力；支持“千万农民饮用水工程”建设，切实解决农民饮水安全问题。2009年，省财政安排水利专项24.60亿元。二是重点支持小型农田水利设施建设。根据财政部要求，启动小型农田水利重点县建设工程，选择小型农田水利建设需求迫切、农业增产增效潜力大、示范作用显著以及前期工作充分、建设规划完

备、建设条件较好的县(区),以现有小型农田水利工程配套和灌区末级渠系改造为主,兼顾小型水源工程、节水灌溉工程和小型集雨工程,通过整合资金,集中投入,分步实施,达到重点县小型农田水利标准。三是安排专项资金3亿元,支持标准渔港和百万亩生态型水产养殖塘标准化建设,夯实渔业产业发展基础。截至目前,全省在建渔港14个,已开展前期准备工作的渔港42个,预计到2009年底完成累计总投资68264万元;全省已累计投入资金16.50亿元,完成近88万亩标准鱼塘建设。四是安排农业综合开发项目省以上财政资金8.50亿元,重点支持高标准农田建设,加快老项目区改造,促进农民专业合作社发展壮大,继续培育一批生产规模大、带动范围广、竞争能力强的农业龙头企业,提升农产品市场竞争能力。深入推进农业结构战略性调整和现代农业产业体系建设,促进农民持续增收。通过突出重点、规范管理、跟踪问效等措施,进一步提高农业综合开发资金的使用效益。

3.支持农村环境治理与保护,促进城乡统筹发展。一是加大森林生态效益补偿力度。2009年全省重点公益林补偿标准由2008年的每亩15元提高到17元,列入省级财政补偿的公益林面积扩大到2987.1万亩,补偿资金总额达到4.80亿元。二是安排"千村示范万村整治"专项资金4.35亿元,以村内道路建设、垃圾集中处理、生活污水治理、卫生改厕、村庄绿化为重点,整合资源和资金,支持推进村庄整治建设。2009年,全省各地实际落实开展环境整治的村庄达到5164个,超过省下达计划建议数4231个村的22.1%,其中落实待整治村计划数3191个,涉及受益农户106.55万户;落实开展生活污水治理的已整治村计划数1040个,涉及受益农户44.77万户。三是安排专项资金9066.5万元,支持存栏生猪200头、牛20头规模畜禽养殖污染治理、农村沼气工程及其综合利用示范,促进农村能源生态示范建设。

4.支持农业标准化生产和农产品检测,促进农产品质量提升。2009年,省财政安排专项资金5800万元,支持百万亩农业标准化示范基地建设、农业标准研究与制订、农产品检测体系建设和农产品质量安全检测等。

5.支持低收入群众增收行动计划,促进欠发达地区跨越式发展。2009年,省财政安排扶贫资金4.67亿元,支持欠发达地区地质灾害危险区域、位居高山远山的"低收入农户集中村"实施下山搬迁,支持实施乌溪江库区第二期脱贫致富工程,扶持"低收入农户集中村"发展特色种养业、来料加工业,支持推进扶贫小额信贷制度建设和贫困村村级发展互助资金试点等工作。截至目前,全省家庭人均纯收入超过2500元的低收入农户人口预计新增24万户、59万人,超出计划任务数8%左右。

6.支持动植物疫病防治体系建设,降低农民生产风险。一是继续安排专项资金2315万元,支持动物防疫体系六大系统建设。继续支持农作物病虫害测报预报预警体系建设,加强区域性农作物重大病虫区域站、农作物病虫和植物疫情监测点建设。二是在动物防疫和基层农业技术推广体系改革基本到位的基础上,强化农技推广和动植物疫病防控机构队伍建设,在乡镇建立完善农业技术推广、动植物疫病防控、农产品质量监管"三位一体"的综合性服务机构,构建集农业技术推广、动植物疫病防控、农产品质量监管于一体的现代农业公共服务体系。

(二)加快资金拨付进度,更大限度发挥资金使用效益

出台《关于加快支农资金拨付进度加强支农资金管理的意见》,采用减少不必要中间环节、预拨、提前布置、加快结算等方式,加快支农资金拨付进度,确保农口民生保障资金,特别是直补资金和动物防疫等直接关系到群众生命财产安全的资金,及时足额到位。以制订《导向目录》为契机,会同省级农口部门明确各支农专项资金下达时间节点,提前布置项目申报工作,加快项目立项程序,加快专项转移支付市县进度。截至11月底,全省财政一般预算内农林水事务支出执行数已达年初预算的98.1%,比上年增长37.3%。

(三)完善支农资金管理制度建设,规范财政资金管理

根据省委、省政府出台的政策措施,结合"省级财政专项转移支付"分类分档规定,对尚未出台资金管理办法的专项,抓紧制订资金管理办法,填补空白;对已有的专项资金管理办法,视情况变化,及时进行修订。2009年,省财政厅会同有关部门制定、修订了《省财政农业产业化贴息资金管理办法》、《省财政农民专业合作社专项资金管理办法》、《浙江省林业科技项目与资金管理办法》、《浙江省现代农业生产发展资金绩效评价实施细则(试行)》等多个专项资金管理办法。

(四)加强监督促绩效

1.积极开展专项核查,着力建立惩防结合的监督制度。一是强化系统内部监督。根据财政部统一部署,在全省开展支农资金专项检查活动。检查年度为2006～2008年,重点项目包括"千村示范万村整治"工程资金等五大类;检查的方式有自查、交叉检查和抽查。这次检查是历年来力度最大的一次。据了解,各地普遍认为这种形式比较好,通过交叉检查,既加强了彼此间的沟通和交流,又使全省财政支农资金管理水平上了一个台阶。二是主动接受外部监督。2009年省人大常委会采取统一部署、上下配合的方式在全省范围内开展《中华人民共和国农业法》及相关法律法规贯彻实施情况检查。对此,省和各地都高度重视,按照省人大常委会办公厅《关于开展农业法及相关法律法规实施情况检查的实施意见》要求,认真、及时开展自查,自觉接受省人大常委会执法检查小组的重点检查,并针对省人大常委办公厅《关于农业法及相关法律法规实施

情况报告的审议意见》中提出的问题，研究提出整改意见。

2.积极开展绩效评价，探索建立以结果为导向的绩效评价制度。以“树立理念、规范评价、深入推进、注重应用”为抓手，把绩效管理理念与方法引入财政支出管理，加大重点项目、民生项目绩效评价力度，拓宽评价广度和深度，初步建立绩效评价结果应用机制和以绩效评价结果为导向的资金分配制度，促进资金使用的安全、合规、有效，努力提高支农资金使用效益。

(五)财政支农宣传工作广泛开展

俗话说“酒香也要勤吆喝”。财政支农工作既要勤勤恳恳、踏踏实实地干，也要进行必要的宣传。2009年，省财政厅印发《关于开展财政支持现代农业生产发展宣传活动的通知》，各地积极响应，以电视、报纸、网络、广播等传媒为依托，通过撰写专题报道、新闻报道，举办座谈研讨活动等灵活多样、行之有效的形式，注重典型案例宣传，注重用数字说话，更加广泛、生动、翔实地开展财政支农宣传工作。浙江卫视、《浙江日报》、《今日浙江》等省内主流媒体报道了我省财政支持现代农业生产发展的相关情况；新华社在《浙江领导参考》中连载了《探寻浙江农业现代化“路线图”》系列；中央电视台七台《聚焦“三农”》栏目分3次对我省现代农业生产发展，特别是财政支持现代农业产业提升的绩效情况等进行了详细报道。通过宣传，向各级领导、广大农民群众解读政策，展示项目建设成效，营造项目建设的良好氛围，使现代农业生产发展项目深入人心。

(六)资金整合见实效

2009年，我省财政支农资金整合工作按照省委、省政府的统一部署，在农口有关部门通力合作下，按照“集中财力、突出重点，积极探索、稳妥推进、明确分工、协调配合”的支农资金整合原则，以《浙江省农业农村发展重点领域重点项目扶持目录》为抓手，以县(市)开展支农资金整合为平台，以现代农业生产发展资金项目为切入点，加强绩效评价和监管，取得了初步成效。

1.省级专项资金整合成效显著。按照“增量调方向、存量优结构、增量调存量”和“该撤销的撤销、该压缩的压缩、该保留的保留、该增加的增加”的原则，在对现有财政支农专项资金来源渠道、规模、期限、支持对象和支持方式进行清理归类的基础上，围绕支农工作重点，在部门之间和部门内部进行整合，逐步形成和完善项目安排科学、投向重点突出、使用规范高效的支农资金管理运行机制。2009年，省级财政支农资金已整合为农业生产性资金、农业基础设施建设资金、农村基础设施建设(农村环境整治)资金、扶贫性资金、农民培训资金、财政体制性资金(转移支付)和其他等七大类。2009年，省农业厅以其部门预算上省人代会重点审查为契机开展专项资金整合，将专项资金数量从2008年的40多个整合为三大类13个项目，得到了省人大、省政府的充分肯定和高度评价。根据财政部《关于2008年现代农业生产发展资金绩效考评有关情况的通报》，我省现代农业生产发展项目在全国绩效考评中名列第四；茅临生副省长在省财政厅关于财政支持现代农业生产发展资金项目实施情况的专报上做出批示：“财政部设立现代农业生产发展资金，扶持高效生态的现代农业，对于促进我省农业主导产业做大做强、农民致富、城市居民改善供给发挥了重要作用。”这是财政部、省政府领导对我省财政工作的充分肯定。

2.县级支农资金整合工作全面开展。在总结前几年支农资金整合试点工作经验和不足的基础上，2009年继续安排13个试点县每个县200万元，鼓励探索不同的资金整合模式，通过规划引导、部门协调、统筹安排，优化配置各部门、各渠道安排的支农资金，逐步建立项目安排科学、投向重点突出、使用规范高效的支农资金管理运行机制。2009年，建德市、桐乡市、武义县、江山市获得中央财政支农资金整合奖励资金共计1500万元。

(七)争取中央对我省的支持

2009年，我们上下联动、一起努力，共争取中央支农专项12.90亿元。其中中央现代农业生产发展资金1.75亿元、中央农机具购置补贴2.80亿元、小型农田水利1.13亿元，分别比上年增长52%、180%、61%，是历年来最多的。

(八)深入开展调查研究工作

2009年，全省各级农财部门积极开展课题调研，深入基层，了解农业生产、农民生活和财政支农资金管理、支农政策执行、群众反应等情况，并认真加以分析研究，为财政支农政策的出台打下坚实基础。厅农业处已完成森林生态效益补偿机制、渔业互保省补助资金管理制度、省级部门与欠发达地区结对帮扶、2010年工作思路等多个专题调研。

2009年，全省各级财政支农工作的总体情况较好，但从财政支农专项资金检查情况来看，预算执行和财政支农工作中还存在支农投入未落实到位、部分资金拨付较为迟缓、部分支农资金财务管理和核算欠规范、使用仍不公开透明、支农资金被移用、支农资金绩效有待进一步提高等问题。另外，在审计、《农业法》执法检查过程中，还暴露出资金整合有效性有待进一步加强、统计口径不统一等问题。

二、2010年财政支农工作思路和几项重点工作

2010年将是本世纪以来财政收支矛盾最为突出的一年。做好2010年全省财政支农工作，机制创新、管理创新是主旋律。

(一)多渠道筹措资金，加大财政支农投入

尽管财税经济形势如此严峻，我们还是要加大财政支农

投入。首先,这是由农业自身的地位和现状决定的。农业是关系国计民生的基础产业,又是受自然风险和市场风险双重影响的弱质产业,是公共财政支持的重点。《农业法》及中央、省委省政府对财政支农投入都有明确的规定。其次,加大支农投入是当前拉动内需、改善民生的内在要求,也是贯彻落实中央经济工作会议"要更加自觉、更加主动地坚持扩大国内需求特别是消费需求的方针"精神的需要。我省农村人口2000多万,约占总人口的44%,消费份额却只占1/3,消费率尚处在一个较低的水平。通过财政加大对农业的投入,引导社会工商资金投向农业农村重点发展行业和领域,提高农业科技贡献率,提高劳动生产率和产出率,有助于提高农民的农业生产性收入水平。

因此,各地要一如既往努力加大预算内支农投入,贯彻落实各项支农政策,保持政策连续性、稳定性。同时更多地要在多渠道筹集支农资金上下工夫。一是按照"增量调方向、存量优结构、增量调存量"的资金整合工作指导思想,做好专项资金清理整合工作,集中财力办大事。二是抓好财政支持现代农业生产发展等中央财政支持项目的实施工作,争取中央加大对我省农业投入。2008年我省现代农业生产发展资金项目做得好,2009年财政部大大增加了对我省的补助,补助资金从2008年的1.15亿元增加到1.75亿元。因此,要继续抓好中央支持项目的实施工作,管好资金,做出成效、做出品牌,争取中央财政进一步加大对我省支农支持力度。三是充分发挥财政资金的引导作用,利用税收、金融、保险等在农业投入方面的优惠政策,积极引导、促进工商企业等民间资本投资主导产业生产发展,形成政府引导、农民主体、社会力量广泛参与的农业主导产业发展多元化投入机制。同时,综合运用财政贴息、以奖代补等财政补助方式,充分发挥财政资金的杠杆效应、放大效应,提高财政资金使用效益,扩大财政资金受益面。

(二)加大整合力度,集中财力办大事

一是清理整合财政支农资金。财政专项资金的清理整合工作是2009年及今后一个时期各级财政部门的一项重点工作。2009年,省政府办公厅印发了《关于清理整合和规范财政专项资金管理的意见》,对专项资金清理整合提出明确要求,即对已经实现项目目标或已经到期的项目,要予以取消;支持方向、扶持对象和用途相同或相近的项目,要予以归并;不同部门管理但支持方向、扶持对象和用途相同或相近的项目,要予以整合。各地要认真贯彻,坚决执行。省里已经明确省农业厅归口的现代农业生产发展资金、种子种苗工程、农机化促进工程,省林业厅归口的高效生态林业基地建设、竹林道建设,省海洋与渔业局归口的现代渔业生产发展等产业类资金,从2010年起切出70%专项用于对现代农业示范园区的支持。

二是改革省对县级财政支农资金整合的考核奖励机制。我省财政支农资金整合试点工作自2006年开展以来,取得了显著成效,但也存在缺少竞争机制等不足。2010年我们将根据财政部《县级财政支农资金整合工作考评暂行办法》,建立一套定性考评与定量考评相结合的指标体系,从体制机制创新、整合资金、引导社会投入、资金使用管理、项目建设与管理、整合项目效益等方面,对年度市县支农资金整合开展评价,并按照评价结果等级,分档奖励相关市县,按考核结果实行动态管理。

三是完善省、市、县三级导向目录制度。各地的农业农村发展重点领域重点项目扶持导向目录要在原有的基础上进一步完善,以此作为增强支农资金管理透明度和规范性的抓手。

(三)2010年省财政支农的支持重点

2010年,省财政厅将按照省委、省政府的统一部署,遵循"集中财力办大事"的原则,结合以"三个子"为目标的财政运行机制改革,以粮食功能区、现代农业示范园区建设为平台,加大投入,加强整合,优化支出,创新管理,创新机制,重点做好以下几个方面工作:

一是加大对农业基础设施建设的支持力度。重点是支持农田水利基础设施建设、地力培育、水产养殖塘标准化改造,提高农业生产能力;支持强塘工程、标准渔港建设,提高防灾减灾能力;加大对钢架大棚、喷滴灌等设施农业的支持力度,提升农业设施化水平;支持规模化、标准化生产建设和新品种引繁推、新技术开发引进和推广应用,提高农业科技贡献率;支持农产品营销体系和品牌建设,农业产业化经营,促进主导产业发展。

二是支持新型农业经营主体培育。随着经济社会的发展,家庭作坊式的分散经营已不适应现阶段生产力的发展水平,必须大力支持新型农业经营主体的培育,以提高农民组织化水平。省里已把对周边农民带动力强、对村级集体经济发展有较大促进作用的规范化农民专业合作组织、出口创汇型和与农民建立密切利益联系的农业龙头企业以及农业生产专业大户、职业农民等农业新型经营主体作为今后财政支农重点,通过支持规范化农民专业合作社建设来提高农民生产经营组织化程度,使农民专业合作社成为引领农民参与国内外市场竞争的现代农业经营组织。

三是支持土地流转,促进规模化经营。引导土地流转,促进农业规模经营是统筹城乡发展,优化农业资源配置,发展现代农业的必由之路。根据《关于积极引导农村土地承包经营权流转促进农业规模经营的意见》精神,鼓励现代农业示范区主导产业发展优先受让农户流出的土地。2010年,我省各级财政支农工作要以现代农业示范园区和粮食功能区建设为平台,通过支持土地、林地流转来促进农业规模化经营。通过经营规模的扩大，进一步合理分配农业生产要素，提高经营者应用新品种、新技术的积极性，从而提高农业产出率。

四是加大对欠发达地区支持力度。重点是支持欠发达地区中心村培育、现代农业示范园区和粮食功能区建设以及林区道路、机耕路建设。

（四）加强科学化精细化管理，提高资金使用绩效

一是规范项目管理。党中央把“三农”问题作为全党工作的重中之重来抓，不断加大农业投入力度，农业支出的领域和规模也不断扩大，资金项目管理的任务越来越繁重。财政部谢旭人部长提出，“要更好地发挥财政职能作用，必须大力推进依法理财，加强科学化、精细化管理”。我们要认真贯彻落实好谢部长的指示精神。2010年，列入省支持的现代农业示范园区等重点项目必须要有总体规划，包括建设数量、实施面积、建设内容、建设期限、扶持环节等。在此基础上，要求农口部门编制、落实好年度建设计划，并实行严格的项目管理。把有限的财政资金投入到现代农业示范园区、设施农业、农民专业合作社等新型农民主体培育、先进适用技术推广等重点对象和重要环节上。

二是探索建立项目库制度。为加强和规范财政支农项目和资金管理，提高支农项目申报的事前管理水平，更好地解决项目重复、多头申报问题，建立健全资金的长效监督管理机制。2010年起，省财政厅将建立全省性的财政支农资金管理项目库系统，逐步将省级财政支农项目纳入项目库系统管理，所有省级以上财政立项的项目都必须在项目库中择优选择，并以此为平台，加强项目基础资料管理，逐步建立项目建设前后相关数据、影像资料的搜集、整理和保管制度。这项制度首先在中央和省级现代农业生产发展资金项目开始实施。

三是完善资金分配制度。继续实行项目标准文本管理制度、专家评审制度和公示公告制度，规范项目立项行为，努力提高立项环节的公平性、公正性和透明度。继续推广运用公式法、因素法等分配方法，合理分配财政支农资金，努力实现分配依据客观、分配程序规范、分配结果公正。

（五）提高专项资金使用绩效

一是建立以绩效为导向的财政支农资金分配制度。绩效评价是加强管理的一种手段，它本身不是我们的目的。绩效评价工作的重点是要抓好结果应用机制建设，发挥绩效评价工作实效，强化绩效评价工作的约束性，推进绩效评价结果的公开，把绩效评价结果作为支农资金整合的重要依据，真正实现追踪问效；建立健全财政支农管理责任追究机制，对有不良记录的地区在安排支农项目补助资金时予以调控。

缙云有机茶叶基地

二是加快资金拨付进度。要在保障资金安全有效的前提下，适当加快支出进度，及早拨付各项重点支出，做到财政支农资金应拨尽拨、尽早拨付，切实避免年底集中支出、突击花钱。

（六）进一步加强监督检查

继续围绕财政管理的重点领域、项目支出的重点部门以及社会关注度高、影响力大特别是事关民生方面的支出项目进行专项检查，进一步强化对支农资金的监管工作，对各市县形成有效的奖惩机制，巩固支农资金整合的成果，发挥支农资金的使用效益。省财政厅初步选定下山脱贫专项资金作为2010年厅农业处与绩效处合作的绩效评价重点项目。

（七）以财税文化建设为统领加强队伍建设

厅党组和全省各级财政地税部门历来十分重视干部队伍建设。整体上看，全省农财系统干部队伍的主流是好的，不失为一支政治过硬、业务精通、纪律严明、作风正派的队伍，是一支坚强有力、能干事、能干成大事的队伍。但是，在肯定主流和成绩的同时，必须清醒地看到，目前系统干部队伍建设仍存在着一些问题，特别是2009年以来系统内违法违纪案件发生有所增加，暴露出一些薄弱环节，部分干部思想滑坡现象不容忽视。在新形势下，广大农财干部要坚持“依法治税、为民理财、务实创新、廉洁高效”的总体工作思路，念好“实、稳、优”三字诀，以财税文化建设为统领，在联系群众中服务群众，在服务群众中改进作风，时刻摆正自己与农民群众的位置，深入基层、深入群众，走进矛盾、破解难题，多思农民群众之所想，多学为民办实事本领，真正为民理好财，把有限的资金和资源用到农民群众最需要的地方，真正为农民群众多办实事、办好事，把全面改善民生的各项工作任务落到实处。要加强廉政建设，谨小慎微，干净干事，通过完善制度、规范管理、加强监督、明确责任，牢固树立廉洁自律意识，确保“项目、资金、干部”三安全。

（2009年12月24日）

发挥专业优势 服务公共财政 切实推进全省财政审核工作科学化精细化管理(摘要)

魏跃华

一、当前财政经济形势

从2008年开始的国际金融危机,对我国经济发展带来了巨大冲击。党中央、国务院牢牢把握经济工作的主动权,实施积极的财政政策和适度宽松的货币政策,不断充实完善应对国际金融危机的一揽子计划,保增长、调结构、促改革、惠民生。省委、省政府根据中央的决策部署,结合我省实际,及时出台了一系列"保稳促调"政策措施,沉着应对国际金融危机的严峻挑战。目前,中央和省委、省政府的一系列政策措施已初见成效,全国经济运行总体企稳向上,且积极因素在累积增加。我省经济也出现了下行趋缓、运行趋稳、回暖向好的积极变化,地方财政收入已连续6个月实现增长,财政运行企稳向好。但财政收支矛盾依然十分突出,财政总体形势仍相当严峻。

一是全省财政收入止跌回升,但持续增长乏力。受金融危机影响,今年前三季度,地方财政收入运行呈现"低开-企稳-回升"的态势。一季度全省地方财政收入下降1.4%,延续了去年下半年以来的下行态势;二季度,随着"保稳促调"各项政策措施效应的显现,以及非税收入快速增长的拉动,地方财政收入增幅企稳,4月、5月、6月累计增幅分别为2.2%、1.7%,2.6%;三季度,随着经济的企稳回暖和楼市成交的活跃,地方财政收入增幅逐月回升,累计增幅每月回升均在1.5个百分点以上。今年1～9月,全省地方财政收入1682.94亿元,增长7.4%,完成年初预算的82.4%,其中:税收收入1551.77亿元,增长6.6%;非税收入131.17亿元,增长17.8%。

我们在看到经济回暖的同时,必须清醒认识到金融危机影响我省经济运行的长期性和深远性:依赖政府投资拉动和政策刺激效应回升的经济基础还不稳定、不稳固、不平衡;我省经济发展中的结构性、体制性和素质性矛盾依然突出;房市、股市、通货膨胀预期等不确定因素逐渐增多。因此,我省下半年财政持续稳定增长的基础还不牢固,税收收入的后期走势不容乐观。

二是财政支出刚性强,增支压力加大。上半年,为实现"保稳促调"目标,全省各级财政积极筹措资金,重点在扩大内需、促进经济转型升级、抗击甲型流感、深入实施"全面小康六大行动计划"等几个方面增加了大量投入,确保了省委、省政府重点工作任务的顺利实施。今年1～9月,全省财政支出1683.80亿元,完成年初预算的70.0%,增长18.7%,快于地方财政收入增幅11.3个百分点。其中,教育支出340.89亿元,增长10.9%;社会保障和就业支出99.99亿元,增长7.0%;医疗卫生支出110.32亿元,增长27.6%;环境保护支出35.27亿元,增长35.6%;交通运输支出115.83亿元,增长3.07倍。

近年来,根据落实科学发展观和构建和谐社会的要求,我省财政对教育、就业、医疗卫生、社会保障、住房保障等民生方面的投入不断加大,财政资金分配的对象、范围和领域不断扩展,财政资金的需求不断膨胀,财政支出的刚性不断增强。特别是今年国家陆续出台了义务教育绩效工资制度改革、医药卫生体制改革、新型农村养老保险制度改革等三项重大改革,我省今年落实义务教育教师绩效工资约需增支58亿元,城乡居民养老保险制度改革需增支40亿元,医药卫生体制改革需新增36亿元。因此,今年及今后几年全省及省本级财政支出压力巨大,欠发达地区和部分收入下降的市县财政形势则将更加严峻。

二、下一阶段财政项目审核工作的几点要求

面对依然严峻的财政经济形势,又恰逢财政部"科学化、精细化管理"要求的提出和我省"三位一体"财政运行机制改革的推进,应该说,我们的财政项目审核工作面临难得的机遇和新的挑战,机遇和挑战并存。如何抓住机遇,迎接挑战,顺势而为,把我们的事业推上新的台阶?在这里,我准备用四句话概括对下一阶段全省财政项目审核工作的要求,即:围绕一个中心,推进"两化"管理,找准"三位一体"中的定位,完善四项建设。

(一)围绕一个中心:服务于公共财政大局

财政项目审核事业,既是公共财政改革的产物,也将伴随着公共财政建设的发展而发展。因此,我们必须始终自觉而主动地把财政项目审核工作放在公共财政改革和发展的大局中来认识和把握。今年我省公共财政的大局就是做好增收节支工作,确保财政收支平衡。今年将是近年来我省财政收支平衡压力最大的一年,一方面财政持续稳定增长的基础还不牢固,另一方面财政支出的增长较快,对民生领域的增支压力大。面对这样的大局,正是我们财政审核机构严把项目预算审核关,

为增收节支作出应有贡献的良好时机。

一是继续加强财政项目预算审核，提高资金使用效益。全省审核机构应紧密结合预算管理改革，继续扩大审核规模及数量，通过在资金配置源头和支付执行两大环节对项目所需资金的合理性、真实性和准确性进行审核，有效促进财政资金的节约使用。(1)在资金配置源头环节，通过对项目预算的审核，及时发现和剔除项目预算中的不合理因素，发现和纠正项目设计和资金安排方面的缺陷，科学合理确定项目投资预算。(2)在资金支付执行环节，通过对项目资料、有关合同、投资完成情况等进行审核，合理确定资金拨付数额。

二是逐步建立项目预算审核"倒逼"机制，完善财政投资项目管理体制。现阶段，财政部门对财政投资项目的预算管理水平，相比以前，已经有了很大的进步；但是与西方发达国家相比，还是有很大差距。主要表现在财政投资的决策过程与预算过程的相对分离，财政部门对投资项目前期审查的参与深度不够，往往只能被动地根据概算下达预算并拨付资金，大大削弱了财政对投资支出的预算控制作用，造成投资项目"三超"等浪费现象。因此，全省审核机构应依靠自身队伍的专业特长和知识水平，逐步建立财政投资项目的预算审核"倒逼"管理机制，对拟投资项目是否符合国家的投资方向、投资原则和投资政策，投资金额是否准确合理等进行审核，提出是否将其列入项目支出预算，或是否对预算额度进行调整的意见，以优化项目支出结构，提高财政投资项目预算管理水平。

(二)推进"两化"管理：科学化、精细化管理

今年7月，根据财政经济形势的变化，以及加强政府自身管理的需要，财政部提出了"全面推进科学化、精细化管理"的要求。应该说，财政管理科学化、精细化将是今后一段时期财政改革的目标，也是趋势。所谓"科学化管理"就是从实际出发，实事求是，掌握财政管理的客观规律，按照财政法律法规进行管理。所谓"精细化管理"就是运用信息化、专业化和系统化管理技术，精确、细致、深入地实施管理。科学化、精细化是一个有机整体，科学化是精细化的前提，精细化是科学化的具体落实。

财政项目审核业务与一般的财政业务又有所不同，财政项目审核业务侧重在技术经济，提供的是专业技术支撑。项目审核工作涉及项目评估、规划、设计和施工，涉及土地、材料、设备和资金，还涉及管理体制、法律法规和政策制度，是内容极为复杂、技术含量较高的专业工作。这更要求我们的审核业务必须立足专业，发挥特长，追求项目预算管理的科学化和精细化。"科学化"要求我们项目审核工作中一方面要考虑项目安排的可行性和科学性，综合评价项目投资的整体效益；另一方面要从所审项目中找出规律性的东西，逐步具体化为我们工作的操作要领和必要规则，以提高项目审核的科学性。"精细化"要求我们在项目审核工作中引入现代管理理念，注重细节、立足专业、科学量化，从理念上、技术上、手段上，在审核工作的各个环节中精益求精，不断提高项目预算管理的规范性。

在这里，建议全省各级审核机构，在推进科学化、精细化管理过程中，具体从以下几个方面入手：一是加强制度建设。以制度来提高审核工作的质量和效率，推动审核工作的科学化和规范化。二是规范审核工作机制。按照精简程序、理清环节、分清责任、明确标准的要求，健全和优化财政审核工作流程，使"四先、四后"的审核工作机制规范化运作。三是建立权责一致的岗责体系。审核机构内部人员做到分工明确、各司其职、协调配合，并形成详尽的岗位工作规范。四是运用科技手段。加快财政审核工作的信息化建设，以信息化促进科学化、精细化。五是完善费用支出标准体系。运用我们专业优势，科学量化，精益求精，促进预算支出标准的精细化，提高预算管理的科学化。六是坚持以人为本。加强财政审核工作人员的培训教育，提高专业能力和综合素质，为科学化精细化审核提供组织保障和智力支持。

(三)找准"三位一体"中的定位：财政技术管理

目前，我省正在紧锣密鼓地推进"三位一体"财政运行机制改革，搭建预算编制、预算执行、预算监督三个既相对分离，又相互联系，相互制衡的职能机构。面对新的财政制度改革和机构调整，我们的财政项目审核机构如何定位？如何发挥作用？值得我们去思考和探索。对于这个问题，我谈三点看法。

1. 从历史角度看，财政部门历来具有对财政性投资建设项目进行审核的行政职能。1954年，新成立的中国人民建设银行作为财政部内设机构专司基本建设投资拨款、基建财务管理和基建工程概(预、决)算审核管理工作。1980年建设银行成为国务院直属部门，不再作为财政部内部机构，但仍受财政部委托，办理基本建设投资拨款、基建财务管理和基建工程概(预、决)算审核管理等工作。1994年开始，建设银行成为国有商业银行，财政部收回了原委托建设银行代行的财政职能，成立了基本建设司，专门从事基本建设财务管理工作。为便于各项业务的正常运转，1999年成立了财政部投资评审中心，专门承担收回的职能。

2. 从现行公共财政运行机制来看，财政审核工作作为财政工作的重要组成部分，已是公共财政管理的一个必不可少的环节，它的职能和作用体现在项目预算编制、执行和监督的全过程中。预算编制环节"先审核、后编制"机制，预算执行环节"先审核、后拨付"机制；政府工程采购招标环节"先审核、后

确认”机制，项目竣工决算批复环节“先审核、后批复”机制为加强财政支出管理、推进财政制度改革、提高财政资金使用效益提供了强有力的专业技术支撑。

3. 从未来公共财政改革的趋势来看，技术管理将与制度管理并重。在传统的财政预算管理体制和机制下，对财政资金的分配使用，主要侧重于厅机关各业务处室的制度性管理和政策性管理。随着现代公共财政管理体制的构建与完善，必须强化依靠专业技术手段支撑的财政项目审核工作的应用，提升其在财政预算管理中的地位，使财政预算管理由过去主要靠制度管理，转向制度管理与技术管理并重，以此不断推进和提升财政预算管理的科学化与精细化水平。所以，鉴于财政项目审核的专业技术特性，可以并应当将财政项目审核工作定位于财政“技术管理”，它和传统的财政“制度管理”相结合，共同构成财政管理不可或缺、不可偏废的两大支柱。

(四)完善四项建设：支出标准体系建设、信息化建设、审核系统建设、宣传工作建设

1. 完善项目支出标准体系建设

建立支出标准体系，促进预算支出的标准化，提高预算管理的科学化、精细化水平，是今后一个时期财政改革的重点，也是财政管理发展的趋势。各级财政审核机构要充分利用自身专业技术优势，通过对已审项目的原始资料进行加工、整理和分析，运用各类项目的经济指标、技术参数、专项定额乃至相关数理分析模型，确定财政项目支出标准体系确定项目支出是否必要，支出结构是否合理，支出规模是否适度，支出使用是否高效，从而提高财政支出项目预算的透明度，确保财政支出项目预算安排的科学性、合理性和规范性。去年省中心牵头制订的办公用房建设费用和物业管理费用支出标准已作为2009年省级部门预算编制依据，并且在实际操作中收到良好的效果。今年省中心正着手测算和制订基建项目代建费支出标准，继续完善办公用房建设费用和物业管理费用支出标准，积极探索研究开办费支出标准，这些支出标准的制定充分显示了财政审核工作已经获得各方面的认可、欢迎和信赖。为此，各级财政审核机构应大力推动项目支出标准体系建设，努力实现标准化、定量化的审核。

2. 推进审核业务信息化建设

信息化是我们财政审核工作科学化、精细化、标准化、规范化的重要保证。财政审核业务信息化建设是一个庞大的系统工程，需要逐步建立和完善，首先是搭建操作平台，主要解决我们审核工作环节、机制和流程问题，将审核工作与项目预算管理工作有机结合起来；然后是搭建管理平台，包括审核项目的各类资料、数据、文件、图片的综合管理，审核业务的法律法规、案例、经验教训的信息交流和资源共享，以及审核人员的考核、监督管理等等。目前，省中心根据财政项目审核工作需要，针对我省财政项目审核管理的运作模式和特点，已开发完成财政基建直拨项目审核业务软件开发并投入试运行。该软件能直接利用招投标资料，自动完成基本建设资金财政直接拨付审核工作；设立了多方位的数据统计功能，实现了投资动态控制；建立了复核与档案管理机制，完成了省审核中心内部的网络化。这是一个良好的开端。建议省中心与信息中心密切配合，与各地审核机构密切沟通，深入研究，立足当前，着眼长远，分步骤、分阶段，有计划地逐步深入和完善，积极推进我省财政项目审核业务管理信息化建设。

3. 加快全省审核机构建设

现阶段全省的财政审核机构建设，应该说，发展还很不平衡，无论是从机构数量上，机构设置上，还是职能定位上，都还远远不能适应我们整个财政工作改革和发展的需要。一是从机构数量上看，目前全省各级财政项目预算审核机构已成立53家，仍有一部分市县财政部门没有组建审核专业机构，没有形成一支财政自己的专业技术队伍。二是从机构设置上看，全省还有1/3多的审核机构与其他业务处(科)室合署办公。三是从职能定位上看，2008年6月经省人事厅批准，省中心为参照公务员管理单位；今年又有3家地级市审核中心经人事部门批准，转为参照公务员管理单位。但大多数市、县(市)的审核机构只是全额拨款的事业单位，更有个别审核机构还是差额拨款或者自收自支事业单位。目前全省财政审核系统还处于“上下不连贯、左右不通气”的状态，一定程度上扰乱了财政项目审核工作的职能界定，弱化了财政项目审核工作的组织管理，也直接影响了审核机构队伍的稳定和可持续发展与壮大。因此，建议各级财政审核机构，抓住全省事业单位分类改革和财政审核工作大发展和大突破的良好机遇，强烈呼吁和普遍建议，加快机构建设。

4. 加强宣传工作建设

近年来，财政项目审核工作围绕财政中心工作，服务财政改革大局，不断扩大审核规模，拓宽审核领域，前移审核关口，取得了了不起的成绩。但总体来说，财政审核事业是一项方兴未艾的事业，财政审核工作在整个财政工作中属于一项新生事物，各级政府、相关部门、社会各界对财政项目审核工作的职能定位不够清楚，对工作成效不够关注，对机构性质也不够了解。我们整个财政审核系统内部也是做得多，宣传得少。因此，建议各级审核机构利用现成的信息渠道或新辟渠道，采取信息专报、情况简报或信息交流等多种形式，加强财政审核业务宣传工作，使各级政府、相关部门、社会各界都认识到财政审核专业技术工具的作用，依靠财政审核，尊重审核结论，为开展财政项目审核工作营造良好的氛围。尤其是

重大项目的审核成果、发现的问题以及改进的建议等，要及时收集整理报送。这既能扩大审核工作的影响，又能积累我们的工作经验。

希望各级审核机构相互学习，相互借鉴，开拓创新，真抓实干，朝着“卡位把关、扩面增量、保质提效、强本固基”的目标继续前进，切实推进全省财政审核工作科学化精细化管理。

（2009年10月29日在全省财政系统项目审核业务培训班上的讲话）

在全省财政经济建设工作专题会议上的讲话（摘要）

魏跃华

一、交通资金管理的总体思路和初步打算

（一）顺应改革要求，完善财务体制

从1997年开始酝酿的燃油税改革方案，2008年下半年终于出台并于今年起实施。这项改革是对原有交通财务管理体制的根本性变革。我省原有交通财务体制以养路费等6费为根基，自收自用，封闭运行，高度集中，自成体系。这种高度集中的财务管理体制，对交通建设的快速发展发挥了巨大作用。但随着公路建设高峰期的过去，也逐渐暴露出一些问题和矛盾。一是重建设、轻养护，管理比较粗放。养路费主要不用来养路，而是上项目、搞建设，养护支出占比过少，无法满足正常需求。建设又是高速扩张，管理难免粗放，留下不少遗患，如农村公路安保工程要还欠账，国省道大中修理也有巨额欠账。二是资金过度集中，财力与事权不相匹配。大量的养护任务在市县、在基层，但资金高度集中在省里。资金过度集中，一旦缺乏有效管理和有效监督，必然效率不高、效果不好，助长道德风险。三是债台高筑，风险过大。目前省本级债务余额已达186亿元，是全部燃油税可用资金的两倍。我们不反对适度举债，但前提是风险要可控，至少要有按期足额还款的可靠资金来源，否则就会产生风险，引发支付危机。全省90多个亿的可用燃油税资金有几万人要养，有9万公里路要养，还有那么多事要去完成，而现在债台高筑，风险日益增大。四是财政监管亟待加强。目前，监管乏力、监管不到位，同时，省级管理力量不足，市县更成问题。

“冰冻三尺，非一日之寒。”要理顺财务体制，也不可能单靠一个“费改税”就能毕其功于一役。因此，理顺体制的步骤要积极稳妥，方法可灵活多样，但方向必须坚定不移。要抓住费改税的有利时机乘势而上，力争每年都有一些实质性的动作和进展。

全省总的方向：由过度集中向适度分散转变，建立财权与事权合理匹配、交通资金分级管理的财务体制。换言之，财力要适当下沉，财务管理重心要适当下移，要赋予市县交通和财政部门更多的财权，同时强化市县交通和财政尤其是财政部门对资金管理的职责。

从市县看，首先，今年是第一步，即在燃油税基数中能切给市县的尽可能切出来并作为固定收入。一是原两小车养路费2.86亿元和运管费4.08亿元从今年起作为固定收入切给市县。二是原汽车养路费市县超收分成的因素，从今年起也切给市县作为固定收入，基数是11.47亿元。其次，作为第二步，要弱化省里对市县的项目管理功能，合理减少省对市县的专项转移支付，逐步增加一般性转移支付比重。这一步，要下决心从明年做起，务求每年都有实质性进展。

从省本级看，情况正好反过来，必须由过度分散向适度集中转变，强化省交通厅对本级财务的管理功能，着力点之一是统一融资平台，统筹债务收支，强化财政监管。

总体而言，省本级重点是管好自己的事，同时通过财力下沉、分级管理的体制处理好省与市县的关系。市县本级的财务管理也应当实行适度集中的办法。为了实现这个目标，有利于各地加强管理，省对市县的转移支付要相对固定下来，让各地对每年的交通资金有一个可以预期的稳定来源，以利于市县更好地完成职责规定的各项事务。

（二）调整支出结构，强化公路养护

从预算安排的大盘子看，基本支出、管理支出、养护支出、建设支出和其他支出五大支出之间的比例关系，目前仍然不尽合理。主要问题是养护支出比重偏低，建设支出比例偏高，如果考虑贷款因素，建设支出的比重更高。这里强调两点：

1.按照优先顺序安排各大支出。除了要保障必需的养人支出（基本支出）和必要的养事支出（管理支出）外，还要体现养路支出（养护支出）优先安排、重点安排的原则，每年用于养护的切块预算占总预算支出的比例不得低于40%。这些原则不仅要体现在省里有关资金的使用安排上，而且也应当体现在今后市县本级的交通资金使用安排上。

2.清理整合各类项目支出。这要从省本级做起，现在的项目支出名目繁多、五花八门，而且归类杂乱，不少项目支出交叉重复，浪费严重，与科学化精细化管理的要求差距很大。改进的方法：一是实施“物理手术”，能减的减，能压的压，能合并的要合并。二是促成“化学反应”，要从更深层次去研究把握，把有关事项综合起来考虑，找到事情的同质性，把它们变成一件事。三是釜底抽薪，减少专项转移支付，增加一般转移支付。

(三)建立有效机制,健全预算管理

即两大机制:财政主导分配机制和债务风险控制机制。

关于财政主导分配的机制。第一个层面,主要是省与市县的关系。目前我们是比较被动的。原因之一是项目主导权操控在别人手中,问题根源在于省里事权揽得过多。必须逐步改变这种情况,切入点是完善省对市县转移支付制度。建立与现行财政体制相衔接的交通资金分配模式,运用因素法、系数法来计算分配交通资金,将专项转移支付更多地转为一般转移支付,通过釜底抽薪的办法淡化主管部门对项目的分配,牢牢把握资金分配主导权。因素法要考虑如公路总里程、县道、乡道、村道等因素。系数法要考虑如山区、海岛、平原、发达与欠发达(两类六档)等因素。总之,财政部门要拿出办法,实现主导。出台的办法可先征求市县财政部门意见,再征求交通部门意见。

一般转移支付关键还是“蛋糕”能切多大,存量如何切好。凡是过去用于市县的,原则上都应切进去,并且要保证合理的既得利益只增不减;增量要统筹,增量不能都分配到项目上,必须有一定比例用于对市县的一般转移支付。

第二个层面,是专门就项目而言的,这些项目可以是省里的,也可以是市县的。这些项目也要建立健全资金管理办法,包括日常养护、大中修理工程等。这些项目的资金管理办法,主要是从技术经济角度去考虑。比如大中修工程项目,无论是国省道还是县道乡道村道,都应当建立基金储备制度,要有不同的开支标准和资金渠道。这些办法原则上不涉及资金的分配或负担问题,就是说尽可能不涉及省里的补助标准一类的问题(省里确定的一些大型项目建设除外),并且一定要把这些项目管理办法与省对市县的转移支付办法互相分开,做到项目管理归项目管理,转移支付归转移支付,是市县自己的项目,所需资金从省里一般性转移支付资金中统筹安排,省里原则上不搞少搞专项转移支付。否则,两者混在一起,又回到老路上去。当然,这个新路子要走出来,会有一个艰苦协商的过程。

关于债务风险控制机制,也是一个大难题。现在的省级交通预算不是全部预算,没有按照“三个子”要求做到“预算一个盘子”,贷款的收和支都没有在预算盘子中体现,而还款的资金支出却在这个盘子中占据重要一席。省交通部门“统贷统还”的贷款资金是按拨款使用的,还款资金的来源是燃油税,就是说贷款敞着口子(不知道有多大),还款却收着口子(就燃油税资金非常有限的盘子),两者严重不对称,如果不控制,迟早要出事,迟早要“城门失火,殃及池鱼”。

解决这个问题一步到位、最根本的办法,是债务收支全部纳入预算管理。但目前还做不到一步到位,我们争取做的工作是要由财政介入编制交通债务收支计划,并且争取这个计划能够提交省政府常务会议审议。再进一步,还得研究贷款的取得和使用管理办法,用制度来约束。

(四)充实管理力量,提高监管绩效

这么多钱、这么多事,财政监管责任日益加重,改革任务也日趋繁重,没有得力人手一切都是空话。省财政厅已经充实力量,还要进一步加强。市县财政部门也要抓紧充实力量,有效加强管理。每个县至少要有一位得力干部管理交通资金。

二、政府还贷二级公路停止收费问题

日前,省政府常务会议已原则通过省财政厅和省交通厅拟定的政府还贷二级公路停止收费的整体方案。基本情况是:项目 79 个,其中使用财政票据 35 个,地税票据 34 个,代收票据 10 个。总里程 1776 公里,人员数 3312 人,投资总额 199 亿元,债务余额 148 亿元(尚未经省审计确认)。债务余额中财政票据与地税票据大体各占一半。2010 年 1 月 1 日零时起,79 个项目全部停止收费。

补助政策:如果能够全部纳入中央补助范围,中央补助 40%(大体 59 亿元),省补助大体按 1:1 配套,分解为脱贫县 45%、欠发达 40%、一般地区 35%、宁波 15%,总额 49 亿元。补助期限 8～10 年。市县负担 40 亿元左右。

现在最大的问题是税务票据中央认不认,如果不认,我们也下定决心停止收费,但中央补助就要减少一半,约 30 亿元左右要由地方来承担。省里将在 49 亿元补助的基础上增加 6 亿元补助(按不同比例计算),市县要增加 20 亿元。

近期财政要做的工作:第一,竭尽全力争取中央补助。第二,有关市县的财政部门要积极配合交通主管部门做好明年一季度的资金支付准备,特别是春节期间要确保支付。一是要控制这些项目单位存款账户的资金余额,不足部分财政和交通部门要设法筹措,省里的补助也将尽快下拨。二是必须优先保证人员工资发放,其他经费开支包括还本付息往后安排。第三,挤干水分,如实认定债务余额。

三、中央投资项目地方配套问题

这里再强调一点:项目既已承诺,必须及时足额配套。宁可少上、缓上地方自己的项目,也要确保中央投资项目地方财政配套资金百分百到位。

四、项目预算审核机构的建设和发展问题

目前整个发展势头很好,但也不平衡。少数地方机构不明确,人员不落实。对项目预算审核机构的建设发展问题,各地领导一定要有长远眼光,这支队伍是财政科学化精细化管理必不可少的重要力量。实际上,省财政厅和许多市县这几年已经尝到很大甜头。不仅仅是为财政节约了大量的项目资金,更重要的是在财政项目资金管理上我们已经找到了可行可靠的路子。还有一个原来没有想到的好处,即人才的打通使用,业务处室非常需要既通工程技术又懂财政业务的复合型干部。希望各地财政部门领导,务必重视和支持这个机构的建设和发展。

(2009 年 12 月 8 日)

在全省会计师事务所深入学习实践科学发展观活动上的讲话(摘要)

薛小杭

一、围绕"三个务必",贯彻落实好会议精神

按照中央和省委部署,用半年左右的时间,在会计师事务所开展第三批深入学习实践科学发展观活动,这是贯彻落实党的十七大和十七届四中全会精神的重大举措,是进一步促进行业更好更快发展的必然要求。通过这次会议,我省会计师事务所深入开展学习实践活动的工作思路更清晰,目标任务更明确,关键在于统一思想、狠抓落实。大家一定要把思想和认识统一到中央和省委的决策部署上来,把力量和行动统一到本次会议的具体要求上来,切实做到"三个务必"。

一是务必尽快向本地区注册会计师行业传达本次会议精神。要向市财政局党委(党组)和"一把手"书面汇报会议精神,尽快提出本地区学习实践指导小组及行业党组织成立方案,制订下一步党建工作和学习实践活动开展计划,切实做好有关贯彻落实工作。

二是务必加强组织领导,各市财政局党委(党组)要切实承担起指导会计师事务所学习实践活动的责任,按照有关文件、领导讲话和本次会议的精神迅速成立学习实践指导小组及其工作机构,抓紧建立行业党组织,同时要按照国务院办公厅转发的财政部关于加快发展我国注册会计师行业发展若干意见的有关要求,做到党建工作和行业发展两手抓、两手都要硬。

三是务必取得实效。会计师事务所学习实践活动要不折不扣地完成规定动作,开拓创新地做好自选动作,力争做到有声有色,扎实到位,取得实效。加快行业党建和行业发展的目标和措施要具体、有力,切实把我省注册会计师行业党建工作和业务工作向前推进一大步。

二、抓好"五建工作",不断提升行业党建水平

由注册会计师组成的会计师事务所是新社会组织中的重要组成部分,加强注册会计师行业党的建设工作,是探索加强新社会组织党建工作的重要突破口,更是加快注册会计师行业科学发展的内在要求。加大在注册会计师行业建立党组织的力度,充分发挥行业基层党组织的战斗堡垒作用和党员从业人员的先锋模范作用,对于夯实党的执政基础,加强党的执政能力建设和先进性建设,对于推动注册会计师行业的发展,更好地服务于经济社会发展大局,都具有重大而深远的意义。为此,要抓紧落实中组部和财政部党组《关于进一步加强注册会计师行业党的建设工作的通知》精神,抓好"五建"工作,使行业党建工作成为行业发展的坚强政治保证。

一是建立健全各级行业党组织。加强行业党建工作,要把建立健全行业党组织作为首要任务,2009 年 12 月 31 日前,各市必须建立行业党委或党总支,各市行业党组织一般在同级财政部门党组织领导下,具体负责本地区行业党建工作。已建党支部的会计师事务所,在 2010 年 6 月底前,原则上要将党员的组织关系转到当地行业党组织中去。各市注册会计师行业党委或党总支要组织推荐政治、业务素质俱佳同时具有入党愿望的主任会计师、股东、业务骨干参加业余党校的培训,为加快党建步伐奠定基础;要坚持以科学发展观为统领,坚持重点突破、整体推进、协调发展的原则,整合党建资源,发挥相对优势,突出抓好重点区域、重点事务所,全面提高行业党建工作整体水平。

二是建立健全事务所的党组织。各市行业党组织要把抓好会计师事务所党组织组建工作作为紧迫任务,指导帮助事务所根据党员人数和工作需要,分别设立不同类型的党组织。凡是有正式党员 3 人以上的事务所,都要指导帮助其单独建立党组织;正式党员不足 3 人的,指导帮助其按照业务相近、地域相邻的原则,就近就便与其他事务所等联合建立党支部,或行业党组织采取组建联合党支部等形式直接纳入管理,同时积极支持其培养发展党员,为单独建立党组织创造条件。对于尚无党员的事务所,要选派党务工作经验丰富、善于做群众工作的党员作为党建指导员或联络员,开展党的工作,培养发展党员,为建立党组织创造条件。要深入调查研究,摸清事务所和党员的基本情况,加强分类指导,及时总结推广党组织创建经验,帮助解决事务所组建党组织过程中遇到的具体问题,力争使每个会计师事务所都有党员,都有党的组织,做到党的组织和党的工作在行业的"双覆盖"。

三是逐步建立起在行业开展重大政治活动以及党员日常教育管理的机制。会计师事务所参加第三批学习实践活动是注册会计师行业第一次以行业为单位参加全党重大教育活动,随着行业组织党建工作的加强,今后在会计师事务所还可能开展更多这样的重大政治活动。这就需要我们建立健全开展各种活动以及党员日常教育管理的长效机制,为活动开展做好充分的准备,打下良好的基础。

建立硬件保障机制。事务所要加大对开展政治活动和党建工作的硬件建设投入力度,建立健全活动场所、活动设施,及时购置各种学习资料,切实解决影响长效机制建设的硬件问题,充分利用新技术、新手段,在硬件上保障各种活动和党

建工作的开展。

建立制度保障机制。把各种政治活动中形成的深入调查研究、解放思想大讨论、广泛征求意见、群众评议等好做法上升为事务所党组织制度规范，长期坚持；把科学发展观等政治理念作为党员从业人员理论学习的长期主题，持续提高党员从业人员的理论素质和业务水平；完善落实科学发展观活动的工作部署、领导责任、督办检查等方面的规章制度。

建立党员日常教育和管理机制。在开展各种重大政治活动和党员教育管理工作中注重根据事务所党员流动性大，生存压力大的特点，树立服务的指导思想，改变传统思维定式，注重针对当前事务所党员和优秀员工的特点及实际需要，及时把对党员教育管理的思路和方法从传统模式中调整过来，坚定不移地奉行"以党员为本，强化服务"的方针，创新服务机制，完善服务平台，改进服务方式，提高服务质量，增强党组织对党员和员工队伍的吸引力、凝聚力、影响力。

建立正常的党员发展机制。遵循"坚持标准、保证质量、改善结构、慎重发展"的方针，按照"把骨干发展为党员，把党员培训成骨干"的思路，严格发展党员程序，确保发展党员的工作质量，坚持成熟一个、发展一个，发展一个、带动一批。尤其注重把政治素质好、业务能力强、群众基础好的事务所非党员合伙人以及先进执业、从业人员发展成党员。

四是建立健全发挥党组织和党员、党务工作者作用的长效机制。建立事务所党组织自身完善机制，发挥事务所党组织的作用，加强党组织自身建设是前提。要立足于发挥事务所党组织政治上的核心作用、经营管理上的参谋作用、业务工作上的示范作用，积极开展争创"五好"(即领导班子好、党员队伍好、工作机制好、作用发挥好、社会反映好)事务所党组织活动，努力在全行业打造"服务企业型"、"以人为本型"、"有为有位型"的党建模式。通过开展丰富多彩的群众性活动，加强党组织密切联系从业人员的优势，为培育事务所文化和精神，激发从业人员干事创业、投身行业发展的积极性和主动性打下坚实基础。

建立舆论引导机制。利用各种传播媒介，大力宣传行业党建工作中涌现出的优秀党员从业人员、优秀党务工作者、优秀事务所先进事迹，树立党员和党组织的良好形象，扩大党员和党组织的影响力和号召力，起到"前推"和"后拉"的效果，向前推动已建立党组织的事务所党员和组织作用的发挥，同时拉动尚未建立党组织的事务所向党组织靠拢的积极性和主动性。

建立事务所党组织参与决策机制。事务所进行重大经营管理决策前，党组织通过积极开展调查研究，发动党员献计献策，广泛听取党员意见等途径，尽可能掌握全方位的信息，并通过事务所管理层、决策层中的党员，将党组织的意见渗透进去，使事务所的决策合理化、科学化。

建立实践活动推动机制。紧紧围绕如何发挥党员"聚集"和"辐射"作用，及时给党员从业人员交任务、压担子，创新党员活动载体，开展特色鲜明、富有成效的主题实践活动，倡导"业余、小型、多样、务实"的党组织活动方式，推动事务所党建面上工作快速开展和党员作用充分发挥。积极开展"党员承诺制"、"无职党员设岗定责"、"党员责任区"、"党员先锋岗"和"一个党员一面旗"等主题实践活动，引导事务所党员立足岗位讲奉献，在急、难、险、重任务面前冲锋在前，发挥先锋模范作用。

五是力争把注册会计师行业党建工作建设成为新社会组织党的建设工作的先进单位，进一步增强做好行业党建工作的政治责任感、历史使命感。注册会计师行业和律师行业是胡锦涛总书记在十七届四中全会上着重提到的新社会组织。全行业要以开拓创新、奋勇争先的精神，以高度的历史使命感和政治责任感，不断探索，勇于实践，努力以建设新社会组织的一面旗帜为目标，创造性地开展行业党建工作，积极为新社会组织党的建设提供好做法、好经验，不负财政部党组和省委的信任和重托。

在观念上创新。找准党建工作与行业发展的有机结合点，从夯实党的执政基础、巩固党的执政地位的要求出发，理直气壮、毫不动摇地抓紧抓好行业党建工作。从行业以及事务所的实际出发，认真研究和把握行业党建工作的规律，以共同目标、共同利益、共同需求为纽带，找准党的工作与行业发展、党员愿望、员工需求的结合点，将工作重点放在为员工做好事、办实事、解难事上，努力使事务所党组织成为党员的力量源泉、活动之家，服务并促进行业健康发展。

在工作方法上创新。大胆摸索党组织组建模式，根据实际采取灵活多样的组建方式，积极探索和总结单独组建、联合组建以及属地管理、档案管理关系条件下的各种方式。在党组织管理模式上推陈出新，注重做到党的工作和行业发展两不误，采取灵活多样的形式开展活动，不断探索加强流动党员管理的手段和方法。

在稳定党员队伍上创新。创造条件和机会，采取多种形式，对事务所的党务工作者和党员进行培养培训，提高他们的业务技能和能力素质，使其成为事务所的骨干和精英。积极推荐优秀的党员从业人员和优秀的党务工作者成为各级党的代表大会的代表、人民代表大会的代表，推荐他们参加各级优秀共产党员、优秀党务工作者、劳动模范、优秀中国特色社会主义建设者等荣誉称号的评选，提升广大党员从业人员的政治地位，激发其政治热情和工作激情。

三、着力处理好"五个关系"，统筹兼顾推动行业科学发展

行业党建工作和业务工作应统筹协调，相互促进。当前要

协调处理好行业发展中的五个重要关系。

一是处理好业务工作和行业党建工作的关系。明确业务工作是行业工作的主体，党建工作是促进行业发展的政治保证。两手抓，两方面都要取得显著成绩。各级财政部门要把行业党建工作当作推动行业科学发展的抓手和动力，把学习实践活动、行业党建工作与推进各项工作有机结合起来；按照中央要求，扶持会计师事务所参与社会管理与公共服务，积极与会计师事务所进行合作，以购买服务等方式帮助会计师事务所解决发展中的困难，推进行业科学发展，更好地为浙江经济社会发展大局服务。

二是处理好发展与规范的关系。既要大力促进发展又要坚持不懈地抓好规范，一定要像爱护我们的眼睛一样，爱护行业的信誉。通过学习实践活动，切实解决会计师事务所发展中的突出问题，有效推进会计师事务所党建工作，推进会计师事务所科学发展，推进管理工作改革创新。

三是处理好服务与管理的关系。首先是服务，其次是管理，既要搞好服务又要严格依法管理。会计师事务所既是财政部门的服务对象，又是管理对象。对他们的实际困难，我们要认真聆听、切实解决，不能放任不管，要让他们感受到财政部门的温暖。对他们的执业质量，我们又要加强管理，对害群之马要严肃处理，决不姑息。

四是处理好“练内功”和外部环境支持的关系，在外部环境向好的大背景下，进一步加强事务所内部建设。积极引导事务所进一步完善以章程和协议为核心的内部治理结构。这方面我省在前几年已经做了大量基础性的工作，省注协出台了许多规范事务所内部治理的指导性意见，现在的关键在于抓好落实。

五是处理好做好当前工作与落实好中长期规划的关系。要抓住当前加强行业党建工作和开展学习实践活动的有利机遇，扎扎实实干几件事关行业发展的大事；又要充分利用贯彻落实国务院办公厅转发财政部关于加快发展我国注册会计师行业若干意见的契机，制定并落实中长期行业发展规划的长效机制。

四、认真做好会计师事务所深入学习实践科学发展观活动各个阶段的工作

根据财政部党组印发的《关于会计师事务所开展深入学习实践科学发展观活动的指导意见》，整个学习实践活动分学习调研、分析检查、整改落实三个阶段进行。会计师事务所学习实践活动以党组织领导班子和党员合伙人为重点，全体党员参加，注意邀请不是中共党员的合伙人参加有关活动，充分听取他们的意见。根据财政部会计师事务所学习实践科学发展观活动指导小组要求，事务所学习实践活动到2010年2月基本结束。在具体时间安排上，由各市财政局学习实践活动指导小组根据当地事务所实际情况确定。

充分做好学习实践活动开展的准备工作。认真传达学习中央有关精神，广泛开展宣传，安排专门力量，深入开展调查摸底，掌握会计师事务所党组织和党员的基本情况，掌握未参加学习实践活动的会计师事务所党组织和党员数量、尚未建立党组织的事务所数量等，做到底数清楚；采取有效措施，健全会计师事务所党组织领导班子，及时整顿软弱涣散的党组织，配强党组织主要负责人；加强流动党员的教育管理，帮助流动党员及时接转组织关系，使流动党员都能参加党组织生活。同时，及时组建学习实践活动指导机构和工作机构，做好会计师事务所党组织负责人的培训；制订工作方案，明确阶段性工作安排；有针对性地搞好思想发动，提高广大党员参加学习实践活动的积极性和主动性。

第一阶段：学习调研。重点抓好学习讨论、调研走访两项工作。

认真抓好学习讨论。组织全体党员，采取多种形式，学习党的十七大和十七届三中、四中全会精神，学习《毛泽东邓小平江泽民论科学发展》和《科学发展观重要论述摘编》。组织开展学习实践科学发展观“五个一”(即参加中国注册会计师协会党建网络课堂学习，已成立党组织的事务所党支部书记参加一次培训，会计师事务所党支部书记作一次辅导，省注册会计师协会网站建“行业党建栏”开设一个学习实践活动平台、浙江注册会计师会刊开设一个专栏)、“科学发展观我知道”知识问答和科学发展观大讨论等形式多样、内容丰富的活动，使广大党员加深对科学发展观的理解，进一步解放思想，努力在促进会计师事务所科学发展的重要问题上形成共识。

深入进行调研走访。会计师事务所党组织及其负责人，要广泛开展走访活动，认真听取服务对象、职工群众和合伙人的意见，组织党员和职工开展“重要客户大走访”、“诤言良策大寻访”、“影响事务所科学发展问题大排查”等活动，找准会计师事务所改革发展和党建工作存在的主要问题。教育引导会计师事务所职工积极参与学习实践活动，形成推动科学发展的合力。

第二阶段：分析检查。重点抓好召开专题民主生活会和组织生活会、撰写分析检查报告两项工作。

组织开展“整改建议大家提”活动。会计师事务所党组织召开支部专题组织生活会，形成简要的分析检查材料。分析检查报告要注重梳理在服务行业科学发展、推进和谐劳动关系和党组织建设及党员教育管理、发挥作用方面存在的主要问题，实事求是分析原因，提出解决问题的措施和建议。分析检查报告要以适当方式听取职工和党外合伙人的意见，逐步修改完善，为整改落实打好基础。

第三阶段：整改落实。重点抓好制订整改落实方案、解决

突出问题两项工作。

会计师事务所党组织要制订整改落实措施，并以适当方式向党员、职工和合伙人公布。会计师事务所党组织要主动与合伙人沟通，争取合伙人的支持，征求有关促进事务所科学发展的建议，为加强党组织建设、发挥党员作用创造条件。

努力解决会计师事务所党建工作存在的突出问题。采取单独建、联合建和选派党建工作指导员等多种形式，抓好会计师事务所组建党组织工作，扩大党的组织和党的工作覆盖面。同时，会计师事务所党组织要围绕促进科学发展、构建和谐社会，多为职工、客户、群众办几件看得见、摸得着的实事好事。

学习实践活动基本结束时，要认真做好总结工作，梳理在学习实践活动中加强党的建设、发挥党员作用的好经验好做法，为进一步加强和改进行业党建工作提供有益借鉴。适时组织会计师事务所群众对学习实践活动进行满意度测评。群众满意度低的会计师事务所党组织，要认真分析原因，针对存在的问题及时“补课”。

各市财政局指导小组及其工作机构要加强与省财政厅指导小组及办公室的联系与沟通，并及时报告学习实践活动有关重要情况，报送有关学习实践活动的文件和各个阶段工作总结。

（2009年12月8日）

在全省财政科研工作会议暨学会秘书长和科研骨干培训班上的讲话（摘要）

朱忠明

一、1～3季度财政经济形势分析（略）

二、当前需要着力研究的几个问题

（一）针对严峻形势，积极开展经济转型升级研究

从当前的形势看，世界经济总体仍处于衰退之中，国内经济要实现完全复苏尚需时日，促进我省经济持续平稳回升的国内外经济形势仍不明朗。如何整合资源，创新扶持手段，积极推进经济转型升级，是当前迫切需要解决的一个重大课题。在研究过程中，对以下几个转型问题的研究值得关注：一是企业的转型升级；二是产业的转型升级，这不仅仅局限于三次产业结构的调整升级，同时也要关注各行业的转型升级；三是产业升级方面的政府服务，主要是财税政策如何促进产业升级。应着重加强对行业、企业转型升级的总结，尤其是成功案例的总结，挖掘行业的成功经验，要把某一企业、行业的特点做深做透，这对全省都有很强的借鉴意义。

（二）结合改革方向，有效展开财政运行机制研究

当前，我省的财政改革向着公共化方向取得了阶段性成效，公共财政的框架基本搭建。改革要进一步取得实质性突破，就必须谋求财政内部运行机制的创新，寻求内应外合、协调顺畅的发展空间。自2007年吕祖善省长提出“三个子”的财政管理模式以来，使我省公共财政的改革有了进一步拓展的空间。我们将围绕“三个子”的管理模式改革，着力推进预算编制、执行、监督三位一体、相互分离、相互监督的“三分离”公共财政业务体系、技术体系和组织体系改革，努力创建科学高效、运转协调的财政运行机制。学会应当充分利用学术优势，敏锐洞察国内外公共财政改革的形势，正确把握改革的方向，为我省的“三个子”、“三分离”改革提供具有前瞻性、创新性的建议，为我省的财政运行机制改革出谋划策、添智加力。

（三）围绕改革热点，潜心于财政精细化管理研究

今年全国财政厅（局）长座谈会上，财政部部长谢旭人提出了全面推进财政科学化精细化管理的总体要求和主要任务。这是财政管理改革向纵深推进的有效路径。加强财政科学化、精细化管理，切实提高财政管理水平，是贯彻落实科学发展观、转变经济发展方式的必然要求，也是更好地发挥财政职能作用、规范社会主义市场经济秩序的迫切需要。“科学化、精细化”既是一种理念，更是一种执行文化。我们要紧密结合我省的实情，把“科学化、精细化”的管理理念和方法运用到财税文化建设、“三个子”财政管理模式、“三分离”财政运行机制等改革中。学会应当围绕这一改革热点，深入揣摩“两化”含义，精确求解“两化”操作路径，为财政管理实际工作提供开拓性的思路。

（四）面对收支矛盾，重点加强财政收支平衡研究

在经济持续平稳回升的基础还不稳固，且存在着诸多政策性减收因素的情况下，财政收入形势依然严峻，财政减收增支矛盾突出，收支平衡面临严峻考验。如何积极采取措施开源节流，解决收支矛盾，保持财政收支平衡是我们应该着重研究的一个问题。希望各地能做一些定量分析和前瞻性的预测，将研究成果呈送给各地党政部门的领导，或者通过其他宣传渠道让他们加深对这个问题的理解和认识，保持清醒的头脑，充分估计形势的严峻性和复杂性，进一步增强危机感和紧迫感，做好在较长时期内应对各种困难和复杂局面的准备。

（五）发挥学会特长，着力推进财税文化建设研究

文化是一个单位、行业凝聚力和创造力的重要源泉，决定了一个行业的素质和事业的长远发展。近几年来，我省财政事业的发展取得了令人欣喜的成绩，但要再上一个台阶，再创新的辉煌，就必须注重提升财税“软实力”的品位和层次，通过精神领域的文化建设，调动一切积极因素，为财税发展和工作创

新提供强大的精神动力。开展财税文化建设是一项虚实结合、精神与物态相融合的宏大工程，需要一定的理论支撑和精神造势，很符合学会工作的特性。尤其是今年重点开展的“六个平台”建设，其中“学习平台”、“宣传平台”和“活动平台”就和学会的工作密切相关。学会要利用这些平台建设，聚集系统内的优秀人才，充分发挥他们的聪明才智，为财税文化建设提供智力支持。

三、准确定位，积极有为，开创学会工作新局面

（一）准确定位谋发展

谋求学会可持续发展，其前提是能在服务财政改革与发展全局中找准位置和工作切入点。财政学会作为财政理论和政策研究的主要载体，开展的科研、宣传等工作，对财政、经济社会发展都有重要的推动作用。可以说，任何一项财政改革措施取得的巨大成功，无不得益于财政科研在理论先导、政策调研方面的智力支撑。当前，财政科研工作迎来了大发展的历史新时期，财政改革与发展的进一步深化，更为科研工作提供了大有作为的广阔天地。为开创财政学会工作新局面，谋求学会更好地发展，应积极发挥学会科研人才集聚的优势，紧紧围绕财政中心工作，不断挖掘服务内涵，开展实而有效的科研服务工作，为财政改革与发展谋划方案、设计对策、破解难题、探索思路，为各级政府和财政部门提供决策参考与智力支持。学会工作虽然是务虚的工作，但某种层面上，其意义不亚于实务工作。要找准位置、积极有为，努力使学会工作由“虚”变“实”，地位由“弱”变“强”，影响由“小”变“大”，在现有良好的基础上，实现学会可持续发展。

（二）开拓创新促发展

促进学会可持续发展，关键要以开拓创新精神，不断拓展学会服务内涵，增强学会“为中心、为现实”服务的能力。要紧紧围绕财政改革与发展的实践，创造性地开展科研、宣传等工作，通过创新科研理念、科研组织方式、科研方法、科研交流平台等，使参谋助手作用发挥得更主动、更到位、更有效，以进一步提升学会服务效能。一是科研理念的创新。学会的科研工作不能仅停留在完成领导交办的任务上，不能仅停留在简单的经验总结、对策分析上，更重要的是要有全局意识、创新意识和超前意识。要站在全局的角度谋划科研工作，主动做些前瞻性、开放性、持续性的研究，不断强化精品意识、成果意识，多出科研精品，有效发挥科研服务实践的效应。二是科研组织方式创新。借助学会各种平台，利用学会联系面宽、人才集聚的优势，开展各种新式的科研合作，打好学会科研组合拳。三是科研方法创新。要善于学习和掌握新的研究方法，充分发挥年轻人的优势，调动他们的积极性，尝试使用数量分析方法、均衡分析方法、博弈分析方法、系统分析方法等创新地开展科研工作，拿出一批叫得响、喊得亮的高质科研成果。四是科研交流平台的创新。学术交流是学会工作的重要形式，也是学会为会员服务的主要载体。要精心设计交流载体，创新工作平台，不断提升交流层次，开创生动活泼的“学会搭台，学术唱戏”的交流工作新格局。

（三）夯实基础求发展

实现学会可持续发展，有赖于学会扎实的管理。要建立健全“一体两翼式”的管理机制，夯实学会工作基础，推进学会各项工作有效开展。一体指的是学会的组织建设，两翼指的是学会的制度建设和队伍建设。要全方位地强化组织建设，为学会工作开展提供强大的组织支撑。要高度重视内部规范的科学管理，完善各项制度，为学会工作开展提供有效的制度保障。要重视多层级研究力量培养，强化队伍建设，为学会工作开展提供有力的人才保障。

（2009年10月13日）

把握大势 振奋精神 夯实基础
扎实推进依法行政依法理财工作（摘要）

朱忠明

今年是新中国成立60周年，是《中华人民共和国行政复议法》实施10周年，也是国务院《全面推进依法行政实施纲要》颁布5周年。我们利用这次培训班机会，表彰了全国财政“五五”普法法规知识竞赛浙江赛区优秀组织单位和财政行政处罚案例评选优胜单位；交流了2009年财政法制工作情况和2010年工作思路；研究部署下一步全省财政法制工作。

一、肯定成绩，增强进一步做好财政法制工作的信心

财政法制工作是为民理财、依法理财的制度基础，公共财政的改革发展，离不开法制工作提供的保障和支持。一年来，全省各级财政部门以科学发展观为指导，深入贯彻落实国务院《全面推进依法行政实施纲要》和省委《关于建设“法治浙江”的决定》，积极推进依法行政、依法理财，紧紧服务于财政中心工作，法制工作不断取得新的进展，主要表现在以下六个方面：

（一）积极推进财政地方性法规和政府规章立法工作。随着公共财政体制改革的不断深化，预算外资金管理模式与方法发生了重大改变，政府非税收入已经逐步取代预算外资金，《浙江省预算外资金管理条例》难以覆盖现行的政府非税收入

管理工作，需要加以修改完善。为此，省财政厅以专报形式向省政府主要领导汇报《浙江省政府非税收入管理条例》立法工作并得到批示，该条例立法工作取得重要突破，将列入2010年省人大常委会一类立法计划。明年这将是一项很重要的法制工作，也有助于从根本上解决财政非税收入管理依据不足的问题。此外，还配合省法制办做好《浙江省政府投资预算管理办法》的立法协调修改工作，已完成草案修改稿的意见反馈，省法制办已基本完成审查，将于近期提请省政府常务会议审议；关注《政府采购法实施条例》立法进程，积极做好《浙江省实施〈政府采购法〉办法》的立法调研工作。各地财政局也积极参与财政立法调研，今年以来，嘉兴市、台州市、丽水市、萧山区财政局等积极组织开展立法调研，在政府非税收入管理条例立法、国家赔偿费用管理办法立法等方面提供了大量准确而翔实的第一手调研资料。

（二）严格执行规范性文件审核报备等管理制度。省财政厅按照“一个专项资金、一个管理办法”的要求，严格预算资金支出的决策、使用、管理，对业务处室制发的规范性文件未经政策法规处会签或未报政策法规处备案的，以及行政处罚决定未经政策法规处审核会签的，实行工作目标责任制考核扣分，各个业务部门法律审核的意识也不断增强，主动、充分征求相关法律意见。今年以来，共制发支持中小企业、关注民生、扶持“三农”、社会保障等各类专项资金管理方面的行政规范性文件70多件，并将现行393个财政行政规范性文件汇编成册，加以编辑并印发全省财政系统。目前各市财政局已经全部建立健全规范性文件会签审核制度，绍兴市、温州市财政局等还把规范性文件清理作为日常性工作来抓、组织汇编《财政与地税政策》等，财政规范性文件管理水平不断提升。

（三）深入推进财政法制宣传教育工作。一是全国财政“五五”普法知识竞赛开始后，全省各级财政部门对竞赛活动积极宣传、周密部署、有序组织，财政系统干部职工与社会各界人士踊跃参赛。根据竞赛组织发动工作、参赛人数、参赛率和参赛成绩，绍兴市财政局、嘉兴市财政局、台州市财政局、杭州市财政局、金华市财政局和诸暨市财政局等10个县级财政局获得此次竞赛的优秀组织奖。二是采取多种形式开展领导干部学法用法活动。7月份，《彩票管理条例》正式施行，厅党组理论学习中心组召开学习会，学习了《彩票管理条例》；在国务院《全面推进依法行政实施纲要》实施5周年之际，8月5日邀请省政府法律顾问、浙江大学法学院博士生导师章剑生教授对各市、县（市）财政局“一把手”进行了依法行政专题培训；“12·4”全国法制宣传日期间，厅党组理论学习中心组又结合《行政复议法》施行10周年，学习了《行政复议法》。三是开展全省财政法制展板巡展活动。以“12·4”法制宣传日活动主题、行政复议法和公共财政法规政策等作为宣传主题，制作一套普法宣传展板，省财政厅和38个市、区财政局联合组织开展巡展活动，扩大了财政普法工作的社会影响力。2009年省财政厅荣获全国“五五”普法中期先进集体称号。

（四）积极组织落实财政扩权强县改革工作。根据省委十二届五次全会精神和省委办公厅、省政府办公厅有关通知要求，成立了省财政厅实施扩权强县改革领导小组，召开专题会议进行布置，将有关财政扩权事项落实到相关处室，及时制定财政部门的实施意见，涉及省财政厅扩大到义乌市经济社会管理权限事项26项，其中新增事项13项；扩大其他县（市）（包括杭州市萧山区、余杭区）经济社会管理权限事项25项。厅扩权强县改革领导小组于4月下旬至5月中旬组成督查组分别对桐庐县等7个市县财政局进行了专项重点督促检查。从督查的情况看，扩权政策基本到位，上下衔接比较顺畅，政策效应初步显现，扩权强县工作总体进展顺利。

（五）切实做好财政行政复议、行政应诉工作。今年以来，省财政厅认真办理行政复议答复案件3起，行政应诉案件3起，没有发生一起败诉案例。同时，组织执法处室案件剖析会8次，深入剖析财政行政应诉的要点、难点，努力做到“办理一案，教育一片”。进一步完善法律顾问制度，对省财政厅5位常年法律顾问做细化分工合作，分别在政府采购、会计管理、信息公开、行政复议和诉讼等方面提供专业化财政法律服务，更好地保证了依法行政工作的顺利开展。

（六）组织开展财政行政执法案卷评查。为进一步提高行政执法案卷质量，规范行政执法行为，根据省法制办统一部署，在全省财政系统中组织开展行政执法案卷评查工作。评查的主要内容包括：行政执法主体的合法性；行政执法程序的合法性；行政执法实体的合法性。要求各执法部门按照文件规定的评查标准，认真组织开展行政执法案卷自查工作，通过对行政处罚案卷等的评查，对执法主体、程序和实体合法等方面的特点和问题进行认真分析，提出整改思路和工作措施，赴温州市、乐清市财政局进行实地考查。经邀请省法制办、有关法律专家对行政处罚案卷进行评查，总体来看，各执法单位行政执法主体合法；行政处罚和行政许可基本符合法定程序，执行情况较好，共评选6件行政处罚优胜案卷。

总的来看，这些成绩的取得，是厅党组正确领导的结果，是各有关部门大力支持的结果，是各级财政部门共同努力的结果，也是广大财政法制工作者辛勤工作的结果。借此机会，我代表厅党组向给予财政法制工作大力支持的各有关方面表示衷心的感谢！向默默奉献在财政法制战线的同志们表示诚挚的问候！

同志们，在充分肯定成绩的同时，我们还要清醒地看到，财政法制工作仍然存在着一些薄弱环节：财政法律制度亟须建立健全，时间紧、任务重；财政法制宣传教育在创新方式方法方面开展得不够充分；财政执法中“重建设、轻管理”、“重审批、轻监管”、“重处罚、轻引导”的思想观念还没有得到根本扭转；一些地方法制工作机构缺少人员和经费，力量薄弱，不能满足实际工作的需要，法制队伍整体素质还有待提高。这些问题都必须引起我们的高度重视，并在今后的工作中不断加以改进和完善。

二、把握大势，常做常新，积极谋划新时期财政法制工作

（一）牢牢把握财政法制工作的大势

纵观这几年财政法制工作发展，可以说有四个趋势：

一是财政法制工作越来越重要。党的十七大报告把“依法治国基本方略深入落实”作为全面建设小康社会奋斗目标的五个方面新要求之一。从省里来看，法律制度在调节社会经济关系、维护财经秩序中的作用越来越重要，省委、省政府多次召开专题会议研究依法行政等工作。从省财政厅来看，提炼财政总体工作思路，第一着眼点就是“依法”，对财政法制工作越来越重视。从具体财政工作层面来看，“实、稳、优”三字诀要求重视财政基础工作，法制工作是财政基础工作最重要的组成部分，有着广阔的工作平台。

二是财政法制工作内容越来越丰富。一方面财政管理方面的法制建设力度很大，仅今年一年就有出台或施行的财政法规 1 件、财政规章 7 件、省级财政规范性文件 70 多件；另一方面，复议诉讼从 1999 年无诉讼到现在年均四五起诉讼，数量逐年增加，而且涉及的范围越来越广；随着扩权强县、法制监督等方面工作进一步的开展，政策法规处的工作内容越来越丰富。

三是财政法制工作要求越来越高。当前，我国已进入改革发展的关键时期，经济体制深刻变革，社会结构深刻变动，利益格局深刻调整，思想观念深刻变化，各种深层次矛盾日益凸显，法律日益成为重要的行政管理手段，尤其在浙江这样经济发达、法治意识较高的地方和财政工作这样牵涉到公众生活方方面面的领域，社会公众对财政工作的法治化水平有着很高的期待。“三个子”公共财政改革也亟须建立健全体系完备、结构严谨、相互协调、运行有效的公共财政管理法律制度体系，而财政具体工作更是对财政法制工作提出了越来越高的要求，各处室局送政策法规处审核、会签把关的文件不断创新高。

四是财政法制工作联系越来越紧密。财政法制工作是全局性、综合性工作，有很多工作属于面上的工作。近年来，全省财政法制工作由“点”及“面”，开拓力度不断加大，形成“上下联动”的良好势头。如全省财政普法联络员制度的建立健全，使省财政厅与各市在普法工作有了互动的平台，便于开展“全省财政法制宣传板巡展活动”、全国财政“五五”普法法规知识竞赛浙江赛区组织工作等一系列普法活动；杭州市财政局建设一支公职律师队伍，服务整个杭州地区的财政法制工作。由“点”到“面”、上下联动，形成全省财政法制工作“一盘棋”，起到了整合现有法律资源、提升依法理财水平的目的。

（二）牢牢把握财政法制工作的原则

当前和今后一段时间，财政法制工作要深入贯彻落实科学发展观和党的十七届四中全会精神，按照“依法治税、为民理财、务实创新、廉洁高效”的总体工作思路，围绕“三个原则”不断深化依法行政、依法理财工作，即夯实基础、关口前移、创新方式。

所谓夯实基础，就是针对法制工作基础性很强的特点，在充实干部队伍、建立健全制度、完善工作规程、提高法律服务能力等涉及的软硬实力方面打下扎实的基础，耐得住寂寞、静得下心来，保证法制工作过硬。

所谓关口前移，就是在目前行政争议不断增多的形势下，不能守株待兔地被动式开展工作，而是要因地制宜，将法律审核介入的关口不断延伸向前。通过与执法部门在具体法律问题上的积极互动以及执法制度建设等方面的参与，包括领导干部法治理念的树立等，前瞻性地做好法制工作。

所谓创新方式，是指在打好工作基础之上，不断开拓创新，活跃氛围。如在普法方面能够每年抓住一两项重点工作，创新方法，不断加以推进。

（三）牢牢把握财政法制工作的重点

1. 积极推进财政法律制度建设，为公共财政建设提供制度保障

推进财政法律制度建设，既是推动浙江财政改革发展的重要抓手，又是促进公共财政平稳较快发展的制度保障。为此，要做好以下工作：

一要积极参与国家立法工作，加强协调配合与衔接工作。党的十四大提出建立社会主义市场经济体制目标后，特别是 1998 年建设公共财政的改革目标确立以来，财政法律制度建设步伐明显加快，一批重要的财政法律、行政法规及规章、制度相继颁布实施。但是毋庸讳言，财政管理的法制建设与科学化精细化管理的要求相比还有较大差距。从法律制度的完整性来看，财政管理的一些领域，如财政转移支付、非税收入管理等，还没有制定法律、行政法规；从法律制度的适应性来看，部分财政管理法律制度规定陈旧滞后。全省各级财政部门要发挥主观能动性，大力配合财政立法工作，同心协力、共同参与，为财政立法工作出谋献策，争取早日形成以宪法为根本依据、以财政法律和行政法规为骨干、以财政规章和其他规范性文件为补充的，符合社会主义市场经济和公共财政要求及发展方向的公共财政管理法律制度体系。

二要推动地方财政法规规章立法，创新公共财政法律制度建设。加强地方财政法规规章建设，财政部门法制机构发挥

着不可替代的重要作用，要处理好外部关系，首先要加强与有关立法工作机构的沟通，及时汇报财政改革发展形势和相关立法需求，争取各级人大和政府立法工作机构的大力支持，保证重要的财政立法项目适时列入地方人大及政府立法工作计划。其次要加强与政府有关部门的协调。财政部门起草立法项目，应当广泛征求政府有关部门的意见。其中涉及其他部门职责的，应当协商一致；对其他部门立法中财政条款及相关条款提出审核意见，要有理有据，即使在必要时需提出否定性意见，也尽量同时提出相应的建设性意见。明年要把政府非税收入管理立法和投资预算管理立法等作为重点工作来抓。

三要加强财政规范性文件管理，提高财政法律制度质量。财政规范性文件既是贯彻落实法律、行政法规等上位法的执行性、操作性文件，又是各级财政部门实施财政管理的直接依据，在我国财政管理法律制度体系中具有重要地位。要建立健全财政规范性文件方面的管理制度，对财政规范性文件的范围、内容要求、制定规则、制定程序等作出规定，从而提高财政管理法律制度质量，促进财政管理法律制度建设的科学化、精细化。

四要建立健全征求意见制度，民主推进制度建设。在法规政策草案的起草过程中广泛收集民意，汲取民智，要适时采用座谈会、调研、专家论证和网络征求意见等多种形式，主动征求管理机关、管理对象和相关各方的意见，夯实财政立法的民意基础。财政法制建设既要强化行业依法理财，更要尊重、维护、促进人民群众的合法权益。同时，要加强前瞻性立法研究，通过深入的、广泛的调研掌握更多的实际情况和第一手资料，为法律制度的构建提供实践依据，使制度建设符合经济规律和社会发展的要求。

2. 大力开展财政法制宣传教育，为依法理财营造良好舆论环境

财政法律制度建设是第一步，只有学法懂法，才能信法守法。明年将是“五五”普法的总结验收年，我们必须从实现“五五”普法规划所确定的目标出发，乘势而上，扎实工作，圆满完成普法工作。为此，要做好以下三项工作：

一要在夯实工作基础迎接“五五”普法总结验收上下工夫。根据“五五”普法规划的总体部署，2010年将是总结验收年，是五年来普法工作的总检阅，标准高、要求严。要提前谋划考虑，及早做好准备，做好财政部、省普法办等方面的验收衔接工作。各地也要从现在起就注重各项工作台账资料的积累，力争把过去五年所做的工作能够在检查中如实反映出来。要早行动、早准备，做到未雨绸缪，争取在明年上半年完成对“五五”普法规划实施情况的自查工作，自查中发现问题的，要积极采取措施进行补课。

二要在进一步抓好重点对象学法用法工作上下工夫。突出抓好重点对象的学法用法，充分发挥他们在普法教育中的推动、引领和示范作用，是促进法制宣传教育全面发展的重要举措。要认真贯彻落实关于加强领导干部、公务员学法用法工作的意见，真正做到因人施教，因人施策，提高普法工作的针对性和有效性。财政法制宣传教育对象要突出领导干部和执法人员这两个重点对象，建立健全领导干部学法制度，定期或不定期地对领导干部进行依法行政知识培训。各级财政部门的领导干部要带头学法用法，不断增强法律意识和法律素养，提高依法行政的能力和水平，把依法行政贯穿于财政行政管理的各个环节。要做到执法人员对重点财政法律法规的应知应会，切实增强执法人员的服务意识和服务能力，把好执法人员政治素质、法律素养和职业道德关。在抓好重点对象学法工作的同时，各地要继续坚持和完善学用结合、普治并举的措施机制，进一步加大依法治理力度，开展多层次、多领域、多形式的依法治理活动，不断提高财政法治化管理水平。

三要在创新方式方法开展财政社会普法工作上下工夫。财政普法是依法理财的内在要求和重要组成部分，既要抓好新出台的财政法律法规的学习宣传培训工作，又要重点学习宣传规范财经秩序的法律法规，尤其是在紧密围绕人民群众关注的重点、热点问题上，创新方式方法，加大开展社会普法的力度，做到三个“善于”：善于“破题”，即要找准难点，寻求对策，力争突破。只有抓住了问题，才能有的放矢；善于“策划”，即要善于出点子，抓典型。没有典型就没有亮点，没有亮点就没有特点，没有特点就没有活力，没有经验；善于“借力”，即要协调整合，财政普法工作是一项系统工程，涉及的范围和内容也很广，仅凭法制部门一己之力是远远不够的，必须运用开放式思维，全方位借力，利用一切可以利用的力量、阵地、时机和可以利用的活动，大力推动财政社会普法工作。

3. 不断强化财政执法监督，为依法规范财政管理保驾护航

财政执法监督工作头绪多、任务重。当前，要花大力气做好以下几个方面的工作，着力提高依法理财水平。

一是继续深入推行行政执法责任制。要在明确执法责任、执法程序和执法标准的基础上，不断提高行政执法水平。各地要做好分解执法职权、明确执法流程工作，严格执行依法行政考核办法，将依法行政考核与机关目标考核、岗位责任制考核等进一步结合，并进一步推动行政裁量权量化工作。我们已经在行政执法依据梳理和规范性文件清理的基础上修订编印《浙江省财政法制业务手册》和《浙江省财政厅现行行政规范性文件汇编》，下一步还将动态管理，根据实际情况及时修订编印。要完善财政部门执法人员持证上岗制度，严格财政部门执法人员持证上岗，进一步提高执法水平。

二是继续做好财政行政复议和应诉工作。“无救济即无权

利”，财政行政复议和应诉工作作为财政法制机构的一项重要日常工作，是执法监督的重要内容，监督者要敢于“不别亲疏，不殊贵贱”，秉公执法、仗义执言。同时，要针对复议和应诉案件反映的财政管理问题，提出改进和完善财政管理的措施建议，减少财政工作中的法律风险，推动相关部门工作不断完善。在行政复议和应诉中要加强有关部门之间横向和纵向的沟通。要及时向上级财政部门反馈工作信息，报告案件统计数据和案情分析，便于上级财政部门准确把握我省财政行政复议和诉讼案件总体情况；要加强与法院等有关部门的沟通交流，更好地协调有关法制工作具体问题；要积极支持下级财政部门开展工作，为他们提供法律咨询和指导意见。

三是重视开展财政法制案卷评查工作。案卷评查工作是一项新的探索与创新，需要做很多细致的工作，全省各级财政部门要密切配合，共同探索做好这项工作的有效方法，将执法案卷评查作为强化执法监督的重要途径，条件成熟的情况下制定《财政行政执法案卷评查办法》，明确评查标准、方式、程序，通过案卷评查工作不断提高对依法行政依法理财的思想认识，切实提高财政法治化水平。

最后，强调一下政府信息公开工作的法律审核监督工作。一要充分认识到，随着《政府信息公开条例》的颁布施行，政府信息公开是大趋势、大方向，我们要顺势而为。二是政府信息公开属于新的法律问题，涉及面比较广，且要处理好与《保密法》等相关法律法规的关系，在公开的内容、公开的范围和公开的对象上，要严格按照有关法律法规的规定进行审核把关。三是尽管政府信息公开工作目前主要都由各地办公室牵头，但法制工作机构也要提前介入相关法律问题，做好法律服务工作，以便更好地推动这项工作，减少法律风险。

三、加强领导，健全网络，不断完善法制工作体系建设

财政法制工作要取得实效，就必须有坚强的组织领导、健全的工作机构和高素质的法制队伍。我们要坚持长期以来形成的行之有效的工作经验，不断加强工作体系建设，为财政法制工作提供有力的组织保障。

一是进一步加强对财政法制工作的领导。法制工作是一项基础性、服务性工作，责任重大、工作繁重，涉及业务工作的方方面面。各级财政部门的领导都要关心和支持法制工作，充分认识在新形势下做好财政法制工作的重要性、艰巨性和长期性，把财政法制工作和依法行政工作始终摆在重要位置，列入议事日程，扎实推进。各级财政管理部门的主要领导，是本部门法制工作和依法行政工作的第一责任人，要责无旁贷地履行好第一责任人的职责。分管领导要亲历亲为，特别要加强立法、行政执法、行政复议、行政诉讼等工作过程中的协调工作。

二是进一步完善财政法制工作机制。一方面要高度重视法制工作机构建设，有条件的地方要单独设立法制工作机构，特别是设区市财政部门，要抓住这次机构改革的契机，积极推动这项工作；即使条件暂时不具备的县级财政部门，也要落实岗位职责，特别是要注意结合浙江财政、地税行政机构的特点进行全盘考虑。另一方面，要建立健全形式多样、纵横结合的工作体系。财政法制工作以横向管理、纵向指导为主，可以开拓各种法制工作载体，注意找准工作抓手，通过调研、考核、检查等多种方式不断促进，条件具备的地方还可以考虑借助法律专家的力量深入做好法制工作。

三是进一步加强财政法制工作队伍建设。从事法制工作，一定要以饱满的精神状态，不断提高政治素质、业务素质和工作能力，不断改进工作作风，努力适应经济社会和财政改革发展的新趋势、新特点。从事法制工作，一定要准确定位财政法制工作，按照厅党组的思路做深、做透，探索发挥法制工作机构的特点和优势，提升从事法制工作的信心与决心，能够有所作为、有所成就。从事法制工作，一定要加强学习、勤于思考、敢于创新，树立业务权威，特别是年轻干部更要多研究、多探讨，在法制工作领域培养和树立法律权威，为依法行政依法理财提供法律保障。

(2009 年 12 月 16 日 在全省财政法制工作座谈会上的讲话)

与时俱进 积极有为
推动财政信息工作再上新台阶

朱忠明

一、肯定成绩，财政信息工作取得新进展

今年以来，全省财政部门紧紧把握经济社会发展大局，围绕财政中心工作，加强信息工作力度，信息质量和服务水平进一步提高，运行机制日趋完善，队伍素质不断提升，全省财政信息工作取得新的进展。据统计，2009 财政信息年度，各地各部门向省厅办公室报送信息共计 5011 条，平均每天 20 条。厅办公室经筛选后共采用 1109 条，编发《浙江财政信息》（含增刊）137 期，向省委、省政府、财政部办公厅报送信息专报 346 期，分别被省委、省政府、财政部办公厅采用信息 39 条、119 条、23 条，得到省领导批示 2 条，厅领导批示 1 条。省厅已经连续多年被三个办公厅评为信息工作先进单位。从今年前三季度情况来看，省厅在省委、省政府、财政部的信息成绩排名仍

处于一个相对稳定的位次，与去年基本持平。回顾2009年度财政信息工作，主要有以下几个特点：

（一）围绕中心，服务大局，信息服务实现新发展

财政信息是各级领导研究工作、科学决策和推动改革的参谋助手，也是“上情下达”、“下情上传”的重要渠道和平台。一年来，全省财政部门紧紧围绕省委、省政府的各项决策部署和财政中心工作，加大信息整体开发力度，抓住“三点”，突出“三性”，努力提供全方位、多层次、高质量的财政信息，服务于全省经济社会发展大局。

一是抓住重点，突出针对性。围绕党委、政府的决策部署和阶段性工作重点，密切关注财政经济发展的主要动向，有针对性地筛选、挖掘和采编信息，提升信息的服务价值。如，去年四季度以来，主动应对金融危机，落实积极的财政政策，保增长、促转型、谋发展成为财政工作的首要任务。省厅及时编发了《浙江省出台七项措施减轻企业负担稳定就业局势》、《浙江省出台中小外贸企业融资担保财政补助政策》、《浙江省扶持企业引进发明专利推进经济转型升级》、《浙江省进一步加大引导力度推动服务业发展》等信息，及时、全面、准确地反映我省财政部门积极贯彻落实宏观调控措施的情况。对一些事关全局、事关财政改革、事关群众利益的带有苗头性、倾向性、前瞻性的问题，结合财政工作实际，提出解决问题的设想和建议，发挥积极的参谋助手作用，如《我省千万农村劳动力素质培训工程整体绩效不容乐观》、《我省农村公共卫生服务项目实施中存在的问题和建议》、《浙江省家电下乡工作开展情况、存在问题及对策建议》等信息都引起了上级部门和领导的关注，推动了相关财政工作的开展。其中，《我省千万农村劳动力素质培训工程整体绩效不容乐观》得到省主要领导的批示，扩大了财政支出绩效评价工作的影响力，有力地推动了我省绩效评价工作的开展。

二是抓住热点，突出敏锐性。近年来，民生问题日益成为政府和公众所共同关注的热点。今年全省各级财政把保民生作为保增长的根本途径，不断优化财政支出结构，把更多的财力投向公共产品和公共服务领域。为此，各地加大了反映财政改善社会民生的信息采编力度。省厅上报的《浙江省全面启动城乡居民社会养老保险制度》、《浙江省将大学生纳入城镇居民基本医疗保险》、《浙江全面实施免费婚前医学检查和免费孕前优生检测》等一系列信息，均被上级有关部门采用。“三农”问题也一直是社会热点，省厅组织采编了《浙江省财政支持现代农业生产发展专项资金项目成效显著》、《浙江省建立征地补偿和被征地农民基本生活保障制度》、《浙江省财政支持开展定向免费培养农村社区医生》等多篇有关我省财政部门积极完善支农惠农政策，大力推进农村改革发展的信息。在莫拉克台风影响我省后，根据嘉兴市、台州市、云和县等地的实际情况，及时报送了《浙江省农业综合开发项目在抗击“莫拉克”台风中发挥重要作用》，得到省领导批示，这既是对财政工作的充分肯定，也是对我省财政支农工作的有力推动。

三是抓住亮点，突出创新性。挖掘工作的创新亮点，体现地方工作特点，信息成果才更有特色，才能充分发挥信息的价值。我们坚持抓住与其他兄弟单位、地区的不同点，积极反映浙江财政工作的亮点。如我省在不断完善新一轮省对市县财政体制，推进“三个子”财政管理模式、“三分离”财政运行机制改革和加强财政科学化精细化管理等方面，做了很多有益的探索，取得了实实在在的成绩。省厅积极加大采集这方面信息的引导和向上级部门的报送力度，上报了《各地及时贯彻落实新一轮省对市县财政体制》、《浙江省设立创业风险投资引导基金鼓励自主创新》、《浙江省推进财政管理科学化精细化的主要做法》等多篇信息，均被采用，促进了全省财政管理改革向纵深推进。向财政部报送的《我省积极探索建立以结果为导向的扶贫资金分配机制》、《浙江省进一步增设政策性农业保险险种》、《浙江省积极开展工业类专项资金整合提高资金使用绩效》等也都很好地体现了我省财政工作的特色。同时，省厅也注重总结挖掘各地在全省有影响、处于前列、有创新的工作做法和成效，为基层工作提供更多的参考和启示，指导和推动全省整体工作的开展。如《天台县创新绩效评价工作新机制》、《嘉兴市初步实现乡村医生养老保障全覆盖》、《义乌市积极推进“镇财市管”实现镇街财政零银行借款》、《绍兴市对重点政府投资项目主管部门派驻财务总监》等，其中绍兴市的这则信息引起了钱厅长的重视，批示：“请关注并总结绍兴派驻财务总监事。”

（二）健全机制，加强沟通，信息渠道实现新拓展

全省财政部门通过进一步完善科学高效、运转协调的财政信息工作机制，全面延伸工作触角，努力拓宽信息渠道，不断扩大信息源，扎实推进信息工作。

一是强化制度保障。近年来，省厅先后建立了工作目标考核制度、信息条目及得分每月通报制度、信息工作考核制度、约稿制度和兼职信息员制度，完善信息报送平台，有效调动了信息工作的积极性，提高了信息工作水平。各地也因地制宜，积极完善信息采编、审核、报送制度，加强组织管理、监督检查、学习培训和考核激励机制建设，建立健全信息工作长效机制。如衢州市局明确信息工作职责和目标计划，做到年有工作要点、季有工作安排、月有情况通报、周有工作重点。杭州市局完善FOA公文系统，进一步整合局机关、基层单位等的信息资源，加强信息平台技术服务。普陀区局建立健全信息稿酬、通报、考核等工作机制，激励与约束并举，已基本形成以局办公室为中心，以信息员为节点，以全体干部为分支，联系各业务科室的立体信息网络。全省财政信息工作走上制度化、规范

化、信息化轨道。

二是加强沟通协调。各地充分发挥办公室在信息工作中的“枢纽”作用，加强与职能处(科)室的联系、沟通和协调，健全机关内部信息员联系制度，信息任务分解落实到各个信息员，实行目标管理、动态跟踪、量化考核，努力实现全厅(局)办信息。目前厅机关共有兼职信息员 23 名。今年，我厅被上级部门录用的 182 条信息中，由厅机关各处室局提供的信息有 172 条，占 94.5%。

三是拓宽信息渠道。树立“大信息”观念，注重提供多视角、深层次的信息。一方面，充分开发利用国内主流媒体、研究机构的资源，从中筛选、提炼、整理出有价值的信息，包括社会各界对经济社会发展重大问题的研究及政策建议、省内外重要动态、各地成功经验等，如采集《国家出台政策支持农村环境保护》、《财政部全面推进省直管县财政改革》等信息，及时上报，拓宽领导决策视野。另一方面，充分利用全省财政系统的调研力量，在调研信息上下工夫，上报了《浙江省财政推进全省服务业发展的举措》、《浙江省小企业贷款风险补偿工作开展情况及主要成效》等多篇调研信息，均被上级部门采用。

(三)整合资源，深挖价值，信息宣传实现新进步

在广泛占有信息资源的基础上，抓住财政事业改革发展的有利时机，加大信息宣传力度，进一步深入挖掘信息价值，为财政改革和发展服务。厅办公室指定专人负责信息宣传工作，提升内力，并借助外力，加强与中央和省内主流媒体的联系与合作，围绕全省财政工作重点、热点和亮点，全方位、多层面地开展财政工作和政策宣传。今年以来，省厅在分析利用有关信息基础上采写的《清费减负保增长　集中财力促升级》、《农业促转型　农民增收入　农村保“公共”》、《重基础　重实践　重应用——浙江推进财政支出绩效评价纪实》、《民生财政助推城乡“和谐组合”》、《浙江失地农民基本生活不“缩水”》等 50 余篇涉及我省发展经济、促进转型、改善民生、服务企业、推进财政改革等方面的信息新闻稿件，刊发于《中国财经报》、《浙江日报》、《今日浙江》、《钱江晚报》、浙江电视台、浙江电台、省政府外网、浙江在线等省内外多家主要媒体，部分文章被人民网、新华网、新浪网财经栏目等国内主流网站转载。省厅还被评为 2007～2008 年全国财政新闻宣传工作先进集体。今年，省厅还对近年来我省出台的一系列公共财政政策信息进行整合汇总，请有关专家点评，在《浙江日报》、省政府外网、新华网等媒体上开辟专栏进行宣传，并印制成《浙江财政政策白皮书》，赠送给在浙全国人大代表、政协委员及全省人大代表和政协委员，以进一步普及公共财政知识，让社会各界更全面地掌握财政政策，更深入地了解财政工作，并在理解的基础上支持财政改革与发展工作。

这些成绩的取得，是全省各级财政部门重视和加强信息工作领导、鼎力支持的结果；是办公室系统不断强化服务、务实创新的结果；是全体从事财政信息工作的同志恪尽职守、锐意进取的结果。在此，我代表厅党组，向刚刚荣获表彰的 2009 年全省财政信息工作先进单位和个人表示热烈的祝贺，向在座各位，以及全省财政系统从事信息工作和其他办公室工作的同志表示衷心的感谢！

在肯定信息工作成绩的同时，我们也清醒认识到，目前，财政信息工作仍存在一些不足，主要有以下几个方面：一是部门和地区间发展不均衡。主要表现在对信息工作的认识和重视程度，软硬件的配备及报送水平上的不平衡。就每个单位看，有的工作水平一直保持较好，有的进步很快，但有的工作长期没有起色，个别甚至很少向省厅报送信息。二是信息质量尚待提高。有的报送信息量虽不少，但多局限于简单的动态类信息，深入综合分析的很少。如开会、演讲之类的机关事务信息，报送层次较低；有的只是简单照抄文件内容，不做任何整理就报送，信息价值没有挖掘出来；有的千篇一律，缺乏特色，模式化、雷同化现象突出；有个别的对信息体裁较陌生，在格式、文风上不符合规范。三是信息报送不够严肃。有的地方简单拼凑、片面追求稿件数量，重复报送屡禁不止；有的把关不严，报送信息文字、数字错漏现象时有发生。四是信息报送时效性不够。时效性是对信息报送的基本要求，但个别地方捕捉和反馈信息不及时，信息价值大打折扣。五是直报点报送力度不够。今年，我们在全省设了 3 个财政部信息直报点，但直报点对上报信息的工作重视程度和上报力度都有待加强。这些问题都在一定程度上影响了财政信息工作服务层次的进一步提升，影响了办公室部门参谋助手作用的充分发挥。我们要在总结经验的基础上，认真研究解决问题，努力开创新形势下财政信息工作的新局面。

二、与时俱进，开拓办公室工作新局面

办公室是一个单位和部门的“窗口”和“中枢”，直接关系到机关的服务水平和整体形象。在座的与会代表大多都是办公室主任或副主任，在新形势下，办公室工作更面临“常做常新”的问题，这也是对办公室及主任们整体工作能力和水平的一次全面锻炼和考验。总的来说，我们要按照厅党组的“十六字”总体工作思路和“三字诀”要求，围绕财政中心工作，增强服务意识，尽可能全面、主动、稳妥地谋划和开展办公室的各项工作，努力开拓办公室工作新局面。

(一)清醒把握当前财税经济新形势

总体来看，今年全省经济形势和财税形势都大大好于年初预期，但现在又面临新的难题。今年地方财政收入增幅虽然持续回升，但基础设施建设和改善民生投入增支更快，今年年中，中央在较短时间内密集出台了数量多、力度强的民生支出政策，地方财政压力很大。据估计，实施义务教育绩效工资、医

疗卫生体制改革、城乡居民养老保险、校舍安全工程等民生政策，全省增支300亿元以上。因此，全省财政收支矛盾将十分突出，财政收支平衡面临更大压力。我们应该看到，浙江虽已进入人均GDP6000美元向10000美元迈进的重要阶段，但财政形势仍然非常困难。当前全省大部分市县又回到“吃饭财政”的局面，有的县市连吃饭都很困难，而且这种困难将是长期的，短则三年，长则五六年，甚至七八年都有可能。我们要高度重视财政收支平衡的问题，不仅自身要保持清醒认识，而且要立足办公室工作层面，通过掌握大量信息，进行分析、提炼、归纳、总结，选择适当的时机，借助多种渠道，向地方主要领导汇报，全面、真实、准确地反映情况，为党委政府当好参谋、出好主意。

(二)牢牢把握办公室工作的新要求

一是公开。公开最主要的标志是2008年5月《政府信息公开条例》的实施。在新形势下，这项主要由办公室牵头在抓的工作面临的压力越来越大，挑战越来越多，要求也越来越高，而且已上升到法律纠纷的层面。目前主要存在以下几个问题：第一，在信息公开的过程中没有把握好公开和保密的关系，如去年有个别市县把秘级文件挂到互联网上，被国家保密局查到，局面很被动。第二，从政治学角度看，财政规范着政府活动的范围和方向，财政的公开被视为推进民主政治的捷径。基于此，近年来，特别是从去年开始，财政预算公开的呼声越来越高。广州、深圳等地有人专门研究财政预算公开情况，上海有学者开展“中国财政透明度调查”，社会反响很大。预计这一情况也将逐步向浙江尤其是杭州、温州等发展较快的地区延伸，我们要积极做好应对准备。

做好政务信息公开工作，要把握以下三条原则：首先，要认识到财政公开是大的趋势和方向，只能顺势而为，不能逆势而作。要寻求以较合适的形式公开，以更准确的方式答复。第二，公开只能是逐步的，要与国家民主政治进程、行政体制改革相适应，不能超越发展阶段，更不宜作“引领者”。第三，公开的内容和范围必须严格依照法律法规办理，不能自作主张。答复公开件要请法规部门提前介入，特别要注意程序上的合法合规，避免产生法律纠纷，对财政部门形象造成不良影响。办公室牵头做好信息工作，并把好“制度关”，预算部门把好“业务关”，法规部门把好“法律关”，主要领导更要绷紧这根弦，把风险降到最低。

二是规范。公务员津补贴规范以后，干部职工福利、公用经费开支等财务管理要求更规范，政务和事务规范管理的要求更高，有的已上升到法律层面。办公室要逐步完善管事、管财等各项制度，并严格执行落实。

三是精细化。办公室工作是财政工作重要的基础性部分，要把厅党组“实、稳、优”三字诀落实到办公室整体工作中去，切实按照精细化要求，精益求精，学会换位思考，认真做好政务、事务、服务等各项工作，提高效率和质量。

(三)努力开拓办公室工作的新载体

一是“实功虚做”。财政工作是实打实的，资金下达、政策出台往往很快能见成效，但我们“实功”还是要“虚做”。办公室、科研所、政研室一定要做好“虚功”这个文章。如嘉兴市局有个好做法可以借鉴，他们有个“调研信息”的刊物，专门收集研究具有前瞻性的政策问题，提出建议，直接提供市委、市政府主要领导，牢牢把握了财政工作主动权。我们的信息工作也要在深度上下工夫。目前我们报送的信息绝大部分还是以动态类为主，虽有一部分是提建议、有分量的，但还远远不够，能主导、引领领导决策的更是少之又少。要提供深层次的调研信息，把“虚功”做实，这从办公室自身来讲，可以更好地服务领导，参与决策，提升地位；从更高层面来讲，可以树立财政部门在党委政府中的主导作用，把握主动权。

二是创新服务方式。以做好事务工作为例，在规范津补贴的前提下，要积极拓展空间，通过公共服务的有效提供，努力为干部职工创造一个良好的工作环境和生活环境。

三是进一步完善工作体系建设。充分整合和利用现有平台，并积极创新，加强全省办公室系统的沟通、联络和互动，构建和谐积极的工作氛围，更好地促进工作开展。

三、积极有为，推动财政信息工作再上新台阶

在当今的信息时代，信息已成为一种重要的战略性资源。加强财政信息工作，是财政工作适应信息化这个世界发展潮流的必然选择，尤其是在财税经济形势十分严峻复杂的情况下，各级领导对信息的需求更为紧迫，这既为财政信息工作充分发挥作用提供了用武之地，又对信息工作水平提出了新的更高要求。我们要进一步增强信息意识和工作责任感，牢牢把握信息传播规律和政务信息工作特点，推动财政信息工作再上新台阶。

(一)涵养大气，增强“眼力”

养大气，就是要不断提升和开阔眼界，学会大处着眼，统观大势，增强发现信息的敏锐性和研判力，确保信息服务“参”在点子上、“谋”在关键处。

一要讲大局，站得高。讲大局，就是要善于站在领导的高度去观察、思考和分析问题，积极关注、主动把握财政经济运行情况和党委政府的决策部署，自觉把财政信息工作放在全省财政事业发展大局中去谋划，找准服务大局的切入点和着力点，使信息工作与大局共振，与领导合拍。

二要谋大事，盯得准。为领导谋大事、献良策、当高参，是信息工作很重要的职责。这要求我们必须吃透上情，了解外情，把握省情，掌握下情。要抓重点，把握每个阶段的财政主要工作，紧扣领导关注、社会反映强烈的热点问题，及时发现和

提炼。特别是对政策决策贯彻落实中遇到的问题，在整理汇总的基础上针对性地提出建议，力求参之有道、谋之有方、言之及时。

三要抓关键，看得细。要做个有心人，抓住事关全局，代表事物发展趋势，对财政中心工作具有指导意义的典型经验，及时进行总结；抓住影响财税经济社会发展的新情况新问题，尤其是涉及群众切身利益及影响大局稳定的苗头性、倾向性问题，在萌芽状态时就要及时收集，迅速提供给上级部门和有关领导，防微杜渐。

（二）务求实效，强化“效力”

谋事要胸怀大气，做事则要务实低调。做好信息工作必须脚踏实地，在主动性、时效性和深入性上下工夫，努力提升信息服务效能。

一要主动出击。增强信息服务主动性，要力求“三个在先”。一是谋事在先。信息工作者的思想和行动要紧跟形势变化，提前谋划。特别是对于一些重大决策和重点工作，领导已有初步思考但尚未考虑成熟，信息工作就要主动谋事、“补位思考”，注重站在领导的角度收集相关信息，帮助进一步梳理和完善。二是点题在先。信息工作不能闭门造车，也不能守株待兔，要主动策划和点题。当前，各地要重点报送调结构促发展、确保财政收支平衡、积极改善民生、推进财政科学化精细化管理、加快财税文化建设等方面的信息，及时反映新情况，总结好经验。三是建议在先。要“兵谋帅事”，汇集智慧，剖析症结，提出解决问题的意见和建议，协助领导从容科学地决策。

二要增强时效。时效性是信息的生命力，要抓住“三个环节”。一是分析研判。要全面分析信息来源、内容，科学研判事情的发展趋势，确定最合适的信息处理方式，从根本上提高信息工作效率。二是核实上报。在严格把好政策关、文字关的基础上，信息收集、核实、报送等环节要保持快节奏、高效率，避免滞留和延误。三是反馈落实。对事情的发生、发展、结果等要进行全程动态跟踪，及时反馈，推动信息链各个环节工作的落实，也促进事情本身的落实和解决，有效发挥信息服务和指导实际工作的功能。

三要求真务实。准确把握信息取舍的标准，沙里淘金，提高对信息真伪、新旧、价值大小的鉴别力，提高信息的准确性、实效性和利用率。一是“不耻下问”。围绕中心工作，有目的、有计划地开展信息调研，向领导、基层、群众、行家问“计”，全面掌握第一手资料。二是“求深、求真、求实”。“深”就是多渠道了解情况，多角度分析问题，把握事物的本质；“真”就是坚持实事求是，挖经验讲教训，既报喜也报忧；“实”就是尊重客观事实和客观规律，提出的对策建议要符合工作实际，能解决实际问题，经得起实践和时间检验。

（三）铸造精品，激发“活力”

做好财政信息工作，要学会大处着眼，小处着手，以细致精准的态度处理每一条信息、每一个环节，使信息工作能不断进取，永葆活力。

一要勇于创新。工作的规范和创新是相辅相成、有机统一的。要在讲规范性的基础上，坚持与时俱进，继承和发扬好传统、好经验，深入研究信息工作的内在规律，创新理念、方法和手段，使工作干起来井然有序、常做常新。创新信息工作，内容上要注重把握全局，独立分析，不能人云亦云；形式上要注重“短而精、优而新、快而准、平而深”。把工作创新融入程序规范，逐步形成一种从规范到创新、从创新到规范的良性循环局面。

二要精益求精。信息贵在精，不在多，应以质取胜，主要抓好三个方面。要去粗取精。撰写信息前，要琢磨信息是否对路，是否有提供给领导的价值，并根据新形势的需要及事物发展变化的趋势，不断调整信息采写重点。要短小精悍。信息草就后，要精心修改，尽可能地删减、浓缩，用最少的文字让领导在最短的时间内获得最有用的信息。要肯下苦功。遇到重大题材的信息要不惜时间，舍得花工夫，深入调研，多方征询，反复斟酌，对信息进行整体开发和综合利用，争取能多出价值高、效果好的“精品信息”。

三要精通业务。要树立“终身学习”的理念，不断增加底气，提高悟性。要博览群书，拓宽知识面，政治理论、经济、财税、法律、哲学、文学等各方面知识都要广泛涉猎，做到本职工作精，周围业务通。要博闻强记，对主要工作思路、重要会议精神、有关经济指标，都要熟记在心。要博采众长，以虚怀若谷的心态和勤学好问的态度，不断向领导学，向同事学，学做事也学做人。

（四）强化责任，凝聚“合力”

财政部门信息队伍素质的高低，直接决定了信息质量和工作成效。我们要以财税文化建设为契机，不断增强责任感、使命感，切实加强信息工作队伍建设，进一步增强全省信息工作团队的凝聚力和战斗力。

一要强化领导责任。各地要从全局和战略的高度，充分认识做好财政信息工作的重要性。主要负责领导和分管领导要把信息工作抓在手中，落在实处，注意选拔和培养一批政治素质强、业务能力精、勇于创新、年富力强的同志从事这项工作，从政治上、工作上、生活上关心他们，帮助解决工作中的实际困难，保障他们做到专职、专责、专心。要经常给信息工作提要求、定目标、出题目，做到有计划、有部署、有检查。

二要完善运行机制。要健全信息工作日常运作机制，努力建立和完善一个纵向到底、横向到边的信息网络，把信息工作的触角延伸到财政工作的各方面，消除信息收集的盲区和盲点，增加信息数量，提高信息质量。要进一步完善各级财政部门之间的信息反馈机制，完善本级部门处（科）室之间的信息联系、沟通机制，用有约束力的制度鼓励、引导和规范信息工作者或兼职信息员报送信息的工作，形成千帆竞发、百舸争流的信息工作热情，促使信息工作始终沿着规范化、制度化、精细化轨道发展。

三要提升自身素质。信息工作是一个很能锻炼人的岗位，能够开阔眼界、增长才干、加快成长。在新形势下，信息工作者要更加敬业爱岗，以饱满的热情，全身心投入工作；树立"有为才有位，有位要更有为，无位也要有为"的人生观、价值观，正确看待荣辱升迁，努力做到忠诚坚定，经得起政治考验；登高望远，看得清天下大势；甘于奉献，耐得住艰苦磨炼；业务精湛，担得起服务重任，全面提高综合素质和能力。

(2009 年 12 月 24 日在全省财政信息工作会议上的讲话)

牢固树立四大理念　全面提高省级政府采购工作水平(摘要)

赵立妙

一、我省政府采购制度改革成效显著

我省政府采购制度改革始于 1997 年，1999 年开始全面推行，但政府采购工作真正步入法制化和规范化轨道是在 2003 年实施《政府采购法》以后。经过近六年的发展，在扩大政府采购规模和效益、完善体制和机制、加强制度建设和机构队伍建设、发挥政府采购政策功能等方面取得了阶段性成果，为下一步顺利推进政府采购制度改革奠定了基础。

(一)政府采购规模和范围不断扩大

全省政府采购规模已从 1999 年的 4.75 亿元增长到 2008 年的 437.97 亿元，涵盖货物、工程、服务三大类 100 多个品目，实际采购规模增长近 92 倍。目前，政府采购金额超过 10 亿元的地市达到 6 个，其中杭州、宁波采购规模突破 100 亿元。随着政府采购范围和规模的扩大，集中采购在政府采购中的主体地位逐渐确立，以省级为例，集中采购目录达到 33 个，协议定点采购项目增至 19 个，集中采购金额占整个采购规模的比重保持在 70%以上。全省政府采购节资率平均在 10%以上，每年节约资金 50 亿元以上，省级每年节约 5 亿元左右。同时，省本级还积极探索扩大政府采购范围，探索将政府投资的建设工程纳入政府采购规范管理，并率先在省公安厅、药监局、专用通信局、水文局、交通厅、档案局等 6 家省级单位进行试点，不断发展工程政府采购市场。范围和规模的扩大，增强了政府采购的竞争效应和规模优势，进一步规范了财政支出行为，节约了大量财政资金，使节省下来的有限财力能真正用到促进经济社会发展的关键领域。

(二)政府采购制度体系不断健全

政府采购制度建立和实施之初，我省先后制订了供应商和专家管理、采购代理机构管理、采购预算管理等方面的几个制度办法，在政府采购制度改革初期，有力地推动了政府采购工作的开展。政府采购法和财政部 4 个部长令颁布实施后，我省政府采购制度建设进入快车道，围绕着贯彻落实政府采购法，省财政厅先后研究制订了包括政府采购预算执行管理、采购活动组织实施、采购文件和资金支付管理、采购当事人管理、政府采购信息化管理、监督检查和责任追究等在内的 20 多个规范性文件，进一步推动了政府采购工作的依法、规范、有序开展。近年来，我省政府采购工作主动服务于经济社会发展大局，将制度建设的重心向拓展和发挥政府采购政策功能转移。2008 年，结合本省实际，起草并由省政府办公厅出台了《关于建立政府优先强制采购节能环保和自主创新产品的通知》，将政府采购支持中小企业发展，促进节能环保和自主创新，落实到制度规定上来，丰富和扩展了政府采购法律制度的内涵。

(三)管理体制和运行机制不断完善

监督管理与操作执行相分离是《政府采购法》的基本要求，也是确保依法采购和依法监管的基础。2003 年开始，我省着手落实"管采分离"任务，截至 2008 年，省本级和全省 74 个市县陆续完成了集中采购机构与财政部门的机构分设工作，实现监督管理与操作执行职能相分离，形成了分工合理、职责明确、运转有序、协同配合的管理体制和运行机制。同时，我省积极培育和发展采购中介代理机构和分散采购代理市场，累计审批和确认乙级采购中介代理机构 163 家，加上经财政部审批和确认的 18 家甲级采购中介代理机构，采购中介代理机构的数量达到 181 家，以集中采购机构为主、采购中介代理机构为辅的政府采购代理市场格局初步形成，推动了采购代理机构间的正常有序竞争，促进了采购代理机构业务水平和服务意识的提高。近年来，我省还加大了对重大采购活动和各采购当事人的监督检查力度，组织开展了 2008 年全省政府采购执行情况专项检查，查找政府采购领域中的薄弱环节和关键漏洞，建立和巩固治理商业贿赂和防治腐败长效机制；积极引入并畅通新闻舆论和社会公众监督渠道，不断完善直接监督和间接监督相结合，行政监督、司法监督和社会监督相结合的全方位、多层次监督体系，强化了财政监督的广度和力度，提高了采购活动的透明度，有效遏制了暗箱操作和各种不正当交易行为。

(四)政府采购信息化应用水平不断提高

我省政府采购信息化工作起步较早，2000 年，就开设“浙江政府采购网”，通过互联网宣传政府采购法规政策和发布政府采购交易信息；2004 年，以浙江政务外网为平台，开发运行集政府采购预算追加调整、计划申报、文件备案功能于一体的“浙江省政府采购信息管理系统（内网系统）”；2008 年，“外网系统”一期开发完成并上线运行，成功实现采购预算管理与采购交易管理两大流程的对接。自建立和实施政府采购制度以来，我省就一直将政府采购信息化建设作为建设服务型政府，提高政府部门服务能力的重要内容来抓。在整个“内网系统”和“外网系统”开发设计过程中，始终坚持科学发展观，充分考虑采购当事人的个性需求，将以“采购当事人”为本的理念贯穿于政府采购管理和执行的各个环节。目前，以采购预算管理和采购交易管理为主要内容，涵盖政府采购预算执行管理、采购活动组织实施全过程，贯穿采购预算计划申报、委托代理、专家抽取、协议供货、文件备案、资金支付等各环节的“浙江政府采购信息管理系统”，功能趋于成熟，运行日趋稳定，真正方便了采购当事人，也提高了政府采购工作的效率和透明度，有效降低了政府采购的管理和交易成本。

自政府采购制度推行以来，全省政府采购工作者和各采购当事人一道，求真务实，锐意进取，政府采购各项工作取得了一定成绩，对规范公共支出行为，提高财政资金使用效益，从源头上预防和治理腐败，调节国家和地方经济社会运行发挥了重要作用。但同时我们也要看到，政府采购工作中仍然存在一些问题亟待解决：政府采购法律制度体系尚不完善、采购人员业务素质有待提高、工程政府采购与招标投标的关系需要理顺、集中采购中“质次、价高、效率低”的矛盾有待化解。这些问题都需要我们采取切实有效的措施，予以改进和完善。

二、正确认识，全面把握政府采购制度改革形势

总体来看，自 1999 年实施政府采购制度以来，我省政府采购制度改革大致经历了三个发展阶段。第一个阶段是 1999～2003 年，这个时期，政府采购的目标和功能定位比较单一，法规制度建设相对滞后，管理和操作水平不高，基本上处于“摸着石头过河”的初创阶段；第二个阶段是 2003～2005 年，以《政府采购法》的出台为契机，我省加快了政府采购法规制度体系的建设，同时，“管采分离”逐步到位，管理体制和运行机制日趋完善，并探索将现代电子信息技术应用于政府采购管理领域，政府采购工作步入“法制化、规范化”的快速发展阶段；第三个阶段是 2005 年以后，以电子政务建设和“金财工程”建设实施为契机，政府采购信息化进程不断加快，将电子政务和电子商务技术应用于政府采购领域，先后开发和运行了以政府采购预算执行管理为核心的“浙江省政府采购信息管理系统（内网系统）”和以政府采购活动监管为核心的“浙江省政府采购信息管理系统（外网系统一期）”，实现了政府采购从直接管理为主向间接管理为主，从微观管理为主向宏观管理为主，从现场管理为主向规制管理为主的转变，政府采购工作进入科学化、精细化管理的全面发展阶段。政府采购发展到今天，与 10 年前、5 年前相比，政府采购制度改革的形势和环境发生了根本变化，已经进入改革攻坚期与问题多发期并存的关键时期，对政府采购工作提出了新的更高的要求。我们必须全面把握政府采购制度改革所处的环境和形势，充分认识政府采购制度改革的重要性，增强政府采购制度改革的紧迫感和认同感，不断提高省级政府采购工作水平。

（一）公共财政体制改革进入新阶段

近年来，我省加快推进以“收入一个笼子、预算一个盘子、支出一个口子”为目标的综合预算管理改革，公共财政体制改革取得阶段性进展，推动了政府采购制度改革的深化。一方面，部门预算和国库集中支付改革，要求政府采购预算必须编准、编细、编全，没有预算不得采购，预算编得不细或不对，同样无法采购；另一方面，政府采购制度改革扩大了财政直接支付范围，增强了部门预算编制的完整性和严肃性，又有力地促进了部门预算改革和国库集中支付改革。同时，财政管理科学化精细化，也对今后的政府采购工作提出了新任务。近年来，财政部要求加快推进财政管理科学化精细化，并将其提升到转变政府职能，发挥财政职能作用，促进财政事业健康发展的战略高度。这就要求政府采购工作必须按照科学化精细化管理的要求，抬头看路，埋头拉车，不断增强政府采购制度改革与部门预算、国库集中支付改革的协同性，从源头上强化部门预算编制的完整性和预算执行的严肃性，共同推动以“三个子”为目标的综合预算管理改革。

（二）政府采购工作的内外部环境发生了根本变化

一是政府采购范围和规模不断扩大。1999 年实施政府采购制度以来，特别是近些年来，政府采购范围不断扩大，由最初的汽车、办公设备等控购类商品，增加到 100 多个品目，采购规模由 1999 年和 2000 年的 4.75 亿元、16.58 亿元，增长至 2008 年的 437.97 亿元，省本级采购金额近 50 亿元。政府采购范围和规模的扩大，对政府采购预算的编制和执行、采购活动的组织实施，以及采购活动的日常监管提出更高要求。

二是政府采购信息化建设进程加快。政府采购信息化建设是财政“金财工程”建设的重要内容，是实现政府采购科学化、精细化管理的技术保障和手段。根据“金财工程”建设的总体要求，我们自 2005 年先后开发和应用了“浙江省政府采购信息管理系统”内网系统和外网系统一期，实现了采购预算执行管理和采购活动组织实施两大流程的对接，政府采购业务管理和操作进入信息化、网络化时代。同时，政府采购信息管理系统与预算管理、用款计划、国库支付等其他财政业务子系

统之间不断融合，全省政府采购信息一体化建设进入推广实施阶段，政府采购活动的透明度不断增强，财政监督的力度不断扩大，既对传统政府采购管理模式提出挑战，也对采购单位的专业水平和人员素质提出了更高要求。

三是加入WTO政府采购协议谈判开始启动。加入WTO政府采购协议谈判是我国经济政治生活中的一件大事。随着加入GPA谈判及其研究工作的深入，我国的谈判压力开始增大。从长远看，加入GPA协议，开放中央和地方政府采购市场是大势所趋。政府采购对外交流合作和政府采购市场国际化，必将对我省政府采购制度改革产生深远影响，对现行政府采购法律体系和传统管理模式带来冲击。

（三）政府采购的政策内涵不断丰富

作为一项公共支出管理制度，政府采购发挥着节约财政资金和提高财政资金使用效益，从源头上预防和惩治腐败，调节经济社会运行的重要作用。但随着政府采购效益和规模的扩大，以及政府采购制度改革的深化，政府采购的目标导向已由以节约财政资金和防治腐败为主，逐渐向发挥政府采购政策功能为主转变。贯彻落实科学发展观，深入实施“两创”总战略，推动“保增长、调结构、促改革、惠民生”工作落实和我省经济社会持续健康发展，成为当前我省政府采购制度改革的重中之重。如何健全政府采购法规制度体系和完善政府采购政策传导机制，更好地发挥政府采购支持中小企业发展、促进节能环保和自主创新、调节经济社会运行的作用，成为政府采购工作面临的全新课题。

三、树立四大理念，全面提高政府采购工作水平

当前，政府采购制度改革已经进入矛盾多发与改革攻坚并存的关键时期。一方面，政府采购制度改革不断深化，政府采购工作中的深层次问题将逐渐暴露，在触及部门和单位的核心利益时，改革难免会陷入胶着状态，同时，随着政府采购法律体系的完善和供应商维权意识的增强，政府采购法律纠纷会不断增加；另一方面，经过10年发展，政府采购制度改革逐步进入“疲劳期”，如果不继续加强制度建设，完善体制机制，加大监督检查力度，极有可能会进入案件多发期。因此，采购人应当牢固树立“依法采购、科学采购、廉洁采购、和谐采购”四大理念，充分认识政府采购制度改革的重要意义，增强政府采购制度改革的认同感和紧迫性，不断提高省级政府采购工作水平，支持和推动政府采购制度改革向前发展。

（一）依法开展政府采购活动，不断加强“依法采购”

依法采购是开展政府采购工作的基础，也是依法治国方针和依法行政理念在政府采购领域的集中体现。政府采购监管部门应当按照政府采购法的要求，严格执法，依法监管，不断增强政府采购法纪和制度的威慑力。同时，要继续加强法规制度体系建设，加快《政府采购法实施办法》的地方立法进程，研究制订采购代理机构监督考核、非招标采购方式管理办法等重要制度，以法制化促进规范化，为实现依法采购提供完善的制度保障。采购人应当学法、懂法，自觉遵守与财政预算管理和政府采购管理有关的法律法规，逐渐形成依法采购的良好意识；要熟悉和掌握政府采购预算编制执行和采购活动组织实施等全部业务流程，全面、准确、细致地编制政府采购预算，减少政府采购预算追加和调整的随意性，强化政府采购预算执行的刚性和约束力，以政府采购法为准则，依法组织实施政府采购活动，科学合理地选择采购类型和采购方式，不得规避集中采购和公开招标，要及时进行采购文件备案和申请资金支付，提高政府采购预算执行效率。

（二）提高政府采购信息化操作水平，努力实现“科学采购”

随着现代信息技术手段的成熟运用，政府采购已由传统的粗放管理模式转向现代的科学化精细化管理模式。建设全省一体化的政府采购管理和交易系统，实现政府采购信息资源的互通共享，逐步建立全省统一的区域性网上政府采购市场，成为下一阶段我省政府采购制度改革的重要目标。目前，涵盖采购预算执行管理和采购活动组织实施等全部内容的“浙江政府采购信息管理系统”，基本代替了原有的人工和纸质操作模式，提高了采购效率，缩短了采购周期，但也对采购人员的业务素质提出了更高要求。采购人必须适应现代信息化环境下政府采购管理和操作业务的特点，熟练掌握政府采购预算编制和追加调整、建议书申报、委托代理、信息公告、专家抽取、文件备案和资金支付等业务的网上操作方法，在具体采购活动中，科学提出采购需求，科学制定采购预案，科学设定评审标准，科学评定采购项目，在依法的前提下兼顾公平与效率，不断提高科学采购的水平。

（三）建立健全内部管理制度和监督制约机制，不断强化“廉洁采购”

钱巨炎厅长曾在2008年全省政府采购工作会议上指出，“廉洁采购是政府采购工作的生命线，也是政府采购制度改革的原动力”。政府采购这条战线不能出问题，也出不起问题。因此，政府采购监管部门，将始终把廉洁采购放在政府采购工作的突出位置，以制度建设为抓手，不断完善管理体制和运行机制，加强财政监督检查的力度，消除商业贿赂和腐败行为滋生的空间，为实现廉洁采购提供体制和制度保障。采购单位处在政府采购工作的“前线”，与供应商打交道的机会比较多，稍有不慎就有可能被不法供应商“拉下水”。采购单位必须牢固树立“廉洁采购”意识，建立健全政府采购内部管理制度和相互监督制约的内控机制，科学设置内部业务流程和岗责体系，增强对重要岗位和关键环节的预防控制，从制度和机制上来抵制各种腐败和不正当交易行为，使政府采购真正成为一项“阳

光工程”、“廉政工程”。

(四)构建诚信、和谐、共赢的采购关系,不断促进“和谐采购”

和谐采购是构建社会主义和谐社会的内在要求,是顺利推进政府采购制度改革的前提和基础。促进和谐采购,政府采购管理部门必须坚持以“采购当事人”为本,维护采购当事人的合法权益,发挥采购当事人参与政府采购活动的主观能动性,将以人为本的理念贯穿在政府采购管理和执行的各个环节,努力营造公开公平公正的政府采购市场环境,构建各采购当事人之间诚信、和谐、共赢的采购关系。同时,采购人也要进一步增强促进和谐采购的大局意识和责任意识。采购人是政府采购的第一责任人,在构建和谐采购关系中处于至关重要的主体地位,应当把和谐采购作为一种工作理念去践行。采购人应当加强与采购代理机构的沟通协调,科学合理地提出采购需求,公平公正地设定供应商资格条件,支持和配合采购代理机构编制采购文件、组织开标评标等政府采购工作;建立与供应商之间尊重、平等、互信的关系,尊重供应商的合理需求,维护供应商的合法权益,与供应商一道共同维持政府采购市场公平竞争的良好秩序。同时,采购人要全面认识政府采购的政策作用,主动支持中小企业和自主创新、节能环保企业发展,支持“国货”,在实际采购活动,特别是协议定点采购项目中,按照国家和省里有关规定,强制或优先采购节能环保和自主创新产品,使政府采购政策功能落实到每一个采购项目。(2009年12月27日在省级政府采购协管员培训班上的讲话)

在2009年全省财政决算工作会议上的讲话(摘要)

赵立妙

一、牢牢把握收支主动权,确保财政运行“实稳优”

今年以来,面对国际金融危机的冲击,全省各级财税部门坚持以科学发展观为指导,坚决执行中央宏观调控政策和省委、省政府“保稳促调”的一系列政策措施,充分发挥财税职能作用,积极做好保增长、抓转型、重民生、促稳定的各项工作,全省财政运行呈现回升向好的态势。

从收入层面看,1～10月,全省地方财政收入1892.71亿元,完成年初预算的92.7%,增长9.1%,分别比上半年、前三季度提高6.5个和1.7个百分点,增幅持续回升。其中税收收入1752.77亿元,增长8.6%;非税收入139.94亿元,增长16.2%。税收收入占地方财政收入的比重92.6%,地方财政收入占财政总收入的比重为52.9%,财政收入结构进一步优化。1～10月财政收入增长的主要原因:一是经济运行回升,企业效益逐步向好。前三季度,全省生产总值15828亿元,增长7.7%,增速比1季度和上半年分别回升4.3个和1.4个百分点。规模以上工业利润总额1299亿元,增长9.0%,增幅比上半年(-7.6%)上升16.6个百分点,亏损企业亏损额从上半年的同比上升36%转为下降7.4%。二是楼市量价齐升拉动税收增长。1～10月房地产营业税、契税、土地增值税、耕地占用税、房产税分别增长30.1%、17.9%、15.7%、41.3%、16.7%,入库423.82亿元,占地方财政收入的22.4%,增收80.02亿元,对地方财政收入的增收贡献率高达50.4%。

从财政支出层面看,1～10月,全省财政支出1827.81亿元,完成年初预算的77.6%,增长17.4%。全省用于教育、科学技术、文化体育与传媒、社会保障与就业、医疗卫生、环境保护、城乡社区事务、农林水事务、交通运输、工业商业金融等事务、地震灾后恢复重建等支出占总支出的比重达到72.7%,比上年同期提高3.3个百分点,一般公共服务支出比重比上年同期降低1.8个百分点,支出结构进一步优化,重点支出保障有力。

总体来看,由于去年前高后低的收入走势将使今年财政收入形势呈现逐月好转的态势,全年超额完成财政收入增长6%的目标基本确定。但大家不要被今年由于房地产行业带来的收入增长所迷惑,预计明年我省将进入财政收支最为困难的时期,财政收支矛盾将进一步加剧,收支平衡的压力会进一步加大。一是当前经济企稳回升主要依靠政策拉动,支撑经济增长的内在动力还不强,且当前财政收入的增长,是政策刺激、楼市爆发的结果,具有不可持续性;二是财政支出刚性强、需求大,扩内需促转型、深入实施“全面小康六大行动计划”、兑现义务教育教师绩效工资、推进医改等支出增长压力较大。因此,各地要在确保完成全年收入任务的同时,按照“实、稳、优”要求和“法治、务实、有为”原则,立足当前,更着眼来年,把握好今年收入的征收力度和结构。今年收入增长快的地方,要为明年早作打算,最好把增长速度保持在8%左右,为明年保持一定增长速度打好基础。

二、扎实推进财政国库制度改革,确保财政资金安全、规范和高效

随着国库集中收付制度的逐步建立和不断完善,财政资金由分散管理向集中管理转变,有效解决了原拨款制下资金分散管理的种种弊端,财政资金实现了安全、规范、有效运行。但与此同时,财政资金管理的潜在风险也从原先分散在各个预算单位资金使用层面变为集中在国库支付管理部门管理层

面。从今年的检查看，目前不少地方在财政资金安全管理方面还存在一些较为突出的问题，如财政资金安全意识淡薄，“重分配、轻管理”的传统观念依旧根深蒂固；财政专户管理不规范，财政专户过多、重复设置、管理分散；内控管理制度不落实；一些地方调度国库资金过多等。对此，如果听之任之，不加重视，就极易产生财政资金管理上的风险。因此，各级财政部门要进一步提高财政资金安全管理重要性和紧迫性的认识，真正认识到深化改革对财政资金安全管理的重要保障作用，牢固树立科学化、精细化的财政管理理念，把财政资金安全管理作为预算执行工作的出发点和落脚点，坚持做到防微杜渐、警钟长鸣、常抓不懈。

（一）加强会计基础，提高管理水平

从会计基础着手，提高预算执行科学化精细化管理水平。首先，制订标准化操作规范，统一支付流程。会计资料受理、收付流程、印鉴管理、资金调度、账户管理、财务处理、对账机制等各个环节都需要进行科学量化，设置岗位流程，明确岗位的工作目标、工作任务、质量标准，做到目标到人、任务到人。同时，确定合理的人员配置标准，财政预算执行部门一般应配备预算内总会计、预算外总会计、社保会计、专项资金会计等基本岗位，或者按会计管理要求设出纳、会计、稽核等若干岗位。为确保会计、出纳、稽核、会计档案管理等重要岗位相分离，最低限度测算，县级财政预算执行部门人员配备需要达到5人以上。标准化作业制度明确后，必须强化执行力，做到工作日清月结，对每日情况进行检查反馈，发现问题及时纠正，确保每一项业务、每一件事情都有目标、有落实、有监督；其次，清理、整合、集中专项资金账户。省财政厅已多次在各类会议上强调要加强财政资金账户管理，但全省96个市、县、区中，账户集中统一归口管理的仅28个，有68个市、县、区还分散在预算、综合、农业、社会保障等业务科室。各地必须尽快按照“归口统一管理，严格按程序开设专户，同类专户归并，慎重选择开户银行”的原则，将分散在各业务科室的财政性资金账户集中到预算执行部门统一核算管理；各地要结合财政专项资金清理、整合工作，归并财政专项资金账户，切实提高财政资金效率；最后，大力推行金财工程一体化，确保财政资金安全。从全省情况来看，所有总预算会计已全部实现电算化，但采用软件版本较多，有的采用“金财工程”一体化软件，有的采用省财政厅开发的网络版总预算会计核算软件，也有的采用商用软件。专项资金会计核算采用的软件更是五花八门，其中还有13个地方是手工记账的，根本做不到日清月结。信息化是实现预算执行工作科学化精细化管理的技术支撑，各市、县要着力推进金财工程一体化，以适应现代财政国库管理制度改革的需要。省财政厅信息中心将加大对市县区财政信息人员的培训力度，保证市县区财政局维护系统正常运行和系统数据的安全性。

（二）创新管理制度，加快推进国库集中支付改革

国库集中支付制度使财政部门对单位预算执行的事后控制前移到事前控制和资金支付的全过程监控，财政资金实现由分散管理到集中管理，提高了政府调控能力和财政资金效率。为实现财政管理科学化精细化，确保“三个子”和“三位一体”改革的顺利实施，省财政厅将加大推行国库集中支付改革力度。2009年，完成20个县（市、区）国库集中支付制度改革试点工作，2010年要求40个县（市、区）进行国库集中支付制度改革试点。到2010年，全省除个别县（市、区）因特殊原因外，其他县（市、区）都必须推行国库集中支付改革。

1. 统一思想，进一步提高加快国库集中支付改革的认识。各级财政部门要从推进财政科学化精细化管理水平的高度，进一步认识加快国库集中支付改革的必要性和紧迫性。今年中央和省相继出台了一些压缩经常性开支的政策措施，包括会议、接待、交通费等，国库集中支付就是要遵循这些制度、规范，确保政策措施得到真正落实。当前财税形势十分严峻，财政减收增支的矛盾十分突出，财政收支平衡面临考验。国库集中支付制度能规范财政自身行为和预算单位的用钱习惯，有利于从源头上预防挤占挪用行为的发生，确保预算单位规范有效使用财政资金，增强财政资金调度能力，缓解当前财政收支困难。

2. 注意协调配合，相互促进。市、县在推行国库集中支付改革中必须注意三方面关系的协调。一是整合财政内部国库部门与会计核算中心。实行国库集中支付后，会计核算中心作为国库支付执行机构，其性质和功能都发生了变化，从原来代行单位会计职能转变为财政总预算会计职能的延伸，两者均处在同一支付链上。为更好地推进财政国库管理制度改革，充分体现国库集中支付制度的优越性，提高财政资金的支付效率和使用效益，有必要对国库部门、会计核算中心的内设机构、职能及工作流程、系统建设等进行整合。这不仅仅是国库集中支付制度改革的要求，还是“三个子”管理和“三位一体”改革的要求，省财政厅预算执行局、国库支付处和会计核算中心已实行一体化运作，人员根据工作需要统一调配。二是内部业务协调。建立由国库、信息、预算和业务科室相关人员组成的协调小组，不定时召开碰头会，商讨改革中遇到的问题，形成会议纪要作为以后执行中的依据。三是外部协调。及时向当地政府领导汇报，取得政府领导的支持，这是改革成功的关键。要注意和当地人行、兄弟部门的沟通、协调，制定细致周密的实施方案，通过宣传得到他们的支持。

3. 精心组织、真抓实干，确保改革任务完成。这次会议后，尚未进行国库集中支付改革试点的地方，务必抓紧时间、精心准备，特别是一些“不想改”的地方更要提高认识。各地可考虑

从国库、信息中心、核算中心抽调精兵强将组成改革攻坚小组,吸取省和试点地区改革的经验、教训,结合本地实际,提出国库集中支付改革方案和实施细则。为确保各地国库集中支付改革的顺利实施,省财政厅预算执行局将做好业务指导和组织协调工作,信息中心将提供足够的技术保障和技术服务,以圆满完成我省国库集中支付改革工作。

(三)结合国库集中支付制度,推行公务卡制度

在预算单位现金支用领域推行公务卡制度,是完善国库集中收付制度的一项重要措施,有利于深化和完善财政国库管理制度改革,提高财政财务管理透明度,进一步提升财政科学化精细化管理水平,推进源头预防腐败。各级财政部门要高度重视、认真研究,结合国库集中支付制度改革进行试点,扎实推进公务卡制度。各地在推进公务卡制度时要把握三个原则:一是逐步减少预算单位的现金支付,财政资金在公务消费前应保留在国库单一账户体系之内,不得脱离国库单一账户体系;二是实行公务卡制度要有利于强化预算执行动态监控,不能削弱监控管理;三是公务卡的使用要方便操作,提高效率,减少预算单位工作量,保证资金结算的安全性和准确性。

(四)提升服务理念,提高预算执行管理水平

随着国库集中支付改革的推进,财政预算执行部门的服务对象发生了较大变化,在为财政内部各个科(处)服务的同时,还将直接面对预算单位、代理银行和企业机构。同时,还新产生了一个对代理银行国库支付信息的监管问题。因此,财政预算执行部门要进一步提升服务理念,使服务与监管并重。在服务方面,预算执行部门的同志要坚持搞好"四个服务",即坚持服务领导、服务科(处)、服务单位、服务基层。服务领导是要及时向领导报告财政经济运行情况和预算执行信息,为领导决策提供参考,当好参谋助手。服务科(处),主要是通过加强预算执行管理,及时提供各类数据信息和文字材料,为科(处)加强部门预算管理服务。服务单位是在推进各项改革、批复用款计划、办理资金收付、管理银行账户等方面为预算单位提供优质服务。服务基层是通过政策解答、资金调度、往来对账、决算编报等提供业务指导。

三、科学编制,精益求精,促进全省决算工作上新台阶

财政决算既是年度预算执行的结果,也是下一年度预算编制可靠的参考依据,是进一步提高财政预算管理水平的一项重要基础性工作。2008年,我省财政决算工作在各级财政部门领导的高度重视下,在座各位的辛勤劳动和共同努力下,圆满完成了任务,在此,我代表厅党组向大家表示感谢。但与先进的兄弟省、市相比还存在一定差距,需要大家继续努力。2008年决算编报中存在的主要问题有:

一是个别地方决算审核把关不严,数据质量有待提高。总决算单位基础表和乡镇安排村级资金表不按规则填写;部分基层预算单位会计基础工作薄弱,财政部门审核把关不严,决算数据质量不高。有些市、县、区在决算编审中存在人为调整数据的情况,影响了部门决算数据的真实准确性,特别是上下年之间数据的大起大落依然存在(如护龄津贴、办案件数等)。二是协调不够,同样的报表上报省财政厅各处口的数据不一致,偏差大。如非税收入统计表与总决算报表数据相差较大。三是有的市、县、区预算管理不规范,预算执行不严格,应纳入预算管理的政府性基金仍在预算外管理,科目调剂随意,基本支出和项目支出混淆使用仍然存在,年末出现负结余,项目资金尤其是基建资金结转较大等问题十分突出。四是少数市、县、区对决算分析工作重视不够,分析报告还停留在简单的数字文字化层面,应付了事,反映不出预算执行中存在的问题。以上这些问题既有操作层面的,也有管理和制度层面的,既有预算编制方面的,也有预算执行和决算方面的,希望在今年的决算编报中引起重视,切实加以改进。按照"体系不变、格式微调"的原则,财政部对2009年度财政决算报表不作大的调整,只作局部微调。为做好2009年财政决算工作,我提三点要求:

(一)加强组织领导,精心准备、协调配合

财政决算工作是全年预算执行结果的总结,是国家经济和社会活动的集中反映,也是对财政工作和总预算会计工作的检验,做好决算工作有着十分重要的意义。

一是加大决算工作人、财、物的保障力度,及时解决决算工作中发现的各种问题。预算执行部门的同志要将本次会议精神和决算工作开展情况及时向局领导汇报,争取领导对决算工作的支持。

二是制订详细、周密的决算工作实施方案,具体规定编制决算的程序,明确各单位、各阶段的工作目标和工作内容,层层分解,建立起一个分工合理、相互协作、运作顺畅、环环相扣的编制决算运作机制,确保决算工作规范、有序地进行。

三是相互配合,密切合作。决算工作不仅涉及预算执行、预算编制和其他业务等多个部门以及上下级财政部门,涉及各部门及其下属预算单位,还涉及在我省的部分中央单位。财政预算执行部门要主动与相关业务部门沟通协调,建立分工明确、配合默契的工作机制,切实发挥好牵头组织部门决算的职能,充分调动业务部门参与决算的积极性。

(二)加大培训和审核力度,确保决算的真实准确

各地要结合本地区决算审核中发现的问题和决算工作中的薄弱环节,加强决算培训,每年有重点地集中解决一两个问题,如会计核算的规范问题,决算数据的分析利用问题等。要通过突出重点的培训,让决算工作年年上台阶。这次会上将对2009年度财政总决算和部门决算报表的填报口径进行讲解和讨论,详细讲解决算审核公式、审核查询模板的使用以及审核

发现问题的处理等。培训结束后，各市、县、区也要组织精干力量办好本地区的培训。近年来，很多新同志陆续充实到财政总决算和部门决算岗位上来，各地更要加大培训力度。决算工作人员如有调整变动，一定要做好"传、帮、带"工作，不要因个别人员变动，影响整个决算工作的质量。为确保决算质量，财政部准备对各地的决算账表一致性情况进行抽查。决算数据都是从账本上来的，保证决算数据的真实准确很重要，对预算单位的账表一致性情况进行抽查很有必要，全面检查做不到，抽查是可以做到的，省财政厅也将按照财政部的要求对决算质量进行抽查。

（三）重视决算数字的分析利用，为财政财务管理服务

决算分析工作大概可以分为以下几个层次：一是在两套决算报表审核汇总后，及时编报情况反映，让领导第一时间了解决算数据，提高决算数据时效性；二是将决算数据加工整理，汇编成方便、实用的资料或手册，供领导和财政系统参考使用；三是对预算执行中反映出来的以及领导关心的一些具体问题，撰写相关的情况分析，争取做到"以小见大"；四是针对财政管理体制、运行机制方面的问题，开展专题研究，撰写分析材料，提出对策建议，为领导决策提供参考依据。决算数据是一座"金山"，在改进预算编制、规范预算执行方面具有不可替代的作用，大家不能让辛辛苦苦收集上来的决算数据"束之高阁"，要想方设法挖掘这座"金山"的内在价值。希望大家也多开动脑筋，进一步加大对决算数据的分析，争取从中发现问题，改进财政财务管理。（2009年11月25日）

循序渐进 扎实有效 把我省绩效评价工作推上新台阶（摘要）

赵立妙

一、绩效评价工作的简要回顾

（一）以制度建设为着力点。财政支出绩效评价工作是一项全新的工作，没有现成制度可借鉴。2005年5月，绩效评价处人员到位后，首先着手抓绩效评价操作办法的拟定，省政府办公厅下发《关于认真做好财政支出绩效评价工作的通知》，并随文下发《浙江省财政支出绩效评价办法(试行)》。为使绩效评价工作更具有操作性，又先后制订出台《浙江省财政支出绩效评价实施意见》、《浙江省中介机构参与绩效评价工作暂行办法》、《浙江省财政支出绩效评价专家管理暂行办法》、《浙江省财政支出绩效评价工作考核办法（试行)》、《关于加强财政支出绩效评价结果应用的意见》和《浙江省中介机构参与绩效评价工作规程(试行)》等一系列配套制度，对绩效评价工作程序、评价指标和标准、组织方式与评价方法等作了明确规定。同时，在省财政厅内部建立绩效评价联席会议制度，制订厅内部绩效评价工作考核办法，加强绩效评价工作的组织与协调。各地按要求也相继出台财政支出绩效评价实施办法、操作规程等，普遍建立内部协调机制即联席会议制度，绍兴市、湖州市等还成立绩效评价领导小组，由市政府领导担任组长。天台县成立了绩效评价委员会，并将财政支出绩效评价工作纳入县委、县政府对各部门年度工作目标量化考核内容，我省财政支出绩效评价制度框架基本确立。

（二）以落实机构和人员为前提。机构和人员是开展财政支出绩效评价工作的前提条件。在各级政府领导的重视下，财政部门认真落实绩效评价工作机构、人员和职能等。截至2007年底，全省各市、县(市)财政部门已全部设立绩效评价管理机构，其中：绍兴市、湖州市、温州市单设了绩效评价处；县(市、区)绩效评价管理机构绝大部分与财政监督部门合署办公，其中龙游县和乐清市单设。可以说，我省绩效评价开展这几年来，最大的收获之一就是初步形成了一支工作劲头足、能力强的绩效评价团队。

（三）以项目支出评价为突破口。按照建立"项目单位—主管部门—财政部门"三层次评价体系的要求，各地积极组织开展项目支出绩效评价工作。在评价对象选择上，紧紧围绕财政管理的重点领域、项目支出的重点部门以及社会关注度高、影响力大特别是事关民生方面的支出项目。在评价组织上，采取"项目单位自评、主管部门和财政部门评价"相结合方式，依托人大、政协及有关专家和中介机构的力量，做好具体评价工作。一是做好重点项目的评价工作。2005年以来，按照全省"统一指标、统一标准、分级评价、上下联动"的方式，委托中介机构进行综合评价，先后对"一轮治太骨干工程"、促进就业再就业专项资金项目、全省环境自动监测网络建设项目、农村公共卫生和千万农村劳动力素质培训项目开展了综合评价。二是组织开展省级项目支出绩效自评。2007～2008年，分别对省级300万元上以上的158个和138个项目组织实施了绩效自评工作，并委托中介机构对部分部门(单位)自评项目情况进行了抽查和核实，2008年对抽查中发现的问题向省级各部门进行了通报。三是探索单位整体支出评价。参与省卫生厅对疾病预防控制中心和卫生监督所实施整体支出绩效评价试点，台州等地也对单位整体支出评价进行了探索，为单位整体评价积累了一定的经验。

在省财政厅的大力推动和指导下，各市县财政部门积极行动起来，选择支出项目实施评价。截至2008年底，全省累计已对4221个项目实施了评价，涉及资金773.54亿元，其中：省级371个支出项目，涉及资金158.49亿元；各市县3850个支出项目，涉及资金615.05亿元。

(四)以加强业务培训为抓手。为提高绩效评价工作操作能力，2006～2007年，连续两年对省级、市县财政部门和中介机构参与评价人员进行绩效评价业务培训，并组织编印《浙江省财政支出绩效评价业务指南》等作为培训教材。同时，注重调查研究工作，着重对分行业评价指标体系、评价标准、组织方式、评价结果应用等进行专题调研，形成28个调研课题。在省财政厅的指导下，有的县由县政府办公室，有的县由财政局组织对主管部门、绩效评价专家、财政局内部有关人员进行业务培训，不但提高了业务操作能力，也增强了绩效理念。

(五)以构建信息平台为支撑。一是建立全省参与绩效评价中介机构库。2006～2009年，将符合条件的292家中介机构纳入中介机构库，供各地、各部门评价时委托。二是建立评价专家库。2006年建立省级绩效评价专家库，大部分市、县也初步建立了绩效评价专家库。三是建立绩效评价指标库。编印《浙江省财政支出绩效评价参考指标》，将9大类68个项目的具体评价指标和标准纳入指标库，供各地、各部门绩效评价时借鉴；四是建立信息共享平台。在省财政厅网站开辟了“财政支出绩效评价”专题，把绩效评价有关政策、制度和办法及各地、各部门绩效评价工作开展情况与相关信息动态及时公告，促进各地绩效评价工作交流与借鉴。

二、存在的主要问题

(一)缺乏绩效理念，思想认识不到位。长期以来，在财政资金分配和使用过程中，存在“重安排、轻监督，重争取、轻管理，重使用、轻绩效”等一系列问题。绩效评价又是一项全新工作，操作本身也有一定难度，有的地方采取观望、等待的态度，至今没有制订实施办法，更谈不上认真开展绩效评价工作，很大程度上是被动应付，对绩效评价工作研究不深不透，对部门(单位)缺乏有效指导，致使一些地方进展缓慢。个别地方人员配备还不足，不能有效承担绩效评价的工作任务。

(二)缺乏激励约束机制，影响推进力度。我省绩效评价工作虽然开展了四年多，但无论是评价方法、评价指标与标准的设置，还是评价结果的应用等环节，都处于探索中。目前，中央部门、有关省市在财政支出绩效评价办法中都规定了对评价结果应用的约束机制，而对主管部门评价工作做与不做、做得如何缺乏有效机制，甚至财政部门下文明确规定要开展评价的项目，有的项目单位不做，有的采取拖延的手段，有的就是做了，也是敷衍了事。有的财政部门认为绩效评价工作，是绩效评价处(科)的工作，除了完成省厅布置的工作任务外，各业务处(科)基本没有开展此项工作，究其原因，除了对绩效评价工作认识不足外，关键是缺少激励约束机制，做与不做无关紧要，从而在不同程度上影响了绩效评价工作的深入推进。只有极少数市、县，如湖州市、天台县对部门建立了年度目标责任制量化考核制度，促使各部门自觉开展绩效评价工作，积极主动配合财政部门做好绩效自评工作，并取得了实效。但绝大多数市、县，尚未建立激励约束机制，直接影响了绩效评价工作推进的力度。

(三)评价质量有待提高，评价结果应用不够。绩效评价结果在于应用，通过应用才能对财政资金使用部门和单位有实质性约束。如果评价结果得不到应用，绩效评价工作将失去存在意义。虽然有关制度和办法已明确评价结果应作为编制和安排部门预算的重要依据，但由于思想认识不到位，评价结果质量的公信力不高，以及绩效预算尚未完全建立等因素，也影响了评价结果的有效应用，使绩效评价工作的作用不能得到真正发挥，在一定程度上制约了工作的深入开展。

三、几点要求

(一)提高认识，坚定信心，扎实有效地推进绩效评价工作

从绩效评价到绩效预算是大势所趋。因此，要充分认识绩效评价工作的重要性和必要性，进一步统一思想，加深对财政支出绩效评价工作的认识，它不仅是公共财政管理改革的重要组成部分，而且是政府职能转变的客观需要。“加快行政管理体制改革，建设服务型政府”是党的十七大报告中的重要内容之一。服务型政府的建设，要实现政府职能从行政管理型向服务型的转变，主要包括政府规模结构的优化、行政成本的降低、行政效能的提高等内容。要降低行政成本、提高行政效能，就需要财政支出绩效评价这一重要手段。通过财政支出绩效评价，不但可以促进政府加强管理，提高政府部门效率，降低政府运行成本，而且还是推动依法行政、民主理财的重要手段。因此，财政支出绩效评价工作是政府赋予各级财政部门的一项重要职责，我们一定要牵好头，认真组织本地区开展绩效评价工作。通过不断总结经验、完善制度、创新机制等手段，加强对财政支出特别是项目支出的经济性、效率性和有效性评价力度，促进财政资金使用部门(单位)树立绩效理念，并将绩效理念贯穿于整个财政资金分配、使用与管理等各个环节，从而实现绩效评价的最终目的，提高财政资金使用效益与效率。从我省绩效评价工作的开展来看，已经到了一个关键时机，如果我们不抓紧，不深化，有可能就会流于形式；如果我们能够加把劲，能够有序地深化下去，我省的绩效评价工作肯定会越来越好。

(二)创新机制，增强责任，加大绩效评价工作力度

截至2007年底，我省各县(市)都已建立了绩效评价管理

机构,也基本明确了职能。随着绩效评价工作的不断推进,还有一部分县(市)绩效评价科和财政监督科只有1人,有的担负三个科室职能,而人员只有1—2人,远远不能适应绩效评价工作的需要。为此,各地要在充分认识绩效评价工作重要性的基础上,借这次政府机构改革的契机,在明确财政部门内部有关科室绩效评价职能的同时,增配和充实人员,这是做好绩效评价工作的基本保障。着重从以下几方面入手:

1.建立健全绩效评价考核制度。使用财政资金的部门(单位)是绩效评价的主体,要加大全省绩效评价工作的推进力度,关键是如何推进部门(单位)的绩效评价工作。除了加大培训与宣传力度,提高部门(单位)思想认识外,建立激励与约束机制尤其重要。目前,湖州市、天台县等建立了绩效评价工作考核制度,促使各部门(单位)把绩效评价工作作为一项日常工作来抓,变"要我评价"为"我要评价",大大提高了评价工作质量和推进力度。为此,各地要多向政府汇报,争取政府更大的支持,结合当地的实际,尽早出台对部门(单位)绩效评价工作的考核制度,奖优罚劣,对工作成绩突出的,除了精神鼓励外,还应在安排下年度预算时给予倾斜;对工作职能不明确、无行动的,可采取通报、或压缩下一年度该部门(单位)专项经费一定比例等措施,以推进评价工作力度。

2.选择重点项目评价。各级财政部门,尤其是绩效处(科)除了及时完成省下达的评价任务外,还要选择一些实施周期较长、项目实施过程中存在较大疑问或实施后无明显绩效的项目实施评价。

对于部门(单位)年度绩效自评项目的确定,各地财政部门应结合当地实际,可在部门(单位)自行申报的基础上确定;也可先提方案,商有关业务科室或部门(单位)的基础上确定。嘉善、遂昌等县采取随年度部门预算批复下达的方式,有的采取以政府办公室名义下达的方式,值得各地借鉴。

(三)注重质量,加强应用,把绩效评价工作推上新台阶

评价报告质量是评价结果应用的基本前提。提高评价报告质量关键是设置科学规范的评价指标和标准,选择合理的评价方式。设置评价指标、制订评价标准的依据又是项目预期绩效目标,如湖州市、绍兴市、上虞市、嘉善县、建德市等建立了项目预期绩效目标申报制度,随同部门预算上报、审核、下达,并作为绩效评价的重要依据。因此,一方面,各地应尽快建立项目绩效目标制度,可以先从当地规定限额以上项目中试行,明确绩效目标申报、审核和下达的相关规定。这里要强调:一是在布置年度部门预算时,明确项目绩效目标的相关要求;二是财政部门各业务科室要加强审核,这是项目实行可行性论证和加强项目管理的最起码要求。另一方面,各地要尽量委托第三方实施评价,这是确保评价结果客观公正的前提。有一部分市县,每年停留在财政部门内部抽调人员,或从财政部门和主管部门(单位)中抽调人员实施评价,这在评价工作刚开展的地方很有必要,不但可以熟悉评价工作业务流程,而且可以了解评价各阶段的工作重点,但对于评价结果的真实性大打折扣。经过四年多来的实践,凡委托第三方实施评价的项目其评价报告的质量相对较高。

在提高评价报告质量的同时,要加强评价结果的应用。评价结果应用,是评价工作的重要组成部分,也是评价工作的生命线和根本目的。各地要在省财政厅下发的《关于加强财政支出绩效评价结果应用意见的通知》基础上,结合当地实际,多向当地政府汇报,拓宽应用途径,充分发挥评价结果的作用。同时,在推进绩效评价工作时,还要注意工作方式方法,把握好"度",既要避免等待、观望的消极态度,又要防止过犹不及;既要切实协调好财政内部、部门之间的关系,又要从财政工作和绩效评价工作的长远和大局出发来考虑问题。

(2009年5月7日在全省绩效评价工作座谈会上的讲话)

认清形势 统一思想 真抓实干 确保完成今年我省国库集中支付改革工作任务(摘要)

赵立妙

一、近年来我省国库集中支付改革情况回顾

近年来,全省各级国库部门的同志按照"依法治税、为民理财、务实创新、廉洁高效"的总体工作思路,深入学习实践科学发展观,建立健全以国库集中收付制度为龙头的预算执行体系,国库工作朝着科学化、精细化目标稳步迈进。

1.省级改革规范有序。省本级从2005年开始实施国库集中支付制度,率先在原会计集中核算单位实施,当年实现集中核算向国库集中支付转轨,2006年扩大到在杭以外的非集中核算单位,2007年1月在省级所有部门预算单位全面推开。2008年,全部768家省级部门预算单位全年累计通过国库集中支付系统支付执行预算支出250.33亿元,其中通过财政零余额账户直接支付4.11万笔,支付额178.99亿元,通过单位零余额账户授权支付26.09万笔,支付额71.34亿元。

近年来,省级改革在完成"横向到边、纵向到底"的基础上,不断深化和完善省级国库集中支付改革。相继出台了《实行国库集中支付制度后预算单位年终结余资金处理有关事宜

的通知》、《关于完善省级国库集中支付改革相关措施的通知》、《预算科目、项目调整处理办法》、《以前年度财政支出退回办法》等一系列深化完善措施，确保了省级预算单位国库集中支付改革的顺畅运行。2008 年 9 月，在杭高校的预算外资金全面实行规范的国库集中支付改革。2009 年，取消省交通厅、省科技厅特设专户，对其特设专户的资金实行规范的国库集中支付改革。省级会计核算中心在具体执行环节中引入 IS09000 质量管理体系，制订科学、规范的支付流程，保证省级国库集中支付工作规范有序。

经过几年的改革，规范了预算单位资金支付，提高了预算单位财务管理水平；推进了部门预算改革，通过规范、科学的支付，保证了预算执行的刚性；积累了财政性资金，大大增强了省级财力的调控力。2009 年首次实施专项资金结余财政收回的政策，收回资金 5 亿多元，缓解了当前紧张的财政收支形势。规范、务实的改革得到了中央的肯定。近日，国家审计署上海特派办在省长经济责任审计报告中对浙江省省级国库集中支付改革给予充分肯定，认为浙江省省级国库集中支付改革科学、规范、细致，在全国不多见。省级国库集中支付工作规范有序，值得全省各级财政部门认真学习。

2. 市级改革稳步推进。我省市级国库集中支付改革经历了一个不断探索的过程。2003 年，以嘉兴、台州、金华为代表的市积极探索实践当地国库集中支付改革，并不断完善。2005 年，以湖州为代表的市实行财政集中支付模式，一时引起全省不少市县纷纷效仿。为进一步推进全省改革步伐，省财政厅于 2007 年专门召开全省国库工作会议，对市县改革进行专门部署。同年 9 月，转发财政部关于深化地方国库集中收付制度改革指导意见的通知，并结合我省实际，提出了 8 项具体指导意见，为市县改革稳步推进提供了制度保证。2008 年 6 月，联合信息中心、核算中心召开国库集中支付系统软件需求座谈会，研究当前国库集中支付系统中需进一步深化完善的内容，研究解决国库集中支付系统中存在的问题；7 月，省财政厅国库处、信息中心、核算中心、干教中心举办两期国库管理制度改革的培训班，培训人数近 600 人，为市县国库改革打下良好基础。经过省、市两级财政部门的共同努力，2008 年 9 月，全省 10 个地市（不含宁波）已推行国库集中支付改革，提前完成省委、省政府 2008 年目标责任制考核任务。2009 年各市根据各地实际，积极组织扩面工作，力争 2010 年 1 月所有预算单位实行国库集中支付制度，实现“横向到边”改革目标。

3. 县级改革试点运行。县级国库集中支付改革，总体上呈现数量不多、进度不一的特点。2003 年，以义乌、温岭为代表的部分县开始国库集中支付试点，但缺乏带动作用。2007 年、2008 年，诸暨、海宁相继开始推行规范的国库集中支付改革，起到了一定示范效应。随着财政部要求的改革时间日益临近和省财政厅的工作要求，今年以来，县级改革虽然出现了积极推进的趋势，但进度不快，形势依然不容乐观。省财政厅制定的《2009 年全省财政国库管理工作要点》明确提出“扩大县级国库集中支付改革试点范围，2009 年全省实行国库集中支付改革的县（市）达到 20 个以上，争取到 2010 年全省各地财政部门将所有财政性资金全部纳入国库单一账户体系运行管理，各级预算单位全面实行财政国库集中支付制度”。在省政府考核目标中提出“扩大县级国库集中支付改革试点范围，2009 年全省实行国库集中支付改革的县（市）达到 20%以上”。今年 3 月，在市地国库处长会议上将改革任务进行分解、部署，明确每个市 2009 年最少必须完成 2 个县级国库集中支付改革试点，随后各地陆续上报了本地改革县市名单，各地共上报试点县 20 个，区 1 个（其中海宁、诸暨 2008 年已经开始试点）。截至目前，列入今年改革计划的县只有桐庐县按照省财政厅要求，实施了国库集中支付改革，并于今年 7 月开始试点运行。

二、当前国库集中支付改革中存在的问题及原因

几年的国库集中支付改革，取得了一定的成效，但在工作中仍然存在一些问题和不足。当前市县国库集中支付改革存在的主要问题是进度缓慢。按照财政部 2010 年各级预算单位全面实行财政国库集中支付制度的要求，对照当前的改革进度，除省级已完成改革任务外，其余市县改革任务艰巨，压力不小。截至今年 6 月，已实施国库集中支付改革的县占全部县的比例仅为 7.55%，全省部门预算单位 16220 家，已实施国库集中支付的家数为 2307 家（其中省级为 782 家），占全部预算单位的 14.22%。造成改革进度缓慢的原因主要有以下几个方面：

1. 部分市县财政部门对国库集中支付改革的认识不到位，缺乏改革的主动性和积极性。一些县市财政部门的想法具有代表性，认为：国库集中支付改革和集中核算没什么大的区别；实行国库集中支付改革后资金全集中在国库，对地方财政资金结存有影响；财政内部配套改革不到位，实行国库集中支付改革条件不成熟；2010 年前是否一定要实行国库集中支付改革不明确，不少今年试点地区的财政局认为今年完成书面方案就算完成改革任务，将完成书面方案作为本地区改革已经启动来应付省财政厅工作计划。认识上的不到位，思想上的“不重视、不想改、不愿改”是改革进度慢的主要原因。

2. 部门预算改革不到位，支付流程不规范。部门预算改革不到位，支付流程不规范是造成改革推进不力的另一个原因。预算编制与预算执行，编制是龙头，是执行的基础，预算编制不到位，执行也必将难以到位，“皮之不存，毛将焉附”。国库集中支付的管理模式是“预算控制计划，计划控制支出”，但从最近的资金安全检查来看，仍有很多县市的部门预算改革没有

到位,"两张皮"的情况依旧存在,没有做到"预算一个盘子";同时在支出方面也同样存在业务不规范,也没有做到"支出一个口子",专项资金账户多,管理分散。截至2008年末,全省96个市县区共有财政性资金账户3438个,平均每个市县区拥有近36个账户,账户最多的一个县级市有71个。资金分散管理,拨付手续不合规,业务流程不规范等等问题也是推行国库集中支付改革必须解决的问题。

3.县级财政部门人少事多,国库、信息中心普遍缺兵少员,不相容岗位相互兼职现象较为普遍。从最近的资金安全检查来看,全省仍有28个地区没有单设国库部门,信息中心的信息人员也以税务为主,缺少负责财政业务的专职信息人员。各地财政总预算会计、财政专户会计、社会保障会计等拨款、记账、稽核、凭证保管由一人兼职现象不少,其中682个账户出纳、记账为同一人(未包括56个市县区在未设AB岗的情况下分设出纳和会计)。总预算会计拨款、记账、稽核、凭证保管等由一人兼职现象尤为突出,除杭州市本级、台州市本级及所属4个县(市、区)各配备2名总会计外,全省其他市县区仅设1名总会计,没有进行出纳与记账相分离。各地在各类会计岗位中不设稽核岗位较多,缺乏必要的内部监督制约机制。

4.国库集中支付系统仍需完善。我省国库集中支付系统是以省本级业务为基础开发完成的,在市县推广时难免存在和当地财政业务不适应的地方,要求修改软件的需求很多,无法一一满足。同时,国库处和信息中心面临全省的改革也显得人手不足,存在维护、技术支撑不及时的情况。

三、下一阶段工作要求

国库集中支付制度是贯彻落实党中央、国务院党风廉政建设和反腐败工作的根本举措,是市场经济条件下建立和完善公共财政体制的必然要求,是"三个子"改革的核心内容,是"三位一体"财政运行机制改革的重要组成部分,也是财政工作科学化、精细化的具体体现。今年是我省加快推行县级国库集中支付改革的关键年,下面我就下一阶段工作提几点要求。

1.认清形势,统一思想。当前财税形势依旧十分严峻,财政减收增支的矛盾十分突出,财政收支平衡面临考验。国库支付工作处于预算编制、预算执行、预算监督的中间环节,在"三位一体"财政改革中起着承前启后的作用。"支出一个口子"的实质,就是要建立以国库集中收付制度为核心的预算执行新机制。为此,各级财政部门对当前财政形势要有清醒的认识,尽早抛弃"等、看、拖"的思想,不要争论是否要进行国库集中支付改革。省财政厅对全省国库集中支付改革的计划不变,2010年底前,全省各级财政部门必须推行国库集中支付改革,列入2009年度县级改革名单的县今年年底前必须完成改革任务,对没有完成改革任务的县,省财政厅将给予通报批评,对没有完成改革任务的县市,资金调度出现困难的,省财政厅将不予考虑。没有列入2009年度县级改革名单的其余县,也要早做计划,为明年的改革做好准备。10个市力争2009年底前,最迟2010年一季度前完成所有预算单位国库集中支付改革,实现"横向到边"改革目标。

2.加强领导,注意协调。各试点县市的领导要高度重视国库集中支付改革工作,要按照中央、省有关文件的精神,进一步理顺内部机构,明确国库管理机构的职责。未成立国库部门的地方,应抓紧设置国库机构。同时要建立协调机制,注意三个方面的协调。一是内部协调。要建立由国库、信息、预算、业务科室相关人员组成的协调小组,不定时召开碰头会,商讨改革中遇到的问题,形成会议纪要作为以后执行中的依据。二是外部协调。要制订细致的工作方案及时向当地政府领导汇报,取得当地政府领导的支持,这是改革成功的关键。要注意和当地人行、兄弟部门的沟通、协调,通过宣传得到他们的支持。三是预算单位的协调,做好做细预算单位的培训、宣传工作,取得预算单位的理解和支持。

3.精心组织、真抓实干,确保今年改革任务完成。各试点单位务必抓紧时间、精心组织,特别是一些还停留在"纸上谈兵"的地方更要加快进度。人员不够的地方,可考虑从国库、信息中心、核算中心抽调精兵强将组成改革攻关小组,确保完成今年改革任务。同时,省财政厅国库处要做好业务指导和组织协调工作,厅信息中心提供足够的技术保障和技术服务,各地必须按照此次会议商定的工作计划,贯彻落实各项工作。

4.清理账户,规范流程。国库集中支付改革的精髓是预算执行的科学化和规范化。首先,各试点县市在制定、实施本地区国库集中支付改革时务必按照省政府办公厅转发的《浙江省财政国库管理制度改革方案》(浙政办发〔2005〕71号)的要求执行,会同当地人行通过招投标方式确定代理银行,选择服务优良、实力雄厚、设施齐全、运行安全、支付网络系统发达的商业银行代理财政支付业务,不容许从国库直接办理支付业务。其次,要按照财政部规定对分散在各业务科室的财政性资金账户按照"归口统一管理,严格按程序开设专户,同类专户归并,慎重选择开户银行"的原则,进行集中统一核算管理,同时要按照省人民政府办公厅《关于清理整合和规范财政专项资金管理的意见》(浙政办发〔2009〕82号)要求,加快推进财政专项资金清理、整合,归并财政性专项资金账户,切实提高财政资金效率。

5.统一软件,完善系统。国库集中支付系统是推行国库集中支付改革的基础,也是能否成功的关键。各地要按"金财工程"五统一原则,统一使用由省财政厅开发的财政国库集中支付管理信息系统。尽快推广金财工程运维系统和CA认证系统,目前运维系统已开发完毕并在绍兴、丽水、余杭试点,计划年底前在各市及各试点县推广使用，实施运维系统后，各地遇到改革相关问题可直接在运维系统上提交问题并得到及时解决，同时制订考核办法进行考核，可解决各地反映省财政厅软件维护响应慢等诸多问题。CA认证系统已进入开发阶段，争取尽快在全省推广，实施CA认证系统，可杜绝资金隐患，减少资金风险。

（2009年9月11日 在2009年度国库集中支付改革工作会议上的讲话）

认清形势 攻坚克难 进一步抓好“小金库”治理工作（摘要）

赵立妙

一、因地制宜，开拓创新，“小金库”治理重点检查工作有声有色

据不完全统计，我省对2186个党政机关和事业单位实施重点检查，重点检查面近10%。其中，重点领域、重点系统检查面不低于20%。从重点检查发现的情况看，“小金库”问题主要多发于权力部门和与民生密切相关的部门。下属单位参与竞争性业务，有经营收入的，特别是从事与行政事业单位职权密切相关的业务的，问题比较普遍，也较为复杂。按原定计划，重点检查将于10月30日结束。目前，重点检查工作正在收尾，数据正在统计之中。我省“小金库”治理重点检查主要有以下几个特点：

（一）将预算管理作为一个重要指标。此次“小金库”定义为“违反法律法规及其他有关规定，应列入而未列入符合规定的单位账簿的各项资金（含有价证券）及其形成的资产”。对于符合规定的单位账簿，考虑到我省部门预算综合改革的进程和省委、省政府“三个子”的要求，在“小金库”专项治理时，除了看是否有账，还重点关注有无纳入部门预算管理。在宣传发动阶段，这一原则就通过各种层次的会议、培训及简报等形式加以宣传解释，各部门单位在自查自纠时也将部门预算作为重要指标加以对照。尤其是在2010年省级部门预算布置会上，再次强调是否纳入部门预算管理是认定“小金库”的重要指标，省级部门对这一概念基本没有疑义。对“小金库”理论的探讨中，很多学者也把“未纳入部门预算”作为重要要件。

（二）增加了自查自纠“回头看”。根据省委、省政府的统一部署，我省从7月开始到8月底开展自查自纠“回头看”。“回头看”的目的有两点：一是自查自纠时间较紧，有的单位、有的人对“小金库”专项治理思想上不够重视，认为“‘小金库’治了很多年了，都是雷声大，雨点小”，自查自纠“走过场”现象依然存在。考虑到重点检查面没有自查自纠面宽，“回头看”重申了“小金库”专项治理的重要性，强调“小金库”治理不仅是一项经济任务，更是政治任务。在“回头看”中，提出了“三公、两核、一承诺”的具体要求和措施，切实把问题解决在自查自纠阶段，有利于进一步做好“小金库”治理工作。二是“小金库”政策较为复杂，每个人在理解上有所不同。在“回头看”阶段，省治理“小金库”工作领导小组办公室对“小金库”治理政策作了细化，便于将思想统一到省委、省政府的决策部署上，也便于各单位自查自纠。“自查从宽、被查从严”是此次“小金库”治理的突出政策，“回头看”给了单位和个人再一次机会，体现了组织对干部的爱护，尤其是减少了由于政策理解的偏差未自查自纠而进行的人事处分。

（三）出台了“小金库”专项治理政策规定。省治理“小金库”工作领导小组办公室6月开始草拟了《关于印发浙江省“小金库”专项治理政策规定的通知》，几经省治理“小金库”工作领导小组会议及各市治理“小金库”工作领导小组办公室主任会议讨论修改，最后由吕祖善省长签发。政策规定界定了自查自纠的定义，强调了“依法处理、宽严相济”的原则。并根据“分级负责”的原则，在法律法规的框架下结合中央“小金库”治理的文件精神，制定了11条“小金库”认定和处理的细化政策。“小金库”专项治理政策对可能出现的或较为普遍的问题作了解释和认定，便于各单位自查自纠，也有利于对政策认识的统一。政策规定充分考虑了我省财政管理和改革的现状，也对以往一些相关政策作了衔接。比如说，津补贴改革，当时一部分津补贴需要单位自筹解决，财政未能做到全部核拨。在这次治理中，出租收入、上缴收入、赞助收入等单位取得的各种来源的资金，未按规定纳入部门预算、未在财政规定账户存储或未在规定账簿核算，属于“小金库”范畴。但这部分资金如果用于发放津补贴，纳入核算中心核算、列入津补贴总额的，不作“小金库”处理。结余资金则必须缴入财政专户。如果在津补贴总额以外发放和使用的，按“小金库”治理有关政策处理。

（四）一切以规范为主要目的。根据全省各地的进程和实际情况，“小金库”重点检查可以与“回头看”同时进行。为了体现公平，在“小金库”重点检查进点时，检查组必须向被查单位宣讲“小金库”治理政策，包括“小金库”含义、形式、内容及处理处罚政策，强调“自查从宽、被查从严”的原则，接受被查单位关于“小金库”治理政策的咨询，答疑解惑。如果是认识偏颇，在谈话中意识到原本不认为是“小金库”的“小金库”，只要

在进点会结束之前向检查组坦承，也作为自查自纠处理。在“小金库”治理中，从“小金库”治理领导小组到办公室成员，均以做好“小金库”治理为第一要务，以铲除“小金库”为主要目标，以规范财政和财务管理为主要目的，真正做到惩前毖后、治病救人。但对于不珍惜自查自纠机会，继续设立或搞小团体利益的，被查发现后将通过行政处罚、党纪法规处理、组织处理等处罚手段对单位、对责任人进行严肃处理，绝不手软。

（五）“小金库”治理与各项财政改革结合。根据我省实际情况，“小金库”专项治理与专项结余整合、行政事业资产管理、节约行政成本、规范津补贴等结合，避免重复检查调研，节约人力物力。以“小金库”专项治理为契机，推动各项财政改革，解决体制等原因形成的老问题，为下一步财政改革扫清障碍，体现财政监督为财政改革、财政管理服务的宗旨，进一步提升“小金库”治理的意义。比如，针对部分专项资金名目繁多、资源分散、效率低下的情况，我省决定要下大决心，切实加强专项资金整合，出台了相关文件。但对于2006年以前的结余资金，尤其是由于历史原因、体制原因造成的滞留在强权部门的资金，很难进行清理整合，甚至因为年限久远、构成复杂连家底都没法摸清。此次“小金库”专项治理领受了解决2006年以前专项结余的任务，要解决几大厅局以往专项资金家底不清的问题，并将闲置结余资金收归财政，统筹安排使用。

（六）制定了统一的工作底稿和规范的检查程序。这次重点检查规模较大，范围较广，参与人数众多。省本级共投入330人，全省近2000人。“小金库”检查也有别于以往的会计信息质量检查、其他专项检查，具有较强的隐蔽性。为了使“小金库”重点检查能取得较好的效果，同时为了规范检查程序，统一操作流程，我省根据“小金库”易发的科目、可能的资金来源和支出途径，制定了一套完整的工作底稿、一系列的表格，如查前公告、银行账户开户表、固定资产情况表、资产出租情况表、会议情况表、印刷费情况表、对外投资情况表等16张专用底稿和检查通知书、承诺书等16张通用检查底稿。在重点检查前，我省对工作底稿和操作流程进行了统一的培训，各检查组虽然人员不一，但经过统一培训和统一的流程设置，各组检查的程序、认定标准及延伸检查标准基本一致，有利于重点检查工作的开展。

二、统一思想，提高认识，深刻领会“小金库”治理重要意义

“小金库”治理工作从电视电话会议开始，每次会议都要强调重申“小金库”治理工作的重要意义。有人可能不以为然，尤其是把“小金库”治理提高到政治任务的高度，很多人更是无法理解。前几天北京会议上，财政部监督局副局长韩文博在对会议作小结的时候讲到这次“小金库”专项治理的一个重要特点是开展不平衡，呈现由上至下认识程度和开展力度层层递减的态势。他问了我们一个问题：难道中央政治局领导和各部委部长们的政治敏锐感比我们低吗？中央政治局领导对“小金库”治理多次批示，各部委在对待重点检查问题上慎之又慎。

同样，贺组长在讲话中也提到了这个不平衡问题，她的一段话足以证明这次“小金库”专项治理的重要程度，也告诉了我们为什么“小金库”专项治理是个艰巨而重大的政治任务。她用三点说明党中央、国务院彻底清理“小金库”的态度和决心：一是中央政治局常委会集体研究讨论“小金库”治理工作，对一个专项治理工作而言是少有的；二是将彻底清理“小金库”的要求写进中央全会的决定，也是从来没有的；三是把“小金库”治理工作作为《建立健全惩治和预防腐败体系2008～2012年工作规划》的重要举措列入规划中。

同志们，我们一定要增强政治敏锐性，进一步提高对“小金库”治理工作重要意义的认识。我在这里强调“小金库”治理是个政治任务，不仅是为了把“小金库”专项治理工作做好，更是为了保护大家。大家工作都很辛苦，不要因为少了这根弦，而发生大家不愿看到的事情。《中央单位“小金库”问题处理处罚意见》（以下简称《意见》）已经中央治理“小金库”领导小组原则上通过，并将于近日下发。《意见》规定，凡设立和使用“小金库”的，原则上都要移送有关机关，追究相关责任人的党纪、政纪、组织责任。触犯刑律的，依法追究刑事责任。中央的意见是既要收“钱袋子”，也要摘“官帽子”。中央单位发现的“小金库”问题要严格遵照《意见》执行，地方参照执行。会后，各省的压力都很大，对本省的处理处罚处分标准和尺度很头疼。我省也一样，《浙江省“小金库”专项治理政策规定》与《意见》在对“小金库”的认定和处理处罚标准上有一定的出入。对一些政策，我们正在补充完善。为了减少行政风险，厅监督局的同志很辛苦，给大家初步整理了“小金库”认定和处理处罚的法律法规依据，大家好好研究学习，把我省的政策尽量补充完善。

会议还强调，要对自查自纠零申报和重点检查无“小金库”问题的县市加强督导。中央近期也将派部级领导到10个省市进行检查验收，浙江有无被列入尚无可知。部分地区重点检查报表已经上报，而且是零申报。同志们，贺组长说，“检查偏离方向和有举报不认真查处就是失职，检查走过场或发现问题不上报就是渎职”，希望零申报的地区能够“回头看”，分析问题查摆原因，是不是哪个环节做得还不够到位，还是确实不存在“小金库”。不要瞒报重点检查数据，这个风险很大。

从专项治理的宣传发动、自查自纠、重点检查、整改落实四个阶段看，现在第三个阶段快结束，第四个阶段即将开始。但我们不能因此松懈，查出问题是成绩，把问题处理好，建立健全“小金库”治理长效机制才是真正的胜利。这个阶段，或许是治理最困难的阶段，工作最繁杂的阶段，最需要细致严谨的

阶段。这个阶段的工作做不好，就会功亏一篑，前功尽弃。大家一定要有高度的政治责任感和敏锐感，准确把握中央政策精神，把“小金库”专项治理工作作为践行科学发展观、推进反腐倡廉建设、保持经济平稳较快发展、促进社会和谐稳定的一项重要任务来抓。要继续站在全局的高度，从全省改革发展稳定的大局出发，深刻认识“小金库”治理工作的重要意义，切实增强责任感和使命感，确保各项政策制度规定有效落实。

三、标本兼治，再接再厉，进一步做好“小金库”治理工作

（一）继续认真抓好重点检查工作。“小金库”治理无论是自查自纠，还是重点检查工作，都要坚持时间服从质量的原则。我省自查自纠“回头看”工作取得了很好的成效，这也是时间服从质量的一个成果。我省重点检查开始时间较晚，有的地区可能重点检查还没来得及完成，没完成的要继续检查，要确保中央两个比例的要求，不能虎头蛇尾。已完成检查的，要仔细分析，看有没有存在纰漏的可能。有纰漏的要想办法弥补，证据不足的要回被查单位重新补足。对于不同的检查组，要统一召集开会，听取检查发现的问题和处理处罚建议的汇报。对于一些共性、普遍性、有代表性的问题，各组要考虑被查单位是否同样存在，未能关注到的要重新就此问题进行检查。总之，要把工作做细致些，再细致些。

（二）切实做好处理处罚处分工作。中央要求，凡设立和使用“小金库”的，原则上都要移送有关机关，追究相关责任人的党纪、政纪、组织责任。触犯刑律的，依法追究刑事责任。情节较轻的，可以移交给纪委驻各部门单位监察机构，情节严重的，要移交给当地纪委。要杜绝重检查、轻处理，重财政财务处理、轻行政纪律处分和组织处理的现象。要加大问责力度，将处理事与处理人相结合。在处理处罚处分时，要按照统一的格式，按照全省统一的尺度和标准，并引用法律法规进行定性和处理处罚。各地“小金库”治理日常工作机构要对案件进行统一审理，按有关政策要求统一把握处理处罚尺度。我们正在着手准备对全省检查人员就处理处罚处分工作进行统一培训。

（三）积极推进整改落实工作。整改落实是“小金库”治理的重要内容。自查自纠的自纠就是一种整改。自查自纠的重点也落在自纠上，“自查从宽”的前提是在规定时间内完成自纠，而不是光自查就可以了。重点检查的成效也体现在整改落实上，光查不纠，还不如不查。在整改落实阶段，要关注各单位自查问题的自纠有没有落实到位，要关注重点检查问题的整改有没有落实到位，要关注各单位自我剖析、制度建设有没有落实到位。各地还要注意收集典型案例，并及时上报省治理“小金库”领导小组办公室。

（四）继续做好举报工作。各地要继续做好举报工作，严格做到“件件有交代、事事有着落”。要按要求及时将中央和省里转办的举报的核查说明报省治理“小金库”领导小组办公室。要研究后续的举报受理、办理办法，并对前期举报核实情况进行梳理，特别是对于查实并涉及奖励的，要严格按照有关规定执行。随着“小金库”治理工作成效的显现和中央加大“小金库”治理舆论宣传的力度，“小金库”治理工作受到社会广泛关注和充分肯定，举报还会陆续增加。各地要继续做好举报的受理和办理工作。

（五）努力研究“小金库”治理长效机制。通过这次专项治理，积极寻找“小金库”易发的土壤，深刻剖析“小金库”存在的原因，建立健全“小金库”治理长效机制。能不能就此消灭“小金库”，彻查“小金库”，关键在于“小金库”治理长效机制建设。省治理“小金库”工作领导小组办公室撰写了《“小金库”治理长效机制实践与探索》，大家多提宝贵意见，对调研论文进行补充完善。各地也可以就一件事、一方面进行深入的调查研究，提出可行的政策建议。中央也将在《人民日报》上进行有奖征文，欢迎大家踊跃参加。通过对“小金库”治理长效机制的探索，为“小金库”治理划上一个圆满的句号，为财政改革、财政管理尽绵薄之力。

（2009年10月27日 在“小金库”治理政策通报会上的讲话）

锐意改革 不断进取 着力构建预算执行管理新机制（摘要）

赵立妙

一、预算执行管理工作面临的主要任务

去年，厅党组结合深入学习实践科学发展观活动，按照公共财政的改革方向，要求加快建立符合浙江实际的“收入一个笼子、预算一个盘子、支出一个口子”和预算编制、执行、监督“三位一体”的财政运行机制。在“三个子”和“三位一体”改革中，预算执行处于中间环节，起着承前启后的作用，随着财政改革不断深化，预算执行工作越来越重要。今年10月，省政府办公厅批复的省财政厅“三定”方案中，我厅强化的职责之一就是预算执行，在内设机构中设立预算执行局、国库支付处，连同会计核算中心实行一体化运行，具体负责预算执行管理工作。

“三定”方案规定明确了预算执行局的职责是：牵头组织

实施预算执行职责；组织实施国家财政国库管理制度、总预算会计制度和行政单位会计制度，研究制订全省财政国库管理制度改革方案和预算单位银行账户管理制度；组织实施省级财政国库管理制度改革工作，指导市县财政国库管理工作；建立省级国库单一账户体系，负责省级预算(含政府采购资金用款计划)的审批下达和省级国库集中支付资金的清算工作；负责财政预算总会计和财政专项资金的核算工作，调度省级财政资金，按规定开展国库现金管理；分析、预测财政预算执行情况，组织编报财政总决算和部门决算，负责财政统计及分析工作。

国库支付处的职责是：负责省级国库集中支付改革的具体实施工作；协助建立省级国库单一账户体系，管理和审批省级预算单位银行账户的开立、变更、备案和预算单位财政性资金拨款印鉴；下达财政授权支付汇总清算额度，负责办理财政直接支付的审核、支付和生成财政直接支付汇总清算额度；负责省级国库集中支付资金的收支账务核算；负责与代理银行、预算单位、预算内外总会计对账工作，复核代理银行拨款凭证及收支日报表，向预算内外总会计报送财政支出报表，监督代理银行办理财政资金直接支付、授权支付业务及代理协议的执行；负责对纳入国库集中支付单位的支付信息实行监控，统计分析省级国库集中支付信息。

按照"三个子"和"三位一体"财政运行机制要求，建立与社会主义市场经济体制相适应的预算执行管理新机制，进而提高预算执行的透明度以及资金运行效率和使用效益，是当前财政预算执行管理工作的主要任务。从目前成熟市场经济国家的经验做法看，当前和今后一个时期构建预算执行管理新机制的主要目标是：

一是建立国库集中收付运行机制。以国库单一账户体系为基础，规范财政资金收入和支付运行机制。财政收入，无论是税收收入还是非税收入，按规定的程序和缴库方式及时划入国库单一账户体系。支付则通过财政直接支付和财政授权支付方式，由国库单一账户体系将资金直接支付给商品和劳务供应者。同时，利用现代支付清算工具，建立公务用卡制度，杜绝现金管理漏洞。

二是建立财政资金安全管理长效机制。制定财政总预算会计基础工作规范，加强财政资金管理关键岗位和风险点内部控制制度建设，强化岗位责任督查制度，建立靠制度约束人、管理人的财政资金安全管理长效机制。

三是建立预算执行动态监控机制。以信息化技术为支撑，实时动态监控为重点，通过国库单一账户体系，监控预算单位在预算执行中存在的问题。

四是建立预算执行信息集成机制。运用国库集中支付信息系统和财税库银横向联网，建立财政总决算、部门决算、旬月报和国库集中支付信息的自动集成系统，综合分析宏观经济形势、财税政策、突发事件等对财政收支的影响，研究不同类型财政收支波动背后的影响，拓展预算执行分析深度和广度，更好地服务领导决策。

五是建立预算执行管理机构一体化运作机制。按照优化流程、提高效率的原则，整合国库部门与会计核算中心职能，统筹配置人力资源，建立一体化管理的预算执行管理机构，提高行政效率和服务水平。

二、统一思想，提高构建预算执行管理新机制的认识

统一思想，提高认识，是做好预算执行工作的基础和前提。建立预算执行管理新机制，是构建与社会主义市场经济体制相适应的公共财政管理制度的客观需要，是稳步推进符合浙江实际的"收入一个笼子、预算一个盘子、支出一个口子"和预算编制、执行、监督"三位一体"财政运行机制的客观要求，不仅有利于财政管理科学化、规范化、精细化，有利于提高财政效率和效益，是落实惩防体系的重要举措，也有利于从源头上反腐倡廉，具有重大现实和深远的政治、经济和社会意义。

第一，构建预算执行管理新机制，是健全公共财政管理体制的必然要求。从国际经验和市场经济的发展趋势来看，公共财政建设的一个重要方面就是用公共管理的办法管理财政，确保财政资金使用的公开、透明、高效，实现财政机制的经济性、效率性和有效性。构建以国库单一账户体系为基础，以国库集中收付制度为主要内容的预算执行管理新机制，可以通过财政直接支付方式和授权支付方式，及时反映真实的财政支付信息，提高财政资金运行的透明度；通过改革资金支付方式，预算单位的财政资金在使用前都存放在国库单一账户体系，有利于财政资金的集中优化配置，可以提高财政机制的经济性；通过集成资金收付信息、会计核算及总账管理信息、动态监控及决算报告等，有利于促进预算执行信息对称，提高预算执行的透明度。因此，构建预算执行管理新机制是公共财政发展的必然要求。

第二，构建预算执行管理新机制，是稳步推进符合浙江实际的"三个子"和"三位一体"财政运行机制的客观要求。"收入一个笼子、预算一个盘子、支出一个口子"的财政运行机制，就是要求将所有政府性收入缴入财政国库或财政专户这个"笼子"，纳入部门预算一个"盘子"管理，支出通过国库集中支付这个"口子"拨付。构建预算执行管理新机制，就是通过建立国库单一账户体系，所有的财政性资金都通过这一账户体系进行核算，财政收入通过国库单一账户体系直接缴入国库或财政专户，财政支出通过国库单一账户体系直接支付到商品和劳务供应者。通俗地讲，也就是"收入一个笼子、支出一个口子"。"三个子"是对我省公共财政管理创新的形象概括，预算编制、执行、监督"三位一体"改革，是深化"三个子"改革的组

织保障，两者有机结合，将实现财政公共化内涵与管理形式的高度统一，它承载着现代财政的理念，体现了财政公共化的本质要求，预示着公共财政在新形势下的变革方向。构建预算执行管理新机制，实现预算执行管理机构一体化运行，在预算执行方面可以为“三个子”的顺畅运行提供强有力的组织保障。因此，实践“三个子”和“三位一体”财政运行机制，要求我们加快构建预算执行管理新机制。

第三，构建预算执行管理新机制，是实现预算执行管理科学化、精细化的基础。预算执行管理是预算实施的关键环节，直接关系到党和国家各项重大政策的贯彻落实。近年来，人大、审计等部门相继提出了细化财政支出内容、增强支出透明度的要求，社会各方面也都希望预算更加细化、执行的透明度更高，加强预算执行科学化、精细化管理势在必行。预算执行上的透明，既包括财政部门在预算执行程序上的透明，也包括预算单位资金支付使用过程的透明。在预算执行程序上的透明，就是在预算指标的下达、用款计划和授权支付额度的审批下达以及用款申请的审核支付，既要在制度上做出规定，又要在运作机制和技术手段上按照规范的程序进行。预算单位资金支付使用过程的透明，就是财政部门要通过信息系统掌握财政资金每一笔支付记录，资金支付使用的透明度比较高。因此，构建预算执行管理新机制，是实现预算执行科学化、精细化管理的基础。

三、深化改革，着力构建预算执行管理新机制

构建预算执行管理新机制，符合公共财政的发展方向，不仅是财政部的要求，也是成熟市场经济国家的普遍做法，也是我省深化财政改革的实际需要。我省作为我国市场经济较为发达的省份之一，在公共财政改革方面理应走在前列。因此，各级财政部门要统一思想，高度重视，按照稳步推进符合浙江实际的“三个子”和“三位一体”财政运行机制的要求，扎实构建预算执行管理新机制。当前，各级财政部门要重点抓好以下工作：

（一）加快实施国库集中支付改革

我国自2001年推行国库集中支付改革试点以来，这项改革已深入财政管理领域的方方面面，成为财政财务管理一项重要的基础性制度。到2008年底，全国36个省（自治区、直辖市和计划单列市）本级、300多个地市、1900多个县（区）、超过28万个基层预算单位实施了改革。改革的资金范围涵盖了一般预算资金、政府性基金、国有资本经营预算资金等各类财政性资金。在全国来讲，我省的国库集中支付改革起步较晚。省本级从2005年开始实施国库集中支付制度，率先在原会计集中核算单位实施，当年实现集中核算向国库集中支付转轨，2006年扩大到在杭以外的非集中核算单位，2007年1月在省级所有部门预算单位全面推开，实现了横向到边、纵向到底，纳入改革的资金范围也涵盖了预算内、外各类财政性资金。市、县（区）改革总体上进展有序，到今年底，11个地市和20个县（市、区）已实施国库集中支付改革试点。

经过几年的国库集中支付改革，规范了预算单位资金支付，提高了预算单位财务管理水平，推进了部门预算改革，通过规范、科学的支付，保证了预算执行的刚性，大大增强了财政资金调控能力。今年国家审计署上海特派办在省长经济责任审计报告中对浙江省省级国库集中支付改革给予了充分肯定，认为浙江省省级国库集中支付改革科学、规范、细致，在全国不多见。但是，我们也应当看到，在深化国库集中支付改革过程中，还存在着一些亟待解决的问题。

一是改革进展不平衡。从纵向看，省本级改革的步伐较快，市、县（区）级改革进展相对缓慢。到2008年底，全省11个设区市虽已推行国库集中支付改革，但改革扩面步伐不快。县级国库集中支付改革总体上实施得不多，仍有近60个县（市）没有实施改革；从横向看，全省部门预算单位12225家，到今年6月底，已实施国库集中支付的仅2307家（其中省级为782家），占全部预算单位的比例仅18.87%。

二是部分市、县（区）财政部门对国库集中支付改革的认识不到位，缺乏改革的主动性和积极性。一些县市财政部门认为：国库集中支付和集中核算没什么大的区别；实行国库集中支付改革后资金全集中在国库，对地方财政资金结存有影响，财政内部配套改革不到位，实行国库集中支付改革条件不成熟等。认识上的不到位，思想上的不重视，“不想改”、“不愿改”是改革进度慢的主要原因。

三是县级财政部门人少事多，国库、信息中心普遍缺兵少员。全省仍有26个地区没有单设国库部门，信息中心的信息人员也以税务为主，缺少负责财政业务的专职信息人员。

国库集中支付改革是贯彻落实党中央、国务院党风廉政建设和反腐败工作的根本举措，是市场经济条件下建立和完善公共财政体制的必然要求，是“三个子”的核心内容，是“三位一体”财政运行机制的重要组成部分，也是预算执行管理科学化、精细化的具体体现。因此，市、县级国库集中支付改革明年将进入关键之年，希望各级财政部门统一思想，提高认识，加快推进国库集中支付改革。

第一，加大力度，迎难而上。预算执行管理新机制建设在“三个子”和“三位一体”财政运行机制中起着承前启后的作用。“支出一个口子”的实质，就是要建立以国库集中支付制度为核心的预算执行管理机制。为此，各级财政部门要尽早抛弃“等、看、拖”的思想，加大力度，迎难而上。已经启动国库集中支付改革的市、县（市、区），要在试点基础上进一步扩大改革面，争取2010年完成所有预算单位的预算内、外资金实施国库集中支付，实现“横向到边、纵向到底”的改革目标。目前，尚未启动改革的县（市、县），要早做计划，在新的一年里要有实

质性进展。2010年,全省实施国库集中支付改革的县(市、区)要达到40个以上,请各地做好准备,及时推进。

第二,加强领导,注意协调。各市、县财政局要高度重视国库集中支付改革工作,切实加强领导,增强推进国库集中支付改革工作的责任感和主动性。要按照中央、省有关文件精神,制订细致周密的工作方案,及时向当地政府领导汇报,取得当地党委、政府领导的支持。要注意和当地人行、兄弟部门的沟通、协调,通过宣传得到他们的支持。要做深做细对预算单位的培训、宣传工作,取得预算单位的理解和支持。要进一步理顺内部机构职责和工作流程,建立由国库、信息、预算、业务科室相关人员组成的协调小组,不定时召开碰头会,及时商讨并解决改革中遇到的问题。

第三,清理账户,规范流程。国库集中支付改革的核心是建立健全国库单一账户体系。各地要围绕建立新的账户体系,进一步清理预算单位银行账户,建立健全预算单位银行开户财政审批和备案制度。要合理确定财政部门、征收单位、预算单位、人民银行国库和代理银行的管理职责,所有财政性收支都按规范的程序在国库单一账户体系内运作。各市、县在制订、实施本地区国库集中支付改革方案时,要按照省政府办公厅转发的《浙江省财政国库管理制度改革方案》(浙政办发〔2005〕71号)的有关规定,会同当地人行通过招投标方式确定代理银行,选择服务优良、实力雄厚、设施齐全、运行安全、支付网络系统发达的商业银行代理财政支付业务,不允许从人行国库直接办理支付业务。

第四,统一软件,完善系统。国库集中支付系统是推行国库集中支付改革的基础,也是能否成功的关键。各地要按"金财工程"五统一原则,统一使用由省财政厅开发的财政国库集中支付信息系统。为及时解决各地改革中遇到的问题和加强财政资金风险控制,省财政厅将尽快推广金财工程运维系统和CA认证系统。目前运维系统已开发完毕并在绍兴、丽水、余杭试点,计划年底前在各市及各试点县推广使用。实施运维系统后,各地遇到改革相关问题可直接在运维系统上提交并得到及时解决,以切实解决各地反映省财政厅软件维护响应慢等诸多问题。CA认证系统已进入开发阶段,争取尽快在全省推广。实施CA认证系统,可杜绝资金安全隐患。

(二)加快推进公务卡改革

传统现金支付行为,透明度差,而且违规问题较多,甚至诱发腐败,是财务管理的一个薄弱环节。公务卡改革是财政支出管理的一项创新举措,具有"雁过留声、消费留痕"的特点。推行公务卡改革有利于深化国库集中支付改革、加强财政支出管理;有利于方便预算单位用款、提高单位财务管理水平;有利于提高政府支出透明度、加强惩防体系建设。改革的总体思路是:以公务卡为媒介,以国库单一账户体系为基础,以国库集中支付管理信息系统为支撑,逐步实现用公务卡办理公务支出,最大程度地减少单位现金支付结算,规范单位财务管理,强化财政动态监控。改革的主要内容是:"银行授信额度、个人持卡支付、单位报销还款、财政实时监督"。按照财政部公务卡改革的总体要求,我省公务卡改革的实施步骤为:2010年前完成省、市两级预算单位的公务卡改革,力争2012年前全省预算单位全面实行公务卡制度。目前,省本级、杭州、宁波、舟山已推行公务卡改革,但全省大部分市、县尚未启动。公务卡改革作为国库集中支付的一项配套措施,已列入惩防体系建设的一项重要内容,各地要抓紧启动这项改革。对此,我强调以下四点:

一要积极争取领导的重视和支持。推行公务卡改革,涉及管理方式、管理观念、管理要求等多方面的调整,面临阻力和矛盾不可避免。各级财政部门要积极向当地党委、政府汇报,明确改革的必要性、重要意义,争取各级党委、政府、纪委和预算单位领导的重视和支持。省财政厅将会同人民银行、监察厅联合下发公务卡改革指导意见,将公务卡改革作为党风廉政建设的重要内容,列入当地惩防体系建设加以考核,并将加大对推行情况的监督检查力度。

二要积极做好组织协调工作。推行公务卡改革是一项系统工程,涉及财政、人行、预算单位、发卡行等多个方面,并受相关政策、受理环境、用卡观念等诸多因素影响。在推进公务卡改革过程中,各级财政部门一定要做好组织协调工作,要注意与纪委、人民银行的协调配合,共同创造良好的政策环境和工作环境,各司其职,形成合力。同时,要注意与预算单位、发卡行的沟通协调,在确保财政资金安全的前提下,尽量简化流程,提高服务效率和质量。

三要大力加强宣传培训。要通过电视、报刊、网络等传媒有组织、有步骤地宣传公务卡改革,逐步转变政府工作人员的用卡观念和传统的现金偏好,并带动全社会使用非现金结算方式,为全面推行公务卡改革营造良好的舆论和社会环境。同时,要加大对单位工作人员、单位财务人员和发卡行工作人员的培训力度,确保各方都能熟练掌握公务卡的具体使用方式,为推行公务卡改革奠定坚实基础。

四要积极落实配套措施。各级财政部门要会同人民银行加强政策研究,不断完善公务卡的制度机制,研究相关优惠政策,改善公务卡受理环境,推进银行卡受理市场建设,为公务卡的推广应用创造良好的环境。

(三)切实加强财政资金安全管理

全省各级财政部门非常重视财政资金安全管理工作,财政资金安全管理已列入各级财政系统惩治和预防腐败体系建设的重要内容。各地基本上建立了国库资金拨付流程、岗位分工制度、对账制度和内部监督制约机制,有效地确保了财政资金安全。通过今年的财政资金安全检查，各级财政部门认真深入排查问题、全面查找管理漏洞、扎实进行整改，使财政资金安全管理工作得到进一步改进和提高。但检查也发现了一些影响财政资金安全的突出问题，主要表现在：一是安全意识不强。一些地方“重分配、轻管理”的传统观念依旧根深蒂固，资金安全管理意识淡薄，风险防范意识不足。二是管理不规范。一些地方财政国库机构设置和人员配备不到位，不相容岗位兼职现象还很严重。财政资金专户设置过多、过滥，管理分散，没有按照要求统一归口国库部门核算管理。三是内控机制不健全。拨款印章多且保管紊乱，票据凭证保管传递手续不全，拨款密码没有经常更换甚至没有，等等。这些问题的存在，给财政资金安全管理带来了风险，留下了隐患。因此，各级财政部门要进一步提高加强财政资金安全管理重要性和紧迫性的认识，把财政资金安全管理作为预算执行工作的出发点和落脚点，坚持做到防微杜渐、警钟长鸣、常抓不懈。

第一，建立资金安全管理长效机制。各级财政部门要按照财政系统惩防体系建设的要求，层层落实财政资金安全管理责任制，一级抓一级，一级对一级负责，真正做到思想上高度重视，行动上坚决落实。要结合今年财政资金安全检查工作，下大力气抓好整改工作，努力在抓整改、解难题、建制度、促发展上有新的突破，在财政内部建立有效的监督制约机制和督查机制。大家一定要时刻绷紧资金安全管理这根弦，无论是推进改革，完善制度，还是日常资金收付管理，都要把资金安全管理放在首位，做到常抓不懈，一旦发现资金安全隐患的苗头，要及时采取有效措施加以解决，建立起能够长期保证财政资金安全运行的长效机制。

第二，制订标准化操作规范，统一支付流程。目前，各地财政国库部门新手较多，业务技能大多靠自学和老同志带领等方式，各地做法不尽相同，业务规范也不够统一。由于预算执行工作非常具体，大多为操作型工种，建立各岗位或各工种的工作规范，形成手册或作业指导书，有利于新手快速入门，也有利于规范老同志的业务处理方式，更有利于财政资金的安全管理。为此，省财政厅将制订全省总预算会计工作基础规范书，规范财政会计行为，规范票据保管，统一支付流程，为各级财政部门做好预算执行管理工作提供参考依据。首先，建立会计岗位责任制。根据业务需要可设立主管会计、稽核会计、记账会计、资金拨付（出纳）、会计档案管理等岗位，根据财政预算执行机构人员配备情况，可以一人多岗或一岗多人，但资金拨付岗位不得兼管稽核会计、记账会计和会计档案管理等岗位。其次，规范财政资金拨付管理操作规程。从资金申请、审核批准、拨款和审核盖章等流程规定操作方法和程序，加强预算执行控制，确保财政资金安全、有序和及时地拨付。最后，健全内部监督制约机制。不但要在日常资金拨付中建立稽核制度，相互制约，而且还要定期不定期进行内部检查，确保财政资金安全。

第三，合理确定人员配置标准，确保不相容岗位分设。检查中发现，部分市、县、区预算执行部门人员配备不足，导致不相容岗位相互兼职、混岗，甚至聘用临时工，留下了较大的资金安全隐患。财政部内部会计控制规范明确规定，单位应当对货币资金收支和保管业务建立严格的授权批准制度，办理货币资金业务的不相容岗位应当分离，相关机构和人员应当相互制约，单位不得由一人办理货币资金业务的全过程。省财政厅也多次强调各地要合理确定会计岗位设置，明确各岗位职责权限，强调不相容岗位、职务必须分离，严禁发生拨款由同一人经手、开单、审核、记账核算的“一手清”现象。根据预算执行部门的主要职责、会计岗位责任制以及当前总会计的核算工作量，县级预算执行部门应至少配备预算内总会计 1 人（可兼会计档案管理）、预算外和财政专户会计 1 人（可兼会计档案管理）、资金拨付（总出纳）1 人、主管会计兼稽核会计 1 人、其他工作如银行账户审批、部门决算、执行分析等工作 1 人，因此，县级预算执行部门最低应配备 5 人。市级预算执行部门核算工作量更大，预算外和财政专户会计 1 人，出纳 1 人，主管会计兼稽核会计 1 人均难以应付日常工作，所以最低应增加 2 人分担工作，从工作实践看，市级预算执行部门最低应配备 7 人。同时，要坚决清理临时工和借用人员。

第四，清理、整合、归并专项资金账户，规范印鉴使用。省财政厅多次在各类财政会议上强调要加强财政资金集中统一归口管理，但全省 96 个市、县、区账户集中统一归口管理的仅 28 个，68 个市、县还分散在预算、综合、农业、社会保障等业务科室。各地要切实将加强财政资金的归口集中管理提上议事日程，要按照“归口统一管理，严格按程序开设专户，同类专户归并，慎重选择开户银行”的原则，在年底前将分散在各业务科室的财政性资金账户进行集中统一核算管理；要按照省政府办公厅《关于清理整合和规范财政专项资金管理的意见》（浙政办发〔2009〕82 号）的有关规定，积极推进财政专项资金清理、整合，归并财政性专项资金账户，努力提高财政资金效率。同时，要统一账户印鉴，按相互制衡原则健全账户印鉴保管使用制度，切实加强账户印鉴的保管使用。

（四）着力推进预算执行管理机构一体化运行

在国家推行国库集中支付改革之前，作为加强财政支出管理的一项重要措施，我省全面推行了会计集中核算。会计集中核算的实施，对规范单位财务核算、加强财政支出管理发挥了重要作用。而国库集中支付制度作为国际上通行的一项财政支出管理制度，更有利于长远发展，更有利于分清责任。省本级于 2005 年开始实行国库集中支付改革，省级机关会计集中核算中心履行国库支付机构职能，实现了会计集中核算与国库集中支付的有机衔接，发挥了两种制度各自的优越性。为加快建立“三个子”和“三位一体”财政运行机制，今年10月，省政府办公厅批复省财政厅的“三定”方案设立了总预算局、预算执行局和财政监督局，初步搭建起了“三位一体”的组织框架。同时，省财政厅党组决定，总预算局与地方预算处和将要设立的预算编制中心一体化运行，预算执行局与国库支付处、会计核算中心一体化运行。

预算执行局、国库支付处、会计核算中心实行一体化运行的总体思路是：按照建立权责清晰、运转有序、快捷高效的预算执行管理机制的要求，围绕提高预算执行效率和服务水平，整合预算执行局、国库支付处、会计核算中心职能，统一人、财、物管理，对外仍保留三块牌子，在厅内实行预算执行局局长负责制。

预算执行管理机构一体化运行，既是建立“收入一个笼子、预算一个盘子、支出一个口子”和预算编制、执行、监督“三位一体”财政运行机制的客观要求，也是国库集中支付改革与会计集中核算有机衔接的需要。同时，也是统筹财政预算执行人力资源配置，加强财政资金安全管理的需要。从全省情况看，还有26个市、县(区)未成立预算执行管理部门，已成立的市、县(区)则人员配备大都不到位，存在不相容岗位兼职的现象，影响财政资金安全，且职责严重不匹配。因此，各级财政部门要按照公共财政的改革方向，建立符合我省实际的“三个子”和“三位一体”财政运行机制的要求，建立健全财政预算执行管理机构。

一是按照国库集中支付改革与会计集中核算有机衔接的要求，国库支付机构职能由财政部门管理的会计核算中心履行。这里强调一下，国库支付机构职能是财政总会计职能的延伸，属财政职能，由会计核算中心履行国库支付机构职能的，会计核算中心必须由财政部门管理。

二是未成立预算执行管理部门的地方，应抓紧设置预算执行管理机构，已成立的地方要理清职责范围，充分发挥预算执行的龙头作用。从全国各省市和全省各地实践看，预算执行管理部门的基本职责是：牵头预算执行管理，实行国库集中收付制度，财政性资金的集中核算管理，行政事业单位银行账户审批，部门决算报表和财政总决算报表编审，财政预算执行情况分析。

三是国库集中支付改革综合性、政策性、业务性很强，要求预算执行管理的组织机构与人员配备与之相适应。各地要按照优化流程、提高效率的原则，整合预算执行管理机构与会计集中核算中心职能，实行一体化管理，统筹配置预算执行机构人力资源，提高行政效率。这次省财政厅预算执行机构一体化运行后，不仅原国库处的管理力量得到加强，还为厅机关处室调剂了部分工作人员。省财政厅的预算执行一体化管理方案，这次会议后将印发给各市、县，各地可结合实际参照执行。

(五)建立健全预算执行动态监控机制

预算执行动态监控是按照公共财政管理制度的发展要求，紧紧围绕重大财政政策的有效实施，以国库单一账户体系为基础、以财政资金活动监控为重点、以动态监控系统为平台，实时接收代理银行和预算单位信息，全程监控财政资金支付的活动。预算执行动态监控是国库集中支付有效实施的保障和手段，是预算执行管理的重要内容，有利于增强财政管理透明度，提高财政资金使用的安全性、规范性、有效性，推进财政管理的科学化、精细化。目前，预算执行动态监控机制建设明显滞后于国库集中支付改革进程，不仅影响国库集中支付改革的进一步深化和预算执行管理机制的完善，而且也不适应财政支出科学化精细化管理和健全公共财政管理体系的需要，亟须认真对待和加快改变。对此，财政部高度重视预算执行监控工作，在2009年财政工作要点中已明确要求各级财政建立预算执行动态监控体系。因此，我们要着眼大局，提高认识，切实加快推进预算执行动态监控机制建设。

第一，开发建设完善的预算执行动态监控系统。预算执行动态监控系统是预算执行动态监控机制的工作平台和技术支撑。省财政厅将结合“金财工程”总体规划和财政信息化建设特点，充分利用现代信息网络技术，建立覆盖所有财政资金全过程支付活动，保持并实时更新交易记录，实现实时动态、智能预警、综合分析、实用兼容等为主体功能的监控系统。

第二，健全预算执行动态监控运作机制。通过监控系统全面跟踪财政资金支付的申请、审核、支付、清算及核算的操作流程，动态监控每一笔财政资金支付的详细交易记录，包括付款人、付款金额、付款时间、付款方式、预算科目、支付方式、支付类型、收款人、收款人账号等。及时核实预警疑点，深入核查重大事项，迅速纠正查实问题，即时通报违规情况，并积极开展与预算管理及主管部门的联动协作，真正形成事前事中有效控制、事后跟踪问效的资金支付使用监控模式。

第三，建立预算执行动态监控分析报告制度。通过建立月、季、年报及专项报告等各种形式，对监控发现的问题及新情况、新动态进行分类梳理、综合分析，挖掘根源、提出对策、反馈情况，充分发挥监控信息集中优势，及时快捷地为领导提供监控有效信息和决策参考，向预算管理部门和单位通报监控情况，促进预算编制、预算执行更加规范合理，进一步提高预算管理的科学化、精细化水平。

(2009年12月18日在全省预算执行管理工作会议上的讲话)

处、县(市、区)领导议财政

健全保稳促调财税导向机制 携手温州民营企业共渡难关(摘要)

李步鸣

受百年一遇国际金融危机冲击和自身结构性素质性问题的叠加影响,2009年,曾被喻为我国民营经济的“先行者”和“风向标”的温州民营企业,遭遇了新世纪以来最严重的困难。“发展是硬道理”,而企业是发展的基础,面对严峻挑战,温州市各级财税部门认真贯彻落实中央、省、市一系列方针、政策和措施,坚定信心,沉着应对;携手企业,克难攻坚;悉心呵护,贴心服务,千方百计激励、引导和帮助企业“爬坡过坎”。

一、主要做法及成效

(一)从政企联动入手,积极营造财(税)企共克时艰氛围

面对来势汹汹的国际金融危机冲击,对民营企业来说,政府部门的姿态、作用至关重要,尤其是拥有较多政策资源,与企业有源与流、“皮”与“毛”关系的财税部门,更是责无旁贷,也大有作为。“危难面前见真情”,温州市各级财政地税部门认真落实中央、省、市应对危机“一揽子计划”、“保稳促调”、“政企联动、攻坚克难”企业服务年活动等重大决策部署,进一步增强了稳企帮企扶企的责任感、紧迫感和危机感,把帮助企业渡难关作为财税部门应对危机工作的重中之重,前瞻思考,科学谋划,迅速出拳,及时提出了“巩固支撑点、培育增长点、拓展发展点”等扶企思路,研究出台了培育行业龙头企业、扶植成长型中小企业等九方面财税政策措施,组织开展了“科学发展春雨帮扶”专项行动,狠抓节支工作等,以积极的姿态、优惠的政策和扎实的服务,激励企业、引导企业,做企业发展的坚强后盾。

(二)从减负帮困着力,全力支持企业“拓市场、保增长”

1.抓专项行动。为倾听企业呼声,确保政策“优”在明处、“惠”在实处,根据省委“双服务”、省地税局“春雨帮扶”等专项行动及市委、市政府“政企联动、攻坚克难”企业服务年活动等部署,成立财税工作推进组,以开展“科学发展和风惠民”和“科学发展春雨帮扶”两大专项行动为重点,通过“五项服务惠民”、“十项便企帮扶”、“四十场财政政策辅导会”、“百场专题税企沟通会”、“千名财税干部进千企”、“网送税法连万家”等“十百千万”送服务系列活动,千方百计帮助企业增强信心、渡过难关。全市财税系统干部共走访企业1045家,选派1000名业务骨干与企业建立“一对一”结对帮扶关系,共召开税企沟通会和财政政策辅导会239场,现场解答财税问题1162个,还与部分特色行业企业建立挂钩联系制度。2009年全市落实涉企地税减免、社保费集中临时性下浮、社会养老保险费率下调、水利建设专项资金减免、政府行政事业性收费停减征等各项减负政策,共减轻企业负担9.48亿元(不含国税),受益企业近5万户。

2.促市场拓展。围绕市委、市政府“拓市场、保增长”部署,设立规模达2000万元的市级“温州名购”财政扶持专项资金,用于支持在省外建立以温州品牌服装、鞋革行业为主的“温州名品购物中心”,集中展示和销售温州知名品牌,力求两年内在全国建100家,并落实“名品进名店对接展会”工作经费530万元,出台专业展会扶持政策,鼓励和引导企业结成品牌集群,组成销售战略联盟,“抱团”开拓国内外市场。据统计,全年共有52家企业、80个温州产品品牌进入全国792家大商场,并初步形成了一批如法派集团牵头成立的优衣派服饰控股有限公司、北极新秀牵头成立的家居生活馆经营有限公司等温州名购发展主体。同时,为帮助外贸企业应对外需持续不振局面,加大开放型经济扶持力度,2009年市级安排扶持开放型经济发展专项资金1.5亿元,比2007年、2008年度分别增加6000万元、2000万元,重点支持高新技术机电产品出口及应对俄罗斯清关事件冲击,支持外贸企业做优做强,开拓国际市场,并出台相关实施细则予以配套;将出口信用保险费补助标准由原来的40%提至80%,帮助企业规避出口风险。此外,认真落实“家电下乡”、“汽车摩托车下乡”及“汽车以旧换新”、“千镇连锁经营”等政策,出台旅游消费券财政补贴政策,支持第三届温州购物节举办等,有效拉动消费需求。

3.破要素难题。一是帮助企业破解“融资难”。2009年,市级安排银行支持地方发展业绩考评奖励资金800万元,中小企业信用担保财政扶持资金200万元,增加小企业贷款风险补偿资金1000万元,出台专利权质押贷款贴息和小额贷款公司财政扶持政策,永嘉、苍南等县还将财政性存款与银行向中小企业放贷挂钩,鼓励和引导各类金融和投融资服务机构在

做大做强的同时，加大对民营企业的信用融资支持力度。截至2009年11月末全市中小企业贷款余额2087亿元，增长32.1%，增幅同比提高13.4个百分点。二是帮助企业解决“用工难”。针对人才尤其是高级技术人才紧缺问题，2009年，市级安排人才经费2658万元，重点用于急需技能人才的引进、培养和奖励；安排职业教育发展专项资金5000万元，支持实施职业教育“六项行动计划”，目前全市中等职业教育学校已发展到87家，现有在校生9万人。同时，认真落实积极的就业政策，设立规模达2000万元的市级大学生就业创业资金，支持实施应届高校毕业生预就业派遣援助制度，对接收企业按每人每月600元的标准给予补助，引导企业加强低成本人才储备；及时出台帮困减负稳定就业岗位补贴政策，鼓励经营困难企业不减员或少减员，2009年市区410家企业共享受到补贴金3936万元。市级还增加维稳应急预留经费1000万元，用于应对企业劳资纠纷和农民工欠薪。积极推进全市社保费“五费合征”，率先在全省实现企业全覆盖，并开征市区农民工医疗保险费种，制定农民工子女入学补助政策，促进了企业工人“招得到、留得住、用得起”。三是帮助企业解决“用地用房难”。制定标准厂房企业入驻财政补助政策，鼓励各类中小企业入驻标准厂房，并按有关规定对其标准厂房出租收入的房产税、营业税等税费予以减征或免征。

4.争政策支持。李克强副总理及财政部、税务总局有关领导来温调研期间，我们如实向上汇报反映温州民营企业发展面临的困难和问题，并提出提高部分产品出口退税率等支持民营企业发展的政策建议，很多建议被采纳实施。针对有关温州中小企业20%倒闭或半停产的报道，根据总局、省局领导的指示，我们迅速组织开展中小企业经济税源调研，历时1个月，调查走访了全市18个重点制造业近百家企业，掌握了第一手资料，并形成了调研报告上报，及时为领导科学决策提供参考，得到了省地税局领导的充分肯定。针对企业反映的再生资源增值税新政策实施后退税周期长、按月退税标准过高、区域间不平衡、回收企业税收负担重等问题，及时组织人员赴苍南、龙湾等地开展专题调研，并向上级有关部门提出对策建议，共上报认定再生资源增值税退税企业149户，涉及退税1.16亿元。此外，还向财政部申请海域使用金减免缓政策。

（三）从转型升级突破，引导企业化“危”为“机”

充分利用宏观环境趋紧形成的“倒逼机制”，及时转变扶持思路，将转型升级作为帮助企业的根本途径，落实和完善财税政策，鼓励与引导民营企业危中寻机，苦练“内功”，为长远发展积蓄力量。

1.促创新强市。2009年，市级财政分别安排科技创新、自主创新能力提升专项资金8850万元、3700万元，落实好研究开发费加计扣除政策（2009年全市加计扣除额达4亿元，增长36%），重点支持关键共性技术攻关、技术创新、创新企业成长和创业公共平台搭建，完善自主创新体系。安排质量与品牌建设专项资金1150万元，设立市长质量奖，引导企业加强质量与品牌建设，打响“温州品牌”。同时，出台企业整合重组、虚拟经营本土化及龙头企业带动中小企业发展等财税扶持政策，用足用好绿色政府采购引导政策，有力促进企业转型升级。

2.促产业互动。针对温州生产性服务业发展滞后、市场需求大等实际，抓住省对市县财政新体制出台、市区滨江商务区建设启动等有利时机，加大对现代服务业扶持力度。2009年市级安排扶持现代服务业发展专项资金9245万元，比上年增长15.0%，重点扶持商贸流通、现代物流、金融、科教、信息、旅游会展等“六大服务业”，促进二、三产业互动共融发展。出台财税扶持政策和登记认证制度，鼓励和引导企业分离发展服务业，全市成功分离服务企业149户，增加营业收入1.88亿元。

3.促筑巢引凤。温州民营企业科技创新基地是温州沿海产业带布局的重要支撑点。为支持该基地建设，市级除安排规划经费外，还将工业用地上缴的部分土地出让金，扣除相应规费后，全额返还给所在区政府，用于园区配套基础设施建设。截至2009年底，有近200家科技创新型企业入驻园区。同时，2009年市级还安排大量统筹财力，支持滨江商务区、铁路站房、绕城高速、飞机场（扩建）、沿海交通大通道等重点工程和基础设施项目建设，拓展产业发展空间，提升硬件支撑力。

（四）以制度创新为保障，改善民企投资创业环境

1.支持创业投资平台搭建。立足温州民间资本充裕、市场机制灵活的实际，抓住温州作为全国金融改革创新试点城市的机遇，充分发挥财政资金的杠杆作用，吸收、聚合各种社会资金，促进各类创业投资平台搭建，引导民间资金有序流动，加快培育温州资本市场，加大对优势产业和企业的扶持力度。如为应对国际金融危机，引导海内外温州人回乡投资，进一步拓宽中小企业融资渠道，近期温州市将组建温州人股权投资基金，资金总规模30亿元人民币，首期募集5亿元，其中市财政通过市财务开发公司作为有限合伙人出资5000万元。

2.降低市场准入门槛。按照“非禁即入，有需则让”的原则，放宽对民间投资的限制，降低市场准入门槛，积极探索民间资本参与交通、公交、供水等服务行业运营建设的新路子。如近年来，我们在公园保洁、道路清扫等城市环境维护领域，积极推行“购买服务”等市场化运作形式，既为民企投资创造了机会，又提升了服务质量，降低了运行成本，提高了资金使用效益。

3.鼓励企业上市。为鼓励企业通过上市加快建立现代企业管理制度，我们按照企业服务年活动的要求，在与拟上市企业建立挂钩联系制度的同时，积极整合现有优惠政策，推出了上市费用摊入成本、上市公司注册地迁温奖励、优先享受先进制造业基地财政专项资金等财税扶植政策。目前全市已上市

企业5家，拟上市企业44家。

4.积极营造公平宽松和谐的财税软环境。一是加快打造“阳光财税”。顺应纳税人和社会各界对财政收支知情权的诉求，以“树阳光财税，创满意单位”活动为载体，通过与“两代表一委员”、企业、社区等7个层面建立定期沟通与联系制度，深化财税政务信息公开工作，编发《税收优惠政策（整合）读本》等，确保财税权力在阳光下运行。二是健全财政扶持机制。为打破职能部门分割，提高财政资金使用效益，按照“控增量、保总量、优结构、讲绩效”思路，稳步推进市级专项资金（优惠政策）整合，并积极推行财政支出绩效评价，将专项资金的评价结果作为下一年度财政及相关部门对支持企业发展资金投入的重要依据，并据此对新增项目进行决策。三是推行执法服务型稽查。坚持服务大局，同时以规范企业财务管理为主要目标，积极推行责成自查、辅导式稽查等人性化稽查方式，切实帮助企业健康成长。

2009年，温州民营企业生存与发展状况明显改观。一是企业发展信心增强。据调查，温州市企业家信心指数由2008年底的86点回升到2009年底的126点。二是生产销售形势有所好转。2009年，全市规模以上工业总产值增长0.4%，比上半年回升8.5个百分点；工业用电量增长2.4%，比一季度回升5.2个百分点。全市规模以上工业品出口交货值同比下降9.9%，降幅比上半年收窄4.9个百分点，收窄态势居全省各市前列；全市规模以上工业国内销售产值增长3.0%，比上半年回升2.6个百分点。三是效益快速走高。2009年全市规模以上工业企业实现利润同比增长17.9%，比一季度和上半年分别回升43.9个、28.8个百分点。企业亏损面7.0%，比一季度和上半年分别减少8.8个和3.8个百分点。四是转型升级步伐加快。2009年，全国各地以“温州名购”命名的旗舰店已开业45家，全市已有41个企业完成整合重组，13家企业正在整合重组。五是财政收入稳定回升。在民营经济企稳回升的基础上，2009年全市财政总收入360.72亿元，增长6.2%，其中地方财政收入195.64亿元，增长8.6%；地税收入150.33亿元，增长6.3%，均实现了V形反转。

二、面临的困难与问题

（一）金融危机冲击影响仍在持续，民企复苏之路困难重重。温州经济以工业为主，产业“低、小、散”，外贸出口依存度高，且以一般加工贸易为主，这种经济结构容易受外部经济环境变化的影响。根据历史经验，历次危机对温州的影响一般比全国提早反应约半年，虽然2009年以来经济实现企稳回升，但能否在2010年稳定持续，在全省乃至全国率先突围，目前仍不可妄下定论。主要制约因素有：一是预期宏观政策环境趋紧。虽然国家明确2010年继续实施积极的财政政策和适度宽松的货币政策，但稳中有变，如近期已提高存款准备金率，出现收缩银根迹象，这对外部环境敏感性强的温州企业来讲事关重大。二是经济基本面不乐观、不稳固。“三驾马车”中，2009年全市出口累计增幅仍是负增长，2010年外需萎缩局面可能难以完全打破；投资、消费回升主要靠政策推动，尤其是民间投资意愿不强，2009年，全市限额以上工业投资同比下降2.9%，降幅比上半年扩大0.7个百分点；受投机驱动，资金偏离实体经济愈发明显，2009年全市新增工业贷款占全部贷款增量的比重也比上年下滑9.4个百分点，这将影响民营经济复苏后劲。三是行业重新洗牌现象将加剧。我市的化工、金属冶炼、眼镜、打火机、制笔等出口行业受原材料价格波动及出口影响较大，企业盈利水平下降。反映到税收上，2009年全市十八个地方特色制造小行业税收收入23.2亿元，下降10.6%，除打火机、鞋业、服装增长外，有15个小行业同比出现负增长。预计企业这种两极分化的趋势将继续加剧。四是结构性素质性矛盾仍较突出。企业“低、小、散”状况仍未根本改观，投资量大、叫得响、含金量高的大项目很少，生产性服务业发展滞后，企业创新能力不足，土地、资金、人才等要素的制约，都对民营经济持续发展产生深远影响。

（二）收支矛盾加剧，政府投入不足问题仍未根本缓解。温州经济总量虽列全省第三位，但人均各项经济社会指标均处全省后列，且重大公共基础设施不完善，区域发展极不平衡，外来人口管理任务重。尤其是与省内“标兵”相比，温州市级预算盘子偏小，预算内还须挤出财力用于补公共建设这堂“课”，财政运行十分紧张，原来用于扶持企业的财政引导资金规模就不大。下阶段，在去年中央、省密集出台的一系列亲民、爱民、为民、惠民政策须兑现的情况下，再谈加大对民营企业的扶持力度，可能将力不从心。

（三）体制机制障碍仍未完全破除，财政扶企政策效应有待进一步发挥。如当前市财政管理制度离省政府、财政部提出的“三个子”管理、科学化精细化管理等要求仍有一定差距；资金使用“重分配、轻管理、轻绩效”现象仍在一定程度上存在，进一步整合难度大；市对区财政体制有待调整完善，等等。

（四）经济形势紧，依法治税与企业要求创造宽松环境的矛盾突出。在当前经济形势下，社会各界特别是温州市民营企业要求放宽管理、减少检查、加大优惠的呼声越来越高，给我们在积极做好服务、为企业发展创造宽松环境的同时，依法治税和正常执法带来较大压力。

三、下一步扶持思路

当前及今后一段时期是温州经济企稳向好的关键期。我们将围绕“抓住关键期、发展好势头、力促早突围”部署，坚定不移地贯彻落实上级党委政府及省财政厅、省地税局各项应对危机政策措施，进一步提高发展就是硬道理的认识，以服务企业为己任，在识“难”上下工夫，在破“难”中想办法，在解

"难"中求途径，携手企业共渡难关。

(一)更加注重税企互动，促进财税与经济协调发展。一是正确认识和处理好依法征税与实施结构性减税的关系。客观、合理、科学安排收入计划与预算，准确把握组织收入的节奏、力度与方式，促进财税与经济的互动协调发展。二是正确认识和处理好增加政府支出与节约行政经费的关系，既做到勤俭持家、科学理财，与企业共克时艰，又舍得投入、主动埋单，有所为有所不为，该出手时就出手，为民企发展创造更好的条件。三是正确认识和处理好依法治税与企业要求创造宽松环境的关系，既积极做好服务，做到优惠政策应给尽给，帮助企业渡过难关，又严格维护税法的严肃性和税收刚性，不乱开政策口子，不踩"红线"，防范执法风险。

(二)更加注重扩大内需，助推"三驾马车"协同驱动。关注宏观形势变化，及时调整优化扶持开放型经济专项资金投向，加大"温州名购"推进力度，帮助企业拓展市场。妥善安排政府统筹财力，加快城投、港城等筹融资平台建设，探索发行城建债，参与未上市中小企业股权交易中心组建，进一步扩大投资需求。认真落实好汽车下乡、汽车"以旧换新"、家电下乡等补贴政策，加快推进社会保障、就业、卫生、教育等事业发展，稳定居民消费预期，扩大消费需求。

(三)更加注重政策联动，助推民企"华丽转身"。认真执行国家进一步促进中小企业发展财税扶持政策，以支持实施"十大行业转型升级行动"和"六大服务业"为重点，积极整合先进制造业基地、科技创新、人才、现代服务业等专项资金(优惠政策)，建立财政、地税政策落实联动机制，对在艰难时候能突围、脱颖而出的企业在要素、政策方面给予倾斜，促进企业加快转型升级。

(四)更加注重体制创新，增强财税扶持效应。积极对接省对市县新体制，调整完善市、区间财政体制，调动市区两级政府扶持企业做强做大做优、培植财源的积极性。从完善市区土地出让金收入分配办法入手，探索市级统筹财力保障机制改革，实现市级统筹财力"本子"的瘦身，增强市级调控能力。深化部门预算、国库集中支付、支出绩效评价"三位一体"改革，探索搭建预算编制执行监督"三分离"框架，深化财政专项资金整合，提高财政资金使用绩效。

(五)更加注重服务优化，形成应对合力。建立财税重要工作定期通报制度，将服务企业方面遇到的突出问题、政府投资计划执行等情况，按月向市主要领导汇报，定期向相关部门通报。以深化行政审批制度改革为契机，按照"减负、便民、高效"服务要求，探索构筑集财政、地税于一体的大服务体系，择机设立纳税服务局，确保政策"优在明处、惠在实处"。

(作者系温州市财政局局长)

加强财政专项资金结余管理研究(摘要)

马邦伟

由于财政专项资金结余管理方面还没有相关制度，因而未能对专项结余及时予以清理，造成了结余项目过多、重复或类似结余项目没有及时进行整合或收回结余资金等问题。本文试图通过对2006年～2008年嘉兴市市级财政核算的政府专项资金结余情况和市级部门预算中的部门专项资金结余情况进行深入研究，分析形成结余的原因，提出结余管理制度设计的对策措施，以优化财政资源配置，减少结余资金沉淀，盘活存量资金，提高财政资金使用效率与效益。

一、财政专项资金及其结余的定义、特点与分类

(一)财政专项资金的定义与特点。财政专项资金是指本级财政预算安排或上级补助，具有专门用途的项目资金。财政专项资金具有目的性、独特性和一次性的特点。目的性，即项目有一个明确的目标；独特性，即每个项目有区别于其他项目的特点和内容；一次性，即项目的时限性，每个项目都有根据党委、政府或预算单位一定时期内开展某项特定工作需要而设立。

财政专项资金按资金管理主体的不同，分为政府专项资金和部门专项资金。政府专项资金的管理主体是政府财政部门，部门专项资金的管理主体是各预算单位。从业内习惯来讲，财政专项资金仅指由财政部门管理的政府专项资金，部门预算安排的由预算单位管理的资金称为项目经费或项目资金。本课题组认为，单位项目经费也应是财政专项资金范畴，为区别于政府专项资金，则称之为部门专项资金。

(二)财政专项资金结余的定义与分类。财政专项资金结余，是指政府财政部门或预算单位在财政预算年度末，财政专项资金当年度预算安排、上级补助中尚未支用的以及历年结转未支用的资金。财政专项资金结余根据不同情况可分为不同类型：按管理主体的不同分为政府专项资金结余和部门专项资金结余。按预算安排期间的不同分为当年结余和历年结余。按项目是否完成的不同可分为项目净结余和项目结转结余。项目已经完成而形成的结余、因项目计划改变而停止或暂停实施等的结余为净结余，项目未开始实施或已部分实施但尚未完成需要结转使用的结余为项目结转结余。

部门专项资金结余按资金来源的不同分为一般预算结余、政府专项资金结余、非税收入结余和单位自筹资金结余。

二、嘉兴市市级财政专项资金结余的现状

(一)嘉兴市市级政府专项资金结余情况

嘉兴市市级政府专项资金2006年底有项目62项,2007年,根据财政部政府收支分类改革的要求,对部分专项资金进行了归并,设立了预算稳定调节基金,政府专项资金的项目数减少到47项。2008年,有19个项目当年未发生支出,占项目数的40.4%,占项目余额的11.4%。2006年和2007年连续两年未使用项目有16项,占2007年项目数的34%。2007年和2008年连续两年未使用项目有21项,占2008年项目数的46.8%。2006~2008年连续三年未使用项目有13项,占2008年项目数的27.6%。分年度未使用项目情况如下表。

2006~2008年未支出项目情况表

年度	项目总数	未支出项目数	未支出项目平均净结余(万元)	未支出项目数占总项目数	未支出项目净结余占比
2006年	62	29	517.44	46.8%	19.2%
2007年	47	19	702.85	40.4%	12.7%
2008年	47	19	762.56	40.4%	11.4%

从前述及表列情况可以看出,2006~2008年,未支出项目结余占总结余的比例从19.2%下降到11.4%,体现了强化财政支出管理取得的效果十分明显,但当年未发生支出的项目数比例最低也有40.4%,以及连续三年未使用项目占2008年项目数的27.6%,则比例明显偏高。而未发生支出项目结余占总结余的比例在11.4%~19.2%之间,不超过20%,而相对应的项目数比例则高达46.8%~40.4%之间,不低于40%,说明未发生支出的都是一些较小项目。

(二)嘉兴市市级预算单位的专项资金结余情况

分析2006~2008年嘉兴市市级预算单位的专项资金结余情况,发现有如下问题:

1.项目数量多、资金规模小。从项目数量来看,2006年~2008年三年中,各年专项资金项目数量分别为3656个、4829个和5236个,项目数量逐年增多。从项目资金规模三年平均情况来看,10万元以下项目(包括5万元以下,下同)占项目总数的比例各年分别为57.7%、56.5%和54%,三年平均占比为55.8%,比例虽逐年有所下降,但总体上仍然较高。

2006~2008年,10万元以下项目超过项目总数的一半(55.8%),而其平均项目指标额只有3.64万元,其预算金额占比仅为1.4%。100万元以下项目占项目总数87%,而其平均项目指标额为15.17万元,其预算金额占比竟不到10%(9.2%)。1000万元以上项目虽只占项目总数的2.2%,但项目平均指标额高达1491.11万元,其预算金额占比也高达68.2%。说明项目平均指标额被少数特大项目抬高,总体上存在微小项目占比较高、资金规模普遍较小的情况。

2.项目资金指标结余比例大、未支出项目占比高。从项目资金结余情况来看:2006~2008年,三年汇总项目总数13721个,项目指标结余率为35.1%。其中,项目完成率100%的有7561个,占项目总数的55.1%,资金额占项目预算金额的50%。未发生支出的项目数为4387个,占项目数的32%,占预算金额的29.7%。

2006~2008年的专项资金指标结余率达到35.1%,超过1/3,总体上存在专项资金指标结余比例较大的问题。同时,全部完成支出的项目数仅有一半稍多(55.1%),占比偏低。未发生支出的项目有1/3(32%),占比较高。

3.结转项目和自筹资金项目结余比例高。按性质分类的项目资金结余中,各年度的上年结转项目的结余均大大高于市级当年安排项目的结余,三年平均数相比高出近一倍(当年结余28.4%,上年结转结余53.4%)。可以认为是各单位没有积极使用上年结转资金,体现出预算单位重争取项目预算轻预算执行的不良现象。

从按资金来源分类的项目结余情况来看,单位自筹资金项目结余比例各个年度普遍较高且逐年提高,三年平均也高达85.1%。其次是非税收入(政府性基金和行政事业性收费)安排的项目也有较多结余,三年平均结余比例为42.9%。反映出推进项目实施的预算单位执行力度和财政督查力度都有待加强。同时,财政鼓励加强非税收入收缴的政策成效比较明显,单位自筹资金项目的编制还不够科学。

三、财政专项资金结余的成因

(一)政府专项资金结余的成因

政府专项资金的设立和结余清理没有制度性规范是形成结余较多的主要原因。党委、政府根据社会经济发展的不同阶段,制定了不同的促进社会事业发展、经济结构调整、产业升级换代的政策措施,设立了不同的政府专项资金。但在实际操作中,由于没有对政府专项资金进行科学、规范的界定,没有总体的政府专项资金管理办法,导致政府专项资金名目繁多、未支出项目比例偏高、结余资金数量偏大,结余资金何时清理、如何清理等没有依据,形成部分政府专项资金结余只能历年结转、长期挂账。

(二)部门专项资金结余的成因

1.强化财政财务支出管理而形成结余

财政管理方面,实施国库集中支付后,资金支付方式由财政拨款改变成了国库集中支付,通过扩大财政直接支付的覆盖面,以及规范授权支付零余额账户的管理,对财政支出监管力度不断加大,财政专项资金被挤占、挪用、损失浪费等情况有所控制,结余相对增加。财务管理方面,由于财政监管力度的加强,各单位财务管理制度不断完善,漏洞减少,结余相对增加。

2. 预算编制与执行期间不一致而形成结余

随着部门预算制度改革的深入推进，早编细编部门预算已成为部门预算改革的一项重要内容，下一年度的部门预算编制，在当年7～9月份布置，而各部门的下一年度工作计划，包括党委、政府的下年工作计划，这期间一般还在初步酝酿之中。工作计划尚且没有确定，就要细编部门工作经费预算，部门经费预算与工作计划衔接不够充分在所难免。而预算单位收到批复预算一般在3～4月份，当年预算的执行时间只有8～9个月，甚至更短。同时，在执行预算的过程中，收入预算的执行是按月入库的，支出预算只能根据收入的执行进度来决定，换言之，年底组织的收入也只能在年底安排支出。由于预算确定的时限与执行期的不一致，有较多项目不能执行到位从而形成年终时点上的项目结余。

3. 上级补助、调整、追加时间较晚而形成结余

由于预算执行中的调整、追加要经过规定的审批程序，项目的确定与收到批复预算往往要经历较长时间，财政部门则要在当年增收情况基本明朗后再安排调整、追加项目，因而不少项目预算的追加要临近年底才能下达，包括本级财政安排与上级补助均是如此，每年的11月、12月份总是有大量的财政补助指标下达，由此形成相当一部分项目资金不能在当年支出而体现为年终时点上的结余。从稳健性原则考虑，部分项目在收入进度达到一定要求后再予安排，或者在进行年度调整预算时根据收入进度情况再予安排，使项目的调整、追加时间较晚有其客观的原因。

同时，项目单位预算编制的精细化程度不高，导致预算执行难以充分到位，也是专项资金结余增加的一个因素。还有，项目单位预算执行进度缓慢也是一个因素。这其中，既有项目单位获得财政批复预算后没有积极主动实施项目的主观因素，也有项目实施过程中需要经过相关程序而延缓项目实施进度的客观因素。再有，按照现行财政财务制度的规定，部分资金实行列收列支，项目结余必须按实结转。

近年来，随着财政管理的不断加强，嘉兴市本级财政专项资金结余虽然呈下降态势，但从总体上说，仍然存在结余比例较高、结转时间较长的问题，造成有较多财政资金的沉淀，一定程度上削弱了财政资金的效用。加强对财政专项资金结余管理的研究，积极探索规范和强化财政专项资金结余管理的措施显得尤为迫切。

四、建立财政专项资金管理制度，规范结余资金的管理

建立财政专项资金管理制度，是强化财政专项资金结余管理的制度保障，是规范结余资金管理的基础。要区别政府专项资金和部门专项资金两种不同情况，在深入细致对专项资金进行归类的基础上，分别研究制订资金管理办法，明确结余资金清理的原则、清理的具体措施，并据以对财政专项资金结余进行定期的清理、归并、整合或收回，形成结余资金管理的长效机制，使结余资金清理常态化。以优化财政资源配置，减少结余资金沉淀，盘活存量资金，提高财政资金使用效率与效益。

（一）制订政府专项资金管理办法

政府专项资金是为党委、政府的政策措施服务的，管理办法应明确政府专项资金的设立条件、设立的预期政策目标、批准设立的权限、管理和使用的要求和结余的处理等，在政府专项资金结余管理的制度设计中，应体现如下原则：

1. 同类归并原则。取消的专项资金归并到相同或相近项目。对于不同的财政专项资金，其资金性质、支持方向、扶持对象相同或相近的，结余资金予以合并。如水利建设方面，市级财政在不同时期设立了河网工程水费、水利建设专项资金、防洪工程款、水环境整治专项资金、水资源费、水利集资款等专项资金，其中大部分项目的阶段性工作已经完成，结余资金应予合并，被合并项目予以取消。就业培训、再就业培训、农村劳动力转移培训等，虽分属不同管理部门，设立了不同的财政专项资金，但资金性质相同、支持方向相近，应予归并整合，被合并项目予以取消。

2. 异类整合原则。整合归并到后备基金性质的项目。对于阶段性政策措施已实现或财政专项资金的政策目标已与党委、政府的政策措施发生偏离的，并且没有相同或相近项目可以归并的，清理确定后，其结余资金安排到后备基金性质的项目中，如：预算外政府集中资金、兵役义务费等，都可以安排到预算稳定调节资金、偿债准备金等项目中。

3. 按年清理原则。政府专项资金按公历年度进行清理。凡某政府专项资金连续两年未使用的，或者与党委、政府批准设立的专项资金相对应的政策措施已明确停止实施或发生偏离的，由财政提出项目明细、分析未使用或不需用原因、说明取消理由，提出整合建议，报经政府批准后具体实施。

因政府专项资金由财政部门在进行日常管理，所以不存在收回财政，只需归并、整合到现有项目中。

（二）制定部门专项资金管理制度

部门专项资金管理制度统揽项目资金管理的全过程，包括项目预算的编报、审核、管理、评价、结余管理等，结余管理的制度设计中，应针对结余的现状和形成结余的原因，创造性地制定管理措施。

1. 设立部门专项资金项目实施期

由于当年预算的执行时间一般只有8～9个月，调整、追加预算执行时间就更短，并且，在1月1日至年初预算下达前的时间为“真空期”，针对这一问题，部门专项资金结余管理办法的制度设计中，有必要设立“项目实施期”，以区别于与公历年度一致的预算年度。把预算批复日至下一年度对应日作为“项目实施期”，使预算单位的专项资金12个月的使用期间。制度设计中以项目实施期末的项目余额为资金管理中“结余”。这样，不管是年初预算还是年中调整、追加预算，各预算

单位都有12个月的项目实施期间，体现出对项目单位不同时间获得项目经费预算的公平对待。在不能改变上级年度报表"结余"报送的情况下，公历年度终了时(12月31日)的项目资金余额本级财政管理中不作为结余对待。

2.设立项目实施宽限期

根据财政管理的实际，部门专项资金结余管理办法的制度设计中，还应设立"项目实施宽限期"。项目实施宽限期是指未能在项目实施期内完成而给予适当延长的项目实施时间，在时间序列上与项目实施期相衔接。根据项目资金以往实际执行情况和充分考虑不可预见因素，项目实施宽限期也以12个月左右为妥。设立实施期和宽限期后，结余资金实行每月清理，有可收回结余指标时也能及时收回，这比之于每年清理一次，更利于提高资金使用效率与效益。

3.清理与收回部门专项资金结余

部门专项资金结余清理后按资金来源的不同分两种方式处置，一种是由财政收回，另一种是留存项目单位继续使用。由一般预算和政府专项资金安排的项目结余，项目实施期到期时，由预算单位确认财政收回或申请转入宽限期继续实施；项目实施宽限期到期时，由财政无条件收回。结余被财政收回的项目确需继续实施的，由项目单位重新申报，或列入下年度预算申报，以有效督促项目单位按预定计划实施所申报项目，切实改变积极争取项目预算、消极实施项目执行的不良现象。由于非税收入基本上都有列收列支的规定，故也为了增强单位收缴的积极性，由非税收入和单位自筹资金安排的项目结余，由财政进行考核确认后结转使用。

对于上级补助项目的结余资金，本级财政不存在收回也无权收回(收缴)，其项目实施期同样确定为12个月，到期未完成的，也给予宽限期继续实施该项目，在超过项目实施宽限期后由本级财政予以清理，商项目单位同意后将结余资金安排到其他相同或相近的项目。

4.实施部门专项资金及其结余的使用情况考核

针对专项资金结余比例高，特别是单位自筹资金和非税收入项目结余比例高的情况，在结余管理办法的制度设计中，应制订对部门专项资金结余使用情况考核条款，对长期高比例结转结余的单位，在不违反列收列支规定的情况下，由政府集中一定份额重新分配使用。在上级补助项目使用情况的考核条款中，结余情况与本级财政配套资金或该单位其他项目资金相挂钩，上级补助项目实施进度缓慢或结余比例高的，减少配套资金或不安排、少安排其他项目资金。针对未发生支出项目数量较多的情况，实施项目资金预算指标、用款计划和实际支出情况的联动预警、考核措施。通过对部门专项资金结余使用情况的考核，进一步提高项目预算编制的精细化水平，提高项目预算的准确度。

5.完善财政管理信息系统，建立专项结余按月收回机制

在预算执行管理信息系统中，增加部门专项资金执行期限信息。确定部门专项资金预算指标时，相应确定项目实施期，预算执行管理信息系统每月自动生成已到项目实施期的项目清册。根据清册清理后，确定收回结余指标项目，同时根据单位申请确定实施宽限期项目。根据已到项目实施宽限期清册，清理核实后收回项目预算结余指标。

由于收回项目预算指标的依据是已经发文公布的结余资金管理办法，各预算单位已知晓超过项目实施宽限期的结余指标将被财政收回。因此，财政部门只需按规定按月回收预算指标，而无须经过预算单位同意或确认。

财政专项资金结余管理是专项资金预算编制、预算执行、监督检查和绩效评价(立项、分配和监督)诸环节中的最后一环。要较好地解决财政专项资金结余中存在的问题，除上述措施外，在很大程度上有赖于进一步提高预算编制的精细化、预算管理的科学化、预算执行的法制化、监督评价的合理化。

(作者系嘉兴市财政局局长)

健全财政保障机制 推进生态文明建设(摘要)

沈建平

近年来，生态文明建设逐渐得到了社会的广泛重视和关注，党的十七大明确提出"建设生态文明，基本形成节约能源资源、保护生态环境的产业结构、增长方式和消费模式"的发展目标。财政政策措施作为调节宏观经济的重要工具和手段，对生态文明建设的保障、调控和促进作用显而易见。因此，完善财政保障机制，对于促进生态文明建设具有十分重要的意义。

一、"十一五"以来湖州市生态文明建设情况

(一)建立完善财政政策扶持体系

1.整合财政专项资金，加大财政保障力度。围绕"青山、绿水、蓝天"的生态环境建设目标，设立了生态建设暨减排专项资金、污染源普查专项资金、地质灾害防治专项资金，落实垃圾焚烧处理资金。每年安排城市环境卫生和绿化等维护资金，并实现逐年递增。统筹排污费支出，重点用于企业污染治理和环保监测、监察，提高应急防护能力。加大污水治理投入，设立污水处理设施以奖代补专项资金，安排了太湖蓝藻治理资金、大钱港整治工程建设资金。严格矿山治理政策，安排废弃矿山治理资金和兑现绿色矿山优惠补助。落实生态公益林补助政策，建立生态补偿机制。

2.改善农村生产生活环境，大力支持新农村建设。设立“百村示范、千村整治”工程专项资金、河道清淤专项资金、新农村示范小城镇中心村建设专项资金，制定出台了相应资金管理办法，并逐年加以补充完善。重点支持创建全面小康示范村，村庄规划编制，村庄整治提升，小城镇环境整治，农村生活污水、垃圾处理等区域性重点建设项目。落实专项资金，支持农村面源污染治理，加强对规模化畜禽养殖场排泄物治理，保证治理任务得以顺利完成。

3.支持节能降耗，推动企业转型升级。设立循环经济发展专项资金和节能降耗专项资金，重点支持企业实施的重点节能技改项目，节能节水和减排方面的技术、产品、工艺研发及推广应用项目，清洁生产项目、资源综合循环利用项目，以及新能源和可再生能源开发利用项目。建立落后产能退出机制，加快淘汰落后生产能力，实施限期淘汰水泥机立窑和黏土砖瓦窑专项政策，对淘汰水泥机立窑和黏土砖瓦窑实行财政补助。兑现高新技术财政补贴，支持企业技术创新，引导企业加大科技创新投入，加快企业转型升级。

4.完善排污权有偿使用和交易制度，推进主要污染物减排。对化学需氧量、氨氮、总磷、二氧化硫等四项主要污染物排污权，规范有偿使用、储备和交易行为，淘汰落后产能，优化环境资源配置。

5.扶持服务业加快发展，促进产业结构调整。基于服务业能耗低、污染少的特点，重点扶持服务业发展。设立了服务业发展专项资金、旅游发展专项资金和农家乐专项扶持资金。出台了一系列政策意见，推进重大项目建设，引导和扶持现代物流、信息咨询、商务服务等新兴生产性服务业的发展，做强做大旅游业，发展壮大物流业，大力提升商贸流通业，积极培育文化服务业，加快发展信息服务业。

2006～2009年，全市共安排生态文明建设方面的资金24.85亿元(不包括向中央、省争取的资金)，其中：市级安排9.31亿元、县级安排13.44亿元、区级安排2.1亿元。2009年当年安排7.12亿元，比2006年增加了3.8亿元，其间实现年均增长28.8%。

(二)全面落实税收扶持政策

一是所得税政策。对符合《资源综合利用企业所得税优惠目录》、《环境保护专用设备企业所得税优惠目录》、《节能节水专用设备企业所得税优惠目录》的，按政策给予减免；对企业为开发新技术、新产品、新工艺发生的研究开发费用实行加计扣除；对生产节水、节能等资源节约型产品的关键设备，对循环经济示范企业使用的资源循环型关键设备，以及政府拟鼓励发展的资源节约型重点产品生产企业的关键设备，允许实行加速折旧。二是营业税政策。对单位和个人处理污水取得的污水处理费，不征收营业税。三是地方小税种政策。对节能、节电、节水的资源节约型企业，为净化环境、有效保护资源而兴建的污水处理厂的生产经营用房及其所占的土地等，按规定酌情减免城镇土地使用税和房产税；因地方政府整治生态环境需要而搬迁的企业，在自行转让原房地产时，可报经批准，免征土地增值税，等等。据不完全统计，2006～2009年，相关生态文明建设方面的减免税收达1.69亿元。

(三)加强资金管理，探索财政支出绩效评价工作

按照“一个专项资金有一个管理办法”的要求，制定了用于生态文明建设的各类专项资金的使用管理办法，以制度建设推动专项资金的规范管理。同时，加强对专项资金的支出管理，严格把好关，在项目资金测算、拨付程序、工程进度、监督管理等方面推行绩效评价工作，充分发挥资金使用效益。

二、取得的初步成效

(一)环保执法、监测能力得到进一步增强。建成了市级环境监控与应急指挥中心，对重点污染企业、水冲矿区、饮用水源地及太湖生态监控点进行实时监控。全市污染源监控系统覆盖全市120多家重点污染源、10个饮用水源地和1个太湖生态监控点，其中120多个污染源监测点包括了国控点源31个、46个省控点源(共48个)、及70%以上的市控点源(共171个)。完成6个交界断面水质自动监测站和9个环境空气自动监测站的建设，并实现全省和部分全国联网。全市环境监察机构全部通过标准化建设达标验收，市环境监察支队达到国家一级标准，环保所(站)遍布全市重点乡镇。近年来，全市环境污染和破坏生态行为得到有效遏制，省级督办的南浔旧馆有机玻璃环境污染问题通过省级验收摘帽，长兴县夹浦印染行业、吴兴区织里漾西铝合金行业、德清县纺织印染行业等市级重点整治的环境问题得到有效解决；德清经济开发区工业园区顺利完成环保整治。

(二)环保基础设施建设得以大力推进。全市建成并运行污水处理厂16座，建设总规模为日处理污水能力51.8万吨。完成25个乡镇污水处理设施建设，在全省率先实现镇镇建有污水处理设施的目标。建成垃圾无害化填埋场4座，完成65座垃圾中转站、1070座收集房建设，全市垃圾集中收集覆盖面达到95%以上，基本实现每个乡镇有中转站、村村有收集房，使“户集、村收、乡镇运、市县处理”的垃圾收集处置模式得到进一步完善。建成并运行垃圾焚烧厂2座，在建垃圾焚烧厂1座，日处理生活垃圾能力1200吨，处理范围覆盖中心城区和长兴县。建成并运行工业和医疗废物处置中心1座，日处理工业危险废物20吨、医疗危险废物10吨的能力，处置范围覆盖全市2302个城乡医疗点。全市累计建成省级以上重点生态公益林103.43万亩，显著改善和优化了生态环境。

(三)工业结构调整初见成效。至2008年底，全市工业用能状况得到改善，主要用能行业和企业能耗总体下降，电力热力生产、非金属矿物制品、纺织印染三大高能耗行业产值和能耗占比均实现下降，金属材料、机电制造、现代轻工三大低能

耗支柱产业发展迅猛，电子信息、生物医药和节能环保三大高新技术产业得到了较快发展。全市单位GDP能耗、单位工业值能耗下降，超额完成了省政府下达的年度节能降耗目标。新能源及节能产业获得长足发展，湖州市千万元以上工业项目投资中，新能源及节能产业发展在建和今年预计新开工项目至少有22项，固定资产投资22亿元。节能技改效果明显，一批重点用能企业实施了节能技术改造，部分企业的节能技改项目被评为省节能技改示范项目。同时，淘汰落后产能的工作加快推进，全市累计淘汰黏土砖瓦窑151座，占黏土砖瓦窑总量的67.7%，淘汰水泥机立窑、黏土砖瓦窑任务都已完成。清理关停小造纸、小化工、小锅炉、小印染等行业也取得很大进展。

（四）生态环境质量进一步提高。2008年，全省环境质量公众满意率调查，湖州市排名第二，还被命名为国家环保模范城市、国家园林城市和中国十大魅力城市。全市所有管辖县都是省级以上生态县，其中安吉县是全国第一个国家级生态县，被国家环保部列为全国生态文明建设6个试点城市之一。全市四大水系平均水质基本达到Ⅲ类水标准，小梅口、大钱等6个主要入湖口化学需氧量（COD）等指标基本符合Ⅲ类水质标准，湖州成为太湖流域水质最好的区域之一，受到全国人大环资委和国家环保总局领导的肯定。主要污染物排放总量得到控制，2008年化学需氧量比2005年削减了近9.5%，二氧化硫排放量削减14.16%，削减率高于全省平均水平。

（五）农村生态环境得到较大改善。以新农村建设为载体，“百村示范，千村整治”工程深入推进，全社会累计投入资金达到38亿元，创建示范村173个，有1003个行政村村庄环境得到整治，受益人口占全市农村人口的80%以上。12个小城镇（乡集镇）的环境综合整治工作成效显著，小城镇生态环境进一步改观。全面推行第三代农村污水处理技术，并在安吉大溪等村建立农家乐生活污水处理示范基地，全市实施生活污水处理的村庄个数累计达到586个，生活污水处理村庄覆盖率达到50%以上。全市累计完成河道清淤2916公里，完成土方4597万立方，极大地改善了水质和村庄水环境，提高了防洪抗旱能力。加强对规模化畜禽养殖场排泄物治理，完成了860家规模化畜禽养殖场排泄物治理，年污水处理能力97.67万吨。经过努力，全市20个乡镇成为全国环境优美乡镇，38个乡镇成为省级生态乡镇，33个乡镇成为市级生态乡镇，148个行政村成为市级生态村，在全省名列前茅。

三、当前存在的主要问题

从目前的现状及今后发展趋势来看，要把湖州市建设成现代化生态型滨湖大城市，依然任重道远。主要有以下困难。

（一）财政资金投入还不能满足实际需求

近几年，财政投入生态建设资金逐年加大，但是相对整个生态文明建设的资金需求而言，远远不能满足需要。而且财政资金投入相对分散，涉及多个领域，存在不同领域之间投资重叠的现象，资金最大效益的发挥受到限制。因此，有必要把与生态有关的各类专项资金进行整合，科学管理，最大程度地发挥财政资金的作用。

（二）财政转移支付机制还不完善

一方面，生态产品供给的层次划分不科学，生态文明建设事权与财权不匹配。由于生态项目具有明显的外部性，产生的效益往往不局限于单个地方，而常常会惠及周边地区。因此，对于跨地区的生态项目，应主要由省或中央一级政府承担。但现实情况却是主要靠市、县（区）政府承担。中央、省、市、县（区）在生态产品供给主体划分上不科学，责任不清晰，导致生态文明建设的事权与财权不匹配。

另一方面，财政转移支付机制有待完善。当前，上级转移支付都以定项资金补助形式下达，虽然对地方资金的投向、产业结构的调整起到了一定的帮助、促进作用，但在实际使用中也存在一定的缺陷。首先不利于调动地方的积极性，所有补助资金都有明确的使用范围，必须按规定使用，否则就是违规，地方政府对专项资金没有支配权。其次是轻管理重检查。专项资金的使用要求比较严，相应的检查比较频繁，地方政府往往比较侧重是否能顺利通过检查，对提高资金使用效率、提升管理质量等问题则缺乏深入研究与探索。三是缺乏完善的横向转移支付制度加以平衡。由于生态文明效用的外溢性，不同地区之间也应该有完善的转移支付制度，共同建设生态文明。现实的情况是地区间生态环境差异比较大，往往某个地区单独承担某项任务，其他地区“免费搭便车”。

（三）农村生态建设任务依然繁重

受财力约束，一些集体经济薄弱村，开展村庄整治、进行生态环境建设的积极性不高，推进力度不大。在经济利益驱动下，一些块状经济已成规模的区域，五小企业、污染企业关停、治理的难度很大，同时农村家庭作坊的生产资料无序堆放对农村生态环境建设也造成了一定的影响，迫切需要加以引导，提高整治力度。而一些经过整治的村庄，由于缺乏长效管理机制，环境“脏、乱、差”现象有所反弹，急需建立长效管理机制，特别是资金保障机制。

（四）污水和垃圾的处理费收费性质亟待转变

污水处理费和垃圾处理费原为行政事业性收费，在2001年实施轻费减负工作中，改为经营性收费，此种模式已不适应当前的污水和垃圾处理现状。就湖州市而言，垃圾处理由原来的填埋方式转变为焚烧方式，企业运行成本高，由于没有固定垃圾处理的收入来源，主要依靠市、区、乡镇三级财政的支持。由于湖州市两区财政薄弱，因此，原本应由区级财政负担的部分转移给了乡镇，使乡镇的积极性受挫，一定程度上影响了工作展开。而污水处理费由于是经营性收费，收费难度大，且部分企业从经营角度出发，为减轻成本，想方设法少缴费，也不利于污水处理行业的健康发展。

四、完善财政保障机制，推进生态文明建设的建议措施

（一）多渠道筹集生态建设资金，加大投入力度

建设生态文明，任务十分艰巨，资金投入非常巨大，单靠地方财政资金投入是远远不够的，必须形成多主体、多渠道、多形式的生态资金筹集机制。一是要建立稳定的财政资金投入增长机制。各级财政要把生态环保事业作为公共支出的重点，视财力可能，每年适当增加财政资金投入量。按照生态项目区域覆盖面不同，建立起中央、省、市、县（区）分别承担的责任机制，形成财权与事权相匹配的承担机制。二是要建立健全生态资源有效利用和补偿机制。按照“谁受益、谁补偿，谁破坏、谁恢复”的原则，调节生态行为主体利益，形成长效的生态经济补偿机制，调动各方生态保护及治理的积极性。加快排污权交易制度。三是要完善投融资政策。发挥公共财政的导向作用，灵活运用财政补助、奖励、贴息、注入资本金、风险投资等政策措施，积极贯彻落实税收优惠政策，着力引导民间资金、外来资金和金融信贷等各类社会资金参与节能环保关键领域和重点项目建设。坚持“谁投资，谁受益”的原则，鼓励各类投资主体，以多种形式参与生态文明建设，进一步实现投融资渠道多元化、投融资主体多元化。四是丰富财政转移支付形式，在安排专项资金的同时，不定项一次性地转移支付给市县财政一定量的资金，以提高地方配套投入的积极性。五是鼓励公益捐赠，有效增加社会投入。

（二）突出支持重点，实现生态建设全方位推进

1. 支持循环经济，节能降耗。支持重点企业、重点行业推进清洁生产，推动用高新技术和先进适用技术改造传统产业，扶持节能、先进、关键、共性技术的研究发明，引导重点企业节能技术改造与设备更新、淘汰落后产能及节能示范项目、技术与产品的推广。重点加大对节能工程、清洁能源和可再生能源开发利用等项目的支持。

2. 支持生态环境保护、污染减排。增加生态建设、污染减排、污染防治、环境保护等专项资金投入，积极支持污染减排基础设施建设，重点建设污水处理设施及配套管网、垃圾处理设施等污染减排项目。支持环境监控监测能力建设，积极推动跨区域水污染治理、重点行业污染治理。推广应用污染源在线监测、污染防治新技术新工艺。支持太湖蓝藻打捞治理，增加对蓝藻资源化技术应用推广的支持力度。

3. 推动生态文化建设。积极树立生态法制观，支持生态文明理论研究和探索实践，鼓励开展多形式、多层次的生态文明宣传和生态文化教育，积极培育生态文明观。倡导绿色消费方式，引导全社会形成节俭、文明、适度、合理的消费理念，积极弘扬生态消费观。

4. 加快发展现代服务业。支持打造旅游精品，促进旅游营销模式创新和旅游资源整合，支持生态休闲业、生态旅游业的培育发展。推动动漫创作、文化产品制造和文化艺术服务，加快文化创意产业发展。促进制造企业内部物流、安装、技术服务等的社会化，加快推进企业分离发展服务业。促进创新型业态发展，提升专业市场集聚度，改造传统流通行业，加快现代商贸业发展。促进房地产市场健康有序发展。加快中介服务业向社会化、专业化、网络化发展。

（三）完善政策体系，积极引导助推生态文明建设

1. 支持探索排污权交易机制，管好用好交易资金。组织由各级政府参加的跨省、市、县（区）及县（区）内的排污权交易制度，调动各方生态保护、治理的积极性，形成长效的生态经济补偿机制。

2. 转变污水处理费和垃圾处理费收费性质。恢复污水处理费和垃圾处理费的行政事业性收费性质，按照“谁污染、谁付费”的原则，以治污成本内部化为目标，以补偿治理成本为基准，规范污水处理费和垃圾处理费的收费标准，尽快形成有效的污水、垃圾处理收费制度。

3. 落实好财税优惠政策。积极落实节能环保项目减免企业所得税等税收优惠，加大对环保研发、技术应用的支持力度，促进产业结构调整。

4. 推进政府绿色采购制度。加强对绿色环保产品的采购和支持，逐步拓宽绿色政府采购的范围，促进国产节能环保产品的推广使用，加快完善绿色政府采购进程。

5. 完善生态文明建设资金的绩效评价工作。加大对生态建设财政资金的监督力度，并不断完善绩效评价方法，提高资金的使用效率。（作者系湖州市财政局局长）

在企业分离发展服务业中推进经济转型升级

阮坚勇

2009 年由于受国内外经济环境变化和自身结构性矛盾叠加的影响，绍兴市面临着资源环境约束和要素价格波动的双重压力，面临着市场竞争日趋激烈和自身竞争优势弱化的双重压力，面临着组织收入难度加大和财政支出日益增长的双重压力。解决这些矛盾和问题，最根本的就是要按照科学发展观要求，加快转变发展方式，推进经济转型升级。加快发展现代服务业，尤其是转变经济发展方式、推进经济转型升级。

一、企业分离发展服务业是推进经济转型升级的重要举措

企业分离发展服务业是指将企业内部的服务类经济活动

(如:仓储运输、研发设计、创业孵化器、营销等内部服务)从主业中剥离独立出来或将其分割给专业服务企业运营,从而实现原主业专业化经营和分离出来的服务业发展壮大的行为。企业分离发展服务业的主要目的是通过主业与内部服务业互相分离,在不影响或有利于企业主业发展的前提下,促进现代服务业的发展壮大。

(一)实现产业转型升级的主要途径是企业分离发展服务业

改革开放以来,绍兴市经济得到长足发展,经济总量位居长江三角洲地区第8位,基本保持在全省第4位,全市GDP总量去年已达到2222.95亿元,人均GDP达到7330美元。但在经济社会发展进入到新阶段、国内外经济环境发生深刻变化的新形势下,绍兴市经济发展中的深层次矛盾也日益显露,2008年一些企业生产经营出现危机是经济结构和产品结构矛盾激化的表现。绍兴经济要提高竞争力、增强发展后劲,根本出路就在于优化产业结构,实现经济转型升级。现阶段,经济发展的一个重要任务就是发展服务业。我们如果将农业、采掘业、制造业比喻成经济发展的"砖块"的话,那么就可以把服务业就是将三者黏合起来的"灰泥"。因此,服务业的发展与产业结构的转型升级之间的关系十分密切。发达国家产业发展规律表明,随着现代经济的不断发展,产业分工越来越细,更多的专业化服务从制造业中分离是必然趋势。有着生产性服务业强力支撑的制造业,是竞争力强的制造业,是可持续发展的制造业。而企业分离发展服务业顺应了产业发展规律,其核心内容就是鼓励企业通过兼并、联合、重组、控股等多种形式进行行业和产业链整合,推动资金、科技、信息等资源向重点优势企业集中,从而进一步加快产业转型升级。

(二)促进现代服务业发展的战略选择是企业分离发展服务业

目前,服务业的发展水平已经成为衡量一个国家或地区国际竞争力的重要指标。据资料,世界GDP总量中的60%是由服务业创造的,服务贸易占到世界贸易总额的1/4,服务消费占到所有消费的1/2左右,服务业实实在在成为了拉动经济增长的主动力。近年来,绍兴市作出了一系列加快服务业发展的决策部署,服务业对拉动绍兴经济增长的作用明显增强,但与全省、全国先进地市相比,差距还较大。目前,发达国家的服务业比重一般在70%以上,北京、上海、苏州、无锡等地比重在50%以上,浙江全省平均也在40%以上,而绍兴2008年服务业对经济增长贡献率才35%,服务业发展水平与经济规模不相称,已成为制约绍兴经济发展的一条短腿。因此,亟须加大对服务业,特别是生产性服务业的培育和发展力度,促进产业融合发展,形成三次产业协调互动。企业分离发展服务业,就是要鼓励将制造企业在生产的上、下游环节中剥离出生产性服务业,就是要将物流、研发、仓储、营销等生产性服务业与制造业紧密结合,从而促进现代服务业的发展。

(三)提升现代制造业发展水平的重要载体是企业分离发展服务业

在现代制造业中产品真正处于生产制造环节的时间只占很少部分,大部分时间处在研发、采购、储存、运输、销售、售后服务等阶段,而这些阶段正是服务业的覆盖范围。目前,绍兴市制造业还不能冠以"现代"二字主要就是生产要素的整合和利用能力较弱,企业内部和产业链融合程度不高,产业配套和服务条件较差,服务体系未形成也不完善,最终是城市的集聚力、辐射力和承载力不能为现代服务业和现代制造业提供有利于发展的条件。因此,企业分离发展服务业能有效促进现代服务业和现代制造业的融合,达到企业内部的融合发展,产业链上的融合发展,区域内的融合发展,既促进现代服务业的发展壮大,又使现代制造业能够集中可以动用的多种资源发展其核心竞争业务。同时,在推进现代服务业与制造业融合发展的过程中,产业集群将是一种有效的生产组织方式,以生产性服务业构成的产业集群将有效支撑起现代服务业与现代制造业的融合发展体系,从而提升现代制造业的发展水平。

(四)增强地方财力的创新手段是企业分离发展服务业

2008年以来,全球金融危机致使绍兴市一些企业在经济运行中遇到了不少困难,一些企业经济运行效率下降,企业的生存空间也被大大压缩,甚至陷入困境。2009年一季度全市工业企业实现销售收入968.19亿元,同比下降9.1%;实现利润38.91亿元,同比下降15.9%,企业亏损面达到26.02%,比上年增加4.81个百分点。由此导致地方财政收入也出现下降,2009年一季度绍兴市地方财政收入为42.30亿元,同比下降2.1%。加上绍兴市服务业对地方财政收入的贡献率持续落后,且差距呈现不断拉大的趋势。2005～2008年,全市服务业税收收入占财政总收入的比重分别为34.69%、34.39%、34.36%和34.14%,比重明显偏低、规模偏小。从全市服务业税收结构分析,服务业税收主要依靠房地产业、批发和零售贸易这两大行业,其税收对服务业税收的贡献,从2005年的52.37%提高到2007年的57.64%,但是这两大行业的税收增长都面临后劲乏力的问题。受金融危机影响,目前房地产业持续低迷,对绍兴市地方财政收入的贡献度持续下降。2009年一季度全市的房地产业税收出现大幅回落,全市及市本级入库房地产业税收收入分别同比下降39.53%和55.18%,比去年同期分别回落74.18个和72.59个百分点。批发和零售贸易业近几年的发展已经处于"滞胀"阶段,其税收收入占服务业税收收入的比重逐年下降。当前,在工业产品附加值构成中,纯粹的制造环节所占的比重越来越小,服务业成为产品价值链中价值增值的主要来源。推进企业分离发展服务业，可以推动传统制造业向价值链高端跃升，提高产品的附加值，增强企业的盈利能力，进而使之成为地方财力可持续增长的新支撑点。

二、抢抓时机，加快推进，正确处理好企业分离发展服务业的关系

（一）抢抓时机，增强紧迫感。在经济转型升级的关键时期，我们既要客观分析当前所遇到的困难和影响，更要冷静分析走出困境的机遇和条件。目前，开展企业分离发展服务业推进经济转型升级正面临重要机遇，一是中央实施积极的财政政策和宽松的货币政策，实行结构性减税，尤其是全面实施消费型增值税，有利于企业减轻税收负担，推进技术改造，加强自主创新，为企业分离发展服务业提供良好的政策环境。二是省委、省政府在加快经济转型升级过程中，将服务业提高到一个重要的战略地位，专门召开服务业工作会议，出台服务业发展规划、政策，并把推进工业企业转型升级和生产性服务业联动发展作为战略重点，为企业分离发展服务业提供了良好的基本面环境。三是我市拥有良好的制造业基础，丰富的物流资源和企业自我创新能力，这些都为推进企业分离发展服务业提供了良好的产业支撑。尤其是绍兴市基本形成了由原料、化纤、织造、印染、服装组成的一个产业链，块状经济不断壮大，随着产业的发展对面料设计、服装设计、物流、会展、现代营销等生产性服务业提出了迫切需求。

（二）加快推进，增强责任感。2007年绍兴市开始对企业分离发展服务业进行研究，2008年真正进入探索实践，明确了“企业主体、政府引导、分类实施、分步推进”的工作思路和“依法、可能、共赢、重点”的工作原则，在“企业成长、政府得益、经济发展、民生改善”上寻找到了最佳结合点。目前企业分离发展服务业工作已经全面展开并初见成效。但是我们也看到绍兴市企业分离发展服务业工作还存在不少问题。一是政策宣传辅导欠到位。扶持政策已经出台一年多了，但是从实际情况看，企业对政策的知晓率仍然不高，对分离所能享受的优惠政策还不是很了解，一定程度上影响了企业分离的积极性。二是工作定位欠准确。一些部门和同志对分离发展服务业的目的仍然存在误区，为分离而分离，没有把工作定位在做强二产、做大三产，培育可持续税源的高度。三是部门协调欠强化。目前，绍兴市在推进企业分离发展服务业工作中，基本采取以财税部门为主，发改、国土、经贸、工商等部门协作参与的工作机制。一些部门的具体责任没有能得到很好的落实，在工作中被动应付的相对较多、主动介入开展服务的相对较少，没有真正形成推进工作的合力。四是企业认识欠到位。不少企业对这项工作存在思想上的顾虑和误区。一些尚未分离的企业认为分离会削弱企业实力，影响企业发展。一些已经分离的企业“形分神不分”，存在应付的思想，认为政府要我做我不得不做，但分离出来的企业小打小闹，没有真正把分离出来的服务业做大做强。五是扶持政策欠有效。从实际情况看，一些企业应分离而增加的成本和税收负担，还是无法通过已经出台的扶持政策得到有效补偿，导致企业缺乏有效利益驱动。因此，要在创新机制，突出重点，强化辅导，加大扶持力度上求突破。

（三）正确处理好企业分离发展服务业过程中的各类关系。一是正确把握着力当前与着眼长远的关系。企业分离发展服务业，分离只是手段，发展才是目的，关键要分得开，做得好，有效益，可持续。在推进过程中，既要着力当前，从实际情况出发，因地制宜，因势利导，找准突破口，按照“典型引路、重点突破、统筹兼顾、分步推进”的工作方法和“先试点后推广，先重点后一般”的工作思路积极推进；又要着眼长远，坚持可持续发展的目标，把分离发展服务业与全市五大产业提升规划结合起来，与产业链的优化升级结合起来，与企业竞争力的提升结合起来，实现资源的有效整合。二是正确把握政府主导与企业主体的关系。在推进分离发展服务业的过程中，要突出利益导向，以“企业减轻负担、壮大实力”和“政府发展三产、壮大财力”为目标，努力实现企业与政府互利共赢。政府要充分发挥组织、引导、协调和规范的作用，认真落实服务业发展政策，制订服务业发展规划、创新服务业发展机制，优化服务业发展环境；要充分尊重企业意愿，遵循市场规律，充分调动企业的主观能动性，通过市场机制，实现资金、技术、人才、信息等资源向服务业的有效集聚和优化配置；要注重发挥乡镇、街道及企业主管部门作用，形成“政府激励主管部门、乡镇（街道）→主管部门、乡镇（街道）做企业工作→企业形成分离意向→财政地税部门给予引导、辅导和政策扶持→推动企业开展分离工作”的工作格局。三是正确把握突出重点与整体提升的关系。推进企业分离发展服务业工作要按照“以存量促增量”的思路，力争在重点领域、重点企业率先取得成效。要利用工业企业转型升级和兼并重组为契机，重点分离发展五种服务业企业：①分离发展科技服务企业，②分离发展现代物流服务企业，③分离发展国际贸易服务企业，④分离发展专业化的配套服务企业，⑤分离发展文化创意服务企业。当前特别要注重推进现代物流业发展。要发挥我市块状经济比较发达的优势，加大资源整合力度，要引导企业围绕主导产品开展专业化分工协作，促进块状经济产业链的纵向衍生和横向拓展，加快公共服务平台建设，完善块状经济生产性服务体系，着力打造生产性服务业发展集聚区，形成集约型产业发展模式，实现块状经济向产业集群的发展。四是正确把握分离与整合的关系。分离与整合是同一事物的两个方面。针对不同的分离对象，要分别制订个性化的实施方案，对于分离出来的服务业规模较大、资质全、技术人才实力较强的，其分离后可以单独成立专业公司，通过政府的扶持和企业的努力，得以发展壮大。对于

分离出来的产业规模较小、实力弱，分离后难以自主生存发展的或从成本收益上独立发展不利的，可采取先分离再整合的方式，即将分离后的服务业资源与专业公司嫁接重组，或者将几家企业分离后的服务业资源整合起来，成立上规模、上档次、统一有序的大型服务业公司，统一为几家主业企业甚至整个主业市场进行配套服务。

三、在企业分离发展服务业中推进经济转型升级

（一）突出重点促推进

抓大企业。要根据现代服务业与现代制造业融合发展的新特点，分层次、有重点地推进企业分离发展服务业。突出“抓大不放小”，以行业大中型企业和龙头企业为重点对象，以生产性服务业集聚区为主要载体，分离融合发展一批生产性服务业企业和一批现代服务业集聚区，提高服务业发展水平，促进传统块状经济向现代产业集群提升发展。尤其要选择一批重点行业的龙头企业在其制造业的生产前期的研发、设计、中期的生产、管理和后期的物流、销售、售后服务、信息反馈等某一环节或几个环节率先突破。

建大物流。物流业是融合运输业、仓储业和信息业的复合性服务业。绍兴市第二产业发达、专业市场有规模，物流的需求量很大。而目前，绍兴市的物流企业普遍存在着规模小、成本高、资源利用低、业务外流严重等问题。建设大物流成为分离发展服务业的重中之重。要坚持以各专业市场为依托，以龙头企业的物流业务为基础，通过物流业务的剥离，采用现代物流管理理念、技术和方法，实施流程再造和服务外包，实行功能整合和服务延伸，进行信息化改造，形成一批管理科学的现代物流企业，一方面降低企业的制造成本，一方面改变物流业小、散、乱的现状。

搭大平台。分离发展服务业需要建立一个良好的发展平台。一是搭建产业平台。要以绍兴纺织、嵊州领带、诸暨五金、珍珠、袜业等块状经济特色鲜明、集中度较高的地区为重点，分离发展一批生产性服务业集聚区。二是搭建服务平台。在传统的制造企业中分环节搭建配送、监测、研发、采购、营销等服务平台。重点抓好原材料采购业务的分离，实施统一采购，降低采购成本；重点抓好研发设计、检测业务的分离，提高企业的自主创新能力和质量监控能力；重点抓好销售和物流业务的分离，积极拓展产品市场。三是发展公共平台。充分利用现有资源，加快发展公共服务平台。采用与企业的合作和嫁接等分离方式，促进企业与北大工学院绍兴技术研究院、中纺院江南分院和浙江省现代纺织工业研究院等公共服务平台的合作；加快培育和发展中介服务，建立现代制造业和现代服务业融合支撑体系。

（二）融合发展促推进

随着社会经济的发展，现代服务业与现代制造业之间的边界越来越模糊，分离发展服务业实际上就是体现两者之间融合发展的一种方式。它既可以提升企业的专业化水平，提高企业的生产效率和产出质量，提升核心竞争力，又可以促进企业充分利用各种社会资源，降低企业的运营成本。因此，尽快实现现代服务业与现代制造业的融合发展是有效推进分离发展服务业的重要途径。一是有效推动服务外包。推动企业开展服务外包，实现产业链重组，改变过去的“大而全”和“小而全”的组织结构，通过外包方式充分利用社会资源，在分工深化的基础上实现规模经济。二是大力完善服务体系。大力发展金融保险、商用房地产、教育培训、研究开发、物流信息服务、工程和程序设计、会展等各种形式的现代服务业，为分离发展服务业提供良好的发展环境。三是着力培育产业集群。扶持发展重点产业的上游、下游相关产业，增强配套能力，提高产业链的竞争力；消除生产要素自由流动的障碍，为企业和产业根据市场规则向某些区域聚集创造条件；积极引导和鼓励企业形成自身的特色经营，避免低档次的同质化。

（三）创新机制促推进

着力激发企业意愿。企业是市场的主体，推进分离发展服务业要尊重企业的主体地位，激发企业的自我分离意愿，使之成为企业的自主行为。在推进过程中，财税部门要点面结合，全面、深入、持久地开展宣传发动和政策辅导，充分发挥财政的杠杆作用，通过帮企业树立信心，替企业破解难题，让企业获得实惠，提高企业分离发展服务业的积极性和主动性。一是以“财税服务年”和“税收宣传月”为载体，把推进分离发展服务业作为服务和宣传的重点，在全社会广泛宣传，形成共识。二是以推进分离发展服务业可行性较大的重点企业为对象，以座谈会、政策咨询会、上门辅导等多种形式，区分企业负责人、企业会计人员等不同对象，提供政策层面和技术层面的辅导，提振分离企业的信心。

着力优化政策扶持。政策扶持是推进分离发展服务业的核心内容，推进分离发展服务业要按照合法合理的原则，充分运用财税政策的杠杆作用。一是及时修订完善扶持政策。在目前已经出台的一系列推进企业分离发展服务业财税扶持政策的基础上，密切关注经济运行的形势，准确把握国家和省级的政策发展变化，及时掌握企业发展的动态变化，提出应对措施，优化和完善推进分离发展服务业的各项政策。二是及时落实兑现政策。进一步增强财税政策的公开性和透明性，建立财税政策落实情况的督查机制，探索财税优惠政策的绩效评价制度，加强财税监督的力度，增强财税助推分离发展服务业的有效性。三是统筹协调政策。在全面落实财税优惠政策的同时，还要积极关注财税政策与信贷、产业、土地、劳动保障等政策的衔接配套与整体联动，发挥各种政策的综合效应。

着力健全工作机制。一是加强组织领导。推进企业分离发展服务业是一项系统工程，不是某个部门可以独立完成的，需要在一个更大范围和更宽领域内谋划发展目标、战略思路和政策措施。要建立推进发展服务业领导小组，健全协调会议制度，明确职责，加强推进企业分离发展服务业的组织协调和目标考核。二是加强部门协作。由财税、发改委、经贸委、工商、统计等部门及乡镇、企业主管部门等组成若干个分离发展服务业指导小组，对拟分离企业进行政策宣传、方案谋划，通过激励机制，推动乡镇、街道做企业工作，提高分离发展服务业的有效性。三是强化考核。将分离发展服务业纳入政府考核，从2009年起，将分离发展服务业的目标任务下达到各县市，年终根据目标完成情况进行考核，重点检查年度工作完成情况，以及各部门在各自职责范围内的工作绩效。

（作者系绍兴市财政局局长）

严格控制公务支出 努力降低行政成本(摘要)

周益民

一、主要做法和成效

(一)领导重视定目标。金华市委、市政府认为，公务支出，特别是会议费、交通费、考察费、接待费实现零增长甚至负增长，不仅在应对财政收支矛盾尖锐方面具有现实经济意义，更能体现在危机时刻党和政府与企业、人民“共度时艰”的政治意义。因此，金华市委、市政府将严控公务支出作为财政支出结构优化调整的自我加压的动力，专题召开市政府常务会议、书记办公会议，研究出台《关于党政机关厉行节约严格控制行政成本的通知》，规定出国费用在近3年平均数基础上压缩20%；公务用车购置冻结1年，运行费用在近3年平均数基础上降低15%；公务接待费削减10%；公用经费核减5%，专项经费零增长，电油水消耗指标降低5%；会议经费零增长；并严格控制楼堂馆所建设。同时，市委书记在历次市委全会上均将严控公务支出作为重点内容提出要求，并多次过问实际执行情况；市长也多次对此问题做出批示，并在重大会议审批等方面直接把关；市人大常委会在议题增加的情况下，仍将人代会会期缩短一天以降低会议会用。

(二)源头控管紧预算。这是从源头上控制行政成本、推进厉行节约的根本手段。金华市局按照科学化、精细化管理要求，紧紧抓住预算编制这个控制支出的龙头，对部门预算实行从严控制。一是完善行政事业单位经费支出和资产配置标准体系。按照厉行节约严控行政成本的目标要求，重新核定人员公用经费、车辆公用经费等定额标准，实行标准压缩，从源头控管公务支出。如人员公用经费在5年没有提高的基础上，2009年压缩了5%；车辆公用经费实行定额管理，根据使用年限长短分成3个等级核定经费；规范各类临时用工人员经费标准。二是规范职务消费。将电话费、手机费按职级量化包干，统一列入工资项目，按标准发放移动通信补贴费，不再报销此类费用；对机关部门公务用车实行“一车一账，定期公开”制度，粘贴公车标示，严格控制公车私用现象，降低公车运行成本。三是严格控制预算追加。进一步规范了预算追加制度，从严控制预算追加。除关系民生、经济社会发展的重大事项以及救灾等突发应急支出外，原则上停止追加公用经费、资产购置等一般性支出。特殊事项必须追加的，在年初预算项目经费中调剂解决，除经市委、市政府研究决定的重要事项外，一律不开新的追加口子。

(三)加快制度建设。控制公务支出，关键还要加强制度建设。金华市局结合自身实际，按照“三个子”改革要求，进一步完善预算编制、执行、监督“三分离”体系建设。一是调整优化财政内设机构职能。在财政部门内部构建职能处室——预算处的部门预算编制体系，突出预算处把握部门预算平衡的职能；由国库处、国库支付局负责资金的审核拨付；财政监督局负责资金使用监督，初步形成预算编制、执行、监督三分离体系，并完善内控机制建设，在财政内部形成相互制约、相互监督的资金使用管理格局，为严控公务支出打下良好基础。二是国库集中支付制度实现单位全覆盖。到2009年10月，金华市本级全部311家预算单位全部纳入国库集中核算体系，实现国库集中全覆盖，部门单位经费实现了一个“口子”拨付，便于国库支付局把好报账“受理关”、审核“政策关”和会计“监督关”。三是推进完善政府公共资源的共享力度。加大部门单位闲置置产的统筹使用管理力度，推行公有房产出租公开竞标制度，加强收益管理；实行政府会议、培训和公务招待定点招标，办公用品协议供货，市政府机关大院内网络费用谈判采购，公车保险、维修统一招投标等有效措施，切实降低公务支出。

(四)强化监督防漏洞。努力构建财政监督、人大监督、纪律检查监督和社会监督协调配合全方位的监督体系。一是加强财政监督。进一步深化财务公开力度，将公务接待、会议、外出考察费用以及公车使用情况和费用等要求部门单位按月内部公示。财政部门分别在2009年6月、10月和12月三次对降低公务支出情况进行督察。国库支付局严格按照经费使用管理办法审核支付，2009年共退金额500多万元。二是加强人大监督。2009年，以部门预算收支形式提交市人代会审查，并选择部分单位的预算材料一并提交市人代会审查，部门预算一经人代会审议通过，一般不再调整或追加。三是强化纪律检查监督。将降低公务支出和降低行政成本效果列入机关部门单位效能考核内容，并两次组织开展降低公务支出专题检查，不定期组织公车使用情况检查。四是强化社会监督。加强和新闻媒体的沟通，主动通报降低公务支出情况；加强政府信息公开力度，按规定将公务支出情况通过网络等形式向社会公开。

通过一年的努力，金华市本级各项公务支出指标明显下降：2009年，市本级会议费、出国费用、公车购置及运行、公务接待、节水节电节油等支出下降，各项民生和社会事业支出得到保障。2009年，金华市区财政民生支出占财政总支出的70.9%，同比提高1.4个百分点。同时，以部门预算、国库集中支付和绩效评价为龙头的预算编制、执行和监督体系得到进一步完善，并在部门单位内形成了厉行节约过紧日子的良好氛围。

二、下一步工作打算

(一)严格行政经费预算管理。一是从紧安排部门预算。严格控制行政成本，2010年公用经费、会议费、接待费、出国费等大体维持在2009年水平。二是制订机关运行经费支出和资产配置标准，完善办公用房建设和维修标准，制订机关资源消耗定额，确定节油、节电、节水、节气指标，对经费支出和能源资源消耗实行动态量化管理。二是继续严控预算追加。除市委、市政府确定的重大项目外，经费追加一律从紧，坚决禁止搭车现象。突破年限预算的，当年内不准列支，抵扣下年度指标。三是进一步完善政府集中采购制度。严格执行采购标准，充分发挥集中采购优势，做到应采尽采，依法采购；积极发挥政府集中采购在节能方面的政策引导作用，扩大节能产品的采购种类和范围。

(二)加强行政成本支出过程控制。进一步控制办公经费，努力降低行政成本。一是严格控制楼堂馆所建设。严格基建项目审批，一律不再批准机关新建、改扩建具有接待功能的建设项目，新增办公用房需求首先从存量房产中调剂解决。二是切实加强公务用车管理。继续严控公车购置，完善公车标识、定点停放、“一车一账、定期公开”等制度，强化公车使用的监督管理。三是从严控制公务消费支出。严格界定公务消费范围，认真执行公务消费标准，严格经费支出的审批，加强费用报销审核，强化公务消费监督。四是深入推进机关节能减排。抓好建筑节能、节约用电，做好节油节气、节水节材；积极推广节能新产品、新材料，使用节能环保型和可再生办公耗材，推进无纸化办公和办公废弃物综合循环利用，进一步降低机关能耗。

(三)进一步加大财政监督力度。进一步健全和完善收支并举、内外并重、日常监管与专项检查相结合的全方位、多层次的财政监督机制，强化对重大项目财政支出的监督管理，完善各类专项资金管理办法及跟踪问效制度，着力提高财政资金使用的规范性、安全性和有效性。进一步完善财政支出绩效评价机制。建立健全绩效评价考核制度，变“要我评价”为“我要评价”，提高评价工作质量和推进力度；合理选择绩效评价重点项目，对一些实施周期长、实施过程中存在较大疑问或实施后无明显绩效的项目进行重点评价；完善第三方评价委托机制，确保评价结果的客观公正；强化评价结果应用，结合实际情况，拓宽应用途径，将绩效评价结果运用到改进预算管理和以后年度编制预算中。

(四)推进行政事业单位资产管理改革。合理配置公共资源，降低政府运行成本。一是理顺资产管理体制。按照资产所有权与使用权分离原则，推行“统一产权，集中管理，授权使用”的新行政事业单位国有资产管理体制，建立健全与新体制相适应的操作细则与实施办法。二是高效利用闲置资产。建立行政事业单位资产调配和处置的有效机制，推进行政事业单位资产的整合、共享、共用和合理流动。

(作者系金华市财政局局长)

贯彻落实新的财政体制　推进经济转型升级

王　伟

2008年省对市(县)实行了“分类分档激励奖补机制”新一轮财政体制，对发展经济、培植财源提出了新的更高要求。一年来，我们面对日益严峻的经济形势，深入实施“以港兴市、工业强市、服务富市”战略，运用财政体制激励、财税政策和资金引导、努力缓解要素制约，进一步促进经济发展方式转变，大力推进经济转型升级。

一、完善财政体制，形成推进经济转型升级的合力

为充分发挥财政体制的激励导向作用，及时调整完善市内有关财政体制。完善市与定海区地方财政收入分成办法，扩大了定海区的收入分成范围，提高了有关分成比例；为充分调动新城管委会加快推进新城以港航服务、商贸服务、会展服务为重点的商务经济发展，按照“保存量、放增量”的思路，制定了新一轮新城管委会财政体制；与此同时，各县(区)调整完善与乡(镇)的财政体制。

二、加大财政投入，推进海洋经济产业结构的调整

我们把发展海洋经济作为促进转型升级的主攻方向，进

一步运用专项发展资金、贴息、以奖代补等措施，突出重点产业和重点区域，扶优扶强。全市财政用于先进制造业发展资金1.04亿元，其中扶持船舶工业资金2579万元，重点培育大型现代造船企业，加快发展船舶配件制造业。用于扶持海运业发展资金8785万元，加快壮大运力，优化航运业结构，提高货物本地化运量比重，增强企业市场竞争力。用于扶持旅游业发展资金7204万元，加强对旅游产业转型升级的引导支持，大力发展“舟山群岛·八大游”，组织开展了船博会、渔博会、佛博会等会展活动。用于港口建设资金5838万元，建立多元化的资金投入机制，加快推进宁波—舟山港一体化建设进程，扶持舟山港务集团做大做强。用于流通业发展资金3152万元，大力培植涉港服务、会议展览、休闲娱乐为主的商务服务业、现代物流业等。用于现代渔业发展资金5400万元，着力优化渔业结构，加快推进渔业保障体系建设，做强水产品加工业。用于农业发展和增效资金6797万元，加快发展现代农业。通过市国资公司投资，组建了金塘、六横、普陀山3家开发建设投资有限公司，加快培育块状经济。通过加大投入，充分发挥了财政资金“四两拨千斤”的杠杆作用，有力推进了全市经济转型升级。

三、支持自主创新，推进经济发展方式的转变

切实加大对科技的投入，全市财政用于科学技术的支出1.78亿元，同比增长19.8%，其中用于海洋科技自主创新的资金2533万元，进一步加大以企业为主体的自主创新扶持力度；税收方面，在认真落实国产设备抵免企业所得税政策的同时，审批技术开发费加计扣除1843万元。目前已拥有5家省级区域创新服务中心、24家省级高新技术企业、31家省级农业科技企业、9家省级高新技术企业研发中心、5家省级农业科技企业研发中心。以省海洋开发研究院为重点，推进海洋科技平台建设，目前研究院已整合各种仪器设备等科技设施约2亿元，海洋科技高级人才322人，新投入7000多万元，其中用于购置仪器设备3300多万元，新引进高级人才23人，研究院科研大厦项目已经市政府批准即将启动建设；与大专院校海洋研究机构合作，成立了江苏科技大学舟山工作站、浙大中控舟山研究所等。进一步加大海洋科技攻关力度，全市共组织实施科技计划项目国家级16项、省级128项。

四、缓解要素制约，强化经济转型升级要素保障

千方百计筹措资金，其中全市财政预算内投入资金4.40亿元，大力支持基础设施建设。连岛工程建设累计完成总投资的86.9%，连岛工程接线等一批交通工程进展顺利。六横至宁波110KV联网工程建成投入运行。大陆引水二期工程、220KV大陆联网工程等水、电项目顺利推进。实施滩涂围垦项目33个，围垦面积4.6万亩，成陆面积1.01万亩。通过设立财政扶持专项资金，支持中小企业信用担保机构建设，并建立激励机制，目前全市国资控股的中小企业担保公司6家，到11月底被担保企业179户，担保余额11.51亿元；支持建立企业应急转贷互助基金。增加对科技教育的投入，注重各类海洋人才的培养，为经济转型升级提供科技人才支撑。依托浙江海洋学院、浙江国际海运职业技术学院，并以重点学科项目、博士后工作站、海洋经济研究院等为载体，培养和引进高层次紧缺人才，全市共引进各级各类人才2156 名，其中博士11名、硕士79名；进一步支持职业教育和渔农民转业的技能培训，培养海洋经济各类实用人才。支持节能减排工作，推进“811”环境保护新三年行动实施方案，建立健全污染治理与环境保护工作机制，加强生态环境保护和建设，全面推进绿色生态舟山建设，全市生态环境质量居全省领先水平。同时，把招商引资作为经济转型升级的支撑，制定出台了进一步强化招商引资的政策，科学编制招商引资重点项目。

尽管受宏观经济形势影响，不少产业受到冲击，经济发展速度有所回落，但是舟山市经济仍然保持了平稳较快发展的良好势头。一是全市经济平稳较快发展。2008年全市实现地区生产总值490.25亿元，增长14.5%，增速继续居全省各市首位。二是财政收入平稳增长，收入结构不断优化。在临港工业快速发展的情况下，全市地方财政收入占财政总收入比重达64.7%。财政收入增幅和收入结构继续居全省各市首位。三是海洋产业发展较快，比重明显提高。港口业形势较好，目前全市各类码头泊位349 个，其中万吨级以上泊位27个，新增8个；全年舟山港域完成港口货物吞吐量1.59亿吨，增长23.8%。海运运力增加，2008年末全市海上货运净载重量292.76万吨，增长17.0%。旅游业稳步增长，全年全市旅游接待人数1516.48万人次，增长16.2%。临港工业继续高位运行，全市规模以上工业十一项经济效益指标考核得分为284.52，同比提高55.43分。

（作者系舟山市财政局局长）

财政工作大事记

浙江省

一月

4日 省委常委会听取省财政厅关于2008年全省和省级预算执行情况及2009年全省和省级预算草案的汇报。厅长钱巨炎参加。

8日 省财政厅下发《关于预算单位公务卡制度改革的实施意见》,在全省预算单位推行公务卡制度改革。

12－13日 全省财政地税工作会议在杭州召开。会议回顾总结2008年全省财政地税工作，分析面临的财税经济形势,安排2009年财政收支计划,部署2009年财政地税工作。省财政厅厅长兼省地税局局长钱巨炎作题为《增收节支,保稳促调,推动全省经济社会平稳较快发展》的工作报告。省长吕祖善出席会议并讲话。

19日 省十一届人大二次会议审查批准省人民政府提出的2009年省级预算,同意省财政厅受省人民政府委托所作的《关于2008年全省和省级预算执行情况及2009年全省和省级预算草案的报告》。

二月

1－2日 省财政厅党组理论学习中心组召开学习会,学习贯彻省"两会"、省纪委十二届三次全会精神和省领导对学习实践科学发展观第三阶段工作的指导意见。

2－3日 省财政厅召开处长会议,回顾总结2008年度各部门工作,提出2009年度工作计划。厅长钱巨炎就如何做好2009年度财政工作讲话。

12日 省财政学会五届五次常务理事会在杭州召开。省财政学会会长、省财政厅厅长钱巨炎出席并讲话。

是日 为帮助企业应对严峻经济形势,省财政厅决定在全省财政系统开展"春阳暖企"专项行动,主要是调整减免企业有关费用,引导支持企业转型升级,提升服务企业能力。

18日 根据财政部《关于做好发行2009年地方政府债券有关工作的通知》,浙江省首次由财政部代理发行地方政府性债券,发行规模67亿元(不含宁波),分两期发行。

25日 根据《浙江省人民政府关于2008年度省直单位工作目标责任制考核情况的通报》，省财政厅在2008年度省政府工作目标责任制考核中获优秀单位称号。

27日 省财政厅、省地税局召开深入学习实践科学发展观活动总结大会。厅党组书记、厅长兼省地税局局长钱巨炎作总结讲话。省委深入学习实践科学发展观活动第十指导检查组应邀出席大会。

三月

1日 经省政府授权,省财务开发公司代表省政府出资设立浙江省创业风险投资引导基金管理有限公司并召开成立大会。省长吕祖善、常务副省长陈敏尔出席成立大会。

是日 根据省委组织部文件，赵立妙任省财政厅党组成员。

2日 浙江省排污权有偿使用和交易试点工作在杭州正式启动。

9日 省政府成立浙江省创业风险投资引导基金管理委员会和监事会。厅长钱巨炎任管委会副主任,副厅长朱忠明任管委会办公室主任。

16日 省财政厅决定在全省开展为期6个月的地方财政资金安全检查。

16－19日 财政部党组成员、中纪委驻财政部纪检组组长、中国清洁发展机制基金战略发展委员会主席贺邦靖一行,来浙就清洁发展机制项目合作、地方财政监督、扩大内需促进经济增长政策落实等进行调研。

17日 根据省政府文件,赵立妙任省财政厅总会计师。

是日 全省会计管理工作暨浙江省先进会计工作者表彰会议在萧山召开。副厅长罗石林出席并讲话。

23日 为贯彻省第五次扩权强县改革精神,部署落实财政扩权强县改革工作，省财政厅成立实施扩权强县改革领导小组。厅长钱巨炎任组长。

25日 省财政厅会同省发改委、省科技厅、原省经贸委、省信息产业厅等部门制定下发《关于印发＜浙江省工业转型升级财政专项资金管理暂行办法＞的通知》，通过资金整合、结构优化,支持企业创新和科技成果转化。

26日 浙江省人民政府办公厅印发《浙江省创业风险投资引导基金管理办法》,扶持创业投资企业发展,引导社会资本进入创业投资领域。

27日 省财政厅下发《关于落实省级党政机关厉行节约有关预算管理工作措施的通知》,要求省级各部门控制一般性行政支出,2009年因公出国(境)经费支出在近3年平均数基础上压缩20%,公务用车运行费用支出在近3年平均数基础上降低15%,各级党政机关的接待费用支出在2008年基础上削减10%。

四月

2日 省财政厅、省地税局联合下发《关于2009年全省财政地税系统财税文化建设的意见》，明确2009年系统财税文化建设六个平台建设的工作重点。

17日 根据省编委《关于印发〈浙江省财政厅所属社会公益类事业单位机构编制方案〉的通知》,省财政厅对所属部分事业单位的机构设置进行调整。省农业综合开发服务中心和省农业综合开发勘测设计室合并为省农业综合开发审核中心,省财税科学研究所更名为省财税政策研究室。

23－24日 全省行政政法财务管理工作会议在武义县召

开。副厅长罗石林出席并讲话。

五月

19日 与省教育厅联合发文，试行省属普通高等学校本科教学业绩考核结果与财政拨款挂钩办法。

31日 省财政厅下发《关于全省财政系统开展规范财政权力运行工作的意见》，开展权力"搜索"，规范权力运行工作。

六月

11日 省财政厅下发《关于印发浙江省财政支出绩效评价实施办法的通知》，对绩效评价工作进行规范。

16日 省政府办公厅下发《关于清理整合和规范财政专项资金管理的意见》，进一步加强专项资金的清理、整合和规范工作，提高财政资金使用绩效。

七月

3日 省委、省政府召开全省"小金库"专项治理工作电视电话会议，部署全省党政机关和事业单位"小金库"专项治理工作。省委常委、常务副省长陈敏尔出席会议并讲话。副厅长罗石林代表省"小金库"治理领导小组发言。

15－18日 全省政府采购信息化建设工作会议在萧山召开。副厅长朱忠明出席并讲话。

23日 省财政厅举办第一期"处长讲坛"，厅纪检组长金慧群作动员讲话。作为财税文化建设的重要内容，为吸引更多干部参与，第二期起讲坛更名为"财政干部讲坛"。

28日 省委常委、省纪委书记任泽民来省财政厅调研反腐倡廉建设工作，厅长钱巨炎作工作汇报。

31日 省财政厅会同省商务厅等制定《浙江省家电以旧换新实施细则》和《浙江省汽车以旧换新实施细则》。

八月

2－3日 省财政厅党组理论学习中心组在绍兴县召开学习会，学习贯彻省委十二届五次全会、省人大常委会十二次会议及省政府全体会议精神。

3－7日 部分市县财政地税局长座谈会暨全省财政地税系统局长培训班在绍兴县举行。会议传达全国财政厅(局)长座谈会精神，回顾上半年全省财政地税工作，分析财税经济形势，对下半年的重点工作作出部署；并就财经形势研判与财税文化研修等专题开展学习培训。厅党组书记、厅长兼省地税局局长钱巨炎作题为《抓收入、强管理、保平衡，推动全省经济社会平稳较快发展》的讲话。

6日 省财政厅下发《关于编制2010年省级预算的通知》，决定在省级行政事业单位试编资产配置预算。

21日 省财政厅下发《关于整合厅属有关学会组织的通知》，对部分厅属学会组织进行整合。省行政事业财务工作研究会、省预算会计研究会、省农村财政研究会作为二级学会并入省财政学会。

27－28日 省直单位行政政法财务管理工作会议在萧山召开，副厅长罗石林出席并讲话。

30日 根据省委组织部文件，杜祖国任省财政厅党组成员。

九月

11日 全省国库集中支付改革工作会议在海宁召开。总会计师赵立妙出席并讲话。

20日 省委财经领导小组召开会议，听取省财政厅关于2008年财政总决算和省级财政决算的汇报。厅长钱巨炎参加会议。

23－34日 中央部门预算管理座谈会在杭州召开，财政部副部长廖晓军出席并讲话。省财政厅厅长钱巨炎、副厅长罗石林、厅总会计师赵立妙参加会议。

24日 全省财政地税系统庆祝新中国成立60周年文艺晚会暨第三届文艺调演在杭州举行。

26日 国务院下发《关于表彰全国民族团结进步模范集体和模范个人的决定》，授予浙江省财政厅全国民族团结进步模范集体荣誉称号。

十月

22日 省政府办公厅下发《关于印发浙江省财政厅主要职责内设机构和人员编制规定的通知》，对省财政厅职能和内设机构进行调整，并核定内设机构数为23个，人员编制221名。其中，撤销4个处(局)，组建5个处(局)，更名4个处(局)。

26日 省财政厅制定《浙江省财政系统专业人才库管理办法》。

十一月

5日 省政府办公厅下发《浙江省行政事业单位国有资产管理暂行办法》，加强和规范行政事业单位国有资产管理工作。

12日 省财政厅召开机构改革和处级干部选拔调整总结大会。厅长钱巨炎作总结讲话。在此次干部公开竞争选拔调整过程中，共提任19名正处级干部、30名副处级干部，20名处级干部进行岗位交流。

14日 省财政厅在杭州开展以"关注民生、关注绩效"为主题的绩效评价广场宣传活动。

19日 经省财政厅党组决定，成立中国共产党浙江省注册会计师行业委员会，副厅长薛小杭任党委书记。

19－20日 全省企业财政财务管理工作会议在海宁市召开。

26－27日 省财政厅党组理论学习中心组在杭州召开学习会，研究贯彻落实党的十七届四中全会、省委十二届六次全会和省纪委十二届四次全会精神，并结合厅、局领导赴全省调研情况和财税工作实际提出下 年度工作思路。

十二月

1日 省财政厅获中华全国总工会"2009年全国亿万职工

健身活动月”先进单位通报表彰。

2—4 日 省财政厅举办全省预算编制人才库专题研讨班。厅长钱巨炎、副厅长罗石林、厅纪检组长金慧群看望人才库全体成员。

7—9 日 全省财政经建专题工作会议在嘉善县召开。副厅长魏跃华出席并讲话。

12 日 省财政厅下发《关于印发浙江省政法经费分类保障办法实施细则(试行)的通知》,明确全省政法经费分类保障办法。

18 日 全省预算执行管理工作会议在诸暨市召开。总会计师赵立妙出席并讲话。

24—25 日 全省财政支农暨财政扶贫资金管理工作会议在嘉兴市召开。厅纪检组长金慧群出席并讲话。

25 日 根据省政府办公厅关于省财政厅、省地税局职能调整的精神,省财政厅、省地税局下发《关于做好耕地占用税和契税征管职能划转工作的通知》,明确从 2010 年 1 月 1 日起省级耕地占用税和契税征管职能从省财政厅划转到省地税局。

30 日 省中华会计函授学校第四届校务委员会成立,厅长钱巨炎任主任,厅纪检组长金慧群、副厅长薛小杭任副主任。 (厅办公室供稿 柳 颖执笔)

杭州市

1 月 1 日 杭州市财政地税局制定的《关于个人住房转让营业税政策的通知》即日起实施。该政策对刺激杭州市房地产业起到积极作用。

1 月 16 日 完成“向万家企业送温暖”走访任务,上年共有 3514 人次干部走访企业 2099 家,收集问题 713 个,为企业解决实际问题 545 个。

1 月 14 日—20 日 在提交人代会审议前,将《杭州市 2009 年财政预算执行情况和 2010 年财政预算草案报告》(征求意见稿)在“中国杭州”政府门户网站和杭州网上进行社会公示,征求市民意见。

1 月 24 日 为增加居民消费、拉动内需,杭州市、区两级财政安排 1 亿元资金,向六城区范围内 67 万居民发放消费券并投入使用。消费券面值设定为每张 20 元,使用期限为 2009 年 1 月 24 日至 4 月 30 日。

1 月中旬 市教育系统 32 家财政补助事业单位顺利纳入结算中心采用直接结报方式管理。

1 月 专门扶持杭州市文化创意产业的信托产品“宝石流霞”发行,总额为 6000 万元。

是月 为缓和油价上涨对杭城出租车业的影响,市财政局出台促进出租车行业健康稳定发展的 13 条政策。安排政府补贴 2500 万元,采取政府油价补贴方式,2009 年 1 月起按每车每月 250 元标准发放给出租车司机。

是月 杭州市区人事档案已移交街道社区管理的企业离退休人员节日慰问费从原每人每年 800 元提高至每人每年 1000 元。

2 月 完成货运代开票纳税人的政策性退税工作。

是月 落实省政府关于临时性适当下浮社会保险费缴纳比例的决定,做好 2009 年度 3 月份社会保险费减征工作。

是月 开展减负解困促发展政策兑现工作,兑现企业户数近 1200 户,兑现金额逾 1.2 亿元。

3 月 11 日 市纪委副书记徐苏宾、市监察局副局长胡伟一行到市局调研构建权力阳光运行机制工作,了解杭州市专项资金管理办法的制定进展情况。

3 月 9—11 日 副局长骆寅带领基本建设处、评审中心和市有关部门人员,赴四川省青川县看望杭州市支援青川县灾后恢复重建指挥部援川干部,与指挥部有关领导及工作人员就援建资金管理和服务工作进行交流。

3 月下旬 向 5000 余户企业发放近 5 亿元的转移性消费券。

3 月 24 日 市局召开深入学习实践科学发展观活动动员大会,局党委书记、局长陈锦梅作专题发言。

4 月中旬 出台《关于推进企业分离发展服务业三年行动指导意见》,提出 2009 年至 2011 年的分年度分阶段工作目标。

4 月 20 日,杭州市财政会计学会第八次会员代表大会、杭州市预算会计研究会、杭州市农村财政研究会第三次会员代表大会暨杭州市先进会计工作者表彰会召开。市政府副秘书长孙振洲到会祝贺并致辞。省财政厅副厅长、省财政学会秘书长朱忠明,市社会科学界联合会主席史及伟等领导出席大会并讲话。局长陈锦梅代表三个学会作总结讲话,对做好新一届的学会工作提出要求。

4 月 28 日 杭州市市直机关 2008 年度综合考评大会在省人民大会堂召开。市局在市直机关 72 家综合考评单位中胜出,被评为优胜单位(满意单位)。

5 月 15—16 日 召开全市财政、地税系统财政收入分析会议,局长陈锦梅等局领导及各县(市)区财政局局长、分管地税副局长,市局各征收分局局长,市局有关处室负责人等 80 余人参加会议。会议对前一段时期的收入形势进行了分析,对下阶段组织收入工作提出要求。

5 月 19—20 日 会同省教育厅组成两个检查组,深入在杭各高校,检查教育培训消费券发放和使用情况。

5 月 会同劳动保障局出台《关于采取帮扶措施减轻企业负担稳定就业局势有关问题的通知》。

是月 出台《杭州市购置先进适用农业机械财政补助办法》，从五方面加大农业机械购置的财政补助力度。

6月1日 将政府采购实时监督子系统正式授权局纪检组使用并进行监管。

6月5日 即日起至7月5日在全市范围内开展为期一个月的“家电下乡宣传月”活动。

6月17日 联合市审计局、市监察局和杭州银行，对首批20家公务卡试点单位相关人员进行业务培训。

6月 出台《杭州市低收入农户产业发展项目资金管理办法》，从六大方面着力扶持低收入农户发展产业、强化自身致富本领，实现从政府“输血”到“造血”的转变。

是月 出台《杭州市电子商务进企业专项资金管理办法补充意见》，加大“电子商务进企业”工作力度。

7月26日 举办书记读书班，局机关各支部、局属各单位党组织书记、科长以上干部集中开展学习和交流，讨论研究加强和优化财税服务工作。

8月13日 2009年全市预算工作会议在富阳市召开，副局长金翔、骆寅参加会议，各区、县(市)财政局分管预算的局长和预算科长出席会议。会上，区、县(市)财政局汇报各地区1至7月份预算收支完成情况。

8月 《杭州市物流业专项资金资助管理办法》正式实施。

8月18日 省治理“小金库”工作督导组一行在省纪委常委张伟斌带领下，到市局进行“小金库”专项治理工作督导调研。

8月26日 召开2010年市级部门预算编制工作会议。市委常委、常务副市长杨戍标出席会议并讲话。局长陈锦梅作题为《深化财政预算科学化精细化管理，圆满完成2010年市级预算编制工作》的发言。

9月1日 《在杭高校大学生参加城镇居民基本医疗保险实施办法(试行)》实施。杭州市行政区域内各类全日制高等学校(包括民办高校)、科研院所中接受普通高等学历教育的全日制本、专科学生、研究生，按照属地管理和自愿原则，即日起参加本市城镇居民基本医疗保险。

9月8日 在市级21家单位先期试点基础上，市局召开市级预算单位推行公务卡制度动员及培训工作会议，市级公务卡制度改革全面启动。

9月 《关于加强土地开发整理工作的补充意见》出台，加大土地开发整理支持力度。

10月19日 市公安局、市国家税务局及市地方税务局联合在全市范围内展开2009年第二次打击街面贩卖发票“拉网式”行动。抓获犯罪嫌疑人10名，缴获各类发票36000份。

11月12日 市局纪委书记汤军贤、副局长石连忠带领企业处、规费处等相关单位负责人和专家走访东风日产柴汽车有限公司，对企业在前期调研中提出的问题和建议进行反馈，并为企业送去最新政策，帮助企业减负解困。

12月2日 2009“财税情 社区行”活动拉开帷幕。活动主题为“关注民生、创新服务，群策群力、共谋发展”。活动中，分别邀请人大代表、政协委员、社区干部代表参加座谈会。

12月31日 杭州市人大常委会副主任项勤一行到市局机关看望干部职工并致新年祝福。

是日 市长蔡奇、常务副市长杨戍标一行到市局机关慰问全体干部。 (杭州市财政局供稿 金 迈执笔)

宁波市

1月8日 市财政学会被市社会科学界联合会评为社科联学术活动先进集体。这是财政学会连续第四年获得这一殊荣。

1月12日 全市财税工作会议召开，会议总结2008年各项财税工作，分析研究当前和今后一段时期的经济财政形势，部署安排2009年财税工作任务；局长胡谟敦作题为《积极财政促发展 和谐征纳克时艰》的主题报告。

2月9日 市级财政转移支出资金使用及项目安排座谈会召开，市局副局长杨军及相关处室负责人参加会议。市水利局等单位主管负责人列席会议并作针对性交流。

2月11日 邀请市发改委、市外汇管理局等部门专家，论证30亿日元贷款债务风险管理方案，加强政府外债管理。

2月12－14日 财政部会计司副巡视员李玉环带队到市局进行内控制度调研。

2月18日 市局局长胡谟敦向宁波市第十三届人民代表大会第四次会议作《关于2008年全市及市级预算执行情况和2009年全市及市级预算草案》的报告。

3月3日 副局长杨军陪同副市长苏利冕一行赴四川省考察宁波市支持青川灾后援建工作。

3月5日 市局召开全市财税系统党风廉政建设工作会议。局长胡谟敦作题为《加强党性修养和作风建设 扎实推进财税系统反腐倡廉工作》的讲话。

3月10日 市局召开开展深入学习实践科学发展观活动动员大会。市委组织部副部长、市委学习实践活动领导小组办公室副主任张良才到会指导。市局党委书记、局长胡谟敦作动员讲话。

3月26－27日 由财政部国际司和世行联合举办、宁波市财政局协办的世界银行贷款项目采购实战培训班在宁波举行。副局长张镇岳代表宁波市财政局参加培训。

4月1日 副局长张镇岳带领税政处负责人与市国税局有关同志做客中国宁波网网络直播室，与网民“对话”交流当前经济税收热点问题。

是日 市局邀请中国社科院财贸所副所长、博士生导师高培勇作题为《当前中国的新积极财政政策》专题辅导报告会。

4月10日 副局长张镇岳率市局部分处室负责人，走进宁波人民广播电台《阳光热线》栏目直播间，与全市广大纳税人和社会各界进行热线交流。

4月17日 局长胡谟敦为市局全体党员干部作题为《树立科学发展理念 落实保增促调措施 推动全市经济社会科学发展》的党课。

4月23日 局长胡谟敦随市长毛光烈出席宁波市援建四川省青川县县城乔庄镇十个项目的集中动工典礼。

4月28日 市局召开全市财税系统推进企业分离发展服务业工作会议。

5月21日 副局长王跃鹏带领相关处室负责人赴四川省青川县考察并慰问市局援川干部。

6月10日 局党委召开专题民主生活会。市委副书记、市长毛光烈参加会议并讲话。

6月19日 市政府召开推进企业分离发展服务业工作会议。副局长贺也贞作题为《积极发挥财税职能作用 大力推进企业分离发展服务业》发言。

6月30日—7月1日 局长胡谟敦、副局长章翠飞带领相关处室同志赴深圳、厦门两市，就完善市对县财政体制进行学习考察。

7月3日 全省“小金库”专项治理工作电视电话会议召开。副局长王跃鹏参加宁波分会场会议。

7月10日 国家税务总局局长肖捷一行到甬调研考察。省财政厅厅长、省地税局局长钱巨炎、省国税局局长钱宝荣以及市局局长胡谟敦等陪同调研考察。

7月21—22日 市局召开全市财税系统纪检监察工作座谈会。局长胡谟敦要求全市财税系统深入学习实践科学发展观，推进系统党风廉政建设。

7月29—30日 市局召开全市财税工作座谈会。局长胡谟敦作题为《优化服务 强化管理 不断提升财税服务科学发展水平》的主题报告。

8月12日 省治理“小金库”工作领导小组办公室主任、省财政厅总会计师赵立妙一行到市局督导“小金库”专项治理工作，副局长王跃鹏汇报宁波市“小金库”专项治理工作开展情况。

8月15日 宁波市珠算协会获中珠协第18届海峡两岸珠心算通信比赛组织推广三等奖。

8月24日 市局召开开展深入学习实践科学发展观活动总结大会。

9月13—14日 市局举行全市财政地税系统庆祝新中国成立60周年暨第二届文艺汇演。

9月22—26日 市局在南京大学举办全市财税系统2009年首期处级干部能力建设培训班。来自各县(市)财税局、区财政局、地税局(分局)、市局直属单位、机关处室的43名处级干部参加培训。

10月26日 市政府召开县(市)区长座谈会，局长胡谟敦作题为《积极做好财税工作 大力支持企业发展和总部经济引进》的发言。

10月31日 市局召开全市“小金库”治理重点检查处理处罚政策通报会。

12月7日 宁波财税网 (http://www.nbcs.gov.cn)获2009年度全市政府系统“十五佳”网站称号。

12月10日 市局召开副处职以上领导干部会议，传达中央经济工作会议精神。局长胡谟敦传达胡锦涛总书记和温家宝总理在中央经济工作会议上的讲话精神，并结合宁波市当前财税工作实际，提出具体要求。

12月15日 常务副市长王勇组织召开由各县(市)区分管领导和财政局长参加的完善县(市)区财政体制工作会议。局长胡谟敦和副局长章翠飞参加会议。

是日 副局长章翠飞召集相关县(市)区财政局及有关处室负责人研究发展卫星城市试点中有关财税体制事宜。

12月21日 在市委常委会议上，局长胡谟敦就完善县市区财政体制作汇报。 (宁波市财政局供稿 单柳青执笔)

温州市

2月10日 召开全市财政地税工作会议。局长李步鸣作工作报告。温州市市长赵一德出席会议并讲话。会议总结2008年财税工作，部署2009年工作任务。

2月13日 温州市人大常委会公告，任命原温州市财政局党组副书记、纪检组长叶林竑为温州市人大常委会财政经济工作委员会主任。

2月26日 局长李步鸣受温州市政府委托，在温州市第十一届人民代表大会第四次会议上作《关于温州市2008年全市和市级预算执行情况与2009年全市和市级预算草案的报告》。该报告于次日通过大会审议。

3月10日 市局召开深入学习实践科学发展观活动动员大会。局长李步鸣作动员报告。市委学习实践科学发展观活动第五检查组组长王奇备到会指导。

3月23日 财政部税政司有关人员到温州调研，局长李步鸣介绍温州市财税工作有关情况。

4月7日 市局举办深入学习实践科学发展观宣讲报告会，局长李步鸣作主题报告。

4月21日 召开全市财政地税局长座谈会。局长李步鸣传达市委常委扩大会和县(市、区)书记座谈会精神，并作题为《沉着应对金融危机影响 进一步提高把握财税运行大局能力》的讲话。

4月24日 印发《关于开展"科学发展 和风惠民"专项活动的通知》,开展落实政策惠民、五项服务惠民、沟通互动惠民等十三项具体活动。

4月25日 市局组织人员参加市纪委、市监察局在市区世纪广场开展的"服务企业、促进发展"广场接访活动。局长李步鸣与市局有关处室人员参加。

4月28日 温州市市直机关深化创建文明机关工作经验交流会在市局召开。市财政地税局的"网上党校",作为先进典型事例在会上作专题介绍。全市62个市级文明机关单位的负责人参加会议。

5月25日 市人大财经委召开2008年市级财政决算(草案)调查会议。局长李步鸣向市人大财经委作工作汇报。

5月31日 市局召开"科学发展,开门纳谏"民主恳谈会,邀请包括市老领导、相关方面负责人、人大代表和政协委员、企业家代表、民主党派人士、专家学者及行风监督员等31位各界代表出席,局长李步鸣主持会议。会议围绕"保稳促调、增收节支、促进财税事业科学发展"主题,开展座谈沟通,倾听各界对财税工作的意见。市委学习实践办第五指导检查组的同志应邀参加恳谈会。

是日 印发《关于开展规范财税权力运行工作的通知》,确定开展规范权力运行工作的指导思想、工作目标和范围、方法与步骤及工作要求。

6月8日 市局党组召开领导班子专题民主生活会。市委副书记、市长赵一德参加会议。

6月9日 中共温州市委组织部任命林江帆同志任中共温州市财政局党组成员。

6月29日 温州市人民政府任命林江帆同志为温州市财政局总会计师。

7月2日 省委"双服务"(服务企业、服务基层)第三服务组组长、省经信委副主任吴家曦率第三服务组有关人员到市局,就温州市财税工作推进组服务企业有关情况开展座谈调研。座谈会上,市局及国税、海关等市财税工作推进组的成员单位就前阶段工作分别作汇报。

是日 市政府发布《关于试行市本级国有资本经营预算的意见》文件,开始试编市本级国有资本经营预算。

7月3日 市局邀请部分人大代表和政协委员就代表建议与政协提案集中面商。局长李步鸣结合财税工作实际和实例对代表建议、政协提案办理工作向各位代表委员作了回顾。市人大代表工委、市政协提案委及市政府督查室相关领导出席座谈会,并对市局的建议提案办理工作给予肯定和指导。

7月9日 市局印发《温州市财政地税局竞争上岗实施办法》,规定竞争上岗由笔试(45%)、面试(45%)、民主测评(10%)三个部分组成。

7月15日 中共温州市委组织部任命胡正武同志任中共温州市财政局党组成员。

7月24日 市人民政府任命胡正武同志任温州市财政局副局长。

8月13日 市委常委、市纪委书记陶时梅一行四人到市局检查工作,听取李步鸣局长关于2009年上半年党风廉政责任制工作汇报。

9月5日 市政府办公室转发《市人事局市财政局市教育局关于温州市本级直属义务教育学校绩效工资实施办法》,要求按国家规定执行事业单位岗位绩效工资制度的义务教育学校的正式工作人员,从2009年1月1日开始实行绩效工资。

10月19日 省审计厅对2008年温州市市级财政决算情况进行审计。

11月10日 省财政厅副厅长薛小杭率省财政厅企业处、会管处等相关处室到温州调研。市局副局长朱定钧向调研组汇报温州市财税工作情况。

11月28日 第三届财税机关文化节活动落下帷幕。文化节历时8个月,从4月份开始以"科学发展 文化聚力"为主题,按照"科学发展大家谈"、"科学发展大家学"、"科学发展在身边"、"科学发展增活力"、"科学发展促和谐"等五大类内容,举办财税发展论坛、名师讲座、乒羽比赛、趣味运动会等16项丰富多彩的文体活动。全局2200余人次参加各项活动。

12月8日 中共温州市委组织部任命卢小平同志任中共温州市财政局党组成员。中共温州市委任命卢小平同志任中共温州市纪律检查委员会派驻温州市财政局纪律检查组组长。

(温州市财政局供稿 林 坚执笔)

嘉兴市

1月19日 市财政局召开局务会议,传达全省财政地税工作会议精神,局长马邦伟作题为《振奋精神 团结一心 积极作为 推进财政地税事业平稳较快发展》的主题报告,局中层以上干部参加。

2月1日 嘉兴市市长李卫宁对财政地税工作作重要批示,要求全市财税部门上下一心,振奋精神,按照"保增长、促转型、抓统筹、重民生"的要求,积极作为,优化服务,再创佳绩。

2月2日 中华会计函授学校嘉兴分校调整校务委员会成员及校领导,局长马邦伟任校务委员会主任及校长。

2月3日 召开全市财政地税工作会议,表彰2008年度市财政地税工作先进集体和个人,总结2008年财政地税工作,部署2009年财政地税工作任务,全体干部职工参加。

2月9日 市编委批复同意建立嘉兴市社会保障资金管理

中心，登记为事业法人。

2月15日 市六届人大四次会议通过《关于嘉兴市2008年全市和市本级预算执行情况及2009年全市和市本级预算草案的报告》。

2月27日 召开全市财政地税系统党风廉政建设工作会议，局长马邦伟作题为《认清形势 坚定信心 全面加强财税系统反腐倡廉建设》的讲话，局纪检组长朱天文作题为《围绕中心 强化服务 为深入贯彻落实科学发展观提供坚强保障》的讲话。会上市局与各县(市)局、市局直属局签订《党风廉政建设责任书》。

3月9日 市财政地税局开展“暖春促发展、绿荫护民生”专项行动，行动主旨是通过政策引导、财税优惠等措施扶持企业发展。

3月10日 召开深入学习实践科学发展观活动动员大会，局长马邦伟作题为《深入学习实践科学发展观 努力推动财税事业科学发展》的专题报告，全体干部职工参加。

3月23日 市财政局和市体育局联合印发《嘉兴市体育彩票公益金使用管理暂行办法》。

4月7日 召开深入学习实践科学发展观活动专题报告会，局党委书记、局长马邦伟作题为《践行科学发展、构建和谐财税》的主题报告，全体党员干部参加。

是日 印发《嘉兴市(市级)行政事业单位国有资产管理暂行办法》。

4月16日 市财政局与市对外贸易经济合作局联合印发《关于努力确保开放型经济稳定健康发展的若干意见》。

4月21日 市财政局和市卫生局、市发改委、市劳动保障局、市物价局联合印发《关于激励县以上医院使用廉价药品切实降低患者医疗负担的试点方案》，通过“控、保、奖”财政激励政策，引导医院形成合理的用药结构，缓解看病贵问题。

4月29日 市编委批复同意市财政局单独设立市政府采购办公室(市控制社会集团购买力办公室)，作为局内设机构的一个独立处室。

4月30日 市财政地税局印发《关于进一步推进企业分离发展服务业的实施意见》

5月6日 印发《嘉兴市(市级)行政事业单位资产处置办法》。

6月23日 根据市编委批复，嘉兴市非税收入管理局增挂嘉兴市财政票据管理中心牌子，嘉兴市财税票证会计管理中心更名为嘉兴市税务票证管理和会计服务中心。

6月26日—11月30日 全市开展“小金库”专项治理工作，分动员部署、自查自纠、重点检查及整改落实四个阶段完成治理。

7月18日 举行全市财政地税系统文艺汇演。

7月20—30日 在清华大学继续教育学院举办市局中层干部和部分业务骨干培训班。

7月21日 召开全市财税工作会议，嘉兴市市长李卫宁作主题报告，市财政、国税、地税系统中层以上干部参加。会议总结上半年财税工作，分析面临的财税形势，研究部署下半年工作。

8月6日 召开局务(扩大)会议，传达全省财政地税系统部分市县局长座谈会精神，局长马邦伟作题为《咬定目标 攻艰克难 全面完成各项财政地税目标任务》的报告。

8月31日 召开深入学习实践科学发展观活动总结大会，局长马邦伟作总结报告，全体党员干部参加。

9月10日 市财政局与市农业和农村工作办公室联合印发《嘉兴市本级农房改造集聚和城乡一体新社区资金补助办法(试行)》。

9月29日 市编委批复同意，建立市财政局行政审批处，并在政策法规处增挂牌子。

9月23日 市人大副主任周楚兴一行到市局调研工业企业分离发展服务业工作，了解全市分离进展情况，并现场听取6家企业在推进主辅分离过程中遇到的困难和建议。

10月16日 经省人力社保厅批准，嘉兴市财政支付(核算)中心参照公务员法管理。

11月19日 省财政厅副厅长罗石林一行到嘉兴调研2010年财政工作思路，先后考察嘉兴科技城、中科院嘉兴无线传感网工程中心、嘉善姚庄镇农村新社区建设工地和光伏产业园。

12月2日 召开县(市、区)财政地税局长座谈会，传达全省部分市县财政地税局长座谈会精神，研究岁末年初的财政收入安排。

12月24日 全省财政信息工作会议在嘉兴召开，副厅长朱忠明到会并作讲话。

2009年 嘉兴市局在市级机关工作目标责任制考核中连续第八年被评为优秀部门，并获“群众满意机关”称号。

(嘉兴市财政局供稿 刘 俊执笔)

湖州市

1月1日 市一级行政单位全面实行财政国库集中支付改革。

1月22日 市政府第30次常务会议听取市财政局关于全国财政工作会议有关情况和全省财政地税工作会议主要精神及贯彻意见的汇报。

2月8日 市政协主席王金根一行到市财政局视察工作。

2月13日 市政府第31次常务会议听取市财政局关于

2008年全市和市本级预算执行情况及2009年全市和市本级预算草案的汇报。

2月17日 召开2009年全市财政地税工作会议。市委副书记、市长马以参加会议并讲话。市财政地税局党组书记、局长沈建平作题为《同心同德 奋发进取 为促进经济社会平稳较快发展做出新贡献》工作报告。会议部署2009年全市财政地税工作任务。

2月19日 局长沈建平到永兴特种不锈钢股份有限公司了解企业异地改建40吨超功率电弧炉技改项目进展情况,加快推进市重点项目建设。

2月23日 市财政局召开绩效评价联席会议,制订《湖州市财政局财政支出绩效评价内部工作规程(试行)》。

3月—4月 开展"三访三优、共克时艰、和谐共进"专项活动,走访代表委员、走访企业、走访农村,优化发展、优化民生、优化服务,完善财税体制机制。

3月6日 下发《湖州市财政局 湖州市地方税务局关于扩大县部分经济社会管理权限的通知》。

3月10日 出台《湖州市财政地税系统党风廉政建设责任制考核实施意见》。

3月11日 召开深入学习实践科学发展观活动动员大会,市财政地税局党组书记、局长沈建平作动员报告。

3月17日 市政府第32次常务会议听取市财政局关于对一般会议、国内培训场所实行定点采购情况的汇报。

3月31日 市财政局局长沈建平走访人大代表、政协委员,介绍全市财税工作情况,听取人大代表、政协委员对财税工作的意见建议。

4月10日 市政府第33次常务会议听取市财政局关于2008年市级政府性债务预算执行情况和2009年市级政府性债务预算情况的汇报。

4月14日 召开一季度全市财政地税收入分析会。

4月18日 出台《湖州市家电下乡财政补贴资金管理办法》。

4月29日 市政府第34次常务会议听取市财政局关于调整企业基本养老保险费缴费比例有关情况和2009年地方政府债券湖州市额度分配建议的汇报。

5月 湖州市财政、阿里巴巴(中国)有限公司、建行湖州市分行三方共同出资组建湖州网络银行"风险池",为小企业提供信贷支持。

5月21日 市政府第35次常务会议听取了市财政局关于开展市级行政事业单位经营性国有资产专项调查的情况和吴兴区利用国家开发银行贷款有关情况的汇报。

5月27日 出台《湖州市财政局 湖州市地方税务局关于进一步规范行政权力运行工作的实施方案》

6月8日 市局与市外事办、市监察局、市审计局联合下发《关于加强党政干部因公出国(境)经费管理的通知》。

6月11日 邀请中国社会科学院财政与贸易经济研究所党委书记、副所长、教授、博士生导师高培勇主讲"财政税收与经济转型升级"专题辅导报告。

6月12日 市政府第36次常务会议听取市财政局关于开展"小金库"治理工作情况的汇报。

7月1日 召开2008年度财税收入贡献大户表彰会,市委副书记、市长马以到会并讲话。

7月16日 第57次市委常委会听取市财政局关于落实省委省政府厉行节约六项要求的情况汇报。

7月28日 召开"小金库"专项治理重点检查工作布置会。

8月10日 省"小金库"专项治理督导组一行到市财政局督导前阶段专项治理工作。

8月13日 市政府第40次常务会议听取市财政局关于2009年上半年全市和市本级预算执行情况的汇报。

8月18日 参加"行风热线"电台直播节目,局领导介绍财税工作情况,回答听众提问。

是日 举办市财政地税系统庆祝新中国成立60周年文艺汇演。

9月4日 出台《扩大县区财政地税管理权限实施办法》。

9月初 市家电以旧换新工作全面启动。

9月9日 召开2010年市级部门预算改革和编制工作布置会议。

9月24日 召开深入学习实践科学发展观活动总结大会。

9月 市级储备粮首次网上拍卖。

10月9日 下发《湖州市财政局 湖州市地方税务局关于进一步做好厉行节约和节能降耗工作的通知》。

11月10日 省财政厅副厅长罗石林带队到湖州市调研2010年财政工作思路。

11月12日 市政府第44次常务会议听取市财政局关于2009年度湖州市本级财政支出绩效评价工作情况的汇报。

11月30日 出台《湖州市财政局开展工程建设领域突出问题专项治理工作实施方案》。

是日 出台《湖州市科技创新专项资金管理(试行)办法》。

是日 出台《湖州市专利专项资金管理办法》。

12月14日 市人大常务副主任沙铁勇、副主任丁文贲到市财政局视察指导,听取财税工作情况汇报。

12月18日 出台《财政资金拨付管理内部操作规程》。

12月30日 市六届人大常委会第20次会议听取市财政局关于2009年湖州市全市和市本级地方政府债券预算调整的汇报。

是日 出台《湖州市财政局 湖州市地方税务局关于开展财税文化建设的实施意见》。

(湖州市财政局供稿 赵明明执笔)

绍兴市

1月22日 市委书记张金如，市委副书记、市长钱建民一行到市级机关财务结算中心走访慰问工作人员。

2月16日 中共绍兴市委组织部任命王文伟、倪兵为中共绍兴市财政局(地方税务局)委员会委员。

2月19日 市局领导分别赴绍兴县、诸暨市、上虞市、嵊州市等地开展“企业减负‘春雨’专项行动”调研活动，听取当地企业负责人对财税机关支持、帮扶企业发展的意见建议。

2月24日 市局局长阮坚勇向绍兴市第六届人民代表大会第四次会议大会书面报告2008年全市和市本级预算执行情况及2009年全市和市本级预算草案。

3月3日 全市财政地税工作会议召开。会议表彰2008年度先进集体及先进个人，总结回顾2008年全市财政地税工作情况，部署新一年主要任务。市委副书记、市长钱建民出席会议并讲话。

4月2日 市委常委、市纪委书记王文序率调研组到市局调研规范自由裁量权工作，对构建惩防体系建设，规范财税权力运行等工作给予肯定并提出具体要求。

4月3日 局党委书记、局长阮坚勇赴钱清分局开展科学发展观活动专题调研。

4月14日 市人大常委会副主任舒炳炎到市局调研指导学习实践科学发展观活动，市委科学发展观活动第七指导检查组相关成员出席调研。

5月13日 财政部国库司预算执行处就国际金融危机对地方经济、地方财政及企业发展的影响情况到绍兴专题调研，听取古越龙山绍兴酒股份有限公司等五家企业的基本情况介绍。

5月16日 由绍兴市书法家协会主办的“财苑兰亭”财政系统书法邀请展在兰亭开幕。绍兴市委常委、宣传部长尹永杰，财政部机关党委副书记、纪委书记黄维佳，中国书法家协会理事、北京书法家协会副主席、西泠印社理事、财政部书画协会会长王家新，省书法家协会顾问、市书法家协会主席袁长寿和绍兴市书法爱好者近200人出席开幕式。

6月8日 市局干部骆春桂被市委、市政府授予创建全国文明城市工作先进个人荣誉称号。

6月16日 财政部监察局副局级监察专员章优亮率财政部地方财政资金安全检查小组到市局检查财政资金安全管理工作。

7月9日 市政协副主席胡少云一行到市局调研2009年度政协提案办理情况。

7月13日 市财政局建立大学生社会实习基地，首批接纳26名在校大学生前来参加暑期社会实践。

8月29日 绍兴市局宣传介绍绍兴市企业分离发展服务业工作的专题片《在分离发展中推进转型升级》在浙江经视电视播出。

9月4日 省财政厅副厅长朱忠明率省财政厅、省人力社保厅、省教育厅三部门组成的督查组就义务教育绩效工资落实情况到绍兴督查。

9月15—17日 财政部举办的全国会计人员信息管理系统座谈会在绍兴市召开。

9月21—24日 全市财政地税依法行政案卷评审会议召开。市局副局长房紧、总会计师赵雄飞参加会议，市政府法制办副主任杨志敏、越城区人民法院及省财政地税部门有关负责人到会，会议点评案卷并对市局兼职法制员进行法制培训。

9月27日 “歌舞欢庆，共建和谐——绍兴市财政地税系统庆祝新中国成立60周年文艺汇演”在绍剧艺术中心举行，省、市有关部门领导，市局领导及历任主要老领导，全市系统内财税工龄满30年的干部以及市局机关干部观看演出。

10月12日 市财政局、市地税局与市公安局信息交换共享签约仪式举行。市委常委、政法委书记、公安局长王海仁，市委常委、常务副市长陈长兴等出席。市局的第三方信息应用范围拓展取得新进展。

11月10日 市局召开绍兴市国库集中支付改革扩面工作布置会，会上对公安系统及参照公务员管理的事业单位共26家部门的财务主管和主办会计进行培训。从2010年1月1日起，市本级101家(包括参公事业单位)全部实施国库集中支付改革。

11月16日 省财政厅党组成员、纪检组长金慧群一行到市局就2010年度工作思路进行调研。

是日 绍兴市会计学会第五次会员代表大会暨珠算协会第六次会员代表大会和绍兴市注册会计师协会第三次会员代表大会召开。大会选举产生市会计学会、珠算协会和注册会计师协会新一届两会理事会领导班子。

11月18日 市局召开2010年国有资本经营预算布置会议，工贸国资公司、燃气集团、文物公司等国有企业首次试编国有资本经营预算。

12月30日 市财政地税系统在2009年度“企业评部门、群众评行风”活动中综合评价排名第五位，获年度优胜单位。重点岗位民主评议行政审批服务处、企业一处分别被授予绍兴市“群众满意机关科室”称号。

(绍兴市财政局供稿　丁　玲执笔)

金华市

1月1日 市本级行政及参照公务员管理单位津贴补贴实施方案全面执行。

1月20日 召开全市财政地税工作会议，市局党组、各县(市、区)财政局长、分管地税副局长，市局中层以上干部(含政治协理员)参加会议。局长周益民作题为《坚定信心 科学发展 狠抓落实 保持财税事业与经济社会稳定发展》的主题报告。会议总结2008年财政地税工作，对2009年工作作了部署。

1月21日 市政府第81次常务会议听取市财政局关于婺城区、金东区政府和市开发区管委会负债管理有关情况的汇报。

1月23日 市政府第82次常务会议听取市财政局关于2008年全市及市本级财政预算执行情况和2009年财政预算草案的汇报。会议原则同意该草案，要求按会议讨论的意见修改完善后提交市委研究。

2月6日 市经贸委、市外经贸局、市国内贸易与粮食局、市旅游局、市总工会、市供销社、市协作办等七个部门的部门预算归口工交商贸处管理。

是日 市政府下发《关于完善外经贸发展若干政策的通知》，加大对外经贸发展的支持力度。

是日 市府办转发市财政局《关于金华市对口支援青川县孔溪乡地震灾后恢复重建资金管理办法的通知》，明确资金的筹措、分配、使用和监管。

2月13日 市政府印发《关于鼓励企业拓展市场的若干意见》，市财政按条件和标准给予补助。

2月14日 市政府印发《关于加快土地流转促进规模经营的意见》，文件规定2009～2013年，市财政每年安排500万元用于市本级土地流转服务中心建设、奖励流出农户和从事粮食生产的流入主体等。

2月16日 市政府印发《关于加快工业转型升级的实施意见》，规定市财政建立统一的市本级工业转型升级专项资金，在整合原有资金基础上，2009年再增加1000万元。市级财政科技投入的增长幅度明显高于经常性财政收入的增长幅度。

是日 市政府印发《关于调整市区城镇基本医疗保险政策的意见》，同意对市区城镇基本医疗保险政策的特殊慢性病种门诊补助等6个方面作调整，调整后的政策自2009年7月1日起施行。

2月17日 省农办主任王良任带队的省人大农业法贯彻落实情况检查组在金召开座谈会，听取财政支农情况汇报，副局长任晓俐汇报市财政支农情况。

2月28日 根据金华市编制委员会文件，市财政局设立金华市行政事业资产管理中心，为全额拨款的纯公益类事业单位。

3月6日 市府办印发《金华市区服务业发展引导资金管理办法》，办法规定市区服务业发展引导资金由市财政预算安排，实行专款专用，滚动使用。2009年安排3000万元，以后视财力和发展情况适当增加。

3月10日 根据市五届人大六次会议审议通过的2009年财政收支预算草案，在审核、平衡各单位上报的年度收支预算后，核定下达2009年各单位收支综合预算。

3月17日 市政府下发《关于进一步减轻企业负担工作的通知》，要求取消、暂停、降低144项行政事业性收费；对市区企业社会保险费缴纳比例实行临时性适当下浮。

3月18日 印发《金华市财政局地税局"两提高两降低"活动实施方案》。活动方案主要内容是：优化服务；开展非行政许可审批事项梳理；严格内部经费管理；严格控制行政成本；落实中央、省各项取消、停止征收行政事业收费项目工作。

4月8日 市财政局组织开展副科级领导干部竞争上岗工作，通过考试、面试、民主测评、考察和党组研究等程序，提拔8名副科级中层干部。

4月21日 市政府第85次常务会议分析一季度经济形势，局长周益民就财政收入情况作汇报。

4月23日 全省政法财务管理会议在金华市武义县召开，省财政厅副厅长罗石林到会，副局长任晓俐参加会议。

5月6日 市政府转发市贸粮局、市财政局《关于金华市区家电下乡工作实施方案的通知》，自2009年2月1日至2013年1月31日止实施家电下乡财政补贴。

是日 "家电下乡"正式启动。

5月14日 市委、市政府召开1～4月经济形势分析会，局长周益民参加会议并汇报预算执行情况。

5月20日 市财政局开展中层正职离任审计。此项工作由财政监督局牵头，市局内部审计小组组织实施。

5月21日 市政府任命李俊同志为金华市财政局副局长。

5月25日 市政府下发《关于进一步完善市区困难群众基本生活价格补贴机制的通知》，明确补贴对象和范围、补贴标准以及补贴资金筹资渠道。

5月30日 市财政局开展送政策、送服务、送温暖到企业，服务企业、服务项目、服务发展的"三送三服务"活动，用三个月时间，集中帮助企业解决资金、项目、负担和政策等方面的需求和难题，挖掘企业创业创新、做大做强的潜力，以应对经济下滑影响。局长周益民任活动领导小组组长。

6月18日 全省会计核算中心主任座谈会在金华市召开。省财政厅总会计师赵立妙、市局局长周益民、总会计师许佩琴参加会议。

6月25日 市财政地税局被评为2007～2008年度市直机关党建工作先进单位。

7月1日 全省农税征管软件培训会在金华举行。

7月10日 全市财政地税系统文艺调演在义乌市举行。金华市局选送的情景讲述节目《无愧于那一肩蔚蓝》获一等奖。

8月18日 市府办印发《关于实施市区企业出口信用保险全风险覆盖承保政策的意见》，由财政出资为市区出口企业风险兜底，并降低市区企业投保出口信用保险平均费率。

8月21日 市本级54家尚未纳入国库集中支付的行政、事业单位实行财政国库集中支付制度改革。至此，市本级310家预算单位实现国库集中支付制度全覆盖。

8月25日 市人大常委会审议并通过金华市及本级2008年财政决算和2009年1～6月财政预算执行情况。

8月27日 市局制定《关于进一步做好中等职业学校低收入家庭学生免除学费工作的通知》，自2009年秋季学期开始，扩大免除中等职业学校学费的低收入家庭学生范围，并实行目标比例控制，所需资金全部由财政安排。

9月11日 市委、市政府印发《关于加快推进残疾人事业发展的实施意见》，将残疾人事业发展经费列入财政预算，且每年增幅不低于地方财政经常性收入增幅。

9月14日 市府办印发《关于调整金华市区城镇基本医疗保险有关政策的意见》。自2009年10月1日起，调低医疗机构住院起付标准；提高最高支付限额和适当调整分段报销比例；提高公务员个人医疗账户水平；调整二次补助费用的列支渠道。

9月28日 市财政局开展规范财税权力运行工作，对各部门行使的公共权力进行全面梳理。

9月29日 市政府印发《关于推进政策性农业保险的实施意见》，按照国务院和省政府的规定，中央、省、县三级财政安排专项资金，对参加政策性农业保险的农户给予保费补贴。

10月20日 市财政局下发《关于编制2010年市本级部门预算的通知》，部署开展2010年部门预算编制工作。

10月21日 市政府第94次常务会议听取市财政局关于市本级2009年财政收支情况及2010年财政收支预测情况的汇报。局长周益民、副局长倪小波、总会计师徐佩琴参加会议。

10月22日 市财政局组织召开2010年市本级部门预算编制布置会议，市局各职能处室负责人、经办人员和市本级各行政事业单位分管领导、负责预算编制人员参加会议。

11月18日 市政府成立金华市城乡居民社会养老保险工作领导小组，副局长马海清任副组长。

12月2日 市财政局开展以“强化效能建设，注重廉洁自律”为主题的思想教育活动，以“落实领导责任、振奋干部精神、完善制度建设”为目标，以各处室、单位为活动主体，以处室、单位负责人为第一责任人，并组织督导组对活动开展情况进行督查。

12月8日 全省财政监督工作座谈会暨会计信息质量检查案审会在金华召开。市局选送的会计信息质量检查案卷在评比中获第一名。

12月10日 市府办下发《关于调整2010年市区新型农村合作医疗人均筹资标准的通知》，决定2010年金华市区新型农村合作医疗人均筹资标准调整为200元。

12月11日 市政府印发《关于建立金华市区城乡居民社会养老保险制度的实施意见》。该意见明确从2010年1月1日起，凡符合条件的市区户籍城乡居民享受政府提供的基础养老金，力争到2011年市区实现制度全覆盖。

12月28日 召开全市农税职能调整工作座谈会，传达省财政厅、省地税局农税职能调整工作座谈会精神；布置两税征管职能划转相关工作。

12月30日 中共金华市注册会计师行业委员会成立，市局副局长杨晓明任书记。（金华市财政局供稿 杨 柳执笔）

衢州市

1月8日 市府办印发《关于工业企业分离发展服务业的实施意见》，强化扶持政策，着力发挥财税杠杆作用，引导工业企业分离发展服务业。

2月9日 市财政局召开全局干部大会。会议表彰2008年度先进单位和个人，局长徐素荣作题为《坚定信心 克服困难 为我市经济社会又好又快发展作出新贡献》的工作报告。会上局长徐素荣与局班子成员签订《党风廉政建设责任书》。

3月9日 市财政局召开学习实践科学发展观动员大会。局长徐素荣作动员部署，市委学习实践活动第三指导检查组组长毛洪才到会指导。

3月18－19日 财政部纪检组组长贺邦靖一行到衢州市调研了解扩大内需促进经济增长政策落实情况和地方财政监督工作，省财政厅副厅长薛小杭陪同调研。

3月23－25日 市财政局在市委党校举办首届高级会计人才培训班。

3月30日 市府办下发《关于加强国家扩大内需国债投资项目资金管理的通知》，要求进一步加强国家扩大内需国债投资项目申报和配套资金落实、资金管理、财务监管、竣工决算和绩效评价工作。

4月3日 衢州市委办、市政府办下发《关于进一步做好党政机关厉行节约有关工作的通知》，就进一步做好厉行节约工作、降低行政成本提出具体要求。

4月22日 市财政局召开理论中心组学习会，局领导班子成员、各处室、直属单位主要负责人参加。会议主要围绕“转型升级创新业，科学发展作表率”开展解放思想大讨论。市委常委、常务副市长郑金平应邀出席会议并讲话。

5月1日 市财政局办公地址从衢州市水亭街38号搬迁至西区三江东路28号。

5月4日 市长尚清到市财政局调研指导财税工作，对财政、地税、国资工作提出要求。市财政局领导班子成员，部分处室、直属单位负责人参加座谈会。

5月7日 全省财政支出绩效评价工作座谈会在衢州市召开。省财政厅党组成员、总会计师赵立妙到会并讲话。

5月19日 全市财政地税系统第三届运动会在市体育馆开幕，全市财税系统共7支代表队参加本届运动会。

5月25日 市政府办公室转发市贸粮局、市财政局《关于衢州市家电下乡工作实施方案的通知》。

6月2日 市政府第81次常务会议审议并原则同意2009年市本级国有投资公司债务收支计划、《衢州市创业投资引导基金管理暂行办法》、市级国有（独资）担保公司组建方案和组建中小企业“风险池”等。

6月8日 市政府办公室转发《市财政局关于2009年衢州市本级财政支出绩效评价工作方案》。2009年度，市本级确定的财政支出绩效评价项目共53个，财政安排资金19883万元。

6月19日 市委办、市府办印发《关于在衢州市党政机关和事业单位开展“小金库”专项治理工作的实施办法》，对全市“小金库”专项治理工作作出全面部署。

6月26日 庆祝建党88周年全市财税系统文艺汇演在市工人文化宫举行。市委常委、宣传部长高启华等领导观看演出。

7月2日 市财政局印发《衢州市财政支出绩效评价工作考核办法（试行）》，推进绩效评价工作的规范化、制度化和科学化。

7月16日 市财政局下发《关于开展市级“小金库”专项治理重点检查工作的通知》，决定在市级行政事业单位“小金库”自查自纠基础上，对市民政局等50家市级行政事业单位开展“小金库”重点检查。

7月21日 市财政局、市监察局、市人事劳动社会保障局联合下发《关于进一步加强行政事业单位津贴补贴管理的通知》，推进津贴补贴的制度化、规范化管理。

7月29日 市财政局、教育局联合下发《关于在市直教育系统实行部门集中采购的通知》，决定对市直教育系统实行部门集中采购。

8月3日 市财政局印发《衢州市本级新农村建设专项资金管理办法》和《衢州市本级农业转型升级专项资金管理办法》，决定将所有17项涉农专项资金整合归并为新农村建设专项资金和农业转型升级专项资金2大类。

8月11日 浙江省治理“小金库”工作领导小组督导组到衢州市调研，并召开专题座谈会。

8月21日 市财政局印发《衢州市本级财政国库集中支付改革扩面实施方案》。

9月1日 财政部综合司副司长陈怡芳、票据监管中心主任王清剑一行到衢调研往来款票据管理情况。

9月27日 市财政局会同中国人民银行衢州市中心支行印发《衢州市市级财政国库集中支付管理办法》。

9月28日 市财政局印发《衢州市市级财政国库集中支付会计核算暂行办法》。

10月15日 市政府下发干部任免文件，免去吴小聪市财政局副局长职务。

10月27日 省财政厅党组成员、总会计师赵立妙率队到衢州市调研2010年财政工作思路。局党组书记、局长徐素荣汇报衢州市财政地税工作情况和下一年工作打算，各县（市、区）局分别作了汇报。

11月6日 市财政局组织预算编制人才库考试工作。

11月12日 市政府召开衢州市市级财政国库集中支付改革动员大会，市委常委、常务副市长郑金平到会讲话。

11月24日 市委、市政府下发干部任免文件，免去蒋移祥同志市财政局党组成员、副局长职务。

11月30日 市财政局副局长周卫云受市政府委托，首次向市五届人大常委会第三十九次会议作《关于衢州市级非税收入管理情况的报告》。

12月22日 成立中共衢州市注册会计师行业委员会，周卫云任党委书记，柴小林任党委副书记。

（衢州市财政局供稿　郑成岗　余国华执笔）

舟山市

1月1日 市财政局自行开发的“土地出让金管理系统”投入运行，实现财政、国土、银行等部门之间网络实时联接和数据共享。

1月8日 市人大常委会副主任刘国土一行到市局调研财政工作。

1月22日 召开全市财政地税工作会议。会议总结全市2008年财税工作，部署2009年任务，表彰年度先进工作者。舟山市市长周国辉到会并讲话。

2月9日 舟山市五届人大四次会议审议通过《2008年全市和市本级预算执行情况及2009年全市和市本级预算草案的报告》。

2月13日 筹集1.3亿元财政资金设立企业应急（临时）周转资金。截至12月底，累计为39家企业办理转贷资金10.2亿元，帮助企业有效应对金融危机。

3月3—6日 召开舟山市2008年财政总决算汇编会议。

3月6日 市局召开学习实践科学发展观活动动员大会，全面部署学习实践活动。

3月17日 市民政局、市财政局、市人事劳动社会保障局和市卫生局联合印发《舟山市抚恤优待对象医疗保障实施办法》。

3月19日 舟山市3个项目列入国家农业综合开发土地治理项目计划，获省以上财政资金1870万元。

4月11日 市委副书记、市长周国辉到舟山市局作题为《深入学习实践科学发展观，努力推进舟山又好又快发展》的宣讲报告。

4月17日 召开2009年度舟山市本级行政成本控制工作会议，对2009年度党政机关厉行节约控制行政成本有关工作进行布置。

4月20日 印发《新城管委会预算管理暂行办法》，完善新城财政管理体制。

4月21日 市会计核算中心获全国妇联“巾帼文明岗”荣誉称号。

5月6—10日 市财政局在厦门国家会计学院举办中层干部公共服务能力提升班。

5月11日 省政府下达舟山市地方政府债券资金1.5亿元，期限三年，全部用于医疗卫生、教育文化等社会事业基础设施建设和生态工程建设。

5月14日 市卫生局、市财政局、市发改委联合印发《舟山市城乡社区卫生服务机构设置和建设规划(2009～2010年)》。

5月22日 舟山财税政策宣传网正式开通。

6月2日 财政部驻浙江省财政监察专员办事处调研舟山市扩大内需新增中央投资项目资金管理情况。

6月16日 市人大常委会副主任刘国土一行到市局就2008年市本级财政决算有关情况进行专题调研。

是日 市委、市政府下发《舟山市“小金库”专项治理工作实施办法》。

是日 市经贸委、市财政局联合印发《舟山市家电下乡工作实施方案》。

6月27—30日 市局在复旦大学举办干部综合能力提升培训班。

8月12日 省治理“小金库”工作领导小组办公室主任、省财政厅总会计师赵立妙一行到舟山市督导调研“小金库”专项治理工作。

是日 印发《舟山市新型渔农村合作医疗风险基金使用管理办法》。

9月1日 印发《舟山市区中小企业专项信用贷款管理试行办法》。

9月2日 市局举办“庆祖国华诞 展财税风采”舟山市财政地税系统第二届文艺汇演。

9月10日 市局设立2亿元中小企业专项信用贷款资金。截至12月底，已向46家重点中小企业解决信用贷款1.2亿元。

9月11日 市局召开学习实践科学发展观活动总结会议。

9月17日 省财政厅厅长钱巨炎、总会计师赵立妙、厅党组成员杜祖国一行到嵊泗调研财政工作。

9月18日 印发《舟山市渔农村住房抵押贷款风险补偿资金管理暂行办法》。

9月24日 参加全省财政地税系统庆祝新中国成立60周年文艺晚会暨第三届文艺调演，舟山市局参赛节目“要吃海鲜舟山来”获一等奖。

9月29日 浙江省创业风险投资引导基金落户舟山市，省创投引导基金管委会副主任、省财政厅厅长钱巨炎为签约仪式致辞。

10月13日 召开市本级行政事业单位部门预算布置会议，市本级200多家行政事业单位的财务负责人参会。

10月30日 印发《舟山市市级预算单位公务卡管理办法》。规定从12月起，舟山市市级纳入会计核算中心支付管理的138家预算单位在公务接待中使用公务卡结算，启动公务卡改革。

11月4—5日 省财政厅副厅长朱忠明一行到舟山市调研财政工作。

11月25—27日 全省绩效评价工作会议在舟山市召开。

12月14日 印发《舟山市简化家电下乡补贴程序实施办法(试行)》。

12月21日 市委副书记、市长周国辉到舟山市局就党风廉政建设问题提出要求。

12月31日 市政府下发《舟山市人民政府关于建立城乡居民社会养老保险制度的实施意见》。

(舟山市财政局供稿 徐颖娜执笔)

台州市

2月11日 台州市财政地税工作会议在椒江召开。市委常委、常务副市长元茂荣出席会议并讲话。局长叶维军作题为《科学应对 增收节支 推动全市财政经济平稳增长》的工作报告。会议还表彰2008年度全市财政地税系统工作目标责任考核先进单位、基层文明单位、青年文明号和全市先进会计工作者。

3月12—13日 市局召开局务会议，研究讨论2009年各处室(单位)重点工作。

3月16日 市局召开深入学习实践科学发展观动员大会，全面部署学习实践活动。党组书记、局长叶维军作动员报告。

3月20日 财政部、国家税务总局调研组到台州开展税收政策专项调研，围绕“保增长、重民生、促管理、强队伍”主题，通过实地调查、民主恳谈等方式，了解企业应对危机、调整结构、转型升级等情况。局长叶维军、副局长陶勇陪同调研。

3月26日 局长叶维军赴玉环蹲点调研，局班子成员陆续分赴全市各地开展调研。

4月 市局组织召开全市财税系统视频会议，启动“春雨沐万家”千名干部进万家企业税收宣传活动。

4 月 13 日 全市财政地税局长会议在椒江召开。会议分析研究一季度财税收入运行态势及推进工业企业分离发展服务业工作情况，并对下阶段财政地税工作作出部署。

4 月 28 日 市局印发《关于进一步推进企业分离发展服务业工作实施方案》和《企业分离发展服务业工作专项考核办法》，要求各县（市、区）局按照“挖潜和开源并重”的思路，完成全市分离发展服务业的目标任务。

4 月 30 日 市局印发《2009 年创建“人民满意机关”活动实施方案》，推进“企业服务年、项目推进年”活动。

5 月 20 日 市委书记、市长陈铁雄到市局调研学习实践科学发展观活动。

5 月 21—23 日 局长叶维军赴四川省青川县调研灾后对口援建工作。

5 月 29 日 市局印发工作方案，决定在全市财政地税系统开展以“两服务、两提高、两降低”为主题的“转作风、提效能、保增长”专项行动。

6 月 18 日 全市“小金库”专项治理工作会议召开，局长叶维军对治理工作作出部署。

6 月 29 日 全市财政地税系统举行庆祝建党 88 周年、新中国成立 60 周年文艺调演。

7 月 8 日 召开全市半年度财政地税局长会议。会议分析研究上半年全市财税收入运行态势，各地总结上半年财税工作情况，并提出下半年工作措施。

7 月 13 日 市局召开规范财政地税权力运行工作动员大会。局长叶维军作动员讲话，局党组成员、纪检组长孙鑫部署具体工作。

8 月 28 日 市局召开 2010 年市级部门预算编制布置会议。一年一度的部门预算编制工作正式启动。

9 月 3 日 省财政厅副厅长朱忠明率省财政厅、省人力社保厅、省教育厅联合督导组到台州对义务教育学校实施绩效工资工作开展专项督查。

9 月 9 日 全市财政地税系统收入形势分析暨网络信息安全工作会议在市局召开。会议分析上半年以来的收入情况及当前面临的财政收支形势，明确下阶段收入任务。局长叶维军与各县（市、区）局签订网络信息安全应用管理责任状。

9 月 9 日 市财政、发改、监察、审计等部门联合印发《台州市支援青川县对口乡镇灾后恢复重建资金管理实施办法》。

9 月 21 日 市人事、财政、教育等部门联合印发《关于义务教育学校绩效工资实施办法》，规定从 2009 年 1 月 1 日起义务教育学校实施绩效工资。

9 月 28 日 市局举行庆祝新中国成立 60 周年“爱国歌曲大家唱”活动。

10 月 12 日 市委副书记、代市长吴蔚荣，市委常委、常务副市长元茂荣到市局调研，要求财政地税工作在再创体制新优势上有所作为，同时做好开源节流工作。

10 月 14 日 全市财政地税局长会议在椒江召开，会议分析研究前三季度财税收入运行态势，部署下阶段工作。

11 月 2—4 日 省财政厅副厅长魏跃华赴台州市局、玉环县局、仙居县局开展 2010 年财政工作思路调研。

11 月 30 日 召开全市财政地税局长会议，会议传达全省部分市县财政地税局长座谈会精神，分析当前财税经济形势，研究部署下一阶段工作。

12 月 2 日 市政府召开市级部门预算工作会议，部署 2010 年部门预算工作，明确当前及今后一个时期预算改革的方向。市委副书记、代市长吴蔚荣讲话。市人大常委会副主任樊友来、市政协副主席张锦鸣、市政府秘书长陈惠良、市局局长叶维军出席会议。

12 月 3 日 市局召开党组中心组学习扩大会，局领导、各处室单位负责人参加会议。局班子成员结合党中央七届四中全会精神，交流全年工作情况和下一年工作思路。

12 月 22 日 全市会计师事务所深入学习实践科学发展观活动暨注册会计师行业党建工作会议在椒江召开，会上成立注册会计师行业党委，以加强对行业工作的领导。

12 月 25 日 副市长叶阿东带领市委、市政府推进惩防体系建设和落实党风廉政建设责任制考核组对台州市局 2008 年以来推进惩防体系建设和贯彻落实党风廉政建设责任制情况进行检查考核。

12 月 28 日 全市财政地税局长会议在市局召开。会议检查 2009 年全市财税收入任务落实执行情况，部署契税、耕地占用税职能划转工作。（台州市财政供稿 卢云芬执笔）

丽水市

1 月 11 日 市二届人大五次会议审议通过《关于 2008 年全市和市本级预算执行情况及 2009 年全市和市本级预算草案的报告》。

2 月 2 日 市财政局召开全体干部职工大会，表彰 2008 年度局优秀公务员、先进工作者及受上级表彰的先进集体和优秀个人，局党组书记、局长何赤峰在会上作《坚定信心 抓住机遇 积极有为 服务大局 为推进地方经济平稳较快发展而努力》的工作报告。

2 月 20 日 市委发文，授予市财政局 2008 年度“创新创业”活动先进单位称号。

2 月 26 日 市财政地税局成立《丽水市财税志》编纂委员会，编纂丽水市财税志。

3 月 1 日 市财政局印发《关于简化审批程序加速企业扶持资金兑现的通知》，加快财政扶持资金的兑付，帮助企业攻艰克难。

3 月 2 日 市政府印发《关于加快发展服务业的实施意见》，决定设立服务业发展引导资金，从 2009 年起，市财政每年安排 1000 万元服务业发展引导资金，助推服务业发展。

3 月 3 日 市政府发文，授予市财政(地税)局为市政府系统 2008 年度工作目标责任制考核优秀单位称号。

3 月 11－12 日 省财政学会在遂昌县召开全省“完善政府公共预算管理改革研究”协作课题研讨会，省财政厅副厅长朱忠明出席会议并讲话。

3 月 13 日 召开深入学习实践科学发展观动员大会，市局党组书记、局长何赤峰作动员报告。

4 月 10 日 印发《关于下达化解乡镇债务指标的通知》，加强乡镇债务化解工作。当年，全市化解乡镇债务 2154 万元，至年底债务余额为 1540 万元。

4 月 13 日 市财政地税局印发《关于企业推进分离发展服务业工作实施方案的通知》，推进企业分离发展服务业。

4 月 27－29 日 财政部金融司司长孙晓霞、市局局长何赤峰参加由人民银行总行主持在龙泉市召开的金融支持集体林权制度改革和林业发展现场会。

4 月 29 日 市地税局、人劳社保局、财政局联合印发《关于做好市本级基本养老保险费缴费比例调整工作的通知》，从 4 月 1 日起，市本级参加企业职工基本养老保险的用人单位，其基本养老保险费单位缴纳部分的比例从 19%调整为 14%；城镇个体劳动者基本养老保险费缴费比例从 20%调整为 18%。

4 月 30 日 市政府印发《关于加快市本级企业分离发展服务业的若干意见》，明确财政对企业分离发展服务业予以政策扶持。

5 月 20－22 日 省委书记赵洪祝在遂昌、松阳、景宁调研，省财政厅副厅长朱忠明陪同调研。

6 月 1 日 市财政局、市公安局、人行丽水支行联合印发《丽水市道路交通违法罚没收入收缴管理实施细则》，加强非税收入管理。

6 月 2 日 由财政部农业司副司长褚利明带队的完善国家扶贫战略和政策体系联合调研组到龙泉调研，省财政厅纪检组长金慧群陪同调研。

6 月 4－5 日 财政部副部长李勇一行到龙泉调研金融机构信贷支农情况。省财政厅副厅长罗石林、丽水市市长卢子跃、市局局长何赤峰等陪同调研。

6 月 10 日 市委组织部任命罗高阅为市财政地税局党组成员。

6 月 17 日 市政府成立丽水市治理“小金库”工作领导小组，市委常委、常务副市长沈仁康任组长，市局局长何赤峰任副组长。6 月～12 月开展“小金库”专项治理工作，市直共有 209 户行政事业单位开展“小金库”清查，自查“小金库”288 万元；对 11 户行政事业单位开展重点检查，查出“小金库”741 万元。

7 月 13 日 市人大常委会副主任占志妙一行到市财政局调研财政预算执行情况。

7 月 17 日 召开全市财政地税局长座谈会。市委常委、常务副市长沈仁康出席会议并讲话，局长何赤峰主持会议并作工作部署。各县(市、区)局长、地税分管副局长，市局各处室、单位主要负责人参加会议。

8 月 15 日 市局举办“颂歌献祖国”全市财税系统文艺调演。

8 月 21 日 市委常委、市纪委书记朱晨到市局调研反腐倡廉建设工作。

8 月 26 日 市二届人大常委会第三十二次会议审议通过《丽水市 2008 年全市和市本级财政收支决算草案的报告》和《丽水市 2009 年上半年全市和市本级财政预算执行情况的报告》。

8 月 27 日 市政府印发《关于清理整合和规范财政专项资金管理的意见》，就做好市直财政专项资金清理整合工作，规范财政专项资金管理，提高财政资金使用绩效提出意见。

9 月 10 日 召开深入学习实践科学发展观活动总结大会，市局党组书记、局长何赤峰作总结报告。

9 月 11 日 省财政厅下达丽水市地方政府债券（二期)资金 55000 万元，用于金温铁路扩能改造项目，其中莲都区 11200 万元，缙云县 13100 万元，青田县 30700 万元。

9 月 15 日 市政府批转市财政局等部门关于丽水市本级全面推行财政国库集中支付改革工作实施方案的通知。

9 月 18 日 市政府、市纪委联合召开市直国库集中支付改革动员大会暨节支工作会议，市委常委、常务副市长沈仁康，市委常委、市纪委书记朱晨、市局局长何赤峰出席会议并分别讲话。

10 月 27－28 日 省财政厅厅长钱巨炎到景宁、云和、松阳调研，丽水市委书记陈荣高、市长卢子跃、局长何赤峰陪同调研。

10 月 29 日 成立市级财政国库管理制度改革暨公务卡实施工作业务协调小组。至年底，市直共有 38 家行政事业单位实行国库集中支付。

11 月 6 日 市委书记陈荣高专题听取财政地税工作情况的汇报，局长何赤峰作工作汇报。

11 月－12 月 市局开展局中层干部竞争上岗工作，3 位年青同志走上副科领导岗位。

12 月 1 日 召开全市财政地税局座谈会，会议传达贯彻全省财政地税局长座谈会精神，研究部署岁末年初财政地税工作。局长何赤峰主持，各县(市、区)局局长、市局人关处室主要负责人和有关人员参加。

12 月 21 日 市经贸委、发改委、财政局、地税局、国税局联合印发《关于进一步推进全市企业分离发展服务业工作的意见》。当年，全市分离发展服务业 37 户，新增营业收入 3.9 亿元，新增地方税收 2300 万元。

12 月 28－29 日 省财政厅纪检组长金慧群赴景宁、松阳县就 2010 年财政工作思路开展调研。市局副局长孙天宇陪同调研。

(丽水市财政局供稿 叶芳儿执笔)

财政机构人员

zhejiangcaizhengnianjian

浙江省财政厅厅领导名单

（2009 年 12 月 31 日）

党组书记、厅长	钱巨炎
党组成员、副厅长	罗石林
党组成员、纪检组长、监察专员	金慧群
党组成员、副厅长	魏跃华
党组成员、副厅长	薛小杭
党组成员、副厅长	朱忠明
党组成员、总会计师	赵立妙 *
党组成员、省财务开发公司总经理	杜祖国 *
副巡视员	宋培军

浙江省财政厅机构设置及中层干部名单

（2009 年 12 月 31 日）

一、厅机关

办公室

主任：侯余兴

副主任：周　瀛

副主任：莫红民

副主任：甘建辛 *

调研员：张胜凯 *

副调研员：祝新发

副调研员：梁顺敏

副调研员：朱军华

人事处（离退休干部处）

处长：黄克旭 *

离退休干部处处长兼人事处副处长：章忠良 *

副处长：金洪根 *

副处长：金国荣 *

副处长：费　萍 *

调研员：童新元 *

副调研员：何小媛 *

省监察厅驻省财政厅监察专员办公室、省纪委驻省财政厅纪检组

副主任：李文艳

调研员：崔华英

直属机关党委

专职副书记（正处）：叶承番

工会主任：姜明路 *

团委书记（副处长级）：赵　虹 *

政策法规处

处长：周位标 *

副处长：陈志光（援疆工作）*

副处长：富德荣 *

调研员：周斌舫 *

调研员：朱炳仁 *

总预算局、地方预算处

局长：邢自霞 *

副局长（正处长级）：章启诚 *

副局长兼地方预算处处长：倪学军 *

地方预算处副处长：周爱明 *

地方预算处副处长：张远东 *

地方预算处副处长：石琪琪 *

副调研员：杨格来 *

税政处

处长：姚龙飞

副处长：邵　健 *

预算执行局、国库支付处

局长：罗跃琴 *

副局长兼国库支付处处长：赵利明 *

副局长兼核算中心主任：何新星 *

国库支付处副处长：陈丽君 *

国库支付处副处长：包尧兴＊
副调研员：吴月宝＊
副调研员：陈　珍＊
副调研员：蒋小聪＊

综合处
处长：沈江平＊
副处长：孙建苗
副处长：吴凤珍＊
副调研员：姚如华
副调研员：张　敏
副调研员：孙继霞

会计处
处长：蒋振成＊
副处长：杨树圣＊
副处长：周克俭＊
副处长：陈　孝＊
调研员：李雪萍＊
副调研员：郑肖亮＊
副调研员：程少春＊

行政政法处
处长：楼梅芳
副处长：童黛铭＊
副处长：姜建成
副处长：马　勇
副调研员：王志红＊

教科文处
处长：金　涛＊
副处长：董立国
副处长：傅彩莲＊
副处长：叶乃杰＊

行政事业资产管理处
处长：陈百平＊
副处长：牟晨晖＊

农业处
处长：蒋建建＊
副处长：杜金良
副处长：王　静＊
副处长：李建斌＊
调研员：钱伟烈＊
副调研员：王小丽

基层财政管理处(省农村综合改革办公室)
处长：尹红平＊
副处长：李　鸣＊
调研员：胡荣兴＊
副调研员：许建全＊

企业处
处长：俞建人＊
副处长：叶光胜
副处长：肖艳菱
副处长：吴新芳＊
调研员：吴中秋
副调研员：朱　玲
副调研员：冯　洁
副调研员：张　卉＊

外债金融处
处长：陈建中＊
副处长：洪小然
副处长：郑可青
副调研员：陈志仁＊

社会保障处
处长：沈　磊＊
副处长：王雯琳
副处长：张才德
副处长：赵雅玲＊
副调研员：幸春平
副调研员：王柳霞＊

经济建设处
处长：王　俭
副处长、调研员：戚国裕＊
副处长：郭定方
副处长：楼慧芬
副处长：马建胜(援川工作)
调研员：余逸美
调研员：王娟娟＊

财政监督局
局长：张杭平＊
副局长：金光对＊
副局长：王林尧＊
调研员：周炳森＊
副调研员：周学伟＊

绩效评价处
处长：江中亮＊
副处长：王向群＊
调研员：吴金莲＊

省农业综合开发办公室
主任：金慧群(兼)
常务副主任(正处长级)：徐来兴＊
副主任(正处长级)：张和杰
副主任(正处长级)：赵国瑛＊
副主任(副处长级)：魏治明

调研员：叶　旦＊

副调研员：何维君

副调研员：方优良＊

政府采购监管处

处长：钱国兴＊

副处长：费国炎＊

副处长：俞小青＊

副调研员：徐剑锋＊

二、厅直属单位

省财务开发公司

总经理：杜祖国

副总经理：姚　战

副总经理：祝云水

副总经理：叶　忠＊

总经理办公室主任：黄志明＊

综合部经理：赵献平＊

财务内审部经理：柴会荣＊

投资管理一部经理：汪一兵＊

投资管理二部经理：於亚雄＊

投资管理三部经理：徐晓坚＊

原部队正团：唐永宁

部门经理级干部：徐炳权

省级机关会计核算中心

主任：何新星（兼）＊

副主任：叶时宝

副主任：宋万生

副主任：何玮富

副主任：杨慧芳＊

副调研员：翟晓真＊

副调研员：和繁荣＊

省财政项目预算审核中心

主任：郑　耀

副主任：沈　湧

副主任：沈应庚

总工程师：俞富桥

副调研员：吴春桃＊

省财政票据管理中心

主任：张亚平＊

副主任：斯志洪＊

副主任：郭达贵（援藏工作）＊

副调研员：刘　宁＊

省财税政策研究室

主任、《浙江财税与会计》杂志主编：余丽生＊

副主任：王非文＊

副主任、《浙江财税与会计》杂志副主编：刘东溟＊

副主任：冯　健＊

省财税信息中心

主任：李　军

副主任：寿建钢

副主任：金永勤

副主任：陈健东＊

总工程师：许智敏

省会计人员服务中心

主任：戴祥波＊

副主任：沈幼华＊

省农业综合开发项目审核中心

主任：陆龙泉＊

副主任：许锡田＊

副主任：张光敏＊

省财政干部教育中心（省中华会计函授学校）

校长：钱巨炎（兼）

副校长：金慧群（兼）＊

副校长：黄克旭（兼）

副校长：蒋振成（兼）＊

干教中心主任、专职副校长：何元福＊

干教中心副主任、专职副校长：汪国葆＊

干教中心副主任、专职副校长：吴小明＊

原部队副团：童联新

省注册会计师服务中心、省注册会计师协会（资产评估协会）

主任、秘书长：汤　淮＊

副主任、副秘书长：林金松

副主任、副秘书长：蒋文军

副主任、副秘书长：韩江南＊

享受副处级待遇：张莉莉

浙江财政后勤服务中心

主任：祝新发（兼）＊

副处级：杨仁三

省财政厅招待所

所长：陈文斌（原部队副团）

副所长：马　骥（原部队副团）

省莫干山财政干部休养所

省世界银行业务培训中心（杭州金溪山庄）

董事长：解亚东

总经理：华山月

副总经理：方卫国

副总经理：朱　蕾＊

浙江华财实业发展有限公司

周金根

（注：有＊标示者为当年处室、职务有变动）

浙江省各市、县(市、区)财政局领导名单

(2009年12月31日)

杭州市财政局

局长：陈锦梅

副局长：金　翔 吴文兴 骆　寅 石连忠

纪委书记：汤军贤

财政监督局局长(副局级)：谢　永

上城区财政局

书记、局长：来剑波＊

调研员：朱红卫＊

副局长兼国资办主任：卢　伟

副局长：欧阳杰＊

下城区财政局

局长：沈凯波＊

副局长：宋震跃 朱　捷 陈琴萧

党组成员：郭　华＊

西湖区财政局

局长：梁　英

副局长：陆宝根 赵水林

江干区财政局

局长：项伟荣

副局长：沈福林 陈绍红

党委委员：余　焱＊

拱墅区财政局

书记、局长：孟三山

纪检组长：蔡桂兰

副局长：吴永军 童　立

高新开发区(滨江)财政局

局长：余静漪

副局长：杨金水 胡银根 屠国平 徐　慧

调研员：郭　军＊

副调研员：陈卫东＊张志新＊

萧山区财政局

局长：金　伟

纪委书记：俞大明

副局长：钱志明 罗松巍 金国升＊

党委委员：孔富明＊

余杭区财政局

局长：姚文华

副局长：钱建伟 梅建胜

开发区分局局长：楼志燕＊

纪委书记：尤士英＊

富阳市财政局

局长：华之江

副书记：潘国明＊

副局长：史煜民 李一力 俞　杲＊

临安市财政局

副书记、局长：罗石荣

书记、副局长：董晓庆＊

副书记：马泽华 周　佳＊

调研员：戚绍华＊邵友良＊

建德市财政局

局长：滕明湘

副书记、副局长、纪委书记：钱一军

副局长：何国良 程　霄

桐庐县财政局

局长：俞　谷

书记：胡爱民

副局长：项丽珠 毕文浩

淳安县财政局

局长：詹　韧

纪委书记、副局长：宋士中

副局长：叶建乐

党委委员：胡长文

宁波市财政局

局长：胡谟敦

副局长：王跃鹏 章翠飞 贺也贞 张镇岳 杨　军

纪检组长：陈仰家

海曙区财政局

局长：王松来

副局长：曹　杰 蔡　锐

江东区财政局

局长：章月标

副局长：涂更生 叶良春 范建杰

江北区财政局

局长：孙新土

副局长：徐焕忠 邬文珍 李　斌

北仑区财政局

局长：谢开定

副局长：陆　伟 李　军 孙军泽 赵明鹤＊

镇海区财政局

局长：王信永

副局长：蔡军国 庄起勇 郑建勋

纪检组长：胡志利＊

大榭开发区财政税务局

副局长：冯伟业 叶奇丹＊

鄞州区财政局

局长：钱　芳

副局长：金文耀 岑卢艳

象山县财政局

局长：陈柳松

副局长：姜乐平 王其伟 顾卫国 郑　勇

党组成员：陈忠祥

宁海县财政局

局长：尤永强

副局长：陈焕龙 叶亦利 丁建华

纪检组长：陈知统

余姚市财政局

局长：俞剑清

副局长：杨水昌 王文益 徐强辉 许真如 宋建忠

慈溪市财政局

局长：张炳华

副局长：范哲慰 施银焕 马志灿 陈亚伟 胡国富

局长助理：童树权

党组成员：史　军

奉化市财政局

局长：韩圣光

副局长：吴浩根 俞　峰　林　鑫

党委委员：奚际朗

温州市财政局

局长：李步鸣

纪检组长：卢小平＊

副局长：朱定钧 孙建伟 胡正武＊

总会计师：林江帆＊

鹿城区财政局

局长：胡晓初

副局长：陈宇开 渠　奕

纪检组长：孙丽娟＊

龙湾区财政局

局长：张良飞＊

副局长：陈光伟

纪检组长：林碧清

总会计师：王晓春

瓯海区财政局

局长：吴　强

副书记、副局长(正局级)：项瞻文

副书记(正局级)：薛永川

副局长：黄筱萍

总会计师：叶国蒙

开发区财政局

局长：陈建斌

副局长：黄伟杰＊

纪检组长：徐定杰＊

瑞安市财政局

局长：苏德贤

副书记：余列平

副局长：蔡永水 陈胜泉

纪委书记：林候发

总会计师：李建中

乐清市财政局

局长：叶乐安

副书记、副局长：周庆耀

副局长：董法朗 孔庆元

纪检组长：陈宣定

总会计师：钱乐洋

永嘉县财政局

局长：胡国强

副书记、副局长：叶雀媚＊

副局长、纪委书记：谢纯定

副局长：徐忠诚

总会计师：叶玉庭

平阳县财政局

局长：温从岳

副书记、纪检组长：叶友育

副书记、国资办副主任：薛文秀

副局长：陈钦斌 黄少斌 黄　佩＊

总会计师：王　炼＊

苍南县财政局

局长：徐象广

副书记：蔡勤旺

副局长：项延钢 池长辉 沈志安

纪检组长：陈碧芳

文成县财政局

局长：郑士钗

纪委书记：郑明进

副局长：张明林 胡希勤 林永熙

泰顺县财政局

局长：翁晓彬

副书记：毛方酬

副局长：王官玉

洞头县财政局

局长：叶明理

副书记、副局长：陈后平

副局长：潘敦汉 谢月英

纪检组长：颜跃平

总会计师：曾国雄＊

嘉兴市财政局

局长：马邦伟

副局长：吴贵敏

纪检组长：朱天文

副局长：夏林生 张永红

南湖区财政局

局长：叶涵初

副局长：孔　俭 马立申 张　磊 顾云祥

纪检组长：朱介政＊

秀洲区财政局

局长：王爱根

副局长：徐坤荣 张　军 陈海明

纪检组长：陈晓伟

嘉善县财政局

局长：沈恩达

书记：潘雨忠

副局长：蒋　健 徐金连

纪检组长：张小峰

副局长：徐忠明

平湖市财政局

局长：唐华荣＊

书记：俞明祥

副局长：梁晓军 全　骏

海盐县财政局

局长：贺伟民

书记：马建良

副书记、纪检组长：董成彪＊

副局长：陈初霞 陆国华 王晓军

海宁市财政局

局长：陈金明

副局长：许建明

副书记：闵厚文

副局长：张月明

党委委员：龙怡娟

桐乡市财政局

局长：赵洪亮

副局长：吴海燕 房治方 沈富春

党委委员：方　真＊

湖州市财政局

局长：沈建平

副局长：屠培红 张恩林 姚　温 钱汇丰 黄长泉＊

纪检组长：沈　蓓

总会计师：张向阳

党组成员：袁学平＊

副调研员：钟志铭 杨　敏 张从光＊

吴兴区财政局

局长：汪胜富

副局长：滕玉文 沈国强 沈林林

总会计师：章正军＊

南浔区财政局

局长：李　强

总会计师：韩素贞

纪检组长：高登旺

副局长：沈为民 何琪虎

德清县财政局

局长：杨永林

副局长：徐黎娟 江洪波

纪检组长：沈　英

副局长：张金云

党组成员：曹国华＊

长兴县财政局

局长：冯梅山

书记：葛铭松＊

副局长：李丰红 顾群伟 范首翔

纪检组长：吴淦良＊

党组成员：徐季强 潘旭飞 吴亚平 王佳平

安吉县财政局

局长：梁蕴伟＊

党组书记：胡建国

副局长：朱永桓 汪士财 严明卯 俞土良

党组成员：杨　勇

绍兴市财政局

局长：阮坚勇

副局长：潘旺明（正局级） 房　紧 楼　君＊ 蔡文良 何俊杰

纪检组长：陈建光

总会计师：赵雄飞

调研员：卢银银

党委委员：王文伟 倪 兵

越城区财政局

局长：高玮民

副书记：唐关荣＊

副局长：俞谢家

绍兴县财政局

局长：宋天平

书记：王炳豪＊

副书记、纪委书记：吕铁辉

副书记：赵亿怀＊

副局长：孙永国＊ 徐利忠 徐志方

局长助理：宋朝忠

党委委员：张志华

诸暨市财政局

局长：张建林

副书记、纪检组长：赵一平

副局长：杨胜新 周国新 赵章根＊

上虞市财政局

局长：茅国清＊

副书记、副局长、纪委书记：邵百尧

副局长：卢坚钢 陈 烽 陈鑫森

党委委员：李 军＊ 金慧君＊

嵊州市财政局

局长：孙元东

党委委员、国资公司总经理：茹万红

副局长：孙作祥 叶 平

党委委员：张茂雄

新昌县财政局

局长：求国安

副书记：盛 青＊

副局长：谢立民 吴德祥 周少卿 求伟清

党委委员：吴娟娥 张恺荣

金华市财政局

局长：周益民

副局长：杨晓明 马海清

纪检组长：李建华

副局长：李 俊＊

副局长：倪小波

总会计师：徐佩琴

婺城区财政局

局长：李庆龙

副局长：傅得樟 章文志

副局长、纪检组长：陶昌伟

副局长、国资办主任：顾再进

党组成员、金西财政局长：施柯芬

党组成员、办公室主任：胡京宏

金东区财政局

局长：张有钢

副书记、副局长：陈春华

副局长：郑良模

副局长、纪检组长：姜韶军

党组成员：施杰明

局长助理：王丽华

兰溪市财政局

局长：陈玉祥(兼)

党组书记：陈根斗

副局长、纪检组长：金 辉＊

副局长：邓培昌

党组成员:周季容 朱益民

东阳市财政局

局长：徐立刚

党组副书记、副局长：杜希庭＊

党组副书记：马樟云

副局长：吴正华 徐跃卫

党组成员、开发区分局局长：林 斌

党组成员、人教科科长：单仲尧

义乌市财政局

局长：赵健明

副书记、副局长：陈忠强 赵绍辉

副局长：虞建民 李晓玲 何愫洪 朱琴芳

党委委员：张其合 缪永明 杨成林

永康市财政局

局长：施建民

副局长：吕正时 杜奕铭

党委委员:吴美秀

国资办副主任：应美珍

党委委员：谢毅清

浦江县财政局

局长：傅兴琰

副局长：许尔清 楼向阳 王卫平

纪检书记：李国平

党组成员：黄苏安

总会计师：黄英俊

武义县财政局

局长：陈进一

副局长：程云庆 王柏宜 张李新 徐飞云 陈秋华

总会计师：徐国强
纪委书记：王献良
党委委员：韩宣中 郑敬东

磐安县财政局

局长：周丽水
副书记：斯维仁＊
副局长：葛精兵 施逢杰＊
纪检组长：郭德富
党组成员：陈忠明

衢州市财政局

局长：徐素荣
副书记：吴小聪
副局长：周卫云 王德华
纪检组长：郑芳美

柯城区财政局

局长：章雨土
副局长：邵国英 姚正锋
党组成员：朱泉水 郑 虹

衢江区财政局

局长：李 青
副局长：秦 勇 罗永美
纪检组长：黄宏霞
党组成员：周奇虹

龙游县财政局

局长：陆 雄
副书记、副局长：翁文斌
副局长：朱云峰
纪检书记：方伟成
党委委员：林金祥
副局长：何 勤
党委委员：方巧娥

江山市财政局

局长：巫小雄
副书记：王智荣
副局长：郑宇星 张晓华 毛水芳 郑建青＊
纪委书记：周金富
党委委员：祝钦史＊

常山县财政局

局长：俞宝根
副书记、副局长：谢 诚
纪委书记：张庆华
副局长：钱志友 朱圣杰 徐光明
党委委员：蒋淑萍

开化县财政局

局长：邹燕辉
副局长：汪 涌 傅剑钢 廖继军
党委委员：项平平 邱俊峰 廖建忠 汪福海

舟山市财政局

局长：王 伟
副局长：张世民 曹国英 竺群力
总会计师：岑瑞芳
纪检组长：张群伟
工委主任：邵建协

定海区财政局

局长：陆赛波
副局长：姚洪波 贺松跃 朱巧星
总会计师：吴 鹰

普陀区财政局

局长：陈安振
党组副书记：孙文平
国资公司经理：周志国
副局长：张友夫 陈 峰 史海祥
党组成员：张雅雪

岱山县财政局

局长：童信宇
党组副书记：潘高平
副局长：方信伦 蒋伟若＊

嵊泗县财政局

局长：王兴军
副书记、纪委书记：王荣素
副局长：徐国华 何世光
党委委员：郭 华 王海儿
局长助理：罗奇辉

台州市财政局

局长：叶维军
副书记：韩爱军
副局长：张卫平 王子剑
总会计师：余延龄
党组成员、纪检组长：孙 鑫

椒江区财政局

局长：邬美荣
副书记、纪检组长：陈忠贤＊
副书记、副局长：谷建斌＊
副局长：蔡建中 章光辉

黄岩区财政局

局长：陈灵平＊
书记：郑 斌＊
副书记、纪检组长：於福球＊
副局长：林君福＊

党组成员：柯卫凌 郭建明

路桥区财政局

书记：蔡志棠

局长：陈明炜

副书记、纪检组长：管敏明

副局长：许拓天 池昌明

临海市财政局

局长：冯荷琴

副书记、副局长：胡寿坚

副局长：方 虹 王礼福 *

纪检组长：卢国富 *

总会计师：蒋向阳 *

温岭市财政局

局长：江涌清

副局长：柳 敏 王春连 林作明

总会计师：卢旦生

玉环县财政局

局长：张恢卓

副书记、副局长：郭显银

副局长：张素燕 颜永昌

纪委书记：唐丹华

总会计师：姜仁武

天台县财政局

局长：余昌杰

副书记、副局长：戴敏华

副局长：方国耀

仙居县财政局

局长：姚文浩 *

纪检组长：潘海滨 *

副局长：杨建明 高湧清

副局长、总会计师：吕汝韦 *

三门县财政局

局长：奚建华

副书记、纪检组长：马加品

副局长：金圣杰

总会计师：陈小撑

丽水市财政局

局长：何赤峰

副局长：崔 军 孙天宇 刘小平 魏叶华

纪检组长：李 嫔

莲都区财政局

局长：叶欣华

副局长：汤利达 赖志平

纪检组长：尹和平

开发区财政局

局长：金雄鸥

副局长：陈卫媛

青田县财政局

局长：朱秀雄

党组书记、副局长、纪检组长：陈景荣

副局长：王伟伟 张红兵 季耀武

云和县财政局

局长：柳少康

副局长：柯志宙 陈文平

纪检组长：蓝石花

龙泉市财政局

书记：刘志伟

局长：吴旭文

副局长：商越敏 季志芬 连浩松 *

纪检组长：吴树儿

庆元县财政局

局长：刘义平

副书记：陈本新

副局长：周必寿 杨小芬 吴叶林

缙云县财政局

局长：陈贵长

副书记、纪检组长：谢 芳

副局长：叶伟民 施喜光 王伟民

国资委办公室主任：钭秀千

总会计师：应文央

副局长：章一力 *

遂昌县财政局

书记：翁小瑜

局长:赵文明

副局长：叶宏放 单崇海 韦恩军

松阳县财政局

局长：毛建南

国资办主任、副局长：周永跃

副书记：吴培养

副局长：徐建农

副局长：颜明波 *

纪检组长：冯汉饶 *

财务总监：叶智强 叶卓强

景宁县财政局

书记、局长：季晓伟

副书记、纪检组长：梅巧勤

副局长：蓝朝星 赵晓琴 陈华星

国资公司总经理：汤伟平

副局长:支炳义 *

（注:有 * 标示者为当年职务有变动）

浙江省财政系统职工基本情况统计

单位：人

项目		总计	性别		民族		学历								
			男	女	汉	其他	研究生			大学本科	大学专科	中专	高中及以下学历		
								博士	硕士（全日制）				人数	其中35岁以下	其中36至45岁
总计	合计	12086	7183	4903	12036	50	303	4	152	7162	3211	549	861	89	203
	厅（局）级	10	9	1	10		3		1	5	1		1		
	地市局（处）级	576	417	159	575	1	70	2	14	411	82	5	8		
	县局（科）级	3499	2233	1266	3486	13	137	1	77	2283	811	132	136	1	2
	一般干部	6511	3675	2836	6482	29	91	1	60	4063	1829	253	275	21	42
	工勤人员	1490	849	641	1483	7	2			400	488	159	441	67	159
省（区、市）厅局	合计	1178	702	476	1173	5	134	4	80	808	139	17	80	7	26
	厅（局）级及以上	10	9	1	10		3		1	5	1		1		
	处（局）级	397	276	121	397		49	2	14	288	52	3	5		
	科级	430	227	203	428	2	59	1	47	335	29	1	6		
	一般干部	231	118	113	229	2	23	1	18	164	35	4	5	1	1
	工勤人员	110	72	38	109	1				16	22	9	63	6	25
市（地、州）局	合计	2648	1484	1164	2638	10	103		46	1778	502	98	167	26	43
	局（处）级及以上	179	141	38	178	1	21			123	30	2	3		
	科级	1229	758	471	1223	6	52		24	881	227	39	30		1
	一般干部	887	385	502	885	2	29		22	671	145	17	25	5	5
	工勤人员	353	200	153	352	1	1			103	100	40	109	21	37
县（市、区）局	合计	6110	3681	2429	6084	26	65		25	3889	1495	243	418	51	103
	局（科）级及以上	1840	1248	592	1835	5	26		6	1067	555	92	100	1	1
	股级	1359	1000	359	1354	5	15		1	1092	223	11	18		
	一般干部	2000	907	1093	1989	11	23		18	1473	398	57	49	10	7
	工勤人员	911	526	385	906	5	1			257	319	83	251	40	95
乡（镇）所	合计	2150	1316	834	2141	9	1		1	687	1075	191	196	5	31
	所（股）级及以上	822	599	223	817	5				261	414	54	93		12
	一般干部	1212	666	546	1208	4	1		1	402	614	110	85	5	17
	工勤人员	116	51	65	116					24	47	27	18		2

续表一:

单位:人

项目		总计	政治面貌				年龄				
			中共党员	共青团员	民主党派	其他	30岁及以下	31岁至35岁	36岁至40岁	41岁至50岁	51岁至59岁
总计	合计	12086	7669	675	134	3608	1562	1989	2081	4912	1539
	厅(局)级	10	10						1	1	8
	地市局(处)级	576	522	1	7	46	1	20	69	329	155
	县局(科)级	3499	2659	35	64	741	110	341	529	1746	773
	一般干部	6511	3962	528	59	1962	1266	1363	1140	2304	437
	工勤人员	1490	516	111	4	859	185	265	342	532	166
省(区、市)厅局	合计	1178	810	71	16	281	140	193	231	450	164
	厅(局)级及以上	10	10						1	1	8
	处(局)级	397	348	1	6	42	1	14	49	234	99
	科级	430	306	20	9	95	66	123	113	107	21
	一般干部	231	108	46	1	76	70	45	45	54	17
	工勤人员	110	38	4		68	3	11	23	54	19
市(地、州)局	合计	2648	1652	187	47	762	335	506	511	953	341
	局(处)级及以上	179	174		1	4		6	20	95	56
	科级	1229	940	9	30	250	33	156	257	568	215
	一般干部	887	404	156	15	312	282	271	150	157	27
	工勤人员	353	134	22	1	196	20	73	84	133	43
县(市、区)局	合计	6110	3666	342	71	2031	793	950	1049	2499	819
	局(科)级及以上	1840	1413	6	25	396	11	62	159	1071	537
	股级	1359	1073	16	27	243	29	210	308	748	64
	一般干部	2000	898	252	16	834	626	507	361	382	124
	工勤人员	911	282	68	3	558	127	171	221	298	94
乡(镇)所	合计	2150	1541	75		534	294	340	290	1010	215
	所(股)级及以上	822	716			106	17	42	80	556	127
	一般干部	1212	763	58		391	242	288	196	407	78
	工勤人员	116	62	17		37	35	10	14	47	10

续表二：

单位：人

项目		总计	参加工作时间							劳模（先进工作者）	
			1949年10月至1957年	1958年至1965年	1966年至1970年	1971年至1980年	1981年至1990年	1991年至2000年	2001年以后	省（部）级	全国
总计	合计	12086		6	276	2119	4616	3505	1564	10	2
	厅（局）级	10			2	6	1	1		1	
	地市局（处）级	576			40	181	283	69	3	5	1
	县局（科）级	3499		3	156	1023	1509	685	123	3	1
	一般干部	6511		2	48	652	2374	2221	1214	1	
	工勤人员	1490		1	30	257	449	529	224		
省（区、市）厅局	合计	1178			37	215	416	355	155	4	1
	厅（局）级及以上	10			2	6	1	1		1	
	处（局）级	397			23	121	197	53	3	3	1
	科级	430			2	36	118	199	75		
	一般干部	231			3	19	54	79	76		
	工勤人员	110			7	33	46	23	1		
市（地、州）局	合计	2648		2	85	508	860	855	338	3	1
	局（处）级及以上	179			17	60	86	16		2	
	科级	1229		2	52	299	514	324	38	1	1
	一般干部	887			7	66	154	372	288		
	工勤人员	353			9	83	106	143	12		
县（市、区）局	合计	6110		3	141	1192	2223	1712	839	2	
	局（科）级及以上	1840		1	102	688	877	162	10	2	
	股级	1359			2	195	704	427	31		
	一般干部	2000		1	24	176	394	783	622		
	工勤人员	911		1	13	133	248	340	176		
乡（镇）所	合计	2150		1	13	204	1117	583	232	1	
	所（股）级及以上	822		1	6	107	617	85	6		
	一般干部	1212			6	89	451	475	191	1	
	工勤人员	116			1	8	49	23	35		

续表三：

单位：人

项目		专业技术人员					特贴专家
		总计	高级职务	其中：正高级职务	中级职务	初级职务	
总计	合计	7661	1003	3	3759	2899	
	厅(局)级	8	5		3		
	地市局(处)级	430	208	2	171	51	
	县局(科)级	2518	447		1335	736	
	一般干部	4231	331	1	2031	1869	
	工勤人员	474	12		219	243	
省(区、市)厅局	合计	828	289	3	400	139	
	厅(局)级及以上	8	5		3		
	处(局)级	317	167	2	114	36	
	科级	330	89		193	48	
	一般干部	159	28	1	83	48	
	工勤人员	14			7	7	
市(地、州)局	合计	1706	287		986	433	
	局(处)级及以上	113	41		57	15	
	科级	887	192		509	186	
	一般干部	606	51		361	194	
	工勤人员	100	3		59	38	
县(市、区)局	合计	3963	422		2104	1437	
	局(科)级及以上	1301	166		633	502	
	股级	1072	177		588	307	
	一般干部	1267	70		733	464	
	工勤人员	323	9		150	164	
乡(镇)所	合计	1164	5		269	890	
	所(股)级及以上	486	2		90	394	
	一般干部	641	3		176	462	
	工勤人员	37			3	34	

附录

社会团体活动

浙江省财政学会

【开展课题研究】牵头组织协作课题研究。由浙江省财政学会、财税政研室牵头，山东省、河南省、上海市财政学会、科研所，财政部科研所财政史研究室共同参与，承担中国财政学会、科研所协作课题"推进经济转型升级的财税对策研究"。立足浙江省的现实和发展特色，浙江省财政学会、财税政研室在调研基础上，完成分报告《促进我省经济转型升级的财税对策研究》。在各单位分报告的基础上，经过协作单位共同努力，完成总报告《推进经济转型升级的财税对策研究》。

完成省社科联课题研究。在调研的基础上，从理论层面和实践层面对"收入一个'笼子'、预算一个'盘子'、支出一个'口子'"改革进行剖析，完成"完善政府预算管理改革研究"的课题报告。

组织省内协作课题研究。将"财政专项资金整合研究"作为年度重点课题，采取上下协作攻关的形式，组织部分市、县财政学会进行研究。各有关协作单位结合实际，各有侧重完成15个相关课题研究报告。

配合省财政厅有关部门完成相关课题研究。结合省财政厅机构改革需要，配合人事部门完成"预算编制、执行、监督'三分离'管理研究"课题研究任务。配合法制部门完成"政府非税收入立法管理研究"。

与县(市)财税学会联合开展课题研究。受义乌市财政局委托，省财政学会和义乌市财政局联合完成"义乌市公共财政改革的实践与探索"和"综合财政改革：义乌的实践和探索"等课题。

完成课题《完善我省财政预算报告研究》。财政预算报告是每年政府财政向人大提请审议的重要文件，在调研基础上，选取有代表性的全国财政预算报告、香港和广东等地的财政预算报告进行比较研究，探索提高浙江省财政预算报告的编制水平。

【开展学会课题调研】调动全省财税学会调研的积极性，形成良好的调研氛围，努力实现全省财政科研工作更好地服务中心工作。省财政学会根据财政经济工作的重点，提出18个参考研究命题，提供有关市、县(市、区)财税学会、财经院校进行研究参考。到年底，共收到各有关单位上报的课题成果121个。单位把课题研究作为工作的重要组成部分，杭州、宁波、温州、湖州、绍兴、丽水等财政局领导亲自担任课题组长，参加课题研究的讨论、审稿、修改等工作，有些地方局领导亲自执笔撰写课题报告。提高课题报告质量。指导各市县财政学会切实抓好课题研究质量，有效发挥课题研究为财政中心工作服务的作用，部分课题成果做到了定性分析和定量分析相结合，研究报告对实际工作具有指导意义。开展协作课题研究。温州市财政学会联合瑞安、乐清市财政局开展协作研究，完成"温州发达地区财政能力研究"。财经院校参与课题研究。省财经院校成为财政科研的重要力量，2009年，浙江财经学院、杭州电子科技大学等高校申报完成3个课题。12月30日，省财政学会召开课题评审会，对当年全省各市、县(市、区)财政学会和有关院校完成的课题进行评审，产生一等奖4篇、二等奖46篇、三等奖59篇。

【课题成果转化利用】在对2008年度全省课题成果评选以后，学会将获奖的课题成果汇编成《财政改革热点问题探讨——浙江省财政课题研究成果汇编(2008)》一书，由浙江人民出版社出版发行。向全国财政理论评选、省社科界社科成果评选等活动推介成果，学会秘书处完成的课题被全国财政理论第十八次讨论会收录。向有关部门报送科研成果，课题"完善政府公共预算管理改革研究"、"改进消费券的思考与建议"分别被财政部科研所内参《研究报告》和《财政研究简报》刊登，呈国务院、人大财经委、财政部各司局、各省财政厅等参阅。通过刊物对课题研究成果进行宣传，向《财政研究》、《中国财经信息资料》等刊物推荐发表。

【举办小型研讨会】举办"完善政府公共预算管理改革研究"协作课题研讨会。完善政府公共预算管理改革是当前打开渐进式改革空间的一个重要节点，如何进一步向纵深推进，使财政改革朝着公共化目标取得实质性突破，学会采用上下协作形式组织部分市、县进行研究，各协作课题研究单位共完成课题成果13个，3月12～13日，在遂昌县召开协作课题研讨会，交流研究成果。举办"促进经济转型升级的财税对策研究"研讨会。按照浙江省社科联"当代浙学论坛——2009学术月"活动的统一部署，5月19日，学会在桐乡市举办"推动经济转型升级的财税对策研究"研讨会。研讨会邀请财政部科研所、浙江大学、浙江财经学院、杭州电子科技大学和有关财政专家学者和业务代表30余人参加。

【举办学术沙龙研讨会】围绕以部门预算为龙头的预算编制体系、以国库集中收付为龙头的预算执行体系和以绩效评价为龙头的预算监督体系的"三位一体"的财政运行机制这一主题，组织有关财经院校进行专题研究，6月20日，在浙江大学举办"三位一体"财政运行机制学术沙龙研讨会。来自浙江大学、浙江财经学院、杭州电子科技大学、浙江工商大学、浙江师范大学、杭州师范大学和省财政厅有关处室的40余位专家学者和业务代表参加研讨会。

【举办科研骨干培训班】10月13～15日，在富阳市召开全省财政学会秘书长和科研骨干培训班，来自各市、县(市)近130名科研骨干参加会议。中国社会科学院财贸所副所长、博导高培勇教授，财政部科研所副所长、研究员、博导白景明博士，浙江大学公共管理学院公共政策与公共经济系主任、博导李金珊教授，应邀分别作《宏观调控与财政政策》、《财政管理与制度创新》、《金融危机与经济发展》专题讲座。

【提高会刊编辑水平】《浙江财政研究》作为省财政学会会刊，按照省新闻出版局的要求，在丰富刊物内容的基础上，注重提高刊物质量，创新形式与内容，宣传全省各项财政工作，展示全省财政理论研究和改革实践的风貌，推进财税文化建设。按双月刊的要求，当年共刊出六期。

【预算会计研究分会】根据全国预算与会计研究会的工作安排，财政学会预算会计研究分会与北京、天津、上海、江苏、山东等省市财政厅(局)有关处室和研究会联合开展《政府会计改革的难点和对策研究》课题研究，送全国预算与会计研究会和财政部国库司参阅。同时在全省范围内开展预算与会计课题研究工作，并将所征集的课题汇编成《浙江省预算管理与会计论文选》。3月14日，研究会召开2009年第一次常务理事会。8月，省财政厅批准原省财政预算会计研究会作为省财政学会的分会运行，并开展工作。

【农村财政研究分会】开展课题调研和学术研究，提出32个参考选题，供全省各地财政农研会参考，采取诸多形式开展课题调研和学术研究活动。同时，组织全省农财、农税、农发办干部参加中国农研会在桂林、大连、黄山举办的培训班。8月，省财政厅批准原省农村财政研究会作为省财政学会的分会运行，并开展工作。　　(省财政学会供稿　陈优芳　虞　斌执笔)

浙江省会计学会

【组织会计理论课题研究】围绕财政会计中心工作，组织会计理论研究。经专家论证，选择21个研究课题，供各市会计学会参考，最后形成一批会计研究成果，如《金融危机后的企业财务发展模式问题研究》、《企业财务风险预警机制的研究与探讨》等，具有一定的实际应用价值。同时，学会还根据省社科联要求，积极申报研究课题，经过学会审核推荐浙江同济科技职业技术学院经济管理系副主任沈小平的《农村财务理财手册》、省民政厅时侠术的《老百姓的理财箴言》、《老年人财产性收入保障体系》等课题，得到省社科联的好评。

【编辑出版会计论文集】发动全省会计工作者理论联系实际，结合本岗位撰写具有应用价值的会计学术论文，共收到论文411篇。这些论文涉及内容有"会计准则实践与研究"、"全面预算与管理会计问题研究"、"会计制度与会计法规研究"等22类。学会组织汇集出版会计论文集。

【参加全国会计学术交流活动】参加11月在武汉举行的全国地方会计学会会长和秘书长会议，学会代表在会上作主题发言，介绍开展会计学会工作的做法和经验。学会还推荐

由浙江财经学院、浙江大学、浙江工业大学教授撰写的《全球金融危机对规范我国国企高管薪酬的启示》、《高校人文社科研究机构科研绩效评价体系构建研究》、《公允价值会计准则变更及其影响分析》等6篇论文,作为会议书面交流材料。7月21日,学会与杭州市会计学会联合召开主题为"推进会计信息化建设 提升企业财务管理水平"研讨会,高校教授、企业财务负责人、会计师事务所代表、财务软件商代表20多人参加研讨会。会议总结了解百、西子电梯、中策橡胶、传化等八家企业的会计信息化建设的成功经验。8月6日,学会与财通证券有限公司、浙江上市公司协会联合召开"浙江省创业板上市问题研讨会"。研讨会邀请省上市管理部门、证券公司、会计师事务所、律师事务所、高等院校的专家和教授从不同角度对创业板上市问题进行解读,全省近180家中小企业的代表参加研讨会。10月14日,学会召开"推进事业单位会计改革 提升财务管理理念"专题研讨会,来自浙江省卫生系统、教育系统、科研单位及省财政厅等单位领导、财会专家20余人参加会议。

【做好会员服务工作】加大继续教育力度。全年共举办会计人员继续教育培训班37期,培训人员3893人次;举办会计电算化考试458场,考试人数16333人次;举办会计资格类考前辅导班3期,培训人员326人次;举办中专学历教育班一期,培训人员127人次。通过继续教育培训和考试,提高会计人员的政策法规、职业道德水平和会计业务技能。精心办好刊物。学会利用《浙江财税与会计》这一平台,围绕财政会计中心工作,做好会计类法规、制度及会计改革的宣传,重点关注当前会计领域的热点、难点问题,如应对金融危机、会计信息化、创业板上市、事业单位改革等问题,此外还刊登有关会计核算、财务管理、增值税转型等方面内容的稿件,增加刊物对实务工作的指导性。

【加强学会自身建设】3月4日~5日和5月12日,学会分别在衢州和杭州召开主题为"总结经验,交流情况,坚定信心,推动工作"的各市会计学会和专业分会秘书长工作座谈会。会上各学会交流工作经验,分析当前学会工作中的重点与难点,为学会工作的开展拓宽了思路。学会内部完善有关制度,制订《进一步规范省会计学会财务会计管理工作的若干意见》,对学会预算编制、外聘人员工资调整、资产管理、学会日常费用支出管理、重大活动经费收支预算报批制度等作出调整,规范学会管理。为鼓励和调动各级学会的积极性,当年评选出9个省级先进学会和27位省级先进学会工作者。

【纪念学会30周年活动】2009年是省会计学会成立30周年,学会开展了一系列纪念活动。召开庆祝大会。12月17日,在杭州召开学会成立30周年庆祝大会,中国会计学会会长金莲淑、省政协副主席黄旭明等领导出席会议并讲话。来自全省各县、市会计学会和省级专业分会的秘书长、会员代表等200余人参加了会议。出版纪念册。学会向各市县会计学会征集30年来有价值的文字和图片资料,组织收集整理,经过近半年的编写,《簿计波澜 数算风云——浙江省会计学会成立三十周年纪念册》出版,图文并茂地展示了省会计学会30年的成长历程。举办"中汇杯"书画摄影比赛。学会举办以纪念省会计学会成立30周年、"展现会计风采,弘扬会计文化"为主题的2009年"中汇杯"书画摄影大赛。大赛收到各市县会计学会选送的书法摄影作品172幅,经专家评审,评选出书法类一等奖6名,二等奖10名,三等奖14名,优秀奖11名;摄影类一等奖4名,二等奖5名,三等奖6名。组织"天健杯"有奖征文活动。征文活动收到会计征文110篇,经专家评定,评出一等奖3篇、二等奖9篇、三等奖18篇、鼓励奖20篇,鼓舞和激励了广大财会人员探索理论、钻研业务的积极性、创造性。编写大事记。为了系统反映学会近十年发展的基本脉络和各项活动情况,展现会计学会的建设和发展的成果,学会组织专人负责编写1999~2009年十年大事记,至年底已完成编写工作。

(省会计学会供稿　薛文耀执笔)

浙江省财税系统政治思想工作研究会

2009年,浙江省财税系统政治思想工作研究会工作以科学发展观为指导,围绕财税中心工作,把政治思想工作与"财税文化"建设有机地结合起来,探索新时期财税系统政治思想工作的新规律、新路子、新方法,为完成财税各项工作任务提供保障。

【编辑印发《工作交流》】根据全省财税系统思想政治工作的实际需要,为加强系统的思想政治工作研究,提供一个传达有关指示、通报活动情况和交流经验体会的平台,政研会新编《工作交流》专刊,印发至每个市、县、区财政地税局和省厅省局机关、单位,全年共编印三期。《工作交流》对指导各地政研会的工作起到推动作用,深受人教部门、政工干部欢迎。

【深入基层调查研究】政研会的领导和工作人员分别到衢州市、义乌市等地了解调研各地财税文化建设,以及思想政治工作开展情况。

【推荐优秀调研课题】根据省政研会的通知精神,在认真调查研究的基础上,经过各级领导的审查,确定推荐衢州市财政地税系统政研会、绍兴市财政地税政研会和绍兴市财政地税局撰写的《创建财税文化之初探》一文为优秀调研课题,并整理有关材料,及时上报省政研会。

(省财税政研会供稿　童新元执笔)

专题经验介绍

创新机制 强化征管 提高政府非税收入科学管理水平

衢州市财政局

近年来，衢州市财政局在省财政厅和衢州市委、市政府的正确领导下，以科学发展观为指导，围绕增强政府宏观调控能力，全面贯彻中央和省关于加强政府非税收入（以下简称非税收入）管理的一系列政策法规，深化“收支两条线”改革，不断完善非税收入管理体系，进一步强化非税收入征收管理，为增加政府可支配财力，规范行政事业单位财务收支管理秩序，促进经济和社会各项事业的全面发展作出了应有的贡献。

加强宣传引导，提高社会各界对非税收入的认识

非税收入是政府收入的重要组成部分，非税收入管理是需要全社会共同参与的一项综合性工作，离不开各级各部门和社会各界的支持。全市从上到下一直十分重视非税收入的宣传引导工作。一方面，市委、市政府领导在会议、调研、视察等过程中，经常强调非税收入的重要意义，要求各级各部门统一思想、提高认识，树立非税收入“所有权属国家，使用权归政府，管理权在财政”的意识，引导各级各部门增强大局意识，正确处理局部利益与整体利益、部门利益与全局利益的关系，支持财政部门做好非税收入的管理工作。同时，市人大常委会还专题听取非税收入工作汇报，开展非税收入征管情况调研，监督指导财政部门加强非税收入管理。另一方面，财政部门通过各种媒体、会议加强宣传，在工作实践中逐步淡化预算外资金概念，牢固树立“非税收入就是财政收入、收支必须服从政府安排”的观念，严格执行非税收入管理的各项规定。通过坚持不懈的宣传引导，社会各界对非税收入的认识不断提高，全市上下齐心协力，部门单位各司其职，基本实现了非税收入管理“收入税收化、专户金库化、支出预算化、稽查经常化、管理网络化”的目标。

加强非税收入基础管理，完善非税收入征管措施

强化非税收入征管基础工作，是促进非税收入征收管理的重要前提。我们不断完善非税收入征管措施，突出征管重点，确保应收尽收、应缴尽缴。一是完善“双定管理”，即根据机构编制文件，核定非税收入执收单位；根据收费政策文件，核定非税收入票据，逐户摸清非税收入征收基本情况，摸清收入分布项目，建立非税收入执收单位和非税收入项目信息数据库，完善非税收入征管业务档案。二是积极推广应用新版“非税收入征管信息系统”，实行有效的信息系统监控，实现财政与代理银行、征收单位信息互联互通。积极做好上线单位新系统技术保障服务，切实提高非税收入征管效率。强化非税收入代理银行新系统业务指导，及时协调解决代理银行新系统接口问题，为扩大新系统使用范围奠定了基础。三是明确工作责任，建立非税收入执收单位专职人员制度。加强财政局各处室的业务协调，使各项工作紧密衔接、不重不漏。四是建立季度分析制度，每季终了对非税收入计划执行情况进行客观分析，通过分析收入增减因素查找发现问题，有针对性地采取措施解决问题，增强非税收入征管的主动性、预见性。

深化收缴分离制度改革，加强财政结算专户管理

财政结算专户是财政部门用于归集、结算非税收入的专用账户，对于落实非税收入收缴分离，深化收支两条线管理改革意义重大。我们采取切实有力措施，强化财政结算专户管理。一是制定《收缴分离管理办法》，切实加强财政结算专户管理，财政部门在商业银行和信用联社设立非税收入财政结算专户，统一用于行政事业性收费、政府性基金、罚没收入等非税收入的收缴和资金结算。二是取消执收单位收入过渡户，各行政事业单位征收的非税收入，按照“单位开票、银行代收、财政统管”的收缴分离制度，由缴款单位或缴款人直接将资金缴入财政结算专户，实行“收支两条线”管理。三是往来款项实行财政代理制，把土地拍卖保证金、预收款、案件暂扣款等往来款项，纳入财政结算专户管理。对未中标的土地拍卖保证金等实行财政结算专户直接退付制度，切实提高服务效率。四是建立《财政结算专户资金对账制度》，财政部门与代理银行建立每周对账制，与征收单位建立每月对账制，确保财政结算专户资金准确、安全。五是完善《非税收入结算入库比对制度》，对公安、法院、环保、计生、工商等部门执收的非税收入，由执收单位填写《票据结报核销表》，财政部门对票面金额与缴入财政结算专户资金进行比对无误后，再将资金解缴人民银行国库，防止票据发放、票据结报、票面金额与收入入库相脱节，切实强化入库资金的监督管理。

强化非税收入票据管理，做到“以票管费”

财政票据是非税收入征收管理的重要抓手，是非税收入缴款人的重要凭证。我们积极强化财政票据管理，从源头上抓好非税收入征管。一是建立《票据购领使用结报核销制度》。各行政事业单位依据中央、省、市收费政策文件和收费许可证，向财政部门办理财政票据《购领证》，实行“凭证购票、限量领用、定期结报、验旧换新”的管理办法。二是切实完善票据购领制约机制。对使用非税收入票据收取的各类资金，通过非税收入征管信息系统进行实时监控，收取的资金必须纳入财政结算专户管理方可结报核销票据，结报后才能重新购领新的财政票据。三是建立《票据年度验审制度》，每年对已购领未使用和已使用未结报的票据进行全面核查，防止截留、隐瞒、坐收、坐支非税收入等，切实加强“以票管费”，强化非税收入管理。

突出重点收入项目整合，增加政府非税收入

一是积极拓展非税收入征收范围。制定《机动车特殊号牌号码公开竞价办法》，对机动车特殊号牌号码实行公开竞价拍卖。积极拓展公共阵地户外广告设置权、停车泊位经营权、出租车经营权、客运班线经营权、国有股权转让、三轮车经营权、罚没物品处置、采石采砂采矿经营权、道路会展大型活动冠名权、地名命名使用权、书报亭电话亭公交候车亭经营权等公共资源招标拍卖，努力增加政府非税收入。二是大力加强土地出让金征收管理。完善国有土地使用权出让收入管理制度，制定《贯彻落实国有土地使用权收支管理办法的意见》，将土地出让收支纳入国库管理，建立土地出让收支基金预算制度。实行土地出让业务经费与土地出让金收缴联动考核机制，对地价款在招拍挂卖成交后 3 个月以内收缴到位的，市财政安排一定比例的业务经费；超过 3 个月但在 6 个月以内收缴的减半安排业务经费；超过 6 个月则取消业务经费安排，充分调动国土部门收缴出让金的积极性，加快土地出让金收缴进度。进一步理顺市区土地储备管理体制，明确市本级各区域土地储备、前期开发、土地出让、资金管理等体制政策，进一步强化土地收购储备成本监管，努力降低土地成本支出，增加土地出让收益。强化土地资源指标市外调剂资金使用管理，统筹管理市外土地资源指标调剂，加强土地资源调剂资金收缴、拨付、使用管理，切实提高土地资源利用效益。三是加强房屋出租收入征管。建立《房屋出租资产处置公开拍卖制度》，进一步加强机关事业单位房屋出租、资产处置监管，提高政府资源和国有资产有偿使用收益。加强与税务部门的沟通协作，积极做好房屋出租等收入的收缴管理，防止收入体外循环和流失。

强化部门综合预算约束力，增强政府调控能力

综合预算管理是建立健全非税收入预算管理体系的重要内容，可以切实防止预算内资金与非税收入“两张皮”现象的发生。我们从制度上入手，积极推进综合预算管理。一是建立《综合预算管理制度》，各机关事业单位征收的非税收入，全部与预算内资金统一纳入部门预算，实行综合预算管理。建立健全有效的制衡约束机制，确保非税收入使用效益最大化。二是完善非税收入计划管理，增强预算执行严肃性。加强对非税收入征管情况的考核监督力度，促进非税收入依法征收、应收尽收。三是建立《非税收入集中调剂制度》，对少报非税收入收支计划、多争取预算内拨款、非税收入超收又要追加预算的部门单位，采取集中 50%调剂收入的措施，增强部门单位非税收入计划编制的科学性与严肃性，强化预算约束力。2009 年，我市实现了非税收入支出预算“零”追加。四是稳步推进国库集中支付改革，将纳入国库集中支付的非税收入，定期从财政结算专户划入国库账户，实行集中支付，切实加强非税收入使用管理。五是建立非税收入分成资金由财政结算专户上缴下拨制度，规范非税收入分成资金管理，确保省级分成资金及时足额上解。

加强非税收入监督管理，提高资金使用效益

一是按照“三年一轮回”的办法，定期开展非税收入征管专题检查活动。财政会同监察、物价、人行、审计等部门，每年安排三分之一的执收单位，全面检查收费政策执行、收入上缴、银行账户管理和资金使用等情况，进一步规范执收单位非税收入收缴、使用和管理。二是进一步加大对违规行为的查处力度。对一般性的违规违纪问题，要求单位限期整改、及时解决；对少数坐收坐支、不按规定使用财政票据、私设“小金库”、不按规定用途使用资金等管理混乱、问题突出的单位，严格按照有关规定进行查处，做到警钟长鸣。三是会同物价部门做好收费年度验审工作，对收费项目、收费标准、收费票据、资金专户等情况进行全面核查。对取消、停止的收费项目和降低收费标准的项目，及时变更收费许可证，防止乱收、多收现象的发生。四是调整局内部物价系统部门预算管理职能，强化收费政策监督管理。加强对中央和省取消、暂停、减免收费政策落实的监督检查，积极兑现各项收费减免和财政扶持政策，大力支持企业发展，充分发挥非税收入促进经济发展的财政杠杆作用。据不完全统计，2009 年市本级减免行政事业性收费及服务性收费 4930 万元，切实减轻企业和社会负担。五是组建“一办三中心”(即公共资源市场化配置监督管理办公室、公共资源交易中心、政府投资项目建设中心、政府投资项目评审中心)，强化公共资源交易监督管理，努力实现“一增加两降低”(增加政府收益，降低政府开支，降低腐败发生率)。

通过几年来的持续努力，非税收入征管使用不断规范，政府可用财力不断增加，有力地促进了经济社会发展。一是支持了政府重点项目建设。两年来，通过非税收入筹措了大量资金，完成民航大道、衢化公路拓宽改造、中立交改建、斗潭桥改造、城市景观改造提升、新农村建设等项目 109 个。清理历年

沉淀专项资金，建立政府偿债准备金8950万元。二是支持了民生事业发展。筹集廉租住房保障资金，帮助低收入群体改善住房条件。两年来，市本级共筹集廉租住房保障资金4970余万元，共有1147户住房困难家庭得到保障，人均住房保障面积从14平方米提高到15平方米。从机动车特殊号牌号码公开竞价拍卖所得中筹措道路交通事故社会救助资金，解决了道路交通事故中弱势群体家庭的实际困难。建立500万元贫困大学生助学基金，已累计资助435名家庭经济困难学子圆了大学梦。与此同时，加强彩票发行监管，近两年市本级共筹集彩票公益金3678万元，用于支持民政福利、体育事业发展。

深化“三个子”改革 完善公共财政体系

义乌市财政局

近年来，在“三个子”预算管理改革基础上，在深化公共财政改革、促进经济社会科学发展、和谐发展的战略背景下，我们按照科学发展观的要求，牢牢把握科学理财的主线，全面推进预算管理改革，致力于谋求改革新突破，赋予了“三个子”财政运行机制新的生命力。在朝着公共化深层次推进的实践过程中，我们不断强化预算的完整性、科学性和透明性，努力拓展收入“笼子”内涵，着力提升预算“盘子”质量，全力提高支出“口子”绩效，力求财政职能作用发挥最大化，更好地服务于经济社会发展大局，走出了一条具有义乌特色的科学理财、主动理财新路子。

强化预算的完整性，拓展收入“笼子”内涵

在实现所有政府性收入进一个“笼子”的基础上，在对收入“笼子”作出符合义乌现阶段实际定位的前提下，近年来，我们以实施行政事业单位国有资产管理体制改革和创新政府性债务管理为突破口，积极盘活财政存量资产和资金，着力强化预算的完整性，努力拓展收入“笼子”的内涵。

1. *实施行政事业单位国有资产管理体制改革*。本着一个“笼子”管收入，不仅要管好资金，也要把好资产管理关这一目标定位，针对行政事业单位国有资产管理中存在的闲置浪费、利用率不高等问题，在深入调研论证的基础上，2009年初，着手在全市所有预算单位及各镇（街道）全面推行行政事业单位国有资产管理体制改革。一是理顺资产管理体制。按照资产所有权与使用权相分离原则，推行“统一产权，集中管理，授权使用”的新行政事业单位国有资产管理体制，建立“财政局——公共资产管理中心——资产占有、使用单位”三层次管理模式。同时，建立健全与新体制相适应的操作细则与实施办法，明确财政部门与公共资产管理中心分工，加强财政内部科室间衔接，完善资产占有使用单位的管理制度。二是强化产权统一管理。采取“单位提供资料、中心统一办理”的办法，对行政事业单位国有资产产权统一进行初始登记或变更登记，将国有资产所有权收归政府。市政府授权市公共资产管理中心代表政府行使市行政事业单位各类房产以及相应土地的产权。三是高效利用闲置资产。按照“先调后购（建）”原则，建立闲置资产调剂制度；按照公开、公平、公正原则，实行闲置房产统一公开出租和资产统一处置，积极盘活财政存量资产，切实提高资产配置效益，实现资产保值增值，有力推进了行政事业单位资产的整合、共享、共用和合理流动。四是开展所属经济实体清理。对清理出来的经济实体原则上推向市场，确保国有资本退出一般性竞争领域；对一时难以退出的，纳入市国资局统一监管；对确属行政事业单位管理职能、不宜企业化经营管理的，将经营性资产转回非经营性资产，实行财政“收支两条线”管理。截至2009年底，共清查行政事业单位356家，清理房屋建筑物1347宗，清理经济实体64家；并对149个区块的闲置房产实行公开拍租，成交价1220万元，与原来租金相比涨幅达46%。同时，全面开展行政事业单位房屋、土地所有（使用）权统一登记工作，资产管理信息平台建设得到有力推进，确保预算管理和资产管理的有机结合，实现对收入“笼子”内涵的深度扩展。

2. *创新政府性债务管理*。债务收入作为政府可调控收入之一，是以政府信用为依托的政府财力，理应纳入收入“笼子”管理范畴。近年来，我们在切实强化债务管理，提高使用绩效的同时，严控债务成本和风险，通过控制与化解并举，创造性地利用财政间隙资金置换镇（街道）现有银行借款，逐年缩减镇街负债规模，实现债务的科学管理，做到了政府性债务的适度、有为和可控。2004年底，全市镇街政府性负债总额为15.68亿元，其中银行借款14.18亿元，每年仅利息支出就近亿元。至2009年底，镇街负债总额仅为4.51亿元，且均为市财政间隙资金借款，比2004年锐减了11.35亿元，所有镇街实现了零银行借款，债务风险基本消除。2008年，本市在债务管理上的创新实践得到了吕祖善省长的批示肯定，并在全省推广。2009年，受金融危机影响，为配合地方政府债券的发行、管理和使用，制定了债务收入计划管理办法。在当前严峻的宏观经济形势下，强化债务管理，其现实意义尤为重大。

强化预算的科学性，提升预算“盘子”质量

近年来，为实现真正意义上的一个“盘子”编预算，使预算配置更加科学、合理，我们紧紧抓住预算编制这个“龙头”，不

断拓展预算“盘子”科学配置财力的空间和潜力。按照部门预算改革的要求，在编制综合财政预算、通盘使用财力的基础上，2009年开展绩效预算试点，选取畜产品质量安全检测等6个涉及民生项目试行绩效预算，积极探索绩效预算管理新模式，并建立国有资本经营预算制度，向全口径政府预算管理迈出了关键性步伐。同时，通过专项资金清理、整合和建立健全部门预算结余资金管理机制等举措，进一步提升预算科学化、精细化水平。

1. 实行专项资金清理、整合。针对财政专项资金具有量大、面广、来源渠道多样的特点，采取强化分类管理、加强清理整合、严格控制新增等手段，建立专项资金管理长效机制。一是强化分类管理。根据项目内容将财政专项资金分为上级补助专项、本级预算安排专项和行政事业单位专项三大类。对于上级补助专项实行归口管理，由局各职能科室按规范程序进行审核确认，再由国库实行集中支付；对本级预算安排专项（主要包括扶持企业发展专项资金、农业综合开发专项资金等8类），参照基金管理办法，专款专用，结余滚存；对行政事业单位专项资金（主要包括专项会议费、专项设备购置费、专项修缮费、专项业务费等）的申报、审批、使用各环节实行严格管理，严控年内追加调整。二是加强清理整合。对上级补助专项资金实行平时清理和年终集中清理相结合；对本级预算安排的专项资金，实行对部分用途和对象相同或相近的专项资金予以清理整合、捆绑合并；对行政事业单位专项资金，实行授权支付，解决财政以拨列支、单位实际支出数和财政拨款数脱节问题，实现资金结余即等于指标结余。三是统一归口管理。谨慎新设专项资金，将新设的旅游发展专项资金、会展业扶持专项资金归口到财政扶持企业专项资金中管理；将新设的重点支农项目建设专项资金归口到现代农业化扶持专项资金管理。同时，加强基本建设项目预算管理，政府投资项目先落实资金来源，再办理项目立项，对未落实资金来源的不予立项，严格控制新增项目，专项资金管理日趋规范完善。

2. 建立健全部门预算结余资金管理机制。在清理整合各类专项资金的基础上，出台部门预算结余资金管理办法，着力建立健全三项机制，及时将结余资金结转使用或收归市财政统筹使用。一是建立分类管理机制。对部门预算基本支出结余实行全额结转下一年度，按规定用途列支；对需结转使用的项目结余资金，原则上予以结转使用；对有项目净结余资金的部门，在申报下年度预算时作为本部门下一年度项目支出预算的经费来源，优先安排使用。二是规范使用审批机制。年度终了，市财政负责对部门结余和有关情况进行审核确认，汇总报市政府审批，作收回或结转处理，并由各部门在预算编制时提出下年度动用结余资金支出意见；市财政在审核编制部门预算时，统筹考虑部门支出账户结余，提高资金使用效益。三是建立激励约束机制。鼓励部门动用一定额度的以前年度基本支出结余或项目结余，用于解决由市财政负担的本部门历史遗留问题或因不可预见因素增加的年内项目支出需求；积极开展部门结余资金管理情况检查，对检查中发现有违规行为的部门，通过调减部门预算等方式将结余资金收回市财政。截至2009年底，共结转使用一般预算结余资金1.7亿元，收回一般预算结余资金1.1亿元。

强化预算透明性，提高支出“口子”绩效

2008年，我们加快“金财工程”建设步伐，开发“金财工程”的延伸系统，完成与相关单位管理系统的接口程序开发。在强有力的技术支撑下，在实现一个“口子”拨付资金的基础上，将改革的重心前移，积极探索以提高精细化管理水平为基础、提升透明度为前提、增强绩效为导向的预算支出管理改革。

1. 加强支出的精细化管理。不断深化国库集中支付改革，进一步扩大国库集中支付范围，预算内外资金、政府性基金、往来款中的上交省市资金都列入集中支付范围，2007～2009年财政直接支付资金达95.6亿元。扩大授权支付单位，到2009年底，除教育系统外所有行政事业单位都已基本实行财政授权支付，2007～2009年授权支付资金达21.3亿元。进一步完善管理软件，实现“金财与网银互联”，避免重复劳动，支付清算速度大大加快。此外，不断完善政府投资项目资金管理，严把“三算”，推行全程监管。即实行概算评审，从严控制投资；实行交叉互审，提高预算质量；实行结算委托审核，形成中介机构、稽核中心、审计局三重监督体系，层层严格把关保证基建支出的安全高效。2009年共审核概、预、结算604个，核减造价2.72亿元。

2. 增强支出的透明度。为进一步提高财政透明度，寻求预算管理与监督机制的有效结合，2009年，在全省率先以综合预算形式整体提交市人代会审议，上会审议部门预算从2家增加至10家。同时，将经人代会审议通过的2008年综合预算执行情况及2009年综合预算草案在《义乌商报》上全文刊出，有效降低社会公众获取财政信息的成本，推进社会公众对政府受托责任实施有效监督。

3. 关注支出的绩效。在2005年选取3个财政支出项目试行绩效评价的基础上，2007年9月，设立绩效评价机构，稳步推进绩效评价工作。在5年来的实践探索中，义乌市财政不断健全绩效评价制度体系，出台内部衔接工作机制，完善绩效评价工作规程，探索完善结果应用机制，从制度层面提高政府资金效能。一方面，不断扩大评价范围。2007年实施评价项目35个；2008年增至65个，重点开展了农村公共卫生专项经费、农村劳动力培训经费绩效评价，并首次实施建设局等4部门整体运转支出绩效考评，为进一步完善预算管理提供业务支持；2009年评价范围增至86个，并继续实施部门整体运转支出绩

效考评工作，切实加强资金跟踪问效。另一方面，注重支出绩效评价结果的运用。2009年试行绩效评价结果反馈和公开机制，将评价结果以规范形式向单位反馈并要求报送整改意见，并将评价结果在市党政机关内网上进行公开。同时，首次探索试行2009年部门预算项目绩效申报和实施对自评结果的复核工作，为试行绩效预算改革奠定了基础。

推进国库集中支付制度改革的探索

海宁市财政局

2008年10月，海宁市对市农经局、工商局、财政局、统计局、残联、妇联等6个单位进行国库集中支付制度改革试点。2009年8月，进行改革扩面，将海宁市人民政府办公室等27个部门和单位纳入国库集中支付制度改革试点。2009年，全市33个试点单位共办理国库集中支付业务8333笔，支付2.76亿元。

（一）加强组织领导。为积极推进国库管理制度改革，我们根据省财政厅对国库集中支付制度改革工作的总体要求，2006年着手准备国库集中支付制度改革的前期工作，当年12月成立了以财政局局长为组长、副局长为副组长、相关业务科科长为成员的改革领导小组，组织有关人员对国库集中支付制度改革进行专门调研和准备。局领导多次向市委、市政府主要领导汇报改革工作情况，积极争取当地党、委政府领导的支持。通过各种会议，介绍财政支出制度改革的动向和国库集中支付改革的主要内容，全面实施部门预算改革，按照国库集中支付制度的要求，早编细编部门预算，尽最大可能为国库集中支付制度改革创造条件。同时，积极筹备国库集中支付执行机构建设，2007年经市编委批准设立海宁市国库集中支付中心，与预算会计核算中心合署办公，在机构和人员上为国库集中支付制度改革提供了保障。2009年7月，市政府下发《关于推进财政国库管理制度改革的实施意见》，明确2009年增加27个部门和单位实行国库集中支付制度改革，2010年4月全市市级部门预算单位全面实施国库集中支付制度改革，明确了我市全面实施国库集中支付制度改革的时间与要求。

（二）强化部门合作。积极争取省财政厅和嘉兴市局对我市国库集中支付制度改革的指导，多次邀请省财政厅和嘉兴市局的有关领导指导工作，听取上级领导对改革工作的建议和意见，充分吸取他们在国库集中支付制度改革过程中的经验与教训，及时了解和掌握兄弟县市国库集中支付制度改革的进度和国内改革动向。按照“金财工程”建设的总体要求，选用了省财政厅“省国库集中支付信息系统”作为国库集中支付信息化平台。切实加强与人民银行的合作，以省政府确定的改革方案为改革的努力方向，积极争取人民银行对国库集中支付制度改革的支持，经过多次协商与沟通，人民银行海宁市支行在克服重重阻力后同意按照国库集中支付制度改革要求开展合作，共同制定了《市财政国库管理制度改革试点方案》，经市政府同意后下发；同时出台了《市级国库集中支付管理办法》、《市级国库集中支付会计核算办法》和《市级国库集中支付资金清算办法》等配套制度和办法，设计了国库集中支付改革的业务流程。会同人民银行确定了工商银行海宁市支行、建设银行海宁市支行、中信银行海宁市支行为我市国库集中支付代理银行，及时开设财政零余额账户和单位零余额账户，保证第一批试点单位于2008年10月正式上线运行。

（三）精心组织部署。根据国库集中支付对信息化建设的要求，我们积极争取省财政厅信息中心的支持，及时购置硬件设备，安装软件，培训人员；利用政务外网，实现预算单位、代理银行、人民银行和财政局的计算机联网；按照国库集中支付制度改革的要求，完成预算单位信息、操作人员设置以及预算指标的录入等初始化工作，通过建立测试库的方式，组织人员完成预算单位、代理银行、人民银行和财政局之间的联网调试和模拟运行，保证国库集中支付制度改革顺利进行。

（四）注重宣传培训。2008年9月，市政府召开座谈会，对第一批试点的6个单位主要领导进行座谈动员。2009年7月，市委、市政府召开进一步推进国库管理制度改革动员大会，介绍了国库集中支付工作的方法、基本流程和改革的重要意义，争取扩面单位领导对改革工作的了解和支持。为推进国库集中支付工作的顺利进行，我们积极组织扩面单位财务人员、支付中心工作人员、各代理银行操作人员及财政局内部相关业务人员进行系统业务培训，通过国库集中支付信息系统测试库上的模拟运行，使参加培训的操作人员全面掌握国库集中支付基本流程和操作要领。为保证试点及扩面工作的顺利进行，我局设立专门电话，确定专人及时解答和辅导相关业务问题；信息中心建立值班制度，保障信息网络安全通畅，确保国库集中支付制度改革顺利进行。

（五）创新工作方法。为方便试点单位用款，提高国库集中支付工作效率，按照“资金更安全、用款更便捷”的改革要求，设计了国库集中支付全部通过网上银行支付的改革方案，要求代理银行开发与国库集中支付信息系统配套的网上银行支付系统，并作为代理银行选择的主要条件。经过与3个代理银行的沟通与合作，如期完成网上银行系统开发任务，国库集中支付资金全部通过网上银行支付，大大提高了资金的支付效率，提高了国库集中支付资金的安全性。针对试点过程中代理银行办理清算时间过于紧张的情况（县市级人民银行没有资金清算系统，代理银行垫支的资金只能通过每天下午的票据交换进行清算），我们加强与人民银行的协作，共同破解资金清算的难题，提出了通过嘉兴市清算系统清算资金的工作计划，市财政局和市人民银行多次请求嘉兴市人民银行的支持。2009 年 6 月，嘉兴市人民银行原则同意我市提出的方案，实现了国库集中支付资金全部通过嘉兴中心支行清算系统清算，保证了国库集中支付“T+0”模式清算的正常进行，使我市成为目前全省惟一通过设区市中心支行清算的县级市。

取得的主要成效：

（一）初步建立了国库单一账户体系，规范财政资金的支出程序。实施改革试点之后，由于建立了国库单一账户体系，实行了新的支付方式，大大提高了资金的支付效率，从制度上有效预防、遏制和纠正资金使用中的不规范操作和违规问题。

（二）增加了预算执行信息的透明度。改革之后，预算单位的每一笔支付交易都通过信息网络传输、记录，预算执行信息完整地在国库集中支付信息系统中反映，财政部门可以实时动态地了解、监控各预算单位的资金流向、预算执行进度，提高了预算执行透明度，为财政运行管理和宏观经济调控提供了及时可靠的信息基础。

（三）提高了财政资金的运行效率和使用效益。改革之后，所有未支付到最终收款人或用款单位的资金余额都由财政部门掌握在国库单一账户中，不仅大大提高了财政的资金调度能力，而且为降低财政筹资成本，提高资金使用效益创造基础条件。

（四）强化了预算的约束力。实行国库集中支付以后，预算单位的用款实行预算指标控制用款计划、用款计划控制支付申请，利用信息化技术，预算单位的每一笔支出必须在预算规定的额度、用途范围内进行支付，超出范围，国库集中支付信息系统将无法进行支付，从机制上提高了预算执行的约束力。通过财政预算执行的监督，有利于促进部门预算的合理编制，使财政预算编制和执行工作更加透明、更加科学。

保稳定 促调整
努力推进产业转型升级

嘉善县财政局

嘉善县由于外贸依存度较高，受国际金融危机影响尤为明显，2008 年下半年以来，工业增长明显回落，企业效益滑坡，企业家信心指数下降。面对严峻的宏观经济形势，嘉善县积极应对，灵活运用财税政策杠杆，全面贯彻落实中央和省应对国际金融危机的各项政策措施，大力推进经济转型升级，全县经济继续保持平稳较快发展。2009 年，实现地区生产总值 225 亿元，增长 11%；完成财政总收入 33.4 亿元，增长 11%，其中地方财政收入 15.97 亿元，增长 14%，增幅列嘉兴市第一位；合同利用外资 4.8 亿美元，实际利用外资 2.8 亿美元，实际利用县外内资 26 亿元；全社会固定资产投资 143 亿元，增长 15.5%，其中工业生产性投入 100 亿元，增长 13.3%；实现全社会消费品零售总额 75.1 亿元，增长 15.2%；城镇居民人均可支配收入 25100 元，增长 10.5%，农民人均纯收入 12690 元，增长 10.5%。一年多来，我们在“保稳促调、转型升级”方面主要抓了以下几个方面：

认真执行各项财税政策，帮助企业渡过难关

始终把支持和引导县域经济保持平稳增长作为财税部门的首要任务，研究制订和积极落实“保增长”各项政策措施，助推我县经济科学发展，支持和帮助企业尽快走出困境。一是切实加大税费优惠政策落实力度。及时落实税收优惠政策，2009

年共对500多户企业减免房产税、城镇土地使用税等共8500万元。抓好集中减征社会保险费、下调企业基本养老保险缴费比例和水利建设专项资金减免工作,减征社会保险费3067万元,共有近5000户企业和1300多名城镇个体劳动者受益;企业基本养老保险缴费比例由18%下调为15%,2009年减轻企业负担4000万元;对21户企业上报省地税局减免水利建设专项资金1083万元;积极落实行政性收费调整政策,切实减轻企业负担;坚持"高效、便捷、周到"工作要求,做好税费减免、出口退税等工作,办理再生资源增值税退税5215万元,其中3656万元已经省专员办审批退付到企业。二是努力缓解中小企业资金困难。提前谋划并积极部署2008年度各项财政扶持政策兑现工作,到2009年3月底前分三批兑现财政扶持资金5309万元,受益企业单位296户。研究制定《县中小企业专项信用贷款管理办法》,明确操作流程,与股份制商业银行建立政银合作机制,调度财政经常性资金1亿元,引导信贷资金向中小企业倾斜,缓解中小企业融资困难,迄今为止,累计发放贷款3.2亿元,受益企业108家。切实做好金融机构小企业贷款风险补偿资金的申报和拨付工作,鼓励金融机构加大对小企业的信贷支持力度,嘉兴银行嘉善支行等3家金融机构对企业贷款增加4502万元。完善小企业贷款风险补偿机制,对银行小企业贷款风险补偿中县财政配套补偿部分,补偿比例提高一倍。积极探索新型融资方式,多方引进社会资源,联合科技局等部门,信托、银行、担保公司等金融机构,设立县"中投•中小企业成长信托基金",为科技型中小企业提供融资服务。鼓励民营信用担保机构发展,县财政给予3家民营信用担保公司奖励66万元。三是着力构建国有投融资平台。从2008年下半年开始,对县级国有经营性资产进行整合重组,搭建"1+4"融资平台,即搭建1个县政府综合性融资平台和4个专业投资集团公司。其中,县政府综合性融资平台——县国投公司,通过整合重组,于2009年年底发行13亿元"09嘉善国投债",为建设"科学发展示范点"提供了资金保证。对县国投公司下属子公司进行整合重组,组建水务、城投、交投和商业等4个投资集团公司,为政府投资项目承担融资、建设、经营和管理职能。

充分发挥财税政策调控作用,促进产业转型升级

采取积极措施,合理运用各项财政扶持政策和税费优惠政策,发挥财税政策杠杆作用,鼓励和引导产业转型升级。一是坚持把支持工业转型升级作为重中之重。围绕产业新高地的目标,大力实施"工业转型升级工程",2009年预算安排财政扶持企业发展专项资金8500万元,其中"保稳促调、转型升级"专项资金3000万元,加强对重点产业、高新技术产业扶持力度,培育壮大数码电子、装备制造、新材料、太阳能光伏等新兴产业,积极推进区域品牌建设,呈现出"木材、钢材、硅材"层次不断提升的发展态势。二是坚持把都市型农业作为现代农业发展的主攻方向。建立健全农业投入稳定增长机制,积极调整农业产业结构,大力实施"精品农业发展工程",推动农业向特色化、品牌化、标准化、精品化方向发展。2009年预算内支农支出18183万元,比上年增长25.58%。通过财政的扶持和引导,吸引了更多的社会资金投入农业,大大改善了农业基础设施条件,提升了农业设施装备水平。三是坚持把发展服务业作为新的经济增长点重点培育。围绕"精致自然休闲区"的目标,大力实施"服务业跨越工程",提升发展传统服务业,着力培育现代服务业,呈现出"总量不断做大、特色不断鲜明"的发展态势。大云温泉生态旅游区建设全面启动,西塘古镇旅游开发品味不断提升。充分发挥财政资金奖补机制和税收政策激励机制的作用,扎实推进企业分离发展服务业工作,新增生产性服务企业20家,2009年实现营业收入1.26亿元。

大力支持科技创新,着力提升企业竞争力

2009年县本级财政科技支出5083万元,比上年增长13.94%。一是支持创新平台建设。为加强科技企业孵化器的建设和管理,制定了《关于加快科技企业孵化器建设与发展的若干意见》等政策措施,在科创中心一期运作的基础上,启动了总投资2.2亿元、孵化面积7.7万平方米的科创中心二期工程建设和1万平方米的科创中心加速器建设,进一步延长孵化产业链。同时,继续把企业研发中心建设作为提高企业综合研发能力的载体,加大对数码电子、新型材料、光伏能源、新型光源等重点产业的培育力度,着重提高年产值5000万元以上企业设立研发中心的比例,加快企业研发中心建设,提高企业研发中心发展活力。到2009年底,新认定各级企业研发中心12家,其中省级2家,全县新增各级企业研发中心20家。二是引导企业科技投入。认真落实上级研发经费150%抵扣政策、高新技术企业税收优惠政策等,并结合嘉善实际,制定出台了《关于提升自主创新能力的实施意见》、《县级科技项目事后补助经费管理办法(试行)》等政策措施,引导扶持企业加强自主创新投入。2009年1~9月,全县规模以上工业企业在利润同比下降25.1%的情况下,科技活动经费支出和R&D经费支出分别达到4.27亿元和2.29亿元,同比分别增长11.1%和13.1%;全县企业共申报省级新产品306项,已列入省级新产品计划292项,分别比上年同期增长151%和170%,省级新产品立项列全省各县(市、区)第一位。财政科技支出拉动全社会科技投入作用明显。三是支持高新产业发展。大力发展数码电子、光伏能源、精密机械等高新技术产业,高新技术产业成为我县经济发展的重要增长极。2009年1~9月,全县规模以上高新技术产业实现产值68.5亿元;规模以上工业实现新产品产值112.01亿元,同比增长11.1%,高于规上工业增速9.9个百分点;新产品产值率32.1%,比上年同期提高

2.9个百分点，居全市首位，高于全省平均水平(17.2%)14.9个百分点。

增国服务内容提高服务能力，增强企业发展信心

根据省财政厅、省地税局的统一部署，开展了“情系企业、共渡时艰——‘春雨’专项行动”。一是加强财税政策宣传。结合深入学习实践科学发展观活动，确定“春雨”专项行动重点目标，提出18项具体工作任务。成功举办了“工商联税企政策沟通会”、“台商协会政企政策沟通会”、“企业分离发展服务业政策沟通会”、“财政扶持政策专题沟通会”等10场专题政策沟通会，面对面开展政策宣传、现场辅导。整理编印《县财政扶持企业发展相关政策选编》和《科学发展服务民生相关政策选编》11000余册，向企业送政策、宣传政策，提高财税优惠政策的知晓率和惠及面。组织开展“纳税人志愿者”活动，成立由地税干部、会计学会、财税学会、行业协会、协税护税工作者等组成的“纳税服务志愿者队”，开展税收政策宣传。二是加强税企联络沟通。扎实开展“百名干部进百企”活动，由分管领导带领，深入重点税源企业、高新技术企业、困难企业、分离发展服务业企业等100家企业，建立“一对一”的联系帮扶关系。定期开展走访调研，确定每个月的第二周为“调研工作周”，在局领导带领下，深入基层、企业，了解生产经营情况，讲解财税优惠政策，解答政策问题，听取意见建议，改进服务方式，提高服务水平。开展“网送税法连千家”活动，依托网上申报平台和嘉善财税网专栏，落实专人管理，在线解答提问，倾听纳税人呼声，强化与纳税企业沟通。通过12366语音服务系统，发送免费最新税收政策信息短信，发布税收活动通知等，使纳税人能够及时获取最新税收信息。定期开展税企互动活动，推出“税收优惠政策辅导日”、“新办企业办税辅导日”等。三是改进纳税服务手段。创新纳税服务新举措，在全省率先推出了“流动办税服务车”，针对农村偏远的纳税人，利用车载笔记本电脑、票据打印机、无线POS刷卡机等设备，上门征缴税款，受理“一户通”申请等涉税服务。推行“同城通办”业务，纳税人可以到县内任何一个办税服务厅办理主要涉税业务，实现“管理划区域，服务无界限”。在开通“一窗式”办税服务、实行“一次性告知制”的基础上，推出了“补正承诺制”，提供“先受理、后补正”的便利。实行办理所有税务登记免填单和免收工本费服务，节约纳税人办税时间和财务成本，提高办理税务登记证的效率。周到细致的个性化服务，解决了纳税人的合理要求，提高了税法遵从度和纳税人满意度，也增强了企业家克服困难的信心和决心，从而促进了税收的持续增长，2009年全年实现地税税收收入10.3亿元，增长11.19%。

抓规范 促效益
创新财政专项资金监管机制

天台县财政局

天台县以规范财政专项资金管理为突破口，完善财政管理制度，创新财政管理机制，严肃财政纪律，依法理财、从严治财，逐步搭建起规范、长效的财政专项资金监管机制。

财政专项资金管理存在的主要问题

(一)财政投入安排不足，支出存在较大缺口。天台县属欠发达县，财政收支矛盾十分尖锐。以2008年本级财政预算安排为例，本级财政预算内可用支出为8.9亿元，其中用于行政及部门运转为8.1亿元，占91%。在保“吃饭”的前提下，预算内可安排的设施建设、社会事业发展、公共服务等各项专项资金只有8000万元，各项专项资金预算投入和安排不足，财政支出缺口大。

(二)部门资金多头管理，统筹协调难度较大。按照目前财政专项资金的分配和管理方式，天台县直接分配和管理财政专项资金的单位有财政、发改、国土、交通、城建、民政、农业、旅游等十几个部门，而这十几个部门在自己单位内部，又分别安排多个职能科室负责分配和管理，造成专项资金多头管理、使用分散等突出问题。各部门在计划下达、项目管理上，往往各自为政，造成一个项目多头申报、多方争取，甚至出现一个项目多部门审批和管理，导致各项申请资金的政策越来越多，需要的资金也越来越庞大，直接导致政策信号不一致、项目设置重叠、资金使用分散等种种弊端，也进一步加重了财政专项资金的监管难度。

(三)拨付使用环节繁多，资金使用效益低下。一是专项资金拨付环节多。如有的建设项目专项资金先由财政部门拨付到行政主管部门，再由主管部门拨付到乡镇，最后由乡镇拨付到项目实施单位，环节繁多，加上中间支付银行又不在同一家，资金滞留在途时间较长，项目资金拨付进度滞后。二是部门公用支出挤占专项资金。大部分专项资金使用单位或多或少都存在这一现象，有的是直接在专项资金中列支办公经费，有的通过调整账务处理，动用专项资金结余冲减事业费支出。三是重点不突出。主要表现为财政专项资金投向中的“平均主义”和“撒胡椒面”的现象。如在绩效评价中发现有些技术改造项目单位很多，而分到的项目资金却只有几万元，有些农业产业化单位的项目资金甚至只有几千元，“杯水车薪”，根本发挥

不了资金使用效益。四是损失浪费严重。部分由财政专项资金投入的项目未能实现预期的经济价值和社会价值，有的因配套工程没有建成而导致项目整体效益未能发挥，有的因项目本身调研不够充分而脱离实际，造成专项资金损失浪费。

（四）监督管理机制不健全，缺乏有效问责机制。一是监管机制不健全。人大、监察、财政、审计等机关或部门依据有关法律法规，都可以开展财政专项资金使用及效益情况专项检查。但实际工作中，由于缺乏稳定有效的沟通联系制度，造成各监管主体之间职责分工不明显、信息交流不畅、重复检查等现象。加上都是事后进行监管、审计，即便查出有问题，也已造成浪费事实，缺乏自始至终的监管。二是缺乏有效问责。监管机构、主管部门、资金使用单位都强调财政专项资金使用效益的重要性，但由于绩效问责机制尚在完善，一些损失浪费等效益低下行为仍得不到相应的惩处与遏制。

加强财政专项资金管理的主要做法

（一）创新工作机制，确保规范有序推进。一是建立工作协调机制。成立以县长为组长，常务副县长为执行组长，各分管县长为副组长，财政、发改、国土、交通、城建、民政、农业、林特、水利、农办、旅游等部门负责人为成员的财政专项资金清理整合工作领导小组，由财政局牵头会同相关部门调研形成《天台县清理整合和规范财政专项资金的实施方案》，提交政府常务会议讨论，形成一个“政府领导、财政牵头、部门协作、齐抓共管”的新机制。二是建立项目管理机制。坚持“资金所有权归政府、项目实施权归部门、资金管理权归财政”的管理原则，出台《天台县财政专项资金项目申报办法》，推行项目法人制、项目公示制、工程招投标制、工程监理制、移交管护制等相关制度，实行工程统一招投标，严格工程管理，严把工程施工技术标准和进度关，以确保项目建设的质量和成效。三是建立资金管理机制。进一步健全资金管理办法，由财政部门牵头制定《新农村建设专项资金管理办法》、《科技创新专项资金管理办法》、《发展现代服务业专项资金管理办法》、《天台县旅游发展专项资金管理办法》等8个专项资金管理办法，从项目申报、资金安排、执行结果等各方面进行规范化管理。

（二）全面清理归并专项资金，完善预算管理制度。一是全面清理财政专项资金（基金）。根据全县统一部署，进行全面清理摸底，对设立过多过滥、管理分散、使用形不成合力的专项资金予以整合，效益低下的专项资金（基金）提交政府常务会议讨论予以取消归并，共清理36项，其中归并25项，取消11项，使财政专项资金使用从“遍撒胡椒面”到“五指握成拳头”，形成合力干大事。二是实行专项资金统筹使用管理。对部门应纳未纳预算管理的专项资金、政府统筹安排的所有政府性资金（基金）及土地出让金中安排用于专项支出的资金都并入财政专项资金，统一使用管理，确保财政专项资金全面、真实、合法，提高财政专项资金的使用效益，保证专项资金的完整和安全。三是建立专项资金管理科学决策机制。项目资金申报由主管部门会同财政部门审核，加强项目可行性论证后，提交联席会议讨论通过，改变了以往仅由主管部门确定项目、财政事后被动拨付资金的局面，同时达到突出重点、避免项目重复申报的目的。四是实行财政专项资金项目公示制度。通过社会公共媒体对项目申报时间、内容、要求等预公示，对联席会议选定项目和资金安排进行再公示，项目执行完成后对结果进行第三次公示，通过公示进一步提高专项资金使用透明度，便于全社会参与监督。五是完善财政专项资金预算编制机制。对专项资金按使用流向和性质分类切块包干，在切块包干的指标内按照政府收支分类的功能科目和经济科目编制财政专项资金预算，预算建议方案也必须要有明细的计算依据、标准和过程，预算指标一经县政府批准，不得改变资金用途，不得超预算安排。六是强化项目支出管理。财政部门要建立健全支出标准体系，逐步建立预算与资产相结合的预算编制机制，提高预算编制的科学性和精细化水平。七是加强项目结余资金管理。对项目实施完工的专项资金结余清理后，全部收缴至县财政，以待重新安排。

（三）分类切块整合，集中财力办大事。按照“资金所有权归政府、项目实施权归部门、资金管理权归财政”的原则，遵循“集中财力办大事”和“一要吃饭、二要建设、三要有所积累、四要增强宏观调控能力”的理财原则，对36项相关专项资金进行归类、合并、压缩，逐步建立形成“立项科学、管理规范、绩效明显”的财政专项资金管理机制，集中有效财力办大事，最大限度地发挥财政性资金的效益。一是设立企业科技创新发展专项引导资金，促进工业升级转型。对重点企业技术改造专项资金、工业园区的贴息资金，重点企业技术改造贴息资金、科技三项经费、中小企业发展专项资金、对外贸易发展专项基金等进行清理整合，设立中小科技型企业发展专项引导资金，财政安排投入4000万元，主要用于科技创新与成果转化、节能减排、中小企业发展，鼓励企业走出去积极参与高层次创新创业人才和重点产业、重点领域和重点项目等引进。二是设立旅游现代服务业专项资金，创建旅游经济强县。对旅游扶持资金，现代服务业、建筑业奖励资金和传统文化建设专项扶持资金等6项专项资金进行清理整合，设立旅游现代服务业专项资金2000万元，主要用于旅游规划、旅游宣传促销、旅游基础设施建设以及发展文化、休闲旅游等新型旅游业，积极打造佛宗道源文化旅游品牌；积极支持星级宾馆、旅游集散中心、大型旅游超市，进一步提升天台县旅游产业发展。三是设立新农村建设专项资金，扎实推进新农村建设。对千吨万亩有机茶工程资金、农业产业化资金、农技推广基金、农业综合开发专项资金、菜地建设基金、农业产业化以奖代补资金、扶贫开发性农业资金、粮食示范补助资金、农民饮用水专项资金、垃圾生态处理专项资金、下山移民资金、水利建设资金、造地改田专项资金、空心村改造资金、按土地出让金的3%提取新农村建设专项资金等22项进行清理整合，设立新农村建设专项资金，整合资金8689万元，主要打造特色优势产业平台和和谐生态村建设平台两个平台建设，重点支持山地蔬菜、中药材、笋竹两用林、茶叶和淡水养殖等六大主导产业发展，支持以改路、改水、改厕、垃圾处理污水处理和村庄绿化为主的和谐生态村建设。四是设立民生工程专项资金，促进社会稳定发展。整合基层文化设施建设资金、社区建设资金、城乡社区卫生服务中心建设资金，以及新型农村合作医疗资金、困难群众医疗救助资金、困难群众生活救助、困难群众住房救助资金、失地农民社保补助等，设立民生工程专项资金1.1亿元，力促民生改善，社会稳定。

(四)加强专项资金统一核算，实行国库集中支付。为提高财政资金支出管理水平，保证资金安全有序运行，天台县于2008年实行县级财政资金收付集中核算改革，出台了《天台县专项资金统一核算管理办法》，对县级财政性资金实行集中支付核算，对过去分散在各科室的账户，统一归并到国库科，由专项资金管理会计统一核算。还出台了《天台县财政性资金拨付流程》，财政各业务科室管理人员网上实时查询监督管理，从运作机制和制度设计上改变过去分散、多重设置银行账户、层层拨付、占压资金的状况，由财政直接支付到项目的承建方或供应商，大大提高了资金使用效率。并且通过运用信息网络技术，提高监控的时效性，增加预算执行信息的透明度，实现预算执行监控的明细化、动态化，从制度上有效地预防、遏制和纠正资金使用中的不规范操作和违规问题。

(五)加强预算监督管理，强化绩效评价工作。加强财政专项资金使用全过程监督，提高资金使用效益，建立健全财政专项资金使用情况报告制度。依据“经济性、效益性和有效兼顾”的原则，建立财政支出评价工作规程，针对不同支出项目选择不同的评价标准，运用不同的评价方法，逐步扩大评价范围。一是建立绩效评价工作机制。报请县政府出台《天台县财政支出绩效评价实施方案》，建立项目单位自评、主管部门评价和财政部门三级评价制度，明确绩效评价主体和评价责任。建立绩效评价委员会，增加评价工作透明度。对绩效评价计划制定、评价项目存在问题和整改意见都提交评价委员会讨论确定，建立健全绩效评价联动机制。将绩效评价工作列入县委县政府对部门考核内容，出台《天台县县级部门绩效评价考核办法》，绩效评价由“追踪问效”向“追踪问责”转变。二是强化绩效评价结果应用。实行评价考核结果与年度部门预算挂钩，作为编制部门预算和安排财政资金的主要依据。三是建立绩效评价整改报告制度。对每一个评价项目，都及时将评价结果反馈给被评价单位，被评价单位再针对反馈书中“存在的主要问题”进行认真整改，同时将整改情况及时报告评价组织机构。四是建立专项资金评价报告制度，对重点专项支出、重点资金列入县人大常委会年度审议计划，专题向人大常委会、县政府报告，引起人大、政府对专项资金使用情况的关注和重视，对专项资金的管理和使用起到了有力的监督作用。

财政专项资金清理整合取得的主要成效

(一)导向作用明显增强，社会投入显著增加。通过整合后设立各块专项资金，对重点产业和项目的导向作用明显，充分激发企业增强技术研发、基础设施建设的热情。天台县当年预算内安排技术改造等投入4000万元，吸引社会投入技术创新改造资金达4.3亿元；当年预算内安排旅游发展专项资金2000万元，聚集社会资金10.5亿元，带动了石梁宾馆、赤城宾馆二期、乡镇旅游集散中心等8大旅游工程建设。在财政贴息、信用担保等政策手段的作用下，据不完全统计，全年累计吸引企业和社会资金投入近20亿元，财政投入的“放大”效应十分明显。

(二)资金投向重点突出，资金合力作用明显。把所有预算内、外资金和政府性基金都归并整合一起，捆绑使用，专项资金规模从2008年的8000万元增加到2009年的2.6亿元，集中财力办大事，合力作用明显。财政专项资金投向一改原先的“平均主义”和“撒胡椒面”状况，技术改造项目缩减50%左右，平均每个项目的资金安排则从原来1万元上升到10多万元。26家企业成功完成转型升级，极大提升了产品竞争力。新农村建设资金设立后，重点推进农村污水处理和村庄整治，建成8个污水处理实施村，完成整治村46个，硬化农村道路7.5公里，新增绿化面积4.9万平方米，农村面貌持续改善。在民生专项资金的引领下，2009年全县新型农村合作医疗参保率提高5.3个百分点，失地农民养老保险比上年增加16883人，促进了社会的和谐。

(三)中间环节压减明显，资金保障及时快捷。通过国库集中支付，财政专项资金由财政部门直接支付到项目承建单位或供应商，大大减少了中间环节，使资金拨付更及时，提高了资金使用效率，资金使用也更有保障。同时，通过国库集中支付后，便于财政部门及时掌握项目资金动态情况，及时做出合理调度，使专项资金发挥更大作用。

(四)管理更趋规范科学，财政风险防御能力增强。通过项目申报集体讨论通过后，再到项目从申报、资金安排、执行结果三方面的公示，使整个过程完全处于阳光状态，不但人大、政协等部门便于监督，也使全社会参与监督，有效地防止工程腐败，也降低了财政风险。财政专项资金切块包干后，杜绝了项目超预算现象，保证专项资金预算平衡，进而确保整个财政收支平衡。

调研报告精选

本栏目所摘要刊登的调研报告均为2009年度浙江省财政系统业务调研课题一等奖作品。

浙江省省级行政成本控制政策的调查与思考(摘要)

省级机关会计核算中心课题组

行政成本是政府行使其职能必要的支出，是政府行政活动对经济资源的消耗，过高的行政成本导致经济资源的浪费，同时也易导致政府效能低下、滋生腐败等不良现象。随着我国政府行政体制和公共财政支出管理体制改革的推进，节约行政成本、提高政府效能日益成为各方共识；同时，随着我国财政管理领域中公共财政支出管理体制改革的推进，财政支出向"民生"倾斜，政府行政成本的控制已逐渐提上议事日程。

浙江省委、省政府以及省级财政部门在2009年适时出台了浙江省政府行政成本控制相关政策。行政成本控制政策是适应全省经济管理体制改革、行政体制改革、财政支出管理改革而出台的重要举措，有助于降低政府行政成本，推动公共支出结构的调整，加快"高效、廉洁"公共服务型政府的建设进程。

由于浙江省省级行政成本控制管理工作尚处于初期探索阶段，在行政成本控制政策制定和行政成本控制管理的相关内容、控制方法、手段等方面还存在诸多不足之处，需进一步加以改进完善。

2009年浙江省省级行政成本控制政策的要求为："2009年公用经费一律按预算数核减5%，专项经费'零增长'，会议、接待、车辆运行经费'零增长'，出国(境)经费一律比上年压缩20%；2009年因公出国(境)经费支出在近3年平均数基础上压缩20%，公务用车运行费用支出要在近3年平均数基础上降低15%，各级党政机关的接待费用支出要在2008年基础上削减10%。"

这一行政成本控制政策一方面起到了降低行政成本的积极作用，另一方面，政策制定本身还存在着与实际情况脱节，依据不够科学，合理性不强等问题，不能从根本上控制行政成本问题。

2009年行政成本控制的出发点为依据往年支出情况对未来支出进行控制，实质上是运用"基数法"对行政成本进行管理。这种模式可能在短期内对支出控制有一定效果，但从长期来看，一是不符合"零基预算"管理模式要求，不利于实现财政支出管理科学化、精细化的目标要求。二是基于"基数法"的行政成本控制管理，易导致单位趋向于在预算范围内不断提高支出而非合理降低支出的"逆向选择"，从而降低了单位自身加强管理、合理控制行政成本的积极性，不利于促进行政成本管理的科学化、合理化。

此外，"基数法"下的行政成本控制管理在实际执行中存在往年需发生的支出本年未必发生，往年尚未发生的支出本年可能因工作任务需要必须发生，特别是对于四项经费，如果完全依照历年支出水平进行控制，则存在较大的不合理性。如：我们在预算执行中发现，出国费支出即存在明显的"大小年"问题，在这种情况下，依据历年支出对本年出国经费进行安排将会产生较大不均衡现象，对部分单位而言，将影响正常工作的顺利进行。

同时，在成本控制标准上，行政成本控制政策的具体标准较为粗放、随意，具体控制额度的确定缺乏科学合理的依据；在成本控制过程上，主要基于预算编制环节的控制，在预算执行、监督等环节的控制管理措施还不够完善；在实施效果上，只以"结果"为导向的行政成本控制政策，容易导致预算单位脱离实际需求，不断做大支出基数。

在充分调查的基础上，课题组结合浙江省财政支出管理的实际，对进一步完善省级行政成本控制管理政策及相关管理措施、方法提出思考建议。

一、在管理模式上，实行行政成本控制的"零基预算"管理，提高行政成本管理的科学性。

科学合理的成本控制管理方法不应受以往预算安排和预算执行情况的影响，而应建立在成本效益分析的基础上，根据政府部门履行职能需要和财力可能来安排预算、进行支出管理。零基预算是不考虑过去的预算项目和收支水平，以零为基点编制的预算。零基预算下的支出预算不受历年支出水平限制，可根据实际需要和财力可能编制，不仅将科学化的预算编制理念贯穿始终，也更有利于调动各方降低支出的积极性。因此，行政成本控制管理政策及相关措施办法，应依据"零基预算"原则制定完善，避免仅根据历年支出情况控制未来支出的不合理现象，从源头上提高行政成本管理的科学性、合理性和可行性。

二、在管理方法上，要结合实际建立更为合理、细化、动态

的行政成本控制管理标准，实现行政成本控制的科学化、精细化管理。

目前的行政成本控制政策实行的是“一刀切”的结果控制，存在较大粗放性、随意性。而实际情况是单位各项成本支出与部门工作职能、规模、任务要求、市场物价水平等各项客观条件有着较强相关性，需对其进行综合考虑。在浙江省预算编制管理中虽已对部分项目建立了相应支出定额标准，但还不够科学、细化、完备。因此，需进一步建立完善行政成本控制标准，提高科学化、精细化程度，实现对行政成本更为合理、有效的控制管理。

一是要建立细化的行政成本预算定额标准体系和支出控制标准体系。随着公共财政改革的不断深化，财政支出管理科学化、精细化要求进一步提高，行政成本控制管理同样需进一步精细化管理。在预算编制方面，要根据实际支出情况，结合单位职能、人员构成等因素进行科学测算，建立一套科学、精细的成本支出预算标准体系，对公务用车、公务接待、因公出国、会议管理及其他各项成本进行预算源头控制管理。在预算执行方面，要根据实际支出的具体情况，建立完善公务用车、公务接待、因公出国、会议管理及其他各项行政成本的实际支出标准，保证预算执行监控中“有据可依”，进一步提高行政成本支出的可控性。

二是要建立动态的行政成本控制管理标准，增加行政成本标准的弹性和科学性。成本控制标准不应一成不变，而应“与时俱进”，应根据实际工作要求及市价的变动作相应调整，以符合市场经济规律，符合实际工作要求。就基本支出来说，在严格执行目前定额标准基础上，要认真调研，结合实际情况，制定动态监控体系，使各项行政成本支出标准更为科学、细化、完善。如：公务用车定额标准需根据油价、维修费用等相关市价变动，作进一步的增减调整。在项目支出方面，需根据统计资料、行业实际和市场变化，认真调研、循序渐进制定各项目支出标准。如：出国费支出要根据单位职能特点及出国任务变化，结合出国费用的市场变化及出访国家的地域差异，对出国费项目支出标准进行动态管理。

三、在管理过程上，要加强预算执行中对行政成本支出的规范监督，建立有效的反馈、改进措施。

预算执行是实际行政成本支出控制的一个重要方面，是保证行政成本控制政策真正落到实处的重要过程。目前行政成本相关控制措施中，仅注重预算编制环节的控制，而对支出执行环节的成本控制要求相对还不够规范、细化，单位实际行政成本支出存在与预算确定的科目、用途不完全相符的情况，存在随意性、灵活性过大问题。

因此，在行政成本控制政策中，应将预算执行作为行政成本管理的一项重要环节。一是要继续深化国库集中支付改革，通过用款计划管理、支出审核等方式严格执行行政成本支出的相关预算，保证各项支出合法、合规、符合预算。二是要对预算执行中成本支出标准、监督、反馈、处罚、改进等方面建立全面、细化的管理办法，以确保预算执行过程中对行政成本的规范监督能够有效进行。三是要建立预算执行的后续反馈处理机制，对于执行中发现的违规支出采取相应处罚惩戒措施，对于执行中发现的支出不规范、制度不合理等问题及时反馈，以对预算编制进一步改进完善，形成行政成本控制管理“全过程”的良性循环。

四、在监督管理上，要进一步加大对行政成本支出的内部监督和外部监督。

对行政成本的监督是保证行政成本支出过程规范、合理、控制结果符合要求的重要机制。而目前对行政成本的监督管理相对较弱，在财政内部监督上，对于成本支出的监督仍为事后、片面、结果导向的监督。在外部监督上，行政成本的相关信息公开度还不够高，审计、人大等部门对于行政成本的监督较多流于形式，缺乏专业性和实效性。

一方面，要进一步加强对行政成本的财政监管，完善对行政成本管理的事前、事中、事后监督机制，实现对行政成本控制管理的全面、动态监督；同时对于行政成本的监督逐步从结果监督转向政策制定、成本标准合理与否、预算过程、支出过程等方面的管理和过程的监督，进一步提升行政成本监督的深度。

另一方面，要推进政府信息公开，加强行政成本的外部监督。落实政府信息公开要求，接受外部主体监督，形成对行政成本合理化管理的外部推力。要逐步建立由政府主导的行政成本信息公开机制，加强对包括车辆、会议、出国、招待等行政性支出情况的公示，建立行政成本信息公开监督机制，主动接受人大、审计、预算单位的监督，使行政性支出公开、透明，达到有效控制行政成本的效果。

五、在管理评价机制上，要进一步强化成本效益观念，加强对行政成本管理的绩效评价考核。

行政成本作为政府运行成本的一个重要方面，与政府职能、行为、工作效率有着密切联系，对于行政成本的合理控制管理必须建立在与其行政效能结果相符的基础上，也即评价行政成本合理与否要从与其职责效能是否相一致出发，而不应仅通过“绝对的压缩比例”进行控制，才能真正促进行政成本的合理化，节约财政资金，提高政府效能。

财政支出绩效评价机制是公共支出管理的一项重要制度，强调公共支出管理中目标与结果有效性的关系，是一种新的管理方式，有助于提高政府管理效率、资金使用效益和公共服务水平。

因此，在行政成本控制管理中，需进一步强化行政成本效益观念，建立财政支出绩效评价机制，强化对财政资金使用效益的考核评价。一方面，需制定科学的绩效评价指标体系，并依据行政成本控制效果进行验证、考核、评价。另一方面，应实行行政成本的绩效预算，以预算单位年度内行政成本控制情况为基础，对其进行绩效分析、评价，并将其评价结果作为下一年度预算编制的重要依据之一。

完善浙江省森林生态效益补偿制度研究（摘要）

省财政厅农业处课题组

浙江省重点生态公益林建设起步较早，1999 年先行在 21 个江河源头县、重点林区县开展了生态公益林建设试点。2001 年，根据森林分类经营原则和《浙江省生态公益林建设规划纲要》要求，初步完成了生态公益林区划工作。2004 年，根据国家林业局、财政部关于重点生态公益林区划界定办法的要求，对生态公益林进行了进一步的细化和完善。2006 年，根据财政部关于下达 2006 年中央森林生态效益补偿基金的通知精神，对全省重点公益林进行了适当调整。2009 年，根据省政府作出的适当扩大公益林建设面积的决定开展了公益林的扩面工作。随着生态公益林区划界定工作的开展，为了保障林农的权益，2004 年浙江省森林生态效益补偿基金制度在全省范围内正式启动，之后补偿标准不断提高。截至 2009 年（扩面前），浙江省省级以上公益林规模 2993 万亩，占全省林业用地总面积的 29.87%，补偿标准每年每亩 17 元。近些年来，随着社会经济环境的变化，森林经营管理者参与森林生态建设与保护的积极性日益提高，要求建立更为科学合理、有效的补偿制度也日益迫切。

一、浙江省森林生态效益补偿制度建设情况

（一）全面建立补偿制度，不断提高补偿标准

2004 年浙江省在全省范围内正式启动森林生态效益补偿制度。2005 年以来，各地按照省委、省政府确定的“通过一个时期的努力，建立分类补偿与分档补助相结合，量力而行、分步推进、逐步完善、补偿标准基本合理的森林生态效益补偿制度”的总体目标，以及“最低补偿标准和省补助标准每两年作一次调整”的政策保障措施，积极筹措资金，逐步提高森林生态效益补偿标准。森林生态效益补偿标准由 2004 年的每年每亩 8 元（其中损失性补助 5 元，护林人员劳务费 2 元，公共管护支出 1.0 元）提高到 2009 年的每年每亩 17 元（其中损失性补助 13.0 元，护林人员劳务费 2.5 元，公共管护支出 1.5 元），其中损失性补助标准明显提高。各级财政投入的森林生态效益补偿资金从 2004 年的 2 亿元增加到 2009 年的 5 亿多元，有力地促进了森林资源的持续增长、森林质量的稳步提高，生态环境日益优化。

（二）“分类补偿、分档补助”试点有序开展，按质论价初步体现

为了解决补偿标准单一化带来的不公平，浙江省自 2007 年开始在重点林区临安市和开化县实施“分类补偿、分档补助”试点，将所有的公益林分为“提高档”和“基本档”两类，主要按林分质量、区块规模两个指标来判定。两档之间补助相差 3 元／亩•年。提高档补偿标准 15 元／亩•年，基本档补偿标准 12 元／亩•年。从 2008 年开始，开化县提出了“三个类型、三种补助”的基本思路。首先根据生态区位将公益林分为特殊保护区位、重点保护区位和一般保护区位，再根据林分质量、区块规模和管护要求等三个因子，将公益林划分为一、二、三类。一类公益林，实行租赁经营试点。其范围仅指特殊保护区位的公益林，租赁价格为 35.2 元／亩•年。二类公益林，提高补偿标准。其范围是重点保护区位，林分质量、区块规模和管护要求达到一定标准的公益林，补助标准提高为 25 元／亩•年。三类公益林，维持现有补偿标准。其范围是重点保护区位范围内的、要求达不到一、二类标准的公益林和一般保护区位的公益林。从 2008 年开始，临安市根据生态区位、林分质量、区块规模、面积要求、管护标准和资金管理要求将重点公益林分为三个类别，三类林按省定标准、二类林是在省定标准的基础上提高 7 元／亩•年、一类林是在二类林的基础上提高 5 元／亩•年。

（三）工作机制初步形成，资金安全运行不断强化

首先，制定了《浙江省森林生态效益补偿基金管理办法（试行）》，明确了补偿资金的使用管理与具体的操作要求。其次，对公益林补偿资金实行专户管理，严格拨付程序，并采用对农户补偿直拨制度，全省已发放农户个人存折 80 万本以上。再次，财政、林业部门密切配合，分工负责，加强资金监管督查。全省已初步建立了一个政府组织引导、林业部门建档造册、财政部门资金监管、金融机构设立银行账户、补偿对象（公益林投资经营者）校准签收的公益林补偿制度落实工作机制。

（四）管理制度不断完善，现代化管理手段明显加强

一是制定公益林管理办法、护林员管理办法等，明确管理责任。二是组建护林员队伍，落实管护责任。三是加强管理，严格考核。四是加强现代化管理手段的应用。建立公益林管护视频监控系统，实现对公益林的有效监控，在全国率先建立公益林县级地籍管理信息系统和省级管理平台，为实现对公益林

的省、市、县三级网络管理打下了良好的基础，有效地促进了全省公益林管理科学化、规范化、信息化和现代化的进程。

二、浙江省森林生态效益补偿制度建设取得的成效

（一）生态效益巨大，为浙江国土生态安全提供保障

通过公益林补偿制度的实施，公益林建设、保护和管理的加强，公益林的林分质量逐步提高。全省公益林中的阔叶林、针阔混交林比重已从1999年的30％增长到41%，林分平均郁闭度从1999年的0.4提高到0.55以上。公益林发挥了巨大的生态效益，2007年，全省公益林生态总价值达5481.18亿元。公益林质量的不断提高，生态效益的发挥，对维护陆地生态系统的平衡发挥着不可或缺的支撑作用，为全省国土生态安全提供了重要保障。

（二）经济效益显著，使浙江林农增收能力得到提升

公益林建设取得的经济效益主要包括直接效益与间接效益两大部分。直接经济效益是指通过公益林补偿制度的实施，损失性补偿资金的发放使广大林农直接受益，部分山区林农还通过参与公益林管护解决了就业问题，增加了收入。据初步统计，实施公益林补偿制度使全省80万个农户直接受益。尤其是实施“分类补偿、分档补助”后，提高了“提高档”或二类、三类公益林的补偿标准，增加了林农收入。仅2007年，开化县实施分类补偿后，“提高档”比“基本档”补偿标准增加了3元，按划入的49.4万亩“提高档”公益林计算，收入增加了148.2万元。间接经济效益是指由于公益林建设造就了许多优美的森林景观，以此为依托，山区林农积极开展“农家乐”、“生态农庄”、“森林休闲观光”等生态旅游活动，提升了林农增收的能力，推动了山区经济社会的发展。

（三）社会效益凸显，为浙江生态文明建设奠定基础

目前全省省级以上公益林中村集体统管山占55.49%，2007年有12200个村集体得到共计9521.43万元公益林补偿资金的直接补偿，据初步调查，这些补偿资金已超过6400万元用于农村基础设施建设和村民医疗保险等公益事业，有力地促进了社会主义新农村建设。

三、浙江省森林生态效益补偿制度存在的主要问题

（一）现行补偿标准单一，与林农的期望值相比偏低；支出结构不尽合理

首先，是补偿标准偏低。2009年，浙江省公益林补偿标准为每年每亩17元，其中：损失性补偿13元，护林人员劳务费2.5元，公共管护支出1.5元。这一标准在全国各省中是最高的，但与林农的需求相比还有较大的差距。其次，除在开化、临安实施“分类补偿、分档补助”试点以外，在补偿过程中没有按生态区位重要性、公益林质量、林种类型等进行分类补偿。同时，在试点过程中也存在着一系列的问题。主要包括：一是分档（分类）标准难以掌握，实施中有一定的难度。二是公益林分类标准有待完善。三是不同类别公益林的补偿标准、尤其是差距的确定是否科学合理，尚需进一步探讨。再则，公共管护支出列为补偿资金的组成部分不尽合理。按现行制度规定，公共管护支出主要用于公益林的病虫害防治、森林防火、资源监测费用以及公益林的规划设计、宣传、业务人员培训等管理费用，这些活动一般由某一区域的公益林管理部门统一组织完成，属于区域性保护和管理经费，而不是针对特定经营主体的费用支出，列为政府公共支出更为合理。

（二）补偿主体与补偿方式单一，多元化补偿机制尚未形成

目前公益林补偿资金的来源基本上是各级财政预算拨款，尚未真正建立起依靠政府、社会、市场等多元化筹资渠道所形成的公益林补偿机制。公益林补偿方式比较单一，主要采用政府补偿方式，且为单一的每年发放现金进行补偿的方式。这种补偿方式，公益林林地林木的产权关系没有发生变化，只是公益林产权受到了一定的限制，政府租赁、股份合作等形式发展缓慢。

（三）补偿资金分配与管理有待规范

一是村集体统管山损失性补偿资金的分配有待规范。村集体统一管理的山林划入公益林后，其损失性补偿资金发放到村级集体经济组织，但由于缺乏明确的分配与使用规定，村民组织法在一些山村执行也不够到位，导致补偿资金的使用管理不够规范。二是补偿资金的会计核算欠规范。

（四）监管机制不健全

主要表现为护林员聘任缺乏公开、公平性的评聘机制，监督和考核机制不健全等问题，导致公益林管护队伍的总体素质偏低，出现兼职管护人员偏多，高龄人员偏多，年轻专职管护人员偏少的“两多一少”现象。

四、完善浙江省森林生态效益补偿制度的对策建议

（一）逐步扩大公益林补偿面积。加快公益林体系建设，对于建设“浙江秀美山川”、“生态浙江”、“森林浙江”，进一步促进全省经济社会可持续发展，提前基本实现现代化，意义十分重大。同时，随着全省经济社会的快速发展，民众生态意识空前提高，公益林生态社会效益的日益显现，重要生态区位有所新增，各地要求适当扩大公益林建设规模的呼声日益强烈。为此，必须合理确定与浙江经济社会发展相适应的公益林建设规模，建成体系比较完备的国家、省级、县（市）重点公益林建设布局，实现全省重要生态区位范围的森林得到有效保护。根据省政府提出的“要逐步增加面积，并根据财力可能增加补助”的要求，2010年新增1000万亩公益林，并逐步将扩面后的公益林纳入补偿范围。

（二）稳步提高公益林补偿标准。补偿标准是公益林补偿制度中最核心的问题，也是一个难点问题，目前在全国尚无权

威定论。根据我们的研究，对于损失性补偿部分，第一步是实现成本补偿，第二步实现经济效益损失补偿。以国有林场（开化、建德、遂昌林场）人工营造的用材林为例，若不包括管护费用（护林、防火、病虫害防治等费用），按成本补偿法计算的补偿标准平均为 31.01 元／亩·年，若包含管护费用，成本补偿标准平均为 56.64 元／亩·年，如果是村集体和林农经营的用材林，造林成本与国有林场差异不大，主要是管护费用较低，据统计约为 8 元／亩·年，因此，合计成本补偿标准应为 39.01 元／亩·年。按经济效益损失补偿法测算，公益林平均补偿标准为 47.22 元／亩·年。封山育林形成的公益林培育成本主要由抚育改造和管护成本构成，按成本补偿法计算的补偿标准平均为 16.47 元／亩·年。全省公益林的补偿标准平均值的确定，必须综合考虑原有不同的林种构成（已划定的公益林中，包含了原来一定量的薪炭林、经济林与竹林）、营林方式（人工造林、封山育林等），因此，按成本补偿法加权平均计算，全省公益林补偿的平均值确定为 25 元／亩·年为宜；按经济效益补偿法，全省公益林补偿的平均值确定为 35 元／亩·年为宜。考虑到财力状况，至 2013 年达到 25 元／亩·年有一定的困难，确定为最低标准达到 21 元／亩·年（其中损失性补偿和护林人员劳务费 19.5 元），逐步缩小与成本补偿标准的差距，并随着财政实力的增强，在以后年度尽快达到 25 元／亩·年，实现成本补偿的目标。按 2009 年扩面后全省 4000 万亩重点公益林计算，到 2013 年如果按 21 元／亩·年标准进行补偿，每年补偿资金共需 8.4 亿元。至 2020 年，全省公益林补偿标准争取实现经济效益补偿法的补偿标准。同时，在补偿标准中，适当调整提高护林人员劳务费标准，公共管护支出近期内可维持不变。森林防火、森林病虫害防治、森林资源监测等公共管护经费主要应向基层倾斜。

（三）稳步推进“分类补偿、分档补助”工作。“分类补偿、分档补助”是完善公益林补偿制度的重要目标之一。但这项工作的开展涉及资金的重新分配，在推进该项工作的过程中要坚持几项原则：一是有利于社会和谐的原则，二是有利于提高公益林质量的原则，三是有利于加强管护的原则，四是可操作性原则。同时，“分类补偿、分档补助”是一项系统工程，牵涉到公益林的分类、不同类别标准的确定等问题。因此，在方案设计中，以标准明确、方法简明、便于操作为基本要求，要尽快降低该项制度的实施成本。具体工作的建议如下：

一是继续在开化与临安两地实施试点工作，稳步推广“分类补偿、分档补助”，可选择生态区位特别重要的县（市）作为推广的首选地区。二是进一步修订与完善分类标准。公益林补偿的责任主体是市、县人民政府，各地应在广泛征求专家与实务工作者的意见和建议基础上，科学、合理地制定分类的标准与指标。分类标准应以生态区位重要性为主导因子，兼顾其他因子，以现行特殊保护公益林、重点保护公益林和一般保护公益林划分为基础，再结合林分质量、区块规模和管护要求等 3 个因子，将公益林区分为一、二、三类，其中：钱塘江、瓯江源头生态特别重要和脆弱地区的公益林为一、三类公益林，其他地区的公益林为二、三类公益林。一类、二类公益林为林分质量较好，在近阶段能达到或基本达到建成标准的公益林；三类公益林主要是封山育林形成的林分质量还比较差的山林、人工培育的经济林和竹林等生态效益较低的山林。三是科学合理地确定分类补偿标准。根据我们测算的结果，属于第三类公益林的现有补偿标准还是比较合适的，今后提高补偿标准的增量部分，应增加到一、二类公益林的补偿标准中。建议到 2013 年，一类、二类、三类公益林拟按 25 元／亩·年、20/ 亩·年、17 元／亩·年补偿标准执行。这样，既保证公益林补偿制度的连续性、一贯性和普适性，减少制度变迁导致的巨大成本和社会矛盾，又体现公益林“分类补偿、分档补助”的政策目标。四是建立与“分类补偿、分档补助”相适应的公益林管理制度。针对一、二、三类公益林制定“浙江省公益林分级管理办法”，实行不同的保护和管理措施。

（四）不断拓展补偿资金来源渠道。积极探索补偿主体多元化途径，建立“以财政为主，市场、社会参与为补充”的多渠道投入机制。一是发挥财政资金作为补偿基金的主渠道作用，进一步加大补偿力度。公共财政应是公益林补偿资金的主要来源，目前大幅度增加中央财政的投入可能性较小，公益林补偿资金的来源还必须紧紧依靠省、市（县）地方政府，逐步增加公共财政对公益林补偿资金的投入力度。二是积极探索和实践森林碳汇交易机制。国际上森林碳汇的自愿市场发展较快。浙江作为市场经济较为发达的省份，可以在全国率先探索和实践碳汇交易机制，以拓展补偿资金来源渠道。首先，制定减免税收或抵充排污权指标的刺激措施，培育森林碳汇市场的交易主体。其次，合理确定碳汇计量标准。主要是确定有关森林碳汇的计量标准体系，用于区分不同质量等级的森林碳汇产品。再次，制定森林碳汇交易的政策法规，建立交易平台，降低交易成本。三是创建上下游利益互补机制。现有公益林主要分布在生态区位重要的区域，大多为江河源头的经济欠发达地区，地方财政面临较大的补偿压力。下游地区，主要是沿海经济较发达地区，它们是上游公益林生态效益的受益者，而地方财政补偿资金的负担较轻。针对这一现实，可以建立一种“上下游利益互补机制”，可直接由江河下游的市、县（区）人民政府安排一定的资金用于上游公益林补偿。四是争取森林生态税课征和森林绿色彩票发行的试点。开设森林生态税可以为公益林补偿提供长期稳定的资金来源，这也是国际上许多国家森林生态效益补偿资金的重要来源。应确定森林生态税的课税对象和纳税人，确定税基和税率。应充分发挥浙江民间资金丰厚的优势，运用市场机制发行“森林绿色彩票”，通过发行“森林绿色彩票”可以起到募集补偿资金和宣传森林生态文明的双重功效，成为公益林补偿资金的有益补充。

（五）创建多样化的补偿方式。即创建“以每年发放现金为主，股份合作、政府租赁与赎买为辅”的多样化补偿方式。一是每年发放现金方式。这是国内外森林生态效益补偿最主要的形式，也应是浙江省公益林补偿最主要的形式。二是股份合作。股份合作实际上是利用市场机制解决公益林补偿问题。应研究探索以森林资源入股、参与经营性收入分成方式。如鼓励以森林资源入股方式参与新建水电站和旅游区开发，林地入股森林公园，以达到完善公益林保护和增加入股者收益“双赢”的目的。三是政府租赁。是指政府对非国有公益林使用权依法租用的行为。森林被租用后，森林所有权不发生转移，但森林的使用权在租期内归政府享用，政府每年支付一定的租赁费用。这一形式在法律上较好地保障了非国有林业经营者的权益，可谓是一个行之有效的方法。近期内，对省级以上自然保护区的核心区和缓冲区可逐步推行政府租赁；远期，省级以上自然保护区的实验区、市县级自然保护区和保护小区等也可逐步推行政府租赁的方式。四是政府赎买。是指对非国有投资主体营造的公益林，特别是农民投资营造的公益林，由国家通过市场化方式进行赎买，转变其所有制形式。政府赎买是一种最彻底的补偿方式，但政府赎买需要大量的财政支出，短期内很难实现；从长远来看，应根据财力的可能性，待条件成熟时逐步实施。首先选择生态区位极端重要、生态状况极其脆弱、相对集中连片、林权权属清晰的地段进行赎买试点。

（六）规范村集体山林补偿资金的分配管理与乡级村级会计核算。一是规范集体山林损失性补偿资金的分配。根据国家集体林权制度改革的主要精神，可采取“均股不分山、均利不分林”，“确权入股，确权确利”为主的模式，即以村为单位明晰股本，将村集体公益林损失性补偿资金的60%～80%用于农户的利益分配；40%～20%留归村集体，统一用于村民医疗统筹、公共设施建设等村公益事业。二是规范补偿资金的乡级村级会计核算，加强补偿资金的监管。实行补偿资金专账核算，统一会计台账，明确适用会计科目，严格原始凭证审核和补偿资金申请报账程序，严格执行《会计法》和有关会计制度，确保专款专用。各级财政、林业、审计等部门要按照各自的职责分工，进一步加强对公益林补偿基金的监督管理，开展监督检查，并建立责任追究制度，确保各项补偿资金安全到位。

（七）加强管护队伍和监管机制建设。一是加强公益林管护队伍的建设，使管护队伍专职化。改变护林人员“两多一少”现象，加强对护林人员的培训力度，提高护林人员的素质，增强护林人员的责任心，解决护林人员野外作业的人身意外保险。成立联防组织、护林协会等，走联合管护之路。二是加强公益林监管机制建设。形成省、县（市）、乡（镇）、村分级管理，相互配合，上下联动、良性互动的推进机制。逐步实施GPS定位巡更系统监督，利用现代化的手段，提高对管护人员的监管效率。

浙江省农村卫生院财政投入机制研究（摘要）

省财政厅社保处课题组

近年来，从中央到地方各级党委政府对发展农村卫生事业、提高农民健康水平给予了高度重视。《中共中央 国务院关于深化医药体制改革的意见》明确提出，要大力发展农村医疗卫生服务体系，进一步健全以县级医院为龙头、乡镇卫生院和村卫生室为基础的农村医疗卫生服务网络。根据以上精神，浙江省委、省人民政府提出了“加快推进基层医疗卫生机构标准化建设，努力改善基层卫生基础条件”的具体要求，并指出，政府重点办好县级医院，并在每个乡镇办好一所社区卫生服务中心（乡镇卫生院），采取多种形式支持村卫生室建设。新“医改”政策对乡镇卫生院给予了高度关注，这一形势要求财政部门对乡镇卫生院的管理体制、运行机制、补偿机制等，都需要深入探索，重新作出科学决策。尤其是在乡镇卫生院的财政投入机制方面，亟须建立起一套有效的财政投入长效机制，既要体现政府对乡镇卫生院投入的责任，保障乡镇卫生院职能的充分发挥，同时也要利用财政投入来促使卫生院创新体制机制，保证财政资金投入效益的最大化。

一、浙江省卫生院财政投入及运行中存在的问题

1.财政投入缺乏总体规划

一直以来，乡镇卫生院的性质介于公共卫生机构与医疗机构之间，既是农村公共卫生工作的“主力”，又要保障农村居民的基本医疗。正是由于乡镇卫生院的双重性质，造成政府对乡镇卫生院的管理起起落落，财政对此的投入也缺乏整体目标，对其需要多少财政补助、财政能力有多少、政府到底补助到什么程度心中无底，往往采取“缺一块补一块”的办法，结果造成“十补九不足”。同时，采取“缺一块补一块”的办法，容易造成财政投入的重复和交叉。也就是说，财政对乡镇卫生院“投入不足与重复投入”问题并存。

（1）财政投入不足

从目前的总体情况看，由于财政投入不足，仍有相当一部分乡镇卫生院的医疗设备和基础设施比较陈旧落后，难以承

担起相应的职责。一是专用设备配置落后，2008年末全省有44.56%的卫生院专用设备价值不到22万元，其中9.47%的卫生院专用设备价值为零；二是经济欠发达地区卫生院房屋建筑物面积小于500平方米的占42.86%，最小的仅123平方米，迫切需要改扩建或新建房屋；三是危房面积增加，乡镇卫生院危房面积从2005年的院均27.42平方米增加到40.01平方米，增加了45.9%；四是基本建设负债大、补助不足，2008年末全省乡镇卫生院基建负债达3738.48万元，当年基建财政投入12456.98万元，占当年基建支出的48.52%；五是职工的社会保障费用没有足额落实，部分地区卫生院职工的社会保障经费财政没有补助，由单位承担。

(2)存在重复投入

近些年来，政府对卫生，特别是农村卫生和公共卫生十分重视，不断加大财政投入。农村卫生和公共卫生的很多任务都要依靠乡镇卫生院落实，因此乡镇卫生院的财政补助虽然还有差距，但是总体来说较之以前有不小的增长，只是这些补助大多以专项的形式下拨，缺乏整合，导致财政对乡镇卫生院的补助形式多样、补助内容名目较多。例如，对农村公共卫生的补助，不仅有农村公共卫生专项经费，还有预防保健人员补助，计划免疫补助，其资金来源，既有财政预算资金，也有其他政府性资金，造成财政投入重复和交义。例如，预防保健人员补助包括了人员工资等劳务性补助，但是在计划免疫补助中，除了疫苗的材料费用外，还包含了打针等劳务性补助；再如，不同的公共卫生专项经费可能存在重复投入的问题。分析其中的原因，除了财政投入缺乏整合外，很重要的一点就是没有对经常性经费投入(主要是人员经费)做出明确的解释，也就是说，财政下拨经常性经费只是一种"惯性"，而对得到经常性经费的乡镇卫生院人员应完成什么任务不甚明确。

2.财政投入缺乏法律保障

对乡镇卫生院的财政投入，中央大多以决定、意见的形式下发，比较原则，同时省市大多以部门规章的形式进行细化，对主要承担乡镇卫生院投入责任的县市政府缺乏法律有效约束，造成财政投入有就补、没有就不补，人为因素起着较大的作用。数据显示，虽然各类地区在职职工人均财政基本支出补助相差不大，但是各个县市差距很大，一些县市的乡镇卫生院甚至没有任何财政补助。我们认为，虽然各个县市的经济发展水平不同，但是在卫生，尤其是乡镇卫生院所要承担的责任以及要做的工作是一样的，因此财政补助的标准也要大体相同，以保障广大农村居民享有大体相同的公共卫生服务和基本医疗服务。目前，财政投入不均一定程度上反映了公共财政对农村居民卫生补助的不均等性。

3.财政投入方向有偏差

乡镇卫生院医技人员的业务水平和综合素质直接影响着广大农村居民的健康服务水平，而在职教育及培训又是影响其业务水平和综合素质的主要因素。但是从乡镇卫生院的支出看，绝大部分都是用于人员工资、福利，基本建设、设备购置等，而对人员在职教育及培训的支出很少，卫生技术人员人均仅为66.85元，几乎可以忽略不计。特别是一类地区，超过60%的乡镇卫生院在培训方面没有任何支出。分析其中的原因，主要是财政投入注重见效较快的硬件设施及保障人员生存性支出("养人")，而对人员的发展性支出没有做出明确规定，乡镇卫生院在财政投入不足、处于普遍亏损的情况下，也是首先保障人员的工资、福利等生存性支出，无力顾及人员的培训、继续教育等。更有甚者，一些乡镇卫生院担心"经培训后技术水平提高可能不会安于现状"而不愿在培训、继续教育等方面有过多支出。虽然近几年乡镇卫生院的就医环境、医疗设备有了较大改善，但是服务能力并没有得到明显提升，与县及县以上医院的医疗技术差距拉大，而与村卫生室的水平越来越同质化，无力承担乡镇卫生院"六位一体"的职能。从学历上看，卫生技术人员中本科学历仅占6.82%，大专学历占28.87%，中专学历37.91%，无学历人员占27.40%；从职称上看，以初级职称为主，具有高级职称者仅占0.84%。医技人员业务状况造成农村居民对乡镇卫生院缺乏信任，不愿前往就诊。这从工作量的变化上可以看出来。2005～2008年，乡镇卫生院出院人数不但没有上升，反而有所下降；病床使用率几乎没有变化，只是从2005年的36.28%提高到2008年的37.91%；门急诊人次虽然增长比较明显，但这是建立在新型农村合作医疗普及人民群众医疗需求不断上升的基础上。

4.对财政投入缺乏常态化的绩效考核机制，财政投入的使用效率有待提高

目前，对乡镇卫生院的财政投入缺乏绩效考核办法，特别是经常性财政投入，基本没有任何考核。究其原因，一是经常性财政投入大都采用传统的基数法，对其目标和用途规定并不明确，考核无从下手；二是乡镇卫生院量多面广，各地差别很大，财政绩效考评尚未在所有县市推广，仅靠省级部门无法完成考核任务，更不用说运用绩效考核的结果对财政投入进行调整，削弱了财政投入的导向性作用；三是卫生，特别是公共卫生绩效考核本身难度就很大。

另外，乡镇卫生院的财政资金使用效果有待提高。主要表现在：一是乡镇卫生院收入主要依赖药品收入，其占业务收入的比例高达66.74%，特别是一类地区的乡镇卫生院普遍都在80%～90%左右，病床使用率又极低，医疗设备基本闲置浪费，仅起到"药店"作用；二是乡镇卫生院在职职工工作效率不高，每人每工作日门急诊不足10人次，人力资源存在很大的浪费；三是由于每年的财政投入几乎不作调整，不管事情干多干

少，都能获得与往年大体相当的财政补助，甚至由于经营较差，可能会得到更多的“照顾性”补助，因此安于现状，缺少改革动力，影响提高财政投入的使用效率。

二、建立财政对乡镇卫生院投入长效机制的基本设想

1. 建立长效、稳定、规范、科学的财政投入机制

根据新医改要求，乡镇卫生院按国家核定的基本建设经费、设备购置经费、人员经费和其承担公共卫生服务的业务经费都将由财政承担，并承担其正常运行。在落实财政对其投入的同时，建立长效、稳定、规范、科学的投入机制是当务之急。

(1) 公共卫生的补助方式宜针对不同的服务有所不同

为提高财政补助的绩效，在财政补偿的方式上，区分不同类型的公共卫生服务，实行不同的补助办法。农村公共卫生服务大体可分为以下两种类型：

一类是由政府或政府组织直接提供的。主要包括健康教育、健康促进、传染病防治、计划免疫（不含常规疫苗预防接种）、艾滋病及性病防治、其他传染病防治、消毒管理、寄生虫病和地方病防治、碘缺乏病防治、慢性病防治（包括心脑血管病防治、糖尿病防治、肿瘤病人监管）、妇幼保健（不含孕产妇保健儿童保健）、婚前保健、精神病防治、职业卫生、饮水卫生、学校卫生、公共卫生突发事件处置，以及与公共卫生服务相关的信息统计分析等。由于这类公共卫生服务的服务数量和内容等很难量化，项目内容表现出非竞争性的特征。应主要通过农村卫生院这一综合平台来提供。

另一类是适宜通过购买服务的方式来提供的。主要包括计划免疫接种；孕产妇保健；儿童保健。这三项服务的项目内涵明确，工作量易于统计和控制，服务质量和标准有明确的规范和制度，能够提供此类服务的机构较多（包括乡镇卫生院、社区卫生服务机构、村卫生室、妇幼保健机构，民营医疗机构以及个体医疗机构等）。由于其项目具有竞争性的特征，可以由服务对象自主选择服务机构。

对第一类公共卫生服务，可以通过分层整群抽样调查，确定不同经济条件、不同地理环境、不同人口结构的千人补助定额标准，通过与乡镇卫生院签订合同的方式提供。同时，建立考核评估指标体系，实行年初预拨，年终考核，根据考核评定实际补助金额，并在下年预拨时扣除应核减数。由于这一类公共卫生服务工作较难量化，因此，在经费的补助上关键是要做好考核指标体系的设计制定和考核工作的具体实施，否则，容易出现花了钱达不到服务要求的问题。

对第二类公共卫生服务，则可采取市场化的运作方式或定向购买的方式进行。采用市场化运作方式的，则应改变现行的一些相关规定，要使具备条件的卫生机构和个人都可以来承担上述公共卫生服务，并通过竞标的方式，获得某一区域一定期限（如一年）的服务资格，并按中标价支付服务费用。采用定向购买方式的，则是按行政区域，将区域的服务资格按规定的补偿标准总包给乡镇卫生院。由当地政府负责发放带面值的公共卫生服务券，农村居民凭券享受服务，卫生院凭回收的服务券向卫生行政部门（或国库集中支付机构）领取报酬。

(2) 人员经费补助方式应避免养人机制

我们设想在乡镇卫生院按服务人口和服务区域定编的基础上，可以尝试核定卫生院人员人均财政补偿标准，以此确定卫生院人员经费补偿的总额，再用补偿总额除以卫生院服务区域的人口数，得出该乡镇人均财政补助数。以此为标准，一旦当地乡镇人口增加，财政对卫生院的补助也增加；反之则减少。在此标准下，卫生院必须完成《关于深化医药卫生体制改革的意见》明确规定的任务，即负责提供公共卫生服务和常见病、多发病的诊疗等综合服务，并承担对村卫生室的业务管理和技术指导。通过这个办法，可以提高服务效率，避免养人机制，压缩卫生院的冗员，真正做到“增编不增资，定编不定人，减编不减资”，最大限度地发挥财政资金的效用。

我省“农村社区卫生服务机构设置和编制标准”即将出台，按新的编制标准，卫生院编内人员数量将有一定幅度的增长，如何把好人员准入关，建立一种吸引适用人才到卫生院工作的财政投入制度安排必须提上议事日程。我们设想，对卫生院新招收的员工必须有大专甚至本科以上学历，卫生院的经常性经费中必须有占一定比例的人员培训和继续教育的经费，应将卫生院人员素质、结构、水平作为绩效考核的一项内容，使财政投入对卫生院的冗员、低素质人员产生挤出效应。

(3) 从适用性角度确定卫生院的标准化建设和设备投入水平

根据新医改实施意见的要求和卫生部颁布的《乡镇卫生院建设标准》和《乡镇卫生院主要医疗设备配置品目（2008年版）》，按照布局合理、功能适宜、规模适度的原则，参照卫生部甲、乙、丙三类卫生院装备标准，其设备原值总额应分别达到100万元、70万元、30万元。但我们认为，在设备配备上应充分考虑适用性原则，即按照中心卫生院和一般卫生院不同的服务功能、服务人口、服务半径、地理特征等实际情况来配置，规模较大、医疗水平较高、辐射能力较强的卫生院，其配置标准可以高于卫生部标准，反之则可以低于标准。同时，设备配置应与相关医技人员、建筑物配置相适应，以杜绝设备闲置和浪费并存的局面。

针对乡镇卫生院基本建设所造成的负债，可区分情况分别对待，对不属超标准建设的卫生院，其建设负债应由财政逐年帮助其消化。

2. 增强对卫生院能力建设的投入

医疗卫生机构的能力建设包括硬件设施、人才培养、科研成果、新技术的开发和应用。近年来，我省各级财政加大了对农村卫生机构的投入，农村卫生基础设施和装备条件得到了显著改善，但在人员培训的投入方面明显不够。从乡镇卫生院的支出情况看，2008 年一类二档地区 85.12%的乡镇卫生院没有任何培训支出。为增强其“自我造血功能”，对卫生院人才培养和适宜技术的运用应该是财政投入的重点。我们设想：一是加大对适合农村卫生岗位卫生技术人才定向培养的投入。通过各级政府和高等院校的合作，定向培养农村地区卫生专科以上人才，并且着重培养符合乡镇卫生院需要的、拥有综合素质的全科医生。二是做好农村卫生技术人员继续教育与岗位培训，通过全科医学规范化培训、远程继续医学教育等方式，提高卫生院在职人员的专业技术水平。三是加快卫生院院长和农村卫生专业技术带头人培养。院长和专业技术带头人是一家卫生院能否健康发展的主要因素，对其的培养应列入卫生院能力建设的范畴之内。四是增加对卫生院发展适宜技术和专科特色项目的投入。卫生院要承担作为农村三级卫生服务网络枢纽的任务，必须增强公共卫生和基本医疗（急救转诊）的服务能力，能够提供适宜技术，有条件的地方应发展中医等特色专病专科。财政应对卫生院适宜技术的应用和专科特色的开发进行投入。

近期，财政对以上几项应以专项的方式进行投入，在完成对乡镇卫生院的全科医生培训后，财政对卫生院人才培训和适宜技术的投入应该保持常态化。借鉴其他卫生机构科研培训经费占单位经常性支出在 2%以上的标准，卫生院的能力建设投入可暂定为单位经常性支出的 1%并由财政给予投入。

3. 利用转移支付实现基本医疗卫生服务提供的均等化

新“医改”的一大亮点是提出了基本公共服务的均等化。按照浙江省人民政府《基本公共服务均等化行动计划》(2009～2012)要求和财权和事权相结合的基本原则，以及行政管理和财政分配体制，应对实施相关政策所需的财力保障明确各级政府的责任，特别是要加大省级财政的转移支付力度。

目前全省经济社会发展的水平和财力情况还不很平衡，各地对农村卫生院发展方面的投入差距也比较大，而且在今后较长一个时期内，地区之间的这种差异仍将继续存在，这是造成各地乡镇卫生院的财政投入差异的主要原因。因此，在农村卫生院的发展上，总的原则还是要结合当地的经济社会发展和财力可能来进行，不能超越可能，脱离实际盲目发展。但是，我们需要采取积极的措施来缩小这种差距，特别是在最基本的医疗卫生保障方面，应使全省的农村居民享受到大体同等的保障水平，财政的转移支付政策是其中的一项重要措施。在建立和完善农村卫生院财政保障机制当中，省级财政的转移支付政策也是题中应有之义。对一些市、县在保障农村卫生院履行基本职能所需物质条件上，或是在落实省委、省政府有关农村医疗卫生发展的重大决策方面确有困难的，在地方政府履行了其应尽职责的基础上，省级财政应给予必要的财力支持，以保证省委、省政府重大决策得以在全省范围内切实落到实处。省市有关财政部门要根据本地区经济、人口、地理、资源以及财政收支情况，来制定本地区人均财政支出平均水平和农村卫生投入水平，以制定科学的补偿标准和转移数额，使本地区农村人口获得均等的公共卫生产品和服务，提高农村卫生服务的公平性。

4. 建立激励性、常态化的财政投入绩效评价机制

新医改实施方案明确要求，探索建立由卫生行政部门、医疗保险机构、社会评估机构、群众代表和专家参与的公立医院质量监管和评价制度。严格医院预算和收支管理，加强成本核算与控制。全面推行医院信息公开制度，接受社会监督。我们认为，目前在对农村卫生院财政投入的绩效评价方面需要重点做好以下工作：

一是建立促使卫生院实行精细化管理的绩效评价机制。目前，卫生院的日常运行经费没有标准，其运行成本的高低完全取决于卫生院的管理水平，而按照现行的体制，卫生院院长没有被要求努力降低运行成本。因此，为建立激励性、常态化的绩效评价机制，首先必须着手建立各类卫生院的标准化日常运行成本。设想可以由卫生部门、财政部门联合组成调查组，对不同规模、服务人口、人员结构（学历、职称、年龄、执业资格）、地理因素的卫生院进行抽样调查，去除不合理的因素，制定不同类别卫生院的日常运行经费标准，以此进行财政投入，促使卫生院实行精细化管理，提高内部管理水平。

二是要建立各级政府执行中央和省政府规定的财政补助政策的监督机制，将对农村卫生财政补助政策的落实情况，列入对地方政府党政主要干部的考核目标中。

三是完善各种专项经费的绩效考核。研究改进考核方式，大力采用国际通用的直接询问受益群众满意度的办法来了解掌握公民应享有的公共卫生服务的落实情况，从而掌握专项经费的使用效果。不仅要考评群众是否得到了符合质量规范的服务，也要考评群众得到服务后其健康状况是否有所改进。通过这两个部分的绩效考评，确保政府购买的服务能够有效落实到每个农村居民。

四是建立外部评价机制。对非直接用于公民个体的公共卫生服务，其考核办法宜更多地采用外部评估的办法。可以委托大专院校、中介机构、城乡调查队伍等来实施抽样调查，以便客观、全面、真实地反映实际情况。

浙江财政预算编制、执行、监督“三位一体”管理模式研究(摘要)

浙江财政预算编制、执行、监督“三位一体”管理模式研究课题组

自2007年浙江省省长吕祖善提出建立“收入一个笼子、预算一个盘子、支出一个口子”公共财政管理模式(以下简称“三个子”管理模式)的目标要求后,浙江省的公共财政体制改革进一步深化,收入“笼子”初具雏形;综合预算制度逐步完善,预算“盘子”统筹能力得到提高;国库集中收付制度改革有序推进,支出“口子”逐步迈向归一;绩效评价、财政监管水平不断提升,初步形成了以部门预算为龙头的预算编制体系、以国库集中收付为龙头的预算执行体系、以绩效评价为龙头的预算监督体系的公共财政业务体系、技术体系。

但作为公共财政体制三大体系(财政业务、技术、组织体系)组成之一的传统的财政组织体系一直没有进行全面、系统、适时的改革,业务管理部门职能仍是预算编制、执行、监督职能集中于一身的“综合型”管理模式,组织体系已滞后于业务、技术体系的改革进程,已成为公共财政体制之短板,并制约着业务技术体系的进一步深化。只有抓紧建立与公共财政业务体系、技术体系相互适应、相互促进的“三位一体”公共财政组织体系,才能有效解决当前“三个子”管理模式运行中存在的问题,促进全省公共财政体制改革的进一步深化和完善。

一、总体目标

公共财政“三位一体”组织体系的改革应朝着“四化”的目标,以保障“三个子”管理模式的有序、优质、高效、廉洁运转。

1. 职能归一化

按照与公共财政业务体系相适应的要求,分别厘清预算编制、执行、监督的三项职能,建立相应的一套机构来实现预算编制、执行、监督职能的归一化,保障“三个子”管理模式的有序运转。

2. 管理专业化

按照公共财政业务体系管理的要求,归一化的职能分工需要专业化的人力资源来保障,必须尽快培养和建立三支专业素质高的人才队伍,提升管理专业化水平,实现预算管理精细化、科学化,保障“三个子”管理模式的优质运转。

3. 流程明晰化

按照公共财政业务体系的要求和机构设置情况,科学、清晰地再造业务流程,形成有效的“闭环系统”,促进“三个子”管理模式的高效运转。

4. 权力制衡化

按照权力制衡原理和公共财政业务体系管理要求,机构设置要科学合理,三套业务机构权力要相互制衡,确保“三个子”管理模式廉洁运转。

二、具体模式设计(以省级为例)

1. 模式定位和内在要求

浙江省公共财政“三位一体”组织体系改革模式定位:以金财工程为技术支撑、以人才工程为人力支撑,职责流程相对清晰,业务流转相对流畅,权力配置相对制衡,搭建预算编制、执行、监督相分离的“三驾马车”式的三套机构,即以总预算局为核心,以预算编制中心为支撑的一套预算编制机构;以预算执行局为核心,以行业归口业务处、核算中心等为支撑的一套预算执行机构;以财政监督局为核心,以绩效评价处、审核中心为支撑的一套预算监督机构。

“三位一体”组织体系改革的内在要求有三:一是构建框架,建立三个核心局,即总预算局、预算执行局、财政监督局;二是厘清职能,厘清预算编制、执行、监督三项职能,分离行业归口管理业务处的编制、监督职能到预算编制机构、预算监督机构,强化行业归口管理业务处预算执行和政策、财务、资产管理等职能;三是再造流程,在构建公共财政“三位一体”组织体系的同时,按照“三个子”管理模式的要求,再造业务流程,促进公共财政体制的高效运转。

2. 总体业务流程与组织机构配置

总体业务流程与组织机构设置如图所示,业务体系按职能厘清的要求,形成一个“闭环系统”,三项职能分别由三套机构负责实施,在金财工程一体化的支撑下,信息充分共享,提高管理质量,有利于促进“三个子”管理模式的加快完善。

组织机构设置与职能说明如下:

总体业务流程与组织机构设置图

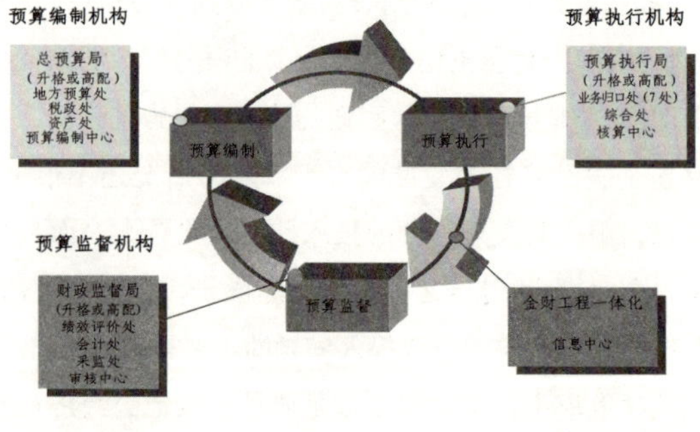

(1)预算编制机构及其职能

一套预算编制机构是以总预算局(副厅级局或高配副厅级)为核心,地方预算处、税政处、行政事业资产管理处和预算编制中心等构成。负责总预算、公共预算等为类别的复式预算

编制、审核、批复等职能。

——总预算局(预算处更名)。主要职责:负责总预算、复式预算编制并向人大报告,预算平衡并提出财力分配方案,牵头负责公共预算、国有资本经营预算、政府性债务计划、社保预算、专户资金(专用基金)计划等编制,预算管理流程规范和完善等。

——地方预算处(新增机构)。主要职责:负责省以下财政体制(含乡财政)管理,指导市、县财政公共预算等复式预算的编制、政策管理等。

——税政处。主要职责:负责地方税收政策的拟订。

——省级预算编制中心(增设参公事业单位,理由:职能增加,精细化和科学化管理要求提高,近半兄弟省市有此机构)。主要职责:负责省级各类预算的技术性、基础性审核。

——资产处。主要职责:负责行政事业单位资产管理,负责配置计划的编制、审核。

(2)预算执行机构设置及职能

一套预算执行机构是以预算执行局(副厅级局或高配副厅级)为核心,国库支付处、行业归口业务处7个、综合处、核算中心等构成。负责复式预算的执行。

——预算执行局(国库处更名)。主要职责:牵头组织实施预算执行职能;负责预算执行制度、政策制定和管理;负责财政总会计相关业务核算、管理等。

——国库支付处(国库支付局更名)。主要职责:负责省级国库集中支付改革具体实施工作,负责省级国库集中支付相关业务审核管理等。

——行业归口业务处7个(行政政法处、教科文处、社保处、农业处、经建处、企业处、外金处)。主要职责:负责预算执行和归口行业的财政政策、财务、资产管理等。

——综合处。主要职责:负责非税收入征管。

——核算中心(参公事业单位)。主要职责:负责省级国库集中支付业务支付和核算。

(3)预算监督机构设置及职能

一套预算监督机构是以财政监督局(副厅级局或高配副厅级)为核心,绩效评价处、会计处、政府采购监管处、预算项目审核中心等构成。负责复式预算的监督,负责收支政策的监督等职能。

——财政监督局(监督检查局更名)。主要职责:牵头组织实施各项财政监督职能;负责财政监督政策和制度的制定以及预算执行的日常监督等。

——绩效评价处。主要职责:现有职能并充实完善。

——会计处(会计管理处更名)。主要职责:负责会计工作监管。

——政府采购监管处。主要职责:负责政府采购预算监督。

——预算项目审核中心(参公事业单位)。主要职责:负责绩效评价的具体评价实施及基础性工作。

(4)信息化支撑机构设置及职能

——信息中心(纯公益类事业单位)。主要职责:现有职能。

3.改革前后组织机构设置比较

组织体系改革包括机构设置和人员配备两个方面,由于人员配备需根据"三位一体"组织体系改革的实施、职能的划转以及业务体系改革的需要进行调整。本文暂不考虑人员配备的方案,仅对改革前后的组织机构变化作相应比较,如下表。

改革前后相关机构设置对照表

改革前	数量		改革后	数量	新增	变化情况
行政机构个数	17		行政机构个数	18	1	
预算处	1	预算编制机构	总预算局	1		更名，副厅级局或高配
			地方预算处	1	1	新增机构
税政处	1		税政处	1		
			预算编制中心	1	1	新增参公事业单位
行政事业资产处	1		行政事业资产处	1		
国库处	1	预算执行机构	预算执行局	1		更名，副厅级局或高配
国库支付局	1		国库支付处	1		更名
业务7个处	7		业务7个处	7		职能调整
核算中心	1		核算中心	1		参公事业单位
综合处	1		综合处	1		
票据中心	1		票据中心	1		参公事业单位
财政监督检查局	1	预算监督机构	财政监督局	1		更名，副厅级局或高配
绩效评价处	1		绩效评价处	1		
项目预算审核中心	1		预算项目审核中心	1		参公事业单位
会计管理处	1		会计处	1		更名
采监处	1		采监处	1		
信息中心	1		信息中心	1		纯公益类事业单位

4.改革前后总体业务流程比较

总体业务流程改革前后变化有二:一是预算执行和监督两大职能出现扁平化管理状态,减少业务处管理环节,有利于预算执行和监督效率的提高。二是整合预算编制职能,促进预算编制效率、质量的提高,有利于严格预算执行和监督。改革前后总体业务流程如图。

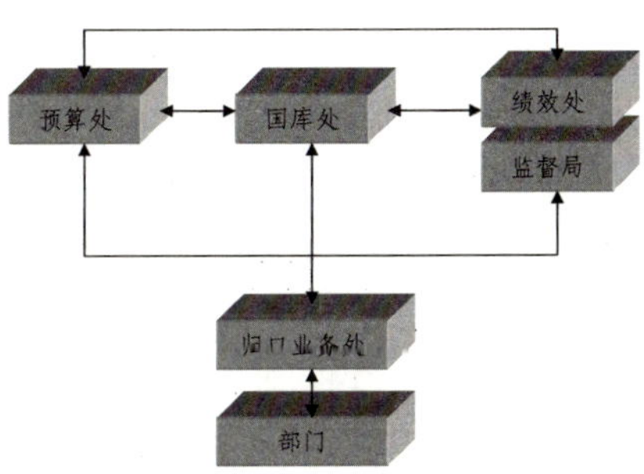

改革前业务流程图

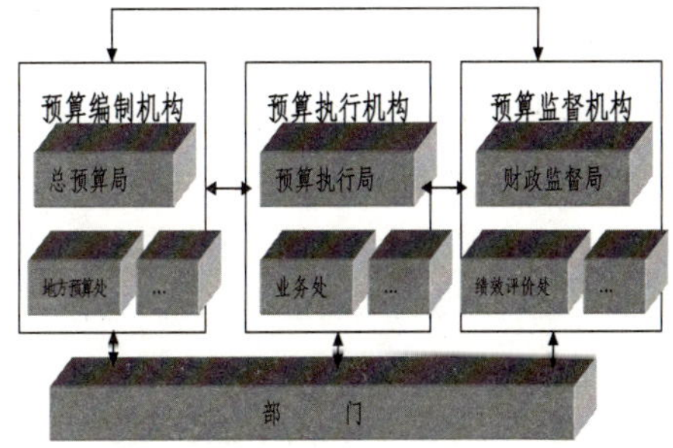

改革后业务流程图

5. 优点

改革后的公共财政组织体系有以下几个优点：(1)预算管理的专业化、规范化程度将进一步提升，有利于促进“三个子”管理模式的健全，提高财政资金使用绩效，并为进一步改革提供空间。(2)保持机构和职能设置的相对稳定，尤其是业务机构保留，与纵向、横向的业务工作联系基本不变，有利于改革的平稳过渡和逐步推进，也有利于人员、人心稳定。(3)权力配置相对均衡、相互制衡，预算管理全过程三个环节职能、流程明晰。(4)有利于与现有行政管理体制的协调，以及与财政部的对口管理，有利于业务管理工作的稳定。

三、推进改革的几点建议

1. 领导支持是前提

公共财政“三位一体”组织体系改革是公共财政发展到一定阶段的必然，是“三个子”管理模式的内在要求。公共财政“三位一体”组织体系与公共财政业务体系的适应度影响着“三个子”管理模式运转，组织体系越适应业务体系，就越有利于业务体系的进一步深化，越有利于“三个子”管理模式的有序、优质、高效、廉洁运转。但组织体系改革没有领导的重视与支持是无法开展的，尤其是对传统组织体系的创新，打造“三位一体”组织体系，组建三个局(副厅级局或局长高配)，增设和调整部分机构，更是需要党委、政府主要领导重视和支持。

2. 积极稳妥是原则

省级公共财政“三位一体”组织体系模式虽然总体上已经把握当前或未来一段时期的各种有利条件和制约因素，但不可能一蹴而就，一步到位，还需因地制宜、因势而动，顺势而为，积极稳妥地按模式的目标定位和核心要求厘清职能，调整机构，配备人员。为减少改革的制约因素，起步时要做到：一是构建公共财政“三位一体”组织体系的框架，设置局长高配副厅级的预算局、预算执行局、绩效监督局等三个核心局。二是厘清、分解业务处预算编制、执行、监督三项职能，并逐步划入预算编制机构、执行机构、监督机构。三是成立预算编制中心。从事复式预算编制审核的基础性、技术性工作，为预算局提供坚实的审核依据，确保“三个子”管理模式的基础扎实有效。

3. 体系保障是根本

公共财政“三位一体”组织体系的改革，不仅仅是机构改革本身，它涉及管理体系、技术体系和服务体系等方方面面的内容，需要在改革的同时尽快建立健全“三个子”财政管理模式的运转机制。

一是尽快建立“预算编制更加科学、预算执行更加严格、预算监督更加强化”的管理体系。随着“三位一体”组织体系的建立，预算编制、执行、监督三套机构并驾齐驱，专业化、精细化、科学化管理成为可能，真正做到“先有预算后有支出”，朝“预算即决算”的目标前进。

二是深化完善财政技术体系。首先要进一步规范、明晰流程，在总体业务流程的框架下，再造预算编制、执行、监督业务流程，构成分工科学合理配置的“闭环”体系。第二，业务改革要进一步加快，预算编制业务，要抓紧建立健全定额标准体系建设，强化项目立项、论证、细化编制等管理；预算执行业务，进一步减少执行环节，规范和强化预算执行管理，全面推行公务卡，完善财税库联网制度；预算监督业务，要创新绩效评价和监督管理方法，完善自评与第三方评价制度，健全绩效评价结果的运用机制；第三，技术体系建设要进一步提高质量和效率，加快金财工程一体化建设，打造一整套适应“三个子”管理模式要求的财政管理信息系统。

三是建立健全财政服务体系。从“综合型”到“专业型”组织体系，影响到财政的服务能力，必须抓紧建立健全财政服务机制，才能做到服务对象满意。预算编制环节，要建立首问责任制度，预算执行环节要建立沟通协商制度，预算监督环节要讲求服务方法，打造有利于部门主观能动性发挥的监督机制，信息化平台要建立财政业务体系改革咨询的网络平台。

4. 强化支撑是保障

一是强化组织支撑，提升“三个子”财政管理绩效。“三位一体”组织体系改革的核心在于提升财政部门的组织绩效；组织绩效的效果取决于组织优化的程度，在于组织结构层次以及职权的科学合理划分。预算编制、执行和监督“三位一体”管理模式改革是在专业化分工的基础上，积极探索行政机构适度权力分配模式的大胆尝试。成立副厅级的预算局、预算执行局和绩效监督局，并根据实际工作的需要成立预算编制、执行和监督等三个临时协调委员会，通过提高决策集中度，实现组织内适度分权和集权的动态平衡，以达到最小成本地有效协调，进一步提升财政部门的执行力，实现既定的组织目标，大大提升财政管理专业化、精细化、科学化水平。

二是强化技术支撑，提升“三个子”财政管理能力。“三位一体”改革的技术支撑主要包括两个方面。一方面是预算管理的技术性支撑，主要通过成立预算编制中心来实现。通过成立专门负责预算编制基础性、技术性工作的机构，进一步加强预算编制队伍的技术力量，提升全省综合预算编制水平，使预算更趋刚性，真正实现预算管理的规范化、专业化和科学化的目标。另一方面是预算管理的信息化支撑，主要通过加强金财工程的一体化建设来实现。在原有财政管理信息系统开发的基础上，根据机构、职能和人员的调整情况，对“三位一体”财政预算管理一体化模块进行统一的升级优化，实现财政管理业务全过程的追溯、跟踪以及预算管理信息数据的实时查询和共享，真正达到“管理一体化，业务一体化，技术一体化”的目标。

三是强化人力支撑，提升“三个子”财政管理水平。“三位一体”改革最终能否成功，组织机构是前提，职能调整是核心，人才队伍建设是关键。随着机构和职能的专业化分工的逐步实现，迫切需求加快实施专业人才培养工程，建立预算编制、执行、监督及相关门类的专业人才库，加快专业型年轻干部的培养，为改革的顺利实施提供有力的人力支撑和智力保障。